형법조문강화

하 태 영 著

法 文 社

대한민국 국민에게 바칩니다.

죄형법정주의
罪刑法定主義

대한민국 국회의원에게 드립니다.

서 문

가. 법전에 한자(漢字)가 많다. 그래서 처음에 읽기가 어렵다. 이 문제를 해결하기 위해 한글로 『읽기 쉬운 형법전』을 만들었다.

나. 법률문장은 대체로 문장이 길다. 많은 정보가 들어 있다. 가독성을 높이기 위해 약간 수정하였다. 수정원칙은 명확성・간결성・가독성・개조식・국제화이다. 특히 일본식 조사를 다듬고, 온점(・)을 사용하였다. 초학자들은 읽기가 쉬울 것이다.

다. 조문내용은 현행 법전과 같다. 법률용어에 해석이 필요한 부분은 대법원 판례를 참고하여 쉽게 정리하였다. 학설 대립이 있는 경우 다수설을 반영하였다.

라. 예습을 할 때 개선된 법률문장을 읽고, 한자로 된 원문을 읽으면, 이해가 쉽게 될 것이다. 한자는 추후 중국어와 일본어를 공부하는데, 많은 도움이 될 것이다. 유학생들은 개선된 문장으로 우리 법조문을 영문으로 소개해도 무방할 것이다.

마. 법조문은 하나의 체계를 갖추고 있다. [행위주체], 《행위객체》, 행위・因, 결과・果, (고의), (목적), (동기) 순이다. 부호를 표시하면서 읽으면 이해하기가 쉬울 것이다. 이것이 범죄체계도이다.

바. 매일 10분씩 법전을 한 장(章)씩(예 제38장 절도와 강도의 죄) 꾸준히 읽다 보면, 법조문 특성과 구성요건요소를 자연스럽게 익힐 수 있을 것이다. 『특별법』이 존재한다는 점도 염두에 두기 바란다. 구성요건요소와 법정형에서 차이가 있다.

사. 먼저 법조문의 보호법익과 보호정도를 숙고하여, 이 책 여백에 꼭 기입해 두기 바란다. 항상 입법부 입장에서 생각하고, 그 다음 교과서를 읽고 정리하면 좋겠다. 판례는 입법부가 만든 법률에 대한 해석이다.

아. 나는 이 책 각 조문 밑에 간단한 조문해설과 최근 대법원 판례들을 소개하였다. 모두 변호사시험에 출제 가능한 판례들이다. 2019년 2월까지 판례를 반영하였다. 조금 오래된 주요 판례들은 형법 교과서로 정리하길 바란다. 기출문제를 풀기 전에 교과서를 숙지하였으면 한다. 대법원 전원합의체 판결은 쟁점이 많고, 논리가 치밀하기 때문에 형법공부에서 중요하다. 파기환송 판례도 관심을 가져주길 당부한다.

자. 법개념은 반드시 정리해야 한다. 행위주체 · 행위객체 · 행위다. 판례를 통해 명확하게 정리하면 더 좋다. 범죄가 성립되는 판례를 먼저 익히고, 그 다음 범죄가 성립되지 않는 판례를 익히면, 순서가 맞을 것이다. 법리(法理)를 이해해야 한다. 형법 판례집을 참조하면 된다.

차. 미흡한 부분이 있을 것이다. 앞으로 이 부분을 보완할 것이다. 부디 『형법조문강화(刑法條文講話)』가 형법공부에 조금이라도 도움이 되었으면 한다.

카. 일반시민들이 쉽게 이해할 수 있는 형법, 외국인이 쉽게 읽을 수 있는 대한민국 형법을 소망한다. 이것이 『형법조문강화』의 의미다.

타. 나는 이 작업이 통일 시대를 대비한 『법전편찬』 정비로 생각하고 있다. 21대(2020－2024) 국회가 이 책에 관심을 쏟아 주기를 바란다.

파. 법문사 배효선 사장님, 장지훈 부장님, 노윤정 차장님, 권혁기 대리님께 심심한 사의를 표한다. 항상 따뜻하게 저술작업을 격려해 주시는 분들이다. 법문사 법률문장론 시리즈도 이분들의 헌신으로 이루어진 것이다.

하. 『큰 산을 바라보고 넓은 길을 걷고 있네.』《高山行止 景行行止》. 사마천이 『사기(史記)』를 집필할 때 마음에 새겨둔 글이라고 한다. 나도 매일 마음속으로 다짐하는 문장이다. 편안한 가운데 학문을 할 수 있도록 후원해 주신 동아대학교에 깊이 감사드린다. 존경하는 조무제 석좌교수님 · 제정부 석좌교수님 · 김신 석좌교수님, 존경하는 은사님께 깊이 감사드린다. 항상 따뜻하게 격려해 주시는 분들이다.

끝으로 모교인 동아대학교 법학전문대학원에서 학문을 할 수 있도록 물심양면으로 지원해 주신 玄同 정만희 부총장님께 머리 숙여 감사드린다. 은사님은 2019년 8월 31일 정년퇴임 하신다. 독일 한스 릴리에(Prof. Dr. Hans Lilie) 교수님과 大仁 임웅 교수님께 많은 가르침을 받았다. 두 분 모두 2019년 고희를 맞이하셨다. 축하인사를 올린다. 인(仁)과 덕(德)을 베풀어 주신 분이다. 가족들의 사랑에 깊이 감사드린다. 우리는 사회에 도움이 되는 사람들이 되기로 기도하고 있다. 사랑하는 모든 분들이 항상 건강하시길 두 손 모아 빈다.

1953년 10월 3일 대한민국 형법이 제정된
동아대학교 부민캠퍼스에서
2019년 3월 1일
仁德 하태영 올림

『형법조문강화』를 출간하는 이유

이태준 저서 『문장강화』(창비, 2017)를 읽고 한국어 문장과 문체를 깊이 생각했다. 형법 조문에 그의 정신을 불어넣고 싶었다. 그래서 시작한 작업이 3년이 걸렸다. 유학시절부터 품고 있었던 작은 씨앗이 큰 밑천이 되었다.

나는 이 책을 고등학교를 졸업하고 처음으로 형법을 배우는 대학생, 대학교를 졸업하고 법학전문대학원에서 형법을 배우는 대학원생, 외국에서 한국으로 유학을 와서 대한민국 형법을 처음으로 공부하는 외국인, 형법학을 연구하는 석사과정 · 박사과정 원생들, 형법을 생활현장에서 적용하는 경찰·검찰·법원 공무원들에게 진심으로 추천한다. 이 책에서 내가 제안하는 개정안은 향후 연구과제가 될 수 있을 것이다.

특히 인천공항에서 가족과 작별하는 유학생들에게 이 책을 추천한다. 대한민국 형법학을 힘껏 소개하길 바란다. 나는 이런 책이 없어서 수많은 밤을 뜬눈으로 보냈다. 여러분은 이제 그 시간에 다른 일을 해야 한다. 외국 형법학을 정확히 배워 해당 조문 개정방향과 개정안을 연구하기 바란다. 유학 국가의 형법조문 · 형법사 · 형법 관련 판례를 연구하고 비교하는 것이다. 대한민국 형법학 생태계를 바꾸기 바란다. 소중히 간직한 이 원고를 여러 사람과 공유하고 싶어 감히 용기를 내보았는데 막상 출간하는 시간이 다가오니 두렵다. 많은 비판과 조언을 기다린다.

국민들은 우리나라 『형법』을 더 쉽게 읽을 수 있기를 소망한다. 이 책은 형법 제19차 개정 법률(법률 제15982호, 시행 2018. 12. 18.)을 전면 수정한 것이다. 법조문을 간결한 문장으로 바꾸었고, 중요한 판례들을 단문으로 정리하였다. 우리나라 『형법학』 이해에 도움이 되었으면 한다. 새로운 대한민국 국민 새터민과 북한 시민들도 쉽게 읽을 수 있기를 기원한다.

『범죄 없는 세상 · 죄형법정주의 · 인권』이 살아 숨 쉬는 '대한민국'을 기원한다. 형법이 존재하는 이유다. 형법은 "피고인을 위한 마그나 카르타"이기 때문이다.

이 책을 국민과 제21대(2020–2024) 국회의원에게 드린다. 한 조문이라도 개정되기를 기원한다. 『읽기 쉬운 형법』, 『대한민국 형법 독립선언』이다. 나는 오늘도 이 '꿈'을 꾼다.

1919년 3.1 운동 100주년 기념
동아대학교 부민캠퍼스에서
2019년 3월 1일
仁德 하태영 올림

형법 제정 경과

형법 제정 1953. 9. 18. [법률 제293호, 시행 1953. 10. 3.] 법무부

▶ 의안접수정보

의안번호	제안일자	제안자	문서	제안회기
02014	1951-04-13	정부		제2대 (1950~1954) 제10회

▶ 제안이유 및 주요내용

■ 제안이유

新生國家에서 緊急히 要求되는 것은 司法法典의 完成인 바, 그 中에서도 刑法法典編纂이 最急先務임을 勘案하여 일찌기 金炳魯法典編纂委員長이 總則을, 嚴詳燮委員이 各則 起草를 擔當 假案을 作成하여 1949.6.20.부터 同年 11.12까지 法律案審議委員會에서 前後 24回에 걸쳐 審議를 거듭한 끝에 이 草案을 完成하였는 바, 이를 立案함에 있어 그 根本으로 삼은 原則을 下概 列擧하면 다음과 같음.

첫째, 世界各國의 現行法, 刑法改正草案 特히 獨逸刑法 및 獨逸 1930年 刑法草案을 많이 參考로 하였고 制定 歷史가 새롭고 國情이 우리나라와 類似한 中國刑法을 參酌하였으며,

둘째, 모든 獨裁的인 政治要素를 排擊하고 國民의 基本權을 擁護하여 自由와 平和의 完全實現을 指向하는 世界的 趨勢에 適應케 하였고,

세째, 新生國家로서의 潑悧生新하고 邁進的인 氣風과 그러한 國民으로서의 創意力과 進取性을 豐富케 하였으며,

네째, 現下 우리가 當面하고 있는 危機의 克服 卽 民族的 分裂에서 統一에의 推進方途에 있어서 秩序維持에 유감됨이 없도록 努力하였고,

다섯째, 우리 民族固有의 美風良俗의 維持向上에 留意하였으며,

여섯째, 弱者를 保護하여 그들의 落伍性에서 胚胎되는 社會不健全化를 防止함으로써 國家의 基礎를 鞏固히 할 것을 企圖하였고,

일곱째, 一部 刑法學說에 偏頗됨을 避하였음.

■ 주요골자

1. 抵抗할 수 없는 暴力이나 自己 또는 親族의 生命, 身體에 대한 危害를 防禦할 方法이 없는 脅迫에 依하여 强要된 行爲는 罰하지 아니함(第12條)
2. 어떤 行爲라도 罪의 要素되는 危險發生에 連結되지 않는 때에는 그 結果로 因하여 罰하지 아니함(第17條)
3. 危險의 發生을 防止할 義務가 있거나 自己의 行爲로 因하여 危險發生의 原因을 惹起한 者가 그 危險發生을 防止하지 않았을 때에는 그 發生된 結果에 의하여 處罰함(第18條)
4. 法定節次에 의하여 請求權을 保全하기 不能한 境遇에 그 請求權의 實行不能 또는 顯著한 實行困難을 避하기 위한 必要行爲는 罰하지 아니함(第23條)
5. 實行의 手段 또는 對象의 錯誤로 因하여 結果의 發生이 不可能한 때에는 刑을 輕減 또는 免除할 수 있게 함(第27條)
6. 犯罪를 目的으로 한 團體의 組織者, 加入者 및 指導의 任務에 있는 者는 그 罪의 正犯으로 處罰함(第30條)
7. 他人을 敎唆하여 罪를 犯하게 한 者는 罪를 實行한 者와 同一한 刑으로 處罰함(第31條)
8. 禁錮以上의 刑을 받아 그 執行을 終了하거나 免除를 받은 後 3年內에 禁錮以上에 該當한 罪를 犯한 者는 累犯으로 處罰함(第35條)
9. 判決을 받지 않은 數罪, 判決을 받은 罪와 判決前에 犯한 罪는 競合犯으로 處罰함(第37條)
10. 刑의 種類는 死刑 · 懲役 · 禁錮 · 資格喪失 · 資格停止 · 罰金 · 拘留 · 科料 · 沒收로 함(第41條)
11. 刑을 定함에 있어서는 犯人의 年齡, 性行, 知能, 環境 및 被害者에 대한 關係와 犯行의 動機, 手段, 結果 및 犯行後의 情況을 參酌토록 함(第50條)
12. 1年以上의 懲役이나 禁錮 또는 資格停止나 罰金의 刑을 宣告할 境遇에 第50條의 事項을 參酌하여 改悛의 情狀이 顯著한 때에는 그 宣告를 猶豫할 수 있게 함(第59條)
13. 罰金을 宣告할 때에는 同時에 그 金額을 完納할 때까지 勞役場에 留置할 것을 命할 수 있게 함(第71條)

14. 釋放은 刑期終了日에 하도록 함(第89條)
15. 犯罪의 常習化傾向에 鑑하여 常習犯嚴罰主義를 取함(第215條, 第262條, 第281條, 第297條)
16. 自己 또는 配偶者의 尊屬親에 대한 犯罪의 刑을 加重함(第266條, 第274條, 第277條, 第288條)
17. 多衆 또는 凶器에 의한 犯罪의 刑을 加重함(第154條, 第278條, 第296條, 第303條, 第342條)
18. 重大한 犯罪는 그 豫備와 陰謀를 處罰토록 하되 自首者에 대한 特典規定을 設定함(第95條, 第104條, 第115條, 第130條, 第185條)
19. 死刑은 重大한 犯罪에만 科함(第90條, 第91條, 第95條 내지 第101條)
20. 禁錮刑은 政治的 性質을 가진 犯罪 特히 輕罰할 犯罪에 選擇的으로 科함(第90條, 第93條, 第95條, 第109條 내지 第116條)
21. 過失犯에 대한 體刑은 禁錮刑에 限함(第181條, 第200條, 第284條, 第285條)
22. 資格停止는 相當한 資格을 가진 者가 아니면 犯하기 어려운 것으로 豫想되는 犯罪에 대하여는 選擇的으로 科하고 重大한 破廉恥罪에 대하여는 併科하도록 함(第109條, 第110條, 第120條, 第133條, 第221條, 第232條)
23. 犯人이 當該 犯罪로 因하여 獲得한 金品을 所有케 함이 顯著하게 不當한 犯罪에 대하여는 반드시 그것을 沒收하도록 함(第143條, 第218條)

위원회 수정사항

□ 수정이유

民主主義를 基本理念으로 하는 우리나라 憲法精神에 立脚할 때 國民의 自由를 制限하는 刑法을 制定함에 있어서는 最大限으로 國民의 自由를 伸張하도록 함이 妥當할 것인바, 近者에 勃發한 麗順叛亂事件이나 現在 進行中에 있는 6·25事變, 나아가서는 中·蘇와 같은 周邊情勢 및 北傀와의 對峙 등을 勘案할 때 國家目的達成을 위하여는 多少間의 國民의 自由를 犧牲하더라도 反國家的 行爲를 根絶시키는 것이 妥當하다는 意見이 支配的인것 같으나 元來 成文法의 性質上 一時的 特定事實을 勘案하여 法規範을 定立할 수 없으므로 國民의 自由를 最大限 保障하는 方向으로 이를 修正하려는 것임

□ 수정주요골자

1. 第27條中 "不可能한 때에는 刑을 輕減 또는 免除할 수 있다"를 "不可能하더라도 危險性이 있는 때에는 處罰하되 그 刑을 減輕 또는 免除할 수 있다"로 修正함
2. 犯罪를 目的으로 한 團體의 組織者, 加入者 및 指導의 任務에 있는 者는 그 罪의 正犯으로 處罰한다는 規定을 削除함(第30條)
3. 어느 行爲로 因하여 處罰되지 아니할 者 또는 過失犯으로 處罰될 者를 敎唆 또는 幇助하여 犯罪行爲의 結果를 發生하게 한 者는 敎唆 또는 幇助의 例에 의하여 處罰토록 함(第34條)
4. 判決이 確定되지 아니한 數個의 罪 또는 判決이 確定된 罪와 그 判決確定前에 犯한 罪를 競合犯으로 함(第37條)
5. 競合犯中 判決을 받지 아니한 罪가 있을 때에는 그 罪에 대하여 刑을 宣告토록 함(第39條)
6. 1個의 行爲가 數個의 罪에 該當하는 境遇에는 가장 重한 罪에 定한 刑으로 處罰토록 함(第40條)
7. 沒收는 他刑에 附加하여 科하되 行爲者에게 有罪의 裁判을 아니할 때에도 沒收의 要件이 있는 때에는 沒收만을 宣告할 수 있는 規定을 新設함(第49條)
8. 資格喪失을 減輕할 때에는 7年以上의 資格停止로 한다는 規定을 新設함(第54條)
9. 이 章에서 國憲을 紊亂할 目的이라 함은 憲法 또는 法律이 定하는 節次에 依하지 아니하고 憲法 또는 法律의 機能을 消滅시키거나 憲法機關을 强壓으로 轉覆 또는 機能執行을 不可能하게 하는 것이라는 定義規定을 新設함(第91條)
10. 假釋放中의 日數는 刑期에 算入하지 않는다는 規定을 新設함(第78條)
11. 檢査, 警察, 其他 犯罪搜査에 관한 職務를 行하는 者 또는 이를 監督補助하는 者가 그 職務를 行함에 있어 知得한 被疑事實을 公判廻付前에 公表한 때에는 3年以下의 懲役 또는 5年以下의 資格停止에 處한다는 規定을 新設함(第26條)
12. 檢察, 警察 또는 軍의 職에 있는 公務員이 選擧에 관하여 選擧人, 立候補者 또는 立候補가 되려는 者에게 脅迫을 하거나 其他의 方法으로 選擧의

自由를 妨害한 때에는 10年以下의 懲役과 5年以上의 資格停止에 處하도록 함(第128條)
13. 法院의 審判 또는 國會議事의 審議를 妨害 또는 威脅할 目的으로 法廷 또는 國會議場이나 그 附近에서 侮辱 또는 騷動한 者는 3年以下의 懲役 또는 5萬환以下의 罰金에 處하도록 함(第147條)
14. 配偶者 있는 者가 姦通하였을 때에는 2年以下의 懲役에 處한다는 姦通罪를 削除함(第257條)
15. 自己의 保護 또는 監督을 받는 16歲未滿의 者를 그 生命 또는 身體에 危險이 있는 業務에 使用할 營業者 또는 從業者에게 引渡한 者는 處罰한다는 규정을 삭제함

■ 기타사항

第13回國會(臨時會) 法制司法委員會(1952.8.29)上程・議決
第15回國會(定期會) 第77次 本會議(1953.5.30)再回附
第16回國會(臨時會) 法制司法委員會(1953.6.5)上程・議決
第15回國會(定期會) 第55次 本會議(1953.4.17)上程
第16回國會(臨時會) 第19次 本會議(1953.7.9.)議決

▶ 공포정보

공포일자	공포번호	공포법률
1953-09-18	0293	刑法

▶ 비 고

1953.5.30 本會議에서 再回附
本法律에 의하여 「漁業에관한臨時措置法」이 廢止됨

형법 연혁 목차

대한민국 형법은 1953년 9월 18일 제정되었다. 이후 65년 동안 전체 19차례 개정되었다. 여기에 법제처 자료를 참고하여 개정이유를 정리하였다. 우리나라 형법 개정사를 이해하는데 도움이 될 것이다. 개정이유는 제안이유와 주요내용을 중심으로 간력하게 설명하였다. 연구자들은 국회 속기록을 참고하기 바란다.

[1] 형법 제15982호, 2018. 12. 18. 일부개정(제19차 개정)

▶ 제안이유 및 주요내용

최근 서울 강서구 PC방 살인 사건을 계기로 심신미약 감경에 반대하는 국민적 비판여론이 거세지고 있는 실정이고, 일부 범죄자들이 심신미약을 감형의 수단으로 악용하려 하면서 국민적 공분이 일어나고 있음. 이에 심신미약자에 대한 필요적 감경규정을 임의적 감경규정으로 개정하여 「형법」상 책임원칙을 부정하지 않으면서, 감형 여부는 법관의 재량과 사건의 경중 등에 따라 유연하게 적용할 수 있도록 하려는 것임(안 제10조 제2항).

[2] 형법 제15793호, 2018. 10. 16. 일부개정(제18차 개정)

▶ 제안이유 및 주요내용

최근 공직사회, 문화예술계 등에서 벌어지고 있는 조직 내 권력형 성폭력 사건은 가해자가 사회적 지위를 이용해 지속적으로 성폭력 범죄를 저질러 피해자에게 심각한 육체적·정신적 고통을 주고 있음. 그러나 현행 업무상 위력 등에 의한 간음죄(형법 제303조 제1항)의 징역형이 5년 이하로 규정되어 있는바, 간음죄임에도 강제추행죄(형법 제298조)의 징역형(10년 이하)에 비하여 형량이 낮아 범죄 예방효과가 높지 않음. 이에 업무상 위력 등에 의한 간음죄의 형량을 상향조정하여 법의 실효성을 제고하고, 아울러 현행법체계에서 업무상 위력 등에 의한 간음죄보다 무거운 피감호자 간음죄의 법정형도 함께 상향조정하여 형의 균형을 맞추려는 것임(안 제303조 제1항 및 제2항).

[3] 형법 제15163호, 2017. 12. 12. 일부개정(제17차 개정)

▶ 제안이유 및 주요내용

1. 제안이유

현재 벌금 또는 몰수·추징에 대한 형의 시효는 3년으로 규정되어 있으나, 매년 약 430억에서 970억원 정도에 이르는 벌금이 시효 완성으로 인하여 집행불능 처리되고 있으며, 몰수 또는 추징금의 환수에도 어려움이 발생하여 형벌 집행의 실효성과 신뢰성을 해치는 요인으로 작용하고 있음. 또한, 이미 확정된 형벌의 집행권이 소멸되는 형의 시효는 일반적으로 「형사소송법」상 미확정인 형벌권인 공소시효보다 장기로 규정되어 있으나, 벌금형의 경우 공소시효가 5년으로 형의 시효인 3년보다 장기로 규정되어 있음. 따라서 5년 미만의 자격정지, 벌금, 몰수 또는 추징에 대한 형의 시효를 현행 3년에서 5년으로 연장하고, 3년 미만의 징역이나 금고 또는 5년 이상의 자격정지에 대한 형의 시효를 현행 5년에서 7년으로 연장하여 형의 경중에 따라 시효를 단계적으로 규정함으로써, 형 집행의 실효성을 높이고 「형법」상 형의 시효와 「형사소송법」상 공소시효 간의 균형을 맞추려는 것임.

2. 주요내용

가. 3년 미만의 징역이나 금고 또는 5년 이상의 자격정지에 대한 형의 시효를 현행 5년에서 7년으로, 5년 미만의 자격정지, 벌금, 몰수 또는 추징에 대한 형의 시효를 현행 3년에서 5년으로 연장함(안 제78조 제5호 및 제6호).

나. 제78조 제5호 및 제6호의 개정규정은 이 법 시행 후 최초로 재판이 확정되는 경우부터 적용하도록 함(부칙 제2조).

[4] 형법 제14415호, 2016. 12. 20. 일부개정(제16차 개정)

▶ 제안이유 및 주요내용

헌법재판소는 외국에서 형의 전부 또는 일부의 집행을 받은 자에 대하여 형을 감경 또는 면제할 수 있도록 규정한 형법 제7조에 대해 외국에서 실제로 형의 집행을 받았음에도 불구하고 우리 형법에 의한 처벌 시 이를 전혀 고려하지 않는다면 신체의 자유에 대한 과도한 제한이 될 수 있으므로 어느 범위에서든 반드시 반영되어야 하고, 현행외국에서 받은 형의 집행을 전혀 반영하지 아니할 수도 있도록 한 것은 과잉금지원칙에 위배되어 신체의 자유를 침해하므로 2016. 12. 31.까지 개선입법이 이루어지지 않으면 2017. 1. 1.부터 효력을 상실한다는 헌법불합치 결정(2015. 5. 28. 선고 2013헌바129 결정)을 하였음. 이에 헌법재판소의 결정 취지에 따라 외국에서 집행된 형의 전부 또는 일부를 우리나라에서 선고하는 형에 반드시 산입하도록 개정함(안 제7조).

[5] 형법 제14178호, 2016. 5. 29. 일부개정(제15차 개정)

▶ 제안이유 및 주요내용

현재 타인의 사무를 처리하는 자가 부정한 청탁을 받고 재물이나 재산상 이익을 취득한 경우 배임수재죄로 처벌하고 있으나 재물이나 재산상 이익을 본인이 아닌 제3자에게 제공하도록 한 경우에는 처벌할 수 있는 근거가 없는바, 민간 분야의 부패행위를 방지하고 「UN 부패방지협약」 등 국제적 기준에 부합하도록 본인이 직접 재물이나 재산상의 이익을 취득하는 행위뿐만 아니라 제3자로 하여금 재물이나 재산상 이익을 취득하게 하는 행위도 처벌할 수 있도록 배임수재죄의 구성요건을 정비하고, 그 제3자가 배임수재의 정(情)을 알고 취득한 경우에는 그 제3자가 취득한 재물이나 재산상의 이익을 몰수 또는 추징할 수 있도록 하려는 것임.

[6] 형법 제13719호, 2016. 1. 6. 일부개정(제14차 개정)

▶ 제안이유 및 주요내용

1. 제안이유

첫째, 「형법」 및 「공직선거법」에 의하여 수형자 및 집행유예 중인 자의 선거권을 제한하는 것이 헌법상 과잉금지원칙에 위배된다는 헌법재판소의 헌법불합치 및 위헌 결정이 선고됨에 따라 「공직선거법」이 1년 미만의 징역 또는 금고의 집행을 선고받아 수형 중에 있는 사람과 형의 집행유예를 선고받고 유예기간 중에 있는 사람에 대하여 선거권을 부여하도록 개정되었고, 그로 인하여 징역 또는 금고의 집행이 종료하거나 면제될 때까지 선거권을 포함하는 자격 전반이 정지되도록 정하고 있는 형법 제43조 제2항의 개정이 필요하게 되었음.

둘째, 징역형에 대해 인정되는 집행유예가 징역형보다 상대적으로 가벼운 형벌인 벌금형에는 인정되지 않아 합리적이지 않다는 비판이 제기되어 왔고, 벌금 납부능력이 부족한 서민의 경우 벌금형을 선고받아 벌금을 납부하지 못할 시 노역장 유치되는 것을 우려하여 징역형의 집행유예 판결을 구하는 예가 빈번히 나타나는 등 형벌의 부조화 현상을 방지하고 서민의 경제적 어려움을 덜어주기 위해 벌금형에 대한 집행유예를 도입할 필요가 있음. 다만, 고액 벌금형의 집행유예를 인정하는 것에 대한 비판적인 법감정이 있는 점 등을 고려하여 500만원 이하의 벌금형을 선고하는 경우에만 집행유예를 선고할 수 있도록 규정함. 아울러, 벌금형을 선고받은 사실을 일정한 결격 사유로 정하고 있는 법률이 다수 존재하고 벌금형의 집행유예가 도입됨에 따라 그러한 법률 역시도 정비가 필요한 점을 고려하여 공포 후 2년이 경과한 후에 시행하도록 시행일을 조정함.
셋째, 헌법재판소는 배우자 있는 자의 간통행위 및 그와의 상관행위를 2년 이하의 징역에 처하도록 규정한 「형법」 제241조가 성적 자기결정권 및 사생활의 비밀과 자유를 침해한다고 위헌 결정을 하였는데 이를 반영하여 간통죄 처벌조항을 규정한 제241조를 형법전에서 삭제함으로써 국민의 예측가능성을 제고함.
넷째, 헌법재판소는「폭력행위 등 처벌에 관한 법률」중 특수폭행죄 가중처벌 등 일부 규정이 형법과 동일한 구성요건을 규정하면서 법정형만 상향하고 있어 헌법의 기본원리에 위배되고 평등의 원칙에 위반된다는 이유로 각각 위헌 결정을 하였음. 이에 「폭력행위등 처벌에 관한 법률」 일부 규정을 정비하고 동시에 일부 범죄를 「형법」에 편입하여 처벌의 공백을 방지하면서 형벌체계상의 정당성과 균형을 갖추도록 함.

2. 주요내용

가. 유기징역 또는 유기금고의 집행이 종료하거나 면제될 때까지 당연히 자격이 정지되도록 하고 있는 제43조 제2항에 대하여 다른 법률에 특별한 규정이 있는 경우에는 그 법률에 따르도록 단서를 신설함(안 제43조 제2항 단서 신설).
나. 500만원 이하의 벌금형에 대해서도 집행을 유예할 수 있도록 벌금형에 대한 집행유예 제도를 도입함(안 제62조 제1항).
다. 간통죄를 삭제함(안 제241조).
라. 존속중상해죄의 법정형을 정비하고(안 제258조 제3항), 특수상해죄를 신설하며(안 제258조의2), 이에 대한 상습법과 자격정지의 병과 규정을 정비하고(안 제264조 및 제265조), 특수강요죄 및 특수공갈죄를 신설하는(안 제324조 제2항 및 제350조의2) 등 정비함.

[7] 형법 제12898호, 2014. 12. 30. 일부개정(제13차 개정)

▶ 제안이유 및 주요내용

1. 개정이유

장애인에 대한 사회적 인식 개선을 위하여 "심신장애자"라는 표현을 "심신장애인"

으로 순화하고, 헌법재판소 위헌결정의 취지에 따라 판결선고 전 구금일수가 형기에 전부 산입됨을 명백히 하며, 무죄판결을 선고받은 피고인의 명예회복을 위하여 무죄판결 공시 취지의 선고를 의무화하려는 것임.

2. **주요내용**

가. 장애인에 대한 사회적 인식 개선을 위하여 "심신장애자"라는 용어를 "심신장애인"으로 순화함(제10조).

나. 판결선고 전의 구금일수는 그 전부를 유기징역, 유기금고, 벌금이나 과료에 관한 유치 또는 구류에 산입하도록 함(제57조 제1항).

다. 무죄판결 공시 취지의 선고를 의무화하되, 피고인이 동의하지 아니하거나 피고인의 동의를 받을 수 없는 경우는 예외로 함(제58조).

[8] 형법 제12575호, 2014. 5. 14. 일부개정(제12차 개정)

▶ 제안이유 및 주요내용

1. **개정이유**

「형법」상 노역장유치 제도는 벌금을 납부하지 않는 경우 1일 이상 3년 이하 기간 동안 노역장에 유치하여 작업에 복무하도록 규정하고 있을 뿐 노역장유치 기간에 대해서는 법관의 재량에 의하여 구체적 사안에 따라 정하도록 하고 있으나, 고액 벌금형의 경우 피고인이 벌금을 납입하지 않더라도 일부 재판의 경우에는 단기간 동안 노역장에 유치되는 것만으로 벌금액 전액을 면제받게 되는 사례가 발생하고 있어 이에 대한 개선 필요성이 증가하고 있는바, 이에 일정 액수 이상의 벌금형을 선고할 경우에는 노역장 유치의 최소 기간을 직접 법률에 규정하여 고액 벌금형을 단기의 노역장 유치로 무력화하지 못하도록 하는 한편, 형이 확정된 이후에 형의 시효가 진행하는 동안 국외에서 형의 집행을 피하여 결과적으로 죄에 합당한 처벌이 이루어지지 아니하는 경우가 발생하고 있는바, 형의 집행을 면할 목적으로 국외에 체류하는 동안에는 시효가 진행되지 아니하도록 하려는 것임.

2. **주요내용**

가. 벌금형에 대한 노역장 유치 선고 시 선고하는 벌금액이 1억원 이상 5억원 미만인 경우에는 300일 이상의 유치기간을, 5억원 이상 50억원 미만인 경우에는 500일 이상의 유치기간을, 50억원 이상인 경우에는 1,000일 이상의 유치기간을 정하도록 함(제70조 제2항 신설).

나. 형이 확정된 후 그 형의 집행을 받지 아니한 자가 형의 집행을 면할 목적으로 국외에 있는 기간 동안은 형의 시효가 진행되지 않도록 함(제79조 제2항 신설).

[9] 형법 제11731호, 2013. 4. 5. 일부개정(제11차 개정)

▶ 제안이유 및 주요내용

1. 개정이유

2000년 12월 13일 우리나라가 서명한 「국제연합국제조직범죄방지협약」(United Nations Convention against Transnational Organized Crime) 및 「인신매매방지의정서」의 국내적 이행을 위한 입법으로서, 협약 및 의정서상의 입법의무 사항을 반영하여 범죄단체 및 범죄집단의 존속과 유지를 위한 행위의 처벌규정을 마련하는 한편, 범죄단체나 집단의 수입원으로 흔히 사용되는 도박장소의 개설이나 복표발매에 대한 처벌규정의 법정형을 상향하고, 각종 착취 목적의 인신매매죄를 신설하여 인신매매의 처벌범위를 확대함으로써 국제조직범죄를 효율적으로 방지·척결하는 동시에 국제협력을 강화하려는 것임.

2. 주요내용

가. 범죄단체조직죄의 개선(안 제114조)

1) 현행 범죄단체조직죄는 법정형의 제한 없이 범죄를 목적으로 단체를 조직하기만 하면 구성요건에 해당하게 되어 그 처벌범위가 너무 넓다는 비판이 제기되어 왔으며, 「국제연합국제조직범죄방지협약」도 법정형이 장기 4년 이상인 범죄를 목적으로 하는 단체를 조직하는 행위 등을 범죄화하도록 규정하여 범위를 제한하고 있음. 한편, 현재는 범죄단체에는 이르지 못하였으나 그 위험성이 큰 범죄집단을 조직한 경우에 관한 처벌이 미비한 실정임.

2) "사형, 무기 또는 장기 4년 이상의 징역"에 해당하는 범죄를 목적으로 하는 단체의 조직 행위를 처벌하도록 하여 그 범위를 제한함으로써 「국제연합국제조직범죄방지협약」의 내용과 조화를 이루게 하는 한편, 범죄단체뿐만 아니라 이에 이르지 못한 범죄집단을 조직한 경우에도 처벌하도록 함.

나. 도박과 복표에 관한 죄의 개선(안 제246조부터 제249조까지)

1) 도박죄는 그 객체에 "재산상 이익"도 포함되는 것으로 해석상 인정되고 있으나 현재는 그 객체를 "재물"로 한정하여 규정하고 있음. 한편, 인터넷 상에 도박사이트를 개설하여 전자화폐나 온라인으로 결제하도록 하는 경우 판례상 도박개

장죄로 처벌하고 있으나 현재는 "도박을 개장"한 경우를 처벌하도록 규정되어 있어 도박할 수 있는 사이버 공간을 제공한 경우 처벌되지 않는 것으로 비추어질 수 있음. 또한, 최근 도박장소 등의 개설이나 복표발매로 인한 수입이 범죄단체의 운영자금 등으로 사용되는 등 도박장소 등의 개설이나 복표발매로 인하여 각종 사회문제가 발생하고 있음.

2) 도박죄의 객체에 "재물"뿐만 아니라 "재산상 이익"도 포함됨을 명확하게 하기 위하여 도박죄의 구성요건 중 "재물로써" 부분을 삭제하고, 도박하는 장소뿐만 아니라 도박하는 공간을 개설한 경우도 처벌할 수 있도록 규정을 명확화하는 한편, 도박장소의 개설과 복표발매죄가 「국제연합국제조직범죄방지협약」의 대상범죄가 될 수 있도록 법정형을 "3년 이하의 징역 또는 2천만원 이하의 벌금"에서 "5년 이하의 징역 또는 3천만원 이하의 벌금"으로 상향하고, 그 밖에 복표발매중개 및 복표취득죄도 물가 인상률 등을 고려하여 법정형을 현실화 함.

다. 약취와 유인의 죄의 개선(안 제287조부터 제292조까지, 제294조, 제295조, 제295조의2 및 제296조, 현행 제293조 삭제, 안 제296조의2 신설)

「인신매매방지의정서」의 이행입법으로 장(장)명을 "약취와 유인의 죄"에서 "약취, 유인 및 인신매매의 죄"로 변경하고 인신매매 관련 처벌조항을 신설하는 한편, 목적범 형태의 약취, 유인 등의 죄에 "추행, 간음, 결혼, 영리, 국외이송 목적" 외에도 "노동력 착취, 성매매와 성적 착취, 장기적출" 등 신종범죄를 목적으로 하는 경우를 추가함. 또한 결과적가중범을 신설하되 상해와 치상, 살인과 치사 등의 법정형을 구분하여 책임주의에 부합하도록 하고, 종래 방조범 형태로 인정되던 약취, 유인, 인신매매 등을 위하여 사람을 모집, 운송, 전달하는 행위를 독자적인 구성요건으로 처벌하도록 하며, 인류에 대한 공통적인 범죄인 약취, 유인과 인신매매죄의 규정이 대한민국 영역 밖에서 죄를 범한 외국인에게도 적용될 수 있도록 세계주의 규정을 도입함.

[10] 형법 제11574호, 2012. 12. 18. 일부개정(제10차 개정)

▶ 제안이유 및 주요내용

1. 개정이유

변화된 시대 상황을 반영하여 다양화된 성범죄에 효과적으로 대처하기 위하여 유사강간죄를 신설하고, 성범죄의 객체를 "부녀"에서 "사람"으로 확대하며, 친고죄 및 혼인빙자간음죄를 폐지하려는 것임.

2. 주요내용

가. 성폭력 범죄의 객체를 “부녀”에서 “사람”으로 변경함(안 제242조, 제288조 제2항, 제297조, 제303조 제1항 · 제2항, 제305조, 제339조 및 제340조 제3항).

나. 추행 · 간음 목적의 약취 · 유인 · 수수 · 은닉죄 및 강간죄 등 성범죄에 관하여 고소가 있어야 공소를 제기할 수 있도록 한 규정을 삭제함(현행 제296조 및 제306조 삭제).

다. 폭행 또는 협박으로 사람에 대하여 구강, 항문 등 신체의 내부에 성기를 넣거나 성기, 항문에 신체의 일부 또는 도구를 넣는 유사강간행위를 한 자는 2년 이상의 유기징역에 처하도록 하고, 관련 조문을 정비함(안 제297조의2 신설, 제299조부터 제301조까지, 제301조의2, 제305조 및 제305조의2).

라. 실효성이 미약하고, 여성의 성적 주체성을 훼손하는 혼인빙자간음죄를 폐지함(현행 제304조 삭제).

[11] 형법 제10259호, 2010. 4. 15. 일부개정(제9차 개정)

▶ 제안이유 및 주요내용

1. 개정이유

현행법은 유기징역의 상한을 15년으로 제한하고 있어, 무기징역과 유기징역 간 형벌 효과가 지나치게 차이가 나고 중대한 범죄를 저지른 경우에 그에 따른 형벌을 선고하는 데 제한이 있으므로, 유기징역의 상한을 상향조정하여 행위자의 책임에 따라 탄력적으로 형 선고를 가능하게 하고, 강간 등 성폭력범죄를 범하는 경향이 있는 자는 다시 성폭력범죄를 저지를 가능성이 대단히 높으므로 성폭력범죄를 억제하고 잠재적 피해자를 보호하기 위하여 성폭력범죄의 상습범을 가중처벌하려는 것임.

2. 주요내용

가. 유기징역 · 유기금고의 상한을 현행 15년 이하에서 30년 이하로 높이고, 가중할 때의 상한도 현행 25년까지에서 50년까지로 조정함(법 제42조).

나. 사형에 대한 감경을 현행 10년 이상에서 20년 이상 50년 이하로 상향 조정함(법 제55조제1항제1호).

다. 무기징역 · 무기금고에 대한 감경을 현행 7년 이상에서 10년 이상 50년 이하로 상향 조정함(법 제55조제1항제2호).

라. 무기징역의 가석방요건을 현행 10년에서 20년으로 상향 조정함(법 제72조 제1항).

마. 강간·추행죄 등 성폭력범죄의 상습범에 대한 가중처벌 규정을 신설함(법 제305조의2 신설).

[12] 형법 제7623호, 2005. 7. 29. 일부개정(제8차 개정)

▶ 개정이유 및 주요내용

경합범 중 판결을 받지 아니한 죄가 있는 때에는 그 죄와 판결이 확정된 죄를 동시에 판결할 경우와 형평을 고려하여 그 죄에 대하여 형을 선고하되 그 형을 감경 또는 면제할 수 있도록 하고, 금고 이상의 형이 확정된 때부터 그 집행을 종료하거나 면제된 후 3년까지의 기간에 범한 죄에 대하여 형을 선고하는 경우에는 형의 집행을 유예할 수 없도록 하며, 집행유예 실효(失效)사유를 유예기간 중 고의로 범한 죄로 금고 이상의 실형을 선고받아 그 판결이 확정된 때로 하려는 것임.

[13] 형법 제7427호, 2005. 3. 31. 타법개정(제7차 개정)

▶ 제안이유 및 주요내용

1. 개정이유

종전 민법의 친족편에 규정되어 있는 호주를 중심으로 가(家)를 구성하는 호주제도는 양성평등이라는 헌법이념과 시대변화에 부합하지 아니하므로 이를 폐지하고, 동성동본금혼제도와 친생부인의 소의 제척기간을 헌법불합치결정의 취지에 따라 합리적으로 조정하며, 입양제도의 현실을 반영하고 양자의 복리를 증진시키기 위하여 양친과 양자에게 친족관계를 인정하면서 양친의 성과 본을 따르게 하는 친양자제도를 도입하려는 것임.

2. 주요내용

가. 호주제도 폐지 등(현행 제778조·제780조 및 제782조 내지 제796조 삭제, 법 제779조)

호주에 관한 규정과 호주제도를 전제로 한 입적·복적·일가창립·분가 등에 관한 규정을 삭제하는 한편, 호주와 가(家)의 구성원과의 관계로 정의되어 있는 가족에 관한 규정을 새롭게 정함.

나. 자녀의 성(性)과 본(本)(법 제781조 제1항)

자녀의 성(性)과 본(本)은 부(父)의 성과 본을 따르는 것을 원칙으로 하되, 혼인신고시 부모의 협의에 의하여 모(母)의 성과 본도 따를 수 있도록 함.

다. 자녀의 성과 본의 변경(법 제81조 제6항)
자녀의 복리를 위하여 자녀의 성과 본을 변경할 필요가 있는 때에는 부(父) 또는 모(母) 등의 청구에 의하여 법원의 허가를 받아 이를 변경할 수 있도록 함.

라. 동성동본금혼제도를 폐지 등(법 제809조)
남녀평등과 혼인의 자유를 침해할 우려가 있는 동성동본금혼제도를 폐지하고 근친혼금지제도로 전환하되, 근친혼제한의 범위를 합리적으로 조정함.

마. 여성에 대한 재혼금지기간 제도 폐지(현행 제811조 삭제)
부성추정의 충돌을 피할 목적으로 여성에 대하여 6월의 재혼금지기간을 두고 있는 것은 여성에 대한 차별적인 규정으로 비쳐질 수 있고, 친자관계감정기법의 발달로 이러한 제한 규정을 둘 필요성이 없어졌으므로 이를 삭제함.

바. 처(妻)의 친생부인의 소 제기 인정(법 제846조 및 제847조)
지금까지 친생부인의 소는 부(父)만이 제기할 수 있고 제소기간도 출생을 안 날부터 1년내로 제한하였으나, 이는 혈연진실주의 및 부부평등의 이념에 부합되지 아니하는 측면이 있으므로 앞으로는 부(父)뿐만 아니라 처(妻)도 제소할 수 있도록 하고, 제소기간도 친생부인사유를 안 날부터 2년내로 연장하는 등 친생부인제도를 합리적으로 개선함.

사. 친양자제도 신설(법 제908조의2 내지 제908조의8 신설)
종전 양자제도를 그대로 유지하면서 양자의 복리를 더욱 증진시키기 위하여, 양친과 양자를 친생자관계로 보아 종전의 친족관계를 종료시키고 양친과의 친족관계만을 인정하며 양친의 성과 본을 따르도록 하는 친양자제도를 신설함.

아. 친권 행사의 기준 신설(법 제912조 신설)
부모 등 친권자가 친권을 행사함에 있어서는 자의 복리를 우선적으로 고려하여야 한다는 의무규정을 신설함.

[14] 형법 제7077호, 2004. 1. 20. 일부개정(제6차 개정)

▶ 개정이유 및 주요내용

현행 형법(제37조 후단)은 사후적 경합범의 요건으로 "판결이 확정된 죄"라고만 규정하면서 그 범위를 제한하지 않고 있어서, 오히려 피고인에 대하여 불리하게 작용될 뿐만 아니라 법원의 입장에서도 인력의 낭비를 초래하는 측면이 있는 바, 동 규정에 의한 경합범의 요건중 "판결이 확정된 죄"를 "금고 이상의 형에 처한

판결이 확정된 죄”로 하여 그 범위를 축소하려는 것임.

[15] 형법 제6543호, 2001. 12. 29. 일부개정(제5차 개정)

▶ 제안이유 및 주요내용

컴퓨터 등 정보처리장치에 허위의 정보 또는 부정한 명령을 입력함으로써 성립하는 현행 형법 제347조의2(컴퓨터등사용사기죄)에 권한 없이 정보를 입력·변경하여 정보처리를 하게 하는 행위를 구성요건에 추가함.

[16] 형법 제5454호, 1997. 12. 13. 타법개정(제4차 개정)

▶ 제안이유 및 주요내용

현행 법률중에는 정부조직법의 개정에 의하여 부처의 명칭이 변경되었음에도 변경되기 전의 부처명칭을 그대로 사용하고 있거나 어느 한 법률의 개정으로 조문위치등이 변경되었음에도 변경되기전의 조문을 그대로 인용하는 경우 등이 있어 법령을 집행하는 공무원이나 국민이 법규정에 대하여 혼란을 일으키고 법령의 내용을 쉽게 파악하기 곤란한 사례가 발견되고 있는 바 법규정에 대한 국민의 오해와 법령내용 파악의 곤란을 해소하고 법령에 대한 국민의 신뢰를 높이기 위하여 관련 법규정을 일괄하여 정비하려는 것임.

가. 정부조직법의 개정으로 부처명칭이 변경된 후에도 종전의 부처명칭을 계속 사용하고 있는 규정을 정비함.

나. 법률의 개정 등으로 법률의 제명이나 조문위치가 변경되었음에도 종전의 제명 또는 조문을 계속 인용하고 있는 규정을 정비함.

다. 종전의 직할시를 계속 사용하고 있는 규정을 광역시로 정비함.

라. 법률의 개정 등으로 기관이나 단체의 명칭이 변경되었음에도 종전의 기관 또는 단체의 명칭을 계속 사용하고 있는 규정을 변경된 기관 또는 단체의 명칭으로 정비함.

마. 기타 현행제도와 맞지 아니한 사항을 현행제도에 맞게 정비함.

[17] 형법 제5057호, 1995. 12. 29. 일부개정(제3차 개정)

▶ 제안이유 및 주요내용

1953년 형법 제정이래 정치·경제·사회등 모든 영역의 발전과 윤리의식의 변화로 발생한 법규범과 현실과의 괴리를 해소하고, 우리사회의 산업화·정보화의 추세에 따른 컴퓨터범죄등 신종범죄에 효율적으로 대처하여 국민생활의 안정을 도모함과 아울러 현행규정의 시행상 나타난 일부 미비점을 개선·보완하려는 것임.

① 보호관찰제도의 도입

성인범에 대하여도 보호관찰제도, 사회봉사명령제도, 수강명령제도를 도입함.

② 범죄화 현상에 따른 신종범죄의 신설

- 컴퓨터관련 범죄
  - 컴퓨터 등 정보처리장치를 이용한 사기, 업무방해, 비밀침해, 공·사전자기록의 위작·변작 및 동행사 등 컴퓨터관련 범죄를 신설함.
  - 재물손괴죄 등에 전자기록 등 특수매체기록을 행위의 객체로 추가함.
- 민생치안관련범죄(인질관련 범죄신설 등)
  - 인질강도죄의 죄명을 인질강도로 하고, 체포·감금도 행위유형에 포함시킴.
  - 사람을 인질로 삼은 권리행사방해를 가중처벌하기 위하여 인질강요죄 등을 신설함.
  - 피략취유인자나 인질을 안전하게 풀어준 경우에 형을 감경하도록 함.
- 기타 범죄
  - 강제집행으로 명도 또는 인도된 부동산에 침입하는 등의 경우 처벌조항을 신설함.
  - 가스, 전기, 방사선 등을 방류하여 생명등에 위험을 발생시킨 경우 처벌조항을 신설함.
  - 인지·우표위조죄 등에 우편요금을 표시하는 증표를 행위의 객체로 추가함.
  - 전자복사기, 모사전송기 등을 이용하여 복사한 문서 또는 사본도 문서 또는 도화로 보는 규정을 신설함.
  - 자동차 등을 불법사용한 경우 처벌조항을 신설함.
  - 자동판매기 등 편의시설부정이용의 경우 처벌조항을 신설함.

③ 법정형의 조정

- 선택형으로 벌금형 추가
  - 직권남용, 공무집행방해, 위계에 의한 공무집행방해, 무고, 위조통화의 취득, 허위유가증권의 작성, 위조인지·우표등의 취득, 허위공문서 등의 작성, 사문서등의 위조·변조, 자격모용에 의한 사문서의 작성, 존속상해,

존속폭행, 유기, 존속유기, 존속학대, 체포·감금, 존속체포·존속감금, 허위사실적시 명예훼손 및 출판등에 의한 명예훼손죄에 벌금형을 추가함.

- 결과적가중범의 치사와 치상의 형량차등
  - 유기 등 치사상, 체포·감금치사상, 략취·유인치사상, 강간 등 치사상, 건조물파괴치사상, 가스·전기 등 공급방해치사상, 현주건조물 등에의 방화치사상, 교통방해치사상, 음용수혼독치사상, 특수공무방해치사상 등 결과적가중범을 치상죄와 치사죄로 구분하여 법정형에 차등을 둠.

④ 사형등 법정형의 일부조정

존속살해죄에 "7년 이상의 유기징역"을 선택형으로 추가하고, 현주건조물 등에의 일수, 교통방해치사상, 음용수혼독치사상등의 죄에서 "사형"을 삭제하며, 강간 등 살해죄에 "사형"을 추가하고, 가스·전기등 공급방해치사상에 "무기징역"을 추가하며, 허위공문서등의 작성죄 등의 징역형하한을 완화하고, 특수공무방해죄의 징역형하한을 상향조정함.

⑤ 과실범의 처벌규정신설

폭발성물건파열, 가스·전기 등 방류, 가스·전기 등 공급방해 등 죄의 과실범과 그 업무상과실·중과실을 처벌하도록 함.

[18] 형법 제4040호, 1988. 12. 31. 일부개정(제2차 개정)

▶ 제안이유 및 주요내용

1975년 3월 25일 개정형법에서 신설된 바 있는 국가모독죄조항은 국가발전을 위한 건전한 비판의 자유를 억제할 우려 등이 있으므로 이를 폐지하려는 것임.

[19] 형법 제2745호, 1975. 3. 25. 일부개정(제1차 개정)

▶ 제안이유 및 주요내용

국가모독 등 사대행위를 처단함으로써 일부 고질적 사대풍조를 뿌리뽑고 자주독립국가 국민으로서의 자각과 긍지를 드높여 국민윤리와 도의를 앙양함과 아울러 국가의 안전과 이익 그리고 위신을 보전하려는 것임.

① 내국인이 국외에서 대한민국 또는 대한민국의 헌법상의 기관을 모욕·비방하거나, 그에 관한 사실을 왜곡 또는 허위사실을 유포하거나 기타의 방법으로 대한민국의 안전이나 이익 또는 위신을 해하거나 해할 우려가 있게한 때에는 7년이하의 징역이나 금고에 처함.

② 내국인이 국내에서 외국인 또는 외국단체등을 이용하여 헌법상의 기관을 모독하는 등의 행위를 한때에도 동일하게 처벌하며 10년이하의 자격정지를 병과할 수 있도록 함.

[20] 형법 제293호, 1953. 9. 18. 제정

▶ 신규제정

범죄의 요건과 그 범죄에 대한 처벌에 관한 사항을 규정하려는 것임.

① 저항할 수 없는 폭력이나 자기 또는 친족의 생명, 신체에 대한 위해를 방어할 방법이 없는 협박에 의하여 강요된 행위는 벌하지 아니함.

② 어떤 행위라도 죄의 요소되는 위험발생에 연결되지 아니하는 때에는 그 결과로 인하여 벌하지 아니함.

③ 위험의 발생을 방지할 의무가 있거나 자기의 행위로 인하여 위험발생의 원인을 야기한 자가 그 위험발생을 방지하지 아니한 때에는 그 발생된 결과에 의하여 처벌함.

④ 법정절차에 의하여 청구권을 보전하기 불능한 경우에 그 청구권의 실행불능 또는 현저한 실행곤란을 피하기 위한 필요행위는 벌하지 아니함.

⑤ 실행의 수단 또는 대상의 착오로 인하여 결과의 발생이 불가능하더라도 위험성이 있는 때에는 처벌하되, 그 형을 경감 또는 면제할 수 있게 함.

⑥ 타인을 교사하여 죄를 범하게 한 자는 죄를 실행한 자와 동일한 형으로 처벌함.

⑦ 금고 이상의 형을 받아 그 집행을 종료하거나 면제를 받은 후 3년내에 금고이상에 해당한 죄를 범한 자는 루범으로 처벌함.

⑧ 판결이 확정되지 아니한 수개의 죄, 판결이 확정된 죄와 그 판결전에 범한 죄는 경합범으로 처벌함.

⑨ 형의 종류는 사형 · 징역 · 금고 · 자격상실 · 자격정지 · 벌금 · 구류 · 과료 · 몰수로 함.

⑩ 몰수는 타형에 부가하여 과하되 행위자에게 유죄의 재판을 아니할 때에도 몰수의 요건이 있는 때에는 몰수만을 선고할 수 있도록 함.

⑪ 형을 정함에 있어서는 범인의 연령, 성행, 지능, 환경 및 피해자에 대한 관계와 범행의 동기, 수단, 결과 및 범행후의 정황을 참작토록 함.

⑫ 1년이상의 징역이나 금고 또는 자격정지나 벌금의 형을 선고할 경우 범행의 동

기, 수단등을 참작하여 개전의 정상이 현저한 때에는 그 선고를 유예할 수 있게 함.

⑬ 벌금을 선고할 때에는 동시에 그 금액을 완납할 때까지 로역장에 유치할 것을 명할 수 있도록 함.

⑭ 석방은 형기종료일에 하도록 함.

⑮ 검사, 경찰, 기타 범죄수사에 관한 직무를 행하는 자 또는 이를 감독보조하는 자가 그 직무를 행함에 있어 지득한 피의사실을 공판회부전에 공표한 때에는 3년이하의 징역 또는 5년이하의 자격정지에 처하도록 함.

⑯ 범죄의 상습화경향에 따라 상습범엄벌주의를 취함.

⑰ 자기 또는 배우자의 존속친에 대한 범죄의 형을 가중함.

⑱ 다중 또는 흉기에 의한 범죄의 형을 가중함.

⑲ 중대한 범죄는 그 예비와 음모를 처벌토록 하되 자수자에 대한 특전규정을 설정함.

⑳ 사형은 중대한 범죄에만 과함.

㉑ 금고형은 정치적 성질을 가진 범죄, 특히 경벌할 범죄에 선택적으로 과함.

㉒ 과실범에 대한 체형은 금고형에 한하도록 함.

㉓ 자격정지는 상당한 자격을 가진 자가 아니면 범하기 어려운 것으로 예상되는 범죄에 대하여는 선택적으로 과하고, 중대한 파렴치죄에 대하여는 병과하도록 함.

㉔ 범인이 당해 범죄로 인하여 획득한 금품을 소유케 함이 현저하게 부당한 범죄에 대하여는 반드시 그것을 몰수하도록 함.

형법 개정지침

1. 대한민국 공용문서는 한글로 작성된다. 형법도 마찬가지다. 1948년 제정된 『한글전용법』에 근거한다. 그러나 대한민국 형법전은 아직도 한자와 한글이 혼용되어 있다. 앞으로 법전편찬위원회를 구성하여 대대적인 정비가 필요하다.

2. 형법전에 외국어 번역체 문구가 많다. 『~의, ~에의, ~에서의, ~에 의한, ~으로부터, ~에 의하여, ~로 인하여, ~로 인한 경우는 물론, ~에 지고 있어, ~하여야 하고, ~하고자 한 것에, ~로 하여금, ~으로서의, ~적, ~ 또는, ~을 가진다, ~하지 아니한다, ~하지 아니할 수 없다』 등 이다. 부적절한 조사와 동사 사용 그리고 이중부정으로 나타낸 문장들이 한글문체를 망치고 있다. 법전문체에 대한 전면 정비가 필요하다.

3. 외국어(일본어 · 중국어 · 영어 · 독일어) 문체는 개정되어야 한다.

① 일본식 조사 '의(の)' 삭제
② ~에 의하여 ⇒ 에 근거하여. 의고체, 영어 by, 독일어 von
③ ~에서의 ⇒ ~에서(불필요한 '의' 삭제)
④ 중국식 '적' 삭제, '내지' 삭제
⑤ 또는 ⇒ 온점(·)을 사용하면 간결표현으로 가독성을 높일 수 있음. 이미 법률 문장에서 사용되고 있음
⑥ ~로 인하여 ⇒ ~로
⑦ ~로써 ⇒ ~로
⑧ 및 ⇒ 과
⑨ 신속(가장 빠르게), 즉시(바로, 3시간 이내), 지체없이(절차에 따라 가장 빠르게), 반드시(꼭), 부득이(다른 방법이 없어)
⑩ 특히, 특별한, 다른 ⇒ 특별한
⑪ 하여야 한다 ⇒ 한다. 강조일 경우 "~하여야 한다" (중대한 위법행위)
⑫ 경우에는, 경우에도 ⇒ 경우
⑬ 자 ⇒ 사람
⑭ 단, 다만, ⇒ 다만 통일

⑮ '때와 경우' 차이 ⇒ 시기가 중요, 이 경우만 '때'를 사용
⑯ 기타 ⇒ '그 밖에' 또는 '그 밖의'로 통일
⑰ 아니 한다 ⇒ 않는다
⑱ 전3조 ⇒ 제○○조 · 제○○조 · 제○○조(민법처럼)
⑲ 급속을 요하는 경우 ⇒ 긴급한 경우
⑳ 급속히 ⇒ 신속히
㉑ 예외로 한다 ⇒ 정확하게 서술. 명확한 설명
㉒ 하여야 한다 ⇒ 한다
㉓ 문체뿐만 아니라 국어사전에 없는 일본식 · 중국식 한자 조어로 된 단어를 바꾸는 것도 시급하다.
㉮ 추징 ⇒ 추가징수, 경료된 ⇒ ~를 마친, 기왕 ⇒ 이전, 이송하다 ⇒ 옮기다, 모용 ⇒ 도용, 사칭, 익일 ⇒ 다음 날 등(等)

3. 다음의 수정원칙을 갖고 법률문장을 개선하였다.
① 제목변경
② 일본식 조사 '의(の)' 삭제
③ 명확성
④ 간결성
⑤ 가독성
⑥ 국제성(구글 번역이 가능한 문체)이다.

참고로 조사 '의'를 무조건 삭제하자는 주장이 아니다. 일본식 조사 '의(の)'에서 온 불필요한 '의'를 삭제하자는 것이다. 그냥 띄어쓰기만 해도 '의' 의미를 반영할 수 있다. 꼭 필요하다면 사용하든지, 아니면 목적격 조사를 사용하거나 동사를 사용하는 것이다. 그러면 명확한 관계문장이 될 것이다. 실익은 간결하고 가독성이 높아진다.

㉮ ① 법률의 변경에 의하여 ⇒ 법률을 변경하여
② 사실의 착오 ⇒ 사실착오
③ 어려운 표현의 법문장일수록 ⇒ 표현이 어려운 법문장일수록
④ 죄의 성립요소인 사실을 ⇒ 범죄성립요소인 사실을
⑤ 위험의 발생을 ⇒ 위험발생을

4. 현행 조문(국한문혼용)을 모두 한글로 개정하였다. 개정방향을 밝혀두었다. 개

정작업에서 학계 다수의견과 대법원 판례를 대폭 반영하였다. 향후 법전편찬위원회가 구성되면, 형법 개정 작업에 참고자료로 활용할 수 있을 것이다. 형사법학회 · 한국비교형사법학회와 국어학회 · 국어교육학회가 공동으로 학술세미나를 개최하는 것도 필요할 것이다. 오래된 벽을 허물고 새로운 문을 활짝 열어야 할 시기가 다가오고 있다. 남북한 통일시대다.

5. 나는 형법 범죄체계도를 반영하여 법조문을 대폭 수정하였다. 법문장은 간결체와 건조체가 생명이다. 그래서 많은 조문을 개조식으로 정비하였다. 지금까지 어느 학자도 시도하지 않은 작업이다. 나의 고민을 알 수 있을 것이다.

• 형법 제1조(범죄성립과 범죄처벌) · 형법 제7조(외국에서 받은 형집행 · 구금과 산입) · 형법 제10조(정신병 · 정신지체 · 정신병질 · 신경장애 · 그 밖에 중대한 의식장애에 대한 형사책임무능력 판단방법과 판단기준, 형사책임무능력을 스스로 야기한 사람에 대한 형사책임무능력 판단방법과 판단기준) · 형법 제12조(강요된 범죄행위와 형사책임무능력) · 형법 제13조(구성요건 고의와 구성요건 착오) · 형법 제15조(사실착오) · 형법 제17조(인과관계와 객관적 귀속) · 형법 제18조(부작위범) · 형법 제21조(정당방위) · 형법 제26조(중지미수범) · 형법 제27조(불능범 · 불능미수범) · 형법 제28조(음모범 · 예비범) · 형법 제30조(정범 · 간접정범 · 공동정범) · 형법 제31조(교사범 · 효과없는 교사 · 실패한 교사 · 특수교사) · 형법 제32조(방조범) · 형법 제34조(특수교사 · 특수방조 형가중) · 형법 제51조(양형조건) · 형법 제52조(자수 · 자복)
• 형법 제122조(직무유기) · 형법 제123조(직권남용) · 형법 제124조(직권남용 · 불법체포 · 불법감금) · 형법 제125조(직무폭행 · 직무가혹행위) · 형법 제127조(공무비밀누설) · 형법 제130조(제삼자뇌물제공) · 형법 제131조(수뢰후부정처사 · 사후수뢰) · 형법 제136조(공무집행방해) · 형법 제137조(위계공무집행방해 · 위력공무집행방해) · 형법 제144조(특수공무방해 · 특수공무방해치상 · 특수공무방해치사) · 형법 제145조(도주 · 집합명령위반) · 형법 제151조(범인은닉 · 범인도피 · 수사방해죄와 친족간 특례 · 그 제한) · 형법 제152조(위증 · 모해위증) · 형법 제155조(증거인멸과 친족간 특례) · 형법 제156조(무고) · 형법 제167조(일반물건방화)
• 형법 제230조(공문서부정행사) · 형법 제250조(살인 · 존속살해 · 비속살해) · 형법 제258조2(특수상해) · 형법 제297조(강간)
• 형법 제307조(명예훼손) · 형법 제317조(업무비밀누설) · 형법 제323조(권리행사방해 · 친족간범행과 고소) · 형법 제347조(사기) · 형법 제355조(단순횡령 · 위탁횡령 · 단순배임) · 형법 제369조(특수손괴)를 참고하기 바란다.

차　　례

제1편 총　　칙

제 2 편 각 칙

제 1 편

총　　칙

제1장

刑法의 適用範圍

1. 제1조(범죄의 성립과 처벌)

(1) 현행

第1條(犯罪의 成立과 處罰)
① 犯罪의 成立과 處罰은 行爲時의 法律에 依한다.
② 犯罪後 法律의 變更에 依하여 그 行爲가 犯罪를 構成하지 아니하거나 刑이 舊法보다 輕한 때에는 新法에 依한다.
③ 裁判確定後 法律의 變更에 依하여 그 行爲가 犯罪를 構成하지 아니하는 때에는 刑의 執行을 免除한다.

제1조(범죄의 성립과 처벌)
① 범죄의 성립과 처벌은 행위시의 법률에 의한다.
② 범죄 후 법률의 변경에 의하여 그 행위가 범죄를 구성하지 아니하거나 형이 구법보다 경한 때에는 신법에 의한다.
③ 재판확정 후 법률의 변경에 의하여 그 행위가 범죄를 구성하지 아니하는 때에는 형의 집행을 면제한다.

(2) 개선방안

제1안
제1조(범죄성립과 범죄처벌)
① 범죄성립과 범죄처벌은 행위시 법률을 적용한다.
② 범죄 후 법률변경으로 행위가 범죄를 구성하지 않거나 또는 법정형이 구법보다 경한 경우 신법을 적용한다.
③ 재판확정 후 법률변경으로 행위가 범죄를 구성하지 않는 때 선고형 집행을 면제한다.

제2안 ★★★★★

제1조(범죄성립과 범죄처벌)

① 어떤 행위가 범죄로 처벌되려면, 범죄성립과 범죄처벌이 [1]**행위 전에** [2]**법률로** [3]**명확히** 규정되어야 한다.

② 다음 각 호 어느 하나에 해당하는 경우 개정된 법률을 적용한다.

1. 어떤 행위가 법률변경으로 범죄가 성립되지 않는 경우
2. 개정된 법률에서 법정형이 이전 법률보다 가벼운 경우

③ 어떤 행위가 재판에서 유죄로 확정된 후, 법률개정으로 그 행위가 더 이상 범죄가 성립되지 않는 경우 이미 **선고된 형은 집행이 면제된다.**

【개정방향】

※ 제목변경

※ 명확성 · 간결성 · 가독성

※ 일본식 조사 '의' 삭제

※ 일본식『~에 의한다』,『~에 의하여』삭제

※ 개조식

※ 국어문법정비

※ 범죄의 성립과 처벌은 행위시의 법률에 의한다 ⇒ 어떤 행위가 범죄로 처벌되려면, 범죄성립과 범죄처벌이 행위 전에 법률로 명확히 규정되어야 한다.

※ 범죄 후 법률의 변경에 의하여 ⇒ 어떤 행위가 법률변경으로

※ 그 행위가 범죄를 구성하지 아니하거나 ⇒ 범죄가 성립되지 않는 경우

※ 형이 구법보다 경한 때에는 ⇒ 개정된 법률에서 법정형이 이전 법률보다 가벼운 경우

※ 신법에 의한다 ⇒ 개정된 법률을 적용한다.

※ 재판확정 후 ⇒ 어떤 행위가 재판에서 유죄로 확정된 후

※ 법률의 변경에 의하여 ⇒ 법률개정으로

※ 그 행위가 범죄를 구성하지 아니하는 때에는 ⇒ 범죄가 성립되지 않는 경우

※ 형의 집행을 면제한다 ⇒ 이미 선고된 **형은 집행이 면제된다.**

●● 독일 형법 제1조 죄형법정주의

[1]행위 이전에 [2]가벌성이 법률로 [3]명확하게 규정된 경우에 한하여 어떤 행위가 처벌될 수 있다.

●● 스위스 형법 제1조 법률 없으면 제재 없다.

법률로 명확하게 처벌되는 행위에 한하여 형벌 · 보안처분을 선고할 수 있다.

(3) 조문해설

가. 형법 제1조는 범죄성립과 범죄처벌을 규정하고 있다.

나. 주요내용을 보면, ① 어떤 행위가 범죄로 처벌되려면, 범죄성립과 범죄처벌이 [1]**행위 전에** [2]**법률로** [3]**명확히 규정**되어야 한다. ② 다음 각 호 어느 하나에 해당하는 경우 개정된 법률을 적용한다. 1. 어떤 행위가 법률변경으로 범죄가 성립되지 않는 경우, 2. 개정된 법률에서 법정형이 이전 법률보다 가벼운 경우 ③ 어떤 행위가 재판에서 유죄로 확정된 후, 법률개정으로 그 행위가 더 이상 범죄가 성립되지 않는 경우 이미 선고된 형은 집행이 면제된다.

(4) | 관련판례 | 헌법재판소 2002. 6. 27. 선고 99헌마480 전원재판부 결정 [전기통신사업법 제53조 등 위헌확인] 명확성원칙

가. 표현의 자유를 규제하는 입법에서 명확성의 원칙은 특별히 중요한 의미를 지닌다. 무엇이 금지되는 표현인지가 불명확한 경우, 자신이 행하고자 하는 표현이 규제의 대상이 아니라는 확신이 없는 기본권 주체는 대체로 규제를 받을 것을 우려해서 표현행위를 스스로 억제하게 될 가능성이 높다. 그러므로 **표현의 자유를 규제하는 법률은 규제되는 표현의 개념을 세밀하고 명확하게 규정할 것이 헌법적으로 요구된다.**

나. **전기통신사업법 제53조 제1항 "공공의 안녕질서 또는 미풍양속을 해하는"이라는 불온통신의 개념은 너무나 불명확하고 애매하다.** 여기서 "공공의 안녕질서"는 헌법 제37조 제2항 "국가의 안전보장 · 질서유지"와, "미풍양속"은 헌법 제21조 제4항 "공중도덕이나 사회윤리"와 비교하여 볼 때 동어반복이라 해도 좋을 정도로 **전혀 구체화되어 있지 아니하다.**

다. 이처럼, "공공의 안녕질서", "미풍양속"은 매우 추상적인 개념이어서 어떠한 표현행위가 과연 "공공의 안녕질서"나 "미풍양속"을 해하는 것인지, 아닌지에 관한 판단은 사람마다의 가치관, 윤리관에 따라 크게 달라질 수밖에 없고, 법집행자의 통상적 **해석을 통하여 그 의미내용을 객관적으로 확정하기도 어렵다.**

(5) | 관련판례 | 대법원 2015. 5. 28. 선고 2015도1362, 2015전도19 판결 [공소시효를 정지 · 연장 · 배제하는 내용의 특례조항을 신설하면서 소급적용에 관한 명시적인 경과규정을 두지 아니한 경우, 그 조항을 소급하여 적용할 것인지 판단할 때 고려할 사항]

가. 법원이 어떠한 법률조항을 해석 · 적용함에 있어서 한 가지 해석방법에 의하

면 헌법에 위배되는 결과가 되고, 다른 해석방법에 의하면 헌법에 합치하는 것으로 볼 수 있을 때에는, 위헌적인 해석을 피하고 헌법에 합치하는 해석방법을 택하여야 한다. 이는 입법방식에 다소 부족한 점이 있어 어느 법률조항의 적용 범위 등에 관하여 불명확한 부분이 있는 경우에도 마찬가지이다.

나. 이러한 관점에서 보면, **공소시효를 정지 · 연장 · 배제하는 내용의 특례조항을 신설하면서 소급적용에 관한 명시적인 경과규정을 두지 아니한 경우에 그 조항을 소급하여 적용할 수 있다고 볼 것인지에 관하여는 이를 해결할 보편타당한 일반원칙이 존재할 수 없다.** 그러므로 **적법절차원칙과 소급금지원칙을 천명한 헌법 제12조 제1항과 제13조 제1항의 정신을 바탕으로 하여 법적 안정성과 신뢰보호원칙을 포함한 법치주의 이념을 훼손하지 아니하도록 신중히 판단하여야 한다.**

다. 이 사건 공소사실 중 2006. 5.경 장애인 준강간의 점(이하 '이 사건 장애인 준강간의 점'이라 한다)에 대한 적용법조는 구 「성폭력범죄의 처벌 및 피해자보호 등에 관한 법률」(2010. 4. 15. 법률 제10258호 「성폭력범죄의 피해자보호 등에 관한 법률」로 개정되기 전의 것) 제8조, 구 형법(2012. 12. 18. 법률 제11574호로 개정되기 전의 것) 제297조로서 그 법정형이 3년 이상의 유기징역이다. 그러므로 구 형사소송법(2007. 12. 21. 법률 제8730호로 개정되기 전의 것) 제249조 제1항 제3호에 의하여 그 공소시효는 7년이다.

라. 한편 2010. 4. 15. 법률 제10258호로 제정 · 공포된 「성폭력범죄의 처벌 등에 관한 특례법」(이하 '법률 제10258호 성폭력처벌법'이라 한다)은 미성년자에 대한 성폭력범죄와 관련한 공소시효 정지 · 연장조항을 신설하면서(제20조 제1항, 제2항) 그 부칙 제3조에서 "이 법 시행 전 행하여진 성폭력범죄로 아직 공소시효가 완성되지 아니한 것에 대하여도 제20조를 적용한다"고 규정한 반면, 2011. 11. 17. 법률 제11088호로 개정되어 2011. 11. 17. 시행된 「성폭력범죄의 처벌 등에 관한 특례법」(이하 '이 사건 법률'이라 한다)은 제20조 제3항에서 "13세 미만의 여자 및 신체적인 또는 정신적인 장애가 있는 여자에 대하여 형법 제297조(강간) 또는 제299조(준강간, 준강제추행)(준강간에 한정한다)의 죄를 범한 경우에는 제1항과 제2항에도 불구하고 형사소송법 제249조부터 제253조까지 및 군사법원법 제291조부터 제295조까지에 규정된 공소시효를 적용하지 아니한다"고 규정하여 공소시효 배제조항을 신설하면서도 이에 대하여는 법률 제10258호 성폭력처벌법 부칙 제3조와 같은 경과규정을 두지 아니하였다.

마. 이 사건 법률을 통하여 피고인에게 불리한 내용의 공소시효 배제조항을 신설하면서 신법을 적용하도록 하는 경과규정을 두지 아니한 경우 그 공소시효 배제조항의 시적 적용 범위에 관하여는 보편타당한 일반원칙이 존재하지 아니한다. 그러므로 각국의 현실과 사정에 따라 그 적용 범위를 달리 규율할 수 있다.

바. 그런데 2007. 12. 21. 법률 제8730호로 개정된 형사소송법이 종전의 공소시효 기간을 연장하면서도 그 부칙 제3조에서 "이 법 시행 전에 범한 죄에 대하여는 종전의 규정을 적용한다"고 규정함으로써 소급효를 인정하지 아니한다는 원칙을 밝힌 점, **특별법에 소급적용에 관한 명시적인 경과규정이 없는 경우에는 일반법에 규정된 경과규정이 적용되어야 하는 점 등에 비추어 공소시효가 피고인에게 불리하게 변경되는 경우에는 피고인에게 유리한 종전 규정을 적용하여야 한다. 이 사건 법률에는 소급적용에 관한 명시적인 경과규정이 없어 이 사건 장애인 준강간의 점에 대하여는 이 사건 법률 제20조 제3항을 소급하여 적용할 수 없다. 그러므로 그 범행에 대한 공소가 범죄행위 종료일부터 7년이 경과한 후에 제기되어 공소시효가 완성되었다는 이유로, 이를 유죄로 판단한 제1심 판결을 파기하고, 이 부분 공소사실에 대하여 면소를 선고함이 타당하다.**

(6) | 관련판례 | 대법원 2017. 12. 21. 선고 2015도8335 **전원합의체 판결** [항공보안법 제42조에서 정한 '항로'의 의미, 승객이 탑승한 후 항공기의 모든 문이 닫힌 때부터 내리기 위하여 문을 열 때까지 항공기가 지상에서 이동하는 경로가 위 '항로'에 포함되는지 여부(소극), 갑 항공사 부사장인 피고인이 외국 공항에서 국내로 출발 예정인 자사 여객기에 탑승하였다가, 담당 승무원의 객실서비스 방식에 화가 나 폭언하면서 승무원을 비행기에서 내리도록 하기 위해, 기장으로 하여금 계류장의 탑승교에서 분리되어 푸시백 중이던 비행기를 다시 탑승구 쪽으로 돌아가게 함으로써 위력으로 운항 중인 항공기의 항로를 변경하게 하였다고 하여 항공보안법 위반으로 기소된 사안에서, 피고인이 푸시백 중이던 비행기를 탑승구로 돌아가게 한 행위가 항공기의 항로를 변경하게 한 것에 해당하지 않는다고 한 사례] 〈항공기 탑승구 복귀 사건〉 땅콩회항사건

[1] **[다수의견]**

가. 항공보안법 제42조는 "**위계 또는 위력으로써**[행위1/실행착수] 〈운항 중인 항공기의〉[행위객체] **항로를 변경하게 하여**[행위2] 〈정상 운항을〉[행위객체] **방해한**[행위3] 사람은 1년 이상 10년 이하의 징역에 처한다"라고 규정하고 있다. 같은 법 제2조 제1호는

'운항 중'을 '승객이 탑승한 후 항공기의 모든 문이 닫힌 때로부터 내리기 위하여 문을 열 때까지'로 정의하였다. 그러나 항공보안법에 **'항로'가 무엇인지에** 관하여 정의한 규정은 없다.

나. 죄형법정주의는 국가형벌권의 자의적인 행사로부터 개인의 자유와 권리를 보호하기 위하여 범죄와 형벌을 법률로 정할 것을 요구한다. 그러한 취지에 비추어 보면 형벌법규의 해석은 엄격하여야 한다. 문언의 가능한 의미를 벗어나 피고인에게 불리한 방향으로 해석하는 것은 죄형법정주의의 내용인 확장해석금지에 따라 허용되지 아니한다. 법률을 해석할 때 입법 취지와 목적, 제정·개정 연혁, 법질서 전체와의 조화, 다른 법령과의 관계 등을 고려하는 체계적·논리적 해석방법을 사용할 수 있다. 그러나 문언 자체가 비교적 명확한 개념으로 구성되어 있다면 원칙적으로 이러한 해석 방법은 활용할 필요가 없거나 또한 제한될 수밖에 없다. 죄형법정주의 원칙이 적용되는 형벌법규의 해석에서는 더욱 그러하다.

다. 법령에서 쓰인 용어에 관해 정의규정이 없는 경우에는 원칙적으로 사전적인 정의 등 일반적으로 받아들여진 의미에 따라야 한다. 국립국어원의 표준국어대사전은 항로를 '항공기가 통행하는 공로(空路)'로 정의하고 있다. 국어학적 의미에서 항로는 공중의 개념을 내포하고 있음이 분명하다. 항공기 운항과 관련하여 '항로'가 지상에서의 이동 경로를 가리키는 용어로 쓰인 예를 찾을 수 없다.

라. 다른 법률에서 항로는 '항공로'의 뜻으로 사용되기도 하였다. 구 항공법(2016. 3. 29. 법률 제14116호로 폐지) 제115조의2 제2항은, 국토교통부장관이 항공운송사업자에게 운항증명을 하는 경우 '운항하려는 항로' 등 운항조건을 정하도록 규정하였다. 이 조문의 내용을 물려받은 항공안전법(2016. 3. 29. 법률 제14116호) 제90조 제2항은 '운항하려는 항로'를 '운항하려는 항공로'로 바꾸었다. 그러므로 여기에서 '항로'는 항공로와 같은 뜻으로 쓰였음이 분명하다. 항공로의 법률적 정의는 '국토교통부장관이 항공기 등의 항행에 적합하다고 지정한 지구의 표면상에 표시한 공간의 길'로 규정되어 있으므로(항공안전법 제2조 제13호, 구 항공법에서의 정의도 같다), 항공기가 비행하면서 다녀야 항공로가 될 수 있다. 이처럼 항로가 법률용어로서 항공로와 혼용되기도 한 것을 볼 때, 입법자도 항로를 공중의 개념을 내포한 단어로 인식하였다고 볼 수 있다.

마. 반면에 입법자가 유달리 본죄 처벌규정에서만 '항로'를 통상의 의미와 달리 지상에서의 이동 경로까지 포함하는 뜻으로 사용하였다고 볼 만한 입법자료

는 찾을 수 없다. 본죄는 항공보안법의 전신인 구 항공기운항안전법(1974. 12. 26. 법률 제2742호) 제11조에서 처음으로 범죄로 규정되었다. 구 항공기운항안전법의 제정과정에서 법률안 심사를 위해 열린 1974. 11. 26. 국회 법제사법위원회 회의록은, 본죄의 처벌규정에 관하여는 아무런 논의가 없어서 '항로'의 의미를 알 수 있는 직접적인 단서가 되기 어렵다. 다만 제안이유에 관한 설명을 보면, 민간 항공기에 대한 범죄 억제를 위한 국제협약에 우리나라가 가입한 데 따른 협력의무의 이행으로 범죄행위자에 대한 가중처벌규정 등을 마련하기 위해 구 항공기운항안전법이 제정된 것임을 알 수 있다.

바. 본죄의 객체는 '운항 중'의 항공기이다. 그러나 위계 또는 위력으로 변경할 대상인 '항로'는 별개의 구성요건요소로서 그 자체로 죄형법정주의 원칙에 부합하게 해석해야 할 대상이 된다. 항로가 공중의 개념을 내포한 말이고, 입법자가 그 말뜻을 사전적 정의보다 넓은 의미로 사용하였다고 볼 자료가 없다. 지상의 항공기가 이동할 때 '운항 중'이 된다는 이유만으로 그때 다니는 지상의 길까지 '항로'로 해석하는 것은 문언의 가능한 의미를 벗어난다.

사. 지상에서 이동하는 항공기의 경로를 함부로 변경하는 것은 다른 항공기나 시설물과 충돌할 수 있어 위험성이 큰 행위임이 분명하다. 그러나 처벌의 필요성만으로 죄형법정주의 원칙을 후퇴시켜서는 안 된다. 그런 행위는 기장에 대한 업무방해죄로 처벌할 수 있을 뿐만 아니라, 많은 경우 폭행·협박 또는 위계를 수반할 것이므로 10년 이하의 징역으로 처벌 가능한 직무집행방해죄(항공보안법 제43조) 등에 해당할 수 있어 처벌의 공백이 생기는 것도 아니다.

[대법관 박보영, 대법관 조희대, 대법관 박상옥의 반대의견]

가. 국립국어원의 표준국어대사전에서는 항로를 '항공기가 통행하는 공로(空路). 항공로로 순화'라고 풀이하고, 또 공로(空路)는 '항공로'를 뜻하는 것으로, 항공로는 '일정하게 운항하는 항공기의 지정된 공중 통로'를 뜻하는 것으로 각 풀이하고 있다. 그런데 항공보안법 제42조의 처벌 대상은 운항 중인 항공기가 실제 운행하는 길을 변경하게 하는 것이지, 국토교통부장관이 지정한 공중 통로 자체를 변경하게 하는 것이 아니다.

나. '항로'라는 표현은 법문의 문맥에 따라 지상에서의 항공기 이동 경로를 포함하는 개념으로도 해석될 수 있다. 실제 '항로'의 개념 속에 지상에서의 항공기 이동 경로가 포함되는지 논란이 되자, 구 항공법의 '항로'가 항공안전법에서 그 문맥에 맞는 표현인 '항공로'로 바뀐 것으로 보인다. 따라서 이 부분 다수의견의 논거는 오히려 항로와 항공로를 구별되는 개념으로 보는 반대의견에

부합하는 논거이다.

다. 항로(航路)는 한자의 뜻에 따라 풀이하면 '배나 비행기(航) 길(路)'을 말한다. 배는 항구에서 항구로 바닷길을 따라 운행하는 반면, 항공기는 공항에서 공항으로 운행하는데, 주로 공중에서 운행하지만 이륙과 착륙을 위하여 공항 내 지상에서의 운행도 필연적으로 있을 수밖에 없다. 항공보안법 제2조 제1호는 '운항 중'이란 승객이 탑승한 후 항공기의 모든 문이 닫힌 때부터 내리기 위하여 문을 열 때까지를 말한다는 규정을 두고 있다. 국립국어원의 표준국어대사전에서도 운항을 '배나 비행기가 정해진 항로나 목적지를 오고 감'이라는 뜻으로 풀이하고 있다. 따라서 항로는 '항공기가 운항하는 길'로 이해하는 것이 무리가 없고 자연스럽다.

라. 본죄의 항로가 운항과 밀접한 관계 속에서 사용되었음은 법문의 구조에서도 드러난다. 항공보안법의 전신인 구 항공기운항안전법에서부터 항로는 그 법 전체를 통틀어 오로지 본죄의 구성요건에서만 사용되었고, 바로 앞에서 '운항 중인 항공기의'라는 말이 수식하고 있다. 입법자가 항로의 정의규정을 따로 두지 않은 것을 볼 때, 수식어로 사용된 '운항'이 일반인이 인식할 수 있을 정도로 항로의 의미를 분명히 할 수 있는 것으로 여겼음을 알 수 있다. 이러한 연관관계에 비추어 볼 때, 본죄의 '항로'는 따로 떼어 해석할 것이 아니라 '운항 중인 항공기의 항로'라는 어구 속에서 의미를 파악함이 타당하다. 항공보안법에서 '운항 중'은 입법자가 지상의 항공기도 범죄로부터 보호하려는 명확한 의도로 통상의 말뜻보다 의미를 넓힌 용어이다. 그렇다면 그와 어구를 이룬 '항로'도 지상과 공중을 불문하고 '운항 중인 항공기가 다니는 길'을 모두 포함하는 것으로 넓게 새겨도 가능한 의미의 범위를 벗어나지 아니한다.

마. 지상에서 이동하는 항공기의 경로를 함부로 변경하게 하는 행위는 대형 참사로 이어질 수 있는 위험성이 매우 크므로, 1년 이상 10년 이하의 징역형만을 규정한 본죄로 처벌해야 안전운항을 위협하는 행위에 대한 처벌의 강도를 높이려는 입법자의 의도에 들어맞는다. 항공기는 지상에서도 승객 안전을 위해 기장의 판단과 관제 당국의 통제 아래 최적의 경로를 따라 진행해야 함은 비행할 때와 다를 바 없다. 이를 방해하는 행위를 합당한 처벌로 억제할 필요가 있기 때문이다. 형법상 업무방해죄는 징역형의 상한이 5년에 불과할 뿐만 아니라 벌금형으로 처벌될 수도 있어 항공기 운항과 관련된 중대범죄를 처벌할 죄목에 걸맞지 않다. 항공보안법상 직무집행방해죄(제43조)는 행위 유형에 '위력'이 빠져 있어 이와 같은 행위를 포섭하지 못한다.

바. 결론적으로, 승객이 탑승한 후 항공기의 모든 문이 닫힌 때부터 내리기 위하여 문을 열 때까지 항공기가 지상에서 이동하는 경로는 항공보안법 제42조의 '항로'에 포함된다고 해석하여야 한다.

[2] 갑 항공사 부사장인 피고인이 외국 공항에서 국내로 출발 예정인 자사 여객기에 탑승하였다가, 담당 승무원이 일등석 승객인 자신에게 견과를 대접하는 방식이 자기가 알고 있는 객실서비스 설명서에 규정된 방법과 다르다는 이유로 화가 나 폭언하면서 승무원을 비행기에서 내리도록 하기 위해, 기장으로 하여금 계류장의 탑승교에서 분리되어 푸시백(Pushback, 계류장의 항공기를 차량으로 밀어 유도로까지 옮기는 것) 중이던 비행기를 다시 탑승구 쪽으로 돌아가게 함으로써 위력으로 운항 중인 항공기의 항로를 변경하게 하였다고 하여 항공보안법 위반으로 기소된 사안이다. 피고인이 푸시백 중이던 비행기를 탑승구로 돌아가게 한 행위가 항공기의 항로를 변경하게 한 것에 해당하지 않는다. 같은 취지에서 피고인에게 무죄를 선고한 원심판단이 정당하다.

[3] 생각건대 대법원 소수의견이 설득력이 있다. 항로(航路)란 항공기가 통행하는 길이다. 이륙 후 착륙 직전까지 항공기의 지정된 공중 통로(비행 통로)만 의미하는 것이 아니다. 비행기도 일정한 길을 따라간다. 이륙부터 착륙까지 비행기가 움직이는 모든 길이 항공로(Airway)이다. 공로(空路)는 항공기가 움직이는 길이다. 승객이 탑승한 후 항공기의 모든 문이 닫힌 때부터 내리기 위하여 문을 열 때까지 항공기가 지상에서 이동하는 경로가 '항로'이다. 엄격한 해석은 중요하다. 그러나 문언에 충실한 해석이 기본이 되어야 한다.

(7) **| 관련판례 |** **대법원 2017. 12. 28. 선고 2017도17762 판결** [도로교통법 제152조, 제43조를 위반한 무면허운전이 성립하기 위해서는 운전면허를 받지 않고 자동차 등을 운전한 곳이 도로교통법 제2조 제1호에서 정한 '도로'에 해당해야 하는지 여부(적극), 특정인이나 그와 관련된 용건이 있는 사람만 사용할 수 있고 자체적으로 관리되는 곳에서 운전면허 없이 자동차 등을 운전한 경우, 무면허운전으로 처벌할 수 있는지 여부(소극), 아파트 단지 내 지하주차장이 도로교통법 제2조 제1호에서 정한 '도로'에 해당하는지 판단하는 기준, 피고인이 자동차운전면허를 받지 않고 아파트 단지 안에 있는 지하주차장 약 50m 구간에서 승용차를 운전하여 도로교통법 위반(무면허운전)으로 기소된 사안에서, 위 주차장이 도로교통법 제2조 제1호에서 정한 '도로'에 해당하는지가 불분명하여 피고인의 자동차 운전행위가 도로교통법에서 금지하는 무면허운전에 해당하지 않는다고 볼 여지가 있는데도, 이와 달리 보

아 유죄를 인정한 원심판결에 심리미진 및 법리오해의 잘못이 있다고 한 사례] 〈운전면허 없이 아파트 단지 내 지하주차장에서 차량을 운전한 행위가 무면허운전에 해당하는지가 문제된 사례〉

가. 도로교통법 제43조는 '누구든지 제80조에 따라 지방경찰청장으로부터 운전면허를 받지 않거나 운전면허의 효력이 정지된 경우에는 자동차 등을 운전하여서는 안 된다'고 정하고, 이를 위반한 경우 처벌하고 있다(도로교통법 제152조 제1호).

나. 도로교통법 제2조 제1호는 '도로'란 도로법에 따른 도로[(가)목], 유료도로법에 따른 유료도로[(나)목], 농어촌도로 정비법에 따른 농어촌도로[(다)목], 그 밖에 현실적으로 불특정 다수의 사람 또는 차마가 통행할 수 있도록 공개된 장소로서 안전하고 원활한 교통을 확보할 필요가 있는 장소[(라)목]를 말한다고 정하고 있다.

다. **도로교통법 제2조 제26호는 '운전'이란 도로에서 차마를 그 본래의 사용방법에 따라 사용하는 것(조종을 포함한다)을 말한다고 정하되, 다음 세 경우에는 도로 외의 곳에서 운전한 경우를 포함한다고 정하고 있다. '술에 취한 상태에서의 운전'(도로교통법 제148조의2 제1항, 제44조), '약물(마약, 대마 및 향정신성의약품과 그 밖에 행정안전부령으로 정하는 것을 말한다)로 인하여 정상적으로 운전하지 못할 우려가 있는 상태에서의 운전'(제148조의2 제3항, 제45조), '차의 운전 등 교통으로 인하여 사람을 사상하거나 물건을 손괴하고 사상자를 구호하는 등 필요한 조치나 피해자에게 인적 사항(성명 · 전화번호 · 주소 등을 말한다) 제공을 하지 않은 경우(주 · 정차된 차만 손괴한 것이 분명한 경우에 제54조 제1항 제2호에 따라 피해자에게 인적 사항을 제공하지 아니한 사람은 제외한다)'(도로교통법 제148조, 제54조 제1항)가 그것이다.**

라. 개정 도로교통법(2017. 10. 24. 법률 제14911호로 개정되어 2018. 4. 25. 시행될 예정이다) 제2조 제26호는 차의 운전 등 교통으로 인하여 주차 · 정차된 차만 손괴한 것이 분명한데, 제54조 제1항 제2호에 따라 피해자에게 인적 사항을 제공하지 않은 경우(도로교통법 제156조 제10호)에도 도로 외의 곳에서 한 운전을 운전 개념에 추가하고 있다.

마. 위와 같이 도로교통법 제2조 제26호가 '술이 취한 상태에서의 운전' 등 일정한 경우에 한하여 예외적으로 도로 외의 곳에서 운전한 경우를 운전에 포함한다고 명시하고 있다. 반면 무면허운전에 관해서는 이러한 예외를 정하고 있지 않다. 따라서 도로교통법 제152조, 제43조를 위반한 무면허운전이 성립하

기 위해서는 운전면허를 받지 않고 자동차 등을 운전한 곳이 도로교통법 제2조 제1호에서 정한 도로, 즉 '도로법에 따른 도로', '유료도로법에 따른 유료도로', '농어촌도로 정비법에 따른 농어촌도로', '그 밖에 현실적으로 불특정 다수의 사람 또는 차마가 통행할 수 있도록 공개된 장소로서 안전하고 원활한 교통을 확보할 필요가 있는 장소' 중 하나에 해당해야 한다.

바. 위에서 **본 도로가 아닌 곳에서 운전면허 없이 운전한 경우에는 무면허운전에 해당하지 않는다**. 도로에서 운전하지 않았는데도 무면허운전으로 처벌하는 것은 유추해석이나 확장해석에 해당하여 죄형법정주의에 비추어 허용되지 않는다.

사. 따라서 운전면허 없이 자동차 등을 운전한 곳이 위와 같이 일반교통경찰권이 미치는 공공성이 있는 장소가 아니라 특정인이나 그와 관련된 용건이 있는 사람만 사용할 수 있고 자체적으로 관리되는 곳이라면, 도로교통법에서 정한 '도로에서 운전'한 것이 아니므로 무면허운전으로 처벌할 수 없다.

아. 아파트 단지 내 지하주차장은 아파트 단지와 주차장의 규모와 형태, 아파트 단지나 주차장에 차단 시설이 설치되어 있는지 여부, 경비원 등에 의한 출입 통제 여부, 아파트 단지 주민이 아닌 외부인이 주차장을 이용할 수 있는지 여부 등에 따라서 도로교통법 제2조 제1호에서 정한 도로에 해당하는지가 달라질 수 있다.

자. 피고인이 자동차운전면허를 받지 않고 아파트 단지 안에 있는 지하주차장 약 50m 구간에서 승용차를 운전하여 도로교통법 위반(무면허운전)으로 기소된 사안이다.

차. 위 주차장이 아파트 주민이나 그와 관련된 용건이 있는 사람만 이용할 수 있고 경비원 등이 자체적으로 관리하는 곳이라면 도로에 해당하지 않을 수 있다. 도로교통법 제2조 제1호에서 정한 도로에 해당하는지가 불분명하여 피고인의 자동차 운전행위가 도로교통법에서 금지하는 무면허운전에 해당하지 않는다고 볼 여지가 있다. 그런데도 아파트 단지와 주차장의 규모와 형태, 아파트 단지와 주차장의 진·출입에 관한 구체적인 관리·이용 상황 등에 관하여 심리하지 아니한 채 피고인의 자동차 운전행위가 무면허운전에 해당한다고 보아 유죄를 인정한 원심판결에 심리미진 및 도로교통법에서 정한 도로와 무면허운전에 관한 법리오해의 잘못이 있다.

(8) **| 관련판례 |** **대법원 2018. 8. 1. 선고 2015도10388 판결** [어떤 기구 등이 의료기기법상 '의료기기'에 해당하기 위한 요건, 법인이 설립되기 이전에 자연인이 한 행위에 대하여 양벌규정을 적용하여 법인을 처벌할 수 있는지 여부(원칙적 소극)]

〈저주파 자극기와 유사한 원리를 하용하여 운동효과를 증대시키는 것으로 광고된 이 사건 기구가 의료기기법상 의료기기인지 문제된 사건〉

가. 의료기기법 제2조 제1항은 의료기기를 사람이나 동물에게 단독 또는 조합하여 사용되는 기구 · 기계 · 재료 또는 이와 유사한 제품으로서 질병을 진단 · 치료 · 경감 · 처치 또는 예방할 목적으로 사용되는 제품(제1호), 상해 또는 장애를 진단 · 치료 · 경감 또는 보정할 목적으로 사용되는 제품(제2호), 구조 또는 기능을 검사 · 대체 또는 변형할 목적으로 사용되는 제품(제3호), 임신을 조절할 목적으로 사용되는 제품(제4호) 중 어느 하나에 해당하는 제품으로서 약사법에 따른 의약품과 의약외품 및 장애인복지법 제65조에 따른 장애인보조기구 중 의지 · 보조기를 제외한 것이라고 정의하고 있다. 그런데 어떤 기구 등이 의료기기법상 의료기기에 해당하기 위하여는 그 기구 등이 객관적으로 의료기기법 제2조 제1항 각호에서 정한 성능을 가지고 있거나, 객관적으로 그러한 성능을 가지고 있지 않더라도 그 기구 등의 형태, 그에 표시된 사용목적과 효과, 그 판매 대상과 판매할 때의 선전, 설명 등을 종합적으로 고려하여 위 조항에서 정한 목적으로 사용되는 것으로 인정되어야 한다.

나. 일반적으로 자연인이 법인의 기관으로서 범죄행위를 한 경우에도 행위자인 자연인이 그 범죄행위에 대한 형사책임을 지는 것이다. 다만 법률이 그 목적을 달성하기 위하여 특별히 규정하고 있는 경우에만 행위자를 벌하는 외에 법률효과가 귀속되는 법인에 대하여도 벌금형을 과할 수 있는 것인 만큼, 법인이 설립되기 이전에 어떤 자연인이 한 행위의 효과가 설립 후의 법인에게 당연히 귀속된다고 보기 어렵다. **양벌규정에 의하여 사용자인 법인을 처벌하는 것은 형벌의 자기책임원칙에 비추어 위반행위가 발생한 그 업무와 관련하여 사용자인 법인이 상당한 주의 또는 관리감독 의무를 게을리한 선임감독상의 과실을 이유로 하는 것이다.** 그런데 법인이 설립되기 이전의 행위에 대하여는 법인에게 어떠한 선임감독상의 과실이 있다고 할 수 없다. 그러므로 **특별한 근거규정이 없는 한 법인이 설립되기 이전에 자연인이 한 행위에 대하여 양벌규정을 적용하여 법인을 처벌할 수는 없다.**

2. 제2조(국내범)

(1) 현행

第2條(國內犯)
本法은 大韓民國領域內에서 罪를 犯한 內國人과 外國人에게 適用한다.

제2조(국내범)
본법은 대한민국 영역 내에서 죄를 범한 내국인과 외국인에게 적용한다.

(2) 개선방안

제2조(국내범)
이 법률은 대한민국 영역 내에서 범죄를 범한 대한민국국민·외국인에게 **적용된다.**

【개정방향】
※ 명확성·간결성·가독성
※ 본법은 ⇒ **이 법률은**
※ 대한민국 영역 내에서 ⇒ 대한민국 영역 내에서
※ 죄를 범한 ⇒ 범죄를 범한. 대한민국 형법에 규정된 범죄를 저지른
※ 내국인과 외국인에게 적용한다 ⇒ 대한민국국민·외국인에게 **적용된다.**

(3) 조문해설

가. 형법 제2조는 국내범을 규정하고 있다.
나. 주요내용을 보면, 이 법률은 **대한민국 영역 내에서 범죄를 범한 대한민국국민·외국인**에게 적용된다.

3. 제3조(내국인의 국외범)

(1) 현행

第3條(內國人의 國外犯)
本法은 大韓民國領域外에서 罪를 犯한 內國人에게 適用한다.

제3조(내국인의 국외범)
본법은 대한민국영역외에서 죄를 범한 내국인에게 적용한다.

(2) 개선방안

제3조(대한민국국민이 대한민국 영역 밖에서 범한 범죄)
이 법률은 대한민국 영역 밖에서 범죄를 범한 대한민국국민에게 적용된다.

【개정방향】
※ 제목변경
※ 명확성 · 간결성 · 가독성
※ 본법은 ⇒ **이 법률은**
※ 대한민국영역외에서 ⇒ 대한민국 영역 밖에서
※ 죄를 범한 ⇒ 범죄를 범한. 대한민국 형법에 규정된 범죄를 저지른
※ 내국인에게 적용한다 ⇒ 대한민국국민에게 적용된다.

(3) 조문해설

가. 형법 제3조는 대한민국국민이 대한민국 영역 밖에서 범한 범죄를 규정하고 있다.

나. 주요내용을 보면, 이 법률은 **대한민국 영역 밖에서 범죄를 범한 대한민국국민**에게 적용된다.

4. 제4조(국외에 있는 내국선박 등에서 외국인이 범한 죄)

(1) 현행

第4條(國外에 있는 內國船舶 等에서 外國人이 犯한 罪)
本法은 大韓民國領域外에 있는 大韓民國의 船舶 또는 航空機內에서 罪를 犯한 外國人에게 適用한다.

제4조(국외에 있는 내국선박 등에서 외국인이 범한 죄)
본법은 대한민국영역외에 있는 대한민국의 선박 또는 항공기내에서 죄를 범한 외국인에게 적용한다.

(2) 개선방안

제4조(대한민국 영역 밖에 있는 대한민국 선박 · 항공기내에서 범죄를 범한 외국인)
이 법률은 대한민국 영역 밖에 있는 대한민국 선박 · 항공기내에서 범죄를 범한 외국인에게 적용된다.

【개정방향】
※ 제목변경
※ 명확성 · 간결성 · 가독성
※ 본법은 ⇒ 이 법률은
※ 대한민국영역외에 있는 ⇒ 대한민국 영역 밖에 있는
※ 대한민국의 선박 또는 항공기내에서 ⇒ 대한민국 선박 · 항공기내에서
※ 죄를 범한 외국인에게 적용한다 ⇒ 범죄를 범한 외국인에게 적용된다.

(3) 조문해설

가. 형법 제4조는 대한민국 영역 밖에 있는 대한민국 선박 · 항공기내에서 범죄를 범한 외국인을 규정하고 있다.

나. 주요내용을 보면, 이 법률은 대한민국 영역 밖에 있는 **대한민국 선박 · 항공기내에서 범죄를 범한 외국인**에게 적용된다.

5. 제5조(외국인의 국외범)

(1) 현행

第5條(外國人의 國外犯)
本法은 大韓民國領域外에서 다음에 記載한 罪를 犯한 外國人에게 適用한다.
1. 內亂의 罪
2. 外患의 罪
3. 國旗에 關한 罪
4. 通貨에 關한 罪
5. 有價證券, 郵票와 印紙에 關한 罪
6. 文書에 關한 罪中 第225條 乃至 第230條
7. 印章에 關한 罪中 第238條

제5조(외국인의 국외범)
본법은 대한민국 영역 외에서 다음에 기재한 죄를 범한 외국인에게 적용한다.
1. 내란의 죄
2. 외환의 죄
3. 국기에 관한 죄
4. 통화에 관한 죄
5. 유가증권, 우표와 인지에 관한 죄
6. 문서에 관한 죄 중 제225조 내지 제230조

7. 인장에 관한 죄 중 제238조

(2) 개선방안

제5조(대한민국 영역 밖에서 범죄를 범한 외국인)
이 법률은 대한민국 영역 밖에서 다음 각 호 어느 하나에 해당하는 범죄를 범한 외국인에게 적용된다.
1. 내란죄
2. 외환죄
3. 국기에 관한 죄
4. 통화에 관한 죄
5. 유가증권 · 우표 · 인지에 관한 죄
6. 문서에 관한 죄 중 제225조 · 제226조 · 제227조 · 제228조 · 제229조 · 제230조
7. 인장에 관한 죄 중 제238조

【개정방향】
※ 제목변경
※ 명확성 · 간결성 · 가독성
※ 일본식 조사 '의' 삭제
※ 본법은 ⇒ 이 법률은
※ 대한민국 영역 외에서 ⇒ 대한민국 영역 밖에서
※ 다음에 기재한 죄를 범한 ⇒ 다음 각 호 어느 하나에 해당하는 범죄를 범한
※ 외국인에게 적용한다 ⇒ 외국인에게 적용된다.

(3) 조문해설

가. 형법 제5조는 대한민국 영역 밖에서 범죄를 범한 외국인을 규정하고 있다.

나. 주요내용을 보면, 이 법률은 **대한민국 영역 밖에서 다음 각 호 어느 하나에 해당하는 범죄를 범한 외국인**에게 적용된다. 1. 내란죄, 2. 외환죄, 3. 국기에 관한 죄, 4. 통화에 관한 죄, 5. 유가증권 · 우표 · 인지에 관한 죄, 6. 문서에 관한 죄 중 제225조 · 제226조 · 제227조 · 제228조 · 제229조 · 제230조, 7. 인장에 관한 죄 중 제238조

6. 제6조(대한민국과 대한민국국민에 대한 국외범)

(1) 현행

第6條(大韓民國과 大韓民國國民에 對한 國外犯)
本法은 大韓民國領域外에서 大韓民國 또는 大韓民國國民에 對하여 前條에 記載한 以外의 罪를 犯한 外國人에게 適用한다. 但 行爲地의 法律에 依하여 犯罪를 構成하지 아니하거나 訴追 또는 刑의 執行을 免除할 境遇에는 例外로 한다.

제6조(대한민국과 대한민국국민에 대한 국외범)
본법은 대한민국영역외에서 대한민국 또는 대한민국국민에 대하여 전조에 기재한 이외의 죄를 범한 외국인에게 적용한다. 단 행위지의 법률에 의하여 범죄를 구성하지 아니하거나 소추 또는 형의 집행을 면제할 경우에는 예외로 한다.

(2) 개선방안

제6조(대한민국 영역 밖에서 대한민국 · 대한민국국민에게 범죄(형법 제5조 제1호 · 제2호 · 제3호 · 제4호 · 제5호 · 제6호 · 제7호 범죄를 제외한다)를 범한 외국인)

① 이 법률은 대한민국 영역 밖에서 대한민국 · 대한민국국민에게 범죄(형법 제5조 제1호 · 제2호 · 제3호 · 제4호 · 제5호 · 제6호 · 제7호 범죄를 제외한다)를 범한 외국인에게 적용된다.

② 제1항은 다음 각 호에 해당하는 경우 적용되지 않는다.

1. **행위지 법률을 적용하여 범죄가 성립되지 않는 경우**
2. 행위지 법률을 적용하여 소추가 면제될 경우
3. 행위지 법률을 적용하여 형집행이 면제될 경우

【개정방향】

※ 제목변경
※ 명확성 · 간결성 · 가독성 · 개조식(나열식) 변경
※ 일본식 조사 '의' 삭제
※ 행위지의 법률에 의하여 ⇒ **행위지 법률을 적용하여**
※ 범죄를 구성하지 아니하거나 ⇒ **범죄가 성립되지 않는 경우**
※ 소추 또는 형의 집행을 ⇒ 소추가 면제될 경우 또는 형집행이
※ 면제할 경우에는 ⇒ 면제될 경우
※ 예외로 한다 ⇒ 제1항은 다음 각 호에 해당하는 경우 적용되지 않는다.
※ 참조조문: 형법 제6조를 확대하여 형법 제296조2(세계주의)를 천명함

형법 제296조2(세계주의)
제287조 · 제288조 · 제290조 · 제291조 · 제292조 · 제294조는 대한민국 영역 밖에서 죄를 범한 외국인에게 적용된다. [본조신설 2013.4.5.]

(3) 조문해설

가. 형법 제6조는 대한민국 영역 밖에서 대한민국 · 대한민국국민에게 범죄(형법 제5조 제1호 · 제2호 · 제3호 · 제4호 · 제5호 · 제6호 · 제7호 범죄를 제외한다)를 범한 외국인을 규정하고 있다.

나. 주요내용을 보면, ① 이 법률은 **대한민국 영역 밖에서 대한민국 · 대한민국국민에게 범죄(형법 제5조 제1호 · 제2호 · 제3호 · 제4호 · 제5호 · 제6호 · 제7호 범죄를 제외한다)를 범한 외국인에게 적용**된다. ② 제1항은 다음 각 호에 해당하는 경우 적용되지 않는다. 1. 행위지 법률을 적용하여 **범죄가 성립되지 않는 경우**, 2. 행위지 법률을 적용하여 **소추가 면제될 경우**, 3. 행위지 법률을 적용하여 **형집행이 면제될 경우**

7. 제7조(외국에서 받은 형의 집행) *****

(1) 현행

제7조(외국에서 집행된 형의 산입) 죄를 지어 외국에서 형의 전부 또는 일부가 집행된 사람에 대해서는 **그 집행된 형의 전부 또는 일부를 선고하는 형에 산입한다.** [전문개정 2016.12.20.] [2016.12.20. 법률 제14415호에 의하여 2015.5.28. 헌법재판소에서 헌법불합치 결정된 이 조를 개정함.]

개정 전 형법

제7조(외국에서 받은 형의 집행)
범죄에 의하여 외국에서 형의 전부 또는 일부의 집행을 받은 자에 대하여는 형을 감경 또는 면제할 수 있다.

(2) 개선방안

제7조(외국에서 받은 형집행 · 구금과 산입)
① **외국에서 범죄를 범하여 외국 법원에서 선고형 전부 · 선고형 일부를 집행 받은 사람은 대한민국 법원에서 다시 재판한다.**

② 제1항 경우 **법원은 선고형 전부 · 선고형 일부를 선고형에 산입한다.**
③ **외국에서 범죄혐의를 받고 구금된 사람이 대한민국 법원에서 다시 재판을 받는 경우 법원은 외국에서 받은 구금기간 전부 · 외국에서 받은 구금기간 일부를 선고형에 산입한다(신설).**

【개정방향】
※ 제목변경
※ 명확성 · 간결성 · 가독성
※ 일본식 조사 '의' 삭제
※ **제1항과 제2항으로 분리함**
※ 범죄에 의하여 ⇒ **외국에서 범죄를 범하여**
※ 외국에서 형의 전부 또는 일부의 집행을 받은 자에 대하여는 ⇒ **외국 법원에서 선고형 전부 · 선고형 일부를 집행 받은 사람은 대한민국 법원에서 다시 재판한다.**
※ **그 집행된 형의 전부 또는 일부를 선고하는 형에 산입한다 ⇒ 제1항 경우 법원은 선고형 전부 · 선고형 일부를 선고형에 산입한다.**

(3) 조문해설

가. 형법 제7조는 외국에서 받은 형집행 · 구금과 산입을 규정하고 있다.
나. 주요내용을 보면, ① 외국에서 범죄를 범하여 **외국 법원에서 선고형 전부 · 선고형 일부를 집행 받은 사람은 대한민국 법원에서 다시 재판**한다. ② 제1항 경우 법원은 **선고형 전부 · 선고형 일부를 선고형에 산입**한다. ③ 외국에서 범죄혐의를 받고 **구금된 사람이 대한민국 법원에서 다시 재판을 받는 경우 법원은 외국에서 받은 구금기간 전부 · 외국에서 받은 구금기간 일부를 선고형에 산입**한다(신설).

(4) **| 관련판례 |** 대법원 2017. 8. 24. 선고 2017도5977 **전원합의체 판결** [외국에서 집행된 형의 산입' 규정인 형법 제7조의 취지, 형법 제7조에서 정한 '외국에서 형의 전부 또는 일부가 집행된 사람'의 의미 및 형사사건으로 외국 법원에 기소되었다가 무죄판결을 받기까지 상당 기간 미결구금된 사람이 이에 해당하는지 여부(소극)와 그 미결구금 기간이 형법 제7조에 의한 산입의 대상이 되는지 여부(소극), 외국에서 미결구금되었다가 무죄판결을 받은 사람의 미결구금일수를 형법 제7조의 유추적용에 의하여 그가 국내에서 같은 행위로 인하여 선고받는 형에 산입할 수 있는지 여부(소극), 피고인이 외국에서 살인죄를 범하였다가 무죄 취지의 재판을 받고 석방된 후 국내에서 다시 기소되어 제1심에서 징역 10년을 선고받게 되자 자신이 외국에서 미결 상태로 구금된 5년여의 기간에 대하여도 '외국에서 집행된 형의 산입' 규

정인 형법 제7조가 적용되어야 한다고 주장하며 항소한 사안에서, 피고인의 주장을 배척한 원심판단에 형법 제7조의 적용 대상 등에 관한 법리오해의 위법이 없다고 한 사례] 〈외국에서의 미결구금에 대해 형법 제7조의 적용을 구하는 사건〉 필리핀 살인 사건

[1] **[다수의견]**

가. 형법 제7조는 "죄를 지어 외국에서 형의 전부 또는 일부가 집행된 사람에 대해서는 그 집행된 형의 전부 또는 일부를 선고하는 형에 산입한다"라고 규정하고 있다. 이 규정의 취지는, 형사판결은 국가주권의 일부분인 형벌권 행사에 기초한 것이어서 피고인이 외국에서 형사처벌을 과하는 확정판결을 받았더라도 그 외국 판결은 우리나라 법원을 기속할 수 없다. 우리나라에서는 기판력도 없어 일사부재리의 원칙이 적용되지 않는다. 그러므로 피고인이 동일한 행위에 관하여 우리나라 형벌법규에 따라 다시 처벌받는 경우에 생길 수 있는 실질적인 불이익을 완화하려는 것이다. 그런데 여기서 '외국에서 형의 전부 또는 일부가 집행된 사람'이란 문언과 취지에 비추어 '외국 법원의 유죄판결에 의하여 자유형이나 벌금형 등 형의 전부 또는 일부가 실제로 집행된 사람'을 말한다고 해석하여야 한다. 따라서 형사사건으로 외국 법원에 기소되었다가 무죄판결을 받은 사람은, 설령 그가 무죄판결을 받기까지 상당 기간 미결구금되었더라도 이를 유죄판결에 의하여 형이 실제로 집행된 것으로 볼 수는 없다. 그러므로 '외국에서 형의 전부 또는 일부가 집행된 사람'에 해당한다고 볼 수 없다. 그 미결구금 기간은 형법 제7조에 의한 산입의 대상이 될 수 없다.

나. 미결구금은 공소의 목적을 달성하기 위하여 어쩔 수 없이 피고인 또는 피의자를 구금하는 강제처분이어서 형의 집행은 아니다. 그러나 신체의 자유를 박탈하는 점이 자유형과 유사하기 때문에, 형법 제57조 제1항은 인권 보호의 관점에서 미결구금일수의 전부를 본형에 산입한다고 규정하고 있다. 그러나 외국에서 무죄판결을 받고 석방되기까지의 미결구금은, 국내에서의 형벌권 행사가 외국에서의 형사절차와는 별개의 것인 만큼 우리나라 형벌법규에 따른 공소의 목적을 달성하기 위하여 필수불가결하게 이루어진 강제처분으로 볼 수 없다. 유죄판결을 전제로 한 것이 아니어서 해당 국가의 형사보상제도에 따라 구금 기간에 상응하는 금전적 보상을 받음으로써 구제받을 성질의 것에 불과하다. 또한 형사절차에서 미결구금이 이루어지는 목적, 미결구금의 집행 방법 및 피구금자에 대한 처우, 미결구금에 대한 법률적 취급 등이 국가별로 다양

하여 외국에서의 미결구금으로 인해 피고인이 받는 신체적 자유 박탈에 따른 불이익의 양상과 정도를 국내에서의 미결구금이나 형의 집행과 효과 면에서 서로 같거나 유사하다고 단정할 수도 없다. 따라서 위와 같이 외국에서 이루어진 미결구금을 형법 제57조 제1항에서 규정한 '본형에 당연히 산입되는 미결구금'과 같다고 볼 수 없다. 결국 미결구금이 자유 박탈이라는 효과 면에서 형의 집행과 일부 유사하다는 점만을 근거로, 외국에서 형이 집행된 것이 아니라 단지 미결구금되었다가 무죄판결을 받은 사람의 미결구금일수를 형법 제7조의 유추적용에 의하여 그가 국내에서 같은 행위로 인하여 선고받는 형에 산입하여야 한다는 것은 허용되기 어렵다.

다. 한편 양형의 조건에 관하여 규정한 형법 제51조의 사항은 널리 형의 양정에 관한 법원의 재량사항에 속한다. 이는 열거적인 것이 아니라 예시적인 것이다. 피고인이 외국에서 기소되어 미결구금되었다가 무죄판결을 받은 이후 다시 그 행위로 국내에서 처벌받는 경우, 공판 과정에서 외국에서의 미결구금 사실이 밝혀진다면, 양형에 관한 여러 사정들과 함께 그 미결구금의 원인이 된 사실과 공소사실의 동일성의 정도, 미결구금 기간, 해당 국가에서 이루어진 미결구금의 특수성 등을 고려하여 필요한 경우 형법 제53조의 작량감경 등을 적용한다. 나아가 이를 양형의 조건에 관한 사항으로 참작하여 최종의 선고형을 정함으로써 적정한 양형을 통해 피고인의 미결구금에 따른 불이익을 충분히 해소할 수 있다. 형법 제7조를 유추적용하여 외국에서의 미결구금을 확정된 형의 집행 단계에서 전부 또는 일부 산입한다면, 이는 위 미결구금을 고려하지 아니하고 형을 정함을 전제로 한다. 그러므로 오히려 위와 같이 미결구금을 양형 단계에서 반영하여 그에 상응한 적절한 형으로 선고하는 것에 비하여 피고인에게 더 유리하다고 단정할 수 없다.

[대법관 고영한, 대법관 김창석, 대법관 조희대, 대법관 김재형, 대법관 조재연의 반대의견]

형법 제7조의 문언상 외국에서 유죄판결에 의하여 형의 전부 또는 일부가 집행된 사람이 아니라 단순히 미결구금되었다가 무죄판결을 받은 사람에 대하여 위 법조를 직접 적용할 수 없다는 것은 다수의견이 지적하는 바와 같다. 그러나 유추적용을 통하여 그 미결구금일수의 전부 또는 일부를 국내에서 선고하는 형에 산입하여야 한다. 그 이유는 다음과 같다.

가. 피고인이 외국에서 미결구금되었다가 무죄판결을 받았음에도 다시 국내에서 같은 행위로 기소되어 우리나라 형벌법규에 의하여 처벌받을 때 이를 전혀

고려하지 않는다면 피고인의 신체의 자유에 대한 과도한 침해가 될 수 있다. 이러한 경우에는 형법 제7조를 유추적용하여 그 미결구금일수의 전부 또는 일부를 국내에서 선고하는 형에 산입함으로써 형벌권의 행사를 정당한 한도 내로 제한함이 타당하다. 이렇게 보는 것이 신체의 자유를 보장하기 위하여 적법절차의 원칙을 선언하고 있는 헌법 정신에 부합한다.

나. 또한 형법 제7조의 입법 취지는 국내외에서의 실질적 이중처벌로 인하여 피고인이 입을 수 있는 불이익을 완화함으로써 피고인의 신체의 자유를 최대한으로 보장한다는 것이다. 이는 외국에서 유죄판결에 의하여 형의 집행을 받은 피고인뿐만 아니라 외국에서 미결구금되었다가 무죄판결을 받은 피고인에 대하여도 충분히 고려되어야 할 사항이다. 형법 제7조의 적용 여부가 쟁점이 되었을 때는 그 입법 취지를 최대한 반영하여 해석함이 타당하다. 그러므로 피고인이 외국에서 미결구금되었다가 무죄판결을 받은 경우에도 형법 제7조의 유추적용을 긍정할 필요가 있다.

다. 형법 제57조 제1항에 의하여서는 외국에서 무죄판결을 받고 석방되기까지의 미결구금일수를 국내에서 선고하는 형에 산입할 수 없다. 그러므로 위 조항과 형법 제7조에 공통적으로 담긴 인권 보호의 정신을 살려 외국에서 유죄판결에 의하여 형이 집행된 피고인뿐만 아니라 외국에서 미결구금되었다가 무죄판결을 받은 피고인에 대하여도 다시 같은 행위로 국내에서 형을 선고할 경우에는 형법 제7조를 유추적용하여야 할 필요성이 더욱 크다. 다만 형법 제57조 제1항에 의하여 본형에 산입되는 국내에서의 판결선고 전 구금일수는 공소의 목적을 달성하기 위하여 어쩔 수 없이 이루어진 강제처분기간에 한정된다는 것이 대법원의 일관된 태도이다. 그러므로 이러한 해석과의 균형을 위하여, 형법 제7조의 유추적용으로 선고하는 형에 산입할 외국에서의 미결구금은 외국에서 공소의 목적을 달성하기 위하여 이루어진 것에 한정하여야 한다.

라. 현행 법 체계에 비추어 보면, 판결확정 전의 구금은 형의 내용을 정할 때, 즉 양형 단계에서가 아니라 형의 집행 단계에서 고려하여야 할 사항이라는 것이 입법자의 결단이다. 외국에서의 미결구금 역시 판결확정 전의 구금에 해당한다. 나아가 외국에서의 미결구금이 외국에서의 형 집행과 본질적으로 차이가 없다. 그러므로 외국에서 미결구금된 경우 이를 양형 사유로 참작하는 것보다는 형의 집행 문제로 해결할 수 있도록 형법 제7조를 유추적용하는 것이 현행법체계에 부합하고 일관된다. 국내외에서의 이중처벌에 따른 피고인의 불이익을 완화시킨다는 형법 제7조의 입법 취지를 충분히 달성하기 위하여는 외

국에서의 미결구금을 양형인자의 하나로 보아 법관의 양형 판단에 의존하는 방식보다 형법 제7조의 유추적용에 의한 방식이 더 타당하다.

마. 외국에서 유죄판결이 선고되어 형이 집행된 경우 그 집행된 형의 전부 또는 일부를 선고하는 형에 직접 산입해 줌으로써 형기를 단축시켜 주는 방법으로 피고인에게 최대한 유리하게 취급해 준다. 반면 외국에서 무죄판결로 사건이 종결되었을 경우 외국에서 형사보상을 받을 기회가 있었다거나 형사보상을 받았다는 이유만으로 애초부터 그 무죄판결 이전의 미결구금을 형법 제7조 형 산입의 적용 대상에서 제외시키는 것은 합리적이라고 보기 어렵다.

[2] 피고인이 필리핀에서 살인죄를 범하였다가 무죄 취지의 재판을 받고 석방된 후 국내에서 다시 기소되어 제1심에서 징역 10년을 선고받게 되자 자신이 필리핀에서 미결 상태로 구금된 5년여의 기간에 대하여도 '외국에서 집행된 형의 산입' 규정인 형법 제7조가 적용되어야 한다고 주장하며 항소한 사안이다. 피고인의 주장을 배척한 원심판단에 형법 제7조의 적용 대상 등에 관한 법리오해의 위법이 없다.

[3] 생각건대 이 문제는 입법으로 해결되어야 한다. 내가 생각하는 형법 제7조 개정안이다. **주요내용을 보면, ① 외국에서 범죄를 범하여 외국 법원에서 선고형 전부 · 선고형 일부를 집행 받은 사람은 대한민국 법원에서 다시 재판한다. ② 제1항 경우 법원은 선고형 전부 · 선고형 일부를 선고형에 산입한다. ③ 외국에서 범죄혐의를 받고 구금된 사람이 대한민국 법원에서 다시 재판을 받는 경우 법원은 외국에서 받은 구금기간 전부 · 외국에서 받은 구금기간 일부를 선고형에 산입한다.**

8. 제8조(총칙의 적용)

(1) 현행

第8條(總則의 適用) 本法 總則은 他法令에 定한 罪에 適用한다. 但, 그 法令에 特別한 規定이 있는 때에는 例外로 한다. **제8조(총칙의 적용)** 본법 총칙은 타법령에 정한 죄에 적용한다. 단, 그 법령에 특별한 규정이 있는 때에는 예외로 한다.

(2) 개선방안

제8조(총칙적용)
① 이 법률 총칙은 다른 법령에서 정한 죄에도 적용된다.
② 형법각칙에 특별한 규정이 있는 경우 형법각칙 규정이 제1항보다 먼저 적용된다.
③ 특별형법에 이 법률과 관련하여 특별한 규정이 있는 경우 특별형법이 제1항 · 제2항보다 먼저 적용된다.

【개정방향】
※ 제목변경
※ 명확성 · 간결성 · 가독성
※ 제1항 · 제2항 · 제3항으로 분리함
※ 제1항은 형법, 제2항은 형법각론, 제3항은 특별형법으로 구분함
※ 본법 총칙은 타법령에 정한 죄에 적용한다 ⇒ ① 이 법률 총칙은 다른 법령에서 정한 죄에도 적용된다.
※ 단, ⇒ 삭제
※ 그 법령에 특별한 규정이 있는 때에는 ⇒ ② 형법각칙에 특별한 규정이 있는 경우 형법각칙 규정이 제1항보다 먼저 적용된다.
※ 예외로 한다 ⇒ ③ 특별형법에 이 법률과 관련하여 특별한 규정이 있는 경우 특별법이 제1항 · 제2항보다 먼저 적용된다.

(3) 조문해설

가. 형법 제8조는 총칙적용을 규정하고 있다.

나. 주요내용을 보면, ① 이 법률 **총칙은 다른 법령에서 정한 죄에도 적용된다.** ② 형법각칙에 특별한 규정이 있는 경우 **형법각칙 규정이 제1항보다 먼저 적용**된다. ③ **특별형법에 이 법률과 관련하여** 특별한 **규정이 있는 경우 특별형법이 제1항 · 제2항보다 먼저 적용**된다.

제2장

罪

第1節 罪의 成立과 刑의 減免

9. 제9조(형사미성년자)

(1) 현행

第9條(刑事未成年者)
14歲되지 아니한 者의 行爲는 罰하지 아니한다.

제9조(형사미성년자)
14세되지 아니한 자의 행위는 벌하지 아니한다.

(2) 개선방안

제1안 ★★★★★
제9조(형사미성년자 형사책임무능력)
행위 당시 만 14세가 되지 않은 사람은 형사책임무능력자로 처벌되지 않는다.

제2안
제9조(형사미성년자 형사책임무능력)
행위자가 행위 당시 만 14세가 되지 않은 경우 형사책임무능력자로 처벌되지 않는다.

【개정방향】
※ 제목변경
※ 명확성 · 간결성 · 가독성
※ 일본식 조사 '의' 삭제
※ 14세되지 아니한 자의 행위는 ⇒ **행위 당시 만** 14세가 되지 않은 사람은
※ 벌하지 아니한다 ⇒ **형사책임무능력자로 처벌되지 않는다.**

(3) 조문해설

가. 형법 제9조는 형사미성년자 형사책임무능력을 규정하고 있다.

나. 주요내용을 보면, 행위 당시 만 14세가 되지 않은 사람은 형사책임무능력자로 처벌되지 않는다.

10. 제10조(심신장애인) ★★★★★

(1) 현행

제10조(심신장애인)
① 심신장애로 인하여 사물을 변별할 능력이 없거나 의사를 결정할 능력이 없는 자의 행위는 벌하지 아니한다.
② 심신장애로 인하여 전항의 능력이 미약한 자의 행위는 **형을 감경할 수 있다. 〈형법 일부개정 2018.12.18. [법률 제15982호, 시행 2018.12.18.] 법무부〉**
③ 위험의 발생을 예견하고 자의로 심신장애를 야기한 자의 행위에는 전2항의 규정을 적용하지 아니한다. **[제목개정 2014.12.30]**

개정 전 법률
第10條(심신장애인)
① 心神障碍로 因하여 事物을 辨別할 能力이 없거나 意思를 決定할 能力이 없는 者의 行爲는 罰하지 아니한다.
② 心神障碍로 因하여 前項의 能力이 微弱한 者의 行爲는 刑을 減輕한다.
③ 危險의 發生을 豫見하고 自意로 心神障碍를 惹起한 者의 行爲에는 前2項의 規定을 適用하지 아니한다. [제목개정 2014.12.30.]

제10조(심신장애인)
① 심신장애로 인하여 사물을 변별할 능력이 없거나 의사를 결정할 능력이 없는 자의 행위는 벌하지 아니한다.
② 심신장애로 인하여 전항의 능력이 미약한 자의 행위는 형을 감경한다.
③ 위험의 발생을 예견하고 자의로 심신장애를 야기한 자의 행위에는 전2항의 규정을 적용하지 아니한다. [제목개정 2014.12.30]

(2) 개선방안

제10조(정신병 · 정신지체 · 정신병질 · 신경장애 · 그 밖에 중대한 의식장애에 대한 형사책임무능력 판단방법과 판단기준, 형사책임무능력을 스스로 야기한 사람에 대한 형사책임능력 판단방법과 판단기준)

① 심신장애(心神障碍)란 정신병(정신분열·망상장애·조울증)·정신지체(정신박약)·정신병질(인격장애)·신경장애·그 밖에 중대한 의식장애를 말한다.
② 법원은 제1항 심신장애 판단에서 반드시 자격을 가진 전문가 감정을 실시한다. 다만 법원은 감정결과를 참고하고, 법원이 심신장애 인정여부를 독자적으로 최종 판단한다.
③ 행위자가 **심신장애로** 사물변별능력이 없는 경우 또는 **심신장애로** 의사결정능력이 없는 경우 형사책임무능력으로 처벌되지 않는다.
④ **행위자가 심신장애로 사물변별능력이 미약한 경우 또는 심신장애로 의사결정능력이 미약한 경우 한정형사책임무능력으로 형을 감경할 수 있다.**
⑤ 법원은 제3항·제4항에도 불구하고 위험발생·결과발생을 예견하고, 스스로 심신장애를 야기한 사람을 형사책임능력자로 처벌한다. 다음 각 호 순서로 판단한다.
1. 행위자 제1원인행위와 제2실행행위를 1개 행위로 묶어 판단한다.
2. 심신장애를 야기하는 제1원인행위는 고의·과실로 범한 경우이다.
3. 심신장애상태에서 범한 제2실행행위도 고의·과실로 범한 경우이다.
4. 다만 과실로 심신장애를 야기하고, 과실로 제1원인행위를 한 경우 또는 과실로 심신장애를 야기하고, 과실로 제2실행행위를 범한 경우 형을 감경할 수 있다.

【개정방향】
※ 제목변경
※ 명확성·간결성·가독성(특히 제3항)·개조식(제5항)
※ 일본식 조사 '의' 삭제
※ 제1항 판단은 반드시 전문가 감정을 받도록 명문화. 다만 권고용으로 사용. 법원이 최종 판단. 전문가마다 다를 수 있기 때문이다.
※ 제1항·제2항·제3항·제4항·제5항으로 세분화
※ 제1항(심신장애개념): 생물요인
※ 제2항(심신장애판단): 감정요인
※ 제3항(형사책임무능력): 심리요인
※ 제4항(한정형사책임무능력): 감경
※ 제5항(심신상실자 형사처벌): 행위와 책임 동시존재원칙을 명문화. 『포괄적 책임판단 모델』
※ **제10조 제2항은 필요적 감경에서 임의적 감경으로 개정되었음.**
※ 책임이란 개인에 대한 비난가능성을 말한다. 책임 근거는 인간 자유의사이다. 도덕적 책임론은 인간 자유의사를 인정한다. 동양철학은 인간 자유의사를 기본으로 삼는다. 책임 본질은 행위자 의사형성과 의사활동에 대한 비난가능성이다. 규범적 관점에서 비난한다. 규범적 책임론이 다수설이다.

(3) 조문해설

가. 형법 제10조는 정신병 · 정신지체 · 정신병질 · 신경장애 · 그 밖에 중대한 의식장애에 대한 형사책임무능력 판단방법과 판단기준, 형사책임무능력을 스스로 야기한 사람에 대한 형사책임능력 판단방법과 판단기준을 규정하고 있다.

나. 주요내용을 보면, ① 심신장애(心神障碍)란 정신병(정신분열 · 망상장애 · 조울증) · 정신지체(정신박약) · 정신병질(인격장애) · 신경장애 · 그 밖에 중대한 의식장애를 말한다. ② 법원은 제1항 심신장애 판단에서 반드시 자격을 가진 전문가 감정을 실시한다. 다만 법원은 감정결과를 참고하고, 법원이 심신장애 인정여부를 독자적으로 최종 판단한다. ③ 행위자가 심신장애로 사물변별능력이 없는 경우 또는 심신장애로 의사결정능력이 없는 경우 형사책임무능력으로 처벌되지 않는다. ④ **행위자가 심신장애로 사물변별능력이 미약한 경우 또는 심신장애로 의사결정능력이 미약한 경우 한정형사책임무능력으로 형을 감경할 수 있다.** ⑤ 법원은 제3항 · 제4항에도 불구하고 위험발생 · 결과발생을 예견하고, 스스로 심신장애를 야기한 사람을 형사책임능력자로 처벌한다. 다음 각 호 순서로 판단한다. 1. 행위자 제1원인행위와 제2실행행위를 1개 행위로 묶어 판단한다. 2. 심신장애를 야기하는 제1원인행위는 고의 · 과실로 범한 경우이다. 3. 심신장애상태에서 범한 제2실행행위도 고의 · 과실로 범한 경우이다. 4. 다만 과실로 심신장애를 야기하고, 과실로 제1원인행위를 한 경우 또는 과실로 심신장애를 야기하고, 과실로 제2실행행위를 범한 경우 형을 감경할 수 있다.

다. **심신장애 판단방법은 생물과 심리를 종합한 '혼합방식'이다. 생물학적 요소로서 정신장애와 심리학적 요소로서 사물변별능력 또는 의사결정능력을 동시에 판단한다. 학계는 이를 '혼합방식'이라고 말한다. 독일 입법방식과 미국 입법방식과 유사하다. 대법원도 혼합방식을 채택하고 있다. 심신장애 정도가 심신상실인지 또는 심신미약인지 여부는 법률판단이다. 법관은 감정인의 감정결과를 중요한 증거방법으로 활용한다. 감정결과에 귀속되지 않는다. 대법원은 "심신장애 유무와 정도의 판단방법은 법원이 독자적으로 판단할 수 있다"고 일관된 입장이다. 의학적 발전과 소견에도 불구하고, 규범적 평가임을 분명히 하고 있다. 그러나 정밀한 정신감정은 정신장애 범죄자 책임과 처우에 핵심요소임을 잊어서는 안 된다.**

라. **'위험발생'이란 '구성요건상황의 발생'을 말한다. 교통사고 경우 '교통사고를 일으킬 위험성'을 의미한다. 이 위험성은 고의 또는 과실로 발생한다. 예견(豫見)**

이란 어떤 일이 발생하기 전에 미리 짐작하는 것을 말한다. 확실한 예견 또는 예견가능성을 의미한다. '자의'란 '자유로운 결정'을 말한다. '강제 없이', '스스로'의 의미이다. 따라서 '예견'과 '자의'를 고의범으로 축소해석할 필요가 없다. 고의든 과실이든(주의의무위반) 스스로 심신장애를 야기할 수 있기 때문이다. 이러한 사람의 행위는 책임능력이 있는 행위가 된다. 정리하면, 위험발생과 예견은 모두 고의와 과실을 포함하며, 자의는 단지 '스스로'의 의미이다. 복잡하게 생각할 필요가 없다. '야기'는 고의와 과실을 포함한다.

(4) **| 관련판례 | 대법원 1992. 7. 28. 선고 92도999 판결** [음주운전을 할 의사를 가지고 음주 만취한 후 운전을 결행하여 교통사고를 일으킨 경우 심신장애로 인한 감경 등을 할 수 있는지 여부(소극)] 원인에 있어서 자유로운 행위-과실범

가. 형법 제10조 제3항은 "위험의 발생을 예견하고 자의로 심신장애를 야기한 자의 행위에는 전2항의 규정을 적용하지 아니한다"고 규정하고 있다. 이 규정은 고의에 의한 원인에 있어서의 자유로운 행위만이 아니라 과실에 의한 원인에 있어서의 자유로운 행위까지도 포함하는 것이다. 위험의 발생을 예견할 수 있었는데도 자의로 심신장애를 야기한 경우도 그 적용 대상이 된다고 할 것이다.

나. 피고인이 음주운전을 할 의사를 가지고 음주만취한 후 운전을 결행하여 교통사고를 일으켰다면, 피고인은 음주시에 교통사고를 일으킬 위험성을 예견하였는데도 자의로 심신장애를 야기한 경우에 해당한다. 그러므로 위 법조항에 의하여 심신장애로 인한 감경 등을 할 수 없다.

다. 이 사안의 경우 교통사고발생(위험발생/과실), 교통사고예견(예견가능성/과실), 음주(스스로), 음주만취(심신장애), 야기(과실)로 분석할 수 있다. 과실에 의한 원인에 의한 자유로운 행위이다.

(5) **| 관련판례 | 대법원 1996. 6. 11. 선고 96도857 판결** [대마초 흡연시에 이미 범행을 예견하고 자의로 심신장애를 야기한 경우 심신장애로 인한 감경 등을 할 수 없다고 본 사례] 원인에 있어서 자유로운 행위-고의범

가. 피고인들은 상습적으로 대마초를 흡연하는 자들로서 이 사건 각 살인범행 당시에도 대마초를 흡연하여 그로 인하여 심신이 다소 미약한 상태에 있었음은 인정된다. 이는 위 피고인들이 피해자들을 살해할 의사를 가지고 범행을 공모한 후에 대마초를 흡연하고, 위 각 범행에 이른 것으로 대마초 흡연시에 이미 범행을 예견하고도 자의로 위와 같은 심신장애를 야기한 경우에 해당한다. 그러므로 형법 제10조 제3항에 의하여 심신장애로 인한 감경 등을 할 수 없다.

나. 이 사안의 경우 '위험발생'을 고의로 예견하고, 심신장애를 스스로 야기한 후, 살인범행을 저지른 것이다. 따라서 형법 제10조 제3항에 근거하여 심신장애 감경을 할 수 없다.

다. 생각건대 살인발생(위험발생/고의), 살인예견(예견/고의), 대마초흡연(스스로), 흡연중족(심신장애), 야기(고의)로 분석할 수 있다. 고의로 원인을 야기한 자유로운 행위이다.

(6) **| 관련판례 |** 대법원 2007. 2. 8. 선고 2006도7900 판결 [정신적 장애가 있는 자에 대하여 형법 제10조에 규정된 심신장애를 인정하기 위한 요건, 소아기호증이 있다는 자체만으로 심신장애에 해당하는지 여부(소극) 및 소아기호증으로 인해 심신장애에 이르렀다고 보기 위한 기준, 범행 당시 피고인의 소아기호증의 정도 및 내용 등 여러 사정에 대하여 구체적으로 심리·검토하지 않은 상태에서 심신미약의 상태에 있었다고 판단한 원심판결을 파기한 사례] 책임능력과 심신장애 판단기준

가. 형법 제10조에 규정된 심신장애는 생물학적 요소로서 정신병 또는 비정상적 정신상태와 같은 정신적 장애가 있는 경우이다. 그 외에 심리학적 요소로서 이와 같은 정신적 장애로 말미암아 사물에 대한 변별능력과 그에 따른 행위통제능력이 결여되거나 또는 감소되었음을 요한다. 그러므로 정신적 장애가 있는 자라고 하여도 범행 당시 정상적인 사물변별능력이나 행위통제능력이 있었다면 심신장애로 볼 수 없다.

나. 특단의 사정이 없는 한 성격적 결함을 가진 자에 대하여 자신의 충동을 억제하고 법을 준수하도록 요구하는 것이 기대할 수 없는 행위를 요구하는 것이라고는 할 수 없다. 그러므로 사춘기 이전의 소아들을 상대로 한 성행위를 중심으로 성적 흥분을 강하게 일으키는 공상, 성적 충동, 성적 행동이 반복되어 나타나는 소아기호증은 성적인 측면에서의 성격적 결함으로 인하여 나타나는 것이다. **소아기호증과 같은 질환이 있다는 사정은 그 자체만으로는 형의 감면사유인 심신장애에 해당하지 아니한다.**

다. 다만 **그 증상이 매우 심각하여 원래의 의미의 정신병이 있는 사람과 동등하다고 평가할 수 있거나 또는 다른 심신장애사유와 경합된 경우 심신장애를 인정할 여지가 있다.** 이 경우 심신장애의 인정 여부는 소아기호증의 정도, 범행의 동기 및 원인, 범행의 경위 및 수단과 태양, 범행 전후의 피고인의 행동, 증거인멸 공작의 유무, 범행 및 그 전후의 상황에 관한 기억의 유무 및 정도, 반성의 빛의 유무, 수사 및 공판정에서의 방어 및 변소의 방법과 태도, 소아기호증 발병 전의 피고인의 성격과 그 범죄와의 관련성 유무 및 정도 등을 종

합하여 법원이 독자적으로 판단할 수 있다.

라. 범행 당시 소아기호증 정도와 내용 등 여러 사정을 구체적으로 심리・검토하지 않은 상태에서 심신미약 상태에 있었다고 판단한 원심판결을 파기한 사례이다.

(7) **| 관련판례 |** 대법원 2002. 5. 24. 선고 2002도1541 판결 [충동조절장애와 같은 성격적 결함으로 인한 범행을 심신장애로 인한 범행으로 볼 수 있는지 여부(한정적극), 피고인이 생리기간 중에 심각한 충동조절장애에 빠져 절도 범행을 저지른 것으로 의심이 되는데도 전문가에게 피고인의 정신상태를 감정시키는 등의 방법으로 심신장애 여부를 심리하지 아니한 원심판결을 심리미진과 심신장애에 관한 법리오해의 위법이 있다는 이유로 파기한 사례] 충동조절장애와 책임무능력

가. 자신의 충동을 억제하지 못하여 범죄를 저지르게 되는 현상은 정상인에게서도 얼마든지 찾아볼 수 있는 일이다. 특단의 사정이 없는 한 위와 같은 성격적 결함을 가진 자에 대하여 자신의 충동을 억제하고 법을 준수하도록 요구하는 것이 기대할 수 없는 행위를 요구하는 것이라고는 할 수 없다. 그러므로 원칙적으로 **충동조절장애**와 같은 성격적 결함은 형의 감면사유인 심신장애에 해당하지 아니한다고 봄이 상당하다.

나. 그러나 그 이상으로 사물을 변별할 수 있는 능력에 장애를 가져오는 원래의 의미의 정신병이 도벽의 원인이라거나 혹은 도벽의 원인이 충동조절장애와 같은 성격적 결함이라 할지라도 그것이 **매우 심각하여 원래의 의미의 정신병을 가진 사람과 동등하다고 평가할 수 있는 경우에는 그로 인한 절도 범행은 심신장애로 인한 범행으로 보아야 한다.**

다. 피고인이 생리기간 중에 심각한 충동조절장애에 빠져 절도 범행을 저지른 것으로 의심이 되는데도 전문가에게 피고인의 정신상태를 감정시키는 등의 방법으로 심신장애 여부를 심리하지 아니한 원심판결을 심리미진과 심신장애에 관한 법리오해의 위법이 있다.

라. 충동조절장애행위란 긴장과 불안 등 비정상적 의식상태에서 어쩔 줄 몰라 순간적으로 충동적으로 일어나는 행동을 말한다. 생물학적 요소와 심리적 요소가 결합되어 나타난다. 심각한 긴장과 불안, 심각한 비정상적 의식상태는 생물학적 요소이다. 정신병을 가진 사람과 동등한 수준을 요한다. 일순간 충동행위는 심리학적 요소이다. 그러므로 심각한 충동조절장애는 반드시 전문가에게 감정을 받아야 한다. 대법원은 이 점을 분명히 제시하였다.

11. 제11조(농아자)

(1) 현행

第11條(聾啞者)
聾啞者의 行爲는 刑을 減輕한다.

제11조(농아자)
농아자의 행위는 형을 감경한다.

(2) 개선방안

제11조(청각기능과 발성기능 장애인 형사책임무능력)
행위자가 행위 당시 청각기능과 발성기능에 모두 장애를 가진 경우 법원은 형을 감경한다.

【개정방향】
※ 제목변경
※ 명확성 · 간결성 · 가독성
※ 일본식 조사 '의' 삭제
※ 농아자의 행위는 형을 감경한다. ⇒ 비문(非文), 수동태

(3) 조문해설

가. 형법 제11조는 청각기능과 발성기능 장애인 형사책임무능력을 규정하고 있다.
나. 주요내용을 보면, 행위자가 행위 당시 청각기능과 발성기능에 모두 장애를 가진 경우 법원은 형을 감경한다.

12. 제12조(강요된 행위)

(1) 현행

第12條(强要된 行爲)
抵抗할 수 없는 暴力이나 自己 또는 親族의 生命, 身體에 對한 危害를 防禦할 方法이 없는 脅迫에 依하여 强要된 行爲는 罰하지 아니한다.

제12조(강요된 행위)
저항할 수 없는 폭력이나 자기 또는 친족의 생명, 신체에 대한 위해를 방어할 방법이 없는

협박에 의하여 강요된 행위는 벌하지 아니한다.

(2) 개선방안

제1안 ★★★★★

제12조(강요된 범죄행위와 형사책임무능력)

행위자가 다음 각 호 어느 상황에서 강요를 받아 부득이 범죄행위를 한 경우, 그 행위자는 적법행위 기대가능성이 없기 때문에 형사책임무능력자로 처벌되지 않는다.

1. 행위자가 저항할 수 없는 강제폭력 · 심리폭력을 받은 상태에서 강요된 범죄행위를 한 경우
2. 행위자가 자기 · 친족 · 사실상 동거인이 생명 · 신체 위해를 방어할 방법이 없는 상태에서 협박을 받아 강요된 범죄행위를 한 경우

제2안

제12조(강요된 범죄행위와 형사책임무능력)

다음 각 호 행위는 행위자에게 적법행위 기대가능성이 없기 때문에 형사책임무능력자로 처벌되지 않는다.

1. 행위자가 저항할 수 없는 강제폭력 · 심리폭력을 받은 상태에서 강요된 범죄행위를 한 경우
2. 행위자가 자기 · 친족 · 사실상 동거인이 생명 · 신체 위해를 방어할 방법이 없는 상태에서 협박을 받아 강요된 범죄행위를 한 경우

제3안

제12조(강요된 범죄행위와 형사책임무능력)

행위자에게 적법행위 기대가능성이 없는 경우 형사책임무능력자로 처벌되지 않는다. 다음 요건 어느 하나에 해당하는 강요된 범죄행위는 처벌될 수 없다.

1. 행위자가 저항할 수 없는 강제폭력 · 심리폭력을 받은 상태에서 강요된 범죄행위를 한 경우
2. 행위자가 자기 · 친족 · 사실상 동거인이 생명 · 신체 위해를 방어할 방법이 없는 상태에서 협박을 받아 강요된 범죄행위를 한 경우

【개정방향】

※ 제목변경

※ 명확성 · 간결성 · 가독성 · 개조식(나열식) 개정

※ 일본식 조사 '의' 삭제

※ '사실상 동거인'을 명문화함

(3) 조문해설

가. 형법 제12조는 강요된 범죄행위와 형사책임무능력을 규정하고 있다.

나. 주요내용을 보면, 행위자가 다음 각 호 어느 상황에서 강요를 받아 부득이 범죄행위를 한 경우, 그 행위자는 적법행위 기대가능성이 없기 때문에 형사책임무능력자로 처벌되지 않는다. 1. 행위자가 저항할 수 없는 강제폭력 · 심리폭력을 받은 상태에서 강요된 범죄행위를 한 경우, 2. 행위자가 자기 · 친족 · 사실상 동거인이 생명 · 신체 위해를 방어할 방법이 없는 상태에서 협박을 받아 강요된 범죄행위를 한 경우

13. 제13조(범의)

(1) 현행

> 第13條(犯意)
>
> 罪의 成立要素인 事實을 認識하지 못한 行爲는 罰하지 아니한다. 但, 法律에 特別한 規定이 있는 境遇에는 例外로 한다.
>
> 제13조(범의)
>
> 죄의 성립요소인 사실을 인식하지 못한 행위는 벌하지 아니한다. 단, 법률에 특별한 규정이 있는 경우에는 예외로 한다.

(2) 개선방안

> 제13조(구성요건 고의와 구성요건 착오)
>
> ① 형법은 고의범만 처벌한다. 다만 **법률에 과실범 규정이 있는 경우 과실범을 처벌한다.**
>
> ② 고의(故意)는 행위자가 범죄성립요소인 사실을 인식하고, 실현할 의욕으로 행위를 하는 것이다. 미필고의(未必故意)는 행위자가 범죄성립요소인 사실을 인식하고, 실현할 내심의사로 행위를 하고, 위험발생 · 결과발생을 용인하는 미확정고의이다.
>
> ③ 행위자가 인식한 범죄성립요소인 사실과 의욕한 행위실현이 구체적으로 일치하지 않는 경우 고의가 성립되지 않는다. 다만 행위자가 인식한 범죄성립요소인 사실과 의욕한 행위실현이 행위객체와 행위 부분에서 구체적으로 일치하지 않아도 같은 구성요건인 경우 예외적으로 고의가 성립된다.
>
> ④ 고의는 구성요건고의와 책임고의가 있다.
>
> 【개정방향】
>
> ※ 제목변경

※ 명확성 · 간결성 · 가독성
※ 일본식 조사 '의' 삭제
※ 제1항 · 제2항 · 제3항 · 제4항으로 구분
※ 고의 이중기능 명문화, 구체적 사실착오와 법정적 부합설 명문화

(3) 조문해설

가. 형법 제13조는 구성요건 고의와 구성요건 착오를 규정하고 있다.

나. 주요내용을 보면, ① 형법은 **고의범만 처벌한다.** 다만 **법률에 과실범 규정이 있는 경우 과실범을 처벌한다.** ② 고의(故意)는 행위자가 범죄성립요소인 사실을 인식하고, 실현할 의욕으로 행위를 하는 것이다. **미필고의(未必故意)는 행위자가 범죄성립요소인 사실을 인식하고, 실현할 내심의사로 행위를 하고, 위험발생 · 결과발생을 용인하는 미확정고의이다.** ③ 행위자가 인식한 범죄성립요소인 **사실과 의욕한 행위실현이 구체적으로 일치하지 않는 경우 고의가 성립되지 않는다.** 다만 행위자가 인식한 범죄성립요소인 사실과 의욕한 행위실현이 **행위객체와 행위 부분에서 구체적으로 일치하지 않아도 같은 구성요건인 경우 예외적으로 고의가 성립된다.** ④ 고의는 **구성요건고의와 책임고의가 있다.**

(4) | 관련판례 | 대법원 2015. 11. 12. 선고 2015도6809 전원합의체 판결 [미필적 고의] 세월호 사건

가. **부진정 부작위범의 고의는** 반드시 구성요건적 결과발생에 대한 목적이나 계획적인 범행 의도가 있어야 하는 것은 아니다. **법익침해의 결과발생을 방지할 법적 작위의무를 가지고 있는 사람이 의무를 이행함으로써 결과발생을 쉽게 방지할 수 있었음을 예견하고도 결과발생을 용인하고 이를 방관한 채 의무를 이행하지 아니한다는 인식을 하면 족하다.** 이러한 작위의무자의 예견 또는 인식 등은 확정적인 경우는 물론 불확정적인 경우이더라도 **미필적 고의로 인정될 수 있다.**

나. 항해 중이던 선박의 선장 피고인 갑, 1등 항해사 피고인 을, 2등 항해사 피고인 병이 배가 기울어져 멈춘 후 침몰하고 있는 상황에서 피해자인 승객 등이 안내방송 등을 믿고 대피하지 않은 채 선내에 대기하고 있음에도 아무런 구조조치를 취하지 않고 퇴선함으로써, 배에 남아있던 피해자들을 익사하게 하고, 나머지 피해자들의 사망을 용인하였으나 구조되었다고 하여 살인 및 살인미수로 기소된 사안이다.

다. **피고인 을, 병의 부작위를 작위에 의한 살인의 실행행위와 동일하게 평가하기 어렵고, 살인의 미필적 고의로 피고인 갑의 부작위에 의한 살인행위에 공모 가담하였다고 단정하기도 어렵다**고 한 사례이다.

(5) **| 관련판례 |** 대법원 1988. 2. 9. 선고 87도2564 판결 [살인죄에 있어서 범의] 미필적 고의

가. 살인죄에서 범의는 반드시 살해 목적이나 계획적인 살해 의도가 있어야 하는 것은 아니다. 자기의 행위로 타인의 사망 결과를 발생시킬 만한 가능 또는 위험이 있음을 인식하거나 예견하면 족한 것이다. 그 인식 또는 예견은 확정적인 것은 물론 불확정적인 것이라도 소위 미필적 고의로 인정된다.

나. **결과발생가능성 · 위험인식 · 위험예견하고 결과발생을 용인하면, 미필적 고의를 인정한다. 대법원의 확고한 입장이다. 학계는 이를 용인설이라고 한다.** 피고인 내면세계를 아는 것은 어렵다. 그래서 용인설은 입증이 어렵다고 비판한다.

(6) **| 관련판례 |** 대법원 1984. 1. 24. 선고 83도2813 판결 [타격의 착오와 살인의 고의] 사실착오

가. 소위 타격 착오가 있는 경우라도 행위자의 살인의 범의성립에 방해가 되지 아니한다.

나. 피고인이 먼저 피해자 1을 향하여 살의를 갖고 소나무 몽둥이(증 제1호, 길이 85센티미터 직경 9센티미터)를 양손에 집어 들고 힘껏 후려친 가격으로 피를 흘리며 마당에 고꾸라진 동녀와 동녀의 등에 업힌 피해자 2의 머리부분을 위 몽둥이로 내리쳐 피해자 2를 현장에서 두개골절 및 뇌좌상으로 사망케 한 사안이다. 이 행위를 살인죄로 의율한 원심조처는 정당하게 긍인되며 소위 타격의 착오가 있는 경우라 할지라도 행위자의 살인의 범의성립에 방해가 되지 아니한다. 어느 모로 보나 원심판결에 채증법칙 위배로 인한 사실오인의 위법이나 살인죄에 관한 법리오해의 위법이 없어 논지는 이유 없다.

다. 다른 해결방법으로 인식대상에게 살인미수죄를, 결과발생대상에게 과실치사죄를 적용한다. 하나의 행위로 보아 상상적 경합관계로 본다. 이것은 타격 착오(방법 착오)에서 구체적 부합설에 따라 해결하려는 입장이다. 학계에서 다수 학자가 주장한다. 독일 형법학계에서 다수의견이다.

(7) **| 관련판례 |** 대법원 1975. 4. 22. 선고 75도727 판결 ["갑"을 살해할 목적으로 발사한 총탄이 "을"에 명중되어 "을"이 사망한 경우에 "을"에 대한 살의의 유무]

가. "갑"을 살해할 목적으로 총을 발사한 이상 그것이 목적하지 아니한 "을" 에게 명중되어 "을"이 사망한 경우에 "을"에 대한 살인의 고의가 있는 것이다.

나. 이 사안은 구체적 사실착오이다. 동일한 구성요건에 대한 착오이다. 대법원은 고의 귀속방법으로 법정적 부합설을 취한다.

(8) **| 관련판례 |** **대법원 1988. 6. 28. 선고 88도650 판결** [인과과정 착오와 개괄적 고의] ★★★★★

가. 피고인이 자신의 부인을 희롱하는 피해자에 대한 분노가 폭발하여 살해하기로 마음먹고 돌로 수차례 내리쳤다. 피해자가 뇌진탕으로 실신하자 죽은 것으로 오인하였다. 시체를 몰래 파묻어 증거를 없애기 위해 150m 정도 떨어진 개울가로 끌고 가 모래웅덩이에 묻었다.

나. 피해자가 피고인 구타행위로 직접 사망한 것이 아니라, 죄적을 인멸할 목적으로 행한 매장행위에 의해 사망하게 되었더라도 전 과정을 개괄적으로 보면 피해자의 살해라는 애초의 예견사실이 결국 실현된 것이기 때문에 살인죄의 죄책을 면할 수 없다.

다. **【대법원】** 대법원은 '전 과정을 개괄적으로 보면'이라는 표현을 사용하면서, 구타행위와 파묻는 행위를 두 개 행위로 보지 않고, 전체적으로 하나의 살인행위로 본다. 행위자에게 개괄적 고의를 인정한다. 두 개의 행위가 존재하지만, 제1행위(구타행위)시에 있던 살인의 고의가 제2행위(파묻는 행위)에도 효력을 미친다는 것이다.

라. **【소수설】** 다른 해결방법으로 피고인에게 살인미수죄(제1행위)와 과실치사죄(사체은닉죄의 불능미수 제2행위) 경합범을 인정할 수 있다.

마. **【다수설】** 학계 다수설은 인과과정 착오로 설명한다. 행위자가 인식한 인과과정과 실제 발생한 인과과정에 차이가 있다. 그러나 이 차이는 본질적이거나, 중요하지 않다. 그러므로 행위자에게 고의를 인정하여, 살인죄가 성립한다.

14. 제14조(과실)

(1) 현행

第14條(過失) 正常의 注意를 怠慢함으로 因하여 罪의 成立要素인 事實을 認識하지 못한 行爲는 法律에 特別한 規定이 있는 境遇에 限하여 處罰한다.

제14조(과실)
정상의 주의를 태만함으로 인하여 죄의 성립요소인 사실을 인식하지 못한 행위는 법률에 특별한 규정이 있는 경우에 한하여 처벌한다.

(2) 개선방안

제14조(과실)
① 과실은 행위자가 **범죄성립요소인 사실을** 주의의무위반으로 **인식하지 못한 행위이다. 과실범은 법률에 특별한 규정이 있는 경우 처벌된다.**
② 과실은 구성요건과실(객관적 주의의무위반)과 책임과실(주관적 주의의무위반)이 있다.

【개정방향】
※ 명확성 · 간결성 · 가독성 · 국어문법정비
※ 일본식 조사 '의' 삭제
※ 제1항 · 제2항으로 구분
※ 과실 이중기능 명문화

(3) 조문해설

가. 형법 제14조는 과실을 규정하고 있다.

나. 주요내용을 보면, ① **과실은 행위자가 범죄성립요소인 사실을 주의의무위반으로 인식하지 못한 행위이다. 과실범은 법률에 특별한 규정이 있는 경우 처벌된다.** ② **과실은 구성요건과실(객관적 주의의무위반)과 책임과실(주관적 주의의무위반)이 있다.**

(4) **| 관련판례 |** 대법원 1983. 12. 13. 선고 83도2467 판결 [과실범 처벌규정의 명백성과 과실에 의한 통신설비 손괴도 전기통신법 제110조 제1항에 의하여 처벌되는지 여부]

가. 과실은 범죄의 구성요건이며, 책임요건이다. 과실은 정상인이 통상적인 주의를 태만히 하여 범죄의 성립요소인 사실을 인식하지 못하는 것을 말한다.

나. 과실범은 법률에 특별한 규정이 있는 경우에 한하여 처벌된다. 형벌법규 성질상 과실범을 처벌하는 특별규정은 그 명문에 의하여 명백 · 명료하여야 한다.

다. 전기통신법 제110조 제1항은 고의범에 관한 규정이다. 동 조항의 "기타의 방법으로 공중통신설비의 기능에 장해를 주어"라는 기재부분을 들어 과실로 통신설비를 손괴하는 행위 유형을 포함하는 것이라고 풀이할 수 없다.

라. 그러므로 전기통신법 제110조 제1항은 「공중통신설비(제98조의 규정에 의하여 설치된 단말기기 등을 제외한다)를 손괴하거나, 이에 대한 물품의 접촉 기타의 방법으로 공중통신설비의 기능에 장해를 주어 전기통신을 방해한 자는 10년 이하의 징역 또는 1,000만원 이하의 벌금에 처한다」고 규정하고 있다. 이 규정은 죄의 성립요소인 구성요건해당사실의 인식이 있는 고의범에 관한 규정일 뿐임이 명백하다. 과실범도 처벌한다는 아무런 규정도 없다. 위의 기타의 방법은 물품 접촉이나, 그 밖의 방법을 표시한 것이다. 이를 들어 과실로 통신설비를 손괴하는 행위유형이 포함되는 것이라고 풀이할 수도 없는 것이다.

(5) **| 관련판례 |** 대법원 1984. 2. 28. 선고 83도3007 **판결** [호텔 사장과 영선과장의 화재에 대한 업무상 주의의무, 화재경보 스위치를 봉하고 비상문을 고정시키는 등 행위와 화재로 인한 숙박객의 사상에 대한 예견가능성 유무, 과실범의 책임발생의 이유] 관리과실과 객관적 귀속

가. 호텔의 사장 또는 영선과장인 피고인들은 화재가 발생하면 불이 확대되지 않도록 계단과 복도 등을 차단하는 갑종방화문을 항상 자동개폐 하도록 하여야 한다. 숙박업들이 신속하게 탈출 대피할 수 있도록 각층의 을종 방화문(비상문)을 언제라도 내부에서 외부로의 탈출방향으로 밀기만 하면 그대로 열려지도록 설비관리하여야 한다. 화재시에는 즉시 전층 각객실에 이를 알리는 감지기, 수신기, 주경종, 지구경종을 완벽하게 정상적으로 작동하도록 **시설을 관리하여야 할 업무상의 주의의무가 있다** 할 것이다.

나. 호텔의 사장 또는 영선과장인 피고인들이 오보가 잦다는 이유로 자동화재조기탐지 및 경보시설인 수신기의 지구경종스위치를 내려 끈 채 봉하고, 영업상 미관을 해친다는 이유로 각층에 설치된 갑종 방화문을 열어두게 하고, 옥외피난계단으로 통하는 을종 방화문은 도난방지 등의 이유로 고리를 끼워 피난구로서의 역할을 다하지 못하게 하였다. 그렇다면 이와 같은 **피고인들의 주의의무 해태는** 결과적으로 건물에 화재발생시 숙박객 등에게 신속하게 화재를 알릴 수 없게 되고, 발화지점에서 상하층에 연소방지를 미흡하게 하고, 또 숙박객 등을 비상구를 통해 신속하게 옥외로 대피시키지 못하게 하는 것임은 경험상 명백하다 할 것이다. 그러므로 이 사건 화재로 숙박객 등의 사상이라는 결과는 충분히 예견가능한 것이라고 할 것이다.

다. 과실범에서 비난가능성의 지적 요소란 결과발생가능성에 대한 인식을 말한다.

인식 있는 과실 경우 이와 같은 인식이 있고, 인식 없는 과실 경우 이에 대한 인식자체도 없다. 인식 있는 과실 경우 책임이 발생한다. 인식 없는 과실 경우도 그 결과발생을 인식하지 못하였다는 데에 대한 부주의, 즉 규범적 실재로서의 과실책임이 있다고 할 것이다. 이 사안 경우 인식 있는 과실에 해당한다.

라. 대법원 판결에 동의할 수 없는 부분은 '인식 없는 과실'에 대한 논증이다. 인식 없는 과실은 유망(有忘)이다. 이 경우 행위자에게 결과발생 미인식에 대한 부주의, 즉 규범적 부재로서 과실책임을 물을 수 없다. 『흠흠신서(欽欽新書)』에서 나타난 다산의 생각도 같다. 하지만 대법원과 학계는 인식 없는 과실도 처벌을 해야한다고 주장한다. 인식이 없는 사람에게 어떻게 비난을 할 수 있겠는가. "왜 인식을 하지 못했는가"를 비난하는 것은 과도한 해석이다. 이것이 심정형법이다.

(6) **| 관련판례 | 대법원 2001. 6. 1. 선고 99도5086 판결** [임차인이 자신의 비용으로 설치·사용하던 가스설비의 휴즈콕크를 아무런 조치 없이 제거하고 이사를 간 후 가스공급을 개별적으로 차단할 수 있는 주밸브가 열려져 가스가 유입되어 폭발사고가 발생한 경우, 임차인의 과실과 가스폭발사고 사이의 상당인과관계를 인정한 사례] 부작위 주의의무위반행위와 객관적 귀속

가. 임차인이 자신의 비용으로 설치·사용하던 가스설비의 휴즈콕크를 **아무런 조치 없이 제거하고**부작위 주의의무위반 **이사**를 간 후 가스공급을 개별적으로 차단할 수 있는 주밸브가 열려져 가스가 유입되어 폭발사고가 발생한 사례이다.

나. 구 액화석유가스의 안전 및 사업관리법상의 관련 규정 취지와 그 주밸브가 누군가에 의하여 개폐될 가능성을 배제할 수 없다는 점 등에 비추어 그 휴즈콕크를 제거하면서 그 제거부분에 아무런 조치를 하지 않고 방치하면, 주밸브가 열리는 경우 유입되는 가스를 막을 아무런 안전장치가 없어 가스 유출로 인한 대형사고의 가능성이 있다. 이것은 **평균인의 관점에서 객관적으로 볼 때, 충분히 예견할 수 있다.** 임차인의 과실과 가스폭발사고 사이의 상당인과관계를 인정한 사례이다.

(7) **| 관련판례 | 대법원 1986. 7. 22. 선고 85도108 판결** [업무에 직접 관여하지 아니한 호텔회장의 호텔내 화재에 의한 업무상 과실치사상 책임과 행정단속법규에 대한 과실범의 처벌] 객관적 주의의무의 범위

가. 호텔을 경영하는 주식회사에 대표이사가 따로 있고, 동 회사의 실질적인 책임자로서 업무전반을 총괄하는 전무 밑에 상무, 지배인, 관리부장, 영업부장 등

을 따로 두어 각 소관업무를 분담처리 하도록 하고 있다. 한편 소방법 소정의 방화관리자까지 선정, 당국에 신고하여 동인으로 하여금 소방훈련 및 화기사용 또는 취급에 관한 지도감독 등을 하도록 하고 있다.

나. 그렇다면 위 회사의 업무에 전혀 관여하지 않고 있던 소위 회장에게는 위 회사의 직원들에 대한 일반적, 추상적 지휘감독의 책임은 있을지언정 동 **호텔 종업원의 부주의와 호텔구조상의 결함으로 발생, 확대된 화재에 대한 구체적이고도 직접적인 주의의무는 없다고 할 수 밖에 없다.**

다. **행정상의 단속을 주안으로 하는 법규라 하더라도 명문규정이 있거나 해석상 과실범도 벌할 뜻이 명확한 경우를 제외하고는 형법의 원칙에 따라 고의가 있어야 벌할 수 있다.**

15. 제15조(사실의 착오)

(1) 현행

第15條(事實의 錯誤)
① 特別히 重한 罪가 되는 事實을 認識하지 못한 行爲는 重한 罪로 罰하지 아니한다.
② 結果로 因하여 刑이 重할 罪에 있어서 그 結果의 發生을 豫見할 수 없었을 때에는 重한 罪로 罰하지 아니한다.

제15조(사실의 착오)
① 특별히 중한 죄가 되는 사실을 인식하지 못한 행위는 중한 죄로 벌하지 아니한다.
② 결과로 인하여 형이 중할 죄에 있어서 그 결과의 발생을 예견할 수 없었을 때에는 중한 죄로 벌하지 아니한다.

(2) 개선방안

제15조(사실착오)
행위자가 **특별히 중한 범죄가 된다는 사실을 인식하지 못한 경우** 중한 범죄로 처벌되지 않는다.

【개정방향】
※ 제목변경
※ 명확성 · 간결성 · 가독성
※ 일본식 조사 '의' 삭제
※ 행위주체 명시함

※ 제15조 제2항은 제17조 인과관계로 이동

제17조(인과관계와 객관적 귀속) 51면 참조 바람

① 어떤 행위가 범죄성립요소인 위험발생·결과발생에 연결되지 않으면 기수범으로 처벌되지 않는다. 여기서 연결이란 결과귀속을 말하며, 결과귀속은 규범보호범위에 있고, 위험이 증대되고, 객관적으로 예견가능해야 하며, 객관적으로 지배가능해야 한다.

② **결과가중범 경우 결과발생으로 법정형이 중한 범죄를 적용할 때 행위자가 결과발생을 예견할 수 있었던 경우 중한 범죄로 처벌된다.**

【개정방향】

※ 제목변경

※ 명확성·간결성·가독성

※ 제17조와 제15조 제2항 같은 조문에 규정(인과관계 규정임)

※ 결과로 인하여 ⇒ 결과가중범 경우 결과발생으로

※ 형이 중할 죄에 있어서 ⇒ 법정형이 중한 범죄를 적용할 경우

※ 그 결과의 발생을 예견할 수 없었을 때에는 ⇒ 행위자가 결과발생을 예견할 수 있었던 경우

※ 중한 죄로 벌하지 아니한다 ⇒ 중한 범죄로 처벌된다.

(3) 조문해설

가. 형법 제15조는 **사실착오**를 규정하고 있다.

나. 주요내용을 보면, **행위자가 특별히 중한 범죄가 된다는 사실을 인식하지 못한 경우 중한 범죄로 처벌되지 않는다.**

16. 제16조(법률의 착오)

(1) 현행

第16條(法律의 錯誤)

自己의 行爲가 法令에 依하여 罪가 되지 아니하는 것으로 誤認한 行爲는 그 誤認에 正當한 理由가 있는 때에 限하여 罰하지 아니한다.

제16조(법률의 착오)

자기의 행위가 법령에 의하여 죄가 되지 아니하는 것으로 오인한 행위는 그 오인에 정당한 이유가 있는 때에 한하여 벌하지 아니한다.

(2) 개선방안

제16조(법률착오)
① 위법성인식은 자기행위가 법령에 근거하여 범죄가 된다는 인식이다.
② 위법성착오는 자기행위가 법령에 근거하여 범죄가 되지 않는다는 잘못된 인식이다. 정당한 이유가 있는 경우 처벌되지 않는다. 정당한 이유란 문의의무이행과 조회의무이행을 말한다.
③ 위법성조각사유전제사실착오 경우 구성요건에서 고의는 인정되지만, 책임에서 고의를 인정할 수 없으므로, 고의범으로 처벌될 수 없다. 다만 과실범 처벌 규정이 있는 경우 책임에서 과실을 인정하여 과실범으로 처벌된다.

【개정방향】
※ 명확성 · 간결성 · 가독성
※ 위법성인식 명문화(문의란 심사숙고에서 나온 질문이다. 조회란 공신력 있는 관계기관에 알아보는 것이다.)
※ 위법성착오(법률착오) 명문화
※ 위법성조각사유전제사실착오 명문화(무의미한 논쟁을 종식시킬 필요가 있음)

(3) 조문해설

가. 형법 제16조는 **법률착오**를 규정하고 있다.

나. 주요내용을 보면, ① 위법성인식은 자기행위가 법령에 근거하여 범죄가 된다는 인식이다. ② 위법성착오는 자기행위가 법령에 근거하여 범죄가 되지 않는다는 잘못된 인식이다. **정당한 이유가 있는 경우 처벌되지 않는다. 정당한 이유란 문의의무이행과 조회의무이행을 말한다.** ③ **위법성조각사유전제사실착오 경우 구성요건에서 고의는 인정되지만, 책임에서 고의를 인정할 수 없으므로, 고의범으로 처벌될 수 없다.** 다만 **과실범 처벌 규정이 있는 경우 책임에서 과실을 인정하여 과실범으로 처벌된다.**

다. 법률착오란 행위자가 구성요건은 인식하였지만, 위법성을 인식하지 못한 것을 말한다. 위법성이 조각된다고 생각하고, 불법인식 없이 행위를 한 것이다.

라. '정당한 이유'에 대한 구체적 판단기준은 '자기 행위 위법가능성에 대한 심사숙고와 조회의무를 통한 회피 노력' 여부이다. 행위자의 개별 인식 가능성과 다른 행위 기대가능성이 있어야 한다. 전문지식과 객관성을 가진 심사숙고와 전문가에게 충분한 확인 노력이 '정당한 이유'의 핵심이다. '정당한 이유'가 있으면 책임이 조각되어 무죄이다.

(4) **| 관련판례 |** 대법원 2006. 3. 24. 선고 2005도3717 판결 [법률의 착오에 관한 형법 제16조의 규정 취지 및 정당한 이유가 있는지 여부의 판단 방법, 국회의원이 의정보고서를 발간하는 과정에서 선거법규에 저촉되지 않는다고 오인한 것에 형법 제16조의 정당한 이유가 없다고 한 사례] 법률착오에서 정당한 이유

가. 국회의원이 선거기간 개시일 이전에 하는 집회·보고서·컴퓨터·전화 등에 의한 의정활동보고는 허용된다. 여기서 허용되는 것은 국회의원이 지역주민 대표로서의 지위에서 행하는 순수한 의정활동보고일 뿐이다. 의정활동보고라는 명목하에 이루어지는 형태의 선거운동은 허용되지 않는다. 국회의원이 선거일 전 180일부터 선거일까지의 기간에 의정보고서를 제작하여 선거구민들에게 배부함에 있어 그 내용 중 선거구 활동 기타 업적의 홍보에 필요한 사항 등 의정활동보고의 범위를 벗어나서 선거에 영향을 미치게 하기 위하여 특정 정당이나 후보자를 지지·추천하거나 반대하는 내용이 포함되어 있다면, 그 부분은 구 공직선거 및 선거부정방지법(2000. 2. 16. 법률 제6265호로 개정되기 전의 것) 제93조 제1항에서 금지하고 있는 탈법방법에 의한 문서배부행위에 해당되어 위법하다.

나. 형법 제16조에서 자기가 행한 행위가 법령에 의하여 죄가 되지 아니한 것으로 오인한 행위는 그 오인에 정당한 이유가 있는 때에 한하여 벌하지 아니한다고 규정하고 있다. 이것은 일반적으로 범죄가 되는 경우이지만, 자기의 특수한 경우에는 법령에 의하여 허용된 행위로서 죄가 되지 아니한다고 그릇 인식하고 그와 같이 그릇 인식함에 정당한 이유가 있는 경우에는 벌하지 아니한다는 취지이다.

다. 이러한 정당한 이유가 있는지 여부는 행위자에게 자기 행위의 위법의 가능성에 대해 심사숙고하거나 또는 조회할 수 있는 계기가 있어, 자신의 지적능력을 다하여 이를 회피하기 위한 진지한 노력을 다하였더라면 스스로의 행위에 대하여 위법성을 인식할 수 있는 가능성이 있었음에도, 이를 다하지 못한 결과 자기 행위의 위법성을 인식하지 못한 것인지 여부에 따라 판단하여야 할 것이다. 이러한 위법성의 인식에 필요한 노력의 정도는 구체적인 행위정황과 행위자 개인의 인식능력 그리고 행위자가 속한 사회집단에 따라 달리 평가되어야 한다.

라. 국회의원이 의정보고서를 발간하는 과정에서 선거법규에 저촉되지 않는다고 오인한 것에 형법 제16조의 정당한 이유가 없다.

마. 피고인이 그 보좌관을 통하여 관할 선거관리위원회 직원에게 문의하여 이 사건 의정보고서에 앞서 본 바와 같은 내용을 게재하는 것이 허용된다는 답변을 들은 것만으로는(또한, 원심도 인정하는 바와 같이 이 사건 의정보고서의 제작과 관련하여, 피고인측에서 관할 선거관리위원회의 지도계장인 공소외 1에게 구두로 문의를 하였을 뿐 관할 선거관리위원회에 정식으로 질의를 하여 공식적인 답신을 받은 것도 아니다), 자신의 지적 능력을 다하여 이를 회피하기 위한 진지한 노력을 다하였다고 볼 수 없고, 그 결과 자신의 행위의 위법성을 인식하지 못한 것이라고 할 것이므로 그에 대해 정당한 이유가 있다고 하기 어렵다.

바. 한편, 피고인측이 위 선거관련 책자의 내용을 그 나름대로 해석하여 위 의정보고서의 발간이 위법이 아니라고 판단하였을 가능성에 관하여 보더라도, 앞서 본 바와 같이 위 책자에는 동일한 사안에 대하여 다른 내용의 회답이 존재하고 있는데도 불구하고 자신에게 유리한 회답만을 근거로 하여 행위를 한 것일 뿐만 아니라, 위 책자에는 "국회의원이 의정보고서에 시민단체가 발표한 낙천대상자에 자신이 포함된 것에 대한 자신의 해명내용을 일부 포함·작성하여 선거구민에게 배부하는 것은 무방하다"고 기재되어 있는바, 이는 의정보고서에 낙천대상자 선정에 대한 자신의 해명내용을 일부 포함·작성하는 것이 무방하다는 취지에 불과하고, 더 나아가 낙천대상자 선정이 부당하다는 취지의 제3자의 글을 싣거나 제3자의 반론을 보도한 내용을 전재하는 것까지 허용된다는 취지는 아님이 분명하다고 할 것이다. 따라서 피고인이 낙천대상자로 선정된 사유에 대하여 자신의 해명 내용만을 게재한 것이 아니라, 다른 동료의원들이나 네티즌의 낙천대상자 선정이 부당하다는 취지의 반론을 보도한 내용을 전재한 이 사건에서 이를 근거로 하여 정당한 이유가 있다고 할 수도 없다.

(5) **| 관련판례 |** 대법원 1985. 4. 9. 선고 85도25 판결 [형법 제16조 규정의 법의, 유흥접객업소의 업주가 경찰당국의 단속에서 제외되어 있어 만 18세 이상의 미성년자는 출입이 허용되는 줄 안 것이 법률의 착오에 해당되는지 여부(소극)] 법률의 부지

가. 형법 제16조에 자기의 행위가 법령에 의하여 죄가 되지 아니한 것으로 오인한 행위는 그 오인에 정당한 이유가 있는 때에 한하여 벌하지 아니한다고 규정하고 있다. 이것은 단순한 법률의 부지의 경우를 말하는 것이 아니다. 일반적으로 범죄가 되는 행위이지만 자기의 특수한 경우에는 법령에 의하여 허용된 행위로서 죄가 되지 아니한다고 그릇 인식하고 그와 같이 그릇 인식함에

있어 정당한 이유가 있는 경우에는 벌하지 아니한다는 취지이다.

나. 유흥접객업소의 업주가 경찰당국의 단속대상에서 제외되어 있는 만 18세 이상의 고등학생이 아닌 미성년자는 출입이 허용되는 것으로 알고 있었더라도 이는 미성년자보호법 규정을 알지 못한 단순한 법률의 부지에 해당한다. 특히 법령에 의하여 허용된 행위로서 죄가 되지 않는다고 적극적으로 그릇 인정한 경우는 아니다. 그러므로 비록 경찰당국이 단속대상에서 제외하였다 하여 이를 법률의 착오에 기인한 행위라고 할 수는 없다.

다. 원심이 유지한 제1심 판결 이유에 의하면, 피고인은 의정부 시내에서 디스코클럽을 경영하는 자로서 1983.12.23. 20:00경부터 같은 날 23:00경까지 위 디스코클럽에 미성년자인 공소외인 등 10명을 출입시키고 맥주 등 주류를 판매한 사실은 이를 인정하고도 한편으로 1983.4.15. 14:00경 의정부경찰서 강당에서 개최된 청소년선도에 따른 관련 업주회의에서 업주측의 관심사라 할 수 있는 18세 이상자나 대학생인 미성년자들의 업소출입 가부에 관한 질의가 있었으나 그 확답을 얻지 못하였다. 같은 달 26. 경기도 경찰국장 명의로 청소년 유해업소 출입단속대상자가 **18세 미만자와 고등학생이라는 내용의 공문**이 의정부경찰서에 하달되고 그 시경 관할지서와 파출소에 그러한 내용이 다시 하달됨으로써 업주들은 경찰서나 파출소에 직접 또는 전화상의 확인방법으로 그 내용을 알게 되었다. 위와 같은 사정을 알게 된 피고인은 종업원에게 단속대상자가 18세 미만자와 고등학생임을 알려주고 그 기준에 맞추어서 만 18세 이상자이고 고등학생이 아닌 공소외인 등 10명을 출입시키고 주류를 판매하기에 이른 사실을 인정할 수 있다. 그러므로 그 경위관계가 위와 같다면 결국 피고인은 법령에 의하여 죄가 되지 아니한 것으로 오인하여 미성년자를 출입시키고 주류를 판매한 것이다. 그 오인을 하게된데 대하여 형법 제16조 소정의 정당한 이유가 있는 때에 해당한다는 취지로 판단하고 있다.

라. 피고인은 유흥접객업소내에 출입시키거나 주류를 판매하여서는 아니되는 대상을 18세 미만자 또는 고등학생에 한정되고, 20세 미만의 미성년자 전부가 이에 해당된다는 미성년자보호법의 규정을 알지 못하였다는 것이므로 이는 단순한 법률의 부지에 해당한다 할 것이다. 피고인의 소위가 특히 법령에 의하여 허용된 행위로서 죄가 되지 아니한다고 적극적으로 그릇 인정한 경우는 아니다. 그러므로 범죄의 성립에 아무런 지장이 될바 아니고 또 미성년자보호법 제4조 제1, 2항에 위반되는 이상 경찰당국이 당시 미성년자의 유흥접객업소 출입단속대상에서 고등학생이 아닌 18세 이상의 미성년자를 제외하였다

하여 그로 인하여 그 범죄의 성립에 어떠한 영향을 미친다고는 할 수 없을 것이다. 그러므로 **피고인이 이를 믿었다고 하여 법령에 저촉되지 않는 것으로 오인함에 정당한 사유가 있는 경우에 해당한다고도 할 수 없을 것이다**. 그런데도 피고인의 이 사건 소위를 형법 제16조 소정의 법률의 착오에 기인한 행위로 인정하고 무죄를 선고한 제1심 판결을 유지한 원심의 조치는 결국 심리미진으로 법률의 착오에 관한 판단을 그릇하였거나 이에 관한 법리를 오해한 위법이 있고 판결에 영향을 미쳤음이 명백하므로 논지는 이유 있다. 그러므로 원심판결을 파기하고 사건을 원심법원에 환송하기로 관여 법관의 일치된 의견으로 주문과 같이 판결한다.

마. 법률의 부지는 행위자가 법률을 몰라 위법성이 인식이 없는 것이다. 수 많은 법률들을 국민들이 다 알 수는 없겠지만, 법률부지를 이유로 모두 책임이 조각될 수는 없다. "법률부지=위법성인식 무존재=무죄" 단순논리를 적용할 수 없다. 그래서 입법자는 '법률의 부지는 범죄성립에 영향이 없다"고 한 것이다. 법률에 대한 관심은 국민들의 의무이기도 하다. 행위자에게 범죄구성요건 자체에 대한 인식이 없다면, 이는 고의에서 조각하여 무죄를 낼 사안이다.

바. 이 사안은 법률의 착오가 문제가 된 것이 아니다. 오히려 법률의 부지가 문제된 사안이다. **미성년자보호법에 따르면 20세 미만 미성년자는 유흥접객업소에 출입이 금지되어 있다. 다만 당시 경찰은 단속의 효율성을 위해 "고등학생과 고등학생이 아닌 만 18세 이만의 미성년자만 단속했다." 그러나 유흥접객업소의 업주는 경찰서 공문을 잘못 이해한 것이다. 이것은 전형적인 법률의 부지이다. 대법원도 이를 명확하게 밝히고 있다.** "피고인은 유흥접객업소내에 출입시키거나 주류를 판매하여서는 아니되는 대상을 18세 미만자 또는 고등학생에 한정되고, 20세 미만의 미성년자 전부가 이에 해당된다는 미성년자보호법의 규정을 알지 못하였다는 것이므로 이는 단순한 법률의 부지에 해당한다 할 것이다. 피고인의 소위가 특히 법령에 의하여 허용된 행위로서 죄가 되지 아니한다고 적극적으로 그릇 인정한 경우는 아니다. 그러므로 범죄의 성립에 아무런 지장이 될바 아니다." 이것은 법률의 착오문제가 될 수 없다. 공문을 제대로 이해하지 못한 것이 왜 착오가 되는가. 이것은 **'금지규범과 행정단속 지침'을 혼동한 업주의 법률해석부지일 뿐이다. '해당 규범'에 대한 업주의 해석 잘못은 그의 실수이지 '법률의 착오'와 아무런 관계가 없다**. 따라서 법률의 착오와 법률의 부지를 잘 구분해야 한다.

사. 오늘날 법률의 부지문제는 입법과정, 입법공고, 언론 보도, 관련 기관 홍보,

해당 기관 홈페이지와 게시판 법률 조문 부착으로 많이 해소되고 있다. 단순히 법령이 많다고, 법률의 부지를 법률의 착오 속에 넣어서 해석하려는 시도는 신중해야 한다.

(6) **| 관련판례 |** 대법원 1986. 10. 28. 선고 86도1406 판결 [당번병이 그 임무범위 내에 속하는 일로 오인하고 한 무단이탈 행위와 위법성] 위법성조각사유전제사실착오

가. 소속 중대장의 당번병이 근무시간 중은 물론 근무시간 후에도 밤늦게까지 수시로 영외에 있는 중대장의 관사에 머물면서 집안일을 도와주고 그 자녀들을 보살폈다. 중대장 또는 그 처의 심부름을 관사를 떠나서까지 시키는 일을 해오던 중 사건 당일 중대장의 지시에 따라 관사를 지키고 있던 중 중대장과 함께 외출 나간 그 처로부터 24:00경 비가 오고 밤이 늦어 혼자 귀가할 수 없으니 관사로부터 1.5킬로미터 가량 떨어진 지점까지 우산을 들고 마중을 나오라는 연락을 받았다. 당번병으로서 당연히 해야 할 일로 생각하고 그 지점까지 나가 동인을 마중하여 그 다음날 01:00경 귀가하였다.

나. 위와 같은 당번병의 관사 이탈 행위는 중대장의 직접적인 허가를 받지 아니하였다 하더라도 당번병으로서의 그 임무 범위 내에 속하는 일로 오인하고 한 행위이다. 그 오인에 정당한 이유가 있어 위법성이 없다.

다. **위법성조각사유의 전제사실에 대한 착오는 허용상황에 대한 착오이다.** 학설대립이 심하다. 엄격책임설은 구성요건 고의와 위법성 인식인 책임 고의를 분리시킨다. 위법성인식을 독자적 책임요소로 본다. 착오가 있는 경우, 형법 제16조를 적용하여 정당한 이유가 있는 경우 책임이 조각되어 무죄가 된다. 반면 제한적 책임설도 구성요건 고의와 위법성 인식인 책임 고의를 분리시킨다. 소위 고의의 이중적 지위를 인정한다. **착오가 있는 경우 형법 제13조를 적용하여 구성요건 고의는 인정한다. 다만 책임 고의를 부정하여 과실 책임만 인정한다. 이를 법효과제한적 책임설이라고 한다. 현재 다수설이다.** 그 외 유추적용제한설이 있다. 법효과제한적 책임설과 결론이 같다. 형법 제13조를 유추적용한다. 마지막으로 소극적구성요건요소설이다. 구성요건고의를 조각한다. 현재 범죄체계도와 맞지 않다. 판례는 고의설을 취하고 있다. 대상 판례는 형법 제16조 법률착오로 판시하고 있다. "당번병의 관사 이탈 행위는 중대장의 직접적인 허가를 받지 아니하였다 하더라도 당번병으로서의 그 임무 범위 내에 속하는 일로 오인하고 한 행위이다. 그 오인에 정당한 이유가 있어 위법성이 없다." 그러나 깊이 있는 논증이 아쉽다. 대법원 참조조문을 보면, 형법 제16

조 문제라는 점을 쉽게 알 수 있으나, 판결문 문장으로 보아 책임조각인지 또는 위법성조각인지 혼돈을 준다.

라. 필자 입장은 형법 제16조 개정이다. 형법 제16조 제3항을 신설하여, “위법성조각사유전제사실착오 경우 구성요건에서 고의는 인정되지만, 책임에서 고의를 인정할 수 없으므로, 고의범으로 처벌될 수 없다. 다만 과실범 처벌 규정이 있는 경우 책임에서 과실을 인정하여 과실범으로 처벌된다.” 현재 법효과제한적 책임설을 명문화한 것이다. 학설과 입법의 차이는 형법 제13조를 적용하는 것이 아니라, 형법 제16조를 적용하는 것이다. 고의의 이중적 기능을 더 명문화 한 것이다. 이것이 현재 다수설인 신고전적 범죄체계도에 더 부합한다. **학설대립의 원인은 입법이 완전하지 못하기 때문이다. 법률은 새로운 입법을 통해 수시로 보완해야 한다. 많은 논란을 줄일 수 있다. 나아가 정밀한 법해석이 가능하다. 또한 법해석 통일에도 기여한다. 입법이 되지 않는 한, 소위 ‘위전착’은 각종 국가시험에 출제되어서는 안 된다. 이런 문제가 인생의 방향을 가르는 것은 바람직하지 않기 때문이다.**

17. 제17조(인과관계)

(1) 현행

第17條(因果關係)
어떤 行爲라도 罪의 要素되는 危險發生에 連結되지 아니한 때에는 그 結果로 因하여 罰하지 아니한다.

제17조(인과관계)
어떤 행위라도 죄의 요소되는 위험발생에 연결되지 아니한 때에는 그 결과로 인하여 벌하지 아니한다.

(2) 개선방안

제17조(인과관계와 객관적 귀속)
① 어떤 행위가 범죄성립요소인 위험발생・결과발생에 연결되지 않으면 기수범으로 처벌되지 않는다. 여기서 연결이란 행위에서 결과까지 인과과정을 말하며, 객관적 귀속은 규범보호범위・위험증대・객관적 예견가능・객관적 지배가능을 의미한다.
② [1]여러 행위자가 각각 형법 제13조 고의로 독립적 범죄행위를 범하고, [2]그 행위들이 동시 또는 이시에 이루어져 서로 경합하는 경우, [3]결과발생에서 원인된 행위를

확정할 수 없는 경우(독립행위경합), 형법 제17조 제1항 인과관계와 객관적 귀속은 인정되지 않는다. 다만 이 경우 법률에 미수범 처벌 규정이 있으면 각 행위는 미수범으로 처벌된다.

③ 결과가중범에서 결과발생으로 법정형이 중한 범죄를 적용할 경우, 결과발생을 객관적으로 예견할 수 있었던 경우에만 중한 범죄로 처벌된다. 기본범죄가 고의로 이루어진 경우, 기수 또는 미수에 그친 경우에도 모두 결과가중범이 성립된다.

【개정방향】

※ 명확성 · 간결성 · 가독성

※ 제17조 · 제19조 · 제15조 제2항을 같은 조문에 규정(인과관계 규정임)

※ 제17조는 고의기수범으로 처벌되지 않는다는 의미를 명확히 할 필요가 있다.

※ 결과로 인하여 ⇒ 결과가중범에서 결과발생으로

※ 형이 중할 죄에 있어서 ⇒ 법정형이 중한 범죄를 적용할 경우

※ 그 결과의 발생을 예견할 수 없었을 때에는 ⇒ 행위자가 결과발생을 예견할 수 있는 경우만

※ 중한 죄로 벌하지 아니한다 ⇒ 중한 범죄로 처벌된다.

(3) 조문해설

가. 형법 제17조는 **인과관계와 객관적 귀속**을 규정하고 있다.

나. 주요내용을 보면, ① 어떤 행위가 범죄성립요소인 위험발생 · 결과발생에 연결되지 않으면 기수범으로 처벌되지 않는다. 여기서 연결이란 행위에서 결과까지 인과과정을 말하며, 객관적 귀속은 규범보호범위 · 위험증대 · 객관적 예견가능 · 객관적 지배가능을 의미한다. ② [1]**여러 행위자가 각각 형법 제13조 고의로 독립적 범죄행위**를 범하고, [2]그 **행위들이 동시 또는 이시에 이루어져 서로 경합**하는 경우, [3]**결과발생에서 원인된 행위를 확정할 수 없는 경우**(독립행위경합), **형법 제17조 제1항 인과관계와 객관적 귀속은 인정되지 않는다.** 다만 이 경우 법률에 **미수범 처벌 규정이 있으면 각 행위는 미수범으로 처벌된다.** ③ 결과가중범에서 결과발생으로 법정형이 중한 범죄를 적용할 경우, **결과발생을 객관적으로 예견할 수 있었던 경우에만 중한 범죄로 처벌된다. 기본범죄가 고의로 이루어진 경우, 기수 또는 미수에 그친 경우에도 모두 결과가중범이 성립된다.**

(4) **| 관련판례 |** 대법원 1978. 11. 28. 선고 78도1961 판결 [폭행과 사망과의 사이에 인과관계가 없다고 본 사례] 피해자 특이체질과 인과관계

가. 고등학교 교사가 제자의 잘못을 징계코자 왼쪽 뺨을 때려 뒤로 넘어지면서 사망에 이르게 한 경우 위 피해자는 두께 0.5미리밖에 안 되는 비정상적인 얇은 두개골이었고, 또 뇌수송을 가진 심신허약자로서 좌측 뺨을 때리자 급성뇌성압상승으로 넘어지게 된 것이라면, 위 소위와 피해자의 사망간에는 이른바 인과관계가 없는 경우에 해당한다.

나. 이 사안은 폭행치사죄에서 형법 제15조 제2항을(개정시안 제17조 제3항)을 적용해야 한다. 결과가중범에서 결과발생으로 법정형이 중한 범죄를 적용할 경우, 즉 폭행치사가 발생한 경우, 결과발생을 객관적으로 예견할 수 있었던 경우에만 중한 범죄로 처벌된다. 따라서 예견가능성이 없기 때문에 폭행죄로 처벌된다.

(5) **| 관련판례 |** 대법원 1994. 3. 22. 선고 93도3612 판결 [살인 실행행위와 사망 사이 인과관계 유무의 판단기준] 객관적 예견가능성과 객관적 지배가능성

가. 살인 실행행위가 피해자 사망이라는 결과를 발생하게 한 유일한 원인이거나 또는 직접적인 원인이어야만 되는 것은 아니다. 그러므로 **살인 실행행위와 피해자 사망 사이에 다른 사실이 개재되어 그 사실이 치사의 직접적인 원인이 되었다고 하더라도, 그와 같은 사실이 통상 예견할 수 있는 것에 지나지 않는다면, 살인 실행행위와 피해자 사망 사이에 인과관계가 있는 것으로 보아야 한다.**

나. 이 사안은 여러 개 행위가 겹쳐진 경우, 그 중 무대를 지배한 행위가 인과관계와 객관적 귀속을 안고 간다. 객관적 예견가능성과 객관적 지배가능성이다. 살인 실행행위가 사망으로 이어질 수 있다면, 객관적 예견가능성과 객관적 지배가능성이 있는 것이다.

(6) **| 관련판례 |** 대법원 1990. 5. 22. 선고 90도580 판결 [피해자가 피고인이 운전하던 오토바이에 충격되어 도로에 전도된 후 다른 차량에 치어 사망한 경우 피고인의 과실과 피해자의 사망 사이의 인과관계 유무(적극)] 인과과정에 개입된 행위와 결과귀속

가. 피고인이 야간에 오토바이를 운전하다가 도로를 무단횡단하던 피해자를 충격하여 피해자로 하여금 위 도로상에 전도케 하였다. 그로부터 약 40초 내지 60초 후에 다른 사람이 운전하던 타이탄트럭이 도로위에 전도되어 있던 피해자를 역과하여 사망케 한 경우이다.

나. 피고인이 전방좌우의 주시를 게을리한 과실로 피해자를 충격하였다. 나아가 이 사건 사고지점 부근 도로의 상황에 비추어 야간에 피해자를 충격하여 위 도로에 넘어지게 한 후 40초 내지 60초 동안 그대로 있게 한다면, 후속차량의 운전사들이 조금만 전방주시를 태만히 하여도 피해자를 역과할 수 있음이 당연히 예상되었던 경우라면, 피고인 과실행위는 피해자 사망에 대한 직접적 원인을 이루는 것이어서 양자간에 상당인과관계가 있다.

다. 이 사안도 첫 번째 운전자 과실 행위가 무대를 지배한 것이다. 첫 사고 후 방치하면, 후속 사고가 일어날 수 있다. 객관적으로 예견이 가능하다. 객관적으로 지배가능하다. 첫 번째 운전자가 사고 후 적절한 조치를 취했다면, 사고를 막을 수 있을 것이다.

(7) **| 관련판례 |** **대법원 1995. 5. 12. 선고 95도425 판결** [피고인의 강간미수행위와 피해자의 추락사 사이에 상당인과관계가 있다고 보아 피고인을 강간치사죄로 처단한 사례] 피해자 도피행위와 인과관계

가. 폭행이나 협박을 가하여 간음을 하려는 행위와 이에 극도의 흥분을 느끼고 공포심에 사로잡혀 이를 피하려다 사상에 이르게 된 사실과는 이른바 상당인과관계가 있어 강간치사상죄로 다스릴 수 있다.

나. 피고인이 자신이 경영하는 속셈학원 강사로 피해자를 채용하고 학습교재를 설명하겠다는 구실로 유인하여 호텔 객실에 감금한 후 강간하려 하였다. 피해자가 완강히 반항하던 중 피고인이 대실시간 연장을 위해 전화하는 사이에 객실 창문을 통해 탈출하려다가 지상에 추락하여 사망한 사안이다. 피고인 강간미수행위와 피해자 사망 사이에 상당인과관계가 있다. 피고인을 강간치사죄로 처단한 원심 판단을 수긍한 사례이다.

다. 이 사안도 피고인 강간미수행위가 무대를 지배한 것이다. 탈출 상황에서 사고가 일어날 수 있음에도 불구하고 현장을 벗어나려는 것은 인간 본능이므로 피해자 탈출행위는 객관적으로 예견이 가능하다. 피고인 강간미수행위가 객관적으로 상황을 지배한 것이다. 피고인에게 인과관계와 객관적 귀속이 인정된다.

(8) **| 관련판례 |** **대법원 2008. 4. 24. 선고 2007도10058 판결** [성폭력범죄의 처벌 및 피해자보호 등에 관한 법률 제9조에 의한 특수강간치상죄와 같은 법 제12조에 의한 미수범 처벌규정의 관계. 위험한 물건인 전자충격기를 사용하여 강간을 시도하다가 미수에 그치고, 피해자에게 약 2주간의 치료를 요하는 안면부 좌상 등의 상

해를 입힌 사안에서, 성폭력범죄의 처벌 및 피해자보호 등에 관한 법률에 의한 특수강간치상죄가 성립한다고 본 사례] 결과적 가중범의 미수

가. 성폭력범죄의 처벌 및 피해자보호 등에 관한 법률 제9조 제1항에 의하면 같은 법 제6조 제1항에서 규정하는 특수강간의 죄를 범한 자뿐만 아니라, 특수강간이 미수에 그쳤다고 하더라도 그로 인하여 피해자가 상해를 입었으면 특수강간치상죄가 성립하는 것이다. **같은 법 제12조에서 규정한 위 제9조 제1항에 대한 미수범 처벌규정은 제9조 제1항에서 특수강간치상죄와 함께 규정된 특수강간상해죄의 미수에 그친 경우, 즉 특수강간의 죄를 범하거나 미수에 그친 자가 피해자에 대하여 상해의 고의를 가지고 피해자에게 상해를 입히려다가 미수에 그친 경우 등에 적용된다.**

나. 위험한 물건인 전자충격기를 사용하여 강간을 시도하다가 미수에 그치고, 피해자에게 약 2주간의 치료를 요하는 안면부 좌상 등의 상해를 입힌 사안에서, 성폭력범죄의 처벌 및 피해자보호 등에 관한 법률에 의한 특수강간치상죄가 성립한다고 본 사례이다.

(9) **| 관련판례 |** 대법원 1991. 11. 12. 선고 91도2156 판결 [강도살인죄의 공동정범과 고의. 강도의 공범자 중 1인이 강도의 기회에 피해자를 살해한 경우, 살인의 공모를 하지 아니한 다른 공모자의 죄책 및 결과를 예견할 수 없었다는 주장에 대한 항소심의 판단 요부(적극). 수인이 합동하여 강도를 한 경우 그 중 1인이 사람을 살해한 경우의 죄책] 결과적 가중범의 공동정범

가. 강도살인죄는 고의범이다. 그러므로 강도살인죄의 공동정범이 성립하기 위하여는 강도의 점뿐 아니라 살인의 점에 관한 고의의 공동이 필요하다.

나. 강도의 공범자 중 1인이 강도의 기회에 피해자에게 폭행 또는 상해를 가하여 살해한 경우, 다른 공모자가 살인의 공모를 하지 아니하였다고 하여도 그 살인행위나 치사의 결과를 예견할 수 없었던 경우가 아니면 강도치사죄의 죄책을 면할 수 없다고 할 것이다. 피고인이나 변호인이 항소이유로서 이를 전혀 예견할 수 없었다고 주장하는 경우, 이에 관하여는 사실심인 항소심이 판단을 하여야 한다.

다. 강도살인죄는 고의범이다. 강도치사죄는 이른바 결과적가중범으로 살인의 고의까지 요하는 것이 아니다. 그러므로 수인이 합동하여 강도를 한 경우 그 중 1인이 사람을 살해하는 행위를 하였다면, 그 범인은 강도살인죄의 기수 또는 미수의 죄책을 지는 것이다. 다른 공범자도 살해행위에 관한 고의의 공동이 있었으면, 그 또한 강도살인죄의 기수 또는 미수의 죄책을 지는 것이다.

라. 그러나 다른 공범자가 살해행위에 관한 고의의 공동이 없었으면, 피해자가 사망한 경우 강도치사죄가 성립한다. 그리고 강도살인이 미수에 그치고 피해자가 상해만 입은 경우 강도상해죄 또는 강도치상죄가 성립한다. 피해자가 아무런 상해를 입지 아니한 경우 강도죄만 성립한다.

18. 제18조(부작위범)

(1) 현행

第18條(不作爲犯)
危險의 發生을 防止할 義務가 있거나 自己의 行爲로 因하여 危險發生의 原因을 惹起한 者가 그 危險發生을 防止하지 아니한 때에는 그 發生된 結果에 依하여 處罰한다.

제18조(부작위범)
위험의 발생을 방지할 의무가 있거나 자기의 행위로 인하여 위험발생의 원인을 야기한 자가 그 위험발생을 방지하지 아니한 때에는 그 발생된 결과에 의하여 처벌한다.

(2) 개선방안

제1안
제18조(부작위범)
위험발생을 방지할 법적 의무가 있는 사람 또는 자기 행위로 위험발생 원인을 야기한 사람이 그 위험발생을 방지하지 아니한 때 그 발생된 결과로 처벌된다.

【개정방향】
※ 최소 자구수정
※ 일본식 조사 '의' 삭제

제2안
제18조(부작위범)
[1]법령・계약・위법한 선행행위・사회상규・조리에 근거하여 위험발생・결과발생을 방지할 법적의무가 있는 사람이 [2]구성요건 위험발생・결과발생을 방지할 가능성이 있음에도, [3]위험발생・결과발생을 방지하지 않아 [4]구성요건 위험발생・결과발생이 실현된 경우, [5]작위범과 동일하게 처벌된다. [6]다만 법원은 부작위범 경우 형을 감경할 수 있다.

【개정방향】
※ 학계 논의 반영

※ 보증인지위(보증인의무) 명문화
※ 온점(·) 사용 간결성 유지
※ 작은 부호를 붙여 요건을 명확하게 제시함
※ 법문은 국민을 위한 문장임

제3안 ★★★★★

[개조식(나열식) 개선방안]

제18조(부작위범)

① 모든 범죄행위는 작위행위 또는 부작위행위로 성립된다.

② 부작위행위는 다음 각 호 요건을 모두 충족해야 성립된다.

1. 법령·계약·위법한 선행행위·사회상규·조리에 근거하여 위험발생·결과발생을 방지할 법적의무가 있는 사람(보증인지위가 있는 사람)
2. 구성요건 위험발생·결과발생을 방지할 가능성이 있어야 함(일반적·구체적 행위가능성 존재)
3. 위험발생·결과발생을 방지하지 않음(부작위행위)
4. 구성요건 상황·결과 실현(위험발생·결과발생)

③ 부작위범은 작위범과 동일하게 처벌된다. 다만 부작위범 경우 형을 감경할 수 있다.

【개정방향】

※ 명확성·간결성·가독성
※ 일본식 조사 '의' 삭제
※ 국어문법정비
※ **위험의 발생을 방지할 의무가 있거나 자기의 행위로 인하여 위험발생의 원인을 야기한 자가** ⇒ 법령·계약·위법한 선행행위·사회상규·조리에 근거하여 위험발생을 방지할 법적의무가 있는 사람이
※ 그 **위험발생을 방지하지 아니한 때**에는 ⇒ 구성요건 위험발생·결과발생을 방지할 가능성이 있음에도 위험발생·결과발생을 방지하지 않아
※ **그 발생된 결과에 의하여 처벌한다** ⇒ 구성요건 위험발생·결과발생이 실현된 경우 작위범과 동일하게 처벌된다. 다만 법원은 부작위범 경우 형을 감경할 수 있다.

(3) 조문해설

가. 형법 제18조는 부작위범을 규정하고 있다.

나. 주요내용을 보면, ① **모든 범죄행위는 작위행위 또는 부작위행위로 성립**된다. ② 부작위행위는 **다음 각 호 요건을 모두 충족해야 성립**된다. 1. **법령·계약·**

위법한 선행행위 · 사회상규 · 조리에 근거하여 위험발생 · 결과발생을 방지할 법적의무가 있는 사람(보증인지위가 있는 사람), 2. 구성요건 위험발생 · 결과발생을 방지할 가능성이 있어야 함(일반적 · 구체적 행위가능성 존재), 3. **위험발생 · 결과발생을 방지하지 않음**(부작위행위), 4. **구성요건 상황 · 결과 실현**(위험발생 · 결과발생). ③ **부작위범은 작위범과 동일하게 처벌된다.** 다만 부작위범 경우 형을 감경할 수 있다.

(4) **| 관련판례 |** 대법원 2004. 6. 24. 선고 2002도995 판결 [보호자 간청에 따라 치료를 요하는 환자에 대하여 치료중단과 퇴원을 허용하는 조치를 취함으로써 환자를 사망에 이르게 한 담당 전문의와 주치의에게 살인방조죄가 성립한다고 한 사례] 작위와 부작위의 구별

가. 보호자가 의학적 권고에도 불구하고 치료를 요하는 환자의 퇴원을 간청하여 담당 전문의와 주치의가 치료중단 및 퇴원을 허용하는 조치를 취함으로써 환자를 사망에 이르게 한 행위에 대하여 보호자, 담당 전문의 및 주치의가 부작위에 의한 살인죄의 공동정범으로 기소된 사안이다.

나. 담당 전문의와 주치의에게 환자의 사망이라는 결과 발생에 대한 정범의 고의는 인정되나 환자의 사망이라는 결과나 그에 이르는 사태의 핵심적 경과를 계획적으로 조종하거나 저지 · 촉진하는 등으로 지배하고 있었다고 보기는 어렵다. 공동정범의 객관적 요건인 이른바 기능적 행위지배가 흠결되어 있다. 작위에 의한 살인방조죄만 성립한다고 한 사례이다.

다. 어떠한 범죄가 적극적 작위에 의하여 이루어질 수 있음은 물론 결과의 발생을 방지하지 아니하는 소극적 부작위에 의하여도 실현될 수 있는 경우에, **행위자가 자신의 신체적 활동이나 물리적 · 화학적 작용을 통하여**에너지투입설 · 자연관찰방법 **적극적으로 타인의 법익 상황을 악화시킴으로써 결국 그 타인의 법익을 침해하기에 이르렀다면, 이는 작위에 의한 범죄로 봄이 원칙이다.**

라. 작위에 의하여 악화된 법익 상황을 다시 되돌이키지 아니한 점에 주목하여 이를 부작위범으로 볼 것은 아니다. 나아가 악화되기 이전의 법익 상황이, 그 행위자가 과거에 행한 또 다른 작위의 결과에 의하여 유지되고 있었다 하여 이와 달리 볼 이유가 없다.

(5) **| 관련판례 |** 대법원 2015. 11. 12. 선고 2015도6809 전원합의체 판결 [특정한 행위를 하지 아니하는 부작위가 형법적으로 부작위로서 의미를 갖는 경우, 부진정 부작위범에서 부작위로 인한 법익침해가 범죄의 실행행위로 평가될 수 있는 경우

및 여기서의 작위의무는 신의성실의 원칙이나 사회상규 혹은 조리상 작위의무가 기대되는 경우에도 인정되는지 여부(적극), 부진정부작위범의 고의의 내용 및 이때 작위의무자에게 고의가 있었는지 판단하는 기준] 부진정부작위범의 성립요건 〈세월호 사건〉

가. 범죄는 보통 적극적인 행위로 실행된다. 그러나 때로 결과발생을 방지하지 아니한 부작위로 실현될 수 있다. 형법 제18조는 "위험의 발생을 방지할 의무가 있거나 자기의 행위로 인하여 위험발생의 원인을 야기한 자가 그 위험발생을 방지하지 아니한 때에는 그 발생된 결과에 의하여 처벌한다"라고 하여 부작위범 성립요건을 별도로 규정하고 있다.

나. 자연적 의미에서 부작위는 거동성이 있는 작위와 본질적으로 구별되는 무(無)에 지나지 아니하다. 그러나 위 규정에서 말하는 부작위는 법적 기대라는 규범적 가치판단 요소에 의하여 사회적 중요성을 가지는 사람의 행태가 되어 법적 의미에서 작위와 함께 행위의 기본 형태를 이루게 된다. 그러므로 특정한 행위를 하지 아니하는 부작위가 형법적으로 부작위로서의 의미를 가지기 위해서는, 보호법익의 주체에게 해당 **구성요건적 결과발생의 위험이 있는 상황에서 행위자가 구성요건의 실현을 회피하기 위하여 요구되는 행위를 현실적·물리적으로 행할 수 있었음에도 하지 아니하였다고 평가될 수 있어야 한다.**

다. 나아가 살인죄와 같이 일반적으로 작위를 내용으로 하는 범죄를 부작위에 의하여 범하는 이른바 부진정 부작위범의 경우에는 보호법익의 주체가 법익에 대한 침해위협에 대처할 보호능력이 없고, 부작위행위자에게 침해위협으로부터 법익을 보호해 주어야 할 법적 작위의무가 있을 뿐 아니라, 부작위행위자가 그러한 보호적 지위에서 법익침해를 일으키는 사태를 지배하고 있어 작위의무의 이행으로 결과발생을 쉽게 방지할 수 있어야 부작위로 인한 법익침해가 작위에 의한 법익침해와 동등한 형법적 가치가 있는 것으로서 범죄의 실행행위로 평가될 수 있다.

라. 다만 여기서의 작위의무는 법령, 법률행위, 선행행위로 인한 경우는 물론, 신의성실의 원칙이나 사회상규 혹은 조리상 작위의무가 기대되는 경우에도 인정된다.

마. 또한 부진정 부작위범의 고의는 반드시 구성요건적 결과발생에 대한 목적이나 계획적인 범행 의도가 있어야 하는 것은 아니다. 법익침해의 결과발생을 방지할 법적 작위의무를 가지고 있는 사람이 의무를 이행함으로써 결과발생을 쉽게 방지할 수 있었음을 예견하고도 결과발생을 용인하고 이를 방관한

채 의무를 이행하지 아니한다는 인식을 하면 족하다. 이러한 **작위의무자의 예견 또는 인식 등은 확정적인 경우는 물론 불확정적인 경우이더라도 미필적 고의로 인정될 수 있다.** 이때 작위의무자에게 이러한 고의가 있었는지는 작위의무자의 진술에만 의존할 것이 아니다. 작위의무의 발생근거, 법익침해의 태양과 위험성, 작위의무자의 법익침해에 대한 사태지배의 정도, 요구되는 작위의무의 내용과 이행의 용이성, 부작위에 이르게 된 동기와 경위, 부작위의 형태와 결과발생 사이의 상관관계 등을 종합적으로 고려하여 작위의무자의 심리상태를 추인하여야 한다.

(6) **| 관련판례 |** 대법원 2010. 1. 14. 선고 2009도12109, 2009감도38 판결 [형법상 부작위범이 성립하기 위한 요건. 모텔 방에 투숙하여 담배를 피운 후 재떨이에 담배를 끄게 되었으나 담뱃불이 완전히 꺼졌는지 여부를 확인하지 않은 채 불이 붙기 쉬운 휴지를 재떨이에 버리고 잠을 잔 과실로 담뱃불이 휴지와 침대시트에 옮겨 붙게 함으로써 화재가 발생한 사안에서, 위 화재가 중대한 과실 있는 선행행위로 발생한 이상 화재를 소화할 법률상 의무는 있다 할 것이나, 화재 발생 사실을 안 상태에서 모텔을 빠져나오면서도 모텔 주인이나 다른 투숙객들에게 이를 알리지 아니하였다는 사정만으로는 화재를 용이하게 소화할 수 있었다고 보기 어렵다는 이유로, 부작위에 의한 현주건조물방화치사상죄의 공소사실에 대해 무죄를 선고한 원심의 판단을 수긍한 사례] 부진정부작위범에서 사실상 작위가능성

가. 형법이 금지하고 있는 법익침해의 결과발생을 방지할 법적인 작위의무를 지고 있는 자가 그 의무를 이행하지 아니한 경우, 이를 작위에 의한 실행행위와 동일하게 부작위범으로 처벌하기 위하여는, 그 의무를 이행함으로써 결과발생을 쉽게 방지할 수 있었음에도 불구하고 그 결과의 발생을 용인하고 이를 방관한 채 그 의무를 이행하지 아니한 결과, 그 부작위가 작위에 의한 법익침해와 동등한 형법적 가치를 가진다고 볼 수 있어 그 범죄의 실행행위로 평가될 만한 것이라야 한다(대법원 1992. 2. 11. 선고 91도2951 판결, 대법원 2006. 4. 28. 선고 2003도4128 판결 등 참조).

나. 원심은, 「이 사건 화재는 피고인이 모텔 방에 투숙하여 담배를 피운 후 재떨이에 담배를 끄게 되었으나 담뱃불이 완전히 꺼졌는지 여부를 확인하지 않은 채 불이 붙기 쉬운 휴지를 재떨이에 버리고 잠을 잔 과실로 담뱃불이 휴지와 옆에 있던 침대시트에 옮겨 붙게 함으로써 발생하였고, 이러한 **피고인의 과실은 중대한 과실에 해당한다고 전제한 다음,** 이와 같이 이 사건 화재가 피고인의 중과실로 발생하였다 하더라도, 이 부분 공소사실과 같이 부작위에 의한

현주건조물방화치사 및 현주건조물방화치상죄가 성립하기 위하여는, 피고인에게 법률상의 소화의무가 인정되는 외에 **소화의 가능성 및 용이성이 있었음에도 피고인이 그 소화의무에 위배하여 이미 발생한 화력을 방치함으로써 소훼의 결과를 발생시켜야 하는 것인데,** 이 사건 화재가 피고인의 중대한 과실 있는 선행행위로 발생한 이상 피고인에게 이 사건 화재를 소화할 법률상 의무는 있다 할 것이나, 피고인이 이 사건 **화재 발생 사실을 안 상태에서 모텔을 빠져나오면서도 모텔 주인이나 다른 투숙객들에게 이를 알리지 아니하였다는 사정만으로는 피고인이 이 사건 화재를 용이하게 소화할 수 있었다고 보기 어렵고, 달리 이를 인정할 만한 증거가 없다**」는 이유로, 이 부분 공소사실에 대하여 무죄로 판단하였다.

다. 이 사안은 중과실치사상죄가 성립한다. 그러나 화재 당시 쉽게 소화할 수 있는 상황이었음에도 알리지 않고 현장을 벗어났다면, 부작위에 의한 현주건조물방화치사상죄와 부작위 살인죄 또는 부작위 상해죄가 성립될 것이다.

19. 제19조(독립행위의 경합)

(1) 현행

第19條(獨立行爲의 競合)
同時 또는 異時의 獨立行爲가 競合한 境遇에 그 結果發生의 原因된 行爲가 判明되지 아니한 때에는 各 行爲를 未遂犯으로 處罰한다.

제19조(독립행위의 경합)
동시 또는 이시의 독립행위가 경합한 경우에 그 결과발생의 원인된 행위가 판명되지 아니한 때에는 각 행위를 미수범으로 처벌한다.

(2) 개선방안

제1안

제19조(독립행위경합)
[1]여러 행위자가 각각 형법 제13조 고의로 독립적 범죄행위를 범하고, [2]그 행위들이 동시 또는 이시에 이루어져 서로 경합하는 경우, [3]결과발생에서 원인된 행위를 확정할 수 없는 경우, 형법 제17조 인과관계와 객관적 귀속은 인정되지 않는다. 다만 이 경우 법률에 미수범 처벌 규정이 있으면, 각 행위는 미수범으로 처벌된다.

제2안 [개조식(나열식) 개선방안] ★★★★★
제19조(독립행위경합)
① 다음 각 호에 모두 해당하는 경우 형법 제17조 인과관계와 객관적 귀속은 인정되지 않는다.
1. 여러 행위자가 각각 형법 제13조 고의로 독립적 범죄행위를 범한 경우
2. 여러 독립적 범죄행위가 동시 또는 이시에 이루어져 서로 경합하는 경우
3. 어떤 행위자 행위로 결과가 발생되었는지 확정할 수 없는 경우
② 다만 제1항 경우 법률에 미수범 처벌 규정이 있으면, 각각 미수범으로 처벌된다.

【개정방향】
※ 제목변경
※ 명확성 · 간결성 · 가독성
※ 일본식 조사 '의' 삭제
※ 국어문법정비
※ 고의범으로 명문화 하여 미수범체계와 일치시킬 필요가 있음
※ 형법 제17조에 통합이 필요함

(3) 조문해설

가. 형법 제19조는 독립행위경합을 규정하고 있다.

나. 주요내용을 보면, ① 다음 각 호에 모두 해당하는 경우 형법 제17조 인과관계와 객관적 귀속은 인정되지 않는다. 1. **여러 행위자가 각각 형법 제13조 고의로 독립적 범죄행위**를 범한 경우, 2. **여러 독립적 범죄행위가 동시 또는 이시에 이루어져 서로 경합**하는 경우, 3. **어떤 행위자 행위로 결과가 발생되었는지 확정할 수 없는 경우** ② 다만 제1항 경우 **법률에 미수범 처벌 규정이 있으면, 각각 미수범으로 처벌**된다.

20. 제20조(정당행위)

(1) 현행

第20條(正當行爲)
法令에 依한 行爲 또는 業務로 因한 行爲 其他 社會常規에 違背되지 아니하는 行爲는 罰하지 아니한다.

제20조(정당행위)
법령에 의한 행위 또는 업무로 인한 행위 기타 사회상규에 위배되지 아니하는 행위는 벌하지 아니한다.

(2) 개선방안

제1안
제20조(정당행위)
법령행위 · 업무행위 · 그 밖에 사회상규에 위배되지 않는 행위는 처벌되지 않는다.

제2안
제20조(정당행위)
법령행위 · 업무행위 · 그 밖에 사회상규에 위배되지 않는 행위는 처벌되지 않는다(위법성조각사유). **사회상규는 행위목적과 행위동기(정당성), 행위수단과 행위방법(상당성), 보호법익과 침해법익(균형성), 행위시점과 법익침해(긴급성), 행위수단과 행위방법(보충성) 등 다섯 가지 요건을 모두 충족하여야 성립한다.**

제3안 ★★★★★
제20조(정당행위)
① **법령행위 · 업무행위 · 그 밖에 사회상규에 위배되지 않는 행위**는 처벌되지 않는다(위법성조각사유).
② **제1항 사회상규에 위배되지 않는 행위는 다음 각 호 다섯 가지 요건을 모두 충족하여야 성립한다.**
1. **행위목적과 행위동기 정당성**
2. **행위수단과 행위방법 상당성**
3. **보호법익과 침해법익 균형성**
4. **행위시점과 법익침해 긴급성**
5. **행위수단과 행위방법 보충성**

(3) 조문해설

가. 형법 제20조는 정당행위를 규정하고 있다.

나. 주요내용을 보면, ① **법령행위 · 업무행위 · 그 밖에 사회상규에 위배되지 않는 행위는 처벌되지 않는다.** ② 제1항 사회상규에 위배되지 않는 행위는 다음 각 호 다섯 가지 요건을 모두 충족하여야 성립한다. 1. 행위목적과 행위동기 정당성, 2. 행위수단과 행위방법 상당성, 3. 보호법익과 침해법익 균형성, 4. 행

위시점과 법익침해 긴급성, 5. 행위수단과 행위방법 보충성

(4) **| 관련판례 |** **대법원 2001. 2. 23. 선고 2000도4415 판결** [형법 제20조 소정의 '사회상규에 위배되지 아니하는 행위'의 의미 및 정당행위의 성립요건, 피해자를 정신의료기관에 강제입원시킨 조치가 사회상규에 위배되지 아니하는 정당한 행위로서 위법성이 조각된다고 보기 어렵다고 한 사례] 정당행위와 사회상규

가. 형법 제20조 소정의 '사회상규에 위배되지 아니하는 행위'라 함은 법질서 전체의 정신이나 그 배후에 놓여 있는 사회윤리 내지 사회통념에 비추어 용인될 수 있는 행위를 말한다. 어떠한 행위가 사회상규에 위배되지 아니하는 정당한 행위로서 위법성이 조각되는 것인지는 구체적인 사정 아래서 합목적적, 합리적으로 고찰하여 개별적으로 판단하여야 할 것이다. 이와 같은 정당행위를 인정하려면, 첫째 그 행위의 동기나 목적의 정당성, 둘째 행위의 수단이나 방법의 상당성, 셋째 보호이익과 침해이익과의 법익균형성, 넷째 긴급성, 다섯째 그 행위 외에 다른 수단이나 방법이 없다는 보충성 등의 요건을 갖추어야 한다.

나. 피해자를 정신의료기관에 강제입원시킨 조치가 사회상규에 위배되지 아니하는 정당한 행위로서 위법성이 조각된다고 보기 어렵다고 한 사례이다.

다. 피해자의 정신병원에서의 퇴원 요구를 거절해 온 피해자의 배우자가 피해자에 대하여 재산이전 요구를 한 경우, 그 배우자가 재산이전 요구에 응하지 않으면 퇴원시켜 주지 않겠다고 말한 바 없더라도, 이는 암묵적 의사표시로서 공갈죄의 수단인 해악의 고지에 해당한다. 이러한 해악의 고지가 권리의 실현 수단으로 사용되었더라도 그 수단방법이 사회통념상 허용되는 정도나 범위를 넘는 것으로서 공갈죄를 구성한다.

(5) **| 관련판례 |** **대법원 2017. 10. 26. 선고 2012도13352 판결** [정보통신망 이용촉진 및 정보보호 등에 관한 법률 제44조의7 제1항 제1호, 제74조 제1항 제2호에서 규정하는 '음란'의 의미, 특정 표현물을 형사처벌의 대상이 될 음란 표현물이라고 하기 위한 요건 및 판단 기준, 음란물에 문학적·예술적·사상적·과학적·의학적·교육적 표현 등이 결합된 경우, 이러한 결합 표현물에 의한 표현행위가 형법 제20조에 정하여진 '사회상규에 위배되지 아니하는 행위'에 해당하는 경우, 방송통신심의위원회 심의위원인 피고인이 자신의 인터넷 블로그에 위원회에서 음란정보로 의결한 '남성의 발기된 성기 사진'을 게시함으로써 정보통신망을 통하여 음란한 화상 또는 영상인 사진을 공공연하게 전시하였다고 하여 정보통신망 이용촉진 및 정보보호 등에 관한 법률 위반(음란물유포)으로 기소된 사안에서, 피고인의 게시물은 사진과 학술적, 사상적 표현 등이 결합된 결합 표현물로서, 사진은 음란물에 해당하

나 결합 표현물인 게시물을 통한 사진의 게시는 형법 제20조에 정하여진 '사회상규에 위배되지 아니하는 행위'에 해당한다고 한 사례] 〈표현의 자유와 관련된 정당행위의 새로운 판단기준을 제시한 사건〉 정당행위와 사회상규

가. 정보통신망 이용촉진 및 정보보호 등에 관한 법률 제44조의7 제1항 제1호, 제74조 제1항 제2호에서 규정하는 '음란'이란 사회통념상 일반 보통인의 성욕을 자극하여 성적 흥분을 유발하고 정상적인 성적 수치심을 해하여 성적 도의관념에 반하는 것을 말한다. 음란성에 관한 논의는 자연스럽게 형성·발전되어 온 사회 일반의 성적 도덕관념이나 윤리의식 및 문화적 사조와 직결된다. 아울러 개인의 사생활이나 행복추구권 및 다양성과도 깊이 연관되는 문제이다. 국가형벌권이 지나치게 적극적으로 개입하기에 적절한 분야가 아니다. 이러한 점을 고려할 때, 특정 표현물을 형사처벌의 대상이 될 음란 표현물이라고 하기 위하여는 표현물이 단순히 성적인 흥미에 관련되어 저속하다거나 문란한 느낌을 준다는 정도만으로는 부족하다. 사회통념에 비추어 전적으로 또는 지배적으로 성적 흥미에만 호소할 뿐 하등의 문학적·예술적·사상적·과학적·의학적·교육적 가치를 지니지 아니한 것이다. 과도하고도 노골적인 방법에 의하여 성적 부위나 행위를 적나라하게 표현·묘사함으로써, 존중·보호되어야 할 인격체로서의 인간의 존엄과 가치를 훼손·왜곡한다고 볼 정도로 평가될 수 있어야 한다. 나아가 이를 판단할 때에는 표현물 제작자의 주관적 의도가 아니라 사회 평균인의 입장에서 전체적인 내용을 관찰하여 건전한 사회통념에 따라 객관적이고 규범적으로 평가하여야 한다.

나. 음란물이 그 자체로는 하등의 문학적·예술적·사상적·과학적·의학적·교육적 가치를 지니지 아니하더라도, 음란성에 관한 논의의 특수한 성격 때문에, 그에 관한 논의의 형성·발전을 위해 문학적·예술적·사상적·과학적·의학적·교육적 표현 등과 결합되는 경우가 있다. 이러한 경우 음란 표현의 해악이 이와 결합된 위와 같은 표현 등을 통해 상당한 방법으로 해소되거나 다양한 의견과 사상의 경쟁메커니즘에 의해 해소될 수 있는 정도라는 등의 특별한 사정이 있다면, 이러한 결합 표현물에 의한 표현행위는 공중도덕이나 사회윤리를 훼손하는 것이 아니다. 법질서 전체의 정신이나 그 배후에 놓여 있는 사회윤리 내지 사회통념에 비추어 용인될 수 있는 행위이다. 형법 제20조에 정하여진 '사회상규에 위배되지 아니하는 행위'에 해당된다.

다. 방송통신심의위원회(이하 '위원회'라고 한다) 심의위원인 피고인이 자신의 인터넷 블로그에 위원회에서 음란정보로 의결한 '남성의 발기된 성기 사진'을 게

시함으로써 정보통신망을 통하여 음란한 화상 또는 영상인 사진을 공공연하게 전시하였다고 하여 정보통신망 이용촉진 및 정보보호 등에 관한 법률 위반(음란물유포)으로 기소된 사안이다.

라. 피고인의 게시물은 다른 블로그의 화면 다섯 개를 갈무리하여 옮겨온 남성의 발기된 성기 사진 8장(이하 '사진들'이라 한다)과 벌거벗은 남성의 뒷모습 사진 1장을 전체 게시면의 절반을 조금 넘는 부분에 걸쳐 게시하였다. 이어서 정보통신에 관한 심의규정 제8조 제1호를 소개한 후 피고인의 의견을 덧붙이고 있다. 그러므로 사진들과 음란물에 관한 논의의 형성·발전을 위한 학술적, 사상적 표현 등이 결합된 결합 표현물로서, 사진들은 오로지 남성의 발기된 성기와 음모만을 뚜렷하게 강조하여 여러 맥락 속에서 직접적으로 보여줌으로써 성적인 각성과 흥분이 존재한다는 암시나 공개장소에서 발기된 성기의 노출이라는 성적 일탈의 의미를 나타낸다. 나아가 여성의 시각을 배제한 남성 중심적인 성관념의 발로에 따른 편향된 관점을 전달하고 있어 음란물에 해당한다. 그러나 **사진들의 음란성으로 인한 해악은 이에 결합된 학술적, 사상적 표현들과 비판 및 논증에 의해 해소되었다. 결합 표현물인 게시물을 통한 사진들의 게시는 목적의 정당성, 수단이나 방법의 상당성, 보호법익과 침해법익 간의 법익균형성이 인정되어 법질서 전체의 정신이나 그 배후에 놓여 있는 사회윤리 내지 사회통념에 비추어 용인될 수 있는 행위에 해당한다.** 그러므로 원심이 게시물의 전체적 맥락에서 사진들을 음란물로 단정할 수 없다고 본 것에는 같은 법 제74조 제1항 제2호 및 제44조의7 제1항 제1호가 규정하는 '음란'에 관한 법리오해의 잘못이 있다. 그러나 공소사실을 무죄로 판단한 것은 결론적으로 정당하다.

마. 생각건대 사회상규 다섯 가지 요건 중 긴급성과 보충성이 있는지 의문이다. 따라서 '음란물'에 해당하지만, "블로그에 게시한 행위는 사회상규에 위배되지 않는다"는 대법원 논지는 설득력이 부족하다. 대법원 판결은 깊은 논의가 필요하다.

21. 제21조(정당방위)

(1) 현행

第21條(正當防衛)

① **自己 또는 他人의 法益에 對한 現在의 不當한 侵害를 防衛하기 爲한 行爲**는 相當한

理由가 있는 때에는 罰하지 아니한다.
② 防衛行爲가 **그 程度를 超過한 때에는 情況에 依하여** 그 刑을 減輕 또는 免除할 수 있다.
③ 前項의 境遇에 그 行爲가 夜間 其他 不安스러운 狀態下에서 恐怖, 驚愕, 興奮 또는 唐慌으로 因한 때에는 罰하지 아니한다.

제21조(정당방위)
① 자기 또는 타인의 법익에 대한 현재의 부당한 침해를 방위하기 위한 행위는 상당한 이유가 있는 때에는 벌하지 아니한다.
② 방위행위가 그 정도를 초과한 때에는 정황에 의하여 그 형을 감경 또는 면제할 수 있다.
③ 전항의 경우에 그 행위가 야간 기타 불안스러운 상태하에서 공포, 경악, 흥분 또는 당황으로 인한 때에는 벌하지 아니한다.

(2) 개선방안

제1안

제21조(정당방위)
① 자기법익·타인법익에 대한 **현재 진행 중인** 부당한 침해를 방위하기 위한 행위는 상당한 이유가 있는 경우 처벌되지 않는다.
② 방위행위가 정도를 초과한 경우 정황에 따라 형을 감경·면제될 수 있다.
③ 제2항 과잉방위행위가 **야간·그 밖에 불안스러운 상태에서** 공포·경악·흥분·당황으로 이루어진 경우 처벌되지 않는다(책임조각사유).

제2안 ★★★★★

제21조(정당방위)
① **행위자가 구성요건을 모두 충족한 경우라 하더라도, 다음 각 호 요건을 모두 충족한 경우 그 행위는 위법성이 조각되어 처벌되지 않는다.**
  1. **자기법익·타인법익에 대한 부당한 침해 발생**
  2. **제1호 불법침해의 현재성(임박·진행·계속)**
  3. **제1호·제2호 침해에 대한 방위행위**
  4. **제3호 방위행위의 상당한 이유(필요성·사회윤리적 제한: 책임무능력자·긴밀한 가족공동체·법익균형성) 존재**
  5. **제1호·제2호·제3호 행위자 인식**
② **제1항 제3호 방위행위가 제1항 제4호 상당한 이유를 초과한 경우 정황(情況)에 따라 형이 감경·면제될 수 있다(책임조각사유·인적처벌조각사유)**
③ **제2항 경우 방위행위가 야간·그 밖에 불안상태에서 공포·경악·흥분·당황으로** 이루어진 경우 처벌되지 않는다**(책임조각사유)**.

【개정방향】
※ 명확성 · 간결성 · 가독성 · 개조식
※ 일본식 조사 '의' 삭제

(3) 조문해설

가. 형법 제21조는 정당방위를 규정하고 있다.

나. 주요내용을 보면, ① 행위자가 구성요건을 모두 충족한 경우라 하더라도, 다음 각 호 요건을 모두 충족한 경우 그 행위는 위법성이 조각되어 처벌되지 않는다. 1. 자기법익 · 타인법익에 대한 부당한 침해 발생, 2. 제1호 불법침해의 현재성(임박 · 진행 · 계속), 3. 제1호 · 제2호 침해에 대한 방위행위, 4. 제3호 방위행위의 상당한 이유(필요성 · 사회윤리적 제한: 책임무능력자 · 긴밀한 가족공동체 · 법익균형성) 존재, 5. 제1호 · 제2호 · 제3호 행위자 인식 ② 제1항 제3호 방위행위가 제1항 제4호 상당한 이유를 초과한 경우 정황(情況)에 따라 형이 감경 · 면제될 수 있다(책임조각사유 · 인적처벌조각사유). ③ 제2항 경우 방위행위가 야간 · 그 밖에 불안상태에서 공포 · 경악 · 흥분 · 당황으로 이루어진 경우 처벌되지 않는다(책임조각사유).

(4) **| 관련판례 |** 대법원 1992. 12. 22. 선고 92도2540 판결 [정당방위 성립요건, 의붓아버지의 강간행위로 정조를 유린당한 후 계속 성관계를 강요받아 온 피고인이, 상피고인과 사전에 공모하여 범행을 준비하고, 의붓아버지가 제대로 반항할 수 없는 상태에서 식칼로 심장을 찔러 살해한 행위는 사회통념상 상당성을 결여하여 정당방위가 성립하지 아니한다고 본 사례, 심신장애의 유무 및 정도에 관한 판단방법] 정당방위 성립요건으로서 침해의 현재성

가. 정당방위가 성립하려면 침해행위로 침해되는 법익의 종류, 정도, 침해의 방법, 침해행위의 완급과 방위행위로 침해될 법익의 종류, 정도 등 일체의 구체적 사정들을 참작하여 방위행위가 사회적으로 상당한 것이어야 한다. 정당방위의 성립요건으로서의 방어행위에는 순수한 수비적 방어뿐 아니라 적극적 반격을 포함하는 반격방어의 형태도 포함된다. 그러나 그 방어행위는 자기 또는 타인의 법익침해를 방위하기 위한 행위로서 상당한 이유가 있어야 한다.

나. 의붓아버지의 강간행위로 정조를 유린당한 후 계속적으로 성관계를 강요받아 온 피고인이 상피고인과 사전에 공모하여 범행을 준비하고, 의붓아버지가 제대로 반항할 수 없는 상태에서 식칼로 심장을 찔러 살해한 행위는 사회통념

상 상당성을 결여하여 정당방위가 성립하지 아니한다고 본 사례이다.

다. 형법 제10조 소정의 심신장애의 유무 및 정도를 판단함에 있어서 반드시 전문인의 의견에 기속되어야 하는 것은 아니다. 범행의 경위, 수단, 범행 전후의 피고인의 행동 등 기록에 나타난 제반자료와 공판정에서의 피고인의 태도 등을 종합하여 법원이 독자적으로 판단할 수 있다.

(5) **| 관련판례 |** 대법원 2000. 3. 28. 선고 2000도228 **판결** [싸움 중에 이루어진 가해행위가 정당방위 또는 과잉방위행위에 해당할 수 있는지 여부(소극)] 싸움과 정당방위·방위의사

가. 가해자의 행위가 피해자의 부당한 공격을 방위하기 위한 것이라기 보다는 **서로 공격할 의사로 싸우다가** 먼저 공격을 받고 이에 대항하여 가해하게 된 것이라고 봄이 상당한 경우, 그 **가해행위는 방어행위인 동시에 공격행위의 성격을 가지므로 정당방위 또는 과잉방위행위라고 볼 수 없다.**

나. 학설은 정당방위상황부인설, 방위행위부인설, 방위의사부인설로 대립한다. **대법원은 이 판결에서 방위행위부인설을 취하고 있다.**

(6) **| 관련판례 |** 대법원 2001. 5. 15. 선고 2001도1089 **판결** [이혼소송 중인 남편이 찾아와 가위로 폭행하고 변태적 성행위를 강요하는 데에 격분하여 처가 칼로 남편의 복부를 찔러 사망에 이르게 한 경우, 그 행위는 정당방위나 과잉방위에 해당하지 않는다고 본 사례] 방위행위 상당성

가. 피고인이 피해자로부터 먼저 폭행·협박을 당하다가 이를 피하기 위해 피해자를 칼로 찔렀다. 그렇더라도 피해자의 폭행·협박 정도에 비추어 피고인이 칼로 피해자를 찔러 즉사하게 한 행위는 피해자의 폭력으로부터 자신을 보호하기 위한 방위행위로서의 한도를 넘어선 것이다. 따라서 이러한 방위행위는 사회통념상 용인될 수 없는 것이다.

나. 그러므로 자기의 법익에 대한 현재의 부당한 침해를 방어하기 위한 행위로서 상당한 이유가 있는 경우라거나(위법성이 조각되거나), 방위행위가 그 정도를 초과한 경우에 해당한다(책임이 조각된다)고 할 수 없다. 피고인의 이 사건 범행은 정당방위 또는 과잉방위에 해당하지 아니한다.

(7) **| 관련판례 |** 대법원 2004. 3. 25. 선고 2003도3842 **판결** [경찰관 무기사용의 요건 및 그 판단 방법, 경찰관의 권총 사용이 허용범위를 벗어난 위법행위로서 정당방위에 해당하지 않는다고 판단한 원심판결을 파기한 사례] 경찰관 총기 사용과 정당방위

가. 상대파출소 근무자인 경찰관으로부터 '공소외 1이 술집에서 맥주병을 깨 다른 사람의 목을 찌르고 현재 자기 집으로 도주하여 칼로 아들을 위협하고 있다'는 상황을 고지받고 현장에 도착한 피고인으로서는, 공소외 1이 칼을 소지하고 있는 것으로 믿었고 또 그렇게 믿은 데에 정당한 이유가 있었다고 할 것이다. 그러므로 피고인과 A가 공소외 1과의 몸싸움에 밀려 함께 넘어진 상태에서 칼을 소지한 것으로 믿고 있었던 공소외 1과 다시 몸싸움을 벌인다는 것은 피고인 자신의 생명 또는 신체에 위해를 가져올 수도 있는 위험한 행동이라고 판단할 수밖에 없을 것이다.

나. 따라서 피고인이 공포탄 1발을 발사하여 경고를 하였음에도 불구하고, 공소외 1이 A의 몸 위에 올라탄 채 계속하여 A를 폭행하고 있었고, 또 그가 언제 소지하고 있었을 칼을 꺼내어 A나 피고인을 공격할지 알 수 없다고 피고인이 생각하고 있던 급박한 상황에서 A를 구출하기 위하여 공소외 1을 향하여 권총을 발사한 것이다.

다. 그러므로 이러한 피고인의 권총 사용이, 경찰관직무집행법 제10조의4 제1항의 허용범위를 벗어난 위법한 행위라거나 피고인에게 업무상과실치사의 죄책을 지울만한 행위라고 선뜻 단정할 수는 없다(다만 민사상으로 공무원인 피고인의 위와 같은 행위에 관하여 국가가 국가배상책임을 질 것인지 여부는 이와 별도의 관점에서 검토되어야 할 것이며, 이 점은 별론으로 한다).

라. 이 사안은 위법성조각사유전제사실착오로 무죄가 된다. 엄격책임설과 제한적 책임설에 따라도 모두 같은 결론이다.

22. 제22조(긴급피난)

(1) 현행

第22條(緊急避難)

① 自己 또는 他人의 法益에 對한 現在의 危難을 避하기 爲한 行爲는 相當한 理由가 있는 때에는 罰하지 아니한다.

② 危難을 避하지 못할 責任이 있는 者에 對하여는 前項의 規定을 適用하지 아니한다.

③ 前條 第2項과 第3項의 規定은 本條에 準用한다.

제22조(긴급피난)

① **자기 또는 타인의 법익**에 대한 **현재의 위난**을 **피하기 위한 행위**는 **상당한 이유**가 있는 때에는 벌하지 아니한다.

② **위난을 피하지 못할 책임이 있는 자**에 대하여는 전항의 규정을 적용하지 아니한다.
③ 전조 제2항과 제3항의 규정은 본조에 준용한다.

(2) 개선방안

제22조(긴급피난)

① 어떤 행위가 다음 각 호 요건을 모두 충족한 경우 정당화적 긴급피난행위로 처벌되지 않는다.

1. **자기법익 · 타인법익**에 대한 **위난**
2. **현재(임박 · 진행 · 계속 · 예견)**
3. **피난행위**
4. **상당한 이유(보충성 · 균형성 · 적합성)**
5. 제1호 · 제2호 자기법익 · 타인법익에 대한 현재 위난 인식
6. 제3호 피난행위 의사

② **위난을 피하지 못할 책임이 있는 사람은** 제1항이 적용되지 않는다.

③ **제1항 제3호 피난행위가 상당한 이유를 초과한 경우 정황(情況)에 따라 형을 감경 · 면제**할 수 있다.

④ **제1항 제3호 경우 피난행위가 야간 · 그 밖에 불안상태에서 공포 · 경악 · 흥분 · 당황**으로 이루어진 경우 처벌되지 않는다.

⑤ 긴급한 상황에서 동시에 이행해야 할 의무가 충돌할 경우 다음 각 호에 해당하는 의무를 이행하면 처벌되지 않는다.

1. 높은 법익에 대한 의무이행(위법성조각사유, 정당화적 긴급피난)
2. 동등한 법익에 대한 의무이행(책임조각사유, 면책적 긴급피난)

【개정방향】

※ 명확성 · 간결성 · 가독성 · 개조식
※ 일본식 조사 '의' 삭제
※ 의무충돌 위법성조각사유 신설
※ 참조 형법 제21조 정당방위와 통일

제21조(정당방위)

① 어떤 행위가 다음 각 호 요건을 모두 충족한 경우 정당한 방위행위로 처벌되지 않는다.

1. **자기법익 · 타인법익**에 대한 **부당한 침해**
2. **현재(임박 · 진행 · 계속)**

3. **방위행위**
4. **상당한 이유(필요성 · 사회윤리적 제한 · 책임무능력자 · 긴밀한 가족공동체 · 법익균형성)**
5. 제1호 · 제2호 자기법익 · 타인법익에 대한 현재 부당한 침해 인식
6. 제3호 방위행위 의사

② **제1항 제3호 방위행위가 상당한 이유를 초과한 경우 정황(情況)에 따라 형을 감경 · 면제**할 수 있다.

③ **제1항 경우 방위행위가 야간 · 그 밖에 불안상태에서 공포 · 경악 · 흥분 · 당황**으로 이루어진 경우 처벌되지 않는다.

(3) 조문해설

가. 형법 제22조는 긴급피난을 규정하고 있다.

나. 주요내용을 보면, ① 어떤 행위가 다음 각 호 요건을 모두 충족한 경우 정당화적 긴급피난행위로 처벌되지 않는다. 1. 자기법익 · 타인법익에 대한 위난, 2. 현재(임박 · 진행 · 계속 · 예견), 3. 피난행위, 4. 상당한 이유(보충성 · 균형성 · 적합성), 5. 제1호 · 제2호 자기법익 · 타인법익에 대한 현재 위난 인식, 6. 제3호 피난행위 의사 ② 위난을 피하지 못할 책임이 있는 사람은 제1항이 적용되지 않는다. ③ 제1항 제3호 피난행위가 상당한 이유를 초과한 경우 정황(情況)에 따라 형을 감경 · 면제할 수 있다. ④ 제1항 제3호 경우 피난행위가 야간 · 그 밖에 불안상태에서 공포 · 경악 · 흥분 · 당황으로 이루어진 경우 처벌되지 않는다. ⑤ 긴급한 상황에서 동시에 이행해야 할 의무가 충돌할 경우 다음 각 호에 해당하는 의무를 이행하면 처벌되지 않는다. 1. 높은 법익에 대한 의무이행(위법성조각사유, 정당화적 긴급피난), 2. 동등한 법익에 대한 의무이행(책임조각사유, 면책적 긴급피난).

(4) | 관련판례 | 대법원 1995. 1. 12. 선고 94도2781 판결 [강간치사상죄에서 사상의 결과는 강간에 수반하는 행위에서 발생한 경우도 포함하는지 여부, 스스로 야기한 강간범행의 와중에서 피해자가 손가락을 깨물며 반항하자 물린 손가락을 비틀며 잡아 뽑다가 피해자에게 치아결손의 상해를 입힌 소위를 긴급피난행위라 할 수 있는지 여부] 자초위난

가. 강간 등에 의한 치사상죄에서 사상의 결과는 간음행위 그 자체로부터 발생한 경우, 강간의 수단으로 사용한 폭행으로부터 발생한 경우, 물론 강간에 수반하는 행위에서 발생한 경우도 포함한다.

나. 피고인이 스스로 야기한 강간범행의 와중에서 피해자가 피고인의 손가락을 깨물며 반항하자 물린 손가락을 비틀며 잡아 뽑다가 피해자에게 치아결손의 상해를 입힌 소위를 가리켜 법에 의하여 용인되는 피난행위라 할 수 없다.

다. 피해자가 입은 위 상해는 결국 피고인이 저지르려던 강간에 수반하여 일어난 행위에서 비롯된 것이라 할 것이다. 기록상 나타난 피해자의 반항을 뿌리친 형태 등에 비추어 보면, 그 결과 또한 능히 예견할 수 있었던 것임을 부인할 수는 없다 하겠다. 위와 같은 소위에 대하여 피고인을 강간치상죄로 처단한 제1심 판결을 유지한 원심의 조처는 옳게 수긍이 되고, 거기에 소론과 같이 강간치상죄의 법리를 오해한 위법이 없다. 또 **피고인이 스스로 야기한 범행의 와중에서 피해자에게 위와 같은 상해를 입힌 소위를 가리켜 법에 의하여 용인되는 피난행위라 할 수도 없다.** 위와 같이 소리치며 반항하는 피해자의 입을 손으로 막고 음부까지 만진 소위에 대하여 주장과 같이 강간의 수단인 폭행이나 협박이 개시되지 않았다고 할 수도 없다. 대법원은 '피난행위'에서 부정하고 있다.

라. 이 사건은 자초위난, 피난행위, 상당성에서 모두 논할 수 있다. 피고인이 고의로 저지른 행위까지 위난으로 볼 수는 없는 것이다. 따라서 긴급피난 객관적 요건을 충족하지 않는다. 범죄체계상 피난행위와 상당성은 검토가 불필요하다.

(5) **| 관련판례 |** 대법원 1987. 1. 20. 선고 85도221 판결 [재물손괴에 관한 미필적 고의를 인정한 사례, 긴급피난으로 위법성이 조각된다고 본 사례, 공유수면관리법 제18조, 제4조 제1항 제9호 소정의 무허가공유수면점용죄의 주체]

가. 피고인들이 피조개양식장에 피해를 주지 아니하도록 할 의도에서 선박의 닻줄을 7샤클(175미터)에서 5샤클(125미터)로 감아놓았고 그 경우에 피조개양식장까지의 거리는 약 30미터까지 근접한다는 것이다. 그러므로 닻줄을 50미터 더 늘여서 7샤클로 묘박하였다면, 선박이 태풍에 밀려 피조개양식장을 침범하여 물적 손해를 입히리라는 것은 당연히 예상되는 것이다. 그럼에도 태풍에 대비한 선박의 안전을 위하여 선박의 닻줄을 7샤클로 늘여 놓았다면, 이는 피조개양식장의 물적 피해를 인용한 것이라 할 것이어서 재물손괴의 점에 대한 미필적 고의를 인정할 수 있다.

나. 선박의 이동에도 새로운 공유수면점용허가가 있어야 하고 휴지선을 이동하는 데는 예인선이 따로 필요한 관계로 비용이 많이 들어 다른 해상으로 이동을 하지 못하고 있는 사이에 태풍을 만나게 되었다. 그와 같은 위급한 상황에서

선박과 선원들의 안전을 위하여 사회통념상 가장 적절하고 필요불가결하다고 인정되는 조치를 취하였다면, 형법상 긴급피난으로서 위법성이 없어서 범죄가 성립되지 아니한다고 보아야 한다. 미리 선박을 이동시켜 놓아야 할 책임을 다하지 아니함으로써 위와 같은 긴급한 위난을 당하였다는 점만으로는 긴급피난을 인정하는데 아무런 방해가 되지 아니한다.

다. 관리청의 허가 없이 회사소유의 선박을 정박함으로써 공유수면을 점용한 경우에 공유수면관리법 제18조, 제4조 제1항 제9호 위반죄의 주체는 그 선박의 소유자인 회사나 회사의 업무결정권을 가질 기관 또는 선장 등과 같이 선박운항의 결정권을 가진 자라야 한다.

라. 이 사안 경우 선장의 '자초위난'도 위난으로 판단하였다. 그리고 피난행위에 해당하며, 상당성도 인정하였다. 여기서 상당성이란 **보충성 · 균형성 · 적합성이다. 피난의사도 인정하였다. 선장은 제24조 제2항 위난을 피하지 못할 책임이 있는 사람에 해당하지 않는다. 선장에게 적용된 재물손괴죄는 무죄이다.**

23. 제23조(자구행위)

(1) 현행

第23條(自救行爲)
① 法定節次에 依하여 請求權을 保全하기 不能한 境遇에 그 請求權의 實行不能 또는 顯著한 實行困難을 避하기 爲한 行爲는 相當한 理由가 있는 때에는 罰하지 아니한다.
② 前項의 行爲가 그 程度를 超過한 때에는 情況에 依하여 刑을 減輕 또는 免除할 수 있다.

제23조(자구행위)
① 법정절차에 의하여 청구권을 보전하기 불능한 경우에 그 청구권의 실행불능 또는 현저한 실행곤란을 피하기 위한 행위는 상당한 이유가 있는 때에는 벌하지 아니한다.
② 전항의 행위가 그 정도를 초과한 때에는 정황에 의하여 형을 감경 또는 면제할 수 있다.

(2) 개선방안

제1안
제23조(자구행위)
① **법정절차로 자기청구권보전이 불가능한 경우** 이를 **피하기 위한 자구행위는 상당한 이유**가 있는 때 처벌되지 않는다. 자구행위는 **청구권 실행불능 · 청구권 현저한 실행곤란으로 제한한다.**

② 제1항의 자구행위가 상당한 이유를 **초과한 때에는 정황에 의하여 형을 감경 또는 면제할 수** 있다.

제2안 ★★★★★

제23조(자구행위)

① 어떤 행위가 다음 각 호 요건을 모두 충족한 경우 자구행위로 처벌되지 않는다.

1. **법정절차로 자기청구권보전이 불가능한 경우**
2. **청구권 실행불능 · 청구권 현저한 실행곤란인 경우**
3. **자구행위(피하기 위한 행위)**
4. **상당한 이유(필요성 · 보충성 또는 보충성 · 법익균형성 · 적합성)**
5. 제1호 · 제2호 자구행위상황에 대한 인식
6. 제3호 자구행위 의사

② **제1항 제3호 자구행위가 상당한 이유를 초과한 경우 정황(情況)에 따라 형을 감경 · 면제**할 수 있다.

【개정방향】

※ 명확성 · 간결성 · 가독성 · 개조식

※ 일본식 조사 '의' 삭제

※ 참조 형법 제21조 정당방위와 형법 제22조 긴급피난과 통일

제22조(긴급피난)

① 어떤 행위가 다음 각 호 요건을 모두 충족한 경우 정당화적 긴급피난행위로 처벌되지 않는다.

1. **자기법익 · 타인법익**에 대한 **위난**
2. **현재(임박 · 진행 · 계속 · 예견)**
3. **피난행위**
4. **상당한 이유(보충성 · 균형성 · 적합성)**
5. 제1호 · 제2호 자기법익 · 타인법익에 대한 현재 위난 인식
6. 제3호 피난행위 의사

② **위난을 피하지 못할 책임이 있는 사람은** 제1항이 적용되지 않는다.

③ **제1항 제3호 피난행위가 상당한 이유를 초과한 경우 정황(情況)에 따라 형을 감경 · 면제**할 수 있다.

④ **제1항 제3호 경우 피난행위가 야간 · 그 밖에 불안상태에서 공포 · 경악 · 흥분 · 당황**으로 이루어진 경우 처벌되지 않는다.

⑤ 긴급한 상황에서 동시에 이행해야 할 의무가 충돌할 경우 다음 각 호에 해당하는 의무를 이행하면 처벌되지 않는다.

1. 높은 법익에 대한 의무이행(위법성조각사유, 정당화적 긴급피난)
2. 동등한 법익에 대한 의무이행(책임조각사유, 면책적 긴급피난)

(3) 조문해설

가. 형법 제23조는 자구행위를 규정하고 있다.

나. 주요내용을 보면, ① 어떤 행위가 다음 각 호 요건을 모두 충족한 경우 자구행위로 처벌되지 않는다. 1. 법정절차로 자기청구권보전이 불가능한 경우, 2. 청구권 실행불능 · 청구권 현저한 실행곤란인 경우, 3. 자구행위, 4. 상당한 이유(필요성 · 보충성 또는 보충성 · 법익균형성 · 적합성), 5. 제1호 · 제2호 자구행위 상황에 대한 인식, 6. 제3호 자구행위 의사 ② 제1항 제3호 자구행위가 상당한 이유를 초과한 경우 정황(情況)에 따라 형을 감경 · 면제할 수 있다.

24. 제24조(피해자의 승낙)

(1) 현행

第24條(被害者의 承諾)
處分할 수 있는 者의 承諾에 依하여 그 法益을 毁損한 行爲는 法律에 特別한 規定이 없는 限 罰하지 아니한다.

제24조(피해자의 승낙)
처분할 수 있는 자의 **승낙**에 의하여 **그 법익을 훼손한 행위**는 **법률에 특별한 규정이 없는 한 벌하지 아니한다.**

(2) 개선방안

제1안
제24조(피해자승낙)
피해자 승낙을 받아 법익을 훼손한 행위는 **법률에 특별한 규정이 있는 경우에 처벌**된다.

제2안 ★★★★★
제24조(피해자승낙)
① **피해자 승낙을 받아 법익을 훼손한 행위**는 **법률에 특별한 규정이 있는 경우에 처벌 된다.**
② 피해자가 승낙을 받지 않았으나 행위 당시 객관적 사정을 종합 판단하여 피해자

가 당연히 승낙하였을 것이라고 예견하여 **법익을 훼손한 행위는 법률에 특별한 규정이 있는 경우에 처벌된다.**

【개정방향】
※ 제목변경
※ 명확성 · 간결성 · 가독성
※ 일본식 조사 '의' 삭제
※ 제1항 피해자 명시적 승낙
※ 제2항 피해자 추정적 승낙

(3) 조문해설

가. 형법 제24조는 피해자승낙을 규정하고 있다.

나. 주요내용을 보면, ① 피해자 승낙을 받아 법익을 훼손한 행위는 법률에 특별한 규정이 있는 경우에 처벌된다. ② 피해자가 승낙을 받지 않았으나 행위 당시 객관적 사정을 종합 판단하여 피해자가 당연히 승낙하였을 것이라고 예견하여 법익을 훼손한 행위는 법률에 특별한 규정이 있는 경우에 처벌된다.

(4) **| 관련판례 |** 대법원 2008. 12. 11. 선고 2008도9606 판결 [위법성조각사유인 피해자의 승낙이 갖추어야 하는 요건, 갑이 을과 공모하여 보험사기를 목적으로 을에게 상해를 가한 사안에서, 피해자의 승낙으로 위법성이 조각되지 아니한다고 한 사례] 사회상규에 반하는 피해자의 승낙

가. 형법 제24조에 근거하여 위법성이 조각되는 피해자 승낙은 개인적 법익을 훼손하는 경우 법률상 이를 처분할 수 있는 사람의 승낙이어야 한다. 또한 **그 승낙이 윤리적 · 도덕적으로 사회상규에 반하는 것이 아니어야 한다**(대법원 1985. 12. 10. 선고 85도1892 판결 등 참조).

나. 피고인이 피해자와 공모하여 교통사고를 가장하여 보험금을 편취할 목적으로 피해자에게 상해를 가하였다면, 피해자 승낙이 있었다고 하더라도, 이는 위법한 목적에 이용하기 위한 것이다. 그러므로 피고인 행위가 피해자 승낙에 의하여 위법성이 조각된다고 할 수 없다.

다. 피해자 승낙에서 '사회상규 적합성' 요건은 형법 제20조 사회상규 다섯 가지 요건에서 그 의미를 찾을 수 있을 것이다. 정당성 · 상당성 · 균형성 · 긴급성 · 보충성이다. 이 사안 경우 다섯 가지 요건을 모두 충족하지 않는다. 따라서 형법 제24조와 형법 제20조 모두 충족되지 않아 위법하다.

(5) **| 관련판례 |** 대법원 1993. 7. 27. 선고 92도2345 판결 [수술승낙이 의사의 부정확 또는 불충분한 설명으로 이루어진 경우의 효력, 난소의 제거로 임신불능인 상태에서 자궁적출행위가 업무상 과실치상죄의 상해에 해당하는지 여부] 의사의 설명의무위반과 피해자 승낙

가. 산부인과 전문의 수련과정 2년차인 의사가 자신의 시진, 촉진결과 등을 과신한 나머지 초음파검사 등 피해자의 병증이 자궁외 임신인지, 자궁근종인지를 판별하기 위한 정밀한 진단방법을 실시하지 아니한 채 피해자의 병명을 자궁근종으로 오진하였다. 이에 근거하여 의학에 대한 전문지식이 없는 피해자에게 자궁적출술의 불가피성만을 강조하였을 뿐 위와 같은 진단상의 과오가 없었으면 당연히 설명받았을 자궁외 임신에 관한 내용을 설명받지 못한 피해자로부터 수술승낙을 받았다. 그렇다면 위 승낙은 부정확 또는 불충분한 설명을 근거로 이루어진 것으로서 수술의 위법성을 조각할 유효한 승낙이라고 볼 수 없다.

나. 난소의 제거로 이미 임신불능 상태에 있는 피해자의 자궁을 적출했다 하더라도 그 경우 자궁을 제거한 것이 신체의 완전성을 해한 것이 아니라거나 생활기능에 아무런 장애를 주는 것이 아니라거나 건강상태를 불량하게 변경한 것이 아니라고 할 수 없다. 이는 업무상 과실치상죄에 있어서의 상해에 해당한다.

다. 이 사안 경우 상해에 해당하며, 설명의무를 충실히 이행한 후, 피해자에게 받은 유효한 승낙이라고 볼 수 없다. 의사의 자궁적출행위는 업무상 과실치상죄가 성립한다.

第2節　未遂犯

25. 제25조(미수범)

(1) 현행

第25條(未遂犯) ① 犯罪의 實行에 着手하여 行爲를 終了하지 못하였거나 結果가 發生하지 아니한 때에는 未遂犯으로 處罰한다. ② 未遂犯의 刑은 旣遂犯보다 減輕할 수 있다.

제25조(미수범)
① 범죄의 실행에 착수하여 행위를 종료하지 못하였거나 결과가 발생하지 아니한 때에는 미수범으로 처벌한다.
② 미수범의 형은 기수범보다 감경할 수 있다.

(2) 개선방안 제25조에서 제27조로 이동

제1안 ★★★★★

제25조(장애미수범)
① 행위자가 범죄실행에 착수하여 다음 각 호 어느 하나에 해당하는 경우 장애미수범으로 처벌된다.
 1. 행위를 종료하지 못한 경우
 2. 행위를 종료하였지만 결과가 발생하지 않은 경우
② 장애미수범은 기수범보다 형을 감경할 수 있다.

【개정방향】
※ 제목변경
※ 명확성 · 간결성 · 가독성 · 개조식
※ 미수범 ⇒ 장애미수범. 주체 명시
※ 일본식 조사 '의' 삭제
※ 아니한 경우 ⇒ 않은 경우
※ 미수범의 형은 ⇒ 장애미수범은 기수범보다 형을

제2안

형법 제25조(장애미수범)
① 행위자가 범죄실행에 착수하여 행위를 종료하지 못한 경우 또는 그 결과가 발생하지 않은 경우 장애미수범으로 처벌된다.
② 장애미수범은 기수범보다 형을 감경할 수 있다.

제3안

형법 제25조(장애미수범)
① 행위자가 범죄실행에 착수하여 행위를 종료하지 못한 경우 장애미수범으로 처벌된다.
② 행위자가 범죄실행에 착수하여 행위를 종료하였지만 결과가 발생하지 않은 경우 장애미수범으로 처벌된다.
③ 제1항 · 제2항 장애미수범은 기수범보다 형을 감경할 수 있다.

(3) 조문해설

가. 형법 제25조는 장애미수범을 규정하고 있다.

나. 주요내용을 보면, ① 행위자가 범죄실행에 착수하여 다음 각 호 어느 하나에 해당하는 경우 장애미수범으로 처벌된다. 1. 행위를 종료하지 못한 경우, 2. 행위를 종료하였지만 결과가 발생하지 않은 경우, ② 장애미수범은 기수범보다 형을 감경할 수 있다.

다. 형법 제25조 장애미수범은 가장 전형적인 미수범 형태이다. 그 요건은 범죄실행착수 이후 행위미종료 또는 결과미발생이다.

라. 논리구조상 형법 제26조 중지미수범 그리고 제27조 불능범과 불능미수범을 검토한 후, 마지막에 검토하는 조문으로 체계를 세울 필요가 있다.

마. 그래서 형법 제25조에서 제27조로 조문 이동을 주장한다. 감경 특례를 인정하는 바른 순서이며, 가장 정형화된 미수범이기 때문이다. 어떤 미수인지 확정되면, 미수범 처벌규정이 있는지 확인하고, 해당 조문의 미수범을 검토하면 된다. 범죄체계도에 따르면 형법 제250조 제1항, 제254조(미수범), 제25조(장애미수범) 조문 배열이다. 살인죄 장애미수범 검토가 될 것이다. 미수범은 주관적 구성요건부터 검토한다. 미수는 고의를 전제로 성립되는 범죄이다.

바. **외적인 범행수행상의 어려움, 일반적인 두려움, 외적 요인으로 용기 상실, 외적 요인으로 놀람, 제3자에 의한 발각 두려움, 수사기관에 범행 발각 두려움, 타율적 동기에 의한 중지, 상대방의 질병으로 인한 중지, 쇼크로 의욕상실, 극심한 정신적 압박 등은 모두 장애미수범이다.**

(4) **| 관련판례 |** 대법원 2000. 6. 9. 선고 2000도1253 판결 [강간죄에 있어서의 폭행·협박의 정도 및 그 판단 기준, 강간죄의 실행의 착수시기] 실행착수시기

가. 피고인은 1998년 12월 초순 일자불상 02:00경 ○○○의 집에서 그녀의 딸인 피해자 ○○○(19세)을 강간할 마음으로 피해자의 방에 들어가 피해자의 팔을 잡아 그곳 침대에 눕히고 몸으로 눌러 그녀의 반항을 억압한 후 유방과 엉덩이를 만지면서 속옷을 벗겨 간음하려고 하였다. 그러나 피해자가 강력히 반항하는 바람에 그 뜻을 이루지 못하고 미수에 그친 것이다.

나. 강간죄에서 폭행 또는 협박은 피해자의 항거를 불능하게 하거나 현저히 곤란하게 할 정도의 것이어야 한다. 그 폭행 또는 협박이 피해자의 항거를 불능하게 하거나 현저히 곤란하게 할 정도의 것이었는지 여부는 유형력을 행사한 당해 폭행 및 협박의 내용과 정도는 물론이고 유형력을 행사하게 된 경위, 피

해자와의 관계, 범행 당시의 정황 등 제반 사정을 종합하여 판단하여야 한다(대법원 1999. 4. 9. 선고 99도519 판결, 대법원 1999. 5. 28. 선고 99도1118 판결, 대법원 1999. 9. 21. 선고 99도2608 판결 등 참조). 그리고 강간죄는 부녀를 간음하기 위하여 피해자의 항거를 불능하게 하거나 현저히 곤란하게 할 정도의 폭행 또는 협박을 개시한 때에 그 실행의 착수가 있다고 보아야 할 것이다. 실제로 그와 같은 폭행 또는 협박에 의하여 피해자의 항거가 불능하게 되거나 현저히 곤란하게 되어야만 실행의 착수가 있다고 볼 것은 아니다(대법원 1991. 4. 9. 선고 91도288 판결 참조).

다. 이 사안의 경우 강간죄는 부녀를 간음하기 위하여 피해자의 항거를 불능하게 하거나 현저히 곤란하게 할 정도의 폭행 또는 협박을 개시한 때에 그 실행의 착수가 있다고 보아야 할 것이다. 실제로 그와 같은 폭행 또는 협박에 의하여 피해자의 항거가 불능하게 되거나 현저히 곤란하게 되어야만 실행의 착수가 있다고 볼 것은 아니다.

26. 제26조(중지범)

(1) 현행

第26條(中止犯)
犯人이 自意로 實行에 着手한 行爲를 中止하거나 그 行爲로 因한 結果의 發生을 防止한 때에는 刑을 減輕 또는 免除한다.

제26조(중지범)
범인이 자의로 실행에 착수한 행위를 중지하거나 그 행위로 인한 결과의 발생을 방지한 때에는 형을 감경 또는 면제한다.

(2) 개선방안 제26조에서 제25조로 조문 이동

제1안

제26조(중지미수범)

① 행위자가 범죄실행에 착수하여 다음 각 호 어느 하나에 해당하는 경우 중지미수범으로 처벌된다.
  1. 행위를 자유의사로 중지한 경우
  2. 결과를 자유의사로 방지한 경우

② 중지미수범은 기수범보다 형을 감경 · 면제한다.

제2안 ★★★★★

제26조(중지미수범)

① 행위자가 범죄실행에 착수하여 다음 각 호 어느 하나에 해당하는 경우 중지미수범으로 처벌된다.

1. 행위를 자유로운 의사로 중지한 경우
2. 결과를 자유로운 의사로 방지한 경우

② 중지미수범은 기수범보다 형을 감경·면제한다.

【개정방향】

※ 제목변경

※ 명확성·간결성·가독성

※ 미수범 ⇒ 중지미수범

※ 일본식 조사 '의' 삭제

※ 주체 명시

※ 개조식

제3안

제26조(중지미수범)

① 행위자가 범죄실행에 착수하여 행위를 자유로운 의사로 중지한 경우 또는 결과를 자유로운 의사로 방지한 경우 중지미수범으로 처벌된다.

② 중지미수범은 기수범보다 형을 감경·면제한다.

제4안

형법 제26조(중지미수범)

① 행위자가 범죄실행에 착수하여 행위를 자유로운 의사로 중지한 경우 중지미수범으로 처벌된다.

② 행위자가 범죄실행에 착수하여 결과를 자유로운 의사로 방지한 경우 중지미수범으로 처벌된다.

② 제1항·제2항 중지미수범은 기수범보다 형을 감경·면제한다.

(3) 조문해설

가. 형법 제26조는 중지미수범을 규정하고 있다.

나. 주요내용을 보면, ① 행위자가 범죄실행에 착수하여 다음 각 호에 해당하는 경우 중지미수범으로 처벌된다. 1. 행위를 자유로운 의사로 중지한 경우 2. 결과를 자유로운 의사로 방지한 경우 ② 중지미수범은 기수범보다 형을 감

경 · 면제한다.

다. '범인'(犯人, Verbrecher)은 사법부 확정판결이 내려졌을 때 부르는 명칭이다. 따라서 범죄성립 검토단계 경우 행위자(犯罪行爲者, Täter)라는 표현이 정확하다. 왜냐하면 형법 미수범은 반드시 형사특별법 또는 형법각론 구성요건을 포함하여 검토하기 때문이다.

라. 그리고 '자의로' 표현도 대법원 확립된 판례를 반영하여 직접 '자유로운 의사'(自律意思, 自己決定權, Selbst, Selbstbestimmung)로 명확하게 규정할 필요가 있다. 실익은 주관적 구성요건이라는 점을 명확히 하는데 있다. 자의성 판단에 관한 학설 논란을 종식시키고, 소위 '절충설'을 명문화한 것이다. 중지미수는 의사형성 계기가 스스로 내면에서 나온 것이다. 후회, 연민의 정, 불쌍한 생각, 양심의 가책, 내적 수치심, 내적 공포심, 자율로 용기 상실 등으로 중지된다. 그 외 자의성 판단에 객관설(내부동기/외부상황), 주관설(윤리동기/그 외), 프랑크 공식(불원/불가능)이 있다. 절충설의 '핵심'은 '자율'이다.

마. 입법부는 가능한 법문언을 범죄체계에 충실하게 입법할 필요가 있다. 학설대립을 줄인다. 그리고 법문장 위치도 실행착수 이후 '자유로운 의사로' 제2차 또는 제3차 실행행위를 중지하거나, 실행행위로 발생한 범죄결과를 '자유로운 의사로' 방지한 경우로 동사 앞에 명확하게 규정하는 것이다. 정확한 입법이라 생각한다.

바. 이제 우리 형법은 범죄체계를 반영하여 입법해야 한다. 이것이 진정한 발전이다. 실무가에게 방향을 제시하기 때문이다. 그리고 '직접성'을 강조하여 공모관계의 이탈 문제도 명확히 규정할 필요가 있다.

사. 마지막으로 '중지하거나 …… 방지한 때에는'이라는 문구는 국어문법으로 맞지 않다. '때'는 시점이다. 오히려 이런 사안은 '경우'로 수정하는 것이 타당하다. 최근 다른 입법들은 '경우(境遇, in der Fall)'로 표현한다.

(4) **| 관련판례 |** 대법원 1997. 6. 13. 선고 97도957 판결 [중지미수의 성립요건, 방화 후 불길이 치솟는 것을 보고 겁이 나서 불을 끈 경우를 중지미수에 해당하는 것으로 볼 수 있는지 여부(소극)] 중지미수 성립요건 – 중지의 자의성

가. 범죄의 실행행위에 착수하고 그 범죄가 완수되기 전에 자유로운 의사에 따라 범죄의 실행행위를 중지한 경우 그 중지가 일반 사회통념상 범죄를 완수함에 장애가 되는 사정에 의한 것이 아니라면 이는 중지미수에 해당한다.

나. 피고인이 장롱 안에 있는 옷가지에 불을 놓아 건물을 소훼하려 하였으나 불길이 치솟는 것을 보고 겁이 나서 물을 부어 불을 끈 것이라면, 위와 같은 경우 치솟는 불길에 놀라거나 자신의 신체안전에 대한 위해 또는 범행 발각시의 처벌 등에 두려움을 느끼는 것은 일반 사회통념상 범죄를 완수함에 장애가 되는 사정에 해당한다고 보아야 할 것이다. 그러므로 이를 자의에 의한 중지미수라고는 볼 수 없다.

다. 생각건대 대법원은 "자기의 자유로운 의사에 따라 범죄의 실행행위를 중지한 경우"를 중지미수로 본다. 절충설 입장이다. 그런데 대법원은 여기에 조건을 또 하나 붙이고 있다. "일반 사회통념상 범죄를 완수함에 장애가 되는 사정에 의한 것이 아니라면…". 굳이 필요한 문장인지 의문이다. 사안의 경우 '불길이 치솟는 것을 보고 겁이 나서'라는 상황에 집중하여 "자기의 자유로운 의사에 따라 범죄의 실행행위를 중지한 것으로 볼 수 없다"라고 판단하면 된다. 그럼에도 "공포와 두려움을 느끼고 용기가 상실되어 그만 두었기 때문에 자율적 동기에 의한 중지로 보아야 한다"는 주장이 있다. 그러나 이러한 상황은 자율성과 거리가 멀다. 자율이란 자연스럽게 스스로 생성된 것이다. 중지미수범이 성립하지 않으면, 장애미수범이 성립한다.

(5) **| 관련판례 | 대법원 1986. 3. 11. 선고 85도2831 판결** [특정범죄가중처벌등에관한법률 제5조의4 제1항 위반죄에 형법 제26조 소정의 중지미수 규정이 적용되는지 여부] 공동정범과 중지미수

가. 특정범죄가중처벌등에관한법률 제5조의4 제1항은 상습으로 형법 제329조 내지 제331조의 죄 또는 그 미수죄를 범한 자를 무기 또는 3년 이상의 징역에 처하도록 규정하고 있다. 이는 절도, 야간주거침입절도, 특수절도 및 그 미수죄의 상습범행을 형법각칙이 정하는 형보다 무겁게 가중처벌하고자 함에 그 입법목적이 있을 뿐 달리 형법총칙 규정의 적용을 배제할 이유가 없는 것이다. 그러므로 중지미수에 관한 형법 제26조의 적용을 배제하는 명문규정이 없는 한 위 특정범죄가중처벌등에관한법률 제5조의4 제1항 위반의 죄에 위 형법규정의 적용이 없다고 할 아무런 이유도 없다.

나. 피고인은 상피고인과 함께 대전역 부근에 있는 공소외 ○○○이 경영하는 천광상회 사무실의 금품을 절취하기로 공모하였다. 피고인은 그 부근 포장마차에 있고 상피고인은 위 천광상회의 열려진 출입문을 통하여 안으로 들어가 물건을 물색하고 있었다. 그동안 피고인은 자신의 범행전력 등을 생각하여 가

책을 느낀 나머지 스스로 결의를 바꾸어 위 ○○○에게 원심 상피고인의 침입사실을 알려 그와 함께 상피고인을 체포하여서 그 범행을 중지하여 결과발생을 방지하였다. 피고인의 소위는 중지미수의 요건을 갖추었다고 할 것이다. 같은 취지에서 형법 제26조를 적용하여 피고인에 대한 형을 면제한 제1심 판결을 유지한 원심조치는 정당하여 아무런 위법이 있다할 수 없다.

다. 이에 반대되는 견해로서 위 특정범죄가중처벌등에관한법률 제5조의4 제1항은 형법 제329조 내지 제331조의 죄와 그 미수죄를 범하는 것 자체를 범죄구성요건으로 하여 중지미수를 논할 여지가 없다는 소론 논지는 독자적 견해로서 채용할 수가 없다.

27. 제27조(불능범)

(1) 현행

第27條(不能犯)
實行의 手段 또는 對象의 錯誤로 因하여 結果의 發生이 不可能하더라도 危險性이 있는 때에는 處罰한다. 但, 刑을 減輕 또는 免除할 수 있다.

제27조(불능범)
실행의 수단 또는 대상의 착오로 인하여 결과의 발생이 불가능하더라도 위험성이 있는 때에는 처벌한다. 단, 형을 감경 또는 면제할 수 있다.

(2) 개선방안 제27조에서 제26조로 조문 이동

제27조(불능범 · 불능미수범)
① 행위자가 실행에 착수하였지만 대상착오 · 실행수단착오로 결과발생이 불가능한 경우 범죄불성립으로 처벌되지 않는다(불능범).
② 제1항 경우 결과발생 가능성이 있으면 불능미수범으로 처벌된다(불능미수범). 사법기관은 결과발생 가능성을 행위자 범행당시 의사와 사후 전문가로서 과학적 일반인 입장을 종합하여 판단한다(구체적 위험).
③ 제2항 불능미수범 경우 기수범 보다 형을 감경 · 면제할 수 있다.

【개정방향】
※ 제목변경
※ 명확성 · 간결성 · 가독성
※ 일본식 조사 '의' 삭제

※ 대상착오는 객체착오와 다르다.
※ 대상착오 · 실행수단착오 순이 논리적이다.
※ 제1항 불능범, 제2항 불능미수범, 제3항 임의적 감면으로 분리함
※ 결과발생 가능성이 있으면(가설적 인과관계 구조) 구체적 위험설을 명문화함

(3) 조문해설

가. 형법 제27조는 불능범 · 불능미수범을 규정하고 있다.

나. 주요내용을 보면, ① 행위자가 실행에 착수하였지만 대상착오 · 실행수단착오로 결과발생이 불가능한 경우 범죄불성립으로 처벌되지 않는다(불능범). ② 제1항 경우 결과발생 가능성이 있으면 불능미수범으로 처벌된다(불능미수범). 사법기관은 결과발생 가능성을 행위자 범행당시 의사와 사후 전문가로서 과학적 일반인 입장을 종합하여 판단한다(구체적 위험). ③ 제2항 불능미수범 경우 기수범 보다 형을 감경 · 면제할 수 있다.

(4) **| 관련판례 |** 대법원 1978. 3. 28. 선고 77도4049 판결 [불능범의 위험성 판단기준] 불능미수

가. 불능범의 판단기준으로서 위험성 판단은 피고인이 행위 당시에 인식한 사정을 놓고 이것이 객관적으로 일반인의 판단으로 보아 결과발생의 가능성이 있느냐를 따져야 한다. 그러므로 히로뽕 제조를 위하여 에페트린에 빙초산을 혼합한 행위가 불능범이 아니라고 인정하려면, 위와 같은 사정을 놓고 객관적으로 제약방법을 아는 과학적 일반인의 판단으로 보아 결과발생의 가능성이 있어야 한다.

나. 기록을 보면, 원판결은 피고인이 에페트린과 빙초산 등 화공약품을 혼합하고 섭씨 80도~90도로 가열하여 메스암페타민(속칭 히로뽕) 1키로그람을 제조했으나 그의 제조기술과 경험 부족으로 히로뽕 완제품 아닌 염산메칠에페트린을 생성시켰을 뿐으로 미수에 그친 사실을 인정하였다. 그가 예비한 염산메칠에페트린으로 메타암페타민을 생성하기 위하여서는 염산에페트린이 원료로 사용되어야 하고 염산에페트린은 염산메칠에페트린에 의하여 생성시킬 가능성을 인정할 수 있으나 피고인의 소위는 결코 불능범일 수 없다는 취지로 판단하였다.

다. 그러나 원판결은 피고인이 생성시켰다고 인정한 염산메칠에페트린이 화학작용을 일으키면 메칠기를 뺄 수 있고, 그렇게 되면 염산에페트린이 될 수 있어 히

로뽕의 제조원료가 되니 위험성이 있어 불능범이 아니라는 판단을 하였다. 그런데 위험성이 인정되면 불능범이 될 수 없다는 판단은 옳으나 위법이 있다.

라. 객관적으로 제약방법을 아는 일반인(과학적 일반인)의 판단으로 보아 결과발생의 가능성이 있느냐를 따졌어야 할 것이다. 어째서 위험성이 있다고 하는지 그 이유를 밝힌 바 없어 위험성이 있다고 판단한 조치에는 이유불비의 위법 아니면 불능범 내지는 위험성의 법리를 오해한 잘못이 있다.

마. 생각건대 '위험성' 판단기준에 관해 학설대립이 심하다. 객관설, 주관설, 절충설, 법익교란위험설(인상설)이다. 대법원은 절충설을 채택하고 있다. "불능범의 판단기준으로서 위험성 판단은 피고인이 행위 당시에 인식한 사정을 놓고 이것이 객관적으로 일반인의 판단으로 보아 결과발생의 가능성이 있느냐를 따져야 한다." 이것은 '가설적 인과관계 구조'와 유사하다. 만약 행위자가 행위 당시 생각한 내용을 실제 이행하였다면, 실제 결과발생의 위험이 나타날 수 있겠는가 라는 구조이다. 구성요건 결과발생 가능성을 말한다. 일부에서 법익침해 가능성을 주장한다. 그러나 법익교란 가능성설을 취하면, 가벌성의 범위가 너무 넓어진다. 그러면 불능범의 존재 가치는 없어진다. "히로뽕을 만드는 작업에 착수할 때, 일반국민에게 히로뽕 제조 범죄행위 인상을 심어줄 정도이면 불능이수범이라고 말한다." 그러나 히로뽕 생성 여부에 초점을 두고 규범적 평가를 하는 것이 옳다.

바. 내가 생각하는 형법 제27조 개정안이다. 제1항 경우 결과발생 가능성이 있으면 불능미수범으로 처벌된다(불능미수범). 사법기관은 결과발생 가능성을 행위자 범행당시 의사와 사후 전문가로서 과학적 일반인 입장을 종합하여 판단한다(구체적 위험설).

28. 제28조(음모, 예비)

(1) 현행

第28條(陰謀, 豫備)
犯罪의 陰謀 또는 豫備行爲가 實行의 着手에 이르지 아니한 때에는 法律에 特別한 規定이 없는 限 罰하지 아니한다.

제28조(음모, 예비)
범죄의 음모 또는 예비행위가 실행의 착수에 이르지 아니한 때에는 법률에 특별한 규정이 없는 한 벌하지 아니한다.

(2) 개선방안

제28조(음모범 · 예비범)
① 여러 행위자가 범죄실현을 위한 심리형태 준비행위로 아직 실행착수에 이르지 않은 경우 법률에 특별한 규정이 있는 한 음모범으로 처벌된다.
② 행위자가 범죄실현을 위한 외부형태 준비행위로 아직 실행착수에 이르지 않은 경우 법률에 특별한 규정이 있는 한 예비범으로 처벌된다.
③ **제1항 음모범 · 제2항 예비범 처벌은 각 본조에 정한다. 다만 제1항 음모행위 · 제2항 예비행위 중지행위는 형이 면제된다(신설).**

【개정방향】
※ 제목변경
※ 명확성 · 간결성 · 가독성
※ 일본식 조사 '의' 삭제
※ 현행법상 예비행위는 처벌하나 음모행위는 처벌하지 아니하는 경우가 있다. 따라서 분리해서 규정하는 것이 타당하다.
※ 이중부정을 긍정으로 전환함

(3) 조문해설

가. 형법 제28조는 음모범 · 예비범을 규정하고 있다.

나. 주요내용을 보면, ① 여러 행위자가 범죄실현을 위한 심리형태 준비행위로 아직 실행착수에 이르지 않은 경우 법률에 특별한 규정이 있는 한 음모범으로 처벌된다. ② 행위자가 범죄실현을 위한 외부형태 준비행위로 아직 실행착수에 이르지 않은 경우 법률에 특별한 규정이 있는 한 예비범으로 처벌된다. ③ 제1항 음모범 · 제2항 예비범 처벌은 각 본조에 정한다. 다만 제1항 음모행위 · 제2항 예비행위 중지행위는 형이 면제된다(신설).

다. 예비란 특정범죄를 실현할 목적으로 행하는 준비행위로서 아직 실행착수에 이르지 않은 일체 행위를 말한다. 예비는 고의의 특정범죄를 실현하기 위한 객관적인 준비행위이다. 실행의 착수에 이르지 않았지만, 범죄를 사전에 모의하거나 예비한 경우 특별히 처벌규정을 두는 것이다. 이 경우 미수범 입법처럼 특별한 양형 참작 사유가 없기 때문에 음모범과 예비범은 각론에 법정형이 명확히 규정되어야 한다. 살인예비죄와 강도예비죄를 생각하면 된다.

라. **입법론으로 제1항 · 제2항으로 분리하여 예비행위 중지도 '형 면제'를 신설하는 것이 타당하다.** 형법 제51조 작량감경, 자수감경규정을 적용할 것 같으면, 명

문화해서 죄형균형을 맞출 수 있을 것이다.

마. 한편 국어문법에 맞추어 행위주체와 행위를 체계적으로 명확히 정리할 필요가 있다. 법문 경우 수동태보다 능동태가 타당하고, 이중부정문보다 긍정문이 명확하다.

(4) **| 관련판례 |** 대법원 1991. 6. 25. 선고 91도436 판결 [예비음모의 행위를 처벌하는 경우 중지범 관념을 인정할 수 있는지 여부(소극)] 예비의 중지

가. 피고인들이 공모하여 참깨를 무우말랭이인 것처럼 위장하여 반송할 목적으로 수입면허를 받는 방법으로 그 무면허반송행위를 예비하였다.

나. 중지범은 범죄의 실행에 착수한 후 자의로 그 행위를 중지한 때를 말하는 것이다. 실행착수가 있기 전인 예비음모의 행위를 처벌하는 경우 중지범의 관념은 이를 인정할 수 없다.

다. 쟁점은 예비의 중지와 예비죄의 공동정범이다. 전자는 처벌의 불균형을 해소하기 위해 논란이 된 것이고, 후자는 예비행위도 실행행위성을 인정할 수 있는가이다. 예비의 중지에 관한 학설은 유추적용설과 유추적용부인설이 있다. 판례는 유추적용부인설을 채택하고 있다. 또한 예비죄의 공동정범에 관한 학설은 긍정설과 부정설이 있다. 판례는 긍정설을 채택하고 있다.

라. 생각건대 예비의 중지는 예비죄가 있는 규정만 문제가 된다. 내란죄, 내란목적 살인죄, 살인죄, 강도죄 등이다. 이 경우 완전한 형면제는 받기 어렵다. 작량감경규정과 자수감경규정을 활용하면 된다. 또한 예비죄는 범죄구성요건으로 독자성이 있다. 범죄행위성이 있다. 예비행위를 공동으로 한 이상 공동정범을 인정하는 것이 타당하다. 대상판결의 결론은 옳다.

(5) **| 관련판례 |** 대법원 1976. 5. 25. 선고 75도1549 판결 [예비단계에서 종범 성립 여부] 예비죄 방조범

가. 형법 제32조 제1항은 "타인의 범죄를 방조한 자는 종범으로 처벌한다"고 규정하고 있다. 여기서 타인의 범죄란 정범이 범죄를 실현하기 위하여 착수한 경우를 말한다. **종범이 처벌되기 위하여는 정범의 실행착수가 있는 경우에만 가능하다. 정범이 실행의 착수에 이르지 아니한 예비의 단계에 그친 경우 이에 가공하는 행위가 예비의 공동정범이 되는 경우를 제외하고 이를 종범으로 처벌할 수 없다.**

나. 범죄의 구성요건 개념상 예비죄의 실행행위는 무정형 무한정한 행위이다. 종범의 행위도 무정형 무한정한 것이다. 형법 제28조에 의하면 범죄의 음모 또

는 예비행위가 실행의 착수에 이르지 아니한 때에는 법률에 특별한 규정이 없는 한 벌하지 아니한다고 규정하고 있다. 예비죄의 처벌이 가져올 범죄의 구성요건을 부당하게 유추 내지 확장해석하는 것을 금지하고 있기 때문에 형법각칙의 예비죄를 처단하는 규정을 바로 독립된 구성요건 개념에 포함시킬 수는 없다. 이것이 죄형법정주의의 원칙에 합당하는 해석이다. 따라서 형법 전체의 정신에 비추어 예비의 단계에서 그 종범의 성립을 부정하고 있다고 보는 것이 타당한 해석이다.

다. 강도예비죄는 형법상 독립된 구성요건에 해당하는 범죄라는 상고 논지는 전술한 바와 같이 수긍할 수 없는 독자적인 견해라 할 것이다. 원심의 판단 취의는 이와 다소 다르다고 하더라도 예비죄의 종범의 성립을 부정한 결론에 있어서 정당하다. 이를 논란하는 상고 논지는 그 이유가 없다고 할 것이다.

라. 생각건대 형법에서 예비죄는 기본범죄로부터 독립된 범죄가 아니다(비독립구성요건설, 발현양태설). 형법각칙에 영향을 받는다. 강도＋예비죄이다. 예비죄 방조범은 이론상 성립될 수 없다. 왜냐하면 방조범은 실행착수를 전제로 성립하기 때문이다. 종범이론(종범종속이론, 제한적 종속이론, 불법종속이론)에 근거한다. 그 외 학설은 독립구성요건설과 이분설 등이 있다.

마. 예비죄의 교사범은 형법 제31조 제2항 · 제3항에 명문으로 규정되어 있다. 입법으로 문제를 해결한 것이다.

29. 제29조(미수범의 처벌)

(1) 현행

第29條(未遂犯의 處罰)
未遂犯을 處罰할 罪는 各 本條에 定한다.

제29조(미수범의 처벌)
미수범을 처벌할 죄는 각 본조에 정한다.

(2) 개선방안 제29조에서 제25조로 이동

제29조(미수범 처벌)
미수범 처벌은 각 본조에서 정한다.

【개정방향】
※ 제목변경
※ 명확성 · 간결성 · 가독성

(3) 조문해설

가. 형법 제29조는 미수범 처벌을 규정하고 있다.
나. 주요내용을 보면, 미수범 처벌은 각 본조에서 정한다.

第3節 共　　犯

30. 제30조(공동정범)

(1) 현행

第30條(共同正犯)
2人 以上이 共同하여 罪를 犯한 때에는 各自를 그 罪의 正犯으로 處罰한다.

제30조(공동정범)
2인 이상이 공동하여 죄를 범한 때에는 각자를 그 죄의 정범으로 처벌한다.

(2) 개선방안

제1안
제30조(정범 · 간접정범 · 공동정범)
① **스스로 범죄행위를 실행한 사람은** 정범으로 처벌된다.
② 어느 행위로 처벌되지 않는 사람 · 과실범으로 처벌되는 사람을 **이용하여** 범죄행위 결과를 발생하게 한 사람은 간접정범으로 처벌된다.
③ **여러 사람이 공동으로 범죄행위를 실행한 경우 각자는** 정범으로 처벌된다.

【개정방향】
※ 제목변경
※ 명확성 · 간결성 · 가독성
※ 일본식 조사 '의' 삭제
※ 정범 개념과 정범 유형을 명문화하였다.
※ '이용하여'라는 용어는 알선수재죄에서 사용하고 있음

제2안
第30조(정범 · 간접정범 · 공동정범)
① **스스로 범죄행위를 실행한 사람은** 정범으로 처벌된다.
② **다른 사람을 이용하여 범죄행위를 실행한 사람은** 간접정범으로 처벌된다.
③ **여러 사람이 공동으로 범죄행위를 실행한 경우** 각자는 정범으로 처벌된다.

제3안 ★★★★★
第30조(정범 · 간접정범 · 공동정범)
① **스스로 또는 다른 사람을 이용하여 범죄행위를 실행한 사람은** 정범으로 처벌된다.
② 여러 사람이 **공동으로 범죄행위를 실행한 경우** 각자는 정범으로 처벌된다.

독일 형법 §25 [Täterschaft]

(1) Als Täter wird bestraft, wer die Straftat selbst oder durch einen anderen begeht.
(2) **Begehen mehrere die Straftat gemeinschaftlich**, so wird jeder als Täter bestraft (Mittäter).

독일 형법 제25조 [정범유형]

(1) 스스로 또는 타인을 이용하여 범죄를 범한 사람은 정범으로 처벌된다.
(2) 여러 사람이 공동하여 범죄를 범한 경우 각자는 정범으로 처벌된다(공동정범).

(3) 조문해설

가. 형법 제30조는 정범 · 간접정범 · 공동정범을 규정하고 있다.

나. 주요내용을 보면, ① 스스로 또는 다른 사람을 이용하여 범죄행위를 실행한 사람은 정범으로 처벌된다. ② 여러 사람이 공동으로 범죄행위를 실행한 경우 각자는 정범으로 처벌된다.

다. 단독정범은 실행지배, 간접정범은 의사지배, 공동정범은 행위지배가 정범성 표지이다.

(4) **| 관련판례 |** 대법원 1997. 4. 17. 선고 96도3376 전원합의체 판결 [간접정범의 방법에 의한 내란죄의 인정 여부(적극)] 간접정범

가. 비상계엄 전국확대가 국무회의의 의결을 거쳐 대통령이 선포함으로써 외형상 적법하였다고 하더라도, 이는 피고인들에 의하여 국헌문란의 목적을 달성하기 위한 수단으로 이루어진 것이다. 그러므로 내란죄의 폭동에 해당한다.

나. 또한 이는 피고인들에 의하여 국헌문란의 목적을 달성하기 위하여 그러한 목

적이 없는 대통령을 이용하여 이루어진 것이다. 그러므로 피고인들이 간접정범의 방법으로 내란죄를 실행한 것으로 보아야 할 것이다.

다. 간접정범 특징은 의사지배이다. 간접정범은 타인을 범행매개로 이용하여 자신의 범죄를 실행하는 것이다. 사안은 대통령을 이용한 내란죄 간접정범 성립이다. 배후자들은 대통령을 '국헌문란 목적 없는 고의 있는 도구'로 이용한 것이다.

(5) **| 관련판례 |** 대법원 2003. 3. 28. 선고 2002도7477 판결 [공동정범의 성립요건, 피고인에게 다른 일행의 강간 범행에 공동으로 가공할 의사가 있었다고 볼 수 없다고 한 사례] 공동정범 성립요건–기능적 범행지배

가. 형법 제30조의 공동정범은 2인 이상이 공동하여 죄를 범하는 것이다. 공동정범이 성립하기 위하여는 주관적 요건으로서 공동가공의 의사와 객관적 요건으로서 공동의사에 기한 기능적 행위지배를 통한 범죄의 실행사실이 필요하다. 공동가공의 의사는 타인의 범행을 인식하면서도 이를 제지하지 아니하고 용인하는 것만으로는 부족하다. 공동의 의사로 특정한 범죄행위를 하기 위하여 일체가 되어 서로 다른 사람의 행위를 이용하여 자기의 의사를 실행에 옮기는 것을 내용으로 하는 것이어야 한다.

나. 피해자 일행을 한 사람씩 나누어 강간하자는 피고인 일행의 제의에 아무런 대답도 하지 않고 따라 다니다가 자신의 강간 상대방으로 남겨진 공소외인에게 일체의 신체적 접촉도 시도하지 않은 채 다른 일행이 인근 숲속에서 강간을 마칠 때까지 공소외인과 함께 이야기만 나눈 경우, 피고인에게 다른 일행의 강간 범행에 공동으로 가공할 의사가 있었다고 볼 수 없다.

다. 공동정범의 정범성 표지는 기능적 행위지배이다. 행위지배란 구성요건에 해당하는 사건진행의 장악을 말한다. 사건 진행, 사건 촉진, 사건 저지를 하는 사람이다. '일부 실현, 전부 책임원칙'이 적용된다. 공동정범은 공동가공의 의사가 있어야 한다. 특정한 범죄행위를 하기 위하여 일체가 되어 서로 다른 사람의 행위를 이용하여 자기의 의사를 실행에 옮기는 것을 말한다. 이 판결 경우 다른 사람들의 강간범행을 인식하였지만, 이를 제지하지 아니하고 용인하는 정도에 불과했다. **공동정범이 인정되기 위해서는 "일체가 되어 서로 다른 사람의 행위를 이용하여 자기의 의사를 실행에 옮기는 것을 내용으로 하는 것이어야 한다."** 그러나 아무런 의사표시를 하지 않은 채 가만히 있었다는 점만으로 강간범행을 공모하였다고 볼 수 없다.

(6) **| 관련판례 |** 대법원 2007. 4. 26. 선고 2007도235 판결 [공모공동정범의 성립요

건, 공모공동정범에서 공모 또는 모의에 대한 특정과 증명의 정도, 건설노동조합 조합원들이 행한 건조물 침입, 업무방해, 손괴, 폭행, 상해 등 범죄행위에 대하여, 위 조합 상급단체 간부에게 공모공동정범의 죄책을 인정한 사례] 공모공동정범

가. 형법 제30조의 공동정범은 공동가공의 의사와 그 공동의사에 기한 기능적 행위지배를 통한 범죄 실행이라는 주관적·객관적 요건을 충족함으로써 성립한다. 공모자 중 구성요건 행위 일부를 직접 분담하여 실행하지 않은 자라도 경우에 따라 이른바 공모공동정범으로서의 죄책을 질 수도 있다. 그러나 이를 위해서는 전체 범죄에서 그가 차지하는 지위, 역할이나 범죄 경과에 대한 지배 내지 장악력 등을 종합해 볼 때, 단순한 공모자에 그치는 것이 아니라 범죄에 대한 본질적 기여를 통한 기능적 행위지배가 존재하는 것으로 인정되는 경우여야 한다(대법원 1998. 5. 21. 선고 98도321 전원합의체 판결, 2004. 6. 24. 선고 2002도995 판결, 2005. 3. 11. 선고 2002도5112 판결, 2006. 12. 22. 선고 2006도1623 판결 등 참조).

나. 범죄의 특성에 비추어 부득이한 예외적인 경우라면 형사소송법이 공소사실을 특정하도록 한 취지에 반하지 않는 범위 내에서 공소사실 중 일부가 다소 개괄적으로 기재되었다고 하여 반드시 위법하다고 할 수 없다(대법원 2003. 1. 24. 선고 2002도6103 판결 등 참조). 공모공동정범에서 공모 또는 모의는 '범죄될 사실'의 주요부분에 해당하는 이상 가능한 한 이를 구체적이고 상세하게 특정하여야 할 뿐 아니라 엄격한 증명의 대상에 해당한다(대법원 1988. 9. 13. 선고 88도1114 판결, 1989. 6. 27. 선고 88도2381 판결 등 참조).

다. 공모공동정범은 "2인 이상의 사람이 공모하여 그 공모자 중 일부가 공모에 따라 범죄를 수행한 때 실행행위를 담당하지 않은 공모자도 공동정범이 성립된다"는 이론이다. 판례는 공동의사주체설과 간접정범유사설을 채택하고 있다. 학설은 공모공동정범설을 비판한다. 교사범과 방조범 처벌로 충분하다는 입장이다. 이 **판례는 전체 범죄에서 차지하는 지위와 역할, 범죄 경과에 대한 지배와 장악력, 범죄에 대한 본질적 기여를 통한 기능적 행위지배라는 존재가 인정되는 경우 공모공동정범이 성립한다는 입장이다.** 학계 비판을 수용한 대단한 변화이다.

(7) **| 관련판례 |** **대법원 1997. 11. 28. 선고 97도1740 판결** [성수대교 붕괴사고에서 교량 건설회사의 트러스 제작 책임자, 교량공사 현장감독, 발주 관청의 공사감독 공무원 등에게 업무상과실치사상, 업무상과실일반교통방해, 업무상과실자동차추락죄 등의 유죄를 인정한 사례, 교량붕괴에서 과실에 의한 공동정범 성립 여부(적극)] 과

실범 공동정범

가. 성수대교와 같은 교량이 그 수명을 유지하기 위하여는 건설업자의 완벽한 시공, 감독공무원들의 철저한 제작시공상의 감독 및 유지·관리를 담당하고 있는 공무원들의 철저한 유지·관리라는 조건이 합치되어야 한다. 그러므로 위 각 단계에서의 과실 그것만으로 붕괴원인이 되지 못한다고 하더라도, 그것이 합쳐지면 교량이 붕괴될 수 있다는 점은 쉽게 예상할 수 있다. 따라서 위 각 단계에 관여한 자는 전혀 과실이 없다거나 과실이 있다고 하여도 교량붕괴의 원인이 되지 않았다는 등의 특별한 사정이 있는 경우를 제외하고는 붕괴에 대한 공동책임을 면할 수 없다.

나. 쟁점은 과실범 공동정범 인정 여부이다. 학설은 공동행위주체설, 과실공동행위설, 성립부정설(단독 과실 정범설)이 있다. 다수설은 "주의의무위반 공동과 구성요건 실현행위 공동이 있으면 과실범 공동정범이 성립한다"는 과실공동행위설이다. 대법원은 1962년 '그대로 가자' 사건 이후 일관되게 과실범 공동정범을 인정하고 있다. 이 판례도 성수대교 안전한 건축을 위한 공동 목표와 의사연락이 있었다고 보아 과실범 공동정범을 인정하고 있다. 학계 다수의견은 여전히 "각 가담자가 구체적으로 어떤 주의의무위반이 있었는지 따져서 처벌해야 한다"는 입장이다.

(8) **| 관련판례 |** 대법원 1997. 6. 27. 선고 97도163 판결 [포괄일죄의 범행 도중에 공동정범으로 가담한 자는 가담 이후의 범행에 대하여만 책임을 지는지 여부(적극)] 승계적 공동정범

가. 포괄일죄의 범행 도중에 공동정범으로 범행에 가담한 자는 비록 그가 그 범행에 가담할 때에 이미 이루어진 종전의 범행을 알았다 하더라도 그 가담 이후의 범행에 대하여만 공동정범으로 책임을 진다.

나. 피고인은 1994. 10. 24.경부터 1996. 3. 30.까지 충남 부여군 ○○면 소재 피해자조합의 판매부장으로 근무하면서 양곡의 매입, 판매 등의 업무에 종사하던 사람이다. 조합내규상 양곡을 외상으로 판매함에 있어서는 조합이 정한 여신규정 및 판매사업요령에 따라 외상거래판매계약을 체결하기 전에 담보물에 대한 감정평가를 실시하고 담보가치가 있는 담보물을 취득하여 채권 회수의 확실성을 기하고, 사전에 채권확보 조치를 한 후에 양곡을 외상판매하여야 할 업무상 임무가 있다. 그럼에도 불구하고, 위 조합의 조합장인 원심 공동피고인 2, 전무인 공소외 1과 공모하여, 1994. 8. 25.경부터 1996. 3. 26.경까지 위 조

합에서 제1심 판결의 별지 범죄일람표 기재와 같이 공소외 2 등 7명의 양곡업자에게 백미를 외상 판매함에 있어서 위와 같은 임무에 위배하여 담보가치가 전혀 없는 담보물을 제공받는 등으로 백미 시가 합계 금 2,706,569,750원 상당을 외상 판매하다 그 대금의 회수를 어렵게 하여 그들에게 동액 상당의 재산상 이득을 취득하게 하고 위 조합에게 동액 상당의 손해를 가한 것이다.

다. 원심판결이 1994. 8. 25.부터 같은 해 11. 15.까지의 위 공소외 2과의 거래행위까지 모두 업무상 배임행위로 본 취지라면, 원심이 인용한 제1심 판결 기재 범죄사실에 의하더라도 피고인 1은 1994. 10. 24.부터 1996. 3. 30.까지 위 조합의 판매부장으로 근무하였다는 것이다. 원심판결이 인용하고 있는 제1심 판결 이유에서 들고 있는 증거들을 기록에 의하여 검토하여 보아도, 위 피고인이 위 조합의 판매부장으로 부임하기 이전인 1994. 8. 25.부터 위 조합을 위하여 스스로 위 공소외 2과의 사이에 양곡외상거래를 한 사실을 인정할 자료가 없다. 다만 위 피고인은 1994. 10. 24.경 위 조합의 판매부장으로 부임한 이후에도 1994. 8. 24.자로 체결된 거래계약에 기하여 종전에 계속하여 온 위공소외 2과의 거래를 계속한 사실을 인정할 수 있을 뿐이다(수사기록 24, 47면). 그런데 이와 같이 계속된 거래행위 도중에 공동정범으로 범행에 가담한 자는 비록 그가 그 범행에 가담할 때에 이미 이루어진 종전의 범행을 알았다 하더라도 그 가담 이후의 범행에 대하여만 공동정범으로 책임을 지는 것이라고 할 것이다(대법원 1982. 6. 8. 선고 82도884 판결 참조). 비록 이 사건에서 위 공소외 2과의 거래행위 전체가 포괄하여 하나의 죄가 된다 할지라도 위 피고인에게 그 가담 이전의 거래행위에 대하여서까지 유죄로 인정할 수는 없다.

라. 배임죄 기수에 이르렀지만, 대금회수가 곤란한 상태에서 백미를 계속 공급하는 행위는 계속해서 배임에 해당한다. 피고인은 외상거래가계약이 체결된 후 판매부장으로 부임하였다. 기존 계약에 따라 거래를 계속한 것이다. 이 경우 배임죄 공동정범의 시점을 어디에 둘 것인지 쟁점이다. 대법원은 "가담 이후의 범행에 대하여만 공동정범으로 책임을 진다" 판시하였다. **승계적 공동정범은 가담 이후 범죄에 대해서만 책임을 지고, 이는 단일범위와 동종행위로 포괄일죄(연속범)에 해당한다.** 물론 피고인이 부임 이후 외상거래 상대방의 신용장 문제점, 담보 가치 문제점, 설정된 공급 한도 초과 문제점을 알고도 거래를 해야한다. 이것이 승계적 공동정범 인정 요건들이다.

(9) **| 관련판례 |** 대법원 1998. 5. 21. 선고 98도321 전원합의체 판결 [3인 이상이

합동절도를 모의한 후 2인 이상이 범행을 실행한 경우, 직접 실행행위에 가담하지 않은 자에 대한 공모공동정범의 인정 여부(적극)] 합동범의 공동정범

가. 기록을 보면, 속칭 삐끼주점의 지배인인 피고인이 피해자 ○○○로부터 신용카드를 강취하고 신용카드의 비밀번호를 알아낸 후 현금자동지급기에서 인출한 돈을 삐끼주점의 분배관례에 따라 분배할 것을 전제로 하여 원심 공동피고인 1(삐끼), 2(삐끼주점 업주) 및 공소외인(삐끼)과 피고인은 삐끼주점 내에서 피해자를 계속 붙잡아 두면서 감시하는 동안 원심 공동피고인 1, 2 및 공소외인은 피해자의 위 신용카드를 이용하여 현금자동지급기에서 현금을 인출하기로 공모하였다. 그에 따라 원심 공동피고인 1, 2 및 공소외인이 1997. 4. 18. 04:08경 서울 강남구 삼성동 소재 ○○마트 편의점에서 합동하여 현금자동지급기에서 현금 4,730,000원을 절취하였다(형법 제331조 제2항, 제30조).

나. 3인 이상의 범인이 합동절도의 범행을 공모한 후 적어도 2인 이상의 범인이 범행현장에서 시간적, 장소적으로 협동관계를 이루어 절도의 실행행위를 분담하여 절도 범행을 하였다. 이 경우 공동정범의 일반 이론에 비추어 그 공모에는 참여하였으나 현장에서 절도의 실행행위를 직접 분담하지 아니한 다른 범인에 대하여도 그가 현장에서 절도 범행을 실행한 위 2인 이상의 범인의 행위를 자기 의사의 수단으로 하여 합동절도의 범행을 하였다고 평가할 수 있다. 이러한 정범성의 표지를 갖추고 있는 한 그 다른 범인에 대하여 합동절도의 공동정범의 성립을 부정할 이유가 없다.

다. 형법 제331조 제2항 후단의 규정이 위와 같이 3인 이상이 공모하고 적어도 2인 이상이 합동절도의 범행을 실행한 경우에 대하여 공동정범의 성립을 부정하는 취지라고 해석할 이유가 없다. 만일 공동정범의 성립가능성을 제한한다면 직접 실행행위에 참여하지 아니하면서 배후에서 합동절도의 범행을 조종하는 수괴는 그 행위의 기여도가 강력함에도 불구하고 공동정범으로 처벌받지 아니하는 불합리한 현상이 나타날 수 있다. 그러므로 합동절도에서도 공동정범과 교사범·종범의 구별기준은 일반원칙에 따라야 한다. 그 결과 범행현장에 존재하지 아니한 범인도 공동정범이 될 수 있다. 반대로 상황에 따라 장소적으로 협동한 범인도 방조만 한 경우 종범으로 처벌될 수도 있다.

라. 쟁점은 합동범에서 형법 제30조 공동정범을 적용할 수 있는가이다. 합동범은 "2인 이상이 시간적·장소적 협동으로 범한 범죄"를 말한다. 학설과 판례는 현장설을 채택하고 있다. **대법원은 "공모에는 참여하였으나 현장에서 절도의 실행행위를 직접 분담하지 아니한 다른 범인에 대하여도 그가 현장에서 절도**

범행을 실행한 위 2인 이상의 범인의 행위를 자기 의사의 수단으로 하여 합동절도의 범행을 하였다고 평가할 수 있는 정범성의 표지를 갖추고 있는 한 그 다른 범인에 대하여 합동절도의 공동정범이 성립한다"고 판시하였다. 현장설이 붕괴되는 문장이다. 학계 다수의견은 합동범에 공동정범을 부정한다. 현장에도 없는 사람을 형법총칙 규정을 적용하여 '합동범의 공동정범'이라는 표현으로 처벌범위를 확대한다고 비판한다. 옳은 지적이다. 특수절도의 공동정범이 되려면, 최소한 특수절도의 요건을 갖추어야 한다. 합동절도의 핵심인 현장설의 요건을 충족해야 한다. 대법원 판례는 이 점을 잊었다고 생각한다.

마. 그러나 한편 "모든 형법각론 규정은 특별한 내용이 없는 한 형법총칙 규정을 적용할 수 있다. 합동범만 예외가 될 수 없다. '필요적 공범론'도 외부가담자에게 적용할 필요가 없다. 집단범죄 수괴 배후자도 합동범 정범으로 처벌되어야 한다. 다만 행위기여도는 양형에서 고려할 문제다"라는 주장이 있다. 문제는 형법 제30조가 아니라, 특수절도죄의 '시간적・장소적 협동' 요건을 더 구체적으로 논증해야 할 것이다.

(10) **| 관련판례 | 대법원 2008. 3. 27. 선고 2008도89 판결** [신고의무 위반으로 인한 공중위생관리법 위반죄가 진정부작위범인지 여부(적극), 부작위범 사이의 공동정범의 성립요건, 공중위생영업의 신고의무자인 '영업을 하는 자'의 의미] 부작위범 사이의 공동정범

가. 공중위생관리법(2008. 2. 29. 법률 제8852호로 개정되어 2008. 6. 15. 시행되기 전의 것) 제3조 제1항 전단은 "공중위생영업을 하고자 하는 자는 공중위생영업의 종류별로 보건복지부령이 정하는 시설 및 설비를 갖추고 시장・군수・구청장에게 신고하여야 한다"고 규정하고, 같은 법 제20조 제1항 제1호는 '제3조 제1항 전단의 규정에 의한 신고를 하지 아니한 자'를 처벌한다고 규정하고 있다. 그 규정 형식 및 취지에 비추어 신고의무 위반으로 인한 공중위생관리법 위반죄는 구성요건이 부작위에 의하여서만 실현될 수 있는 진정부작위범에 해당한다.

나. **부작위범 사이의 공동정범은 다수의 부작위범에게 공통된 의무가 부여되어 있고, 그 의무를 공통으로 이행할 수 있을 때에만 성립한다.**

다. 공중위생영업의 신고의무는 '공중위생영업을 하고자 하는 자'에게 부여되어 있다. 여기서 '영업을 하는 자'란 영업으로 인한 권리의무의 귀속주체가 되는 자를 의미한다. 그러므로 영업자의 직원이나 보조자는 영업을 하는 자에 포함되지 않는다.

라. 쟁점은 진정부작위범 사이에서 공동정범 성립요건이다. 공통의무과 공통이행이다. 사안에서 영업자의 직원 또는 보조자는 신고의무의 주체가 되지 않는다. 공통의 의무가 없다. 따라서 부작위범의 공동정범이 되지 않는다.

(11) **| 관련판례 |** 대법원 1996. 1. 26. 선고 94도2654 판결 [공모공동정범에서의 공모 관계가 없거나 공모 관계에서 이탈하였다고 본 사례] 실행착수 전 공모관계 이탈

가. 피고인은 1993. 4. ○○시 북문로 2가 소재 ○○○ 부근에서 ○○ 시내 유흥업소를 활동무대로 하여 폭행, 공갈 등을 목적으로 하는 '시라소니'파 범죄단체조직에 2기 조직원으로 가입하여 활동하던 자이다. 공소외 1, 원심 공동피고인 1, 2 등 같은 '시라소니'파 조직원들과 공모 공동하여, 1993. 5. 28. 20:30경 반대파 조직 '파라다이스'파로부터 피고인 소속 조직원인 공소외 2, 3가 칼에 찔려 피해를 입자 이에 대한 보복을 하기 위하여 같은 날 21:00경부터 22:30경까지 ○○시 사직동 무심천 고수부지 롤러스케이트장에 집결한 후 '파라다이스'파 조직원들을 공격하여 상해를 가하거나 살해할 것을 결의하고, 위 조직원들과 공동하여 생선회칼, 손도끼, 낫 등 흉기를 들고 8대 차량에 분승하여 ○○ 덕산 나이트클럽에 이르러 반대파 ○○○을 찾았으나 없자 종업원피해자 1을 폭행하고, 위와 같이 위 ○○○과 '파라다이스'파 조직원들을 찾았으나 보이지 않자, '파라다이스'파 두목피해자 2, 공소외 4를 살해하기로 결의, 같은 날 23:20경 ○○관광호텔 실버스타 나이트클럽에 이르러 피고인, 원심 공동피고인 2, 3 등은 밖에서 망을 보고 다른 공범자들은 흉기를 소지하고 잠자는 피해자 2를 깨워 무차별 찔러 흉부자창으로 같은 날 23:50경 실혈사로 사망케 하였다.

나. 피고인은 공소외 1 등과 같이 술을 마시고 있다가 같은 조직원으로부터 연락을 받고 무심천 롤러스케이트장에 가서 '파라다이스'파에게 보복을 하러 간다는 말을 듣고 다른 조직원들이 여러 대의 차에 분승하여 출발하려고 할 때 **사태의 심각성을 실감하고 범행에 휘말리기 싫어서 그곳에서 택시를 타고 집에 왔다.**[실행착수 전 공모관계 이탈+] 그러므로 피해자 1에 대한 폭력행위등처벌에관한법률위반 및 피해자 2에 대한 살인의 점에 대하여 다른 조직원들과의 사이에 '파라다이스'파 조직원들을 공격하여 상해를 가하거나 살해하기로 하는 모의가 있었다고 보기 어렵다. 가사 피고인에게도 그 범행에 가담하려는 의사가 있어 공모 관계가 인정된다 하더라도 다른 조직원들이 각 이 사건 범행에 이르기 전에 그 공모 관계에서 이탈한 것이라 할 것이다. 그러므로 **피고인은 위**

공모 관계에서 이탈한 이후의 행위에 대하여는 공동정범으로의 책임을 지지 않는다고 할 것이다.

다. 쟁점은 공모 여부와 실행착수 이전 공모관계를 이탈한 공범자 처벌이다. 공동정범은 실행행위분담이 있어야 성립한다. 피고인이 범행에 가담하려는 의사가 없었다면, 공동정범이 성립하지 않는다. '공모'가 없기 때문이다. 피고인에게 공모 관계가 인정된다 하더라도, 다른 조직원들이 범행에 이르기 전에 공모관계에서 이탈한 경우 공동정범이 성립하지 않는다. 공모관계 이탈은 이탈할 때, 명시적 의사표시가 인정되거나 또는 최소한 묵시적 의사표시가 인정되어야 한다. 만약 **공모자가 공모를 주도하였다면, 실행에 미친 영향력을 제거해야 '공모관계 이탈'이 성립한다.** 공동정범에서 기능적 행위지배론의 관점에서 이해해야 한다. '공모관계 이탈'은 실행착수와 공모가 없는 것이다.

(12) **| 관련판례 |** **대법원 2008. 4. 10. 선고 2008도1274 판결** [공동정범의 성립요건, 공모에 주도적으로 참여한 공모자가 공모관계에서 이탈하여 공동정범으로서 책임을 지지 않기 위한 요건, 다른 3명의 공모자들과 강도 모의를 주도한 피고인이, 다른 공모자들이 피해자를 뒤쫓아 가자 단지 "어?"라고만 하고 더 이상 만류하지 아니하여 공모자들이 강도상해의 범행을 한 사안에서, 피고인이 그 공모관계에서 이탈하였다고 볼 수 없다고 한 사례] 기능적 행위지배 해소와 공모관계 이탈

가. 형법 제30조의 공동정범은 2인 이상이 공동하여 죄를 범하는 것이다. 공동정범이 성립하기 위하여는 주관적 요건으로서 공동가공의 의사와 객관적 요건으로서 공동의사에 기한 기능적 행위지배를 통한 범죄의 실행사실이 필요하다. 공동가공의 의사는 타인의 범행을 인식하면서도 이를 제지하지 아니하고 용인하는 것만으로는 부족하다. 공동의 의사로 특정한 범죄행위를 하기 위하여 **일체가 되어 서로 다른 사람의 행위를 이용하여 자기의 의사를 실행에 옮기는 것**을 내용으로 하는 것이어야 한다.

나. 공모공동정범에서 공모자 중의 1인이 다른 공모자가 실행행위에 이르기 전에 그 공모관계에서 이탈한 때에는 그 이후의 다른 공모자의 행위에 관하여는 공동정범으로서의 책임은 지지 않는다 할 것이다. 공모관계에서의 이탈은 공모자가 공모에 의하여 담당한 기능적 행위지배를 해소하는 것이 필요하다. 그러므로 공모자가 공모에 주도적으로 참여하여 다른 공모자의 실행에 영향을 미친 때에는 범행을 저지하기 위하여 적극적으로 노력하는 등 실행에 미친 영향력을 제거하지 아니하는 한 공모관계에서 이탈하였다고 할 수 없다.

다. 다른 3명의 공모자들과 강도 모의[공모+]를 하면서 삽을 들고 사람을 때리는 시

늉을 하는 등 그 모의를 주도한 피고인이 함께 범행대상을 물색하다가 다른 공모자들이 강도의 대상을 지목하고 뒤쫓아 가자 단지 “어?”라고만 하고 비대한 체격 때문에 뒤따라가지 못한 채 범행현장에서 200m 정도 떨어진 곳에 앉아 있었으나[공모관계이탈-] 위 공모자들이 피해자를 쫓아가 강도상해의 범행을 한 사안이다. 피고인에게 공동가공의 의사와 공동의사에 기한 기능적 행위지배를 통한 범죄의 실행 사실이 인정된다. 그러므로 강도상해죄의 공모관계에 있다. 다른 공모자가 강도상해죄의 실행에 착수하기까지 범행을 만류하는 등으로 그 공모관계에서 이탈하였다고 볼 수 없다. 그러므로 강도상해죄의 공동정범으로서의 죄책을 진다.

라. 쟁점은 실행행위해소와 공동범행의사철회이다. 특히 공모에 주도적으로 참여하여 다른 공모자의 실행에 영향을 미친 경우, 범행을 저지하기 위하여 적극적으로 노력하여야 한다. 실행행위에 미친 영향력을 적극적으로 제거하지 않는 한 공모관계 이탈이라고 볼 수 없다.

마. 정리하면, **일단 공동모의에 참여한 자가 공동정범의 죄책을 면하기 위해서는 공동가담의 의사를 철회한다는 의사표시뿐만 아니라, 자신이 예비단계에서 이루어 놓은 기능적 행위기여의 효력까지 모두 제거해야 한다. 이것이 기능적 행위지배 해소이다. 이탈자자가 주모자 또는 비주모자 이거나 아무런 차이가 없다. 이 판결에서 주모자는 공모가담의사를 철회한 것도 아니고, 비대한 체격 때문에 머물러 있었을 뿐이다. 따라서 공모관계 이탈이라고 보기 어렵다.**

바. 대법원 2010. 9. 9. 선고 2010도6924 판결 [사기 · 청소년의성보호에관한법률위반(강요행위등) · 청소년의성보호에관한법률위반(청소년이용음란물제작 · 배포등) · 미성년자유인 · 절도 · 공문서부정행사] 기능적 행위지배 해소와 공모관계 이탈

【판시사항】 [1] 공모에 주도적으로 참여한 공모자가 공모관계에서 이탈하여 공동정범으로서 책임을 지지 않기 위한 요건 [2] 갑이 을과 공모하여 가출 청소년 병을 유인하고 성매매 홍보용 나체사진을 찍은 후, 자신이 별건으로 체포되어 수감 중인 동안 병이 을의 관리 아래 성매수의 상대방이 된 대가로 받은 돈을 병, 을 및 갑의 처 등이 나누어 사용한 사안에서, 갑은 을과 함께 미성년자유인죄, 구 청소년의 성보호에 관한 법률 위반죄의 책임을 진다고 본 원심판단을 수긍한 사례.

【판결요지】 [1] 공모공동정범에서 공모자 중의 1인이 다른 공모자가 실행행위에 이르기 전에 그 공모관계에서 이탈한 때에는 그 이후의 다른 공모자의 행위에 관하여는 공동정범으로서의 책임은 지지 않는다 할 것이다. 그러나 공모

관계에서의 이탈은 공모자가 공모에 의하여 담당한 기능적 행위지배를 해소하는 것이 필요하다. 그러므로 공모자가 공모에 주도적으로 참여하여 다른 공모자의 실행에 영향을 미친 때에는 범행을 저지하기 위하여 적극적으로 노력하는 등 실행에 미친 영향력을 제거하지 아니하는 한 공모자가 구속되었다는 등의 사유만으로 공모관계에서 이탈하였다고 할 수 없다. [2] 갑이 을과 공모하여 가출 청소년 병(여, 16세)에게 낙태수술비를 벌도록 해 주겠다고 유인하였고, 을로 하여금 병의 성매매 홍보용 나체사진을 찍도록 하였으며, 병이 중도에 약속을 어길 경우 민형사상 책임을 진다는 각서를 작성하도록 한 후, 자신이 별건으로 체포되어 구치소에 수감 중인 동안 병이 을의 관리 아래 12회에 걸쳐 불특정 다수 남성의 성매수 행위의 상대방이 된 대가로 받은 돈을 병, 을 및 갑의 처 등이 나누어 사용한 사안이다. 병의 성매매 기간 동안 갑이 수감되어 있었다 하더라도[공모관계이탈−] 위 갑은 을과 함께 미성년자유인죄, 구 청소년의 성보호에 관한 법률(2009. 6. 9. 법률 제9765호 아동·청소년의 성보호에 관한 법률로 전부 개정되기 전의 것) 위반죄의 책임을 진다.

(13) **| 관련판례 | 대법원 2018. 4. 19. 선고 2017도14322 전원합의체 판결** [구성요건행위를 직접 분담하여 실행하지 않은 공모자가 공모공동정범으로 인정되기 위한 요건, 공모공동정범의 공모자들에게 공모한 범행 외에 부수적으로 파생된 범죄에 대하여도 암묵적 공모와 기능적 행위지배가 존재한다고 볼 수 있는 경우, 공동정범에서 공모관계의 성립요건과 공모관계를 인정하기 위한 증명 정도(=엄격한 증명) 및 피고인이 공모관계를 부인하는 경우, 그 증명 방법, 국가정보원의 원장 피고인 갑, 3차장 피고인 을, 심리전단장 피고인 병이 심리전단 산하 사이버팀 직원들과 공모하여 인터넷 게시글과 댓글 작성, 찬반클릭, 트윗과 리트윗 행위 등의 사이버 활동을 함으로써 국가정보원 직원의 직위를 이용하여 정치활동에 관여함과 동시에 제18대 대통령선거와 관련하여 공무원의 지위를 이용한 선거운동을 하였다고 하여 구 국가정보원법 위반 및 구 공직선거법 위반으로 기소된 사안에서, 사이버팀 직원들이 한 사이버 활동 중 일부에 대하여 피고인들에게 구 국가정보원법 위반죄와 구 공직선거법 위반죄를 인정한 원심판단이 정당하다고 한 사례] 〈국가정보원 사이버팀의 인터넷 댓글 게시 등 사건〉

가. 형법 제30조의 공동정범은 공동가공의 의사와 그 공동의사에 의한 기능적 행위지배를 통한 범죄 실행이라는 주관적·객관적 요건을 충족함으로써 성립한다. 그러므로 공모자 중 구성요건행위를 직접 분담하여 실행하지 않은 사람도 위 요건의 충족 여부에 따라 이른바 공모공동정범으로서의 죄책을 질 수 있다. 구성요건행위를 직접 분담하여 실행하지 않은 공모자가 공모공동정범으로

인정되기 위해서는 전체 범죄에서 그가 차지하는 지위·역할, 범죄 경과에 대한 지배나 장악력 등을 종합하여 그가 단순한 공모자에 그치는 것이 아니라 범죄에 대한 본질적 기여를 통한 기능적 행위지배가 존재한다고 인정되어야 한다.

나. 공모공동정범의 경우 범죄의 수단과 모습, 가담하는 인원과 그 성향, 범행 시간과 장소의 특성, 범행과정에서 타인과의 접촉 가능성과 예상되는 반응 등 여러 상황에 비추어, 공모자들이 공모한 범행을 수행하거나 목적을 달성하고자 나아가는 도중에 부수적인 다른 범죄가 파생되리라고 예상하거나 충분히 예상할 수 있는데도 그러한 가능성을 외면한 채 이를 방지하기에 충분한 합리적인 조치를 취하지 않고 공모한 범행에 나아갔다가 결국 그와 같이 예상되던 범행들이 발생하였다면, 비록 그 파생적인 범행 하나하나에 대하여 개별적인 의사의 연락이 없었더라도 당초의 공모자들 사이에 그 범행 전부에 대하여 암묵적인 공모는 물론 그에 대한 기능적 행위지배가 존재한다고 보아야 한다.

다. 2인 이상이 범죄에 공동 가공하는 공범관계에서 공모는 법률상 어떤 정형을 요구하는 것이 아니고 2인 이상이 공모하여 범죄에 공동 가공하여 범죄를 실현하려는 의사의 결합만 있으면 충분하다. 비록 전체의 모의과정이 없더라도 여러 사람 사이에 순차적으로 또는 암묵적으로 의사의 결합이 이루어지면 공모관계가 성립한다. 이러한 공모관계를 인정하기 위해서는 엄격한 증명이 요구된다. 그러나 피고인이 범죄의 주관적 요소인 공모관계를 부인하는 경우에는 사물의 성질상 이와 상당한 관련성이 있는 간접사실 또는 정황사실을 증명하는 방법으로 이를 증명할 수밖에 없다. 이때 무엇이 상당한 관련성이 있는 간접사실에 해당할 것인지는 정상적인 경험칙에 바탕을 두고 치밀한 관찰력이나 분석력으로 사실의 연결 상태를 합리적으로 판단하는 방법으로 하여야 한다.

라. **[다수의견]** 국가정보원의 원장 피고인 갑, 3차장 피고인 을, 심리전단장 피고인 병이 심리전단 산하 사이버팀 직원들과 공모하여 인터넷 게시글과 댓글 작성, 찬반클릭, 트윗과 리트윗 행위 등의 사이버 활동을 함으로써 국가정보원 직원의 직위를 이용하여 정치활동에 관여함과 동시에 제18대 대통령선거와 관련하여 공무원의 지위를 이용한 선거운동을 하였다고 하여 구 국가정보원법(2014. 1. 14. 법률 제12266호로 개정되기 전의 것, 이하 같다) 위반 및 구 공직선거법(2014. 2. 13. 법률 제12393호로 개정되기 전의 것, 이하 같다) 위반으로

기소된 사안이다. 국가정보원의 정보기관으로서의 조직, 역량과 상명하복에 의한 업무수행 체계, 사이버팀 직원들이 범행을 수행한 구체적인 방법과 모습, 피고인들이 각각 국가정보원의 원장과 3차장, 심리전단장으로서 사이버팀을 지휘·감독하던 지위와 역할, 사이버 활동이 이루어질 당시 피고인들이 회의석상에서 직원들에게 한 발언 및 지시 내용 등 제반 사정을 종합하면, 사이버팀 직원들이 한 사이버 활동 중 일부는 구 국가정보원법상 국가정보원 직원의 직위를 이용한 정치활동 관여 행위 및 구 공직선거법상 공무원의 지위를 이용한 선거운동에 해당한다. 이러한 활동을 구 국가정보원법에 따른 직무범위 내의 정당한 행위로 볼 수 없다. 피고인들이 실행행위자인 사이버팀 직원들과 순차 공모하여 범행에 대한 기능적 행위지배를 함으로써 범행에 가담하였다. 피고인들에게 구 국가정보원법 위반죄와 구 공직선거법 위반죄를 인정한 원심판단이 정당하다.

마. **[피고인 갑, 피고인 을에 대한 구 공직선거법 위반의 점에 관한 대법관 김창석, 대법관 조희대의 반대의견]** 위 사안에서, 국가정보원의 원장 피고인 갑과 3차장 피고인 을의 경우, 심리전단장으로서 사이버팀 직원들의 업무에 직접 관여한 피고인 병과는 달리 실행행위자인 사이버팀 직원들과 사이에 제18대 대통령선거와 관련하여 구체적으로 어떠한 내용의 업무지시 및 보고가 이루어졌는지 알 수 있는 객관적인 자료가 없다. 피고인 갑, 을이 순차적·암묵적으로라도 사이버팀 직원들과 선거운동을 공모하였다는 점을 증명할 직접증거가 없다. 다수의견이 제시한 여러 간접사실 내지 정황사실은 이를 인정하기 위한 증거로 부족하다. 합리적 의심을 불러일으키기에 충분한 다른 사정이 있다. 이러한 이유로, 피고인 갑, 을에게도 구 공직선거법 위반죄를 인정한 원심판단에 공모에 관한 분명한 증거 없이 유죄를 인정함으로써 증거재판주의 등을 위반한 위법이 있다.

(14) **| 관련판례 |** 대법원 2018. 6. 19. 선고 2017도19422 판결 [무면허 의료행위를 엄격히 금지하는 의료법 제27조 제1항에서 정한 '의료행위'의 의미와 범위, 의료기사 등에 관한 법률 제1조, 제2조, 제3조 및 같은 법 시행령 제2조가 의료기사의 면허를 가진 사람에게 의사 또는 치과의사의 지도에 따라 의료행위 중 위 시행령 제2조 제1항에서 정한 일정한 분야의 업무를 할 수 있도록 허용하는 취지, 의료기사가 의료기사 등에 관한 법률 및 같은 법 시행령에서 정한 업무의 범위와 한계를 벗어나는 의료행위를 한 경우, 무면허 의료행위에 해당하는지 여부(적극) 및 의사나 치과의사의 지시나 지도에 따라 이루어졌더라도 마찬가지인지 여부(적

극), 치과의사 피고인 갑과 치과위생사 피고인 을이 공모하여, 환자의 충치에 대한 복합레진 충전 치료 과정에서 의료인 아닌 피고인 을이 의료행위인 에칭과 본딩 시술을 함으로써 의료법을 위반하였다는 내용으로 기소된 사안에서, 제반 사정을 종합하면, 충치치료 과정에서 이루어지는 에칭과 본딩 시술은 의료기사 등에 관한 법률 및 같은 법 시행령이 허용하는 치과위생사의 업무 범위와 한계를 벗어나는 의료행위로서 의료인인 치과의사만 할 수 있고, 비록 피고인 을이 피고인 갑의 지도나 감독 아래 이러한 시술을 하였더라도 무면허 의료행위에 해당한다고 한 사례] 〈치과위생사 에칭·본딩 시술 사건〉

가. 의료법 제27조 제1항은 의료인에게만 의료행위를 허용한다. 의료인이라고 하더라도 면허된 의료행위만 할 수 있도록 하여, 무면허 의료행위를 엄격히 금지하고 있다. 여기서 '의료행위'란 의학적 전문지식을 기초로 하는 경험과 기능으로 진찰, 검안, 처방, 투약 또는 외과적 시술을 시행하여 하는 질병의 예방 또는 치료행위 및 그 밖에 의료인이 행하지 아니하면 보건위생상 위해가 생길 우려가 있는 행위를 의미한다. '의료인이 행하지 아니하면 보건위생상 위해가 생길 우려'는 추상적 위험으로도 충분하다. 그러므로 구체적으로 환자에게 위험이 발생하지 아니하였다고 해서 보건위생상의 위해가 없다고 할 수는 없다.

나. 의료기사 등에 관한 법률(이하 '의료기사법'이라고 한다) 제1조, 제2조, 제3조 및 같은 법 시행령 제2조는 임상병리사, 방사선사, 물리치료사, 작업치료사, 치과기공사, 치과위생사를 의료기사로 분류하고, 의료기사의 면허를 가진 사람에게 의사 또는 치과의사의 지도에 따라 의료행위 중 위 시행령 제2조 제1항에서 정하는 일정한 분야의 업무를 할 수 있도록 허용하고 있다. 이는 의료인만이 의료행위를 할 수 있음을 원칙으로 한다. 의료행위 중에서 사람의 생명이나 신체 또는 공중위생에 위해를 발생시킬 우려가 적은 특정 분야에 관하여, 그 특정 분야의 의료행위가 인체에 가져올 수 있는 위험성 등에 대하여 지식과 경험을 획득하여, 그 의료행위로 인한 인체의 반응을 확인하고 이상 유무를 판단하며 상황에 대처할 수 있는 능력을 가졌다고 인정되는 사람에게 면허를 부여한다. 그들로 하여금 그 특정 분야의 의료행위를 의사의 지도에 따라서 제한적으로 행할 수 있도록 허용하는 취지라고 보아야 한다. 따라서 의료기사라 할지라도 의료기사법 및 같은 법 시행령이 정하고 있는 **업무의 범위와 한계를 벗어나는 의료행위를 하였다면 무면허 의료행위에 해당하고**, 이는 비록 **의사나 치과의사의 지시나 지도에 따라 이루어졌더라도 마찬가지이다.**

다. 치과의사 피고인 갑과 치과위생사 피고인 을이 공모하여, 환자의 충치에 대한 복합레진 충전 치료 과정에서 의료인 아닌 피고인 을이 의료행위인 에칭과 본딩 시술을 함으로써 의료법을 위반하였다는 내용으로 기소된 사안이다.

라. 제반 사정을 종합하면, 충치예방을 위해 시술되는 치면열구전색술(이른바 '실런트') 과정에서 이루어지는 에칭과 본딩 시술과 달리, 충치치료 과정에서 이루어지는 에칭과 본딩 시술은 의료기사 등에 관한 법률 및 같은 법 시행령이 허용하고 있는 치과위생사의 업무 범위와 한계를 벗어나는 의료행위로서 의료인인 치과의사만이 할 수 있다. 비록 피고인 을이 피고인 갑의 지도나 감독 아래 이러한 시술을 하였더라도 무면허 의료행위에 해당한다.

(15) **| 관련판례 | 대법원 2018. 9. 13. 선고 2018도7658, 2018전도54, 55, 2018보도6, 2018모2593 판결** [공동정범의 성립요건, 공모공동정범의 성립 여부에 대한 증명 정도, 특정 범죄자에 대한 보호관찰 및 전자장치 부착 등에 관한 법률 제5조 제3항 및 제21조의2 제3호에 규정된 '살인범죄를 다시 범할 위험성'의 의미, 살인범죄의 재범의 위험성 유무를 판단하는 기준 및 판단의 기준 시점(=판결 시), 형법상 '방조행위'의 의미 및 방조의 시기, 방조범 성립에 필요한 고의의 의미와 내용 및 그 증명 방법, 법원이 공소장변경 없이 직권으로 공동정범으로 기소된 범죄사실을 방조사실로 인정할 수 있는지 여부(한정 적극), 형법 제10조에 규정된 심신장애의 요건 및 심신장애의 유무를 판단하는 방법] ★★★★★

가. 형법 제30조의 공동정범은 2인 이상이 공동하여 죄를 범하는 것이다. 공동정범이 성립하기 위하여는 주관적 요건인 공동가공의 의사와 **객관적 요건인 공동의사에 의한 기능적 행위지배를 통한 범죄의 실행사실이 필요하다.** 여기서 공동가공의 의사는 타인의 범행을 인식하면서도 이를 제지하지 아니하고 용인하는 것만으로는 부족하다. 공동의 의사로 특정한 범죄행위를 하기 위하여 **일체가 되어 서로 다른 사람의 행위를 이용하여** 자기의 의사를 실행에 옮기는 것을 내용으로 하여야 한다(대법원 2009. 7. 9. 선고 2009도3923 판결 참조). 공모공동정범의 성립 여부는 범죄실행의 전 과정을 통하여 각자의 지위와 역할, 공범에 대한 권유내용 등을 구체적으로 검토하고 이를 종합하여 위와 같은 상호이용의 관계가 합리적인 의심을 할 여지가 없을 정도로 증명되어야 한다. **그와 같은 증명이 없다면** 피고인에게 유죄 의심이 간다고 하더라도 **피고인의 이익으로 판단할 수밖에 없다**(대법원 2005. 3. 11. 선고 2002도5112 판결 참조).

나. 특정 범죄자에 대한 보호관찰 및 전자장치 부착 등에 관한 법률 제5조 제3항 및 제21조의2 제3호에 규정된 '살인범죄를 다시 범할 위험성'이란 재범할 가능성만으로는 부족하다. 피부착명령청구자 또는 피보호관찰명령청구자가 장래

에 다시 살인범죄를 범하여 법적 평온을 깨뜨릴 상당한 개연성이 있음을 의미한다. 살인범죄의 재범의 위험성 유무는 피부착명령청구자 또는 피보호관찰명령청구자의 직업과 환경, 당해 범행 이전의 행적, 범행의 동기, 수단, 범행 후의 정황, 개전의 정 등 여러 사정을 종합적으로 평가하여 객관적으로 판단하여야 한다. 이러한 판단은 장래에 대한 가정적 판단이므로 판결 시를 기준으로 하여야 한다(대법원 2012. 5. 10. 선고 2012도2289, 2012감도5, 2012전도51 판결 참조).

다. 형법상 방조행위는 정범이 범행을 한다는 정을 알면서 그 실행행위를 용이하게 하는 직접·간접의 모든 행위를 가리키는 것이다. 유형적, 물질적인 방조뿐만 아니라 정범에게 범행의 결의를 강화하도록 하는 것과 같은 무형적, 정신적 방조행위까지도 이에 해당한다. 종범은 정범의 실행행위 중에 이를 방조하는 경우뿐만 아니라, 실행 착수 전에 장래의 실행행위를 예상하고 이를 용이하게 하는 행위를 하여 방조한 경우에도 성립한다. 형법상 방조행위는 정범이 범행을 한다는 정을 알면서 그 실행행위를 용이하게 하는 직접·간접의 행위를 말한다. 그러므로 방조범은 정범의 실행을 방조한다는 이른바 방조의 고의와 정범의 행위가 구성요건에 해당하는 행위인 점에 대한 정범의 고의가 있어야 하나, 이와 같은 고의는 내심적 사실이므로 피고인이 이를 부정하는 경우에는 사물의 성질상 고의와 상당한 관련성이 있는 간접사실을 증명하는 방법에 의하여 증명할 수밖에 없다. 이때 무엇이 상당한 관련성이 있는 간접사실에 해당할 것인가는 정상적인 경험칙에 바탕을 두고 치밀한 관찰력이나 분석력에 의하여 사실의 연결상태를 합리적으로 판단하여야 한다. 방조범에서 요구되는 정범의 고의는 정범에 의하여 실현되는 범죄의 구체적 내용을 인식할 것을 요하는 것은 아니고 미필적 인식이나 예견으로 족하다(대법원 2004. 6. 24. 선고 2002도995 판결, 대법원 2005. 4. 29. 선고 2003도6056 판결 참조).

라. 법원은 공소사실의 동일성이 인정되는 범위 내에서 공소가 제기된 범죄사실보다 가벼운 범죄사실이 인정되는 경우, 심리의 경과 등에 비추어 볼 때 피고인의 방어에 실질적인 불이익을 주는 것이 아니라면 공소장변경 없이 직권으로 가벼운 범죄사실을 인정할 수 있다. 그러므로 공동정범으로 기소된 범죄사실을 방조사실로 인정할 수 있다(대법원 2004. 6. 24. 선고 2002도995 판결 참조).

마. 형법 제10조에 규정된 심신장애는 생물학적 요소로서 정신병 또는 비정상적 정신상태와 같은 정신적 장애가 있는 외에 심리학적 요소로서 이와 같은 정신적 장애로 말미암아 사물에 대한 변별능력과 그에 따른 행위통제능력이 결

여되거나 또는 감소되었음을 요한다. 그러므로 정신적 장애가 있는 자라고 하여도 범행 당시 정상적인 사물변별능력이나 행위통제능력이 있었다면 심신장애로 볼 수 없다.

바. 심신장애의 유무는 법원이 형벌제도의 목적 등에 비추어 판단하여야 할 법률문제로서 그 판단에 전문감정인의 정신감정결과가 중요한 참고자료가 된다. 그러나 법원이 반드시 그 의견에 구속되는 것은 아니다. 그러한 감정 결과뿐만 아니라 범행의 경위, 수단, 범행 전후의 피고인 행동 등 기록에 나타난 여러 자료 등을 종합하여 독자적으로 심신장애의 유무를 판단하여야 한다(대법원 1996. 5. 10. 선고 96도638 판결 참조).

31. 제31조(교사범)

(1) 현행

第31條(敎唆犯)
① 他人을 敎唆하여 罪를 犯하게 한 者는 罪를 實行한 者와 同一한 刑으로 處罰한다.
② 敎唆를 받은 者가 犯罪의 實行을 承諾하고 實行의 着手에 이르지 아니한 때에는 敎唆者와 被敎唆者를 陰謀 또는 豫備에 準하여 處罰한다.
③ 敎唆를 받은 者가 犯罪의 實行을 承諾하지 아니한 때에도 敎唆者에 對하여는 前項과 같다.

제31조(교사범)
① 타인을 교사하여 죄를 범하게 한 자는 죄를 실행한 자와 동일한 형으로 처벌한다.
② 교사를 받은 자가 범죄의 실행을 승낙하고 실행의 착수에 이르지 아니한 때에는 교사자와 피교사자를 음모 또는 예비에 준하여 처벌한다.
③ 교사를 받은 자가 범죄의 실행을 승낙하지 아니한 때에도 교사자에 대하여는 전항과 같다.

(2) 개선방안

제1안
제31조(교사범)
① 다른 사람에게 고의로 위법행위를 실행하도록 결의시켜 실행하게 한 사람은 교사범으로 처벌된다. 교사범은 정범과 동일한 형으로 처벌된다.
② 교사를 받은 사람이 **교사된 범죄에 대해 실행을 승낙하고, 실행착수를 하지 않은 경우** 법률에 처벌 규정이 있는 경우 **교사자와 피교사자는 음모죄·예비죄로 처벌된다(효과 없는 교사).**

③ 교사를 받은 사람이 **교사된 범죄에 대해 실행을 승낙하지 않은 경우 교사자는 음모죄 또는 예비죄로 처벌되고 피교사자는 처벌되지 않는다(실패한 교사 · 기도된 교사).**

제2안 ★★★★★

제31조(교사범 · 효과 없는 교사 · 실패한 교사 · 특수교사)

① 다른 사람에게 고의로 위법행위를 실행하도록 결의시켜 실행하게 한 사람은 교사범으로서 정범과 동일한 형으로 처벌된다.

② 교사를 받은 사람이 **교사된 범죄에 대해 실행을 승낙하고, 실행착수를 하지 않은 경우** 법률에 처벌 규정이 있는 경우 **교사자와 피교사자는 음모죄 · 예비죄로 처벌된다(효과 없는 교사).**

③ 교사를 받은 사람이 **교사된 범죄에 대해 실행을 승낙하지 않은 경우 교사자는 음모죄 또는 예비죄로 처벌되고 피교사자는 처벌되지 않는다(실패한 · 기도된 교사).**

④ 자기 지휘 · 감독을 받는 사람을 교사하여 결과를 발생하게 한 사람은 정범에 정한 형의 장기 또는 다액에 2분의 1까지 가중하여 처벌된다.

【개정방향】

※ 제목변경: **교사범 · 효과 없는 교사 · 실패한 교사 · 특수교사**

※ 명확성 · 간결성 · 가독성

※ 일본식 조사 '의' 삭제

※ 형법 제34조 제2항 특수교사를 통합함

(3) 조문해설

가. 형법 제31조는 교사범 · 효과 없는 교사 · 실패한 교사 · 특수교사를 규정하고 있다.

나. 주요내용을 보면, ① **다른 사람에게 고의로 위법행위를 실행하도록 결의시켜 실행하게 한 사람은 교사범**으로서 정범과 동일한 형으로 처벌된다. ② 교사를 받은 사람이 교사된 범죄에 대해 **실행을 승낙하고, 실행착수를 하지 않은 경우 법률에 처벌 규정이 있는 경우 교사자와 피교사자는 음모죄 · 예비죄**로 처벌된다(효과 없는 교사). ③ 교사를 받은 사람이 교사된 범죄에 대해 **실행을 승낙하지 않은 경우 교사자는 음모죄 또는 예비죄로 처벌되고 피교사자는 처벌되지 않는다**(실패한 교사 · 기도된 교사). ④ **자기 지휘 · 감독을 받는 사람을 교사하여 결과를 발생하게 한 사람**은 정범에 정한 형의 장기 또는 다액에 2분의 1까지 가중하여 처벌된다.

다. 교사범 성립은 정범인 피교사자에 종속되어 있다. 교사란 새로운 범죄결의 유발을 말한다. 피교사자가 이미 범행결의를 갖고 있다면, 교사가 될 수 없다. 그러나 기존 결의를 강화하였다면, 교사범이 성립한다. 범행결의 원인이 유일한 원인일 필요는 없다. 그러나 교사는 구체성이 있어야 한다.

(4) **| 관련판례 | 대법원 1991. 5. 14. 선고 91도542 판결** [피교사자가 이미 범죄의 결의를 가지고 있을 때에도 교사범이 성립할 수 있는지 여부(소극), 교사의 수단·방법과 범행의 특정 정도, 절도범들로부터 19회에 걸쳐 장물을 취득하여 온 자가 절도범들에게 도라이바 1개를 사주면서 "열심히 일을 하라(도둑질을 하라)"고 말한 것이 절도의 교사가 된다고 본 사례, 정범의 범죄습벽과 함께 교사행위가 원인이 되어 정범이 범죄를 실행한 경우의 교사범의 성립 여부(적극)] 교사범

가. 교사범이란 타인(정범)으로 하여금 범죄를 결의하게 하여 그 죄를 범하게 한 때에 성립한다. 피교사자는 교사범의 교사에 의하여 범죄실행을 결의하여야 한다. 그러므로 피교사자가 이미 범죄의 결의를 가지고 있을 때에는 교사범이 성립할 여지가 없다.

나. 막연히 "범죄를 하라"거나 "절도를 하라"고 하는 등의 행위만으로는 교사행위가 되기에 부족하다. 그러나 타인으로 하여금 일정한 범죄를 실행할 결의를 생기게 하는 행위를 하면 된다. 교사의 수단방법에 제한이 없다. 교사범이 성립하기 위하여는 범행의 일시, 장소, 방법 등의 세부적인 사항까지를 특정하여 교사할 필요는 없다. 정범으로 하여금 일정한 범죄의 실행을 결의할 정도에 이르게 하면 교사범이 성립된다.

다. 피고인이 갑, 을, 병이 절취하여 온 장물을 상습으로 19회에 걸쳐 시가의 3분의1 내지 4분의 1의 가격으로 매수하여 취득하여 오다가, **갑, 을에게 일제 도라이바 1개를 사주면서 "병이 구속되어 도망다니려면 돈도 필요할텐데 열심히 일을 하라(도둑질을 하라)"고 말하였다면, 그 취지는 종전에 병과 같이 하던 범위의 절도를 다시 계속하면 그 장물은 매수하여 주겠다는 것으로서 절도의 교사가 있었다고 보아야 한다.**

라. 교사범의 교사가 정범이 죄를 범한 유일한 조건일 필요는 없다. 교사행위에 의하여 정범이 실행을 결의하게 된 이상 비록 정범에게 범죄의 습벽이 있어 그 습벽과 함께 교사행위가 원인이 되어 정범이 범죄를 실행한 경우에도 교사범의 성립에 영향이 없다.

(5) **| 관련판례 |** 대법원 1993. 10. 8. 선고 93도1873 **판결** [상해 또는 중상해를 교사하였는데 피교사자가 살인을 실행한 경우 교사자의 죄책] 공범과 착오-피교사자의 초과실행

가. 교사자가 피교사자에 대하여 상해 또는 중상해를 교사하였는데 피교사자가 이를 넘어 살인을 실행한 경우 일반적으로 교사자는 상해죄 또는 중상해죄의 교사범이 된다.

나. 그러나 이 경우 교사자에게 피해자 사망이라는 결과에 대하여 과실 내지 예견가능성이 있는 때에는 상해치사죄의 교사범으로서 죄책을 지울 수 있다.

다. 생각건대 초과부분에 대해서는 고의가 없다. 그러나 초과부분에 대한 예견가능성이 인정되는 경우 결과적 가중범 교사범이 성립된다.

32. 제32조(종범)

(1) 현행

第32條(從犯)
① 他人의 犯罪를 幇助한 者는 從犯으로 處罰한다.
② 從犯의 刑은 正犯의 刑보다 減輕한다.

제32조(종범)
① **타인의 범죄를 방조한 자**는 종범으로 처벌한다.
② 종범의 형은 **정범의 형보다 감경한다.**

(2) 개선방안

제1안
제32조(종범)
① 다른 사람 위법행위를 알고서 고의로 도와준 사람은 종범으로 처벌된다.
② 종범 형은 **정범 형보다 감경한다.**

【개정방향】
※ 명확성 · 간결성 · 가독성
※ 일본식 조사 '의' 삭제
※ 국어문법 수동태
※ 방조범은 고의범. 부작위 방조범도 성립함

제2안

제32조(종범)

① 다른 사람 위법행위를 알고서 고의로 도와준 사람은 종범으로 처벌된다. 여기서 '돕는다'는 의미는 정신적 또는 물질적으로 정범 실행행위를 돕는 것을 말한다.

② 방조행위가 정범 실행행위 기회를 증대시킨 경우 방조범이 성립한다. 다만 결과범 경우 방조행위가 결과를 공동으로 야기해야 성립한다.

③ 종범 형은 **정범 형보다 감경한다.**

제3안 ★★★★★

제32조(종범)

① 다른 사람 위법행위를 알고서 고의로 도와준 사람은 종범으로 처벌된다. 여기서 '돕는다'는 의미는 정신적 · 물질적으로 정범 실행행위를 돕는 것을 말한다.

② 방조범 성립은 인과관계와 객관적 귀속이 있어야 한다.

1. 방조행위가 정범 실행행위 기회를 증대시킨 경우(위험범)
2. 방조행위가 정범 범죄행위 결과를 공동으로 야기한 경우(구체적 위험범 · 결과범)

③ 종범 형은 **정범 형보다 감경한다.**

【개정방향】

※ 명확성 · 간결성 · 가독성 · 개조식

※ 일본식 조사 '의' 삭제

※ 국어문법 수동태

※ 정신적 방조는 조언 · 격려와 같은 무형적 · 정신적(심리적) 방조행위를 말한다. 정범에 두려움을 없애 주고 안전감을 일으켜서 정범의 결의를 강화하는 경우도 포함한다.

(3) 조문해설

가. 형법 제32조는 종범을 규정하고 있다.

나. 주요내용을 보면, ① 다른 사람 위법행위를 알고서 고의로 도와준 사람은 종범으로 처벌된다. 여기서 '돕는다'는 의미는 정신적 · 물질적으로 정범 실행행위를 돕는 것을 말한다. ② 방조범 성립은 인과관계와 객관적 귀속이 있어야 한다. 1. 방조행위가 정범 실행행위 기회를 증대시킨 경우(위험범), 2. 방조행위가 정범 범죄행위 결과를 공동으로 야기한 경우(구체적 위험범 · 결과범) ③ 종범 형은 정범 형보다 감경한다.

(4) **| 관련판례 |** 대법원 2001. 12. 28. 선고 2001도5158 판결 [대향적 공범에 대하여 공범이나 방조범에 관한 형법총칙 규정이 적용되는지 여부(소극), 약사법위반죄의 방조범에 대한 공소사실 중 정범의 범죄사실이 전혀 특정되지 않아 방조범에 대한 공소사실 역시 특정되었다고 할 수 없고, 정범의 판매 목적의 의약품 취득범행과 대향범 관계에 있는 정범에 대한 의약품 판매행위에 대하여는 형법총칙상 공범이나 방조범 규정의 적용이 있을 수 없어 정범의 범행에 대한 방조범으로 처벌할 수 없다고 한 사례] 편면적 대향범에 대한 공범규정 적용

가. 공소사실이란 범죄 특별구성요건을 충족하는 구체적 사실이다. 공소장에 공소사실을 기재할 때 공소원인이 된 사실을 다른 사실과 구별할 수 있을 정도로 특정하도록 형사소송법이 요구하고 있다. 그러므로 **방조범의 공소사실을 기재할 때 그 전제가 되는 정범의 범죄구성을 충족하는 구체적 사실을 기재하여야 한다.**

나. **매도, 매수와 같이 2인 이상의 서로 대향된 행위의 존재를 필요로 하는 관계에서 공범이나 방조범에 관한 형법총칙 규정의 적용이 있을 수 없다.** 따라서 매도인에게 따로 처벌규정이 없는 이상 매도인의 매도행위는 그와 대향적 행위의 존재를 필요로 하는 상대방의 매수범행에 대하여 공범이나 방조범관계가 성립되지 아니한다.

다. 약사법위반죄의 방조범에 대한 공소사실 중 정범의 범죄사실이 전혀 특정되지 않아 방조범에 대한 공소사실 역시 특정되었다고 할 수 없다. 정범의 판매목적의 의약품 취득범행과 대향범 관계에 있는 정범에 대한 의약품 판매행위에 대하여는 형법총칙상 공범이나 방조범 규정의 적용이 있을 수 없어 정범의 범행에 대한 방조범으로 처벌할 수 없다.

라. 대향범이란 2인 이상이 동일 목표를 추구하고, 서로 다른 방향에서 행위를 하여 하나의 범죄를 실현하는 범죄이다. '필요적 공범'이다. 형법은 대향자 일방만 처벌한다(입법자 의사설/개별실질설). 형법 제151조 제1항 범인은닉죄 · 범인도피죄, 제243조 음화판매죄, 제252조 제1항 촉탁승낙죄, 제317조 업무상비밀누설죄이다. **판례와 다수설은 편면적 대향범에 공범규정 적용을 부정한다.** 형법 보장기능에 반하기 때문이다.

(5) **| 관련판례 |** 대법원 1997. 3. 14. 선고 96도1639 판결 [형법상 방조행위가 부작위에 의하여도 성립되는지 여부(적극), 형법상 부작위범이 인정되기 위한 요건, 백화점 입점점포의 위조상표 부착 상품 판매사실을 알고도 방치한 백화점 직원에 대한 부작위에 의한 상표법위반 방조 및 부정경쟁방지법위반 방조의 성립 여부(적극)] 부작위범에서 공범과 정범의 구별

가. 형법상 방조행위는 정범의 실행행위를 용이하게 하는 직접, 간접의 모든 행위를 가리키는 것으로서 작위뿐만 아니라 부작위에 의하여도 성립된다.

나. 형법상 부작위범이 인정되기 위한 요건이다. 형법이 금지하고 있는 법익침해의 결과발생을 방지할 법적인 작위의무를 지고 있는 자가 그 의무를 이행함으로써 결과발생을 쉽게 방지할 수 있었음에도 불구하고, 그 결과의 발생을 용인하고, 이를 방관한 채 그 의무를 이행하지 아니한 경우에, 그 부작위가 작위에 의한 법익침해와 동등한 형법적 가치가 있는 것이어서 그 범죄의 실행행위로 평가될 만한 것이라면, 작위에 의한 실행행위와 동일하게 부작위범으로 처벌할 수 있다.

다. 백화점에서 바이어를 보조하여 특정매장에 관한 상품관리 및 고객들의 불만사항 확인 등의 업무를 담당하는 직원은[행위주체] 자신이 관리하는 특정매장의 점포에 가짜 상표가 새겨진 상품이 진열·판매되고 있는 사실을 발견하였다면, 고객들이 이를 구매하도록 방치하여서는 아니된다. 점주나 그 종업원에게 즉시 그 시정을 요구하고 바이어 등 상급자에게 보고하여 이를 시정하도록 할 근로계약상·조리상의 의무가 있다고 할 것이다.[보증인지위] 그럼에도 이러한 사실을 알고서도 점주 등에게 시정조치를 요구하거나 상급자에게 이를 보고하지 아니함으로써[일반적 개별적 가능성] 점주로 하여금 가짜 상표가 새겨진 상품들을 고객들에게 계속 판매하도록 방치한 것은[부작위 방조행위/부작위 고의 방조] 작위에 의하여 점주의 상표법위반 및 부정경쟁방지법위반 행위의 실행을 용이하게 하는 경우와 동등한 형법적 가치가 있는 것으로 볼 수 있다.[동가치] 그러므로 **백화점 직원인 피고인은 부작위에 의하여 공동피고인인 점주의 상표법위반 및 부정경쟁방지법위반 행위를 방조하였다고 인정할 수 있다.**

라. **백화점 직원은 정범의 범죄에 가담한 자이다. 따라서 방조범이 된다. 부작위에 의한 방조범이 성립하려면, 방조범도 보증인의 지위가 있어야 한다. 결과회피 가능성이 있지만, 방치한 행위가 부작위 방조행위이다. 부작위 방조범의 인과관계와 객관적 귀속은 결과발생야기로 판단한다. 부작위 방조범은 정범 고의에 인식과 방조 고의가 있어야 한다. 이를 이중의 고의라고 한다.**

(6) **| 관련판례 | 대법원 2007. 12. 14. 선고 2005도872 판결** [저작권법상 복제권 침해행위에 대한 방조범 성립의 요건, 소리바다 서비스를 운영하여 그 이용자들로 하여금 구 저작권법상 복제권의 침해행위를 할 수 있도록 한 것은 그 방조범에 해당한다고 한 사례] 방조범 성립범위

가. 저작권법이 보호하는 복제권의 침해를 방조하는 행위란 정범의 복제권 침해

를 용이하게 해주는 직접·간접의 모든 행위이다. 정범의 복제권 침해행위 중에 이를 방조하는 경우는 물론, 복제권 침해행위에 착수하기 전에 장래의 복제권 침해행위를 예상하고 이를 용이하게 해주는 경우도 포함한다. 정범에 의하여 실행되는 복제권 침해행위에 대한 미필적 고의가 있는 것으로 충분하고 정범의 복제권 침해행위가 실행되는 일시, 장소, 객체 등을 구체적으로 인식할 필요가 없으며, 나아가 정범이 누구인지 확정적으로 인식할 필요도 없다.

나. P2P 프로그램을 이용하여 음악파일을 공유하는 행위가 대부분 정당한 허락 없는 음악파일의 복제임을 예견하면서도 MP3 파일 공유를 위한 P2P 프로그램인 소리바다 프로그램을 개발하여 이를 무료로 널리 제공하였으며,[방조행위] 그 서버를 설치·운영하면서 프로그램 이용자들의 접속정보를 서버에 보관하여 다른 이용자에게 제공함으로써[방조행위] 이용자들이 용이하게 음악 MP3 파일을 다운로드 받아 자신의 컴퓨터 공유폴더에 담아 둘 수 있게 하고, 소리바다 서비스가 저작권법에 위배된다는 경고와 서비스 중단 요청을 받고도 이를 계속한 경우, MP3 파일을 다운로드 받은 이용자의 행위는 구 저작권법(2006. 12. 28. 법률 제8101호로 전문 개정되기 전의 것) 제2조 제14호의 복제에 해당하고, 소리바다 서비스 운영자의 행위는 구 저작권법상 복제권 침해행위의 방조에 해당한다.

다. 방조범은 정범에 제한적 종속형식으로 성립한다. 실행착수 이전 또는 실행착수 이후에 정범 범행을 용이하게 해 주는 행위는 모두 방조행위에 해당한다.

(7) **| 관련판례 | 대법원 2006. 4. 28. 선고 2003도4128 판결** [형법상 방조행위가 부작위에 의하여도 성립하는지 여부(적극), 인터넷 포털 사이트 내 오락채널 총괄팀장과 위 오락채널 내 만화사업의 운영 직원인 피고인들에게, 콘텐츠제공업체들이 게재하는 음란만화의 삭제를 요구할 조리상의 의무가 있다고 하여, 구 전기통신기본법 제48조의2 위반 방조죄의 성립을 긍정한 사례] 부작위 방조

가. 형법상 방조행위는 정범의 실행을 용이하게 하는 직접, 간접의 모든 행위를 가리키는 것으로서 작위에 의한 경우뿐만 아니라 부작위에 의하여도 성립되는 것이다.

나. 형법이 금지하고 있는 법익침해의 결과발생을 방지할 법적인 작위의무를 지고 있는 자가 그 의무를 이행함으로써 결과발생을 쉽게 방지할 수 있었음에도 불구하고 그 결과의 발생을 용인하고 이를 방관한 채 그 의무를 이행하지 아니한 경우에, 그 부작위가 작위에 의한 법익침해와 동등한 형법적 가치가 있는 것이어서 그 범죄의 실행행위로 평가될 만한 것이라면, 작위에 의한 실

행행위와 동일하게 부작위범으로 처벌할 수 있다. 여기서 작위의무는 법령, 법률행위, 선행행위로 인한 경우는 물론, 기타 신의성실의 원칙이나 사회상규 혹은 조리상 작위의무가 기대되는 경우에도 인정된다.

다. 인터넷 포털 사이트 내 오락채널 총괄팀장과 위 오락채널 내 만화사업의 운영 직원인 피고인들에게, 콘텐츠제공업체들이 게재하는 음란만화의 삭제를 요구할 조리상의 의무가 있다고 하여, 구 전기통신기본법(2001. 1. 16. 법률 제6360호로 개정되기 전의 것) 제48조의2 위반 방조죄의 성립을 긍정한 사례이다.

라. 대법원은 부작위 방조를 인정해 왔다. "형법상 방조는 작위에 의하여 정범의 실행행위를 용이하게 하는 경우는 물론, 직무상의 의무가 있는 자가 정범의 범죄행위를 인식하면서도 그것을 방지하여야 할 제반조치를 취하지 아니하는 부작위로 인하여 정범의 실행행위를 용이하게 하는 경우에도 성립된다 할 것이다. 그러므로 은행지점장이 정범인 부하직원들의 범행을 인식하면서도 그들의 은행에 대한 배임행위를 방치하였다면 배임죄의 방조범이 성립된다"(대법원 1984. 11. 27. 선고 84도1906 판결).

마. 학계 다수견해도 부작위 방조를 인정한다. 부작위 방조범도 보증인 지위가 있어야 한다. **인터넷 포털사이트 오락채널 총괄팀장이 변태성행위를 노골적 사실적 집중적으로 묘사하는 만화들을 안일하게 방치한 행위는 부작위 방조행위에 해당한다.** 구 전기통신기본법(2001. 1. 16. 법률 제6360호로 개정되기 전의 것) 제48조의2 만화 콘텐츠 제공업체의 전기통신역무이용음란물반포 등 죄의 실행을 용이하게 한 행위를 하였기 때문이다. 여기서 보증인의 지위는 조리의무가 아니고, 계약의무에서 발생된다.

(8) **| 관련판례 | 대법원 2005. 10. 28. 선고 2005도4915 판결** [배임적 거래행위의 상대방에게 배임행위의 공범의 죄책을 묻기 위한 요건, 1인 회사의 주주가 개인적 거래에 수반하여 법인 소유의 부동산을 담보로 제공한다는 사정을 거래상대방이 알면서 가등기의 설정을 요구하고 그 가등기를 경료받은 사안에서, 그 거래상대방이 배임행위의 방조범에 해당한다고 한 원심판결을 파기한 사례] 중립행위에 의한 방조

가. 거래상대방의 대향적 행위의 존재를 필요로 하는 유형의 배임죄에 있어서 거래상대방으로서는 기본적으로 배임행위의 실행행위자와는 별개의 이해관계를 가지고 반대편에서 독자적으로 거래에 임한다. 이 점을 감안할 때, 거래상대방이 배임행위를 교사하거나 그 배임행위의 전 과정에 관여하는 등으로 배임행위에 적극 가담함으로써 그 실행행위자와의 계약이 반사회적 법률행위에 해당하여 무효로 되는 경우 배임죄의 교사범 또는 공동정범이 될 수 있다. 이

점은 별론으로 하고, 관여의 정도가 거기에까지 이르지 아니하여 법질서 전체적인 관점에서 살펴볼 때 사회적 상당성을 갖춘 경우에 있어서는 비록 정범의 행위가 배임행위에 해당한다는 점을 알고 거래에 임하였다는 사정이 있어 외견상 방조행위로 평가될 수 있는 행위가 있었다 할지라도 범죄를 구성할 정도의 위법성은 없다고 봄이 상당하다.

나. 위와 같은 법리에 비추어 살피건대, 원심이 인정한 바와 같이 피고인 1 등은 상속세 납부자금 마련을 주된 목적으로 하는 주식매매계약이라는 개인적 거래에 수반하여 독립된 법인 소유의 이 사건 부동산을 피고인 2에게 담보로 제공하였고, 피고인 2는 이러한 사정을 알면서 이 사건 가등기의 설정을 요구하고 그 등기를 경료한 것에 불과하다면, 거래상대방의 지위에 있는 피고인 2에게 배임행위의 교사범 또는 공동정범의 책임뿐만 아니라 방조범의 책임도 물을 수 없다 할 것이다.

다. 쟁점은 거래상대방이 배임죄의 정범 행위에 '중립적으로 관여한 경우', 공동정범과 방조범이 성립되는지 여부이다. **대법원은 '중립적 행위에 의한 공동정범과 방조범' 성립을 모두 부정하고 있다.** '중립적 행위에 의한 방조'란 일상거래와 직업상 통상활동처럼 외형상 범죄와 무관한 행동이 구체적 사건에서 범죄수행을 가능하게 하거나 또는 용이하게 한 경우를 말한다. 학설은 인과관계와 객관적 귀속으로 제한하는 이론과 주관적 구성요건 고의를 조각하는 이론으로 구분된다.

라. 생각건대 인과관계와 객관적 귀속으로 제한하는 이론('범죄적 의미연관설')이 타당하다. 범죄와 직접 관련이 없는 범죄행위를 구성요건 단계인 인과관계와 객관적 귀속에서 평가하자는 것이다. 이것이 "사회적 상당성이 없는 것으로 위법성이 없다"는 대법원 판결문보다 논리적이다. 대법원은 방조범 성립을 제한하는 근거를 명확히 제시해야 한다. 방조행위, 인과관계와 객관적 귀속, 고의, 위법성조각사유 등 어느 지점에서 제한할 것인지, 정확한 논거를 제시하는 것이 범죄체계론 확립에 기여할 것이다.

33. 제33조(공범과 신분)

(1) 현행

> **第33條(共犯과 身分)**
> 身分關係로 因하여 成立될 犯罪에 加功한 行爲는 身分關係가 없는 者에게도 前3條의 規

定을 適用한다. 但, 身分關係로 因하여 刑의 輕重이 있는 境遇에는 重한 刑으로 罰하지 아니한다.

제33조(공범과 신분)
신분관계로 인하여 성립될 범죄에 가공한 행위는 신분관계가 없는 자에게도 전3조의 규정을 적용한다. 단, 신분관계로 인하여 형의 경중이 있는 경우에는 중한 형으로 벌하지 아니한다.

(2) 개선방안

제33조(공범과 신분)
① **신분관계가 없는 사람이** 신분관계가 있는 사람에게 성립될 범죄에 가담한 경우 제30조 · 제31조 · 제32조가 적용된다.
② 제1항 경우 신분관계로 형에서 경중이 있는 경우 중한 형으로 처벌되지 않는다.

【개정방향】
※ 명확성 · 간결성 · 가독성
※ 일본식 조사 '의' 삭제

(3) 조문해설

가. 형법 제33조는 공범과 신분을 규정하고 있다.

나. 주요내용을 보면, ① **신분관계가 없는 사람이** 신분관계가 있는 사람에게 성립될 범죄에 가담한 경우 제30조 · 제31조 · 제32조가 적용된다. ② 제1항 경우 신분관계로 형에서 경중이 있는 경우 중한 형으로 처벌되지 않는다.

(4) | 관련판례 | 대법원 1997. 12. 26. 선고 97도2609 판결 [상호신용금고법 제39조 제1항 제2호 위반죄와 형법상 배임죄는 신분관계로 인하여 형의 경중이 있는 경우인지 여부 및 비신분자가 위 상호신용금고법위반죄의 공범이 된 경우의 적용법조] 공범과 신분 – 형법 제33조 본문과 단서 해석

가. H 상호신용금고를 포함한 그룹 운영 전방을 총괄하고 있는 H 그룹 총회장인 피고인 갑은 H 상호신용금고 대표이사 A와 공모하여 A에게 그 업무에 위배한 행위로 동일인 대출한도 35배 이상을 초과하는 금 43,258,100,000원을 자금조달 및 담보가 불분명한 H 철강에 대출해 주도록 하였다. 제1심은 상호신용금고법 제39조 제1항 제2호 위반죄를 적용하여 유죄를 인정하였다. 제2심은 비신분자에게 형법 제355조 제2항을 적용하여 배임죄로 처단하였다. 검사

가 상고하였다.

나. 상호신용금고법 제39조 제1항 제2호 위반죄는 상호신용금고의 발기인·임원·관리인·청산인·지배인 기타 상호신용금고의 영업에 관한 어느 종류 또는 특정한 사항의 위임을 받은 사용인이 그 업무에 위배하여 배임행위를 한 때에 성립하는 것이다. 이는 위와 같은 지위에 있는 자의 배임행위에 대한 형법상의 배임 내지 업무상배임죄의 가중규정이다. 따라서 형법 제355조 제2항의 배임죄와의 관계에서는 신분관계로 인하여 형의 경중이 있는 경우라고 할 것이다.

다. 그리고 위와 같은 신분관계가 없는 자가 그러한 신분관계에 있는 자와 공모하여 위 상호신용금고법위반죄를 저질렀다면, 그러한 신분관계가 없는 자에 대하여는 형법 제33조 단서에 의하여 형법 제355조 제2항에 따라 처단하여야 할 것이다. 그러한 경우에는 **신분관계가 없는 자에게도 일단 업무상배임으로 인한 상호신용금고법 제39조 제1항 제2호 위반죄가 성립한 다음 형법 제33조 단서에 의하여 중한 형이 아닌 형법 제355조 제2항에 정한 형으로 처벌되는 것이다**(대법원 1986. 10. 28. 선고 86도1517 판결 참조).

라. 쟁점은 형법 제33조 해석이다. 다수설은 비신분자자 진정신분범에 가공한 경우 형법 제33조 본문이 적용된다. 비신분자는 진정신분범의 공범으로 처벌된다. 또한 비신분자자 부진정신분범에 가공한 경우 형법 제33조 본문이 적용되지 않는다. 곧바로 단서가 적용된다. 비신분자는 비신분범의 공범의 죄책을 지고, 비신분범의 형벌로 처벌된다.

마. 그러나 소수설은 **비신분자가 부진정신분범에 가공한 경우 형법 제33조 본문이 일차적으로 적용되어 비신분자도 부진정신분범의 죄명을 적용받는다. 다만 처벌할 때 형법 제33조 단서가 적용된다. 비신분범 규정이 정한 형벌로 처벌된다. 판례도 소수설의 입장과 같다.**

(5) | 관련판례 | 대법원 1994. 12. 23. 선고 93도1002 판결 [형법 제33조 소정의 '신분관계'의 의미, 위증죄와 모해위증죄가 형법 제33조 단서 소정의 '신분관계로 인하여 형의 경중이 있는 경우'에 해당하는지 여부, 모해 할 목적으로 위증을 교사하였다면 그 정범에게 모해의 목적이 없다 하더라도 모해위증교사죄로 처단할 수 있는지 여부, 형법 제33조 단서를 적용한 취의로 해석된다면 법률적용에서 그 단서 조항을 명시하지 않았다 하더라도 위법이 있다고 할 수 없는지 여부, 형법 제33조 단서가 형법 제31조 제1항에 우선 적용되어 신분이 있는 교사범이 신분이 없는 정범보다 중하게 처벌되는지 여부] 공범과 신분 – 목적과 신분

가. 피고인이 1984. 12.경 피해자 ○○○을 모해할 목적으로 공소외인에게 위증을 하도록 교사하여 공소외인이 자기의 기억에 반하는 내용의 증언을 하였다.

나. 형법 제33조 소정의 이른바 신분관계라 함은 남녀의 성별, 내·외국인의 구별, 친족관계, 공무원인 자격과 같은 관계뿐만 아니라 널리 일정한 범죄행위에 관련된 범인의 인적관계인 특수한 지위 또는 상태를 지칭하는 것이다.

다. 형법 제152조 제1항과 제2항은 위증을 한 범인이 형사사건의 피고인 등을 '모해할 목적'을 가지고 있었는가 아니면 그러한 목적이 없었는가 하는 범인의 특수한 상태의 차이에 따라 범인에게 과할 형의 경중을 구별하고 있다. 그러므로 이는 바로 형법 제33조 단서 소정의 "신분관계로 인하여 형의 경중이 있는 경우"에 해당한다고 봄이 상당하다.

라. **피고인이 갑을 모해할 목적으로 을에게 위증을 교사한 이상, 가사 정범인 을에게 모해의 목적이 없었다고 하더라도, 형법 제33조 단서의 규정에 의하여 피고인을 모해위증교사죄로 처단할 수 있다.**

마. 구체적인 범죄사실에 적용하여야 할 실체법규 이외의 법규에 관하여는 판결문상 그 규정을 적용한 취지가 인정되면 된다. 특히 그 법규를 법률적용란에서 표시하지 아니하였다 하여 위법이라고 할 수 없다. 그러므로 모해의 목적으로 그 목적이 없는 자를 교사하여 위증죄를 범한 경우 그 목적을 가진 자는 모해위증교사죄로, 그 목적이 없는 자는 위증죄로 처벌할 수 있다고 설시한 다음 피고인을 모해위증교사죄로 처단함으로써 사실상 형법 제33조 단서를 적용한 취의로 해석되는 이상, 법률적용에서 위 단서 조항을 빠뜨려 명시하지 않았다고 하더라도 이로써 판결에 영향을 미친 위법이 있다고 할 수 없는 것이다.

바. 형법 제31조 제1항은 협의의 공범의 일종인 교사범이 그 성립과 처벌에 있어서 정범에 종속한다는 일반적인 원칙을 선언한 것에 불과하다. **신분관계로 인하여 형의 경중이 있는 경우에 신분이 있는 자가 신분이 없는 자를 교사하여 죄를 범하게 한 때에는 형법 제33조 단서가 형법 제31조 제1항에 우선하여 적용된다. 신분이 있는 교사범이 신분이 없는 정범보다 중하게 처벌된다.**

사. 쟁점은 모해목적과 신분이다. 형법 제33조 신분관계는 일정한 범죄행위에 관련된 범인의 인적관계인 특수한 지위 또는 상태를 말한다. 그러므로 모해목적도 신분에 해당한다. 형법 제33조 단서가 형법 제31조 제1항에 우선하여 적용된다. 신분이 있는 교사범이 신분이 없는 정범보다 중하게 처벌된다. 대법원 입장이다. **판례에 따르면 형법 제33조 단서는 신분 없는 자가 신분 있는자**

의 범죄에 가공한 경우는 물론이고, 신분 있는 자가 신분 없는 자에게 가공한 경우에도 적용된다.

아. 그러나 학계 다수견해는 모해목적은 신분이 아니라고 한다. 신분은 행위자 관련 요소인데, 모해목적은 행위 관련 요소라고 한다. 신분은 계속성을 있어야 하는데, 모해목적은 계속성이 없다고 한다. 이 경우 비신분자는 형법 제33조 본문을 적용하여 단순위증죄 교사죄가 성립한다.

34. 제34조(간접정범, 특수한 교사, 방조에 대한 형의 가중)

(1) 현행

第34條(間接正犯, 特殊한 敎唆, 幇助에 對한 刑의 加重)
① 어느 行爲로 因하여 處罰되지 아니하는 者 또는 過失犯으로 處罰되는 者를 敎唆 또는 幇助하여 犯罪行爲의 結果를 發生하게 한 者는 敎唆 또는 幇助의 例에 依하여 處罰한다.
② 自己의 指揮, 監督을 받는 者를 敎唆 또는 幇助하여 前項의 結果를 發生하게 한 者는 敎唆인 때에는 正犯에 定한 刑의 長期 또는 多額에 그 2分의 1까지 加重하고 幇助인 때에는 正犯의 刑으로 處罰한다.

제34조(간접정범, 특수한 교사, 방조에 대한 형의 가중)
① 어느 행위로 인하여 처벌되지 아니하는 자 또는 과실범으로 처벌되는 자를 교사 또는 방조하여 범죄행위의 결과를 발생하게 한 자는 교사 또는 방조의 예에 의하여 처벌한다.
② 자기의 지휘, 감독을 받는 자를 교사 또는 방조하여 전항의 결과를 발생하게 한 자는 교사인 때에는 정범에 정한 형의 장기 또는 다액에 그 2분의 1까지 가중하고 방조인 때에는 정범의 형으로 처벌한다.

(2) 개선방안

제34조(특수교사 · 특수방조 형가중)
자기 지휘 · 감독을 받는 사람을 교사 · 방조하여 결과를 발생하게 한 사람은 **교사인 경우** 정범에 정한 형의 장기 · 다액에 2분의 1까지 가중하고, **방조인 경우** 정범 형으로 처벌된다.

제30조(정범 · 간접정범 · 공동정범)
① **스스로 범죄행위를 실행한 사람은** 정범으로 처벌된다.
② 어느 행위로 처벌되지 않는 사람 또는 과실범으로 처벌되는 사람을 **이용하여** 범죄행위 결과를 발생하게 한 사람은 간접정범으로 처벌된다.

③ 여러 사람이 **공동으로 범죄행위를 실행한 경우** 각자는 정범으로 처벌된다.

【개정방향】
※ 제목변경
※ 명확성 · 간결성 · 가독성
※ 조문내용 변경
※ **형법 제30조에 정범 · 간접정범 · 공동정범을 명문화하고, 현행 제34조 제2항만 일부 개정하여 제34조(특수한 교사 · 방조 형가중)에 명문으로 두는 방안을 제안한다.**
※ 조직범죄 수괴도 간접정범으로 처벌될 수 있다.
※ 형법 제34조 제2항을 제31조 제4항, 제32조 제3항으로 편입시키는 방안도 있다.

제31조(교사범 · 효과 없는 교사 · 실패한 교사 · 특수교사)
① 다른 사람에게 고의로 위법행위를 실행하도록 결의시켜 실행하게 한 사람은 교사범으로서 정범과 동일한 형으로 처벌된다.
② 교사를 받은 사람이 **교사된 범죄에 대해 실행을 승낙하고, 실행착수를 하지 않은 경우** 법률에 처벌 규정이 있는 경우 **교사자와 피교사자는 음모죄 또는 예비죄로 처벌된다**(효과 없는 교사).
③ 교사를 받은 사람이 **교사된 범죄에 대해 실행을 승낙하지 않은 경우 교사자는 음모죄 또는 예비죄로 처벌되고 피교사자는 처벌되지 않는다**(실패한 교사 · 기도된 교사).
④ 자기 지휘 · 감독을 받는 사람을 교사하여 결과를 발생하게 한 사람은 정범에 정한 형의 장기 또는 다액에 2분의 1까지 가중하여 처벌된다.

제32조(종범 · 특수방조)
① 다른 사람 위법행위를 고의로 도와준 사람은 종범으로 처벌된다.
② 종범 형은 **정범 형보다 감경한다.**
③ 자기 지휘 · 감독을 받는 사람을 방조하여 결과를 발생하게 한 사람은 정범 형으로 처벌된다.

(3) 조문해설

가. 형법 제34조는 특수교사 · 특수방조 형가중을 규정하고 있다.

나. 주요내용을 보면, 자기 지휘 · 감독을 받는 사람을 교사 · 방조하여 결과를 발생하게 한 사람은 교사인 경우 정범에 정한 형의 장기 · 다액에 2분의 1까지 가중하고, 방조인 경우 정범 형으로 처벌된다.

第4節 累 犯

35. 제35조(누범)

(1) 현행

第35條(累犯)
① 禁錮 以上의 刑을 받어 그 執行을 終了하거나 免除를 받은 後 3年內에 禁錮 以上에 該當하는 罪를 犯한 者는 累犯으로 處罰한다.
② 累犯의 刑은 그 罪에 定한 刑의 長期의 2倍까지 加重한다.

제35조(누범)
① 금고 이상의 형을 받아 그 집행을 종료하거나 면제를 받은 후 3년내에 금고 이상에 해당하는 죄를 범한 자는 누범으로 처벌한다.
② 누범의 형은 그 죄에 정한 형의 장기의 2배까지 가중한다.

(2) 개선방안

제1안
제35조(누범)
① 금고 이상 형을 **선고받고** 집행이 종료된 후 또는 집행을 면제받은 후 **3년 내에 다시** 금고 이상에 해당하는 죄를 범한 사람은 누범으로 처벌된다.
② 누범형은 그 죄에 정한 **형의 장기 2배까지 가중처벌된다.**

제2안 *****
제35조(누범)
① **다음 각 호에 해당하는 죄를 범한 사람은** 누범으로 처벌된다.
  1. 금고 이상 형을 **선고받고** 집행이 종료된 후 **3년 내에 다시** 금고 이상에 해당하는 죄를 범한 사람
  2. 금고 이상 형을 **선고받고** 집행을 면제받은 후 **3년 내에 다시** 금고 이상에 해당하는 죄를 범한 사람
② 누범형은 그 죄에 정한 **형의 장기 2배까지 가중처벌된다.**

【개정방향】
※ **명확성 · 간결성 · 가독성 · 개조식**

※ **일본식 조사 '의' 삭제**
※ 금고 이상의 형을 받아 ⇒ 금고 이상 형을 **선고받고**
※ 그 집행을 종료하거나 면제를 받은 후 3년내에 금고 이상에 해당하는 죄를 범한 자는 누범으로 처벌한다 ⇒ 집행이 종료된 후 또는 집행을 면제받은 후 **3년 내에 다시** 금고 이상에 해당하는 죄를 범한 사람은 누범으로 처벌된다.
※ 그 집행을 종료하거나 면제를 받은 후 ⇒ 집행이 종료된 후 또는 집행을 면제받은 후
※ 3년 내에 금고 이상에 해당하는 죄를 범한 자는 ⇒ **3년 내에 다시** 금고 이상에 해당하는 죄를 범한 사람은
※ 누범으로 처벌한다 ⇒ 누범으로 처벌된다.
※ 누범의 형은 ⇒ 누범형은
※ 그 죄에 정한 형의 장기의 2배까지 가중한다 ⇒ 그 죄에 정한 **형의 장기 2배까지 가중된다.**

(3) 조문해설

가. 형법 제35조는 누범을 규정하고 있다.

나. 주요내용을 보면, ① 다음 각 호 어느 하나에 해당하는 죄를 범한 사람은 누범으로 처벌된다. 1. 금고 이상 형을 선고받고 집행이 종료된 후 3년 내에 다시 금고 이상에 해당하는 죄를 범한 사람, 2. 금고 이상 형을 선고받고 집행을 면제받은 후 3년 내에 다시 금고 이상에 해당하는 죄를 범한 사람 ② 누범형은 그 죄에 정한 형의 장기 2배까지 가중처벌된다.

36. 제36조(판결선고후의 누범발각)

(1) 현행

第36條(判決宣告後의 累犯發覺)
判決宣告後 累犯인 것이 發覺된 때에는 그 宣告한 刑을 通算하여 다시 刑을 定할 수 있다. 但, 宣告한 刑의 執行을 終了하거나 그 執行이 免除된 後에는 例外로 한다.

제36조(판결선고후의 누범발각)
판결선고후 누범인 것이 발각된 때에는 그 선고한 형을 통산하여 다시 형을 정할 수 있다. 단, 선고한 형의 집행을 종료하거나 그 집행이 면제된 후에는 예외로 한다.

(2) 개선방안

제36조(판결선고 후 누범확인)
법원이 판결을 선고한 이후 행위자 행위가 누범으로 밝혀진 경우 이미 선고한 형을 통산하여 **다시 선고할 수 있다**. 다만 이전에 선고한 형의 집행이 이미 종료되었거나 또는 면제된 경우 이미 선고한 형을 통산하여 **다시 선고할 수 없다**.

【참고자료】
제36조(판결선고 후의 누범발각) 폐지
일본 형법 제58조는 1947년 판결선고 후 누범발각 규정을 폐지하였다.
그 이유는 일사부재리원칙에 반한다는 것이다.

【개정방향】
※ 제목변경
※ 명확성·간결성·가독성
※ 일본식 조사 '의' 삭제

(3) 조문해설

가. 형법 제36조는 판결선고 후 누범확인을 규정하고 있다.
나. 주요내용을 보면, 법원이 판결을 선고한 이후 행위자 행위가 누범으로 밝혀진 경우 이미 선고한 형을 통산하여 다시 선고할 수 있다. 다만 이전에 선고한 형의 집행이 이미 종료되었거나 또는 면제된 경우 이미 선고한 형을 통산하여 다시 선고할 수 없다.

第5節 競合犯

37. 제37조(경합범)

(1) 현행

第37條(競合犯)
判決이 確定되지 아니한 數個의 罪 또는 금고 이상의 형에 처한 판결이 확정된 죄와 그 判決確定前에 犯한 罪를 競合犯으로 한다. 〈개정 2004.1.20.〉

제37조(경합범)
판결이 확정되지 아니한 수개의 죄 또는 금고 이상의 형에 처한 판결이 확정된 죄와 그 판결확정 전에 범한 죄를 경합범으로 한다. 〈개정 2004.1.20〉

(2) 개선방안

제37조(경합범)
다음 각 호 어느 하나에 해당하는 범죄는 경합범으로 처벌한다.
1. 판결이 확정되지 않은 여러 개 죄(동시경합범)
2. 금고 이상 형을 선고한 판결이 확정된 죄와 그 판결확정 전에 범한 죄(사후경합범)

【개정방향】
※ 명확성 · 간결성 · 가독성 · 개조식
※ 일본식 조사 '의' 삭제
※ 금고 이상의 형에 처한 판결이 ⇒ 금고 이상 형을 선고한 판결이

(3) 조문해설

가. 형법 제37조는 경합범을 규정하고 있다.

나. 주요내용을 보면, 다음 각 호 어느 하나에 해당하는 범죄는 경합범으로 처벌한다. 1. 판결이 확정되지 않은 여러 개 죄(동시경합범), 2. 금고 이상 형을 선고한 판결이 확정된 죄와 그 판결확정 전에 범한 죄(사후경합범).

(4) **| 관련판례 |** 대법원 2012. 5. 10. **선고** 2011도12131 **판결** ['상습범'의 의미와 상습성 있는 자가 같은 종류의 죄를 반복하여 저지르고 상습범을 별도의 범죄유형으로 처벌하는 규정이 없는 경우의 죄수 관계(=원칙적으로 실체적 경합범) 및 저작재산권 침해로 인한 저작권법 제136조 제1항의 죄를 상습으로 수회에 걸쳐 범한 경우의 죄수 관계(= 원칙적으로 실체적 경합범), 수개의 저작물에 대한 저작재산권 침해행위의 죄수 관계(= 원칙적으로 실체적 경합범) 및 포괄일죄가 성립하는 경우, 인터넷 파일공유 사이트를 운영하는 피고인들이 이를 통해 저작재산권 대상인 디지털 콘텐츠가 불법 유통되고 있음을 알면서도 회원들로 하여금 불법 디지털 콘텐츠를 업로드하게 한 후 이를 다운로드하게 함으로써 저작재산권 침해를 방조하였다는 내용으로 기소된 사안에서, 위 사이트를 통해 유통된 다수 저작권자의 다수 저작물에 대한 범행 전체가 하나의 포괄일죄를 구성한다고 본 원심판결에 저작권법 위반죄의 죄수에 관한 법리오해의 위법이 있다고 한 사례] 연속범 개념과 죄수

가. 피고인 1이 2010. 4. 10.경부터 2010. 9. 21.경까지 인터넷 파일공유 웹스토리지 사이트인 ○○○○를, 2010. 4. 23.경부터 2010. 8. 17.경까지 같은 종류의 사이트인 △△△△를 운영하면서 위 각 파일공유 사이트를 통해 저작재산권의 대상인 디지털 콘텐츠가 불법 유통되고 있음을 알면서도 성명불상의 회원들로 하여금 수만 건에 이르는 불법 디지털 콘텐츠를 업로드하게 한 후 다수의 회원들로 하여금 이를 수십만 회에 걸쳐 다운로드하게 하여 저작재산권의 침해를 방조하였다. 피고인 2 주식회사는 그 대표이사인 피고인 1이 위와 같이 피고인 회사의 업무에 관하여 저작권법 위반을 방조하였다.

나. 쟁점은 포괄일죄 중 상습범에 해당하는가 이다. **대법원은 상습범 규정이 없는 경우 실체적 경합이라고 판시하고 있다.** "상습범이란 어느 기본적 구성요건에 해당하는 행위를 한 자가 범죄행위를 반복하여 저지르는 습벽, 즉 상습성이라는 행위자적 속성을 갖추었다고 인정되는 경우에 이를 가중처벌 사유로 삼고 있는 범죄유형을 가리킨다. 그러므로 상습성이 있는 자가 같은 종류의 죄를 반복하여 저질렀다 하더라도, 상습범을 별도의 범죄유형으로 처벌하는 규정이 없는 한, 각 죄는 원칙적으로 별개의 범죄로서 경합범으로 처단할 것이다. 저작권법은 제140조 본문에서 저작재산권 침해로 인한 제136조 제1항의 죄를 친고죄로 규정하면서, 제140조 단서 제1호에서 영리를 위하여 상습적으로 위와 같은 범행을 한 경우에는 고소가 없어도 공소를 제기할 수 있다고 규정하고 있다. 하지만 **상습으로 제136조 제1항의 죄를 저지른 경우를 가중처벌한다는 규정은 따로 두고 있지 않다. 따라서 수회에 걸쳐 저작권법 제136조 제1항의 죄를 범한 것이 상습성의 발현에 따른 것이라고 하더라도, 이는 원칙적으로 경합범으로 보아야 하는 것이지 하나의 죄로 처단되는 상습범으로 볼 것은 아니다.** 그것이 법규정의 표현에 부합하고, 상습범을 포괄일죄로 처단하는 것은 그것을 가중처벌하는 규정이 있기 때문이라는 법리적 구조에도 맞다."

다. 저작재산권 침해행위는 저작권자가 같더라도 저작물별로 침해되는 법익이 다르다. 그러므로 각각의 저작물에 대한 침해행위는 원칙적으로 각 별개의 죄를 구성한다. 다만 단일하고도 계속된 범의 아래 동일한 저작물에 대한 침해행위가 일정기간 반복하여 행하여진 경우에는 포괄하여 하나의 범죄가 성립한다고 볼 수 있다.

라. 공소사실을 보면, 2개의 인터넷 파일공유 웹스토리지 사이트를 운영하는 피고인들이 이를 통해 저작재산권 대상인 디지털 콘텐츠가 불법 유통되고 있음을 알면서도 다수의 회원들로 하여금 수만 건에 이르는 불법 디지털 콘텐츠를

업로드하게 한 후 이를 수십만 회에 걸쳐 다운로드하게 함으로써 저작재산권 침해를 방조하였다는 내용으로 기소된 사안이다. 피고인들에게 '영리 목적의 상습성'이 인정된다고 하더라도 이는 고소 없이도 처벌할 수 있는 근거가 될 뿐 피고인들의 각 방조행위는 원칙적으로 서로 경합범 관계에 있다. 다만 동일한 저작물에 대한 수회의 침해행위에 대한 각 방조행위가 포괄하여 하나의 범죄가 성립할 여지가 있을 뿐이다. 그런데도 이와 달리 위 사이트를 통해 유통된 다수 저작권자의 다수 저작물에 대한 피고인들의 범행 전체가 하나의 포괄일죄를 구성한다고 본 원심판결에 저작권법 위반죄의 죄수에 관한 법리오해의 위법이 있다고 한 사례이다.

마. 대법원은 포괄일죄와 실체경합을 구분한다. 대법원은 다른 판결에서 "동일 죄명에 해당하는 수 개의 행위 혹은 연속된 행위를 단일하고 계속된 범의하에 일정 기간 계속하여 행하고 그 피해법익도 동일한 경우에는 이들 각 행위를 통틀어 포괄일죄로 처단하여야 할 것이다. 범의의 단일성과 계속성이 인정되지 아니하거나 또는 범행방법이 동일하지 않은 경우에는 각 범행은 실체적 경합범에 해당한다(대법원 2012. 3. 29. 선고 2011도14135 판결, 대법원 2005. 9. 30. 선고 2005도4051 판결 등 참조)"고 판시하고 있다. **포괄일죄에서 연속범과 접속범은 구별된다. "수 개의 행위에 각각 독립성을 인정할 수 있다면, 이는 연속범이다." 연속범은 실제로 수 개의 범죄로서 경합범으로 가중처벌될 수 있음에도 포괄일죄로 보는 것이다.** 반면 접속범은 수 개의 행위가 각각 독립성을 가지지 아니한 반복된 동종 행위가 구성요건을 한 번만 충족하는 경우 성립한다. 예를 들면 은행금고에서 현금과 수표를 동시에 강취하는 경우이다. **대상판결의 경우 업로드되거나 또는 다운로드되는 행위는 각각 독립된 행위이다. 따라서 이를 방조한 행위도 독립된 행위로 평가된다. 따라서 동일한 저작물에 대한 침해행위는 연속범으로 보아야 한다.**

(5) **| 관련판례 |** **대법원 2007. 3. 29. 선고 2007도595 판결** [단일하고 계속된 범의하에 일정기간 계속하여 행하고 그 피해법익도 동일한 경우의 죄수관계(= 포괄일죄), 게임장에서 사행성간주게임물인 게임기에 경품으로 문화상품권을 넣은 후 점수에 따라 손님들에게 제공함으로써 문화관광부장관이 고시하는 방법에 의하지 아니하고 경품을 제공하였다는 공소사실로 두 차례 기소된 경우, 각 공소사실은 모두 단일하고 계속된 범의하에 동일 죄명의 범행을 일정기간 반복하여 행한 것으로서 그 피해 법익도 동일한 것이므로 포괄일죄에 해당한다고 한 사례] 포괄일죄와 실체적 경합 구분

가. 피고인은 서울 ○○구 ○○동 (지번 생략) 주상복합상가 (호수 생략)호에 스크린 경마 게임기 42대를 설치하고 '(상호생략) 게임랜드'라는 상호로 일반게임장을 운영하면서, 사행성간주게임물의 경우 경품을 제공할 수 없음에도, 2005. 6. 16.경부터 같은 해 9. 4.경까지 사이에 위 게임장에서, 사행성간주게임물인 게임기에 경품으로 해피머니 문화상품권을 넣은 후 점수에 따라 손님들에게 제공함으로써 문화관광부장관이 고시하는 방법에 의하지 아니하고 경품을 제공하였다는 공소사실로 기소된 후(이하 이를 '제1사건'이라 한다), 위 게임장에서 2006. 3. 23. 20:30경 게임을 한 손님들에게 점수에 따라 해피머니 문화상품권을 제공함으로써 문화관광부장관이 정하여 고시하는 종류 외의 경품을 제공하는 행위를 하였는 공소사실로 다시 기소되었다(이하 이를 '제2사건' 이라 한다).

나. 위 각 공소사실은 모두 동일한 죄명에 해당하고 동일한 장소에서 동일한 게임물을 이용하여 게임장을 운영하는 과정에서 동일한 방법으로 상품권을 지급한 것인데다가 시간적으로도 근접하여 이루어졌으므로, 모두 단일하고 계속된 범의하에 연속적으로 이루어진 것으로 볼 것이다. 따라서 제1사건과 제2사건의 각 공소사실은 모두 단일하고 계속된 범의하에 동일 죄명의 범행을 일정기간 반복하여 행한 것으로서 그 피해법익도 동일한 경우이므로, 포괄일죄에 해당한다고 보아야 한다. 같은 취지에서 원심이 제2사건의 공소사실이 먼저 공소제기된 제1사건의 공소사실과 포괄일죄의 관계에 있다고 보아 제2사건의 공소제기는 동일한 사건에 대한 이중기소에 해당한다는 이유로 그 공소를 기각한 것은 옳은 것으로 수긍이 가고, 거기에 포괄일죄의 법리를 오해한 위법 등이 있다고 할 수 없다.

다. 포괄일죄 인정은 피고인에게 유리하고, 검사와 법원에 편리하게 작용한다. 법원이 포괄일죄를 판단하는 경우, 심리 부담 경감과 소송경제적으로 편리하다. 법원은 범의 단일성, 범의 계속성, 피해법익 동일성을 기준으로 포괄일죄를 판단한다. 행위책임원칙을 생각한다면, 포괄일죄는 보다 엄격하게 판단해야 한다.

(6) | 관련판례 | 대법원 2014. 3. 27. 선고 2014도469 판결 [아직 판결을 받지 아니한 죄가 이미 판결이 확정된 죄와 동시에 판결할 수 없었던 경우, 형법 제37조 후단 경합범 관계가 성립하는지 여부(소극) 및 형법 제39조 제1항에 따라 동시에 판결할 경우와 형평을 고려하여 형을 선고하거나 형을 감경 또는 면제할 수 있는지 여부(소극), 아직 판결을 받지 아니한 수개의 죄가 판결 확정을 전후하여 저질러지

고 판결 확정 전에 범한 죄를 이미 판결이 확정된 죄와 동시에 판결할 수 없었던 경우, 그 수개의 죄 사이에 형법 제37조 전단 경합범 관계가 인정되는지 여부(소극) 및 판결 확정을 전후한 각각의 범죄에 대하여 별도로 형을 정하여 선고하여야 하는지 여부(적극)] 형법 제37조 경합범의 범위

가. 기록에 의하면, 이 사건 2012. 1. 5.자 및 2012. 1. 17.자 마약류 관리에 관한 법률 위반(향정)죄는 피고인이 서울중앙지방법원에서 같은 죄로 징역 8월에 집행유예 2년을 선고받은 판결이 2012. 2. 29. 확정되기 전에 범한 것이기는 하나, 피고인에게는 위 전과와 별도로 서울중앙지방법원에서 같은 죄 등으로 징역 1년에 집행유예 2년을 선고받아 2011. 11. 26. 판결이 확정된 전과가 있다. 2012. 2. 29. 판결이 확정된 죄는 위 2011. 11. 26. 판결 확정 전에 범한 것이어서 2012. 2. 29. 판결이 확정된 죄와 이 사건 2012. 1. 5.자 및 2012. 1. 17.자 범죄는 처음부터 동시에 판결할 수 없었음을 알 수 있다. 따라서 2012. 2. 29. 판결이 확정된 죄와 이 사건 2012. 1. 5.자 및 2012. 1. 17.자 범죄 사이에 형법 제37조 후단의 경합범 관계가 성립할 수 없다. 경합범 중 판결을 받지 아니한 죄에 대하여 형을 선고할 때는 그 죄와 판결이 확정된 죄를 동시에 판결할 경우와 형평을 고려하도록 한 형법 제39조 제1항은 여기에 적용될 여지가 없다고 할 것이다. 그렇다고 하여 마치 2012. 2. 29. 확정된 판결이 존재하지 않는 것처럼 이 사건 범죄 중 위 판결 확정 전에 범한 2012. 1. 5.자 및 2012. 1. 17.자 범죄와 위 판결 확정 후에 범한 나머지 범죄 사이에 형법 제37조 전단의 경합범 관계가 인정되어 형법 제38조가 적용된다고 볼 수도 없다. 따라서 이 사건 범죄 중 2012. 1. 5.자 및 2012. 1. 17.자 범죄와 나머지 범죄에 대하여 별도로 형을 정하여 선고할 수밖에 없다.

나. 형법 제37조 후단 및 제39조 제1항의 문언, 입법 취지 등에 비추어 보면, 아직 판결을 받지 아니한 죄가 이미 판결이 확정된 죄와 동시에 판결할 수 없었던 경우에는 형법 제37조 후단의 경합범 관계가 성립할 수 없다. 형법 제39조 제1항에 따라 동시에 판결할 경우와 형평을 고려하여 형을 선고하거나 그 형을 감경 또는 면제할 수도 없다고 해석함이 타당하다.

다. 아직 판결을 받지 아니한 수개의 죄가 판결 확정을 전후하여 저질러진 경우 판결 확정 전에 범한 죄를 이미 판결이 확정된 죄와 동시에 판결할 수 없었던 경우라고 하여 마치 확정된 판결이 존재하지 않는 것처럼 그 수개의 죄 사이에 형법 제37조 전단의 경합범 관계가 인정되어 형법 제38조가 적용된다고 볼 수도 없다. 그러므로 판결 확정을 전후한 각각의 범죄에 대하여 별도로

형을 정하여 선고할 수밖에 없다.

라. 형법 제37조 후단 법적 효과는 실무에서 중요한 의미가 있다. 수죄 사이 판결이 확정된 죄가 있는 경우 확정판결 전 범죄와 확정판결 후 범죄로 분리되기 때문이다. 동시에 판결할 수 없었던 경우 어떻게 판결을 선고할지가 문제가 된다. 형법 제37조 전단 경우 형법 제38조에 근거하여 형을 정하면서 1개의 형을 선고한다. 그러나 형법 제37조 후단 경합범은 형법 제39조 제1항에 따라 확정판결을 기준으로 하여 수개의 형이 선고될 수 있기 때문이다. '동시에 판결할 경우와 형평을 고려'하도록 되어 있다. 대상판결 경우 판결 확정 전후한 각각의 범죄에 대하여 별도의 형을 정하여 선고를 할 수 밖에 없다. 경합범 관계가 아니라고 하면서 확정판결이 이를 기준으로 죄들을 분리하는 효과를 그대로 인정한 것이다.

38. 제38조(경합범과 처벌례)

(1) 현행

第38條(競合犯과 處罰例)

① 競合犯을 同時에 判決할 때에는 다음의 區別에 依하여 處罰한다.

1. 가장 重한 罪에 定한 刑이 死刑 또는 無期懲役이나 無期禁錮인 때에는 가장 重한 罪에 定한 刑으로 處罰한다.
2. 各 罪에 定한 刑이 死刑 또는 無期懲役이나 無期禁錮 以外의 同種의 刑인 때에는 가장 重한 罪에 定한 長期 또는 多額에 그 2分의 1까지 加重하되 各 罪에 定한 刑의 長期 또는 多額을 合算한 刑期 또는 額數를 超過할 수 없다. 但 科料와 科料, 沒收와 沒收는 併科할 수 있다.
3. 各 罪에 定한 刑이 無期懲役이나 無期禁錮 以外의 異種의 刑인 때에는 併科한다.

② 前項 各號의 境遇에 있어서 懲役과 禁錮는 同種의 刑으로 看做하여 懲役刑으로 處罰한다.

제38조(경합범과 처벌례)

① 경합범을 동시에 판결할 때에는 다음의 구별에 의하여 처벌한다.

1. 가장 중한 죄에 정한 형이 사형 또는 무기징역이나 무기금고인 때에는 가장 중한 죄에 정한 형으로 처벌한다.
2. 각 죄에 정한 형이 사형 또는 무기징역이나 무기금고 이외의 동종의 형인 때에는 가장 중한 죄에 정한 장기 또는 다액에 그 2분의 1까지 가중하되 각 죄에 정한 형의 장기 또는 다액을 합산한 형기 또는 액수를 초과할 수 없다. 단 과료와 과료, 몰수와 몰수는 병과할 수 있다.

3. 각 죄에 정한 형이 무기징역이나 무기금고 이외의 이종의 형인 때에는 병과한다.
② 전항 각호의 경우에 있어서 징역과 금고는 동종의 형으로 간주하여 징역형으로 처벌한다.

(2) 개선방안

제38조(경합범과 처벌례)
① 경합범을 동시에 판결할 **경우** 다음 각 호에 따라 형을 선고한다.
1. 법정최고형이 사형 · 무기징역 · 무기금고인 **경우** 법정최고형으로 처벌된다.
2. 각 죄에서 정한 법정형이 사형 · 무기징역 · 무기금고 이외 같은 종류 법정형인 경우 가장 중한 죄의 장기 또는 다액 2분의 1까지 가중하여 처벌된다. 다만 이 경우 각 죄에서 정한 법정형 장기 또는 다액을 합산한 형기 또는 액수를 초과할 수 없다. 그러나 과료와 과료, 몰수와 몰수는 병과할 수 있다.
3. 각 죄에서 정한 법정형이 무기징역 · 무기금고 이외 다른 종류 법정형인 경우 병과된다.
② 제1항 각 호 경우 징역형과 금고형은 같은 종류 법정형으로 간주하여 징역형으로 처벌된다.

【개정방향】
※ 명확성 · 간결성 · 가독성
※ 일본식 조사 '의' 삭제
※ 능동태와 수동태 정비

(3) 조문해설

가. 형법 제38조는 경합범과 처벌례를 규정하고 있다.

나. 주요내용을 보면, ① 경합범을 동시에 판결할 경우 다음 각 호에 따라 형을 선고한다. 1. 법정최고형이 사형 · 무기징역 · 무기금고인 경우 법정최고형으로 처벌된다. 2. 각 죄에서 정한 법정형이 사형 · 무기징역 · 무기금고 이외 같은 종류 법정형인 경우 가장 중한 죄의 장기 또는 다액 2분의 1까지 가중하여 처벌된다. 다만 이 경우 각 죄에서 정한 법정형 장기 또는 다액을 합산한 형기 또는 액수를 초과할 수 없다. 그러나 과료와 과료, 몰수와 몰수는 병과 할 수 있다. 3. 각 죄에서 정한 법정형이 무기징역 · 무기금고 이외 다른 종류 법정형인 경우 병과된다. ② 제1항 각 호 경우 징역형과 금고형은 같은 종류 법정형으로 간주하여 징역형으로 처벌된다.

39. 제39조(판결을 받지 아니한 경합범, 수개의 판결과 경합범, 형의 집행과 경합범)

(1) 현행

第39條(判決을 받지 아니한 競合犯, 數個의 判決과 競合犯, 刑의 執行과 競合犯)
① 競合犯中 判決을 받지 아니한 罪가 있는 때에는 그 죄와 판결이 확정된 죄를 동시에 판결할 경우와 형평을 고려하여 그 죄에 대하여 형을 선고한다. 이 경우 그 형을 감경 또는 면제할 수 있다. 〈개정 2005.7.29.〉
② 삭제 〈2005.7.29.〉
③ 競合犯에 依한 判決의 宣告를 받은 者가 競合犯 中의 어떤 罪에 對하여 赦免 또는 刑의 執行이 免除된 때에는 다른 罪에 對하여 다시 刑을 定한다.
④ 前 3項의 刑의 執行에 있어서는 이미 執行한 刑期를 通算한다.

제39조(판결을 받지 아니한 경합범, 수개의 판결과 경합범, 형의 집행과 경합범)
① 경합범중 판결을 받지 아니한 죄가 있는 때에는 그 죄와 판결이 확정된 죄를 동시에 판결할 경우와 형평을 고려하여 그 죄에 대하여 형을 선고한다. 이 경우 그 형을 감경 또는 면제할 수 있다. 〈개정 2005.7.29〉
② 삭제 〈2005.7.29〉
③ 경합범에 의한 판결의 선고를 받은 자가 경합범 중의 어떤 죄에 대하여 사면 또는 형의 집행이 면제된 때에는 다른 죄에 대하여 다시 형을 정한다.
④ 전 3항의 형의 집행에 있어서는 이미 집행한 형기를 통산한다.

(2) 개선방안

제39조(판결을 받지 않은 경합범, 여러 개 판결과 경합범, 형집행과 경합범)
① 경합범 중 판결을 받지 않은 죄가 있는 때 그 죄에 대하여 형을 선고한다. 다만 판결을 받지 아니한 죄와 판결이 확정된 죄를 동시에 판결할 경우 형평을 고려하여 형을 선고한다. 이 경우 형을 감경 또는 면제할 수 있다.
② 삭제 〈2005.7.29〉
③ 경합범으로 판결을 선고를 받은 사람이 경합범 중 어떤 죄에 대하여 사면 또는 형집행이 면제된 **경우** 다른 죄에 대해서 다시 형을 선고한다.
④ 제1항 · 제2항 · 제3항 형집행 경우 이미 집행한 형기는 통산된다.

【개정방향】
※ 제목변경
※ 명확성 · 간결성 · 가독성

※ 일본식 조사 '의' 삭제

(3) 조문해설

가. 형법 제39조는 판결을 받지 않은 경합범, 여러 개 판결과 경합범, 형집행과 경합범을 규정하고 있다.

나. 주요내용을 보면, 경합범 중 판결을 받지 않은 죄가 있는 경우 그 죄에 대하여 형을 선고한다. 다만 판결을 받지 아니한 죄와 판결이 확정된 죄를 동시에 판결할 경우 형평을 고려하여 형을 선고한다. 이 경우 형을 감경 또는 면제할 수 있다. ② 삭제 〈2005.7.29.〉 ③ 경합범으로 판결을 선고를 받은 사람이 경합범 중 어떤 죄에 대하여 사면 또는 형집행이 면제된 경우 다른 죄에 대해서 다시 형을 선고한다. ④ 제1항 · 제2항 · 제3항 형집행 경우 이미 집행한 형기는 통산된다.

다. 경합범 여부는 형법 제37조 후단 문구에 근거하여 정한다. 그 경합범은 형법 제39조 본문에 근거하여 형을 선고한다. 다만 동시에 판결을 할 수 없었던 경우 단서에 근거하여 형평을 고려하여 형을 정한다. 이것이 논리적이다. 입법 개정이 필요하다.

(4) **| 관련판례 | 대법원 2018. 3. 29. 선고 2016도18553 판결** [확정판결 전의 공소사실과 확정판결 후의 공소사실에 대하여 따로 유죄를 선고하여 두 개의 형을 정한 제1심 판결에 대하여 피고인만이 확정판결 전의 유죄판결 부분에 대하여 항소한 경우, 항소심이 심리 · 판단하여야 할 범위(= 확정판결 전의 유죄판결 부분), 피고인을 금고 이상의 형에 처한 판결이 확정된 후, 확정판결 전의 사기범행에 대해 징역 2년을, 확정판결 후의 산지관리법위반 등 범행에 대해 징역 6월에 집행유예 2년을 선고한 제1심 판결에 대하여 피고인만이 확정판결 전 범행인 사기 부분에 한하여 항소한 사안에서, 이미 유죄로 확정된 산지관리법위반죄 등 부분까지 다시 심리하여 판결로 산지관리법위반죄 등에 대한 피고인의 항소를 기각한 원심판결 부분에 잘못이 있어 이 부분을 파기하되, 이 부분은 원심에 환송할 수 없고, 상고심이 이를 파기하는 것으로 충분하다고 한 사례]

가. 형법 제37조 전단의 경합범으로 동시에 기소된 수 개의 공소사실에 대하여 일부 유죄, 일부 무죄를 선고하거나 수 개의 공소사실이 금고 이상의 형에 처한 확정판결 전후의 것이다. 형법 제37조 후단, 제39조 제1항에 의하여 각기 따로 유 · 무죄를 선고하거나 형을 정하는 등으로 판결주문이 수 개일 때에는 그 1개의 주문에 포함된 부분을 다른 부분과 분리하여 일부상소를 할 수 있

다. 이때 당사자 쌍방이 상소하지 아니한 부분은 분리 확정된다.

나. 그러므로 확정판결 전의 공소사실과 확정판결 후의 공소사실에 대하여 따로 유죄를 선고하여 두 개의 형을 정한 제1심 판결에 대하여 피고인만이 확정판결 전의 유죄판결 부분에 대하여 항소한 경우, **피고인과 검사가 항소하지 아니한 확정판결 후의 유죄판결 부분은 항소기간이 지남으로써 확정되어 항소심에 계속된 사건은 확정판결 전의 유죄판결 부분뿐이고, 그에 따라 항소심이 심리·판단하여야 할 범위는 확정판결 전의 유죄판결 부분에 한정된다.**

다. 피고인을 금고 이상의 형에 처한 판결이 확정된 후, 확정판결 전의 사기범행에 대해 징역 2년을, 확정판결 후의 산지관리법위반 등 범행에 대해 징역 6월에 집행유예 2년을 선고한 제1심 판결에 대하여 피고인만이 확정판결 전 범행인 사기 부분에 한하여 항소한 사안이다.

라. 확정판결 후 범행인 산지관리법위반죄 등 부분은 항소기간이 지남으로써 확정되고 사기 부분만이 원심에 계속되게 되었다. 그러므로 원심으로서는 사기 부분만을 심리·판단하였어야 하고, 설령 변호인이 항소이유서에 이미 확정된 산지관리법위반죄 등 부분에 대한 항소이유를 기재하였더라도 그 부분은 원심의 심리·판단의 대상이 될 수 없다. 그런데도 이와 달리 이미 유죄로 확정된 산지관리법위반죄 등 부분까지 다시 심리하여 판결로 위 부분에 대한 피고인의 항소를 기각한 원심판결 부분에는 항소심의 심리·판단의 범위에 관한 법리오해의 잘못이 있어 이 부분을 파기한다. 다만 이 부분은 이미 확정되어 당초부터 원심의 심판대상이 아니었다. 그러므로 원심에 환송할 수 없고, 상고심이 이를 파기하는 것으로 충분하다.

40. 제40조(상상적 경합)

(1) 현행

第40條(想像的 競合)
1個의 行爲가 數個의 罪에 該當하는 境遇에는 가장 重한 罪에 定한 刑으로 處罰한다.

제40조(상상적 경합)
1개의 행위가 수개의 죄에 해당하는 경우에는 가장 중한 죄에 정한 형으로 처벌한다.

(2) 개선방안

제40조(상상경합)
1개 행위가 여러 개 범죄에 해당하는 **경우 각각 법적 평가 후** 가장 중한 범죄 형으로 처벌된다.

【개정방향】
※ 제목변경
※ 명확성 · 간결성 · 가독성
※ 일본식 조사 '의' 삭제
※ 중국식 조사 '적' 삭제

(3) 조문해설

가. 형법 제40조는 상상경합을 규정하고 있다.

나. 주요내용을 보면, 1개 행위가 여러 개 범죄에 해당하는 경우 각각 법적 평가 후 가장 중한 범죄 형으로 처벌된다.

(4) **| 관련판례 |** 대법원 2010. 1. 14. 선고 2009도10845 판결 [특정범죄가중처벌 등에 관한 법률상 '위험운전치사상죄'와 도로교통법상 '업무상과실 재물손괴죄'의 죄수관계(=상상적 경합), 자동차 운전면허 없이 술에 취하여 정상적인 운전이 곤란한 상태에서 차량을 운전하던 중 전방에 신호대기로 정차해 있던 화물차 뒷부분을 들이받아 그 화물차가 밀리면서 그 앞에 정차해 있던 화물차를 들이받도록 함으로써, 피해자에게 상해를 입게 함과 동시에 위 각 화물차를 손괴하였다는 공소사실에 대하여, 특정범죄가중처벌 등에 관한 법률 위반(위험운전치사상)죄와 각 업무상과실 재물손괴로 인한 도로교통법 위반죄는 실체적 경합관계라고 본 원심판결에 죄수관계에 관한 법리를 오해한 위법이 있다고 한 사례] 상상적 경합과 실체적 경합 구분

가. **음주 또는 약물의 영향으로 정상적인 운전이 곤란한 상태에서 자동차를 운전하여 사람을 상해에 이르게 함과 동시에 다른 사람의 재물을 손괴한 때에는 특정범죄가중처벌 등에 관한 법률 위반(위험운전치사상)죄 외에 업무상과실 재물손괴로 인한 도로교통법 위반죄가 성립하고, 위 두 죄는 1개의 운전행위로 인한 것으로서 상상적 경합관계에 있다.**

나. 자동차운전면허 없이 술에 취하여 정상적인 운전이 곤란한 상태에서 차량을 운전하던 중 전방에 신호대기로 정차해 있던 화물차의 뒷부분을 들이받아 그 화물차가 밀리면서 그 앞에 정차해 있던 다른 화물차를 들이받도록 함으로써,

피해자에게 상해를 입게 함과 동시에 위 각 화물차를 손괴하였다는 공소사실에 대하여, 유죄로 인정되는 각 범죄 중 도로교통법 위반(음주운전)죄와 도로교통법 위반(무면허운전)죄 상호간만 상상적 경합관계에 있고 특정범죄가중처벌 등에 관한 법률 위반(위험운전치사상)죄와 각 업무상과실 재물손괴로 인한 도로교통법 위반죄는 실체적 경합관계라고 본 원심판결에 죄수관계에 관한 법리를 오해한 위법이 있다고 한 사례이다.

다. 대법원 판결을 보면, 피고인이 자동차운전면허 없이 혈중알콜농도 0.201%의 술에 취하여 정상적인 운전이 곤란한 상태에서 (차량 번호 생략) 무쏘 차량을 운전하던 중, 전방에 신호대기로 정차하고 있던 포터 화물차량의 뒷부분을 들이받아 위 포터 화물차량이 밀리면서 그 앞에 정차하고 있던 포터II 화물차량을 들이받도록 함으로써, 피해자로 하여금 상해를 입게 함과 동시에 위 각 화물차량을 손괴하였다는 것이다. 원심은 이를 특정범죄가중처벌 등에 관한 법률 위반(위험운전치사상)죄, 도로교통법 위반(음주운전)죄, 도로교통법 위반(무면허운전)죄, 각 업무상과실 재물손괴로 인한 도로교통법 위반죄의 유죄로 인정하였다. 앞서 본 법리에 따르면 특정범죄가중처벌 등에 관한 법률 위반(위험운전치사상)죄와 각 업무상과실 재물손괴로 인한 도로교통법 위반죄는 상상적 경합관계에 있다 할 것이다.

라. 대상판결 쟁점은 특정범죄가중처벌 등에 관한 법률 위반(위험운전치사상)죄와 업무상과실 재물손괴로 인한 도로교통법 위반죄의 죄수관계이다. 대법원은 이러한 죄수관계를 처음으로 판단하였다. 행위의 수가 몇 개인지에 따라 상상적 경합과 실체적 경합으로 구분된다. 행위와 구성요건 관계를 고려하여 행위의 수를 정한다. 판례와 학설은 "1개의 행위는 구성요건에 나타난 규범적 요소를 고려하여 실행행위 동일성이 인정되는 경우라고 한다." 대상판결 경우, 구성요건 실행행위가 1개로 전부 중첩된다. 피고인 행위는 1개의 행위가 수 개의 죄에 해당하는 상상적 경합이다. 다시 말하면, 하나의 행위로 상해와 손괴가 동시에 일어난 것이다. **특정범죄가중처벌 등에 관한 법률 위반(위험운전치사상)죄와 업무상과실 재물손괴로 인한 도로교통법 위반죄는 상상적 경합관계에 있다.** 그리고 **음주운전죄와 위험운전치사상죄는 입법취지와 보호법익이 다르다. 2개의 행위로 보아야 한다. 양 죄는 실체적 경합관계에 있다.** 대법원 죄수 판단은 옳다.

(5) **| 관련판례 |** 대법원 2001. 2. 9. 선고 2000도1216 판결 [수뢰후부정처사죄와 각

각 상상적 경합 관계에 있는 공도화변조, 동행사죄의 경합범 가중의 당부(소극)] 연결효과에 의한 상상적 경합

가. 피고인은 구청 건설도시국 도시과에서 토지분할, 지목 변경, 합병, 지적 고시에 따른 도시계획도 지적선의 정리, 토지이용계획확인원 발급 업무에 종사하는 자인바, (가) 1995년 9월 초순 11:00경위 구청 민원실에서 건축사 사무실 직원인 제1심 공동피고인으로부터 같은 구소재 다세대주택의 부지 경계선이 8m 도시계획도로선과 90㎝ 떨어져 평행으로 되어 있어서 위 다세대주택의 건축에 애로가 있으니 위 지번의 토지 경계선과 도시계획도로선을 일치시켜 달라는 부탁을 받고 그로부터 금 300만 원을 교부 받아 공무원이 그 직무에 관하여 뇌물을 수수한 다음 같은 달 일자 불상 19:00경 위 민원실에서 행사할 목적으로 권한 없이 지우개로 위 지번의 토지 경계선과 90㎝ 떨어져 평행으로 그어져 있는 위 도시계획도로선을 지우고 붉은 색 먹으로 위 지번의 경계선과 일치되도록 8m 도시계획도로선을 새로 그어 도시계획도를 고쳐구청의 공도화인 도시계획도를 변조함과 아울러 부정한 행위를 하고, (나) 같은 일시경 구청 지적서고에서 위와 같이 변조한 도시계획도를 비치함으로써 변조한 공도화를 행사하고, (다) 1996년 9월 초순경 위위 구청 민원실에서 위 제1심 공동피고인으로부터 위대지 등의 분할에 따라 도시계획도를 신속하게 작성하여 달라는 부탁을 받고 그로부터 금 30만 원을 교부받아 공무원이 그 직무에 관하여 뇌물을 수수하였다. 이에 대하여 원심은, 피고인이 수사기관 이래 제1심 법정에 이르기까지 이 사건 범행을 전부 자백한 바 있고, 검사가 원심 1999. 12. 2. 공판기일에 현출한 이 사건 도시계획도 중 제1심이 판시한 문제의 부분에 변조의 흔적이 보이는 점, 증인 제1심 공동피고인의 원심 법정에서의 진술 및 제1심이 적법한 증거조사를 거쳐 채택한 증거들인 피고인 및 위 제1심 공동피고인의 검찰 및 제1심 법정에서의 각 진술, 도시계획도 원도 등의 사본 등을 종합하면 이 사건 각 공소사실이 넉넉히 인정된다고 판단하여, 유죄를 선고한 제1심 판결을 유지하였다.

나. 형법 제131조 제1항 수뢰후부정처사죄에서 공무원이 수뢰 후 행한 부정행위가 공도화변조 및 동행사죄와 같이 보호법익을 달리하는 별개 범죄의 구성요건을 충족하는 경우에는 수뢰후부정처사죄 외에 별도로 공도화변조 및 동행사죄가 성립하고 이들 죄와 수뢰후부정처사죄는 각각 상상적 경합 관계에 있다고 할 것이다. 이와 같이 공도화변조죄와 동행사죄가 수뢰후부정처사죄와 각각 상상적 경합범 관계에 있을 때에는 공도화변조죄와 동행사죄 상호간은

실체적 경합범 관계에 있다고 할지라도 상상적 경합범 관계에 있는 수뢰후부정처사죄와 대비하여 가장 중한 죄에 정한 형으로 처단하면 족한 것이고 따로이 경합범 가중을 할 필요가 없다.

다. A, B, C 3**죄를 묶어 죄수를 판단하는 이론이 연결효과이론이다.** A와 B가 실체적 경합이라도 C와 **상상적 경합관계이라면, 전체를 상상적 경합으로 판단하는 이론이다.** 이중평가를 방지하기 위한 것이다. 대법원 판결은 연결효과이론과 유사하다. **"공도화변조죄와 동행사죄가 수뢰후부정처사죄와 각각 상상적 경합범 관계에 있을 때에는 공도화변조죄와 동행사죄 상호간은 실체적 경합범 관계에 있다고 할지라도 상상적 경합범 관계에 있는 수뢰후부정처사죄와 대비하여 가장 중한 죄에 정한 형으로 처단하면 족한 것이고 따로이 경합범 가중을 할 필요가 없다."** 대법원 법리를 더 명확하게 다듬을 필요가 있다. 판결문 문체도 마찬가지이다.

제3장

刑

第1節 刑의 種類와 輕重

41. 제41조(형의 종류)

(1) 현행

第41條(刑의 種類)
刑의 種類는 다음과 같다.

1. 死刑
2. 懲役
3. 禁錮
4. 資格喪失
5. 資格停止
6. 罰金
7. 拘留
8. 科料
9. 沒收

제41조(형의 종류)
형의 종류는 다음과 같다.

1. 사형
2. 징역
3. 금고
4. 자격상실
5. 자격정지
6. 벌금
7. 구류
8. 과료
9. 몰수

(2) 개선방안

제41조(형벌 종류)
형벌 종류는 다음과 같다.

1. 사형
2. 징역

3. 금고	7. 구류
4. 자격상실	8. 과료
5. 자격정지	9. 몰수
6. 벌금	

【개정방향】
※ 제목변경
※ 일본식 조사 '의' 삭제

(3) 조문해설

가. 형법 제41조는 형벌 종류를 규정하고 있다.
나. 주요내용을 보면, 형벌 종류는 다음과 같다.

1. 사형	6. 벌금
2. 징역	7. 구류
3. 금고	8. 과료
4. 자격상실	9. 몰수
5. 자격정지	

42. 제42조(징역 또는 금고의 기간)

(1) 현행

第42條(懲役 또는 禁錮의 期間)
懲役 또는 禁錮는 無期 또는 有期로 하고 有期는 1개월 以上 30년 以下로 한다. 但, 有期懲役 또는 有期禁錮에 對하여 刑을 加重하는 때에는 50년까지로 한다. 〈개정 2010.4.15.〉

제42조(징역 또는 금고의 기간)
징역 또는 금고는 무기 또는 유기로 하고 유기는 1개월 이상 30년 이하로 한다. 단, 유기징역 또는 유기금고에 대하여 형을 가중하는 때에는 50년까지로 한다. 〈개정 2010.4.15〉

(2) 개선방안

제42조(징역기간 · 금고기간)
① **징역종류 · 금고종류는** 무기징역 · 무기금고 또는 유기징역 · 유기금고로 한다.

② 유기징역 · 유기금고는 1개월 이상 30년 이하로 한다.
③ 유기징역 · 유기금고에 형을 가중하는 경우 최대 50년까지로 한다. 〈개정 2010.4.15.〉

【개정방향】
※ 제목변경
※ 명확성 · 간결성 · 가독성

(3) 조문해설

가. 형법 제42조는 징역기간 · 금고기간을 규정하고 있다.

나. 주요내용을 보면, ① 징역종류 · 금고종류는 무기징역 · 무기금고 또는 유기징역 · 유기금고로 한다. ② 유기징역 · 유기금고는 1개월 이상 30년 이하로 한다. ③ 유기징역 · 유기금고에 형을 가중하는 경우 최대 50년까지로 한다. 〈개정 2010.4.15.〉

43. 제43조(형의 선고와 자격상실, 자격정지)

(1) 현행

第43條(刑의 宣告와 資格喪失, 資格停止)
① 死刑, 無期懲役 또는 無期禁錮의 判決을 받은 者는 다음에 記載한 資格을 喪失한다.
1. 公務員이 되는 資格
2. 公法上의 選擧權과 被選擧權
3. 法律로 要件을 定한 公法上의 業務에 關한 資格
4. 法人의 理事, 監事 또는 支配人 其他 法人의 業務에 關한 檢査役이나 財産管理人이 되는 資格

② 有期懲役 또는 有期禁錮의 判決을 받은 者는 그 刑의 執行이 終了하거나 免除될 때까지 前項 第1號 乃至 第3號에 記載된 資格이 停止된다. 다만, 다른 법률에 특별한 규정이 있는 경우에는 그 법률에 따른다. 〈개정 2016.1.6.〉
[2016.1.6. 법률 제13719호에 의하여 2014.1.28. 헌법재판소에서 위헌 및 헌법불합치 결정된 이 조 제2항을 개정함.]

제43조(형의 선고와 자격상실, 자격정지)
① 사형, 무기징역 또는 무기금고의 판결을 받은 자는 다음에 기재한 자격을 상실한다.
1. 공무원이 되는 자격

2. 공법상의 선거권과 피선거권
3. 법률로 요건을 정한 공법상의 업무에 관한 자격
4. 법인의 이사, 감사 또는 지배인 기타 법인의 업무에 관한 검사역이나 재산관리인이 되는 자격

② 유기징역 또는 유기금고의 판결을 받은 자는 그 형의 집행이 종료하거나 면제될 때까지 전항 제1호 내지 제3호에 기재된 자격이 정지된다. 다만, 다른 법률에 특별한 규정이 있는 경우에는 그 법률에 따른다. 〈개정 2016.1.6.〉

[2016.1.6. 법률 제13719호에 의하여 2014.1.28. 헌법재판소에서 위헌 및 헌법불합치 결정된 이 조 제2항을 개정함.]

개정 전 형법

제43조(형의 선고와 자격상실, 자격정지)

① 사형, 무기징역 또는 무기금고의 판결을 받은 자는 다음에 기재한 자격을 상실한다.
1. 공무원이 되는 자격
2. 공법상의 선거권과 피선거권
3. 법률로 요건을 정한 공법상의 업무에 관한 자격
4. 법인의 이사, 감사 또는 지배인 기타 법인의 업무에 관한 검사역이나 재산관리인이 되는 자격

② 유기징역 또는 유기금고의 판결을 받은 자는 그 형의 집행이 종료하거나 면제될 때까지 전항 제1호 내지 제3호에 기재된 자격이 정지된다.

[단순위헌, 2012헌마409·510, 2013헌마167(병합), 2014.1.28. 형법(1953. 9. 18. 법률 제293호로 제정된 것) 제43조 제2항 중 유기징역 또는 유기금고의 판결을 받아 그 형의 집행유예기간 중인 자의 '공법상의 선거권'에 관한 부분은 헌법에 위반된다.]

[헌법불합치, 2012헌마409·510, 2013헌마167(병합), 2014.1.28. 형법(1953. 9. 18. 법률 제293호로 제정된 것) 제43조 제2항 중 유기징역 또는 유기금고의 판결을 받아 그 형의 집행이 종료되지 아니한 자의 '공법상의 선거권'에 관한 부분은 헌법에 합치되지 아니한다. 위 법률조항 부분은 2015. 12. 31.을 시한으로 입법자가 개정할 때까지 계속 적용된다.]

(2) 개선방안

제43조(형선고·자격상실·자격정지)

① 사형·무기징역·무기금고 판결을 받은 사람은 **다음 각 호 자격을 상실한다.**
1. 공무원이 되는 자격
2. 공법상 선거권과 피선거권
3. 법률로 요건을 정한 공법상 업무에 관한 자격
4. **법인 이사·감사**·지배인·그 밖에 법인 업무에 관한 검사역·재산관리인이 되는 자격

② **유기징역 · 유기금고 판결을 받은 사람은 그 선고형 집행이 종료되거나 또는 면제될 때까지 제1항 제1호 · 제2호 · 제3호에 기재된 자격이 정지된다.** 다만 다른 법률에 특별한 규정이 있는 경우 그 법률을 적용한다. 〈개정 2016.1.6.〉

【개정방향】
※ 제목변경
※ 명확성 · 간결성 · 가독성

(3) 조문해설

가. 형법 제43조는 형선고 · 자격상실 · 자격정지를 규정하고 있다.

나. 주요내용을 보면, ① 사형 · 무기징역 · 무기금고 판결을 받은 사람은 다음 각 호 자격을 상실한다. 1. 공무원이 되는 자격, 2. 공법상 선거권과 피선거권, 3. 법률로 요건을 정한 공법상 업무에 관한 자격, 4. 법인 이사 · 감사 · 지배인 · 그 밖에 법인 업무에 관한 검사역 · 재산관리인이 되는 자격 ② 유기징역 · 유기금고 판결을 받은 사람은 그 선고형 집행이 종료되거나 또는 면제될 때까지 제1항 제1호 · 제2호 · 제3호에 기재된 자격이 정지된다. 다만 다른 법률에 특별한 규정이 있는 경우 그 법률을 적용한다. 〈개정 2016.1.6.〉

44. 제44조(자격정지)

(1) 현행

第44條(資格停止)
① 前條에 記載한 資格의 全部 또는 一部에 對한 停止는 1年 以上 15年 以下로 한다.
② 有期懲役 또는 有期禁錮에 資格停止를 併科한 때에는 懲役 또는 禁錮의 執行을 終了하거나 免除된 날로부터 停止期間을 起算한다.

제44조(자격정지)
① 전조에 기재한 자격의 전부 또는 일부에 대한 정지는 1년 이상 15년 이하로 한다.
② 유기징역 또는 유기금고에 자격정지를 병과한 때에는 징역 또는 금고의 집행을 종료하거나 면제된 날로부터 정지기간을 기산한다.

(2) 개선방안

제44조(자격정지)
① 제43조에 기재된 자격 전부·자격 일부 정지는 1년 이상 15년 이하로 한다.
② 유기징역·유기금고에 자격정지를 병과한 경우 징역·금고 집행이 종료되거나 또는 면제된 날로부터 정지기간을 기산한다.

【개정방향】
※ 명확성·간결성·가독성
※ 일본식 조사 '의' 삭제
※ 수동태로 통일

(3) 조문해설

가. 형법 제44조는 자격정지를 규정하고 있다.
나. 주요내용을 보면, ① 제43조에 기재된 자격 전부·자격 일부 정지는 1년 이상 15년 이하로 한다. ② 유기징역·유기금고에 자격정지를 병과한 경우 징역·금고 집행이 종료되거나 또는 면제된 날로부터 정지기간을 기산한다.

45. 제45조(벌금)

(1) 현행

第45條(罰金)
罰金은 5萬원 以上으로 한다. 다만, 減輕하는 경우에는 5萬원 미만으로 할 수 있다. 〈改正 1995.12.29.〉

제45조(벌금)
벌금은 5만원 이상으로 한다. 다만, 감경하는 경우에는 5만원 미만으로 할 수 있다. 〈개정 1995.12.29.〉

(2) 개선방안

제45조(벌금)
벌금은 50만원 이상으로 한다. 다만 감경하는 경우 50만원 미만으로 할 수 있다. 〈개정 1995.12.29.〉

【개정방향】
※ 명확성 · 간결성 · 가독성
※ 다만, ⇒ 다만
※ 감경하는 경우에는 ⇒ 감경하는 경우
※ 벌금 5만원 ⇒ 50만원으로 상향 조정함. 벌금을 현실화할 필요가 있다.

(3) 조문해설

가. 형법 제45조는 벌금을 규정하고 있다.
나. 주요내용을 보면, 벌금은 50만원 이상으로 한다. 다만 감경하는 경우 50만원 미만으로 할 수 있다. 〈개정 1995.12.29.〉

46. 제46조(구류)

(1) 현행

第46條(拘留)
拘留는 1日 以上 30日 未滿으로 한다.

제46조(구류)
구류는 1일 이상 30일 미만으로 한다.

(2) 개선방안

제46조(구류)
구류는 1일 이상 14일 미만으로 한다.

【개정방향】
※ 구류가 30일이면 너무 길다. 형사정책으로 2주 정도가 적당하다고 생각한다.

(3) 조문해설

가. 형법 제46조는 구류를 규정하고 있다.
나. 주요내용을 보면, 구류는 1일 이상 14일 미만으로 한다.

47. 제47조(과료)

(1) 현행

第47條(科料)
科料는 2千원 以上 5萬원 미만으로 한다. 〈改正 1995.12.29.〉

제47조(과료)
과료는 2천원 이상 5만원 미만으로 한다. 〈개정 1995.12.29〉

(2) 개선방안

제47조(과료)
과료는 5만원 이상 50만원 미만으로 한다. 〈개정 1995.12.29.〉

【개정방향】
※ 과료를 현실화할 필요가 있다.

(3) 조문해설

가. 형법 제47조는 과료를 규정하고 있다.
나. 주요내용을 보면, 과료는 5만원 이상 50만원 미만으로 한다. 〈개정 1995.12.29.〉

48. 제48조(몰수의 대상과 추징)

(1) 현행

第48條(沒收의 對象과 追徵)
① 犯人以外의 者의 所有에 屬하지 아니하거나 犯罪後 犯人以外의 者가 情을 알면서 取得한 다음 記載의 物件은 全部 또는 一部를 沒收할 수 있다.
1. 犯罪行爲에 提供하였거나 提供하려고 한 物件
2. 犯罪行爲로 因하여 生하였거나 이로 因하여 取得한 物件
3. 前 2號의 對價로 取得한 物件
② 前項에 記載한 物件을 沒收하기 不能한 때에는 그 價額을 追徵한다.
③ 文書, 圖畵, 電磁記錄등 特殊媒體記錄 또는 有價證券의 一部가 沒收에 該當하는 때에는 그 部分을 廢棄한다. 〈改正 1995.12.29.〉

제48조(몰수의 대상과 추징)
① 범인이외의 자의 소유에 속하지 아니하거나 범죄 후 범인이외의 자가 정을 알면서 취득한 다음 기재의 물건은 전부 또는 일부를 몰수할 수 있다.
1. 범죄행위에 제공하였거나 제공하려고 한 물건
2. 범죄행위로 인하여 생하였거나 이로 인하여 취득한 물건
3. 전 2호의 대가로 취득한 물건
② 전항에 기재한 물건을 몰수하기 불능한 때에는 그 가액을 추징한다.
③ 문서, 도화, 전자기록 등 특수매체기록 또는 유가증권의 일부가 몰수에 해당하는 때에는 그 부분을 폐기한다. 〈개정 1995.12.29〉

(2) 개선방안

제48조(몰수대상과 추징)
① 범죄자 소유에 속하거나 또는 범죄 후 범인 이외 제3자가 그 사정을 알면서 취득한 다음 각 호 물건은 전부·일부를 몰수할 수 있다.
1. 범죄행위에 제공하였거나 또는 제공하려 한 물건
2. 범죄행위로 생성되었거나 또는 취득한 물건
3. 제2호 대가로 취득한 물건
② **제1항 제1호·제2호·제3호에 기재된 물건에 대해 몰수가 불능한 경우 그 가액을 추징한다.**
③ 문서·도화·전자기록 등 특수매체기록·유가증권 일부가 몰수에 해당하는 경우 그 부분을 폐기한다. 〈개정 1995.12.29.〉

【개정방향】
※ 명확성·간결성·가독성
※ 일본식 조사 '의' 삭제
※ 수동태로 통일
※ 기재한 물건 ⇒ 기재된 물건
※ 온점(·) 사용

(3) 조문해설

가. 형법 제48조는 몰수대상과 추징을 규정하고 있다.

나. 주요내용을 보면, ① 범죄자 소유에 속하거나 또는 범죄 후 범인 이외 제3자가 그 사정을 알면서 취득한 다음 각 호 물건은 전부·일부를 몰수할 수 있다. 1. 범죄행위에 제공하였거나 또는 제공하려 한 물건, 2. 범죄행위로 생성

되었거나 또는 취득한 물건, 3. 제2호 대가로 취득한 물건 ② **제1항 제1호·제2호·제3호에 기재된 물건에 대해 몰수가 불능한 경우 그 가액을 추징한다.** ③ 문서·도화·전자기록 등 특수매체기록·유가증권 일부가 몰수에 해당하는 경우 그 부분을 폐기한다. 〈개정 1995.12.29.〉

(4) **| 관련판례 |** 대법원 1998. 5. 21. 선고 95도2002 전원합의체 판결 [외국환관리법위반죄에 있어서 공범간에 취득한 이익이 다른 경우의 추징방법] 징벌적 추징

가. 피고인들은 구 외국환관리법 범행으로 원화 금1,702,100,000원을 취득하여 그 중 피고인 1이 금1,656,100,000원을, 피고인 2이 금46,000,000원을 각각 나누어 소비하였다. 원심은 피고인들이 각자 취득한 금액에 따라 피고인 1으로부터 금1,656,100,000원, 피고인 2으로부터 금46,000,000원을 각 추징하였어야 할 것임에도 불구하고, 원심은 피고인들 각자에 대하여 그 전액을 추징한다고 판단하였다. 피고인들은 원심판결에 대해 외국환관리법 제33조에 규정된 추징에 관한 법리를 오해하여 판결에 영향을 미친 위법이 있다고 지적하며 상고하였다.

나. **[다수의견] 외국환관리법상의 몰수와 추징은** 일반 형사법의 경우와 달리 범죄사실에 대한 징벌적 제재의 성격을 띠고 있다고 할 것이다. 그러므로 여러 사람이 공모하여 범칙행위를 한 경우 몰수대상인 외국환 등을 몰수할 수 없을 때에는 각 범칙자 전원에 대하여 그 취득한 외국환 등의 가액 전부의 추징을 명하여야 한다. **그중 한 사람이 추징금 전액을 납부하였을 때에는 다른 사람은 추징의 집행을 면할 것이다. 그러나 그 일부라도 납부되지 아니하였을 때에는 그 범위 내에서 각 범칙자는 추징의 집행을 면할 수 없다.**

다. **[반대의견]** 형벌법규는 죄형법정주의의 내용인 유추해석의 금지나 명확성의 원칙상 문리에 따라 해석하여야 한다. 외국환관리법상의 추징의 성격이 징벌적인가 아니면 이익박탈적인가의 여부는 먼저 외국환관리법상의 추징에 관한 규정을 문리해석하여 그 결과에 따라 판단해야 할 것이다. 다수의견이 외국환관리법의 입법목적까지를 고려하여 그 추징에 징벌적 제재의 성격을 강조하는 이유는, 외국환관리법위반 사범의 단속과 일반 예방의 철저를 기하기 위한 것으로 보여 타당한 면이 없지 아니하다. 그러나 외국환관리법위반 사범의 단속과 일반예방의 철저를 기할 필요가 있다면 그것은 주형을 엄하게 하여 그 목적을 달성해야 할 것이지, 부가형인 몰수에 대한 환형처분에 불과한 추징으로 이를 달성하려고 할 것은 아니라고 생각될 뿐만 아니라, 이는 추징의 본질이

나 보충성에 비추어 보더라도 그 한계를 벗어나는 것이라고 하지 않을 수 없다. 다수의견에 따르면 여러 가지 논리상 모순이 생기고 따라서 외국환관리법상의 추징을 공동연대 추징으로 보는 것은 타당하지 아니하다. 그러므로 몰수의 대상이 된 외국환 등을 '취득한 사람'만이 추징의 대상자가 되는 것으로 해석함이 마땅하다. 외국환관리법상의 추징은 관세법상의 추징과는 그 조문의 규정내용과 형식이 모두 다르다. 다만 외국환관리법상의 추징이 외국환 등의 취득에 소요된 비용 내지 대가의 유무・다과를 고려함이 없이 그 가액 전부를 추징한다는 점에서 그 성격이 이익박탈적이기보다는 징벌적이라고 볼 여지가 없지 아니하다. 그렇다고 하여 관련 규정의 문언과 공동연대 추징의 문제점 등에도 불구하고 굳이 외국환관리법위반의 경우에까지 공동연대 추징의 유추해석을 도출하는 것은 죄형법정주의 원칙에 위배된다고 하지 않을 수 없다.

라. 몰수는 형벌이다. 그러나 대물적 보안처분 성격이 강하다. 추징은 몰수의 대체수단이다. 즉 환형처분이다. 그러나 추징은 몰수보다 재산형 성격이 강하다. 추징은 이익 박탈이 목적이다. 수인의 공범자가 공동피고인인 경우 개별 몰수와 개별 추징을 한다. 평등 분할액 추징방식이다. 이것은 확립된 판례이다.

마. 그러나 **특별법 위반인 경우 공범자들에게 연대추징을 한다. 이것이 '징벌적 추징'이다. 대상판례의 다수의견이다.** 생각건대 공범자들이 각자 이익을 알 수 있다면, 개별 추징을 한다. 그러나 각자 받은 이익을 알 수 없거나 또는 공범자 전원을 위하여 사용한 경우 '공동추징'을 한다. 이것이 죄형법정주의 정신에 부합한다.

(5) **| 관련판례 |** 대법원 2013. 5. 23. 선고 2012도11586 판결 [범죄수익은닉의 규제 및 처벌 등에 관한 법률 제9조 제1항에 따라 범죄수익 등을 몰수하는 경우 공범자의 소유물도 몰수의 대상이 되는지 여부(적극) 및 공범자 중 1인 소유에 속하는 물건에 대하여 몰수를 선고하는 방법, 성매매알선 등 행위의 처벌에 관한 법률 제2조 제1항 제2호 (다)목에서 정한 '성매매에 제공되는 사실을 알면서 자금・토지 또는 건물을 제공하는 행위'에 행위자가 스스로 '성매매를 알선, 권유, 유인 또는 강요하는 행위'나 '성매매의 장소를 제공하는 행위'를 하는 경우가 포함되는지 여부(적극), 범죄수익은닉의 규제 및 처벌 등에 관한 법률 제8조 제1항에 따라 범죄수익 등을 몰수하는 경우 비례의 원칙에 의한 제한을 받는지 여부(적극) 및 몰수가 비례의 원칙에 위배되는지 판단하는 기준, 피고인이 갑에게서 명의신탁을 받아 피고인 명의로 소유권이전등기를 마친 토지 및 그 지상 건물에서 갑과 공동하여 영업으로 성매매알선 등 행위를 함으로써 성매매에 제공되는 사실을 알면서 토지와 건물을 제공하였다는 내용의 성매매알선 등 행위의 처벌에 관한 법률 위반 공소사실이 유죄로

인정된 사안에서, 토지와 건물을 몰수한 원심의 조치가 정당하다고 한 사례] 몰수와 비례원칙

가. 형법 제48조 제1항의 '범인' 속에는 '공범자'도 포함된다. 그러므로 범인 자신의 소유물은 물론 공범자의 소유물도 그 공범자의 소추 여부를 불문하고 몰수할 수 있다. 이는 범죄수익은닉의 규제 및 처벌 등에 관한 법률 제9조 제1항의 '범인'의 해석에서도 마찬가지이다. 그리고 형벌은 공범자 전원에 대하여 각기 별도로 선고하여야 할 것이다. 그러므로 공범자 중 1인 소유에 속하는 물건에 대한 부가형인 몰수에 관하여도 개별적으로 선고하여야 한다.

나. 범죄수익은닉의 규제 및 처벌 등에 관한 법률(이하 '범죄수익법'이라 한다) 제8조 제1항은 '범죄수익'을 몰수할 수 있다고 하면서, 범죄수익법 제2조 제2호 (나)목 1)은 "성매매알선 등 행위의 처벌에 관한 법률(이하 '성매매처벌법'이라 한다) 제19조 제2항 제1호(성매매알선 등 행위 중 성매매에 제공되는 사실을 알면서 자금·토지 또는 건물을 제공하는 행위만 해당한다)의 죄에 관계된 자금 또는 재산"을 위 법에서 규정하는 '범죄수익'의 하나로 규정하고 있다. 성매매알선 등 행위를 규정한 성매매처벌법 제2조 제1항 제2호 중 (다)목의 "성매매에 제공되는 사실을 알면서 자금·토지 또는 건물을 제공하는 행위"에는 그 행위자가 "성매매를 알선, 권유, 유인 또는 강요하는 행위"[성매매처벌법 제2조 제1항 제2호 (가)목] 또는 "성매매의 장소를 제공하는 행위"[성매매처벌법 제2조 제1항 제2호 (나)목]를 하는 타인에게 자금, 토지 또는 건물을 제공하는 행위뿐만 아니라 스스로 (가)목이나 (나)목의 행위를 하는 경우도 포함된다고 보아야 한다.

다. 형법 제48조 제1항 제1호에 의한 몰수는 임의적인 것이다. 그러므로 그 몰수의 요건에 해당되는 물건이라도 이를 몰수할 것인지의 여부는 일응 법원의 재량에 맡겨져 있다 할 것이다. 그러나 형벌 일반에 적용되는 비례의 원칙에 의한 제한을 받는다. 이러한 법리는 범죄수익은닉의 규제 및 처벌 등에 관한 법률 제8조 제1항의 경우에도 마찬가지로 적용된다. 그리고 몰수가 비례의 원칙에 위반되는 여부를 판단하기 위하여는, 몰수 대상 물건(이하 '물건'이라 한다)이 범죄 실행에 사용된 정도와 범위 및 범행에서의 중요성, 물건의 소유자가 범죄 실행에서 차지하는 역할과 책임의 정도, 범죄 실행으로 인한 법익 침해의 정도, 범죄 실행의 동기, 범죄로 얻은 수익, 물건 중 범죄 실행과 관련된 부분의 별도 분리 가능성, 물건의 실질적 가치와 범죄와의 상관성 및 균형성, 물건이 행위자에게 필요불가결한 것인지 여부, 물건이 몰수되지 아니할 경우

행위자가 그 물건을 이용하여 다시 동종 범죄를 실행할 위험성 유무 및 그 정도 등 제반 사정이 고려되어야 한다.

라. 피고인이 갑에게서 명의신탁을 받아 피고인 명의로 소유권이전등기를 마친 토지 및 그 지상 건물(이하 '부동산'이라고 한다)에서 갑과 공동하여 영업으로 성매매알선 등 행위를 함으로써 성매매에 제공되는 사실을 알면서 부동산을 제공하였다는 내용의 성매매알선 등 행위의 처벌에 관한 법률 위반 공소사실이 유죄로 인정된 사안이다.

마. 갑은 처음부터 성매매알선 등 행위를 하기 위해 부동산을 취득하여 피고인에게 명의신탁한 후 약 1년 동안 성매매알선 등 행위에 제공하였고, 일정한 장소에서 은밀하게 이루어지는 성매매알선 등 행위의 속성상 장소의 제공이 불가피하다는 점, 부동산은 5층 건물인데 2층 내지 4층 객실 대부분이 성매매알선 등 행위의 장소로 제공된 점, 피고인은 부동산에서 이루어지는 성매매알선 등 행위로 발생하는 수익의 자금관리인으로, 갑과 함께 범행을 지배하는 주체가 되어 영업으로 성매매알선 등 행위를 한 점, 부동산의 실질적인 가치는 크지 않은 반면 피고인이 성매매알선 등 행위로 벌어들인 수익은 상당히 고액인 점, 피고인은 초범이나 공동정범 갑은 이와 동종 범죄로 2회 처벌받은 전력이 있을 뿐 아니라 성매매알선 등 행위의 기간, 특히 단속된 이후에도 성매매알선 등 행위를 계속한 점 등을 고려할 때, 부동산을 몰수한 원심의 조치는 정당하다.

49. 제49조(몰수의 부가성)

(1) 현행

第49條(沒收의 附加性)
沒收는 他刑에 附加하여 科한다. 但, 行爲者에게 有罪의 裁判을 아니할 때에도 沒收의 要件이 있는 때에는 沒收만을 宣告할 수 있다.

제49조(몰수의 부가성)
몰수는 타형에 부가하여 과한다. 단, 행위자에게 유죄의 재판을 아니할 때에도 몰수의 요건이 있는 때에는 몰수만을 선고할 수 있다.

(2) 개선방안

> 제49조(몰수부가성)
> ① **몰수는 다른 형벌에 부가하여 선고한다.**
> ② **몰수요건이 있는 경우** 피고인에게 **유죄를 선고하지 않고 몰수만** 선고할 수 있다.
>
> 【개정방향】
> ※ 명확성 · 간결성 · 가독성
> ※ 제1항 · 제2항을 구분함

(3) 조문해설

가. 형법 제49조는 몰수부가성을 규정하고 있다.

나. 주요내용을 보면, ① 몰수는 다른 형벌에 부가하여 선고한다. ② 몰수요건이 있는 경우 피고인에게 유죄를 선고하지 않고 몰수만 선고할 수 있다.

(4) **| 관련판례 |** 대법원 1973. 12. 11. **선고 73도1133 전원합의체 판결** [형의 선고유예를 하는 경우에도 몰수형만의 선고를 할 수 있는지 여부] 형의 선고유예와 몰수형

가. 형법 제49조 본문에 의하면 '몰수는 타형에 부가하여 과한다'라고 하여 몰수형의 부가성을 명정하고 있다. 그러나 같은 법조단서는 행위자에게 유죄의 재판을 아니할 때에도 몰수의 요건이 있는 때에는 몰수만을 선고할 수 있다고 규정하고 있다. 일정한 경우에 몰수의 부가형성에 대한 예외를 인정하고 있다.

나. 이 점으로 보아 형법 제59조에 의하여 형의 선고의 유예를 하는 경우에도 몰수의 요건이 있는 때에는 몰수형만의 선고를 할 수 있다고 해석함이 상당하다.

50. 제50조(형의 경중)

(1) 현행

> 第50條(刑의 輕重)
> ① 刑의 輕重은 第41條 記載의 順序에 依한다. 但, 無期禁錮와 有期懲役은 禁錮를 重한 것으로 하고 有期禁錮의 長期가 有期懲役의 長期를 超過하는 때에는 禁錮를 重한 것으로 한다.
> ② 同種의 刑은 長期의 긴 것과 多額의 많은 것을 重한 것으로 하고 長期 또는 多額이 同一한 때에는 그 短期의 긴 것과 少額의 많은 것을 重한 것으로 한다.

③ 前 2項의 規定에 依한 外에는 罪質과 犯情에 依하여 輕重을 定한다.

제50조(형의 경중)
① 형의 경중은 제41조 기재의 순서에 의한다. 단, 무기금고와 유기징역은 금고를 중한 것으로 하고 유기금고의 장기가 유기징역의 장기를 초과하는 때에는 금고를 중한 것으로 한다.
② 동종의 형은 장기의 긴 것과 다액의 많은 것을 중한 것으로 하고 장기 또는 다액이 동일한 때에는 그 단기의 긴 것과 소액의 많은 것을 중한 것으로 한다.
③ 전 2항의 규정에 의한 외에는 죄질과 범정에 의하여 경중을 정한다.

(2) 개선방안

제50조(형벌경중)
① 형벌경중은 제41조 각 호 순서로 한다. **다만 무기금고와 유기징역은 금고를 중한 것으로 한다.** 유기금고 장기가 유기징역 장기를 초과하는 경우 금고를 중한 것으로 한다.
② 같은 종류 형벌은 장기 긴 것과 다액 많은 것을 중한 것으로 한다. **장기 또는 다액이 동일한 경우** 단기 긴 것과 소액 많은 것을 중한 것으로 한다.
③ **제1항 · 제2항 외에 죄질과 범정으로** 경중을 정한다.

【개정방향】
※ 명확성 · 간결성 · 가독성
※ 일본식 조사 '의' 삭제
※ 온점(·) 사용
※ 전 2항의 규정에 의한 외에는 ⇒ **제1항 · 제2항 외에**
※ 죄질과 범정에 의하여 경중을 정한다 ⇒ **죄질과 범정으로** 경중을 정한다.

(3) 조문해설

가. 형법 제50조는 형벌경중을 규정하고 있다.

나. 주요내용을 보면, ① 형벌경중은 제41조 각 호 순서로 한다. 다만 무기금고와 유기징역은 금고를 중한 것으로 한다. 유기금고 장기가 유기징역 장기를 초과하는 경우 금고를 중한 것으로 한다. ② 같은 종류 형벌은 장기 긴 것과 다액 많은 것을 중한 것으로 한다. 장기 또는 다액이 동일한 경우 단기 긴 것과 소액 많은 것을 중한 것으로 한다. ③ 제1항 · 제2항 외에 죄질과 범정으로 경중을 정한다.

第 2 節 刑의 量定

51. 제51조(양형의 조건)

(1) 현행

第51條(量刑의 條件)
刑을 定함에 있어서는 다음 事項을 參酌하여야 한다.
1. 犯人의 年齡, 性行, 知能과 環境
2. 被害者에 對한 關係
3. 犯行의 動機, 手段과 結果
4. 犯行 後의 情況

제51조(양형의 조건)
형을 정함에 있어서는 다음 사항을 참작하여야 한다.
1. 범인의 연령, 성행, 지능과 환경
2. 피해자에 대한 관계
3. 범행의 동기, 수단과 결과
4. 범행 후의 정황

(2) 개선방안

제51조(양형조건)
형을 선택할 경우 다음 각 호를 참작한다.
1. 범인연령 · 범인성행 · 범인지능 · 범인환경
2. 피해자와 관계
3. 범행동기 · 범행수단 · 범행결과
4. 범행 후 정황
5. 본인 재사회화 의지 · 가족과 생활공동체 관심
6. 사회공동체와 관계

【개정방향】
※ **제목변경**
※ **명확성 · 간결성 · 가독성**
※ **제5호와 제6호 신설.** 적극적 일반예방사상 반영함

(3) 조문해설

가. 형법 **제51조는 양형조건**을 규정하고 있다.

나. 주요내용을 보면, **형을 선택할 경우 다음 각 호를 참작한다.** 1. 범인연령 · 범인성행 · 범인지능 · 범인환경, 2. 피해자와 관계, 3. 범행동기 · 범행수단 · 범행결과, 4. 범행 후 정황, 5. **본인 재사회화 의지 · 가족과 생활공동체 관심, 6. 사회공동체와 관계**

52. 제52조(자수, 자복)

(1) 현행

第52條(自首, 自服)
① 罪를 犯한 後 搜査責任이 있는 官署에 自首한 때에는 그 刑을 減輕 또는 免除할 수 있다.
② 被害者의 意思에 反하여 處罰할 수 없는 罪에 있어서 被害者에게 自服한 때에도 前項과 같다.

제52조(자수, 자복)
① 죄를 범한 후 수사책임이 있는 관서에 자수한 때에는 그 형을 감경 또는 면제할 수 있다.
② 피해자의 의사에 반하여 처벌할 수 없는 죄에 있어서 피해자에게 자복한 때에도 전항과 같다.

(2) 개선방안

제52조(자수 · 자복)
① 행위자가 죄를 범한 후 범죄사실이 발각되기 전 또는 발각된 후, 지명수배된 후 **스스로 또는 제3자를 통해 수사기관에 범죄사실을 신고하는 것을 자수라고 한다. 자수한 경우 형이** 감경 · 면제될 수 있다.
② 행위자가 죄를 범한 후 범죄사실이 발각되기 전 또는 발각된 후, 지명수배된 후 **스스로 또는 제3자를 통해 피해자에 범죄사실을 신고하는 것을 자복이라고 한다.** 피해자 의사에 반하여 처벌할 수 없는 **범죄에서 자복한 경우 형이** 감경 · 면제될 수 있다.

【개정방향】
※ **제목변경**
※ **명확성 · 간결성 · 가독성**

(3) 조문해설

가. 형법 제52조는 자수·자복을 규정하고 있다.

나. 주요내용을 보면, ① 행위자가 죄를 범한 후 범죄사실이 발각되기 전 또는 발각된 후, 지명수배된 후 스스로 또는 제3자를 통해 **수사기관에 범죄사실을 신고하는 것을 자수**라고 한다. 자수한 경우 선고형이 감경·면제될 수 있다. ② 행위자가 죄를 범한 후 범죄사실이 발각되기 전 또는 발각된 후, 지명수배 된 후 스스로 또는 제3자를 통해 **피해자에 범죄사실을 신고하는 것을 자복**이라고 한다. 피해자 의사에 반하여 처벌할 수 없는 범죄에서 자복한 경우 형이 감경·면제될 수 있다.

53. 제53조(작량감경)

(1) 현행

第53條(酌量減輕)
犯罪의 情狀에 參酌할 만한 事由가 있는 때에는 酌量하여 그 刑을 減輕할 수 있다.

제53조(작량감경)
범죄의 정상에 참작할 만한 사유가 있는 때에는 작량하여 그 형을 감경할 수 있다.

(2) 개선방안

제53조(작량감경)
법원은 행위자가 범한 죄와 관련하여 정상을 참작할 만한 사유가 있는 경우 법률에 특별한 사유가 없는 경우라도 이를 헤아려 형을 감경할 수 있다.

【개정방향】
※ 명확성·간결성·가독성
※ 국어문법정비
※ 범죄의 정상에 참작할 만한 사유가 있는 때에는⇒법원은 행위자가 범한 죄와 관련하여 정상을 참작할 만한 사유가 있는 경우
※ 작량하여 그 형을 감경할 수 있다⇒법률에 특별한 사유가 없는 경우라도 이를 헤아려 형을 감경할 수 있다.

(3) 조문해설

가. 형법 제53조는 작량감경을 규정하고 있다.

나. 주요내용을 보면, 법원은 행위자가 범한 죄와 관련하여 정상을 참작할 만한 사유가 있는 경우 법률에 특별한 사유가 없는 경우라도 이를 헤아려 형을 감경할 수 있다.

54. 제54조(선택형과 작량감경)

(1) 현행

第54條(選擇刑과 酌量減輕) 1個의 罪에 定한 刑이 數種인 때에는 먼저 適用할 刑을 定하고 그 刑을 減輕한다. 제54조(선택형과 작량감경) 1개의 죄에 정한 형이 수종인 때에는 먼저 적용할 형을 정하고 그 형을 감경한다.

(2) 개선방안

제54조(선택형과 작량감경)

1개 죄에 정한 형이 여러 종류인 **경우** 먼저 적용할 형을 정하고 **그 형에서 다시** 감경한다.

【개정방향】

※ 명확성 · 간결성 · 가독성

※ 일본식 조사 '의' 삭제

(3) 조문해설

가. 형법 **제54조는 선택형과 작량감경**을 규정하고 있다.

나. 주요내용을 보면, 1개 죄에 정한 법정형이 여러 종류인 **경우** 먼저 적용할 형을 정하고 **그 형에서 다시** 감경한다.

55. 제55조(법률상의 감경)

(1) 현행

第55條(法律上의 減輕)
① 法律上의 減輕은 다음과 같다. 〈개정 2010.4.15.〉
1. 死刑을 減輕할 때에는 無期 또는 20년 이상 50년 이하의 懲役 또는 禁錮로 한다.
2. 無期懲役 또는 無期禁錮를 減輕할 때에는 10년 이상 50년 이하의 懲役 또는 禁錮로 한다.
3. 有期懲役 또는 有期禁錮를 減輕할 때에는 그 刑期의 2分의 1로 한다.
4. 資格喪失을 減輕할 때에는 7年 以上의 資格停止로 한다.
5. 資格停止를 減輕할 때에는 그 刑期의 2分의 1로 한다.
6. 罰金을 減輕할 때에는 그 多額의 2分의 1로 한다.
7. 拘留를 減輕할 때에는 그 長期의 2分의 1로 한다.
8. 科料를 減輕할 때에는 그 多額의 2分의 1로 한다.
② 法律上 減輕할 事由가 數個있는 때에는 거듭 減輕할 수 있다.

제55조(법률상의 감경)
① 법률상의 감경은 다음과 같다. 〈개정 2010.4.15〉
1. 사형을 감경할 때에는 무기 또는 20년 이상 50년 이하의 징역 또는 금고로 한다.
2. 무기징역 또는 무기금고를 감경할 때에는 10년 이상 50년 이하의 징역 또는 금고로 한다.
3. 유기징역 또는 유기금고를 감경할 때에는 그 형기의 2분의 1로 한다.
4. 자격상실을 감경할 때에는 7년 이상의 자격정지로 한다.
5. 자격정지를 감경할 때에는 그 형기의 2분의 1로 한다.
6. 벌금을 감경할 때에는 그 다액의 2분의 1로 한다.
7. 구류를 감경할 때에는 그 장기의 2분의 1로 한다.
8. 과료를 감경할 때에는 그 다액의 2분의 1로 한다.
② 법률상 감경할 사유가 수개있는 때에는 거듭 감경할 수 있다.

(2) 개선방안

제55조(법률감경)
① 법률감경은 다음과 같다. 〈개정 2010.4.15〉
1. 사형을 감경할 **경우** 무기 또는 20년 이상 50년 이하 징역·금고로 한다.
2. 무기징역·무기금고를 감경할 **경우** 10년 이상 50년 이하 징역·금고로 한다.
3. 유기징역·유기금고를 감경할 **경우** 그 형기 2분의 1로 한다.
4. 자격상실을 감경할 **경우** 7년 이상 자격정지로 한다.
5. 자격정지를 감경할 **경우** 그 형기 2분의 1로 한다.

6. 벌금을 감경할 **경우** 그 다액 2분의 1로 한다.
7. 구류를 감경할 **경우** 그 장기 2분의 1로 한다.
8. 과료를 감경할 **경우** 그 다액 2분의 1로 한다.

② 법률상 감경할 사유가 여러 개 있는 **경우 모두** 감경할 수 있다.

【개정방향】
※ 명확성 · 간결성 · 가독성
※ 일본식 조사 '의' 삭제

(3) 조문해설

가. 형법 제55조는 법률감경을 규정하고 있다.

나. 주요내용을 보면, ① 법률감경은 다음과 같다. 〈개정 2010.4.15.〉 1. 사형을 감경할 경우 무기 또는 20년 이상 50년 이하 징역 · 금고로 한다. 2. 무기징역 · 무기금고를 감경할 경우 10년 이상 50년 이하 징역 · 금고로 한다. 3. 유기징역 · 유기금고를 감경할 경우 그 형기 2분의 1로 한다. 4. 자격상실을 감경할 경우 7년 이상 자격정지로 한다. 5. 자격정지를 감경할 경우 그 형기 2분의 1로 한다. 6. 벌금을 감경할 경우 그 다액 2분의 1로 한다. 7. 구류를 감경할 경우 그 장기 2분의 1로 한다. 8. 과료를 감경할 경우 그 다액 2분의 1로 한다. ② 법률상 감경할 사유가 여러 개 있는 경우 모두 감경할 수 있다.

56. 제56조(가중감경의 순서)

(1) 현행

第56條(加重減輕의 順序)
刑을 加重減輕할 事由가 競合된 때에는 다음 順序에 依한다.
1. 各則 本條에 依한 加重
2. 第34條第2項의 加重
3. 累犯加重
4. 法律上減輕
5. 競合犯加重
6. 酌量減輕

제56조(가중감경의 순서)
형을 가중감경할 사유가 경합된 때에는 다음 순서에 의한다.

1. 각칙 본조에 의한 가중
2. 제34조제2항의 가중
3. 누범가중
4. 법률상감경
5. 경합범가중
6. 작량감경

(2) 개선방안

제56조(가중감경순서)
형을 가중사유·감경사유가 경합하는 경우 다음 순서로 한다.
1. 형법 각칙 본조 가중
2. 형법 제34조 제2항 가중
3. 형법 제35조 누범가중
4. 형법 제55조 법률상감경
5. 형법 제37조와 제40조 경합범가중
6. 형법 제53조 작량감경

【개정방향】
※ 제목변경
※ 명확성·간결성·가독성
※ 일본식 조사 '의' 삭제

(3) 조문해설

가. 형법 제56조는 가중감경순서를 규정하고 있다.

나. 주요내용을 보면, 형을 가중사유·감경사유가 경합하는 경우 다음 순서로 한다. 1. 형법 각칙 본조 가중, 2. 형법 제34조 제2항 가중, 3. 형법 제35조 누범가중, 4. 형법 제55조 법률상감경, 5. 형법 제37조와 제40조 경합범가중, 6. 형법 제53조 작량감경

57. 제57조(판결선고 전 구금일수의 통산)

(1) 현행

第57條(判決宣告前 拘禁日數의 通算)
① 判決宣告前의 拘禁日數는 그 전부를 有期懲役, 有期禁錮, 罰金이나 科料에 關한 留置 또는 拘留에 算入한다. 〈개정 2014.12.30.〉
② 前項의 境遇에는 拘禁日數의 1日은 懲役, 禁錮, 罰金이나 科料에 關한 留置 또는 拘留의 期間의 1日로 計算한다.
[2014.12.30. 법률 제12898호에 의하여 2009.6.25. 위헌 결정된 제57조제1항을 개정함]

제57조(판결선고 전 구금일수의 통산)
① 판결선고 전의 구금일수는 그 전부를 유기징역, 유기금고, 벌금이나 과료에 관한 유치 또는 구류에 산입한다. 〈개정 2014.12.30〉
② 전항의 경우에는 구금일수의 1일은 징역, 금고, 벌금이나 과료에 관한 유치 또는 구류의 기간의 1일로 계산한다.
[단순위헌, 2007헌바25, 2009. 6. 25. 형법 제57조 제1항 중 "또는 일부" 부분은 헌법에 위반된다.] **[2014.12.30. 법률 제12898호에 의하여 2009.6.25. 위헌 결정된 제57조제1항을 개정함]**

(2) 개선방안

제57조(판결선고 전 구금일수통산)
① 판결선고 전 구금일수는 유기징역·유기금고·벌금·과료에 관한 유치·구류에 **그 전부를** 산입한다. 〈개정 2014.12.30〉
② **제1항 경우** 구금일수 1일은 징역·금고·벌금·과료에 관한 유치·구류기간 1일로 계산한다.
[단순위헌, 2007헌바25, 2009. 6. 25. 형법 제57조 제1항 중 "또는 일부" 부분은 헌법에 위반된다.]

【개정방향】
※ 제목변경
※ 명확성·간결성·가독성
※ 일본식 조사 '의' 삭제
※ 온점(·) 사용

(3) 조문해설

가. 형법 제57조는 판결선고 전 구금일수통산을 규정하고 있다.

나. 주요내용을 보면, ① 판결선고 전 구금일수는 유기징역·유기금고·벌금·과료에 관한 유치·구류에 그 전부를 산입한다. 〈개정 2014.12.30.〉 ② 제1항 경우 구금일수 1일은 징역·금고·벌금·과료에 관한 유치·구류기간 1일로 계산한다.
[단순위헌, 2007헌바25, 2009. 6. 25. 형법 제57조 제1항 중 "또는 일부" 부분은 헌법에 위반된다.]

58. 제58조(판결의 공시)

(1) 현행

第58條(判決의 公示)
① 被害者의 利益을 爲하여 必要하다고 認定할 때에는 被害者의 請求가 있는 境遇에 限하여 被告人의 負擔으로 判決公示의 趣旨를 宣告할 수 있다.
② 피고사건에 대하여 무죄의 판결을 선고하는 경우에는 무죄판결공시의 취지를 선고하여야 한다. 다만, 무죄판결을 받은 피고인이 무죄판결공시 취지의 선고에 동의하지 아니하거나 피고인의 동의를 받을 수 없는 경우에는 그러하지 아니하다. 〈개정 2014.12.30.〉
③ 피고사건에 대하여 면소의 판결을 선고하는 경우에는 면소판결공시의 취지를 선고할 수 있다. 〈신설 2014.12.30.〉

제58조(판결의 공시)
① 피해자의 이익을 위하여 필요하다고 인정할 때에는 피해자의 청구가 있는 경우에 한하여 피고인의 부담으로 판결공시의 취지를 선고할 수 있다.
② 피고사건에 대하여 무죄의 판결을 선고하는 경우에는 무죄판결공시의 취지를 선고하여야 한다. 다만, 무죄판결을 받은 피고인이 무죄판결공시 취지의 선고에 동의하지 아니하거나 피고인의 동의를 받을 수 없는 경우에는 그러하지 아니하다. 〈개정 2014.12.30〉
③ 피고사건에 대하여 면소의 판결을 선고하는 경우에는 면소판결공시의 취지를 선고할 수 있다. 〈신설 2014.12.30〉

(2) 개선방안

제58조(판결공시)
① 피해자이익을 **위해 필요하다고 인정될 경우 피해자 청구가 있을 때** 피고인 부담으로 판결공시 취지를 선고할 수 있다.

② 피고사건에 대하여 **무죄판결을 선고하는 경우** 무죄판결공시 취지를 **선고한다.** 다만 무죄판결을 받은 피고인이 무죄판결공시 취지 선고에 동의하지 **않거나** 또는 피고인 동의를 받을 수 없는 **경우 선고 의무는 면제된다.** 〈개정 2014.12.30〉
③ 피고사건에 대하여 **면소판결을 선고하는 경우** 면소판결공시 취지를 선고할 수 있다. 〈신설 2014.12.30.〉

【개정방향】
※ 제목변경
※ 명확성 · 간결성 · 가독성
※ 일본식 조사 '의' 삭제
※ 수동태 통일

(3) 조문해설

가. 형법 제58조는 판결공시를 규정하고 있다.

나. 주요내용을 보면, ① 피해자이익을 위해 필요하다고 인정될 경우 피해자 청구가 있을 때 피고인 부담으로 판결공시 취지를 선고할 수 있다. ② 피고사건에 대하여 무죄판결을 선고하는 경우 무죄판결공시 취지를 선고한다. 다만 무죄판결을 받은 피고인이 무죄판결공시 취지 선고에 동의하지 않거나 또는 피고인 동의를 받을 수 없는 경우 선고 의무는 면제된다. 〈개정 2014.12.30.〉 ③ 피고사건에 대하여 면소판결을 선고하는 경우 면소판결공시 취지를 선고할 수 있다. 〈신설 2014.12.30.〉

第 3 節　刑의 宣告猶豫

59. 제59조(선고유예의 요건)

(1) 현행

第59條(宣告猶豫의 要件)
① 1年 以下의 懲役이나 禁錮, 資格停止 또는 罰金의 刑을 宣告할 境遇에 第51條의 事項을 參酌하여 改悛의 情狀이 顯著한 때에는 그 宣告를 猶豫할 수 있다. 但, 資格停止 以上의 刑을 받은 前科가 있는 者에 對하여는 例外로 한다.
② 刑을 併科할 境遇에도 刑의 全部 또는 一部에 對하여 그 宣告를 猶豫할 수 있다.

제59조(선고유예의 요건)
① 1년 이하의 징역이나 금고, 자격정지 또는 벌금의 형을 선고할 경우에 제51조의 사항을 참작하여 개전의 정상이 현저한 때에는 그 선고를 유예할 수 있다. 단, 자격정지 이상의 형을 받은 전과가 있는 자에 대하여는 예외로 한다.
② 형을 병과할 경우에도 형의 전부 또는 일부에 대하여 그 선고를 유예할 수 있다.

(2) 개선방안

제59조(선고유예요건)
① 1년 이하 징역 · 1년 이하 금고 · 자격정지 · 벌금형을 **선고할 경우** 제51조 사항을 참작하여 개전 정상이 **현저한 경우** 선고를 유예할 수 있다. **다만** 자격정지 이상 **형을** 받은 전과가 있는 사람은 선고를 유예할 수 없다.
② **형**을 병과할 경우 **형** 전부 · 형 일부를 선고유예할 수 있다.

【개정방향】
※ 제목변경
※ 일본식 조사 '의' 삭제
※ 명확성 · 간결성 · 가독성

(3) 조문해설

가. 형법 제59조는 선고유예요건를 규정하고 있다.

나. 주요내용을 보면, ① 1년 이하 징역 · 1년 이하 금고 · 자격정지 · 벌금형을 선고할 경우 제51조 사항을 참작하여 개전 정상이 현저한 경우 선고를 유예할 수 있다. 다만 자격정지 이상 형을 받은 전과가 있는 사람은 선고를 유예할 수 없다. ② 형을 병과할 경우 형 전부 · 형 일부를 선고유예할 수 있다.

59-2. 제59조의2(보호관찰)

(1) 현행

第59條의2(保護觀察)
① 刑의 宣告를 猶豫하는 경우에 再犯防止를 위하여 指導 및 援護가 필요한 때에는 保護觀察을 받을 것을 명할 수 있다.
② 第1項의 規定에 의한 保護觀察의 기간은 1年으로 한다.
[本條新設 1995.12.29.]

제59조의2(보호관찰)
① 형의 선고를 유예하는 경우에 재범방지를 위하여 지도 및 원호가 필요한 때에는 보호관찰을 받을 것을 명할 수 있다.
② 제1항의 규정에 의한 보호관찰의 기간은 1년으로 한다.
[본조신설 1995.12.29]

(2) 개선방안

제59조2(보호관찰)
① 법원은 형벌을 **선고유예하면서** 재범방지를 위해 지도·원호가 **필요한 경우** 보호관찰을 받을 것을 명할 수 있다.
② **제1항** 보호관찰기간은 1년으로 한다.
[본조신설 1995.12.29.]

【개정방향】
※ 명확성·간결성·가독성
※ 제1항 주체 명시함
※ 일본식 조사 '의' 삭제
※ 제60조와 제61조 통일
※ 선고를 유예 ⇒ 선고유예

(3) 조문해설

가. 형법 제59조2는 보호관찰을 규정하고 있다.

나. 주요내용을 보면, ① 법원은 형벌을 선고유예하면서 재범방지를 위해 지도·원호가 필요한 경우 보호관찰을 받을 것을 명할 수 있다. ② 제1항 보호관찰기간은 1년으로 한다. [본조신설 1995.12.29.]

60. 제60조(선고유예의 효과)

(1) 현행

第60條(宣告猶豫의 效果)
刑의 宣告猶豫를 받은 날로부터 2年을 經過한 때에는 免訴된 것으로 看做한다.

제60조(선고유예의 효과)
형의 선고유예를 받은 날로부터 2년을 경과한 때에는 면소된 것으로 간주한다.

(2) 개선방안

제60조(선고유예효과)
형선고유예를 받은 날부터 2년이 **경과되면** 면소로 본다.

【개정방향】
※ 제목변경
※ 명확성 · 간결성 · 가독성
※ 일본식 조사 '의' 삭제
※ 형의 선고유예를 받은 날로부터 ⇒ 형 유예를 받은 날부터
※ 2년을 경과한 때에는 ⇒ 2년이 **경과되면**
※ 면소된 것으로 간주한다 ⇒ 면소로 본다.

(3) 조문해설

가. 형법 제60조는 선고유예효과를 규정하고 있다.
나. 주요내용을 보면, 형선고유예를 받은 날부터 2년이 경과되면 면소로 본다.

61. 제61조(선고유예의 실효)

(1) 현행

第61條(宣告猶豫의 失效)
① 刑의 宣告猶豫를 받은 者가 猶豫期間 中 資格停止 以上의 刑에 處한 判決이 確定되거나 資格停止 以上의 刑에 處한 前科가 發見된 때에는 猶豫한 刑을 宣告한다. 〈改正 1995.12.29.〉
② 第59條의2의 規定에 의하여 保護觀察을 명한 宣告猶豫를 받은 者가 保護觀察期間중에 준수사항을 위반하고 그 정도가 무거운 때에는 猶豫한 刑을 宣告할 수 있다. 〈新設 1995.12.29.〉

제61조(선고유예의 실효)
① 형의 선고유예를 받은 자가 유예기간 중 자격정지 이상의 형에 처한 판결이 확정되거나 자격정지 이상의 형에 처한 전과가 발견된 때에는 유예한 형을 선고한다. 〈개정 1995.12.29〉
② 제59조의2의 규정에 의하여 보호관찰을 명한 선고유예를 받은 자가 보호관찰기간 중에 준수사항을 위반하고 그 정도가 무거운 때에는 유예한 형을 선고할 수 있다. 〈신설 1995.12.29〉

(2) 개선방안

제61조(선고유예실효)

① 형을 선고유예 받은 사람이 유예기간 중 다음 각 호 어느 하나에 해당하는 경우 선고유예한 형을 선고한다.

1. 자격정지 이상 형을 선고한 판결이 확정된 경우
2. 자격정지 이상 형을 선고한 전과가 발견된 경우
〈개정 1995.12.29〉

② 제59조2에 **근거하여 보호관찰부** 선고유예를 받은 사람이 **보호관찰기간에** 준수사항을 위반하고 그 정도가 **무거운 경우 선고**유예한 형을 선고할 수 있다. 〈신설 1995.12.29.〉

【개정방향】

※ **제목변경**

※ **명확성 · 간결성 · 가독성 · 개조식**

※ **일본식 조사 '의' 삭제**

※ **목적격 명시**

※ 형의 선고유예를 받은 자가 ⇒ 형을 선고유예 받은 사람이

※ 제59조의2의 규정에 의하여 ⇒ 제59조2에 **근거하여**

※ 보호관찰을 명한 선고유예를 받은 자가 ⇒ **보호관찰부** 선고유예를 받은 사람이

※ 보호관찰기간 중에 준수사항을 위반하고 ⇒ **보호관찰기간에** 준수사항을 위반하고

※ 그 정도가 무거운 때에는 ⇒ 그 정도가 **무거운 경우**

※ 유예한 형을 선고할 수 있다 ⇒ **선고**유예한 형을 선고할 수 있다.

(3) 조문해설

가. 형법 제61조는 선고유예실효를 규정하고 있다.

나. 주요내용을 보면, ① 형을 선고유예 받은 사람이 유예기간 중 다음 각 호 어느 하나에 해당하는 경우 선고유예한 형을 선고한다. 1. 자격정지 이상 형을 선고한 판결이 확정된 경우, 2. 자격정지 이상 형을 선고한 전과가 발견된 경우 〈개정 1995.12.29.〉 ② 제59조2에 근거하여 보호관찰부 선고유예를 받은 사람이 보호관찰기간에 준수사항을 위반하고 그 정도가 무거운 경우 선고유예한 형을 선고할 수 있다. 〈신설 1995.12.29.〉

第4節 刑의 執行猶豫

62. 제62조(집행유예의 요건)

(1) 현행

第62條(執行猶豫의 要件)
① 3年 以下의 징역이나 금고 또는 **500만원 이하의 벌금의 형을 宣告할 境遇에** 第51條의 事項을 參酌하여 그 情狀에 參酌할 만한 事由가 있는 때에는 1年 以上 5年 以下의 期間 刑의 執行을 猶豫할 수 있다. 다만, 금고 이상의 형을 선고한 판결이 확정된 때부터 그 집행을 종료하거나 면제된 후 3년까지의 기간에 범한 죄에 대하여 형을 선고하는 경우에는 그러하지 아니하다. 〈개정 2005.7.29., 2016.1.6.〉
② 刑을 併科할 境遇에는 그 刑의 一部에 對하여 執行을 猶豫할 수 있다.
[시행일: 2018.1.7.]

제62조(집행유예의 요건)
① 3년 이하의 징역이나 금고 또는 **500만원 이하의 벌금의 형을 선고할 경우에** 제51조의 사항을 참작하여 그 정상에 참작할 만한 사유가 있는 때에는 1년 이상 5년 이하의 기간 형의 집행을 유예할 수 있다. 다만, 금고 이상의 형을 선고한 판결이 확정된 때부터 그 집행을 종료하거나 면제된 후 3년까지의 기간에 범한 죄에 대하여 형을 선고하는 경우에는 그러하지 아니하다. 〈개정 2005.7.29, 2016.1.6〉
② 형을 병과할 경우에는 그 형의 일부에 대하여 집행을 유예할 수 있다.

[개정 전 제62조]
제62조(집행유예의 요건)
① **3년 이하의 징역 또는 금고의 형을 선고할 경우에** 제51조의 사항을 참작하여 그 정상에 참작할 만한 사유가 있는 때에는 1년 이상 5년 이하의 기간 형의 집행을 유예할 수 있다. 다만, 금고 이상의 형을 선고한 판결이 확정된 때부터 그 집행을 종료하거나 면제된 후 3년까지의 기간에 범한 죄에 대하여 형을 선고하는 경우에는 그러하지 아니하다. 〈개정 2005. 7.29〉
② 형을 병과할 경우에는 그 형의 일부에 대하여 집행을 유예할 수 있다.

(2) 개선방안

제62조(집행유예요건)
① 법원은 3년 이하 징역형 · 3년 이하 금고형 · 500만원 이하 벌금형을 선고할 때 제51조 사항을 참작하여 그 정상에 참작할 만한 사유가 있는 경우 1년 이상 5년 이

하의 기간 형집행유예를 선고할 수 있다.

② 법원은 금고 이상 형을 선고한 판결이 확정된 때부터 그 집행이 종료되거나 또는 면제된 후 3년 기간에 다시 죄를 범하여 형을 선고하는 경우 형집행유예를 선고할 수 없다. 〈개정 2005.7.29., 2016.1.6.〉

③ 법원은 형을 병과하는 경우 그 형 일부에 대하여 집행유예를 선고할 수 있다.
[시행일: 2018.1.7.]

개정 전 법률

제62조(집행유예요건)

① 법원은 3년 이하 징역형·3년 이하 금고형을 **선고할 때 제51조 정상참작사유가 있는 경우** 1년 이상 5년 이하 기간 형집행유예를 선고할 수 있다.

② 법원은 **금고 이상 형을 선고한 판결이 확정된 때부터 그 집행이 종료되거나 또는 면제된 후 3년 기간에 다시 죄를 범하여 형을 선고하는 경우** 형집행유예를 선고할 수 없다. 〈개정 2005.7.29〉

③ 법원은 형을 **병과하는 경우** 그 형 일부를 집행유예로 선고할 수 있다.

【개정방향】

※ 제목변경

※ 명확성·간결성·가독성

※ 주체를 명시함

※ 국어문법정비

※ 제2항 신설: 제1항을 분리함

※ 일본식 조사 '의' 삭제

※ 선고할 경우⇒선고 시, 선고할 때

(3) 조문해설

가. 형법 제62조는 집행유예요건을 규정하고 있다.

나. 주요내용을 보면, ① 법원은 3년 이하 징역형·3년 이하 금고형·500만원 이하 벌금형을 선고할 때 제51조 사항을 참작하여 그 정상에 참작할 만한 사유가 있는 경우 **1년 이상 5년 이하의 기간 형집행유예를 선고할 수 있다.** ② 법원은 금고 이상 형을 선고한 판결이 확정된 때부터 그 집행이 종료되거나 또는 면제된 후 **3년 기간에 다시 죄를 범하여 형을 선고하는 경우 형집행유예를 선고할 수 없다.** 〈개정 2005.7.29., 2016.1.6.〉 ③ 법원은 형을 병과하는 경우 그 형 일부에 대하여 집행유예를 선고할 수 있다. [시행일 : 2018.1.7.]

(4) **| 관련판례 |** 대법원 2007. 2. 8. 선고 2006도6196 판결 [집행유예 기간 중에 범한 죄에 대하여 공소가 제기된 후 그 재판 도중에 집행유예 기간이 경과한 경우 집행유예 기간 중에 범한 죄에 대하여 다시 집행유예를 선고할 수 있는지 여부(적극)] 집행유예 선고요건

가. 집행유예 기간 중에 범한 죄에 대하여 형을 선고할 때에, 집행유예의 결격사유를 정하는 형법 제62조 제1항 단서 소정의 요건에 해당하는 경우란, 이미 집행유예가 실효 또는 취소된 경우와 그 선고 시점에 미처 유예기간이 경과하지 아니하여 형 선고의 효력이 실효되지 아니한 채로 남아 있는 경우로 국한된다.

나. 집행유예가 실효 또는 취소됨이 없이 유예기간을 경과한 때에는, 형의 선고가 이미 그 효력을 잃게 되어 '금고 이상의 형을 선고'한 경우에 해당한다고 보기 어렵다. 집행의 가능성이 더 이상 존재하지 아니하여 집행종료나 집행면제의 개념도 상정하기 어렵다. 그러므로 위 단서 소정의 요건에 해당하지 않는다고 할 것이다.

다. 그러므로 집행유예 기간 중에 범한 범죄라고 할지라도 집행유예가 실효 취소됨이 없이 그 유예기간이 경과한 경우에는 이에 대해 다시 집행유예의 선고가 가능하다.

62-2. 제62조의2(보호관찰, 사회봉사 · 수강명령)

(1) 현행

第62條의2(保護觀察, 社會奉仕 · 受講命令) ① 刑의 執行을 猶豫하는 경우에는 保護觀察을 받을 것을 명하거나 社會奉仕 또는 受講을 명할 수 있다. ② 第1項의 規定에 의한 保護觀察의 기간은 執行을 猶豫한 기간으로 한다. 다만, 法院은 猶豫期間의 범위내에서 保護觀察期間을 정할 수 있다. ③ 社會奉仕命令 또는 受講命令은 執行猶豫期間내에 이를 執行한다. [本條新設 1995.12.29.] **제62조의2(보호관찰, 사회봉사 · 수강명령)** ① 형의 집행을 유예하는 경우에는 보호관찰을 받을 것을 명하거나 사회봉사 또는 수강을 명할 수 있다. ② 제1항의 규정에 의한 보호관찰의 기간은 집행을 유예한 기간으로 한다. 다만, 법원은 유예기간의 범위 내에서 보호관찰기간을 정할 수 있다.

③ 사회봉사명령 또는 수강명령은 집행유예기간 내에 이를 집행한다.
[본조신설 1995.12.29]

(2) 개선방안

제62조2(보호관찰 · 사회봉사 · 수강명령)
① 법원은 형을 집행유예로 선고하는 **경우 보호관찰 · 사회봉사명령 · 수강명령을 선고할 수 있다.**
② 제1항 보호관찰기간은 집행유예기간으로 한다. **다만** 법원은 유예기간범위에서 보호관찰기간을 정할 수 있다.
③ 보호관찰소는 사회봉사명령 · 수강명령을 집행유예기간 **내에** 집행한다.
[본조신설 1995.12.29.]

【개정방향】
※ 제목변경
※ 명확성 · 간결성 · 가독성
※ 일본식 조사 '의' 삭제
※ 주체 명시
※ 온점(·) 사용

(3) 조문해설

가. 형법 제62조2는 보호관찰 · 사회봉사 · 수강명령을 규정하고 있다.

나. 주요내용을 보면, ① 법원은 형을 집행유예로 선고하는 경우 보호관찰 · 사회봉사명령 · 수강명령을 선고할 수 있다. ② 제1항 보호관찰기간은 집행유예기간으로 한다. 다만 법원은 유예기간범위에서 보호관찰기간을 정할 수 있다. ③ 보호관찰소는 사회봉사명령 · 수강명령을 집행유예기간 내에 집행한다. [본조신설 1995.12.29.]

63. 제63조(집행유예의 실효)

(1) 현행

第63條(執行猶豫의 失效)
執行猶豫의 宣告를 받은 者가 유예기간 중 고의로 범한 죄로 금고 이상의 실형을 선고받아

그 判決이 確定된 때에는 執行猶豫의 宣告는 效力을 잃는다. 〈개정 2005.7.29.〉

제63조(집행유예의 실효)
집행유예의 선고를 받은 자가 유예기간 중 고의로 범한 죄로 금고 이상의 실형을 선고받아 그 판결이 확정된 때에는 집행유예의 선고는 효력을 잃는다. 〈개정 2005.7.29〉

(2) 개선방안

제63조(집행유예실효)
집행유예를 선고받은 사람이 **집행유예기간 중 다시** 고의 범죄로 금고 이상 실형을 **선고받고 판결이 확정된 경우 이전** 집행유예선고는 효력을 잃는다. 〈개정 2005.7.29.〉

【개정방향】
※ 제목변경
※ 명확성 · 간결성 · 가독성
※ 일본식 조사 '의' 삭제
※ 집행유예의 선고를 받은 자가 ⇒ 집행유예를 선고받은 사람이
※ 유예기간 중 ⇒ **집행유예기간 중 다시**
※ 고의로 범한 죄로 ⇒ 고의 범죄로
※ 금고 이상의 실형을 선고받아 ⇒ 금고 이상 실형을 **선고받고**
※ 그 판결이 확정된 때에는 ⇒ **판결이 확정된 경우 이전**
※ 집행유예의 선고는 효력을 잃는다 ⇒ 집행유예선고는 효력을 잃는다.

(3) 조문해설

가. 형법 제63조는 집행유예실효를 규정하고 있다.
나. 주요내용을 보면, 집행유예를 선고받은 사람이 집행유예기간 중 다시 고의 범죄로 금고 이상 실형을 선고받고 판결이 확정된 경우 이전 집행유예선고는 효력을 잃는다. 〈개정 2005.7.29.〉

64. 제64조(집행유예의 취소)

(1) 현행

第64條(執行猶豫의 取消)
① 執行猶豫의 宣告를 받은 後 第62條 但行의 事由가 發覺된 때에는 執行猶豫의 宣告를

取消한다. 〈改正 1995.12.29.〉
② 第62條의2의 規定에 의하여 保護觀察이나 社會奉仕 또는 受講을 명한 執行猶豫를 받은 者가 준수사항이나 命令을 위반하고 그 정도가 무거운 때에는 執行猶豫의 宣告를 取消할 수 있다. 〈新設 1995.12.29.〉

제64조(집행유예의 취소)
① 집행유예의 선고를 받은 후 제62조 단행의 사유가 발각된 때에는 집행유예의 선고를 취소한다. 〈개정 1995.12.29〉
② 제62조의2의 규정에 의하여 보호관찰이나 사회봉사 또는 수강을 명한 집행유예를 받은 자가 준수사항이나 명령을 위반하고 그 정도가 무거운 때에는 집행유예의 선고를 취소할 수 있다.
〈신설 1995.12.29〉

(2) 개선방안

제64조(집행유예취소)
① 집행유예를 선고받은 후 **제62조 제2항 사유가 드러난 경우 법원은** 집행유예선고를 취소한다. 〈개정 1995.12.29〉
② **제62조2에 근거하여 보호관찰 · 사회봉사명령 · 수강명령과 함께 집행유예를 받은 사람이 그 준수사항 · 명령을 위반한 경우 그 정도가 무거운 때** 법원은 집행유예선고를 취소할 수 있다. 〈신설 1995.12.29.〉

【개정방향】
※ 제목변경
※ 명확성 · 간결성 · 가독성
※ 일본식 조사 '의' 삭제
※ 주체 명시(제1항)
※ 집행유예의 선고를 받은 후 ⇒ 집행유예를 선고받은 후
※ 제62조 단행의 사유가 발각된 때에는 ⇒ **제62조 제2항 사유가 드러난 경우**
※ 집행유예의 선고를 취소한다 ⇒ **법원은** 집행유예선고를 취소한다.
※ 제62조의2의 규정에 의하여 ⇒ **제62조2에 근거하여**
※ 보호관찰이나 사회봉사 또는 수강을 명한 집행유예를 받은 자가 ⇒ **보호관찰 · 사회봉사명령 · 수강명령과 함께 집행유예를 받은 사람이**
※ 준수사항이나 명령을 위반하고 ⇒ **그 준수사항 · 명령을 위반한 경우**
※ 그 정도가 무거운 때에는 ⇒ 그 정도가 무거운 **때**
※ 집행유예의 선고를 취소할 수 있다 ⇒ 법원은 집행유예선고를 취소할 수 있다.

(3) 조문해설

가. 형법 제64조는 집행유예취소를 규정하고 있다.

나. 주요내용을 보면, ① 집행유예를 선고받은 후 제62조 제2항 사유가 드러난 경우 법원은 집행유예선고를 취소한다. 〈개정 1995.12.29.〉 ② 제62조2에 근거하여 보호관찰·사회봉사명령·수강명령과 함께 집행유예를 받은 사람이 그 준수사항·명령을 위반한 경우 그 정도가 무거운 때 법원은 집행유예선고를 취소할 수 있다. 〈신설 1995.12.29.〉

65. 제65조(집행유예의 효과)

(1) 현행

第65條(執行猶豫의 效果)
執行猶豫의 宣告를 받은 後 그 宣告의 失效 또는 取消됨이 없이 猶豫期間을 經過한 때에는 刑의 宣告는 效力을 잃는다.

제65조(집행유예의 효과)
집행유예의 선고를 받은 후 그 선고의 실효 또는 취소됨이 없이 유예기간을 경과한 때에는 형의 선고는 효력을 잃는다.

(2) 개선방안

제65조(집행유예효과)
집행유예선고를 받은 후 **집행유예 선고실효 또는 집행유예 선고취소 없이 집행유예기간이 경과된 때** 형선고는 효력을 잃는다.

【개정방향】
※ 제목변경
※ 명확성·간결성·가독성
※ 주체 명시(제1항)
※ 일본식 조사 '의' 삭제
※ 집행유예의 선고를 받은 후 ⇒ 집행유예선고를 받은 후
※ 그 선고의 실효 또는 취소됨이 없이 ⇒ **집행유예 선고실효 또는 집행유예 선고취소 없이**
※ 유예기간을 경과한 때에는 ⇒ **집행유예기간이 경과된 때**
※ 형의 선고는 효력을 잃는다 ⇒ 형선고는 효력을 잃는다.

(3) 조문해설

가. 형법 제65조는 집행유예효과를 규정하고 있다.

나. 주요내용을 보면, 집행유예선고를 받은 후 집행유예 선고실효 또는 집행유예 선고취소 없이 집행유예기간이 경과된 때 형선고는 효력을 잃는다.

第 5 節 刑의 執行

66. 제66조(사형)

(1) 현행

第66條(死刑)
死刑은 刑務所內에서 絞首하여 執行한다.

제66조(사형)
사형은 형무소 내에서 교수하여 집행한다.

(2) 개선방안

제66조(사형)
사형은 **교도소에서 목을 옭아매어** 집행한다.

【개정방향】
※ 제66조(사형) 폐지 〈2022.1.1.〉 희망사항
※ 위하력 있다면 법문도 '끔찍한 일상용어'로 바꿀 필요가 있다.

(3) 조문해설

가. 형법 제66조는 사형을 규정하고 있다.

나. 주요내용을 보면, 사형은 교도소에서 목을 옭아매어 집행한다.

다. 사형제도는 폐지되어야 한다. 가석방 없는 무기형으로 충분하다.

67. 제67조(징역)

(1) 현행

第67條(懲役)
懲役은 刑務所內에 拘置하여 定役에 服務하게 한다.

제67조(징역)
징역은 형무소 내에 구치하여 정역에 복무하게 한다.

(2) 개선방안

제67조(징역)
징역은 교도소 내에 구치하여 정역에 복무하게 한다.

(3) 조문해설

가. 형법 **제67조는 징역**을 규정하고 있다.
나. 주요내용을 보면, **징역은 교도소 내에 구치하여 정역에 복무하게 한다.**

68. 제68조(금고와 구류)

(1) 현행

第68條(禁錮와 拘留)
禁錮와 拘留는 刑務所에 拘置한다.

제68조(금고와 구류)
금고와 구류는 형무소에 구치한다.

(2) 개선방안

제68조(금고와 구류)
금고와 구류는 **교도소에 구치한다.**

【개정방향】
※ 형무소 ⇒ 교도소 · 구치소

(3) 조문해설

가. 형법은 **제68조는 금고와 구류를** 규정하고 있다.

나. 주요내용을 보면, **금고와 구류는 교도소·구치소에 구치한다.**

69. 제69조(벌금과 과료)

(1) 현행

第69條(罰金과 科料)

① 罰金과 科料는 判決確定日로부터 30日內에 納入하여야 한다. 但, 罰金을 宣告할 때에는 同時에 그 金額을 完納할 때까지 勞役場에 留置할 것을 命할 수 있다.

② 罰金을 納入하지 아니한 者는 1日 以上 3年 以下, 科料를 納入하지 아니한 者는 1日 以上 30日 未滿의 期間 勞役場에 留置하여 作業에 服務하게 한다.

제69조(벌금과 과료)

① 벌금과 과료는 판결확정일로부터 30일내에 납입하여야 한다. 단, 벌금을 선고할 때에는 동시에 그 금액을 완납할 때까지 노역장에 유치할 것을 명할 수 있다.

② 벌금을 납입하지 아니한 자는 1일 이상 3년 이하, 과료를 납입하지 아니한 자는 1일 이상 30일 미만의 기간 노역장에 유치하여 작업에 복무하게 한다.

(2) 개선방안

제69조(벌금과 과료)

① 벌금과 과료는 판결확정일로부터 30일내에 납입한다. 다만 재판부가 벌금을 선고할 때 동시에 벌금을 완납할 때까지 노역장유치를 명할 수 있다.

② 벌금을 납입하지 않은 사람은 1일 이상 3년 이하, 과료를 납입하지 않은 사람은 **1일 이상 90일 미만** 기간 노역장에 유치되어 작업에 복무하게 된다.

【개정방향】

※ **명확성·간결성·가독성**

※ 1일 이상 30일 미만⇒1일 이상 90일 미만. 집행력을 높이는 방안임

※ **일본식 조사 '의' 삭제**

※ **수동태 통일**

(3) 조문해설

가. 형법 제69조는 벌금과 과료를 규정하고 있다.

나. 주요내용을 보면, ① 벌금과 과료는 판결확정일로부터 30일내에 납입한다. 다만 재판부가 벌금을 선고할 때 동시에 벌금을 완납할 때까지 노역장유치를 명할 수 있다. ② 벌금을 납입하지 않은 사람은 1일 이상 3년 이하, 과료를 납입하지 않은 사람은 1일 이상 90일 미만 기간 노역장에 유치되어 작업에 복무하게 된다.

70. 제70조(노역장유치)

(1) 현행

第70條(勞役場留置)
① 罰金 또는 科料를 宣告할 때에는 納入하지 아니하는 境遇의 留置期間을 定하여 同時에 宣告하여야 한다. 〈개정 2014.5.14.〉
② 선고하는 벌금이 1억원 이상 5억원 미만인 경우에는 300일 이상, 5억원 이상 50억원 미만인 경우에는 500일 이상, 50억원 이상인 경우에는 1,000일 이상의 유치기간을 정하여야 한다. 〈신설 2014.5.14.〉

제70조(노역장유치)
① 벌금 또는 과료를 선고할 때에는 납입하지 아니하는 경우의 유치기간을 정하여 동시에 선고하여야 한다. 〈개정 2014.5.14〉
② 선고하는 벌금이 1억원 이상 5억원 미만인 경우에는 300일 이상, 5억원 이상 50억원 미만인 경우에는 500일 이상, 50억원 이상인 경우에는 1,000일 이상의 유치기간을 정하여야 한다. 〈신설 2014.5.14〉

(2) 개선방안

제70조(노역장유치)
① 벌금·과료를 **선고할 경우 이와 동시에 납입하지 않는 경우를 예상하여 유치기간을 정해서 선고한**다. 〈개정 2014.5.14〉
② 선고하는 벌금이 1억원 이상 5억원 미만 **경우** 300일 이상·5억원 이상 50억원 미만 **경우** 500일 이상·50억원 이상 **경우** 1,000일 이상 유치기간을 **정한다**. 〈신설 2014.5.14.〉

【개정방향】
※ 명확성·간결성·가독성
※ 일본식 조사 '의' 삭제
※ 온점(·) 사용

(3) 조문해설

가. 형법 제70조는 노역장유치를 규정하고 있다.

나. 주요내용을 보면, ① 벌금 · 과료를 선고할 경우 이와 동시에 납입하지 않는 경우를 예상하여 유치기간을 정해서 선고한다. 〈개정 2014.5.14.〉 ② 선고하는 벌금이 1억원 이상 5억원 미만 경우 300일 이상 · 5억원 이상 50억원 미만 경우 500일 이상 · 50억원 이상 경우 1,000일 이상 유치기간을 정한다. 〈신설 2014.5.14.〉

71. 제71조(유치일수의 공제)

(1) 현행

第71條(留置日數의 控除)
罰金 또는 科料의 宣告를 받은 者가 그 一部를 納入한 때에는 罰金 또는 科料額과 留置期間의 日數에 比例하여 納入金額에 相當한 日數를 除한다.

제71조(유치일수의 공제)
벌금 또는 과료의 선고를 받은 자가 그 일부를 납입한 때에는 벌금 또는 과료액과 유치기간의 일수에 비례하여 납입금액에 상당한 일수를 제한다.

(2) 개선방안

제71조(유치일수공제)
벌금 · 과료 선고를 받은 사람이 그 일부를 납입한 때 벌금 · 과료액 · 유치기간일수에 비례하여 납입금액에 상당한 일수를 **공제한다.**

【개정방향】
※ 제목변경
※ 명확성 · 간결성 · 가독성
※ 일본식 조사 '의' 삭제
※ 온점(·) 사용
※ 제한다 ⇒ 공제한다.

(3) 조문해설

가. 형법 제71조는 유치일수공제를 규정하고 있다.

나. 주요내용을 보면, 벌금·과료 선고를 받은 사람이 그 일부를 납입한 때 벌금·과료액·유치기간일수에 비례하여 납입금액에 상당한 일수를 공제한다.

第 6 節 假釋放

72. 제72조(가석방의 요건)

(1) 현행

第72條(假釋放의 要件)
① 懲役 또는 禁錮의 執行 中에 있는 者가 그 行狀이 良好하여 改悛의 情이 顯著한 때에는 無期에 있어서는 20년, 有期에 있어서는 刑期의 3分의 1을 經過한 後 行政處分으로 假釋放을 할 수 있다. 〈개정 2010.4.15.〉
② 前項의 境遇에 罰金 또는 科料의 併科가 있는 때에는 그 金額을 完納하여야 한다.

제72조(가석방의 요건)
① 징역 또는 금고의 집행 중에 있는 자가 그 행상이 양호하여 개전의 정이 현저한 때에는 무기에 있어서는 20년, 유기에 있어서는 형기의 3분의 1을 경과한 후 행정처분으로 가석방을 할 수 있다. 〈개정 2010.4.15〉
② 전항의 경우에 벌금 또는 과료의 병과가 있는 때에는 그 금액을 완납하여야 한다.

(2) 개선방안

제72조(가석방요건)
① 징역·금고 집행 중에 있는 사람이 행형생활이 양호하여 개전 정이 현저한 때 무기는 20년, 유기는 형기 3분의 1을 경과한 후 **재판을 통해 가석방을 선고할 수 있다.** 〈개정 2010.4.15〉
② **제1항 경우** 벌금·과료 병과가 있는 때 그 금액을 완납하여야 **가석방 대상자가 된다.**

【개정방향】
※ 제목변경
※ 일본식 조사 '의' 삭제
※ 명확성·간결성·가독성
※ 온점(·) 사용
※ 【해설】 가석방을 행정처분으로 결정하는 것은 삼권분립을 침해하는 것이다. **가석**

방위원회 결정을 통해 (국민의사를 담아) 1차로 정비를 하고, 마지막으로 사법부 판단을 다시 받아야 한다. 국민참여재판방식을 생각하면 된다.

(3) 조문해설

가. 형법 제72조는 가석방요건을 규정하고 있다.

나. 주요내용을 보면, ① 징역·금고 집행 중에 있는 사람이 행형생활이 양호하여 개전 정이 현저한 때 무기는 20년, 유기는 형기 3분의 1을 경과한 후 재판을 통해 가석방을 선고할 수 있다. 〈개정 2010.4.15.〉 ② 제1항 경우 벌금·과료 병과가 있는 때 그 금액을 완납하여야 가석방 대상자가 된다.

73. 제73조(판결선고 전 구금과 가석방)

(1) 현행

第73條(判決宣告前 拘禁과 假釋放)
① 刑期에 算入된 判決宣告前 拘禁의 日數는 假釋放에 있어서 執行을 經過한 期間에 算入한다.
② 罰金 또는 科料에 關한 留置期間에 算入된 判決宣告前 拘禁日數는 前條第2項의 境遇에 있어서 그에 該當하는 金額이 納入된 것으로 看做한다.

제73조(판결선고 전 구금과 가석방)
① 형기에 산입된 판결선고 전 구금의 일수는 가석방에 있어서 집행을 경과한 기간에 산입한다.
② 벌금 또는 과료에 관한 유치기간에 산입된 판결선고 전 구금일수는 전조제2항의 경우에 있어서 그에 해당하는 금액이 납입된 것으로 간주한다.

(2) 개선방안

제73조(판결선고 전 구금과 가석방)
① 형기에 산입된 판결 선고 전 구금일수는 **형벌집행기간에 산입한다.**
② 벌금·과료에 관한 유치기간에 산입된 판결선고 전 구금일수는 **제72조 제2항 경우 해당 금액이 이미 납입된 것으로 본다.**

【개정방향】
※ 명확성·간결성·가독성

※ 일본식 조사 '의' 삭제
※ 온점(·) 사용

(3) 조문해설

가. 형법 제73조는 판결선고 전 구금과 가석방을 규정하고 있다.

나. 주요내용을 보면, ① 형기에 산입된 판결 선고 전 구금일수는 형벌집행기간에 산입한다. ② 벌금·과료에 관한 유치기간에 산입된 판결선고 전 구금일수는 제72조 제2항 경우 해당 금액이 이미 납입된 것으로 본다.

73-2. 제73조의2(가석방의 기간 및 보호관찰)

(1) 현행

第73條의2(假釋放의 기간 및 保護觀察)
① 假釋放의 기간은 無期刑에 있어서는 10年으로 하고, 有期刑에 있어서는 남은 刑期로 하되, 그 기간은 10年을 초과할 수 없다.
② 假釋放된 者는 假釋放期間중 保護觀察을 받는다. 다만, 假釋放을 許可한 行政官廳이 필요가 없다고 인정한 때에는 그러하지 아니하다. [本條新設 1995.12.29.]

제73조의2(가석방의 기간 및 보호관찰)
① 가석방의 기간은 무기형에 있어서는 10년으로 하고, 유기형에 있어서는 남은 형기로 하되, 그 기간은 10년을 초과할 수 없다.
② 가석방된 자는 가석방기간중 보호관찰을 받는다. 다만, 가석방을 허가한 행정관청이 필요가 없다고 인정한 때에는 그러하지 아니하다. [본조신설 1995.12.29]

(2) 개선방안

제73조2(가석방기간과 보호관찰)
① 가석방기간은 **무기형은 10년으로 하고, 유기형은** 남은 형기로 하되, 그 기간은 10년을 초과할 수 없다.
② 가석방된 사람은 가석방기간 중 보호관찰을 받는다. **다만 가석방을 선고한 법원이 필요가 없다고 인정한 경우 보호관찰을 받지 않을 수 있다.** [본조신설 1995.12.29.]

【개정방향】
※ 제목변경
※ 명확성 · 간결성 · 가독성
※ 일본식 조사 '의' 삭제

(3) 조문해설

가. 형법 제73조2는 가석방기간과 보호관찰을 규정하고 있다.

나. 주요내용을 보면, ① 가석방기간은 무기형은 10년으로 하고, 유기형은 남은 형기로 하되, 그 기간은 10년을 초과할 수 없다. ② 가석방된 사람은 가석방 기간 중 보호관찰을 받는다. 다만 가석방을 선고한 법원이 필요가 없다고 인정한 경우 보호관찰을 받지 않을 수 있다. [본조신설 1995.12.29.]

74. 제74조(가석방의 실효)

(1) 현행

第74條(假釋放의 失效)
假釋放中 禁錮 以上의 刑의 宣告를 받어 그 判決이 確定된 때에는 假釋放處分은 效力을 잃는다. 但 過失로 因한 罪로 刑의 宣告를 받었을 때에는 例外로 한다.

제74조(가석방의 실효)
가석방중 금고 이상의 형의 선고를 받어 그 판결이 확정된 때에는 가석방처분은 효력을 잃는다. 단 과실로 인한 죄로 형의 선고를 받었을 때에는 예외로 한다.

(2) 개선방안

제74조(가석방실효)
가석방 중 금고 이상 형 선고를 **받고 그 판결이 확정된 때 가석방처분은 효력을 잃는다. 다만** 과실로 범한 죄로 형 선고를 **받은 경우 가석방처분은 효력을 잃지 않는다.**

【개정방향】
※ 제목변경
※ 명확성 · 간결성 · 가독성
※ 일본식 조사 '의' 삭제
※ 단 ⇒ 다만

※ 과실로 인한 죄로⇒**다만** 과실로 범한 죄로
※ 형의 선고를 받었을 때에는 예외로 한다⇒형 선고를 **받은 경우 가석방처분은 효력을 잃지 않는다.**

(3) 조문해설

가. 형법 제74조는 가석방실효를 규정하고 있다.

나. 주요내용을 보면, 가석방 중 금고 이상 형 선고를 받고 그 판결이 확정된 때 가석방처분은 효력을 잃는다. 다만 과실로 범한 죄로 형 선고를 받은 경우 가석방처분은 효력을 잃지 않는다.

75. 제75조(가석방의 취소)

(1) 현행

第75條(假釋放의 取消)
假釋放의 처분을 받은 者가 監視에 관한 規則을 違背하거나, 保護觀察의 준수사항을 위반하고 그 정도가 무거운 때에는 假釋放處分을 取消할 수 있다. [全文改正 1995.12.29.]

제75조(가석방의 취소)
가석방의 처분을 받은 자가 감시에 관한 규칙을 위배하거나, 보호관찰의 준수사항을 위반하고 그 정도가 무거운 때에는 가석방처분을 취소할 수 있다. [전문개정 1995.12.29]

(2) 개선방안

제75조(가석방취소)
가석방처분을 받은 사람이 감시에 관한 규칙을 위배하거나 또는 보호관찰 준수사항을 위반하고, 그 정도가 중한 경우 **검사 청구가 있는 경우 법원은 가석방처분을 취소할 수 있다.** [전문개정 1995.12.29.]

【개정방향】
※ 제목변경
※ 명확성·간결성·가독성
※ 일본식 조사 '의' 삭제
※ **취소 주체가 명확해야 함. 법원이 주체가 되어야 함**

(3) 조문해설

가. 형법 제75조는 가석방취소를 규정하고 있다.

나. 주요내용을 보면, 가석방처분을 받은 사람이 감시에 관한 규칙을 위배하거나 또는 보호관찰 준수사항을 위반하고, 그 정도가 중한 경우 검사 청구가 있는 경우 법원은 가석방처분을 취소할 수 있다. [전문개정 1995.12.29.]

76. 제76조(가석방의 효과)

(1) 현행

第76條(假釋放의 效果)

① 假釋放의 처분을 받은 후 그 처분이 失效 또는 取消되지 아니하고 假釋放期間을 경과한 때에는 刑의 執行을 종료한 것으로 본다. 〈改正 1995.12.29.〉

② 前2條의 境遇에는 假釋放中의 日數는 刑期에 算入하지 아니한다.

제76조(가석방의 효과)

① 가석방의 처분을 받은 후 그 처분이 실효 또는 취소되지 아니하고 가석방기간을 경과한 때에는 형의 집행을 종료한 것으로 본다. 〈개정 1995.12.29〉

② 전2조의 경우에는 가석방중의 일수는 형기에 산입하지 아니한다.

(2) 개선방안

제76조(가석방효과)

① 가석방 **선고를 받은 후** 그 **판결**이 실효 또는 취소되지 **않고** 가석방 기간을 **경과한 때** 형벌집행을 종료한 것으로 **본다.** 〈개정 1995.12.29〉

② **제74조와 제75조 경우** 가석방 중 일수는 형기에 산입하지 **않는다.**

【개정방향】

※ **제목변경**

※ **명확성 · 간결성 · 가독성**

※ **일본식 조사 '의' 삭제**

※ 전2조의 경우에는 ⇒ **제74조와 제75조 경우**

※ 가석방중의 일수는 ⇒ 가석방 중 일수는

※ 형기에 산입하지 아니한다 ⇒ 형기에 산입하지 않는다.

(3) 조문해설

가. 형법 제76조는 가석방효과를 규정하고 있다.

나. 주요내용을 보면, ① 가석방 선고를 받은 후 그 판결이 실효 또는 취소되지 않고 가석방 기간을 경과한 때 형벌집행을 종료한 것으로 본다. 〈개정 1995. 12.29.〉 ② 제74조와 제75조 경우 가석방 중 일수는 형기에 산입하지 않는다.

第 7 節 刑의 時效

77. 제77조(시효의 효과)

(1) 현행

第77條(時效의 效果)
刑의 宣告를 받은 者는 時效의 完成으로 因하여 그 執行이 免除된다.

제77조(시효의 효과)
형의 선고를 받은 자는 시효의 완성으로 인하여 그 집행이 면제된다.

(2) 개선방안

제77조(시효효과)
시효가 완성되면, 형선고를 받은 사람에게 형벌집행을 면제한다.

【개정방향】
※ 제목변경
※ 명확성 · 간결성 · 가독성
※ 일본식 조사 '의' 삭제
※ 시효의 완성으로 인하여 ⇒ **시효가 완성되면**

(3) 조문해설

가. 형법 제77조는 시효효과를 규정하고 있다.

나. 주요내용을 보면, 시효가 완성되면, 형선고를 받은 사람에게 형벌집행을 면제한다.

78. 제78조(시효의 기간) *****

(1) 현행

제78조(시효의 기간)
시효는 형을 선고하는 재판이 확정된 후 그 집행을 받음이 없이 다음의 기간을 경과함으로 인하여 완성된다. 〈개정 2017.12.12〉
1. 사형은 30년
2. 무기의 징역 또는 금고는 20년
3. 10년 이상의 징역 또는 금고는 15년
4. 3년 이상의 징역이나 금고 또는 10년 이상의 자격정지는 10년
5. 3년 미만의 징역이나 금고 또는 5년 이상의 자격정지는 7년
6. 5년 미만의 자격정지, 벌금, 몰수 또는 추징은 5년
7. 구류 또는 과료는 1년

개정 전 법률
第78條(時效의 期間)
時效는 刑을 宣告하는 裁判이 確定된 後 그 執行을 받음이 없이 다음의 期間을 經過함으로 因하여 完成된다.
1. 死刑은 30年
2. 無期의 懲役 또는 禁錮는 20年
3. 10年 以上의 懲役 또는 禁錮는 15年
4. 3年 以上의 懲役이나 禁錮 또는 10年 以上의 資格停止는 10年
5. 3年 未滿의 懲役이나 禁錮 또는 5年 以上의 資格停止는 5年
6. 5年 未滿의 資格停止, 罰金, 沒收 또는 追徵은 3年
7. 拘留 또는 科料는 1年

제78조(시효의 기간)
시효는 형을 선고하는 재판이 확정된 후 그 집행을 받음이 없이 다음의 기간을 경과함으로 인하여 완성된다.
1. 사형은 30년
2. 무기의 징역 또는 금고는 20년
3. 10년 이상의 징역 또는 금고는 15년
4. 3년 이상의 징역이나 금고 또는 10년 이상의 자격정지는 10년
5. 3년 미만의 징역이나 금고 또는 5년 이상의 자격정지는 5년
6. 5년 미만의 자격정지, 벌금, 몰수 또는 추징은 3년
7. 구류 또는 과료는 1년

(2) 개선방안

제78조(시효기간)

형을 선고하는 재판이 확정된 후 집행 없이 다음 **기간이 경과하면 시효는 완성된다.**

1. 사형 – 30년
2. 무기징역 · 무기금고 – 20년
3. 10년 이상 징역 · 금고 – 15년
4. 3년 이상 징역 · 금고 · 10년 이상 자격정지 – 10년
5. **3년 미만 징역 · 금고 · 5년 이상 자격정지 – 7년**
6. **5년 미만 자격정지 · 벌금 · 몰수 · 추징 – 5년**
7. 구류 · 과료 – 1년

개정 전 법률

제78조(시효기간)

시효는 형을 선고하는 재판이 확정된 후 집행 없이 다음 **기간이 경과하면 완성된다.**

1. 사형 – 30년
2. 무기징역 · 무기금고 – 20년
3. 10년 이상 징역 · 금고 – 15년
4. 3년 이상 징역 · 금고 · 10년 이상 자격정지 – 10년
5. 3년 미만 징역 · 금고 · 5년 이상 자격정지 – 5년
6. 5년 미만 자격정지 · 벌금 · 몰수 · 추징 – 3년
7. 구류 · 과료 – 1년

【개정방향】

※ 제목변경

※ 명확성 · 간결성 · 가독성

※ 일본식 조사 '의' 삭제

※ 온점(·) 사용

※ 시효는 형을 선고하는 재판이 확정된 후 ⇒ 형을 선고하는 재판이 확정된 후

※ 그 집행을 받음이 없이 ⇒ 집행 없이

※ 다음의 기간을 경과함으로 인하여 완성된다 ⇒ 다음 **기간이 경과하면 시효는 완성된다.**

※ **제5호와 제6호가 2017년 개정되었음**

(3) 조문해설

가. 형법 제78조는 시효기간을 규정하고 있다.

나. 주요내용을 보면, 형을 선고하는 재판이 확정된 후 집행 없이 다음 기간이 경과하면 시효는 완성된다. 1. 사형 – 30년, 2. 무기징역 · 무기금고 – 20년, 3. 10년 이상 징역 · 금고 – 15년, 4. 3년 이상 징역 · 금고 · 10년 이상 자격정지 – 10년, 5. 3년 미만 징역 · 금고 · 5년 이상 자격정지 – 7년, 6. 5년 미만 자격정지 · 벌금 · 몰수 · 추징 – 5년, 7. 구류 · 과료 – 1년 이다.

79. 제79조(시효의 정지)

(1) 현행

第79條(時效의 停止)
① 時效는 刑의 執行의 猶豫나 停止 또는 假釋放 其他 執行할 수 없는 期間은 進行되지 아니한다. 〈개정 2014.5.14.〉
② 시효는 형이 확정된 후 그 형의 집행을 받지 아니한 자가 형의 집행을 면할 목적으로 국외에 있는 기간 동안은 진행되지 아니한다. 〈신설 2014.5.14.〉

제79조(시효의 정지)
① 시효는 형의 집행의 유예나 정지 또는 가석방 기타 집행할 수 없는 기간은 진행되지 아니한다. 〈개정 2014.5.14〉
② 시효는 형이 확정된 후 그 형의 집행을 받지 아니한 자가 형의 집행을 면할 목적으로 국외에 있는 기간 동안은 진행되지 아니한다. 〈신설 2014.5.14〉

(2) 개선방안

제79조(시효정지)
① **시효는 다음 각 호 경우 진행되지 않는다.**
　1. **형집행유예 · 형집행정지**
　2. **가석방**
　3. **그 밖에 집행할 수 없는 기간 〈개정 2014.5.14〉**
② 형이 확정된 후 그 형집행을 받지 않은 사람이 형집행을 면할 목적으로 국외에 있는 기간 동안 **시효는 진행되지 않는다.** 〈신설 2014.5.14.〉

【개정방향】
※ 제목변경
※ 명확성 · 간결성 · 가독성
※ 일본식 조사 '의' 삭제

※ 온점(·) 사용

(3) 조문해설

가. 형법 제79조는 시효정지를 규정하고 있다.

나. 주요내용을 보면, ① 시효는 다음 각 호 경우 진행되지 않는다. 1. 형집행유예 · 형집행정지, 2. 가석방, 3. 그 밖에 집행할 수 없는 기간 〈개정 2014.5.14.〉 ② 형이 확정된 후 그 형집행을 받지 않은 사람이 형집행을 면할 목적으로 국외에 있는 기간 동안 시효는 진행되지 않는다. 〈신설 2014.5.14.〉

80. 제80조(시효의 중단)

(1) 현행

第80條(時效의 中斷)
時效는 死刑, 懲役, 禁錮와 拘留에 있어서는 受刑者를 逮捕함으로, 罰金, 科料, 沒收와 追徵에 있어서는 强制處分을 開始함으로 因하여 中斷된다.

제80조(시효의 중단)
시효는 사형, 징역, 금고와 구류에 있어서는 수형자를 체포함으로, 벌금, 과료, 몰수와 추징에 있어서는 강제처분을 개시함으로 인하여 중단된다.

(2) 개선방안

제80조(시효중단)

① 사형 · 징역 · 금고 · 구류를 선고 받은 사람 경우 형시효는 수형자를 체포하는 시점부터 중단된다.

② 벌금 · 과료 · 몰수 · 추징를 선고 받은 사람 경우 형시효는 강제처분을 개시하는 시점부터 중단된다.

【개정방향】

※ 제목변경

※ 명확성 · 간결성 · 가독성

※ 일본식 조사 '의' 삭제

※ 온점(·) 사용

※ 제1항과 제2항으로 분리함

(3) 조문해설

가. 형법 제80조는 시효중단을 규정하고 있다.

나. 주요내용을 보면, ① 사형·징역·금고·구류를 선고 받은 사람 경우 형시효는 수형자를 체포하는 시점부터 중단된다. ② 벌금·과료·몰수·추징를 선고 받은 사람 경우 형시효는 강제처분을 개시하는 시점부터 중단된다.

第8節　刑의 消滅

81. 제81조(형의 실효)

(1) 현행

第81條(刑의 失效)
懲役 또는 禁錮의 執行을 終了하거나 執行이 免除된 者가 被害者의 損害를 補償하고 資格停止 以上의 刑을 받음이 없이 7年을 經過한 때에는 本人 또는 檢事의 申請에 依하여 그 裁判의 失效를 宣告할 수 있다.

제81조(형의 실효)
징역 또는 금고의 집행을 종료하거나 집행이 면제된 자가 피해자의 손해를 보상하고 자격정지 이상의 형을 받음이 없이 7년을 경과한 때에는 본인 또는 검사의 신청에 의하여 그 재판의 실효를 선고할 수 있다.

(2) 개선방안

제81조(형실효)
징역·금고 집행이 종료된 사람 또는 징역·금고 집행이 면제된 사람이 피해자에게 손해를 보상하고 자격정지 이상 형을 받음이 없이 7년을 **경과한 때** 본인 또는 검사 **신청이 있는 경우 법원은 종전 재판** 실효를 선고할 수 있다.

【개정방향】
※ 제목변경
※ 명확성·간결성·가독성
※ 일본식 조사 '의' 삭제
※ 온점(·) 사용, 주체 명시

(3) 조문해설

가. 형법 제81조는 형실효을 규정하고 있다.

나. 주요내용을 보면, 징역·금고 집행이 종료된 사람 또는 징역·금고 집행이 면제된 사람이 피해자에게 손해를 보상하고 자격정지 이상 형을 받음이 없이 7년을 경과한 때 본인 또는 검사 신청이 있는 경우 법원은 종전 재판 실효를 선고할 수 있다.

82. 제82조(복권)

(1) 현행

第82條(復權)
資格停止의 宣告를 받은 者가 被害者의 損害를 補償하고 資格停止 以上의 刑을 받음이 없이 停止期間의 2分의 1을 經過한 때에는 本人 또는 檢事의 申請에 依하여 資格의 回復을 宣告할 수 있다.

제82조(복권)
자격정지의 선고를 받은 자가 피해자의 손해를 보상하고 자격정지 이상의 형을 받음이 없이 정지기간의 2분의 1을 경과한 때에는 본인 또는 검사의 신청에 의하여 자격의 회복을 선고할 수 있다.

(2) 개선방안

제82조(복권)
자격정지 선고를 받은 사람이 피해자에게 손해를 보상하고, 자격정지 이상 형을 받음이 없이 정지기간 2분의 1을 **경과한 때** 본인·검사 **신청이 있는 경우 법원은** 자격회복을 선고할 수 있다.

【개정방향】
※ 제목변경
※ 명확성·간결성·가독성
※ 일본식 조사 '의' 삭제
※ 온점(·) 사용
※ 주체 명시: 법원

(3) 조문해설

가. 형법 제82조는 복권을 규정하고 있다.

나. 주요내용을 보면, 자격정지 선고를 받은 사람이 피해자에게 손해를 보상하고, 자격정지 이상 형을 받음이 없이 정지기간 2분의 1을 경과한 때 본인·검사 신청이 있는 경우 법원은 자격회복을 선고할 수 있다.

제 4 장

期　　間

83. 제83조(기간의 계산)

(1) 현행

第83條(期間의 計算)
年 또는 月로써 定한 期間은 曆數에 따라 計算한다.

제83조(기간의 계산)
연 또는 월로써 정한 기간은 역수에 따라 계산한다.

(2) 개선방안

제83조(기간계산)
연(年)·월(月)로 정한 기간은 **역수(曆數)로** 계산한다.

【개정방향】
※ 제목변경
※ 명확성·간결성·가독성
※ 한자 부기
※ 연 또는 월로써 ⇒ 연(年)·월(月)로
※ 역수에 따라 ⇒ 역수(曆數)로

(3) 조문해설

가. 형법 제83조는 기간계산을 규정하고 있다.

나. 주요내용을 보면, 연(年)·월(月)로 정한 기간은 역수(曆數)로 계산한다.

84. 제84조(형기의 기산)

(1) 현행

第84條(刑期의 起算)
① 刑期는 判決이 確定된 날로부터 起算한다.
② 懲役, 禁錮, 拘留와 留置에 있어서는 拘束되지 아니한 日數는 刑期에 算入하지 아니한다.

제84조(형기의 기산)
① 형기는 판결이 확정된 날로부터 기산한다.
② 징역, 금고, 구류와 유치에 있어서는 구속되지 아니한 일수는 형기에 산입하지 아니한다.

(2) 개선방안

제84조(형기기산)
① 형기는 판결이 확정된 날부터 기산한다.
② **징역·금고·구류·유치 경우** 구속되지 아니한 일수는 형기에 산입되지 않는다.

【개정방향】
※ 제목변경
※ 명확성·간결성·가독성
※ 일본식 조사 '의' 삭제

(3) 조문해설

가. 형법 제84조는 형기기산을 규정하고 있다.

나. 주요내용을 보면, ① 형기는 판결이 확정된 날부터 기산한다. ② 징역·금고·구류·유치 경우 구속되지 아니한 일수는 형기에 산입되지 않는다.

85. 제85조(형의 집행과 시효기간의 초일)

(1) 현행

第85條(刑의 執行과 時效期間의 初日)
刑의 執行과 時效期間의 初日은 時間을 計算함이 없이 1日로 算定한다.

제85조(형의 집행과 시효기간의 초일)
형의 집행과 시효기간의 초일은 시간을 계산함이 없이 1일로 산정한다.

(2) 개선방안

제85조(형벌집행과 시효기간 초일)
형벌집행과 시효기간 초일은 시간을 계산함이 없이 1일로 산정한다.

【개정방향】
※ 제목변경
※ 명확성 · 간결성 · 가독성
※ 일본식 조사 '의' 삭제

(3) 조문해설

가. 형법 제85조는 형벌집행과 시효기간 초일을 규정하고 있다.
나. 주요내용을 보면, 형벌집행과 시효기간 초일은 시간을 계산함이 없이 1일로 산정한다.

86. 제86조(석방일)

(1) 현행

第86條(釋放日)
釋放은 刑期終了日에 하여야 한다.

제86조(석방일)
석방은 형기종료일에 하여야 한다.

(2) 개선방안

제1안
제86조(석방일)
① 석방은 형기종료일에 한다.
② **가석방은 법원에서 가석방이 선고된 날에 즉시 집행한다.**

제2안 ★★★★★
제86조(석방일)
① 석방은 형기를 종료하는 날에 한다.
② **법원이 가석방을 선고하는 날에 법무부는 즉시 가석방을 집행한다.**

【개정방향】
※ 명확성 · 간결성 · 가독성
※ 공휴일 · 투표일 · 결혼일을 사용하고 있음
※ 가석방 명문화
※ 형법 제72조(가석방요건) 참조

(3) 조문해설

가. 형법 제86조는 석방일을 규정하고 있다.

나. 주요내용을 보면, ① 석방은 형기를 종료하는 날에 한다. ② 법원이 가석방을 선고하는 날에 법무부는 즉시 가석방을 집행한다.

다. 가석방 남용을 법원이 통제해야 한다(사법통제).

제 2 편

각 칙

제1장

內亂의 罪

87. 제87조(내란)

(1) 현행

第87條(內亂)
國土를 僭竊하거나 國憲을 紊亂할 目的으로 暴動한 者는 다음의 區別에 依하여 處斷한다.
1. 首魁는 死刑, 無期懲役 또는 無期禁錮에 處한다.
2. 謀議에 參與하거나 指揮하거나 其他 重要한 任務에 從事한 者는 死刑, 無期 또는 5年 以上의 懲役이나 禁錮에 處한다. 殺傷, 破壞 또는 掠奪의 行爲를 實行한 者도 같다.
3. 附和隨行하거나 單純히 暴動에만 關與한 者는 5年 以下의 懲役 또는 禁錮에 處한다.

제87조(내란)
국토를 참절하거나 국헌을 문란할 목적으로 폭동한 자는 다음의 구별에 의하여 처단한다.
1. 수괴는 사형, 무기징역 또는 무기금고에 처한다.
2. 모의에 참여하거나 지휘하거나 기타 중요한 임무에 종사한 자는 사형, 무기 또는 5년 이상의 징역이나 금고에 처한다. 살상, 파괴 또는 약탈의 행위를 실행한 자도 같다.
3. 부화수행하거나 단순히 폭동에만 관여한 자는 5년 이하의 징역 또는 금고에 처한다.

(2) 개선방안

제87조(내란)
국토참절·국헌문란 목적으로 폭동한 사람은 **다음 각 호에 근거하여 처벌된다.**
1. 수괴는 **사형·무기징역형·무기금고형으로 처벌된다.**
2. **모의참여자·모의지휘자·그 밖에 중요 임무종사자는 사형·무기징역형·무기금고형·5년 이상 징역형·5년 이상 금고형으로 처벌된다.** 살상행위·파괴행위·약탈행위를 한 사람도 **사형·무기징역형·무기금고형·5년 이상 징역형·5년 이상 금고형으로 처벌된다.**
3. 부화수행자·단순폭동관여자는 5년 이하 징역형·5년 이하 금고형으로 처벌된다.

【개정방향】

※ **명확성 · 간결성 · 가독성**

※ **일본식 조사 '의' 삭제**

※ **국어문법정비**

※ 자⇒사람. 형법 제247조 통일. 이하 각론 조문 사람으로 통일함

※ 국토를 참절하거나 국헌을 문란할 목적으로⇒국토참절 · 국헌문란 목적으로

※ 폭동한 자는⇒폭동한 사람은

※ 다음의 구별에 의하여 처단한다⇒**다음 각 호에 근거하여 처벌된다.**

※ **처단한다. 처한다. 미수범은 처벌한다⇒혼용하여 사용하고 있으나『처벌된다』로 통일함. 현행법은 죄형법정주의에 반함. 권위형법산물**

(3) 조문해설

가. 형법 제87조는 내란을 규정하고 있다.

나. 주요내용을 보면, 국토참절 · 국헌문란 목적으로 폭동한 사람은 다음 각 호에 근거하여 처벌된다. 1. 수괴는 사형 · 무기징역형 · 무기금고형으로 처벌된다. 2. 모의참여자 · 모의지휘자 · 그 밖에 중요 임무종사자는 사형 · 무기징역형 · 무기금고형 · 5년 이상 징역형 · 5년 이상 금고형으로 처벌된다. 살상행위 · 파괴행위 · 약탈행위를 한 사람도 사형 · 무기징역형 · 무기금고형 · 5년 이상 징역형 · 5년 이상 금고형으로 처벌된다. 3. 부화수행자 · 단순폭동관여자는 5년 이하 징역형 · 금고형으로 처벌된다.

다. 현행 법률은 '처단한다'와 '처한다'고 표현한다. 국가권위를 과도하게 표현한 용어이다. 형벌목적이 담긴 각칙으로 전면 개정되어야 한다.

88. 제88조(내란목적의 살인)

(1) 현행

第88條(內亂目的의 殺人)

國土를 僭竊하거나 國憲을 紊亂할 目的으로 사람을 殺害한 者는 死刑, 無期懲役 또는 無期禁錮에 處한다.

제88조(내란목적의 살인)

국토를 참절하거나 국헌을 문란할 목적으로 사람을 살해한 자는 사형, 무기징역 또는 무기금고에 처한다.

(2) 개선방안

제88조(내란목적살인)
국토참절·국헌문란 목적으로 다른 사람을 **살해한 사람은 사형·무기징역형·무기금고형으로 처벌된다.**

【개정방향】
※ 제목변경: 일본식 조사 '의' 삭제
※ 명확성·간결성·가독성·국어문법정비
※ 온점(·) 활용: (,) ⇒ (·) 형법 제157조와 제324조2(인질강요)에서 이미 사용 중

(3) 조문해설

가. 형법 제88조는 내란목적살인을 규정하고 있다.
나. 주요내용을 보면, 국토참절·국헌문란 목적으로 다른 사람을 살해한 사람은 사형·무기징역형·무기금고형으로 처벌된다.

89. 제89조(미수범)

(1) 현행

第89條(未遂犯)
前2條의 未遂犯은 處罰한다.

제89조(미수범)
전2조의 미수범은 처벌한다.

(2) 개선방안

제89조(미수범)
제87조·제88조 미수범은 처벌된다.

【개정방향】
※ 온점(·) 활용: (,) ⇒ (·) 형법 제157조와 제324조2(인질강요)에서 이미 사용 중
※ 국어문법정비

(3) 조문해설

가. 형법 제89조는 미수범을 규정하고 있다.

나. 주요내용을 보면, 제87조 · 제88조 미수범은 처벌된다.

90. 제90조(예비, 음모, 선동, 선전)

(1) 현행

第90條(豫備, 陰謀, 煽動, 宣傳)

① 第87條 또는 第88條의 罪를 犯할 目的으로 豫備 또는 陰謀한 者는 3年 以上의 有期懲役이나 有期禁錮에 處한다. 但, 그 目的한 罪의 實行에 이르기 前에 自首한 때에는 그 刑을 減輕 또는 免除한다.

② 第87條 또는 第88條의 罪를 犯할 것을 煽動 또는 宣傳한 者도 前項의 刑과 같다.

제90조(예비, 음모, 선동, 선전)

① 제87조 또는 제88조의 죄를 범할 목적으로 예비 또는 음모한 자는 3년 이상의 유기징역이나 유기금고에 처한다. 단, 그 목적한 죄의 실행에 이르기 전에 자수한 때에는 그 형을 감경 또는 면제한다.

② 제87조 또는 제88조의 죄를 범할 것을 선동 또는 선전한 자도 전항의 형과 같다.

(2) 개선방안

제90조(예비 · 음모 · 선동 · 선전)

① 제87조 · 제88조 죄를 범할 목적으로 **예비 · 음모한 사람은 3년 이상 징역형 · 3년 이상 금고형으로 처벌된다. 다만 그 목적한 죄 실행착수 전에 자수한 경우 그 형이 감경 · 면제된다.**

② 제87조 · 제88조 죄를 범할 목적으로 선동 · 선전한 사람은 **3년 이상 징역형 · 3년 이상 금고형으로 처벌된다. 다만 그 목적한 죄 실행착수 전에 자수한 경우 그 형이 감경 · 면제된다.**

【개정방향】

※ 제목변경

※ 명확성 · 간결성 · 가독성

※ 일본식 조사 '의' 삭제

※ 온점(·) 활용: (,) ⇒ (·) 형법 제157조와 제324조2(인질강요)에서 이미 사용 중

※ 국어문법정비

(3) 조문해설

가. 형법 제90조는 예비 · 음모 · 선동 · 선전을 규정하고 있다.

나. 주요내용을 보면, ① 제87조 · 제88조 죄를 범할 목적으로 예비 · 음모한 사람은 3년 이상 징역형 · 3년 이상 금고형으로 처벌된다. 다만 그 목적한 죄 실행착수 전에 자수한 경우 그 형이 감경 · 면제된다. ② 제87조 · 제88조 죄를 범할 목적으로 선동 · 선전한 사람은 3년 이상 징역형 · 3년 이상 금고형으로 처벌된다. 다만 그 목적한 죄 실행착수 전에 자수한 경우 그 형이 감경 · 면제된다.

91. 제91조(국헌문란의 정의)

(1) 현행

第91條(國憲紊亂의 定義)

本章에서 國憲을 紊亂할 目的이라 함은 다음 各號의 1에 該當함을 말한다.

1. 憲法 또는 法律에 定한 節次에 依하지 아니하고 憲法 또는 法律의 機能을 消滅시키는 것
2. 憲法에 依하여 設置된 國家機關을 强壓에 依하여 顚覆 또는 그 權能行使를 不可能하게 하는 것

제91조(국헌문란의 정의)

본장에서 국헌을 문란할 목적이라 함은 다음 각호의 1에 해당함을 말한다.

1. 헌법 또는 법률에 정한 절차에 의하지 아니하고 헌법 또는 법률의 기능을 소멸시키는 것
2. 헌법에 의하여 설치된 국가기관을 강압에 의하여 전복 또는 그 권능행사를 불가능하게 하는 것

(2) 개선방안

제91조(국헌문란정의)

제1장 내란죄에서 국헌문란목적은 **다음 각 호 어느 하나를 말한다.**

1. 헌법절차에 근거하지 않고 헌법기능을 소멸시키는 목적
2. 법률절차에 근거하지 않고 법률기능을 소멸시키는 목적
3. 헌법에 근거하여 설치된 국가기관을 강압으로 전복할 목적
4. 헌법에 근거하여 설치된 국가기관을 강압으로 권능행사를 불가능하게 할 목적

【개정방향】
※ 제목변경
※ 명확성 · 간결성 · 가독성
※ 일본식 조사 '의' 삭제
※ 온점(·) 활용: (,) ⇒ (·) 형법 제157조와 제324조2(인질강요)에서 이미 사용 중
※ 국어문법정비
※ 제1호 · 제2호 · 제3호 · 제4호로 분리함
※ 본장에서 ⇒ **제1장 내란죄에서**
※ 국헌을 문란할 목적이라 함은 ⇒ 국헌문란목적은
※ 다음 각호의 1에 해당함을 말한다 ⇒ **다음 각 호 어느 하나를 말한다.**

(3) 조문해설

가. 형법 제91조는 국헌문란정의를 규정하고 있다.

나. 주요내용을 보면, 제1장 내란죄에서 국헌문란목적은 다음 각 호 어느 하나를 말한다. 1. 헌법절차에 근거하지 않고 헌법기능을 소멸시키는 목적, 2. 법률절차에 근거하지 않고 법률기능을 소멸시키는 목적, 3. 헌법에 근거하여 설치된 국가기관을 강압으로 전복할 목적, 4. 헌법에 근거하여 설치된 국가기관을 강압으로 권능행사를 불가능하게 할 목적

제2장

外患의 罪

92. 제92조(외환유치)

(1) 현행

第92條(外患誘致)
外國과 通謀하여 大韓民國에 對하여 戰端을 열게 하거나 外國人과 通謀하여 大韓民國에 抗敵한 者는 死刑 또는 無期懲役에 處한다.

제92조(외환유치)
외국과 통모하여 대한민국에 대하여 전단을 열게 하거나 외국인과 통모하여 대한민국에 항적한 자는 사형 또는 무기징역에 처한다.

(2) 개선방안

제92조(외환유치)
외국과 통모하여 대한민국에 전단(戰端)을 열게 한 사람 또는 외국인과 통모하여 대한민국에 항적(抗敵)한 사람은 사형 · 무기징역형으로 처벌된다.

【개정방향】
※ 명확성 · 간결성 · 가독성
※ 일본식 조사 '의' 삭제
※ 한자 삽입
※ 온점(·) 활용: (,) ⇒ (·) 형법 제157조와 제324조2(인질강요)에서 이미 사용 중
※ 국어문법정비
※ 제1호 · 제2호 · 제3호 · 제4호로 분리함
※ 전단(戰端): 전쟁을 벌이게 된 실마리. 전쟁 시작

(3) 조문해설

가. 형법 제92조는 외환유치를 규정하고 있다.

나. 주요내용을 보면, 외국과 통모하여 대한민국에 전단(戰端)을 열게 한 사람 또는 외국인과 통모하여 대한민국에 항적(抗敵)한 사람은 사형·무기징역형으로 처벌된다.

93. 제93조(여적)

(1) 현행

第93條(與敵)
敵國과 合勢하여 大韓民國에 抗敵한 者는 死刑에 處한다.

제93조(여적)
적국과 합세하여 대한민국에 항적한 자는 사형에 처한다.

(2) 개선방안

제93조(여적)
적국과 합세하여 대한민국에 항적(抗敵)한 사람은 사형으로 처벌된다.

【개정방향】
※ 국어문법정비: 처벌한다 ⇒ 처벌된다.
※ 항적(抗敵): 적으로 맞섬

(3) 조문해설

가. 형법 제93조는 여적을 규정하고 있다.
나. 주요내용을 보면, 적국과 합세하여 대한민국에 항적(抗敵)한 사람은 사형으로 처벌된다.

94. 제94조(모병이적)

(1) 현행

第94條(募兵利敵)
① 敵國을 爲하여 募兵한 者는 死刑 또는 無期懲役에 處한다.
② 前項의 募兵에 應한 者는 無期 또는 5年 以上의 懲役에 處한다.

제94조(모병이적)
① 적국을 위하여 모병한 자는 사형 또는 무기징역에 처한다.
② 전항의 모병에 응한 자는 무기 또는 5년 이상의 징역에 처한다.

(2) 개선방안

제94조(모병이적)
① 적국을 위하여 모병(募兵)한 사람은 사형 · 무기징역형으로 처벌된다.
② 적국을 위하여 모병(募兵)에 응한 사람은 무기형 · 5년 이상 징역형으로 처벌된다.

【개정방향】
※ 명확성 · 간결성 · 가독성
※ 일본식 조사 '의' 삭제
※ 한자 삽입
※ 온점(·) 활용: (,) ⇒ (·) 형법 제157조와 제324조2(인질강요)에서 이미 사용 중
※ 국어문법정비
※ 모병(募兵): 병사를 모음
※ 전항의 모병에 ⇒ 적국을 위하여

(3) 조문해설

가. 형법 제94조는 모병이적을 규정하고 있다.
나. 주요내용을 보면, ① 적국을 위하여 모병(募兵)한 사람은 사형 · 무기징역형으로 처벌된다. ② 적국을 위하여 모병(募兵)에 응한 사람은 무기형 · 5년 이상 징역형으로 처벌된다.

95. 제95조(시설제공이적)

(1) 현행

第95條(施設提供利敵)
① 軍隊, 要塞, 陣營 또는 軍用에 供하는 船舶이나 航空機 其他 場所, 設備 또는 建造物을 敵國에 提供한 者는 死刑 또는 無期懲役에 處한다.
② 兵器 또는 彈藥 其他 軍用에 供하는 物件을 敵國에 提供한 者도 前項의 刑과 같다.

제95조(시설제공이적)

① 군대, 요새, 진영 또는 군용에 공하는 선박이나 항공기 기타 장소, 설비 또는 건조물을 적국에 제공한 자는 사형 또는 무기징역에 처한다.
② 병기 또는 탄약 기타 군용에 공하는 물건을 적국에 제공한 자도 전항의 형과 같다.

(2) 개선방안

제95조(시설제공이적)
① **군대 · 요새 · 진영 · 군용으로 사용되는 선박 · 항공기 · 그 밖에 장소 · 설비 · 건조물을** 적국에 제공한 사람은 사형 · 무기징역형으로 처벌된다.
② **병기 · 탄약 · 그 밖에 군용으로 사용되는 물건을** 적국에 제공한 사람은 사형 · 무기징역형으로 처벌된다.

【개정방향】
※ 일본식 조사 '의' 삭제
※ 명확성 · 간결성 · 가독성
※ 온점(·) 활용: (,) ⇒ (·) 형법 제157조와 제324조2(인질강요)에서 이미 사용 중
※ 국어문법정비
※ 공하는 ⇒ 사용하는

(3) 조문해설

가. 형법 제95조는 시설제공이적을 규정하고 있다.

나. 주요내용을 보면, ① 군대 · 요새 · 진영 · 군용으로 사용되는 선박 · 항공기 · 그 밖에 장소 · 설비 · 건조물을 적국에 제공한 사람은 사형 · 무기징역형으로 처벌된다. ② 병기 · 탄약 · 그 밖에 군용으로 사용되는 물건을 적국에 제공한 사람은 사형 · 무기징역형으로 처벌된다.

96. 제96조(시설파괴이적)

(1) 현행

第96條(施設破壞利敵)
敵國을 爲하여 前條에 記載한 軍用施設 其他 物件을 破壞하거나 使用할 수 없게 한 者는 死刑 또는 無期懲役에 處한다.

제96조(시설파괴이적)
적국을 위하여 전조에 기재한 군용시설 기타 물건을 파괴하거나 사용할 수 없게 한 자는 사형 또는 무기징역에 처한다.

(2) 개선방안

제1안 ★★★★★
제96조(시설파괴이적)
적국을 위하여 **제95조에 기재한 군용시설 · 그 밖에 물건을** 파괴한 사람 또는 적국을 위하여 **제95조에 기재한 군용시설 · 그 밖에 물건을** 사용할 수 없게 한 사람은 사형 · 무기징역형으로 처벌된다.

제2안
제96조(시설파괴이적)
적국을 위하여 **제95조에 기재한 군용시설 · 그 밖에 물건을** 파괴한 사람 또는 사용할 수 없게 한 사람은 사형 · 무기징역형으로 처벌된다.

제3안
제96조(시설파괴이적)
[4]적국을 위하여 [2]제95조에 기재한 군용시설 · 그 밖에 물건을 [3]파괴한 [1]사람 또는 [3]사용할 수 없게 한 [1]사람은 사형 · 무기징역형으로 처벌된다.

【개정방향】
※ 명확성 · 간결성 · 가독성
※ 일본식 조사 '의' 삭제
※ 온점(·) 활용: (,) ⇒ (·) 형법 제157조와 제324조2(인질강요)에서 이미 사용 중
※ 국어문법정비
※ [1]행위주체 [2]행위객체 [3]행위 [4]목적범(법조문에 표시하면 가독성을 높일 수 있음)
※ 전조에 ⇒ 제95조에

(3) 조문해설

가. 형법 제96조는 시설파괴이적을 규정하고 있다.

나. 주요내용을 보면, 적국을 위하여 제95조에 기재한 군용시설 · 그 밖에 물건을 파괴한 사람 또는 적국을 위하여 제95조에 기재한 군용시설 · 그 밖에 물건을 사용할 수 없게 한 사람은 사형 · 무기징역형으로 처벌된다.

97. 제97조(물건제공이적)

(1) 현행

第97條(物件提供利敵)
軍用에 供하지 아니하는 兵器, 彈藥 또는 戰鬪用에 供할 수 있는 物件을 敵國에 提供한 者는 無期 또는 5年 以上의 懲役에 處한다.

제97조(물건제공이적)
군용에 공하지 아니하는 병기, 탄약 또는 전투용에 공할 수 있는 물건을 적국에 제공한 자는 무기 또는 5년 이상의 징역에 처한다.

(2) 개선방안

제1안
제97조(물건제공이적)
군용으로 사용되지 않는 병기 · 탄약 · 전투용으로 사용할 수 있는 물건을 적국에 제공한 사람은 무기형 · 5년 이상 징역으로 처벌된다.

제2안 ★★★★★
제97조(물건제공이적)
[2]**군용으로 사용되지 않는 병기 · 탄약 · 전투용으로 사용할 수 있는 물건을** [3]적국에 제공한 [1]사람은 무기형 · 5년 이상 징역으로 처벌된다.

【개정방향】
※ 명확성 · 간결성 · 가독성
※ 일본식 조사 '의' 삭제
※ 온점(·) 활용: (,) ⇒ (·) 형법 제157조와 제324조2(인질강요)에서 이미 사용 중
※ 국어문법정비
※ [1]행위주체 [2]행위객체 [3]행위(법조문에 표시하면 가독성을 높일 수 있음)
※ 군용으로 공하지 아니하는 ⇒ 군용으로 사용되지 않는

(3) 조문해설

가. 형법 제97조는 물건제공이적을 규정하고 있다.
나. 주요내용을 보면, 군용으로 사용되지 않는 병기 · 탄약 · 전투용으로 사용할 수 있는 물건을 적국에 제공한 사람은 무기형 · 5년 이상 징역으로 처벌된다.

98. 제98조(간첩)

(1) 현행

第98條(間諜)
① 敵國을 爲하여 間諜하거나 敵國의 間諜을 幇助한 者는 死刑, 無期 또는 7年 以上의 懲役에 處한다.
② 軍事上의 機密을 敵國에 漏泄한 者도 前項의 刑과 같다.

제98조(간첩)
① 적국을 위하여 간첩하거나 적국의 간첩을 방조한 자는 사형, 무기 또는 7년 이상의 징역에 처한다.
② 군사상의 기밀을 적국에 누설한 자도 전항의 형과 같다

(2) 개선방안

제1안
제98조(간첩)
① 적국을 위하여 간첩활동을 한 사람 또는 적국을 위하여 간첩활동을 방조한 사람은 사형·무기형·7년 이상 징역형으로 처벌된다.
② 적국을 위하여 군사기밀을 누설(漏泄)한 사람은 사형·무기형·7년 이상 징역형으로 처벌된다.

제2안 ★★★★★
제98조(간첩)
다음 각 호 어느 하나에 해당하는 사람은 사형·무기형·7년 이상 징역형으로 처벌된다.
1. 적국을 위하여 간첩활동을 한 사람
2. 적국을 위하여 간첩활동을 방조한 사람
3. 적국을 위하여 군사기밀을 누설(漏泄)한 사람

제3안 제1항과 제2항을 통합
제98조(간첩)
적국을 위하여 간첩활동을 한 사람 또는 적국을 위하여 간첩활동을 방조한 사람 또는 적국을 위하여 군사기밀을 누설(漏泄)한 사람은 사형·무기형·7년 이상 징역형으로 처벌된다.

【개정방향】
※ 명확성・간결성・가독성・개조식
※ 일본식 조사 '의' 삭제
※ 한자 삽입
※ 온점(・) 활용: (,) ⇒ (・) 형법 제157조와 제324조2(인질강요)에서 이미 사용 중
※ 국어문법정비
※ [1]행위주체 [2]행위객체 [3]행위(법조문에 표시하면 가독성을 높일 수 있음)
※ 간첩(間諜): 정보를 알아내어 보고하는 사람. 스파이

(3) 조문해설

가. 형법 제98조는 간첩을 규정하고 있다.

나. 주요내용을 보면, 다음 각 호 어느 하나에 해당하는 사람은 사형・무기형・7년 이상 징역형으로 처벌된다. 1. 적국을 위하여 간첩활동을 한 사람, 2. 적국을 위하여 간첩활동을 방조한 사람, 3. 적국을 위하여 군사기밀을 누설(漏泄)한 사람

(4) **| 관련 판례 | 대법원 2011. 1. 20. 선고 2008재도11 전원합의체 판결** [구 국가보안법 제1조, 제3조 위반죄에서 '결사 또는 집단'의 의미 및 그 주관적 요건인 '정부를 참칭하거나 그에 부수하여 국가를 변란할 목적' 유무의 판단 기준, 피고인이 평화통일의 실현 등을 강령 · 정책으로 하여 결성한 '진보당'이 구 국가보안법 제1조, 제3조에 정한 '불법결사'에 해당하지 않는다고 한 사례, 형사재판에서 공소사실에 대한 증명책임의 소재(=검사) 및 유죄를 인정하기 위한 증거의 증명력, 형법 제98조 제1항에서 '간첩'의 의미 및 간첩이 이미 탐지 · 수집하여 지득하고 있는 사항을 타인에게 보고 · 누설하는 행위가 간첩행위인지 여부(소극), 피고인에 대한 '간첩'의 공소사실은 이를 인정할 만한 증거가 없을 뿐만 아니라, 이미 지득한 관련 문건 등을 보고 · 누설한 행위에 불과하여 그 자체로서 형법 제98조 제1항에 규정된 간첩행위로 보기 어렵다고 한 사례, 재심이 개시된 사건에서 재심대상판결 당시의 법령이 변경된 경우 법원이 범죄사실에 대하여 적용하여야 할 법령(=재심판결 당시의 법령), 이른바 '진보당사건'에 관한 재심대상판결인 대법원 1959. 2. 27. 선고 4291형상559 판결에 대하여 재심이 개시된 사안에서, 원심판결과 제1심판결 중 유죄 부분을 각 파기하고 직접판결을 하면서 제1심판결에서 무죄가 선고된 진보당 관련 구 국가보안법 위반의 공소사실에 대한 검사의 항소를 기각하고, 간첩의 공소사실에 대하여 무죄를 선고하는 한편, 무기불법소지행위에 대하여는 형의 선고를 유예한 사례] 〈조봉암 사건〉

가. 구 국가보안법(1958. 12. 26. 법률 제500호로 폐지제정되기 전의 것) 제1조, 제3조는 '국헌을 위배하여 정부를 참칭하거나 그에 부수하여 국가를 변란할 목적으로 결사 또는 집단을 구성한 자로서 수괴와 간부는 무기, 3년 이상의 징역 또는 금고에 처하고, 그 목적으로서 그 목적한 사항의 실행을 협의 선동 또는 선전한 자는 10년 이하의 징역에 처한다'고 규정하고 있다. 여기에서 '국헌을 위배하여'라 함은 대한민국헌법에 위반하는 것을, '정부를 참칭한다'고 함은 합법적 절차에 의하지 않고 임의로 정부를 조직하여 진정한 정부인 것처럼 사칭하는 것을, '국가를 변란한다'고 함은 정부를 전복하여 새로운 정부를 구성하는 것을 각 의미한다. '결사 또는 집단'이라 함은 공동의 목적을 가진 2인 이상 특정 다수인의 임의적인 계속적 또는 일시적 결합체를 말한다. 그러므로 위 법 제1조, 제3조의 구성요건을 충족하기 위해서는 그 구성된 결사나 집단의 공동목적으로서 정부를 참칭하거나 그에 부수하여 국가를 변란할 목적, 즉 주관적 요건을 갖추어야 한다. 그와 같은 목적을 가지고 있는지 여부는 그 결사나 집단의 강령이나 규약으로 판단하는 것이 보통이나, 외부적으로 표방한 목적이 무엇인가에 구애되지 않고 그 결사 또는 집단이 실제로 추구하는 목적이 무엇인가로 판단되어야 하며, 어느 구성원 한 사람의 내심의 의도를 가지고 그 결사 또는 집단의 공동목적이라고 단정해서는 아니 된다.

나. 피고인이 평화통일의 실현 등을 강령·정책으로 하여 결성한 '진보당'은 그 경제정책이 사회적 민주주의의 방식에 의하여 자본주의 경제체제의 부작용이나 모순점을 완화·수정하려고 하였을 뿐 사유재산제와 시장경제체제의 골간을 전면 부인하는 취지가 아니고, 정치형태 역시 주권재민과 대의제도, 국민의 자유와 권리의 보장 등을 목표로 하였을 뿐 자유민주주의를 부정하는 내용이 아니어서 그 결성 목적이 대한민국헌법에 위배된다고 할 수 없다. 또한 진보당의 통일정책인 평화통일론이 북한의 위장평화통일론에 부수하는 것으로 인정되지 아니하고 이를 인정할 다른 아무런 증거도 없어 그 결성이 북한에 부수하여 국가를 변란 할 목적으로 이루어진 것으로 볼 수 없다. 그러므로 구 국가보안법(1958. 12. 26. 법률 제500호로 폐지제정되기 전의 것) 제1조, 제3조에 정한 '불법결사'에 해당하지 않는다고 한 사례이다.

다. 형사재판에서 공소된 범죄사실에 대한 증명책임은 검사에게 있다. 유죄의 인정은 법관으로 하여금 합리적인 의심을 할 여지가 없을 정도로 공소사실이 진실한 것이라는 확신을 가지게 하는 증명력을 가진 증거에 의하여야 한다. 그러므로 그와 같은 증거가 없다면 설령 피고인에게 유죄의 의심이 간다 하더라도 피고인의 이익으로 판단할 수밖에 없다.

라. 형법 제98조 제1항에서 간첩이라 함은 적국에 제보하기 위하여 은밀한 방법으로 우리나라의 군사상은 물론 정치, 경제, 사회, 문화, 사상 등 기밀에 속한 사항 또는 도서, 물건을 탐지·수집하는 것을 말한다. 간첩행위는 기밀에 속한 사항 또는 도서, 물건을 탐지·수집한 때에 기수가 된다. 간첩이 이미 탐지·수집하여 지득하고 있는 사항을 타인에게 보고·누설하는 행위는 간첩의 사후행위로서 위 조항에 의하여 처단의 대상이 되는 간첩행위 자체라고 할 수 없다.

마. 피고인에 대한 간첩의 공소사실은 합리적인 의심이 없을 정도로 증명되었다고 보기 어렵고 달리 이를 인정할 만한 증거가 없을 뿐만 아니라, 진보당의 중앙위원장인 피고인이 이미 지득하고 있던 관련 문건 등을 보고·누설한 행위에 불과하여 그 사실 자체로서 형법 제98조 제1항에 규정된 간첩행위로 보기 어렵다고 한 사례이다.

바. **재심이 개시된 사건에서 범죄사실에 대하여 적용하여야 할 법령은 재심판결 당시의 법령이다. 재심대상판결 당시의 법령이 변경된 경우 법원은 그 범죄사실에 대하여 재심판결 당시의 법령을 적용하여야 한다.**

사. 이른바 '진보당사건'에 관한 재심대상판결인 대법원 1959. 2. 27. 선고 4291형상559 판결에서 피고인에 대한 구 국가보안법(1958. 12. 26. 법률 제500호로 폐지제정되기 전의 것, 이하 '구 국가보안법'이라고 한다) 위반, 군정법령 제5호 위반 및 간첩의 공소사실이 각 유죄로 인정되어 사형이 집행되었다. 그런데 피고인의 자녀들이 위 판결에 대해 재심을 청구하여 재심이 개시된 사안이다. 원심판결과 제1심 판결 중 유죄 부분을 각 파기하고 직접 판결을 하면서 제1심 판결에서 무죄가 선고된 진보당 관련 구 국가보안법 위반의 공소사실에 대한 검사의 항소를 기각하고, 간첩의 공소사실에 대하여 무죄를 선고하는 한편, 무기불법소지에 의한 군정법령 제5호 위반죄에 대하여는 당시 적용법령인 위 제5호가 폐지되어 구 총포화약류단속법(1981. 1. 10. 법률 제3354호 총포·도검·화약류단속법으로 전부 개정되기 전의 것)을 적용하였으나, 피고인의 독립운동가 및 정치인으로서의 이력과 이 사건 재심에서 공소사실 대부분이 무죄로 밝혀진 점 등을 고려하여 그 형의 선고를 유예한 사례이다.

99. 제99조(일반이적)

(1) 현행

第99條(一般利敵)
前7條에 記載한 以外에 大韓民國의 軍事上 利益을 害하거나 敵國에 軍事上 利益을 供與한 者는 無期 또는 3年 以上의 懲役에 處한다.

제99조(일반이적)
전7조에 기재한 이외에 대한민국의 군사상 이익을 해하거나 적국에 군사상 이익을 공여한 자는 무기 또는 3년 이상의 징역에 처한다.

(2) 개선방안

제1안

제99조(일반이적)
제93조·제94조·제95조·제96조·제97조·제98조·제99조에 기재된 이외 대한민국 군사이익을 침해한 사람 또는 적국에 군사이익을 공여한 사람은 무기형·3년 이상 징역형으로 처벌된다.

제2안 ★★★★★

제99조(일반이적)
① 제93조·제94조·제95조·제96조·제97조·제98조·제99조에 기재된 이외 대한민국 군사이익을 침해한 사람은 무기형·3년 이상 징역형으로 처벌된다.
② 제93조·제94조·제95조·제96조·제97조·제98조·제99조에 기재된 이외 적국에 군사이익을 공여한 사람은 무기형·3년 이상 징역형으로 처벌된다.

【개정방향】
※ 명확성·간결성·가독성
※ 일본식 조사 '의' 삭제
※ 『전7조에 기재한 이외』가 대한민국과 적국을 모두 수식하는지 명확하지 않음
※ 온점(·) 활용: (,) ⇒ (·) 형법 제157조와 제324조2(인질강요)에서 이미 사용 중
※ 국어문법정비
※ [1]행위주체 [2]행위객체 [3]행위(법조문에 표시하면 가독성을 높일 수 있음)
※ 제1항·제2항을 분리함

(3) 조문해설

가. 형법 제99조는 일반이적을 규정하고 있다.

나. 주요내용을 보면, ① 제93조 · 제94조 · 제95조 · 제96조 · 제97조 · 제98조 · 제99조에 기재된 이외 대한민국 군사이익을 침해한 사람은 무기형 · 3년 이상 징역형으로 처벌된다. ② 제93조 · 제94조 · 제95조 · 제96조 · 제97조 · 제98조 · 제99조에 기재된 이외 적국에 군사이익을 공여한 사람은 무기형 · 3년 이상 징역형으로 처벌된다.

100. 제100조(미수범)

(1) 현행

第100條(未遂犯)
前8條의 未遂犯은 處罰한다.

제100조(미수범)
전8조의 미수범은 처벌한다.

(2) 개선방안

제100조(미수범)
제92조 · 제93조 · 제94조 · 제95조 · 제96조 · 제97조 · 제98조 · 제99조 미수범은 처벌된다.

【개정방향】
※ 명확성 · 간결성 · 가독성
※ 전8조 ⇒ 명확하게 규정하는 것이 죄형법정주의 정신에 부합함

(3) 조문해설

가. 형법 제100조는 미수범을 규정하고 있다.

나. 주요내용을 보면, 제92조 · 제93조 · 제94조 · 제95조 · 제96조 · 제97조 · 제98조 · 제99조 미수범은 처벌된다.

101. 제101조(예비, 음모, 선동, 선전)

(1) 현행

第101條(豫備, 陰謀, 煽動, 宣傳)
① 第92條 乃至 第99條의 罪를 犯할 目的으로 豫備 또는 陰謀한 者는 2年 以上의 有期懲役에 處한다. 但 그 目的한 罪의 實行에 이르기 前에 自首한 때에는 그 刑을 減輕 또는 免除한다.
② 第92條 乃至 第99條의 罪를 煽動 또는 宣傳한 者도 前項의 刑과 같다.

제101조(예비, 음모, 선동, 선전)
① 제92조 내지 제99조의 죄를 범할 목적으로 예비 또는 음모한 자는 2년 이상의 유기징역에 처한다. 단 그 목적한 죄의 실행에 이르기 전에 자수한 때에는 그 형을 감경 또는 면제한다.
② 제92조 내지 제99조의 죄를 선동 또는 선전한 자도 전항의 형과 같다.

(2) 개선방안

제101조(예비 · 음모 · 선동 · 선전)
① 제92조 · 제93조 · 제94조 · 제95조 · 제96조 · 제97조 · 제98조 · 제99조 죄를 범할 목적으로 예비 · 음모한 사람은 2년 이상 징역형으로 처벌된다. 다만 그 목적한 죄의 실행착수 이전에 자수한 사람은 그 형이 감경 · 면제된다.
② 제92조 · 제93조 · 제94조 · 제95조 · 제96조 · 제97조 · 제98조 · 제99조 죄를 선동 · 선전한 사람은 2년 이상 징역형으로 처벌된다. 다만 그 목적한 죄의 실행착수 이전에 자수한 사람은 그 형이 감경 · 면제된다.

【개정방향】
※ 제목변경
※ 명확성 · 간결성 · 가독성
※ 일본식 조사 '의' 삭제
※ 전항의 형과 같다. ⇒ 명확히 할 필요가 있다.
※ (『제92조 내지 제99조의 죄』 명확하게 규정함)
※ 온점(·) 활용: (,) ⇒ (·) 형법 제157조와 제324조2(인질강요)에서 이미 사용 중
※ 국어문법정비
※ [1]행위주체 [2]행위객체 [3]행위(법조문에 표시하면 가독성을 높일 수 있음)

(3) 조문해설

가. 형법 제101조는 예비 · 음모 · 선동 · 선전을 규정하고 있다.

나. 주요내용을 보면, ① 제92조 · 제93조 · 제94조 · 제95조 · 제96조 · 제97조 · 제98조 · 제99조 죄를 범할 목적으로 예비 · 음모한 사람은 2년 이상 징역형으로 처벌된다. 다만 그 목적한 죄의 실행착수 이전에 자수한 사람은 그 형이 감경 · 면제된다. ② 제92조 · 제93조 · 제94조 · 제95조 · 제96조 · 제97조 · 제98조 · 제99조 죄를 선동 · 선전한 사람은 2년 이상 징역형으로 처벌된다. 다만 그 목적한 죄의 실행착수 이전에 자수한 사람은 그 형이 감경 · 면제된다.

102. 제102조(준적국)

(1) 현행

第102條(準敵國)
第93條 乃至 前條의 罪에 있어서는 大韓民國에 敵對하는 外國 또는 外國人의 團體는 敵國으로 看做한다.

제102조(준적국)
제93조 내지 전조의 죄에 있어서는 대한민국에 적대하는 외국 또는 외국인의 단체는 적국으로 간주한다.

(2) 개선방안

제102조(준적국)
제93조 · 제94조 · 제95조 · 제96조 · 제97조 · 제98조 · 제99조 · 제100조 · 제101조 · 제102조 죄에서 대한민국에 적대하는 외국 · 외국인단체는 적국으로 간주한다.

【개정방향】
※ 명확성 · 간결성 · 가독성
※ 일본식 조사 '의' 삭제
※『제93조 내지 전조의 죄』 명확하게 규정함
※ 온점(·) 활용: (,) ⇒ (·) 형법 제157조와 제324조2(인질강요)에서 이미 사용 중
※ 국어문법정비
※ 간주(看做): 그렇다고 본다.

(3) 조문해설

가. 형법 제102조는 준적국을 규정하고 있다.

나. 주요내용을 보면, 제93조 · 제94조 · 제95조 · 제96조 · 제97조 · 제98조 · 제99조 · 제100조 · 제101조 · 제102조 죄에서 대한민국에 적대하는 외국 · 외국인 단체는 적국으로 간주한다.

103. 제103조(전시군수계약불이행)

(1) 현행

第103條(戰時軍需契約不履行)

① 戰爭 또는 事變에 있어서 正當한 理由없이 政府에 對한 軍需品 또는 軍用工作物에 關한 契約을 履行하지 아니한 者는 10年 以下의 懲役에 處한다.

② 前項의 契約履行을 妨害한 者도 前項의 刑과 같다.

제103조(전시군수계약불이행)

① 전쟁 또는 사변에 있어서 정당한 이유없이 정부에 대한 군수품 또는 군용공작물에 관한 계약을 이행하지 아니한 자는 10년 이하의 징역에 처한다.

② 전항의 계약이행을 방해한 자도 전항의 형과 같다.

(2) 개선방안

제103조(전시군수계약불이행)

① 전쟁 · 사변에서 정당한 이유 없이 정부 군수품 · 정부 군용공작물 계약을 이행하지 아니한 사람은 10년 이하 징역형으로 처벌된다.

② 전쟁 · 사변에서 정당한 이유 없이 정부 군수품 · 정부 군용공작물 계약이행을 방해한 사람은 10년 이하 징역형으로 처벌된다.

【개정방향】

※ 명확성 · 간결성 · 가독성

※ 일본식 조사 '의' 삭제

※ 온점(·) 활용: (,) ⇒ (·) 형법 제157조와 제324조2(인질강요)에서 이미 사용 중

※ 국어문법정비

※ 전쟁 또는 사변에 있어서 ⇒ 전쟁 · 사변에서

(3) 조문해설

가. 형법 제103조는 전시군수계약불이행을 규정하고 있다.

나. 주요내용을 보면, ① 전쟁·사변에서 정당한 이유 없이 정부 군수품·정부 군용공작물 계약을 이행하지 아니한 사람은 10년 이하 징역형으로 처벌된다. ② 전쟁·사변에서 정당한 이유 없이 정부 군수품·정부 군용공작물 계약이행을 방해한 사람은 10년 이하 징역형으로 처벌된다.

104. 제104조(동맹국)

(1) 현행

第104條(同盟國)
本章의 規定은 同盟國에 對한 行爲에 適用한다.

제104조(동맹국)
본장의 규정은 동맹국에 대한 행위에 적용한다.

(2) 개선방안

제104조(동맹국)
제2장은 동맹국에 대한 행위에 적용된다.

【개정방향】
※ 명확성·간결성·가독성
※ 본장의 규정은⇒ 제2장은

(3) 조문해설

가. 형법 제104조는 동맹국을 규정하고 있다.

나. 주요내용을 보면, 제2장은 동맹국에 대한 행위에 적용된다.

104-2. 제104조의2

(1) 현행

제104조의2
삭제 〈1988.12.31〉

(2) 개선방안

제104조2
삭제 〈1988.12.31〉

제3장

國旗에 관한 罪

105. 제105조(국기, 국장의 모독)

(1) 현행

第105條(國旗, 國章의 冒瀆)
大韓民國을 侮辱할 目的으로 國旗 또는 國章을 損傷, 除去 또는 汚辱한 者는 5年 以下의 懲役이나 禁錮, 10年 以下의 資格停止 또는 700萬원 以下의 罰金에 處한다. 〈改正 1995. 12.29.〉

제105조(국기, 국장의 모독)
대한민국을 모욕할 목적으로 국기 또는 국장을 손상, 제거 또는 오욕한 자는 5년 이하의 징역이나 금고, 10년 이하의 자격정지 또는 700만원 이하의 벌금에 처한다. 〈개정 1995. 12.29〉

(2) 개선방안

제105조(국기모독·국장모독)
대한민국을 모욕할 목적으로 국기(國旗)·국장(國章)을 손상·제거·오욕한 사람은 5년 이하 징역형·5년 이하 금고형·700만원 이하 벌금형·10년 이하 자격정지형으로 처벌된다. 〈개정 1995.12.29.〉

【개정방향】
※ 제목변경
※ 명확성·간결성·가독성
※ 한자 삽입

(3) 조문해설

가. 형법 제105조는 국기모독·국장모독을 규정하고 있다.

나. 주요내용을 보면, 대한민국을 모욕할 목적으로 국기(國旗)·국장(國章)을 손

상 · 제거 · 오욕한 사람은 5년 이하 징역형 · 5년 이하 금고형 · 700만원 이하 벌금형 · 10년 이하 자격정지형으로 처벌된다. 〈개정 1995.12.29.〉

106. 제106조(국기, 국장의 비방)

(1) 현행

第106條(國旗, 國章의 誹謗)
前條의 目的으로 國旗 또는 國章을 誹謗한 者는 1年 以下의 懲役이나 禁錮, 5年 以下의 資格停止 또는 200萬원 以下의 罰金에 處한다. 〈改正 1995.12.29.〉

제106조(국기, 국장의 비방)
전조의 목적으로 국기 또는 국장을 비방한 자는 1년 이하의 징역이나 금고, 5년 이하의 자격정지 또는 200만원 이하의 벌금에 처한다. 〈개정 1995.12.29〉

(2) 개선방안

제106조(국기비방 · 국장비방)
대한민국을 모욕할 목적으로 국기(國旗) · 국장(國章)을 비방한 사람은 1년 이하 징역형 · 1년 이하 금고형 · 200만원 이하 벌금형 · 5년 이하 자격정지형으로 처벌된다. 〈개정 1995.12.29.〉

【개정방향】
※ 제목변경
※ 명확성 · 간결성 · 가독성
※ 완결성: 전조의 목적으로 ⇒ 대한민국을 모욕할 목적으로
※ 한자 삽입
※ 징역형, 금고형, 자격정지형, 벌금형 ⇒ 징역형 · 금고형 · 벌금형 · 자격정지형 순으로 정비함. 형법 제115조(소요)와 통일

(3) 조문해설

가. 형법 제106조는 국기비방 · 국장비방을 규정하고 있다.

나. 주요내용을 보면, 대한민국을 모욕할 목적으로 국기(國旗) · 국장(國章)을 비방한 사람은 1년 이하 징역형 · 1년 이하 금고형 · 200만원 이하 벌금형 · 5년 이하 자격정지형으로 처벌된다. 〈개정 1995.12.29.〉

제4장

國交에 관한 罪

107. 제107조(외국원수에 대한 폭행 등)

(1) 현행

第107條(外國元首에 對한 暴行 等)
① 大韓民國에 滯在하는 外國의 元首에 對하여 暴行 또는 脅迫을 加한 者는 7年 以下의 懲役이나 禁錮에 處한다.
② 前項의 外國元首에 對하여 侮辱을 加하거나 名譽를 毁損한 者는 5年 以下의 懲役이나 禁錮에 處한다.

제107조(외국원수에 대한 폭행 등)
① 대한민국에 체재하는 외국의 원수에 대하여 폭행 또는 협박을 가한 자는 7년 이하의 징역이나 금고에 처한다.
② 전항의 외국원수에 대하여 모욕을 가하거나 명예를 훼손한 자는 5년 이하의 징역이나 금고에 처한다.

(2) 개선방안

제107조(외국원수에 대한 폭행 · 협박 · 명예훼손 · 모욕)
① 대한민국에 체재하는 외국원수에게 폭행 · 협박을 한 사람은 7년 이하 징역형 · 7년 이하 금고형으로 처벌된다.
② 대한민국에 체재하는 외국원수에게 명예를 훼손한 사람은 5년 이하 징역형 · 5년 이하 금고형으로 처벌된다.
③ 대한민국에 체재하는 외국원수에게 모욕을 한 사람은 5년 이하 징역형 · 5년 이하 금고형으로 처벌된다.

【개정방향】
※ 제목변경

※ 명확성 · 간결성 · 가독성
※ 일본식 조사 '의' 삭제
※ 온점(·) 활용: (,) ⇒ (·) 형법 제157조와 제324조2(인질강요)에서 이미 사용 중
※ 국어문법정비
※ 외국의 원수 ⇒ 외국원수. 제목과 본문 통일
※ 폭행 또는 협박을 가한 자는 ⇒ 폭행 · 협박을 한 사람은
※ 제2항을 제2항과 제3항으로 분리함. 순서도 명예훼손과 모욕으로 수정함

(3) 조문해설

가. 형법 제107조는 외국원수에 대한 폭행 · 협박 · 명예훼손 · 모욕을 규정하고 있다.

나. 주요내용을 보면, ① 대한민국에 체재하는 외국원수에게 폭행 · 협박을 한 사람은 7년 이하 징역형 · 7년 이하 금고형으로 처벌된다. ② 대한민국에 체재하는 외국원수에게 명예를 훼손한 사람은 5년 이하 징역형 · 5년 이하 금고형으로 처벌된다. ③ 대한민국에 체재하는 외국원수에게 모욕을 한 사람은 5년 이하 징역형 · 5년 이하 금고형으로 처벌된다.

108. 제108조(외국사절에 대한 폭행 등)

(1) 현행

第108條(外國使節에 對한 暴行 等)
① 大韓民國에 派遣된 外國使節에 對하여 暴行 또는 脅迫을 加한 者는 5年 以下의 懲役이나 禁錮에 處한다.
② 前項의 外國使節에 對하여 侮辱을 加하거나 名譽를 毁損한 者는 3年 以下의 懲役이나 禁錮에 處한다

제108조(외국사절에 대한 폭행 등)
① 대한민국에 파견된 외국사절에 대하여 폭행 또는 협박을 가한 자는 5년 이하의 징역이나 금고에 처한다.
② 전항의 외국사절에 대하여 모욕을 가하거나 명예를 훼손한 자는 3년 이하의 징역이나 금고에 처한다.

(2) 개선방안

제108조(외국사절에 대한 폭행·협박·명예훼손·모욕)

① 대한민국에 파견된 외국사절에게 폭행·협박을 한 사람은 5년 이하 징역형·5년 이하 금고형으로 처벌된다.

② 대한민국에 파견된 외국사절에게 명예를 훼손한 사람은 3년 이하 징역형·3년 이하 금고형으로 처벌된다.

③ 대한민국에 파견된 외국사절에게 모욕을 한 사람은 3년 이하 징역형·3년 이하 금고형으로 처벌된다.

【개정방향】

※ 제목변경

※ 명확성·간결성·가독성

※ 일본식 조사 '의' 삭제

※ 온점(·) 활용: (,) ⇒ (·) 형법 제157조와 제324조2(인질강요)에서 이미 사용 중

※ 국어문법정비. 자 ⇒ 사람

※ 폭행 또는 협박을 가한 자는 ⇒ 폭행·협박을 한 사람은

※ 참조조문: 형법 제107조 통일

형법 제107조(외국원수에 대한 폭행·협박·명예훼손·모욕)

① 대한민국에 체재하는 외국원수에게 폭행·협박을 한 사람은 7년 이하 징역형·7년 이하 금고형으로 처벌된다.

② 대한민국에 체재하는 외국원수에게 명예를 훼손한 사람은 5년 이하 징역형·5년 이하 금고형으로 처벌된다.

③ 대한민국에 체재하는 외국원수에게 모욕을 한 사람은 5년 이하 징역형·5년 이하 금고형으로 처벌된다.

(3) 조문해설

가. 형법 제108조는 외국사절에 대한 폭행·협박·명예훼손·모욕을 규정하고 있다.

나. 주요내용을 보면, ① 대한민국에 파견된 외국사절에게 폭행·협박을 한 사람은 5년 이하 징역형·5년 이하 금고형으로 처벌된다. ② 대한민국에 파견된 외국사절에게 명예를 훼손한 사람은 3년 이하 징역형·3년 이하 금고형으로 처벌된다. ③ 대한민국에 파견된 외국사절에게 모욕을 한 사람은 3년 이하 징역형·3년 이하 금고형으로 처벌된다.

109. 제109조(외국의 국기, 국장의 모독)

(1) 현행

第109條(外國의 國旗, 國章의 冒瀆)
外國을 侮辱할 目的으로 그 나라의 公用에 供하는 國旗 또는 國章을 損傷, 除去 또는 汚辱한 者는 2年 以下의 懲役이나 禁錮 또는 300萬원 以下의 罰金에 處한다. 〈改正 1995. 12.29.〉

제109조(외국의 국기, 국장의 모독)
외국을 모욕할 목적으로 그 나라의 공용에 공하는 국기 또는 국장을 손상, 제거 또는 오욕한 자는 2년 이하의 징역이나 금고 또는 300만원 이하의 벌금에 처한다. 〈개정 1995.12. 29〉

(2) 개선방안

제109조(외국국기모독 · 외국국장모독)
외국을 모욕할 목적으로 **그 나라에서 공식으로 사용하는 국기 · 국장을** 손상 · 제거 · 오욕한 사람은 2년 이하 징역형 · 2년 이하 금고형 · 300만원 이하 벌금형으로 처벌된다. 〈개정 1995.12.29.〉

【개정방향】
※ 제목변경: 일본식 조사 '의' 삭제
※ 명확성 · 간결성 · 가독성
※ 온점(·) 활용: (,) ⇒ (·) 형법 제157조와 제324조2(인질강요)에서 이미 사용 중
※ 국어문법정비. 자 ⇒ 사람
※ 그 나라의 공용에 공하는 국기 또는 국장을 손상, 제거 또는 오욕한 자는 ⇒ 그 나라에서 공식으로 사용하는 국기 · 국장을 손상 · 제거 · 오욕한 사람은
※ 2년 이하의 징역이나 금고 또는 300만원 이하의 벌금에 처한다 ⇒ 2년 이하 징역형 · 2년 이하 금고형 · 300만원 이하 벌금형으로 처벌된다.

(3) 조문해설

가. 형법 제109조는 외국국기모독 · 외국국장모독을 규정하고 있다.

나. 주요내용을 보면, 외국을 모욕할 목적으로 그 나라에서 공식으로 사용하는 국기 · 국장을 손상 · 제거 · 오욕한 사람은 2년 이하 징역형 · 2년 이하 금고형 · 300만원 이하 벌금형으로 처벌된다. 〈개정 1995.12.29.〉

110. 제110조(피해자의 의사)

(1) 현행

> **第110條(被害者의 意思)**
> 第107條 내지 第109條의 罪는 그 外國政府의 明示한 意思에 反하여 公訴를 제기할 수 없다. 〈改正 1995.12.29.〉
>
> **제110조(피해자의 의사)**
> 제107조 내지 제109조의 죄는 그 외국정부의 명시한 의사에 반하여 공소를 제기할 수 없다. 〈개정 1995.12.29〉

(2) 개선방안

제1안 ★★★★★

제110조(피해자의사)

제107조 · 제108조 · 제109조 죄는 외국정부가 명시한 의사에 반하여 공소가 제기될 수 없다. 〈개정 1995.12.29.〉

제2안

제110조(피해자의사)

제107조 · 제108조 · 제109조 죄 경우 외국정부가 명시한 의사에 반하여 공소를 제기할 수 없다. 〈개정 1995.12.29.〉

【개정방향】

※ 제목변경

※ 명확성 · 간결성 · 가독성

※ 일본식 조사 '의' 삭제: 외국정부의 명시한 의사에 반하여 ⇒ 외국정부가 명시한 의사에 반하여

※ 온점(·) 활용: (,) ⇒ (·) 형법 제157조와 제324조2(인질강요)에서 이미 사용 중

※ 국어어순정비: 수동태

(3) 조문해설

가. 형법 제110조는 피해자의사를 규정하고 있다.

나. 주요내용을 보면, 제107조 · 제108조 · 제109조 죄는 외국정부가 명시한 의사에 반하여 공소가 제기될 수 없다. 〈개정 1995.12.29.〉

111. 제111조(외국에 대한 사전)

(1) 현행

第111條(外國에 對한 私戰)

① 外國에 對하여 私戰한 者는 1年 以上의 有期禁錮에 處한다.

② 前項의 未遂犯은 處罰한다.

③ 第1項의 罪를 犯할 目的으로 豫備 또는 陰謀한 者는 3年 以下의 禁錮 또는 500萬원 以下의 罰金에 處한다. 但 그 目的한 罪의 實行에 이르기 前에 自首한 때에는 減輕 또는 免除한다. 〈改正 1995.12.29.〉

제111조(외국에 대한 사전)

① 외국에 대하여 사전한 자는 1년 이상의 유기금고에 처한다.

② 전항의 미수범은 처벌한다.

③ 제1항의 죄를 범할 목적으로 예비 또는 음모한 자는 3년 이하의 금고 또는 500만원 이하의 벌금에 처한다. 단 그 목적한 죄의 실행에 이르기 전에 자수한 때에는 감경 또는 면제한다. 〈개정 1995.12.29〉

(2) 개선방안

제1안 ★★★★★

제111조(외국에 대한 개인 전투)

① 외국에 대하여 개인 전투를 한 사람은 1년 이상 금고형으로 처벌된다.

② 제1항 미수범은 처벌된다.

③ 외국에 대하여 개인 전투를 할 목적으로 예비·음모한 사람은 3년 이하 금고형·500만원 이하 벌금형으로 처벌된다. 다만 그 목적한 죄 실행착수 전 자수한 사람은 그 형이 감경·면제된다. 〈개정 1995.12.29.〉

제2안

제111조(외국에 대한 개인 전투)

① 외국에 대하여 개인 전투를 한 사람은 1년 이상 금고형으로 처벌된다.

② 제1항 미수범은 처벌된다.

③ 제1항의 죄를 범할 목적으로 예비·음모한 사람은 3년 이하 금고형·500만원 이하 벌금형으로 처벌된다. 다만 그 목적한 죄 실행착수 전 자수한 사람은 그 형이 감경·면제된다. 〈개정 1995.12.29.〉

【개정방향】
※ 제목변경
※ 명확성 · 간결성 · 가독성
※ 일본식 조사 '의' 삭제
※ 온점(·) 활용: (,) ⇒ (·) 형법 제157조와 제324조2(인질강요)에서 이미 사용 중
※ 국어문법정비. 형법 제120조 비교

(3) 조문해설

가. 형법 제111조는 외국에 대한 개인 전투를 규정하고 있다.

나. 주요내용을 보면, ① 외국에 대하여 개인 전투를 한 사람은 1년 이상 금고형으로 처벌된다. ② 제1항 미수범은 처벌된다. ③ 외국에 대하여 개인 전투를 할 목적으로 예비 · 음모한 사람은 3년 이하 금고형 · 500만원 이하 벌금형으로 처벌된다. 다만 그 목적한 죄 실행착수 전 자수한 사람은 그 형이 감경 · 면제된다. 〈개정 1995.12.29.〉

112. 제112조(중립명령위반)

(1) 현행

第112條(中立命令違反)
外國間의 交戰에 있어서 中立에 關한 命令에 違反한 者는 3年 以下의 禁錮 또는 500萬원 以下의 罰金에 處한다. 〈改正 1995.12.29.〉

제112조(중립명령위반)
외국간의 교전에 있어서 중립에 관한 명령에 위반한 자는 3년 이하의 금고 또는 500만원 이하의 벌금에 처한다. 〈개정 1995.12.29〉

(2) 개선방안

제112조(중립명령위반)
외국간 교전에서 중립명령을 위반한 사람은 3년 이하 금고형 · 500만원 이하 벌금형으로 처벌된다. 〈개정 1995.12.29.〉

【개정방향】
※ 명확성 · 간결성 · 가독성

※ 일본식 조사 '의' 삭제
※ 온점(·) 활용: (,) ⇒ (·) 형법 제157조와 제324조2(인질강요)에서 이미 사용 중
※ 국어문법정비
※ 외국간의 교전에 있어서 ⇒ 외국간 교전에서
※ 중립에 관한 명령에 ⇒ 중립명령을
※ 위반한 자는 ⇒ 위반한 사람은
※ 3년 이하의 금고 또는 500만원 이하의 벌금에 처한다 ⇒ 3년 이하 금고형 · 500만원 이하 벌금형으로 처벌된다.

(3) 조문해설

가. 형법 제112조는 중립명령위반을 규정하고 있다.

나. 주요내용을 보면, 외국간 교전에서 중립명령을 위반한 사람은 3년 이하 금고형 · 500만원 이하 벌금형으로 처벌된다. 〈개정 1995.12.29.〉

113. 제113조(외교상기밀의 누설)

(1) 현행

第113條(外交上機密의 漏泄)
① 外交上의 機密을 漏泄한 者는 5年 以下의 懲役 또는 1千萬원 以下의 罰金에 處한다. 〈改正 1995.12.29.〉
② 漏泄할 目的으로 外交上의 機密을 探知 또는 蒐集한 者도 前項의 刑과 같다.

제113조(외교상기밀의 누설)
① 외교상의 기밀을 누설한 자는 5년 이하의 징역 또는 1천만원 이하의 벌금에 처한다. 〈개정 1995.12.29〉
② 누설할 목적으로 외교상의 기밀을 탐지 또는 수집한 자도 전항의 형과 같다.

(2) 개선방안

제113조(외교기밀누설)
① 외교기밀을 누설한 사람은 5년 이하 징역형 · 1천만원 이하 벌금형으로 처벌된다. 〈개정 1995.12.29〉
② 외교기밀을 누설할 목적으로 외교기밀을 탐지 · 수집한 사람은 5년 이하 징역형 · 1천만원 이하 벌금형으로 처벌된다.

【개정방향】
※ 제목변경: **외교상기밀의 누설 ⇒ 외교기밀누설**
※ 일본식 조사 '의' 삭제: 외교상의 기밀을 ⇒ 외교기밀을
※ 명확성 · 간결성 · 가독성
※ 온점(·) 활용: (,) ⇒ (·) 형법 제157조와 제324조2(인질강요)에서 이미 사용 중
※ 국어문법정비
※ 누설할 목적으로 외교상의 기밀을 ⇒ 외교기밀을 누설할 목적으로

(3) 조문해설

가. 형법 제113조는 외교기밀누설을 규정하고 있다.

나. 주요내용을 보면, ① 외교기밀을 누설한 사람은 5년 이하 징역형 · 1천만원 이하 벌금형으로 처벌된다. 〈개정 1995.12.29.〉 ② 외교기밀을 누설할 목적으로 외교기밀을 탐지 · 수집한 사람은 5년 이하 징역형 · 1천만원 이하 벌금형으로 처벌된다.

제5장

公安을 해하는 罪

114. 제114조(범죄단체 등의 조직)

(1) 현행

> 제114조(범죄단체 등의 조직)
> 사형, 무기 또는 장기 4년 이상의 징역에 해당하는 범죄를 목적으로 하는 단체 또는 집단을 조직하거나 이에 가입 또는 그 구성원으로 활동한 사람은 그 목적한 죄에 정한 형으로 처벌한다. 다만, 형을 감경할 수 있다. [전문개정 2013.4.5]

(2) 개선방안

> 제114조(범죄단체조직 · 범죄단체가입 · 범죄단체활동)
> 사형 · 무기형 · 장기 4년 이상 징역형에 해당하는 범죄목적단체 · 범죄목적집단을 조직한 사람 또는 여기에 가입한 사람 또는 여기에 구성원으로 활동한 사람은 해당 범죄에서 정한 형으로 처벌된다. 다만 그 형이 감경될 수 있다. [전문개정 2013.4.5.]
>
> 【개정방향】
> ※ 제목변경: **범죄단체 등의 조직 ⇒ 범죄단체조직 · 범죄단체가입 · 범죄단체활동**
> ※ 명확성 · 간결성 · 가독성
> ※ 일본식 조사 '의' 삭제
> ※ 온점(·) 활용: (,) ⇒ (·) 형법 제157조와 제324조2(인질강요)에서 이미 사용 중
> ※ 국어문법정비
> ※ 이 조문이 필요한지 의문이다.

(3) 조문해설

가. 형법 제114조는 범죄단체조직 · 범죄단체가입 · 범죄단체활동을 규정하고 있다.

나. 주요내용을 보면, 사형 · 무기형 · 장기 4년 이상 징역형에 해당하는 범죄목적 단체 · 범죄목적집단을 조직한 사람 또는 여기에 가입한 사람 또는 여기에 구성원으로 활동한 사람은 해당 범죄에서 정한 형으로 처벌된다. 다만 그 형이 감경될 수 있다. [전문개정 2013.4.5.]

115. 제115조(소요)

(1) 현행

第115條(騷擾)
多衆이 集合하여 暴行, 脅迫 또는 損壞의 行爲를 한 者는 1年 以上 10年 以下의 懲役이나 禁錮 또는 1千500萬원 以下의 罰金에 處한다. 〈改正 1995.12.29.〉

제115조(소요)
다중이 집합하여 폭행, 협박 또는 손괴의 행위를 한 자는 1년 이상 10년 이하의 징역이나 금고 또는 1천500만원 이하의 벌금에 처한다. 〈개정 1995.12.29〉

(2) 개선방안

제115조(소요)
여러 사람이 모인 가운데 폭행 · 협박 · 손괴를 한 사람은 1년 이상 10년 이하 징역형 · 10년 이하 금고형 · 1천500만원 이하 벌금형으로 처벌된다. 〈개정 1995.12.29.〉

【개정방향】
※ 명확성 · 간결성 · 가독성
※ 일본식 조사 '의' 삭제
※ 온점(·) 활용: (,) ⇒ (·) 형법 제157조와 제324조2(인질강요)에서 이미 사용 중
※ 국어문법정비
※ 다중이 집합하여 ⇒ 여러 사람이 모인 가운데
※ 폭행, 협박 또는 손괴의 행위를 ⇒ 폭행 · 협박 · 손괴를

(3) 조문해설

가. 형법 제115조는 소요를 규정하고 있다.

나. 주요내용을 보면, 여러 사람이 모인 가운데 폭행 · 협박 · 손괴를 한 사람은 1년 이상 10년 이하 징역형 · 10년 이하 금고형 · 1천500만원 이하 벌금형으로 처벌된다. 〈개정 1995.12.29.〉

116. 제116조(다중불해산)

(1) 현행

第116條(多衆不解散)
暴行, 脅迫 또는 損壞의 行爲를 할 目的으로 多衆이 集合하여 그를 團束할 權限이 있는 公務員으로부터 3回 以上의 解散命令을 받고 解散하지 아니한 者는 2年 以下의 懲役이나 禁錮 또는 300萬원 以下의 罰金에 處한다. 〈改正 1995.12.29.〉

제116조(다중불해산)
폭행, 협박 또는 손괴의 행위를 할 목적으로 다중이 집합하여 그를 단속할 권한이 있는 공무원으로부터 3회 이상의 해산명령을 받고 해산하지 아니한 자는 2년 이하의 징역이나 금고 또는 300만원 이하의 벌금에 처한다. 〈개정 1995.12.29〉

(2) 개선방안

제116조(다중불해산)
폭행·협박·손괴를 할 목적으로 여러 사람이 모인 가운데 단속할 권한이 있는 공무원에게 3회 이상 해산명령을 받고도 **해산하지 않은 사람은** 2년 이하 징역형·2년 이하 금고형·300만원 이하 벌금형으로 처벌된다. 〈개정 1995.12.29.〉

【개정방향】
※ 명확성·간결성·가독성
※ 일본식 조사 '의' 삭제
※ 온점(·) 활용: (,) ⇒ (·) 형법 제157조와 제324조2(인질강요)에서 이미 사용 중
※ 국어문법정비
※ 폭행, 협박 또는 손괴의 행위를 할 목적으로 ⇒ 폭행·협박·손괴를 할 목적으로
※ 다중이 집합하여 ⇒ 여러 사람이 모인 가운데
※ 그를 단속할 권한이 있는 공무원으로부터 ⇒ 단속할 권한이 있는 공무원에게

(3) 조문해설

가. 형법 제116조는 다중불해산을 규정하고 있다.

나. 주요내용을 보면, 폭행·협박·손괴를 할 목적으로 여러 사람이 모인 가운데 단속할 권한이 있는 공무원에게 3회 이상 해산명령을 받고도 해산하지 않은 사람은 2년 이하 징역형·2년 이하 금고형·300만원 이하 벌금형으로 처벌된다. 〈개정 1995.12.29.〉

117. 제117조(전시공수계약불이행)

(1) 현행

第117條(戰時公需契約不履行)

① 戰爭, 天災 其他 事變에 있어서 國家 또는 公共團體와 締結한 食糧 其他 生活必需品의 供給契約을 正當한 理由없이 履行하지 아니한 者는 3年 以下의 懲役 또는 500萬원 以下의 罰金에 處한다. 〈改正 1995.12.29.〉

② 前項의 契約履行을 妨害한 者도 前項의 刑과 같다.

③ 前 2項의 境遇에는 **그 所定의 罰金을** 併科할 수 있다.

제117조(전시공수계약불이행)

① 전쟁, 천재 기타 사변에 있어서 국가 또는 공공단체와 체결한 식량 기타 생활필수품의 공급계약을 정당한 이유없이 이행하지 아니한 자는 3년 이하의 징역 또는 500만원 이하의 벌금에 처한다. 〈개정 1995.12.29〉

② 전항의 계약이행을 방해한 자도 전항의 형과 같다.

③ 전 2항의 경우에는 **그 소정의 벌금을** 병과할 수 있다.

(2) 개선방안

제117조(전시공수계약불이행)

① [1]국가 · 공공단체와 식량 · 그 밖에 생활필수품을 공급하기로 계약을 한 사람이 [2]전쟁 · 천재 · 그 밖에 사변이 발생한 때 **정당한 이유 없이** [3]그 공급계약을 이행하지 않은 경우 3년 이하 징역형 · 500만원 이하 벌금형으로 처벌된다. 〈개정 1995.12.29〉

② 제1항 계약이행을 방해한 사람은 3년 이하 징역형 · 500만원 이하 벌금형으로 처벌된다.

③ 제1항 · 제2항 경우 500만원 이하 벌금형이 병과될 수 있다.

【개정방향】

※ 명확성 · 간결성 · 가독성

※ 일본식 조사 '의' 삭제

※ 온점(·) 활용: (,) ⇒ (·) 형법 제157조와 제324조2(인질강요)에서 이미 사용 중

※ 국어문법정비

※ 전항의 계약이행을 방해한 자도 ⇒ 제1항 계약이행을 방해한 사람은

※ 전 2항의 경우에는 그 소정의 벌금을 병과할 수 있다. ⇒ 제1항 · 제2항 경우 500만원 이하 벌금형을 병과할 수 있다.

※ 제3항은 위헌규정이다. 명확성원칙에 반하기 때문이다.

(3) 조문해설

가. 형법 제117조는 전시공수계약불이행을 규정하고 있다.

나. 주요내용을 보면, ① [1]국가 · 공공단체와 식량 · 그 밖에 생활필수품을 공급하기로 계약을 한 사람이 [2]전쟁 · 천재 · 그 밖에 사변이 발생한 때 정당한 이유 없이 [3]그 공급계약을 이행하지 않은 경우 3년 이하 징역형 · 500만원 이하 벌금형으로 처벌된다. 〈개정 1995.12.29.〉 ② 제1항 계약이행을 방해한 사람은 3년 이하 징역형 · 500만원 이하 벌금형으로 처벌된다. ③ 제1항 · 제2항 경우 500만원 이하 벌금형이 병과될 수 있다.

118. 제118조(공무원자격의 사칭)

(1) 현행

第118條(公務員資格의 詐稱)
公務員의 資格을 詐稱하여 그 職權을 行使한 者는 3年 以下의 懲役 또는 700萬원 以下의 罰金에 處한다. 〈改正 1995.12.29.〉

제118조(공무원자격의 사칭)
공무원의 자격을 사칭하여 그 직권을 행사한 자는 3년 이하의 징역 또는 700만원 이하의 벌금에 처한다. 〈개정 1995.12.29〉

(2) 개선방안

제118조(공무원자격사칭)
공무원자격을 사칭하여 그 직권을 행사한 사람은 3년 이하 징역형 · 700만원 이하 벌금형으로 처벌된다. 〈개정 1995.12.29.〉

【개정방향】
※ 명확성 · 간결성 · 가독성
※ 제목변경: 일본식 조사 '의' 삭제
※ 사칭(詐稱): 거짓으로 속여 말함

(3) 조문해설

가. 형법 제118조는 공무원자격사칭을 규정하고 있다.

나. 주요내용을 보면, 공무원자격을 사칭하여 그 직권을 행사한 사람은 3년 이하 징역형 · 700만원 이하 벌금형으로 처벌된다. 〈개정 1995.12.29.〉

제 6 장

爆發物에 관한 罪

119. 제119조(폭발물사용)

(1) 현행

第119條(爆發物使用)
① 爆發物을 使用하여 사람의 生命, 身體 또는 財産을 害하거나 其他 公安을 紊亂한 者는 死刑, 無期 또는 7年 以上의 懲役에 處한다.
② 戰爭, 天災 其他 事變에 있어서 前項의 罪를 犯한 者는 死刑 또는 無期懲役에 處한다.
③ 前2項의 未遂犯은 處罰한다.

제119조(폭발물사용)
① 폭발물을 사용하여 사람의 생명, 신체 또는 재산을 해하거나 기타 공안을 문란한 자는 사형, 무기 또는 7년 이상의 징역에 처한다.
② 전쟁, 천재 기타 사변에 있어서 전항의 죄를 범한 자는 사형 또는 무기징역에 처한다.
③ 전2항의 미수범은 처벌한다.

(2) 개선방안

제119조(폭발물사용)
① 폭발물을 사용하여 사람 생명 · 신체 · 재산을 침해한 사람 또는 그 밖에 공안을 문란한 사람은 사형 · 무기형 · 7년 이상 징역형으로 처벌된다.
② 전쟁 · 천재 · 그 밖에 사변에서 폭발물을 사용하여 사람 생명 · 신체 · 재산을 침해한 사람 또는 그 밖에 공안을 문란한 사람은 사형 · 무기징역형으로 처벌된다.
③ 제1항 · 제2항 미수범은 처벌된다.

【개정방향】
※ 명확성 · 간결성 · 가독성. 국어어순정비. 일본식 조사 '의' 삭제
※ 온점(·) 활용: (,) ⇒ (·) 형법 제157조와 제324조2(인질강요)에서 이미 사용 중

(3) 조문해설

가. 형법 제119조는 폭발물사용을 규정하고 있다.

나. 주요내용을 보면, ① 폭발물을 사용하여 사람 생명·신체·재산을 침해한 사람 또는 그 밖에 공안을 문란한 사람은 사형·무기형·7년 이상 징역형으로 처벌된다. ② 전쟁·천재·그 밖에 사변에서 폭발물을 사용하여 사람 생명·신체·재산을 침해한 사람 또는 그 밖에 공안을 문란한 사람은 사형·무기징역형으로 처벌된다. ③ 제1항·제2항 미수범은 처벌된다.

120. 제120조(예비, 음모, 선동)

(1) 현행

第120條(豫備, 陰謀, 煽動)

① 前條第1項, 第2項의 罪를 犯할 目的으로 豫備 또는 陰謀한 者는 2年 以上의 有期懲役에 處한다. 但, 그 目的한 罪의 實行에 이르기 前에 自首한 때에는 그 刑을 減輕 또는 免除한다.

② 前條第1項, 第2項의 罪를 犯할 것을 煽動한 者도 前項의 刑과 같다.

제120조(예비, 음모, 선동)

① 전조 제1항, 제2항의 죄를 범할 목적으로 예비 또는 음모한 자는 2년 이상의 유기징역에 처한다. 단, 그 목적한 죄의 실행에 이르기 전에 자수한 때에는 그 형을 감경 또는 면제한다.

② 전조 제1항, 제2항의 죄를 범할 것을 선동한 자도 전항의 형과 같다.

(2) 개선방안

제120조(예비·음모·선동)

① 제119조 제1항·제2항 죄를 범할 목적으로 예비·음모한 사람은 2년 이상 징역형으로 처벌된다. 다만 그 목적한 죄 실행착수 전에 자수한 사람은 그 형이 감경·면제된다.

② 제119조 제1항·제2항 죄를 범할 것을 선동한 사람은 2년 이상 징역형으로 처벌된다. 다만 그 목적한 죄 실행착수 전에 자수한 사람은 그 형이 감경·면제된다.

【개정방향】

※ 제목변경

※ 명확성·간결성·가독성

※ 일본식 조사 '의' 삭제
※ 온점(·) 활용: (,) ⇒ (·) 형법 제157조와 제324조2(인질강요)에서 이미 사용 중
※ 국어어순정비
※ 제2항도 명확하게 규정할 필요가 있다. 전조 제1항, 제2항의 죄를 범할 것을 선동한 자도 전항의 형과 같다 ⇒ 제119조 제1항 · 제2항 죄를 범할 것을 선동한 사람은 2년 이상 징역형으로 처벌된다. 다만 그 목적한 죄 실행착수 이전에 자수한 사람은 그 형이 감경 · 면제된다.
※ 예비와 음모 경우 자수한 사람에게 필요적 감경사유를 명문화 함

(3) 조문해설

가. 형법 제120조는 예비 · 음모 · 선동을 규정하고 있다.

나. 주요내용을 보면, ① 제119조 제1항 · 제2항 죄를 범할 목적으로 예비 · 음모한 사람은 2년 이상 징역형으로 처벌된다. 다만 그 목적한 죄 실행착수 전에 자수한 사람은 그 형이 감경 · 면제된다. ② 제119조 제1항 · 제2항 죄를 범할 것을 선동한 사람은 2년 이상 징역형으로 처벌된다. 다만 그 목적한 죄 실행착수 전에 자수한 사람은 그 형이 감경 · 면제된다.

121. 제121조(전시폭발물제조 등)

(1) 현행

第121條(戰時爆發物製造 等)
戰爭 또는 事變에 있어서 正當한 理由없이 爆發物을 製造, 輸入, 輸出, 授受 또는 所持한 者는 10年 以下의 懲役에 處한다.

제121조(전시폭발물제조 등)
전쟁 또는 사변에 있어서 정당한 이유없이 폭발물을 제조, 수입, 수출, 수수 또는 소지한 자는 10년 이하의 징역에 처한다.

(2) 개선방안

제1안 ★★★★★
제121조(전시폭발물제조)
전쟁 · 사변에서 정당한 이유 없이 폭발물을 제조 · 수입 · 수출 · 수수 · 소지한 사람은

10년 이하 징역형으로 처벌된다.

제2안

제121조(전시폭발물제조)

[3-1]**전쟁 · 사변에서 정당한 이유 없이**

[2]폭발물을

[3-2]**제조 · 수입 · 수출 · 수수 · 소지한**

[1]사람은

10년 이하 징역형으로 처벌된다.

【개정방향】

※ 제목변경

※ 명확성 · 간결성 · 가독성

※ 일본식 조사 '의' 삭제

※ 온점(·) 활용: (,) ⇒ (·) 형법 제157조와 제324조2(인질강요)에서 이미 사용 중

※ 국어어순정비

※ [1]행위주체 [2]행위객체 [3]행위(법조문에 표시하면 가독성을 높일 수 있음)

※ 추상적 위험범, 거동범

(3) 조문해설

가. 형법 제121조는 전시폭발물제조를 규정하고 있다.

나. 주요내용을 보면, 전쟁 · 사변에서 정당한 이유 없이 폭발물을 제조 · 수입 · 수출 · 수수 · 소지한 사람은 10년 이하 징역형으로 처벌된다.

제7장

公務員의 職務에 관한 罪

122. 제122조(직무유기)

(1) 현행

第122條(職務遺棄)
公務員이 **正當한 理由없이** 그 職務遂行을 拒否하거나 그 職務를 遺棄한 때에는 1年 以下의 懲役이나 禁錮 또는 3年 以下의 資格停止에 處한다.

제122조(직무유기)
공무원이 정당한 이유없이 그 직무수행을 거부하거나 그 직무를 유기한 때에는 1년 이하의 징역이나 금고 또는 3년 이하의 자격정지에 처한다.

폭력행위 등 처벌에 관한 법률 제9조(사법경찰관리의 직무유기)
① 사법경찰관리(司法警察官吏)로서 **이 법에 규정된 죄를 범한 사람을 수사하지 아니하거나 범인을 알면서 체포하지 아니하거나 수사상 정보를 누설하여 범인의 도주를 용이하게 한** 사람은 1년 이상의 유기징역에 처한다.
② 뇌물을 수수(收受), 요구 또는 약속하고 제1항의 죄를 범한 사람은 2년 이상의 유기징역에 처한다.
[전문개정 2014.12.30]

폭력행위 등 처벌에 관한 법률 제10조(사법경찰관리의 행정적 책임)
① 관할 지방검찰청 검사장은 제2조부터 제6조까지의 범죄가 발생하였는데도 그 사실을 자신에게 보고하지 아니하거나 수사를 게을리하거나 수사능력 부족 또는 그 밖의 이유로 사법경찰관리로서 부적당하다고 인정하는 사람에 대해서는 그 임명권자에게 징계, 해임 또는 교체임용을 요구할 수 있다.
② 제1항의 요구를 받은 임명권자는 2주일 이내에 해당 사법경찰관리에 대하여 행정처분을 한 후 그 사실을 관할 지방검찰청 검사장에게 통보하여야 한다.
[전문개정 2014.12.30.]

[출처] 폭력행위 등 처벌에 관한 법률 일부개정 2016.1.6. [법률 제13718호, 시행 2016.1.6] 법무부

(2) 개선방안

제1안

제122조(직무유기)

[1]정당한 이유 없이 직무수행을 거부한 공무원 또는 **[2]정당한 이유 없이 직무를 유기한 공무원은** 1년 이하 징역형 · 1년 이하 금고형 · 3년 이하 자격정지형으로 처벌된다.

제2안 ★★★★★

제122조(직무유기)

다음 각 호 어느 하나에 해당하는 공무원은 1년 이하 징역형 · 1년 이하 금고형 · 3년 이하 자격정지형으로 처벌된다.

1. 정당한 이유 없이 직무수행을 거부한 공무원
2. 정당한 이유 없이 직무를 유기한 공무원

【개정방향】

※ 명확성 · 간결성 · 가독성 · 개조식

※ 일본식 조사 '의' 삭제

※ **보호법익: 국가기능 공정, 구체적 위험범(국민에게 피해를 야기 시킬 정도 직무수행을 거부 · 직무유기), 형식적 소홀(−)**

폭력행위 등 처벌에 관한 법률 제9조(사법경찰관리 직무유기)

① 다음 각 호 어느 하나에 해당하는 행위로 범인도주를 용이하게 한 사법경찰관리(司法警察官吏)는 1년 이상 징역형으로 처벌된다.

1. **폭력행위 등 처벌에 관한 법률**에 규정된 죄를 범한 사람을 수사하지 않은 행위
2. **폭력행위 등 처벌에 관한 법률**에 규정된 죄를 범한 범인을 알면서 체포하지 않은 행위
3. **폭력행위 등 처벌에 관한 법률**에 규정된 죄를 범한 사람에 대한 수사정보를 누설하는 행위

② 뇌물을 수수(收受) · 요구 · 약속하고 제1항 죄를 범한 **사법경찰관리는** 2년 이상 징역형으로 처벌된다.

[전문개정 2014.12.30]

폭력행위 등 처벌에 관한 법률 제10조(사법경찰관리 행정책임)

① 관할 지방검찰청 검사장은 **다음 각 호 어느 하나에 해당하는 사람을** 임명권자에게 징계 · 해임 · 교체 임용하도록 요구할 수 있다.

1. 제2조 · 제3조 · 제4조 · 제5조 · 제6조 범죄가 발생하였는데도 범죄발생사실을 관할 지방검찰청 검사장에게 지체 없이 보고하지 않아 사법경찰관리로서 부적당하다고 인정되는 사람
2. 제2조 · 제3조 · 제4조 · 제5조 · 제6조 범죄가 발생하였는데도 수사를 신속히 하지 않아 사법경찰관리로서 부적당하다고 인정되는 사람
3. 제2조 · 제3조 · 제4조 · 제5조 · 제6조 범죄가 발생하였는데도 수사능력이 부족하여 사건을 처리를 지체하여 사법경찰관리로서 부적당하다고 인정되는 사람
4. 그 밖의 이유로 사법경찰관리로서 부적당하다고 인정되는 사람

② 제1항 요구를 받은 임명권자는 2주일 이내에 해당 사법경찰관리에게 행정처분을 한 후 그 사실을 관할 지방검찰청 검사장에게 통보한다.

[전문개정 2014.12.30]

(3) 조문해설

가. 형법 제122조는 직무유기를 규정하고 있다.

나. 주요내용을 보면, 다음 각 호 어느 하나에 해당하는 공무원은 1년 이하 징역형 · 1년 이하 금고형 · 3년 이하 자격정지형으로 처벌된다. 1. 정당한 이유 없이 직무수행을 거부한 공무원, 2. 정당한 이유 없이 직무를 유기한 공무원

(4) | 관련판례 | 대법원 2006. 10. 19. 선고 2005도3909 전원합의체 판결 [경찰관이 압수물을 범죄 혐의의 입증에 사용하도록 하는 등의 적절한 조치를 취하지 아니하고 피압수자에게 돌려주어 증거인멸죄를 범한 경우에 별도로 부작위범인 직무유기죄가 성립하는지 여부(소극)] 직무유기죄 성립요건

가. 경찰서 방범과장이던 피고인이 부하직원으로부터 ○○오락실을 음반 · 비디오물 및 게임물에 관한 법률 위반 혐의로 단속하여 범죄행위에 제공된 증거물로 오락기의 변조 기판을 압수하여 위 방범과 사무실에 보관 중임을 보고받아 알고 있었다. 그럼에도 그 직무상의 의무에 따라 위 압수물을 같은 경찰서 수사계에 인계하고 검찰에 송치하여 범죄 혐의의 입증에 사용하도록 하는 등의 적절한 조치를 취하지 않았다. 오히려 부하직원에게 위와 같이 압수한 변조 기판을 돌려주라고 지시하여 ○○오락실 업주에게 이를 돌려주었다. 검사는 피고인을 증거인멸죄와 직무유기죄의 상상적 경합으로 기소하였다. 항소심

은 직무유기죄는 별도 성립하지 않고, 증거인멸죄만 유죄로 인정하였다.

나. 경찰서 방범과장이 부하직원으로부터 음반·비디오물 및 게임물에 관한 법률 위반 혐의로 오락실을 단속하여 증거물로 오락기의 변조 기판을 압수하여 사무실에 보관중임을 보고받아 알고 있었음에도 그 직무상의 의무에 따라 위 압수물을 수사계에 인계하고 검찰에 송치하여 범죄 혐의의 입증에 사용하도록 하는 등의 적절한 조치를 취하지 않고, **오히려 부하직원에게 위와 같이 압수한 변조 기판을 돌려주라고 지시하여 오락실 업주에게 이를 돌려준 경우, 작위범인 증거인멸죄만이 성립하고 부작위범인 직무유기(거부)죄는 따로 성립하지 아니한다.**

다. 대법원은 경찰관이 직무에 위배하여 증거인멸죄를 범한 경우, 증거인멸죄와 직무유기죄의 상상적 경합이 아니라, 법조경합 관계에 있다는 점을 분명히 하였다. 그러나 **대법원은 법조경합 중 특별관계, 보충관계, 흡수관계에 해당하는지 여부를 분명히 밝히지 않고 있다. 이 사안은 법조경합 중 보충관계로 본다. 작위가 범죄를 구성하지 않는 경우 보충적으로 부작위를 평가한다. 작위우선설이다. 피고인의 범죄행위와 범죄의사가 법조경합의 판단기준이 된다.**

123. 제123조(직권남용) *****

(1) 현행

第123條(職權濫用)
公務員이 職權을 濫用하여 사람으로 하여금 義務없는 일을 하게 하거나 사람의 權利行使를 妨害한 때에는 5年 以下의 懲役, 10年 이하의 資格停止 또는 1千萬원 이하의 罰金에 處한다. 〈改正 1995.12.29.〉

제123조(직권남용)
공무원이 직권을 남용하여 사람으로 하여금 의무없는 일을 하게 하거나 사람의 권리행사를 방해한 때에는 5년 이하의 징역, 10년 이하의 자격정지 또는 1천만원 이하의 벌금에 처한다. 〈개정 1995.12.29〉

(2) 개선방안

제1안
제123조(직권남용)
[1]직권을 남용하여 《다른 사람에게 법률상 의무 없는 일을》하게 한 공무원 또는 **[2]직권**

을 남용하여 《다른 사람의 권리행사를》 방해한 공무원은 5년 이하 징역형 · 1천만원 이하 벌금형 · 10년 이하 자격정지형으로 처벌된다.

제2안 *****

제123조(직권남용)

다음 각 호 어느 하나에 해당하는 공무원은 5년 이하 징역형 · 1천만원 이하 벌금형 · 10년 이하 자격정지형으로 처벌된다.

1. 직권을 남용하여 다른 사람에게 법률상 의무 없는 일을 하게 한 공무원

2. 직권을 남용하여 다른 사람 권리행사를 방해한 공무원

【개선방안】

※ 명확성 · 간결성 · 가독성 · 개조식

※ 일본식 조사 '의' 삭제

※ 결과범. 징역, 자격정지, 벌금 ⇒ 징역형 · 벌금형 · 자격정지형으로 정비함

※ 대법원 2010.1.28. 선고 2008도7312 판결 참조

(3) 조문해설

가. 형법 제123조는 직권남용을 규정하고 있다.

나. 주요내용을 보면, 다음 각 호에 해당하는 공무원은 5년 이하 징역형 · 1천만원 이하 벌금형 · 10년 이하 자격정지형으로 처벌된다. 1. 직권을 남용하여 다른 사람에게 법률상 의무 없는 일을 하게 한 공무원, 2. 직권을 남용하여 다른 사람 권리행사를 방해한 공무원

(4) | 관련판례 | 대법원 2017. 3. 9. **선고** 2013도16162 **판결** [인신구속에 관한 직무를 집행하는 사법경찰관이 체포 당시 상황을 고려하여 경험칙에 비추어 현저하게 합리성을 잃지 않은 채 판단하면 체포 요건이 충족되지 아니함을 알 수 있었는데도, 자신의 재량 범위를 벗어난다는 사실을 인식하고 그와 같은 결과를 용인한 채 사람을 체포하여 권리행사를 방해한 경우, 직권남용체포죄와 직권남용권리행사방해죄가 성립하는지 여부(적극)] 직권남용권리행사방해죄와 직권남용체포죄

가. 현행범인 체포의 요건을 갖추었는지에 관한 검사나 사법경찰관 등의 판단에는 상당한 재량의 여지가 있다. 그러나 체포 당시 상황으로 보아도 요건 충족 여부에 관한 검사나 사법경찰관 등의 판단이 경험칙에 비추어 현저히 합리성을 잃은 경우 그 체포는 위법하다. 그리고 범죄의 고의는 확정적 고의뿐만 아니라 결과 발생에 대한 인식이 있고 이를 용인하는 의사인 이른바 미필적 고의도 포함한다.

나. 그러므로 피고인이 인신구속에 관한 직무를 집행하는 사법경찰관으로서 체포 당시 상황을 고려하여 경험칙에 비추어 현저하게 합리성을 잃지 않은 채 판단하면 체포 요건이 충족되지 아니함을 충분히 알 수 있었는데도, **자신의 재량 범위를 벗어난다는 사실을 인식하고 그와 같은 결과를 용인한 채 사람을 체포하여 권리행사를 방해하였다면, 직권남용체포죄와 직권남용권리행사방해죄가 성립한다. 양죄는 상상적 경합관계이다.**

124. 제124조(불법체포, 불법감금)

(1) 현행

第124條(不法逮捕, 不法監禁)
① 裁判, 檢察, 警察 其他 人身拘束에 關한 職務를 行하는 者 또는 이를 補助하는 者가 그 職權을 濫用하여 사람을 逮捕 또는 監禁한 때에는 7年 以下의 懲役과 10年 以下의 資格停止에 處한다.
② 前項의 未遂犯은 處罰한다.

제124조(불법체포, 불법감금)
① 재판, 검찰, 경찰 기타 인신구속에 관한 직무를 행하는 자 또는 이를 보조하는 자가 그 직권을 남용하여 사람을 체포 또는 감금한 때에는 7년 이하의 징역과 10년 이하의 자격정지에 처한다.
② 전항의 미수범은 처벌한다.

(2) 개선방안

제1안

제124조(직권남용・불법체포・불법감금)
① 재판・검찰・경찰・그 밖에 인신구속에 관한 직무를 집행하는 사람 또는 이를 보조하는 사람이 직권남용으로 사람을 체포・감금한 경우 7년 이하 징역형과 10년 이하 자격정지형으로 처벌된다.
② 제1항 미수범은 처벌된다.

제2안 ★★★★★

제124조(직권남용・불법체포・불법감금)
① 다음 각 호 어느 하나에 해당하는 사람이 직권남용으로 다른 사람을 체포・감금한 경우 7년 이하 징역형과 10년 이하 자격정지형으로 처벌된다.

1. 재판에서 인신구속직무를 집행하는 사람 · 그 보조자
2. 검찰에서 인신구속직무를 집행하는 사람 · 그 보조자
3. 경찰에서 인신구속직무를 집행하는 사람 · 그 보조자
4. 그 밖에 인신구속직무를 행하는 사람 · 그 보조자

② 제1항 미수범은 처벌된다.

【개정방향】

※ 제목변경
※ 명확성 · 간결성 · 가독성
※ 일본식 조사 '의' 삭제
※ 온점(·) 사용
※ 개조식
※ 국어문법정비
※ 전항의 미수범은 처벌한다 ⇒ 제1항 미수범은 처벌된다.
※ 처한다 ⇒ '처벌된다'로 통일
※ 보호법익은 인신구속에 관한 국가기능 공정과 피해자 신체자유이다.
※ 침해범

(3) 조문해설

가. 형법 제124조는 직권남용 · 불법체포 · 불법감금을 규정하고 있다.

나. 주요내용을 보면, ① 다음 각 호 어느 하나에 해당하는 사람이 직권남용으로 다른 사람을 체포 · 감금한 경우 7년 이하 징역형과 10년 이하 자격정지형으로 처벌된다. 1. 재판에서 인신구속직무를 집행하는 사람 · 그 보조자, 2. 검찰에서 인신구속직무를 집행하는 사람 · 그 보조자, 3. 경찰에서 인신구속직무를 집행하는 사람 · 그 보조자, 4. 그 밖에 인신구속직무를 행하는 사람 · 그 보조자 ② 제1항 미수범은 처벌된다.

125. 제125조(폭행 · 가혹행위)

(1) 현행

第125條(暴行, 苛酷行爲)

裁判, 檢察, 警察 其他 人身拘束에 關한 職務를 行하는 者 또는 이를 補助하는 者가 그 職務를 行함에 當하여 刑事被疑者 또는 其他 사람에 對하여 暴行 또는 苛酷한 行爲를 加

한 때에는 5年 以下의 懲役과 10年 以下의 資格停止에 處한다.

제125조(폭행, 가혹행위)
재판, 검찰, 경찰 기타 인신구속에 관한 직무를 행하는 자 또는 이를 보조하는 자가 그 직무를 행함에 당하여 형사피의자 또는 기타 사람에 대하여 폭행 또는 가혹한 행위를 가한 때에는 5년 이하의 징역과 10년 이하의 자격정지에 처한다.

특정범죄 가중처벌 등에 관한 법률 제4조의2(체포·감금 등의 가중처벌)
① 「형법」 제124조·제125조에 규정된 죄를 범하여 사람을 상해(傷害)에 이르게 한 경우에는 1년 이상의 유기징역에 처한다.
② 「형법」 제124조·제125조에 규정된 죄를 범하여 사람을 사망에 이르게 한 경우에는 무기 또는 3년 이상의 징역에 처한다.
[전문개정 2010.3.31]

[출처] 특정범죄 가중처벌 등에 관한 법률 일부개정 2016.1.6. [법률 제13717호, 시행 2016.1.6] 법무부

(2) 개선방안

제1안 ★★★★★

제125조(직무폭행·직무가혹행위)
① **다음 각 호 어느 하나에 해당하는 사람이** 직무를 집행하면서 형사피의자·그 밖에 사람에게 폭행·가혹한 행위를 한 경우 5년 이하 징역형과 10년 이하 자격정지형으로 처벌된다.
  1. **재판에서 인신구속직무를 집행하는 사람·그 보조자**
  2. **검찰에서 인신구속직무를 집행하는 사람·그 보조자**
  3. **경찰에서 인신구속직무를 집행하는 사람·그 보조자**
  4. **그 밖에 인신구속직무를 행하는 사람·그 보조자**
② 제124조·제125조 제1항 죄를 범하여 사람을 상해에 이르게 한 사람은 1년 이상 징역형으로 처벌된다.
③ 제124조·제125조 제1항 죄를 범하여 사람을 사망에 이르게 한 사람은 무기형·3년 이상 징역형으로 처벌된다.

【개정방향】
※ 제목변경
※ 명확성·간결성·가독성

※ 일본식 조사 '의' 삭제
※ 온점(·) 사용
※ 개조식
※ 국어문법정비
※ **특별법을 형법으로 옮겨 규정함.** 형법과 특별법 통합. 유기징역형 ⇒ 징역형

제2안
제125조(직무폭행 · 직무가혹행위)
다음 각 호 어느 하나에 해당하는 사람이 직무를 집행하면서 형사피의자 · 그 밖의 사람에게 폭행 · 가혹한 행위를 한 경우 5년 이하 징역형과 10년 이하 자격정지형으로 처벌된다.

1. **재판에서 인신구속직무를 집행하는 사람 · 그 보조자**
2. **검찰에서 인신구속직무를 집행하는 사람 · 그 보조자**
3. **경찰에서 인신구속직무를 집행하는 사람 · 그 보조자**
4. **그 밖에 인신구속직무를 행하는 사람 · 그 보조자**

【개정방향】
※ 제목변경
※ 명확성 · 간결성 · 가독성
※ 일본식 조사 '의' 삭제
※ 온점(·) 사용
※ 개조식
※ 국어문법정비

특정범죄 가중처벌 등에 관한 법률 제4조의2(체포상해 · 체포치상 · 감금상해 · 감금치상 가중처벌)
① 「형법」 제124조 · 제125조 죄를 범하여 사람을 상해(傷害)에 이르게 한 사람은 1년 이상 징역형으로 처벌한다.
② 「형법」 제124조 · 제125조 죄를 범하여 사람을 사망에 이르게 한 사람은 무기형 · 3년 이상 징역형으로 처벌한다.

(3) 조문해설

가. 형법 제125조는 직무폭행 · 직무가혹행위를 규정하고 있다.
나. 주요내용을 보면, ① 다음 각 호 어느 하나에 해당하는 사람이 직무를 집행하면서 형사피의자 · 그 밖의 사람에게 폭행 · 가혹한 행위를 한 경우 5년 이하

징역형과 10년 이하 자격정지형으로 처벌된다. 1. 재판에서 인신구속직무를 집행하는 사람·그 보조자, 2. 검찰에서 인신구속직무를 집행하는 사람·그 보조자, 3. 경찰에서 인신구속직무를 집행하는 사람·그 보조자, 4. 그 밖에 인신구속직무를 행하는 사람·그 보조자 ② 제124조·제125조 제1항 죄를 범하여 사람을 상해에 이르게 한 사람은 1년 이상 징역형으로 처벌된다. ③ 제124조·제125조 제1항 죄를 범하여 사람을 사망에 이르게 한 사람은 무기형·3년 이상 징역형으로 처벌된다.

126. 제126조(피의사실공표)

(1) 현행

第126條(被疑事實公表)
檢察, 警察 其他 犯罪搜査에 關한 職務를 行하는 者 또는 이를 監督하거나 補助하는 者가 그 職務를 行함에 當하여 知得한 被疑事實을 公判請求前에 公表한 때에는 3年 以下의 懲役 또는 5年 以下의 資格停止에 處한다.

제126조(피의사실공표)
검찰, 경찰 기타 범죄수사에 관한 직무를 행하는 자 또는 이를 감독하거나 보조하는 자가 그 직무를 행함에 당하여 지득한 **피의사실을 공판청구 전에 공표한 때**에는 3년 이하의 징역 또는 5년 이하의 자격정지에 처한다.

(2) 개선방안

제1안 ★★★★★
제126조(피의사실공표)
다음 각 호 어느 하나에 해당하는 사람이 직무수행을 하면서 지득한 피의사실을 공판청구 전에 공표한 경우 3년 이하 징역형·5년 이하 자격정지형으로 처벌된다.
1. **검찰에서** 범죄수사**직무를 집행하는 사람·그 감독자·그 보조자**
2. **경찰에서** 범죄수사**직무를 집행하는 사람·그 감독자·그 보조자**
3. **그 밖에** 범죄수사에 범죄수사**직무를 집행하는 사람·그 감독자·그 보조자**

제2안
제126조(피의사실공표)
직무수행을 하면서 지득한 피의사실을 공판청구 전에 공표한 **다음 각 호 어느 하나에 해당하는 사람은** 3년 이하 징역형·5년 이하 자격정지형으로 처벌된다.

1. **검찰에서** 범죄수사**직무를 집행하는 사람 · 그 감독자 · 그 보조자**
2. **경찰에서** 범죄수사**직무를 집행하는 사람 · 그 감독자 · 그 보조자**
3. **그 밖에** 범죄수사에 범죄수사**직무를 집행하는 사람 · 그 감독자 · 그 보조자**

【개선방향】
※ 명확성 · 간결성 · 가독성
※ 일본식 조사 '의' 삭제
※ 온점(·) 사용
※ 개조식
※ 국어문법정비

(3) 조문해설

가. 형법 제126조는 피의사실공표를 규정하고 있다.

나. 주요내용을 보면, 다음 각 호 어느 하나에 해당하는 사람이 직무수행을 하면서 지득한 피의사실을 공판청구 전에 공표한 경우 3년 이하 징역형 · 5년 이하 자격정지형으로 처벌된다. 1. 검찰에서 범죄수사직무를 집행하는 사람 · 그 감독자 · 그 보조자, 2. 경찰에서 범죄수사직무를 집행하는 사람 · 그 감독자 · 그 보조자, 3. 기타 범죄수사에 범죄수사직무를 집행하는 사람 · 그 감독자 · 그 보조자

127. 제127조(공무상 비밀의 누설)

(1) 현행

第127條(公務上 秘密의 漏泄)
公務員 또는 公務員이었던 者가 法令에 依한 職務上 秘密을 漏泄한 때에는 2年 以下의 懲役이나 禁錮 또는 5年 以下의 資格停止에 處한다.
제127조(공무상 비밀의 누설)
공무원 또는 공무원이었던 자가 법령에 의한 직무상 비밀을 누설한 때에는 2년 이하의 징역이나 금고 또는 5년 이하의 자격정지에 처한다.

(2) 개선방안

제1안 ★★★★★

제127조(공무비밀누설)

법령에 근거하여 얻은 직무비밀을 누설한 공무원 · 공무원이었던 사람은 2년 이하 징역형 · 2년 이하 금고형과 5년 이하 자격정지형으로 처벌된다.

제2안

제127조(공무비밀누설)

공무원 · 공무원이었던 사람이 법령에 근거하여 얻은 직무비밀을 누설한 경우 2년 이하 징역형 · 2년 이하 금고형과 5년 이하 자격정지형으로 처벌된다.

【개정방향】

※ 제목변경

※ 명확성 · 간결성 · 가독성

※ 일본식 조사 '의' 삭제

※ 온점(·) 사용

※ 일반 법조문처럼 행위주체를 뒤에 둠

※ 국어문법정비

※ **누설한 사람만 처벌된다.**

※ **대향범이다. 따라서 형법총칙 규정이 적용되지 않는다. 공무비밀누설교사죄는 성립되지 않는다.**

※ **자격정지형을 선택형에서 병합형으로 개정: 자격정지를 병과형이 아닌 선택형으로 두었는지 궁금하다. 제128조와 통일**

(3) 조문해설

가. 형법 제127조는 공무비밀누설을 규정하고 있다.

나. 주요내용을 보면, 법령에 근거하여 얻은 직무비밀을 누설한 공무원 · 공무원이었던 사람은 2년 이하 징역형 · 2년 이하 금고형과 5년 이하 자격정지형으로 처벌된다.

(4) | 관련판례 | 대법원 2018. 4. 26. 선고 2018도2624 판결 [제18대 대통령 당선인 갑의 비서실 소속 공무원인 피고인이 당시 갑을 위하여 중국에 파견할 특사단 추천 의원을 정리한 문건을 을에게 이메일 또는 인편 등으로 전달함으로써 법령에 의한 직무상 비밀을 누설하였다는 내용으로 기소된 사안에서, 위 문건이 직무상 비밀에 해당한다고 한 사례, 수사기관이 영장 발부의 사유로 된 범죄 혐의사실과 무

관한 별개의 증거를 압수하였을 경우, 이를 유죄 인정의 증거로 사용할 수 있는지 여부(원칙적 소극), 법원이 2차적 증거의 증거능력 인정 여부를 최종적으로 판단할 때 고려하여야 할 사항]

가. 제18대 대통령 당선인 갑의 비서실 소속 공무원인 피고인이 당시 갑을 위하여 중국에 파견할 특사단 추천 의원을 정리한 문건을 을에게 이메일 또는 인편 등으로 전달함으로써 법령에 의한 직무상 비밀을 누설하였다는 내용으로 기소된 사안이다.

나. 위 문건이 사전에 외부로 누설될 경우 대통령 당선인의 인사 기능에 장애를 초래할 위험이 있다. 그러므로 종국적인 의사결정이 있기 전까지는 외부에 누설되어서는 아니 되는 비밀로서 보호할 가치가 있는 직무상 비밀에 해당한다.

다. **수사기관은 범죄수사의 필요성이 있고 피의자가 죄를 범하였다고 의심할 만한 정황이 있는 경우에도 해당 사건과 관계가 있다고 인정할 수 있는 것에 한하여 영장을 발부받아 압수·수색을 할 수 있다. 영장 발부의 사유로 된 범죄 혐의 사실과 관련된 증거가 아니라면 적법한 압수·수색이 아니다. 따라서 영장 발부의 사유로 된 범죄 혐의사실과 무관한 별개의 증거를 압수하였을 경우 이는 원칙적으로 유죄 인정의 증거로 사용할 수 없다.**

라. 법원이 2차적 증거의 증거능력 인정 여부를 최종적으로 판단할 때에는 먼저 절차에 따르지 아니한 1차적 증거 수집과 관련된 모든 사정들, 즉 절차 조항의 취지와 그 위반의 내용 및 정도, 구체적인 위반 경위와 회피가능성, 절차 조항이 보호하고자 하는 권리 또는 법익의 성질과 침해 정도 및 피고인과의 관련성, 절차 위반행위와 증거수집 사이의 인과관계 등 관련성의 정도, 수사기관의 인식과 의도 등을 살펴야 한다. 그리고 1차적 증거를 기초로 하여 다시 2차적 증거를 수집하는 과정에서 추가로 발생한 모든 사정들까지 구체적인 사안에 따라 주로 인과관계 희석 또는 단절 여부를 중심으로 전체적·종합적으로 고려하여야 한다.

128. 제128조(선거방해)

(1) 현행

第128條(選擧妨害)

檢察, 警察 또는 軍의 職에 있는 公務員이 法令에 依한 選擧에 關하여 選擧人, 立候補者 또는 立候補者되려는 者에게 脅迫을 加하거나 其他 方法으로 選擧의 自由를 妨害한 때에

> 는 10年 以下의 懲役과 5年 以上의 資格停止에 處한다.
>
> 제128조(선거방해)
> 검찰, 경찰 또는 군의 직에 있는 공무원이 법령에 의한 선거에 관하여 선거인, 입후보자 또는 입후보자 되려는 자에게 협박을 가하거나 기타 방법으로 선거의 자유를 방해한 때에는 10년 이하의 징역과 5년 이상의 자격정지에 처한다.

(2) 개선방안

> 제128조(선거방해)
> ① 법령에 근거한 선거에서 **선거인·입후보자·입후보자가 되려는 사람을** 협박한 검찰·경찰·군인공무원은 10년 이하 징역형과 5년 이상 자격정지형으로 처벌된다.
> ② 법령에 근거한 선거에서 **그 밖의 방법으로 선거자유를** 방해한 검찰·경찰·군인공무원은 10년 이하 징역형과 5년 이상 자격정지형으로 처벌된다.
>
> 【개정방향】
> ※ 명확성·간결성·가독성
> ※ 일본식 조사 '의' 삭제
> ※ 온점(·) 사용
> ※ 국어문법정비
> ※ 제1항과 제2항 분리. 행위 객체가 다름
> ※ 검찰, 경찰 또는 군의 직에 있는 공무원이 ⇒ 검찰·경찰·군인공무원은
> ※ 법령에 의한 선거에 관하여 ⇒ 법령에 근거한 선거에서
> ※ 기타 방법으로 ⇒ 그 밖의 방법으로
> ※ 협박을 가하거나 ⇒ 협박한. 선거의 자유를 방해한 때에는 ⇒ 선거자유를 방해한

(3) 조문해설

가. 형법 제128조는 선거방해를 규정하고 있다.

나. 주요내용을 보면, ① 법령에 근거한 선거에서 선거인·입후보자·입후보자가 되려는 사람을 협박한 검찰·경찰·군인공무원은 10년 이하 징역형과 5년 이상 자격정지형으로 처벌된다. ② 법령에 근거한 선거에서 그 밖의 방법으로 선거자유를 방해한 검찰·경찰·군인공무원은 10년 이하 징역형과 5년 이상 자격정지형으로 처벌된다.

129. 제129조(수뢰, 사전수뢰) *****

(1) 현행

第129條(收賂, 事前收賂)
① 公務員 또는 仲裁人이 그 職務에 關하여 賂物을 收受, 要求 또는 約束한 때에는 5年 以下의 懲役 또는 10年 以下의 資格停止에 處한다.
② 公務員 또는 仲裁人이 될 者가 그 擔當할 職務에 關하여 請託을 받고 賂物을 收受, 要求 또는 約束한 後 公務員 또는 仲裁人이 된 때에는 3年 以下의 懲役 또는 7年 以下의 資格停止에 處한다.
[한정위헌, 2011헌바117, 2012.12.27. 형법(1953. 9. 18. 법률 제293호로 제정된 것) 제129조 제1항의 '공무원'에 구 '제주특별자치도 설치 및 국제자유도시 조성을 위한 특별법'(2007. 7. 27. 법률 제8566호로 개정되기 전의 것) 제299조 제2항의 제주특별자치도통합영향평가심의위원회 심의위원 중 위촉위원이 포함되는 것으로 해석하는 한 헌법에 위반된다.]

제129조(수뢰, 사전수뢰)
① 공무원 또는 중재인이 그 직무에 관하여 뇌물을 수수, 요구 또는 약속한 때에는 5년 이하의 징역 또는 10년 이하의 자격정지에 처한다.
② 공무원 또는 중재인이 될 자가 그 담당할 직무에 관하여 청탁을 받고 뇌물을 수수, 요구 또는 약속한 후 공무원 또는 중재인이 된 때에는 3년 이하의 징역 또는 7년 이하의 자격정지에 처한다.

(2) 개선방안

제129조(단순수뢰 · 사전수뢰)
① 《공무원 · 중재인 일반직무와 밀접하게 관련하여 **전체적 · 포괄적 뇌물을**》 수수 · 요구 · 약속한 〔**공무원 · 중재인은**〕 5년 이하 징역형 · 10년 이하 자격정지형으로 처벌된다.
② 〔**공무원 · 중재인으로 임용될 사람이**〕 담당직무와 밀접하게 관련하여 청탁을 받고 《**전체적 · 포괄적 뇌물을**》 수수 · 요구 · 약속한 후 공무원 · 중재인이 된 경우 3년 이하 징역형 · 7년 이하 자격정지형으로 처벌된다.
[한정위헌, 2011헌바117, 2012.12.27. 형법(1953. 9. 18. 법률 제293호로 제정된 것) 제129조 제1항 '공무원'에 구 '제주특별자치도 설치 및 국제자유도시 조성을 위한 특별법'(2007. 7. 27. 법률 제8566호로 개정되기 전의 것) 제299조 제2항 제주특별자치도통합영향평가심의위원회 심의위원 중 위촉위원이 포함되는 것으로 해석하는 한 헌

법에 위반된다.]

【개정방향】
※ 제목변경
※ 명확성 · 간결성 · 가독성
※ 일본식 조사 '의' 삭제
※ 온점(·) 사용
※ 국어문법정비
※ 행위주체를 뒤로 돌려 다른 조문과 통일
※ 수수(收受): 무상으로 금품을 받음
※ 보호법익: 직무집행의 공정, 이에 대한 사회 신뢰, 직무행위의 불가매수성

(3) 조문해설

가. **형법 제129조는 단순수뢰 · 사전수뢰를 규정하고 있다.**

나. **주요내용을 보면, ①《공무원 · 중재인 일반직무와 밀접하게 관련하여 전체적 · 포괄적 뇌물을》 수수 · 요구 · 약속한 〔공무원 · 중재인은〕 5년 이하 징역형 · 10년 이하 자격정지형으로 처벌된다. ② 〔공무원 · 중재인으로 임용될 사람이〕 담당직무와 밀접하게 관련하여 청탁을 받고 전체적 · 포괄적 뇌물을 수수 · 요구 · 약속한 후 공무원 · 중재인이 된 경우 3년 이하 징역형 · 7년 이하 자격정지형으로 처벌된다.**

다. **뇌물은 직무와 관련된 불법한 이익이다. 직무와 관련성이 있어야 한다. 수뢰자의 직무 범위와 직무 내용이 확정되어야 한다. 공무원이 직무와 관련하여 사적 영역에서 이루어지는 계약행위에 상당한 영향력을 줄 수 있는 지위를 획득하고, 그와 관련하여 금품 등을 수수한 경우도 직무관련성이 있다.**

(4) **| 관련판례 |** 대법원 2011. 3. 24. 선고 2010도17797 판결 [뇌물죄에서 '직무'의 의미, 공무원이 얻은 이익이 '뇌물'에 해당하는지 여부의 판단 기준, 시(市) 도시계획국장인 피고인 갑이 건설회사를 운영하는 피고인 을의 부탁을 받고 위 회사로 하여금 자신이 관리 · 감독하는 공사 중 일부를 하도급받도록 해 준 다음 그 대가로 돈을 받은 사안에서, 위 행위가 뇌물수수죄에 해당한다고 본 원심판단을 수긍한 사례] 뇌물죄에서 '직무에 관하여'의 의미

가. 쟁점은 하도급 알선행위가 도시계획국장의 직무와 관련성이 있는지 여부이다. 기록을 보면, 피고인 1은 ○○시 도시계획국장으로 근무하면서 ○○시장을 보좌하여 도시경관과, 건설사업소 등이 속한 도시계획국 업무를 총괄한 사실,

피고인 1은 건설사업소를 통하여 ○○시가 공소외 1 주식회사를 시공사로 하여 진행하던 ○○시 ○○구청 신축공사(이하 '이 사건 신축공사'라 한다)에 대한 구체적인 관리·감독 업무를 수행하는 한편, 공소외 2 주식회사가 공소외 1 주식회사를 시공사로 하여 위 ○○구청 신축공사 현장에 연접한 곳에서 진행하던 홈플러스 ○○○점 증축공사(이하 '이 사건 증축공사'라 한다)에 대하여도 건축법 등 관계 법령에 기하여 허가, 착공신고 수리, 공정 관리·감독, 안전관리, 시공상태 점검 등 일반적인 관리·감독 업무를 수행한 사실, 피고인 1은 피고인 2로부터 이 사건 증축공사에 대한 하도급공사를 할 수 있게 해달라는 부탁을 받고, 이 사건 증축공사에 관한 ○○시장의 허가가 있기 바로 직전에 이 사건 신축공사의 현장소장이던 공소외 3을 통하여 공소외 1 주식회사에 동일한 내용의 부탁을 하여, 결국 피고인 2가 운영하던 공소외 4 주식회사로 하여금 공소외 1 주식회사로부터 수의계약 방식으로 이 사건 증축공사 중 건축공사 부분을 하도급받도록 한 사실, 그 후 피고인 1은 피고인 2로부터 위와 같이 하도급받도록 해준 대가 명목 등으로 100만 원권 수표 54장 합계 5,400만 원을 교부받았다는 사실을 알 수 있다.

나. 뇌물죄에서 '직무'란 공무원이 법령상 관장하는 직무 그 자체뿐만 아니라 직무와 밀접한 관계가 있는 행위 또는 관례상이나 사실상 소관하는 직무행위 및 결정권자를 보좌하거나 영향을 줄 수 있는 직무행위도 포함한다.

다. 공무원이 얻는 어떤 이익이 직무와 대가관계가 있는 부당한 이익으로서 '뇌물'에 해당하는지 여부는 당해 공무원의 직무 내용, 직무와 이익제공자의 관계, 쌍방 간에 특수한 사적인 친분관계가 존재하는지 여부, 이익의 다과, 이익을 수수한 경위와 시기 등의 제반 사정을 참작하여 결정하여야 한다. 뇌물죄가 직무집행의 공정과 이에 대한 사회의 신뢰 및 직무행위의 불가매수성을 보호법익으로 하고 있는 점에 비추어 볼 때, 공무원이 이익을 수수하는 것으로 인하여 사회일반으로부터 직무집행의 공정성을 의심받게 되는지 여부도 뇌물죄의 성립 여부를 판단할 때에 기준이 된다.

라. 시(市) 도시계획국장인 피고인 갑이, 시에서 병 주식회사를 시공사로 하여 진행하던 구청 신축공사 및 그에 인접하여 정 주식회사가 병 회사를 시공사로 하여 진행하던 건물 증축공사에 대한 관리·감독 업무를 수행하면서, 무 회사를 운영하는 피고인 을의 부탁을 받고 병 회사에 부탁하여 위 증축공사 중 건축공사 부분을 무 회사에 하도급받도록 해 준 다음 그 대가로 돈을 받은 사안에서, 갑의 위와 같은 행위는 직무와 밀접한 관계가 있는 행위에 관하여

금품을 수수한 것으로서 뇌물수수죄에 해당한다.

마. 이 판결은 공무원이 직무와 관련하여 사적 영역에서 이루어지는 계약행위에 상당한 영향력을 줄 수 있는 지위를 획득하고, 그와 관련하여 금품 등을 수수한 경우 직무관련성을 인정하여 뇌물수수수죄가 성립할 수 있다는 점을 명확히 하였다.

(5) **| 관련판례 | 대법원 2017. 12. 22. 선고 2017도12346 판결** [뇌물죄에서 뇌물성을 인정하는 데 특별히 의무위반 행위나 청탁의 유무 등을 고려할 필요 또는 금품수수 시기와 직무집행 행위의 전후를 가릴 필요가 있는지 여부(소극) 및 뇌물죄에서 말하는 '직무'의 범위, 뇌물수수죄의 성립요건인 직무관련성, 공무원이 장래에 담당할 직무에 대한 대가로 이익을 수수한 경우, 뇌물수수죄가 성립할 수 있는지 여부(적극) 및 이때 수수한 이익과 장래에 담당할 직무와의 관련성 정도, 형법 제132조에서 말하는 '다른 공무원의 직무에 속한 사항의 알선에 관하여 뇌물을 수수한다'는 의미, 알선뇌물수수죄가 성립하기 위하여 뇌물을 수수할 당시 상대방에게 알선에 의하여 해결을 도모하여야 할 현안이 반드시 존재하여야 하는지 여부(소극) 및 '알선할 사항'의 특정 정도, 금융실명거래 및 비밀보장에 관한 법률이 불법·탈법적 목적에 의한 타인 실명의 금융거래를 처벌하는 취지, 같은 법 제3조 제3항에서 규정한 탈법행위의 목적으로 타인의 실명으로 금융거래를 함으로써 같은 법 제6조 제1항 위반죄가 성립하는지 여부(적극) 및 타인의 의사와 관계없이 자유롭게 금융거래를 할 수 있는 경우에만 위 범죄가 성립하는지 여부(소극)] 〈뇌물수수 등 사건〉

가. 뇌물죄는 직무집행의 공정과 이에 대한 사회의 신뢰에 기초하여 직무행위의 불가매수성을 보호법익으로 하고 있다. 직무에 관한 청탁이나 부정한 행위를 필요로 하지 않는다. 그러므로 뇌물성을 인정하는 데 특별히 의무위반 행위나 청탁의 유무 등을 고려할 필요가 없다. 금품수수 시기와 직무집행 행위의 전후를 가릴 필요도 없다. 뇌물죄에서 말하는 '직무'에는 법령에 정하여진 직무를 말한다. 또한 그와 관련 있는 직무, 관례상이나 사실상 소관하는 직무행위, 결정권자를 보좌하거나 영향을 줄 수 있는 직무행위, 과거에 담당하였거나 장래에 담당할 직무 외에 사무분장에 따라 현실적으로 담당하고 있지 않아도 법령상 일반적인 직무권한에 속하는 직무 등 공무원이 그 직위에 따라 담당할 일체의 직무를 포함한다.

나. 형법 제129조 제1항의 뇌물수수죄가 성립하려면 공무원이 그 직무에 관하여 뇌물을 수수하여야 한다. 따라서 공무원이 이익을 수수한 행위가 공무원의 직무와 관련이 없다면 뇌물수수죄는 성립하지 않는다. 공무원이 장래에 담당할 직무에 대한 대가로 이익을 수수한 경우에도 뇌물수수죄가 성립할 수 있다.

그러나 그 이익을 수수할 당시 장래에 담당할 직무에 속하는 사항이 그 수수한 이익과 관련된 것임을 확인할 수 없을 정도로 막연하고 추상적이거나, 장차 그 수수한 이익과 관련지을 만한 직무권한을 행사할지 자체를 알 수 없다면, 그 이익이 장래에 담당할 직무에 관하여 수수되었다거나 그 대가로 수수되었다고 단정하기 어렵다.

다. 형법 제132조에서 말하는 '다른 공무원의 직무에 속한 사항의 알선에 관하여 뇌물을 수수한다'라고 함은, 다른 공무원의 직무에 속한 사항을 알선한다는 명목으로 뇌물을 수수하는 행위이다. 반드시 알선의 상대방인 다른 공무원이나 그 직무의 내용을 구체적으로 특정할 필요까지는 없다. 알선행위는 장래의 것이라도 무방하다. 그러므로 뇌물을 수수할 당시 상대방에게 알선에 의하여 해결을 도모하여야 할 현안이 반드시 존재하여야 할 필요는 없다. 그러나 알선뇌물수수죄가 성립하려면 알선할 사항이 다른 공무원의 직무에 속하는 사항으로서 뇌물수수의 명목이 그 사항의 알선에 관련된 것임이 어느 정도는 구체적으로 나타나야 한다. 단지 상대방으로 하여금 뇌물을 수수하는 자에게 잘 보이면 어떤 도움을 받을 수 있다거나 손해를 입을 염려가 없다는 정도의 막연한 기대감을 갖게 하는 정도에 불과하고, 뇌물을 수수하는 자 역시 상대방이 그러한 기대감을 가질 것이라고 짐작하면서 수수하였다는 사정만으로는 알선뇌물수수죄가 성립하지 않는다.

라. 금융실명거래 및 비밀보장에 관한 법률(이하 '금융실명법'이라고 한다)은 실지 명의(이하 '실명'이라고 한다)에 의한 금융거래를 실시하고 그 비밀을 보장하여 금융거래의 정상화를 꾀함으로써 경제정의를 실현하고 국민경제의 건전한 발전을 도모함을 목적으로 하고 있고(제1조), 금융거래란 금융회사 등이 금융자산을 수입, 매매, 환매 등을 하는 행위를 말하며(제2조 제3호), 실명이란 주민등록표상의 명의, 사업자등록증상의 명의 등을 말한다고 규정하면서(제2조 제4호), 누구든지 특정 금융거래정보의 보고 및 이용 등에 관한 법률 제2조 제3호에 따른 불법재산의 은닉, 제4호에 따른 자금세탁행위 또는 제5호에 따른 공중협박자금조달행위 및 강제집행의 면탈, 그 밖에 탈법행위를 목적으로 타인의 실명으로 금융거래를 하여서는 아니 되고(제3조 제3항), 위와 같은 목적으로 타인의 실명으로 금융거래를 하는 행위를 처벌하도록 규정하고 있다(제6조 제1항). 위와 같은 금융실명법의 입법목적과 내용을 종합해 보면, 불법·탈법적 목적에 의한 타인 실명의 금융거래를 처벌하는 것은 이러한 금융거래를 범죄수익의 은닉이나 비자금 조성, 조세포탈, 자금세탁 등 불법·탈법행위나

범죄의 수단으로 악용하는 것을 방지하는 데에 목적이 있다. 그러므로 위와 같은 탈법행위의 목적으로 타인의 실명으로 금융거래를 하였다면 이로써 금융실명법 제6조 제1항의 위반죄가 성립한다. 타인의 의사와 관계없이 자유롭게 금융거래를 할 수 있는 경우만 위 범죄가 성립하는 것이 아니다.

130. 제130조(제삼자뇌물제공)

(1) 현행

第130條(第三者賂物提供)
公務員 또는 仲裁人이 그 職務에 關하여 不正한 請託을 받고 第3者에게 賂物을 供與하게 하거나 供與를 要求 또는 約束한 때에는 5年 以下의 懲役 또는 10年 以下의 資格停止에 處한다.

제130조(제삼자뇌물제공)
공무원 또는 중재인이 그 직무에 관하여 부정한 청탁을 받고 제3자에게 뇌물을 공여하게 하거나 공여를 요구 또는 약속한 때에는 5년 이하의 징역 또는 10년 이하의 자격정지에 처한다.

(2) 개선방안

제1안
제130조(제삼자뇌물제공)
공무원·중재인 직무와 밀접하게 관련하여 부정청탁을 받고 제삼자에게 **전체적·포괄적** 뇌물을 공여하게 하거나 또는 공여를 요구·약속한 〔**공무원·중재인은**〕 5년 이하 징역형·10년 이하 자격정지형으로 처벌된다.

제2안 ★★★★★
제130조(제삼자뇌물제공)
① 〔**공무원·중재인이**〕 다음 각 호 어느 하나에 해당하는 행위를 한 경우 5년 이하 징역형·10년 이하 자격정지형으로 처벌된다.
1. 공무원·중재인 직무와 밀접하게 관련하여 부정청탁을 받고 제삼자에게 **전체적·포괄적** 뇌물을 공여하게 한 행위
2. 공무원·중재인 직무와 밀접하게 관련하여 부정청탁을 받고 제삼자에게 **전체적·포괄적** 뇌물 공여를 요구·약속한 행위

② 제1항 경우 10년 이하 자격정지형이 병과될 수 있다.

【개정방향】
※ 명확성 · 간결성 · 가독성
※ 일본식 조사 '의' 삭제
※ 온점(·) 사용
※ 국어문법정비
※ 행위주체를 뒤로 돌려 다른 조문과 통일
※ 제3자 ⇒ 제삼자 통일. 제131조 참조
※ **자격정지형을 선택형에서 선택형과 병과형으로 개정: 5년 이하 징역형 또는 10년 이하 자격정지형으로 처벌된다. ⇒ ① 5년 이하 징역형 · 10년 이하 자격정지형으로 처벌된다. ② 제1항 경우 10년 이하 자격정지형이 병과될 수 있다.**

(3) 조문해설

가. 형법 제130조는 제삼자뇌물제공을 규정하고 있다.

나. 주요내용을 보면, ① 공무원 · 중재인 직무와 밀접하게 관련하여 부정청탁을 받고 제삼자에게 전체적 · 포괄적 뇌물을 공여하게 하거나 또는 공여를 요구 · 약속한 〔공무원 · 중재인은〕 5년 이하 징역형 · 10년 이하 자격정지형으로 처벌된다. ② 제1항 경우 10년 이하 자격정지형이 병과될 수 있다.

131. 제131조(수뢰후부정처사, 사후수뢰)

(1) 현행

第131條(收賂後不正處事, 事後收賂)
① 公務員 또는 仲裁人이 前2條의 罪를 犯하여 不正한 行爲를 한 때에는 1年 以上의 有期懲役에 處한다.
② 公務員 또는 仲裁人이 그 職務上 不正한 行爲를 한 後 賂物을 收受, 要求 또는 約束하거나 第三者에게 이를 供與하게 하거나 供與를 要求 또는 約束한 때에도 前項의 刑과 같다.
③ 公務員 또는 仲裁人이었던 者가 그 在職 中에 請託을 받고 職務上 不正한 行爲를 한 後 賂物을 收受, 要求 또는 約束한 때에는 5年 以下의 懲役 또는 10年 以下의 資格停止에 處한다.
④ 前3項의 境遇에는 10年 以下의 資格停止를 併科할 수 있다.

제131조(수뢰후부정처사, 사후수뢰)
① 공무원 또는 중재인이 전2조의 죄를 범하여 부정한 행위를 한 때에는 1년 이상의 유기징역에 처한다.

② 공무원 또는 중재인이 그 직무상 부정한 행위를 한 후 뇌물을 수수, 요구 또는 약속하거나 제삼자에게 이를 공여하게 하거나 공여를 요구 또는 약속한 때에도 전항의 형과 같다.
③ 공무원 또는 중재인이었던 자가 그 재직 중에 청탁을 받고 직무상 부정한 행위를 한 후 뇌물을 수수, 요구 또는 약속한 때에는 5년 이하의 징역 또는 10년 이하의 자격정지에 처한다.
④ 전3항의 경우에는 10년 이하의 자격정지를 병과할 수 있다.

(2) 개선방안

제1안

제131조(수뢰후부정처사 · 사후수뢰)

① 제129조 · 제130조 죄를 범하여 부정한 행위를 한 공무원 · 중재인은 1년 이상 징역형으로 처벌된다.

② [1]**공무원 · 중재인이** 직무상 부정한 행위를 한 후 [2]**전체적 · 포괄적 뇌물을** 수수 · 요구 · 약속한 경우 또는 [3]제3자에게 공여 · 공여를 요구 · 공여를 약속한 경우 1년 이상 징역형으로 처벌된다.

③ [1]**공무원 · 중재인이었던 사람이** 재직 중에 청탁을 받고 직무상 부정한 행위를 한 후 [2]**전체적 · 포괄적 뇌물을** 수수 · 요구 · 약속한 경우 5년 이하 징역형 · 10년 이하 자격정지형으로 처벌된다.

④ 제3항 경우 10년 이하 자격정지형이 병과될 수 있다.

제2안 ★★★★★

제131조(수뢰후부정처사 · 사후수뢰)

① 제129조 · 제130조 죄를 범하여 부정한 행위를 한 공무원 · 중재인은 1년 이상 징역형으로 처벌된다.

② 공무원 · 중재인이 직무상 부정한 행위를 한 후 다음 각 호 어느 하나에 해당하는 행위를 한 경우 1년 이상 징역형으로 처벌된다.
1. **전체적 · 포괄적**으로 뇌물을 수수 · 요구 · 약속한 경우
2. **전체적 · 포괄적**으로 뇌물을 제삼자에게 공여 · 공여를 요구 · 공여를 약속한 경우

③ 공무원 · 중재인이었던 사람이 재직 중에 청탁을 받고 직무상 부정한 행위를 한 후 **전체적 · 포괄적** 뇌물을 수수 · 요구 · 약속한 경우 5년 이하 징역형 · 10년 이하 자격정지형으로 처벌된다.

④ 제3항 경우 10년 이하 자격정지형이 병과될 수 있다.

【개정방향】
※ 명확성 · 간결성 · 가독성
※ 일본식 조사 '의' 삭제
※ 온점(·) 사용
※ 국어문법정비
※ 제2안 개조식
※ 자격정지형을 선택형에서 선택형과 병과형으로 개정: 5년 이하 징역형 또는 10년 이하 자격정지형으로 처벌된다. ⇒5년 이하 징역형 · 10년 이하 자격정지형으로 처벌된다. ④ 제3항 경우 10년 이하 자격정지형이 병과될 수 있다.

(3) 조문해설

가. 형법 제131조는 수뢰후부정처사 · 사후수뢰를 규정하고 있다.

나. 주요내용을 보면, ① 제129조 · 제130조 죄를 범하여 부정한 행위를 한 공무원 · 중재인은 1년 이상 징역형으로 처벌된다. ② 공무원 · 중재인이 직무상 부정한 행위를 한 후 다음 각 호 어느 하나의 행위를 한 경우 1년 이상 징역형으로 처벌된다. 1. 전체적 · 포괄적으로 뇌물을 수수 · 요구 · 약속한 경우, 2. 전체적 · 포괄적으로 뇌물을 제삼자에게 공여 · 공여를 요구 · 공여를 약속한 경우 ③ 공무원 · 중재인이었던 사람이 재직 중에 청탁을 받고 직무상 부정한 행위를 한 후 뇌물을 수수 · 요구 · 약속한 경우 5년 이하 징역형 · 10년 이하 자격정지형으로 처벌된다. ④ 제3항 경우 10년 이하 자격정지형이 병과될 수 있다.

132. 제132조(알선수뢰)

(1) 현행

第132條(斡旋收賂)
公務員이 그 地位를 利用하여 다른 公務員의 職務에 屬한 事項의 斡旋에 關하여 賂物을 收受, 要求 또는 約束한 때에는 3年 以下의 懲役 또는 7年 以下의 資格停止에 處한다.

제132조(알선수뢰)
공무원이 그 지위를 이용하여 다른 공무원의 직무에 속한 사항의 알선에 관하여 뇌물을 수수, 요구 또는 약속한 때에는 3년 이하의 징역 또는 7년 이하의 자격정지에 처한다.

(2) 개선방안

제132조(알선수뢰)
법률상 · 사실상 영향을 줄 수 있는 공무원 지위를 이용하여 다른 공무원 직무사항을 알선하여 《**전체적 · 포괄적** 뇌물을》 수수 · 요구 · 약속한 **공무원은** 3년 이하 징역형 · 7년 이하 자격정지형으로 처벌된다.

【개정방향】
※ 명확성 · 간결성 · 가독성
※ 일본식 조사 '의' 삭제
※ 온점(·) 사용
※ 국어문법정비
※ 대법원 판례 반영함
※ 알선(斡旋: 관리할 알/돌 선): 편의도모, 직무청탁

(3) 조문해설

가. 형법 제132조는 알선수뢰를 규정하고 있다.
나. 주요내용을 보면, 법률상 · 사실상 영향을 줄 수 있는 공무원 지위를 이용하여 다른 공무원 직무사항을 알선하여 전체적 · 포괄적으로 《뇌물을》 수수 · 요구 · 약속한 공무원은 3년 이하 징역형 · 7년 이하 자격정지형으로 처벌된다.

133. 제133조(뇌물공여 등)

(1) 현행

第133條(賂物供與등)
① 第129條 乃至 第132條에 記載한 賂物을 約束, 供與 또는 供與의 意思를 表示한 者는 5年 以下의 懲役 또는 2千萬원 以下의 罰金에 處한다. 〈改正 1995.12.29.〉
② 前項의 行爲에 供할 目的으로 第三者에게 金品을 交付하거나 그 情을 알면서 交付를 받은 者도 前項의 刑과 같다.

제133조(뇌물공여 등)
① 제129조 내지 제132조에 기재한 뇌물을 약속, 공여 또는 공여의 의사를 표시한 자는 5년 이하의 징역 또는 2천만원 이하의 벌금에 처한다. 〈개정 1995.12.29〉
② 전항의 행위에 공할 목적으로 제삼자에게 금품을 교부하거나 그 정을 알면서 교부를 받은 자도 전항의 형과 같다.

(2) 개선방안

제133조(뇌물약속 · 뇌물공여 · 뇌물공여의사표시 · 제삼자뇌물교부)

① 제129조 · 제130조 · 제131조 · 제132조에 기재된 **전체적 · 포괄적** 뇌물을 약속 · 공여 · 공여의 의사를 표시한 사람은 5년 이하 징역형 · 2천만원 이하 벌금형으로 처벌된다. 〈개정 1995.12.29〉

② 제1항 행위에 제공할 목적으로 제삼자에게 금품을 교부한 사람 또는 그 정을 알면서 교부를 받은 사람도 5년 이하 징역형 · 2천만원 이하 벌금형으로 처벌된다.

③ 제2항 경우 제삼자가 교부받은 **뇌물을 수뢰할 사람에게 전달하지 않은 경우 또는 제삼자가 수뢰할 공무원에게 전달한 후 그 공무원이 전달받은 전체적 · 포괄적 뇌물을 증뢰자에게 반환한 경우에도** 제삼자뇌물교부죄는 성립하며, 5년 이하 징역형 · 2천만원 이하 벌금형으로 처벌된다.

【개정방향】

※ 제목변경

※ 명확성 · 간결성 · 가독성

※ 일본식 조사 '의' 삭제

※ 온점(·) 사용

※ 국어문법정비

※ 대법원 판례를 반영함

※ 제3항 신설

(3) 조문해설

가. 형법 제133조는 뇌물약속 · 뇌물공여 · 뇌물공여의사표시 · 제삼자뇌물교부를 규정하고 있다.

나. 주요내용을 보면, ① 제129조 · 제130조 · 제131조 · 제132조에 기재된 전체적 · 포괄적 뇌물을 약속 · 공여 · 공여의 의사를 표시한 사람은 5년 이하 징역형 · 2천만원 이하 벌금형으로 처벌된다. 〈개정 1995.12.29.〉 ② 제1항 행위에 제공할 목적으로 제삼자에게 금품을 교부한[기수시기] 사람 · 그 정을 알면서 교부를 받은[기수시기] 사람도 5년 이하 징역형 · 2천만원 이하 벌금형으로 처벌된다. ③ 제2항 경우 제삼자가 교부 받은[기수시기] 뇌물을 수뢰할 사람에게 전달하지 않은 경우 또는 제삼자가 수뢰할 공무원에게 전달한 후 그 공무원이 전달받은 뇌물을 증뢰자에게 반환한 경우에도 제삼자뇌물교부죄는 성립하며, 5년 이하 징역형 · 2천만원 이하 벌금형으로 처벌된다.

134. 제134조(몰수, 추징)

(1) 현행

第134條(沒收, 追徵) 犯人 또는 情을 아는 第三者가 받은 賂物 또는 賂物에 供할 金品은 沒收한다. 그를 沒收하기 不能한 때에는 그 價額을 追徵한다. 제134조(몰수, 추징) 범인 또는 정을 아는 제삼자가 받은 뇌물 또는 뇌물에 공할 금품은 몰수한다. 그를 몰수하기 불능한 때에는 그 가액을 추징한다.

(2) 개선방안

제134조(몰수 · 추징)
범인 또는 정을 아는 제삼자가 받은 뇌물 · 뇌물로 제공할 금품은 전부 몰수된다. 전부 몰수가 불능한 경우 그 가액이 추징된다.

【개정방향】
※ 제목변경
※ 명확성 · 간결성 · 가독성
※ 일본식 조사 '의' 삭제
※ 온점(·) 사용
※ 국어문법정비
※ 뇌물에 공할 금품은 ⇒ 뇌물로 제공할 금품은
※ 몰수한다 ⇒ 전부 몰수된다.
※ 대법원 판례를 반영함
※ 그를 몰수하기 불가능한 때에는 ⇒ 전부 몰수가 불능한 경우

(3) 조문해설

가. 형법 제134조는 몰수 · 추징을 규정하고 있다.

나. 주요내용을 보면, 범인 또는 정을 아는 제삼자가 받은 뇌물 · 뇌물로 제공할 금품은 전부 몰수된다. 전부 몰수가 불능한 경우 그 가액이 추징된다.

135. 제135조(공무원의 직무상 범죄에 대한 형의 가중)

(1) 현행

第135條(公務員의 職務上 犯罪에 對한 刑의 加重)
公務員이 職權을 利用하여 本章 以外의 罪를 犯한 때에는 그 罪에 定한 刑의 2分의 1까지 加重한다. 但 公務員의 身分에 依하여 特別히 刑이 規定된 때에는 例外로 한다.

제135조(공무원의 직무상 범죄에 대한 형의 가중)
공무원이 직권을 이용하여 본장 이외의 죄를 범한 때에는 그 죄에 정한 형의 2분의 1까지 가중한다. 단 공무원의 신분에 의하여 특별히 형이 규정된 때에는 예외로 한다.

(2) 개선방안

제135조(공무원 직무범죄 형벌가중)
① **공무원이 직권을 이용하여** 제7장 이외 죄를 범한 경우 그 죄에 정한 **형 2분의 1까지 가중처벌된다.**
② 공무원 신분으로 특별히 형이 규정된 경우 제1항이 적용되지 않는다.

【개정방향】
※ 제목변경
※ 명확성・간결성・가독성
※ 일본식 조사 '의' 삭제. 중국식 조사 '상' 삭제
※ 국어문법정비
※ 본장 이외의 죄를 범한 때에는 ⇒ 제7장 이외 죄를 범한 경우
※ 가중한다 ⇒ 가중처벌된다.
※ 공무원의 신분에 의하여 ⇒ 공무원 신분으로

(3) 조문해설

가. 형법 제135조는 공무원 직무범죄 형벌가중을 규정하고 있다.

나. 주요내용을 보면, ① 공무원이 직권을 이용하여 제7장 이외 죄를 범한 경우 그 죄에 정한 형 2분의 1까지 가중처벌된다. ② 공무원 신분으로 특별히 형이 규정된 경우 제1항이 적용되지 않는다.

제8장

公務妨害에 관한 罪

136. 제136조(공무집행방해)

(1) 현행

第136條(公務執行妨害)
① **職務를 執行하는 公務員에 對하여** 暴行 또는 脅迫한 者는 5年 以下의 懲役 또는 1千萬원 이하의 罰金에 處한다. 〈改正 1995.12.29.〉
② 公務員에 對하여 **그 職務上의 行爲를 强要 또는 阻止하거나 그 職을 辭退하게 할 目的으로** 暴行 또는 脅迫한 者도 前項의 刑과 같다.

제136조(공무집행방해)
① 직무를 집행하는 공무원에 대하여 폭행 또는 협박한 자는 5년 이하의 징역 또는 1천만원 이하의 벌금에 처한다. 〈개정 1995.12.29〉
② 공무원에 대하여 그 직무상의 행위를 강요 또는 조직하거나 그 직을 사퇴하게 할 목적으로 폭행 또는 협박한 자도 전항의 형과 같다.

(2) 개선방안

제136조(공무집행방해)
① **《적법한 직무를 집행하는 공무원을》** 폭행 · 협박한 사람은 5년 이하 징역형 · 1천만원 이하 벌금형으로 처벌된다. 〈개정 1995.12.29〉
② **다음 각 호 어느 하나의 목적으로 적법한 직무를 집행하는** 공무원을 폭행 · 협박한 사람은 5년 이하 징역형 · 1천만원 이하 벌금형으로 처벌된다.
1. 직무행위 강요목적
2. 직무행위 조직목적
3. 공직 사퇴목적

【개정방향】
※ 명확성 · 간결성 · 가독성 · 개조식
※ 일본식 조사 '의' 삭제
※ 온점(·) 사용
※ 국어문법정비
※ **적법한 직무를 집행하는 공무원: 근무 중인 공무원**
※ **폭행 · 협박: 광의 폭행 · 광의 협박**
※ **미수범 처벌 규정 없음. 추상적 위험범**

(3) 조문해설

가. 형법 제136조는 공무집행방해를 규정하고 있다.

나. 주요내용을 보면, ① 《적법한 직무를 집행하는 공무원을》 폭행 · 협박한 사람은 5년 이하 징역형 · 1천만원 이하 벌금형으로 처벌된다. 〈개정 1995.12. 29.〉 ② 다음 각 호 어느 하나의 목적으로 적법한 직무를 집행하는 공무원을 폭행 · 협박한 사람은 5년 이하 징역형 · 1천만원 이하 벌금형으로 처벌된다. 1. 직무행위 강요목적, 2. 직무행위 조직목적, 3. 공직 사퇴목적

(4) | 관련판례 | 대법원 2018. 3. 29. 선고 2017도21537 판결 [공무집행방해죄에서 말하는 '폭행'의 의미 및 구체적으로 직무집행의 방해라는 결과발생을 요하는지 여부(소극), 공무집행방해죄에서 말하는 '직무를 집행하는'의 의미와 판단 방법, 피고인이 갑과 주차문제로 언쟁을 벌이던 중, 112 신고를 받고 출동한 경찰관 을이 갑을 때리려는 피고인을 제지하자 자신만 제지를 당한 데 화가 나서 손으로 을의 가슴을 밀치고, 피고인을 현행범으로 체포하며 순찰차 뒷좌석에 태우려고 하는 을의 정강이 부분을 양발로 걷어차는 등 폭행함으로써 경찰관의 112 신고처리에 관한 직무집행을 방해하였다는 내용으로 기소된 사안에서, 공소사실을 무죄라고 판단한 원심판결에 공무집행방해죄의 폭행이나 직무집행, 현행범 체포의 요건 등에 관한 법리오해 등의 잘못이 있다고 한 사례] 〈공무집행방해죄의 '폭행' 및 '직무를 집행하는'의 의미〉

가. 형법 제136조에서 정한 공무집행방해죄는 직무를 집행하는 공무원에 대하여 폭행 또는 협박한 경우에 성립하는 범죄이다. 여기서의 폭행은 사람에 대한 유형력의 행사로 족하다. 반드시 그 신체에 대한 것임을 요하지 아니한다. 또한 추상적 위험범으로서 구체적으로 직무집행의 방해라는 결과발생을 요하지도 아니한다.

나. 한편 공무집행방해죄에서 '직무를 집행하는'이란 공무원이 직무수행에 직접 필요한 행위를 현실적으로 행하고 있는 때만을 가리키는 것이 아니다. 공무원이 직무수행을 위하여 근무 중인 상태에 있는 때를 포괄한다. 직무의 성질에 따라서는 직무수행의 과정을 개별적으로 분리하여 부분적으로 각각의 개시와 종료를 논하는 것이 부적절하고 여러 종류의 행위를 포괄하여 일련의 직무수행으로 파악함이 상당한 경우가 있다.

다. 피고인이 갑과 주차문제로 언쟁을 벌이던 중, 112 신고를 받고 출동한 경찰관 을이 갑을 때리려는 피고인을 제지하자 자신만 제지를 당한 데 화가 나서 손으로 을의 가슴을 1회 밀치고, 계속하여 욕설을 하면서 피고인을 현행범으로 체포하며 순찰차 뒷좌석에 태우려고 하는 을의 정강이 부분을 양발로 2회 걷어차는 등 폭행함으로써 경찰관의 112 신고처리에 관한 직무집행을 방해하였다는 내용으로 기소된 사안이다.

라. 제반 사정을 종합하면 **피고인이 손으로 을의 가슴을 밀칠 당시 을은 112 신고처리에 관한 직무 내지 순찰근무를 수행하고 있었다. 이와 같이 공무를 집행하고 있는 을의 가슴을 밀치는 행위는 공무원에 대한 유형력의 행사로서 공무집행방해죄에서 정한 폭행에 해당한다. 피고인이 체포될 당시 도망 또는 증거인멸의 염려가 없었다고 할 수 없어 체포의 필요성이 인정된다.** 공소사실에 관한 증인들의 법정진술의 신빙성을 인정한 제1심의 판단을 뒤집을 만한 특별한 사정이 없다. 그럼에도 이와 달리 보아 공소사실을 무죄라고 판단한 원심판결에 공무집행방해죄의 폭행이나 직무집행, 현행범 체포의 요건 등에 관한 법리오해 또는 제1심 증인이 한 진술의 신빙성을 판단할 때 공판중심주의와 직접심리주의 원칙을 위반한 잘못이 있다.

137. 제137조(위계에 의한 공무집행방해)

(1) 현행

第137條(僞計에 依한 公務執行妨害)
僞計로써 公務員의 職務執行을 妨害한 者는 5年 以下의 懲役 또는 1千萬원 이하의 罰金에 處한다. 〈改正 1995.12.29.〉

제137조(위계에 의한 공무집행방해)
위계로써 공무원의 직무집행을 방해한 자는 5년 이하의 징역 또는 1천만원 이하의 벌금에 처한다. 〈개정 1995.12.29〉

(2) 개선방안

제1안

제137조(위계공무집행방해)

《공무원의 적법한 직무집행을》 **위계로 적극적으로 방해한** 사람은 5년 이하 징역형 1천만원 이하 벌금형으로 처벌된다. 〈개정 1995.12.29.〉

제2안 ★★★★★

제137조(위계공무집행방해 · 위력공무집행방해)

① 《공무원의 적법한 직무집행을》 **위계로 적극적으로 방해한** 사람은 5년 이하 징역형 · 1천만원 이하 벌금형으로 처벌된다. 〈개정 1995.12.29.〉

② **《공공기관의 업무를》 위력으로 적극적으로** 방해한 사람은 5년 이하 징역형 · 1천500만원 이하 벌금형으로 처벌된다.

【개정방향】

※ 제목변경

※ 명확성 · 간결성 · 가독성 · 온점(.) 사용 · 국어문법정비

※ 일본식 조사 '의' 삭제

※ 대법원 판례 반영. 공무원의 적법한 직무집행: 구체적 현실적 직무집행

※ **적극적으로 방해: 착오 · 부지 · 오인 · 유발. 신고(-)**

※ 위계: 충분히 수사해도 찾지 못하도록 계략을 꾸밈

※ 미수범 처벌 규정 없음

(3) 조문해설

가. 형법 제137조는 위계공무집행방해를 규정하고 있다.

나. 주요내용을 보면, 《공무원의 적법한 직무집행을》 위계로 적극적으로 방해한 사람은 5년 이하 징역형 · 1천만원 이하 벌금형으로 처벌된다. 〈개정 1995.12.29.〉

다. 형법 제137조는 위계공무집행방해 · 위력공무집행방해를 개정되어야 한다. ① 《공무원의 적법한 직무집행을》 위계로 적극적으로 방해한 사람은 5년 이하 징역형 1천만원 이하 벌금형으로 처벌된다. 〈개정 1995.12.29.〉 ② 《공공기관의 업무를》 위력으로 적극적으로 방해한 사람은 5년 이하 징역형 · 1천500만원 이하 벌금형으로 처벌된다.

라. 위계(僞計)란 일반적으로 행위자의 행위목적을 이루기 위하여 상대방에 오인, 착각, 부지를 일으키게 하여 그 오인, 착각, 부지를 이용하는 것을 말한다.

마. 공무집행방해의 위험 또는 결과가 발생해야 한다.

(4) **| 관련판례 |** 대법원 2002. 9. 4. 선고 2002도2064 판결 [출원자가 허위의 출원사유를 주장하면서 이에 부합하는 허위의 소명자료를 제출하였고, 이에 대하여 허가관청이 인·허가요건의 존부에 관하여 충분히 심사를 하였으나 출원사유 및 소명자료가 허위임을 발견하지 못하여 인·허가처분을 하게 된 경우, 위계에 의한 공무집행방해죄가 성립하는지 여부(적극), 개인택시 운송사업 양도·양수를 위하여 허위의 출원사유를 주장하면서 의사로부터 허위 진단서를 발급받아 이를 소명자료로 제출하여 행정관청으로부터 양도·양수 인가처분을 받은 경우, 위계에 의한 공무집행방해죄가 성립한다고 한 사례] 위계에 의한 공무집행방해죄

가. 쟁점은 피고인의 위계인지, 공무원의 불충분한 심사인지 여부이다. 허위서류 제출에 의한 인가·허가에 관한 공무인 경우 실질적 심사 범위, 심사 가능 여부에 따라 판단한다. 허위의 소명자료를 가볍게 믿고 인가·허가를 하였다면, 이는 행정관청이 사실을 불충분하게 심사한 것이다. 이 경우 위계에 의한 공무집행방해죄가 성립하지 않는다. 그러나 **행정관청이 독자적 판단을 할 수 없거나 또는 실질적 심사가 어려운 경우에는 위계에 의한 공무집행방해죄의 성립을 인정한다.**

나. 행정관청이 출원에 의한 인·허가처분을 함에 있어서는 그 출원사유가 사실과 부합하지 아니하는 경우가 있음을 전제로 하여 인·허가할 것인지의 여부를 심사, 결정하는 것이다. 그러므로 **행정관청이 사실을 충분히 확인하지 아니한 채 출원자가 제출한 허위의 출원사유나 허위의 소명자료를 가볍게 믿고 인가 또는 허가를 하였다면, 이는 행정관청의 불충분한 심사에 기인한 것이다. 출원자의 위계가 결과 발생의 주된 원인이었다고 할 수 없어 위계에 의한 공무집행방해죄를 구성하지 않는다**고 할 것이다.

다. 그러나 출원자가 행정관청에 허위의 출원사유를 주장하면서 이에 부합하는 허위의 소명자료를 첨부하여 제출한 경우, 허가관청이 관계 법령이 정한 바에 따라 인·허가요건의 존부 여부에 관하여 나름대로 충분히 심사를 하였으나 출원사유 및 소명자료가 허위임을 발견하지 못하여 인·허가처분을 하게 되었다면, 이는 허가관청의 불충분한 심사가 그의 원인이 된 것이 아니라 출원인의 위계행위가 원인이 된 것이어서 위계에 의한 공무집행방해죄가 성립된다.

라. 피고인이 개인택시 운송사업면허를 받은 지 5년이 경과되지 아니하여 원칙적으로 개인택시 운송사업을 양도할 수 없는 사람 등과 사이에 마치 그들이 1년 이상의 치료를 요하는 질병으로 인하여 직접 운전할 수 없는 것처럼 가장하여 개인택시 운송사업의 양도·양수인가를 받기로 공모한 후, 질병이 있는

노숙자들로 하여금 그들이 개인택시 운송사업을 양도하려고 하는 사람인 것처럼 위장하여 의사의 진료를 받게 하였다. 그 다음 **그 정을 모르는 의사로부터 환자가 개인택시 운송사업의 양도인으로 된 허위의 진단서를 발급받아 행정관청에 개인택시 운송사업의 양도·양수 인가신청을 하면서 이를 소명자료로 제출하여 진단서의 기재 내용을 신뢰한 행정관청으로부터 인가처분을 받은 경우, 위계에 의한 공무집행방해죄가 성립한다.**

138. 제138조(법정 또는 국회회의장모욕)

(1) 현행

> 第138條(法廷 또는 國會會議場侮辱)
> **法院의 裁判 또는 國會의 審議를 妨害 또는 威脅할 目的으로** 法廷이나 國會會議場 또는 그 附近에서 侮辱 또는 騷動한 者는 3年 以下의 懲役 또는 700萬원 以下의 罰金에 處한다. 〈改正 1995.12.29.〉
>
> 제138조(법정 또는 국회회의장모욕)
> 법원의 재판 또는 국회의 심의를 방해 또는 위협할 목적으로 법정이나 국회회의장 또는 그 부근에서 모욕 또는 소동한 자는 3년 이하의 징역 또는 700만원 이하의 벌금에 처한다. 〈개정 1995.12.29〉

(2) 개선방안

> 제138조(법정모욕·국회회의장모욕)
> ① 법원재판을 방해·위협할 목적으로 **법정·그 부근에서** 모욕·소동한 사람은 3년 이하 징역형·700만원 이하 벌금형으로 처벌된다. 〈개정 1995.12.29.〉
> ② 국회심의를 방해·위협할 목적으로 **국회회의장·그 부근에서** 모욕·소동한 사람은 3년 이하 징역형·700만원 이하 벌금형으로 처벌된다. 〈개정 1995.12.29.〉
>
> 【개정방향】
> ※ 제목변경
> ※ 명확성·간결성·가독성
> ※ 일본식 조사 '의' 삭제
> ※ 온점(·) 사용
> ※ 제1항·제2항 분리함
> ※ 국어문법정비

(3) 조문해설

가. 형법 제138조는 법정모욕 · 국회회의장모욕을 규정하고 있다.

나. 주요내용을 보면, ① 법원재판을 방해 · 위협할 목적으로 법정 · 그 부근에서 모욕 · 소동한 사람은 3년 이하 징역형 · 700만원 이하 벌금형으로 처벌된다. 〈개정 1995.12.29.〉 ② 국회심의를 방해 · 위협할 목적으로 국회회의장 · 그 부근에서 모욕 · 소동한 사람은 3년 이하 징역형 · 700만원 이하 벌금형으로 처벌된다. 〈개정 1995.12.29.〉

139. 제139조(인권옹호직무방해)

(1) 현행

第139條(人權擁護職務妨害)
警察의 職務를 行하는 者 또는 이를 補助하는 者가 人權擁護에 關한 檢事의 職務執行을 妨害하거나 그 命令을 遵守하지 아니한 때에는 5年 以下의 懲役 또는 10年 以下의 資格停止에 處한다.

제139조(인권옹호직무방해)
경찰의 직무를 행하는 자 또는 이를 보조하는 자가 인권옹호에 관한 검사의 직무집행을 방해하거나 그 명령을 준수하지 아니한 때에는 5년 이하의 징역 또는 10년 이하의 자격정지에 처한다.

(2) 개선방안

제139조(검사인권옹호직무방해)
인권옹호에 관한 검사직무집행을 방해 · 검사직무명령을 준수하지 않는 경찰관 · 그 보조자는 5년 이하 징역형 · 10년 이하 자격정지형으로 처벌된다.

【개정방향】
※ 명확성 · 간결성 · 가독성
※ 일본식 조사 '의' 삭제
※ 온점(·) 사용 · 국어문법정비
※ 일반 법조문 순서에 맞추어 행위주체를 뒤로 돌림

(3) 조문해설

가. 형법 제139조는 검사인권옹호직무방해를 규정하고 있다.

나. 주요내용을 보면, 인권옹호에 관한 검사직무집행을 방해 · 검사직무명령을 준수하지 않는 경찰관 · 그 보조자는 5년 이하 징역형 · 10년 이하 자격정지형으로 처벌된다.

140. 제140조(공무상비밀표시무효)

(1) 현행

第140條(公務上秘密標示無效)
① 公務員이 그 職務에 關하여 實施한 **封印 또는 押留 其他 强制處分의 標示를** 損傷 또는 隱匿하거나 其他 方法으로 그 效用을 害한 者는 5年 以下의 懲役 또는 700萬원 以下의 罰金에 處한다. 〈改正 1995.12.29.〉
② 公務員이 그 職務에 관하여 封緘 기타 秘密裝置한 文書 또는 圖畵를 開封한 者도 第1項의 刑과 같다. 〈改正 1995.12.29.〉
③ 公務員이 그 職務에 관하여 封緘 기타 秘密裝置한 文書, 圖畵 또는 電磁記錄등 特殊媒體記錄을 技術的 手段을 이용하여 그 내용을 알아낸 者도 第1項의 刑과 같다. 〈新設 1995.12.29.〉

제140조(공무상비밀표시무효)
① 공무원이 그 직무에 관하여 실시한 봉인 또는 압류 기타 강제처분의 표시를 손상 또는 은닉하거나 기타 방법으로 그 효용을 해한 자는 5년 이하의 징역 또는 700만원 이하의 벌금에 처한다. 〈개정 1995.12.29〉
② 공무원이 그 직무에 관하여 봉함 기타 비밀장치한 문서 또는 도화를 개봉한 자도 제1항의 형과 같다. 〈개정 1995.12.29〉
③ 공무원이 그 직무에 관하여 봉함 기타 비밀장치한 문서, 도화 또는 전자기록 등 특수매체기록을 기술적 수단을 이용하여 그 내용을 알아낸 자도 제1항의 형과 같다. 〈신설 1995.12.29〉

(2) 개선방안

제140조(공무비밀표시무효)
① **공무원이 직무로 실시한 봉인 · 압류 · 그 밖의 강제처분 표시를** [1]**손상** · [2]**은닉** · [3]**그 밖의 방법으로 효용을 침해한** 사람은 5년 이하 징역형 · 700만원 이하 벌금형으로 처벌된다. 〈개정 1995.12.29〉

② **공무원이 직무로 실시한 봉함 · 비밀장치한 문서 · 도화를** 개봉한 사람은 5년 이하 징역형 · 700만원 이하 벌금형으로 처벌된다. 〈개정 1995.12.29〉
③ **공무원이 직무로 실시한 봉함 · 그 밖에 비밀장치한 문서 · 도화 · 전자기록 등 특수매체기록 내용을** 기술수단을 이용하여 알아낸 사람은 5년 이하 징역형 · 700만원 이하 벌금형으로 처벌된다. 〈신설 1995.12.29.〉

【개정방향】
※ 명확성 · 간결성 · 가독성
※ 일본식 조사 '의' 삭제
※ 온점(·) 사용: 또는 의미
※ 국어문법정비
※ 공무원이 그 직무에 관하여 실시한⇒공무원이 직무로 실시한

(3) 조문해설

가. 형법 제140조는 공무비밀표시무효를 규정하고 있다.

나. 주요내용을 보면, ① 공무원이 직무로 실시한 봉인 · 압류 · 그 밖의 강제처분 표시를 [1]손상 · [2]은닉 · [3]그 밖의 방법으로 효용을 침해한 사람은 5년 이하 징역형 · 700만원 이하 벌금형으로 처벌된다. 〈개정 1995.12.29.〉 ② 공무원이 직무로 실시한 봉함 · 비밀장치한 문서 · 도화를 개봉한 사람은 5년 이하 징역형 · 700만원 이하 벌금형으로 처벌된다. 〈개정 1995.12.29.〉 ③ 공무원이 직무로 실시한 봉함 · 그 밖에 비밀장치한 문서 · 도화 · 전자기록 등 특수매체기록 내용을 기술수단을 이용하여 알아낸 사람은 5년 이하 징역형 · 700만원 이하 벌금형으로 처벌된다. 〈신설 1995.12.29.〉

140-2. 제140조의2(부동산강제집행효용침해)

(1) 현행

第140條의2(不動産强制執行效用侵害)
强制執行으로 明渡 또는 引渡된 不動産에 侵入하거나 기타 방법으로 强制執行의 效用을 해한 者는 5年 이하의 懲役 또는 700萬원 이하의 罰金에 處한다. [本條新設 1995.12.29.]

제140조의2(부동산강제집행효용침해)
강제집행으로 명도 또는 인도된 부동산에 침입하거나 기타 방법으로 강제집행의 효용을 해한 자는 5년 이하의 징역 또는 700만원 이하의 벌금형으로 처벌된다. [본조신설 1995.12.29]

(2) 개선방안

제140조2(부동산강제집행효용침해)
강제집행으로 명도 · 인도된 부동산에 침입한 사람 또는 그 밖의 방법으로 강제집행효용을 침해한 사람은 5년 이하 징역형 · 700만원 이하 벌금형으로 처벌된다. [본조신설 1995.12.29.]

【개정방향】
※ 명확성 · 간결성 · 가독성
※ 일본식 조사 '의' 삭제
※ 온점(·) 사용
※ 국어문법정비
※ 해하다 ⇒ 침해하다.

(3) 조문해설

가. 형법 제140조2는 부동산강제집행효용침해를 규정하고 있다.
나. 주요내용을 보면, 강제집행으로 명도 · 인도된 부동산에 침입한 사람 또는 그 밖의 방법으로 강제집행효용을 침해한 사람은 5년 이하 징역형 · 700만원 이하 벌금형으로 처벌된다. [본조신설 1995.12.29.]

141. 제141조(공용서류 등의 무효, 공용물의 파괴)

(1) 현행

第141條(公用書類 等의 無效, 公用物의 破壞)
① 公務所에서 使用하는 書類 其他 물건 또는 電磁記錄등 特殊媒體記錄을 損傷 또는 隱匿하거나 其他 方法으로 그 效用을 害한 者는 7年 以下의 懲役 또는 1千萬원 以下의 罰金에 處한다. 〈改正 1995.12.29.〉
② 公務所에서 使用하는 建造物, 船舶, 汽車 또는 航空機를 破壞한 者는 1年 以上 10年 以下의 懲役에 處한다.

제141조(공용서류 등의 무효, 공용물의 파괴)
① 공무소에서 사용하는 서류 기타 물건 또는 전자기록 등 특수매체기록을 손상 또는 은닉하거나 기타 방법으로 그 효용을 해한 자는 7년 이하의 징역 또는 1천만원 이하의 벌금에 처한다. 〈개정 1995.12.29〉
② 공무소에서 사용하는 건조물, 선박, 기차 또는 항공기를 파괴한 자는 1년 이상 10년 이

하의 징역에 처한다.

(2) 개선방안

제141조(공용서류무효 · 공용물파괴)

① **공공기관이 사용하는 서류 · 그 밖의 물건 · 전자기록 등 특수매체기록을 손상 · 은닉 · 그 밖의 방법으로 효용을 침해한 사람은** 7년 이하 징역형 · 1천만원 이하 벌금형으로 처벌된다. 〈개정 1995.12.29〉

② **공공기관이 사용하는 건조물 · 선박 · 기차 · 항공기를 파괴한 사람은** 1년 이상 10년 이하 징역형으로 처벌된다.

【개정방향】

※ 제목변경

※ 명확성 · 간결성 · 가독성

※ 일본식 조사 '의' 삭제

※ 온점(·) 사용

※ 국어문법정비

※ 공무소에서 사용하는 서류 ⇒ 공공기관이 사용하는 서류

※ 형법 제367조 공공건조물파괴죄와 함께 구성요건 정비가 필요함

(3) 조문해설

가. 형법 제141조는 공용서류무효 · 공용물파괴를 규정하고 있다.

나. 주요내용을 보면, ① 공공기관이 사용하는 서류 · 그 밖의 물건 · 전자기록 등 특수매체기록을 손상 · 은닉 · 그 밖의 방법으로 효용을 침해한 사람은 7년 이하 징역형 · 1천만원 이하 벌금형으로 처벌된다. 〈개정 1995.12.29.〉 ② 공공기관이 사용하는 건조물 · 선박 · 기차 · 항공기를 파괴한 사람은 1년 이상 10년 이하 징역형으로 처벌된다.

142. 제142조(공무상 보관물의 무효)

(1) 현행

第142條(公務上 保管物의 無效)

公務所로부터 保管命令을 받거나 公務所의 命令으로 **他人이 관리하는 自己의 物件을** 損傷

또는 隱匿하거나 其他 方法으로 그 效用을 害한 者는 5年 以下의 懲役 또는 700萬원 以下의 罰金에 處한다. 〈改正 1995.12.29.〉

제142조(공무상 보관물의 무효)
공무소로부터 보관명령을 받거나 공무소의 명령으로 타인이 관리하는 자기의 물건을 손상 또는 은닉하거나 기타 방법으로 그 효용을 해한 자는 5년 이하의 징역 또는 700만원 이하의 벌금에 처한다. 〈개정 1995.12.29〉

(2) 개선방안

제142조(공무보관물무효)
공공기관 보관명령 · 공공기관 명령으로 다른 사람이 관리하고 있는 자기소유 물건을 위법하게 손상 · 은닉 · 그 밖의 방법으로 효용을 침해한 사람은 5년 이하 징역 · 700만원 이하 벌금형으로 처벌된다. 〈개정 1995.12.29.〉

【개정방향】
※ 제목변경
※ 명확성 · 간결성 · 가독성
※ 일본식 조사 '의' 삭제
※ 중국식 조사 '상' 삭제
※ 온점(·) 사용
※ 국어문법정비
※ 공무소로부터 보관명령을 받거나 ⇒ 공공기관 보관명령
※ 공무소의 명령으로 ⇒ 공공기관 명령
※ 효용을 해한 자 ⇒ 효용을 침해한 사람은

(3) 조문해설

가. 형법 제142조는 공무보관물무효를 규정하고 있다.

나. 주요내용을 보면, 공공기관 보관명령 · 공공기관 명령으로 다른 사람이 관리하고 있는 자기소유 물건을 위법하게 손상 · 은닉 · 그 밖의 방법으로 효용을 침해한 사람은 5년 이하 징역 · 700만원 이하 벌금형으로 처벌된다. 〈개정 1995.12.29.〉

143. 제143조(미수범)

(1) 현행

第143條(未遂犯)
第140條 乃至 前條의 未遂犯은 處罰한다.

제143조(미수범)
제140조 내지 전조의 미수범은 처벌한다.

(2) 개선방안

제143조(미수범)
제140조 · 제141조 · 제142조 미수범은 처벌된다.

【개정방향】
※ 명확성 · 간결성 · 가독성 · 국어문법정비
※ 일본식 조사 '의' 삭제
※ 온점(·) 사용: 또는⇒(·) 형법 제157조와 제324조2(인질강요)에서 이미 사용 중

(3) 조문해설

가. 형법 제143조는 미수범을 규정하고 있다.
나. 주요내용을 보면, 제140조 · 제141조 · 제142조 미수범은 처벌된다.

144. 제144조(특수공무방해) *****

(1) 현행

第144條(特殊公務妨害)
① 團體 또는 多衆의 威力을 보이거나 危險한 物件을 携帶하여 第136條, 第138條와 第140條 乃至 前條의 罪를 犯한 때에는 各條에 定한 刑의 2分의 1까지 加重한다.
② 第1項의 罪를 犯하여 公務員을 傷害에 이르게 한 때에는 3年 이상의 有期懲役에 處한다. 死亡에 이르게 한 때에는 無期 또는 5年 이상의 懲役에 處한다. 〈改正 1995.12.29.〉

제144조(특수공무방해)
① 단체 또는 다중의 위력을 보이거나 위험한 물건을 휴대하여 제136조, 제138조와 제140조 내지 전조의 죄를 범한 때에는 각조에 정한 형의 2분의 1까지 가중한다.

② 제1항의 죄를 범하여 공무원을 상해에 이르게 한 때에는 3년 이상의 유기징역에 처한다. 사망에 이르게 한 때에는 무기 또는 5년 이상의 징역에 처한다. 〈개정 1995.12.29〉

(2) 개선방안

제144조(특수공무방해 · 특수공무방해치상 · 특수공무방해치사)

① 다음 각 호 어느 하나의 행위로 제136조 · 제138조 · 제140조 · 제141조 · 제142조 · 제143조 죄를 범한 사람은 각 조에 정한 형의 2분의 1까지 가중처벌된다.
1. 단체위력을 보임
2. 다중위력을 보임
3. 위험물건을 보임

② 제1항 죄를 범하여 공무원을 상해에 이르게 한 사람은 3년 이상 징역형으로 처벌된다.

③ 제1항 죄를 범하여 공무원을 사망에 이르게 한 사람은 무기형 · 5년 이상 징역형으로 처벌된다. 〈개정 1995.12.29.〉

【개정방향】

※ 명확성 · 간결성 · 가독성 · 개조식
※ 국어문법정비
※ 일본식 조사 '의' 삭제
※ 온점(·) 사용: 또는⇒(·). 형법 제157조와 제324조2(인질강요)에서 이미 사용 중
※ 무기 또는 5년 이상의 징역에⇒무기형 · 5년 이상 징역형으로
※ 제2항을 제2항과 제3항으로 분리함

(3) 조문해설

가. 형법 제144조는 특수공무방해 · 특수공무방해치상 · 특수공무방해치사를 규정하고 있다.

나. 주요내용을 보면, ① 다음 각 호 어느 하나의 행위로 제136조 · 제138조 · 제140조 · 제141조 · 제142조 · 제143조 죄를 범한 사람은 각 조에 정한 형의 2분의 1까지 가중처벌된다. 1. 단체위력을 보임, 2. 다중위력을 보임, 3. 위험물건을 보임 ② 제1항 죄를 범하여 공무원을 상해에 이르게 한 사람은 3년 이상 징역형으로 처벌된다. ③ 제1항 죄를 범하여 공무원을 사망에 이르게 한 사람은 무기형 · 5년 이상 징역형으로 처벌된다. 〈개정 1995.12.29.〉

(4) **| 관련판례 |** 대법원 1990. 6. 26. 선고 90도765 판결 [부진정결과적가중범인 특수공무방해치사상죄에서 공무집행을 방해하는 집단행위 과정에서 살상의 고의행위에 가담하지 아니한 집단원도 결과가 예견가능한 경우 특수공무방해치사상의 죄책을 지는지 여부(적극). 공동정범의 성립요건과 결과적가중범 공동정범 성립에 결과를 공동으로 할 의사가 필요한지 여부(소극). 공무집행을 방해하는 집단행위 과정에서 일부 집단원이 고의로 방화행위를 하여 사상의 결과를 초래한 경우, 방화행위 자체에 공모가담한 바 없는 공범이 특수공무방해치사상죄 외에 방화치사상의 죄책을 지는지 여부(소극)]

가. 특수공무방해치사상과 같은 이른바 부진정결과적가중범은 예견가능한 결과를 예견하지 못한 경우뿐만 아니라 그 결과를 예견하거나 고의가 있는 경우까지도 포함하는 것이다. 그러므로 **공무집행을 방해하는 집단행위의 과정에서 일부 집단원이 고의행위로 살상을 가한 경우에도 다른 집단원에게 그 사상의 결과가 예견가능한 것이었다면, 다른 집단원도 그 결과에 대하여 특수공무방해치사상의 책임을 면할 수 없다.**

나. 공동정범은 범인전원이 일정한 일시, 장소에 집합하여 모의한 바 없고 또 일부가 현실적으로 범죄실행에 가담한 일이 없다고 하여도 **간접적 또는 순차적으로 범행의 포괄적 또는 개별적인 의사연락이 있으면 전체에 대하여 공동정범이 성립하는 것이다.** 또 결과적가중범에서 공동정범은 행위를 공동으로 할 의사가 있으면 성립하고, 결과를 공동으로 할 의사는 필요 없다.

다. 부진정결과적가중범인 특수공무방해치사상죄에서 공무집행을 방해하는 집단행위 과정에서 일부 집단원이 고의로 방화행위를 하여 사상의 결과를 초래한 경우, **다른 집단원이 그 방화행위로 사상의 결과를 예견할 수 있는 상황이었다면, 특수공무방해치사상의 죄책을 면할 수 없다.** 그러나 **그 방화행위 자체에 공모가담한 바 없는 이상, 방화치사상죄로 의율할 수는 없다.**

라. 형법 제164조 현주건조물방화치사상죄를 참고하기 바란다.

(5) **| 관련판례 |** 대법원 2018. 12. 13. 선고 2016도19417 판결 [경찰관 직무집행법 제6조에 따른 경찰관의 제지 조치가 적법한 직무집행으로 평가되기 위한 요건 및 경찰관의 제지 조치가 적법한지 판단하는 기준, 주거지에서 음악 소리를 크게 내거나 큰 소리로 떠들어 이웃을 시끄럽게 하는 행위가 경범죄 처벌법상 경범죄에 해당하는지 여부(적극), 경찰관이 경찰관 직무집행법에 따라 경범죄에 해당하는 행위를 예방·진압·수사하고, 필요한 경우 제지할 수 있는지 여부(적극)]

가. 피고인은 평소 집에서 심한 고성과 욕설, 시끄러운 음악 소리 등으로 이웃 주민들로부터 수회에 걸쳐 112신고가 있어 왔던 사람이다. 피고인의 집이 소란스럽다는 112신고를 받고 출동한 경찰관 甲, 乙이 인터폰으로 문을 열어달라고 하였으나 욕설을 하였다. 경찰관들이 피고인을 만나기 위해 전기차단기를 내리자 화가 나 식칼을 들고 나와 욕설을 하면서 경찰관들을 향해 찌를 듯이 협박함으로써 甲, 乙의 112신고 업무 처리에 관한 직무집행을 방해하였다고 하여 특수공무집행방해로 기소된 사안이다.

나. 공소사실을 무죄로 판단한 원심판결에 필요한 심리를 다하지 않은 채 논리와 경험의 법칙에 반하여 자유심증주의의 한계를 벗어나거나 경찰관 직무집행법의 해석과 적용, 공무집행의 적법성 등에 관한 법리를 오해한 잘못이 있다고 한 사례이다.

제 9 장

逃走와 犯人隱匿의 罪

145. 제145조(도주, 집합명령위반)

(1) 현행

第145條(逃走, 集合命令違反)
① **法律에 依하여 逮捕 또는 拘禁된 者가** 逃走한 때에는 1年 以下의 懲役에 處한다.
② 前項의 拘禁된 者가 天災, 事變 其他 法令에 依하여 暫時 解禁된 境遇에 正當한 理由없이 그 集合命令에 違反한 때에도 前項의 刑과 같다.

제145조(도주, 집합명령위반)
① 법률에 의하여 체포 또는 구금된 자가 도주한 때에는 1년 이하의 징역에 처한다.
② 전항의 구금된 자가 천재, 사변 기타 법령에 의하여 잠시 해금된 경우에 정당한 이유없이 그 집합명령에 위반한 때에도 전항의 형과 같다.

(2) 개선방안

제145조(도주・집합명령위반)
① 다음 각 호 어느 하나에 해당하는 사람이 도주한 경우 1년 이하 징역형으로 처벌된다.
1. 법률에 근거하여 수사기관이 적법한 체포영장으로 체포한 사람
2. 법률에 근거하여 수사기관이 적법하게 긴급체포한 사람
3. 법률에 근거하여 수사기관・일반인이 적법하게 현행범인으로 체포한 사람
4. 법률에 근거하여 교도소・구치소에 수형된 사람
5. 법률에 근거하여 교도소・구치소에 미결구금된 사람
6. 법률에 근거하여 법원에 구인된 피고인
7. 법률에 근거하여 법원에 구인된 피의자

② 제1항으로 구금된 사람이 천재・사변 그 밖의 법령에 근거하여 잠시 해금된 때

정당한 이유 없이 집합명령을 위반한 경우 1년 이하 징역형으로 처벌된다.

【개정방향】

※ 명확성 · 간결성 · 가독성 · 국어문법정비
※ 일본식 조사 '의' 삭제
※ 온점(·) 사용: 또는⇒(·) 형법 제157조와 제324조2(인질강요)에서 이미 사용 중
※ 도주(逃走): 실력지배에서 이탈
※ 법률에 의하여 체포 또는 구금된 자가 도주한 때에는
 – 일본식 문구
 – '체포' 불안정 단어. 체포유형을 구체적으로 명시함
 – 상황을 구성요건으로 규정, 통일함

(3) 조문해설

가. 형법 제145조는 도주 · 집합명령위반을 규정하고 있다.

나. 주요내용을 보면, ① 다음 각 호 어느 하나에 해당하는 사람이 도주한 경우 1년 이하 징역형으로 처벌된다. 1. 법률에 근거하여 수사기관이 적법한 체포영장으로 체포한 사람, 2. 법률에 근거하여 수사기관이 적법하게 긴급체포한 사람, 3. 법률에 근거하여 수사기관 · 일반인이 적법하게 현행범인으로 체포한 사람, 4. 법률에 근거하여 교도소 · 구치소에 수형된 사람, 5. 법률에 근거하여 교도소 · 구치소에 미결구금된 사람, 6. 법률에 근거하여 법원에 구인된 피고인, 7. 법률에 근거하여 법원에 구인된 피의자, ② 제1항으로 구금된 사람이 천재 · 사변 그 밖의 법령에 근거하여 잠시 해금된 때 정당한 이유 없이 집합명령을 위반한 경우 1년 이하 징역형으로 처벌된다.

146. 제146조(특수도주)

(1) 현행

第146條(特殊逃走)
收容設備 또는 機具를 損壞하거나 **사람에게** 暴行 또는 脅迫을 加하거나 **2人 以上이 合同하여** 前條第1項의 罪를 犯한 者는 7年 以下의 懲役에 處한다.

제146조(특수도주)
수용설비 또는 기구를 손괴하거나 사람에게 폭행 또는 협박을 가하거나 2인 이상이 합동하여 전조제1항의 죄를 범한 자는 7년 이하의 징역에 처한다.

(2) 개선방안

제146조(특수도주)
다음 각 호 어느 하나의 행위로 제145조 죄를 범한 경우 7년 이하 **징역형으로 처벌된다.**
1. 수용설비 · 수용장비를 손괴
2. 간수자 · 간수 · 호송을 위임 받은 사인(私人)에게 또는 도주방지에 협력하는 지위에 있는 제삼자에게 폭행 · 협박
3. 법률에 근거하여 구금된 2인 이상이 합동(合同)

【개정방향】
※ 명확성 · 간결성 · 가독성 · 개조식 · 국어문법정비
※ 일본식 조사 '의' 삭제
※ 온점(·) 사용: 또는⇒(·) 형법 제157조와 제324조2(인질강요)에서 이미 사용 중

(3) 조문해설

가. 형법 제146조는 특수도주를 규정하고 있다.

나. 주요내용을 보면, 다음 각 호 어느 하나의 행위로 제145조 죄를 범한 경우 7년 이하 징역형으로 처벌된다. 1. 수용설비 · 수용장비를 손괴, 2. 간수자 · 간수 · 호송을 위임 받은 사인(私人)에게 또는 도주방지에 협력하는 지위에 있는 제삼자에게 폭행 · 협박, 3. 법률에 근거하여 구금된 2인 이상이 합동(合同)

147. 제147조(도주원조)

(1) 현행

第147條(逃走援助)
法律에 依하여 拘禁된 者를 奪取하거나 逃走하게 한 者는 10年 以下의 懲役에 處한다.

제147조(도주원조)
법률에 의하여 구금된 자를 탈취하거나 도주하게 한 자는 10년 이하의 징역에 처한다.

(2) 개선방안

제147조(도주원조)
[1]**법률에 근거하여 구금된 사람을** 탈취하게 한 사람 또는 [2]**법률에 근거하여 구금된 사**

람을 도주하게 한 사람은 10년 이하 징역형으로 처벌된다.

【개정방향】

※ 명확성 · 간결성 · 가독성

※ 일본식 조사 '의' 삭제

※ 국어문법정비

(3) 조문해설

가. 형법 제147조는 도주원조를 규정하고 있다.

나. 주요내용을 보면, [1]법률에 근거하여 구금된 사람을 탈취하게 한 사람 또는 [2]법률에 근거하여 구금된 사람을 도주하게 한 사람은 10년 이하 징역형으로 처벌된다.

148. 제148조(간수자의 도주원조)

(1) 현행

第148條(看守者의 逃走援助)

法律에 依하여 拘禁된 者를 看守 또는 護送하는 者가 이를 逃走하게 한 때에는 1年 以上 10年 以下의 懲役에 處한다.

제148조(간수자의 도주원조)

법률에 의하여 구금된 자를 간수 또는 호송하는 자가 이를 도주하게 한 때에는 1년 이상 10년 이하의 징역에 처한다.

(2) 개선방안

제1안 ★★★★★

제148조(간수자도주원조)

다음 각 호 어느 하나에 해당하는 사람은 1년 이상 10년 이하 징역형으로 처벌된다.

1. **법률에 근거하여** 구금된 사람을 **도주하게 한 간수자**
2. **법률에 근거하여** 구금된 사람을 **간수 · 호송을 위임 받은 사인(私人)**
3. **법률에 근거하여** 구금된 사람에 대해 **도주방지에 협력하는 지위에 있는 제삼자**

제2안

제148조(간수자도주원조)

[1]**법률에 근거하여** 구금된 사람을 **도주하게 한 간수자** 또는 [2]**간수 · 호송을 위임 받은**

사인(私人) 또는 [3]도주방지에 협력하는 지위에 있는 제삼자는 1년 이상 10년 이하 징역형으로 처벌된다.

【개정방향】
※ 제목변경
※ 명확성 · 간결성 · 가독성 · 개조식 · 국어문법정비
※ 일본식 조사 '의' 삭제
※ 온점(·) 사용: 또는⇒(·) 형법 제157조와 제324조2(인질강요)에서 이미 사용 중

(3) 조문해설

가. 형법 제148조는 간수자도주원조를 규정하고 있다.

나. 주요내용을 보면, 다음 각 호 어느 하나에 해당하는 사람은 1년 이상 10년 이하 징역형으로 처벌된다. 1. 법률에 근거하여 구금된 사람을 도주하게 한 간수자, 2. 법률에 근거하여 구금된 사람을 간수 · 호송을 위임 받은 사인(私人), 3. 법률에 근거하여 구금된 사람에 대해 도주방지에 협력하는 지위에 있는 제삼자

149. 제149조(미수범)

(1) 현행

第149條(未遂犯)
前4條의 未遂犯은 處罰한다.

제149조(미수범)
전4조의 미수범은 처벌한다.

(2) 개선방안

제149조(미수범)
제145조 · 제146조 · 제147조 · 제148조 미수범은 처벌된다.

【개정방향】
※ 명확성 · 간결성 · 가독성 · 국어문법정비
※ 온점(·) 사용: 또는⇒(·) 형법 제157조와 제324조2(인질강요)에서 이미 사용 중

(3) 조문해설

가. 형법 제149조는 미수범을 규정하고 있다.

나. 주요내용을 보면, 제145조 · 제146조 · 제147조 · 제148조 미수범은 처벌된다.

150. 제150조(예비, 음모)

(1) 현행

第150條(豫備, 陰謀)
第147條와 第148條의 罪를 犯할 目的으로 豫備 또는 陰謀한 者는 3年 以下의 懲役에 處한다.

제150조(예비, 음모)
제147조와 제148조의 죄를 범할 목적으로 예비 또는 음모한 자는 3년 이하의 징역에 처한다.

(2) 개선방안

제150조(예비 · 음모)
제147조 · 제148조 죄를 범할 목적으로 예비 · 음모한 사람은 3년 이하 **징역형으로 처벌된다.**

【개정방향】
※ 제목변경
※ 명확성 · 간결성 · 가독성 · 국어문법정비
※ 일본식 조사 '의' 삭제
※ 온점(·) 사용: 또는⇒(·) 형법 제157조와 제324조2(인질강요)에서 이미 사용 중
※ 제147조와 제148조의 죄를 범할 목적으로⇒**제147조 · 제148조 죄를 범할 목적으로 '와'가 아니고 '또는'이다.**

(3) 조문해설

가. 형법 제150조는 예비 · 음모를 규정하고 있다.

나. 주요내용을 보면, 제147조 · 제148조 죄를 범할 목적으로 예비 · 음모한 사람은 3년 이하 징역형으로 처벌된다.

151. 제151조(범인은닉과 친족간의 특례) ★★★★★

(1) 현행

第151條(犯人隱匿과 親族間의 特例)
① **罰金 以上의 刑에 該當하는 罪를 犯한 者를** 隱匿 또는 逃避하게 한 者는 3年 以下의 懲役 또는 500萬원 以下의 罰金에 處한다. 〈改正 1995.12.29.〉
② 친족 또는 동거의 가족이 本人을 爲하여 前項의 罪를 犯한 때에는 處罰하지 아니한다. 〈개정 2005.3.31.〉

제151조(범인은닉과 친족간의 특례)
① 벌금 이상의 형에 해당하는 죄를 범한 자를 은닉 또는 도피하게 한 자는 3년 이하의 징역 또는 500만원 이하의 벌금에 처한다. 〈개정 1995.12.29〉
② 친족 또는 동거의 가족이 본인을 위하여 전항의 죄를 범한 때에는 처벌하지 아니한다. 〈개정 2005.3.31〉

(2) 개선방안

제151조(범인은닉 · 범인도피 · 수사방해와 친족간 특례 · 그 제한)
① 다음 각 호 어느 하나에 해당하는 사람은 3년 이하 징역형 · 500만원 이하 벌금형으로 처벌된다.
1. **법정형이 사형 · 징역형 · 금고형 · 자격상실형 · 자격정지형 · 벌금형**에 해당하는 죄를 범한 사람(진범 또는 범죄혐의를 받아 수사대상이 된 사람 포함)을 은닉한 사람
2. **법정형이 사형 · 징역형 · 금고형 · 자격상실형 · 자격정지형 · 벌금형**에 해당하는 죄를 범한 사람(진범 또는 범죄혐의를 받아 수사대상이 된 사람 포함)을 도피하게 한 사람
3. 제1호 · 제2호를 범할 목적으로 수사기관에서 허위사실을 적극적으로 진술하여 **범인체포를 방해**한 사람
4. 제1호 · 제2호를 범할 목적으로 수사기관에서 허위자료를 적극적으로 제출하여 **범인체포를 방해**한 사람

다만 행위자가 자기범죄를 비호하기 위하여 스스로 제1항 제1호 · 제2호 · 제3호 · 제4호까지 어느 하나를 범한 경우 처벌되지 않는다.

② **행위자 호주 · 행위자 친족 · 행위자 동거가족이 행위자를 위하여 스스로 제1항 죄를 범한 경우** 처벌되지 않는다. 〈개정 2005.3.31.〉
③ **행위자 · 행위자 호주 · 행위자 친족 · 행위자 동거가족이 본범에 가담하지 않은 제삼**

자에게 제151조 제1항 제1호·제2호·제3호·제4호 어느 하나를 교사·방조하여 국가사법기능을 중하게 침해한 경우 3년 이하 징역형·500만원 이하 벌금형으로 처벌된다.

【개정방향】

※ 제목변경

※ 명확성·간결성·가독성

※ 일본식 조사 '의' 삭제

※ 온점(·) 사용: 또는⇒(·) 형법 제157조와 제324조2(인질강요)에서 이미 사용 중

※ 국어문법정비

※ 단서 조항을 신설하여 범인 자기도피 및 자기은닉을 구성요건에서 배제함

※ 범인·그 친족·동거가족 교사행위에 대해 단서 특례조항을 제한하는 제3항 신설

※ 수사방해죄 신설: 참고인 허위진술에 대한 직접적인 처벌 규정을 신설. 사법기능방해죄 신설효과. 국민의 일반적 행동의 자유, 자기부죄금지원칙, 형사절차에서 당사자 대등원칙, 공판중심주의와 직접 관련이 있으나, 초기 수사의 중요성을 감안할 때 중요범죄(테러, 살인죄, 방화죄, 성범죄, 조세범죄, 식품범죄, 환경범죄)에 대해 입법론을 검토할 필요가 있다. 국민기본권 보장과 형사사법제도 본질을 숙고할 필요가 있다.

※ 공범제한종속설 예외를 입법으로 해결함

※ 도피(逃避): 도망하여 몸을 피함. 형사사법작용 곤란·불가능하게 함

(3) 조문해설

가. 형법 제151조는 범인은닉·범인도피·수사방해와 친족간 특례·그 제한을 규정하고 있다.

나. 주요내용을 보면, ① 다음 각 호 어느 하나에 해당하는 사람은 3년 이하 징역형·500만원 이하 벌금형으로 처벌된다. 1. 법정형이 사형·징역형·금고형·자격상실형·자격정지형·벌금형에 해당하는 죄를 범한 사람(진범 또는 범죄혐의를 받아 수사대상이 된 사람 포함)을 은닉한 사람, 2. 법정형이 사형·징역형·금고형·자격상실형·자격정지형·벌금형에 해당하는 죄를 범한 사람(진범 또는 범죄혐의를 받아 수사대상이 된 사람 포함)을 도피하게 한 사람, 3. 제1호·제2호를 범할 목적으로 수사기관에서 허위사실을 적극적으로 진술하여 범인체포를 방해한 사람, 4. 제1호·제2호를 범할 목적으로 수사기관에서 허위자료를 적극적으로 제출하여 범인체포를 방해한 사람. 다만 행위자가 자기범죄를 비호하기 위하여 스스로 제1항 제1호·제2호·제3호·제4호까지 어

느 하나를 범한 경우 처벌되지 않는다. ② 행위자 호주·행위자 친족·행위자 동거가족이 행위자를 위하여 스스로 제1항 죄를 범한 경우 처벌되지 않는다. 〈개정 2005.3.31.〉 ③ **행위자·행위자 호주·행위자 친족·행위자 동거가족이 본범에 가담하지 않은 제삼자에게 제151조 제1항 제1호·제2호·제3호·제4호 어느 하나를 교사·방조하여 국가사법기능을 중하게 침해한 경우** 3년 이하 징역형 500만원 이하 벌금형으로 처벌된다.

다. '은닉(隱匿)'이란 장소를 제공하여 범인을 감추어 주는 행위를 말한다. '도피(逃避)'는 은닉 이외 방법으로 범인에 대한 수사, 재판, 형집행 등 형사사법작용을 곤란 또는 불가능하게 하는 행위를 말한다. 은닉방법과 도피방법에 제한이 없다. 추상적 위험범이다. 즉 형사사법작용을 방해할 가능성이 있으면 본죄는 성립한다.

라. '은닉'은 죄를 범한 사람임을 인식하고 장소를 제공하여 체포를 면하게 하는 것이다. 일정한 장소와 관련성이 있다. '도피'는 장소와 상황 관련성이 있다. 은닉은 도피행위의 예시에 불과하다.

마. **참고인 수사 방해 경우 범인도피죄와 범인은닉죄가 성립되려면, 적극적으로 수사기관을 기만하여 착오에 빠지게 함으로써 범인발견·범인체포를 곤란하게 하거나 또는 불가능하게 할 정도에 이르러야 한다. 범인을 자처하고 허위진술을 하거나 또는 허위자백을 하게 하는 경우이다. 단순 묵비와 사실인정을 단순 부인하는 경우 여기에 해당하지 않는다.**

(4) **| 관련판례 |** 대법원 2008. 6. 26. 선고 2008도1059 판결 [참고인이 수사기관에서 한 허위진술과 범인도피죄의 성립 여부(원칙적 소극), 폭행사건 현장의 참고인이 출동한 경찰관에게 범인의 이름 대신 허무인의 이름을 대면서 구체적인 인적사항에 대한 언급을 피한 사안에서, 범인도피죄가 성립하지 않는다고 한 사례] 참고인 허위진술과 범인도피죄

가. 피고인이 피해자 공소외 1을 폭행한 공소외 2의 인적사항을 묻는 경찰관의 질문에 답하면서, 단순히 '○○○'이라고 허무인의 이름을 진술하고 구체적인 인적사항에 대하여는 모른다고 진술하였다.

나. 수사기관은 범죄사건을 수사함에 있어서 피의자나 참고인의 진술 여하에 불구하고, 피의자를 확정하고 그 피의사실을 인정할 만한 객관적인 제반 증거를 수집·조사하여야 할 권리와 의무가 있는 것이다. 그러므로 **참고인이 수사기관에서 범인에 관하여 조사를 받으면서 그가 알고 있는 사실을 묵비하거나 허위로 진술하였다고 하더라도, 그것이 적극적으로 수사기관을 기만하여 착오에**

빠지게 함으로써 범인의 발견 또는 체포를 곤란 내지 불가능하게 할 정도의 것이 아니라면 범인도피죄를 구성하지 않는다(대법원 2003. 2. 14. 선고 2002도5374 판결 등 참조).

(5) **| 관련판례 |** 대법원 2006. 12. 7. 선고 2005도3707 판결 [범인이 자신을 위하여 형법 제151조 제2항에 의하여 처벌을 받지 아니하는 친족 등으로 하여금 허위의 자백을 하게 하여 범인도피죄를 범하게 하는 경우, 범인도피교사죄의 성립 여부(적극), 무면허 운전으로 사고를 낸 사람이 동생을 경찰서에 대신 출두시켜 피의자로 조사받도록 한 행위가 범인도피교사죄를 구성하는지 여부(적극)] 범인의 자기도피죄를 위한 제3자 교사와 범인도피교사죄

가. 기록을 보면, 무면허 상태로 프라이드 승용차를 운전하고 가다가 화물차를 들이받는 사고를 일으켜 경찰에서 조사를 받게 된 피고인이 무면허로 운전한 사실 등이 발각되지 않기 위해, 동생인 공소외인에게 "내가 무면허상태에서 술을 마시고 차를 운전하다가 교통사고를 내었는데 운전면허가 있는 네가 대신 교통사고를 내었다고 조사를 받아 달라"고 부탁하여, 이를 승낙한 위공소외인으로 하여금 ○○경찰서 교통사고조사계 사무실에서 자신이 위 프라이드 승용차를 운전하고 가다가 교통사고를 낸 사람이라고 허위 진술로 피의자로서 조사를 받도록 하였다.

나. 쟁점은 범인인 피고인이 범인도피교사죄의 주체가 될 수 있는지 여부와 형법 제151조 제2항 친족인 경우도 범인도피교사죄가 성립하는지 여부이다. 원심은 "범인도피를 교사한 피고인은 범인 본인이어서 구성요건 해당성이 없다. 피교사자 역시 범인의 친족이어서 불가벌에 해당한다. 그러므로 피고인이 타인의 행위를 이용하여 자신의 범죄를 실현하고, 새로운 범인을 창출하였다는 교사범의 전형적인 불법이 실현되었다고 볼 수 없다. 뿐만 아니라 피고인이 자기방어행위의 범위를 명백히 일탈하거나 방어권의 남용에 속한다고 보기 어려워 위 공소사실은 죄가 되지 아니한다"고 무죄를 선고하였다.

다. 그러나 **대법원은 "범인이 자신을 위하여 타인으로 하여금 허위의 자백을 하게 하여 범인도피죄를 범하게 하는 행위는 방어권의 남용으로 범인도피교사죄에 해당한다. 이 경우 그 타인이 형법 제151조 제2항에 의하여 처벌을 받지 아니하는 친족, 호주 또는 동거 가족에 해당한다 하여 달리 볼 것은 아니다"고 판시하였다.**

라. 무면허 운전으로 사고를 낸 사람이 동생을 경찰서에 대신 출두시켜 피의자로 조사받도록 한 행위는 범인도피교사죄를 구성한다. 방어권 한계이다.

(6) **| 관련판례 | 대법원 2006. 5. 26. 선고 2005도7528 판결** [형법 제151조에서 규정하는 범인도피죄의 의의]

가. 형법 제151조에서 규정하는 범인도피죄는 범인은닉 이외의 방법으로 범인에 대한 수사·재판 및 형의 집행 등 형사사법의 작용을 곤란 또는 불가능하게 하는 행위를 말하는 것으로서 그 방법에는 아무런 제한이 없다.

나. **범인도피죄는 위험범으로서 현실적으로 형사사법의 작용을 방해하는 결과가 초래되어야만 하는 것은 아니다.**

(7) **| 관련판례 | 대법원 2008. 11. 13. 선고 2008도7647 판결** [범인이 자신을 위해 타인이 허위의 자백을 하는 것을 방조한 경우, 범인도피방조죄의 성립 여부(적극)]

가. 피고인이 처인 공소외인의 피고인을 위한 범인도피범행을 돕기 위하여 공소외인에게 사고발생 경위, 도주 경위 등에 관하여 상세한 정보를 제공하여 주는 등의 방법으로 공소외인으로 하여금 심리적으로 안정할 수 있도록 해 주었다.

나. **범인이 자신을 위하여 타인으로 하여금 허위의 자백을 하게 하여 범인도피죄를 범하게 하는 행위는 방어권의 남용으로 범인도피교사죄에 해당한다**(대법원 2000. 3. 24. 선고 2000도20 판결 참조). 이 경우 그 **타인이 형법 제151조 제2항에 의하여 처벌을 받지 아니하는 친족, 호주 또는 동거 가족에 해당한다 하여 달리 볼 것은 아니**다(대법원 2006. 12. 7. 선고 2005도3707 판결 참조).

다. 한편 이와 같은 법리는 **범인을 위해 타인이 범하는 범인도피죄를 범인 스스로 방조하는 경우에도 마찬가지로 적용된다** 할 것이다.

(8) **| 관련판례 | 대법원 2010. 1. 28. 선고 2009도10709 판결** [수사기관에서 조사받는 피의자가 사실은 게임장·오락실·피씨방의 실제 업주가 아니라 종업원임에도 불구하고 자신이 실제 업주라고 허위로 진술하는 행위가 범인도피죄를 구성하는지 여부(원칙적 소극)]

가. 게임산업진흥에 관한 법률 위반, 도박개장 등의 혐의로 수사기관에서 조사받는 피의자가 사실은 게임장·오락실·피씨방 등의 실제 업주가 아니라 그 종업원임에도 불구하고 자신이 실제 업주라고 허위로 진술하였다고 하더라도, 그 자체만으로 범인도피죄를 구성하는 것은 아니다.

나. 다만 그 피의자가 실제 업주로부터 금전적 이익 등을 제공받기로 하고 단속이 되면 실제 업주를 숨기고 자신이 대신하여 처벌받기로 하는 역할(이른바 '바지사장')을 맡기로 하는 등 수사기관을 착오에 빠뜨리기로 하고, 단순히 실

제 업주라고 진술하는 것에서 나아가 게임장 등의 운영 경위, 자금 출처, 게임기 등의 구입 경위, 점포의 임대차계약 체결 경위 등에 관해서까지 **적극적으로 허위로 진술하거나 허위 자료를 제시하여 그 결과 수사기관이 실제 업주를 발견 또는 체포하는 것이 곤란 내지 불가능하게 될 정도에까지 이른 것으로 평가되는 경우 등에는 범인도피죄를 구성할 수 있다.**

(9) **| 관련판례 |** **대법원 2018. 8. 1. 선고 2015도20396 판결** [범인도피죄에서 '도피하게 하는 행위'의 의미, 공범을 도피하게 하는 경우에 범인도피죄가 성립할 수 있는지 여부(적극) 및 범인 스스로 도피하는 행위도 처벌되는지 여부(소극), 공범 중 1인이 그 범행에 관한 수사절차에서 참고인 또는 피의자로 조사받으면서 자기의 범행을 구성하는 사실관계에 관하여 허위로 진술하고 허위 자료를 제출하는 경우, 범인도피죄로 처벌할 수 있는지 여부(소극) 및 이때 공범이 이러한 행위를 교사한 경우, 범인도피교사죄가 성립하는지 여부(소극)]

가. 피고인 2는 운영하던 콜라텍을 공소외인에게 양도한 다음 인근에서 다른 콜라텍을 개업·운영하던 중 공소외인의 항의를 받고 콜라텍의 사업자등록 명의를 피고인 3 앞으로 변경하였다. 이후 공소외인이 피고인 2를 상대로 콜라텍 영업금지와 처분금지 등을 구하는 소를 제기하였다. 피고인 2는 위 소송에 따른 판결의 강제집행을 피하기 위하여 피고인 1에게 사정을 얘기하고 동의를 받아 콜라텍의 사업자등록 명의를 피고인 1 앞으로 변경하였다. 피고인 2, 피고인 3은 공소외인으로부터 **강제집행면탈죄로 고소당하자 피고인 1에게 실제로 콜라텍을 매수하여 운영하고 있다고 진술해달라고 부탁하였다. 피고인 1은 피고인 2, 피고인 3에 대한 고소사건에서 경찰관에게 자신이 실제로 콜라텍을 매수하여 운영하고 있다고 진술하고 허위의 계좌거래내역을 제출하였다. 검찰주사에게도 같은 취지로 진술하였다.** 이후 공소외인이 피고인 1을 강제집행면탈죄로 고소하자 피고인 2, 피고인 3이 피고인 1에게 동일한 부탁을 하였다. 피고인 1은 마찬가지로 경찰에서 허위로 진술하고 허위의 계좌거래내역을 제출하였다. 이로써 피고인 2, 피고인 3은 피고인 1로 하여금 범인을 도피하도록 교사하였다. 그에 따라 피고인 1은 범인을 도피하게 하였다.

나. 형법 제151조가 정한 범인도피죄에서 '도피하게 하는 행위'란 은닉 이외의 방법으로 범인에 대한 수사, 재판, 형의 집행 등 형사사법의 작용을 곤란하게 하거나 불가능하게 하는 일체의 행위를 말한다.

다. 범인도피죄는 타인을 도피하게 하는 경우에 성립할 수 있다. 여기에서 타인에는 공범도 포함되나 범인 스스로 도피하는 행위는 처벌되지 않는다. 또한 **공**

범 중 1인이 그 범행에 관한 수사절차에서 참고인 또는 피의자로 조사받으면서 자기의 범행을 구성하는 사실관계에 관하여 허위로 진술하고 허위 자료를 제출하는 것은 자신의 범행에 대한 방어권 행사의 범위를 벗어난 것으로 볼 수 없다. 이러한 행위가 다른 공범을 도피하게 하는 결과가 된다고 하더라도 범인도피죄로 처벌할 수 없다. 이때 공범이 이러한 행위를 교사하였더라도 범죄가 될 수 없는 행위를 교사한 것에 불과하여 범인도피교사죄가 성립하지 않는다.

제 10 장

僞證과 證據湮滅의 罪

152. 제152조(위증, 모해위증) *****

(1) 현행

第152條(僞證, 謀害僞證)
① **法律에 依하여 宣誓한 證人이 虛僞**의 陳述을 한 때에는 5年 以下의 懲役 또는 1千萬원 以下의 罰金에 處한다. 〈改正 1995.12.29.〉
② **刑事事件 또는 懲戒事件에 關하여 被告人, 被疑者 또는 懲戒嫌疑者를 謀害할 目的으로** 前項의 罪를 犯한 때에는 10年 以下의 懲役에 處한다.

第152조(위증, 모해위증)
① 법률에 의하여 선서한 증인이 허위의 진술을 한 때에는 5년 이하의 징역 또는 1천만원 이하의 벌금에 처한다. 〈개정 1995.12.29〉
② 형사사건 또는 징계사건에 관하여 피고인, 피의자 또는 징계혐의자를 모해할 목적으로 전항의 죄를 범한 때에는 10년 이하의 징역에 처한다.

(2) 개선방안

제152조(위증 · 모해위증)
① **재판에서 선서 없이 허위사실을 진술한 증인은** 3년 이하 징역형 · 1천만원 이하 벌금형으로 처벌된다. 〈개정 1995.12.29〉
② **법률에 근거하여 재판에서 유효한 선서를 한 후 법률이 정한 절차에 따라 증언거부권을 고지 받고 허위사실을 진술한 증인은** 5년 이하 징역형 · 1천만원 이하 벌금형으로 처벌된다. 〈개정 1995.12.29〉
③ **타인 형사사건 · 타인 징계사건에서 피고인 · 피의자 · 징계혐의자를 모해할 목적으로 법률에 근거하여 선서한 후 증언거부권을 고지 받고 허위사실을 진술한 증인은** 10년 이하 징역형으로 처벌된다.

【개정방향】
※ 제목변경
※ 명확성 · 간결성 · 가독성
※ 일본식 조사 '의' 삭제
※ 온점(·) 사용: 또는⇒(·) 형법 제157조와 제324조2(인질강요)에서 이미 사용 중
※ 국어문법정비
※ **사법방해죄는 공판에서 실현될 수 있음**
※ **형법 제155조와 통일**
※ **보호법익: 국가사법기능**
※ **보호정도: 추상적 위험범**
※ **허위(虛僞): 기억에 반하는 사실(주관설)**
※ **진정신분범(증인)**

(3) 조문해설

가. 형법 제152조는 위증 · 모해위증을 규정하고 있다.

나. 주요내용을 보면, ① 재판에서 선서 없이 허위사실을 진술한 증인은 3년 이하 징역형 · 1천만원 이하 벌금형으로 처벌된다. 〈개정 1995.12.29.〉 ② **법률에 근거하여 재판에서 유효한 선서를 한 후 법률이 정한 절차에 따라 증언거부권을 고지 받고** 허위사실을 진술한 증인은 5년 이하 징역형 · 1천만원 이하 벌금형으로 처벌된다. 〈개정 1995.12.29.〉 ③ 타인 형사사건 · 타인 징계사건에서 피고인 · 피의자 · 징계혐의자를 모해할 목적으로 법률에 근거하여 선서한 후 증언거부권을 고지 받고 허위사실을 진술한 증인은 10년 이하 징역형으로 처벌된다.

다. '허위'란 기억에 반하는 사실을 말한다.

(4) | 관련판례 | 대법원 2010. 1. 21. 선고 2008도942 전원합의체 판결 [위증죄의 구성요건인 '법률에 의하여 선서한 증인'의 의미, 증인신문절차에서 법률에 규정된 증인 보호 규정이 지켜진 것으로 인정되지 않은 경우, 허위진술을 한 증인을 위증죄로 처벌할 수 있는지 여부(원칙적 소극), 증언거부사유가 있음에도 증언거부권을 고지받지 못함으로 인하여 그 증언거부권을 행사하는 데 사실상 장애가 초래되었다고 볼 수 있는 경우 위증죄 성립 여부(소극)] 증언거부권 불고지와 위증죄

가. 대법원은 '적법행위의 기대가능성'이 없다는 원심과 달리 '법률에 의하여 선서한 증인'으로 볼 수 없다는 이유로 형법 제152조 제1항 위증죄 성립을 부정하

였다. **대법원은 적법절차를 강조하여 증인신문절차에서 증인보호규정의 중대한 위반이 있는 경우 위증죄의 주체성을 부인하였다. 대법원은 '자기부죄거부특권'에 준하는 사유가 있는 경우에 한 해 위증죄 성립을 부정하고 있다.**

나. 위증죄와 형사소송법의 취지, 정신과 기능을 고려하여 볼 때, 형법 제152조 제1항에서 정한 '법률에 의하여 선서한 증인'이라 함은 '법률에 근거하여 법률이 정한 절차에 따라 유효한 선서를 한 증인'이라는 의미이다. 그 증인신문은 법률이 정한 절차 조항을 준수하여 적법하게 이루어진 경우여야 한다고 볼 것이다.

다. 위증죄의 의의 및 보호법익, 형사소송법에 규정된 증인신문절차의 내용, 증언거부권의 취지 등을 종합적으로 살펴보면, 증인신문절차에서 법률에 규정된 증인 보호를 위한 규정이 지켜진 것으로 인정되지 않은 경우에는 증인이 허위의 진술을 하였다고 하더라도 위증죄의 구성요건인 "법률에 의하여 선서한 증인"에 해당하지 아니한다고 보아 이를 위증죄로 처벌할 수 없는 것이 원칙이다. 다만 법률에 규정된 증인 보호 절차라 하더라도 개별 보호절차 규정들의 내용과 취지가 같지 아니하다. 당해 신문 과정에서 지키지 못한 절차 규정과 그 경위 및 위반의 정도 등 제반 사정이 개별 사건마다 각기 상이하다. 그러므로 이러한 사정을 전체적·종합적으로 고려하여 볼 때, 당해 사건에서 증인 보호에 사실상 장애가 초래되었다고 볼 수 없는 경우에까지 예외 없이 위증죄의 성립을 부정할 것은 아니라고 할 것이다.

라. 증언거부권 제도는 증인에게 증언의무의 이행을 거절할 수 있는 권리를 부여한 것이다. 형사소송법상 증언거부권의 고지 제도는 증인에게 그러한 권리의 존재를 확인시켜 침묵할 것인지 아니면 진술할 것인지에 관하여 심사숙고할 기회를 충분히 부여함으로써 침묵할 수 있는 권리를 보장하기 위한 것이다. 이 점을 감안할 때, 재판장이 신문 전에 증인에게 증언거부권을 고지하지 않은 경우에도 당해 사건에서 증언 당시 증인이 처한 구체적인 상황, 증언거부사유의 내용, 증인이 증언거부사유 또는 증언거부권의 존재를 이미 알고 있었는지 여부, 증언거부권을 고지 받았더라도 허위진술을 하였을 것이라고 볼 만한 정황이 있는지 등을 전체적·종합적으로 고려하여 증인이 침묵하지 아니하고 진술한 것이 자신의 진정한 의사에 의한 것인지 여부를 기준으로 위증죄의 성립 여부를 판단하여야 한다. 그러므로 헌법 제12조 제2항에 정한 불이익 진술의 강요금지 원칙을 구체화한 자기부죄거부특권에 관한 것이거나 또는 그 밖에 증언거부사유가 있음에도 증인이 증언거부권을 고지받지 못하여

그 증언거부권을 행사하는 데 사실상 장애가 초래되었다고 볼 수 있는 경우 위증죄의 성립을 부정하여야 할 것이다.

마. 생각건대 법률에 근거하여 법률이 정한 절차에 따라 재판에서 유효한 선서를 한 후 허위사실을 진술한 증인만이 위증죄의 행위주체가 된다. 따라서 법적 절차에 따라 증언거부권을 고지하지 않은 경우, 증인이 선서를 하였더라도 증언하는 순간부터 유효한 증인으로 볼 수 없다. 행위주체성이 없기 때문에 구성요건해당성에서 조각된다. 이를 적법행위 기대가능성의 관점에서 책임조각사유로 보는 입장(원심 판단)도 있지만, 범죄체계도상 설득력이 없다.

바. 대법원 판결문에서 '사실상 장애 초래 여부'는 판단기준으로 적합하지 않다. '법률이 정한 절차에 따라 재판에서 유효한 선서를 한 후 증언거부권을 고지받은 사람'이 위증죄의 행위주체이다. 이 기준이 판단기준으로 명확하다. 증언거부권 고지는 선서 후 이루어지는 증인신문절차의 하나로 위증죄의 주체성에 영향을 미치지 않는다고 생각하고 있다. 이러한 사고는 '구체적 타당성'을 강조한듯하나 '마그나 카르타' 정신을 잊은 것이다. '가벌성'의 기준은 명확해야 한다. 죄형법정주의 정신이다. 그러므로 오래된 판례들은 변경되어야 한다.

(1) 대법원 2010. 2. 25. 선고 2007도6273 판결 [위증]

【판시사항】 [1] 재판장이 신문 전에 증언거부권을 고지하지 않은 경우 위증죄 성립 여부의 판단 기준 [2] 전 남편에 대한 도로교통법 위반(음주운전) 사건의 증인으로 법정에 출석한 전처(前妻)가 증언거부권을 고지받지 않은 채 공소사실을 부인하는 전 남편의 변명에 부합하는 내용을 적극적으로 허위 진술한 사안에서, 위증죄의 성립을 긍정한 사례

【판결요지】 [1] 재판장이 신문 전에 증인에게 증언거부권을 고지하지 않은 경우에도 당해 사건에서 증언 당시 증인이 처한 구체적인 상황, 증언거부사유의 내용, 증인이 증언거부사유 또는 증언거부권의 존재를 이미 알고 있었는지 여부, 증언거부권을 고지 받았더라도 허위 진술을 하였을 것이라고 볼 만한 정황이 있는지 등을 전체적·종합적으로 고려하여 증인이 침묵하지 아니하고 진술한 것이 자신의 진정한 의사에 의한 것인지 여부를 기준으로 위증죄의 성립 여부를 판단하여야 한다. [2] 전 남편에 대한 도로교통법 위반(음주운전) 사건의 증인으로 법정에 출석한 전처(前妻)가 증언거부권을 고지받지 않은 채 공소사실을 부인하는 전 남편의 변명에 부합하는 내용을 적극적으로 허위 진술한 사안에서, 증인으로 출석하여 증언한 경위와 그 증언 내용, 증언거부권을

고지받았더라도 그와 같이 증언을 하였을 것이라는 취지의 진술 내용 등을 전체적·종합적으로 고려할 때 **선서 전에 재판장으로부터 증언거부권을 고지받지 아니하였다 하더라도 이로 인하여 증언거부권이 사실상 침해당한 것으로 평가할 수는 없다는 이유로 위증죄의 성립을 긍정한 사례.**

【평석】 '법률이 정한 절차에 따라 재판에서 유효한 선서를 한 후 증언거부권을 고지받은 사람'이 위증죄의 행위주체이다. 위증죄는 성립되지 않는다.

(2) 대법원 2010. 2. 25. 선고 2009도13257 판결 [위증]

【판시사항】 [1] 증언거부사유가 있음에도 증언거부권을 고지받지 못함으로 인하여 그 증언거부권을 행사하는 데 사실상 장애가 초래되었다고 볼 수 있는 경우 위증죄의 성립 여부(소극) [2] 사촌관계에 있는 갑의 도박 사실 여부에 관하여 증언거부사유가 발생하게 되었는데도 재판장으로부터 증언거부권을 고지받지 못한 상태에서 허위 진술을 하게 된 사안에서, 위증죄의 성립을 부정한 사례.

【평석】 '법률이 정한 절차에 따라 재판에서 유효한 선서를 한 후 증언거부권을 고지받은 사람'이 위증죄의 행위주체이다. 위증죄는 성립되지 않는다.

(3) 대법원 2012. 3. 29. 선고 2009도11249 판결 [뇌물수수·뇌물공여·위증]

【판시사항】 [1] 공동피고인이 소송절차의 분리로 피고인 지위에서 벗어난 경우 다른 공동피고인에 대한 공소사실에 관하여 증인적격이 있는지 여부(적극) 및 대향범인 공동피고인의 경우에도 동일한 법리가 적용되는지 여부(적극) [2] 증언거부사유가 있음에도 증언거부권을 고지받지 못하여 증언거부권을 행사하는 데 사실상 장애가 초래되었다고 볼 수 있는 경우, 위증죄의 성립 여부(소극) [3] **피고인들이 증뢰·수뢰사건으로 기소되어 공동피고인으로 함께 재판을 받으면서 서로 뇌물을 주고받은 사실이 없다고 다투던 중 증뢰·수뢰의 상대방인 공동피고인에 대한 사건이 변론분리되어 뇌물공여 또는 뇌물수수의 증인으로 채택되었는데, 증언거부권을 고지받지 못한 상태에서 자신들의 종전 주장을 되풀이함에 따라 거짓 진술에 이르게 된 사안에서, 피고인들을 위증죄로 처벌할 수 없다**고 한 사례.

【평석】 '법률이 정한 절차에 따라 재판에서 유효한 선서를 한 후 증언거부권을 고지받은 사람'이 위증죄의 행위주체이다. 위증죄는 성립되지 않는다.

(4) 대법원 2012. 12. 13. 선고 2010도10028 판결 [위증]

【판시사항】 [1] 증인이 증언거부권을 고지받지 않은 상태에서 허위진술을 한 경우, 위증죄가 성립하는지 판단하는 기준 [2] 범행을 하지 아니한 자가 범인으로 공소제기되어 피고인의 지위에서 범행사실을 허위자백하고, 나아가 공범에 대한 증인의 자격에서 증언하면서 공범과 함께 범행하였다고 허위의 진술을 한 경우, 증언거부권의 대상이 되는지 여부(적극) [3] **공범인 공동피고인이 소송절차의 분리로 피고인 지위에서 벗어난 경우, 다른 공동피고인에 대한 공소사실에 관하여 증인적격이 있는지 여부(적극)**

【평석】 '법률이 정한 절차에 따라 재판에서 유효한 선서를 한 후 증언거부권을 고지받은 사람'이 위증죄의 행위주체이다. 위증죄는 성립되지 않는다.

(5) 대법원 2013. 5. 23. 선고 2013도3284 판결 [위증 · 사기]

【판시사항】 증언거부사유가 있음에도 증언거부권을 고지받지 못하여 증언거부권을 행사하는 데 사실상 장애가 초래되었다고 볼 수 있는 경우, 위증죄가 성립하는지 여부(소극)

【평석】 '법률이 정한 절차에 따라 재판에서 유효한 선서를 한 후 증언거부권을 고지받은 사람'이 위증죄의 행위주체이다. 이 사안은 위증죄는 성립되지 않는다.

(5) **| 관련판례 |** 대법원 1996. 8. 23. 선고 95도192 판결 [증언이 객관적 사실과 부합하지 않는다는 사실만으로 위증죄가 성립하는지 여부(소극)] 위증죄에서 '허위' 진술

가. 피고인은 경찰 이래 원심법정에 이르기까지 일관하여 서울 강남구 ○○동 815의 1 대지는 원래 공소외 망 공소외 1과 내연의 관계에 있던 망 공소외 2의 소유로서 피고인에게 명의신탁된 것이다. 그러므로 위 공소외 2의 상속인인 제1심 공동피고인 1, 2가 피고인을 상대로 명의신탁 해지를 원인으로 한 소유권이전등기청구 소송을 제기하자 이를 인낙한 것일 뿐이다. 또한 그가 직장 상사로 모시던 위 공소외 1로부터 듣거나 그로부터 지시받아 실행한 사실을 판시 법정에서 그대로 증언하였을 뿐 기억에 반하여 허위의 진술을 한 사실이 전혀 없다면서 위 범행사실을 극구 부인하였다.

나. **위증죄는 법률에 의하여 선서한 증인이 자기의 기억에 반하는 사실을 진술함으로써 성립하는 것이다. 그러므로 그 진술이 객관적 사실과 부합하지 않는다고**

하여 그 증언이 곧바로 위증이라고 단정할 수는 없다.

(6) **| 관련판례 |** 대법원 1982. 9. 14. 선고 81도105 판결 [증인의 기억에 반하나 객관적 사실에 부합하는 증언과 위증죄의 성부(적극), 증언이 기억에 반하는지 여부가 불분명한 경우 전체적 취지가 객관적 사실과 일치하고 극히 사소한 부분만이 기억과 불일치하는 경우 위증죄의 성립 여하] 위증죄에서 '허위' 진술

가. **위증죄에서 위증은 선서한 증인이 자기의 기억에 반하는 사실을 진술함으로써 성립된다. 설사 그 증언이 객관적 사실에 부합된다고 하더라도 기억에 반하는 진술을 한 때에는 위증죄의 성립에 영향이 없다.**

나. 증언이 증인의 기억에 반하는 것인지의 여부가 불분명한 경우에 증언이 객관적 사실과 부합되면 특단의 사정이 없는 한 기억에 반하는 진술을 하였다고 단정할 수 없다. 또한 증언의 전체적 취지가 객관적 사실과 일치하고 그것이 기억에 반하는 공술이 아니라면 극히 사소한 부분에 관하여 기억과 불일치하는 점이 있다 하더라도 그것이 신문취지의 몰이해 또는 착오로 인한 진술이라고 인정된다면 위증죄는 성립될 수 없다.

153. 제153조(자백, 자수)

(1) 현행

第153條(自白, 自首)
前條의 罪를 犯한 者가 **그 供述한 事件의 裁判 또는 懲戒處分이 確定되기 前에** 自白 또는 自首한 때에는 그 刑을 減輕 또는 免除한다.

제153조(자백, 자수)
전조의 죄를 범한 자가 그 공술한 사건의 재판 또는 징계처분이 확정되기 전에 자백 또는 자수한 때에는 그 형을 감경 또는 면제한다.

(2) 개선방안

제153조(자백 · 자수)
[1]**제152조 죄를** 범한 사람이 공술한 사건에서 재판이 확정되기 전 자백 · 자수한 경우 또는 [2]**제152조 죄를** 범한 사람이 공술한 사건에서 징계처분이 확정되기 전 자백 · 자수한 경우 형이 감경 · 면제된다.

【개정방향】
※ 제목변경
※ 명확성 · 간결성 · 가독성
※ 일본식 조사 '의' 삭제
※ 온점(·) 사용: 또는⇒(·) 형법 제157조와 제324조2(인질강요)에서 이미 사용 중
※ 국어문법정비

(3) 조문해설

가. 형법 제153조는 자백 · 자수를 규정하고 있다.

나. 주요내용을 보면, [1]제152조 죄를 범한 사람이 공술한 사건에서 재판이 확정되기 전 자백 · 자수한 경우 또는 [2]제152조 죄를 범한 사람이 공술한 사건에서 징계처분이 확정되기 전 자백 · 자수한 경우 형이 감경 · 면제된다.

154. 제154조(허위의 감정, 통역, 번역)

(1) 현행

第154條(虛僞의 鑑定, 通譯, 飜譯)
法律에 依하여 宣誓한 鑑定人, 通譯人 또는 飜譯人이 虛僞의 鑑定, 通譯 또는 飜譯을 한 때에는 前2條의 例에 依한다

제154조(허위의 감정, 통역, 번역)
법률에 의하여 선서한 감정인, 통역인 또는 번역인이 허위의 감정, 통역 또는 번역을 한 때에는 전2조의 예에 의한다.

(2) 개선방안

제154조(허위감정 · 허위통역 · 허위번역)
법률에 근거하여 선서한 후 허위로 감정 · 통역 · 번역한 감정인 · 통역인 · 번역인은 **제152조 제1항 · 제2항 · 제3항 · 제153조** 법정형으로 처벌된다.

【개정방향】
※ 제목변경
※ 일본식 조사 '의' 삭제
※ 명확성 · 간결성 · 가독성

※ 온점(·) 사용: 또는⇒(·) 형법 제157조와 제324조2(인질강요)에서 이미 사용 중
※ 국어문법정비

(3) 조문해설

가. 형법 제154조는 허위감정·허위통역·허위번역을 규정하고 있다.

나. 주요내용을 보면, 법률에 근거하여 선서한 후 허위로 감정·통역·번역한 감정인·통역인·번역인은 제152조 제1항·제2항·제3항·제153조 법정형으로 처벌된다.

155. 제155조(증거인멸 등과 친족간의 특례) *****

(1) 현행

第155條(證據湮滅 等과 親族間의 特例)
① **他人의 刑事事件 또는 懲戒事件에 關한 證據**를 湮滅, 隱匿, 僞造 또는 變造하거나 僞造 또는 變造한 證據를 使用한 者는 5年 以下의 懲役 또는 700萬원 以下의 罰金에 處한다. 〈改正 1995.12.29.〉
② **他人의 刑事事件 또는 懲戒事件에 關한 證人을** 隱匿 또는 逃避하게 한 者도 第1項의 刑과 같다. 〈改正 1995.12.29.〉
③ **被告人, 被疑者 또는 懲戒嫌疑者를 謀害할 目的으로** 前2項의 罪를 犯한 者는 10年 以下의 懲役에 處한다.
④ **친족 또는 동거의 가족이 本人을 爲하여** 本條의 罪를 犯한 때에는 處罰하지 아니한다. 〈개정 2005.3.31.〉

제155조(증거인멸 등과 친족간의 특례)
① 타인의 형사사건 또는 징계사건에 관한 증거를 인멸, 은닉, 위조 또는 변조하거나 위조 또는 변조한 증거를 사용한 자는 5년 이하의 징역 또는 700만원 이하의 벌금에 처한다. 〈개정 1995.12.29〉
② 타인의 형사사건 또는 징계사건에 관한 증인을 은닉 또는 도피하게 한 자도 제1항의 형과 같다. 〈개정 1995.12.29〉
③ 피고인, 피의자 또는 징계혐의자를 모해할 목적으로 전2항의 죄를 범한 자는 10년 이하의 징역에 처한다.
④ 친족 또는 동거의 가족이 본인을 위하여 본조의 죄를 범한 때에는 처벌하지 아니한다. 〈개정 2005.3.31〉

(2) 개선방안

제155조(증거인멸과 친족간 특례)

① **다음 각 호 어느 하나에 해당하는 사람은** 5년 이하 징역·700만원 이하 벌금형으 로 처벌된다. 〈개정 1995.12.29〉

1. 타인 형사사건·타인 징계사건 관련 증거를 인멸·은닉·위조·변조한 사람
2. 타인 형사사건·타인 징계사건 관련 위조증거·변조증거를 사용한 사람
3. 타인 형사사건·타인 징계사건 관련 증인을 은닉한 사람
4. 타인 형사사건·타인 징계사건 관련 증인을 도피하게 한 사람

② 피고인·피의자·징계혐의자를 모해할 목적으로 제1항 제1호·제2호·제3호·제 4호 죄를 범한 사람은 10년 이하 징역형으로 처벌된다.

③ 행위자 호주·행위자 **친족·행위자 동거가족이 행위자를 위하여 제1항·제2항 죄를 범한 경우** 처벌되지 않는다. 〈개정 2005.3.31.〉

④ **행위자·행위자 호주·행위자 친족·행위자 동거가족이** 본범·그 공범을 위하여 **제1항 제1호·제2호·제3호·제4호 어느 하나를 교사하여 국가사법기능을 침해한 경우** 3년 이하 징역형·500만원 이하 벌금형으로 처벌된다.

【개정방향】

※ 제목변경

※ 명확성·간결성·가독성

※ 일본식 조사 '의' 삭제

※ 온점(·) 사용: 또는⇒(·) 형법 제157조와 제324조2(인질강요)에서 이미 사용 중

※ 국어문법정비

※ **범인·그 친족·동거가족 교사행위에 대해 특례조항을 제한하는 제4항 신설**

※ **사법기능방해죄 신설효과**

※ **공범제한종속설 예외를 입법으로 해결함**

※ 보호법익: 국가형사사법작용·징계작용

※ 증거: 증거 자체를 말함. 참고인의 수사기관 허위진술은 증거가 아님

(3) 조문해설

가. 형법 제155조는 증거인멸과 친족간 특례를 규정하고 있다.

나. 주요내용을 보면, ① 다음 각 호 어느 하나에 해당하는 사람은 5년 이하 징역 700만원 이하 벌금형으로 처벌된다. 〈개정 1995.12.29.〉 1. **타인 형사사건·타인 징계사건 관련 증거를 인멸·은닉·위조·변조한 사람**, 2. **타인 형사사건·타인 징계사건 관련 위조증거·변조증거를 사용한 사람**, 3. **타인 형사사

건 · 타인 징계사건 관련 증인을 은닉한 사람, 4. 타인 형사사건 · 타인 징계사건 관련 증인을 도피하게 한 사람, ② **피고인 · 피의자 · 징계혐의자를 모해할 목적으로** 제1항 제1호 · 제2호 · 제3호 · 제4호 죄를 범한 사람은 10년 이하 징역형으로 처벌된다. ③ 행위자 호주 · 행위자 친족 · 행위자 동거가족이 행위자를 위하여 제1항 · 제2항 죄를 범한 경우 처벌되지 않는다. 〈개정 2005.3.31.〉 ④ **행위자 · 행위자 호주 · 행위자 친족 · 행위자 동거가족이 본범 · 그 공범을 위하여 제1항 제1호 · 제2호 · 제3호 · 제4호 어느 하나를 교사하여 국가사법기능을 침해한 경우** 3년 이하 징역형 · 500만원 이하 벌금형으로 처벌된다.

(4) **| 관련판례 |** 대법원 2006. 10. 19. 선고 2005도3909 전원합의체 판결 [경찰관이 압수물을 범죄 혐의의 입증에 사용하도록 하는 등의 적절한 조치를 취하지 아니하고 피압수자에게 돌려주어 증거인멸죄를 범한 경우에 별도로 부작위범인 직무유기죄가 성립하는지 여부(소극)] 직무유기죄 성립요건

가. 경찰서 방범과장이 부하직원으로부터 음반 · 비디오물 및 게임물에 관한 법률 위반 혐의로 오락실을 단속하여 증거물로 오락기의 변조 기판을 압수하여 사무실에 보관중임을 보고받아 알고 있었음에도 그 직무상의 의무에 따라 위 압수물을 수사계에 인계하고 검찰에 송치하여 범죄 혐의의 입증에 사용하도록 하는 등의 적절한 조치를 취하지 않고, 오히려 부하직원에게 위와 같이 압수한 변조 기판을 돌려주라고 지시하여 오락실 업주에게 이를 돌려준 경우이다.

나. **작위범인 증거인멸죄만이 성립하고 부작위범인 직무유기죄는 따로 성립하지 아니한다.** ☞ 246－247면 참조.

제11장

誣告의 罪

156. 제156조(무고) *****

(1) 현행

第156條(誣告)
他人으로 하여금 刑事處分 또는 懲戒處分을 받게 할 目的으로 公務所 또는 公務員에 對하여 虛僞의 事實을 申告한 者는 10年 以下의 懲役 또는 1千500萬원 이하의 罰金에 處한다. 〈改正 1995.12.29.〉

제156조(무고)
타인으로 하여금 형사처분 또는 징계처분을 받게 할 목적으로 공무소 또는 공무원에 대하여 허위의 사실을 신고한 자는 10년 이하의 징역 또는 1천500만원 이하의 벌금에 처한다. 〈개정 1995.12.29〉

(2) 개선방안

제1안
제156조(무고)
타인에게 형사처분·징계처분을 받게 할 목적으로 **공공기관·공무원에게 범죄를 구성하는 허위사실을** 신고한 사람은 10년 이하 징역형·1천500만원 이하 벌금형으로 처벌된다. 〈개정 1995.12.29.〉

제2안 *****
제156조(무고)
타인에게 형사처분·징계처분을 받게 할 목적으로 **공공기관·공무원에게 범죄를 구성하는 허위사실을** 신고한 사람은 **그 각 죄에 정한 법정형으로 처벌된다.** 〈개정 1995.12.29.〉

【개정방향】
※ 명확성 · 간결성 · 가독성
※ 일본식 조사 '의' 삭제
※ 온점(·) 사용: 또는⇒(·) 형법 제157조와 제324조2(인질강요)에서 이미 사용 중
※ 국어문법정비
※ **보호법익은 국가의 심판기능이다.**
※ **살인죄에 대한 무고, 명예훼손죄에 대한 무고, 간첩죄에 대한 무고, 징계처분 무고, 특가법 무고 등 행위양태가 너무 다르기 때문에 법정형도 무고양태에 따라 달라야 할 것이다.**
※ 허위의 사실: 객관적 사실에 반하는 중요 사실(객관설)
※ **참고조문**
형법 제229조(위조공문서행사)
제225조 · 제226조 · 제227조 · 제228조 죄를 범하여 만들어진 문서 · 도화 · 전자기록 등 특수매체기록 · 공정증서원본 · 면허증 · 허가증 · 등록증 · 여권을 행사한 사람은 **그 각 죄에 정한 법정형으로 처벌된다.**
[전문개정 1995.12.29]

(3) 조문해설

가. 형법 제156조는 무고를 규정하고 있다.

나. 주요내용을 보면, 타인에게 형사처분 · 징계처분을 받게 할 목적으로 공공기관 · 공무원에게 범죄를 구성하는 허위사실을 신고한 사람은 그 각 죄에 정한 법정형으로 처벌된다. 〈개정 1995.12.29.〉

(4) | 관련판례 | 대법원 2008. 10. 23. 선고 2008도4852 판결 [제3자를 교사 · 방조하여 자신에 대한 허위의 사실을 신고하게 한 경우, 피무고자가 무고죄의 교사 · 방조범의 죄책을 지는지 여부(적극)] 자기무고 공범

가. 형법 제156조의 무고죄는 국가의 형사사법권 또는 징계권의 적정한 행사를 주된 보호법익으로 하는 죄이다. 그러나 스스로 본인을 무고하는 자기무고는 무고죄의 구성요건에 해당하지 아니하여 무고죄를 구성하지 않는다.

나. 그러나 **피무고자의 교사 · 방조 하에 제3자가 피무고자에 대한 허위의 사실을 신고한 경우에는 제3자의 행위는 무고죄의 구성요건에 해당하여 무고죄를 구성한다. 그러므로 제3자를 교사 · 방조한 피무고자도 교사 · 방조범으로서의 죄책을 부담한다.**

다. 생각건대 범죄를 유발하거나 또는 범죄를 용이하게 한 행위를 처벌할 필요성이 있다. 자신을 무고하여 무고죄로 처벌을 받는 제3자가 있음에도, 제3자 범죄행위를 교사 또는 방조하는 행위를 처벌하지 않는 것은 옳다고 볼 수 없다. 국가의 형사사법권 또는 징계권의 적정한 행사가 실현되어야 한다. 대법원 입장은 긍정설이다. 반면 제1심 법원과 제2심 법원은 자기무고는 구성요건해당성이 없어서 처벌되지 않기 때문에 당연히 자기무고 교사범과 방조범도 처벌되지 않는다는 논지다. 부정설이다. 이 입장은 제한적 공범종속성 논리다. 그러나 무고죄 보호법익 중 개인적 법익의 성격을 너무 강조한 것이다. 이것은 개인의 부당한 형사처분 또는 징계처분이 아니다.

(5) **| 관련판례 |** 대법원 2018. 8. 1. 선고 2018도7293 판결 [무고죄의 경우 재판확정 전의 자백을 필요적 감경 또는 면제사유로 정한 형법 제157조, 제153조에서 자백의 범위, 형법 제153조에서 정한 '재판이 확정되기 전'에 피고인의 고소사건 수사 결과 피고인의 무고 혐의가 밝혀져 피고인에 대한 공소가 제기되고 피고소인에 대해서는 불기소결정이 내려져 재판절차가 개시되지 않은 경우가 포함되는지 여부(적극)]

가. 피고인은 공소외 1, 공소외 2를 사기의 범죄사실로 고소하였다. 그런데 위 고소사건의 수사 결과 피고인의 무고 혐의가 밝혀져 이 사건으로 공소제기 되었다. 피고인은 제1심에서 이 사건 공소사실을 부인하였다. 하지만 제1심의 유죄판결에 대하여 양형부당을 이유로 항소하면서 원심 제1회 공판기일에서 양형부당의 항소 취지와 이 사건 공소사실을 모두 인정한다는 취지가 기재된 항소이유서를 진술하였다.

나. 형법 제157조, 제153조는 무고죄를 범한 자가 그 신고한 사건의 재판 또는 징계처분이 확정되기 전에 자백 또는 자수한 때에는 그 형을 감경 또는 면제한다고 하여 이러한 재판확정 전의 자백을 필요적 감경 또는 면제사유로 정하고 있다. 위와 같은 자백의 절차에 관해서는 아무런 법령상의 제한이 없다. 그러므로 그가 **신고한 사건을 다루는 기관에 대한 고백이나 그 사건을 다루는 재판부에 증인으로 다시 출석하여 전에 그가 한 신고가 허위의 사실이었음을 고백하는 것은 물론 무고 사건의 피고인 또는 피의자로서 법원이나 수사기관에서의 신문에 의한 고백 또한 자백의 개념에 포함된다.**

다. **형법 제153조에서 정한 '재판이 확정되기 전'에는 피고인의 고소사건 수사 결과 피고인의 무고 혐의가 밝혀져 피고인에 대한 공소가 제기되고 피고소인에 대해서는 불기소결정이 내려져 재판절차가 개시되지 않은 경우도 포함된다.**

(6) **| 관련판례 |** 대법원 2018. 4. 12. 선고 2017도20241, 2017전도132 판결 [특정범죄 가중처벌 등에 관한 법률 제14조의 입법 취지, 특정범죄 가중처벌 등에 관한 법률 제14조의 '이 법에 규정된 죄'에 같은 법 제14조 자체를 위반한 죄가 포함되는지 여부(소극), 피고인이 교통사고를 야기하고 도주한 것이 사실인데도, 갑 등이 '피고인이 교통사고를 일으키고 도망하였다'는 내용으로 피고인을 뺑소니범으로 경찰에 허위로 고소하였으니 갑 등을 무고죄로 처벌해 달라는 내용의 고소장을 작성하여 경찰서에 제출함으로써 갑 등으로 하여금 특정범죄 가중처벌 등에 관한 법률 위반(무고)으로 형사처분을 받게 할 목적으로 무고하였다고 하여 같은 법 위반(무고)으로 기소된 사안에서, 원심이 공소사실에 관하여 같은 법 제14조를 적용하여 같은 법 위반(무고)죄로 판단한 것은 같은 법 제14조의 해석 및 같은 법 위반(무고)죄의 구성요건에 관한 법리를 오해하여 판단을 그르친 것이라고 한 사례]

가. 특정범죄 가중처벌 등에 관한 법률(이하 '특정범죄가중법'이라고 한다) 제1조는 "이 법은 형법, 관세법, 조세범 처벌법, 지방세기본법, 산림자원의 조성 및 관리에 관한 법률 및 마약류관리에 관한 법률에 규정된 특정범죄에 대한 가중처벌 등을 규정함으로써 건전한 사회질서의 유지와 국민경제의 발전에 이바지함을 목적으로 한다"라고 규정하고 있다. 이어서 제2조, 제3조, 제4조2, 제4조의3, 제5조, 제5조의2, 제5조의3, 제5조의4, 제5조의5, 제5조의9, 제5조의10, 제5조의11, 제5조의12, 제6조, 제8조, 제8조의2, 제9조, 제11조, 제12조 등에서 특정 범죄행위에 관한 처벌규정을 두고 있다.

나. 한편 특정범죄가중법 제14조는 "이 법에 규정된 죄에 대하여 형법 제156조에 규정된 죄를 범한 사람은 3년 이상의 유기징역에 처한다"라고 규정하고 있다. 이는 특정범죄가중법 제2조 이하에서 특정범죄를 중하게 처벌하는 데 상응하여, 그에 대한 무고행위 또한 가중하여 처벌함으로써 위 법이 정한 특정범죄에 대한 무고행위를 억제하고, 이를 통해 보다 적정하고 효과적으로 입법 목적을 구현하고자 하는 규정이다.

다. 이와 같은 특정범죄가중법의 입법 목적, 특정범죄가중법 제14조의 조문 위치와 문언의 체계 및 입법 취지에 더하여, 형벌법규의 해석은 엄격하여야 하고, 명문의 형벌법규의 의미를 피고인에게 불리한 방향으로 지나치게 확장해석하거나 유추해석하는 것은 죄형법정주의의 원칙에 어긋나는 것으로서 허용되지 아니하는 점 등을 종합하여 보면, **특정범죄가중법 제14조의 '이 법에 규정된 죄'에 특정범죄가중법 제14조 자체를 위반한 죄는 포함되지 않는다고 해석함이 타당하다.**

라. 피고인이 교통사고를 야기하고 도주한 것이 사실인데도, 갑 등이 '피고인이

교통사고를 일으키고 도망하였다'는 내용으로 피고인을 뺑소니범으로 경찰에 허위로 고소하였으니 갑 등을 무고죄로 처벌해 달라는 내용의 고소장을 작성하여 경찰서에 제출함으로써 갑 등으로 하여금 특정범죄 가중처벌 등에 관한 법률(이하 '특정범죄가중법'이라고 한다) 위반(무고)으로 형사처분을 받게 할 목적으로 무고하였다고 하여 특정범죄가중법 위반(무고)으로 기소된 사안이다.

마. 특정범죄가중법 제14조의 '이 법에 규정된 죄'에 특정범죄가중법 제14조 자체를 위반한 죄는 포함되지 않는다. 원심이 이와 달리 보아 공소사실에 관하여 특정범죄가중법 제14조를 적용하여 특정범죄가중법 위반(무고)죄로 판단한 것은 특정범죄가중법 제14조의 해석 및 특정범죄가중법 위반(무고)죄의 구성요건에 관한 법리를 오해함으로써 판단을 그르친 것이다.

바. 그러나 대법원 판례는 설득력이 부족하다. 특정범죄가중법 제14조는 특가법 적용 대상범죄를 무고한 모든 사람에 적용된다. 사안의 경우 피고인은 갑 등을 특가법 제5조3 도주차량운전죄로 무고한 사안이다. 이 경우 특가법 제14조가 적용된다. '이 법에 규정된 죄(도주차량운전죄)'이기 때문이다. 그럼에도 대법원은 "특정범죄가중법 제14조의 '이 법에 규정된 죄'에 특정범죄가중법 제14조 자체를 위반한 죄(무고죄)는 포함되지 않는다"고 판단하였다. 생각건대 엄격한 해석은 중요하다. 그러나 문리해석이 기본이다. 문리해석, 논리해석, 목적론적 해석, 형사정책적 해석으로 보아도, '이 법'에 제14조를 제외할 합리적 이유가 없다. '무고공화국'을 청산하려면, 특가법 무고행위는 특가법 무고죄로 다스려야 한다. 다산이 『흠흠신서』에서 강조한 말씀이다.

(7) | 관련판례 | 대법원 2017. 4. 26. 선고 2013도12592 판결 [공동정범이 성립하기 위한 요건, 범죄의 실행에 가담한 사람이 공동의 의사에 따라 다른 공범자를 이용하여 실현하려는 행위가 자신에게는 범죄를 구성하지 않는 경우, 공동정범의 죄책을 지는지 여부(원칙적 소극), 자기 자신을 무고하기로 제3자와 공모하고 무고행위에 가담한 경우, 무고죄의 공동정범으로 처벌할 수 있는지 여부(소극)]

가. 형법 제30조에서 정한 공동정범은 공동으로 범죄를 저지르려는 의사에 따라 공범자들이 협력하여 범행을 분담함으로써 범죄의 구성요건을 실현한 경우에 각자가 범죄 전체에 대하여 정범으로서의 책임을 지는 것이다. 이러한 공동정범이 성립하기 위해서는 주관적 요건으로서 공동가공의 의사와 객관적 요건으로서 공동의사에 의한 기능적 행위지배를 통한 범죄의 실행사실이 필요하고, 이때 공동가공의 의사는 공동의 의사로 특정한 범죄행위를 하기 위하여 일체가 되어 서로 다른 사람의 행위를 이용하여 자기의 의사를 실행에 옮기

는 것을 내용으로 하는 것이어야 한다. 따라서 범죄의 실행에 가담한 사람이 라고 할지라도 그가 공동의 의사에 따라 다른 공범자를 이용하여 실현하려는 행위가 자신에게는 범죄를 구성하지 않는다면, 특별한 사정이 없는 한 공동정범의 죄책을 진다고 할 수 없다.

나. 형법 제156조에서 정한 무고죄는 타인으로 하여금 형사처분 또는 징계처분을 받게 할 목적으로 허위의 사실을 신고하는 것을 구성요건으로 하는 범죄이다. 자기 자신으로 하여금 형사처분 또는 징계처분을 받게 할 목적으로 허위의 사실을 신고하는 행위, 즉 자기 자신을 무고하는 행위는 무고죄의 구성요건에 해당하지 않아 무고죄가 성립하지 않는다. 따라서 자기 자신을 무고하기로 제삼자와 공모하고 이에 따라 무고행위에 가담하였더라도 이는 자기 자신에게는 무고죄의 구성요건에 해당하지 않아 범죄가 성립할 수 없는 행위를 실현하고자 한 것에 지나지 않아 무고죄의 공동정범으로 처벌할 수 없다.

157. 제157조(자백 · 자수)

(1) 현행

第157條(自白 · 自首)
第153條는 前條에 準用한다.

제157조(자백 · 자수)
제153조는 전조에 준용한다.

(2) 개선방안

제157조(자백 · 자수)
제156조는 제153조를 준용한다.

(3) 조문해설

가. 형법 제157조는 자백 · 자수를 규정하고 있다.

나. 주요내용을 보면, 제156조는 제153조를 준용한다.

제12장

信仰에 관한 죄

158. 제158조(장례식 등의 방해)

(1) 현행

제158조(장례식 등의 방해)
장례식, 제사, 예배 또는 설교를 방해한 자는 3년 이하의 징역 또는 500만원 이하의 벌금에 처한다. 〈개정 1995.12.29〉

(2) 개선방안

제158조(장례식방해 · 제사방해 · 예배방해 · 설교방해)
장례식 · 제사 · 예배 · 설교를 방해한 사람은 3년 이하 징역형 · 500만원 이하 벌금형으로 처벌된다. 〈개정 1995.12.29.〉

【개정방향】
※ 제목변경
※ 명확성 · 간결성 · 가독성
※ 일본식 조사 '의' 삭제
※ 온점(·) 활용: (,) ⇒ (·) 형법 제157조와 제324조2(인질강요)에서 이미 사용 중

(3) 조문해설

가. 형법 제158조는 장례식방해 · 제사방해 · 예배방해 · 설교방해를 규정하고 있다.
나. 주요내용을 보면, 장례식 · 제사 · 예배 · 설교를 방해한 사람은 3년 이하 징역형 · 500만원 이하 벌금형으로 처벌된다. 〈개정 1995.12.29.〉

159. 제159조(사체 등의 오욕)

(1) 현행

> 제159조(사체 등의 오욕)
> 사체, 유골 또는 유발을 오욕한 자는 2년 이하의 징역 또는 500만원 이하의 벌금에 처한다. 〈개정 1995.12.29〉

(2) 개선방안

> 제159조(유체·유골·유발 오욕)
> 유체·유골·유발을 오욕한 사람은 2년 이하 징역형·500만원 이하 벌금형으로 처벌된다. 〈개정 1995.12.29.〉
>
> 【개정방향】
> ※ 제목변경
> ※ 명확성·간결성·가독성
> ※ 일본식 조사 '의' 삭제
> ※ 온점(·) 활용: (,)⇒(·) 형법 제157조와 제324조2(인질강요)에서 이미 사용 중
> ※ 사체⇒유체. **유체·유골·유발** 통일함

(3) 조문해설

가. 형법 제159조는 유체·유골·유발 오욕을 규정하고 있다.

나. 주요내용을 보면, 유체·유골·유발을 오욕한 사람은 2년 이하 징역형·500만원 이하 벌금형으로 처벌된다. 〈개정 1995.12.29.〉

160. 제160조(분묘의 발굴)

(1) 현행

> 제160조(분묘의 발굴)
> 분묘를 발굴한 자는 5년 이하의 징역에 처한다.

(2) 개선방안

제160조(분묘발굴)
분묘를 발굴한 사람은 5년 이하 징역형으로 처벌된다.

【개정방향】
※ 제목변경
※ 명확성 · 간결성 · 가독성
※ 일본식 조사 '의' 삭제
※ 분묘를 발굴한 자는⇒분묘를 발굴한 사람은

(3) 조문해설

가. 형법 **제160조는 분묘발굴**을 규정하고 있다.
나. 주요내용을 보면, 분묘를 발굴한 사람은 5년 이하 징역형으로 처벌된다.

161. 제161조(사체 등의 영득)

(1) 현행

제161조(사체 등의 영득)
① 사체, 유골, 유발 또는 관내에 장치한 물건을 손괴, 유기, 은닉 또는 영득한 자는 7년 이하의 징역에 처한다.
② 분묘를 발굴하여 전항의 죄를 범한 자는 10년 이하의 징역에 처한다.

(2) 개선방안

제161조(사체 · 유골 · 유발 · 관내에 장치한 물건에 대한 손괴 · 유기 · 은닉 · 영득)
① 사체 · 유골 · 유발 · 관내에 장치한 물건을 손괴 · 유기 · 은닉 · 영득한 사람은 7년 이하 징역형으로 처벌된다.
② 분묘를 발굴하여 제1항 죄를 범한 사람은 10년 이하 징역형으로 처벌된다.

【개정방향】
※ 제목변경
※ 명확성 · 간결성 · 가독성
※ 일본식 조사 '의' 삭제
※ 온점(·) 활용: (,)⇒(·) 형법 제157조와 제324조2(인질강요)에서 이미 사용 중

(3) 조문해설

가. 형법 제161조는 사체·유골·유발·관내에 장치한 물건에 대한 손괴·유기·은닉·영득을 규정하고 있다.

나. 주요내용을 보면, ① 사체·유골·유발·관내에 장치한 물건을 손괴·유기·은닉·영득한 사람은 7년 이하 징역형으로 처벌된다. ② 분묘를 발굴하여 제1항 죄를 범한 사람은 10년 이하 징역형으로 처벌된다.

162. 제162조(미수범)

(1) 현행

제162조(미수범) 전2조의 미수범은 처벌한다.

(2) 개선방안

제162조(미수범)
제160조·제161조 미수범은 처벌된다.

【개정방향】
※ 명확성·간결성·가독성

(3) 조문해설

가. 형법 제162조는 미수범을 규정하고 있다.

나. 주요내용을 보면, 제160조·제161조 미수범은 처벌된다.

163. 제163조(변사체검시방해)

(1) 현행

제163조(변사체검시방해) 변사자의 사체 또는 변사의 의심 있는 사체를 은닉 또는 변경하거나 기타 방법으로 검시를 방해한 자는 700만원 이하의 벌금에 처한다. [전문개정 1995.12.29]

(2) 개선방안

제163조(변사체 검시방해)
변사자 사체·변사 의심 있는 사체를 은닉·변경하거나 또는 그 밖의 방법으로 검시를 방해한 사람은 700만원 이하 벌금형으로 처벌된다. [전문개정 1995.12.29.]

【개정방향】
※ 제목변경: 띄어쓰기
※ 명확성·간결성·가독성
※ 일본식 조사 '의' 삭제
※ 온점(·) 활용: (,) ⇒ (·) 형법 제157조와 제324조2(인질강요)에서 이미 사용 중

(3) 조문해설

가. 형법 제163조는 변사체 검시방해를 규정하고 있다.

나. 주요내용을 보면, 변사자 사체·변사 의심 있는 사체를 은닉·변경하거나 또는 그 밖의 방법으로 검시를 방해한 사람은 700만원 이하 벌금형으로 처벌된다. [전문개정 1995.12.29.]

제13장

放火와 失火의 罪

164. 제164조(현주건조물 등에의 방화) *****

(1) 현행

第164條(現住建造物등에의 放火)
① 불을 놓아 사람이 **住居**로 사용하거나 사람이 **現存하는 建造物, 汽車, 電車, 自動車, 船舶, 航空機 또는 鑛坑을** 燒毁한 者는 無期 또는 3年 이상의 懲役에 處한다.
② 第1項의 罪를 犯하여 사람을 傷害에 이르게 한 때에는 無期 또는 5年 이상의 懲役에 處한다. 死亡에 이르게 한 때에는 死刑, 無期 또는 7年이상의 懲役에 處한다.
[全文改正 1995.12.29.]

제164조(현주건조물 등에의 방화)
① 불을 놓아 사람이 주거로 사용하거나 사람이 현존하는 건조물, 기차, 전차, 자동차, 선박, 항공기 또는 광갱을 소훼한 자는 무기 또는 3년 이상의 징역에 처한다.
② 제1항의 죄를 범하여 사람을 상해에 이르게 한 때에는 무기 또는 5년 이상의 징역에 처한다. 사망에 이르게 한 때에는 사형, 무기 또는 7년 이상의 징역에 처한다.
[전문개정 1995.12.29]

(2) 개선방안

제164조(현주건조물방화 · 현주건조물방화치상 · 현주건조물방화치사)
① [3]**불을 놓아 《[2]다른 사람이 사용하는 주거 · 다른 사람이 현존하는 건조물 · 기차 · 전차 · 자동차 · 선박 · 항공기 · 광갱을》** [4]소훼(燒燬)한 [1]사람은 무기형 · 3년 이상 징역형으로 처벌된다.
② 제1항 죄를 범하여 다른 사람을 **상해에 이르게 한 사람은** 무기형 · 5년 이상 징역형으로 처벌된다.
③ 제1항 죄를 범하여 다른 사람을 **사망에 이르게 한 사람은** 사형 · 무기형 · 7년 이상 징역형으로 처벌된다. [전문개정 1995.12.29.]

【개정방향】
※ 제목변경
※ 명확성 · 간결성 · 가독성
※ 일본식 조사 '의' 삭제
※ 온점(·) 활용: (,) ⇒ (·) 형법 제157조와 제324조2(인질강요)에서 이미 사용 중
※ 국어어순정비
※ [1]행위주체 [2]행위객체 [3]행위 [4]결과(법조문에 표시하면 가독성을 높일 수 있음)
※ 결과범, 침해범. 제2항을 제2항과 제3항으로 분리함
※ 대법원 1983. 1. 18. 선고 82도2341 판결 점화된 때 실행의 착수시기
※ 소훼(燒燬): 스스로 연소할 수 있는 상태에 이르게 함. 불에 타서 없어짐. 태워 없앰

(3) 조문해설

가. 형법 제164조는 현주건조물방화 · 현주건조물방화치상 · 현주건조물방화치사를 규정하고 있다.

나. 주요내용을 보면, ① [3]불을 놓아[실행착수] 《[2]다른 사람이 사용하는 주거 · 다른 **사람이 현존하는 건조물 · 기차 · 전차 · 자동차 · 선박 · 항공기 · 광갱**을》 [4]소훼(燒燬)[결과발생] 한 [1]사람은 무기형 · 3년 이상 징역형으로 처벌된다. ② 제1항 죄를 범하여 다른 사람을 상해에 이르게 한 사람은 무기형 · 5년 이상 징역형으로 처벌된다. ③ 제1항 죄를 범하여 다른 사람을 사망에 이르게 한 사람은 사형 · 무기형 · 7년 이상 징역형으로 처벌된다. [전문개정 1995.12.29.]

다. 현주건조물에의 점화가 독립연소의 정도에 이르면 기수에 이르러 완료된다. 독립연소라도 그을리다 만다면, 소훼라 볼 수 없다. 그러나 일부분이라도 불이 붙어 훼손되기 시작하면 소훼라고 볼 수 있다. 여기서 일부분은 다른 사람이 사용하는 주거 · 다른 사람이 현존하는 건조물 · 기차 · 전차 · 자동차 · 선박 · 항공기 · 광갱 일부분이다.

(4) | 관련판례 | 대법원 1996. 4. 26. 선고 96도485 판결 [현주건조물방화치사상죄와 살인죄 및 존속살인죄의 죄수관계] 부진정결과적 가중범의 성립범위와 죄수

가. 형법 제164조 후단이 규정하는 현주건조물방화치사상죄는 그 전단이 규정하는 죄에 대한 일종의 가중처벌 규정이다. 과실이 있는 경우와 고의가 있는 경우 모두 포함된다.

나. **사람을 살해할 목적으로 현주건조물에 방화하여 사망에 이르게 한 경우, 현주건조물방화치사죄가 성립한다.**

다. 사람을 살해할 목적으로 현주건조물에 방화하여 사망에 이르게 한 경우, 현주건조물방화치사죄와 살인죄와의 상상적 경합범으로 의율할 것은 아니다.

라. **존속살인죄와 현주건조물방화치사죄는 상상적 경합범 관계에 있다. 법정형이 중한 존속살인죄로 처벌된다.**

(5) **| 관련판례 |** 대법원 1983. 1. 18. 선고 82도2341 판결 [살인이나 상해의 고의로 현주건조물을 소훼하여 사람을 사상에 이르게 한 경우, 형법 제164조 후단 소정의 현주건조물 방화치사상죄의 성립여부, 현주건조물에 방화하여 동 건조물에서 탈출하려는 사람을 막아 소사케 한 경우, 현주건물방화죄와 살인죄와의 관계] 방화죄 기수시기

가. 피고인은 그의 부 공소외인이 사찰의 주지인 피해자 1때문에 피고인과 공소외인 등 가족이 거주하여 오던 암자에서 쫓겨난데 대하여 원한을 품고 동인을 살해하기로 결의하였다. 1982.3.31 소속대로부터 외박허가를 얻고 외출하여 동년 4.1. 00:30 경 안면에 마스크를 하고 위 피해자 1의 집에 침입하여 그 집 부엌의 석유곤로 석유를 프라스틱 바가지에 따라 마루에 놓아두고 큰 방에 들어가자 피해자 1은 없고 동인의 처 피해자 2와 딸 피해자 3(19세), 피해자 4(11세), 피해자 5(8세) 등이 깨어 피해자 3이 피고인을 알아보기 때문에 마당에 있던 절구방망이를 가져와 피해자 2와 3의 머리를 각 2회씩 강타하여 실신시켰다. 그 후 이불로 뒤집어 씌우고 위 바가지의 석유를 뿌리고 성냥불을 켜 대어 피해자 1 및 동인 가족들이 현존하는 집을 전소케 하고 불이 붙은 동가에서 빠져 나오려는 위 피해자 4와 5가 탈출하지 못하도록 방문 앞에 버티어 서서 지킨 결과 실신하였던 피해자 2와 탈출하지 못한 피해자 4와 5를 현장에서 소사케 하고, 탈출한 피해자 3은 3도 화상을 입고 입원가료 중 동년 4.10 사망에 이르게 하여 동인들을 살해하였다.

나. 형법 제164조 후단이 규정하는 현주건조물방화치사상죄는 그 전단에 규정하는 죄에 대한 일종의 가중처벌규정이다. 불을 놓아 사람의 주거에 사용하거나 사람이 현존하는 건조물을 소훼함으로 인하여 사람을 사상에 이르게 한 때에 성립된다. 동 조항이 사형, 무기 또는 7년 이상의 징역의 무거운 법정형을 정하고 있는 취의에 비추어 보면, 과실이 있는 경우뿐만 아니라 고의가 있는 경우도 포함된다고 볼 것이다. 그러므로 현주건조물내에 있는 사람을 강타하여 **실신케 한 후** 동건조물에 방화하여 소사케 한 피고인을 현주건조물에의 방화죄와 살인죄의 상상적 경합으로 의율할 것은 아니다.

다. 형법 제164조 전단의 현주건조물에의 방화죄는 공중의 생명, 신체, 재산 등에

대한 위험을 예방하기 위하여 공공의 안전을 그 제1차적인 보호법익으로 하고 제2차적으로는 개인의 재산권을 보호하는 것이라고 할 것이다. 그러나 여기서 공공에 대한 위험은 구체적으로 그 결과가 발생됨을 요하지 아니하는 것이다. **이미 현주건조물에의 점화가 독립연소의 정도에 이르면 동 죄는 기수에 이르러 완료되는 것이다.** 한편 살인죄는 일신전속적인 개인적 법익을 보호하는 범죄이다. 그러므로 이 사건에서와 같이 불을 놓은 집에서 빠져나오려는 피해자들을 막아 소사케 한 행위는 1개의 행위가 수 개의 죄명에 해당하는 경우라고 볼 수 없다. 위 **방화행위와 살인행위는 법률상 별개의 범의에 의하여 별개의 법익을 해하는 별개의 행위라고 할 것이다. 현주건조물방화죄와 살인죄는 실체적 경합관계에 있다.**

165. 제165조(공용건조물 등에의 방화)

(1) 현행

第165條(公用建造物 等에의 放火)
불을 놓아 **公用 또는 公益에 供하는 建造物, 汽車, 電車, 自動車, 船舶, 航空機 또는 鑛坑을** 燒毁한 者는 無期 또는 3年 以上의 懲役에 處한다.

제165조(공용건조물 등에의 방화)
불을 놓아 공용 또는 공익에 공하는 건조물, 기차, 전차, 자동차, 선박, 항공기 또는 광갱을 소훼한 자는 무기 또는 3년 이상의 징역에 처한다.

(2) 개선방안

제165조(공용건조물방화)
[3]불을 놓아 [2]**공용 · 공익사용 건조물 · 기차 · 전차 · 자동차 · 선박 · 항공기 · 광갱을** [4]소훼(燒燬)한 [1]사람은 무기형 · 3년 이상 징역형으로 처벌된다.

【개정방향】
※ 제목변경
※ 명확성 · 간결성 · 가독성
※ 일본식 조사 '의' 삭제
※ 온점(·) 활용: (,) ⇒ (·) 형법 제157조와 제324조2(인질강요)에서 이미 사용 중
※ [1]행위주체 [2]행위객체 [3]행위 [4]결과(법조문에 표시하면 가독성을 높일 수 있음)
※ 소훼(燒燬): 스스로 연소할 수 있는 상태에 이르게 함. 불에 타서 없어짐. 태워 없앰

(3) 조문해설

가. 형법 제165조는 공용건조물방화를 규정하고 있다.

나. 주요내용을 보면, [3]불을 놓아 [2]공용·공익사용 건조물·기차·전차·자동차·선박·항공기·광갱을 [4]소훼(燒燬)한 [1]사람은 무기형·3년 이상 징역형으로 처벌된다.

166. 제166조(일반건조물 등에의 방화)

(1) 현행

第166條(一般建造物 等에의 放火)

① 불을 놓아 **前2條에 記載한 以外의 建造物, 汽車, 電車, 自動車, 船舶, 航空機 또는 鑛坑을** 燒毁한 者는 2年 以上의 有期懲役에 處한다.

② **自己所有에 屬하는 第1項의 物件을** 燒毁하여 公共의 危險을 發生하게 한 者는 7年 以下의 懲役 또는 1千萬원 以下의 罰金에 處한다. 〈改正 1995.12.29.〉

제166조(일반건조물 등에의 방화)

① 불을 놓아 전2조에 기재한 이외의 건조물, 기차, 전차, 자동차, 선박, 항공기 또는 광갱을 소훼한 자는 2년 이상의 유기징역에 처한다.

② 자기소유에 속하는 제1항의 물건을 소훼하여 공공의 위험을 발생하게 한 자는 7년 이하의 징역 또는 1천만원 이하의 벌금에 처한다. 〈개정 1995.12.29〉

(2) 개선방안

제166조(일반건조물방화)

① [3]불을 놓아 [2]**제164조·제165조에 기재된 이외 타인소유 건조물·기차·전차·자동차·선박·항공기·광갱을** [4]소훼(燒燬)한 [1]사람은 2년 이상 징역형으로 처벌된다.

② [3]불을 놓아 [2]**제164조·제165조에 기재된 이외 자기소유 건조물·기차·전차·자동차·선박·항공기·광갱을** [4-1]소훼(燒燬)하여 [4-2]**공공위험을 발생하게 한** [1]사람은 7년 이하 징역형·1천만원 이하 벌금형으로 처벌된다. 〈개정 1995.12.29.〉

【개정방향】
※ 제목변경
※ 일본식 조사 '의' 삭제
※ 명확성 · 간결성 · 가독성
※ 온점(·) 활용: (,) ⇒ (·) 형법 제157조와 제324조2(인질강요)에서 이미 사용 중
※ 국어어순정비
※ [1]행위주체 [2]행위객체 [3]행위 [4]결과(법조문에 표시하면 가독성을 높일 수 있음)
※ 제166조 제2항과 제167조 제2항을 통일함
※ 소훼(燒燬): 스스로 연소할 수 있는 상태에 이르게 함. 불에 타서 없어짐. 태워 없앰

(3) 조문해설

가. 형법 **제166조는 일반건조물방화를** 규정하고 있다.

나. 주요내용을 보면, ① [3]불을 놓아 [2]**제164조 · 제165조에 기재된 이외 타인소유 건조물 · 기차 · 전차 · 자동차 · 선박 · 항공기 · 광갱을** [4]소훼(燒燬)한 [1]사람은 2년 이상 징역형으로 처벌된다. ② [3]불을 놓아 [2]**제164조 · 제165조에 기재된 이외 자기소유 건조물 · 기차 · 전차 · 자동차 · 선박 · 항공기 · 광갱을** [4-1]소훼(燒燬)하여 [4-2]**공공위험을 발생하게 한** [1]**사람은** 7년 이하 징역형 · 1천만원 이하 벌금형으로 처벌된다. 〈개정 1995.12.29.〉

167. 제167조(일반물건에의 방화)

(1) 현행

第167條(一般物件에의 放火)
① 불을 놓아 **前3條에 記載한 以外의 物件을** 燒毁하여 公共의 危險을 發生하게 한 者는 1年 以上 10年 以下의 懲役에 處한다.
② **第1項의 物件이 自己의 所有**에 屬한 때에는 3年 以下의 懲役 또는 700萬원 以下의 罰金에 處한다. 〈改正 1995.12.29.〉

제167조(일반물건에의 방화)
① 불을 놓아 전3조에 기재한 이외의 물건을 소훼하여 공공의 위험을 발생하게 한 자는 1년 이상 10년 이하의 징역에 처한다.
② 제1항의 물건이 자기의 소유에 속한 때에는 3년 이하의 징역 또는 700만원 이하의 벌금에 처한다. 〈개정 1995.12.29〉

(2) 개선방안

제1안

제167조(일반물건방화)

① [3]불을 놓아 [2]**제164조 · 제165조 · 제166조에 기재된 이외 타인소유 물건을** [4-1]소훼하여 [4-2]**공공위험을 발생하게 한** [1]사람은 1년 이상 10년 이하 징역형으로 처벌된다.

② [3]불을 놓아 [2]**제164조 · 제165조 · 제166조에 기재된 이외 자기소유 물건을** [4-1]소훼하여 [4-2]**공공위험을 발생하게 한** [1]사람은 3년 이하 징역형 · 700만원 이하 벌금형으로 처벌된다. 〈개정 1995.12.29.〉

제2안

제167조(일반물건방화)

① [3]불을 놓아 [2]**제164조 · 제165조 · 제166조에 기재된 이외 타인소유 물건을** [4-1]소훼하여 [4-2]**공공위험을 발생하게 한** [1]사람은 1년 이상 10년 이하 징역형으로 처벌된다.

② [3]불을 놓아 [2]**제164조 · 제165조 · 제166조에 기재된 이외 자기소유 물건 · 무주 물건을** [4-1]소훼하여 [4-2]**공공위험을 발생하게 한** [1]사람은 3년 이하 징역형 · 700만원 이하 벌금형으로 처벌된다. 〈개정 1995.12.29.〉

제3안 ★★★★★

제167조(일반물건방화)

① [3]불을 놓아 [2]**제164조 · 제165조 · 제166조에 기재된 이외 타인소유 물건을** [4-1]소훼하여 [4-2]**공공위험을 발생하게 한** [1]사람은 1년 이상 · 10년 이하 징역형으로 처벌된다.

② [3]불을 놓아 [2]**제164조 · 제165조 · 제166조에 기재된 이외 자기소유 물건을** [4-1]소훼하여 [4-2]**공공위험을 발생하게 한** [1]사람은 3년 이하 징역형 · 700만원 이하 벌금형으로 처벌된다. 〈개정 1995.12.29.〉

③ [3]불을 놓아 [2]**제164조 · 제165조 · 제166조에 기재된 이외 무주물건을** [4-1]소훼하여 [4-2]**공공위험을 발생하게 한** [1]사람은 3년 이하 징역형 · 700만원 이하 벌금형으로 처벌된다. 〈개정 1995.12.29.〉

【개정방향】

※ 제목변경

※ 명확성 · 간결성 · 가독성

※ 일본식 조사 '의' 삭제

※ 온점(·) 활용: (,)⇒(·) 형법 제157조와 제324조2(인질강요)에서 이미 사용 중
※ 국어어순정비
※ [1]행위주체 [2]행위객체 [3]행위 [4]결과(법조문에 표시하면 가독성을 높일 수 있음)
※ 제1항(타인소유 물건)·제2항(자기소유 물건)·제3항(무주의 물건)으로 구분함

(3) 조문해설

가. 형법 제167조는 일반물건방화을 규정하고 있다.

나. 주요내용을 보면, ① [3]불을 놓아 [2]제164조·제165조·제166조에 기재된 이외 **타인소유 물건을** [4-1]소훼하여 [4-2]**공공위험을 발생**하게 한 [1]사람은 1년 이상 10년 이하 징역형으로 처벌된다. ② [3]불을 놓아 [2]**제164조·제165조·제166조에 기재된 이외 자기소유 물건을** [4-1]소훼하여 [4-2]**공공위험을 발생하게 한** [1]사람은 3년 이하 징역·700만원 이하 벌금형으로 처벌된다. 〈개정 1995.12.29.〉 ③ [3]불을 놓아 [2]**제164조·제165조·제166조에 기재된 이외 무주물건을** [4-1]소훼하여 [4-2]**공공위험을 발생하게 한** [1]사람은 3년 이하 징역·700만원 이하 벌금형으로 처벌된다. 〈개정 1995.12.29.〉

다. '공공위험'이란 '불특정 또는 다수인의 생명·신체·재산에 대한 위험'을 말한다. 소훼의 정도에 따라 '공공위험'이 없는 경우 손괴죄 기수 또는 미수가 성립한다.

(4) | 관련판례 | 대법원 2009. 10. 15. 선고 2009도7421 판결 [불을 놓아 '무주물'을 소훼하여 공공의 위험을 발생하게 한 경우, 형법 제167조 제2항을 적용하여 처벌할 수 있는지 여부(적극), 노상에서 전봇대 주변에 놓인 재활용품과 쓰레기 등에 불을 놓아 공공의 위험을 발생하게 한 경우, 일반물건방화죄가 성립한다고 한 사례] 공공위험 의의-무주의 일반건물 방화

가. 형법 제167조 제2항은 방화의 객체인 물건이 자기의 소유에 속한 때에는 같은 조 제1항보다 감경하여 처벌하는 것으로 규정하고 있다. 방화죄는 공공의 안전을 제1차적인 보호법익으로 하지만 제2차적으로는 개인의 재산권을 보호하는 것이라고 볼 수 있는 점, 현재 소유자가 없는 물건인 무주물에 방화하는 경우에 타인의 재산권을 침해하지 않는 점은 자기의 소유에 속한 물건을 방화하는 경우와 마찬가지인 점, 무주의 동산을 소유의 의사로 점유하는 경우에 소유권을 취득하는 것에 비추어(민법 제252조) 무주물에 방화하는 행위는 그 무주물을 소유의 의사로 점유하는 것이라고 볼 여지가 있는 점 등을 종합하

여 보면, 불을 놓아 무주물을 소훼하여 공공의 위험을 발생하게 한 경우에는 '무주물'을 '자기 소유의 물건'에 준하는 것으로 보아 형법 제167조 제2항을 적용하여 처벌하여야 한다.

나. **노상에서 전봇대 주변에 놓인 재활용품과 쓰레기 등에 불을 놓아 소훼한 사안에서, 그 재활용품과 쓰레기 등은 '무주물'로서 형법 제167조 제2항에 정한 '자기 소유의 물건'에 준하는 것으로 보아야 한다. 그러므로 여기에 불을 붙인 후 불상의 가연물을 집어넣어 그 화염을 키움으로써 전선을 비롯한 주변의 가연물에 손상을 입히거나 바람에 의하여 다른 곳으로 불이 옮아붙을 수 있는 공공의 위험을 발생하게 하였다면, 일반물건방화죄가 성립한다.**

다. 생각건대 입법개정(형법 제167조 제3항 신설)으로 해석논란을 종식시킬 필요가 있다.

168. 제168조(연소)

(1) 현행

第168條(延燒)
① **第166條第2項 또는 前條第2項의 罪를 犯**하여 **第164條, 第165條 또는 第166條第1項에 記載한 物件**에 延燒한 때에는 1年 以上 10年 以下의 懲役에 處한다.
② 前條第2項의 罪를 犯하여 前條第1項에 記載한 物件에 延燒한 때에는 5年 以下의 懲役에 處한다.

제168조(연소)
① 제166조제2항 또는 전조 제2항의 죄를 범하여 제164조, 제165조 또는 제166조제1항에 기재한 물건에 연소한 때에는 1년 이상 10년 이하의 징역에 처한다.
② 전조 제2항의 죄를 범하여 전조 제1항에 기재한 물건에 연소한 때에는 5년 이하의 징역에 처한다.

(2) 개선방안

제168조(연소)
① **제166조 제2항 · 제167조 제2항 죄를 범**하여 **제164조 · 제165조 · 제166조 제1항에 기재된 물건을** 연소한 사람은 1년 이상 10년 이하 징역형으로 처벌된다.
② [3]불을 놓아 [2]**제164조 · 제165조 · 제166조에 기재된 이외 타인소유 물건을** [4]연소(延燒)한 사람은 5년 이하 징역형으로 처벌된다.

【개정방향】
※ 명확성 · 간결성 · 가독성
※ 일본식 조사 '의' 삭제
※ 온점(·) 활용: (,) ⇒ (·) 형법 제157조와 제324조2(인질강요)에서 이미 사용 중
※ 국어어순정비
※ [1]행위주체 [2]행위객체 [3]행위 [4]결과(법조문에 표시하면 가독성을 높일 수 있음)
※ 연소(燃燒): 불이 붙어 탐. 사를 연(燃), 사를 소(燒)

(3) 조문해설

가. 형법 제168조는 연소를 규정하고 있다.

나. 주요내용을 보면, ① 제166조 제2항 · 제167조 제2항 죄를 범하여 **제164조 · 제165조 · 제166조 제1항에 기재된 물건을 연소한** 사람은 1년 이상 10년 이하 징역형으로 처벌된다. ② [3]불을 놓아 [2]**제164조 · 제165조 · 제166조에 기재된 이외 타인소유 물건을** [4]**연소(延燒)한 사람은** 5년 이하 징역형으로 처벌된다.

169. 제169조(진화방해)

(1) 현행

第169條(鎭火妨害)
火災에 있어서 **鎭火用의 施設 또는 物件을** 隱匿 또는 損壞하거나 其他 方法으로 鎭火를 妨害한 者는 10年 以下의 懲役에 處한다.

제169조(진화방해)
화재에 있어서 진화용의 시설 또는 물건을 은닉 또는 손괴하거나 기타 방법으로 진화를 방해한 자는 10년 이하의 징역에 처한다.

(2) 개선방안

제169조(진화방해)
[3-1]화재현장에서 [2]**진화용 시설 · 물건을** [3-2]은닉 · [3-3]손괴한 사람 또는 [3-1]화재현장에서 [3-4]그 밖의 방법으로 [2]**진화를** [3-5]방해한 [1]사람은 10년 이하 징역형으로 처벌된다.

【개정방향】
※ 일본식 조사 '의' 삭제

※ 명확성 · 간결성 · 가독성
※ 온점(·) 활용: (,) ⇒ (·) 형법 제157조와 제324조2(인질강요)에서 이미 사용 중
※ 국어어순정비
※ [1]행위주체 [2]행위객체 [3]행위 [4]결과(법조문에 표시하면 가독성을 높일 수 있음)
※ **침해범과 추상적 위험범**

(3) 조문해설

가. 형법 제169조는 진화방해를 규정하고 있다.

나. 주요내용을 보면, [3-1]화재현장에서 [2]**진화용 시설 · 물건을** [3-2]은닉 · [3-3]손괴한 사람 또는 [3-1]화재현장에서 [3-4]기타 방법으로 [2]**진화를** [3-5]방해한 [1]사람은 10년 이하 징역형으로 처벌된다.

170. 제170조(실화)

(1) 현행

第170條(失火)
① 過失로 因하여 **第164條 또는 第165條에 記載한 物件 또는 他人의 所有에 屬하는 第166條에 記載한 物件을** 燒毁한 者는 1千500萬원 以下의 罰金에 處한다. 〈改正 1995.12.29.〉
② 過失로 因하여 **自己의 所有에 屬하는 第166條 또는 第167條에 記載한 物件을** 燒毁하여 公共의 危險을 發生하게 한 者도 前項의 刑과 같다.

제170조(실화)
① 과실로 인하여 제164조 또는 제165조에 기재한 물건 또는 타인의 소유에 속하는 제166조에 기재한 물건을 소훼한 자는 1천500만원 이하의 벌금에 처한다. 〈개정 1995.12.29〉
② 과실로 인하여 자기의 소유에 속하는 제166조 또는 제167조에 기재한 물건을 소훼하여 공공의 위험을 발생하게 한 자도 전항의 형과 같다.

(2) 개선방안

제170조(실화)
① 과실로 **제164조 · 제165조에 기재된 물건 또는 타인 소유에 속하는 제166조에 기재된 물건을** 소훼한 사람은 1천500만원 이하 벌금형으로 처벌된다. 〈개정 1995.

12.29〉

② 과실로 **자기소유에 속하는 제166조에 기재된 물건** 소훼하여 **공공위험을** 발생하게 한 사람 1천500만원 이하 벌금형으로 처벌된다.

③ 과실로 **자기소유 · 타인소유에 속하는 제167조에 기재된 물건을** 소훼하여 공공위험을 발생하게 한 사람은 1천500만원 이하 벌금형으로 처벌된다.

【개정방향】

※ 명확성 · 간결성 · 가독성

※ 일본식 조사 '의' 삭제

※ 온점(·) 활용: (,) ⇒ (·) 형법 제157조와 제324조2(인질강요)에서 이미 사용 중

※ 국어어순정비

※ [1]행위주체 [2]행위객체 [3]행위 [4]결과(법조문에 표시하면 가독성을 높일 수 있음)

※ 제164조(현주건조물), 제165조(공용건조물), 제166조(일반건조물), 제167조(일반물건)

(3) 조문해설

가. 형법 제170조는 실화를 규정하고 있다.

나. 주요내용을 보면, ① 과실로 **제164조 · 제165조에 기재된 물건 또는 타인 소유에 속하는 제166조에 기재된 물건을** 소훼한 사람은 1천500만원 이하 벌금형으로 처벌된다. 〈개정 1995.12.29.〉 ② 과실로 **자기 소유에 속하는 제166조에 기재된 물건** 소훼하여 **공공위험을** 발생하게 한 사람 1천500만원 이하 벌금형으로 처벌된다. ③ 과실로 **자기소유 · 타인소유에 속하는 제167조에 기재된 물건을** 소훼하여 공공위험을 발생하게 한 사람은 1천500만원 이하 벌금형으로 처벌된다.

(4) | 관련판례 | 대법원 1994. 12. 20. 자 94모32 전원합의체 결정 [형법 제170조 제2항 소정의 '자기의 소유에 속하는 제166조 또는 제167조에 기재한 물건'의 해석과 죄형법정주의 원칙] 허용된 해석과 금지된 유추

가. [다수의견] **형법 제170조 제2항에서 말하는 '자기의 소유에 속하는 제166조 또는 제167조에 기재한 물건'이라 함은 '자기의 소유에 속하는 제166조에 기재한 물건 또는 자기의 소유에 속하든, 타인의 소유에 속하든 불문하고 제167조에 기재한 물건'을 의미하는 것이라고 해석하여야 한다.** 제170조 제1항과 제2항의 관계로 보아서도 제166조에 기재한 물건(일반건조물 등) 중 타인의 소유에 속하는 것에 관하여는 제1항에서 규정하고 있기 때문에 제2항에서는 그중

자기의 소유에 속하는 것에 관하여 규정하고, **제167조에 기재한 물건에 관하여는 소유의 귀속을 불문하고 그 대상으로 삼아 규정하고 있는 것이라고 봄이 관련조문을 전체적, 종합적으로 해석하는 방법일 것이다.** 이렇게 해석한다고 하더라도 그것이 법규정의 가능한 의미를 벗어나 법형성이나 법창조행위에 이른 것이라고는 할 수 없어 죄형법정주의의 원칙상 금지되는 유추해석이나 확장해석에 해당한다고 볼 수는 없을 것이다.

나. **[반대의견]** 형법 제170조 제2항은 명백히 '자기의 소유에 속하는 제166조 또는 제167조에 기재한 물건'이라고 되어 있을 뿐 '자기의 소유에 속하는 제166조에 기재한 물건 또는 제167조에 기재한 물건'이라고는 되어 있지 아니하다. 그러므로 우리말의 보통의 표현방법으로는 '자기의 소유에 속하는'이라는 말은 '제166조 또는 제167조에 기재한 물건'을 한꺼번에 수식하는 것으로 볼 수밖에 없다. 같은 규정이 '자기의 소유에 속하는 제166조에 기재한 물건 또는, 아무런 제한이 따르지 않는 단순한, 제167조에 기재한 물건'을 뜻하는 것으로 볼 수는 없다.

171. 제171조(업무상실화, 중실화)

(1) 현행

> 第171條(業務上失火, 重失火)
> **業務上過失 또는 重大한 過失로 因하여** 第170條의 罪를 犯한 者는 3年 以下의 禁錮 또는 2千萬원 以下의 罰金에 處한다. 〈改正 1995.12.29.〉
>
> 제171조(업무상실화, 중실화)
> 업무상과실 또는 중대한 과실로 인하여 제170조의 죄를 범한 자는 3년 이하의 금고 또는 2천만원 이하의 벌금에 처한다. 〈개정 1995.12.29〉

(2) 개선방안

> 제171조(업무실화 · 중실화)
> 업무과실 · 중과실로 제170조 죄를 범한 사람은 3년 이하 금고형 · 2천만원 이하 벌금형으로 처벌된다. 〈개정 1995.12.29.〉
>
> 【개정방향】
> ※ 제목변경

※ 명확성 · 간결성 · 가독성
※ 일본식 조사 '의' 삭제
※ 중국식 조사 '상' 삭제
※ 온점(·) 활용: (,) ⇒ (·) 형법 제157조와 제324조2(인질강요)에서 이미 사용 중
※ 국어어순정비
※ [1]행위주체 [2]행위객체 [3]행위 [4]결과(법조문에 표시하면 가독성을 높일 수 있음)
※ **業務上過失 또는 重大한 過失로 因하여 ⇒ 업무과실 · 중과실로**

(3) 조문해설

가. 형법 제171조는 업무실화 · 중실화를 규정하고 있다.

나. 주요내용을 보면, 업무과실 · 중과실로 제170조 죄를 범한 사람은 3년 이하 금고형 · 2천만원 이하 벌금형으로 처벌된다. 〈개정 1995.12.29.〉

172. 제172조(폭발성물건파열)

(1) 현행

第172條(爆發性物件破裂)
① **보일러, 高壓가스 기타 爆發性 있는 물건**을 破裂시켜 사람의 生命, 身體 또는 財産에 대하여 위험을 발생시킨 者는 1年 이상의 有期懲役에 處한다.
② 第1項의 罪를 犯하여 사람을 傷害에 이르게 한 때에는 無期 또는 3年 이상의 懲役에 處한다. 死亡에 이르게 한 때에는 無期 또는 5年 이상의 懲役에 處한다.
[全文改正 1995.12.29.]

제172조(폭발성물건파열)
① 보일러, 고압가스 기타 폭발성 있는 물건을 파열시켜 사람의 생명, 신체 또는 재산에 대하여 위험을 발생시킨 자는 1년 이상의 유기징역에 처한다.
② 제1항의 죄를 범하여 사람을 상해에 이르게 한 때에는 무기 또는 3년 이상의 징역에 처한다. 사망에 이르게 한 때에는 무기 또는 5년 이상의 징역에 처한다.
[전문개정 1995.12.29]

(2) 개선방안

제172조(폭발성물건파열)
① [2]**보일러 · 고압가스 · 그 밖에 폭발성 있는 물건을** [3]파열시켜 사람 생명 · 신체 · 재

산 [4]위험을 발생시킨 [1]사람은 1년 이상 징역형으로 처벌된다.
② 제1항 죄를 범하여 [2]사람을 [4]상해에 이르게 한 [1]사람은 무기형·3년 이상 징역형으로 처벌된다.
③ 제1항 죄를 범하여 [2]사람을 [4]사망에 이르게 한 [1]사람은 무기형·5년 이상 징역형으로 처벌된다. [전문개정 1995.12.29.]

【개정방향】
※ 명확성 · 간결성 · 가독성
※ 일본식 조사 '의' 삭제
※ 온점(·) 활용: (,) ⇒ (·) 형법 제157조와 제324조2(인질강요)에서 이미 사용 중
※ 국어어순정비
※ [1]행위주체 [2]행위객체 [3]행위 [4]결과(법조문에 표시하면 가독성을 높일 수 있음)
※ 제2항과 제3항 분리. 법정형이 다름
※ 상해에 이르게 한 때에는⇒상해에 이르게 한 사람은

(3) 조문해설

가. 형법 제172조는 폭발성물건파열을 규정하고 있다.

나. 주요내용을 보면, ① [2]**보일러 · 고압가스 · 그 밖에 폭발성 있는 물건을** [3]파열시켜 사람 생명 · 신체 · 재산 [4]위험을 발생시킨 [1]사람은 1년 이상 징역형으로 처벌된다. ② 제1항 죄를 범하여 [2]사람을 [4]상해에 이르게 한 [1]사람은 무기형 · 3년 이상 징역형으로 처벌된다. ③ 제1항 죄를 범하여 [2]사람을 [4]사망에 이르게 한 [1]사람은 무기형 · 5년 이상 징역형으로 처벌된다. [전문개정 1995. 12.29.]

172-2. 제172조의2(가스 · 전기 등 방류)

(1) 현행

第172條의2(가스·電氣 등 放流)
① **가스, 電氣, 蒸氣 또는 放射線이나 放射性 物質을** 放出, 流出 또는 撒布시켜 사람의 生命, 身體 또는 財産에 대하여 위험을 발생시킨 者는 1年 이상 10年 이하의 懲役에 處한다.
② 第1項의 罪를 犯하여 사람을 傷害에 이르게 한 때에는 無期 또는 3年 이상의 懲役에 處한다. 死亡에 이르게 한 때에는 無期 또는 5年 이상의 懲役에 處한다.
[本條新設 1995.12.29.]

제172조의2(가스 · 전기등 방류)
① 가스, 전기, 증기 또는 방사선이나 방사성 물질을 방출, 유출 또는 살포시켜 사람의 생명, 신체 또는 재산에 대하여 위험을 발생시킨 자는 1년 이상 10년 이하의 징역에 처한다.
② 제1항의 죄를 범하여 사람을 상해에 이르게 한 때에는 무기 또는 3년 이상의 징역에 처한다. 사망에 이르게 한 때에는 무기 또는 5년 이상의 징역에 처한다.
[본조신설 1995.12.29]

(2) 개선방안

제172조2(가스 · 전기 · 증기 · 방사선 · 방사성 물질 방출 · 유출 · 살포)
① **가스 · 전기 · 증기 · 방사선 · 방사성 물질을** 방출 · 유출 · 살포시켜 사람 생명 · 신체 · 재산 위험을 발생시킨 사람은 1년 이상 10년 이하 징역형으로 처벌된다.
② 제1항 죄를 범하여 사람을 상해에 이르게 한 사람은 무기형 · 3년 이상 징역형으로 처벌된다.
③ 제1항 죄를 범하여 사람을 사망에 이르게 한 사람은 무기형 · 5년 이상 징역형으로 처벌된다. [본조신설 1995.12.29.]

【개정방향】
※ 제목변경
※ 명확성 · 간결성 · 가독성
※ 일본식 조사 '의' 삭제
※ 온점(·) 활용: (,) ⇒ (·) 형법 제157조와 제324조2(인질강요)에서 이미 사용 중
※ 국어어순정비
※ [1]행위주체 [2]행위객체 [3]행위 [4]결과(법조문에 표시하면 가독성을 높일 수 있음)
※ 제2항과 제3항 분리. 법정형이 다름

(3) 조문해설

가. 형법 제172조2는 가스 · 전기 · 증기 · 방사선 · 방사성 물질 방출 · 유출 · 살포를 규정하고 있다.

나. 주요내용을 보면, ① **가스 · 전기 · 증기 · 방사선 · 방사성 물질을** 방출 · 유출 · 살포시켜 사람 생명 · 신체 · 재산 위험을 발생시킨 사람은 1년 이상 10년 이하 징역형으로 처벌된다. ② 제1항 죄를 범하여 사람을 상해에 이르게 한 사람은 무기형 · 3년 이상 징역형으로 처벌된다. ③ 제1항 죄를 범하여 사람을 사망에 이르게 한 사람은 무기형 · 5년 이상 징역형으로 처벌된다. [본조

신설 1995.12.29.]

173. 제173조(가스 · 전기등 공급방해)

(1) 현행

第173條(가스 · 電氣등 供給妨害)
① **가스, 電氣 또는 蒸氣의 工作物을** 損壞 또는 除去하거나 其他 方法으로 **가스, 電氣 또는 蒸氣**의 供給이나 使用을 妨害하여 公共의 危險을 發生하게 한 者는 1年 以上 10年 以下의 懲役에 處한다. 〈改正 1995.12.29.〉
② **公共用의 가스, 電氣 또는 蒸氣의 工作物을** 損壞 또는 除去하거나 其他 方法으로 가스, 電氣 또는 蒸氣의 供給이나 使用을 妨害한 者도 前項의 刑과 같다. 〈改正 1995.12.29.〉
③ 第1項 또는 第2項의 罪를 犯하여 사람을 傷害에 이르게 한 때에는 2年 이상의 有期懲役에 處한다. 死亡에 이르게 한 때에는 無期 또는 3年이상의 懲役에 處한다. 〈改正 1995.12.29.〉

제173조(가스 · 전기등 공급방해)
① 가스, 전기 또는 증기의 공작물을 손괴 또는 제거하거나 기타 방법으로 가스, 전기 또는 증기의 공급이나 사용을 방해하여 공공의 위험을 발생하게 한 자는 1년 이상 10년 이하의 징역에 처한다. 〈개정 1995.12.29〉
② 공공용의 가스, 전기 또는 증기의 공작물을 손괴 또는 제거하거나 기타 방법으로 가스, 전기 또는 증기의 공급이나 사용을 방해한 자도 전항의 형과 같다. 〈개정 1995.12.29〉
③ 제1항 또는 제2항의 죄를 범하여 사람을 상해에 이르게 한 때에는 2년 이상의 유기징역에 처한다. 사망에 이르게 한 때에는 무기 또는 3년 이상의 징역에 처한다. 〈개정 1995.12.29〉

(2) 개선방안

제173조(가스 · 전기 공급방해)
① [3-1]**가스 · 전기 · 증기 공작물을** 손괴 · 제거 · 그 밖의 방법으로 [3-2]**가스 · 전기 · 증기** 공급 · 사용을 방해하여 [2]공공위험을 [3-3]발생하게 한 사람은 1년 이상 10년 이하 징역형으로 처벌된다. 〈개정 1995.12.29〉
② **공공용 가스 · 전기 · 증기 공작물을 손괴 · 제거 · 그 밖의 방법으로 가스 · 전기 · 증기 공급 · 사용을** 방해한 사람은 1년 이상 10년 이하 징역형으로 처벌된다. 〈개정 1995.12.29〉
③ 제1항 · 제2항 죄를 범하여 사람을 상해에 이르게 한 사람은 2년 이상 징역형으로 처벌된다.

④ 제1항 · 제2항 죄를 범하여 사람을 사망에 이르게 한 사람은 무기형 · 3년 이상 징역형으로 처벌된다. 〈개정 1995.12.29.〉

【개정방향】
※ 명확성 · 간결성 · 가독성
※ 일본식 조사 '의' 삭제
※ 온점(·) 활용: (,) ⇒ (·) 형법 제157조와 제324조2(인질강요)에서 이미 사용 중
※ 국어어순정비
※ [1]행위주체 [2]행위객체 [3]행위 [4]결과(법조문에 표시하면 가독성을 높일 수 있음)
※ 제3항과 제4항 분리. 법정형이 다름

(3) 조문해설

가. 형법 제173조는 가스 · 전기 공급방해를 규정하고 있다.

나. 주요내용을 보면, ① [3-1]**가스 · 전기 · 증기 공작물을** 손괴 · 제거 · 그 밖의 방법으로 [3-2]**가스 · 전기 · 증기** 공급 · 사용을 방해하여 [2]공공위험을 [3-3]발생하게 한 사람은 1년 이상 10년 이하 징역형으로 처벌된다. 〈개정 1995.12.29.〉 ② 공공용 가스 · 전기 · 증기 공작물을 손괴 · 제거 · 그 밖의 방법으로 **가스 · 전기 · 증기 공급 · 사용을** 방해한 사람은 1년 이상 10년 이하 징역형으로 처벌된다. 〈개정 1995.12.29.〉 ③ 제1항 · 제2항 죄를 범하여 사람을 상해에 이르게 한 사람은 2년 이상 징역형으로 처벌된다. ④ 제1항 · 제2항 죄를 범하여 사람을 사망에 이르게 한 사람은 무기형 · 3년 이상 징역형으로 처벌된다. 〈개정 1995.12.29.〉

173-2. 제173조의2(과실폭발성물건파열 등)

(1) 현행

第173條의2(過失爆發性物件破裂 등)
① **過失로** 第172條第1項, 第172條의2第1項, 第173條第1項과 第2項의 罪를 犯한 者는 5年 이하의 禁錮 또는 1千500萬원 이하의 罰金에 處한다.
② **業務上過失 또는 중대한 過失로** 第1項의 罪를 犯한 者는 7年 이하의 禁錮 또는 2千萬원 이하의 罰金에 處한다. [本條新設 1995.12.29.]

제173조의2(과실폭발성물건파열 등)
① 과실로 제172조제1항, 제172조의2제1항, 제173조제1항과 제2항의 죄를 범한 자는 5년

이하의 금고 또는 1천500만원 이하의 벌금에 처한다.
② 업무상과실 또는 중대한 과실로 제1항의 죄를 범한 자는 7년 이하의 금고 또는 2천만원 이하의 벌금에 처한다. [본조신설 1995.12.29]

(2) 개선방안

제173조2(과실폭발성물건파열)
① 과실로 제172조 제1항 · 제172조2 제1항 · 제173조 제1항과 제2항 죄를 범한 사람은 5년 이하 금고형 · 1천500만원 이하 벌금형으로 처벌된다.
② 업무과실 · 중과실로 제1항 죄를 범한 사람은 7년 이하 금고형 · 2천만원 이하 벌금형으로 처벌된다. [본조신설 1995.12.29.]

【개정방향】
※ 명확성 · 간결성 · 가독성
※ 일본식 조사 '의' 삭제
※ 온점(·) 활용: (,) ⇒ (·) 형법 제157조와 제324조2(인질강요)에서 이미 사용 중
※ 국어어순정비
※ [1]행위주체 [2]행위객체 [3]행위 [4]결과(법조문에 표시하면 가독성을 높일 수 있음)
※ 중대과실 ⇒ 중과실. 형법 제189조와 통일함

(3) 조문해설

가. 형법 제173조2는 과실폭발성물건파열을 규정하고 있다.
나. 주요내용을 보면, ① 과실로 제172조 제1항 · 제172조2 제1항 · 제173조 제1항과 제2항 죄를 범한 사람은 5년 이하 금고형 · 1천500만원 이하 벌금형으로 처벌된다. ② 업무과실 · 중과실로 제1항 죄를 범한 사람은 7년 이하 금고형 · 2천만원 이하 벌금형으로 처벌된다. [본조신설 1995.12.29.]

174. 제174조(미수범)

(1) 현행

第174條(未遂犯)
第164條第1項, 第165條, 第166條第1項, 第172條第1項, 第172條의2第1項, 第173條第1項과 第2項의 未遂犯은 處罰한다. [全文改正 1995.12.29.]

제174조(미수범)
제164조제1항, 제165조, 제166조제1항, 제172조제1항, 제172조의2제1항, 제173조제1항과 제2항의 미수범은 처벌한다. [전문개정 1995.12.29]

(2) 개선방안

제174조(미수범)
제164조 제1항 · 제165조 · 제166조 제1항 · 제172조 제1항 · 제172조2 제1항 · 제173조 제1항 · 제2항 미수범은 처벌된다.
[전문개정 1995.12.29.]

【개정방향】
※ 명확성 · 간결성 · 가독성
※ 일본식 조사 '의' 삭제
※ 온점(·) 활용: (,) ⇒ (·) 형법 제157조와 제324조2(인질강요)에서 이미 사용 중
※ 국어어순정비

(3) 조문해설

가. 형법 제174조는 미수범을 규정하고 있다.
나. 주요내용을 보면, 제164조 제1항 · 제165조 · 제166조 제1항 · 제172조 제1항 · 제172조2 제1항 · 제173조 제1항 · 제2항 미수범은 처벌된다. [전문개정 1995.12.29.]

175. 제175조(예비, 음모)

(1) 현행

第175條(豫備, 陰謀)
第164條第1項, 第165條, 第166條第1項, 第172條第1項, 第172條의2第1項, 第173條第1項과 第2項의 罪를 犯할 目的으로 豫備 또는 陰謀한 者는 5年 以下의 懲役에 處한다. 但 그 目的한 罪의 實行에 이르기 前에 自首한 때에는 刑을 減輕 또는 免除한다. 〈改正 1995. 12.29.〉

제175조(예비, 음모)
제164조제1항, 제165조, 제166조제1항, 제172조제1항, 제172조의2제1항, 제173조제1항과

제2항의 죄를 범할 목적으로 예비 또는 음모한 자는 5년 이하의 징역에 처한다. 단 그 목적한 죄의 실행에 이르기 전에 자수한 때에는 형을 감경 또는 면제한다. 〈개정 1995.12.29〉

(2) 개선방안

제175조(예비 · 음모)
제164조 제1항 · 제165조 · 제166조 제1항 · 제172조 제1항 · 제172조2 제1항 · 제173조 제1항 · 제2항 죄를 범할 목적으로 예비 · 음모한 사람은 5년 이하 징역형으로 처벌된다. 다만 그 목적한 죄에서 실행착수 이전에 자수한 사람은 형이 감경 · 면제된다. 〈개정 1995.12.29.〉

【개정방향】
※ 제목변경
※ 명확성 · 간결성 · 가독성
※ 일본식 조사 '의' 삭제
※ 온점(·) 활용: (,) ⇒ (·) 형법 제157조와 제324조2(인질강요)에서 이미 사용 중
※ 국어어순정비

(3) 조문해설

가. 형법 제175조는 예비 · 음모를 규정하고 있다.
나. 주요내용을 보면, 제164조 제1항 · 제165조 · 제166조 제1항 · 제172조 제1항 · 제172조2 제1항 · 제173조 제1항 · 제2항 죄를 범할 목적으로 예비 · 음모한 사람은 5년 이하 징역형으로 처벌된다. 다만 그 목적한 죄에서 실행착수 이전에 자수한 사람은 형이 감경 · 면제된다. 〈개정 1995.12.29.〉

176. 제176조(타인의 권리대상이 된 자기의 물건)

(1) 현행

第176條(他人의 權利對象이 된 自己의 物件)
自己의 所有에 屬하는 物件이라도 押留 其他 强制處分을 받거나 他人의 權利 또는 保險의 目的物이 된 때에는 本章의 規定의 適用에 있어서 他人의 物件으로 看做한다.

제176조(타인의 권리대상이 된 자기의 물건)
자기의 소유에 속하는 물건이라도 압류 기타 강제처분을 받거나 타인의 권리 또는 보험의 목적물이 된 때에는 본장의 규정의 적용에 있어서 타인의 물건으로 간주한다.

(2) 개선방안

제176조(타인 권리대상이 된 자기 물건)
자기 소유에 속하는 물건이 압류 · 그 밖의 강제처분을 받은 경우 또는 자기 소유에 속하는 물건이 타인 권리 · 보험 목적물이 된 경우 제13장 적용에서 타인 물건으로 간주한다.

【개정방향】
※ 제목변경
※ 명확성 · 간결성 · 가독성
※ 일본식 조사 '의' 삭제
※ 온점(·) 활용: (,) ⇒ (·) 형법 제157조와 제324조2(인질강요)에서 이미 사용 중
※ 국어어순정비

(3) 조문해설

가. 형법 제176조는 타인 권리대상이 된 자기 물건을 규정하고 있다.

나. 주요내용을 보면, 자기 소유에 속하는 물건이 압류 · 그 밖의 강제처분을 받은 경우 또는 자기 소유에 속하는 물건이 타인 권리 · 보험 목적물이 된 경우 제13장 적용에서 타인 물건으로 간주한다.

제14장

溢水와 水利에 관한 罪

177. 제177조(현주건조물 등에의 일수)

(1) 현행

第177條(現住建造物등에의 溢水) ① 물을 넘겨 사람이 住居에 사용하거나 사람이 現存하는 建造物, 汽車, 電車, 自動車, 船舶, 航空機 또는 鑛坑을 浸害한 者는 無期 또는 3年 이상의 懲役에 處한다. ② 第1項의 罪를 犯하여 사람을 傷害에 이르게 한 때에는 無期 또는 5年 이상의 懲役에 處한다. 死亡에 이르게 한 때에는 無期 또는 7年 이상의 懲役에 處한다. [全文改正 1995.12.29.] 제177조(현주건조물 등에의 일수) ① 물을 넘겨 사람이 주거에 사용하거나 사람이 현존하는 건조물, 기차, 전차, 자동차, 선박, 항공기 또는 광갱을 침해한 자는 무기 또는 3년 이상의 징역에 처한다. ② 제1항의 죄를 범하여 사람을 상해에 이르게 한 때에는 무기 또는 5년 이상의 징역에 처한다. 사망에 이르게 한 때에는 무기 또는 7년 이상의 징역에 처한다. [전문개정 1995.12.29]

(2) 개선방안

제177조(현주건조물일수 · 현주건조물일수치상 · 현주건조물일수치사)

① [3-1]물을 넘겨 [2]**사람 주거사용 · 현존하는 건조물 · 기차 · 전차 · 자동차 · 선박 · 항공기 · 광갱을** [3-2]침해한 [1]사람은 무기형 · 3년 이상 징역으로 처벌된다.

② 제1항 죄를 범하여 사람을 [4]상해에 이르게 한 사람은 무기형 · 5년 이상 징역형으로 처벌된다.

③ 제1항 죄를 범하여 사람을 [4]사망에 이르게 한 경우 무기형 · 7년 이상 징역형으로 처벌된다. [전문개정 1995.12.29.]

【개정방향】
※ 제목변경
※ 명확성 · 간결성 · 가독성
※ 일본식 조사 '의' 삭제 · 일본식 조사 '등에의' 삭제
※ 온점(·) 활용: (,) ⇒ (·) 형법 제157조와 제324조2(인질강요)에서 이미 사용 중
※ 국어어순정비
※ [1]행위주체 [2]행위객체 [3]행위([3-1실행착수]행위) [4]결과(법조문에 표시하면 가독성을 높일 수 있음)

(3) 조문해설

가. 형법 제177조는 현주건조물일수 · 현주건조물일수치상 · 현주건조물일수치사를 규정하고 있다.

나. 주요내용을 보면, ① [3-1]물을 넘겨 [2]**사람 주거사용 · 현존하는 건조물 · 기차 · 전차 · 자동차 · 선박 · 항공기 · 광갱을** [3-2]침해한 [1]사람은 무기형 · 3년 이상 징역으로 처벌된다. ② 제1항 죄를 범하여 사람을 [4]상해에 이르게 한 사람은 무기형 · 5년 이상 징역형으로 처벌된다. ③ 제1항 죄를 범하여 사람을 [4]사망에 이르게 한 경우 무기형 · 7년 이상 징역형으로 처벌된다. [전문개정 1995.12. 29.]

178. 제178조(공용건조물 등에의 일수)

(1) 현행

第178條(公用建造物 等에의 溢水)
물을 넘겨 **公用 또는 公益에 供하는 建造物, 汽車, 電車, 自動車, 船舶, 航空機 또는 鑛坑을** 浸害한 者는 無期 또는 2年 以上의 懲役에 處한다.

제178조(공용건조물 등에의 일수)
물을 넘겨 공용 또는 공익에 공하는 건조물, 기차, 전차, 자동차, 선박, 항공기 또는 광갱을 침해한 자는 무기 또는 2년 이상의 징역에 처한다.

(2) 개선방안

제178조(공용건조물일수)
[3-1]물을 넘겨 [2]**공용 · 공익사용 건조물 · 기차 · 전차 · 자동차 · 선박 · 항공기 · 광갱을** [3-2]침해한 [1]사람은 무기형 · 2년 이상 징역형으로 처벌된다.

【개정방향】
※ 제목변경
※ 명확성 · 간결성 · 가독성
※ 일본식 조사 '의' 삭제
※ 일본식 조사 '등에의' 삭제
※ 온점(·) 활용: (,) ⇒ (·) 형법 제157조와 제324조2(인질강요)에서 이미 사용 중
※ 국어어순정비
※ [1]행위주체 [2]행위객체 [3]행위([3-1실행착수]행위)(법조문에 표시하면 가독성을 높일 수 있음)
※ 공용 또는 공익에 공하는 건조물 ⇒ 공용 · 공용사용 건조물
※ 침해(浸害): 물에 들어 해를 입힘. 담글 침(浸)

(3) 조문해설

가. 형법 제178조는 공용건조물일수를 규정하고 있다.

나. 주요내용을 보면, [3-1]물을 넘겨 **[2]공용 · 공익사용 건조물 · 기차 · 전차 · 자동차 · 선박 · 항공기 · 광갱을** [3-2]침해한 [1]사람은 무기형 · 2년 이상 징역형으로 처벌된다.

179. 제179조(일반건조물 등에의 일수)

(1) 현행

第179條(一般建造物 等에의 溢水)
① 물을 넘겨 **前2條에 記載한 以外의 建造物, 汽車, 電車, 自動車, 船舶, 航空機 또는 鑛坑 其他 他人의 財産을** 浸害한 者는 1年 以上 10年 以下의 懲役에 處한다.
② **自己의 所有에 屬하는 前項의 物件을 浸害하여** 公共의 危險을 發生하게 한 때에는 3年 以下의 懲役 또는 700萬원 以下의 罰金에 處한다. 〈改正 1995.12.29.〉
③ 第176條의 規定은 本條의 境遇에 準用한다.

제179조(일반건조물 등에의 일수)
① 물을 넘겨 전2조에 기재한 이외의 건조물, 기차, 전차, 자동차, 선박, 항공기 또는 광갱 기타 타인의 재산을 침해한 자는 1년 이상 10년 이하의 징역에 처한다.
② 자기의 소유에 속하는 전항의 물건을 침해하여 공공의 위험을 발생하게 한 때에는 3년 이하의 징역 또는 700만원 이하의 벌금에 처한다. 〈개정 1995.12.29〉
③ 제176조의 규정은 본조의 경우에 준용한다.

(2) 개선방안

제179조(일반건조물일수)

① [3-1]물을 넘겨 [2]**제177조 · 제178조 기재한 이외 건조물 · 기차 · 전차 · 자동차 · 선박 · 항공기 · 광갱 · 그 밖의 타인 재산을** [3-2]침해한 [1]사람은 1년 이상 10년 이하 징역형으로 처벌된다.

② [2]**자기 소유에 속하는 제178조 물건을** [3-2]침해하여 [4결과]공공위험을 발생하게 한 [1]사람은 3년 이하 징역형 · 700만원 이하 벌금형으로 처벌된다. 〈개정 1995.12.29〉

③ 제179조는 제176조를 준용한다.

【개정방향】

※ 제목변경

※ 명확성 · 간결성 · 가독성

※ 일본식 조사 '의' 삭제 · 일본식 조사 '등에의' 삭제

※ 온점(·) 활용: (,) ⇒ (·) 형법 제157조와 제324조2(인질강요)에서 이미 사용 중

※ 국어어순정비

※ [1]행위주체 [2]행위객체 [3]행위([3-1실행착수]행위) [4]구체적 위험(법조문에 표시하면 가독성을 높일 수 있음)

(3) 조문해설

가. 형법 제179조는 일반건조물일수를 규정하고 있다.

나. 주요내용을 보면, ① [3-1]물을 넘겨 [2]**제177조 · 제178조 기재한 이외 건조물 · 기차 · 전차 · 자동차 · 선박 · 항공기 · 광갱 · 그 밖의 타인 재산을** [3-2]침해한 [1]사람은 1년 이상 10년 이하 징역형으로 처벌된다. ② [2]**자기 소유에 속하는 제178조 물건을** [3-2]침해하여 [4결과]공공위험을 발생하게 한 [1]사람은 3년 이하 징역형 · 700만원 이하 벌금형으로 처벌된다. 〈개정 1995.12.29.〉 ③ 제179조는 제176조를 준용한다.

180. 제180조(방수방해)

(1) 현행

第180條(防水妨害)

水災에 있어서 **防水用의 施設 또는 物件을** 損壞 또는 隱匿하거나 其他 方法으로 **防水를** 妨害한 者는 10年 以下의 懲役에 處한다.

제180조(방수방해)
수재에 있어서 방수용의 시설 또는 물건을 손괴 또는 은닉하거나 기타 방법으로 방수를 방해한 자는 10년 이하의 징역에 처한다.

(2) 개선방안

제180조(방수방해)
수재에서 [2]**방수용시설 · 방수용물건을** [3]손괴 · 은닉한 사람 또는 수재에서 그 밖의 방법으로 [2]**방수를** [3]방해한 [1]사람은 10년 이하 징역형으로 처벌된다.

【개정방향】
※ 명확성 · 간결성 · 가독성
※ 일본식 조사 '의' 삭제
※ 일본식 조사 '에 있어서' 삭제 ⇒ 에서
※ 온점(·) 활용: (,) ⇒ (·) 형법 제157조와 제324조2(인질강요)에서 이미 사용 중
※ 국어어순정비
※ [1]행위주체 [2]행위객체 [3]행위(법조문에 표시하면 가독성을 높일 수 있음)
※ 행위객체와 행위를 구분하여 표시함
※ 형법 제181조와 통일

(3) 조문해설

가. 형법 제180조는 방수방해를 규정하고 있다.
나. 주요내용을 보면, 수재에서 [2]**방수용시설 · 방수용물건을** [3]손괴 · 은닉한 사람 또는 수재에서 그 밖의 방법으로 [2]**방수를** [3]방해한 [1]사람은 10년 이하 징역형으로 처벌된다.

181. 제181조(과실일수)

(1) 현행

第181條(過失溢水)
過失로 因하여 第177條 또는 第178條에 記載한 物件을 浸害한 者 또는 **第179條에 記載한 物件을** 浸害하여 公共의 危險을 發生하게 한 者는 1千萬원 以下의 罰金에 處한다. 〈改正 1995.12.29.〉

제181조(과실일수)
과실로 인하여 제177조 또는 제178조에 기재한 물건을 침해한 자 또는 제179조에 기재한 물건을 침해하여 공공의 위험을 발생하게 한 자는 1천만원 이하의 벌금에 처한다. 〈개정 1995.12.29〉

(2) 개선방안

제181조(과실일수)
과실로 **제177조 · 제178조에 기재된 물건을** 침해하여 [4]공공위험을 발생하게 한 사람 또는 과실로 **제179조에 기재된 물건을** [3]침해하여 [4]공공위험을 발생하게 한 사람은 1천만원 이하 벌금형으로 처벌된다. 〈개정 1995.12.29.〉

【개정방향】
※ 명확성 · 간결성 · 가독성 · 국어어순정비
※ 일본식 조사 '의' 삭제
※ 일본식 조사 '로 인하여' 삭제 ⇒ 로. 형법 제173조 통일
※ 온점(·) 활용: (,) ⇒ (·) 형법 제157조와 제324조2(인질강요)에서 이미 사용 중
※ [1]행위주체 [2]행위객체 [3]행위([3-1실행착수]행위) [4]구체적 위험(법조문에 표시하면 가독성을 높일 수 있음). 과실로 인하여 ⇒ 과실로. 형법 제173조2 통일

(3) 조문해설

가. 형법 제181조는 과실일수를 규정하고 있다.
나. 주요내용을 보면, 과실로 **제177조 · 제178조에 기재된 물건을** 침해하여 [4]공공위험을 발생하게 한 사람 또는 과실로 **제179조에 기재된 물건을** [3]침해하여 [4]공공위험을 발생하게 한 사람은 1천만원 이하 벌금형으로 처벌된다. 〈개정 1995.12. 29.〉

182. 제182조(미수범)

(1) 현행

第182條(未遂犯)
第177條 乃至 第179條第1項의 未遂犯은 處罰한다.

제182조(미수범)
제177조 내지 제179조제1항의 미수범은 처벌한다.

(2) 개선방안

제182조(미수범)
제177조 · 제178조 · 제179조 제1항 미수범은 처벌된다.

【개정방향】
※ 명확성 · 간결성 · 가독성 · 국어문법정비
※ 일본식 조사 '의' 삭제
※ 온점(·) 활용: (,) ⇒ (·) 형법 제157조와 제324조2(인질강요)에서 이미 사용 중

(3) 조문해설

가. 형법 제182조는 미수범을 규정하고 있다.
나. 주요내용을 보면, 제177조 · 제178조 · 제179조 제1항 미수범은 처벌된다.

183. 제183조(예비, 음모)

(1) 현행

第183條(豫備, 陰謀)
第177條 乃至 第179條第1項의 罪를 犯할 目的으로 豫備 또는 陰謀한 者는 3年 以下의 懲役에 處한다.

제183조(예비, 음모)
제177조 내지 제179조제1항의 죄를 범할 목적으로 예비 또는 음모한 자는 3년 이하의 징역에 처한다.

(2) 개선방안

제183조(예비 · 음모)
제177조 · 제178조 · 제179조 제1항 죄를 범할 목적으로 예비 · 음모한 사람은 3년 이하 징역형으로 처벌된다.

【개정방향】
※ 제목변경
※ 명확성 · 간결성 · 가독성 · 국어문법정비
※ 일본식 조사 '의' 삭제
※ 온점(·) 활용: (,) ⇒ (·) 형법 제157조와 제324조2(인질강요)에서 이미 사용 중

(3) 조문해설

가. 형법 제183조는 예비 · 음모를 규정하고 있다.

나. 주요내용을 보면, 제177조 · 제178조 · 제179조 제1항 죄를 범할 목적으로 예비 · 음모한 사람은 3년 이하 징역형으로 처벌된다.

184. 제184조(수리방해)

(1) 현행

第184條(水利妨害)
堤防을 결궤(決潰)하거나 **水門을** 破壞하거나 其他 方法으로 **水利를** 妨害한 者는 5年 以下의 懲役 또는 700萬원 以下의 罰金에 處한다. 〈改正 1995.12.29.〉

제184조(수리방해)
제방을 결궤하거나 수문을 파괴하거나 기타 방법으로 수리를 방해한 자는 5년 이하의 징역 또는 700만원 이하의 벌금에 처한다. 〈개정 1995.12.29〉

(2) 개선방안

제1안 ★★★★★

제184조(수리방해)
제방을 결궤(決潰)한 사람 · 수문을 파괴한 사람 · 그 밖의 방법으로 수리를 방해한 사람은 5년 이하 징역형 · 700만원 이하 벌금형으로 처벌된다. 〈개정 1995.12.29.〉

제2안

제184조(수리방해)
제방을 결궤(決潰)한 사람 또는 수문을 파괴한 사람 또는 그 밖의 방법으로 수리를 방해한 사람은 5년 이하 징역형 · 700만원 이하 벌금형으로 처벌된다. 〈개정 1995.12.29.〉

【개정방향】
※ 명확성 · 간결성 · 가독성
※ 일본식 조사 '의' 삭제
※ 온점(·) 활용: (,) ⇒ (·) 형법 제157조와 제324조2(인질강요)에서 이미 사용 중
※ 국어문법정비
※ [1]행위주체 [2]행위객체 [3]행위(법조문에 표시하면 가독성을 높일 수 있음)
※ 결궤(決潰): 물에 밀려 터져 무너짐

(3) 조문해설

가. 형법 제184조는 수리방해를 규정하고 있다.

나. 주요내용을 보면, 제방을 결궤(決潰)한 사람 · 수문을 파괴한 사람 · 그 밖의 방법으로 수리를 방해한 사람은 5년 이하 징역형 · 700만원 이하 벌금형으로 처벌된다. 〈개정 1995.12.29.〉

제 15 장

交通妨害의 罪

185. 제185조(일반교통방해)

(1) 현행

第185條(一般交通妨害)
陸路, 水路 또는 橋梁을 損壞 또는 不通하게 하거나 其他 方法으로 **交通을** 妨害한 者는 10年 以下의 懲役 또는 1千500萬원 以下의 罰金에 處한다. 〈改正 1995.12.29.〉

제185조(일반교통방해)
육로, 수로 또는 교량을 손괴 또는 불통하게 하거나 기타 방법으로 교통을 방해한 자는 10년 이하의 징역 또는 1천500만원 이하의 벌금에 처한다. 〈개정 1995.12.29〉

(2) 개선방안

제185조(일반교통방해)
[2]**육로 · 수로 · 교량을 손괴 · 불통하게 하여** 통행을 불가능하게 하거나 현저하게 곤란하게 한 **사람 또는 그 밖의 방법으로** [2]**교통을 방해하여** 통행을 불가능하게 하거나 현저하게 곤란하게 한 **사람은 10년 이하 징역형 · 1천500만원 이하 벌금형으로 처벌된다. 〈개정 1995.12.29.〉**

【개정방향】
※ 명확성 · 간결성 · 가독성
※ 일본식 조사 '의' 삭제
※ 온점(·) 활용: (,) ⇒ (·) 형법 제157조와 제324조2(인질강요)에서 이미 사용 중
※ 국어문법정비
※ [1]행위주체 [2]행위객체 [3]행위(법조문에 표시하면 가독성을 높일 수 있음)
※ 보호법익: 공공 교통안전, 원활한 교통소통, 공중 생명 신체 재산에 대한 안전
※ 보호정도: 추상적 위험범

(3) 조문해설

가. 형법 제185조는 일반교통방해를 규정하고 있다.

나. 주요내용을 보면, [2]육로 · 수로 · 교량을 손괴 · 불통하게 하여 통행을 불가능하게 하거나 현저하게 곤란하게 한 사람 또는 그 밖의 방법으로 [2]교통을 방해하여 통행을 불가능하게 하거나 현저하게 곤란하게 한 사람은 10년 이하 징역형 · 1천500만원 이하 벌금형으로 처벌된다. 〈개정 1995.12.29.〉

(4) | 관련판례 | 대법원 2018. 1. 24. 선고 2017도11408 판결 [일반교통방해죄의 보호법익 및 처벌대상 행위, 도로에서의 집회나 시위가 교통방해 행위를 수반할 경우, 일반교통방해죄가 성립하는지 여부(원칙적 적극), 집회 및 시위에 관한 법률에 따라 적법한 신고를 마친 집회 또는 시위가 당초에 신고한 범위를 현저히 벗어나거나 같은 법 제12조에 따른 조건을 중대하게 위반하여 도로 교통을 방해함으로써 통행을 불가능하게 하거나 현저하게 곤란하게 하는 경우, 일반교통방해죄가 성립하는지 여부(적극) 및 이때 참가자에게 일반교통방해죄가 성립하기 위한 요건, 일반교통방해죄의 법적 성격과 기수 및 종료시기, 신고 범위를 현저히 벗어나거나 집회 및 시위에 관한 법률 제12조에 따른 조건을 중대하게 위반함으로써 교통방해를 유발한 집회에 참가하였으나 참가 당시 이미 다른 참가자들에 의해 교통의 흐름이 차단된 상태였던 경우, 참가자에게 일반교통방해죄가 성립하기 위한 요건] 집회시위와 공모공동정범

가. 형법 제185조는 일반교통방해죄에 관하여 "육로, 수로 또는 교량을 손괴 또는 불통하게 하거나 기타 방법으로 교통을 방해한 자는 10년 이하의 징역 또는 1천 500만 원 이하의 벌금에 처한다"라고 정하고 있다. 일반교통방해죄는 일반 공중의 교통안전을 보호법익으로 하는 범죄로서 육로 등을 손괴 또는 불통하게 하는 경우뿐만 아니라 그 밖의 방법으로 교통을 방해하여 통행을 불가능하게 하거나 현저하게 곤란하게 하는 일체의 행위를 처벌하는 것을 목적으로 한다.

나. 집회와 시위의 자유는 헌법상 보장된 국민의 기본권이다. 그러므로 형법상의 일반교통방해죄를 집회와 시위의 참석자에게 적용할 경우에는 집회와 시위의 자유를 부당하게 제한하는 결과가 발생할 우려가 있다. 그러나 일반교통방해죄에서 교통을 방해하는 방법을 위와 같이 포괄적으로 정하고 있는 데다가 도로에서 집회와 시위를 하는 경우 일반 공중의 교통안전을 직접적으로 침해할 위험이 있는 점을 고려하면, 집회나 시위로 교통방해 행위를 수반할 경우에 특별한 사정이 없는 한 일반교통방해죄가 성립할 수 있다.

다. 집회 및 시위에 관한 법률(이하 '집시법'이라 한다)에 따라 적법한 신고를 마친 집회 또는 시위라고 하더라도 당초에 신고한 범위를 현저히 벗어나거나 집시법 제12조에 따른 조건을 중대하게 위반하여 도로 교통을 방해함으로써 통행을 불가능하게 하거나 현저하게 곤란하게 하는 경우에는 형법 제185조의 일반교통방해죄가 성립한다. 그러나 이때에도 참가자 모두에게 당연히 일반교통방해죄가 성립하는 것은 아니고, 실제로 참가자가 위와 같이 신고 범위를 현저하게 벗어나거나 조건을 중대하게 위반하는 데 가담하여 교통방해를 유발하는 직접적인 행위를 하였거나, 참가자의 참가 경위나 관여 정도 등에 비추어 그 참가자에게 공모공동정범의 죄책을 물을 수 있는 경우라야 일반교통방해죄가 성립한다.

라. 일반교통방해죄는 이른바 추상적 위험범이다. 교통이 불가능하거나 또는 현저히 곤란한 상태가 발생하면 바로 기수가 된다. 교통방해결과가 현실적으로 발생하여야 성립하는 것은 아니다. 또한 일반교통방해죄에서 교통방해 행위는 계속범의 성질을 가지는 것이다. 교통방해상태가 계속되는 한 가벌적인 위법상태는 계속 존재한다. 따라서 **신고 범위를 현저히 벗어나거나 집회 및 시위에 관한 법률 제12조에 따른 조건을 중대하게 위반함으로써 교통방해를 유발한 집회에 참가한 경우, 참가 당시 이미 다른 참가자들에 의해 교통의 흐름이 차단된 상태였더라도 교통방해를 유발한 다른 참가자들과 암묵적 · 순차적으로 공모하여 교통방해의 위법상태를 지속시켰다고 평가할 수 있다면 일반교통방해죄가 성립한다.**

(5) **| 관련판례 |** 대법원 2018. 5. 11. 선고 2017도9146 판결 [집회 및 시위에 관한 법률에 따른 신고 없이 이루어진 집회에 참석한 참가자들이 차로 위를 행진하는 등으로 도로 교통을 방해함으로써 통행을 불가능하게 하거나 현저하게 곤란하게 하는 경우, 일반교통방해죄가 성립하는지 여부(적극) 및 이때 참가자에게 일반교통방해죄가 성립하기 위한 요건, 일반교통방해죄의 기수 시기와 종료 시기, 교통방해를 유발한 집회에 참가하였으나 참가 당시 이미 다른 참가자들에 의해 교통의 흐름이 차단된 상태였던 경우, 참가자에게 일반교통방해죄가 성립하기 위한 요건, 피고인이 집회 및 시위에 관한 법률에 따른 신고 없이 서울광장에서 개최된 '세월호 1주기 범국민행동' 추모제에 참석한 뒤 다른 집회 참가자들과 함께 질서유지선을 넘어 방송차량을 따라 도로 전 차로를 점거하면서 행진하고, 행진을 제지하는 경찰과 대치하면서 도로에서 머물다가 귀가한 사안에서, 제반 사정을 종합하면 피고인은 일반교통방해죄의 공모공동정범으로서 책임이 있다는 이유로, 이와 달리 본 원심판결에 법리오해 등의 잘못이 있다고 한 사례] 일반교통방해죄의 공모공동정범

가. 집회 및 시위에 관한 법률에 따른 신고 없이 이루어진 집회에 참석한 참가자들이 차로 위를 행진하는 등으로 도로 교통을 방해함으로써 통행을 불가능하게 하거나 현저하게 곤란하게 하는 경우에 일반교통방해죄가 성립한다. 그러나 이 경우에도 참가자 모두에게 당연히 일반교통방해죄가 성립하는 것은 아니고, 실제로 참가자가 집회·시위에 가담하여 교통방해를 유발하는 직접적인 행위를 하였거나, 참가자의 참가 경위나 관여 정도 등에 비추어 참가자에게 공모공동정범의 죄책을 물을 수 있는 경우라야 일반교통방해죄가 성립한다.

나. **일반교통방해죄는 이른바 추상적 위험범이다. 교통이 불가능하거나 또는 현저히 곤란한 상태가 발생하면 바로 기수가 된다. 교통방해의 결과가 현실적으로 발생하여야 하는 것은 아니다. 또한 일반교통방해죄에서 교통방해 행위는 계속범의 성질을 가지는 것이다. 교통방해의 상태가 계속되는 한 위법상태는 계속 존재한다. 따라서 교통방해를 유발한 집회에 참가한 경우 참가 당시 이미 다른 참가자들에 의해 교통의 흐름이 차단된 상태였더라도 교통방해를 유발한 다른 참가자들과 암묵적·순차적으로 공모하여 교통방해의 위법상태를 지속시켰다고 평가할 수 있다면 일반교통방해죄가 성립한다.**

다. 집회 및 시위에 관한 법률에 따른 신고 없이 이루어진 집회에 참석한 참가자들이 차로 위를 행진하는 등으로 도로 교통을 방해함으로써 통행을 불가능하게 하거나 현저하게 곤란하게 하는 경우에 일반교통방해죄가 성립한다. 그러나 이 경우에도 참가자 모두에게 당연히 일반교통방해죄가 성립하는 것은 아니다. 실제로 참가자가 집회·시위에 가담하여 교통방해를 유발하는 직접적인 행위를 하였거나, 참가자의 참가 경위나 관여 정도 등에 비추어 참가자에게 공모공동정범의 죄책을 물을 수 있는 경우라야 일반교통방해죄가 성립한다.

라. **피고인이 집회 및 시위에 관한 법률에 따른 신고 없이 서울광장에서 개최된 '세월호 1주기 범국민행동' 추모제(이하 '갑 집회'라 한다)에 참석한 뒤 다른 집회 참가자들과 함께 질서유지선을 넘어 방송차량을 따라 도로 전 차로를 점거하면서 행진하고, 행진을 제지하는 경찰과 대치하면서 도로에서 머물다가 귀가한 사안이다.** 피고인은 다른 집회 참가자들과 함께 경찰이 공공질서 유지 등을 위하여 설정한 질서유지선을 넘어 도로 전 차로를 점거한 채 행진하였으므로 집회 참가자들 사이에 서로의 행위를 인식하며 암묵적·순차적으로 의사의 결합이 이루어졌다고 볼 수 있다. 피고인은 갑 집회의 위법성을 인식한 상태에서 이를 수용하여 도로 점거 등 교통을 방해하는 직접적 행위를 하였다고 보인다. 갑 집회 참가자들이 도로를 점거함으로써 차량의 통행이 전면적으로

제한되는 상태가 계속되었다. 그러므로 도로 점거행위는 직접적인 교통방해 행위에 해당하거나 교통방해의 위법상태를 지속시켰다고 평가할 수 있다. **갑 집회·시위의 내용과 진행 상황, 집회 참가자들이 질서유지선을 넘어 도로를 점거한 채 행진하는 등 구체적인 행위 모습, 도로 점거의 지속시간, 피고인이 다른 집회 참가자들과 함께 도로 점거를 계속한 점 등에 비추어 위 범행에 대한 본질적 기여를 통한 기능적 행위지배가 있다고 볼 수 있다.** 이러한 점을 종합하면, **피고인은 일반교통방해죄의 공모공동정범으로서 책임이 있다.** 이와 달리 보아 공소사실을 무죄로 판단한 원심판결에 일반교통방해죄의 공모공동정범에 관한 법리오해 등의 잘못이 있다.

186. 제186조(기차, 선박 등의 교통방해)

(1) 현행

第186條(汽車, 船舶 等의 交通妨害)
軌道, 燈臺 또는 標識를 損壞하거나 其他 方法으로 **汽車, 電車, 自動車, 船舶 또는 航空機의 交通을** 妨害한 者는 1年 以上의 有期懲役에 處한다.

제186조(기차, 선박 등의 교통방해)
궤도, 등대 또는 표지를 손괴하거나 기타 방법으로 기차, 전차, 자동차, 선박 또는 항공기의 교통을 방해한 자는 1년 이상의 유기징역에 처한다.

(2) 개선방안

제186조(궤도·등대·표지 손괴와 기차·전차·자동차·선박·항공기 교통방해)
궤도·등대·표지를 손괴한 사람 또는 그 밖의 방법으로 **기차·전차·자동차·선박·항공기 교통을** 방해한 사람은 1년 이상 징역형으로 처벌된다.

【개정방향】
※ 제목변경
※ 명확성·간결성·가독성·국어문법정비
※ 일본식 조사 '의' 삭제
※ 온점(·) 활용: (,) ⇒ (·) 형법 제157조와 제324조2(인질강요)에서 이미 사용 중
※ [1]행위주체 [2]행위객체 [3]행위(법조문에 표시하면 가독성을 높일 수 있음)
※ 보호법익: 공공 교통안전, 원활한 교통소통, 공중 생명 신체 재산에 대한 안전
※ 보호정도: 추상적 위험범

(3) 조문해설

가. 형법 제186조는 궤도 · 등대 · 표지 손괴와 기차 · 전차 · 자동차 · 선박 · 항공기 교통방해를 규정하고 있다.

나. 주요내용을 보면, **궤도 · 등대 · 표지를** 손괴한 사람 또는 그 밖의 방법으로 **기차 · 전차 · 자동차 · 선박 · 항공기 교통을** 방해한 사람은 1년 이상 징역형으로 처벌된다.

187. 제187조(기차 등의 전복 등)

(1) 현행

第187條(汽車 等의 顚覆 等)
사람의 現存하는 汽車, 電車, 自動車, 船舶 또는 航空機를 顚覆, 埋沒, 墜落 또는 破壞한 者는 無期 또는 3年 以上의 懲役에 處한다.

제187조(기차 등의 전복 등)
사람의 현존하는 기차, 전차, 자동차, 선박 또는 항공기를 전복, 매몰, 추락 또는 파괴한 자는 무기 또는 3년 이상의 징역에 처한다.

(2) 개선방안

제187조(기차 · 전차 · 자동차 · 선박 · 항공기 전복 · 매몰 · 추락 · 파괴)
사람이 현존하는 기차 · 전차 · 자동차 · 선박 · 항공기를 전복 · 매몰 · 추락 · 파괴한 사람은 무기형 · 3년 이상 징역형으로 처벌된다.

【개정방향】
※ 제목변경
※ 명확성 · 간결성 · 가독성
※ 일본식 조사 '의' 삭제
※ 온점(·) 활용: (,) ⇒ (·) 형법 제157조와 제324조2(인질강요)에서 이미 사용 중
※ 국어문법정비
※ [1]행위주체 [2]행위객체 [3]행위(법조문에 표시하면 가독성을 높일 수 있음)
※ 사람의 현존하는 ⇒ 사람이 현존하는

(3) 조문해설

가. 형법 제187조는 기차・전차・자동차・선박・항공기 전복・매몰・추락・파괴를 규정하고 있다.

나. 주요내용을 보면, 사람이 현존하는 기차・전차・자동차・선박・항공기를 전복・매몰・추락・파괴한 사람은 무기형・3년 이상 징역형으로 처벌된다.

188. 제188조(교통방해치사상)

(1) 현행

第188條(交通妨害致死傷)
第185條 내지 第187條의 罪를 犯하여 사람을 傷害에 이르게 한 때에는 無期 또는 3年 이상의 懲役에 處한다. 死亡에 이르게 한 때에는 無期 또는 5年 이상의 懲役에 處한다.
[全文改正 1995.12.29.]

제188조(교통방해치사상)
제185조 내지 제187조의 죄를 범하여 사람을 상해에 이르게 한 때에는 무기 또는 3년 이상의 징역에 처한다. 사망에 이르게 한 때에는 무기 또는 5년 이상의 징역에 처한다.
[전문개정 1995.12.29]

(2) 개선방안

제188조(교통방해치상・교통방해치사)

① 제185조・제186조・제187조 죄를 범하여 사람을 상해에 이르게 한 사람은 무기형・3년 이상 징역형으로 처벌된다.

② 제185조・제186조・제187조 죄를 범하여 사람을 사망에 이르게 한 사람은 무기형・5년 이상 징역형으로 처벌된다. [전문개정 1995.12.29.]

【개정방향】

※ 제목변경

※ 명확성・간결성・가독성・국어문법정비

※ 일본식 조사 '의' 삭제

※ 온점(・) 활용: (,) ⇒ (・) 형법 제157조와 제324조2(인질강요)에서 이미 사용 중

※ [1]행위주체 [2]행위객체 [3]행위 [4]결과(법조문에 표시하면 가독성을 높일 수 있음)

※ 제1항과 제2항을 분리함

※ 기본범죄는 기수・미수를 불문한다.

(3) 조문해설

가. 형법 제188조는 교통방해치상 · 교통방해치사를 규정하고 있다.

나. 주요내용을 보면, ① 제185조 · 제186조 · 제187조 죄를 범하여 사람을 상해에 이르게 한 사람은 무기형 · 3년 이상 징역형으로 처벌된다. ② 제185조 · 제186조 · 제187조 죄를 범하여 사람을 사망에 이르게 한 사람은 무기형 · 5년 이상 징역형으로 처벌된다. [전문개정 1995.12.29.]

(4) | 관련판례 | 대법원 2014. 7. 24. 선고 2014도6206 판결 [교통방해치사상죄의 성립 요건 및 교통방해 행위와 사상 결과 사이 상당인과관계를 인정할 수 있는 경우] 결과적 가중범과 예견가능성

가. 형법 제188조 교통방해치사상죄는 결과적 가중범이다. 위 죄가 성립하려면 교통방해 행위와 사상(死傷) 결과 사이 상당인과관계가 있어야 한다. 행위 당시에 결과발생을 예견할 수 있어야 한다. 그리고 교통방해행위가 피해자 사상결과를 발생하게 한 유일 원인 또는 직접 원인이 된 경우, 그 행위와 결과 사이 피해자 또는 제3자 과실 등 다른 사실이 개재된 경우에도, 통상 예견될 수 있는 것이라면, 상당인과관계를 인정할 수 있다.

나. 피고인이 고속도로 2차로를 따라 자동차를 운전하다가 1차로를 진행하던 갑의 차량 앞에 급하게 끼어든 후 곧바로 정차하였다. 갑의 차량과 이를 뒤따르던 차량 두 대는 급정차하였다. 그러나 그 뒤를 따라오던 을의 차량이 앞의 차량들을 연쇄적으로 추돌하였다. 을은 사망에 이르고, 나머지 차량 운전자 등 피해자들은 상해를 입었다.

다. **편도 2차로의 고속도로 1차로 한가운데에 정차한 피고인은 현장의 교통상황이나 일반인의 운전 습관 · 행태 등에 비추어 고속도로를 주행하는 다른 차량 운전자들이 제한속도 준수나 안전거리 확보 등의 주의의무를 완전하게 다하지 않을 수도 있다는 점을 알았거나 충분히 알 수 있었다. 그러므로 피고인의 정차 행위와 사상 결과 발생 사이 상당인과관계가 있다. 사상 결과 발생에 대한 예견가능성도 인정된다.**

라. 이 사안은 피고인에게 일반교통방해치사상죄를 인정한 사례이다. 이때 과실이란 중한 결과발생을 예견하지 못한 과실이다. 과실범의 인과관계와 객관적 귀속을 말한다.

189. 제189조(과실, 업무상과실, 중과실)

(1) 현행

第189條(過失, 業務上過失, 重過失)
① **過失로 因하여** 第185條 乃至 第187條의 罪를 犯한 者는 1千萬원 以下의 罰金에 處한다. 〈改正 1995.12.29.〉
② **業務上過失 또는 重大한 過失로 因하여** 第185條 乃至 第187條의 罪를 犯한 者는 3年 以下의 禁錮 또는 2千萬원 以下의 罰金에 處한다. 〈改正 1995.12.29.〉

제189조(과실, 업무상과실, 중과실)
① 과실로 인하여 제185조 내지 제187조의 죄를 범한 자는 1천만원 이하의 벌금에 처한다. 〈개정 1995.12.29〉
② 업무상과실 또는 중대한 과실로 인하여 제185조 내지 제187조의 죄를 범한 자는 3년 이하의 금고 또는 2천만원 이하의 벌금에 처한다. 〈개정 1995.12.29〉

(2) 개선방안

제189조(과실교통방해 · 업무과실교통방해 · 중과실교통방해)
① 과실로 제185조 · 제186조 · 제187조 죄를 범한 사람은 1천만원 이하 벌금형으로 처벌된다. 〈개정 1995.12.29〉
② 업무과실 · 중과실로 제185조 · 제186조 · 제187조 죄를 범한 사람은 3년 이하 금고 · 2천만원 이하 벌금형으로 처벌된다. 〈개정 1995.12.29.〉

【개정방향】
※ 제목변경
※ 명확성 · 간결성 · 가독성
※ 일본식 조사 '의' 삭제 · 중국식 조사 '상' 삭제
※ 온점(·) 활용: (,) ⇒ (·) 형법 제157조와 제324조2(인질강요)에서 이미 사용 중
※ 국어어순정비
※ [1]행위주체 [2]행위객체 [3]행위(법조문에 표시하면 가독성을 높일 수 있음)
※ **過失로 因하여 ⇒ 과실로**

(3) 조문해설

가. 형법 제189조는 과실교통방해 · 업무과실교통방해 · 중과실교통방해를 규정하고 있다.

나. 주요내용을 보면, ① 과실로 제185조 · 제186조 · 제187조 죄를 범한 사람은 1천만원 이하 벌금형으로 처벌된다. 〈개정 1995.12.29.〉 ② 업무과실 · 중과실로 제185조 · 제186조 · 제187조 죄를 범한 사람은 3년 이하 금고 2천만원 이하 벌금형으로 처벌된다. 〈개정 1995.12.29.〉

190. 제190조(미수범)

(1) 현행

第190條(未遂犯)
第185條 乃至 第187條의 未遂犯은 處罰한다.

제190조(미수범)
제185조 내지 제187조의 미수범은 처벌한다.

(2) 개선방안

제190조(미수범)
제185조 · 제186조 · 제187조 미수범은 처벌된다.

【개정방향】
※ 명확성 · 간결성 · 가독성
※ 온점(·) 활용: (,) ⇒ (·) 형법 제157조와 제324조2(인질강요)에서 이미 사용 중
※ 국어문법정비

(3) 조문해설

가. 형법 제190조는 미수범을 규정하고 있다.
나. 주요내용을 보면, 제185조 · 제186조 · 제187조 미수범은 처벌된다.

191. 제191조(예비, 음모)

(1) 현행

第191條(豫備, 陰謀)
第186條 또는 第187條의 罪를 犯할 目的으로 豫備 또는 陰謀한 者는 3年 以下의 懲役에 處한다.

제191조(예비, 음모)
제186조 또는 제187조의 죄를 범할 목적으로 예비 또는 음모한 자는 3년 이하의 징역에 처한다.

(2) 개선방안

제191조(예비 · 음모)
제186조 · 제187조 죄를 범할 목적으로 예비 · 음모한 사람은 3년 이하 징역형으로 처벌된다.

【개정방향】
※ 제목변경
※ 명확성 · 간결성 · 가독성
※ 일본식 조사 '의' 삭제
※ 온점(·) 활용: (,) ⇒ (·) 형법 제157조와 제324조2(인질강요)에서 이미 사용 중
※ 국어문법정비

(3) 조문해설

가. 형법 제191조는 예비 · 음모를 규정하고 있다.

나. 주요내용을 보면, 제186조 · 제187조 죄를 범할 목적으로 예비 · 음모한 사람은 3년 이하 징역형으로 처벌된다.

제16장

飮用水에 관한 罪

192. 제192조(음용수의 사용방해)

(1) 현행

第192條(飮用水의 使用妨害)
① **日常飮用에 供하는 淨水에** 汚物을 混入하여 飮用하지 못하게 한 者는 1年 以下의 懲役 또는 500萬원 以下의 罰金에 處한다. 〈改正 1995.12.29.〉
② **前項의 飮用水에** 毒物 其他 健康을 害할 物件을 混入한 者는 10年 以下의 懲役에 處한다.

제192조(음용수의 사용방해)
① 일상음용에 공하는 정수에 오물을 혼입하여 음용하지 못하게 한 자는 1년 이하의 징역 또는 500만원 이하의 벌금에 처한다. 〈개정 1995.12.29〉
② 전항의 음용수에 독물 기타 건강을 해할 물건을 혼입한 자는 10년 이하의 징역에 처한다.

(2) 개선방안

제1안 ★★★★★
제192조(음용수 사용방해)
① **일상음용에 사용하는 정수(淨水)에** 오물을 혼입하여 음용하지 못하게 한 사람은 1년 이하 징역형·500만원 이하 벌금형으로 처벌된다. 〈개정 1995.12.29〉
② **일상음용에 사용하는 정수(淨水)에** 독물·그 밖에 건강을 해할 물건을 혼입한 사람은 10년 이하 징역형으로 처벌된다.

제2안
제192조(음용수 사용방해)
① **일상음용에 사용하는 정수(淨水)에** 오물을 혼입하여 음용하지 못하게 한 사람은 1

년 이하 징역형 · 500만원 이하 벌금형으로 처벌된다. 〈개정 1995.12.29〉
② **제1항 음용수에** 독물 · 그 밖에 건강을 해할 물건을 혼입한 사람은 10년 이하 징역형으로 처벌된다.

【개정방향】
※ 제목변경
※ 명확성 · 간결성 · 가독성
※ 일본식 조사 '의' 삭제
※ 국어문법정비
※ 온점(·) 활용: (,) ⇒ (·) 형법 제157조와 제324조2(인질강요)에서 이미 사용 중
※ 일상음용에 공하는 정수에 ⇒ 일상음용에 사용하는 정수에
※ 전항의 음용수에 ⇒ 일상음용에 사용하는 정수에

(3) 조문해설

가. 형법 제192조는 음용수 사용방해를 규정하고 있다.

나. 주요내용을 보면, ① 일상음용에 사용하는 정수(淨水)에 오물을 혼입하여 음용하지 못하게 한 사람은 1년 이하 징역형 · 500만원 이하 벌금형으로 처벌된다. 〈개정 1995.12.29.〉 ② 일상음용에 사용하는 정수(淨水)에 독물 · 그 밖에 건강을 해할 물건을 혼입한 사람은 10년 이하 징역형으로 처벌된다.

193. 제193조(수도음용수의 사용방해)

(1) 현행

第193條(水道飮用水의 使用妨害)
① 水道에 依하여 **公衆의 飮用에 供하는 淨水 또는 그 水源에** 汚物을 混入하여 飮用하지 못하게 한 者는 1年 以上 10年 以下의 懲役에 處한다.
② **前項의 飮用水 또는 水源에** 毒物 其他 健康을 害할 物件을 混入한 者는 2年 以上의 有期懲役에 處한다.

제193조(수도음용수의 사용방해)
① 수도에 의하여 공중의 음용에 공하는 정수 또는 그 수원에 오물을 혼입하여 음용하지 못하게 한 자는 1년 이상 10년 이하의 징역에 처한다.
② 전항의 음용수 또는 수원에 독물 기타 건강을 해할 물건을 혼입한 자는 2년 이상의 유기징역에 처한다.

(2) 개선방안

제1안 ★★★★★

제193조(수도음용수 사용방해)

① **수도로 공중음용에 사용하는 정수 · 그 수원에** 오물을 혼입하여 음용하지 못하게 한 사람은 1년 이상 10년 이하 징역형으로 처벌된다.

② **수도로 공중음용에 사용하는 정수 · 그 수원에** 독물 · 그 밖에 건강을 해할 물건을 혼입한 사람은 2년 이상 징역형으로 처벌된다.

제2안

제193조(수도음용수 사용방해)

① **수도로 공중음용에 사용하는 정수 · 그 수원에** 오물을 혼입하여 음용하지 못하게 한 사람은 1년 이상 10년 이하 징역형으로 처벌된다.

② **제1항 음용수 · 수원에** 독물 · 그 밖에 건강을 해할 물건을 혼입한 사람은 2년 이상 징역형으로 처벌된다.

【개정방향】

※ 제목변경

※ 명확성 · 간결성 · 가독성

※ 일본식 조사 '의' 삭제

※ 일본식 표현 '에 의하여' ⇒ 로 수정. 수도에 의하여 ⇒ 수도로

※ 온점(·) 활용: (,) ⇒ (·) 형법 제157조와 제324조2(인질강요)에서 이미 사용 중

※ 국어문법정비

※ 제193조 제1항: 결과범(음용하지 못하게 된 결과발생)

(3) 조문해설

가. 형법 제193조는 수도음용수 사용방해를 규정하고 있다.

나. 주요내용을 보면, ① **수도로 공중음용에 사용하는 정수 · 그 수원에** 오물을 혼입하여 음용하지 못하게 한 사람은 1년 이상 10년 이하 징역형으로 처벌된다. ② **수도로 공중음용에 사용하는 정수 · 그 수원에** 독물 · 그 밖에 건강을 해할 물건을 혼입한 사람은 2년 이상 징역형으로 처벌된다.

194. 제194조(음용수혼독치사상)

(1) 현행

第194條(飮用水混毒致死傷)
第192條第2項 또는 第193條第2項의 罪를 犯하여 사람을 傷害에 이르게 한 때에는 無期 또는 3年 이상의 懲役에 處한다. 死亡에 이르게 한 때에는 無期 또는 5年 이상의 懲役에 處한다. [全文改正 1995.12.29.]

제194조(음용수혼독치사상)
제192조제2항 또는 제193조제2항의 죄를 범하여 사람을 상해에 이르게 한 때에는 무기 또는 3년 이상의 징역에 처한다. 사망에 이르게 한 때에는 무기 또는 5년 이상의 징역에 처한다. [전문개정 1995.12.29]

(2) 개선방안

제194조(음용수 혼독치사상)
① 제192조 제2항·제193조 제2항 죄를 범하여 사람을 상해에 이르게 한 사람은 무기형·3년 이상 징역형으로 처벌된다.
② 제192조 제2항·제193조 제2항 죄를 범하여 사망에 이르게 한 사람은 무기형·5년 이상 징역형으로 처벌된다. [전문개정 1995.12.29.]

【개정방향】
※ 명확성·간결성·가독성
※ 일본식 표현 '에 의하여'⇒로 수정
※ 일본식 조사 '의' 삭제
※ 온점(·) 활용: (,)⇒(·) 형법 제157조와 제324조2(인질강요)에서 이미 사용 중
※ 결과가중범: 제1항·제2항 분리함
※ 국어문법정비

(3) 조문해설

가. 형법 제194조는 음용수 혼독치사상을 규정하고 있다.
나. 주요내용을 보면, ① 제192조 제2항·제193조 제2항 죄를 범하여 사람을 상해에 이르게 한 사람은 무기형·3년 이상 징역형으로 처벌된다. ② 제192조 제2항·제193조 제2항 죄를 범하여 사망에 이르게 한 사람은 무기형·5년 이상 징역형으로 처벌된다. [전문개정 1995.12.29.]

195. 제195조(수도불통)

(1) 현행

第195條(水道不通)
公衆의 飮用水를 供給하는 水道 其他 施設을 損壞 其他 方法으로 不通하게 한 者는 1年 以上 10年 以下의 懲役에 處한다.

제195조(수도불통)
공중의 음용수를 공급하는 수도 기타 시설을 손괴 기타 방법으로 불통하게 한 자는 1년 이상 10년 이하의 징역에 처한다.

(2) 개선방안

제195조(수도손괴 · 수도불통)
공중음용수를 공급하는 수도 · 시설을 손괴 · 그 밖의 방법으로 불통하게 한 사람은 1년 이상 10년 이하 징역형으로 처벌된다.

【개정방향】
※ 명확성 · 간결성 · 가독성
※ 일본식 조사 '의' 삭제
※ 온점(·) 활용: (,) ⇒ (·) 형법 제157조와 제324조2(인질강요)에서 이미 사용 중
※ 국어문법정비
※ 1년 이상 10년 이하의 징역에 ⇒ 1년 이상 10년 이하 징역형으로
※ 공중의 음용수를 ⇒ 공중음용수를
※ 처한다 ⇒ 처벌된다.

(3) 조문해설

가. 형법 제195조는 수도손괴 · 수도불통을 규정하고 있다.

나. 주요내용을 보면, **공중음용수를 공급하는 수도 · 시설을** 손괴 · 그 밖의 방법으로 불통하게 한 사람은 1년 이상 10년 이하 징역형으로 처벌된다.

196. 제196조(미수범)

(1) 현행

第196條(未遂犯)
第192條第2項, 第193條第2項과 前條의 未遂犯은 處罰한다.

제196조(미수범)
제192조제2항, 제193조제2항과 전조의 미수범은 처벌한다.

(2) 개선방안

제196조(미수범)
제192조 제2항 · 제193조 제2항 · 제195조 미수범은 처벌된다.

【개정방향】
※ 명확성 · 간결성 · 가독성
※ 일본식 조사 '의' 삭제
※ 온점(·) 활용: (,) ⇒ (·) 형법 제157조와 제324조2(인질강요)에서 이미 사용 중
※ 국어문법정비

(3) 조문해설

가. 형법 제196조는 미수범을 규정하고 있다.
나. 주요내용을 보면, 제192조 제2항 · 제193조 제2항 · 제195조 미수범은 처벌된다.

197. 제197조(예비, 음모)

(1) 현행

第197條(豫備, 陰謀)
第192條第2項, 第193條第2項 또는 第195條의 罪를 犯할 目的으로 豫備 또는 陰謀한 者는 2年 以下의 懲役에 處한다.

제197조(예비, 음모)
제192조제2항, 제193조제2항 또는 제195조의 죄를 범할 목적으로 예비 또는 음모한 자는 2년 이하의 징역에 처한다.

(2) 개선방안

제197조(예비 · 음모)
제192조 제2항 · 제193조 제2항 · 제195조 죄를 범할 목적으로 예비 · 음모한 사람은 2년 이하 징역형으로 처벌된다.

【개정방향】
※ 제목변경
※ 명확성 · 간결성 · 가독성
※ 일본식 조사 '의' 삭제
※ 온점(·) 활용: (,) ⇒ (·) 형법 제157조와 제324조2(인질강요)에서 이미 사용 중
※ 국어문법정비

(3) 조문해설

가. 형법 제197조는 예비 · 음모를 규정하고 있다.

나. 주요내용을 보면, 제192조 제2항 · 제193조 제2항 · 제195조 죄를 범할 목적으로 예비 · 음모한 사람은 2년 이하 징역형으로 처벌된다.

제17장

阿片에 관한 罪

198. 제198조(아편 등의 제조 등)

(1) 현행

第198條(阿片 等의 製造 等)
阿片, 몰핀 또는 그 化合物을 製造, 輸入 또는 販賣하거나 販賣할 目的으로 所持한 者는 10年 以下의 懲役에 處한다.

제198조(아편 등의 제조 등)
아편, 몰핀 또는 그 화합물을 제조, 수입 또는 판매하거나 판매할 목적으로 소지한 자는 10년 이하의 징역에 처한다.

(2) 개선방안

제1안 ★★★★★
제198조(아편ㆍ몰핀ㆍ그 화합물 제조ㆍ수입ㆍ판매ㆍ소지)
① 아편ㆍ몰핀ㆍ그 화합물을 제조ㆍ수입ㆍ판매한 사람은 10년 이하 징역형으로 처벌된다.
② **판매할 목적으로** 아편ㆍ몰핀ㆍ그 화합물을 소지한 사람은 10년 이하 징역형으로 처벌된다.

제2안
제198조(아편ㆍ몰핀ㆍ그 화합물 제조ㆍ수입ㆍ판매ㆍ소지)
① 아편ㆍ몰핀ㆍ그 화합물을 제조ㆍ수입ㆍ판매한 사람은 10년 이하 징역형으로 처벌된다.
② 아편ㆍ몰핀ㆍ그 화합물을 판매할 목적으로 소지한 사람은 10년 이하 징역형으로 처벌된다.

【개정방향】
※ 제목변경
※ 명확성 · 간결성 · 가독성 · 국어문법정비
※ 일본식 조사 '의' 삭제
※ 온점(·) 활용: (,) ⇒ (·) 형법 제157조와 제324조2(인질강요)에서 이미 사용 중
※ 제1항 · 제2항 분리함

(3) 조문해설

가. 형법 제198조는 아편 · 몰핀 · 그 화합물 제조 · 수입 · 판매 · 소지를 규정하고 있다.

나. 주요내용을 보면, ① 아편 · 몰핀 · 그 화합물을 제조 · 수입 · 판매한 사람은 10년 이하 징역형으로 처벌된다. ② **판매할 목적으로** 아편 · 몰핀 · 그 화합물을 소지한 사람은 10년 이하 징역형으로 처벌된다.

199. 제199조(아편흡식기의 제조 등)

(1) 현행

第199條(阿片吸食器의 製造 等)
阿片을 吸食하는 器具를 製造, 輸入 또는 販賣하거나 販賣할 目的으로 所持한 者는 5年 以下의 懲役에 處한다.

제199조(아편흡식기의 제조 등)
아편을 흡식하는 기구를 제조, 수입 또는 판매하거나 판매할 목적으로 소지한 자는 5년 이하의 징역에 처한다.

(2) 개선방안

제1안 ★★★★★
제199조(아편흡식기 제조 · 수입 · 판매 · 소지)
① **아편흡식기구를** 제조 · 수입 · 판매한 사람은 5년 이하 징역형으로 처벌된다.
② **판매할 목적으로 아편흡식기구를** 소지한 사람은 5년 이하 징역형으로 처벌된다.

제2안
제199조(아편흡식기 제조 · 수입 · 판매 · 소지)

① **아편을 흡식하는 기구를** 제조・수입・판매한 사람은 5년 이하 징역형으로 처벌된다.
② 아편을 흡식하는 기구를 판매할 목적으로 소지한 사람은 5년 이하 징역형으로 처벌된다.

【개정방향】
※ 제목변경
※ 명확성・간결성・가독성・국어문법정비
※ 일본식 조사 '의' 삭제
※ 온점(・) 활용: (,) ⇒ (・) 형법 제157조와 제324조2(인질강요)에서 이미 사용 중
※ 제1항・제2항 분리함

(3) 조문해설

가. 형법 제199조는 아편흡식기 제조・수입・판매・소지를 규정하고 있다.

나. 주요내용을 보면, ① **아편흡식기구를** 제조・수입・판매한 사람은 5년 이하 징역형으로 처벌된다. ② **판매할 목적으로** 아편흡식기구를 소지한 사람은 5년 이하 징역형으로 처벌된다.

200. 제200조(세관 공무원의 아편 등의 수입)

(1) 현행

第200條(稅關 公務員의 阿片 等의 輸入)
稅關의 公務員이 **阿片, 몰핀이나 그 化合物 또는 阿片吸食器具를** 輸入하거나 그 輸入을 許容한 때에는 1年 以上의 有期懲役에 處한다.

제200조(세관 공무원의 아편 등의 수입)
세관의 공무원이 아편, 몰핀이나 그 화합물 또는 아편흡식기구를 수입하거나 그 수입을 허용한 때에는 1년 이상의 유기징역에 처한다.

(2) 개선방안

제1안 ★★★★★
제200조(세관공무원 아편・몰핀・그 화합물・아편흡식기구 수입・수입허용)
아편・몰핀・그 화합물・아편흡식기구를 수입・수입을 허용한 세관공무원은 1년 이상 징역형으로 처벌된다.

제2안

제200조(세관공무원 아편 · 몰핀 · 그 화합물 · 아편흡식기구 수입 · 수입허용)

아편 · 몰핀 · 그 화합물 · 아편흡식기구를 수입한 세관공무원 또는 수입을 허용한 세관공무원은 1년 이상 징역형으로 처벌된다.

【개정방향】
※ 제목변경
※ 명확성 · 간결성 · 가독성
※ 일본식 조사 '의' 삭제
※ 온점(·) 활용: (,) ⇒ (·) 형법 제157조와 제324조2(인질강요)에서 이미 사용 중
※ 전형적 법조문으로 개정: 행위주체를 뒤로 이동함. 신분범
※ 국어문법정비
※ 세관의 공무원이 ⇒ 세관공무원은
※ 아편, 몰핀이나 그 화합물 또는 아편흡식기구를 ⇒ 아편 · 몰핀 · 그 화합물 · 아편흡식기구를

(3) 조문해설

가. 형법 제200조는 세관공무원 아편 · 몰핀 · 그 화합물 · 아편흡식기구 수입 · 수입허용을 규정하고 있다.

나. 주요내용을 보면, 아편 · 몰핀 · 그 화합물 · 아편흡식기구를 수입 · 수입을 허용한 세관공무원은 1년 이상 징역형으로 처벌된다.

201. 제201조(아편흡식등, 동장소제공)

(1) 현행

第201條(阿片吸食 等, 同場所提供)
① 阿片을 吸食하거나 몰핀을 注射한 者는 5年 以下의 懲役에 處한다.
② 阿片吸食 또는 몰핀 注射의 場所를 提供하여 利益을 取한 者도 前項의 刑과 같다.

제201조(아편흡식등, 동장소제공)
① 아편을 흡식하거나 몰핀을 주사한 자는 5년 이하의 징역에 처한다.
② 아편흡식 또는 몰핀 주사의 장소를 제공하여 이익을 취한 자도 전항의 형과 같다.

(2) 개선방안

제201조(아편흡식 · 몰핀주사 · 아편흡식장소제공 · 몰핀주사장소제공)
① 아편을 흡식한 사람 또는 몰핀을 주사한 사람은 5년 이하 징역형으로 처벌된다.
② 아편흡식장소 · 몰핀주사장소를 제공하여 이익을 취한 사람은 5년 이하 징역형으로 처벌된다.

【개정방향】
※ 제목변경
※ 명확성 · 간결성 · 가독성
※ 일본식 조사 '의' 삭제
※ 온점(·) 활용: (,) ⇒ (·) 형법 제157조와 제324조2(인질강요)에서 이미 사용 중
※ 국어문법정비

(3) 조문해설

가. 형법 제201조는 아편흡식 · 몰핀주사 · 아편흡식장소제공 · 몰핀주사장소제공을 규정하고 있다.

나. 주요내용을 보면, ① 아편을 흡식한 사람 또는 몰핀을 주사한 사람은 5년 이하 징역형으로 처벌된다. ② 아편흡식장소 · 몰핀주사장소를 제공하여 이익을 취한 사람은 5년 이하 징역형으로 처벌된다.

202. 제202조(미수범)

(1) 현행

第202條(未遂犯)
前4條의 未遂犯은 處罰한다.

제202조(미수범)
전4조의 미수범은 처벌한다.

(2) 개선방안

제202조(미수범)
제198조 · 제199조 · 제200조 · 제201조 미수범은 처벌된다.

【개정방향】
※ 명확성 · 간결성 · 가독성
※ 온점(·) 활용: (,) ⇒ (·) 형법 제157조와 제324조2(인질강요)에서 이미 사용 중
※ 국어문법정비

(3) 조문해설

가. 형법 제202조는 미수범을 규정하고 있다.
나. 주요내용을 보면, 제198조 · 제199조 · 제200조 · 제201조 미수범은 처벌된다.

203. 제203조(상습범)

(1) 현행

第203條(常習犯)
常習으로 前5條의 罪를 犯한 때에는 各條에 定한 刑의 2分의 1까지 加重한다.

제203조(상습범)
상습으로 전5조의 죄를 범한 때에는 각조에 정한 형의 2분의 1까지 가중한다.

(2) 개선방안

제203조(상습범)
상습으로 제198조 · 제199조 · 제200조 · 제201조 · 제202조 죄를 범한 사람은 각조에 정한 법정형 2분의 1까지 가중처벌된다.

【개정방향】
※ 명확성 · 간결성 · 가독성
※ 일본식 조사 '의' 삭제
※ 온점(·) 활용: (,) ⇒ (·) 형법 제157조와 제324조2(인질강요)에서 이미 사용 중
※ 국어문법정비

(3) 조문해설

가. 형법 제203조는 상습범을 규정하고 있다.
나. 주요내용을 보면, 상습으로 제198조 · 제199조 · 제200조 · 제201조 · 제202조 죄를 범한 사람은 각조에 정한 법정형 2분의 1까지 가중처벌된다.

204. 제204조(자격정지 또는 벌금의 병과)

(1) 현행

第204條(資格停止 또는 罰金의 併科)
第198條 내지 第203條의 境遇에는 10年 以下의 資格停止 또는 2千萬원 以下의 罰金을 併科할 수 있다. 〈改正 1995.12.29.〉

제204조(자격정지 또는 벌금의 병과)
제198조 내지 제203조의 경우에는 10년 이하의 자격정지 또는 2천만원 이하의 벌금을 병과할 수 있다. 〈개정 1995.12.29〉

(2) 개선방안

제204조(자격정지형 · 벌금형 병과)
제198조 · 제199조 · 제200조 · 제201조 · 제202조 · 제203조 경우 2천만원 이하 벌금형 · 10년 이하 자격정지형이 병과될 수 있다. 〈개정 1995.12.29.〉

【개정방향】
※ 제목변경
※ 명확성 · 간결성 · 가독성
※ 일본식 조사 '의' 삭제
※ 온점(·) 활용: (,) ⇒ (·) 형법 제157조와 제324조2(인질강요)에서 이미 사용 중
※ 국어문법정비

(3) 조문해설

가. 형법 제204조는 자격정지형 · 벌금형 병과를 규정하고 있다.

나. 주요내용을 보면, 제198조 · 제199조 · 제200조 · 제201조 · 제202조 · 제203조 경우 2천만원 이하 벌금형 · 10년 이하 자격정지형이 병과될 수 있다. 〈개정 1995.12.29.〉

205. 제205조(아편 등의 소지)

(1) 현행

第205條(阿片 等의 所持)
阿片, 몰핀이나 그 化合物 또는 阿片吸食器具를 所持한 者는 1年 以下의 懲役 또는 500萬원 以下의 罰金에 處한다. 〈改正 1995.12.29.〉

제205조(아편 등의 소지)
아편, 몰핀이나 그 화합물 또는 아편흡식기구를 소지한 자는 1년 이하의 징역 또는 500만원 이하의 벌금에 처한다. 〈개정 1995.12.29〉

(2) 개선방안

제205조(아편 · 몰핀 · 그 화합물 · 아편흡식기구 소지)
아편 · 몰핀 · 그 화합물 · 아편흡식기구를 소지한 사람은 1년 이하 징역형 · 500만원 이하 벌금형으로 처벌된다. 〈개정 1995.12.29.〉

【개정방향】
※ 제목변경
※ 명확성 · 간결성 · 가독성
※ 일본식 조사 '의' 삭제
※ 온점(·) 활용: (,) ⇒ (·) 형법 제157조와 제324조2(인질강요)에서 이미 사용 중
※ 국어문법정비
※ 판매할 목적이 없이 소지한 경우에 한하여 성립된다.
※ 아편 등의 소지 ⇒ 아편 · 몰핀 · 그 화합물 · 아편흡식기구 소지
※ 아편, 몰핀이나 그 화합물 또는 아편흡식기구를 ⇒ 아편 · 몰핀 · 그 화합물 · 아편흡식기구를
※ 소지한 자는 ⇒ 소지한 사람은

(3) 조문해설

가. 형법 제205조는 아편 · 몰핀 · 그 화합물 · 아편흡식기구 소지를 규정하고 있다.
나. 주요내용을 보면, **아편 · 몰핀 · 그 화합물 · 아편흡식기구를** 소지한 사람은 1년 이하 징역형 · 500만원 이하 벌금형으로 처벌된다. 〈개정 1995.12.29.〉

206. 제206조(몰수, 추징)

(1) 현행

第206條(沒收, 追徵)
本章의 罪에 提供한 阿片, 몰핀이나 그 化合物 또는 阿片吸食器具는 沒收한다. 그를 沒收하기 不能한 때에는 그 價額을 追徵한다.

제206조(몰수, 추징)
본장의 죄에 제공한 아편, 몰핀이나 그 화합물 또는 아편흡식기구는 몰수한다. 그를 몰수하기 불능한 때에는 그 가액을 추징한다.

(2) 개선방안

제206조(몰수·추징)
제17장의 죄에 제공한 아편·몰핀·그 화합물·아편흡식기구는 몰수된다. 몰수가 불가능한 경우 그 가액이 추징된다.

【개정방향】
※ 제목변경
※ 명확성·간결성·가독성
※ 일본식 조사 '의' 삭제
※ 온점(·) 활용: (,) ⇒ (·) 형법 제157조와 제324조2(인질강요)에서 이미 사용 중
※ 국어문법정비
※ 그를 몰수하기 불능한 때에는 ⇒ 몰수가 불가능한 경우
※ 그 가액을 추징한다 ⇒ 그 가액이 추징된다.

(3) 조문해설

가. 형법 제206조는 몰수·추징을 규정하고 있다.
나. 주요내용을 보면, 제17장의 죄에 제공한 아편·몰핀·그 화합물·아편흡식기구는 몰수된다. 몰수가 불가능한 경우 그 가액이 추징된다.
다. 형법 제48조 몰수대상과 추징·형법 제49조 몰수부가성을 참고하길 바란다.

제 18 장

通貨에 관한 罪

207. 제207조(통화의 위조 등)

(1) 현행

第207條(通貨의 僞造 等)
① 行使할 目的으로 **通用하는 大韓民國의 貨幣, 紙幣 또는 銀行券을** 僞造 또는 變造한 者는 無期 또는 2年 以上의 懲役에 處한다.
② 行使할 目的으로 **內國에서 流通하는 外國의 貨幣, 紙幣 또는 銀行券을** 僞造 또는 變造한 者는 1年 以上의 有期懲役에 處한다.
③ 行使할 目的으로 **外國에서 通用하는 外國의 貨幣, 紙幣 또는 銀行券을** 僞造 또는 變造한 者는 10年 以下의 懲役에 處한다.
④ **僞造 또는 變造한 前3項 記載의 通貨를** 行使하거나 行使할 目的으로 輸入 또는 輸出한 者는 그 僞造 또는 變造의 各 罪에 定한 刑에 處한다.

제207조(통화의 위조 등)
① 행사할 목적으로 통용하는 대한민국의 화폐, 지폐 또는 은행권을 위조 또는 변조한 자는 무기 또는 2년 이상의 징역에 처한다.
② 행사할 목적으로 내국에서 유통하는 외국의 화폐, 지폐 또는 은행권을 위조 또는 변조한 자는 1년 이상의 유기징역에 처한다.
③ 행사할 목적으로 외국에서 통용하는 외국의 화폐, 지폐 또는 은행권을 위조 또는 변조한 자는 10년 이하의 징역에 처한다.
④ 위조 또는 변조한 전3항 기재의 통화를 행사하거나 행사할 목적으로 수입 또는 수출한 자는 그 위조 또는 변조의 각 죄에 정한 형에 처한다.

(2) 개선방안

제1안
제207조(통화위조 · 통화변조 · 위조변조통화행사)
① 행사할 목적으로 **통용하는 대한민국 화폐 · 지폐 · 은행권을** 위조 · 변조한 사람은

무기형·2년 이상 징역형으로 처벌된다.

② 행사할 목적으로 **내국에서 유통하는 외국 화폐·지폐·은행권을** 위조·변조한 사람은 1년 이상 징역형으로 처벌된다.

③ 행사할 목적으로 **외국에서 통용하는 외국 화폐·지폐·은행권을** 위조·변조한 사람은 10년 이하 징역형으로 처벌된다.

④ 위조·변조한 **제3항** 기재 통화를 행사한 사람 또는 위조·변조한 **제3항** 기재 통화를 행사할 목적으로 수입·수출한 사람은 **10년 이하 징역형으로 처벌된다.**

제2안

제207조(통화위조·통화변조·위조변조통화행사)

① 행사할 목적으로 **통용하는 대한민국 화폐·지폐·은행권을** 위조·변조한 사람은 무기형·2년 이상 징역형으로 처벌된다.

② 행사할 목적으로 **내국에서 유통하는 외국 화폐·지폐·은행권을** 위조·변조한 사람은 1년 이상 징역형으로 처벌된다.

③ 행사할 목적으로 **외국에서 통용하는 외국 화폐·지폐·은행권을** 위조·변조한 사람은 10년 이하 징역형으로 처벌된다.

④ 위조·변조한 **제3항** 기재 통화를 행사한 사람 또는 **행사할 목적으로** 위조·변조한 **제3항** 기재 통화를 수입·수출한 사람은 **10년 이하 징역형으로 처벌된다.**

제3안 ★★★★★

제207조(통화위조·통화변조·위조변조통화행사)

① 행사할 목적으로 **통용하는 대한민국 화폐·지폐·은행권을** 위조·변조한 사람은 무기형·2년 이상 징역형으로 처벌된다.

② 행사할 목적으로 **내국에서 유통하는 외국 화폐·지폐·은행권을** 위조·변조한 사람은 1년 이상 징역형으로 처벌된다.

③ 행사할 목적으로 **외국에서 통용하는 외국 화폐·지폐·은행권을** 위조·변조한 사람은 10년 이하 징역형으로 처벌된다.

④ 위조·변조한 **외국에서 통용하는 외국 화폐·지폐·은행권을** 행사한 사람 또는 행사할 목적으로 위조·변조한 **외국에서 통용하는 외국 화폐·지폐·은행권을** 수입·수출한 사람은 **10년 이하 징역형으로 처벌된다.**

【개정방향】

※ 제목변경

※ 명확성·간결성·가독성

※ 일본식 조사 '의' 삭제

※ 온점(·) 활용: (,) ⇒ (·) 형법 제157조와 제324조2(인질강요)에서 이미 사용 중

※ 국어문법정비
※ 보호법익: 통화거래안전과 통화에 대한 공공신용, 진정목적범, 추상적 위험범
※ 행사할 목적: 형법 제208조와 통일

(3) 조문해설

가. 형법 제207조는 통화위조 · 통화변조 · 위조변조통화행사를 규정하고 있다.

나. 주요내용을 보면, ① 행사할 목적으로 통용하는 **대한민국 화폐 · 지폐 · 은행권을** 위조 · 변조한 사람은 무기형 · 2년 이상 징역형으로 처벌된다. ② 행사할 목적으로 **내국에서 유통하는 외국 화폐 · 지폐 · 은행권을** 위조 · 변조한 사람은 1년 이상 징역형으로 처벌된다. ③ 행사할 목적으로 **외국에서 통용하는 외국 화폐 · 지폐 · 은행권을** 위조 · 변조한 사람은 10년 이하 징역형으로 처벌된다. ④ 위조 · 변조한 **외국에서 통용하는 외국 화폐 · 지폐 · 은행권을** 행사한 사람 또는 행사할 목적으로 위조 · 변조한 **외국에서 통용하는 외국 화폐 · 지폐 · 은행권을** 수입 · 수출한 사람은 **10년 이하 징역형으로 처벌된다.**

208. 제208조(위조통화의 취득)

(1) 현행

第208條(僞造通貨의 取得)
行使할 目的으로 **僞造 또는 變造한 第207條 記載의 通貨를** 取得한 者는 5年 以下의 懲役 또는 1千500萬원 이하의 罰金에 處한다. 〈改正 1995.12.29.〉

제208조(위조통화의 취득)
행사할 목적으로 위조 또는 변조한 제207조 기재의 통화를 취득한 자는 5년 이하의 징역 또는 1천500만원 이하의 벌금에 처한다. 〈개정 1995.12.29〉

(2) 개선방안

제208조(위조통화취득)
행사할 목적으로 **위조 · 변조된 제207조 기재 통화를** 취득한 사람은 5년 이하 징역형 · 1천500만원 이하 벌금형으로 처벌된다.
〈개정 1995.12.29.〉

【개정방향】
※ 제목변경
※ 명확성 · 간결성 · 가독성
※ 일본식 조사 '의' 삭제
※ 온점(·) 활용: (,) ⇒ (·) 형법 제157조와 제324조2(인질강요)에서 이미 사용 중
※ 국어문법정비

(3) 조문해설

가. 형법 제208조는 위조통화취득을 규정하고 있다.

나. 주요내용을 보면, 행사할 목적으로 **위조 · 변조된 제207조 기재 통화를** 취득한 사람은 5년 이하 징역형 · 1천500만원 이하 벌금형으로 처벌된다. 〈개정 1995. 12.29.〉

209. 제209조(자격정지 또는 벌금의 병과)

(1) 현행

第209條(資格停止 또는 罰金의 併科)
第207條 또는 第208條의 罪를 犯하여 有期懲役에 處할 境遇에는 10年 以下의 資格停止 또는 2千萬원 以下의 罰金을 併科할 수 있다. 〈改正 1995.12.29.〉

제209조(자격정지 또는 벌금의 병과)
제207조 또는 제208조의 죄를 범하여 유기징역에 처할 경우에는 10년 이하의 자격정지 또는 2천만원 이하의 벌금을 병과할 수 있다. 〈개정 1995.12.29〉

(2) 개선방안

제209조(자격정지형 · 벌금형 병과)
제207조 · 제208조 죄를 범하여 유기징역형으로 처벌할 경우 10년 이하 자격정지형 · 2천만원 이하 벌금형이 병과될 수 있다. 〈개정 1995.12.29.〉

【개정방향】
※ 제목변경
※ 명확성 · 간결성 · 가독성 · 국어문법정비
※ 일본식 조사 '의' 삭제
※ 온점(·) 활용: (,) ⇒ (·) 형법 제157조와 제324조2(인질강요)에서 이미 사용 중

(3) 조문해설

가. 형법 제209조는 자격정지형 · 벌금형 병과를 규정하고 있다.

나. 주요내용을 보면, 제207조 · 제208조 죄를 범하여 유기징역형으로 처벌할 경우 10년 이하 자격정지형 · 2천만원 이하 벌금형이 병과될 수 있다. 〈개정 1995. 12.29.〉

210. 제210조(위조통화취득후의 지정행사)

(1) 현행

第210條(僞造通貨取得後의 知情行使)
第207條記載의 通貨를 取得한 後 그 情을 알고 行使한 者는 2年 以下의 懲役 또는 500萬원 以下의 罰金에 處한다. 〈改正 1995.12.29.〉

제210조(위조통화취득후의 지정행사)
제207조기재의 통화를 취득한 후 그 정을 알고 행사한 자는 2년 이하의 징역 또는 500만원 이하의 벌금에 처한다. 〈개정 1995.12.29〉

(2) 개선방안

제1안
제210조(위조통화 취득 후 지정행사)
제207조 기재 통화를 취득한 후 **그 정을 알고 행사한 사람은** 2년 이하 징역형 · 500만원 이하 벌금형으로 처벌된다. 〈개정 1995.12.29.〉

제2안 ★★★★★
제210조(위조통화 취득 후 지정행사)
제207조 기재 통화를 위조 · 변조된 통화임을 모르고 취득한 후, 위조 · 변조된 통화임을 알고 행사한 사람은 2년 이하 징역형 · 500만원 이하 벌금형으로 처벌된다. 〈개정 1995.12.29.〉

【개정방향】
※ 제목변경
※ 명확성 · 간결성 · 가독성 · 국어문법정비
※ 일본식 조사 '의' 삭제
※ 온점(·) 활용: (,) ⇒ (·) 형법 제157조와 제324조2(인질강요)에서 이미 사용 중

(3) 조문해설

가. 형법 제210조는 위조통화 취득 후 지정행사를 규정하고 있다.

나. 주요내용을 보면, 제207조 기재 통화를 위조·변조된 통화임을 모르고 취득한 후, 위조·변조된 통화임을 **알고 행사한 사람은** 2년 이하 징역형·500만원 이하 벌금형으로 처벌된다. 〈개정 1995.12.29.〉

211. 제211조(통화유사물의 제조 등)

(1) 현행

第211條(通貨類似物의 製造 等)
① 販賣할 目的으로 **內國 또는 外國에서 通用하거나 流通하는 貨幣, 紙幣 또는 銀行券에 類似한 物件을** 製造, 輸入 또는 輸出한 者는 3年 以下의 懲役 또는 700萬원 以下의 罰金에 處한다. 〈改正 1995.12.29.〉
② **前項의 物件을** 販賣한 者도 前項의 刑과 같다.

제211조(통화유사물의 제조 등)
① 판매할 목적으로 내국 또는 외국에서 통용하거나 유통하는 화폐, 지폐 또는 은행권에 유사한 물건을 제조, 수입 또는 수출한 자는 3년 이하의 징역 또는 700만원 이하의 벌금에 처한다. 〈개정 1995.12.29〉
② 전항의 물건을 판매한 자도 전항의 형과 같다.

(2) 개선방안

제211조(국내·국외 통용·유통 화폐·지폐·은행권 유사한 물건 제조·수입·수출·판매)
① 판매할 목적으로 **국내·국외에서 통용·유통되는 화폐·지폐·은행권과 유사한 물건을** 제조·수입·수출한 사람은 3년 이하 징역형·700만원 이하 벌금형으로 처벌된다. 〈개정 1995.12.29〉
② **국내·국외에서 통용·유통되는 화폐·지폐·은행권과 유사한 물건을** 판매한 사람은 3년 이하 징역형·700만원 이하 벌금형으로 처벌된다.

【개정방향】
※ 제목변경
※ 명확성·간결성·가독성
※ 일본식 조사 '의' 삭제

※ 온점(·) 활용: (,) ⇒ (·) 형법 제157조와 제324조2(인질강요)에서 이미 사용 중
※ 국어문법정비

(3) 조문해설

가. 형법 제211조는 국내·국외 통용·유통 화폐·지폐·은행권 유사한 물건 제조·수입·수출·판매를 규정하고 있다.

나. 주요내용을 보면, ① 판매할 목적으로 **국내·국외에서 통용·유통되는 화폐·지폐·은행권과 유사한 물건을** 제조·수입·수출한 사람은 3년 이하 징역형·700만원 이하 벌금형으로 처벌된다. 〈개정 1995.12.29.〉 ② **국내·국외에서 통용·유통되는 화폐·지폐·은행권과 유사한 물건을** 판매한 사람은 3년 이하 징역형·700만원 이하 벌금형으로 처벌된다.

212. 제212조(미수범)

(1) 현행

第212條(未遂犯)
第207條, 第208條와 前條의 未遂犯은 處罰한다.

제212조(미수범)
제207조, 제208조와 전조의 미수범은 처벌한다.

(2) 개선방안

제212조(미수범)
제207조·제208조·제211조 미수범은 처벌된다.

【개정방향】
※ 명확성·간결성·가독성
※ 온점(·) 활용: (,) ⇒ (·) 형법 제157조와 제324조2(인질강요)에서 이미 사용 중
※ 국어문법정비

(3) 조문해설

가. 형법 제212조는 미수범을 규정하고 있다.

나. 주요내용을 보면, 제207조·제208조·제211조 미수범은 처벌된다.

213. 제213조(예비, 음모)

(1) 현행

第213條(豫備, 陰謀)
第207條第1項 乃至 第3項의 罪를 犯할 目的으로 豫備 또는 陰謀한 者는 5年 以下의 懲役에 處한다. 但, 그 目的한 罪의 實行에 이르기 前에 自首한 때에는 그 刑을 減輕 또는 免除한다.

제213조(예비, 음모)
제207조제1항 내지 제3항의 죄를 범할 목적으로 예비 또는 음모한 자는 5년 이하의 징역에 처한다. 단, 그 목적한 죄의 실행에 이르기 전에 자수한 때에는 그 형을 감경 또는 면제한다.

(2) 개선방안

제213조(예비 · 음모)
제207조 제1항 · 제2항 · 제3항 죄를 범할 목적으로 예비 · 음모한 사람은 5년 이하 징역형으로 처벌된다. 다만 그 목적한 죄 실행착수 전 자수한 사람은 형이 감경 · 면제된다.

【개정방향】
※ 제목변경
※ 명확성 · 간결성 · 가독성
※ 일본식 조사 '의' 삭제
※ 온점(·) 활용: (,) ⇒ (·) 형법 제157조와 제324조2(인질강요)에서 이미 사용 중
※ 국어문법정비
※ 제207조제1항 내지 제3항의 죄를 범할 목적으로 ⇒ 제207조 제1항 · 제2항 · 제3항 죄를 범할 목적으로
※ 예비 또는 음모한 자는 ⇒ 예비 · 음모한 사람은
※ 5년 이하의 징역형에 처한다 ⇒ 5년 이하 징역형으로 처벌된다.
※ 그 목적한 죄의 실행에 이르기 전에 ⇒ 그 목적한 죄 실행착수 전
※ 그 형을 감경 또는 면제한다 ⇒ 형이 감경 · 면제된다.

(3) 조문해설

가. 형법 제213조는 예비 · 음모를 규정하고 있다.

나. 주요내용을 보면, 제207조 제1항 · 제2항 · 제3항 죄를 범할 목적으로 예비 · 음모한 사람은 5년 이하 징역형으로 처벌된다. 다만 그 목적한 죄 실행착수 전 자수한 사람은 형이 감경 · 면제된다.

제19장

有價證券, 郵票와 印紙에 관한 罪

214. 제214조(유가증권의 위조 등)

(1) 현행

第214條(有價證券의 僞造 等)
① 行使할 目的으로 **大韓民國 또는 外國의 公債證書 其他 有價證券을** 僞造 또는 變造한 者는 10年 以下의 懲役에 處한다.
② 行使할 目的으로 **有價證券의 權利義務에 關한 記載를** 僞造 또는 變造한 者도 前項의 刑과 같다.

제214조(유가증권의 위조 등)
① 행사할 목적으로 대한민국 또는 외국의 공채증서 기타 유가증권을 위조 또는 변조한 자는 10년 이하의 징역에 처한다.
② 행사할 목적으로 유가증권의 권리의무에 관한 기재를 위조 또는 변조한 자도 전항의 형과 같다.

(2) 개선방안

제214조(유가증권위조 · 유가증권변조)
① 행사할 목적으로《**대한민국 · 외국 공채증서 · 그 밖에 유가증권을**》위조 · 변조한 사람은 10년 이하 징역형으로 처벌된다.
② 행사할 목적으로《**유가증권 권리의무에 관한 기재를**》위조 · 변조한 사람은 10년 이하 징역형으로 처벌된다.

【개정방향】
※ 제목변경
※ 명확성 · 간결성 · 가독성
※ 일본식 조사 '의' 삭제

※ 온점(・) 활용: (,)⇒(・) 형법 제157조와 제324조2(인질강요)에서 이미 사용 중
※ 국어문법정비
※ 유가증권(有價證券): 사법상 재산권을 표시한 증권(어음・수표・채권・주권)
※ 보호법익: 유가증권 공공 신용과 거래안전
※ 보호정도: 추상적 위험범

(3) 조문해설

가. 형법 제214조는 유가증권위조・유가증권변조를 규정하고 있다.

나. 주요내용을 보면, ① 행사할 목적으로《**대한민국・외국 공채증서・그 밖에 유가증권을**》위조・변조한 사람은 10년 이하 징역형으로 처벌된다. ② 행사할 목적으로《**유가증권 권리의무에 관한 기재를**》위조・변조한 사람은 10년 이하 징역형으로 처벌된다.

215. 제215조(자격모용에 의한 유가증권의 작성)

(1) 현행

第215條(資格冒用에 依한 有價證券의 作成)
行使할 目的으로 **他人의 資格을 冒用하여 有價證券을** 作成하거나 **有價證券의 權利 또는 義務에 關한 事項을** 記載한 者는 10年 以下의 懲役에 處한다.

제215조(자격모용에 의한 유가증권의 작성)
행사할 목적으로 타인의 자격을 모용하여 유가증권을 작성하거나 유가증권의 권리 또는 의무에 관한 사항을 기재한 자는 10년 이하의 징역에 처한다.

(2) 개선방안

제215조(자격사칭 유가증권작성・자격사칭 유가증권 권리사항・의무사항을 기재)
① 행사할 목적으로 타인자격을 사칭하여 **유가증권을** 작성한 사람은 10년 이하 징역형으로 처벌된다.
② 행사할 목적으로 타인자격을 사칭하여 **유가증권 권리사항・의무사항을** 기재한 사람은 10년 이하 징역형으로 처벌된다.

【개정방향】
※ 제목변경

※ 명확성 · 간결성 · 가독성
※ 일본식 조사 '의' 삭제
※ 온점(·) 활용: (,) ⇒ (·) 형법 제157조와 제324조2(인질강요)에서 이미 사용 중
※ 제1항 · 제2항 분리함. 행위양태가 다름
※ 국어문법정비
※ 자격모용 ⇒ 자격사칭

(3) 조문해설

가. 형법 제215조는 자격사칭 유가증권작성 · 자격사칭 유가증권 권리사항 · 의무사항을 기재를 규정하고 있다.

나. 주요내용을 보면, ① 행사할 목적으로 타인자격을 사칭하여 **유가증권을** 작성한 사람은 10년 이하 징역형으로 처벌된다. ② 행사할 목적으로 타인자격을 사칭하여 **유가증권 권리사항 · 의무사항을** 기재한 사람은 10년 이하 징역형으로 처벌된다.

216. 제216조(허위유가증권의 작성 등)

(1) 현행

第216條(虛僞有價證券의 作成 等)
行使할 目的으로 **虛僞의 有價證券을** 作成하거나 **有價證券에 虛僞事項을** 記載한 者는 7年以下의 懲役 또는 3千萬원 이하의 罰金에 處한다. 〈改正 1995.12.29.〉

제216조(허위유가증권의 작성 등)
행사할 목적으로 허위의 유가증권을 작성하거나 유가증권에 허위사항을 기재한 자는 7년 이하의 징역 또는 3천만원 이하의 벌금에 처한다. 〈개정 1995.12.29〉

(2) 개선방안

제216조(허위유가증권작성 · 유가증권에 허위사항기재)
① 행사할 목적으로 **허위유가증권을** 작성한 사람은 7년 이하 징역형 · 3천만원 이하 벌금형으로 처벌된다. 〈개정 1995.12.29.〉
② 행사할 목적으로 **유가증권에 허위사항을** 기재한 7년 이하 징역형 · 3천만원 이하 벌금형으로 처벌된다. 〈개정 1995.12.29.〉

【개정방향】
※ 제목변경
※ 명확성 · 간결성 · 가독성
※ 일본식 조사 '의' 삭제
※ 온점(·) 활용: (,) ⇒ (·) 형법 제157조와 제324조2(인질강요)에서 이미 사용 중
※ 제1항 · 제2항 분리함. 행위양태가 다름
※ 국어문법정비

(3) 조문해설

가. 형법 제216조는 허위유가증권작성 · 유가증권에 허위사항기재를 규정하고 있다.

나. 주요내용을 보면, ① 행사할 목적으로 **허위유가증권을** 작성한 사람은 7년 이하 징역형 · 3천만원 이하 벌금형으로 처벌된다. 〈개정 1995.12.29.〉 ② 행사할 목적으로 **유가증권에 허위사항을** 기재한 7년 이하 징역형 · 3천만원 이하 벌금형으로 처벌된다. 〈개정 1995.12.29.〉

217. 제217조(위조유가증권 등의 행사 등)

(1) 현행

第217條(僞造有價證券 等의 行使 等)
僞造, 變造, 作成 또는 虛僞記載한 前3條 記載의 有價證券을 行使하거나 行使할 目的으로 輸入 또는 輸出한 者는 10年 以下의 懲役에 處한다.

제217조(위조유가증권 등의 행사 등)
위조, 변조, 작성 또는 허위기재한 전3조 기재의 유가증권을 행사하거나 행사할 목적으로 수입 또는 수출한 자는 10년 이하의 징역에 처한다.

(2) 개선방안

제217조(위조 · 변조 · 작성 · 허위기재한 유가증권 행사와 행사목적 수입 · 수출)
① **위조 · 변조 · 작성 · 허위기재한 제214조 · 제215조 · 제216조 기재 유가증권을** 행사한 사람은 10년 이하 징역형으로 처벌된다.
② **위조 · 변조 · 작성 · 허위기재한 제214조 · 제215조 · 제216조 기재 유가증권을** 행사할 목적으로 수입 · 수출한 사람은 10년 이하 징역형으로 처벌된다.

【개정방향】
※ 제목변경
※ 명확성 · 간결성 · 가독성
※ 일본식 조사 '의' 삭제
※ 온점(·) 활용: (,) ⇒ (·) 형법 제157조와 제324조2(인질강요)에서 이미 사용 중
※ 제1항 · 제2항 분리함. 행위양태가 다름
※ 국어문법정비

(3) 조문해설

가. 형법 제217조는 위조 · 변조 · 작성 · 허위기재한 유가증권 행사와 행사목적 수입 · 수출을 규정하고 있다.

나. 주요내용을 보면, ① **위조 · 변조 · 작성 · 허위기재한 제214조 · 제215조 · 제216조 기재 유가증권을** 행사한 사람은 10년 이하 징역형으로 처벌된다. ② **위조 · 변조 · 작성 · 허위기재한 제214조 · 제215조 · 제216조 기재 유가증권을** 행사할 목적으로 수입 · 수출한 사람은 10년 이하 징역형으로 처벌된다.

218. 제218조(인지 · 우표의 위조 등)

(1) 현행

第218條(印紙 · 郵票의 僞造 등)
① 行使할 目的으로 **大韓民國 또는 外國의 印紙, 郵票 기타 郵便料金을 표시하는 證票를** 僞造 또는 變造한 者는 10年 以下의 懲役에 處한다. 〈改正 1995.12.29.〉
② 僞造 또는 變造된 **大韓民國 또는 外國의 印紙, 郵票 기타 郵便料金을 표시하는 證票를** 行使하거나 行使할 目的으로 輸入 또는 輸出한 者도 第1項의 刑과 같다. 〈改正 1995.12.29.〉

제218조(인지 · 우표의 위조 등)
① 행사할 목적으로 대한민국 또는 외국의 인지, 우표 기타 우편요금을 표시하는 증표를 위조 또는 변조한 자는 10년 이하의 징역에 처한다. 〈개정 1995.12.29〉
② 위조 또는 변조된 대한민국 또는 외국의 인지, 우표 기타 우편요금을 표시하는 증표를 행사하거나 행사할 목적으로 수입 또는 수출한 자도 제1항의 형과 같다. 〈개정 1995.12.29〉

(2) 개선방안

제1안

제218조(대한민국 · 외국의 인지 · 우표 · 우편요금증표 위조 · 변조와 이를 행사 · 행사목적 수입 · 수출)

① 행사할 목적으로 **대한민국 · 외국의 인지 · 우표 · 우편요금을 표시하는 증표를** 위조 · 변조한 사람은 10년 이하 징역형으로 처벌된다. 〈개정 1995.12.29〉

② **위조 · 변조된 대한민국 · 외국의 인지 · 우표 · 우편요금을 표시하는 증표를** 행사한 사람 또는 행사할 목적으로 **위조 · 변조된 대한민국 · 외국의 인지 · 우표 · 우편요금을 표시하는 증표를** 수입 · 수출한 사람은 10년 이하 징역형으로 처벌된다. 〈개정 1995.12.29.〉

제2안 ★★★★★

제218조(대한민국 · 외국의 인지 · 우표 · 우편요금증표 위조 · 변조와 이를 행사 · 행사목적 수입 · 수출)

① 행사할 목적으로 **대한민국 · 외국의 인지 · 우표 · 우편요금을 표시하는 증표를** 위조 · 변조한 사람은 10년 이하 징역형으로 처벌된다. 〈개정 1995.12.29〉

② **위조 · 변조된 대한민국 · 외국의 인지 · 우표 · 우편요금을 표시하는 증표를** 행사한 사람은 10년 이하 징역형으로 처벌된다. 〈개정 1995.12.29.〉

③ 행사할 목적으로 **위조 · 변조된 대한민국 · 외국의 인지 · 우표 · 우편요금을 표시하는 증표를** 수입 · 수출한 사람은 10년 이하 징역형으로 처벌된다. 〈개정 1995.12.29.〉

【개정방향】

※ 제목변경

※ 일본식 조사 '의' 삭제

※ 명확성 · 간결성 · 가독성

※ 온점(·) 활용: (,) ⇒ (·) 형법 제157조와 제324조2(인질강요)에서 이미 사용 중

※ 기타 우편요금 ⇒ 우편요금. 기타 생략

※ 국어문법정비

※ 제2항을 제2항 · 제3항으로 분리함

(3) 조문해설

가. 형법 제218조는 대한민국 · 외국의 인지 · 우표 · 우편요금증표 위조 · 변조와 이를 행사 · 행사목적 수입 · 수출을 규정하고 있다.

나. 주요내용을 보면, ① 행사할 목적으로 **대한민국 · 외국의 인지 · 우표 · 우편요금을 표시하는 증표를** 위조 · 변조한 사람은 10년 이하 징역형으로 처벌된다. 〈개정 1995.12.29.〉 ② **위조 · 변조된 대한민국 · 외국의 인지 · 우표 · 우편요금을 표시하는 증표를** 행사한 사람은 10년 이하 징역형으로 처벌된다. 〈개정 1995.12.29.〉 ③ 행사할 목적으로 **위조 · 변조된 대한민국 · 외국의 인지 · 우표 · 우편요금을 표시하는 증표를** 수입 · 수출한 사람은 10년 이하 징역형으로 처벌된다. 〈개정 1995.12.29.〉

219. 제219조(위조인지 · 우표 등의 취득)

(1) 현행

第219條(僞造印紙 · 郵票등의 取得)
行使할 目的으로 **僞造 또는 變造한 大韓民國 또는 外國의 印紙, 郵票 기타 郵便料金을 표시하는 證票를** 取得한 者는 3年 以下의 懲役 또는 1千萬원 이하의 罰金에 處한다. 〈改正 1995.12.29.〉

제219조(위조인지 · 우표 등의 취득)
행사할 목적으로 위조 또는 변조한 대한민국 또는 외국의 인지, 우표 기타 우편요금을 표시하는 증표를 취득한 자는 3년 이하의 징역 또는 1천만원 이하의 벌금에 처한다. 〈개정 1995.12.29〉

(2) 개선방안

제219조(위조 · 변조된 대한민국 · 외국의 인지 · 우표 · 우편요금증표 취득)
행사할 목적으로 **위조 · 변조된 대한민국 · 외국의 인지 · 우표 · 우편요금을 표시하는 증표를** 취득한 사람은 3년 이하 징역형 · 1천만원 이하 벌금형으로 처벌된다. 〈개정 1995.12.29.〉

【개정방향】
※ 제목변경
※ 명확성 · 간결성 · 가독성
※ 일본식 조사 '의' 삭제
※ 온점(·) 활용: (,) ⇒ (·) 형법 제157조와 제324조2(인질강요)에서 이미 사용 중
※ 기타 우편요금 ⇒ 우편요금. 기타 생략
※ 국어문법정비

(3) 조문해설

가. 형법 제219조는 위조·변조된 대한민국·외국의 인지·우표·우편요금증표 취득을 규정하고 있다.

나. 주요내용을 보면, 행사할 목적으로 **위조·변조된 대한민국·외국의 인지·우표·우편요금을 표시하는 증표를** 취득한 사람은 3년 이하 징역형·1천만원 이하 벌금형으로 처벌된다. 〈개정 1995.12.29.〉

220. 제220조(자격정지 또는 벌금의 병과)

(1) 현행

第220條(資格停止 또는 罰金의 併科)
第214條 내지 第219條의 罪를 犯하여 **懲役에 處하는 경우에는** 10年 이하의 資格停止 또는 2千萬원 이하의 罰金을 併科할 수 있다.
[全文改正 1995.12.29.]

제220조(자격정지 또는 벌금의 병과)
제214조 내지 제219조의 죄를 범하여 징역에 처하는 경우에는 10년 이하의 자격정지 또는 2천만원 이하의 벌금을 병과할 수 있다.
[전문개정 1995.12.29]

(2) 개선방안

제220조(자격정지형·벌금형 병과)
제214조·제215조·제216조·제217조·제218조·제219조 죄를 범하여 징역형으로 처벌되는 경우 10년 이하 자격정지형·2천만원 이하 벌금형이 병과될 수 있다.
[전문개정 1995.12.29.]

【개정방향】
※ 제목변경
※ 명확성·간결성·가독성
※ 일본식 조사 '의' 삭제
※ 온점(·) 활용: (,) ⇒ (·) 형법 제157조와 제324조2(인질강요)에서 이미 사용 중
※ 국어문법정비
※ 懲役에 處하는 경우에는 ⇒ 징역형으로 처벌되는 경우

(3) 조문해설

가. 형법 제220조는 자격정지형 · 벌금형 병과를 규정하고 있다.

나. 주요내용을 보면, 제214조 · 제215조 · 제216조 · 제217조 · 제218조 · 제219조 죄를 범하여 징역형으로 처벌되는 경우 10년 이하 자격정지형 · 2천만원 이하 벌금형이 병과될 수 있다. [전문개정 1995.12.29.]

221. 제221조(소인말소)

(1) 현행

第221條(消印抹消)
행사할 目的으로 **大韓民國 또는 外國의 印紙, 郵票 기타 郵便料金을 표시하는 證票의 消印 기타 사용의 標識를** 抹消한 者는 1年 이하의 懲役 또는 300萬원 이하의 罰金에 處한다. [全文改正 1995.12.29.]

제221조(소인말소)
행사할 목적으로 대한민국 또는 외국의 인지, 우표 기타 우편요금을 표시하는 증표의 소인 기타 사용의 표지를 말소한 자는 1년 이하의 징역 또는 300만원 이하의 벌금에 처한다. [전문개정 1995.12.29]

(2) 개선방안

제221조(소인말소)
행사할 목적으로 **대한민국 · 외국의 인지 · 우표 · 우편요금을 표시하는 증표의 소인 · 그 밖의 사용 표지를** 말소한 사람은 1년 이하 징역형 · 300만원 이하 벌금형으로 처벌된다. [전문개정 1995.12.29.]

【개정방향】
※ 명확성 · 간결성 · 가독성
※ 일본식 조사 '의' 삭제
※ 온점(·) 활용: (,) ⇒ (·) 형법 제157조와 제324조2(인질강요)에서 이미 사용 중
※ 국어문법정비
※ 말소(抹消): 사용 흔적을 없애 다시 사용할 수 있도록 하는 행위

(3) 조문해설

가. 형법 제221조는 소인말소를 규정하고 있다.

나. 주요내용을 보면, 행사할 목적으로 **대한민국 · 외국의 인지 · 우표 · 우편요금을 표시하는 증표의 소인 · 그 밖의 사용 표지를** 말소한 사람은 1년 이하 징역형 · 300만원 이하 벌금형으로 처벌된다. [전문개정 1995.12.29.]

222. 제222조(인지 · 우표유사물의 제조 등)

(1) 현행

第222條(印紙 · 郵票類似物의 製造 등)
① 販賣할 目的으로 **大韓民國 또는 外國의 公債證書, 印紙, 郵票 기타 郵便料金을 표시하는 證票와 유사한 물건을** 製造, 輸入 또는 輸出한 者는 2年 이하의 懲役 또는 500萬원 이하의 罰金에 處한다. 〈改正 1995.12.29.〉
② 前項의 物件을 販賣한 者도 前項의 刑과 같다.

제222조(인지 · 우표유사물의 제조 등)
① 판매할 목적으로 대한민국 또는 외국의 공채증서, 인지, 우표 기타 우편요금을 표시하는 증표와 유사한 물건을 제조, 수입 또는 수출한 자는 2년 이하의 징역 또는 500만원 이하의 벌금에 처한다. 〈개정 1995.12.29〉
② 전항의 물건을 판매한 자도 전항의 형과 같다.

(2) 개선방안

제1안

제222조(인지 · 우표유사물 제조)
① 판매할 목적으로 **대한민국 · 외국 공채증서 · 인지 · 우표 · 우편요금을 표시하는 증표 · 유사 물건을** 제조 · 수입 · 수출한 사람은 2년 이하 징역형 · 500만원 이하 벌금형으로 처벌된다. 〈개정 1995.12.29〉
② 제1항 물건을 판매한 사람은 2년 이하 징역형 · 500만원 이하 벌금형으로 처벌된다.

제2안 ★★★★★

제222조(인지 · 우표유사물 제조)
① 판매할 목적으로 **대한민국 · 외국 공채증서 · 인지 · 우표 · 우편요금을 표시하는 증표 · 유사 물건을** 제조 · 수입 · 수출한 사람은 2년 이하 징역형 · 500만원 이하 벌금형으로 처벌된다. 〈개정 1995.12.29〉
② **대한민국 · 외국 공채증서 · 인지 · 우표 · 우편요금을 표시하는 증표 · 유사 물건을** 판매한 사람은 2년 이하 징역형 · 500만원 이하 벌금형으로 처벌된다.

【개정방향】
※ 제목변경
※ 명확성 · 간결성 · 가독성
※ 일본식 조사 '의' 삭제
※ 온점(·) 활용: (,) ⇒ (·) 형법 제157조와 제324조2(인질강요)에서 이미 사용 중
※ 국어문법정비

(3) 조문해설

가. 형법 제222조는 인지 · 우표유사물 제조를 규정하고 있다.

나. 주요내용을 보면, ① 판매할 목적으로 **대한민국 · 외국 공채증서 · 인지 · 우표 · 우편요금을 표시하는 증표 · 유사 물건을** 제조 · 수입 · 수출한 사람은 2년 이하 징역형 · 500만원 이하 벌금형으로 처벌된다. 〈개정 1995.12.29.〉 ② **대한민국 · 외국 공채증서 · 인지 · 우표 · 우편요금을 표시하는 증표 · 유사 물건을** 판매한 사람은 2년 이하 징역형 · 500만원 이하 벌금형으로 처벌된다.

223. 제223조(미수범)

(1) 현행

第223條(未遂犯)
第214條 乃至 第219條와 前條의 未遂犯은 處罰한다.

제223조(미수범)
제214조 내지 제219조와 전조의 미수범은 처벌한다.

(2) 개선방안

제223조(미수범)
제214조 · 제215조 · 제216조 · 제217조 · 제218조 · 제219조 · 제222조 미수범은 처벌된다.

【개정방향】
※ 명확성 · 간결성 · 가독성
※ 국어문법정비 ⇒ 미수범은 처벌된다.
※ 온점(·) 활용: (,) ⇒ (·) 형법 제157조와 제324조2(인질강요)에서 이미 사용 중

(3) 조문해설

가. 형법 제223조는 미수범을 규정하고 있다.

나. 주요내용을 보면, 제214조 · 제215조 · 제216조 · 제217조 · 제218조 · 제219조 · 제222조 미수범은 처벌된다.

224. 제224조(예비, 음모)

(1) 현행

第224條(豫備, 陰謀)
第214條, 第215條와 第218條第1項의 罪를 犯할 目的으로 豫備 또는 陰謀한 者는 2年以下의 懲役에 處한다.

제224조(예비, 음모)
제214조, 제215조와 제218조제1항의 죄를 범할 목적으로 예비 또는 음모한 자는 2년 이하의 징역에 처한다.

(2) 개선방안

제224조(예비 · 음모)
제214조 · 제215조 · 제218조 제1항 죄를 범할 목적으로 예비 · 음모한 사람은 2년 이하 징역형으로 처벌된다.

【개정방향】
※ 제목변경
※ 명확성 · 간결성 · 가독성
※ 일본식 조사 '의' 삭제
※ 온점(·) 활용: (,) ⇒ (·) 형법 제157조와 제324조2(인질강요)에서 이미 사용 중
※ 국어문법정비

(3) 조문해설

가. 형법 제224조는 예비 · 음모를 규정하고 있다.

나. 주요내용을 보면, 제214조 · 제215조 · 제218조 제1항 죄를 범할 목적으로 예비 · 음모한 사람은 2년 이하 징역형으로 처벌된다.

제20장

文書에 관한 罪

225. 제225조(공문서 등의 위조 · 변조)

(1) 현행

第225條(公文書 등의 僞造 · 變造)
行使할 目的으로 **公務員 또는 公務所의 文書 또는 圖畵**를 僞造 또는 變造한 者는 10年 以下의 懲役에 處한다. 〈改正 1995.12.29.〉

제225조(공문서 등의 위조 · 변조)
행사할 목적으로 공무원 또는 공무소의 문서 또는 도화를 위조 또는 변조한 자는 10년 이하의 징역에 처한다. 〈개정 1995.12.29〉

(2) 개선방안

제225조(공문서위조 · 공문서변조)
[4]행사할 목적으로 《[2]**공무원 · 공공기관 문서 · 도화를**》 [3]위조 · 변조한 [1]사람은 10년 이하 **징역형으로 처벌된다. 〈개정 1995.12.29.〉**

【개정방향】
※ 제목변경
※ 명확성 · 간결성 · 가독성 · 국어문법정비
※ 온점(·) 사용 ⇒ 또는(·) ⇒ 형법 제157조와 제324조2(인질강요)에서 사용 중
※ [1]행위주체 [2]행위객체 [3]행위 [4]목적
※ 보호법익: 문서공공신용(통설과 판례)
※ 보호정도: 추상적 위험범
※ 위조(僞造): 진짜와 같이 만듬. 위(僞, 거짓 위), 조(造, 지을 조)
※ 변조(變造): 권한 없이 형상 · 내용에 변화를 가하는 것. 변(變, 변화할 변), 조(造, 지을 조)

(3) 조문해설

가. 형법 제225조는 공문서위조 · 공문서변조를 규정하고 있다.

나. 주요내용을 보면, [4]행사할 목적으로《[2]**공무원 · 공공기관 문서 · 도화를**》[3]위조 · 변조한 [1]사람은 10년 이하 징역형으로 처벌된다. 〈개정 1995.12.29.〉

226. 제226조(자격사칭에 의한 공문서 등의 작성)

(1) 현행

第226條(資格冒用에 依한 公文書 等의 作成)
行使할 目的으로 公務員 또는 公務所의 資格을 冒用하여 **文書 또는 圖畵**를 作成한 者는 10年 以下의 懲役에 處한다. 〈改正 1995.12.29.〉

제226조(자격모용에 의한 공문서 등의 작성)
행사할 목적으로 공무원 또는 공무소의 자격을 모용하여 문서 또는 도화를 작성한 자는 10년 이하의 징역에 처한다.
〈개정 1995.12.29〉

(2) 개선방안

제226조(자격사칭공문서작성)
[4]행사할 목적으로 [3]공무원 · 공공기관 자격을 사칭하여《[2]**문서 · 도화를**》[3]작성한 [1]사람은 10년 이하 징역형으로 처벌된다. 〈개정 1995.12.29.〉

【개정방향】
※ 제목변경
※ 명확성 · 간결성 · 가독성
※ 온점(·) 사용⇒또는(·)⇒형법 제157조와 제324조2(인질강요)에서 사용 중
※ 국어문법정비
※ [1]행위주체 [2]행위객체 [3]행위 [4]목적
※ 행위주체: 일반인 · 공무원이라도 작성권한이 없는 사람 포함
※ 유형위조
※ 모용(冒用)은 법률용어에서 자주 쓰나, 국어사전에 있는 사칭(詐稱)으로 바꿈. '사칭'이란 이름 · 직업 · 나이 · 주소 · 자격을 거짓으로 속이는 것이다.

(3) 조문해설

가. 형법 제226조는 자격사칭공문서작성을 규정하고 있다.

나. 주요내용을 보면, [4]행사할 목적으로 [3]공무원 · 공공기관 자격을 사칭하여 《[2]**문서 · 도화를**》 [3]작성한 [1]사람은 10년 이하 징역형으로 처벌된다. 〈개정 1995. 12.29.〉

227. 제227조(허위공문서작성 등) ★★★★★

(1) 현행

第227條(虛僞公文書作成 등)
公務員이 행사할 目的으로 **그 職務에 관하여 文書 또는 圖畵를** 허위로 작성하거나 變改한 때에는 7年 이하의 懲役 또는 2千萬원 이하의 罰金에 處한다.
[全文改正 1995.12.29.]

제227조(허위공문서작성 등)
공무원이 행사할 목적으로 그 직무에 관하여 문서 또는 도화를 허위로 작성하거나 변개한 때에는 7년 이하의 징역 또는 2천만원 이하의 벌금에 처한다. [전문개정 1995.12.29]

(2) 개선방안

제227조(공무원 허위공문서작성)
[4]행사할 목적으로 《[2]**공무원 · 공공기관 직무 관련 문서 · 도화를**》 [3]**허위로 작성 · 변경**한 [[1]**공무원은**] 7년 이하 징역형 · 2천만원 이하 벌금형으로 처벌된다. [전문개정 1995. 12.29.]

【개정방향】
※ 제목변경
※ 명확성 · 간결성 · 가독성
※ 온점(·) 사용 ⇒ 또는(·) ⇒ 형법 제157조와 제324조2(인질강요)에서 이미 사용 중
※ 국어문법정비
※ 전통적인 법조문처럼 행위주체를 구성요건 말미에 넣음
※ 범죄체계에 따라 번호를 넣어 가독성을 높임
※ [1]행위주체 [2]행위객체 [3]행위 [4]목적
※ 보호법익: 공문서내용진실에 대한 공공신용

※ 보호정도: 추상적 위험범
※ 진정신분범: 정범적격은 직무상 작성권한 있는 공무원이라는 신분자에 한함
※ 진정목적범: 작성권한 있는 공무원에 한정함
※ 허위(虛僞): 꾸며 낸 거짓. 허(虛, 빌 허), 위(僞, 거짓 위): 사실관계에 거짓
※ 변개(變改): 변경. 다르게 바꿈. 변(變, 변할 변), 개(改, 고칠 개, 바꿈, 고침)

(3) 조문해설

가. 형법 제227조는 공무원 허위공문서작성을 규정하고 있다.

나. 주요내용을 보면, [4]행사할 목적으로《[2]공무원·공공기관 직무 관련 문서·도화를》 [3]허위로 작성·변경한 〔[1]공무원은〕 7년 이하 징역형·2천만원 이하 벌금형으로 처벌된다. [전문개정 1995.12.29.]

(4) | 관련판례 | 대법원 1970. 7. 28. 선고 70도1044 판결 [공무원 아닌 자가 허위공문서 작성의 간접정범인 때에는 형법 제228조(공정증서원본 등의 불실기재)의 경우 이외에는 이를 처벌하지 아니한다.] 허위공문서작성죄 간접정범

가. 형법은 소위 무형위조에 관하여서는 공문서에 관하여서만 이를 처벌할 뿐 일반 사문서의 무형위조를 인정하지 아니한다(다만 형법 제233조의 경우는 예외). 공문서의 무형위조에 관하여서도 동법 제227조의 허위공문서작성의 경우 이외에 특히 공무원에 대하여 허위의 신고를 하고, 공정증서원본 면허장, 감찰, 또는 여권에 사실 아닌 기재를 하게 한 때에 한하여 동법 제228조의 경우의 처벌규정을 두고 있다. 더구나 위 제227조의 경우의 형벌보다 현저히 가볍게 벌하고 있다. 이 점으로 보아 **공무원 아닌 자가 허위 공문서 작성의 간접정범인 때에는 동법 제228조의 경우 이외에는 이를 처벌하지 아니하는 취지로 해석함이 상당하다**(대법원 1961. 12. 14. 선고 4292형상제645 판결, 1962. 1. 11. 선고 4294형상제593 판결 참조).

나. 기록을 보면, 피고인은 상피고인 2와 공모하여 1964.9.1. 대구지방법원 등기과에서 당시 등기과에는 사무량의 폭주로 인하여 등기부등본 교부신청자가 사법서사 또는 그 보조원인 경우에는 동인들이 등기부를 차람하여 등기부등본용지에 옮겨 기재한 후 제출하는 경우에 등기공무원은 단순히 서명날인만 하여 발부하는 실정이었다. 이를 미끼로 행사의 목적으로 등기부등본 용지에 등기부에는 저당권 설정등기가 기재되어 있는데도 불구하고, 위 저당권 설정 등기가 말소된 내용의 허위기재를 한 후 위 등기과에 제출하여서 그 정을 모

르는 등기과 등기공무원인 박○○으로 하여금 착오로 서명날인하게 하여 등기부등본 1통을 발급받았다. 그러나 본건 등기부등본은 형법 제228조에서 말하는 공정증서원본, 면허장, 감찰 여권 등 문서에도 해당하지 아니한다. 또 본건 등기부등본의 작성과 교부는 부동산 등기법과 동법 시행규칙에 의하여 당사자의 신청에 의하여 등기공무원이 발급하는 것이다. 등기공무원인 박○○은 앞에서 본바와 같은 기재사항을 인식하고 동 등본을 작성할 의사로서 이에 서명날인과 법원청인을 찍어 인증한 것임을 알 수 있다. 따라서 위 서명날인이 피고인의 허위기재에 인하여 착오의 결과, 그 기재 사항이 진실에 반하는 것을 알지 못하는데 기인한 것이라 하더라도, 위 등본의 성립은 진정한 것이다. 하등 작성명의를 위조한 것이 아님을 알 수 있다. 그러므로 이는 공문서 무형위조의 간접정범이라 볼 수 있다. 위와 같은 간접정범에 의한 공문서 무형위조의 소위는 죄가 되지 아니하는 것으로 보아야 할 것이다.

(5) **| 관련판례 |** 대법원 1996. 10. 11. 선고 95도1706 판결 [단속 경찰관이 고유번호가 가짜인 음주운전자 적발보고서를 작성하여 담당 경찰관으로 하여금 음주측정처리부에 기재토록 한 경우, 허위공문서작성 및 동 행사죄로 처단한 사례] 허위공문서작성죄 간접정범

가. 경찰서 보안과장인 피고인이 갑의 음주운전을 눈감아주기 위하여 그에 대한 음주운전자 적발보고서를 찢어버리고, 부하로 하여금 일련번호가 동일한 가짜 음주운전 적발보고서에 을에 대한 음주운전 사실을 기재케 하여 그 정을 모르는 담당 경찰관으로 하여금 주취운전자 음주측정처리부에 을에 대한 음주운전 사실을 기재하도록 한 사안이다. 을이 음주운전으로 인하여 처벌을 받았는지 여부와 관계없이 허위공문서작성 및 동 행사죄의 간접정범으로서의 죄책을 면할 수 없다.

나. **형법은 원칙적으로 비신분자에 의한 허위공문서작성죄의 간접정범을 부인한다. 그러나 작성권한 있는 공무원을 보조 또는 감독하는 공무원은 작성권한 있는 공무원을 이용하여 허위공문서를 작성한 경우 허위공문서작성죄 간접정범 성립을 인정한다.**

(6) **| 관련판례 |** 대법원 1992. 1. 17. 선고 91도2837 판결 [공무원 아닌 자가 공문서작성을 보좌하는 공무원과 공모하여 허위의 문서초안을 상사에게 제출하여 결재케 함으로써 허위공문서를 작성케 한 경우, 간접정범의 공범으로서의 죄책을 지는지 여부(적극)] 허위공문서작성죄 간접정범 공범

가. **공문서의 작성권한이 있는 공무원의 직무를 보좌하는 자가 그 직위를 이용하여 행사할 목적으로 허위의 내용이 기재된 문서 초안을 그 정을 모르는 상사에게 제출하여 결재하도록 하는 등의 방법으로 작성권한이 있는 공무원으로 하여금 허위의 공문서를 작성하게 한 경우에는 간접정범이 성립한다.**

나. **이와 공모한 자 역시 그 간접정범의 공범으로서의 죄책을 면할 수 없는 것이다. 여기서 말하는 공범은 반드시 공무원의 신분이 있는 자로 한정되는 것은 아니라고 할 것이다.**

(7) **| 관련판례 | 대법원 2006. 5. 11. 선고 2006도1663 판결** [공무원이 아닌 자가 허위공문서작성죄의 간접정범이나 공동정범이 될 수 있는지 여부] 허위공문서작성죄 간접정범

가. 피고인은 공소외인이 허위로 재해대장 및 농가별농작물피해조사대장을 작성할 당시 공소외인의 행위를 알면서도 이를 묵비하고, 또한 공소외인으로 하여금 재해대장 및 농가별농작물피해조사대장에 피고인의 비닐하우스가 설치된 지번을 허위로 기재하도록 하는 등의 방법으로 공소외인의 행위에 가공하여 공소외인과 공동으로 위 허위공문서작성 및 허위작성공문서행사의 범행을 하였다고 판단하여 이 사건 허위공문서작성, 허위작성공문서행사의 각 공소사실을 유죄로 인정하였다. 기록을 살펴보면 이러한 원심의 사실인정과 판단은 옳고, 거기에 심리를 다하지 않았거나 채증법칙을 위배하여 사실을 오인한 위법 등이 없다.

나. **공무원이 아닌 자는 형법 제228조의 경우를 제외하고는 허위공문서작성죄의 간접정범으로 처벌할 수 없다**(대법원 1971. 1. 26. 선고 70도2598 판결 등).

다. **그러나 공무원이 아닌 자가 공무원과 공동하여 허위공문서작성죄를 범한 때에는 공무원이 아닌 자도 형법 제33조, 제30조에 의하여 허위공문서작성죄의 공동정범이 된다.**

227-2. 제227조의2(공전자기록위작 · 변작)

(1) 현행

> 第227條의2(公電磁記錄僞作 · 變作)
> 事務處理를 그르치게 할 目的으로 **公務員 또는 公務所의 電磁記錄 등 特殊媒體記錄을** 僞作 또는 變作한 者는 10年 이하의 懲役에 處한다. [本條新設 1995.12.29.]

제227조의2(공전자기록위작 · 변작)
사무처리를 그르치게 할 목적으로 공무원 또는 공무소의 전자기록 등 특수매체기록을 위작 또는 변작한 자는 10년 이하의 징역에 처한다. [본조신설 1995.12.29]

(2) 개선방안

제227조2(공전자기록위작 · 공전자기록변작)
[4]사무처리를 그르치게 할 목적으로 [2]**공무원 · 공공기관 전자기록 등 특수매체기록을** [3]위작 · 변작한 [1]사람은 10년 이하 징역형으로 처벌된다. [본조신설 1995.12.29.]

【개정방향】
※ 제목변경
※ 명확성 · 간결성 · 가독성
※ 온점(·) 사용 ⇒ 또는(·) ⇒ 형법 제157조에서 이미 사용 중
※ 국어문법정비
※ 범죄체계에 따라 번호를 넣어 가독성을 높임
※ [1]행위주체 [2]행위객체 [3]행위 [4]목적

(3) 조문해설

가. 형법 제227조2는 공전자기록위작 · 공전자기록변작을 규정하고 있다.

나. 주요내용을 보면, [4]사무처리를 그르치게 할 목적으로 《[2]**공무원 · 공공기관 전자기록 등 특수매체기록을**》 [3]위작 · 변작한 [1]사람은 10년 이하 징역형으로 처벌된다. [본조신설 1995.12.29.]

다. 전자기록위작이란 권한 없이 전자기록을 만들거나 또는 권한 있는 사람이 내용허위의 전자기록을 만드는 것을 말한다.

라. 전자기록변작이란 권한 없이 기존전자기록에 변경을 가하거나 또는 허위내용의 기록을 작성 · 입력하는 행위를 말한다.

(4) | 관련판례 | 대법원 2005. 6. 9. **선고** 2004도6132 **판결** [공전자기록위작죄에서 '위작' 의미, 경찰관이 고소사건을 처리하지 아니하였음에도 경찰범죄정보시스템에 사건을 검찰에 송치한 것으로 허위사실을 입력한 행위가 공전자기록위작죄에서 말하는 위작에 해당한다고 한 사례] 공전자기록 위작 · 변작에서 위작과 변작 개념

가. 형법 제227조의2에서 위작의 객체로 규정한 전자기록은, 그 자체로는 물적 실체를 가진 것이 아니어서 별도의 표시 · 출력장치를 통하지 아니하고는 보

거나 읽을 수 없고, 그 생성 과정에 여러 사람의 의사나 행위가 개재됨은 물론 추가 입력한 정보가 프로그램에 의하여 자동으로 기존의 정보와 결합하여 새로운 전자기록을 작출하는 경우도 적지 않으며, 그 이용 과정을 보아도 그 자체로서 객관적 · 고정적 의미를 가지면서 독립적으로 쓰이는 것이 아니라 개인 또는 법인이 전자적 방식에 의한 정보의 생성 · 처리 · 저장 · 출력을 목적으로 구축하여 설치 · 운영하는 시스템에서 쓰임으로써 예정된 증명적 기능을 수행하는 것이다. 그러므로 위와 같은 **시스템을 설치 · 운영하는 주체와의 관계에서 전자기록의 생성에 관여할 권한이 없는 사람이 전자기록을 작출하거나 전자기록의 생성에 필요한 단위 정보의 입력을 하는 경우는 물론 시스템의 설치 · 운영 주체로부터 각자의 직무 범위에서 개개의 단위정보의 입력 권한을 부여받은 사람이 그 권한을 남용하여 허위의 정보를 입력함으로써 시스템 설치 · 운영 주체의 의사에 반하는 전자기록을 생성하는 경우도 형법 제227조의2에서 말하는 전자기록의 '위작'에 포함된다.**

나. **경찰관이 고소사건을 처리하지 아니하였음에도 경찰범죄정보시스템에 그 사건을 검찰에 송치한 것으로 허위사실을 입력한 행위가 공전자기록위작죄에서 말하는 위작에 해당한다.**

(5) **| 관련판례 |** 대법원 2007. 7. 27. 선고 2007도3798 판결 [공전자기록위작죄에서 '위작'의 의미]

가. 전자기록의 생성에 관여할 권한이 없는 사람이 전자기록을 작출하거나 전자기록의 생성에 필요한 단위 정보의 입력을 하는 경우는 물론 시스템의 설치 · 운영 주체로부터 각자의 직무 범위에서 개개의 단위정보의 입력 권한을 부여받은 사람이 그 권한을 남용하여 허위의 정보를 입력함으로써 시스템 설치 · 운영 주체의 의사에 반하는 전자기록을 생성하는 경우도 형법 제227조의2에서 말하는 전자기록의 '위작'에 포함된다(대법원 2005. 6. 9. 선고 2004도6132 판결 등 참조).

나. 피고인 1의 업무를 보조하는 공소외 1은 체비지 현장에 출장을 나간 사실이 없고, 피고인 1만이 체비지 현장에 출장을 나갔음에도 불구하고, 피고인 1과 위공소외 1이 공모하여 마치 공소외 1이 직접 그 출장을 나간 것처럼 ○○시청 행정지식관리시스템에 허위의 정보를 입력하여 출장복명서를 생성한 후 이를 그 정을 모르는 위 시청 도시과장에게 전송하였다.

다. 기록에 비추어 살펴보면, 이 사건 각 출장복명서상 실제 체비지 현장에 출장을 나가서 그 현황을 파악한 공무원이 누구인지 여부에 관한 정보는 그 출장복명서의 내용의 신뢰도에 직접 영향을 미치며 그 관련 업무를 처리함에 있어서 중요한 정보가 된다고 할 것이다. 따라서 이에 관하여 **허위의 정보를 입력하는 것은 그 사무처리를 그르치게 할 목적으로 위 ○○시청 행정지식관리시스템을 설치·운영하는 주체의 의사에 반하는 전자기록인 허위의 출장복명서를 생성하는 것으로서 공전자기록등위작의 범의가 충분히 인정된다**고 할 것이다. 그 출장복명서상 기타 내용이 사실과 다르지 않다는 사정이나 업무관행상 그와 같이 작성하여 왔다는 사정만으로는 위작의 범위를 부정할 수는 없다. 따라서 같은 취지에서 피고인 1의 이 사건 공전자기록등위작 및 위작공전자기록등행사의 점을 모두 유죄로 인정한 원심의 조치는 정당하여 수긍할 수 있다. 거기에 상고이유로 주장하는 바와 같은 채증법칙 위배로 인한 사실오인 등으로 판결 결과에 영향을 미친 위법이 있다고 할 수 없다.

(6) **| 관련판례 |** 대법원 2013. 11. 28. 선고 2013도9003 판결 [형법 제227조의2에서 정한 전자기록의 '위작' 및 '사무처리를 그르치게 할 목적'의 의미]

가. 형법 제227조의2는 "사무처리를 그르치게 할 목적으로 공무원 또는 공무소의 전자기록 등 특수매체기록을 위작 또는 변작한 자는 10년 이하의 징역에 처한다"고 규정하고 있다. 여기에서 정하는 전자기록의 "위작"이란 전자기록에 관한 시스템을 설치·운영하는 주체와의 관계에서 전자기록의 생성에 관여할 **권한이 없는 사람이** 전자기록을 작출하거나 전자기록의 생성에 필요한 단위 **정보의 입력을 하는 경우는 물론이고,** 시스템의 설치·운영 주체로부터 각자의 직무 범위에서 개개의 단위 정보의 입력 **권한을 부여받은 사람이 그 권한을 남용하여 허위의 정보를 입력함으로써** 시스템 설치·운영 주체의 의사에 반하는 **전자기록을 생성하는 경우도 포함한다.** 여기서 '허위의 정보'라고 함은 진실에 반하는 내용을 의미하며, "사무처리를 그르치게 할 목적"이란 위작 또는 변작된 전자기록이 사용됨으로써 시스템을 설치·운용하는 주체의 사무처리를 잘못되게 하는 것을 말한다(대법원 2010. 7. 8. 선고 2010도3545 판결, 대법원 2011. 5. 13. 선고 2011도1415 판결 등 참조).

나. 원심은 "이 사건 출장결과보고서상 실제 야구장 답사를 가서 현황을 파악한 공무원이 누구인지, 서울에서 열린 세미나 등에 누가 참석하였는지 등은 공전자기록인 출장결과보고서의 신뢰도에 결정적인 영향을 미치는데다가 그 관련 업무를 처리함에 있어 중요한 정보가 된다고 할 것이다. 피고인은 이러한 중

명적 기능을 가진 공전자기록에 사실과 다른 정보를 입력한다는 점을 알면서도 허위의 정보를 입력함으로써 시스템 설치·운영 주체의 의사에 반하는 출장결과보고서를 작성하였다. 그러므로 피고인에게 사무처리를 그르치게 할 목적이 있었음을 충분히 인정할 수 있다"고 판단하였다.

다. 원심판결 이유를 위 법리와 적법하게 채택된 증거들에 비추어 살펴보면, 원심의 위와 같은 판단은 정당한 것으로 수긍할 수 있다. 공전자기록위작 및 동행사죄에 있어서의 위작의 의미나 사무처리를 그르치게 할 목적의 해석에 관한 법리를 오해하는 등의 위법이 없다.

228. 제228조(공정증서원본 등의 부실기재)

(1) 현행

第228條(公正證書原本 等의 不實記載)
① 公務員에 대하여 虛僞申告를 하여 **公正證書原本 또는 이와 동일한 電磁記錄 등 特殊媒體記錄**에 不實의 사실을 기재 또는 記錄하게 한 者는 5年 이하의 懲役 또는 1千萬원 이하의 罰金에 處한다. 〈改正 1995.12.29.〉
② 公務員에 對하여 虛僞申告를 하여 **免許證, 許可證, 登錄證 또는 旅券에 不實의 事實**을 記載하게 한 者는 3年 以下의 懲役 또는 700萬원 以下의 罰金에 處한다. 〈改正 1995.12.29.〉

제228조(공정증서원본 등의 부실기재)
① 공무원에 대하여 허위신고를 하여 공정증서원본 또는 이와 동일한 전자기록 등 특수매체기록에 부실의 사실을 기재 또는 기록하게 한 자는 5년 이하의 징역 또는 1천만원 이하의 벌금에 처한다.
〈개정 1995.12.29〉
② 공무원에 대하여 허위신고를 하여 면허증, 허가증, 등록증 또는 여권에 부실의 사실을 기재하게 한 자는 3년 이하의 징역 또는 700만원 이하의 벌금에 처한다. 〈개정 1995.12.29〉

(2) 개선방안

제228조(공정증서원본부실기재)
① [3]**공무원에게 허위신고를 하여 《[2]공정증서원본·이와 동일한 전자기록 등 특수매체기록에 부실 사실을》 [3]기재·기록하게 한 [1]사람은** 5년 이하 징역형·1천만원 이하 벌금형으로 처벌된다. 〈개정 1995.12.29〉

② [3]**공무원에게 허위신고를 하여 《[2]면허증 · 허가증 · 등록증 · 여권에 부실 사실을》 [3]기재하게 한** [1]사람은 3년 이하 징역형 · 700만원 이하 벌금형으로 처벌된다. 〈개정 1995.12.29.〉

【개정방향】
※ 제목변경
※ 명확성 · 간결성 · 가독성
※ 국어문법정비
※ 온점(·) 사용 ⇒ 또는(·) ⇒ 형법 제157조와 제324조2(인질강요)에서 사용 중
※ 公務員에 대하여 ⇒ 공무원에게
※ 범죄체계에 따라 번호를 넣어 가독성을 높임
※ [1]행위주체 [2]행위객체 [3]행위
※ 보호법익: 공정증서원본 등의 내용진실에 대한 공공신용
※ 보호정도: 추상적 위험범

(3) 조문해설

가. 형법 제228조는 공정증서원본부실기재를 규정하고 있다.

나. 주요내용을 보면, ① [3]공무원에게 허위신고를 하여 《[2]공정증서원본 · 이와 동일한 전자기록 등 특수매체기록에 부실 사실을》 [3]기재 · 기록하게 한 [1]사람은 5년 이하 징역형 · 1천만원 이하 벌금형으로 처벌된다. 〈개정 1995.12. 29.〉 ② [3]공무원에게 허위신고를 하여 《[2]면허증 · 허가증 · 등록증 · 여권에 부실 사실을》 [3]기재하게 한 [1]사람은 3년 이하 징역형 · 700만원 이하 벌금형으로 처벌된다. 〈개정 1995.12.29.〉

229. 제229조(위조 등 공문서의 행사) *****

(1) 현행

第229條(僞造 등 公文書의 행사)
第225條 내지 第228條의 罪에 의하여 만들어진 文書, 圖畵, 電磁記錄 등 特殊媒體記錄, 公正證書原本, 免許證, 許可證, 登錄證 또는 旅券을 행사한 者는 그 각 罪에 정한 刑에 處한다. [全文改正 1995.12.29.]

제229조(위조 등 공문서의 행사)
제225조 내지 제228조의 죄에 의하여 만들어진 문서, 도화, 전자기록 등 특수매체기록, 공

정증서원본, 면허증, 허가증, 등록증 또는 여권을 행사한 자는 그 각 죄에 정한 형에 처한다. [전문개정 1995.12.29]

(2) 개선방안

제229조(위조공문서행사)
《[2]**제225조 · 제226조 · 제227조 · 제228조 죄를 범하여 만들어진 문서 · 도화 · 전자기록 등 특수매체기록 · 공정증서원본 · 면허증 · 허가증 · 등록증 · 여권을**》 [3]행사한 [1]사람은 **각 죄에서 정한 법정형으로 처벌된다.** [전문개정 1995.12.29.]

【개정방향】
※ 제목변경
※ 명확성 · 간결성 · 가독성 · 국어문법정비
※ 온점(·) 사용 ⇒ 또는(·) ⇒ 형법 제157조와 제324조2(인질강요)에서 사용 중
※ 범죄체계에 따라 번호를 넣어 가독성을 높임
※ [1]행위주체 [2]행위객체 [3]행위
※ 비치(備置): 마련하여 갖춤. 비치도 행위자 자신이 비치한 경우 행사로 봄

(3) 조문해설

가. 형법 제229조는 위조공문서행사를 규정하고 있다.

나. 주요내용을 보면, 《[2]제225조 · 제226조 · 제227조 · 제228조 죄를 범하여 만들어진 문서 · 도화 · 전자기록 등 특수매체기록 · 공정증서원본 · 면허증 · 허가증 · 등록증 · 여권을》 [3]행사한 [1]사람은 각 죄에서 정한 법정형으로 처벌된다. [전문개정 1995.12.29.]

(4) | 관련판례 | 대법원 1988. 1. 19. 선고 87도1217 판결 [위조문서를 교부받은 자가 복사. 인증하여 법원에 제출한 경우에 위조문서행사죄의 성립여부] 위조사문서행사죄에서 행사 의미

가. 위조문서행사죄에 있어서의 행사는 위조된 문서를 진정한 문서인 것처럼 타인에게 제시함으로써 성립하는 것이다. 그러므로 위조된 매매계약서를 피고인으로부터 교부받은 변호사가 복사본을 작성하여 원본과 동일한 문서임을 인증한 다음 소장에 첨부하여 법원에 제출함으로써 위조문서행사죄는 성립된다.

나. 생각건대 위조사문서행사죄에서 행사방법에 대해서 특별히 제한이 없다. '행사'는 반드시 범인 자신이 직접 행사할 필요는 없다. 타인을 이용하여 위조된

문서를 제시할 수 있다. 따라서 소송을 의뢰한 변호사를 통해서 할 수 있다. 기수시기는 변호사가 민사소송에서 이를 소장에 첨부하여 법원에 제출한 때 성립한다.

230. 제230조(공문서 등의 부정행사) *****

(1) 현행

第230條(公文書 等의 不正行使)
公務員 또는 公務所의 文書 또는 圖畫를 不正行使한 者는 2年 以下의 懲役이나 禁錮 또는 500萬원 以下의 罰金에 處한다. 〈改正 1995.12.29.〉

제230조(공문서 등의 부정행사)
공무원 또는 공무소의 문서 또는 도화를 부정행사한 자는 2년 이하의 징역이나 금고 또는 500만원 이하의 벌금에 처한다. 〈개정 1995.12.29〉

(2) 개선방안

제1안
제230조(공문서부정행사)
《[2]공무원 · 공공기관 문서 · 도화를》 [3]부정한 방법으로 행사한 [1]사람은 2년 이하 징역형 · 2년 이하 금고형 · 500만원 이하 벌금형으로 처벌된다. 〈개정 1995.12.29.〉

제2안
제230조(공문서부정행사)
《[2]공무원 · 공공기관 문서 · 도화를》 [3]부정한 방법으로 행사한 [1]사람은 2년 이하 징역형 · 2년 이하 금고형 · 500만원 이하 벌금형으로 처벌된다. 여기서 부정행사란 **사용권한 없는 사람이 용도에 맞게 사용하거나 또는** 사용권한 있는 사람이 용도에 맞지 않게 사용하는 것을 말한다. 〈개정 1995.12.29.〉

제3안 *****
제230조(공문서부정행사)
① **사용권한이 없는 사람이 《[2]공무원 · 공공기관 문서 · 도화를》** [3]용도에 맞게 사용한 경우 2년 이하 징역형 · 2년 이하 금고형 · 500만원 이하 벌금형으로 처벌된다.
② **사용권한이 있는 사람이 《[2]공무원 · 공공기관 문서 · 도화를》** [3]용도에 맞지 않게 사용한 경우 2년 이하 징역형 · 2년 이하 금고형 · 500만원 이하 벌금형으로 처벌된다. 〈개정 1995.12.29.〉

【개정방향】
※ 제목변경
※ 명확성 · 간결성 · 가독성
※ 일본식 조사 '의' 삭제
※ 온점(·) 사용 ⇒ 또는(·) ⇒ 형법 제157조와 제324조2(인질강요)에서 사용 중
※ 국어문법정비
※ 범죄체계에 따라 번호를 넣어 가독성을 높임
※ [1]행위주체 [2]행위객체 [3]행위
※ 행위객체: 진정하게 성립된 공문서, 사용권한자와 용도가 특정된 공문서로 국한
※ 행위: 부정행사(不正行使). ① **사용권한 없는 사람이 용도에 맞게 사용(운전면허증 부정사용, 판례 성립인정: 타인 여권 제시행위)** ② 사용권한 있는 사람이 용도에 맞지 않게 사용함(통설과 판례)

(3) 조문해설

가. 형법 제230조는 공문서부정행사를 규정하고 있다.

나. 주요내용을 보면, 《[2]**공무원 · 공공기관 문서 · 도화를**》 [3]**부정한 방법으로 행사한** [1]**사람은** 2년 이하 징역형 · 2년 이하 금고형 · 500만원 이하 벌금형으로 처벌된다. 〈개정 1995.12.29.〉

다. 대법원은 '부정사용'에 대해 사용권한 유무와 용도에 따른 사용여부를 판단기준으로 삼고 있다. 사용권한 있는 사람의 부정행사와 사용권한 없는 사람의 부정행사이다. 전자는 용도 외 사용이 문제가 된다. 후자는 용도 내 사용이 문제가 된다. 사용권한 없는 사람의 부정행사가 실제 사례에서 많이 발생한다. 제3자 주민등록증과 제3자 운전면허증을 신원확인용으로 제시하는 경우이다.

라. 참고로 **사용권한이 없는 사람이 용도 외 사용하는 경우 형법 제230조 공문서부정행사는 성립하지 않는다.**

(4) | 관련판례 | 대법원 2003. 2. 26. 선고 2002도4935 판결 [사용권한자와 용도가 특정되어 있는 공문서 본래의 용도에 따른 사용이 아닌 경우, 공문서부정행사죄의 성립 여부(소극), 타인의 주민등록증을 그 본래의 사용용도인 신분확인용으로 사용한 것이라고 볼 수 없어 공문서부정행사죄가 성립하지 않는다고 한 사례] 공문서부정행사죄에서 행사의 의미

가. 사용권한자와 용도가 특정되어 있는 공문서를 사용권한 없는 자가 사용한 경우에도 그 공문서 본래의 용도에 따른 사용이 아닌 경우에는 형법 제230조의

공문서부정행사죄가 성립되지 아니한다.

나. 피고인이 기왕에 습득한 타인의 주민등록증을 피고인 가족의 것이라고 제시하면서 그 주민등록증상의 명의 또는 가명으로 이동전화 가입신청을 한 경우, 타인의 주민등록증을 본래의 사용용도인 신분확인용으로 사용한 것이라고 볼 수 없어 공문서부정행사죄가 성립하지 않는다.

다. 생각건대 사용권한이 없는 피고인이 신분확인용으로 타인의 주민등록증을 제시하였다면, 부정행사로 보아야 한다. 판례변경이 요망된다.

(5) **| 관련판례 | 대법원 1982. 9. 28. 선고 82도1297 판결** [피고인이 공소외 (갑)인 양 허위신고하여 피고인의 사진과 지문이 찍힌 공소외(갑)명의의 주민등록증을 발급받아 소지하다가 검문경찰관에게 이를 제시한 행위가 공문서부정행사죄를 구성하는지 여부(적극)] 공문서부정행사죄에서 행사의 의미

가. 공문서부정행사죄는 그 사용권한자와 용도가 특정되어 작성된 공문서 또는 공도화를 사용권한 없는 자가 그 사용권한 있는 것처럼 가장하여 부정한 목적으로 행사한 때 또는 형식상 그 사용권한이 있는 자라도 그 정당한 용법에 반하여 부정하게 행사한 때에 성립한다.

나. 피고인이 공소외 (갑)인 양 허위신고하여 피고인의 사진과 지문이 찍힌 공소외(갑)명의의 주민등록증을 발급받은 이상 주민등록증의 발행목적상 피고인에게 위 주민등록증에 부착된 사진의 인물이 공소외 (갑)의 신원 상황을 가진 사람이라는 허위사실을 증명하는 용도로 이를 사용할 수 있는 권한이 없다는 사실을 인식하고 있었다고도 할 것이다. 그러므로 이를 검문경찰관에게 제시하여 이러한 허위사실을 증명하는 용도로 사용한 것은 공문서부정행사죄를 구성한다.

(6) **| 관련판례 | 대법원 1998. 8. 21. 선고 98도1701 판결** [공문서부정행사죄의 성립요건, 자동차를 임차하면서 타인의 운전면허증을 자신의 것인 양 자동차 대여업체 직원에게 제시한 것이 공문서부정행사죄에 해당하는지 여부(적극)

가. 공문서부정행사죄는 사용권한자와 용도가 특정되어 작성된 공문서 또는 공도화를 사용권한 없는 자가 사용권한이 있는 것처럼 가장하여 부정한 목적으로 행사하거나 또는 권한 있는 자라도 정당한 용법에 반하여 부정하게 행사하는 경우에 성립되는 것이다.

나. 자동차운전면허증은 운전면허시험에 합격하여 자동차의 운전이 허락된 자임을 증명하는 공문서로서 운전 중에 휴대하도록 되어 있다. 자동차대여약관상

대여회사는 운전면허증 미소지자에게는 자동차 대여를 거절할 수 있도록 되어 있다. 그러므로 자동차를 임차하려는 피고인들이 자동차 대여업체의 담당 직원들로부터 임차할 자동차의 운전에 필요한 운전면허가 있고 또 운전면허증을 소지하고 있는지를 확인하기 위한 운전면허증의 제시 요구를 받자 타인의 운전면허증을 소지하고 있음을 기화로 자신이 타인의 자동차운전면허를 받은 사람들인 것처럼 행세하면서 자동차 대여업체의 직원들에게 이를 제시한 것이라면, 피고인들의 위와 같은 행위는 단순히 신분확인을 위한 것이라고는 할 수 없고, 이는 운전면허증을 사용권한이 없는 자가 **사용권한이 있는 것처럼 가장하여 부정한 목적으로 사용한 것이기는 하나 운전면허증의 본래의 용도에 따른 사용행위라고 할 것이므로 공문서부정행사죄에 해당한다.**

231. 제231조(사문서 등의 위조 · 변조) *****

(1) 현행

第231條(私文書 등의 僞造 · 變造)
行使할 目的으로 **權利 · 義務 또는 事實證明에 關한 他人의 文書 또는 圖畵를** 僞造 또는 變造한 者는 5年 以下의 懲役 또는 1千萬원 이하의 罰金에 處한다. 〈改正 1995.12.29.〉

제231조(사문서 등의 위조 · 변조)
행사할 목적으로 권리 · 의무 또는 사실증명에 관한 타인의 문서 또는 도화를 위조 또는 변조한 자는 5년 이하의 징역 또는 1천만원 이하의 벌금에 처한다. 〈개정 1995.12.29〉

(2) 개선방안

제231조(사문서위조 · 사문서변조)
4행사할 목적으로 《2권리 · 의무 · 사실증명에 관한 타인 문서 · 타인 도화를》 3위조 · 변조한 1사람은 5년 이하 징역형 · 1천만원 이하 벌금형으로 처벌된다. <개정 1995.12.29.>

【개정방향】
※ 제목변경
※ 명확성 · 간결성 · 가독성
※ 온점(·) 사용⇒또는(·)⇒형법 제157조와 제324조2(인질강요)에서 사용 중
※ 국어문법정비
※ 범죄체계에 따라 번호를 넣어 가독성을 높임

※ [1]행위주체 [2]행위객체 [3]행위 [4]목적
※ 보호법익: 문서공공신용
※ 보호정도: 추상적 위험범
※ 타인 문서는 타인소유가 아니라 타인명의문서임. 복사문서도 본죄 객체가 됨

(3) 조문해설

가. 형법 제231조는 사문서위조 · 사문서변조를 규정하고 있다.

나. 주요내용을 보면, [4]행사할 목적으로 《[2]**권리 · 의무 · 사실증명에 관한 타인 문서 · 타인 도화를**》 [3]위조 · 변조한 [1]사람은 5년 이하 징역형 · 1천만원 이하 벌금형으로 처벌된다. 〈개정 1995.12.29.〉

(4) | 관련판례 | 대법원 2011. 11. 10. 선고 2011도10468 판결 [형법상 문서에 관한 죄에서 '문서'의 의미, 컴퓨터 모니터에 나타나는 이미지가 형법상 '문서'에 해당하는지 여부(소극)] 이미지 파일 문서성

가. 피고인은 (1) 2010. 4. 22. 12:00~13:00경 피고인이 운영하는 ○○전기 사무실에서 행사할 목적으로 권한 없이 임대인공소외 1과 피고인이 작성한 **사무실전세계약서 원본을 스캐너로 복사하여 컴퓨터 화면에 띄운 후 포토샵을 이용하여 보증금액 "일천만 원, 10,000,000원"을 지워 보증금액을 공란으로 만든 후 그 자리에서 사무실전세계약서를 프린터로 출력하고, 검정색 볼펜으로 보증금액 공란에 "삼천만 원, 30,000,000원"으로 기재함으로써 행사할 목적으로 권리의무에 관한 사문서인공소외 1 명의의 사무실전세계약서 1장을 변조**하고, 그 자리에서 그 변조 사실을 모르는공소외 2에게 **변조한 사무실전세계약서를 마치 진정한 것처럼 팩스로 송부하여 행사하였다**(이하 '제1사문서변조 및 행사의 점'이라 한다). (2) 2010. 6. 30. 06:00~07:00경 위 ○○전기 사무실에서 행사할 목적으로 권한 없이 외환은행 명의인 2007. 1. 10.자 "예금/신탁잔액증명서" 원본을 스캐너로 복사하여 컴퓨터 화면에 띄운 후 포토샵을 이용하여 발급날짜 "2007. 1. 10."을 "2010. 6. 25."로 변경함으로써 행사할 목적으로 권리의무에 관한 사문서인 외환은행 명의의 예금/신탁잔액증명서 1장을 변조하고, 그 자리에서 그 변조사실을 모르는공소외 2에게 변조한 예금/신탁잔액증명서를 마치 진정한 것처럼 팩스로 송부하여 행사하였다(이하 '제2사문서변조 및 행사의 점'이라 한다). (3) 2010. 6. 30. 14:00~16:00경 위 ○○전기 사무실에서 행사할 목적으로 권한 없이 외환은행 명의인 2007. 1. 10.자 예금/신탁

잔액증명서 원본을 스캐너로 복사하여 컴퓨터 화면에 띄운 후 포토샵을 이용하여 발급날짜 "2007. 1. 10."을 "2010. 6. 30."로 변경함으로써 행사할 목적으로 권리의무에 관한 사문서인 외환은행 명의의 예금/신탁잔액증명서 1장을 변조하고, 그 자리에서 그 변조 사실을 모르는공소외 2에게 변조한 예금/신탁잔액증명서를 마치 진정한 것처럼 팩스로 송부하여 행사하였다(이하 '제3사문서변조 및 행사의 점'이라 한다).

나. 형법상 문서죄에서 문서란, 문자 또는 이에 대신할 수 있는 가독적 부호로 계속적으로 물체상에 기재된 의사 또는 관념의 표시인 원본 또는 이와 사회적 기능, 신용성 등을 같게 볼 수 있는 기계적 방법에 의한 복사본으로서 그 내용이 법률상, 사회생활상 주요 사항에 관한 증거로 될 수 있는 것을 말한다(대법원 2006. 1. 26. 선고 2004도788 판결 등 참조). 그러므로 **컴퓨터 모니터 화면에 나타나는 이미지는 이미지 파일을 보기 위한 프로그램을 실행할 경우에 그때마다 전자적 반응을 일으켜 화면에 나타나는 것에 지나지 아니하여 형법상 문서에 관한 죄에 있어서의 '문서'에 해당하지 않는다**(대법원 2007. 11. 29. 선고 2007도7480 판결 등 참조).

다. 생각건대 금액변경과 날짜변경 사문서변조에서 범행대상으로서 컴퓨터 모니터 화면상의 이미지는 '시각화된 문서'로 볼 수 있을 것이다. 원본문서를 변경하는 것과 '대상'에서 다르지만, 디지털시대에서 자주 발생할 수 있는 변조행위(스캔-모니터 이미지 변경-출력-수기에 의한 출력물 내용 변경)로 볼 수 있다. 대법원은 복사문서를 문서로 인정한다. 출력물 변조행위와 이미지 변경 후 출력이 무엇이 다른지 궁금하다. 모두 사문서변조가 아니겠는가.

(5) **| 관련판례 | 대법원 2005. 2. 24. 선고 2002도18 전원합의체 판결** [허무인·사망자 명의의 사문서를 위조한 경우, 사문서위조죄의 성립 여부(적극)] 사자 명의 문서의 문서성

가. 피고인이 중국 중의사 및 침구사 시험에 응시할 사람을 모집한 후 그들을 중국에 데려가 응시원서의 제출을 대행하면서 응시생의 임상경력증명서가 필요하게 되었다. 임상경력증명서 양식에 응시생의 이름과 생년월일 및 학습기간 등을 기재한 다음 의원직인란에 강○한의원이라고 기재하였다. 그 옆에 임의로 새긴 강남한의원의 직인을 날인하여 강○한의원 명의의 임상경력증명서를 위조하였다. 그리고 동일한의원과 일○한의원 명의의 임상경력증명서를 같은 방법으로 각 위조하여 행사하였다.

나. **문서위조죄는 문서의 진정에 대한 공공의 신용을 그 보호법익으로 하는 것이다. 그러므로 행사할 목적으로 작성된 문서가 일반인으로 하여금 당해 명의인의 권한 내에서 작성된 문서라고 믿게 할 수 있는 정도의 형식과 외관을 갖추고 있으면 문서위조죄가 성립하는 것이다. 위와 같은 요건을 구비한 이상 그 명의인이 실재하지 않는 허무인이거나 또는 문서의 작성일자 전에 이미 사망하였다고 하더라도 그러한 문서 역시 공공의 신용을 해할 위험성이 있다. 그러므로 문서위조죄가 성립한다. 이는 공문서뿐만 아니라 사문서의 경우에도 마찬가지라고 보아야 한다.**

(6) **| 관련판례 |** 대법원 2011. 9. 29. 선고 2011도6223 판결 [사망한 사람 명의의 사문서를 위조한 경우 문서명의인이 생존하고 있다는 점이 문서의 중요한 내용을 이루거나 그 점을 전제로 문서가 작성되었다면, 사망한 명의자의 승낙이 추정된다는 이유로 사문서위조죄의 성립을 부정할 수 있는지 여부(소극), 피고인이 자신의 부(父) 갑에게서 갑 소유 부동산 매매에 관한 권한 일체를 위임받아 이를 매도하였는데, 그 후 갑이 갑자기 사망하자 소유권 이전에 사용할 목적으로 갑이 자신에게 인감증명서 발급을 위임한다는 취지의 인감증명 위임장을 작성하여 주민센터 담당 직원에게 제출한 사안에서, 피고인에게 무죄를 인정한 원심판결에 사망한 사람 명의의 사문서위조죄에서 승낙 내지 추정적 승낙에 관한 법리오해의 위법이 있다고 한 사례] 사자 명의 문서의 문서성

가. 문서위조죄는 문서의 진정에 대한 공공의 신용을 보호법익으로 하는 것이다. 그러므로 행사할 목적으로 작성된 사문서가 일반인으로 하여금 당해 명의인의 권한 내에서 작성된 문서라고 믿게 할 수 있는 정도의 형식과 외관을 갖추고 있으면 사문서위조죄가 성립한다. 위와 같은 요건을 구비한 이상 명의인이 문서의 작성일자 전에 이미 사망하였더라도 그러한 문서 역시 공공의 신용을 해할 위험성이 있으므로 사문서위조죄가 성립한다. 위와 같이 **사망한 사람 명의의 사문서에 대하여도 문서에 대한 공공의 신용을 보호할 필요가 있다는 점을 고려하면, 문서명의인이 이미 사망하였는데도 문서명의인이 생존하고 있다는 점이 문서의 중요한 내용을 이루거나 그 점을 전제로 문서가 작성되었다면 이미 문서에 관한 공공의 신용을 해할 위험이 발생하였다 할 것이다. 그러므로 그러한 내용의 문서에 관하여 사망한 명의자의 승낙이 추정된다는 이유로 사문서위조죄의 성립을 부정할 수는 없다.**

나. 피고인이 자신의 부(父) 갑에게서 갑 소유 부동산의 매매에 관한 권한 일체를 위임받아 이를 매도하였다. 그런데 그 후 갑이 갑자기 사망하자 부동산 소유

권 이전에 사용할 목적으로 갑이 자신에게 인감증명서 발급을 위임한다는 취지의 인감증명 위임장을 작성한 후 주민센터 담당직원에게 이를 제출한 사안이다. 이 경우 갑의 사망으로 포괄적인 명의사용의 근거가 되는 위임관계 내지 포괄적인 대리관계는 종료된 것으로 보아야 한다. 그러므로 특별한 사정이 없는 한 피고인은 더 이상 위임받은 사무처리와 관련하여 갑의 명의를 사용하는 것이 허용된다고 볼 수 없다. 피고인이 사망한 갑의 명의를 모용한 인감증명 위임장을 작성하여 인감증명서를 발급받아야 할 급박한 사정이 있었다고 볼 만한 사정도 없다. 인감증명 위임장은 본래 생존한 사람이 타인에게 인감증명서 발급을 위임한다는 취지의 문서라는 점을 고려하면, **이미 사망한 갑이 '병안 중' 이라는 사유로 피고인에게 인감증명서 발급을 위임한다는 취지의 인감증명 위임장이 작성됨으로써 문서에 관한 공공의 신용을 해할 위험성이 발생하였다 할 것이다. 피고인이 명의자 갑이 승낙하였을 것이라고 기대하거나 예측한 것만으로는 사망한 갑의 승낙이 추정된다고 단정할 수 없다.** 그런데도 이와 달리 피고인에게 무죄를 인정한 원심판결에 사망한 사람 명의의 사문서위조죄에서 승낙 내지 추정적 승낙에 관한 법리오해의 위법이 있다.

(7) **| 관련판례 |** 대법원 2005. 10. 28. 선고 2005도6088 판결 [문서작성권한을 위임받은 경우, 사문서위조죄의 성부의 판단 기준, 피고인이 회사를 인수하면서 회사 대표이사의 명의를 계속 사용하기로 승낙을 받았다고 하더라도, 사기범행을 목적으로 실제로는 위 회사에 근무한 바 없는 제3자의 재직증명서 및 근로소득원천징수영수증 등 허위의 문서를 작성한 행위는 위임된 권한의 범위를 벗어나는 것으로서 사문서위조죄를 구성한다고 한 사례, 원심판결 선고 후 형법 제39조 제1항이 개정되어 '판결 후 형의 변경이 있는 때'에 해당하는 사유가 있게 되었다고 보아 원심판결을 파기한 사례] 권한 남용 · 권한 초월과 문서위조

가. 문서의 위조라고 하는 것은 작성권한 없는 자가 타인 명의를 모용하여 문서를 작성하는 것을 말하는 것이다. 그러므로 사문서를 작성함에 있어 그 명의자의 명시적이거나 묵시적인 승낙 내지 위임이 있었다면 이는 사문서위조에 해당한다고 할 수 없을 것이다(대법원 1998. 2. 24. 선고 97도183 판결 참조). 그러나 **문서 작성권한의 위임이 있는 경우라고 하더라도 그 위임을 받은 자가 그 위임받은 권한을 초월하여 문서를 작성한 경우는 사문서위조죄가 성립한다.** 단지 **위임받은 권한의 범위 내에서 이를 남용하여 문서를 작성한 것에 불과하다면 사문서위조죄가 성립하지 아니한다**고 할 것이다(대법원 1983. 10. 25. 선고 83도2257 판결 참조).

나. 피고인 5가 공소외 1로부터 그가 대표이사로 있는 공소외 주식회사를 인수하면서 대표자공소외 1의 명의를 계속 사용하기로 승낙을 받음으로써 위 회사 명의의 문서를 작성할 권한을 공소외 1로부터 위임받았다는 것이다. 그런데 공소외 1이 피고인들의 사기 범행에 가담하였다거나 이를 알고도 명의를 대여하였다는 증거가 전혀 없고 피고인 5도 공소외 1이 사실관계를 알았다면 공소사실 기재와 같은 문서작성을 승낙하지 아니하였으리라는 점은 자인된다. 이 사건에서 공소외 1이 명의대여로써 피고인 5에게 위 회사(대표이사 공소외 1) 명의의 문서작성을 승낙한 것은 회사의 정상적인 영업과 관련한 범위 내에서의 문서작성권한만을 위임한 취지라고 보아야 할 것이다. 그러므로 실제로는 공소외 주식회사에 근무한 바 없는 제3자 명의를 내세워 대출을 받아 금원을 편취할 목적으로 그 제3자가 위 회사의 직원이며 그 동안 근로소득세를 납부하였다는 내용의 재직증명서 및 근로소득원천징수영수증 등 허위의 문서를 작성한 행위는, 공소외 1로부터 **위임된 위 회사 명의의 문서작성권한을 남용한 정도에 그치는 것이 아니라 위임된 권한의 범위를 벗어나는 것으로서 사문서위조죄를 구성한다.**

(8) **| 관련판례 |** 대법원 2018. 9. 13. 선고 2016도20954 판결 [이사가 이사회 회의록에 서명 대신 서명거부사유를 기재하고 그에 대한 서명을 하였는데 이사회 회의록의 작성권한자인 이사장이 임의로 이를 삭제한 경우, 사문서변조에 해당하는지 여부(원칙적 적극), 갑 학교법인 이사장인 피고인이 갑 법인의 이사회 회의록 중 '이사장의 이사회 내용 사전 유출로 인한 책임을 물어 회의록 서명을 거부합니다. 을'이라고 기재된 부분 및 그 옆에 있던 이사 을의 서명 부분을 지워 회의록을 변조하고, 이를 행사하였다는 내용으로 기소된 사안에서, 을이 회의록에 대한 서명권한 범위 내에서 회의록에 서명거부사유를 기재하고 그에 대한 서명을 한 이상 위 문구는 회의록의 일부가 되었으므로, 피고인이 임의로 위 문구를 삭제함으로써 회의록의 새로운 증명력을 작출하였다는 이유로, 이와 달리 보아 공소사실을 무죄로 판단한 원심판결에 사문서변조죄 및 변조사문서행사죄의 법리를 오해하는 등의 잘못이 있다고 한 사례]

가. 이사회 회의록에 관한 이사의 서명권한에는 서명거부사유를 기재하고 그에 대해 서명할 권한이 포함된다. 이사가 이사회 회의록에 서명함에 있어 이사장이나 다른 이사들의 동의를 받을 필요가 없는 이상 서명거부사유를 기재하고 그에 대한 서명을 함에 있어서도 이사장 등의 동의가 필요 없다고 보아야 한다. 따라서 이사가 이사회 회의록에 서명 대신 서명거부사유를 기재하고 그에 대한 서명을 하면, 특별한 사정이 없는 한 그 내용은 이사회 회의록의 일부가

되고, 이사회 회의록의 작성권한자인 이사장이라 하더라도 임의로 이를 삭제한 경우에는 이사회 회의록 내용에 변경을 가하여 새로운 증명력을 가져오게 되므로 사문서변조에 해당한다.

나. 갑 학교법인 이사장인 피고인이 갑 법인의 2014년도 제1차 이사회 회의록(이하 '회의록'이라 한다) 중 '이사장의 이사회 내용 사전 유출로 인한 책임을 물어 회의록 서명을 거부합니다. 을'이라고 기재된 부분 및 그 옆에 있던 이사 을의 서명 부분(이하 '문구'라 한다)을 지워 회의록을 변조하고, 이를 행사하였다는 내용으로 기소된 사안이다.

다. 피고인이 이사회를 개최한 후 회의록을 작성하여 회의에 참석한 이사들과 감사로부터 회의록 각 페이지 하단의 간서명과 마지막 페이지에 기재된 기명 옆에 서명을 받은 사실, 을이 '피고인이 사전에 회의의 내용을 공개하였다'는 이유로 서명을 거부하자 을에게 회의록에 거부사유를 기재하도록 하였다. 을은 회의록 첫 페이지의 간서명란 바로 밑에 문구를 기재한 사실, 피고인은 그 후 임의로 문구를 삭제한 후 다음 날 회의록을 갑 법인 홈페이지에 게시한 사실을 알 수 있다. 이러한 사실관계를 법리에 비추어 보면, **을이 회의록에 대한 서명권한 범위 내에서 회의록에 서명거부사유를 기재하고 그에 대한 서명을 한 이상 문구는 회의록의 일부가 되었다. 이는 서명거부의 의미로 서명을 하지 않은 것과 내용면에서 동일하다고 할 수 없다. 그러므로 피고인이 임의로 문구를 삭제함으로써 회의록의 새로운 증명력을 작출하였다. 그럼에도 이와 달리 보아 공소사실을 무죄로 판단한 원심판결에 사문서변조죄 및 변조사문서행사죄의 법리를 오해하는 등의 잘못이 있다.**

232. 제232조(자격모용에 의한 사문서의 작성)

(1) 현행

第232條(資格冒用에 依한 私文書의 作成)
行使할 目的으로 他人의 資格을 冒用하여 **權利·義務 또는 事實證明에 關한 文書 또는 圖畵**를 作成한 者는 5年 以下의 懲役 또는 1千萬원 이하의 罰金에 處한다. 〈改正 1995. 12.29.〉

제232조(자격모용에 의한 사문서의 작성)
행사할 목적으로 타인의 자격을 모용하여 권리·의무 또는 사실증명에 관한 문서 또는 도화를 작성한 자는 5년 이하의 징역 또는 1천만원 이하의 벌금에 처한다. 〈개정 1995.12. 29〉

(2) 개선방안

제232조(자격사칭사문서작성)
[4]행사할 목적으로 [3]타인 자격을 사칭하여 《[2]**권리 · 의무 · 사실증명에 관한 문서 · 도화를**》 [3]작성한 [1]사람은 5년 이하 징역형 · 1천만원 이하 벌금형으로 처벌된다. 〈개정 1995.12.29.〉

【개정방향】
※ 제목변경
※ 명확성 · 간결성 · 가독성
※ 온점(·) 사용 ⇒ 또는(·) ⇒ 형법 제157조와 제324조2(인질강요)에서 사용 중
※ 국어문법정비
※ 범죄체계에 따라 번호를 넣어 가독성을 높임
※ [1]행위주체 [2]행위객체 [3]행위 [4]목적
※ 타인명의사칭이란 부진정문서(가짜 문서)를 만드는 행위. 동일성 기망임

(3) 조문해설

가. 형법 제232조는 자격사칭사문서작성을 규정하고 있다.
나. 주요내용을 보면, [4]행사할 목적으로 [3]타인 자격을 사칭하여 《[2]권리 · 의무 · 사실증명에 관한 문서 · 도화를》 [3]작성한 [1]사람은 5년 이하 징역 · 1천만원 이하 벌금형으로 처벌된다. 〈개정 1995.12.29.〉

232-2. 제232조의2(사전자기록위작 · 변작)

(1) 현행

第232條의2(私電磁記錄僞作 · 變作)
事務處理를 그르치게 할 目的으로 **權利·義務 또는 사실증명에 관한 他人의 電磁記錄 등 特殊媒體記錄**을 僞作 또는 變作한 者는 5年 이하의 懲役 또는 1千萬원 이하의 罰金에 處한다. [本條新設 1995.12.29.]

제232조의2(사전자기록위작 · 변작)
사무처리를 그르치게 할 목적으로 권리 · 의무 또는 사실증명에 관한 타인의 전자기록 등 특수매체기록을 위작 또는 변작한 자는 5년 이하의 징역 또는 1천만원 이하의 벌금에 처한다. [본조신설 1995.12.29]

(2) 개선방안

제232조2(사전자기록위작 · 사전자기록변작)
[4]사무처리를 그르치게 할 목적으로 《[2]**권리 · 의무 · 사실증명에 관한 타인 전자기록 등 특수매체기록을**》 [3]위작 · 변작한 [1]사람은 5년 이하 징역형 · 1천만원 이하 벌금형으로 처벌된다. [본조신설 1995.12.29.]

【개정방향】
※ 제목변경
※ 명확성 · 간결성 · 가독성
※ 온점(·) 사용⇒또는(·)⇒형법 제157조와 제324조2(인질강요)에서 사용 중
※ 국어문법정비
※ 범죄체계에 따라 번호를 넣어 가독성을 높임
※ [1]행위주체 [2]행위객체 [3]행위 [4]목적
※ 진정목적범: 사무처리를 그르치게 할 목적
※ 위작 또는 변작한 자는⇒위작 · 변작한 사람은
※ 5년 이하의 징역 또는 1천만원 이하의 벌금에 처한다.⇒5년 이하 징역형 · 1천만원 이하 벌금형으로 처벌된다.
※ 참조조문
형법 제227조2(공전자기록위작 · 공전자기록변작)
[4]사무처리를 그르치게 할 목적으로 [2]**공무원 · 공공기관 전자기록 등 특수매체기록을** [3]위작 · 변작한 [1]사람은 10년 이하 징역형으로 처벌된다. [본조신설 1995.12.29.]

(3) 조문해설

가. 형법 제232조2는 사전자기록위작 · 사전자기록변작을 규정하고 있다.

나. 주요내용을 보면, [4]사무처리를 그르치게 할 목적으로 《[2]권리 · 의무 · 사실증명에 관한 타인 전자기록 등 특수매체기록을》 [3]위작 · 변작한 [1]사람은 5년 이하 징역형 · 1천만원 이하 벌금형으로 처벌된다. [본조신설 1995.12.29.]

233. 제233조(허위진단서 등의 작성)

(1) 현행

第233條(虛僞診斷書 등의 作成)
醫師, 韓醫師, 齒科醫師 또는 助産師가 **診斷書, 檢案書 또는 生死에 관한 證明書를** 허위

로 작성한 때에는 3年 이하의 懲役이나 禁錮, 7年 이하의 資格停止 또는 3千萬원 이하의 罰金에 處한다. [全文改正 1995.12.29.]

제233조(허위진단서 등의 작성)
의사, 한의사, 치과의사 또는 조산사가 진단서, 검안서 또는 생사에 관한 증명서를 허위로 작성한 때에는 3년 이하의 징역이나 금고, 7년 이하의 자격정지 또는 3천만원 이하의 벌금에 처한다. [전문개정 1995.12.29]

(2) 개선방안

제233조(사인허위진단서작성)
《[2]**진단서 · 검안서 · 생사증명서를**》 [3]허위로 작성한 〔[1]**사인(私人)인 의사 · 한의사 · 치과의사 · 조산사는**〕 3년 이하 징역형 · 3년 이하 금고형 · 7년 이하 자격정지형 · 3천만원 이하 벌금형으로 처벌된다. [전문개정 1995.12.29.]

【개정방향】
※ 제목변경
※ 명확성 · 간결성 · 가독성
※ 일본식 조사 '의' 삭제
※ 온점(·) 사용 ⇒ 또는(·) ⇒ 형법 제157조와 제324조2(인질강요)에서 사용 중
※ 국어문법정비
※ 범죄체계에 따라 번호를 넣어 가독성을 높임
※ [1]행위주체 [2]행위객체 [3]행위
※ **행위주체: 공무원 신분이 아닌 의사**
※ **공무원인 의사가 허위진단서를 작성한 경우 허위공문서작성죄만 성립(판례)**
※ 진단서, 검안서 또는 생사에 관한 증명서 ⇒ 진단서 · 검안서 · 생사증명서

(3) 조문해설

가. 형법 제233조는 사인허위진단서작성을 규정하고 있다.

나. 주요내용을 보면, 《[2]진단서 · 검안서 · 생사증명서를》 [3]허위로 작성한 〔[1]사인(私人)인 의사 · 한의사 · 치과의사 · 조산사는〕 3년 이하 징역형 · 3년 이하 금고형 · 7년 이하 자격정지형 · 3천만원 이하 벌금형으로 처벌된다. [전문개정 1995.12.29.]

234. 제234조(위조사문서 등의 행사) *****

(1) 현행

第234條(僞造私文書 등의 행사)
第231條 내지 第233條의 罪에 의하여 만들어진 文書, 圖畵 또는 電磁記錄등 特殊媒體記錄을 행사한 者는 그 각 罪에 정한 刑에 處한다. [全文改正 1995.12.29.]

제234조(위조사문서 등의 행사)
제231조 내지 제233조의 죄에 의하여 만들어진 문서, 도화 또는 전자기록 등 특수매체기록을 행사한 자는 그 각 죄에 정한 형에 처한다. [전문개정 1995.12.29]

(2) 개선방안

제234조(위조사문서행사)
《[3]제231조 · 제232조 · 제233조 죄를 범하여 만들어진 [2]문서 · 도화 · 전자기록 등 특수매체기록을》 [3]행사한 [1]사람은 **각 죄에서 정한 법정형으로 처벌된다.** [전문개정 1995.12.29.]

【개정방향】
※ 제목변경
※ 명확성 · 간결성 · 가독성
※ 온점(·) 사용 ⇒ 또는(·) ⇒ 형법 제157조와 제324조2(인질강요)에서 사용 중
※ 국어문법정비
※ 범죄체계에 따라 번호를 넣어 가독성을 높임. [1]행위주체 [2]행위객체 [3]행위
※ 참조조문
형법 제229조(위조공문서행사)
[2]**제225조 · 제226조 · 제227조 · 제228조 죄를 범하여 만들어진** 문서 · 도화 · 전자기록 등 특수매체기록 · 공정증서원본 · 면허증 · 허가증 · 등록증 · 여권을 [3]행사한 [1]사람은 **각 죄에서 정한 법정형으로 처벌된다.** [전문개정 1995.12.29.]

(3) 조문해설

가. 형법 제234조는 위조사문서행사를 규정하고 있다.

나. 주요내용을 보면, 《[3]제231조 · 제232조 · 제233조 죄를 범하여 만들어진 [2]문서 · 도화 · 전자기록 등 특수매체기록을》 [3]행사한 [1]사람은 각 죄에서 정한 법정형으로 처벌된다. [전문개정 1995.12.29.]

235. 제235조(미수범)

(1) 현행

第235條(未遂犯)
第225條 내지 第234條의 未遂犯은 處罰한다. 〈改正 1995.12.29.〉

제235조(미수범)
제225조 내지 제234조의 미수범은 처벌한다. 〈개정 1995.12.29〉

(2) 개선방안

제235조(미수범)
제225조 · 제226조 · 제227조 · 제228조 · 제229조 · 제230조 · 제231조 · 제232조 · 제233조 · 제234조 미수범은 처벌된다. 〈개정 1995.12.29.〉

【개정방향】
※ 명확성 · 간결성 · 가독성
※ 일본식 조사 '의' 삭제
※ 중국식 표현 '내지' 삭제
※ 제225조 내지 제234조 ⇒ 명확하게 해당 조문을 제시함
※ 온점(·) 활용: (,) ⇒ (·) 형법 제157조와 제324조2(인질강요)에서 이미 사용 중
※ 국어문법정비
※ 미수범은 처벌한다 ⇒ 미수범은 처벌된다.

(3) 조문해설

가. 형법 제235조는 미수범을 규정하고 있다.

나. 주요내용을 보면, 제225조 · 제226조 · 제227조 · 제228조 · 제229조 · 제230조 · 제231조 · 제232조 · 제233조 · 제234조 미수범은 처벌된다. 〈개정 1995.12.29.〉

236. 제236조(사문서의 부정행사)

(1) 현행

第236條(私文書의 不正行使)
權利·義務 또는 事實證明에 關한 他人의 文書 또는 圖畫를 不正行使한 者는 1年 以下의 懲役이나 禁錮 또는 300萬원 以下의 罰金에 處한다. 〈改正 1995.12.29.〉

제236조(사문서의 부정행사)
권리 · 의무 또는 사실증명에 관한 타인의 문서 또는 도화를 부정행사한 자는 1년 이하의 징역이나 금고 또는 300만원 이하의 벌금에 처한다. 〈개정 1995.12.29〉

(2) 개선방안

제236조(사문서부정행사)
《[2]권리 · 의무 · 사실증명에 관한 타인 문서 · 타인 도화를》 [3]부정한 방법으로 행사한 [1]사람은 1년 이하 징역형 · 1년 이하 금고형 · 300만원 이하 벌금형으로 처벌된다. 〈개정 1995.12.29.〉

【개정방향】
※ 제목변경
※ 명확성 · 간결성 · 가독성
※ 온점(·) 사용 ⇒ 또는(·) ⇒ 형법 제157조와 제324조2(인질강요)에서 사용 중
※ 국어문법정비
※ 범죄체계에 따라 번호를 넣어 가독성을 높임
※ [1]행위주체 [2]행위객체 [3]행위
※ 참조조문
형법 제230조(공문서부정행사)
[2]공무원 · 공공기관 문서 · 도화를 **[3]부정한 방법으로 행사한 [1]사람은** 2년 이하 징역형 · 2년 이하 금고형 · 500만원 이하 벌금형으로 처벌된다. 〈개정 1995.12.29.〉

(3) 조문해설

가. 형법 제236조는 사문서부정행사를 규정하고 있다.

나. 주요내용을 보면, 《[2]권리 · 의무 · 사실증명에 관한 타인 문서 · 타인 도화를》 [3]부정한 방법으로 행사한 [1]사람은 1년 이하 징역형 · 1년 이하 금고형 · 300만원 이하 벌금형으로 처벌된다. 〈개정 1995.12.29.〉

237. 제237조(자격정지의 병과)

(1) 현행

第237條(資格停止의 倂科)
第225條 乃至 第227條의2 및 그 行使罪를 犯하여 懲役에 處할 경우에는 10年 以下의 資格停止를 倂科할 수 있다. 〈改正 1995.12.29.〉

제237조(자격정지의 병과)
제225조 내지 제227조의2 및 그 행사죄를 범하여 징역에 처할 경우에는 10년 이하의 자격정지를 병과할 수 있다. 〈개정 1995.12.29〉

(2) 개선방안

제237조(자격정지병과)
제225조 · 제226조 · 제227조 · 제227조2 · 그 행사죄를 범하여 징역형으로 처벌될 경우 10년 이하 자격정지형이 병과될 수 있다. 〈개정 1995.12.29.〉

【개정방향】
※ 제목변경
※ 명확성 · 간결성 · 가독성
※ 온점(·) 사용 ⇒ 또는(·) ⇒ 형법 제157조와 제324조2(인질강요)에서 사용 중
※ 국어문법정비
※ 제225조 내지 제227조의2 및 그 행사죄를 범하여 ⇒ 제225조 · 제226조 · 제227조 · 제227조2 · 그 행사죄를 범하여
※ 징역에 처할 경우에는 ⇒ 징역형으로 처벌될 경우
※ 10년 이하의 자격정지를 병과할 수 있다. ⇒ 10년 이하 자격정지형이 병과될 수 있다.

(3) 조문해설

가. 형법 제237조는 자격정지병과를 규정하고 있다.

나. 주요내용을 보면, 제225조 · 제226조 · 제227조 · 제227조2 · 그 행사죄를 범하여 징역형으로 처벌될 경우 10년 이하 자격정지형이 병과될 수 있다. 〈개정 1995.12.29.〉

237-2. 제237조의2(복사문서 등)

(1) 현행

第237條의2(複寫文書 등)
이 章의 罪에 있어서 **電子複寫機, 模寫電送機 기타 이와 유사한 機器를 사용하여 複寫한 文書 또는 圖畵의 寫本도** 文書 또는 圖畵로 본다. [本條新設 1995.12.29.]

제237조의2(복사문서 등)
이 장의 죄에 있어서 전자복사기, 모사전송기 기타 이와 유사한 기기를 사용하여 복사한 문서 또는 도화의 사본도 문서 또는 도화로 본다. [본조신설 1995.12.29]

(2) 개선방안

제237조2(복사문서)
[1]제20장 문서에 관한 죄에서 [2]전자복사기 · 모사전송기 · 그 밖에 이와 유사한 기기를 사용하여 복사한 문서 사본 · 도화 사본은 [3]문서 · 도화로 본다. [본조신설 1995.12.29.]

【개정방향】
※ 제목변경
※ 명확성 · 간결성 · 가독성
※ 온점(·) 사용 ⇒ 또는(·) ⇒ 형법 제157조와 제324조2(인질강요)에서 사용 중
※ 국어문법정비
※ 범죄체계에 따라 번호를 넣어 가독성을 높임
※ [1]장 [2]행위객체 [3]간주
※ **'이 장과 본장'을 명확하게 제○○장으로 용어를 모두 통일함**
※ 이 장의 죄에 있어서 ⇒ **제20장 문서에 관한 죄에서**

(3) 조문해설

가. 형법 제237조2는 복사문서를 규정하고 있다.

나. 주요내용을 보면, [1]제20장 문서에 관한 죄에서 [2]전자복사기 · 모사전송기 · 그 밖에 이와 유사한 기기를 사용하여 복사한 문서 사본 · 도화 사본은 [3]문서 · 도화로 본다. [본조신설 1995.12.29.]

제21장

印章에 관한 罪

238. 제238조(공인 등의 위조, 부정사용)

(1) 현행

第238條(公印 等의 僞造, 不正使用)

① 行使할 目的으로 **公務員 또는 公務所의 印章, 署名, 記名 또는 記號를** 僞造 또는 不正使用한 者는 5年 以下의 懲役에 處한다.

② **僞造 또는 不正使用한 公務員 또는 公務所의 印章, 署名, 記名 또는 記號를** 行使한 者도 前項의 刑과 같다.

③ 前 2項의 境遇에는 7年 以下의 資格停止를 併科할 수 있다.

제238조(공인 등의 위조, 부정사용)

① 행사할 목적으로 공무원 또는 공무소의 인장, 서명, 기명 또는 기호를 위조 또는 부정사용한 자는 5년 이하의 징역에 처한다.

② 위조 또는 부정사용한 공무원 또는 공무소의 인장, 서명, 기명 또는 기호를 행사한 자도 전항의 형과 같다.

③ 전 2항의 경우에는 7년 이하의 자격정지를 병과할 수 있다.

(2) 개선방안

제238조(공무원 · 공공기관 인장 · 서명 · 기명 · 기호를 위조 · 부정사용)

① 행사할 목적으로 **공무원 · 공공기관 인장 · 서명 · 기명 · 기호를** 위조 · 부정사용한 사람은 5년 이하 징역형으로 처벌된다.

② **위조 · 부정사용된 공무원 · 공공기관 인장 · 서명 · 기명 · 기호를** 행사한 사람은 5년 이하 징역형으로 처벌된다.

③ 제1항 · 제2항 경우 7년 이하 자격정지형이 병과될 수 있다.

【개정방향】
※ 제목변경
※ 일본식 조사 '의' 삭제
※ 명확성 · 간결성 · 가독성
※ 온점(·) 활용: (,) ⇒ (·) 형법 제157조와 제324조2(인질강요)에서 이미 사용 중
※ 국어문법정비
※ 보호법익: 인장 · 서명 등 진정에 대한 공공신용과 거래안전
※ 보호정도: 추상적 위험범

(3) 조문해설

가. 형법 제238조는 공무원 · 공공기관 인장 · 서명 · 기명 · 기호를 위조 · 부정사용을 규정하고 있다.

나. 주요내용을 보면, ① 행사할 목적으로 **공무원 · 공공기관 인장 · 서명 · 기명 · 기호를** 위조 · 부정사용한 사람은 5년 이하 징역형으로 처벌된다. ② **위조 · 부정사용된 공무원 · 공공기관 인장 · 서명 · 기명 · 기호를** 행사한 사람은 5년 이하 징역형으로 처벌된다. ③ 제1항 · 제2항 경우 7년 이하 자격정지형이 병과될 수 있다.

239. 제239조(사인 등의 위조, 부정사용)

(1) 현행

第239條(私印 等의 僞造, 不正使用)
① 行使할 目的으로 **他人의 印章, 署名, 記名 또는 記號를** 僞造 또는 不正使用한 者는 3年 以下의 懲役에 處한다.
② **僞造 또는 不正使用한 他人의 印章, 署名, 記名 또는 記號를** 行使한 때에도 前項의 刑과 같다.

제239조(사인 등의 위조, 부정사용)
① 행사할 목적으로 타인의 인장, 서명, 기명 또는 기호를 위조 또는 부정사용한 자는 3년 이하의 징역에 처한다.
② 위조 또는 부정사용한 타인의 인장, 서명, 기명 또는 기호를 행사한 때에도 전항의 형과 같다.

(2) 개선방안

제239조(타인 인장 · 서명 · 기명 · 기호를 위조 · 부정사용)
① 행사할 목적으로 **타인 인장 · 서명 · 기명 · 기호를** 위조 · 부정사용한 사람은 3년 이하 징역형으로 처벌된다.
② **위조 · 부정사용된 타인 인장 · 서명 · 기명 · 기호를** 행사한 사람은 3년 이하 징역형으로 처벌된다.

【개정방향】
※ 제목변경: **사인 등의 위조, 부정사용 ⇒ 타인 인장 · 서명 · 기명 · 기호를 위조 · 부정사용**
※ 명확성 · 간결성 · 가독성
※ 일본식 조사 '의' 삭제
※ 사인 ⇒ 타인. 사인은 다른 사람을 위미하고, 타인은 자연인과 법인을 포함함
※ 온점(·) 활용: (,) ⇒ (·) 형법 제157조와 제324조2(인질강요)에서 이미 사용 중
※ 국어문법정비

(3) 조문해설

가. 형법 제239조는 타인 인장 · 서명 · 기명 · 기호를 위조 · 부정사용을 규정하고 있다.
나. 주요내용을 보면, ① 행사할 목적으로 **타인 인장 · 서명 · 기명 · 기호를** 위조 · 부정사용한 사람은 3년 이하 징역형으로 처벌된다. ② **위조 · 부정사용된 타인의 인장 · 서명 · 기명 · 기호를** 행사한 사람은 3년 이하 징역형으로 처벌된다.

240. 제240조(미수범)

(1) 현행

第240條(未遂犯)
本章의 未遂犯은 處罰한다.

제240조(미수범)
본장의 미수범은 처벌한다.

(2) 개선방안

제240조(미수범)
제238조 · 제239조 미수범은 처벌된다.

【개정방향】
※ 명확성 · 간결성 · 가독성
※ 일본식 조사 '의' 삭제
※ 온점(·) 활용: (,) ⇒ (·) 형법 제157조와 제324조2(인질강요)에서 이미 사용 중
※ 국어문법정비
※ 본장의 미수범은 처벌한다 ⇒ 제238조 · 제239조 미수범은 처벌된다.
※ 참조조문
형법 제223조(미수범)
제214조 · 제215조 · 제216조 · 제217조 · 제218조 · 제219조 · 제222조 미수범은 처벌된다.

형법 제235조(미수범)
제225조 · 제226조 · 제227조 · 제228조 · 제229조 · 제230조 · 제231조 · 제232조 · 제233조 · 제234조 미수범은 처벌된다. 〈개정 1995.12.29.〉

(3) 조문해설

가. 형법 **제240조는 미수범을** 규정하고 있다.

나. 주요내용을 보면, **제238조 · 제239조 미수범은 처벌된다.**

제22장

性風俗에 관한 罪

241. 제241조(간통) 삭제

(1) 현행

제241조(간통)
삭제 〈2016.1.6〉
[2016.1.6. 법률 제13719호에 의하여 2015.2.26. 헌법재판소에서 위헌 결정된 이 조를 삭제함.]

폐지 전 법률
형법 제241조(간통)
① 배우자있는 자가 간통한 때에는 2년 이하의 징역에 처한다. 그와 상간한 자도 같다.
② 전항의 죄는 배우자의 고소가 있어야 논한다. 단, 배우자가 간통을 종용 또는 유서한 때에는 고소할 수 없다.

(2) 개선방안

제241조(간통) 삭제
삭제 〈2016.1.6〉
[2016.1.6. 법률 제13719호에 의하여 2015.2.26. 헌법재판소에서 위헌 결정된 이 조를 삭제함.]

폐지 전 법률
형법 제241조(간통)
① 다른 사람과 **간통한 법률상 배우자 있는 사람은** 2년 이하 징역형으로 처벌된다. 법률상 배우자 있는 사람과 간통한 사람도 2년 이하 징역형으로 처벌된다.
② 제1항 죄는 배우자 고소가 있어야 기소할 수 있다. 다만 배우자가 간통을 종용·유서한 경우 고소할 수 없다.

242. 제242조(음행매개)

(1) 현행

第242條(淫行媒介)
營利의 目的으로 **사람을 媒介하여** 姦淫하게 한 者는 3年 以下의 懲役 또는 1千500萬원 以下의 罰金에 處한다. 〈改正 1995.12.29., 2012.12.18.〉

제242조(음행매개)
영리의 목적으로 사람을 매개하여 간음하게 한 자는 3년 이하의 징역 또는 1천500만원 이하의 벌금에 처한다. 〈개정 1995.12.29., 2012.12.18〉 [시행일 2013.6.19]

(2) 개선방안

제242조(음행매개)
영리목적으로 **사람을 매개하여** 간음하게 한 사람은 3년 이하 징역형 · 1천500만원 이하 벌금형으로 처벌된다. 〈개정 1995.12.29., 2012.12.18〉 [시행일 2013.6.19.]

【개정방향】
※ 명확성 · 간결성 · 가독성
※ 일본식 조사 '의' 삭제
※ 온점(·) 활용: (,) ⇒ (·) 형법 제157조와 제324조2(인질강요)에서 이미 사용 중
※ 국어문법정비
※ 매개(媒介): 사람 양편 관계를 맺어 줌. 매(媒, 중매 매), 개(介, 끼일 개)
※ 영리의 목적으로 ⇒ 영리목적으로
※ 간음하게 한 자는 ⇒ 간음하게 한 사람은
※ 3년 이하의 징역 또는 1천500만원 이하의 벌금에 처한다. ⇒ 3년 이하 징역형 · 1천500만원 이하 벌금형으로 처벌된다.

(3) 조문해설

가. 형법 제242조는 음행매개를 규정하고 있다.

나. 주요내용을 보면, 영리목적으로 **사람을 매개하여** 간음하게 한 사람은 3년 이하 징역형 · 1천500만원 이하 벌금형으로 처벌된다. 〈개정 1995.12.29., 2012.12.18〉 [시행일 2013.6.19.]

243. 제243조(음화반포 등)

(1) 현행

第243條(淫畫頒布 등)
淫亂한 文書, 圖畫, 필름 기타 물건을 頒布, 販賣 또는 賃貸하거나 公然히 展示 또는 上映한 者는 1年 이하의 懲役 또는 500萬원 이하의 罰金에 處한다.
[全文改正 1995.12.29.]

제243조(음화반포 등)
음란한 문서, 도화, 필름 기타 물건을 반포, 판매 또는 임대하거나 공연히 전시 또는 상영한 자는 1년 이하의 징역 또는 500만원 이하의 벌금에 처한다. [전문개정 1995.12.29]

(2) 개선방안

제243조(음란문서 · 음란도화 · 음란필름 · 음란CD · 그 밖의 음란물건을 반포 · 판매 · 임대 · 공연전시 · 공연상영)

① 음란문서 · 음란도화 · 음란필름 · 음란비디오 · 음란CD · 그 밖의 음란물건을 반포 · 판매 · 임대한 사람은 1년 이하 징역형 · 500만원 이하 벌금형으로 처벌된다.

② 음란문서 · 음란도화 · 음란필름 · 음란비디오 · 음란CD · 그 밖의 음란물건을 공연전시 · 공연상영한 사람은 1년 이하 징역형 · 500만원 이하 벌금형으로 처벌된다.
[전문개정 1995. 12.29.]

【개정방향】

※ 제목변경
※ 명확성 · 간결성 · 가독성
※ 일본식 조사 '의' 삭제
※ 온점(·) 활용: (,) ⇒ (·) 형법 제157조와 제324조2(인질강요)에서 이미 사용 중
※ 국어문법정비
※ 공연히 전시 또는 상영한 자는 ⇒ 공연전시 · 공연상영한 사람은
※ 음란비디오 · 음란CD를 추가함
※ 제1항 · 제2항 분리함. 행위양태가 다름

(3) 조문해설

가. 형법 제243조는 음란문서 · 음란도화 · 음란필름 · 음란비디오 · 음란CD · 그 밖의 음란물건을 반포 · 판매 · 임대 · 공연전시 · 공연상영을 규정하고 있다.

나. 주요내용을 보면, ① 음란문서 · 음란도화 · 음란필름 · 음란비디오 · 음란CD · 그 밖의 음란물건을 반포 · 판매 · 임대한 사람은 1년 이하 징역형 · 500만원 이하 벌금형으로 처벌된다. ② 음란문서 · 음란도화 · 음란필름 · 음란비디오 · 음란CD · 그 밖의 음란물건을 공연전시 · 공연상영한 사람은 1년 이하 징역형 · 500만원 이하 벌금형으로 처벌된다. [전문개정 1995.12.29.]

244. 제244조(음화제조 등)

(1) 현행

第244條(淫畵製造 등)
第243條의 行爲에 供할 目的으로 **淫亂한 物件**을 製造, 所持, 輸入 또는 輸出한 者는 1年 以下의 懲役 또는 500萬원 以下의 罰金에 處한다. 〈改正 1995.12.29.〉

제244조(음화제조 등)
제243조의 행위에 공할 목적으로 음란한 물건을 제조, 소지, 수입 또는 수출한 자는 1년 이하의 징역 또는 500만원 이하의 벌금에 처한다. 〈개정 1995.12.29〉

(2) 개선방안

제1안 ★★★★★
제244조(음란물건 제조 · 소지 · 수입 · 수출)
반포 · 판매 · 임대 · 공연전시 · 공연상영 목적으로 음란문서 · 음란도화 · 음란필름 · 음란비디오 · 음란CD · 그 밖의 **음란물건을** 제조 · 소지 · 수입 · 수출한 사람은 1년 이하 징역형 · 500만원 이하 벌금형으로 처벌된다. 〈개정 1995.12. 29.〉

제2안
제244조(음란물건 제조 · 소지 · 수입 · 수출)
제243조 행위에 사용할 목적으로 **음란물건을** 제조 · 소지 · 수입 · 수출한 사람은 1년 이하 징역형 · 500만원 이하 벌금형으로 처벌된다. 〈개정 1995.12.29.〉

【개정방향】
※ 제목변경
※ 명확성 · 간결성 · 가독성
※ 일본식 조사 '의' 삭제
※ 온점(·) 활용: (,) ⇒ (·) 형법 제157조와 제324조2(인질강요)에서 이미 사용 중
※ 국어문법정비

(3) 조문해설

가. 형법 제244조는 음란물건 제조 · 소지 · 수입 · 수출을 규정하고 있다.

나. 주요내용을 보면, 반포 · 판매 · 임대 · 공연전시 · 공연상영 목적으로 음란문서 · 음란도화 · 음란필름 · 음란비디오 · 음란CD · 그 밖의 **음란물건을** 제조 · 소지 · 수입 · 수출한 사람은 1년 이하 징역형 · 500만원 이하 벌금형으로 처벌된다. 〈개정 1995.12.29.〉

245. 제245조(공연음란)

(1) 현행

第245條(公然淫亂)
公然히 **淫亂한 行爲를** 한 者는 1年 以下의 懲役, 500萬원 以下의 **罰金, 拘留 또는 科料에 處한다.** 〈改正 1995.12.29.〉

제245조(공연음란)
공연히 음란한 행위를 한 자는 1년 이하의 징역, 500만원 이하의 벌금, 구류 또는 과료에 처한다. 〈개정 1995.12.29〉

(2) 개선방안

제245조(공연음란)
공연히 **음란행위를** 한 사람은 1년 이하 징역형 · 500만원 이하 벌금형 · 구류형 · 과료형으로 처벌된다. 〈개정 1995.12.29.〉

【개정방향】
※ 명확성 · 간결성 · 가독성 · 국어문법정비
※ 음란행위: 성적 불쾌감 주는 행위
※ 구류형, 과료형 ⇒ 죄형법정주의 위반여부 논의 필요

(3) 조문해설

가. 형법 제245조는 공연음란을 규정하고 있다.

나. 주요내용을 보면, 공연히 **음란행위를** 한 사람은 1년 이하 징역형 · 500만원 이하 벌금형 · 구류형 · 과료형으로 처벌된다. 〈개정 1995.12.29.〉

제23장

도박과 복표에 관한 죄

246. 제246조(도박, 상습도박)

(1) 현행

제246조(도박, 상습도박)
① 도박을 한 사람은 1천만원 이하의 벌금에 처한다. 다만, 일시오락 정도에 불과한 경우에는 예외로 한다.
② 상습으로 제1항의 죄를 범한 사람은 3년 이하의 징역 또는 2천만원 이하의 벌금에 처한다. [전문개정 2013.4.5]

(2) 개선방안

제246조(도박·상습도박)
① 도박을 한 사람은 1천만원 이하 벌금형으로 처벌된다. **다만 일시오락 정도에 불과한 경우 위법성이 조각되어 처벌되지 않는다.**
② 상습으로 도박을 한 사람은 3년 이하 징역형·2천만원 이하 벌금형으로 처벌된다. [전문개정 2013.4.5.]

【개정방향】
※ 제목변경
※ 명확성·간결성·가독성·국어문법정비
※ 일본식 조사 '의' 삭제
※ 온점(·) 활용: (,)⇒(·) 형법 제157조와 제324조2(인질강요)에서 이미 사용 중
※ 위법성조각사유 명문화
※ 도박(賭博): 우연성에 기반을 둔 돈내기
※ 도박: 재물+재산이익+우연+실력
※ 상습(常習): 늘 하던 버릇. 습벽, 전과: 누범, 상습누범

(3) 조문해설

가. 형법 제246조는 도박·상습도박을 규정하고 있다.

나. 주요내용을 보면, ① 도박을 한 사람은 1천만원 이하 벌금형으로 처벌된다. 다만 일시오락 정도에 불과한 경우 위법성이 조각되어 처벌되지 않는다. ② 상습으로 도박을 한 사람은 3년 이하 징역형·2천만원 이하 벌금형으로 처벌된다. [전문개정 2013.4.5.]

247. 제247조(도박장소 등 개설)

(1) 현행

> 제247조(도박장소 등 개설)
> 영리의 목적으로 도박을 하는 장소나 공간을 개설한 사람은 5년 이하의 징역 또는 3천만원 이하의 벌금에 처한다. [전문개정 2013.4.5]

(2) 개선방안

> 제247조(도박장소개설)
> [4]영리목적으로 《[2]**도박장소·도박공간·사이버 도박공간을**》 [3]개설한 [1]사람은 5년 이하 징역형·3천만원 이하 벌금형으로 처벌된다. [전문개정 2013.4.5.]
>
> 【개정방향】
> ※ 제목변경
> ※ 명확성·간결성·가독성
> ※ 일본식 조사 '의' 삭제
> ※ 온점(·) 활용: (,) ⇒ (·) 형법 제157조와 제324조2(인질강요)에서 이미 사용 중
> ※ [1]행위주체 [2]행위객체 [3]행위 [4]목적범(법조문에 표시하면 가독성을 높일 수 있음)
> ※ 국어문법정비
> ※ 영리의 목적으로 ⇒ [4]영리목적으로
> ※ 도박을 하는 장소나 공간을 ⇒ [2]도박장소·도박공간·사이버 도박공간을. 인터넷 공간도 포함됨

(3) 조문해설

가. 형법 제247조는 도박장소개설을 규정하고 있다.

나. 주요내용을 보면, [4]영리목적으로 《[2]**도박장소·도박공간·사이버 도박공간을**》 [3]

개설한 [1]사람은 5년 이하 징역형 · 3천만원 이하 벌금형으로 처벌된다.

(4) **| 관련판례 |** 대법원 2018. 5. 30. 선고 2018도3619 판결 [범죄수익은닉의 규제 및 처벌 등에 관한 법률에 정한 중대범죄에 해당하는 범죄행위에 의하여 취득한 것으로 재산적 가치가 인정되는 무형재산을 몰수할 수 있는지 여부(적극), 피고인이 음란물유포 인터넷사이트를 운영하면서 정보통신망 이용촉진 및 정보보호 등에 관한 법률 위반(음란물유포)죄와 도박개장방조죄에 의하여 비트코인(Bitcoin)을 취득한 사안에서, 피고인의 정보통신망 이용촉진 및 정보보호 등에 관한 법률 위반(음란물유포)죄와 도박개장방조죄는 범죄수익은닉의 규제 및 처벌 등에 관한 법률에 정한 중대범죄에 해당하며, 비트코인은 재산적 가치가 있는 무형의 재산이라고 보아야 하고, 몰수의 대상인 비트코인이 특정되어 있다는 이유로, 피고인이 취득한 비트코인을 몰수할 수 있다고 본 원심판단이 정당하다고 한 사례]

가. 범죄수익은닉의 규제 및 처벌 등에 관한 법률(이하 '범죄수익은닉규제법'이라 한다)은 국제적 기준에 맞는 자금세탁방지 제도를 마련하고 범죄수익의 몰수 · 추징에 관한 특례를 규정함으로써 특정범죄를 조장하는 경제적 요인을 근원적으로 제거하여 건전한 사회질서의 유지에 이바지함을 목적으로 제정된 법률이다. 특정범죄를 직접 처벌하는 형법 등을 보충함으로써 중대범죄를 억제하기 위한 형사법 질서의 중요한 일부를 이루고 있다.

나. 범죄수익은닉규제법은 "중대범죄에 해당하는 범죄행위에 의하여 생긴 재산 또는 그 범죄행위의 보수로 얻은 재산"을 범죄수익으로 규정하고[제2조 제2호 (가)목], 범죄수익을 몰수할 수 있다고 규정한다(제8조 제1항 제1호). 그리고 범죄수익은닉규제법 시행령은 "은닉재산이란 몰수 · 추징의 판결이 확정된 자가 은닉한 현금, 예금, 주식, 그 밖에 재산적 가치가 있는 유형 · 무형의 재산을 말한다"라고 규정하고 있다(제2조 제2항 본문).

다. 위와 같은 범죄수익은닉규제법의 입법 취지 및 법률 규정의 내용을 종합하여 보면, **범죄수익은닉규제법에 정한 중대범죄에 해당하는 범죄행위에 의하여 취득한 것으로 재산적 가치가 인정되는 무형재산도 몰수할 수 있다.**

라. **피고인이 음란물유포 인터넷사이트를 운영하면서 정보통신망 이용촉진 및 정보보호 등에 관한 법률(이하 '정보통신망법'이라 한다) 위반(음란물유포)죄와 도박개장방조죄에 의하여 비트코인(Bitcoin)을 취득한 사안이다.**

마. 범죄수익은닉의 규제 및 처벌 등에 관한 법률(이하 '범죄수익은닉규제법'이라 한다) [별표] 제1호 (사)목에서는 형법 제247조의 죄를, [별표] 제24호에서는 정보통신망법 제74조 제1항 제2호의 죄를 중대범죄로 규정하고 있다. **피고인의**

정보통신망법 위반(음란물유포)죄와 도박개장방조죄는 범죄수익은닉규제법에 정한 중대범죄에 해당한다. 비트코인은 경제적인 가치를 디지털로 표상하여 전자적으로 이전, 저장 및 거래가 가능하도록 한, 이른바 '가상화폐'의 일종이다. 피고인은 위 음란사이트를 운영하면서 사진과 영상을 이용하는 이용자 및 음란사이트에 광고를 원하는 광고주들로부터 비트코인을 대가로 지급받아 재산적 가치가 있는 것으로 취급한 점에 비추어 비트코인은 재산적 가치가 있는 무형의 재산이라고 보아야 한다. 몰수의 대상인 비트코인이 특정되어 있다. 이러한 이유로 피고인이 취득한 비트코인을 몰수할 수 있다.

248. 제248조(복표의 발매 등)

(1) 현행

제248조(복표의 발매 등)
① 법령에 의하지 아니한 복표를 발매한 사람은 5년 이하의 징역 또는 3천만원 이하의 벌금에 처한다.
② 제1항의 복표발매를 중개한 사람은 3년 이하의 징역 또는 2천만원 이하의 벌금에 처한다.
③ 제1항의 복표를 취득한 사람은 1천만원 이하의 벌금에 처한다.
[전문개정 2013.4.5]

(2) 개선방안

제1안

제248조(복표발매)
① [2]**법령에 근거하지 않은 복표를** 발매한 [1]사람은 5년 이하 징역형·3천만원 이하 벌금형으로 처벌된다.
② 제1항 **복표발매를** 중개한 사람은 3년 이하 징역형·2천만원 이하 벌금형으로 처벌된다.
③ 제1항 **복표를** 취득한 사람은 1천만원 이하 벌금형으로 처벌된다.
[전문개정 2013.4.5.]

제2안 ★★★★★

제248조(복표발매)
① [2]**법령에 근거하지 않은 복표를** 발매한 [1]사람은 5년 이하 징역형·3천만원 이하 벌금형으로 처벌된다.

② [2]**법령에 근거하지 않은 복표발매를** 중개한 사람은 3년 이하 징역형 · 2천만원 이하 벌금형으로 처벌된다.
③ [2]**법령에 근거하지 않은 복표**를 취득한 사람은 1천만원 이하 벌금형으로 처벌된다.
[전문개정 2013.4.5.]

【개정방향】
※ 제목변경
※ 명확성 · 간결성 · 가독성
※ 일본식 조사 '의' 삭제
※ 온점(·) 활용: (,) ⇒ (·) 형법 제157조와 제324조2(인질강요)에서 이미 사용 중
※ [1]행위주체 [2]행위객체 [3]행위
※ 국어어순정비

(3) 조문해설

가. 형법 제248조는 복표발매를 규정하고 있다.

나. 주요내용을 보면, ① [2]**법령에 근거하지 않은 복표를** 발매한 [1]사람은 5년 이하 징역형 · 3천만원 이하 벌금형으로 처벌된다. ② [2]**법령에 근거하지 않은 복표발매를** 중개한 사람은 3년 이하 징역형 · 2천만원 이하 벌금형으로 처벌된다. ③ [2]**법령에 근거하지 않은 복표**를 취득한 사람은 1천만원 이하 벌금형으로 처벌된다. [전문개정 2013.4.5.]

249. 제249조(벌금의 병과)

(1) 현행

제249조(벌금의 병과)
제246조제2항, 제247조와 제248조제1항의 죄에 대하여는 1천만원 이하의 벌금을 병과할 수 있다. [전문개정 2013.4.5]

(2) 개선방안

제249조(벌금병과)
제246조 제2항 · 제247조 · 제248조 제1항 죄는 1천만원 이하 벌금형이 병과될 수 있다. [전문개정 2013.4.5.]

【개정방향】
※ 제목변경
※ 명확성 · 간결성 · 가독성
※ 일본식 조사 '의' 삭제
※ 온점(·) 활용: (,) ⇒ (·) 형법 제157조와 제324조2(인질강요)에서 이미 사용 중
※ 제246조제2항, 제247조와 제248조제1항의 죄에 대하여는 ⇒ 제246조 제2항 · 제247조 · 제248조 제1항 죄는
※ 1천만원 이하의 벌금을 병과할 수 있다. ⇒ 1천만원 이하 벌금형이 병과될 수 있다.

(3) 조문해설

가. 형법 제249조는 벌금병과를 규정하고 있다.

나. 주요내용을 보면, 제246조 제2항 · 제247조 · 제248조 제1항 죄는 1천만원 이하 벌금형이 병과될 수 있다. [전문개정 2013.4.5.]

제24장

殺人의 罪

250. 제250조(살인, 존속살해)

(1) 현행

第250條(殺人, 尊屬殺害)
① 사람을 殺害한 者는 死刑, 無期 또는 5年 以上의 懲役에 處한다.
② 自己 또는 配偶者의 直系尊屬을 殺害한 者는 死刑, 無期 또는 7年 이상의 懲役에 處한다. 〈改正 1995.12.29.〉

제250조(살인, 존속살해)
① 사람을 살해한 자는 사형, 무기 또는 5년 이상의 징역에 처한다.
② 자기 또는 배우자의 직계존속을 살해한 자는 사형, 무기 또는 7년 이상의 징역에 처한다. 〈개정 1995.12.29〉

(2) 개선방안

제250조(살인 · 존속살해 · 비속살해)
① 다른 사람을 살해한 사람은 사형 · 무기형 · 5년 이상 **징역형으로 처벌된다.**
② 범죄피해자가 법률상 · 사실혼 가족관계 경우 다음 각 호 어느 하나로 가중처벌된다.
1. **자기 직계존속** · 배우자 직계존속을 살해한 사람은 사형 · 무기형 · 7년 이상 **징역형으로 처벌된다.** 〈개정 1995.12.29.〉
2. **자기 직계비속** · 배우자 직계비속을 살해한 사람은 사형 · 무기형 · 7년 이상 **징역형으로 처벌된다.** 〈개정 1995.12.29.〉

【개정방향】
※ **제목변경**
※ **명확성 · 간결성 · 가독성 · 개조식**
※ **일본식 조사 '의' 삭제**

※ **제250조 제2항 제2호 신설 개정함**
※ 자⇒사람. 형법 제247조와 통일. 이하 각칙 조문 사람으로 통일함
※ 대법원 판례: 법률상 직계비속으로 제한

(3) 조문해설

가. 형법 제250조는 살인·존속살해·비속살해를 규정하고 있다.

나. 주요내용을 보면, ① 다른 사람을 살해한 사람은 사형·무기형·5년 이상 징역형으로 처벌된다. ② 범죄피해자가 법률상·사실혼 가족관계 경우 다음 각 호 어느 하나로 가중처벌된다. 1. 자기 직계존속·배우자 직계존속을 살해한 사람은 사형·무기형·7년 이상 징역형으로 처벌된다. 〈개정 1995.12.29.〉 2. 자기 직계비속·배우자 직계비속을 살해한 사람은 사형·무기형·7년 이상 징역형으로 처벌된다. 〈개정 1995.12.29.〉

(4) **| 관련판례 |** 대법원 2007. 6. 29. 선고 2005도3832 판결 [태아가 사람으로 되는 시기, 제왕절개 수술의 경우 '의학적으로 제왕절개 수술이 가능하였고 규범적으로 수술이 필요하였던 시기'를 분만의 시기로 볼 수 있는지 여부(소극), 태아를 사망에 이르게 하는 행위가 임산부에 대한 상해에 해당하는지 여부(소극)] 사람의 시기

가. **사람의 생명과 신체의 안전을 보호법익으로 하고 있는 형법의 해석으로는 규칙적인 진통을 동반하면서 분만이 개시된 때(소위 진통설 또는 분만개시설)가 사람의 시기(始期)라고 봄이 타당하다**(대법원 1982. 10. 12. 선고 81도2621 판결, 대법원 1998. 10. 9. 선고 98도949 판결 등 참조).

나. 이 사건 **태아는 아직 업무상과실치사죄의 객체인 '사람'이 되었다고 볼 수 없다.** 그러나 검사는 "제왕절개 수술의 경우 임산부의 상태변화, 의료진의 처치 경과 등 제반 사정을 토대로 '의학적으로 제왕절개 수술이 가능하였고 규범적으로 수술이 필요하였던 시기'를 사후적으로 판단하여 이를 분만의 시기로 볼 수 있고, 2001. 8. 11. 00:30경 출산을 위해 피고인의 조산원에 입원할 당시 A는 임신성 당뇨증상 및 이미 두 번의 제왕절개 출산 경험이 있는 37세의 고령의 임산부이었고, 분만예정일을 14일이나 넘겨 이 사건 태아가 5.2kg까지 성장한 상태이어서 의학적으로 자연분만이 부적절하여 제왕절개 수술이 유일한 출산방법이었으므로 A의 위 입원시점을 분만의 시기로 볼 수 있다"고 주장한다. 그러나 제왕절개 수술의 경우 '의학적으로 제왕절개 수술이 가능하였고 규범적으로 수술이 필요하였던 시기'는 판단하는 사람 및 상황에 따라 다

를 수 있어, 분만개시 시점 즉, 사람의 시기도 불명확하게 되므로 이 시점을 분만의 시기로 볼 수는 없다.

다. 현행 형법이 사람에 대한 상해 및 과실치사상의 죄에 관한 규정과는 별도로 태아를 독립된 행위객체로 하는 낙태죄, 부동의 낙태죄, 낙태치상 및 낙태치사의 죄 등에 관한 규정을 두고 있다. 그래서 포태한 부녀의 자기낙태행위 및 제3자의 부동의 낙태행위, 낙태로 인하여 위 부녀에게 상해 또는 사망에 이르게 한 행위 등에 대하여 처벌하도록 규정하고 있다. 그리고 과실낙태행위 및 낙태미수행위에 대하여 따로 처벌규정을 두지 아니하다. 이 점 등에 비추어 보면, **우리 형법은 태아를 임산부 신체의 일부로 보거나, 낙태행위가 임산부의 태아양육, 출산 기능의 침해라는 측면에서 낙태죄와는 별개로 임산부에 대한 상해죄를 구성하는 것으로 보지는 않는다고 해석된다. 따라서 태아를 사망에 이르게 하는 행위가 임산부 신체의 일부를 훼손하는 것이라거나 태아의 사망으로 인하여 그 태아를 양육, 출산하는 임산부의 생리적 기능이 침해되어 임산부에 대한 상해가 된다고 볼 수는 없다.**

(5) **| 관련판례 |** 대법원 2009. 5. 21. 선고 2009다17417 전원합의체 판결 [연명치료 중단의 허용 기준, 연명치료 중단의 요건으로서 환자가 회복불가능한 사망의 단계에 진입하였고 연명치료 중단을 구하는 환자의 의사를 추정할 수 있다고 한 사례] 사람의 종기, 무의미한 연명치료 중단과 살인죄

가. 사람의 종기는 논란이 있다. 현재 호흡종지설, 맥박종지설, 뇌사설이 대립한다. 다수설은 뇌사설이다. 「장기 등 이식에 관한 법률」은 살아 있는 사람, 뇌사자, 사망한 사람을 구분한다.

나. 대법원은 **"의학적으로 환자가 의식의 회복가능성이 없고, 생명과 관련된 중요한 생체기능이 상실된 때"**를 사람의 종기로 본다.

다. 의학적으로 환자가 의식의 회복가능성이 없고 생명과 관련된 중요한 생체기능의 상실을 회복할 수 없으며 환자의 신체상태에 비추어 짧은 시간 내에 사망에 이를 수 있음이 명백한 경우(이하 '회복불가능한 사망의 단계'라 한다)에 이루어지는 진료행위(이하 '연명치료'라 한다)는, 원인이 되는 질병의 호전을 목적으로 하는 것이 아니라 질병의 호전을 사실상 포기한 상태에서 오로지 현 상태를 유지하기 위하여 이루어지는 치료에 불과하다. 그러므로 그에 이르지 아니한 경우와는 다른 기준으로 진료중단 허용 가능성을 판단하여야 한다. 이미 의식의 회복가능성을 상실하여 더 이상 인격체로서의 활동을 기대할 수 없고 자연적으로는 이미 죽음의 과정이 시작되었다고 볼 수 있는 회복불가능한 사

망의 단계에 이른 후에는, 의학적으로 무의미한 신체 침해 행위에 해당하는 연명치료를 환자에게 강요하는 것이 오히려 인간의 존엄과 가치를 해하게 된다. 그러므로 이와 같은 예외적인 상황에서 죽음을 맞이하려는 환자의 의사결정을 존중하여 환자의 인간으로서의 존엄과 가치 및 행복추구권을 보호하는 것이 사회상규에 부합되고 헌법정신에도 어긋나지 아니한다. 그러므로 **회복불가능한 사망의 단계에 이른 후에 환자가 인간으로서의 존엄과 가치 및 행복추구권에 기초하여 자기결정권을 행사하는 것으로 인정되는 경우에는 특별한 사정이 없는 한 연명치료의 중단이 허용될 수 있다.** 한편, **환자가 회복불가능한 사망의 단계에 이르렀는지 여부는 주치의의 소견뿐 아니라 사실조회, 진료기록감정 등에 나타난 다른 전문의사의 의학적 소견을 종합하여 신중하게 판단하여야 한다.**

251. 제251조(영아살해)

(1) 현행

第251條(嬰兒殺害)
直系尊屬이 恥辱을 隱蔽하기 爲하거나 養育할 수 없음을 豫想하거나 特히 參酌할 만한 動機로 因하여 分娩中 또는 分娩直後의 嬰兒를 殺害한 때에는 10年 以下의 懲役에 處한다.

제251조(영아살해)
직계존속이 치욕을 은폐하기 위하거나 양육할 수 없음을 예상하거나 특히 참작할 만한 동기로 인하여 분만 중 또는 분만직후의 영아를 살해한 때에는 10년 이하의 징역에 처한다.

(2) 개선방안

제251조(영아살해)
직계존속이 **다음 각 호 어느 하나의 사유(책임조각사유)로 분만 중·분만직후에 영아를 살해한 경우 10년 이하 징역형으로 처벌된다.**

1. 치욕은폐
2. 양육할 수 없음을 예상
3. 특히 참작할 만한 동기

【개정방향】
※ 명확성·간결성·가독성·개조식
※ 일본식 조사 '의' 삭제

(3) 조문해설

가. 형법 제251조는 영아살해를 규정하고 있다.

나. 주요내용을 보면, 직계존속이 다음 각 호 어느 하나의 사유(책임조각사유)로 분만 중·분만직후에 영아를 살해한 경우 10년 이하 징역형으로 처벌된다. 1. 치욕은폐, 2. 양육할 수 없음을 예상, 3. 특히 참작할 만한 동기

252. 제252조(촉탁, 승낙에 의한 살인 등)

(1) 현행

第252條(囑託, 承諾에 依한 殺人 等)
① 사람의 囑託 또는 承諾을 받어 그를 殺害한 者는 1年 以上 10年 以下의 懲役에 處한다.
② 사람을 敎唆 또는 幇助하여 自殺하게 한 者도 前項의 刑과 같다.

제252조(촉탁, 승낙에 의한 살인 등)
① 사람의 촉탁 또는 승낙을 받어 그를 살해한 자는 1년 이상 10년 이하의 징역에 처한다.
② 사람을 교사 또는 방조하여 자살하게 한 자도 전항의 형과 같다.

(2) 개선방안

제252조(촉탁살인·승낙살인·위계촉탁살인)
① 다른 사람에게 **촉탁·승낙을 받고 다른 사람을** 살해한 사람은 1년 이상 10년 이하 **징역형으로 처벌된다.**
② 다른 사람을 **교사·방조하여 다른 사람을** 자살하게 한 사람은 1년 이상 10년 이하 **징역형으로 처벌된다.**
③ 위계·위력으로 제1항·제2항을 범한 사람은 **제250조 제1항·제2항·제3항 법정형으로 처벌된다.**

【개정방향】
※ 제목변경
※ 명확성·간결성·가독성
※ 일본식 조사 '의' 삭제
※ 온점(·) 사용
※ 형법 제253조 삭제 후 내용을 제252조에 포함하여 개정함

(3) 조문해설

가. 형법 제252조는 촉탁살인 · 승낙살인 · 위계촉탁살인을 규정하고 있다.

나. 주요내용을 보면, ① 다른 사람에게 촉탁 · 승낙을 받고 다른 사람을 살해한 사람은 1년 이상 10년 이하 징역형으로 처벌된다. ② 다른 사람을 교사 · 방조하여 다른 사람을 자살하게 한 사람은 1년 이상 10년 이하 징역형으로 처벌된다. ③ 위계 · 위력으로 제1항 · 제2항을 범한 사람은 제250조 제1항 · 제2항 · 제3항 법정형으로 처벌된다.

(4) **| 관련판례 |** 대법원 2005. 6. 10. 선고 2005도1373 판결 [자살방조죄 성립요건 및 방조의 방법, 판매대금 편취 목적으로 인터넷 자살사이트에 청산염 등 자살용 유독물 판매광고 글을 게시한 행위가 자살방조에 해당하지 않는다고 한 사례]

가. 형법 제252조 제2항 자살방조죄는 자살하려는 사람의 자살행위를 도와주어 용이하게 실행하도록 함으로써 성립되는 것이다. 그 방법에는 자살도구인 총, 칼 등을 빌려주거나, 독약을 만들어 주거나, 조언 또는 격려를 한다거나, 그 밖에 적극적, 소극적, 물질적, 정신적 방법이 모두 포함된다 할 것이다. 그러나 이러한 **자살방조죄가 성립하기 위해서는 그 방조 상대방의 구체적인 자살의 실행을 원조하여 이를 용이하게 하는 행위의 존재 및 그 점에 대한 행위자의 인식이 요구된다.**

나. **피고인이 인터넷 사이트 내 자살 관련 카페 게시판에 청산염 등 자살용 유독물의 판매광고를 한 행위가 단지 금원 편취 목적의 사기행각의 일환으로 이루어졌고, 변사자들이 다른 경로로 입수한 청산염을 이용하여 자살한 사정 등에 비추어, 피고인의 행위는 자살방조에 해당하지 않는다.**

다. 사안을 보면, "피고인들의 이 사건 판매광고 등의 행위는 단지 금원 편취 목적의 사기행각의 일환으로 이루어진 것일 뿐 그 후 다른 경로로 입수한 청산염을 이용한 위 변사자들 자살행위에 어떠한 물질적 혹은 유형적 기여도 하지 못하였다. 또한 위 변사자들이 위 자살 관련 카페에서 상호 교감을 통해 이미 자살을 결의하고 구체적 실행방법만을 물색하고 있던 상황인 데다가 피고인들의 위 판매광고가 사기행각임이 발각되기까지 하였음에 비추어 **피고인들이 위 변사자들의 자살의 실행에 정신적 혹은 무형적으로 기여하였다고 보기도 어렵다.** 기록에 의하면 위 변사자들 자살에 사용된 청산염 효능에 대하여는 이미 위 자살 관련 카페의 회원들 사이에서는 주지의 사실이었던 것으로 보이는 점 등의 사정에 비추어 **피고인들의 위 행위가 위 변사자들이 실행한**

자살행위를 원조하여 이를 용이하게 한 방조행위에 해당한다고 보기 어렵다 할 것이다. 나아가 위와 같은 사정하에서라면 단지 가짜 청산염 판매광고 수법으로 금원을 편취하고자 한 피고인들에게 위 변사자들의 구체적 자살행위에 관한 방조 범의가 있다고 보기도 어렵다 할 것이다. 같은 취지에서 이 부분 공소사실에 대하여 무죄를 선고한 원심판결은 정당하다 할 것이다."

253. 제253조(위계 등에 의한 촉탁살인 등)

(1) 현행

第253條(僞計 等에 依한 囑託殺人 等)
前條의 境遇에 僞計 또는 威力으로써 囑託 또는 承諾하게 하거나 自殺을 決意하게 한 때에는 第250條의 例에 依한다.

제253조(위계 등에 의한 촉탁살인 등)
전조의 경우에 위계 또는 위력으로써 촉탁 또는 승낙하게 하거나 자살을 결의하게 한 때에는 제250조의 예에 의한다.

(2) 개선방안

제253조(촉탁살인 · 승낙살인 · 위계촉탁살인)
① 다른 사람에게 **촉탁 · 승낙을 받고 다른 사람을** 살해한 사람은 1년 이상 10년 이하 **징역형으로 처벌된다.**
② 다른 사람을 **교사 · 방조하여 다른 사람을** 자살하게 한 사람은 1년 이상 10년 이하 **징역형으로 처벌된다.**
③ 위계 · 위력으로 제1항 · 제2항을 범한 사람은 **제250조 제1항 · 제2항 · 제3항 법정형으로 처벌된다.**

【개정방향】
※ **제목변경**
※ **명확성 · 간결성 · 가독성**
※ **일본식 조사 '의' 삭제**
※ **온점(·) 사용**
※ **형법 제253조 삭제 후 내용을 제252조에 포함하여 개정함**
※ 형법 제253조 구성요건은 ← 제252조와 유사하다. 다만 위계 · 위력이 추가됨

(3) 조문해설

가. 형법 제253조는 촉탁살인 · 승낙살인 · 위계촉탁살인을 규정하고 있다.

나. 주요내용을 보면, ① 다른 사람에게 촉탁 · 승낙을 받고 사람을 다른 살해한 사람은 1년 이상 10년 이하 징역형으로 처벌된다. ② 다른 사람을 교사 · 방조하여 다른 사람을 자살하게 한 사람은 1년 이상 10년 이하 징역형으로 처벌된다. ③ 위계 · 위력으로 제1항 · 제2항을 범한 사람은 제250조 제1항 · 제2항 · 제3항 법정형으로 처벌된다.

254. 제254조(미수범)

(1) 현행

第254條(未遂犯)
前4條의 未遂犯은 處罰한다.

제254조(미수범)
전4조의 미수범은 처벌한다.

(2) 개선방안

제254조(미수범)
제250조 · 제251조 · 제252조 · 제253조 미수범은 처벌된다.

【개정방향】 온점(·) 사용

(3) 조문해설

가. 형법 제254조는 미수범을 규정하고 있다.

나. 주요내용을 보면, 제250조 · 제251조 · 제252조 · 제253조 미수범은 처벌된다.

255. 제255조(예비, 음모)

(1) 현행

第255條(豫備, 陰謀)
第250條와 第253條의 罪를 犯할 目的으로 豫備 또는 陰謀한 者는 10年 以下의 懲役에 處한다.

> 제255조(예비, 음모)
> 제250조와 제253조의 죄를 범할 목적으로 예비 또는 음모한 자는 10년 이하의 징역에 처한다.

(2) 개선방안

> 제255조(예비 · 음모)
> **제250조 제1항 · 제2항 · 제3항과 제252조 제3항 죄**를 범할 목적으로 예비 · 음모한 사람은 10년 이하 **징역형으로 처벌된다.**
>
> 【개정방향】
> ※ **명확성 · 간결성 · 가독성**
> ※ **일본식 조사 '의' 삭제**
> ※ **온점(·) 사용**
> ※ 제250조와 제253조의 죄를 범할 목적으로⇒제250조 제1항 · 제2항 · 제3항과 제252조 제3항 죄를 범할 목적으로
> ※ 예비 또는 음모한 자는⇒예비 · 음모한 사람은
> ※ 10년 이하의 징역에 처한다⇒10년 이하 징역형으로 처벌된다.

(3) 조문해설

가. 형법 제255조는 예비 · 음모를 규정하고 있다.

나. 주요내용을 보면, 제250조 제1항 · 제2항 · 제3항과 제252조 제3항 죄를 범할 목적으로 예비 · 음모한 사람은 10년 이하 징역형으로 처벌된다.

256. 제256조(자격정지의 병과)

(1) 현행

> 第256條(資格停止의 併科)
> 第250條, 第252條 또는 第253條의 境遇에 有期懲役에 處할 때에는 10年 以下의 資格停止를 併科할 수 있다.
>
> 제256조(자격정지의 병과)
> 제250조, 제252조 또는 제253조의 경우에 유기징역에 처할 때에는 10년 이하의 자격정지를 병과 할 수 있다.

(2) 개선방안

제256조(자격정지병과)
제250조 제1항 · 제2항 · 제3항과 제252조 제1항 · 제2항 · 제3항에서 유기징역으로 처벌될 경우 10년 이하 자격정지형이 **병과될 수 있다.**

【개정방향】
※ 제목변경
※ 명확성 · 간결성 · 가독성
※ 일본식 조사 '의' 삭제
※ 온점(·) 사용

(3) 조문해설

가. 형법 제256조는 자격정지병과를 규정하고 있다.

나. 주요내용을 보면, 제250조 제1항 · 제2항 · 제3항과 제252조 제1항 · 제2항 · 제3항에서 유기징역으로 처벌될 경우 10년 이하 자격정지형이 병과될 수 있다.

제25장

傷害와 暴行의 罪

257. 제257조(상해, 존속상해)

(1) 현행

第257條(傷害, 尊屬傷害)
① 사람의 身體를 傷害한 者는 7年 以下의 懲役, 10年 以下의 資格停止 또는 1千萬원 以下의 罰金에 處한다. 〈改正 1995.12.29.〉
② 自己 또는 配偶者의 直系尊屬에 對하여 第1項의 罪를 犯한 때에는 10年 이하의 懲役 또는 1千500萬원 이하의 罰金에 處한다. 〈改正 1995.12.29.〉
③ 前 2項의 未遂犯은 處罰한다.

제257조(상해, 존속상해)
① 사람의 신체를 상해한 자는 7년 이하의 징역, 10년 이하의 자격정지 또는 1천만원 이하의 벌금에 처한다. 〈개정 1995.12.29〉
② 자기 또는 배우자의 직계존속에 대하여 제1항의 죄를 범한 때에는 10년 이하의 징역 또는 1천500만원 이하의 벌금에 처한다. 〈개정 1995.12.29〉
③ 전 2항의 미수범은 처벌한다.

(2) 개선방안

제257조(상해 · 존속상해 · 비속상해)
① 다른 사람 신체를 상해한 사람은 7년 이하 징역형 · 10년 이하 자격정지형 · 1천만원 이하 벌금형**으로 처벌된다.** 〈개정 1995.12.29.〉
② 범죄피해자가 법률상 · 사실혼 가족관계 경우 다음 각 호 어느 하나로 가중처벌된다.
1. **자기 직계존속** · 배우자 직계존속의 신체를 상해한 사람은 10년 이하 징역형 · 1천500만원 이하 벌금형으로 처벌한다. 〈개정 1995.12.29.〉
2. **자기 직계비속** · 배우자 직계비속 신체를 상해한 사람은 10년 이하 징역형 · 1천500만원 이하 벌금형으로 처벌된다. 〈개정 1995.12.29.〉

③ **제1항 · 제2항 미수범은** 처벌된다.

【개정방향】
※ **제목변경**
※ **명확성 · 간결성 · 가독성 · 개조식**
※ **일본식 조사 '의' 삭제**
※ **온점(·) 사용**

(3) 조문해설

가. 형법 제257조는 상해 · 존속상해 · 비속상해를 규정하고 있다.

나. 주요내용을 보면, ① 다른 사람 신체를 상해한 사람은 7년 이하 징역형 · 10년 이하 자격정지형 · 1천만원 이하 벌금형으로 처벌된다. 〈개정 1995.12.29.〉 ② 범죄피해자가 법률상 · 사실혼 가족관계 경우 다음 각 호로 가중처벌된다. 1. 자기 직계존속 · 배우자 직계존속의 신체를 상해한 사람은 10년 이하 징역형 · 1천500만원 이하 벌금형으로 처벌한다. 〈개정 1995.12.29.〉 2. 자기 직계비속 · 배우자 직계비속 신체를 상해한 사람은 10년 이하 징역형 · 1천500만원 이하 벌금형으로 처벌된다. 〈개정 1995.12.29.〉 ③ 제1항 · 제2항 미수범은 처벌된다.

(4) **| 관련판례 |** 대법원 1996. 12. 23. 선고 96도2673 판결 [좌측팔 부분에 약 1주간의 치료를 요하는 동전크기의 멍이 든 것이 상해죄의 상해에 해당되지 않는다고 본 원심의 판단을 수긍한 사례] 상해의 의의

피고인이 피해자와 연행문제로 시비하는 과정에서 치료도 필요 없는 가벼운 상처를 입었다. 그러나 그 정도의 상처는 일상생활에서 얼마든지 생길 수 있는 극히 경미한 상처이므로 굳이 따로 치료할 필요도 없는 것이다. 이로 인해 인체의 완전성을 해하거나 건강상태를 불량하게 변경하였다고 보기 어렵다. 그러므로 **피해자가 약 1주간의 치료를 요하는 좌측팔 부분의 동전크기의 멍이 든 것이 상해죄에서 말하는 상해에 해당되지 않는다.**

(5) **| 관련판례 |** 대법원 2009. 7. 23. 선고 2009도5022 판결 [강도상해죄에서 '상해'의 의미]

강도상해죄에서 상해는 피해자 신체의 건강상태가 불량하게 변경되고, 생활기능에 장애가 초래되는 것을 말한다(대법원 2003. 7. 11. 선고 2003도2313 판결).

258. 第258조(중상해, 존속중상해)

(1) 현행

第258條(重傷害, 尊屬重傷害)
① 사람의 身體를 傷害하여 生命에 對한 危險을 發生하게 한 者는 1年 以上 10年 以下의 懲役에 處한다.
② 身體의 傷害로 因하여 **不具 또는 不治나 難治의 疾病**에 이르게 한 者도 前項의 刑과 같다.
③ 自己 또는 配偶者의 直系尊屬에 對하여 前2項의 罪를 犯한 때에는 2년 이상 15년 이하의 징역에 處한다. 〈개정 2016.1.6.〉

第258조(중상해, 존속중상해)
① 사람의 신체를 상해하여 생명에 대한 위험을 발생하게 한 자는 1년 이상 10년 이하의 징역에 처한다.
② 신체의 상해로 인하여 불구 또는 불치나 난치의 질병에 이르게 한 자도 전항의 형과 같다.
③ 자기 또는 배우자의 직계존속에 대하여 전2항의 죄를 범한 때에는 **2년 이상 15년 이하의 징역에 처한다. 〈개정 2016.1.6.〉**

(2) 개선방안

第258조(중상해 · 존속중상해 · 비속중상해)
① 다른 사람 신체를 상해하여 **다음 각 호 어느 하나의 결과를 발생시킨 사람은** 1년 이상 10년 이하 **징역형으로 처벌된다.**
1. 생명위험
2. 불구
3. 불치질병
4. 난치질병

② 범죄피해자가 법률상 · 사실혼 가족관계 경우 다음 각 호로 가중처벌된다.
1. **자기 직계존속** · 배우자 직계존속 신체를 상해하여 제1항 죄를 범한 경우 2년 이상 **15년 이하 징역형으로 처벌된다. 〈개정 2016.1.6.〉**
2. **자기 직계비속** · 배우자 직계비속 신체를 상해하여 제1항 죄를 범한 경우 2년 이상 **15년 이하 징역형으로 처벌된다. 〈개정 2016.1.6.〉**

〈개정 1995.12.29〉
③ **제1항 · 제2항 미수범은** 처벌된다(신설).

【개정방향】
※ 제목변경
※ 명확성 · 간결성 · 가독성 · 개조식
※ 일본식 조사 '의' 삭제
※ 결과범으로 명문화
※ 온점(·) 사용
※ 미수범 처벌 규정: 제258조2와 통일

(3) 조문해설

가. 형법 제258조는 중상해 · 존속중상해 · 비속중상해를 규정하고 있다.

나. ① 다른 사람 신체를 상해하여 다음 각 호 결과를 발생시킨 사람은 1년 이상 10년 이하 징역형으로 처벌된다. 1. 생명위험, 2. 불구, 3. 불치질병, 4. 난치질병 ② 범죄피해자가 법률상 · 사실혼 가족관계 경우 다음 각 호로 가중처벌된다. 1. 자기 직계존속 · 배우자 직계존속 신체를 상해하여 제1항 죄를 범한 경우 2년 이상 15년 이하 징역형으로 처벌된다. 〈개정 2016.1.6.〉 2. 자기 직계비속 · 배우자 직계비속 신체를 상해하여 제1항 죄를 범한 경우 2년 이상 15년 이하 징역형으로 처벌된다. 〈개정 2016.1.6.〉 〈개정 1995.12.29.〉 ③ 제1항 · 제2항 미수범은 처벌된다(신설).

258-2. 제258조의2(특수상해)

(1) 현행

제258조의2(특수상해)
① 단체 또는 다중의 위력을 보이거나 위험한 물건을 휴대하여 제257조 제1항 또는 제2항의 죄를 범한 때에는 1년 이상 10년 이하의 징역에 처한다.
② 단체 또는 다중의 위력을 보이거나 위험한 물건을 휴대하여 제258조의 죄를 범한 때에는 2년 이상 20년 이하의 징역에 처한다.
③ 제1항의 미수범은 처벌한다.

[본조신설 2016.1.6]
(형법 일부개정 2016.01.06 [법률 제13719호, 시행 2016.01.06] 법무부)

(2) 개선방안

제258조2(특수상해)

① **다음 각 호 어느 하나의 행위로** 제257조 제1항 상해죄 · 제2항 존속상해죄 · 비속중상해죄를 범한 사람은 1년 이상 10년 이하 **징역형으로 처벌된다.**

1. 단체위력을 보임
2. 다중위력을 보임
3. 위험물건을 보임
4. 위험물건을 널리 이용

② 다음 각 호 어느 하나의 행위로 제258조 제1항 · 제2항 중상해죄 · 제3항 존속중상해죄 · 비속중상해죄를 범한 사람은 2년 이상 20년 이하 **징역형으로 처벌된다.**

1. 단체위력을 보임
2. 다중위력을 보임
3. 위험물건을 보임
4. 위험물건을 널리 이용

③ 제1항 · 제2항 미수범은 처벌된다.

【개정방향】
※ 명확성 · 간결성 · 가독성
※ 일본식 조사 '의' 삭제

(3) 조문해설

가. 형법 제258조2는 특수상해를 규정하고 있다.

나. 주요내용을 보면, ① 다음 각 호 어느 하나의 행위로 제257조 제1항 상해죄 · 제2항 존속상해죄 · 비속중상해죄를 범한 사람은 1년 이상 10년 이하 징역형으로 처벌된다. 1. 단체위력을 보임, 2. 다중위력을 보임, 3. 위험물건을 보임, 4. 위험물건을 널리 이용 ② 다음 각 호 어느 하나의 행위로 제258조 제1항 · 제2항 중상해죄 · 제3항 존속중상해죄 · 비속중상해죄를 범한 경우 2년 이상 20년 이하 징역형으로 처벌된다. 1. 단체위력을 보임, 2. 다중위력을 보임, 3. 위험물건을 보임, 4. 위험물건을 널리 이용 ③ 제1항 · 제2항 미수범은 처벌된다.

(4) **| 관련판례 | 대법원 2018. 7. 24. 선고 2018도3443 판결** [죄형법정주의 취지에 따른 형벌법규의 해석 원칙, 형법 제262조의 규정 중 '제257조 내지 제259조의 예에 의한다'의 의미, 특수폭행치상의 경우, 형법 제258조의2의 신설에도 불구하고

종전과 같이 형법 제257조 제1항의 예에 의하여 처벌하는 것으로 해석하여야 하는지 여부(적극), 공소장에 적용법조를 기재하는 이유, 공소사실이 아닌 어느 처벌조항을 준용할지에 관한 해석 및 판단에서 법원이 검사의 공소장 기재 적용법조에 구속되는지 여부(소극)]

가. 죄형법정주의는 국가형벌권의 자의적인 행사로부터 개인의 자유와 권리를 보호하기 위하여 범죄와 형벌을 법률로 정할 것을 요구한다. 그러한 취지에 비추어 보면 형벌법규의 해석은 엄격하여야 한다. 명문의 형벌법규의 의미를 피고인에게 불리한 방향으로 지나치게 확장해석하거나 유추해석하는 것은 죄형법정주의의 원칙에 어긋나는 것으로서 허용되지 아니한다. 그러나 형벌법규의 해석에서도 법률문언의 통상적인 의미를 벗어나지 않는 한 그 법률의 입법취지와 목적, 입법연혁 등을 고려한 목적론적 해석이 배제되는 것은 아니다.

나. 특수폭행치상죄의 해당 규정인 형법 제262조, 제261조는 형법 제정 당시부터 존재하였다. 그런데 형법 제258조의2 특수상해죄의 신설 이전에는 형법 제262조의 "전 2조의 죄를 범하여 사람을 사상에 이르게 한 때에는 제257조 내지 제259조의 예에 의한다"라는 규정 중 '제257조 내지 제259조의 예에 의한다'의 의미는 형법 제260조(폭행, 존속폭행) 또는 제261조(특수폭행)의 죄를 범하여 상해, 중상해, 사망의 결과가 발생한 경우, 그 결과에 따라 상해의 경우에는 형법 제257조, 중상해의 경우에는 형법 제258조, 사망의 경우에는 형법 제259조의 예에 준하여 처벌하는 것으로 해석·적용되어 왔다. 따라서 특수폭행치상죄의 경우 법정형은 형법 제257조 제1항에 의하여 '7년 이하의 징역, 10년 이하의 자격정지 또는 1천만 원 이하의 벌금'이었다.

다. 그런데 2016. 1. 6. 형법 개정으로 특수상해죄가 형법 제258조의2로 신설됨에 따라 문언상으로 형법 제262조의 '제257조 내지 제259조의 예에 의한다'는 규정에 형법 제258조의2가 포함되어 특수폭행치상의 경우 특수상해인 형법 제258조의2 제1항의 예에 의하여 처벌하여야 하는 것으로 해석될 여지가 생기게 되었다. 이러한 해석을 따를 경우 특수폭행치상죄의 법정형이 형법 제258조의2 제1항이 정한 '1년 이상 10년 이하의 징역'이 되어 종래와 같이 형법 제257조 제1항의 예에 의하는 것보다 상향되는 결과가 발생하게 된다.

라. 그러나 형벌규정 해석에 관한 법리와 폭력행위 등 처벌에 관한 법률의 개정 경과 및 형법 제258조의2의 신설 경위와 내용, 그 목적, 형법 제262조의 연혁, 문언과 체계 등을 고려할 때, **특수폭행치상의 경우 형법 제258조의2의 신설에도 불구하고 종전과 같이 형법 제257조 제1항의 예에 의하여 처벌하는 것**

으로 해석함이 타당하다.

마. 공소장에는 죄명 · 공소사실과 함께 적용법조를 기재하여야 한다(형사소송법 제254조). 공소장에 적용법조를 기재하는 이유는 공소사실의 법률적 평가를 명확히 하여 공소의 범위를 확정하는 데 보조기능을 하도록 하고, 피고인의 방어권을 보장하고자 함에 있을 뿐이다. 법률의 해석 및 적용 문제는 법원의 전권이다. 그러므로 공소사실이 아닌 어느 처벌조항을 준용할지에 관한 해석 및 판단에 있어서는 법원은 검사의 공소장 기재 적용법조에 구속되지 않는다.

바. 생각건대 특수폭행치상의 경우 형법 제258조2가 신설되었다면, 2016년 1월 6일 시행 이후 범죄에 대해서는 종전과 달리 형법 제257조 제1항 상해죄 · 제2항 존속상해죄 또는 제258조 제1항 · 제2항 중상해죄 또는 제3항 존속중상해죄에 근거하여 처벌하는 것으로 해석함이 타당하다. 행위양태를 명확히 구분하여 법을 적용하는 것이 입법자의 의사에 부합한다. 형법 제258조2 주요내용을 보면, ① 다음 각 호 어느 하나의 행위로 제257조 제1항 상해죄 · 제2항 존속상해죄를 범한 경우 1년 이상 10년 이하 징역형으로 처벌된다. 1. 단체위력을 보임, 2. 다중위력을 보임, 3. 위험물건을 보임 ② 다음 각 호 어느 하나의 행위로 제258조 제1항 · 제2항 중상해죄 · 제3항 존속중상해죄를 범한 경우 2년 이상 20년 이하 징역형으로 처벌된다. 1. 단체위력을 보임, 2. 다중위력을 보임, 3. 위험물건을 보임 ③ 제1항 · 제2항 미수범은 처벌된다.

259. 제259조(상해치사)

(1) 현행

第259條(傷害致死)

① 사람의 身體를 傷害하여 死亡에 이르게 한 者는 3年 以上의 有期懲役에 處한다. 〈改正 1995.12.29.〉

② 自己 또는 配偶者의 直系尊屬에 對하여 前項의 罪를 犯한 때에는 無期 또는 5年 以上의 懲役에 處한다.

제259조(상해치사)

① 사람의 신체를 상해하여 사망에 이르게 한 자는 3년 이상의 유기징역에 처한다. 〈개정 1995.12.29〉

② 자기의 지계존속 또는 배우자의 직계존속에 대하여 전항의 죄를 범한 때에는 무기 또는 5년 이상의 징역에 처한다.

(2) 개선방안

제259조(상해치사 · 존속상해치사 · 비속상해치사)
① 다른 사람 신체를 상해하여 사망에 이르게 한 사람은 3년 이상 **징역형으로 처벌된다.** 〈개정 1995.12.29〉
② **자기 직계존속 · 배우자 직계존속 신체를 상해하여 사망에 이르게 한 사람은** 무기형 · 5년 이상 **징역형으로 처벌된다.**
③ **자기 직계비속** · 배우자 직계비속 신체를 상해하여 **사망에 이르게 한 사람은** 무기형 · 5년 이상 **징역형으로 처벌된다.**

【개정방향】
※ 제목변경
※ **명확성 · 간결성 · 가독성**
※ **일본식 조사 '의' 삭제**
※ 제3항을 신설함(직계존속과 직계비속 보호를 동일하게 보호함)

(3) 조문해설

가. 형법 제259조는 상해치사 · 존속상해치사 · 비속상해치사를 규정하고 있다.

나. 주요내용을 보면, ① 다른 사람 신체를 상해하여 사망에 이르게 한 사람은 3년 이상 징역형으로 처벌한다. 〈개정 1995.12.29.〉 ② 자기 직계존속 · 배우자 직계존속 신체를 상해하여 사망에 이르게 한 사람은 무기형 · 5년 이상 징역형으로 처벌된다. ③ 자기 직계비속 · 배우자 직계비속 신체를 상해하여 사망에 이르게 한 사람은 무기형 · 5년 이상 징역형으로 처벌된다.

260. 제260조(폭행, 존속폭행)

(1) 현행

第260條(暴行, 尊屬暴行)
① 사람의 身體에 對하여 暴行을 加한 者는 2年 以下의 懲役, 500萬원 以下의 罰金, 拘留 또는 科料에 處한다. 〈改正 1995.12.29.〉
② 自己 또는 配偶者의 直系尊屬에 對하여 第1項의 罪를 犯한 때에는 5年 以下의 懲役 또는 700萬원 이하의 罰金에 處한다. 〈改正 1995.12.29.〉
③ 第1項 및 第2項의 罪는 被害者의 明示한 意思에 反하여 公訴를 제기할 수 없다. 〈改正 1995.12.29.〉

제260조(폭행, 존속폭행)
① 사람의 신체에 대하여 폭행을 가한 자는 2년 이하의 징역, 500만원 이하의 벌금, 구류 또는 과료에 처한다. 〈개정 1995.12.29〉
② 자기 또는 배우자의 직계존속에 대하여 제1항의 죄를 범한 때에는 5년 이하의 징역 또는 700만원 이하의 벌금에 처한다. 〈개정 1995.12.29〉
③ 제1항 및 제2항의 죄는 피해자의 명시한 의사에 반하여 공소를 제기할 수 없다. 〈개정 1995.12.29〉

(2) 개선방안

제260조(폭행 · 존속폭행 · 비속폭행)
① **다른 사람 신체를 폭행한 사람은** 2년 이하 징역형 · 500만원 이하 벌금형 · 구류형 · 과료형으로 **처벌된다.**
② 범죄피해자가 법률상 · 사실혼 가족관계 경우 다음 각 호 어느 하나로 가중처벌된다.
  1. **자기 직계존속 · 배우자 직계존속 신체를 폭행한 사람은** 5년 이하 징역형 · 700만원 이하 벌금**형으로 처벌된다.**
  2. **자기 직계비속 · 배우자 직계비속 신체를 폭행한 사람은** 5년 이하 징역형 · 700만원 이하 벌금형**으로 처벌된다.**
③ 제1항 · 제2항 · 제3항 죄는 피해자 명시한 의사에 반하여 공소가 제기될 수 없다.

【개정방향】
※ **제목변경**
※ **명확성 · 간결성 · 가독성 · 개조식**
※ **일본식 조사 '의' 삭제**
※ **온점(·) 사용**
※ **국어문법**
※ **수동태 통일**

(3) 조문해설

가. 형법 제260조는 폭행 · 존속폭행 · 비속폭행을 규정하고 있다.

나. ① 다른 사람 신체를 폭행한 사람은 2년 이하 징역형 · 500만원 이하 벌금형 · 구류형 · 과료형으로 처벌된다. ② 범죄피해자가 법률상 · 사실혼 가족관계 경우 다음 각 호 어느 하나로 가중처벌된다. 1. 자기 직계존속 · 배우자 직계존속 신체를 폭행한 사람은 5년 이하 징역형 · 700만원 이하 징역형으로 처

벌된다. 2. 자기 직계비속 · 배우자 직계비속 신체를 폭행한 사람은 5년 이하 징역형 · 700만원 이하 벌금형으로 처벌된다. ③ 제1항 · 제2항 · 제3항 죄는 피해자 명시한 의사에 반하여 공소가 제기될 수 없다.

(4) **| 관련판례 | 대법원 2003. 1. 10. 선고 2000도5716 판결** [폭행죄서 유형력 행사에 신체 청각기관을 자극하는 음향도 포함되는지 여부(한정 적극), 거리상 멀리 떨어져 있는 사람에게 전화기를 이용하여 전화하면서 고성을 내거나 그 전화 대화를 녹음 후 듣게 하는 경우, 폭행죄에서 신체에 대한 유형력의 행사를 한 것으로 볼 수 있는지 여부(한정 적극)] 폭행죄에서 폭행의 의미

가. 형법 제260조 폭행죄는 사람의 신체에 대한 유형력의 행사를 가리킨다. 그 유형력 행사는 신체적 고통을 주는 물리력의 작용을 의미한다. 그러므로 신체 청각기관을 직접적으로 자극하는 음향도 경우 유형력에 포함될 수 있다.

나. 피해자 신체에 공간적으로 근접하여 고성으로 폭언이나 욕설을 하거나 또는 동시에 손발이나 물건을 휘두르거나 던지는 행위는 직접 피해자 신체에 접촉하지 아니하였다 하더라도, 피해자에 대한 불법한 유형력 행사로서 폭행에 해당될 수 있다.

다. 그러나 **거리상 멀리 떨어져 있는 사람에게 전화기를 이용하여 전화하면서 고성을 내거나 또는 그 전화 대화를 녹음 후 듣게 하는 경우, 특수한 방법으로 수화자 청각기관을 자극하여 그 수화자에게 고통스럽게 느끼게 할 정도의 음향을 이용하였다는 등 특별한 사정이 없는 한 신체에 대한 유형력의 행사를 한 것으로 보기 어렵다.**

261. 제261조(특수폭행)

(1) 현행

第261條(特殊暴行)
團體 또는 多衆의 威力을 보이거나 危險한 物件을 携帶하여 第260條第1項 또는 第2項의 罪를 犯한 때에는 5年 以下의 懲役 또는 1千萬원 以下의 罰金에 處한다. 〈改正 1995.12.29.〉

제261조(특수폭행)
단체 또는 다중의 위력을 보이거나 위험한 물건을 휴대하여 제260조 제1항 또는 제2항의 죄를 범한 때에는 5년 이하의 징역 또는 1천만원 이하의 벌금에 처한다. 〈개정 1995.12.29〉

(2) 개선방안

제261조(특수폭행)
다음 각 호 어느 하나의 행위로 제260조 제1항 **폭행죄·제2항 존속폭행죄·비속폭행죄**를 범한 경우 5년 이하 징역형·1천만원 이하 **징역으로 처벌된다.**
1. 단체위력을 보임
2. 다중위력을 보임
3. 위험물건을 보임
4. **위험물건을 널리 이용**

【개정방향】
※ **명확성·간결성·가독성·개조식**
※ **일본식 조사 '의' 삭제**
※ **국어문법정비**
※ **제4호 추가**
※ **대법원 판례 반영**

(3) 조문해설

가. 형법 제261조는 특수폭행을 규정하고 있다.
나. 다음 각 호 어느 하나의 행위로 제260조 제1항 폭행죄·제2항 존속폭행죄·비속폭행죄를 범한 경우 5년 이하 징역형·1천만원 이하 징역으로 처벌된다. 1. 단체위력을 보임, 2. 다중위력을 보임, 3. 위험물건을 보임, 4. 위험물건을 널리 이용

(4) **| 관련판례 | 대법원 1997. 5. 30. 선고 97도597 판결** ['위험한 물건' 및 '휴대'의 의미. 승용차가 '위험한 물건'에 해당한다고 본 사례]

가. **'위험한 물건'이라 함은 흉기는 아니라고 하더라도 널리 사람의 생명, 신체에 해를 가하는 데 사용할 수 있는 일체의 물건을 포함한다**고 풀이할 것이다. 그러므로 본래 살상용·파괴용으로 만들어진 것뿐만 아니라 다른 목적으로 만들어진 칼·가위·유리병·각종공구·자동차 등은 물론 화학약품 또는 사주된 동물 등도 그것이 사람의 생명·신체에 해를 가하는 데 사용되었다면, 본조의 '위험한 물건'이라 할 것이다.
나. 한편 **이러한 물건을 '휴대하여'라는 말은 소지뿐만 아니라 널리 이용한다는 뜻도 포함하고 있다.**

다. 견인료납부를 요구하는 교통관리직원을 승용차 앞범퍼 부분으로 들이받아 폭행한 사안에서, 승용차는 '위험한 물건'에 해당한다.

262. 제262조(폭행치사상)

(1) 현행

第262條(暴行致死傷)
前2條의 罪를 犯하여 사람을 死傷에 이르게 한때에는 第257條 乃至 第259條의 例에 依한다.

제262조(폭행치사상)
전2조의 죄를 범하여 사람을 사상에 이르게 한때에는 제257조 내지 제259조의 예에 의한다.

(2) 개선방안

제262조(폭행치사상)
제260조·제261조를 범하여 사람을 사상에 이르게 한 경우 제257조·제258조·제258조2·제259조 법정형으로 처벌된다.

【개정방향】
※ **명확성·간결성·가독성·국어문법**
※ **일본식 조사 '의' 삭제**
※ **'전2조의 죄를 범하여'를 '제260조·제261조를 범하여'로 명확하게 규정함**
※ 예에 의한다 ⇒ 법정형으로 처벌된다.

(3) 조문해설

가. 형법 제262조는 폭행치사상을 규정하고 있다.

나. 제260조·제261조를 범하여 사람을 사상에 이르게 한 경우 제257조·제258조·제258조2·제259조 법정형으로 처벌된다.

(4) **| 관련판례 |** 대법원 1990. 9. 25. 선고 90도1596 판결 [공장에서 동료 사이에 말다툼을 하던 중 피고인의 삿대질을 피하려고 뒷걸음치던 피해자가 장애물에 걸려 넘어져 두개골절로 사망한 경우 사망의 결과에 대한 예견가능성 유무(소극)] 결과적 가중범과 예견가능성

가. 폭행치사죄는 결과적 가중범으로서 폭행과 사망의 결과 사이에 인과관계가 있는 외에 사망의 결과에 대한 예견가능성 즉 과실이 있어야 한다. 이러한 예견가능성의 유무는 폭행의 정도와 피해자의 대응상태 등 구체적 상황을 살펴서 엄격하게 가려야 하는 것이다.

나. 피고인이 피해자에게 상당한 힘을 가하여 넘어뜨린 것이 아니라 단지 공장에서 동료 사이에 말다툼을 하던 중 피고인이 삿대질하는 것을 피하고자 피해자 자신이 두어 걸음 뒷걸음치다가 회전 중이던 십자형 스빙기계 철받침대에 걸려 넘어진 것이다. 이 정도라면, **당시 바닥에 위와 같은 장애물이 있어서 뒷걸음치면 장애물에 걸려 넘어질 수 있다는 것까지는 예견할 수 있었다고 하더라도, 그 정도로 넘어지면서 머리를 바닥에 부딪쳐 두개골절로 사망한다는 것은 이례적인 일이다. 통상적으로 일반인이 예견하기 어려운 결과라고 하지 않을 수 없다. 그러므로 피고인에게 폭행치사죄의 책임을 물을 수 없다.**

다. 이 사안은 결과적 가중범에서 인과관계를 판단한 것이다. 핵심은 객관적 예견가능성이다. 형법 제17조 인과관계와 객관적 귀속 그리고 형법 제15조 제2항 결과적 가중범에서 예견가능성은 모두 인과관계 규정이라고 생각한다. 형법 제15조 제2항은 결과적 가중범에 대한 인과관계 판단의 핵심기준을 명문화한 것이다. 이 책 제17조 인과관계와 제188조 교통방해치사상죄를 보기 바란다.

263. 제263조(동시범)

(1) 현행

第263條(同時犯)
獨立行爲가 競合하여 傷害의 結果를 發生하게 한 境遇에 있어서 原因된 行爲가 判明되지 아니한 때에는 共同正犯의 例에 依한다.

제263조(동시범)
독립행위가 경합하여 상해의 결과를 발생하게 한 경우에 있어서 원인된 행위가 판명되지 아니한 때에는 공동정범의 예에 의한다.

(2) 개선방안

제1안

제263조(동시범)

[1]독립행위경합으로 [2]상해결과가 발생한 경우에 [3]원인행위가 판명되지 않은 경우 [4]공동정범으로 처벌된다.

【개정방향】

※ 최소수정

※ 일본식 문체정비

제2안

제263조(동시범)

[1]여러 행위자가 각각 형법 제13조 고의로 독립적 범죄행위를 범하고, [2]그 행위들이 동시 또는 이시에 이루어져 서로 경합하는 경우, [3]상해결과발생에서 원인된 행위를 확정할 수 없는 경우, 행위자 모두에게 **형법 제17조 인과관계와 객관적 귀속을 인정하고 공동정범으로 처벌된다.**

【개정방향】

※ 명확성 · 간결성 · 가독성 · 국어문법정비

※ 일본식 조사 '의' 삭제

제3안 ★★★★★

제263조(동시범)

다음 각 호에 모두 해당하는 경우 행위자 모두에게 형법 제17조 인과관계와 객관적 귀속이 인정되고 공동정범으로 처벌된다.

1. 여러 행위자가 각각 형법 제13조 고의로 독립된 범죄행위를 범한 경우

2. 여러 독립된 범죄행위가 동시(同時) · 이시(異時)에 이루어져 서로 경합한 경우

3. 어떤 행위자 행위로 상해결과가 발생되었는지 확정할 수 없는 경우

참조조문 공통정비

제1안

제19조(독립행위경합)

[1]여러 행위자가 각각 형법 제13조 고의로 독립적 범죄행위를 범하고, [2]그 행위들이 동시 또는 이시에 이루어져 서로 경합하는 경우, [3]결과발생에서 원인된 행위를 확정할 수 없는 경우, 형법 제17조 인과관계와 객관적 귀속은 인정되지 않는다. 다만 이 경우 법률에 미수범 처벌 규정이 있으면 각 행위를 미수범으로 처벌된다.

제2안 [개조식(나열식) 개선방안]

제19조(독립행위경합)

① 다음 각 호에 모두 해당하는 경우 형법 제17조 인과관계와 객관적 귀속은 인정되지 않는다.

1. 여러 행위자가 각각 형법 제13조 고의로 독립적 범죄행위를 범한 경우
2. 여러 독립적 범죄행위가 동시 또는 이시에 이루어져 서로 경합하는 경우
3. 어떤 행위자 행위로 **결과가** 발생되었는지 확정할 수 없는 경우

② 다만 제1항 경우 법률에 미수범 처벌 규정이 있으면 각각 미수범으로 처벌된다.

【개정방향】

※ 제목변경

※ 명확성 · 간결성 · 가독성

※ 일본식 조사 '의' 삭제

※ 국어문법정비

※ 고의범으로 명문화 하여 미수범체계와 일치시킬 필요가 있음

※ 형법 제17조와 제19조는 통합이 필요하다.

(3) 조문해설

가. 형법 제263조는 동시범을 규정하고 있다.

나. 주요내용을 보면, 다음 각 호에 모두 해당하는 경우 행위자 모두에게 형법 제17조 인과관계와 객관적 귀속이 인정되고 공동정범으로 처벌된다. 1. 여러 행위자가 각각 형법 제13조 고의로 독립된 범죄행위를 범한 경우, 2. 여러 독립된 범죄행위가 동시 또는 이시에 이루어져 서로 경합한 경우, 3. 어떤 행위자 행위로 상해결과가 발생되었는지 확정할 수 없는 경우

(4) | 관련판례 | 대법원 2000. 7. 28. 선고 2000도2466 판결 [시간적 차이가 있는 독립된 상해행위 또는 폭행행위가 경합하여 사망 결과가 일어나고, 그 사망의 원인된 행위가 판명되지 않는 경우, 공동정범의 예에 의하여 처벌할 것인지 여부(적극)]

가. 피고인이 의자에 누워있는 피해자를 밀어 땅바닥에 떨어지게 함으로써 이미 부상하여 있던 그 피해자를 사망에 이르게 하였다는 이 사건 범죄사실을 유죄로 본 제1심 판결을 유지하여 피고인의 항소를 기각한 것은 정당하다. 원심판결에는 심리를 제대로 하지 아니한 채 채증법칙을 위반하여 사실을 잘못 인정한 위법이 없다.

나. **시간적 차이가 있는 독립된 상해행위 또는 폭행행위가 경합하여 사망의 결과가**

일어나고, 그 사망의 원인된 행위가 판명되지 않은 경우 공동정범의 예에 의하여 처벌할 것이다(대법원 1985. 5. 14. 선고 84도2118 판결 참조). **그러므로 2시간 남짓한 시간적 간격을 두고 피고인이 두 번째의 가해행위인 이 사건 범행을 한 후, 피해자가 사망하였고, 그 사망 원인을 알 수 없다고 보아, 피고인을 폭행치사죄의 동시범으로 처벌한 원심판단은 옳다. 거기에 동시범의 법리나 상당인과관계에 관한 법리를 오해한 위법도 없다.**

264. 제264조(상습범)

(1) 현행

第264條(常習犯)
常習으로 第257條, 제258조, 제258조의2, 第260條 또는 第261條의 罪를 犯한 때에는 그 罪에 定한 刑의 2分의 1까지 加重한다. 〈개정 2016.1.6.〉

제264조(상습범)
상습으로 제257조, 제258조, 제258조의2, 제260조 또는 제261조의 죄를 범한 때에는 그 죄에 정한 형의 2분의 1까지 가중한다. 〈개정 2016.1.6.〉 (형법 일부개정 2016.01.06 [법률 제13719호, 시행 2016.01.06] 법무부)

(2) 개선방안

제264조(상습범)
제257조 · 제258조 · 제258조2 · 제260조 · 제261조 죄를 상습으로 범한 경우 각 조문 죄에서 정한 법정형 2분의 1까지 가중처벌된다.

【개정방향】
※ 명확성 · 간결성 · 가독성
※ 일본식 조사 '의' 삭제
※ 온점(·) 사용

(3) 조문해설

가. 형법 제264조는 상습범을 규정하고 있다.

나. 제257조 · 제258조 · 제258조2 · 제260조 · 제261조 죄를 상습으로 범한 경우 각 조문 죄에서 정한 법정형 2분의 1까지 가중처벌된다.

(4) **| 관련판례 |** 대법원 2018. 4. 24. 선고 2017도10956 판결 [폭행죄의 '상습성'의 의미 및 상습성 유무를 판단하는 방법, 단순폭행, 존속폭행의 범행이 동일한 폭행 습벽의 발현에 의한 것으로 인정되는 경우, 그 죄수(=상습존속폭행죄의 포괄일죄), 상습존속폭행죄로 처벌되는 경우, 피해자의 명시한 의사에 반하여 공소를 제기할 수 있는지 여부(적극), 피고인이 상습으로 갑을 폭행하고, 어머니 을을 존속폭행하였다는 내용으로 기소된 사안에서, 피고인에게 폭행 범행을 반복하여 저지르는 습벽이 있고 이러한 습벽에 의하여 단순폭행, 존속폭행 범행을 저지른 사실이 인정된다면 단순폭행, 존속폭행의 각 죄별로 상습성을 판단할 것이 아니라 포괄하여 그중 법정형이 가장 중한 상습존속폭행죄만 성립할 여지가 있는데도, 이와 달리 보아 일부 공소사실에 대하여 공소기각을 선고한 원심판결에 형법 제264조, 폭행죄의 상습성, 죄수 등에 관한 법리오해의 잘못이 있다고 한 사례]

가. **폭행죄의 상습성은 폭행 범행을 반복하여 저지르는 습벽을 말하는 것으로서, 동종 전과의 유무와 그 사건 범행의 횟수, 기간, 동기 및 수단과 방법 등을 종합적으로 고려하여 상습성 유무를 결정하여야 한다. 단순폭행, 존속폭행의 범행이 동일한 폭행 습벽의 발현에 의한 것으로 인정되는 경우, 그중 법정형이 더 중한 상습존속폭행죄에 나머지 행위를 포괄하여 하나의 죄만이 성립한다고 봄이 타당하다.**

나. 그리고 **상습존속폭행죄로 처벌되는 경우에는 형법 제260조 제3항이 적용되지 않는다. 그러므로 피해자의 명시한 의사에 반하여도 공소를 제기할 수 있다.**

다. 피고인이 상습으로 갑을 폭행하고, 어머니 을을 존속폭행하였다는 내용으로 기소된 사안이다.

라. 피고인에게 폭행 범행을 반복하여 저지르는 습벽이 있고, 이러한 습벽에 의하여 단순폭행, 존속폭행 범행을 저지른 사실이 인정된다면, 단순폭행, 존속폭행의 각 죄별로 상습성을 판단할 것이 아니라 포괄하여 그중 법정형이 가장 중한 상습존속폭행죄만 성립할 여지가 있다. 그런데도 이와 달리 상습폭행과 존속폭행의 2개 행위로 파악하여, 피고인에게 단순폭행의 습벽이 인정된다는 이유로 상습폭행 부분을 유죄로 인정하면서도 존속폭행의 습벽까지는 인정할 증거가 없다는 이유에서 상습존속폭행은 성립할 수 없고 존속폭행만 성립할 수 있다고 전제한 다음, 을이 제1심 판결 선고 전에 처벌을 원하지 않는다는 의사를 밝혔다는 이유로 존속폭행 부분에 대하여 주문에서 공소기각을 선고한 원심판결에 형법 제264조, 폭행죄의 상습성, 죄수 등에 관한 법리오해의 잘못이 있다.

(5) **| 관련판례 |** 대법원 2018. 4. 24. 선고 2017도21663 판결 [상해죄 및 폭행죄의 상습범에 관한 형법 제264조에서 말하는 '상습'의 의미 및 위 규정에 열거되지 아니한 다른 유형의 범죄까지 고려하여 상습성의 유무를 결정할 수 있는지 여부(소극)]

가. 상해죄 및 폭행죄의 상습범에 관한 형법 제264조는 "상습으로 제257조, 제258조, 제258조의2, 제260조 또는 제261조의 죄를 범한 때에는 그 죄에 정한 형의 2분의 1까지 가중한다"라고 규정하고 있다.

나. **형법 제264조에서 말하는 '상습'이란 위 규정에 열거된 상해 내지 폭행행위의 습벽을 말하는 것이다. 그러므로 위 규정에 열거되지 아니한 다른 유형의 범죄까지 고려하여 상습성의 유무를 결정하여서는 아니 된다.**

265. 제265조(자격정지의 병과)

(1) 현행

第265條(資格停止의 併科)
第257條第2項, 제258조, 제258조의2, 第260條第2項, 第261條 또는 前條의 境遇에는 10年 以下의 資格停止를 併科할 수 있다. 〈개정 2016.1.6.〉

제265조(자격정지의 병과)
제257조제2항, 제258조, 제258조의2, 제260조제2항, 제261조 또는 전조의 경우에는 10년 이하의 자격정지를 병과할 수 있다. 〈개정 2016.1.6〉(형법 일부개정 2016.01.06 [법률 제13719호, 시행 2016.01.06])

(2) 개선방안

제265조(자격정지병과)
제257조 제2항・제258조・제258조2・제260조 제2항・제261조・제264조 경우 10년 이하 자격정지형이 병과될 수 있다.

【개정방향】
※ 제목변경
※ 명확성・간결성・가독성
※ 일본식 조사 '의' 삭제
※ 온점(・) 사용

(3) 조문해설

가. 형법 제265조는 자격정지병과를 규정하고 있다.

나. 주요내용을 보면, 제257조 제2항 · 제258조 · 제258조2 · 제260조 제2항 · 제261조 · 제264조 경우 10년 이하 자격정지형이 병과될 수 있다.

제26장

過失致死傷의 罪

266. 제266조(과실치상)

(1) 현행

第266條(過失致傷)
① 過失로 因하여 사람의 身體를 傷害에 이르게 한 者는 500萬원 以下의 罰金, 拘留 또는 科料에 處한다. 〈改正 1995.12.29.〉
② 第1項의 罪는 被害者의 明示한 意思에 反하여 公訴를 제기할 수 없다. 〈改正 1995.12.29.〉

제266조(과실치상)
① 과실로 인하여 사람의 신체를 상해에 이르게 한 자는 500만원 이하의 벌금, 구류 또는 과료에 처한다. 〈개정 1995.12.29〉
② 제1항의 죄는 피해자의 명시한 의사에 반하여 공소를 제기할 수 없다. 〈개정 1995.12.29〉

(2) 개선방안

제266조(과실치상)
① **과실로** 다른 사람 신체를 상해에 이르게 한 사람은 500만원 이하 벌금형·구류형·과료형으로 처벌된다. 〈개정 1995.12.29〉
② **제1항 경우** 피해자 명시한 의사에 반하여 공소가 제기될 수 없다. 〈개정 1995.12.29.〉

【개정방향】
※ 명확성·간결성·가독성
※ 일본식 조사 '의' 삭제
※ '인하여' 일본식 문구 삭제: **過失로 因하여** ⇒ **과실로**

(3) 조문해설

가. 형법 제266조는 과실치상을 규정하고 있다.

나. 주요내용을 보면, ① **과실로** 다른 사람 신체를 상해에 이르게 한 사람은 500만원 이하 벌금형 · 구류형 · 과료형으로 처벌된다. 〈개정 1995.12.29.〉 ② 제1항 경우 피해자 명시한 의사에 반하여 공소를 제기할 수 없다. 〈개정 1995.12. 29.〉

267. 제267조(과실치사)

(1) 현행

第267條(過失致死) 過失로 因하여 사람을 死亡에 이르게 한 者는 2年 以下의 禁錮 또는 700萬원 以下의 罰金에 處한다. 〈改正 1995.12.29.〉
제267조(과실치사) 과실로 인하여 사람을 사망에 이르게 한 자는 2년 이하의 금고 또는 700만원 이하의 벌금에 처한다. 〈개정 1995.12.29〉

(2) 개선방안

제267조(과실치사)
과실로 다른 사람을 사망에 이르게 한 사람은 2년 이하 금고형 · 700만원 이하 벌금형으로 처벌된다. 〈개정 1995.12.29.〉

【개정방향】
※ 명확성 · 간결성 · 가독성
※ 일본식 조사 '의' 삭제
※ **過失로 因하여 ⇒ 과실로**

(3) 조문해설

가. 형법 제267조는 과실치사를 규정하고 있다.

나. 주요내용을 보면, 과실로 다른 사람을 사망에 이르게 한 사람은 2년 이하 금고형 · 700만원 이하 벌금형으로 처벌된다. 〈개정 1995.12.29.〉

268. 제268조(업무상과실 · 중과실 치사상)

(1) 현행

第268條(業務上過失 · 重過失 致死傷)
業務上過失 또는 重大한 過失로 因하여 사람을 死傷에 이르게 한 者는 5年 以下의 禁錮 또는 2千萬원 以下의 罰金에 處한다. 〈改正 1995.12.29.〉

제268조(업무상과실 · 중과실 치사상)
업무상과실 또는 중대한 과실로 인하여 사람을 사상에 이르게 한 자는 5년 이하의 금고 또는 2천만원 이하의 벌금에 처한다.〈개정 1995.12.29〉

(2) 개선방안

제268조(업무과실치사상 · 중과실치사상)

① **업무과실로** 다른 사람을 사상에 이르게 한 사람은 5년 이하 금고형 · 2천만원 이하 벌금형으로 처벌된다. 〈개정 1995.12.29.〉

② **중과실로** 다른 사람을 사상에 이르게 한 사람은 5년 이하 금고형 · 2천만원 이하 벌금형으로 처벌된다. 〈개정 1995.12.29.〉

【개정방향】

※ 제목변경

※ 명확성 · 간결성 · 가독성

※ 일본식 조사 '의' 삭제

※ 중국식 조사 '상' 삭제

※ **경합관계를 분리하여 명확하게 규정함**

※ **법조경합 중 택일관계를 분명히 함: 제1항 업무과실을 먼저 검토하고, 이후 제2항 중과실을 검토함. 제1항에 해당하면, 제1항을 적용함**

(3) 조문해설

가. 형법 제268조는 업무과실치사상 · 중과실치사상을 규정하고 있다.

나. 주요내용을 보면, ① 업무과실로 다른 사람을 사상에 이르게 한 사람은 5년 이하 금고형 · 2천만원 이하 벌금형으로 처벌된다. 〈개정 1995.12.29.〉 ② 중과실로 다른 사람을 사상에 이르게 한 사람은 5년 이하 금고형 · 2천만원 이하 벌금형으로 처벌된다. 〈개정 1995.12.29.〉

(4) **| 관련판례 |** 대법원 2008. 8. 11. 선고 2008도3090 판결 [의료과오사건에서 의사의 과실을 인정하기 위한 요건 및 그 판단 기준, 진료방법의 선택에서 의사가 가지는 재량의 범위 및 그에 관한 과실 유무의 판단 기준] 주의의무위반 판단기준

가. 소아외과 의사가 5세의 급성 림프구성 백혈병 환자의 항암치료를 위하여 쇄골하 정맥에 중심정맥도관을 삽입하는 수술을 하는 과정에서 환자의 우측 쇄골하 부위를 주사바늘로 10여 차례 찔러 환자가 우측 쇄골하 혈관 및 흉막 관통상에 기인한 외상성 혈흉으로 인한 순환혈액량 감소성 쇼크로 사망한 사안에서, 담당 소아외과 의사에게 형법 제268조의 업무상 과실이 없다고 본 사례이다.

나. 의료과오사건에서 의사 과실을 인정하려면, 결과발생을 예견할 수 있고, 또한 회피할 수 있었음에도 이를 하지 못한 점을 인정할 수 있어야 한다. 위 과실 유무를 판단함에는 같은 업무와 직무에 종사하는 일반적 보통인의 주의 정도를 표준으로 하여야 한다. 이때 사고 당시 일반적인 의학 수준과 의료 환경 및 의료조건, 의료행위 특수성 등을 고려하여야 한다(대법원 2006. 10. 26. 선고 2004도486 판결 등 참조).

다. **또한 의사는 진료를 행함에 있어 환자 상황과 당시 의료수준 그리고 자기의 지식경험에 따라 적절하다고 판단되는 진료방법을 선택할 상당한 범위의 재량을 가진다고 할 것이다. 그것이 합리적인 범위를 벗어난 것이 아닌 한 진료의 결과를 놓고 그중 어느 하나만이 정당하고, 이와 다른 조치를 취한 것은 과실이 있다고 말할 수는 없다**(대법원 2007. 5. 31. 선고 2005다5867 판결 등 참조).

라. 이 사안은 객관적 주의의무위반을 일반적 의사의 주의의무(진료방법과 의료행위)로 판단하라고 한 사례이다.

(5) **| 관련판례 |** 대법원 2003. 8. 19. 선고 2001도3667 판결 [의사가 간호사의 진료보조행위에 일일이 입회하여 지도·감독하여야 하는지 여부(소극) 및 입회가 필요한 경우의 판단 기준] 신뢰원칙

가. 간호사가 의사의 처방에 의한 정맥주사(Side Injection 방식)를 의사의 입회 없이 간호실습생(간호학과 대학생)에게 실시하도록 하여 발생한 의료사고에 대한 의사의 과실을 부정한 사례이다.

나. 간호사가 '진료의 보조'를 함에 있어서는 모든 행위 하나하나마다 항상 의사가 현장에 입회하여 일일이 지도·감독하여야 한다고 할 수는 없다. 경우에 따라 의사가 진료의 보조행위 현장에 입회할 필요 없이 일반적인 지도·감독

을 하는 것으로 족한 경우도 있을 수 있다.

다. 여기에 해당하는 보조행위인지 여부는 보조행위 유형에 따라 일률적으로 결정할 수는 없다. 구체적인 경우 그 행위의 객관적인 특성상 위험이 따르거나 또는 부작용 혹은 후유증이 있을 수 있는지, 당시 환자 상태가 어떠한지, 간호사 자질과 숙련도는 어느 정도인지 여러 사정을 참작하여 개별적으로 결정하여야 한다.

라. 이 사안은 의사와 간호사 사이 위임가능한 업무 범위를 명확히 하였다. 분업 의료행위인 경우 의사가 충분한 지시와 감독을 하였다면, 신뢰원칙이 적용되어 객관적 정상의 주의의무를 다한 것으로 본다. 의사의 위임 내용과 달리 간호사가 간호실습생에게 재위임한 것을 감독할 의무는 없다. 간호실습생이 행한 주사현장까지 감독할 의무는 없다. 수직적 분업관계에서 주의의무 한계를 명확히 한 판례이다.

마. 한편 수평적 분업의료관계에서도 신뢰원칙이 적용된다. 이 경우 객관적 주의의무위반이 성립되지 않는다. 전문의 사이 진단결과를 신뢰한 경우이다.

(6) | 관련판례 | 대법원 2018. 5. 11. 선고 2018도2844 판결 [업무상과실치사·업무상비밀누설·의료법위반] 〈의사의 과실 존부와 의료법상 사망한 자의 비밀도 보호되는지 여부에 관한 사건〉 신해철 사건

【판시사항】

[1] 의료과오사건에서 의사의 과실을 인정하기 위한 요건 및 의사의 과실이 있는지 판단하는 기준 / 의사가 진찰·치료 등의 의료행위를 할 때 요구되는 주의의무의 내용 및 의사에게 진단상 과실이 있는지 판단하는 기준

[2] 형벌법규의 해석방법

[3] 의료인의 비밀누설 금지의무를 규정한 구 의료법 제19조에서 정한 '다른 사람'에 생존하는 개인 이외에 이미 사망한 사람도 포함되는지 여부(적극)

【판결요지】

[1] 가. 의료과오사건에서 의사의 과실을 인정하려면 결과 발생을 예견할 수 있고 또 회피할 수 있었는데도 예견하거나 회피하지 못한 점을 인정할 수 있어야 한다. **의사의 과실이 있는지는 같은 업무 또는 분야에 종사하는 평균적인 의사가 보통 갖추어야 할 통상의 주의의무를 기준으로 판단하여야 한다. 사고 당시의 일반적인 의학 수준, 의료환경과 조건, 의료행위의 특수성 등을 고려하여야 한다.**

나. 의사가 진찰·치료 등의 의료행위를 할 때는 사람의 생명·신체·건강을 관리하는 업무의 성질에 비추어 환자의 구체적 증상이나 상황에 따라 위험을 방지하기 위하여 요구되는 최선의 조치를 해야 한다. 의사에게 진단상 과실이 있는지를 판단할 때는 의사가 비록 완전무결하게 임상진단을 할 수는 없을지라도 적어도 임상의학 분야에서 실천되고 있는 진단 수준의 범위에서 전문직업인으로서 요구되는 의료상의 윤리, 의학지식과 경험에 기초하여 신중히 환자를 진찰하고 정확히 진단함으로써 위험한 결과 발생을 예견하고 이를 회피하는 데에 필요한 최선의 주의의무를 다하였는지를 따져 보아야 한다. 나아가 의사는 환자에게 적절한 치료를 하거나 그러한 조치를 하기 어려운 사정이 있다면 신속히 전문적인 치료를 할 수 있는 다른 병원으로 전원시키는 등의 조치를 하여야 한다.

[2] 형벌법규는 문언에 따라 엄격하게 해석·적용하여야 하고 피고인에게 불리한 방향으로 지나치게 확장해석하거나 유추해석해서는 안 된다. 그러나 형벌법규의 해석에서도 문언의 가능한 의미 안에서 입법 취지와 목적 등을 고려한 법률 규정의 체계적 연관성에 따라 문언의 논리적 의미를 분명히 밝히는 체계적·논리적 해석방법은 규정의 본질적 내용에 가장 접근한 해석을 위한 것으로서 죄형법정주의의 원칙에 부합한다.

[3] 가. 구 의료법(2016. 5. 29. 법률 제14220호로 개정되기 전의 것, 이하 '구 의료법'이라 한다) 제19조는 "의료인은 이 법이나 다른 법령에 특별히 규정된 경우 외에는 의료·조산 또는 간호를 하면서 알게 된 다른 사람의 비밀을 누설하거나 발표하지 못한다"라고 정하고, 제88조는 "제19조를 위반한 자"를 3년 이하의 징역이나 1천만 원 이하의 벌금에 처하도록 정하고 있다.

나. 의료법은 '모든 국민이 수준 높은 의료 혜택을 받을 수 있도록 국민의료에 필요한 사항을 규정함으로써 국민의 건강을 보호하고 증진'(제1조)하는 것을 목적으로 한다. 이 법은 의료인(제2장)의 자격과 면허(제1절)에 관하여 정하면서 의료인의 의무 중 하나로 비밀누설 금지의무를 정하고 있다. 이는 의학적 전문지식을 기초로 사람의 생명, 신체나 공중위생에 위해를 발생시킬 우려가 있는 의료행위를 하는 의료인에 대하여 법이 정한 엄격한 자격요건과 함께 의료과정에서 알게 된 다른 사람의 비밀을 누설하거나 발표하지 못한다는 법적 의무를 부과한 것이다. 그 취지는 의료인과 환자 사이의 신뢰관계 형성과 함께 이에 대한 국민의 의료인에 대한 신뢰를 높임으로써 수준 높은 의료행위를 통하여 국민의 건강을 보호하고 증

진하는 데 있다. 따라서 의료인의 비밀누설 금지의무는 개인의 비밀을 보호하는 것뿐만 아니라 비밀유지에 관한 공중의 신뢰라는 공공의 이익도 보호하고 있다고 보아야 한다. 이러한 관점에서 보면, **의료인과 환자 사이에 형성된 신뢰관계와 이에 기초한 의료인의 비밀누설 금지의무는 환자가 사망한 후에도 그 본질적인 내용이 변한다고 볼 수 없다.**

다. 구 의료법 제19조에서 누설을 금지하고 있는 '다른 사람의 비밀'은 당사자의 동의 없이는 원칙적으로 공개되어서는 안 되는 비밀영역으로 보호되어야 한다. 이러한 보호의 필요성은 환자가 나중에 사망하더라도 소멸하지 않는다. 구 의료법 제21조 제1항은 환자가 사망하였는지를 묻지 않고 환자가 아닌 다른 사람에게 환자에 관한 기록을 열람하게 하거나 사본을 내주는 등 내용을 확인할 수 있게 해서는 안 된다고 정하고 있다. 이 점을 보더라도 환자가 사망했다고 해서 보호 범위에서 제외된다고 볼 수 없다.

라. 헌법 제10조는 인간의 존엄과 가치를 선언하고 있다. 헌법 제17조는 사생활의 비밀과 자유를 보장하고 있다. 따라서 모든 국민은 자신에 관한 정보를 스스로 통제할 수 있는 자기결정권과 사생활이 함부로 공개되지 않고 사적 영역의 평온과 비밀을 요구할 수 있는 권리를 갖는다. 이와 같은 개인의 인격적 이익을 보호할 필요성은 그의 사망으로 없어지는 것이 아니다. 사람의 사망 후에 사적 영역이 무분별하게 폭로되고 그의 생활상이 왜곡된다면 살아 있는 동안 인간의 존엄과 가치를 보장하는 것이 무의미해질 수 있다. 사람은 적어도 사망 후에 인격이 중대하게 훼손되거나 자신의 생활상이 심각하게 왜곡되지 않을 것이라고 신뢰하고 그러한 기대 속에서 살 수 있는 경우에만 인간으로서의 존엄과 가치가 실효성 있게 보장되고 있다고 말할 수 있다.

마. **형벌법규 해석에 관한 일반적인 법리, 의료법의 입법 취지, 구 의료법 제19조의 문언 · 내용 · 체계 · 목적 등에 비추어 보면, 구 의료법 제19조에서 정한 '다른 사람'에는 생존하는 개인 이외에 이미 사망한 사람도 포함된다**고 보아야 한다.

제27장

落胎의 罪

269. 제269조(낙태)

(1) 현행

第269條(落胎)
① 婦女가 藥物 其他 方法으로 落胎한 때에는 1年 以下의 懲役 또는 200萬원 以下의 罰金에 處한다. 〈改正 1995.12.29.〉
② 婦女의 囑託 또는 承諾을 받어 落胎하게 한 者도 第1項의 刑과 같다. 〈改正 1995.12.29.〉
③ 第2項의 罪를 犯하여 婦女를 傷害에 이르게 한때에는 3年 以下의 懲役에 處한다. 死亡에 이르게 한때에는 7年 以下의 懲役에 處한다. 〈改正 1995.12.29.〉

제269조(낙태)
① 부녀가 약물 기타 방법으로 낙태한 때에는 1년 이하의 징역 또는 200만원 이하의 벌금에 처한다. 〈개정 1995.12.29〉
② 부녀의 촉탁 또는 승낙을 받어 낙태하게 한 자도 제1항의 형과 같다. 〈개정 1995.12.29〉
③ 제2항의 죄를 범하여 부녀를 상해에 이르게 한때에는 3년 이하의 징역에 처한다. 사망에 이르게 한때에는 7년 이하의 징역에 처한다. 〈개정 1995.12.29〉

(2) 개선방안

제269조(낙태 · 낙태치사상)
① 임신부가 약물 그 밖의 방법으로 **태아를 살해한 경우** 1년 이하 징역형 · 200만원 이하 벌금형으로 처벌된다.
② 임신부 **촉탁 · 승낙을 받아 태아를 살해한 사람은** 1년 이하 징역형 · 200만원 이하 벌금형으로 처벌된다.
③ 제2항 죄를 범하여 임신부를 **상해에 이르게 한 사람은** 3년 이하 징역형으로 처벌

된다.

④ 제2항 죄를 범하여 임신부를 **사망에 이르게 한 사람은** 7년 이하 징역형으로 처벌된다.

【개정방향】 2020년 12월 31일 시한으로 개선입법을 할 때까지 계속 적용함
※ 제목변경
※ 명확성 · 간결성 · 가독성
※ 일본식 조사 '의' 삭제
※ 행위주체를 명시함. 받어 ⇒ 받아. 형법 제252조와 통일이 필요함
※ 보호법익은 태아생명과 임신부건강
※ 헌법불합치결정. 헌법재판소 2019.4.11. 선고 2017헌바127 전원재판부 결정

(3) 조문해설

가. 형법 제269조는 낙태 · 낙태치사상을 규정하고 있다.

나. 주요내용을 보면, ① 임신부가 약물 그 밖의 방법으로 태아를 살해한 경우 1년 이하 징역형 · 200만원 이하 벌금형으로 처벌된다. ② 임신부 촉탁 · 승낙을 받아 태아를 살해한 사람은 1년 이하 징역형 · 200만원 이하 벌금형으로 처벌된다. ③ 제2항 죄를 범하여 임신부를 상해에 이르게 한 사람은 3년 이하 징역형으로 처벌된다. ④ 제2항 죄를 범하여 임신부를 사망에 이르게 한 사람은 7년 이하 징역형으로 처벌된다.

270. 제270조(의사 등의 낙태, 부동의 낙태)

(1) 현행

第270條(醫師 等의 落胎, 不同意落胎)
① 醫師, 韓醫師, 助産師, 藥劑師 또는 藥種商이 婦女의 囑託 또는 承諾을 받어 落胎하게 한 때에는 2年 以下의 懲役에 處한다. 〈改正 1995.12.29.〉
② 婦女의 囑託 또는 承諾없이 落胎하게 한 者는 3年 以下의 懲役에 處한다
③ 第1項 또는 第2項의 罪를 犯하여 婦女를 傷害에 이르게 한때에는 5年 以下의 懲役에 處한다. 死亡에 이르게 한때에는 10年 以下의 懲役에 處한다. 〈改正 1995.12.29.〉
④ 前 3項의 境遇에는 7年 以下의 資格停止를 併科한다

제270조(의사 등의 낙태, 부동의낙태)
① 의사, 한의사, 조산사, 약제사 또는 약종상이 부녀의 촉탁 또는 승낙을 받아 낙태하게

한 때에는 2년 이하의 징역에 처한다. 〈개정 1995.12.29〉
② 부녀의 촉탁 또는 승낙없이 낙태하게 한 자는 3년 이하의 징역에 처한다.
③ 제1항 또는 제2항의 죄를 범하여 부녀를 상해에 이르게 한때에는 5년 이하의 징역에 처한다. 사망에 이르게 한때에는 10년 이하의 징역에 처한다. 〈개정 1995.12.29〉
④ 전 3항의 경우에는 7년 이하의 자격정지를 병과한다.

(2) 개선방안

제270조(의사낙태 · 부동의낙태)
① **임신부 촉탁 · 승낙을 받아 태아를 살해한** 의사 · 한의사 · 조산사 · 간호사 · 약제사 · 약종상은 2년 이하 징역형으로 처벌된다.
② **임신부 촉탁 · 승낙을 없이 태아를 살해한** 사람은 3년 이하 징역형으로 처벌된다.
③ 제1항 · 제2항 죄를 범하여 부녀를 상해에 이르게 사람은 5년 이하 **징역형으로 처벌된다.**
④ **제1항 · 제2항 죄를 범하여 부녀를 사망에 이르게 한 사람은 10년 이하 징역형으로 처벌된다.** 〈개정 1995.12.29〉
④ 제3항 · 제4항 경우 7년 이하 자격정지형이 병과된다.

【개정방향】 2020년 12월 31일 시한으로 개선입법을 할 때까지 계속 적용함
※ 제목변경
※ 명확성 · 간결성 · 가독성 · 국어문법정리 · 일본식 조사 '의' 삭제
※ 행위주체를 명시함. 일반 법조문과 같이 행위주체를 맨 마지막에 위치시킴
※ 헌법재판소는 2019년 4월 11일 형법 제269조 제1항과 제270조 제1항에 대해 헌법불합치결정을 내렸다. 헌법재판소 2019.4.11. 선고 2017헌바127 전원재판부 결정

(3) 조문해설

가. 형법 제270조는 의사낙태 · 부동의낙태를 규정하고 있다.

나. 주요내용을 보면, ① 임신부 촉탁 · 승낙을 받아 태아를 살해한 의사 · 한의사 · 조산사 · 간호사 · 약제사 · 약종상은 2년 이하 징역형으로 처벌된다. ② 임신부 촉탁 · 승낙을 없이 태아를 살해한 사람은 3년 이하 징역형으로 처벌된다. ③ 제1항 · 제2항 죄를 범하여 부녀를 상해에 이르게 사람은 5년 이하 징역형으로 처벌된다. ④ 제1항 · 제2항 죄를 범하여 부녀를 사망에 이르게 한 사람은 10년 이하 징역형으로 처벌된다. 〈개정 1995.12.29.〉 ④ 제3항 · 제4항 경우 7년 이하 자격정지가 병과된다.

제28장

遺棄와 虐待의 罪

271. 제271조(유기, 존속유기)

(1) 현행

第271條(遺棄, 尊屬遺棄)
① 老幼, 疾病 其他 事情으로 因하여 扶助를 要하는 者를 保護할 法律上 또는 契約上義務 있는 者가 遺棄한 때에는 3年 以下의 懲役 또는 500萬원 이하의 罰金에 處한다. 〈改正 1995.12.29.〉
② 自己 또는 配偶者의 直系尊屬에 對하여 第1項의 罪를 犯한 때에는 10年 以下의 懲役 또는 1千500萬원 이하의 罰金에 處한다. 〈改正 1995.12.29.〉
③ 第1項의 罪를 犯하여 사람의 生命에 對한 危險을 發生하게 한 때에는 7年 以下의 懲役에 處한다.
④ 第2項의 罪를 犯하여 사람의 生命에 對하여 危險을 發生한 때에는 2年 以上의 有期懲役에 處한다.

제271조(유기, 존속유기)
① 노유, 질병 기타 사정으로 인하여 부조를 요하는 자를 보호할 법률상 또는 계약상의무 있는 자가 유기한 때에는 3년 이하의 징역 또는 500만원 이하의 벌금에 처한다. 〈개정 1995.12.29〉
② 자기 또는 배우자의 직계존속에 대하여 제1항의 죄를 범한 때에는 10년 이하의 징역 또는 1천500만원 이하의 벌금에 처한다. 〈개정 1995.12.29〉
③ 제1항의 죄를 범하여 사람의 생명에 대한 위험을 발생하게 한 때에는 7년 이하의 징역에 처한다.
④ 제2항의 죄를 범하여 사람의 생명에 대하여 위험을 발생한 때에는 2년 이상의 유기징역에 처한다.

(2) 개선방안

제271조(유기·존속유기)

① [2]**노유·질병·그 밖의 사정으로 다른 사람의 도움·보호가 필요한 사람을** [3]**유기한** [1]**법률상·계약상 의무 있는 사람은** 3년 이하 징역형·500만원 이하 벌금형으로 처벌된다.

② **자기 직계존속·배우자 직계존속에 대하여 제1항 죄를 범한 사람은** 10년 이하 징역형·1천500만원 이하 벌금형으로 처벌된다. 〈개정 1995.12.29〉

③ 제1항 죄를 범하여 **사람 생명에 대하여 위험을 발생하게 한 사람은** 7년 이하 징역형으로 처벌된다.

④ 제2항 죄를 범하여 **사람 생명에 대하여 위험을 발생하게 한 사람은** 2년 이상 유기 징역형으로 처벌된다.

【개정방향】
※ 명확성·간결성·가독성
※ 일본식 조사 '의' 삭제
※ 온점(·) 활용: (,) ⇒ (·) 형법 제157조와 제324조2(인질강요)에서 이미 사용 중
※ 국어문법정비
※ [1]행위주체 [2]행위객체 [3]행위 [4]결과(법조문에 표시하면 가독성을 높일 수 있음)
※ 제3항 사람의 생명에 대한 위험을, 제4항 사람의 생명에 대하여 위험을 통일함

(3) 조문해설

가. 형법 제271조는 유기·존속유기를 규정하고 있다.

나. 주요내용을 보면, ① [2]노유·질병·그 밖의 사정으로 다른 사람의 도움·보호가 필요한 사람을 [3]유기한 [1]법률상·계약상 의무 있는 사람은 3년 이하 징역형·500만원 이하 벌금형으로 처벌된다. ② 자기 직계존속·배우자 직계존속에 대하여 제1항 죄를 범한 사람은 10년 이하 징역형·1천500만원 이하 벌금형으로 처벌된다. 〈개정 1995.12.29.〉 ③ 제1항 죄를 범하여 사람 생명에 대하여 위험을 발생하게 한 사람은 7년 이하 징역형으로 처벌된다. ④ 제2항 죄를 범하여 사람 생명에 대하여 위험을 발생하게 한 사람은 2년 이상 유기 징역형으로 처벌된다.

(4) **| 관련판례 |** 대법원 2011. 11. 24. 선고 2011도12302 **판결** [유기죄에 관한 형법 제271조 제1항 '계약상 의무'가 계약에 기한 주된 급부의무가 부조를 제공하는 것인 경우에 한정되는지 여부(소극) 및 '계약상의 부조의무' 유무를 판단하는 기준,

피고인이 자신이 운영하는 주점에 손님으로 와서 수일 동안 식사는 한 끼도 하지 않은 채 계속하여 술을 마시고 만취한 피해자를 주점 내에 그대로 방치하여 저체온증 등으로 사망에 이르게 하였다는 내용으로 예비적으로 기소된 사안에서, 피고인은 피해자에게 생명 또는 신체에 대한 위해가 발생하지 아니하도록 필요한 조치를 강구하여야 할 계약상의 부조의무를 부담한다고 판단하여 유기치사죄를 인정한 원심판결을 수긍한 사례] 유기죄에서 보호의무 발생근거

가. 유기죄에 관한 형법 제271조 제1항은 그 행위의 주체를 "노유, 질병 기타 사정으로 부조를 요하는 자를 보호할 법률상 또는 계약상 의무 있는 자"라고 정하고 있다. 여기서의 '계약상 의무'는 간호사나 보모와 같이 계약에 기한 주된 급부의무가 부조를 제공하는 것인 경우에 반드시 한정되지 아니한다. 계약의 해석상 계약관계의 목적이 달성될 수 있도록 상대방의 신체 또는 생명에 대하여 주의와 배려를 한다는 부수적 의무의 한 내용으로 상대방을 부조하여야 하는 경우를 배제하는 것은 아니라고 할 것이다. 그러나 그 의무 위반 효과로서 주로 손해배상책임이 문제되는 민사영역과는 달리 유기죄 경우 당사자의 인적 책임에 대한 형사적 제재가 문제된다는 점 등을 고려하여 보면, 단지 위와 같은 부수의무로서의 민사적 부조의무 또는 보호의무가 인정된다고 해서 형법 제271조 소정의 '계약상 의무'가 당연히 긍정된다고는 말할 수 없다. 당해 계약관계의 성질과 내용, 계약당사자 기타 관련자들 사이의 관계 및 그 전개양상, 그들의 경제적·사회적 지위, 부조가 필요하기에 이른 전후의 경위, 필요로 하는 부조의 대체가능성을 포함하여 그 부조의 종류와 내용, 달리 부조를 제공할 사람 또는 설비가 있는지 여부 기타 제반 사정을 고려하여 위 '계약상의 부조의무'의 유무를 신중하게 판단하여야 한다.

나. **피고인이 자신이 운영하는 주점에 손님으로 와서 수일 동안 식사는 한 끼도 하지 않은 채 계속하여 술을 마시고 만취한 피해자를 주점 내에 그대로 방치하여 저체온증 등으로 사망에 이르게 하였다**는 내용으로 예비적으로 기소된 사안에서, 피해자가 피고인의 지배 아래 있는 주점에서 3일 동안 과도하게 술을 마시고 추운 날씨에 난방이 제대로 되지 아니한 주점 내 소파에서 잠을 자면서 정신을 잃은 상태에 있었다면, **피고인은 주점의 운영자로서 피해자의 생명 또는 신체에 대한 위해가 발생하지 아니하도록 피해자를 주점 내실로 옮기거나 인근에 있는 여관에 데려다 주어 쉬게 하거나 피해자의 지인 또는 경찰에 연락하는 등 필요한 조치를 강구하여야 할 계약상의 부조의무를 부담한다**고 판단하여 **유기치사죄를 인정한 원심판결을 수긍한 사례이다.**

272. 제272조(영아유기)

(1) 현행

第272條(嬰兒遺棄)
直系尊屬이 恥辱을 隱蔽하기 爲하거나 養育할 수 없음을 豫想하거나 特히 參酌할 만한 動機로 因하여 嬰兒를 遺棄한 때에는 2年 以下의 懲役 또는 300萬원 以下의 罰金에 處한다. 〈改正 1995.12.29.〉

제272조(영아유기)
직계존속이 치욕을 은폐하기 위하거나 양육할 수 없음을 예상하거나 특히 참작할 만한 동기로 인하여 영아를 유기한 때에는 2년 이하의 징역 또는 300만원 이하의 벌금에 처한다. 〈개정 1995.12.29〉

(2) 개선방안

제272조(영아유기)
다음 각 호 어느 하나 사유(책임조각사유)로 영아를 유기한 **법률상 직계존속·사실상 직계존속은** 2년 이하 징역형·300만원 이하 **벌금형으로 처벌된다.** 〈개정 1995.12.29.〉
1. 치욕은폐
2. 양육할 수 없음을 예상
3. 특별히 참작할 만한 동기

【개정방향】
※ 명확성·간결성·가독성·개조식
※ 일본식 조사 '의' 삭제
※ 온점(·) 활용: (,) ⇒ (·) 형법 제157조와 제324조2(인질강요)에서 이미 사용 중
※ 국어문법정비

(3) 조문해설

가. 형법 제272조는 영아유기를 규정하고 있다.

나. 다음 각 호 어느 하나 사유(책임조각사유)로 영아를 유기한 법률상 직계존속·사실상 직계존속은 2년 이하 징역형·300만원 이하 벌금형으로 처벌된다. 〈개정 1995.12.29.〉 1. 치욕은폐, 2. 양육할 수 없음을 예상, 3. 특별히 참작할 만한 동기

273. 제273조(학대, 존속학대)

(1) 현행

第273條(虐待, 尊屬虐待)
① 自己의 保護 또는 監督을 받는 사람을 虐待한 者는 2年 以下의 懲役 또는 500萬원 以下의 罰金에 處한다. 〈改正 1995.12.29.〉
② 自己 또는 配偶者의 直系尊屬에 對하여 前項의 罪를 犯한 때에는 5年 以下의 懲役 또는 700萬원 이하의 罰金에 處한다. 〈改正 1995.12.29.〉

제273조(학대, 존속학대)
① 자기의 보호 또는 감독을 받는 사람을 학대한 자는 2년 이하의 징역 또는 500만원 이하의 벌금에 처한다. 〈개정 1995.12.29〉
② 자기 또는 배우자의 직계존속에 대하여 전항의 죄를 범한 때에는 5년 이하의 징역 또는 700만원 이하의 벌금에 처한다. 〈개정 1995.12.29〉

(2) 개선방안

제273조(학대·존속학대)
① [2]**자기보호·자기감독을 받는 사람을** [3]**학대한** [1]**사람은** 2년 이하 징역형·500만원 이하 벌금형으로 처벌된다. 〈개정 1995.12.29〉
② [2]**자기보호·자기감독을 받는 자기 직계존속·배우자 직계존속을** [3]**학대한** [1]**사람은** 5년 이하 징역형·700만원 이하 벌금형으로 처벌된다. 〈개정 1995.12.29.〉

【개정방향】
※ 제목변경
※ 명확성·간결성·가독성
※ 일본식 조사 '의' 삭제
※ 온점(·) 활용: (,) ⇒ (·) 형법 제157조와 제324조2(인질강요)에서 이미 사용 중
※ 국어문법정비
※ [1]행위주체 [2]행위객체 [3]행위(법조문에 표시하면 가독성을 높일 수 있음)

(3) 조문해설

가. 형법 제273조는 학대·존속학대를 규정하고 있다.

나. 주요내용을 보면, ① [2]자기보호·자기감독을 받는 사람을 [3]학대한 [1]사람은 2년 이하 징역형·500만원 이하 벌금형으로 처벌된다. 〈개정 1995.12.29.〉 ②

[2]자기보호 · 자기감독을 받는 자기 직계존속 · 배우자 직계존속을 [3]학대한 [1]사람은 5년 이하 징역형 · 700만원 이하 벌금형으로 처벌된다. 〈개정 1995.12.29.〉

274. 제274조(아동혹사)

(1) 현행

第274條(兒童酷使)
自己의 保護 또는 監督을 받는 16歲 未滿의 者를 그 生命 또는 身體에 危險한 業務에 使用할 營業者 또는 그 從業者에게 引渡한 者는 5年 以下의 懲役에 處한다. 그 引渡를 받은 者도 같다.

제274조(아동혹사)
자기의 보호 또는 감독을 받는 16세 미만의 자를 그 생명 또는 신체에 위험한 업무에 사용할 영업자 또는 그 종업자에게 인도한 자는 5년 이하의 징역에 처한다. 그 인도를 받은 자도 같다.

(2) 개선방안

제274조(아동혹사)
① [3-1]생명 · 신체에 위험한 업무에 종사하는 영업자 · 그 종업자에게 [2]자기보호 · 자기감독을 받는 16세 미만 아동을 [3-2]인도한 [1]사람은 5년 이하 징역형으로 처벌된다.
② [3-1]생명 · 신체에 위험한 업무에 종사하는 영업자 · 그 종업자에게 [2]자기보호 · 자기감독을 받는 16세 미만 아동을 [3-2]인도받은 [1]사람은 5년 이하 징역형으로 처벌된다.

【개정방향】
※ 명확성 · 간결성 · 가독성
※ 일본식 조사 '의' 삭제
※ 온점(·) 활용: (,) ⇒ (·) 형법 제157조와 제324조2(인질강요)에서 이미 사용 중
※ 국어문법정비
※ [1]행위주체 [2]행위객체 [3]행위(법조문에 표시하면 가독성을 높일 수 있음)
※ 그 인도를 받은 자도 같다. ⇒ 명확히 규정함
※ 5년 이하의 징역형에 처한다 ⇒ 5년 이하 징역형으로 처벌된다.

(3) 조문해설

가. 형법 제274조는 아동혹사를 규정하고 있다.

나. 주요내용을 보면, ① [3-1]생명 · 신체에 위험한 업무에 종사하는 영업자 · 그 종업자에게 [2]자기보호 · 자기감독을 받는 16세 미만 아동을 [3-2]인도한 [1]사람은 5년 이하 징역형으로 처벌된다. ② [3-1]생명 · 신체에 위험한 업무에 종사하는 영업자 · 그 종업자에게 [2]자기보호 · 자기감독을 받는 16세 미만 아동을 [3-2]인도받은 [1]사람은 5년 이하 징역형으로 처벌된다.

275. 제275조(유기 등 치사상)

(1) 현행

第275條(遺棄등 致死傷)
① 第271條 내지 第273條의 罪를 犯하여 사람을 傷害에 이르게 한 때에는 7年 이하의 懲役에 處한다. 死亡에 이르게 한 때에는 3年 이상의 有期懲役에 處한다.
② 자기 또는 配偶者의 直系尊屬에 대하여 第271條 또는 第273條의 罪를 犯하여 傷害에 이르게 한 때에는 3年 이상의 有期懲役에 處한다. 死亡에 이르게 한 때에는 無期 또는 5年이상의 懲役에 處한다.
[全文改正 1995.12.29.]

제275조(유기 등 치사상)
① 제271조 내지 제273조의 죄를 범하여 사람을 상해에 이르게 한 때에는 7년 이하의 징역에 처한다. 사망에 이르게 한 때에는 3년 이상의 유기징역에 처한다.
② 자기 또는 배우자의 직계존속에 대하여 제271조 또는 제273조의 죄를 범하여 상해에 이르게 한 때에는 3년 이상의 유기징역에 처한다. 사망에 이르게 한 때에는 무기 또는 5년 이상의 징역에 처한다.
[전문개정 1995.12.29]

(2) 개선방안

제275조(유기치사상)
① 제271조 · 제272조 · 제273조 죄를 범하여 사람을 상해에 이르게 한 사람은 7년 이하 징역형으로 처벌된다.
② 제271조 · 제272조 · 제273조 죄를 범하여 사람을 사망에 이르게 한 사람은 3년 이상 징역형으로 처벌된다.

② 제271조 · 제273조 죄를 범하여 자기 직계존속 · 배우자 직계존속을 상해에 이르게 한 사람은 3년 이상 징역형으로 처벌된다.
④ 제271조 · 제273조 죄를 범하여 자기 직계존속 · 배우자 직계존속을 사망에 이르게 한 사람은 무기형 · 5년 이상 징역형으로 처벌된다.

【개정방향】
※ 제목변경
※ 명확성 · 간결성 · 가독성
※ 일본식 조사 '의' 삭제
※ 온점(·) 활용: (,) ⇒ (·) 형법 제157조와 제324조2(인질강요)에서 이미 사용 중
※ 국어문법정비
※ 불법가중구성요건 체계정비
※ [1]행위주체 [2]행위객체 [3]행위(법조문에 표시하면 가독성을 높일 수 있음)
※ 제1항 · 제2항 · 제3항 · 제4항 분리함. 법정형이 다름

(3) 조문해설

가. 형법 제275조는 유기치사상을 규정하고 있다.
나. 주요내요을 보면, ① 제271조 · 제272조 · 제273조 죄를 범하여 사람을 상해에 이르게 한 사람은 7년 이하 징역형으로 처벌된다. ② 제271조 · 제272조 · 제273조 죄를 범하여 사람을 사망에 이르게 한 사람은 3년 이상 징역형으로 처벌된다. ② 제271조 · 제273조 죄를 범하여 자기 직계존속 · 배우자 직계존속을 상해에 이르게 한 사람은 3년 이상 징역형으로 처벌된다. ④ 제271조 · 제273조 죄를 범하여 자기 직계존속 · 배우자 직계존속을 사망에 이르게 한 사람은 무기형 · 5년 이상 징역형으로 처벌된다.

(4) **| 관련판례 |** 대법원 2018. 5. 11. 선고 2018도4018 판결 [유기치사죄의 성립 요건, 유기죄에 관한 형법 제271조 제1항에서 말하는 '법률상 보호의무'에 부부간의 부양의무가 포함되는지 여부(적극)]

가. 유기죄를 범하여 사람을 사망에 이르게 하는 유기치사죄가 성립하기 위해서는 먼저 유기죄가 성립하여야 한다. 그러므로 행위자가 유기죄에 관한 형법 제271조 제1항이 정하고 있는 것처럼 "노유, 질병 기타 사정으로 인하여 부조를 요하는 자를 보호할 법률상 또는 계약상 의무 있는 자"에 해당하여야 한다.
나. 여기에서 말하는 법률상 보호의무에는 민법 제826조 제1항에 근거한 부부간의 부양의무도 포함된다.

다. 민법 제812조 제1항은 "혼인은 가족관계의 등록 등에 관한 법률에 정한 바에 의하여 신고함으로써 그 효력이 생긴다"라고 정하고 있다. 민법 제826조 제1항 전문은 "부부는 동거하며 서로 부양하고 협조하여야 한다"라고 정하고 있다. 민법 제815조 제1호는 "당사자 간에 혼인의 합의가 없는 때"에는 그 혼인은 무효로 한다고 정하고 있다. 그런데 위 혼인무효 사유는 당사자 사이에 사회관념상 부부라고 인정되는 정신적·육체적 결합을 생기게 할 의사가 없는 경우를 가리킨다.

제29장

逮捕와 監禁의 罪

276. 제276조(체포, 감금, 존속체포, 존속감금)

(1) 현행

第276條(逮捕, 監禁, 尊屬逮捕, 尊屬監禁)
① 사람을 逮捕 또는 監禁한 者는 5年 以下의 懲役 또는 700萬원 이하의 罰金에 處한다. 〈改正 1995.12.29.〉
② 自己 또는 配偶者의 直系尊屬에 對하여 第1項의 罪를 犯한 때에는 10年 以下의 懲役 또는 1千500萬원 이하의 罰金에 處한다. 〈改正 1995.12.29.〉

제276조(체포, 감금, 존속체포, 존속감금)
① 사람을 체포 또는 감금한 자는 5년 이하의 징역 또는 700만원 이하의 벌금에 처한다. 〈개정 1995.12.29〉
② 자기 또는 배우자의 직계존속에 대하여 제1항의 죄를 범한 때에는 10년 이하의 징역 또는 1천500만원 이하의 벌금에 처한다. 〈개정 1995.12.29〉

(2) 개선방안

제276조(체포 · 감금 · 존속체포 · 존속감금)
① **다른 사람을 체포 · 감금한 사람은** 5년 이하 징역형 · 700만원 이하 벌금형으로 처벌된다. 〈개정 1995.12.29〉
② **자기 직계존속 · 배우자 직계존속을 체포 · 감금한 사람은** 10년 이하 징역형 · 1천500만원 이하 벌금형으로 처벌된다. 〈개정 1995.12.29.〉

【개정방향】
※ 제목변경
※ 명확성 · 간결성 · 가독성
※ 일본식 조사 '의' 삭제

※ 온점(·) 활용: (,) ⇒ (·) 형법 제157조와 제324조2(인질강요)에서 이미 사용 중
※ 국어문법정비
※ [1]행위주체 [2]행위객체 [3]행위 [4]결과(의사활동자유)(법조문에 표시하면 가독성을 높일 수 있음)
※ 보호법익: 신체활동자유. 보호정도: 침해범

(3) 조문해설

가. 형법 제276조는 체포 · 감금 · 존속체포 · 존속감금을 규정하고 있다.

나. 주요내용을 보면, ① 다른 사람을 체포 · 감금한 사람은 5년 이하 징역형 · 700만원 이하 벌금형으로 처벌된다. 〈개정 1995.12.29.〉 ② 자기 직계존속 · 배우자 직계존속을 체포 · 감금한 사람은 10년 이하 징역형 · 1천500만원 이하 벌금형으로 처벌된다. 〈개정 1995.12.29.〉

(4) **| 관련판례 |** 대법원 1998. 5. 26. 선고 98도1036 판결 [감금죄의 수단과 방법 및 일정한 장소적 제약하에서 제한된 행동의 자유를 허용한 경우, 감금죄의 성립 여부(적극), 미성년자를 유인한 자가 미성년자를 감금한 경우, 미성년자유인죄 외에 별도로 감금죄가 성립하는지 여부(적극)]

가. 감금죄는 사람의 행동 자유를 그 보호법익으로 한다. 사람이 특정한 구역에서 벗어나는 것을 불가능하게 하거나 또는 매우 곤란하게 하는 죄이다. 그 본질은 사람의 행동 자유를 구속하는 데에 있다.

나. 이와 같이 행동 자유를 구속하는 수단과 방법은 아무런 제한이 없다. 사람이 특정한 구역에서 벗어나는 것을 불가능하게 하거나 또는 매우 곤란하게 하는 장애는 물리적 · 유형적 장애뿐만 아니라 심리적 · 무형적 장애에 의하여서도 가능하다. 그러므로 감금죄의 수단과 방법은 유형적인 것이거나 또는 무형적인 것이거나를 가리지 아니한다.

다. 또한 감금죄가 성립하기 위하여 반드시 사람의 행동 자유를 전면적으로 박탈할 필요는 없다. **감금된 특정한 구역 범위 안에서 일정한 생활의 자유가 허용되어 있었다고 하더라도, 유형적이거나 무형적인 수단과 방법으로 사람이 특정한 구역에서 벗어나는 것을 불가능하게 하거나 또는 매우 곤란하게 한 이상 감금죄의 성립에는 아무런 지장이 없다.**

라. **미성년자를 유인한 자가 계속하여 미성년자를 불법하게 감금하였을 경우, 미성년자유인죄와 감금죄가 별도로 성립한다.**

(5) **| 관련판례 |** 대법원 2018. 2. 28. 선고 2017도21249 **판결** [강간죄가 성립하기 위한 가해자의 폭행·협박이 있었는지 판단하는 방법, 체포죄에서 말하는 '체포'의 의미, 체포죄가 계속범인지 여부(적극) 및 체포죄의 기수 시기와 실행의 착수 시기]

가. 강간죄가 성립하기 위한 가해자의 폭행·협박이 있었는지 여부는 폭행·협박의 내용과 정도는 물론 유형력을 행사하게 된 경위, 피해자와의 관계, 행위 당시와 그 후의 정황 등 모든 사정을 종합하여 피해자가 당시 처하였던 구체적인 상황을 기준으로 판단하여야 한다. 사후적으로 보아 피해자가 범행 현장을 벗어날 수 있었다거나 피해자가 사력을 다하여 반항하지 않았다는 사정만으로 가해자의 폭행·협박이 피해자의 항거를 현저히 곤란하게 할 정도에 이르지 않았다고 섣불리 단정하여서는 안 된다.

나. 형법 제276조 제1항의 체포죄에서 말하는 '체포'는 사람의 신체에 대하여 직접적이고 현실적인 구속을 가하여 신체활동의 자유를 박탈하는 행위를 의미하는 것으로서 수단과 방법을 불문한다.

다. 체포죄는 계속범으로서 체포의 행위에 확실히 사람의 신체의 자유를 구속한다고 인정할 수 있을 정도의 시간적 계속이 있어야 한다.

라. 그러나 **체포의 고의로써 타인의 신체적 활동의 자유를 현실적으로 침해하는 행위를 개시한 때 체포죄의 실행에 착수하였다고 볼 것이다.**

277. 제277조(중체포, 중감금, 존속중체포, 존속중감금)

(1) 현행

第277條(重逮捕, 重監禁, 尊屬重逮捕, 尊屬重監禁)
① 사람을 逮捕 또는 監禁하여 **苛酷한 行爲를 加한 者는** 7年 以下의 懲役에 處한다.
② 自己 또는 配偶者의 直系尊屬에 對하여 前項의 罪를 犯한 때에는 2年 以上의 有期懲役에 處한다.

제277조(중체포, 중감금, 존속중체포, 존속중감금)
① 사람을 체포 또는 감금하여 가혹한 행위를 가한 자는 7년 이하의 징역에 처한다.
② 자기 또는 배우자의 직계존속에 대하여 전항의 죄를 범한 때에는 2년 이상의 유기징역에 처한다.

(2) 개선방안

제277조(중체포 · 중감금 · 존속중체포 · 존속중감금)

① **다른 사람을 체포 · 감금하여 가혹한 행위를 한 사람** 7년 이하 징역형으로 처벌된다.

② 자기 직계존속 · 배우자 직계존속을 **체포 · 감금하여 가혹한 행위를 한** 직계비속은 2년 이상 징역형으로 처벌된다.

【개정방향】

※ 제목변경

※ 명확성 · 간결성 · 가독성

※ 일본식 조사 '의' 삭제

※ 온점(·) 활용: (,) ⇒ (·) 형법 제157조와 제324조2(인질강요)에서 이미 사용 중

※ 국어문법정비

※ [1]행위주체 [2]행위객체 [3]행위 [4]결과(의사활동자유)(법조문에 표시하면 가독성을 높일 수 있음)

※ 가혹행위란 사람에게 육체 · 정신 고통을 주는 유형 · 무형 행위

(3) 조문해설

가. 형법 제277조는 중체포 · 중감금 · 존속중체포 · 존속중감금을 규정하고 있다.

나. 주요내용을 보면, ① 다른 사람을 체포 · 감금하여 가혹한 행위를 한 사람 7년 이하 징역형으로 처벌된다. ② 자기 직계존속 · 배우자 직계존속을 체포 · 감금하여 가혹한 행위를 한 직계비속은 2년 이상 징역형으로 처벌된다.

278. 제278조(특수체포, 특수감금)

(1) 현행

第278條(特殊逮捕, 特殊監禁)

團體 또는 多衆의 威力을 보이거나 危險한 物件을 携帶하여 前 2條의 罪를 犯한 때에는 그 罪에 定한 刑의 2分의 1까지 加重한다.

제278조(특수체포, 특수감금)

단체 또는 다중의 위력을 보이거나 위험한 물건을 휴대하여 전 2조의 죄를 범한 때에는 그 죄에 정한 형의 2분의 1까지 가중한다.

(2) 개선방안

제1안
제278조(특수체포 · 특수감금)
단체위력 · 다중위력 · 위험물건을 보이며 **제276조 · 제277조 죄를 범한 사람은 그 죄에 정한 법정형 2분의 1까지 가중처벌된다.**

제2안 ★★★★★
제278조(특수체포 · 특수감금)
다음 각 호 어느 하나의 행위로 **제276조 · 제277조 죄를 범한 사람은 그 죄에 정한 법정형 2분의 1까지 가중처벌된다.**
1. 단체위력을 보임
2. 다중위력을 보임
3. 위험물건을 보임

【개정방향】
※ 제목변경
※ 명확성 · 간결성 · 가독성
※ 일본식 조사 '의' 삭제
※ 개조식
※ 전 2조의 죄 ⇒ 제276조 · 제277조
※ 온점(·) 활용: (,) ⇒ (·) 형법 제157조와 제324조2(인질강요)에서 이미 사용 중
※ 국어문법정비
※ [1]행위주체 [2]행위객체 [3]행위 [4]결과(의사활동자유)(법조문에 표시하면 가독성을 높일 수 있음)

(3) 조문해설

가. 형법 제278조는 특수체포 · 특수감금을 규정하고 있다.

나. 다음 각 호 어느 하나의 행위로 제276조 · 제277조 죄를 범한 사람은 그 죄에 정한 법정형 2분의 1까지 가중처벌된다. 1. 단체위력을 보임, 2. 다중위력을 보임, 3. 위험물건을 보임

279. 제279조(상습범)

(1) 현행

第279條(常習犯)
常習으로 第276條 또는 第277條의 罪를 犯한 때에는 前條의 例에 依한다.

제279조(상습범)
상습으로 제276조 또는 제277조의 죄를 범한 때에는 전조의 예에 의한다.

(2) 개선방안

제279조(상습범)
상습으로 제276조 · 제277조 죄를 범한 사람은 그 죄에 정한 법정형 2분의 1까지 가중처벌된다.

【개정방향】
※ 명확성 · 간결성 · 가독성
※ 일본식 조사 '의' 삭제
※ 온점(·) 활용: (,) ⇒ (·) 형법 제157조와 제324조2(인질강요)에서 이미 사용 중
※ 국어문법정비
※ 상습으로 제276조 또는 제277조의 죄를 범한 때에는 ⇒ **상습으로 제276조 · 제277조 죄를 범한 사람은**
※ 전조의 예에 의한다 ⇒ **그 죄에 정한 법정형 2분의 1까지 가중처벌된다.**

(3) 조문해설

가. 형법 제279조는 상습범을 규정하고 있다.
나. 주요내용을 보면, 상습으로 제276조 · 제277조 죄를 범한 사람은 그 죄에 정한 법정형 2분의 1까지 가중처벌된다.

280. 제280조(미수범)

(1) 현행

第280條(未遂犯)
前4條의 未遂犯은 處罰한다.

제280조(미수범)
전4조의 미수범은 처벌한다.

(2) 개선방안

제280조(미수범)
제276조 · 제277조 · 제278조 · 제279조 미수범은 처벌된다.

【개정방향】
※ 명확성 · 간결성 · 가독성
※ 온점(·) 활용: (,) ⇒ (·) 형법 제157조와 제324조2(인질강요)에서 이미 사용 중
※ 국어문법정비

(3) 조문해설

가. 형법 제280조는 미수범을 규정하고 있다.

나. 주요내용을 보면, 제276조 · 제277조 · 제278조 · 제279조 미수범은 처벌된다.

281. 제281조(체포 · 감금 등의 치사상)

(1) 현행

第281條(逮捕 · 監禁 등의 致死傷)
① **第276條 내지 第280條의** 罪를 犯하여 사람을 **傷害에 이르게 한 때에는** 1年 이상의 有期懲役에 處한다. 死亡에 이르게 한 때에는 3年 이상의 有期懲役에 處한다.
② 자기 또는 配偶者의 直系尊屬에 대하여 第276條 내지 第280條의 罪를 犯하여 傷害에 이르게 한 때에는 2年 이상의 有期懲役에 處한다. 死亡에 이르게 한 때에는 無期 또는 5年이상의 懲役에 處한다.
[全文改正 1995.12.29.]

제281조(체포 · 감금 등의 치사상)
① 제276조 내지 제280조의 죄를 범하여 사람을 상해에 이르게 한 때에는 1년 이상의 유기징역에 처한다. 사망에 이르게 한 때에는 3년 이상의 유기징역에 처한다.
② 자기 또는 배우자의 직계존속에 대하여 제276조 내지 제280조의 죄를 범하여 상해에 이르게 한 때에는 2년 이상의 유기징역에 처한다. 사망에 이르게 한 때에는 무기 또는 5년 이상의 징역에 처한다.
[전문개정 1995.12.29]

(2) 개선방안

제281조(체포치사상 · 감금치사상)
① 제276조 · 제277조 · 제278조 · 제279조 · 제280조 죄를 범하여 사람을 상해에 이르게 한 사람은 1년 이상 징역형으로 처벌된다.
② 제276조 · 제277조 · 제278조 · 제279조 · 제280조의 죄를 범하여 사람을 사망에 이르게 한 사람은 3년 이상 징역형으로 처벌된다.
③ 제276조 · 제277조 · 제278조 · 제279조 · 제280조의 죄를 범하여 자기 직계존속 · 배우자 직계존속을 상해에 이르게 한 사람은 2년 이상 징역형으로 처벌된다.
④ 제276조 · 제277조 · 제278조 · 제279조 · 제280조의 죄를 범하여 자기 직계존속 · 배우자 직계존속을 사망에 이르게 한 사람은 무기징역형 · 5년 이상 징역형으로 처벌된다.

【개정방향】
※ 제목변경
※ 명확성 · 간결성 · 가독성
※ 일본식 조사 '의' 삭제
※ 국어문법정비
※ 온점(·) 활용: (,) ⇒ (·) 형법 제157조와 제324조2(인질강요)에서 이미 사용 중
※ [1]행위주체 [2]행위객체 [3]행위 [4]결과(법조문에 표시하면 가독성을 높일 수 있음)
※ 제1항 · 제2항 · 제3항 · 제4항 분리. 법정형이 다름
※ [현행] ② 자기 또는 배우자의 직계존속에 대하여 제276조 내지 제280조의 죄를 범하여 상해에 이르게 한 때에는 2년 이상의 유기징역에 처한다. 사망에 이르게 한 때에는 무기 또는 5년 이상의 징역에 처한다. ⇒ 유기징역 · 징역으로 혼선이 있다. 징역형으로 통일함

(3) 조문해설

가. 형법 제281조는 체포치사상 · 감금치사상을 규정하고 있다.

나. 주요내용을 보면, ① 제276조 · 제277조 · 제278조 · 제279조 · 제280조 죄를 범하여 사람을 상해에 이르게 한 사람은 1년 이상 징역형으로 처벌된다. ② 제276조 · 제277조 · 제278조 · 제279조 · 제280조의 죄를 범하여 사람을 사망에 이르게 한 사람은 3년 이상 징역형으로 처벌된다. ③ 제276조 · 제277조 · 제278조 · 제279조 · 제280조의 죄를 범하여 자기 직계존속 · 배우자 직계존속을 상해에 이르게 한 사람은 2년 이상 징역형으로 처벌된다. ④ 제276조 · 제

277조 · 제278조 · 제279조 · 제280조의 죄를 범하여 자기 직계존속 · 배우자 직계존속을 사망에 이르게 한 사람은 무기징역형 · 5년 이상 징역형으로 처벌된다.

282. 제282조(자격정지의 병과)

(1) 현행

第282條(資格停止의 併科)
本章의 罪에는 10年 以下의 資格停止를 併科할 수 있다.

제282조(자격정지의 병과)
본장의 죄에는 10년 이하의 자격정지를 병과할 수 있다.

(2) 개선방안

제282조(자격정지병과)
제29장 체포죄와 감금죄는 10년 이하 자격정지형이 병과될 수 있다.

【개정방향】
※ 제목변경
※ 명확성 · 간결성 · 가독성
※ 일본식 조사 '의' 삭제
※ 온점(·) 활용: (,) ⇒ (·) 형법 제157조와 제324조2(인질강요)에서 이미 사용 중
※ 국어문법정비
※ 본장의 죄에는 ⇒ 제29장 체포죄와 감금죄는
※ 10년 이하의 자격정지를 병과할 수 있다. ⇒ 10년 이하 자격정지형이 병과될 수 있다.

(3) 조문해설

가. 형법 제282조는 자격정지병과를 규정하고 있다.
나. 주요내용을 보면, 제29장 체포죄와 감금죄는 10년 이하 자격정지형이 병과될 수 있다.

제30장

脅迫의 罪

283. 제283조(협박, 존속협박) ★★★★★

(1) 현행

第283條(脅迫, 尊屬脅迫)
① 사람을 脅迫한 者는 3年 以下의 懲役, 500萬원 以下의 罰金, 拘留 또는 科料에 處한다. 〈改正 1995.12.29.〉
② 自己 또는 配偶者의 直系尊屬에 對하여 第1項의 罪를 犯한 때에는 5年 以下의 懲役 또는 700萬원 以下의 罰金에 處한다. 〈改正 1995.12.29.〉
③ 第1項 및 第2項의 罪는 被害者의 明示한 意思에 反하여 公訴를 제기할 수 없다. 〈改正 1995.12.29.〉

제283조(협박, 존속협박)
① 사람을 협박한 자는 3년 이하의 징역, 500만원 이하의 벌금, 구류 또는 과료에 처한다. 〈개정 1995.12.29〉
② 자기 또는 배우자의 직계존속에 대하여 제1항의 죄를 범한 때에는 5년 이하의 징역 또는 700만원 이하의 벌금에 처한다. 〈개정 1995.12.29〉
③ 제1항 및 제2항의 죄는 피해자의 명시한 의사에 반하여 공소를 제기할 수 없다. 〈개정 1995.12.29〉

(2) 개선방안

제283조(협박・존속협박)
① **《다른 사람을》 협박한 사람은** 3년 이하 징역형・500만원 이하 벌금형・구류형・과료형으로 처벌된다. 〈개정 1995.12.29〉
② **《자기 직계존속・배우자 직계존속을》 협박한 사람은** 5년 이하 징역형・700만원 이하 벌금형으로 처벌된다. 〈개정 1995.12.29〉
③ 제1항・제2항 죄는 피해자 명시한 의사에 반하여 공소가 제기될 수 없다. 〈개정

1995.12.29.〉

【개정방향】

※ 제목변경

※ 명확성 · 간결성 · 가독성

※ 일본식 조사 '의' 삭제

※ 온점(·) 활용: (,) ⇒ (·) 형법 제157조와 제324조2(인질강요)에서 이미 사용 중

※ 국어문법정비

※ [1]행위주체 [2]행위객체 [3]행위 [4]결과(법조문에 표시하면 가독성을 높일 수 있음)

※ 제1항 및 제2항의 죄는 ⇒ 제1항 · 제2항 죄는

※ **『처한다. 공소를 제기할 수 없다』 ⇒ 권위적 법원 · 검찰 중심 입법임. 국민 중심으로 『처벌된다. 공소가 제기될 수 없다』로 수정함. 이하 통일함**

※ 보호법익: 의사결정자유. 보호정도: 위험범(판례). 침해범(다수설)

(3) 조문해설

가. 형법 제283조는 협박 · 존속협박을 규정하고 있다.

나. 주요내용을 보면, ① 《다른 사람을》 협박한 사람은 3년 이하 징역형 · 500만원 이하 벌금형 · 구류형 · 과료형으로 처벌된다. 〈개정 1995.12.29.〉 ② 《자기 직계존속 · 배우자 직계존속을》 협박한 사람은 5년 이하 징역형 · 700만원 이하 벌금형으로 처벌된다. 〈개정 1995.12.29.〉 ③ 제1항 · 제2항 죄는 피해자 명시한 의사에 반하여 공소가 제기될 수 없다. 〈개정 1995.12.29.〉

(4) | 관련판례 | 대법원 2007. 9. 28. 선고 2007도606 전원합의체 판결 [협박죄의 기수에 이르기 위하여 상대방이 현실적으로 공포심을 일으킬 것을 요하는지 여부(소극), 정보보안과 소속 경찰관이 자신의 지위를 내세우면서 타인의 민사분쟁에 개입하여 빨리 채무를 변제하지 않으면 상부에 보고하여 문제를 삼겠다고 말한 사안에서, 객관적으로 상대방이 공포심을 일으키기에 충분한 정도의 해악의 고지에 해당한다. 그러므로 현실적으로 피해자가 공포심을 일으키지 않았다 하더라도 협박죄의 기수에 이르렀다고 본 사례] 협박 개념과 협박죄 기수시기

가. 협박죄가 성립하려면 고지된 해악의 내용이 행위자와 상대방의 성향, 고지 당시의 주변 상황, 행위자와 상대방 사이 친숙 정도 및 지위 등의 상호관계, 제3자에 의한 해악을 고지한 경우, 그에 포함되거나 또는 암시된 제3자와 행위자 사이 관계 등 행위 전후 여러 사정을 종합하여 볼 때, **일반적으로 사람에게 공포심을 일으키게 하기에 충분한 것이어야 한다. 그러나 상대방이 그에 의**

하여 현실적으로 공포심을 일으킬 것까지 요구하는 것은 아니다. 그와 같은 정도의 해악을 고지함으로써 상대방이 그 의미를 인식한 이상, 상대방이 현실적으로 공포심을 일으켰는지 여부와 관계없이 그로써 구성요건은 충족되어 협박죄의 기수에 이르는 것으로 해석하여야 한다.

나. 결국 **협박죄는 사람의 의사결정 자유를 보호법익으로 하는 위험범이라 봄이 상당하다. 협박죄의 미수범 처벌조항은 해악의 고지가 현실적으로 상대방에게 도달하지 아니한 경우나, 도달은 하였으나 상대방이 이를 지각하지 못하였거나, 고지된 해악의 의미를 인식하지 못한 경우 등에 적용될 뿐이다.**

284. 제284조(특수협박)

(1) 현행

第284條(特殊脅迫)
團體 또는 多衆의 威力을 보이거나 危險한 物件을 携帶하여 前條第1項, 第2項의 罪를 犯한 때에는 7年 以下의 懲役 또는 1千萬원 以下의 罰金에 處한다. 〈改正 1995.12.29.〉

제284조(특수협박)
단체 또는 다중의 위력을 보이거나 위험한 물건을 휴대하여 전조 제1항, 제2항의 죄를 범한 때에는 7년 이하의 징역 또는 1천만원 이하의 벌금에 처한다. 〈개정 1995.12.29〉

(2) 개선방안

제1안
제284조(특수협박)
단체위력 · 다중위력 · 위험물건을 보이며 **제283조 제1항 · 제2항 죄를 범한 사람은** 7년 이하 징역형 · 1천만원 이하 벌금형으로 처벌된다.

제2안 *****
제284조(특수협박)
다음 각 호 어느 하나의 행위로 **제283조 제1항 · 제2항 죄를 범한 사람은** 7년 이하 징역형 · 1천만원 이하 벌금형으로 처벌된다.
1. 단체위력을 보임
2. 다중위력을 보임
3. 위험물건을 보임

【참조조문】
형법 제278조(특수체포·특수감금)
다음 각 호 어느 행위로 **제276조·제277조 죄를 범한 사람은 그 죄에 정한 법정형 2분의 1까지 가중처벌된다.**
1. 단체위력을 보임
2. 다중위력을 보임
3. 위험물건을 보임

【개정방향】
※ 제목변경
※ 명확성·간결성·가독성·개조식
※ 일본식 조사 '의' 삭제
※ 국어문법정비
※ 온점(·) 활용: (,)⇒(·) 형법 제157조와 제324조2(인질강요)에서 이미 사용 중
※ [1]행위주체 [2]행위객체 [3]행위(법조문에 표시하면 가독성을 높일 수 있음)

(3) 조문해설

가. 형법 제284조는 특수협박을 규정하고 있다.

나. 주요 내용을 보면, 다음 각 호 어느 하나의 행위로 제283조 제1항·제2항 죄를 범한 사람은 7년 이하 징역형·1천만원 이하 벌금형으로 처벌된다. 1. 단체위력을 보임, 2. 다중위력을 보임, 3. 위험물건을 보임

285. 제285조(상습범)

(1) 현행

第285條(常習犯)
常習으로 **第283條第1項, 第2項 또는 前條의 罪를 犯한 때에는** 그 罪에 定한 刑의 2分의 1까지 加重한다.

제285조(상습범)
상습으로 제283조제1항, 제2항 또는 전조의 죄를 범한 때에는 그 죄에 정한 형의 2분의 1까지 가중한다.

(2) 개선방안

제285조(상습범)
상습으로 제283조 제1항 · 제2항 · 제284조 죄를 범한 사람은 그 죄에 정한 법정형 2분의 1까지 가중처벌된다.

【개정방향】
※ 명확성 · 간결성 · 가독성
※ 일본식 조사 '의' 삭제
※ 온점(·) 활용: (,) ⇒ (·) 형법 제157조와 제324조2(인질강요)에서 이미 사용 중
※ 국어문법정비

(3) 조문해설

가. 형법 제285조는 상습범을 규정하고 있다.
나. 주요내용을 보면, 상습으로 제283조 제1항 · 제2항 · 제284조 죄를 범한 사람은 그 죄에 정한 법정형 2분의 1까지 가중처벌된다.

286. 제286조(미수범)

(1) 현행

第286條(未遂犯)
前3條의 未遂犯은 處罰한다.

제286조(미수범)
전3조의 미수범은 처벌한다.

(2) 개선방안

제286조(미수범)
제283조 · 제284조 · 제285조 미수범은 처벌된다.

【개정방향】
※ 명확성 · 간결성 · 가독성
※ 일본식 조사 '의' 삭제
※ 온점(·) 활용: (,) ⇒ (·) 형법 제157조와 제324조2(인질강요)에서 이미 사용 중

(3) 조문해설

가. 형법 제286조는 미수범을 규정하고 있다.

나. 주요내용을 보면, 제283조 · 제284조 · 제285조 미수범은 처벌된다.

제31장

약취(略取), 유인(誘引) 및 인신매매의 죄

287. 제287조(미성년자의 약취, 유인)

(1) 현행

제287조(미성년자의 약취, 유인)
미성년자를 약취 또는 유인한 사람은 10년 이하의 징역에 처한다.
[전문개정 2013.4.5]

(2) 개선방안

제287조(미성년자약취 · 미성년자유인)
미성년자를 약취 · 유인한 사람은 10년 이하 징역형으로 처벌된다.
[전문개정 2013.4.5.]

【개정방향】
※ 제목변경
※ 명확성 · 간결성 · 가독성
※ 일본식 조사 '의' 삭제
※ 온점(·) 활용: (,) ⇒ (·) 형법 제157조와 제324조2(인질강요)에서 이미 사용 중
※ 국어문법정비
※ 미성년자를 약취 또는 유인한 사람은 ⇒ 미성년자를 약취 · 유인한 사람은
※ 10년 이하의 징역에 처한다 ⇒ 10년 이하 징역형으로 처벌된다.

(3) 조문해설

가. 형법 제287조는 미성년자약취 · 미성년자유인을 규정하고 있다.
나. 주요내용을 보면, 미성년자를 약취 · 유인한 사람은 10년 이하 징역형으로 처벌된다. [전문개정 2013.4.5.]

(4) **| 관련판례 |** **대법원 2013. 6. 20. 선고 2010도14328 전원합의체 판결** [미성년자약취죄, 국외이송약취죄 등의 구성요건 중 '약취'의 의미와 그 판단 기준 및 미성년자를 보호·감독하는 사람이 해당 미성년자에 대한 약취죄의 주체가 될 수 있는지 여부(한정 적극)와 미성년 자녀의 부모 일방에 대하여 자녀에 대한 약취죄가 성립하기 위한 요건, 베트남 국적 여성인 피고인이 남편 갑의 의사에 반하여 생후 약 13개월 된 자녀 을을 주거지에서 데리고 나와 약취하고 베트남에 함께 입국함으로써 을을 국외에 이송하였다고 하여 국외이송약취 및 피약취자국외이송으로 기소된 사안에서, 제반 사정을 종합할 때 피고인의 행위를 약취행위로 볼 수 없다는 이유로, 피고인에게 무죄를 인정한 원심판단을 정당하다고 한 사례] 〈베트남 여성의 자녀 약취 사건〉

가. 형법 제287조 미성년자약취죄, 제288조 제3항 전단[구 형법(2013. 4. 5. 법률 제11731호로 개정되기 전의 것을 말한다. 이하 같다) 제289조 제1항에 해당한다] 국외이송약취죄 등의 구성요건요소로서 약취란 폭행, 협박 또는 불법적인 사실상의 힘을 수단으로 사용하여 피해자를 그 의사에 반하여 자유로운 생활관계 또는 보호관계로부터 이탈시켜 자기 또는 제3자의 사실상 지배하에 옮기는 행위를 의미한다. 구체적 사건에서 어떤 행위가 약취에 해당하는지 여부는 행위의 목적과 의도, 행위 당시의 정황, 행위의 태양과 종류, 수단과 방법, 피해자의 상태 등 관련 사정을 종합하여 판단하여야 한다.

나. 한편 미성년자를 보호·감독하는 사람이라고 하더라도 다른 보호감독자의 보호·양육권을 침해하거나 또는 자신의 보호·양육권을 남용하여 미성년자 본인의 이익을 침해하는 때에는 미성년자에 대한 약취죄의 주체가 될 수 있다. 그런데 그 경우에도 해당 보호감독자에 대하여 약취죄의 성립을 인정할 수 있으려면, 그 행위가 위와 같은 의미의 약취에 해당하여야 한다. 그렇지 아니하고 폭행, 협박 또는 불법적인 사실상의 힘을 사용하여 그 미성년자를 평온하던 종전의 보호·양육 상태로부터 이탈시켰다고 볼 수 없는 행위에 대하여까지 다른 보호감독자의 보호·양육권을 침해하였다는 이유로 미성년자에 대한 약취죄의 성립을 긍정하는 것은 형벌법규의 문언 범위를 벗어나는 해석으로서 죄형법정주의의 원칙에 비추어 허용될 수 없다.

다. 따라서 부모가 이혼하였거나 별거하는 상황에서 미성년의 자녀를 부모의 일방이 평온하게 보호·양육하고 있는데, 상대방 부모가 폭행, 협박 또는 불법적인 사실상의 힘을 행사하여 그 보호·양육 상태를 깨뜨리고 자녀를 탈취하여 자기 또는 제3자의 사실상 지배하에 옮긴 경우, 그와 같은 행위는 특별한 사정이 없는 한 미성년자에 대한 약취죄를 구성한다고 볼 수 있다.

라. 그러나 이와 달리 **미성년의 자녀를 부모가 함께 동거하면서 보호·양육하여 오던 중 부모의 일방이 상대방 부모나 그 자녀에게 어떠한 폭행, 협박이나 불법적인 사실상의 힘을 행사함이 없이 그 자녀를 데리고 종전의 거소를 벗어나 다른 곳으로 옮겨 자녀에 대한 보호·양육을 계속하였다면, 그 행위가 보호·양육권의 남용에 해당한다는 등 특별한 사정이 없는 한 설령 이에 관하여 법원의 결정이나 상대방 부모의 동의를 얻지 아니하였다고 하더라도 그러한 행위에 대하여 곧바로 형법상 미성년자에 대한 약취죄의 성립을 인정할 수는 없다.**

마. **[대법관 신영철, 대법관 김용덕, 대법관 고영한, 대법관 김창석, 대법관 김신의 반대의견]** 공동친권자인 부모 중 일방이 상대방과 동거하며 공동으로 보호·양육하던 유아를 국외로 데리고 나간 행위가 약취죄의 '약취행위'에 해당하는지를 판단하려면, 우선 폭행, 협박 또는 사실상의 힘을 수단으로 사용하여 유아를 범인 또는 제3자의 사실상 지배하에 옮겼는지, 그로 말미암아 다른 공동친권자의 보호·양육권을 침해하고, 피해자인 유아를 자유로운 생활관계 또는 보호관계로부터 이탈시켜 그의 이익을 침해하였는지를 따져 볼 필요가 있다. 부모 중 일방이 상대방과 동거하며 공동으로 보호·양육하던 유아를 국외로 데리고 나갔다면, '사실상의 힘'을 수단으로 사용하여 유아를 자신 또는 제3자의 사실상 지배하에 옮겼다고 보아야 함에 이론이 있을 수 없다. 친권은 미성년 자녀의 양육과 감호 및 재산관리를 적절히 함으로써 그의 복리를 확보하도록 하기 위한 부모의 권리이자 의무의 성격을 갖는 것이다. 민법 제909조에 의하면, 친권은 혼인관계가 유지되는 동안에는 부모의 의견이 일치하지 아니하거나 부모 일방이 친권을 행사할 수 없는 등 예외적인 경우를 제외하고는 부모가 공동으로 행사하는 것이 원칙이고(제2항, 제3항), 이혼하려는 경우에도 상대방과의 협의나 가정법원의 결정을 거치지 아니한 채 일방적으로 상대방의 친권행사를 배제하는 것은 허용되지 않는다(제4항). 따라서 공동친권자인 부모의 일방이 상대방의 동의나 가정법원의 결정이 없는 상태에서 유아를 데리고 공동양육의 장소를 이탈함으로써 상대방의 친권행사가 미칠 수 없도록 하였다면, 이는 특별한 사정이 없는 한 다른 공동친권자의 유아에 대한 보호·양육권을 침해한 것으로서 민법을 위반한 행위라고 할 것이다. 그뿐 아니라 유아로서도 다른 공동친권자로부터 보호·양육을 받거나 받을 수 있는 상태에서 배제되는 결과를 강요당하게 되어 유아의 이익을 현저히 해치게 될 것이므로 그 점에서도 위법성을 면할 수 없다. 따라서 어느 모로 보나 부모의 일방이 유아를 임의로 데리고 가면서 행사한 사실상의 힘은 특별한 사정이

없는 한 불법적이라고 할 것이다. 특히 장기간 또는 영구히 유아를 데리고 간 경우에는 그 불법성이 훨씬 더 크다는 점을 부인할 수 없을 것이다.

288. 제288조(추행 등 목적 약취, 유인 등)

(1) 현행

> 제288조(추행 등 목적 약취, 유인 등)
> ① 추행, 간음, 결혼 또는 영리의 목적으로 사람을 약취 또는 유인한 사람은 1년 이상 10년 이하의 징역에 처한다.
> ② 노동력 착취, 성매매와 성적 착취, 장기적출을 목적으로 사람을 약취 또는 유인한 사람은 2년 이상 15년 이하의 징역에 처한다.
> ③ 국외에 이송할 목적으로 사람을 약취 또는 유인하거나 약취 또는 유인된 사람을 국외에 이송한 사람도 제2항과 동일한 형으로 처벌한다. [전문개정 2013.4.5]

(2) 개선방안

제1안

제288조(추행 · 간음 · 결혼 · 영리 · 노동력 착취 · 성매매 · 성적 착취 · 장기적출 · 국외이송 목적으로 약취 · 유인)

① 추행 · 간음 · 결혼 · 영리 목적으로 사람을 약취 · 유인한 사람은 1년 이상 10년 이하 징역형으로 처벌된다.

② **노동력 착취** · 성매매 · **성적 착취** · 장기적출 목적으로 사람을 약취 · 유인한 사람은 2년 이상 15년 이하 징역형으로 처벌된다.

③ 국외이송 목적으로 사람을 약취 · 유인한 사람 또는 약취 · 유인된 사람을 국외이송한 사람은 2년 이상 15년 이하 징역형으로 처벌된다. [전문개정 2013.4.5.]

제2안 ★★★★★

제288조(추행 · 간음 · 결혼 · 영리 · 노동착취 · 성매매 · 성착취 · 장기적출 · 국외이송 목적으로 약취 · 유인)

① 추행 · 간음 · 결혼 · 영리 목적으로 다른 사람을 약취 · 유인한 사람은 1년 이상 10년 이하 징역형으로 처벌된다.

② **노동착취** · 성매매 · **성착취** · 장기적출 목적으로 **다른 사람을** 약취 · 유인한 사람은 2년 이상 15년 이하 징역형으로 처벌된다.

③ 국외이송 목적으로 **다른 사람을** 약취 · 유인한 사람 또는 약취 · 유인된 **다른 사람을** 국외이송한 사람은 2년 이상 15년 이하 징역형으로 처벌된다. [전문개정 2013.

4.5.]

【개정방향】
※ 제목변경
※ 명확성 · 간결성 · 가독성
※ 일본식 조사 '의' 삭제
※ 국어문법정비
※ 온점(·) 활용: (,) ⇒ (·) 형법 제157조와 제324조2(인질강요)에서 이미 사용 중
※ 제3항을 완성된 구성요건으로 정비함. 형법 제289조 통일함

(3) 조문해설

가. 형법 제288조는 추행 · 간음 · 결혼 · 영리 · 노동착취 · 성매매 · 성착취 · 장기적출 · 국외이송 목적으로 약취 · 유인을 규정하고 있다.

나. 주요내용을 보면, ① 추행 · 간음 · 결혼 · 영리 목적으로 다른 사람을 약취 · 유인한 사람은 1년 이상 10년 이하 징역형으로 처벌된다. ② 노동착취 · 성매매 · 성착취 · 장기적출 목적으로 다른 사람을 약취 · 유인한 사람은 2년 이상 15년 이하 징역형으로 처벌된다. ③ 국외이송 목적으로 다른 사람을 약취 · 유인한 사람 또는 약취 · 유인된 다른 사람을 국외이송한 사람은 2년 이상 15년 이하 징역형으로 처벌된다. [전문개정 2013.4.5.]

289. 제289조(인신매매)

(1) 현행

제289조(인신매매)
① 사람을 매매한 사람은 7년 이하의 징역에 처한다.
② 추행, 간음, 결혼 또는 영리의 목적으로 사람을 매매한 사람은 1년 이상 10년 이하의 징역에 처한다.
③ 노동력 착취, 성매매와 성적 착취, 장기적출을 목적으로 사람을 매매한 사람은 2년 이상 15년 이하의 징역에 처한다.
④ 국외에 이송할 목적으로 사람을 매매하거나 매매된 사람을 국외로 이송한 사람도 제3항과 동일한 형으로 처벌한다.
[전문개정 2013.4.5]

(2) 개선방안

제1안

제289조(인신매매)

① 사람을 매매한 사람은 7년 이하 징역형으로 처벌된다.

② 추행 · 간음 · 결혼 · 영리 목적으로 사람을 매매한 사람은 1년 이상 10년 이하 징역형으로 처벌된다.

③ 노동력 착취 · 성매매 · 성적 착취 · 장기적출 목적으로 사람을 매매한 사람은 2년 이상 15년 이하 징역형으로 처벌된다.

④ 국외이송목적으로 사람을 매매한 사람 또는 매매된 사람을 국외이송한 사람은 2년 이상 15년 이하 징역형으로 처벌된다.

[전문개정 2013.4.5.]

제2안 ★★★★★

제289조(인신매매)

① 다른 사람을 매매한 사람은 7년 이하 징역형으로 처벌된다.

② 추행 · 간음 · 결혼 · 영리 목적으로 **다른 사람을** 매매한 사람은 1년 이상 10년 이하 징역형으로 처벌된다.

③ **노동착취 · 성매매 · 성착취** · 장기적출 목적으로 **다른 사람을** 매매한 사람은 2년 이상 15년 이하 징역형으로 처벌된다.

④ 국외이송목적으로 **다른 사람을** 매매한 사람 또는 매매된 **다른 사람을** 국외이송한 사람은 2년 이상 15년 이하 징역형으로 처벌된다.

[전문개정 2013.4.5.]

【개정방향】

※ 명확성 · 간결성 · 가독성

※ 일본식 조사 '의' 삭제

※ 국어문법정비

※ 온점(·) 활용: (,) ⇒ (·) 형법 제157조와 제324조2(인질강요)에서 이미 사용 중

※ 제4항을 완성된 구성요건으로 정비함. 형법 제288조 통일함

(3) 조문해설

가. 형법 제289조는 인신매매를 규정하고 있다.

나. 주요내용을 보면, ① 다른 사람을 매매한 사람은 7년 이하 징역형으로 처벌된다. ② 추행 · 간음 · 결혼 · 영리 목적으로 다른 사람을 매매한 사람은 1년 이

상 10년 이하 징역형으로 처벌된다. ③ 노동착취·성매매·성착취·장기적출 목적으로 다른 사람을 매매한 사람은 2년 이상 15년 이하 징역형으로 처벌된다. ④ 국외이송목적으로 다른 사람을 매매한 사람 또는 매매된 다른 사람을 국외이송한 사람은 2년 이상 15년 이하 징역형으로 처벌된다. [전문개정 2013. 4.5.]

290. 제290조(약취, 유인, 매매, 이송 등 상해 · 치상)

(1) 현행

제290조(약취, 유인, 매매, 이송 등 상해 · 치상)
① 제287조부터 제289조까지의 죄를 범하여 약취, 유인, 매매 또는 이송된 사람을 상해한 때에는 3년 이상 25년 이하의 징역에 처한다.
② 제287조부터 제289조까지의 죄를 범하여 약취, 유인, 매매 또는 이송된 사람을 상해에 이르게 한 때에는 2년 이상 20년 이하의 징역에 처한다. [전문개정 2013.4.5]

(2) 개선방안

제1안

제290조(약취 · 유인 · 매매 · 이송 등 상해 · 치상)

① 제287조 · 제288조 · 제289조 죄를 범하여 약취 · 유인 · 매매 · 이송된 사람을 상해한 사람은 3년 이상 25년 이하 징역형으로 처벌된다.

② 제287조 · 제288조 · 제289조 죄를 범하여 약취 · 유인 · 매매 · 이송된 사람을 상해에 이르게 한 사람은 2년 이상 20년 이하 징역형으로 처벌된다. [전문개정 2013.4.5.]

제2안 ★★★★★

제290조(약취 · 유인 · 매매 · 이송 등 상해 · 치상)

① 제287조 · 제288조 · 제289조 죄를 범하여 약취 · 유인 · 매매 · 이송된 **다른 사람을** 상해한 사람은 3년 이상 25년 이하 징역형으로 처벌된다.

② 제287조 · 제288조 · 제289조 죄를 범하여 약취 · 유인 · 매매 · 이송된 **다른 사람을** 상해에 이르게 한 사람은 2년 이상 20년 이하 징역형으로 처벌된다. [전문개정 2013.4.5.]

【개정방향】
※ 제목변경
※ 명확성 · 간결성 · 가독성
※ 일본식 조사 '의' 삭제
※ 행위주체를 명확히 함
※ 온점(·) 활용: (,) ⇒ (·) 형법 제157조와 제324조2(인질강요)에서 이미 사용 중
※ 국어문법정비
※ 형법 제290조 통일함

(3) 조문해설

가. 형법 제290조는 약취 · 유인 · 매매 · 이송 등 상해 · 치상을 규정하고 있다.

나. 주요내용을 보면, ① 제287조 · 제288조 · 제289조 죄를 범하여 약취 · 유인 · 매매 · 이송된 다른 사람을 상해한 사람은 3년 이상 25년 이하 징역형으로 처벌된다. ② 제287조 · 제288조 · 제289조 죄를 범하여 약취 · 유인 · 매매 · 이송된 다른 사람을 상해에 이르게 한 사람은 2년 이상 20년 이하 징역형으로 처벌된다. [전문개정 2013.4.5.]

291. 제291조(약취, 유인, 매매, 이송 등 살인 · 치사)

(1) 현행

제291조(약취, 유인, 매매, 이송 등 살인 · 치사)
① 제287조부터 제289조까지의 죄를 범하여 약취, 유인, 매매 또는 이송된 사람을 살해한 때에는 사형, 무기 또는 7년 이상의 징역에 처한다.
② 제287조부터 제289조까지의 죄를 범하여 약취, 유인, 매매 또는 이송된 사람을 사망에 이르게 한 때에는 무기 또는 5년 이상의 징역에 처한다. [전문개정 2013.4.5]

(2) 개선방안

제1안
제291조(약취 · 유인 · 매매 · 이송 등 살인 · 치사)
① 제287조 · 제288조 · 제289조 죄를 범하여 약취 · 유인 · 매매 · 이송된 사람을 살해한 사람은 사형 · 무기형 · 7년 이상 징역형으로 처벌된다.
② 제287조 · 제288조 · 제289조 죄를 범하여 약취 · 유인 · 매매 · 이송된 사람을 사

망에 이르게 한 사람은 무기형 · 5년 이상 징역형으로 처벌된다. [전문개정 2013.4.5.]

제2안 ★★★★★

제291조(약취 · 유인 · 매매 · 이송 등 살인 · 치사)

① 제287조 · 제288조 · 제289조 죄를 범하여 약취 · 유인 · 매매 · 이송된 **다른 사람을** 살해한 사람은 사형 · 무기형 · 7년 이상 징역형으로 처벌된다.

② 제287조 · 제288조 · 제289조 죄를 범하여 약취 · 유인 · 매매 · 이송된 **다른 사람을** 사망에 이르게 한 사람은 무기형 · 5년 이상 징역형으로 처벌된다. [전문개정 2013.4.5.]

【개정방향】

※ 제목변경

※ 명확성 · 간결성 · 가독성

※ 일본식 조사 '의' 삭제

※ 행위주체를 명확히 함.

※ 온점(·) 활용: (,) ⇒ (·) 형법 제157조와 제324조2(인질강요)에서 이미 사용 중

※ 국어문법정비

※ 형법 제290조 통일함

(3) 조문해설

가. 형법 제291조는 약취 · 유인 · 매매 · 이송 등 살인 · 치사를 규정하고 있다.

나. 주요내용을 보면, ① 제287조 · 제288조 · 제289조 죄를 범하여 약취 · 유인 · 매매 · 이송된 다른 사람을 살해한 사람은 사형 · 무기형 · 7년 이상 징역형으로 처벌된다. ② 제287조 · 제288조 · 제289조 죄를 범하여 약취 · 유인 · 매매 · 이송된 다른 사람을 사망에 이르게 한 사람은 무기형 · 5년 이상 징역형으로 처벌된다. [전문개정 2013.4.5.]

292. 제292조(약취, 유인, 매매, 이송된 사람의 수수 · 은닉 등)

(1) 현행

제292조(약취, 유인, 매매, 이송된 사람의 수수 · 은닉 등)

① 제287조부터 제289조까지의 죄로 약취, 유인, 매매 또는 이송된 사람을 수수(授受) 또는 은닉한 사람은 7년 이하의 징역에 처한다.

② 제287조부터 제289조까지의 죄를 범할 목적으로 사람을 모집, 운송, 전달한 사람도 제1항과 동일한 형으로 처벌한다.
[전문개정 2013.4.5]

(2) 개선방안

제1안

제292조(약취 · 유인 · 매매 · 이송된 사람 수수 · 은닉)

① 제287조 · 제288조 · 제289조 죄로 약취 · 유인 · 매매 · 이송된 사람을 수수(授受) · 은닉한 사람은 7년 이하 징역형으로 처벌된다.

② 제287조 · 제288조 · 제289조 죄를 범할 목적으로 사람을 모집 · 운송 · 전달한 사람은 7년 이하 징역형으로 처벌된다.

[전문개정 2013.4.5.]

제2안 ★★★★★

제292조(약취 · 유인 · 매매 · 이송된 사람 수수 · 은닉과 모집 · 운송 · 전달)

① 제287조 · 제288조 · 제289조 죄로 약취 · 유인 · 매매 · 이송된 **다른 사람을** 수수(授受) · 은닉한 사람은 7년 이하 징역형으로 처벌된다.

② 제287조 · 제288조 · 제289조 죄를 범할 목적으로 **다른 사람을 모집 · 운송 · 전달**한 사람은 7년 이하 징역형으로 처벌된다.

[전문개정 2013.4.5.]

【개정방향】

※ 제목변경

※ 명확성 · 간결성 · 가독성

※ 일본식 조사 '의' 삭제

※ 행위주체를 명확히 함

※ 온점(·) 활용: (,) ⇒ (·) 형법 제157조와 제324조2(인질강요)에서 이미 사용 중

※ 국어문법정비

※ 제2항을 완성된 구성요건으로 정비함. 형법 제288조 · 제289조와 통일함

(3) 조문해설

가. 형법 제292조는 약취 · 유인 · 매매 · 이송된 사람 수수 · 은닉과 모집 · 운송 · 전달을 규정하고 있다.

나. 주요내용을 보면, ① 제287조 · 제288조 · 제289조 죄로 약취 · 유인 · 매매 ·

이송된 다른 사람을 수수(授受)·은닉한 사람은 7년 이하 징역형으로 처벌된다. ② 제287조·제288조·제289조 죄를 범할 목적으로 다른 사람을 모집·운송·전달한 사람은 7년 이하 징역형으로 처벌된다. [전문개정 2013.4.5.]

293. 제293조

(1) 현행

> 제293조
> 삭제 〈2013.4.5〉

(2) 개선방안

> 제293조
> 삭제 〈2013.4.5〉

294. 제294조(미수범)

(1) 현행

> 제294조(미수범)
> 제287조부터 제289조까지, 제290조제1항, 제291조제1항과 제292조제1항의 미수범은 처벌한다. [전문개정 2013.4.5]

(2) 개선방안

> 제294조(미수범)
> 제287조·제287조·제289조·제290조 제1항·제291조 제1항·제292조 제1항 미수범은 처벌된다. [전문개정 2013.4.5.]
>
> 【개정방향】
> ※ 명확성·간결성·가독성
> ※ 일본식 조사 '의' 삭제
> ※ 온점(·) 활용: (,)⇒(·) 형법 제157조와 제324조2(인질강요)에서 이미 사용 중
> ※ 국어문법정비

(3) 조문해설

가. 형법 제294조는 미수범을 규정하고 있다.

나. 주요내용을 보면, 제287조 · 제287조 · 제289조 · 제290조 제1항 · 제291조 제1항 · 제292조 제1항 미수범은 처벌된다. [전문개정 2013.4.5.]

295. 제295조(벌금의 병과)

(1) 현행

제295조(벌금의 병과)
제288조부터 제291조까지, 제292조제1항의 죄와 그 미수범에 대하여는 5천만원 이하의 벌금을 병과할 수 있다. [전문개정 2013.4.5]

(2) 개선방안

제295조(벌금병과)
제288조 · 제289조 · 제290조 · 제291조 · 제292조 제1항 죄와 그 미수범은 5천만원 이하 벌금형이 병과될 수 있다. [전문개정 2013.4.5.]

【개정방향】
※ 제목변경
※ 명확성 · 간결성 · 가독성
※ 일본식 조사 '의' 삭제
※ 온점(·) 활용: (,) ⇒ (·) 형법 제157조와 제324조2(인질강요)에서 이미 사용 중
※ 국어문법정비
※ 그 미수범에 대하여는 ⇒ 그 미수범은
※ **벌금병과형 조문**

(3) 조문해설

가. 형법 제295조는 벌금병과를 규정하고 있다.

나. 주요내용을 보면, 제288조 · 제289조 · 제290조 · 제291조 · 제292조 제1항 죄와 그 미수범은 5천만원 이하 벌금형이 병과될 수 있다. [전문개정 2013.4.5.]

295-2. 제295조의2(형의 감경)

(1) 현행

제295조의2(형의 감경)
제287조부터 제290조까지, 제292조와 제294조의 죄를 범한 사람이 약취, 유인, 매매 또는 이송된 사람을 안전한 장소로 풀어준 때에는 그 형을 감경할 수 있다. [전문개정 2013.4.5]

(2) 개선방안

제1안
제295조2(형감경)
제287조 · 제289조 · 제290조 · 제292조 · 제294조 죄를 범한 사람이 약취 · 유인 · 매매 · 이송된 사람을 안전한 장소로 풀어준 경우 형이 감경될 수 있다. [전문개정 2013.4.5.]

제2안 ★★★★★
제295조2(형감경)
제287조 · 제289조 · 제290조 · 제292조 · 제294조 죄를 범한 사람이 약취 · 유인 · 매매 · 이송된 **다른 사람을** 안전한 장소로 풀어준 경우 형이 감경될 수 있다. [전문개정 2013.4.5.]

【개정방향】
※ 제목변경
※ 명확성 · 간결성 · 가독성
※ 일본식 조사 '의' 삭제
※ 행위주체를 명확히 함
※ 온점(·) 활용: (,) ⇒ (·) 형법 제157조와 제324조2(인질강요)에서 이미 사용 중
※ 국어문법정비

(3) 조문해설

가. 형법 제295조2는 형감경을 규정하고 있다.
나. 주요내용을 보면, 제287조 · 제289조 · 제290조 · 제292조 · 제294조 죄를 범한 사람이 약취 · 유인 · 매매 · 이송된 다른 사람을 안전한 장소로 풀어준 경우 형이 감경될 수 있다. [전문개정 2013.4.5.]

296. 제296조(예비, 음모)

(1) 현행

제296조(예비, 음모)
제287조부터 제289조까지, 제290조 제1항, 제291조 제1항과 제292조 제1항의 죄를 범할 목적으로 예비 또는 음모한 사람은 3년 이하의 징역에 처한다. [전문개정 2013.4.5]

(2) 개선방안

제296조(예비·음모)
제287조·제288조·제289조·제290조 제1항·제291조 제1항·제292조 제1항 죄를 범할 목적으로 예비·음모한 사람은 3년 이하 징역형으로 처벌된다. [전문개정 2013. 4.5.]

【개정방향】
※ 제목변경
※ 명확성·간결성·가독성·국어문법정비
※ 일본식 조사 '의' 삭제
※ 행위주체를 명확히 함
※ 온점(·) 활용: (,)⇒(·) 형법 제157조와 제324조2(인질강요)에서 이미 사용 중

(3) 조문해설

가. 형법 제296조는 예비·음모를 규정하고 있다.
나. 주요내용을 보면, 제287조·제288조·제289조·제290조 제1항·제291조 제1항·제292조 제1항 죄를 범할 목적으로 예비·음모한 사람은 3년 이하 징역형으로 처벌된다. [전문개정 2013.4.5.]

296-2. 제296조의2(세계주의)

(1) 현행

제296조의2(세계주의)
제287조부터 제292조까지 및 제294조는 대한민국 영역 밖에서 죄를 범한 외국인에게도 적용한다. [본조신설 2013.4.5]

(2) 개선방안

제296조2(세계주의)
제287조 · 제288조 · 제290조 · 제291조 · 제292조 · 제294조는 대한민국 영역 밖에서 죄를 범한 외국인에게 적용된다. [본조신설 2013.4.5.]

【개정방향】
※ 명확성 · 간결성 · 가독성
※ 일본식 조사 '의' 삭제
※ 행위주체를 명확히 함
※ 온점(·) 활용: (,) ⇒ (·) 형법 제157조와 제324조2(인질강요)에서 이미 사용 중
※ 국어문법정비
※ 형법 제6조 보호주의 규정. 형법 제296조2(세계주의)를 규정함
형법 제6조(대한민국과 대한민국국민에 대한 국외범)
① 이 법률은 대한민국 영역 밖에서 대한민국 · 대한민국국민에게 범죄(형법 제5조 제1호 · 제2호 · 제3호 · 제4호 · 제5호 · 제6호 · 제7호 범죄를 제외한다)를 범한 외국인에게 적용된다.
② 제1항은 다음 각 호 경우 적용되지 않는다.
1. **행위지 법률을 적용하여 범죄가 성립되지 않는 경우**
2. 행위지 법률을 적용하여 소추가 면제될 경우
3. 행위지 법률을 적용하여 선고형 집행이 면제될 경우

(3) 조문해설

가. 형법 제296조2는 세계주의를 규정하고 있다.

나. 주요내용을 보면, 제287조 · 제288조 · 제290조 · 제291조 · 제292조 · 제294조는 대한민국 영역 밖에서 죄를 범한 외국인에게 적용된다. [본조신설 2013.4.5.]

다. 우리나라 형법은 세계주의를 형법 제296조2에 규정하였다. 세계주의에 관해서는 하태영, 형사철학과 형사정책, 법문사, 2007, 50－78면을 참고하기 바란다. 형사법연구 제22호 특집호, 한국형사법학회, 2004, 24－55면에 실린 논문이다. 제목은 국제형법: 세계주의 도입 여부

제32장

强姦과 醜行의 罪

297. 제297조(강간)

(1) 현행

第297條(强姦)
暴行 또는 脅迫으로 사람을 强姦한 者는 3年 以上의 有期懲役에 處한다. 〈개정 2012.12.18.〉

제297조(강간)
폭행 또는 협박으로 사람을 강간한 자는 3년 이상의 유기징역에 처한다. 〈개정 2012.12.18〉

(2) 개선방안

제297조(강간)
폭행·협박하고 다른 사람을 강간한 **사람은** 3년 이상 징역형으로 처벌된다. 〈개정 2012.12.18.〉

【개정방향】
※ 명확성·간결성·가독성
※ 일본식 조사 '의' 삭제
※ 폭행 또는 협박으로 ⇒ 폭행·협박하고+강간(명확하게 규정함), 『으로』는 원인임
※ 온점(·) 활용: (,) ⇒ (·) 형법 제157조와 제324조2(인질강요)에서 이미 사용 중
※ 국어문법정비
※ 입법은 『3년 이상 유기징역형』으로 명시함
※ 사람을 ⇒ 다른 사람을
※ 3년 이상의 유기징역에 처한다. ⇒ 3년 이상 징역형으로 처벌된다.

(3) 조문해설

가. 형법 제297조는 강간을 규정하고 있다.

나. 주요내용을 보면, 폭행 · 협박하고 다른 사람을 강간한 사람은 3년 이상 유기징역형으로 처벌된다. 〈개정 2012.12.18.〉

(4) | 관련판례 | 대법원 2018. 10. 25. 선고 2018도7709 판결 [강간죄가 성립하기 위한 가해자의 폭행 · 협박이 있었는지 판단하는 기준과 방법]

가. 강간죄가 성립하기 위한 가해자의 폭행 · 협박이 있었는지 여부는 그 폭행 · 협박의 내용과 정도는 물론 유형력을 행사하게 된 경위, 피해자와의 관계, 성교 당시와 그 후의 정황 등 모든 사정을 종합하여 피해자가 성교 당시 처하였던 구체적인 상황을 기준으로 판단하여야 한다.

나. **사후적으로 보아 피해자가 성교 이전에 범행현장을 벗어날 수 있었다거나 피해자가 사력을 다하여 반항하지 않았다는 사정만으로 가해자의 폭행 · 협박이 피해자의 항거를 현저히 곤란하게 할 정도에 이르지 않았다고 섣불리 단정하여서는 아니 된다.**

297-2. 제297조의2(유사강간)

(1) 현행

제297조의2(유사강간)
폭행 또는 협박으로 사람에 대하여 구강, 항문 등 신체(성기는 제외한다)의 내부에 성기를 넣거나 성기, 항문에 손가락 등 신체(성기는 제외한다)의 일부 또는 도구를 넣는 행위를 한 사람은 2년 이상의 유기징역에 처한다. [본조신설 2012.12.18]

(2) 개선방안

제1안

제297조2(유사강간)

① **폭행 · 협박하고 사람** 구강 · 항문 · 신체(성기는 제외한다) 내부에 성기를 넣는 사람은 2년 이상 징역형으로 처벌된다.

② **폭행 · 협박하고 사람** 성기 · 항문에 손가락 등 신체(성기는 제외한다) 일부 · 도구를 넣는 사람은 2년 이상 징역형으로 처벌된다. [본조신설 2012.12.18.]

제2안 ★★★★★

제297조2(유사강간)

① **폭행 · 협박하고 다른 사람** 구강 · 항문 · 신체(성기는 제외한다) 내부에 성기를 넣는 사람은 2년 이상 징역형으로 처벌된다.

② **폭행 · 협박하고 다른 사람** 성기 · 항문에 손가락 등 신체(성기는 제외한다) 일부 · 도구를 넣는 사람은 2년 이상 징역형으로 처벌된다. [본조신설 2012.12.18.]

【개정방향】

※ 명확성 · 간결성 · 가독성

※ 일본식 조사 '의' 삭제

※ 제1항 · 제2항을 분리함. 행위양태가 다름

※ 온점(·) 활용: (,) ⇒ (·) 형법 제157조와 제324조2(인질강요)에서 이미 사용 중

※ 국어문법정비

※ 입법은 『2년 이상 유기징역형』으로 명시함

※ **폭행 또는 협박으로 사람에 대하여 ⇒ 폭행 · 협박하고 다른 사람. '폭행 또는 협박으로 사람에 대하여'라는 표현이 옳은지 의문이다.**

※ 도구를 넣는 행위를 한 사람은 ⇒ 도구를 넣는 사람은

(3) 조문해설

가. 형법 제297조2는 유사강간을 규정하고 있다.

나. 주요내용을 보면, ① 폭행 · 협박하고 다른 사람 구강 · 항문 · 신체(성기는 제외한다) 내부에 성기를 넣는 사람은 2년 이상 징역형으로 처벌된다. ② 폭행 · 협박하고 다른 사람 성기 · 항문에 손가락 등 신체(성기는 제외한다) 일부 · 도구를 넣는 사람은 2년 이상 징역형으로 처벌된다. [본조신설 2012.12.18.]

298. 제298조(강제추행)

(1) 현행

第298條(强制醜行)

暴行 또는 脅迫으로 사람에 對하여 醜行을 한 者는 10年 以下의 懲役 또는 1千500萬원 以下의 罰金에 處한다. 〈改正 1995.12.29.〉

제298조(강제추행)
폭행 또는 협박으로 사람에 대하여 추행을 한 자는 10년 이하의 징역 또는 1천500만원 이하의 벌금에 처한다. 〈개정 1995.12.29〉

(2) 개선방안

제1안

제298조(강제추행)

폭행 · 협박하고 사람을 추행한 사람은 10년 이하 징역형 · 1천500만원 이하 벌금형으로 처벌된다. 〈개정 1995.12.29.〉

제2안 ★★★★★

제298조(강제추행)

폭행 · 협박하고 다른 사람을 추행한 사람은 10년 이하 징역형 · 1천500만원 이하 벌금형으로 처벌된다. 〈개정 1995.12.29.〉

【개정방향】

※ 명확성 · 간결성 · 가독성 · 국어문법정비

※ 일본식 조사 '의' 삭제

※ 온점(·) 활용: (,) ⇒ (·) 형법 제157조와 제324조2(인질강요)에서 이미 사용 중

※ 폭행 또는 협박이 추행이 되는 경우도 있음

(3) 조문해설

가. 형법 제298조는 강제추행을 규정하고 있다.

나. 주요내용을 보면, 폭행 · 협박하고 다른 사람을 추행한 사람은 10년 이하 징역형 · 1천500만원 이하 벌금형으로 처벌된다. 〈개정 1995.12.29.〉

(4) **| 관련판례 |** 대법원 2015. 9. 10. 선고 2015도6980, 2015모2524 판결 [강제추행죄에서 '폭행'의 형태와 정도 및 '추행' 의미와 판단 기준, 추행의 고의로 폭행행위를 하여 실행행위에 착수하였으나 추행의 결과에 이르지 못한 경우, 강제추행미수죄가 성립하는지 여부(적극) 및 이러한 법리는 폭행행위 자체가 추행행위라고 인정되는 '기습추행'의 경우에도 마찬가지로 적용되는지 여부(적극), 피고인이 밤에 술을 마시고 배회하던 중 버스에서 내려 혼자 걸어가는 피해자 갑을 발견하고 마스크를 착용한 채 뒤따라가다가 인적이 없고 외진 곳에서 가까이 접근하여 껴안으려 하였으나, 갑이 뒤돌아보면서 소리치자 그 상태로 몇 초 동안 쳐다보다가 다시 오던

길로 되돌아갔다고 하여 아동·청소년의 성보호에 관한 법률 위반으로 기소된 사안에서, 피고인의 행위가 아동·청소년에 대한 강제추행미수죄에 해당한다고 한 사례] 〈강제추행미수 사건〉 기습추행과 미수

가. 강제추행죄는 상대방에 대하여 폭행 또는 협박을 가하여 항거를 곤란하게 한 뒤에 추행행위를 하는 경우뿐만 아니라 폭행행위 자체가 추행행위라고 인정되는 경우도 포함된다. 이 경우의 폭행은 반드시 상대방의 의사를 억압할 정도의 것일 필요는 없다. 추행은 객관적으로 일반인에게 성적 수치심이나 혐오감을 일으키게 하고 선량한 성적 도덕관념에 반하는 행위로서 피해자의 성적 자유를 침해하는 것을 말한다. 이에 해당하는지는 피해자의 의사, 성별, 연령, 행위자와 피해자의 이전부터의 관계, 행위에 이르게 된 경위, 구체적 행위태양, 주위의 객관적 상황과 그 시대의 성적 도덕관념 등을 종합적으로 고려하여 신중히 결정되어야 한다.

나. 그리고 **추행의 고의로 상대방의 의사에 반하는 유형력의 행사, 즉 폭행행위를 하여 실행행위에 착수하였으나 추행의 결과에 이르지 못한 때에는 강제추행미수죄가 성립한다. 이러한 법리는 폭행행위 자체가 추행행위라고 인정되는 이른바 '기습추행'의 경우에도 마찬가지로 적용된다.**

다. 이 사안 경우, 피고인은 갑을 추행하기 위해 뒤따라간 것으로 추행의 고의를 인정할 수 있다. 피고인이 가까이 접근하여 갑자기 뒤에서 껴안는 행위는 일반인에게 성적 수치심이나 혐오감을 일으키게 하고 선량한 성적 도덕관념에 반하는 행위로서 갑의 성적 자유를 침해하는 행위여서 그 자체로 이른바 '기습추행' 행위로 볼 수 있다. 그러므로 피고인의 팔이 갑의 몸에 닿지 않았더라도 양팔을 높이 들어 갑자기 뒤에서 껴안으려는 행위는 갑의 의사에 반하는 유형력의 행사로서 폭행행위에 해당한다. 그때 '기습추행'에 관한 실행의 착수가 있다. 마침 갑이 뒤돌아보면서 소리치는 바람에 몸을 껴안는 추행의 결과에 이르지 못하고 미수에 그쳤다. 그러므로 피고인의 행위는 아동·청소년에 대한 강제추행미수죄에 해당한다.

(5) **| 관련판례 |** 대법원 2013. 9. 26. 선고 2013도5856 판결 ['추행' 의미와 판단 기준 및 강제추행죄의 주관적 구성요건으로 '성욕을 자극·흥분·만족시키려는 주관적 동기나 목적'이 있어야 하는지 여부(소극), 피고인이, 알고 지내던 여성인 피해자 갑이 자신의 머리채를 잡아 폭행을 가하자 보복의 의미에서 갑의 입술, 귀 등을 입으로 깨무는 등의 행위를 한 사안에서, 피고인의 행위가 강제추행죄의 '추행'에 해당한다고 한 사례] 강제추행죄에서 주관적 요소

가. '추행'이란 객관적으로 일반인에게 성적 수치심이나 혐오감을 일으키게 하고 선량한 성적 도덕관념에 반하는 행위로서 피해자의 성적 자유를 침해하는 것이다. 이에 해당하는지는 피해자의 의사, 성별, 연령, 행위자와 피해자의 이전부터의 관계, 행위에 이르게 된 경위, 구체적 행위태양, 주위의 객관적 상황과 그 시대의 성적 도덕관념 등을 종합적으로 고려하여 신중히 결정되어야 한다. 그리고 강제추행죄의 성립에 필요한 주관적 구성요건으로 성욕을 자극·흥분·만족시키려는 주관적 동기나 목적이 있어야 하는 것은 아니다.

나. 이 사안 경우, **'제반 사정'으로 '구체적 행위태양'을 면밀히 검토해야 한다. 객관적으로 여성인 피해자 입술, 귀, 유두, 가슴을 입으로 깨무는 행위는 일반적이고 평균적인 사람에게 성적 수치심이나 혐오감을 일으키게 하고, 선량한 성적 도덕관념에 반하는 행위이다. 갑의 성적 자유를 침해하였다고 보는 것이 타당하다. 피고인 행위는 강제추행죄에서 '추행'에 해당한다.**

(6) **| 관련판례 |** 대법원 2002. 4. 26. 선고 2001도2417 판결 [강제추행죄에서 폭행 형태와 정도, 강제추행죄에서 추행 의미와 판단 기준, 피해자와 춤을 추면서 순간적으로 피해자의 유방을 만진 행위가 강제추행에 해당된다고 한 사례] 강제추행죄에서 폭행·협박 정도

가. 강제추행죄는 상대방에 대하여 폭행 또는 협박을 가하여 항거를 곤란하게 한 뒤에 추행행위를 하는 경우뿐만 아니라 폭행행위 자체가 추행행위라고 인정되는 경우도 포함되는 것이다. 이 경우에 폭행은 반드시 상대방의 의사를 억압할 정도의 것임을 요하지 않고, **상대방의 의사에 반하는 유형력의 행사**가 있는 이상 그 힘의 대소강약을 불문한다.

나. 추행이라 함은 객관적으로 일반인에게 성적 수치심이나 혐오감을 일으키게 하고 선량한 성적 도덕관념에 반하는 행위로서 피해자의 성적 자유를 침해하는 것이라고 할 것이다. 이에 해당하는지 여부는 피해자 의사, 성별, 연령, 행위자와 피해자의 이전부터의 관계, 그 행위에 이르게 된 경위, 구체적 행위태양, 주위의 객관적 상황과 그 시대의 성적 도덕관념 등을 종합적으로 고려하여 신중히 결정되어야 한다.

다. 피해자와 춤을 추면서 피해자의 유방을 만진 행위가 순간적인 행위에 불과하더라도 피해자 의사에 반하여 행하여진 유형력 행사에 해당한다. 피해자 성적 자유를 침해할 뿐만 아니라 일반인 입장에서도 추행행위라고 평가될 수 있는 것으로서, 폭행행위 자체가 추행행위라고 인정되어 강제추행에 해당된다.

(7) **| 관련판례 |** 대법원 2018. 2. 8. 선고 2016도17733 판결 [강제추행죄에서 '추행'의 의미 및 추행에 해당하는지 판단하는 기준, 강제추행죄가 '자수범'에 해당하는지 여부(소극), 피해자를 도구로 삼아 피해자의 신체를 이용하여 추행행위를 한 경우, 강제추행죄의 간접정범에 해당하는지 여부(적극)] 〈피해자를 도구로 삼아 피해자의 신체를 이용하여 추행행위를 한 경우 강제추행죄의 간접정범에 해당한다고 판단한 사안〉

가. 피고인은 스마트폰 채팅 애플리케이션을 통하여 알게 된 피해자들로부터 은밀한 신체 부위가 드러난 사진을 전송받은 사실이 있고, 피해자들의 개인정보나 피해자들의 지인에 대한 인적사항을 알게 된 것을 기화로 피해자들에게 시키는 대로 하지 않으면 기존에 전송받았던 신체 사진과 개인정보 등을 유포하겠다고 하는 방법으로 피해자들을 협박하였다.

나. 피고인은 2015. 5. 3.경 피고인의 협박으로 겁을 먹은 피해자 공소외 1로 하여금 스스로 가슴 사진, 성기 사진, 가슴을 만지는 동영상을 촬영하도록 한 다음, 그와 같이 촬영된 사진과 동영상을 전송받은 것을 비롯하여, 원심판결문 별지 범죄일람표Ⅰ(순번 3번 제외) 기재와 같이 위 일시경부터 2015. 12. 22.경까지 7회에 걸쳐 피해자 공소외 1로부터 가슴 사진이나 나체사진, 속옷을 입고 다리를 벌린 모습의 사진, 가슴을 만지거나 성기에 볼펜을 삽입하여 자위하는 동영상 등을 촬영하도록 하여 이를 전송받았다.

다. 또한 피고인은 2014. 4.경 피고인의 협박으로 겁을 먹은 피해자 공소외 2로 하여금 회사 화장실에서 얼굴이 나오게 속옷만 입은 사진을 촬영하도록 한 다음, 그와 같이 촬영된 사진을 전송받은 것을 비롯하여, 원심판결문 별지 범죄일람표Ⅱ(순번 5번 제외) 기재와 같이 위 일시경부터 2015. 12. 25.경까지 총 11회에 걸쳐 피해자 공소외 2로부터 나체사진, 속옷을 입고 있는 사진, 성기에 볼펜을 삽입하거나 자위하는 동영상 등을 촬영하도록 하여 이를 전송받았다.

라. 강제추행죄에서 추행은 객관적으로 일반인에게 성적 수치심이나 혐오감을 일으키게 하고 선량한 성적 도덕관념에 반하는 행위로서 피해자의 성적 자유를 침해하는 것을 의미한다. 여기에 해당하는지 여부는 피해자의 의사, 성별, 나이, 행위자와 피해자의 이전부터의 관계, 그 행위에 이르게 된 경위, 구체적 행위태양, 주위의 객관적 상황과 그 시대의 성적 도덕관념 등을 종합적으로 고려하여 신중히 결정되어야 한다.

마. **강제추행죄는 사람의 성적 자유 내지 성적 자기결정의 자유를 보호하기 위한**

죄로서 정범 자신이 직접 범죄를 실행하여야 성립하는 자수범이라고 볼 수 없다. 그러므로 처벌되지 아니하는 타인을 도구로 삼아 피해자를 강제로 추행하는 간접정범의 형태로도 범할 수 있다.

바. **여기서 강제추행에 관한 간접정범의 의사를 실현하는 도구로서의 타인에는 피해자도 포함될 수 있다. 그러므로 피해자를 도구로 삼아 피해자의 신체를 이용하여 추행행위를 한 경우에도 강제추행죄의 간접정범에 해당할 수 있다.**

(8) **| 관련판례 |** 대법원 2018. 6. 28. 선고 2014도13504 판결 [2013. 4. 5. 법률 제11729호로 개정된 '성폭력범죄의 처벌 등에 관한 특례법' 시행일 이전에 저지른 친고죄인 성폭력범죄의 고소기간이 2012. 12. 18. 법률 제11556호로 전부 개정되기 전의 같은 법 제18조 제1항 본문(또는 2013. 4. 5. 법률 제11729호로 개정되기 전의 같은 법 제19조 제1항 본문)에 따라서 '범인을 알게 된 날부터 1년'인지 여부(적극)] 〈성폭력범죄 중 친고죄의 고소기간 도과 여부에 관한 사건〉

가. 원심은, 이 사건 공소사실 중 피해자 공소외 2에 대한 강제추행 부분에 대하여, 피해자 공소외 2가 범인을 알았다고 인정되는 2012. 9. 하순경으로부터 형사소송법 제230조 제1항에 따른 고소기간 6개월을 경과한 이후인 2013. 8. 27. 고소를 제기하였으므로, 이 부분 공소는 부적법한 고소에 따라 제기된 것으로서 공소제기의 절차가 법률의 규정에 위반하여 무효라고 판단하였다.

나. 형사소송법 제230조 제1항 본문은 친고죄의 고소기간을 범인을 알게 된 날로부터 6월로 정하고 있다. 구 형법(2012. 12. 18. 법률 제11574호로 개정되어 2013. 6. 19. 시행되기 전의 것, 이하 '구 형법'이라 한다) 제306조는 형법 제298조에서 정한 강제추행죄를 친고죄로 규정하고 있었다. 그런데 위와 같은 개정으로 구 형법 제306조는 삭제되었고, 개정 형법 부칙 제2조는 '제306조의 개정규정은 위 개정 법 시행 후 최초로 저지른 범죄부터 적용한다'고 규정하였다.

다. 구 성폭력범죄의 처벌 등에 관한 특례법(2012. 12. 18. 법률 제11556호로 전부 개정되기 전의 것) 제2조 제1항 제3호는 형법 제298조(강제추행) 등을 성폭력범죄로 규정하고, 제18조 제1항 본문에서 성폭력범죄 중 친고죄의 고소기간을 '형사소송법 제230조 제1항의 규정에 불구하고 범인을 알게 된 날부터 1년'으로 규정하였다(이하 '특례조항'이라 한다). 특례조항은 위 전부 개정 법률에서 제19조 제1항 본문으로 위치가 변경되었다가 2013. 4. 5. 법률 제11729호 개정으로 삭제되었다(2013. 6. 19. 시행, 이하 '개정 성폭력처벌법'이라 한다).

라. 그런데 개정 성폭력처벌법은 부칙에서 특례조항 삭제에 관련된 경과규정을 두고 있지 않아 그 시행일 이전에 저지른 친고죄인 성폭력범죄의 고소기간에

특례조항이 적용되는지 여부가 문제 된다.

마. 구 형법 제306조를 삭제한 것은 친고죄로 인하여 성범죄에 대한 처벌이 합당하게 이루어지지 못하고 피해자에 대한 합의 종용으로 인한 2차 피해가 야기되는 문제를 해결하기 위한 것이었다. 구 형법 제306조가 삭제됨에 따라 특례조항을 유지할 실익이 없게 되자 개정 성폭력처벌법에서 특례조항을 삭제한 것이다. 위와 같은 개정 경위와 취지를 고려하면, **개정 성폭력처벌법 시행일 이전에 저지른 친고죄인 성폭력범죄의 고소기간은 특례조항에 따라서 '범인을 알게 된 날부터 1년'이라고 보는 것이 타당하다.**

299. 제299조(준강간, 준강제추행)

(1) 현행

第299條(準强姦, 準强制醜行)
사람의 心身喪失 또는 抗拒不能의 狀態를 利用하여 姦淫 또는 醜行을 한 者는 제297조, 제297조의2 및 제298조의 例에 依한다. 〈개정 2012.12.18.〉

제299조(준강간, 준강제추행)
사람의 심신상실 또는 항거불능의 상태를 이용하여 간음 또는 추행을 한 자는 제297조, 제297조의2 및 제298조의 예에 의한다. 〈개정 2012.12.18〉

(2) 개선방안

제1안

제299조(준강간·준강제추행)

① 심신상실·항거불능 상태를 이용하여 사람을 **간음한 사람은** 3년 이상 징역형으로 처벌된다. 〈개정 2012.12.18.〉

② 심신상실·항거불능 상태를 이용하여 사람을 **유사성행위한 사람은** 2년 이상 징역형으로 처벌된다.

③ 심신상실·항거불능 상태를 이용하여 사람을 **추행한 사람은** 10년 이하 징역형·1천500만원 이하 벌금형으로 처벌된다.

제2안 *****

제299조(준강간·준강제추행)

① 심신상실·항거불능 상태를 이용하여 **다른 사람을 간음한 사람은** 3년 이상 징역형으로 처벌된다. 〈개정 2012.12.18.〉

② 심신상실 · 항거불능 상태를 이용하여 **다른 사람을 유사성행위한 사람은** 2년 이상 유기징역형으로 처벌된다.
③ 심신상실 · 항거불능 상태를 이용하여 **다른 사람을 추행한 사람은** 10년 이하 징역형 · 1천500만원 이하 벌금형으로 처벌된다.

【개정방향】
※ 제목변경
※ 명확성 · 간결성 · 가독성
※ 일본식 조사 '의' 삭제
※ 온점(·) 활용: (,) ⇒ (·) 형법 제157조와 제324조2(인질강요)에서 이미 사용 중
※ 국어문법정비
※ 제1항 · 제2항 · 제3항을 완성된 구성요건으로 정비함. 형법 제288조 · 제289조와 통일함
※ **항거불능: 육체 · 심리 반항 불가능 상태. 포박 · 일시탈진상태 포함**
※ **이용: 이미 조성된 심신상실 · 항거불능 상태를 간음 · 추행 기회로 삼는 것**

(3) 조문해설

가. 형법 제299조는 준강간 · 준강제추행을 규정하고 있다.
나. 주요내용을 보면, ① 심신상실 · 항거불능 상태를 이용하여 다른 사람을 간음한 사람은 3년 이상 징역형으로 처벌된다. 〈개정 2012.12.18.〉 ② 심신상실 · 항거불능 상태를 이용하여 다른 사람을 유사성행위한 사람은 2년 이상 징역형으로 처벌된다. ③ 심신상실 · 항거불능 상태를 이용하여 다른 사람을 추행한 사람은 10년 이하 징역형 · 1천500만원 이하 벌금형으로 처벌된다.

300. 제300조(미수범)

(1) 현행

第300條(未遂犯)
제297조, 제297조의2, 제298조 및 제299조의 未遂犯은 處罰한다. 〈개정 2012.12.18.〉

제300조(미수범)
제297조, 제297조의2, 제298조 및 제299조의 미수범은 처벌한다. 〈개정 2012.12.18〉

(2) 개선방안

제300조(미수범)
제297조 · 제297조2 · 제298조 · 제299조 미수범은 처벌된다. 〈개정 2012.12.18.〉

【개정방향】
※ 명확성 · 간결성 · 가독성 · 국어문법정비
※ 일본식 조사 '의' 삭제
※ 온점(·) 활용: (,) ⇒ (·) 형법 제157조와 제324조2(인질강요)에서 이미 사용 중
※ 미수범 처벌규정을 명확히 하여 논란을 줄임

(3) 조문해설

가. 형법 제300조는 미수범을 규정하고 있다.

나. 주요내용을 보면, 제297조 · 제297조2 · 제298조 · 제299조 미수범은 처벌된다. 〈개정 2012.12.18.〉

301. 제301조(강간 등 상해 · 치상)

(1) 현행

第301條(强姦 등 傷害 · 致傷)
제297조, 제297조의2 및 제298조부터 제300조까지의 罪를 犯한 者가 사람을 傷害하거나 傷害에 이르게 한 때에는 無期 또는 5年 이상의 懲役에 處한다. 〈개정 2012.12.18.〉
[全文改正 1995.12.29.]

제301조(강간 등 상해 · 치상)
제297조, 제297조의2 및 제298조부터 제300조까지의 죄를 범한 자가 사람을 상해하거나 상해에 이르게 한 때에는 무기 또는 5년 이상의 징역에 처한다. 〈개정 2012.12.18.〉 [전문개정 1995.12.29]

(2) 개선방안

제1안
제301조(강간상해 · 강간치상)
① 제297조 · 제297조2 · **제298 · 제299조 · 제300조 죄를 범하여** 사람을 **상해한 사람**은 무기형 · 5년 이상 징역형으로 처벌된다. 〈개정 2012.12.18.〉 [전문개정 1995.

12.29.]

② 제297조 · 제297조2 · **제298조 · 제299조** · **제300조 죄를 범하여** 사람을 **상해에 이르게 한 사람은** 무기형 · 5년 이상 징역형으로 처벌된다. 〈개정 2012.12.18.〉 [전문개정 1995.12.29.]

제2안 *****

제301조(강간상해 · 강간치상)

① 제297조 · 제297조2 · **제298 · 제299조** · **제300조 죄를 범하여 다른 사람을 상해한 사람은** 무기형 · 5년 이상 징역형으로 처벌된다. 〈개정 2012.12.18.〉 [전문개정 1995.12.29.]

② 제297조 · 제297조2 · **제298조 · 제299조** · **제300조 죄를 범하여 다른 사람을 상해에 이르게 한 사람은** 무기형 · 5년 이상 징역형으로 처벌된다. 〈개정 2012.12.18.〉 [전문개정 1995.12.29.]

【개정방향】

※ 제목변경

※ 명확성 · 간결성 · 가독성

※ 일본식 조사 '의' 삭제

※ 온점(·) 활용: (,) ⇒ (·) 형법 제157조와 제324조2(인질강요)에서 이미 사용 중

※ 국어문법정비

※ 제1항 · 제2항 분리함. 고의범과 결과가중범을 분리함

※ 제297조, 제297조의2 및 제298조부터 제300조까지의 죄를 범한 자가 사람을 상해하거나 상해에 이르게 한 때에는 ⇒ 제297조 · 제297조2 · 제298조 · 제299조 · 제300조 죄를 범하여 다른 사람을 상해에 이르게 한 사람은

※ 무기 또는 5년 이상의 징역에 처한다. ⇒ 무기형 · 5년 이상 징역형으로 처벌된다.

(3) 조문해설

가. 형법 제301조는 강간상해 · 강간치상을 규정하고 있다.

나. 주요내용을 보면, ① 제297조 · 제297조2 · 제298 · 제299조 · 제300조 죄를 범하여 다른 사람을 상해한 사람은 무기형 · 5년 이상 징역형으로 처벌된다. 〈개정 2012.12.18.〉 [전문개정 1995.12.29.] ② 제297조 · 제297조2 · 제298조 · 제299조 · 제300조 죄를 범하여 다른 사람을 상해에 이르게 한 사람은 무기형 · 5년 이상 징역형으로 처벌된다. 〈개정 2012.12.18.〉 [전문개정 1995.12.29.]

301-2. 제301조의2(강간 등 살인 · 치사)

(1) 현행

第301條의2(强姦등 殺人 · 致死)
제297조, 제297조의2 및 제298조부터 제300조까지의 罪를 犯한 者가 사람을 殺害한 때에는 死刑 또는 **無期懲役**에 處한다. 死亡에 이르게 한 때에는 **無期 또는 10年 이상**의 懲役에 處한다. 〈개정 2012.12.18.〉
[本條新設 1995.12.29.]

제301조의2(강간 등 살인 · 치사)
제297조, 제297조의2 및 제298조부터 제300조까지의 죄를 범한 자가 사람을 살해한 때에는 사형 또는 무기징역에 처한다. 사망에 이르게 한 때에는 무기 또는 10년 이상의 징역에 처한다. 〈개정 2012.12.18.〉 [본조신설 1995.12.29]

(2) 개선방안

제1안
제301조2(강간살인 · 강간치사)
① 제297조 · 제297조2 · 제298조 · 제299조 · 제300조 **죄를 범하여** 사람을 **살해한 사람은** 사형 · 무기징역형으로 처벌된다. 〈개정 2012.12.18.〉 [본조신설 1995.12.29.]
② 제297조 · 제297조2 · 제298조 · 제299조 · 제300조 **죄를 범하여 사람을 사망에 이르게 한 사람은** 무기형 · 10년 이상 징역형으로 처벌된다. 〈개정 2012.12.18.〉 [본조신설 1995.12.29.]

제2안 ★★★★★
제301조2(강간살인 · 강간치사)
① 제297조 · 제297조2 · 제298조 · 제299조 · 제300조 **죄를 범하여 다른 사람을 살해한 사람은** 사형 · 무기징역형으로 처벌된다. 〈개정 2012.12.18.〉 [본조신설 1995.12.29.]
② 제297조 · 제297조2 · 제298조 · 제299조 · 제300조 **죄를 범하여 다른 사람을 사망에 이르게 한 사람은** 무기형 · 10년 이상 징역형으로 처벌된다. 〈개정 2012.12.18.〉 [본조신설 1995.12.29.]

【개정방향】
※ 제목변경

※ 명확성 · 간결성 · 가독성 · 국어문법정비
※ 일본식 조사 '의' 삭제
※ 온점(·) 활용: (,) ⇒ (·) 형법 제157조와 제324조2(인질강요)에서 이미 사용 중
※ 제1항 · 제2항 분리함. 고의범과 결과가중범을 분리함
※ 입법으로 『사형 · 무기징역』, 『무기 · 10년 이상 징역』 으로 구분하여 명문화함
※ 『무기징역과 무기』로 명문화한 이유가 있는지 궁금함

(3) 조문해설

가. 형법 제301조2는 강간살인 · 강간치사를 규정하고 있다.

나. 주요내용을 보면, ① 제297조 · 제297조2 · 제298조 · 제299조 · 제300조 죄를 범하여 다른 사람을 살해한 사람은 사형 · 무기징역형으로 처벌된다. 〈개정 2012.12.18.〉 [본조신설 1995.12.29.] ② 제297조 · 제297조2 · 제298조 · 제299조 · 제300조 죄를 범하여 다른 사람을 사망에 이르게 한 사람은 무기형 · 10년 이상 징역형으로 처벌된다. 〈개정 2012.12.18.〉 [본조신설 1995.12.29.]

302. 제302조(미성년자 등에 대한 간음)

(1) 현행

第302條(未成年者 等에 對한 姦淫)
未成年者 또는 心身微弱者에 對하여 僞計 또는 威力으로써 姦淫 또는 醜行을 한 者는 5年 以下의 懲役에 處한다.

제302조(미성년자 등에 대한 간음)
미성년자 또는 심신미약자에 대하여 위계 또는 위력으로써 간음 또는 추행을 한 자는 5년 이하의 징역에 처한다.

(2) 개선방안

제1안
제302조(미성년자간음 · 심신미약자간음)
[2]**미성년자 · 심신미약자를** [3-1]**위계 · 위력으로** [3-2]간음 · 추행한 사람은 5년 이하 징역형으로 처벌된다.

제2안 ★★★★★

제302조(미성년자간음 · 심신미약자간음 · 미성년자추행 · 심신미약자추행)

① [2]**미성년자 · 심신미약자를** [3-1]**위계 · 위력하고** [3-2]간음한 사람은 5년 이하 징역형으로 처벌된다.

② [2]**미성년자 · 심신미약자를** [3-1]**위계 · 위력하고** [3-2]추행한 사람은 5년 이하 징역형으로 처벌된다.

【개정방향】

※ 제목변경

※ 명확성 · 간결성 · 가독성

※ 일본식 조사 '의' 삭제

※ 온점(·) 활용: (,) ⇒ (·) 형법 제157조와 제324조2(인질강요)에서 이미 사용 중

※ 국어문법정비

※ 제1항 · 제2항 분리함. 행위양태가 다름

※ 형법 제297조 강간죄와 제298조 문장순서를 통일. (『으로』는 원인임)

※ 참조조문

형법 제297조(강간)

폭행 · 협박하고 다른 사람을 강간한 **사람은** 3년 이상 징역형으로 처벌된다. 〈개정 2012.12.18.〉

형법 제298조(강제추행)

폭행 · 협박하고 다른 사람을 추행한 사람은 10년 이하 징역형 · 1천500만원 이하 벌금형으로 처벌된다. 〈개정 1995.12.29.〉

(3) 조문해설

가. 형법 제302조는 미성년자간음 · 심신미약자간음 · 미성년자추행 · 심신미약자추행을 규정하고 있다.

나. 주요내용을 보면, ① [2]미성년자 · 심신미약자를 [3-1]위계 · 위력하고 [3-2]간음한 사람은 5년 이하 징역형으로 처벌된다. ② [2]미성년자 · 심신미약자를 [3-1]위계 · 위력하고 [3-2]추행한 사람은 5년 이하 징역형으로 처벌된다.

(4) | 관련판례 | 대법원 2003. 10. 24. 선고 2003도5322 판결 [성폭력범죄의처벌및피해자보호등에관한법률 제8조 소정의 '항거불능인 상태'의 의미 및 해석방법, 피해자가 정신상의 장애가 있기는 하였으나 그로 인하여 항거불능의 상태에 있었던 것으로 보기는 어렵다고 한 사례] 성폭력처벌법상 '항거불능' 해석

가. 성폭력범죄의 처벌 및 피해자보호 등에 관한 법률 제8조는 신체장애 또는 정신상의 장애로 항거불능인 상태에 있음을 이용하여 여자를 간음하거나 사람을 추행한 자를 형법 제297조, 제298조의 강간 또는 강제추행의 죄에 정한 형으로 처벌하도록 규정하고 있다. 위 법률 제12조에 의하여 제8조의 미수범도 처벌된다. 위 법률 제8조에 정한 죄는 정신적 또는 신체적 사정으로 인하여 성적인 자기방어를 할 수 없는 사람에게 성적 자기결정권을 보호해 주는 것을 보호법익으로 하고 있다.

나. 위 법률규정에서의 항거불능의 상태라 함은 심리적 또는 물리적으로 반항이 절대적으로 불가능하거나 현저히 곤란한 경우를 의미한다고 보아야 할 것이다. 그러므로 위 법률 제8조의 구성요건에 해당하기 위해서는 피해자가 신체장애 또는 정신상의 장애로 인하여 성적인 자기방어를 할 수 없는 항거불능의 상태에 있었어야 한다. 이러한 요건은 형법 제302조에서 미성년자 또는 심신미약자에 대하여 위계 또는 위력으로써 간음 또는 추행을 한 자의 처벌에 관하여 따로 규정하고 있는 점에 비추어 더욱 엄격하게 해석하여야 한다.

303. 제303조(업무상위력 등에 의한 간음)

(1) 현행

제303조(업무상위력 등에 의한 간음)
① 업무, 고용 기타 관계로 인하여 자기의 보호 또는 감독을 받는 사람에 대하여 위계 또는 위력으로써 간음한 자는 **7년 이하의 징역 또는 3천만원 이하의 벌금에 처한다.** 〈개정 1995.12.29, 2012.12.18, 2018.10.16〉
② 법률에 의하여 구금된 사람을 감호하는 자가 그 사람을 간음한 때에는 **10년 이하의 징역에 처한다. 〈개정 2012.12.18, 2018.10.16〉**
형법 일부개정 2018. 10. 16. [법률 제15793호, 시행 2018. 10. 16.] 법무부

개정 전 제303조
第303條(業務上威力 等에 依한 姦淫)
① 業務, 雇傭 其他 關係로 因하여 自己의 保護 또는 監督을 받는 사람에 對하여 僞計 또는 威力으로써 姦淫한 者는 5年 以下의 懲役 또는 1千500萬원 以下의 罰金에 處한다. 〈改正 1995.12.29., 2012.12.18.〉
② 法律에 依하여 拘禁된 사람을 監護하는 者가 그 사람을 姦淫한 때에는 7年 以下의 懲役에 處한다. 〈개정 2012.12.18.〉

제303조(업무상위력 등에 의한 간음)
① 업무, 고용 기타 관계로 인하여 자기의 보호 또는 감독을 받는 사람에 대하여 위계 또는 위력으로써 간음한 자는 5년 이하의 징역 또는 1천500만원 이하의 벌금에 처한다. 〈개정 1995.12.29, 2012.12.18〉
② 법률에 의하여 구금된 사람을 감호하는 자가 그 사람을 간음한 때에는 7년 이하의 징역에 처한다. 〈개정 2012.12.18〉

(2) 개선방안

제303조(업무위계 · 위력간음)
① **《업무 · 고용 · 그 밖의 관계로 자기보호 · 자기감독을 받는 사람을》 위계 · 위력하여 간음한 사람은** 10년 이하 징역형으로 처벌된다. **〈개정 1995.12.29, 2012.12.18, 2018.10.16〉**
② **법률에 근거하여 구금된 사람을 감호하는 사람이 그 감호대상자를 간음한 경우** 10년 이하 징역형으로 처벌된다. **〈개정 2012.12.18., 2018.10.16.〉**
형법 일부개정 2018. 10. 16. [법률 제15793호, 시행 2018. 10. 16.] 법무부

【개정방향】
※ 제목변경
※ 명확성 · 간결성 · 가독성
※ 일본식 조사 '의' 삭제. 중국식 조사 '상' 삭제
※ 일본식 표현 **'등에 의한' 삭제**
※ 온점(·) 활용: (,) ⇒ (·) 형법 제157조와 제324조2(인질강요)에서 이미 사용 중
※ 국어문법정비
※ **업무상위계위력간음(형법), 업무상위계위력추행(성폭법), 업무상위계위력유사성행위(입법불비)**
※ 법률에 의하여 구금된 사람을 감호하는 자가 ⇒ **법률에 근거하여 구금된 사람을 감호하는 사람이 그 감호대상자를 간음한 경우**
※ **법정형이 5년에서 10년으로 상향된다고, 성범죄가 줄어들 것이라는 보장이 없다. 법정형 상한 5년으로 충분하다고 생각한다. 개정시 법정형 균형도 생각해야 한다.**
※ **성폭법 제10조 추행 입법불비**
※ **업무상위력유사성행위 입법불비**

(3) 조문해설

가. 형법 제303조는 업무상위계위력간음을 규정하고 있다.

나. 주요내용을 보면, ① 《업무 · 고용 · 그 밖의 관계로 자기보호 · 자기감독을 받는 사람을》 위계 · 위력하여 간음한 사람은 10년 이하 징역형으로 처벌된다. 〈개정 1995.12.29, 2012.12.18., 2018.10.16〉 ② 법률에 근거하여 구금된 사람을 감호하는 사람이 그 감호대상자를 간음한 경우 10년 이하 징역형으로 처벌된다. 〈개정 2012.12.18., 2018.10.16.〉 형법 일부개정 2018. 10. 16. [법률 제15793호, 시행 2018. 10. 16.] 법무부

304. 제304조

(1) 현행

제304조
삭제 〈2012.12.18.〉
[2012.12.18. 법률 제11574호에 의하여 2009.11.26. 위헌 결정된 이 조를 삭제함.]

(2) 개선방안

제304조
삭제 〈2012.12.18〉
[2012.12.18. 법률 제11574호에 의하여 2009.11.26. 위헌 결정된 이 조를 삭제함.]

305. 제305조(미성년자에 대한 간음, 추행)

(1) 현행

第305條(未成年者에 對한 姦淫, 醜行)
13세 미만의 사람에 대하여 간음 또는 추행을 한 자는 제297조, 제297조의2, 제298조, 제301조 또는 제301조의2의 例에 依한다. 〈改正 1995.12.29., 2012.12.18.〉

제305조(미성년자에 대한 간음, 추행)
13세 미만의 사람에 대하여 간음 또는 추행을 한 자는 제297조, 제297조의2, 제298조, 제301조 또는 제301조의2의 예에 의한다. 〈개정 1995.12.29, 2012.12.18〉

(2) 개선방안

제305조(13세미만미성년자간음 · 13세미만미성년자유사성행위 · 13세미만미성년자추행)
① **13세 미만 사람을 간음한 사람은** 3년 이상 징역형으로 처벌된다.
② 13세 미만 사람을 **유사성행위한 사람은** 2년 이상 징역형으로 처벌된다.
③ 13세 미만 사람을 **추행한 사람은** 10년 이하 징역형 · 1천500만원 이하 벌금형으로 처벌된다.

【개정방향】
※ 제목변경
※ 명확성 · 간결성 · 가독성
※ 일본식 조사 '의' 삭제
※ 일본식 표현 **'등에 의한' 삭제**
※ 온점(·) 활용: (,) ⇒ (·) 형법 제157조와 제324조2(인질강요)에서 이미 사용 중
※ 국어문법정비
※ 예에 의한다. 참조기법보다 명확하게 규정하는 것이 타당함
※ 참조조문
형법 제299조(준강간 · 준강제추행)
① 심신상실 · 항거불능 상태를 이용하여 **다른 사람을 간음한 사람은 3년 이상 징역형으로 처벌된다.** 〈개정 2012.12.18.〉
② 심신상실 · 항거불능의 상태를 이용하여 **다른 사람을 유사성행위한 사람은 2년 이상 징역형으로 처벌된다.**
③ 심신상실 또는 항거불능의 상태를 이용하여 **다른 사람을 추행한 사람은 10년 이하 징역형 · 1천500만원 이하 벌금형으로 처벌된다.**

(3) 조문해설

가. 형법 제305조는 13세미만미성년자간음 · 13세미만미성년자유사성행위 · 13세미만미성년자추행을 규정하고 있다.

나. 주요내용을 보면, ① 13세 미만 사람을 간음한 사람은 3년 이상 징역형으로 처벌된다. ② 13세 미만 사람을 유사성행위한 사람은 2년 이상 징역형으로 처벌된다. ③ 13세 미만 사람을 추행한 사람은 10년 이하 징역형 · 1천500만원 이하 벌금형으로 처벌된다.

305-2. 제305조의2(상습범)

(1) 현행

제305조의2(상습범)
상습으로 제297조, 제297조의2, 제298조부터 제300조까지, 제302조, 제303조 또는 제305조의 죄를 범한 자는 그 죄에 정한 형의 2분의 1까지 가중한다. 〈개정 2012.12.18.〉
[본조신설 2010.4.15]

(2) 개선방안

제305조2(상습범)
상습으로 제297조 · 제297조2 · 제298조 · 제299조 · 제300조 · 제302조 · 제303조 · 제305조 죄를 범한 사람은 그 죄에 정한 법정형 2분의 1까지 가중처벌된다. 〈개정 2012.12.18.〉 [본조신설 2010.4.15.]

【개정방향】
※ 명확성 · 간결성 · 가독성
※ 일본식 조사 '의' 삭제
※ 불필요한 '부터~까지' 삭제: 법조문을 명확히 밝혀 법적용을 간편하게 함
※ 온점(·) 활용: (,) ⇒ (·) 형법 제157조와 제324조2(인질강요)에서 이미 사용 중
※ 국어문법정비: 자는 ~가중처벌한다 ⇒ 사람은 ~가중처벌된다.
※ ~의 죄를 범한 자는 ⇒ 죄를 범한 사람은
※ 그 죄에 정한 형의 2분의 1까지 가중한다. ⇒ 그 죄에 정한 법정형 2분의 1까지 가중처벌된다.

(3) 조문해설

가. 형법 제305조2는 상습범을 규정하고 있다.

나. 주요내용을 보면, 상습으로 제297조 · 제297조2 · 제298조 · 제299조 · 제300조 · 제302조 · 제303조 · 제305조 죄를 범한 사람은 그 죄에 정한 법정형 2분 1까지 가중처벌된다. 〈개정 2012.12.18.〉 [본조신설 2010.4.15.]

306. 제306조

(1) 현행

제306조
삭제 〈2012.12.18〉

(2) 개선방안

제306조
삭제 〈2012.12.18〉

제33장

名譽에 관한 罪

307. 제307조(명예훼손)

(1) 현행

第307條(名譽毁損)
① 公然히 事實을 摘示하여 사람의 名譽를 毁損한 者는 2年 以下의 懲役이나 禁錮 또는 500萬원 以下의 罰金에 處한다. 〈改正 1995.12.29.〉
② 公然히 虛僞의 事實을 摘示하여 사람의 名譽를 毁損한 者는 5年 以下의 懲役, 10年 이하의 資格停止 또는 1千萬원 이하의 罰金에 處한다. 〈改正 1995.12.29.〉

제307조(명예훼손)
① 공연히 사실을 적시하여 사람의 명예를 훼손한 자는 2년 이하의 징역이나 금고 또는 500만원 이하의 벌금에 처한다. 〈개정 1995.12.29〉
② 공연히 허위의 사실을 적시하여 사람의 명예를 훼손한 자는 5년 이하의 징역, 10년 이하의 자격정지 또는 1천만원 이하의 벌금에 처한다. 〈개정 1995.12.29〉

(2) 개선방안

제307조(명예훼손)
① 공연히 진실사실을 적시하여 《**타인 명예를**》 훼손한 사람은 2년 이하 징역형 · 2년 이하 금고형 · 500만원 이하 벌금형으로 처벌된다. **다만 진실한 사실로서 오로지 공공이익을 위한 경우 위법성이 조각되어 처벌되지 않는다.** 〈개정 1995.12.29〉
② 공연히 허위사실을 적시하여 《**타인 명예를**》 훼손한 사람은 5년 이하 징역형 · 10년 이하 자격정지형 · 1천만원 이하 벌금형으로 처벌된다. 〈개정 1995.12.29.〉
③ 제1항 · 제2항은 피해자 명시한 의사에 반하여 공소가 제기될 수 없다.

【개정방향】
※ 명확성 · 간결성 · 가독성

※ 일본식 조사 '의' 삭제

※ 타인: 자연인과 법인을 포함. 국가기관(−): 기본권 수혜자가 아님

※ 제1항 사실을 적시하여 ⇒ 진실사실을 적시하여. 대법원 판례: 진실 · 허위사실 포함

※ 제3항 반의사불벌죄 명시

※ **참조조문: 제307조로 옮길 것인지, 제310조에 둘 것인지 논의가 필요하다. 생각건대 제307조 단서 조항이 타당하다. 형법 제246조 도박죄와 같다.**

※ **참조 조문**

형법 제310조(위법성조각)

제307조 제1항에서 **진실한 사실로서 오로지 공공이익을 위한 경우 위법성이 조각되어 처벌되지 않는다.**

형법 제246조(도박 · 상습도박)

① 도박을 한 사람은 1천만원 이하 벌금형으로 처벌된다. 다만 일시오락 정도에 불과한 경우 위법성이 조각되어 처벌되지 않는다.

(3) 조문해설

가. 형법 제307조는 명예훼손을 규정하고 있다.

나. 주요내용을 보면, ① 공연히 **진실사실을 적시**하여 《**타인 명예를**》 **훼손**한 사람은 2년 이하 징역형 · 2년 이하 금고형 · 500만원 이하 벌금형으로 처벌된다. 다만 **진실한 사실로서 오로지 공공이익을 위한 경우 위법성이 조각되어 처벌되지 않는다.** 〈개정 1995.12.29.〉 ② 공연히 **허위사실을 적시**하여 《**타인 명예를**》 **훼손**한 사람은 5년 이하 징역형 · 10년 이하 자격정지형 · 1천만원 이하 벌금형으로 처벌된다. 〈개정 1995.12.29.〉 ③ **제1항 · 제2항은 피해자 명시한 의사에 반하여 공소가 제기될 수 없다.**

(4) | 관련판례 | 대법원 2018. 6. 15. 선고 2018도4200 판결 [명예훼손죄의 성립요건, 불미스러운 소문의 진위를 확인하고자 질문을 하는 과정에서 타인의 명예를 훼손하는 발언을 한 경우, 명예훼손의 고의를 인정할 수 있는지 여부(소극), 명예훼손죄 구성요건 중 '공연성'의 의미, 전파가능성을 이유로 명예훼손죄의 공연성을 인정하는 경우, 주관적 구성요건요소로서 고의의 내용 및 고의 유무의 판단 방법, 마트의 운영자인 피고인이 마트에 물품을 납품하는 업체 직원인 갑을 불러 '다른 업체에서는 마트에 입점하기 위하여 입점비를 준다고 하던데, 입점비를 얼마나 줬냐? 점장 을이 여러 군데 업체에서 입점비를 돈으로 받아 해먹었고, 지금 뒷조사 중이다.'라고 말하여 공연히 허위 사실을 적시하여 을의 명예를 훼손하였다는 내용으로

기소된 사안에서, 피고인에게 유죄를 인정한 원심판단에 명예훼손죄에서의 고의와 공연성 또는 전파가능성에 관한 법리오해의 잘못이 있다고 한 사례] 명예훼손죄에서 고의 판단 기준

가. 명예훼손죄가 성립하기 위해서는 주관적 구성요소로서 타인의 명예를 훼손한다는 고의를 가지고 사람의 사회적 평가를 저하시키는 데 충분한 구체적 사실을 적시하는 행위를 할 것이 요구된다. 따라서 불미스러운 소문의 진위를 확인하고자 질문을 하는 과정에서 타인의 명예를 훼손하는 발언을 하였다면 이러한 경우에는 그 동기에 비추어 명예훼손의 고의를 인정하기 어렵다.

나. **명예훼손죄의 구성요건인 공연성은 불특정 또는 다수인이 인식할 수 있는 상태를 말한다. 비록 개별적으로 한 사람에 대하여 사실을 유포하였더라도, 그로부터 불특정 또는 다수인에게 전파될 가능성이 있다면, 공연성의 요건을 충족한다. 그러나 이와 달리 전파될 가능성이 없다면, 특정한 한 사람에 대한 사실의 유포는 공연성이 없다고 할 것이다.**

다. 한편 위와 같이 전파가능성을 이유로 명예훼손죄의 공연성을 인정하는 경우에는 적어도 범죄구성요건의 주관적 요소로서 미필적 고의가 필요하다. 그러므로 전파가능성에 대한 인식이 있음은 물론 나아가 그 위험을 용인하는 내심의 의사가 있어야 한다. 행위자가 전파가능성을 용인하고 있었는지 여부는 외부에 나타난 행위의 형태와 상황 등 구체적인 사정을 기초로 일반인이라면 그 전파가능성을 어떻게 평가할 것인가를 고려하면서 행위자의 입장에서 그 심리상태를 추인하여야 한다.

라. 마트의 운영자인 피고인이 마트에 아이스크림을 납품하는 업체 직원인 갑을 불러 '다른 업체에서는 마트에 입점하기 위하여 입점비를 준다고 하던데, 입점비를 얼마나 줬냐? 점장 을이 여러 군데 업체에서 입점비를 돈으로 받아 해먹었고, 지금 뒷조사 중이다.'라고 말하여 공연히 허위 사실을 적시하여 을의 명예를 훼손하였다는 내용으로 기소된 사안이다.

마. 피고인은 마트 영업을 시작하면서 을을 점장으로 고용하여 관리를 맡겼다. 그런데 재고조사 후 일부 품목과 금액의 손실이 발견되자, 그때부터 을을 의심하여 마트 관계자들을 상대로 을의 비리 여부를 확인하고 다녔다. 그러던 중 을이 납품업자들로부터 현금으로 입점비를 받았다는 이야기를 듣고, 갑을 불러 을에게 입점비를 얼마 주었느냐고 질문하였다. 이러한 제반 사정을 종합하면, 피고인은 을이 납품업체들로부터 입점비를 받아 개인적으로 착복하였다는 소문을 듣고 갑을 불러 소문의 진위를 확인하면서 갑도 입점비를 을에게 주

었는지 질문하는 과정에서 위와 같은 말을 한 것으로 보인다. 그러므로 을의 사회적 평가를 저하시킬 의도를 가지거나 그러한 결과가 발생할 것을 인식한 상태에서 위와 같은 말을 한 것이 아니어서 피고인에게 명예훼손의 고의를 인정하기 어렵다. 한편 피고인이 아무도 없는 사무실로 갑을 불러 단둘이 이야기를 하였다. 갑에게 그와 같은 사실을 을에게 말하지 말고 혼자만 알고 있으라고 당부하였다. 갑이 그 후 을에게는 이야기하였으나 을 외의 다른 사람들에게 이야기한 정황은 없었다. 이러한 점을 고려하면 피고인에게 전파가능성에 대한 인식과 그 위험을 용인하는 내심의 의사가 있었다고 보기도 어렵다. 이와 달리 보아 유죄를 인정한 원심판단에 명예훼손죄에서의 고의와 공연성 또는 전파가능성에 관한 법리오해의 잘못이 있다.

(5) **| 관련판례 | 대법원 2017. 4. 26. 선고 2016도18024 판결** [형법 제307조 제1항에서 말하는 '사실'의 의미, 형법 제307조 제1항의 명예훼손죄는 적시된 사실이 진실한 사실인 경우이든 허위의 사실인 경우이든 모두 성립할 수 있는지 여부(적극) 및 적시된 사실이 허위의 사실이나 행위자에게 허위성에 대한 인식이 없는 경우, 제307조 제1항의 명예훼손죄가 성립하는지 여부(적극)] 형법 제307조 제1항 명예훼손죄에서 적시된 사실의 의미

가. 형법 제307조 제1항, 제2항, 제310조의 체계와 문언 및 내용에 의하면, 제307조 제1항의 '사실'은 제2항의 '허위의 사실'과 반대되는 '진실한 사실'을 말하는 것이 아니라 가치판단이나 평가를 내용으로 하는 '의견'에 대치되는 개념이다. 따라서 제307조 제1항의 명예훼손죄는 적시된 사실이 진실한 사실인 경우이든 허위의 사실인 경우이든 모두 성립될 수 있다.

나. 특히 적시된 사실이 허위의 사실이라고 하더라도 행위자에게 허위성에 대한 인식이 없는 경우에는 제307조 제2항의 명예훼손죄가 아니라 제307조 제1항의 명예훼손죄가 성립될 수 있다.

다. 제307조 제1항의 법정형이 2년 이하의 징역 등으로 되어 있는 반면 제307조 제2항의 법정형은 5년 이하의 징역 등으로 되어 있는 것은 적시된 사실이 객관적으로 허위일 뿐 아니라 행위자가 그 사실의 허위성에 대한 주관적 인식을 하면서 명예훼손행위를 하였다는 점에서 가벌성이 높다고 본 것이다.

라. 그러나 이 판례에 대한 비판이 있다. 허위사실을 진실한 사실로 오인하고 적시하여 타인의 명예를 훼손한 경우 불법가중사유를 인식하지 못한 경우이다. 따라서 사실의 착오에 관한 형법 제15조 제1항을 적용한다. 형법 제307조 제1항 사실적시 명예훼손죄가 성립한다. 학계 다수의견이다. 하지만 이 판례는

이러한 이론구성을 무용지물로 만들고 있다.

(6) **| 관련판례 | 대법원 2000. 5. 16. 선고 99도5622 판결** [명예훼손죄에서 공연성 의미. 기자를 통하여 사실을 적시함에 있어 기자가 취재를 한 상태에서 아직 기사화하여 보도하지 않은 경우, 공연성 여부(소극)] 명예훼손죄에서 공연성

가. 명예훼손죄의 구성요건인 공연성은 불특정 또는 다수인이 인식할 수 있는 상태를 의미한다. 비록 개별적으로 한사람에 대하여 사실을 유포하였다고 하더라도 그로부터 불특정 또는 다수인에게 전파될 가능성이 있다면, 공연성의 요건을 충족한다. 그러나 이와 달리 전파될 가능성이 없다면, 특정한 한 사람에 대한 사실의 유포는 공연성을 결한다.

나. 통상 기자가 아닌 보통 사람에게 사실을 적시할 경우, 그 자체로서 적시된 사실이 외부에 공표되는 것이다. 그러므로 그때부터 곧 전파가능성을 따져 공연성 여부를 판단하여야 할 것이다.

다. 그러나 그와는 달리 기자를 통해 사실을 적시하는 경우, 기사화되어 보도되어야만 적시된 사실이 외부에 공표된다고 보아야 할 것이다. 그러므로 기자가 취재를 한 상태에서 아직 기사화하여 보도하지 아니한 경우, 그 내용은 아직 전파가능성이 없다고 할 것이다. 따라서 공연성이 없다고 봄이 상당하다.

라. 기자에게 사실을 적시한 경우라도 기사화 또는 보도화는 언론사 평가에 좌우된다. 일반인에게 적시한 경우와 다르다. 따라서 단순히 기자에게 적시한 것으로 공연성을 인정하기는 어렵다고 본다.

308. 제308조(사자의 명예훼손)

(1) 현행

第308條(死者의 名譽毁損)
公然히 虛僞의 事實을 摘示하여 死者의 名譽를 毁損한 者는 2年 以下의 懲役이나 禁錮 또는 500萬원 以下의 罰金에 處한다. 〈改正 1995.12.29.〉

제308조(사자의 명예훼손)
공연히 허위의 사실을 적시하여 사자의 명예를 훼손한 자는 2년 이하의 징역이나 금고 또는 500만원 이하의 벌금에 처한다. 〈개정 1995.12.29〉

(2) 개선방안

제1안

제308조(사자명예훼손)

① 공연히 허위사실을 적시하여 사자(死者) 명예를 훼손한 사람은 2년 이하 징역형·2년 이하 금고형·500만원 이하 벌금형으로 처벌된다. 〈개정 1995.12.29.〉

② 고소가 있어야 공소가 제기될 수 있다.

제2안 ★★★★★

제308조(사자명예훼손)

① 공연히 허위사실을 적시하여 **사망한 사람(死者) 명예를** 훼손한 사람은 2년 이하 징역형·금고형·500만원 이하 벌금형으로 처벌된다. 〈개정 1995.12.29.〉

② 고소가 있어야 공소가 제기될 수 있다.

【개정방향】

※ 명확성·간결성·가독성

※ 제목변경: 일본식 조사 '의' 삭제

※ 제2항 친고죄 명시

※ 적시(摘示): 지적하여 제시함. **시간과 공간적으로 구체적인 과거 또는 현재의 사실관계에 관한 보고 내지 진술을 의미함**

(3) 조문해설

가. 형법 제308조는 사자명예훼손을 규정하고 있다.

나. 주요내용을 보면, ① 공연히 허위사실을 적시하여 사망한 사람(死者) 명예를 훼손한 사람은 2년 이하 징역형·2년 이하 금고형·500만원 이하 벌금형으로 처벌된다. 〈개정 1995.12.29.〉 ② 고소가 있어야 공소가 제기될 수 있다.

309. 제309조(출판물 등에 의한 명예훼손)

(1) 현행

第309條(出版物 等에 依한 名譽毁損)

① 사람을 誹謗할 目的으로 新聞, 雜誌 또는 라디오 其他 出版物에 依하여 第307條第1項의 罪를 犯한 者는 3年 以下의 懲役이나 禁錮 또는 700萬원 以下의 罰金에 處한다. 〈改正 1995.12.29.〉

② 第1項의 方法으로 第307條第2項의 罪를 犯한 者는 7年 以下의 懲役, 10年 이하의 資

格停止 또는 1千500萬원 이하의 罰金에 處한다. 〈改正 1995.12.29.〉

제309조(출판물 등에 의한 명예훼손)

① 사람을 비방할 목적으로 신문, 잡지 또는 라디오 기타 출판물에 의하여 제307조제1항의 죄를 범한 자는 3년 이하의 징역이나 금고 또는 700만원 이하의 벌금에 처한다. 〈개정 1995.12.29〉

② 제1항의 방법으로 제307조제2항의 죄를 범한 자는 7년 이하의 징역, 10년 이하의 자격정지 또는 1천500만원 이하의 벌금에 처한다. 〈개정 1995.12.29〉

(2) 개선방안

제309조(출판물명예훼손)

① 타인을 비방할 목적으로 신문·잡지·라디오·그 밖의 출판물로 제307조 제1항 죄를 범한 사람은 3년 이하 징역형·3년 이하 금고형·700만원 이하 벌금형으로 처벌된다. 〈개정 1995.12.29〉

② 타인을 비방할 목적으로 신문·잡지·라디오·그 밖의 출판물로 제307조 제2항 죄를 범한 사람은 7년 이하 징역형·10년 이하 자격정지형·1천500만원 이하 벌금형으로 처벌된다. 〈개정 1995.12.29.〉

③ **제1항·제2항은 피해자 명시한 의사에 반하여 공소가 제기될 수 없다.**

【개정방향】

※ 제목변경

※ 명확성·간결성·가독성

※ 일본식 조사 '의' 삭제

※ 타인: 자연인과 법인을 포함함

※ 제1항·제2항이 독립된 구성요건으로 명확히 규정함

※ 제3항 반의사불벌죄 명시: 법적용 효율성

(3) 조문해설

가. 형법 제309조는 출판물명예훼손을 규정하고 있다.

나. 주요내용을 보면, ① 타인을 비방할 목적으로 신문·잡지·라디오·그 밖의 출판물로 제307조 제1항 죄를 범한 사람은 3년 이하 징역형·3년 이하 금고형·700만원 이하 벌금형으로 처벌된다. 〈개정 1995.12.29.〉 ② 타인을 비방할 목적으로 신문·잡지·라디오·그 밖의 출판물로 제307조 제2항 죄를 범한 사람은 7년 이하 징역형·10년 이하 자격정지형·1천500만원 이하 벌금

형으로 처벌된다. 〈개정 1995.12.29.〉 ③ 제1항 · 제2항은 피해자 명시한 의사에 반하여 공소가 제기될 수 없다.

(4) **| 관련판례 |** **대법원 2017. 12. 5. 선고 2017도15628 판결** [명예훼손죄 성립에 필요한 '사실의 적시'의 의미 및 판단할 진술이 사실인가 또는 의견인가를 구별하는 방법, 다른 사람의 말이나 글을 비평하면서 사용한 표현이 겉으로 보기에 증거에 의해 입증 가능한 구체적인 사실관계를 서술하는 형태를 취하고 있더라도, 명예훼손죄에서 말하는 '사실의 적시'에 해당하지 않는 경우 및 어떠한 의견을 주장하기 위해 다른 사람의 견해나 그 근거를 비판하면서 사용한 표현의 경우에도 같은 법리가 적용되는지 여부(적극), 과거의 역사적 사실관계 등에 대하여 민사판결을 통하여 어떠한 사실인정이 있었다는 이유만으로, 이후 그와 반대되는 사실의 주장이나 견해의 개진 등을 형법상 명예훼손죄 등에서 '허위의 사실 적시'라는 구성요건에 해당한다고 단정할 수 있는지 여부(원칙적 소극)] 사실적시의 의미

가. 명예훼손죄가 성립하기 위해서는 사실의 적시가 있어야 한다. 적시된 사실은 이로써 특정인의 사회적 가치 내지 평가가 침해될 가능성이 있을 정도로 구체성을 띠어야 한다. 이때 사실의 적시란 가치판단이나 평가를 내용으로 하는 **의견표현에 대치되는 개념**으로서 시간과 공간적으로 구체적인 과거 또는 현재의 사실관계에 관한 보고 내지 진술을 의미한다. 그 표현내용이 증거에 의한 입증이 가능한 것을 말한다. 판단할 진술이 사실인가 또는 의견인가를 구별할 때에는 언어의 통상적 의미와 용법, 입증가능성, 문제 된 말이 사용된 문맥, 그 표현이 행하여진 사회적 상황 등 전체적 정황을 고려하여 판단하여야 한다.

나. 다른 사람의 말이나 글을 비평하면서 사용한 표현이 겉으로 보기에 증거에 의해 입증 가능한 구체적인 사실관계를 서술하는 형태를 취하고 있더라도, 글의 집필의도, 논리적 흐름, 서술체계 및 전개방식, 해당 글과 비평의 대상이 된 말 또는 글의 전체적인 내용 등을 종합하여 판단하여야 한다. 평균적인 독자의 관점에서 문제 된 부분이 실제로는 비평자의 주관적 의견에 해당하고, 다만 비평자가 자신의 의견을 강조하기 위한 수단으로 그와 같은 표현을 사용한 것이라고 이해된다면, 명예훼손죄에서 말하는 사실의 적시에 해당한다고 볼 수 없다. 그리고 이러한 법리는 어떠한 의견을 주장하기 위해 다른 사람의 견해나 그 근거를 비판하면서 사용한 표현의 경우에도 다를 바 없다.

다. 민사재판에서 법원은 당사자 사이에 다툼이 있는 사실관계에 대하여 처분권주의와 변론주의, 그리고 자유심증주의의 원칙에 따라 신빙성이 있다고 보이

는 당사자의 주장과 증거를 받아들여 사실을 인정하는 것이다. 민사판결의 사실인정이 항상 진실한 사실에 해당한다고 단정할 수는 없다. 따라서 다른 특별한 사정이 없는 한, 그 진실이 무엇인지 확인할 수 없는 과거의 역사적 사실관계 등에 대하여 민사판결을 통하여 어떠한 사실인정이 있었다는 이유만으로, 이후 그와 반대되는 사실의 주장이나 견해의 개진 등을 형법상 명예훼손죄 등에 있어서 '허위의 사실 적시'라는 구성요건에 해당한다고 쉽게 단정하여서는 아니 된다. 판결에 대한 자유로운 견해 개진과 비판, 토론 등 헌법이 보장한 표현의 자유를 침해하는 위헌적인 법률해석이 되어 허용될 수 없기 때문이다.

(5) **| 관련판례 |** 대법원 2017. 5. 11. 선고 2016도19255 판결 [명예훼손죄에서 '사실의 적시'의 의미 및 판단할 진술이 사실인가 또는 의견인가 판단하는 기준, 다른 사람의 말이나 글을 비평하면서 사용한 표현이 겉으로 보기에 증거에 의해 입증 가능한 구체적인 사실관계를 서술하는 형태를 취하고 있으나, 명예훼손죄에서 말하는 사실의 적시에 해당하지 않는 경우] 〈사실의 적시와 의견표현의 구별에 관한 사건〉

가. 명예훼손죄에서의 사실의 적시란 가치판단이나 평가를 내용으로 하는 의견표현에 대치되는 개념으로서 시간과 공간적으로 구체적인 과거 또는 현재의 사실관계에 관한 보고 내지 진술을 의미한다. 그 표현내용이 증거에 의한 입증이 가능한 것을 말하고, 판단할 진술이 사실인가 또는 의견인가를 구별할 때에는 언어의 통상적 의미와 용법, 입증가능성, 문제된 말이 사용된 문맥, 그 표현이 행하여진 사회적 상황 등 전체적 정황을 고려하여 판단하여야 한다.

나. 다른 사람의 말이나 글을 비평하면서 사용한 표현이 겉으로 보기에 증거에 의해 입증 가능한 구체적인 사실관계를 서술하는 형태를 취하고 있더라도, 글의 집필의도, 논리적 흐름, 서술체계 및 전개방식, 해당 글과 비평의 대상이 된 말 또는 글의 전체적인 내용 등을 종합하여 볼 때, 평균적인 독자의 관점에서 문제 된 부분이 실제로는 비평자의 주관적 의견에 해당한다. 다만 **비평자가 자신의 의견을 강조하기 위한 수단으로 그와 같은 표현을 사용한 것이라고 이해된다면 명예훼손죄에서 말하는 사실의 적시에 해당한다고 볼 수 없다.**

(6) **| 관련판례 |** 대법원 1996. 8. 23. 선고 94도3191 판결 [일부 허위사실이 포함된 기사를 작성한 신문기자에게 비방의 목적이나 허위라는 인식이 없었다는 이유로 명예훼손의 위법성을 부인한 원심판결을 수긍한 사례] 명예훼손죄에서 사실의 진실성에 대한 착오

가. 내용 중 일부 허위사실이 포함된 신문기사를 보도한 사안에서, 피고인의 위 취재보도를 형법 제307조 제2항 허위사실적시명예훼손죄로 의율한 예비적 공소사실에 대하여 피고인이 기사내용을 허위라고 인식하였음을 인정할 증거가 없으므로 피고인을 허위사실 적시로 인한 명예훼손죄로 처벌할 수는 없다.

나. 다만 형법 제307조 제1항의 죄로 처벌할 여지가 있을 뿐이라고 전제한 다음, 명예훼손죄에 있어서는 개인의 명예보호와 정당한 표현의 자유보장이라는 상충되는 두 법익의 조화를 꾀하기 위하여 형법 제310조를 규정하고 있다. 그러므로 **적시된 사실이 공공의 이익에 관한 것이면 진실한 것이라는 증명이 없다 할지라도 행위자가 진실한 것으로 믿었고 또 그렇게 믿을 만한 상당한 이유가 있는 경우에는 위법성이 없다고 보아야 할 것이다.**

다. 학계는 이 사안을 위법성조각사유의 전제사실에 대한 착오로 본다. 책임에서 고의를 인정할 수 없기 때문에 과실로 처벌되나, 명예훼손죄는 과실범 처벌 규정이 없어 무죄이다. 법효과 제한적 책임설에 따른 해결방안이다.

(7) **| 관련판례 |** 대법원 1994. 10. 28. 선고 94도2186 판결 [형법 제309조 제2항의 명예훼손죄의 성립요건, 형법 제309조 제2항의 허위인식에 대한 입증책임] 명예훼손죄에서 사실의 진실성에 대한 착오

가. 형법 제309조 제2항 출판물 등에 의한 명예훼손죄가 성립하려면, 그 적시하는 사실이 허위이어야 할 뿐 아니라 범인이 그와 같은 사실이 허위라고 인식을 하여야만 된다 할 것이다.

나. 만일 범인이 그와 같은 사실이 허위라는 인식을 하지 못하였다면, 형법 제309조 제1항의 죄로서 벌하는 것은 별론으로 하고, 형법 제309조 제2항의 죄로서는 벌할 수 없다.

다. 형법 제309조 제2항의 허위의 점에 대한 인식, 즉 범의에 대한 입증책임은 검사에게 있다.

310. 제310조(위법성의 조각)

(1) 현행

> 第310條(違法性의 阻却)
> 第307條第1項의 行爲가 眞實한 事實로서 오로지 公共의 利益에 關한 때에는 處罰하지 아니한다.

제310조(위법성의 조각)
제307조 제1항의 행위가 진실한 사실로서 오로지 공공의 이익에 관한 때에는 처벌하지 아니한다.

(2) 개선방안

제310조(위법성조각)
제307조 제1항 행위가 **진실한 사실로서 오로지 공공이익을 위한 경우 위법성이 조각되어 처벌되지 않는다.**

【개정방향】
※ 제목변경
※ 명확성 · 간결성 · 가독성
※ 일본식 조사 '의' 삭제
※ 형법 제307조 제1항 단서로 이동
※ 독자 구성요건으로 둘 실익이 없고, 해석논란만 불러일으킴

(3) 조문해설

가. 형법 제310조는 위법성조각을 규정하고 있다.

나. 주요내용을 보면, 제307조 제1항 행위가 진실한 사실로서 오로지 공공이익을 위한 경우 위법성이 조각되어 처벌되지 않는다.

(4) **| 관련판례 | 대법원 1998. 10. 9. 선고 97도158 판결** [형법 제310조 소정의 '진실한 사실'의 의미, 형법 제309조 제1항 소정의 '기타 출판물'의 의미, 형법 제309조 제1항과 제310조와의 관계, 형법 제310조 소정의 '오로지 공공의 이익에 관한 때'의 의미 및 그 판단 기준] 형법 제310조 적용범위

가. 형법은 명예에 관한 죄에 대하여 제307조 및 제309조에서 적시한 사실이 진실인지 허위인지에 따라 법정형을 달리 규정하고 있다. 제310조에서 진실한 사실로서 오로지 공공의 이익에 관한 때에는 처벌하지 아니하다고 규정하고 있다. 여기서 '진실한 사실'이란 그 내용 전체의 취지를 살펴볼 때, 중요한 부분이 객관적 사실과 합치되는 사실이라는 의미로서 세부(細部)에 있어 진실과 약간 차이가 나거나 다소 과장된 표현이 있더라도 무방하다.

나. 형법 제309조 제1항 소정의 '기타 출판물'에 해당한다고 하기 위하여는, 사실적시의 방법으로서 출판물 등을 이용하는 경우 그 성질상 다수인이 견문할

수 있는 높은 전파성과 신뢰성 및 장기간의 보존가능성 등 피해자에 대한 법익침해의 정도가 더욱 크다는데 그 가중처벌의 이유가 있다. 이 점에 비추어 보면, 그것이 등록 · 출판된 제본 인쇄물이나 제작물은 아니라고 할지라도, 적어도 그와 같은 정도의 효용과 기능을 가지고 사실상 출판물로 유통 · 통용될 수 있는 외관을 가진 인쇄물로 볼 수 있어야 한다.

다. 형법 제309조 제1항 소정의 '사람을 비방할 목적'이란 가해의 의사 내지 목적을 요하는 것이다. 공공의 이익을 위한 것과는 행위자의 주관적 의도의 방향에 있어 서로 상반되는 관계에 있다고 할 것이다. 그러므로 형법 제310조의 공공의 이익에 관한 때에는 처벌하지 아니한다는 규정은 사람을 비방할 목적이 있어야 하는 형법 제309조 제1항 소정의 행위에 대하여는 적용되지 아니하고, 그 목적을 필요로 하지 않는 형법 제307조 제1항의 행위에 한하여 적용되는 것이다. 반면에 적시한 사실이 공공의 이익에 관한 것인 경우, 특별한 사정이 없는 한 비방 목적은 부인된다고 봄이 상당하다. 그러므로 이와 같은 경우 형법 제307조 제1항 명예훼손죄의 성립 여부가 문제될 수 있고, 이에 대하여는 다시 형법 제310조에 의한 위법성 조각 여부가 문제로 될 수 있다.

라. 형법 제310조에서 '오로지 공공의 이익에 관한 때'라 함은 적시된 사실이 객관적으로 볼 때 공공의 이익에 관한 것으로서 행위자도 주관적으로 공공의 이익을 위하여 그 사실을 적시한 것이어야 하는 것이다. 여기의 공공의 이익에 관한 것에는 널리 국가 · 사회 기타 일반 다수인의 이익에 관한 것뿐만 아니라 특정한 사회집단이나 그 구성원 전체의 관심과 이익에 관한 것도 포함하는 것이다. 적시된 사실이 공공의 이익에 관한 것인지 여부는 당해 적시 사실의 내용과 성질, 당해 사실의 공표가 이루어진 상대방의 범위, 그 표현의 방법 등 그 표현 자체에 관한 제반 사정을 감안해야 한다. 동시에 그 표현에 의하여 훼손되거나 훼손될 수 있는 명예의 침해 정도 등을 비교 · 고려하여 결정하여야 한다. 행위자의 주요한 동기 내지 목적이 공공의 이익을 위한 것이라면, 부수적으로 다른 사익적 목적이나 동기가 내포되어 있더라도 형법 제310조의 적용을 배제할 수 없다.

마. 이 사안 경우, 피고인이 낱장의 종이에 인쇄된 인쇄물을 제작하여 조합원에게 수 천부를 배포한 행위는 출판물 배포행위에 해당한다. 그러나 비방의 목적이 없는 경우, 적시한 사실은 공공의 이익에 부합한다. 만약 적시 사실이 진실한 사실이라면, 형법 제310조가 적용된다. 이 판결은 형법 제309조 제1항과 제307조 제1항 그리고 제310조 상관관계를 명확히 하였다. 형법 제309조 제1항

도 재판에서 제307조 제1항으로 밝혀진다면, 제310조를 적용할 수 있다.

311. 제311조(모욕)

(1) 현행

第311條(侮辱) 公然히 사람을 侮辱한 者는 1年 以下의 懲役이나 禁錮 또는 200萬원 以下의 罰金에 處한다. 〈改正 1995.12.29.〉 제311조(모욕) 공연히 사람을 모욕한 자는 1년 이하의 징역이나 금고 또는 200만원 이하의 벌금에 처한다. 〈개정 1995.12.29〉

(2) 개선방안

제311조(모욕)

① **공연히 사람 명예를** 모욕한 사람은 1년 이하 징역형 · 1년 이하 금고형 · 200만원 이하 벌금형으로 처벌된다. 〈개정 1995.12.29.〉

② **고소가 있어야 공소가 제기될 수 있다.**

【개정방향】

※ 명확성 · 간결성 · 가독성

※ 제2항 친고죄 명시: 법적용 효율성

(3) 조문해설

가. 형법 제311조는 모욕을 규정하고 있다.

나. 주요내용을 보면, ① 공연히 사람 명예를 모욕한 사람은 1년 이하 징역형 · 1년 이하 금고형 · 200만원 이하 벌금형으로 처벌된다. 〈개정 1995.12.29.〉 ② 고소가 있어야 공소가 제기될 수 있다.

(4) | 관련판례 | 대법원 2016. 10. 13. 선고 2016도9674 판결 [모욕죄의 보호법익(=외부적 명예) 및 '모욕'의 의미, 모욕죄가 성립하기 위하여 피해자의 외부적 명예가 현실적으로 침해되거나 구체적 · 현실적으로 침해될 위험이 발생하여야 하는지 여부(소극)] 모욕의 의미

가. 모욕죄는 공연히 사람을 모욕하는 경우에 성립하는 범죄이다(형법 제311조).

사람의 가치에 대한 사회적 평가를 의미하는 외부적 명예를 보호법익으로 한다. 여기에서 '모욕'이란 사실을 적시하지 아니하고 사람의 사회적 평가를 저하시킬 만한 추상적 판단이나 경멸적 감정을 표현하는 것을 의미한다. 그리고 모욕죄는 피해자의 외부적 명예를 저하시킬 만한 추상적 판단이나 경멸적 감정을 공연히 표시함으로써 성립한다. 피해자의 외부적 명예가 현실적으로 침해되거나 구체적·현실적으로 침해될 위험이 발생하여야 하는 것도 아니다.

나. 식당에서 영업 업무를 방해하고 식당 주인을 폭행하던 중 식당 주인 부부, 손님, 인근 상인들이 있는 공개된 위 식당 앞 노상에서 112 신고를 받고 출동한 경찰관인 피해자를 향해 "젊은 놈의 새끼야, 순경새끼, 개새끼야", "씨발 개새끼야, 좆도 아닌 젊은 새끼는 꺼져 새끼야"라는 욕설을 한 사실을 알 수 있다. 피고인의 발언 내용과 그 당시의 주변 상황, 경찰관이 현장에 가게 된 경위 등을 종합해 보면, 당시 피고인은 업무방해와 폭행의 범법행위를 한 자로서 이를 제지하는 등 법집행을 하려는 경찰관 개인을 향하여 경멸적 표현을 담은 욕설을 함으로써 경찰관 개인의 인격적 가치에 대한 평가를 저하시킬 위험이 있는 모욕행위를 하였다고 볼 것이다. 이를 단순히 당면 상황에 대한 분노의 감정을 표출하거나 무례한 언동을 한 정도에 그친 것으로 평가하기는 어렵다. 그리고 설사 그 장소에 있던 사람들이 전후 경과를 지켜보았기 때문에 피고인이 근거 없이 터무니없는 욕설을 한다는 사정을 인식할 수 있었다고 하더라도, 그 현장에 식당 손님이나 인근 상인 등 여러 사람이 있어 공연성 및 전파가능성도 있었다고 보이는 이상, 피해자인 경찰관 개인의 외부적 명예를 저하시킬 만한 추상적 위험을 부정할 수는 없다.

(5) **| 관련판례 |** **대법원 2015. 9. 10. 선고 2015도2229 판결** [모욕죄에서 말하는 '모욕'의 의미. 상대방의 인격적 가치에 대한 사회적 평가를 저하시킬 만한 것이 아닌 표현이 다소 무례한 방법으로 표시된 경우, 모욕죄 구성요건에 해당하는지 여부(소극). 아파트 입주자대표회의 감사인 피고인이 관리소장 갑의 업무처리에 항의하기 위해 관리소장실을 방문한 자리에서 갑과 언쟁을 하다가 "야, 이따위로 일할래", "나이 처먹은 게 무슨 자랑이냐"라고 말한 사안에서, 피고인의 발언은 상대방을 불쾌하게 할 수 있는 무례하고 저속한 표현이기는 하지만 객관적으로 갑의 인격적 가치에 대한 사회적 평가를 저하시킬 만한 모욕적 언사에 해당하지 않는다고 한 사례] 모욕의 의미

가. 형법 제311조 모욕죄는 사람의 가치에 대한 사회적 평가를 의미하는 외부적 명예를 보호법익으로 하는 범죄이다. 모욕죄에서 말하는 모욕이란 사실을 적

시하지 아니하고 사람의 사회적 평가를 저하시킬 만한 추상적 판단이나 경멸적 감정을 표현하는 것을 의미한다. 따라서 어떠한 표현이 상대방의 인격적 가치에 대한 사회적 평가를 저하시킬 만한 것이 아니라면 표현이 다소 무례한 방법으로 표시되었다 하더라도 모욕죄의 구성요건에 해당한다고 볼 수 없다.

나. 아파트 입주자대표회의 감사인 피고인이 관리소장 갑의 외부특별감사에 관한 업무처리에 항의하기 위해 관리소장실을 방문한 자리에서 갑과 언쟁을 하다가 "야, 이따위로 일할래", "나이 처먹은 게 무슨 자랑이냐"라고 말한 사안에서, 피고인과 갑의 관계, 피고인이 발언을 하게 된 경위와 발언의 횟수, 발언의 의미와 전체적인 맥락, 발언을 한 장소와 발언 전후의 정황 등에 비추어 볼 때, 피고인의 발언은 상대방을 불쾌하게 할 수 있는 무례하고 저속한 표현이기는 하지만 객관적으로 갑의 인격적 가치에 대한 사회적 평가를 저하시킬 만한 모욕적 언사에 해당하지 않는다.

(6) **| 관련판례 | 대법원 2018. 11. 29. 선고 2017도2661 판결** [모욕죄의 보호법익(=외부적 명예) 및 모욕죄에서 말하는 '모욕'의 의미, 상대방의 인격적 가치에 대한 사회적 평가를 저하시킬 만한 것이 아닌 표현이 다소 무례한 방법으로 표시된 경우, 모욕죄의 구성요건에 해당하는지 여부(소극), 갑 주식회사 해고자 신분으로 노동조합 사무장직을 맡아 노조활동을 하는 피고인이 노사 관계자 140여 명이 있는 가운데 큰 소리로 피고인보다 15세 연장자로서 갑 회사 부사장인 을을 향해 "야 ○○아, ○○이 여기 있네, 니 이름이 ○○이잖아, ○○아 나오니까 좋지?" 등으로 여러 차례 을의 이름을 불러 을을 모욕하였다는 내용으로 기소된 사안에서, 제반 사정을 종합하면, 피고인의 위 발언은 상대방을 불쾌하게 할 수 있는 무례하고 예의에 벗어난 표현이기는 하지만 객관적으로 을의 인격적 가치에 대한 사회적 평가를 저하시킬 만한 모욕적 언사에 해당하지 않는다고 한 사례] 모욕의 의미

가. 형법 제311조의 모욕죄는 사람의 가치에 대한 사회적 평가를 의미하는 외부적 명예를 보호법익으로 하는 범죄이다. 모욕죄에서 말하는 모욕이란 사실을 적시하지 아니하고 사람의 사회적 평가를 저하시킬 만한 추상적 판단이나 경멸적 감정을 표현하는 것을 의미한다. 따라서 어떠한 표현이 상대방의 인격적 가치에 대한 사회적 평가를 저하시킬 만한 것이 아니라면 설령 그 표현이 다소 무례한 방법으로 표시되었다 하더라도 이를 두고 모욕죄의 구성요건에 해당한다고 볼 수 없다.

나. 갑 주식회사 해고자 신분으로 노동조합 사무장직을 맡아 노조활동을 하는 피고인이 노사 관계자 140여 명이 있는 가운데 큰 소리로 피고인보다 15세 연

장자로서 갑 회사 부사장인 을을 향해 "야 ○○아, ○○이 여기 있네, 니 이름이 ○○이잖아, ○○아 나오니까 좋지?" 등으로 여러 차례 을의 이름을 불러 을을 모욕하였다는 내용으로 기소된 사안이다.

다. 갑 회사는 노사분규로 노조와 사용자가 극심한 대립을 겪고 있고, 그러한 과정에서 사용자 측의 부당노동행위가 사실로 확인되는 등 노사간 갈등이 격화된 점, 을은 사용자 측 교섭위원들과 노사교섭을 하였다가 노조 간부 병이 을에게 욕설을 하여 교섭이 결렬되었다. 그 후 노사 양측이 교섭을 이어나갔으나 피고인과 병이 을에게 다시 욕설을 하여 노사교섭이 파행된 점, 을 등을 비롯한 관리자 40여 명이 시설관리권 행사 명목으로 노조가 설치한 미승인 게시물을 철거하기 위하여 모이자, 이를 제지하기 위해 노조 조합원 100여 명이 모여 서로 대치하였다. 그런데 피고인은 사용자 측의 게시물 철거행위가 노조활동을 방해하고 노동운동에 대해 간섭하는 것으로 여겨 화가 나 위와 같이 말하였던 점 및 피고인과 을의 관계, 피고인이 이러한 발언을 하게 된 경위, 발언의 의미와 전체적인 맥락, 발언을 한 장소와 발언 전후의 정황을 종합하면, 피고인의 위 발언은 상대방을 불쾌하게 할 수 있는 무례하고 예의에 벗어난 표현이기는 하다. 하지만 객관적으로 을의 인격적 가치에 대한 사회적 평가를 저하시킬 만한 모욕적 언사에 해당한다고 보기 어렵다. 이러한 이유로 이와 달리 본 원심판단에 형법상 모욕의 의미에 관한 법리를 오해한 잘못이 있다고 한 사례이다.

312. 제312조(고소와 피해자의 의사)

(1) 현행

第312條(告訴와 被害者의 意思)
① 第308條와 第311條의 罪는 告訴가 있어야 公訴를 제기할 수 있다. 〈改正 1995.12.29.〉
② 第307條와 第309條의 罪는 被害者의 明示한 意思에 反하여 公訴를 제기할 수 없다. 〈改正 1995.12.29.〉

제312조(고소와 피해자의 의사)
① 제308조와 제311조의 죄는 고소가 있어야 공소를 제기할 수 있다. 〈개정 1995.12.29〉
② 제307조와 제309조의 죄는 피해자의 명시한 의사에 반하여 공소를 제기할 수 없다. 〈개정 1995.12.29〉

(2) 개선방안

제1안 ★★★★★

제312조 삭제 후 개별 조문에 항을 신설하여 삽입함

제2안

제312조(고소와 피해자의사)

① 제308조 · 제311조 죄는 고소가 있어야 공소가 제기될 수 있다. 〈개정 1995.12.29〉

② 제307조 · 제309조 죄는 피해자 명시한 의사에 반하여 공소가 제기될 수 없다. 〈개정 1995.12.29.〉

【개정방향】

※ 제목변경

※ 명확성 · 간결성 · 가독성

※ 일본식 조사 '의' 삭제

※ 제2항 독립하여 명문화

※ 제3항 반의사불벌죄 명시

(3) 조문해설

가. 형법 제312조는 고소와 피해자의사를 규정하고 있다.

나. 주요내용을 보면, ① 제308조 · 제311조 죄는 고소가 있어야 공소가 제기될 수 있다. 〈개정 1995.12.29.〉 ② 제307조 · 제309조 죄는 피해자 명시한 의사에 반하여 공소가 제기될 수 없다. 〈개정 1995.12.29.〉

다. 형법 제312조는 삭제 후 개별 조문에 항을 신설하여 삽입하는 것이 타당하다. 왜냐하면 명확성과 가독성이 있기 때문이다.

제34장

信用, 業務와 競賣에 관한 罪

313. 제313조(신용훼손)

(1) 현행

第313條(信用毁損)
虛僞의 事實을 流布하거나 其他 僞計로써 사람의 信用을 毁損한 者는 5年 以下의 懲役 또는 1千500萬원 以下의 罰金에 處한다. 〈改正 1995.12.29.〉

제313조(신용훼손)
허위의 사실을 유포하거나 기타 위계로써 사람의 신용을 훼손한 자는 5년 이하의 징역 또는 1천500만원 이하의 벌금에 처한다. 〈개정 1995.12.29〉

(2) 개선방안

제1안 ★★★★★
제313조(신용훼손)
[3-1]**허위사실유포 · 위계로** 《[2]**타인 신용을**》 [3-2]**훼손한** [1]사람은 5년 이하 징역형 · 1천500만원 이하 벌금형으로 처벌된다. 〈개정 1995.12.29.〉

제2안
제313조(신용훼손)
[3-1]**허위사실유포 · 위계로** [2]사람 신용을 [3-2]**훼손한** [1]사람은 5년 이하 징역형 · 1천500만원 이하 벌금형으로 처벌된다. 〈개정 1995.12.29.〉

【개정방향】
※ 명확성 · 간결성 · 가독성
※ 일본식 조사 '의' 삭제
※ 타인: 자연인과 법인 · 법인격 없는 단체를 포함

※ 온점(·) 활용: (,)⇒(·) 형법 제157조와 제324조2(인질강요)에서 이미 사용 중
※ 국어문법정비
※ 위계(爲計): 계획을 세워 행함
※ 보호법익: 타인 신용. 보호정도: 추상적 위험범

(3) 조문해설

가. 형법 제313조는 신용훼손을 규정하고 있다.

나. 주요내용을 보면, 3-1허위사실유포·위계로 《2타인 신용을》 3-2훼손한 1사람은 5년 이하 징역형·1천500만원 이하 벌금형으로 처벌된다. 〈개정 1995.12.29.〉

314. 제314조(업무방해)

(1) 현행

第314條(業務妨害)

① 第313條의 方法 또는 威力으로써 사람의 業務를 妨害한 者는 5年 以下의 懲役 또는 1千500萬원 以下의 罰金에 處한다. 〈改正 1995.12.29.〉

② 컴퓨터등 情報處理裝置 또는 電磁記錄등 特殊媒體記錄을 損壞하거나 情報處理裝置에 허위의 情報 또는 부정한 命令을 入力하거나 기타 방법으로 情報處理에 障碍를 발생하게 하여 사람의 業務를 방해한 者도 第1項의 刑과 같다. 〈新設 1995.12.29.〉

제314조(업무방해)

① 제313조의 방법 또는 위력으로써 사람의 업무를 방해한 자는 5년 이하의 징역 또는 1천500만원 이하의 벌금에 처한다. 〈개정 1995.12.29〉

② 컴퓨터 등 정보처리장치 또는 전자기록 등 특수매체기록을 손괴하거나 정보처리장치에 허위의 정보 또는 부정한 명령을 입력하거나 기타 방법으로 정보처리에 장애를 발생하게 하여 사람의 업무를 방해한 자도 제1항의 형과 같다. 〈신설 1995.12.29〉

(2) 개선방안

제314조(업무방해)

① **허위사실유포·위계**·위력으로 《**타인 업무를**》 방해한 사람은 5년 이하 징역형·1천500만원 이하 벌금형으로 처벌된다. 〈개정 1995.12.29〉

② 다음 각 호 어느 하나 행위로 타인 업무를 방해한 사람은 5년 이하 징역형·1천500만원 이하 벌금형으로 처벌된다. 〈신설 1995.12.29.〉

1. 컴퓨터정보처리장치 · 전자기록특수매체기록 손괴
2. 정보처리장치에 허위정보 · 부정한 명령 입력
3. 그 밖의 방법으로 정보처리에 장애발생을 야기

【개정방향】
※ 명확성 · 간결성 · 가독성
※ 일본식 조사 '의' 삭제
※ 타인: 자연인과 법인 · 법인격 없는 단체를 포함
※ 개조식(세 가지 양태를 한 문장을 넣을 경우 가독성이 떨어짐)
※ 온점(·) 활용: (,) ⇒ (·) 형법 제157조와 제324조2(인질강요)에서 이미 사용 중
※ 국어문법정비. 추상적 위험범(판례)

(3) 조문해설

가. **형법 제314조는 업무방해를 규정하고 있다.**

나. 주요내용을 보면, ① 허위사실유포 · 위계 · 위력으로 《타인 업무를》 방해한 사람은 5년 이하 징역형 · 1천500만원 이하 벌금형으로 처벌된다. 〈개정 1995. 12. 29.〉 ② 다음 각 호 어느 하나 행위로 타인 업무를 방해한 사람은 5년 이하 징역형 · 1천500만원 이하 벌금형으로 처벌된다. 〈신설 1995.12.29.〉 1. 컴퓨터정보처리장치 · 전자기록특수매체기록 손괴, 2. 정보처리장치에 허위정보 · 부정한 명령 입력, 3. 그 밖의 방법으로 정보처리에 장애발생을 야기

(4) **| 관련판례 |** 대법원 2009. 11. 19. 선고 2009도4166 전원합의체 판결 [공무원이 직무상 수행하는 공무를 방해하는 행위를 업무방해죄로 의율할 수 있는지 여부(소극), 공공기관 민원실에서 민원인들이 위력에 해당하는 소란을 피운 행위에 대하여 업무방해죄의 성립을 인정한 원심판결을 파기한 사례]

[1] **[다수의견]**

가. 형법상 업무방해죄의 보호법익은 업무를 통한 사람의 사회적 · 경제적 활동을 보호하려는 데 있다. 그러므로 그 보호대상이 되는 '업무'란 직업 또는 계속적으로 종사하는 사무나 사업을 말한다. 여기서 '사무' 또는 '사업'은 단순히 경제적 활동만을 의미하는 것이 아니라 널리 사람이 그 사회생활상의 지위에서 계속적으로 행하는 일체의 사회적 활동을 의미한다.

나. 한편, 형법상 업무방해죄와 별도로 규정한 공무집행방해죄에서 '직무의 집행'이란 공무원이 직무상 취급할 수 있는 사무를 행하는 것을 의미한다. 그런데

이 죄의 보호법익이 공무원에 의하여 구체적으로 행하여지는 국가 또는 공공기관 기능을 보호하고자 하는 데 있다. 이 점을 감안할 때, 공무원의 직무집행이 적법한 경우에 한하여 공무집행방해죄가 성립한다. 여기에서 적법한 공무집행이란 그 행위가 공무원의 추상적 권한에 속할 뿐 아니라 구체적 직무집행에 관한 법률상 요건과 방식을 갖춘 경우를 가리키는 것으로 보아야 한다.

다. 이와 같이 업무방해죄와 공무집행방해죄는 그 보호법익과 보호대상이 상이할 뿐만 아니라 업무방해죄의 행위유형에 비하여 공무집행방해죄의 행위유형은 보다 제한되어 있다. 즉 공무집행방해죄는 폭행, 협박에 이른 경우를 구성요건으로 삼고 있을 뿐 이에 이르지 아니하는 위력 등에 의한 경우는 그 구성요건의 대상으로 삼고 있지 않다. 또한 형법은 공무집행방해죄 외에도 여러 가지 유형의 공무방해행위를 처벌하는 규정을 개별적·구체적으로 마련하여 두고 있다. 그러므로 이러한 처벌조항 이외에 공무의 집행을 업무방해죄에 의하여 보호받도록 하여야 할 현실적 필요가 적다는 측면도 있다.

라. 그러므로 **형법이 업무방해죄와는 별도로 공무집행방해죄를 규정하고 있는 것은 사적 업무와 공무를 구별하여 공무에 관해서는 공무원에 대한 폭행, 협박 또는 위계의 방법으로 그 집행을 방해하는 경우에 한하여 처벌하겠다는 취지라고 보아야 한다. 따라서 공무원이 직무상 수행하는 공무를 방해하는 행위에 대해서는 업무방해죄로 의율할 수는 없다고 해석함이 상당하다.**

[대법관 양승태, 대법관 안대희, 대법관 차한성 반대의견]

가. 공무원이 직무상 수행하는 공무 역시 공무원이라는 사회생활상의 지위에서 계속적으로 종사하는 사무이므로 업무방해죄의 '업무'의 개념에 당연히 포섭된다. 업무방해죄의 업무에 공무를 제외한다는 명문의 규정이 없는 이상 공무도 업무방해죄의 업무에 포함된다. 업무방해죄는 일반적으로 사람의 사회적·경제적 활동의 자유를 보호법익으로 하는 것이다. 공무원 개인에 대하여도 자신의 업무인 공무수행을 통한 인격발현 및 활동의 자유는 보호되어야 하므로 단순히 공무원이 영위하는 사무가 공무라는 이유만으로 업무방해죄의 업무에서 배제되어서는 아니 된다. 따라서 공무의 성질상 그 집행을 방해하는 자를 배제할 수 있는 강제력을 가지지 않은 공무원에 대하여 폭행, 협박에 이르지 않는 위력 등에 의한 저항 행위가 있는 경우에는 일반 개인에 대한 업무방해행위와 아무런 차이가 없으므로 업무방해죄로 처벌되어야 한다. 그리고 형법이 컴퓨터 등 정보처리장치에 대한 손괴나 데이터의 부정조작의 방법에 의한 업무방해죄의 규정을 신설하면서 같은 내용의 공무집행방해죄를 따로 규정하

지 않은 것은 컴퓨터 등 정보처리장치에 대한 손괴나 데이터의 부정조작의 방법에 의한 업무방해죄의 규정에 의하여 이러한 방법에 의한 공무방해행위를 처벌할 수 있기 때문이라고 보아야 한다. 한편 다수의견처럼 공무에 대하여는 업무방해죄가 성립하지 아니한다고 보게 되면 입법자가 예상하지 아니한 형벌의 불균형을 초래하고 현실적으로 공공기관에서 많은 민원인들의 감정적인 소란행위를 조장하는 결과를 초래하게 될 위험이 있다. 따라서 업무방해죄에 있어 '업무'에는 공무원이 직무상 수행하는 공무도 당연히 포함되는 것으로서 직무를 집행하는 공무원에게 폭행 또는 협박의 정도에 이르지 않는 위력을 가하여 그의 공무 수행을 방해한 경우에는 업무방해죄가 성립한다고 보아야 한다.

나. 지방경찰청 민원실에서 민원인들이 진정사건의 처리와 관련하여 지방경찰청장과의 면담 등을 요구하면서 이를 제지하는 경찰관들에게 큰소리로 욕설을 하고 행패를 부린 행위에 대하여, 경찰관들의 수사 관련 업무를 방해한 것이라는 이유로 업무방해죄의 성립을 인정한 원심판결에, 업무방해죄의 성립범위에 관한 법리를 오해한 위법이 있다고 한 사례이다.

다. 이 사안 경우 대법원 다수의견이 타당하다고 생각한다. 처벌 불균형과 공백은 새로운 처벌 규정을 두어 해결하는 방안이 타당하다.

(5) **| 관련판례 |** **대법원 2011. 3. 17. 선고 2007도482 전원합의체 판결** [쟁의행위로서 파업이 업무방해죄의 '위력'에 해당하는지 여부(한정 적극), 피고인을 비롯한 전국철도노동조합 집행부가 중앙노동위원회 위원장의 직권중재회부결정에도 불구하고 파업에 돌입할 것을 지시하여, 조합원들이 사업장에 출근하지 아니한 채 업무를 거부하여 사용자에게 손해를 입힌 사안에서, 피고인에 대한 업무방해의 공소사실을 유죄로 인정한 원심판결을 수긍한 사례] 파업과 업무방해

[1] **[다수의견]**

가. 업무방해죄는 위계 또는 위력으로써 사람의 업무를 방해한 경우에 성립한다(형법 제314조 제1항). '위력'이란 사람의 자유의사를 제압·혼란케 할 만한 일체의 세력을 말한다. 쟁의행위로서 파업(노동조합 및 노동관계조정법 제2조 제6호)도, 단순히 근로계약에 따른 노무의 제공을 거부하는 부작위에 그치지 아니하고 이를 넘어서 사용자에게 압력을 가하여 근로자의 주장을 관철하고자 집단적으로 노무제공을 중단하는 실력행사이므로, 업무방해죄에서 말하는 위력에 해당하는 요소를 포함하고 있다.

나. 근로자는 원칙적으로 헌법상 보장된 기본권으로서 근로조건 향상을 위한 자

주적인 단결권·단체교섭권 및 단체행동권을 가진다(헌법 제33조 제1항). 그러므로 쟁의행위로서 파업이 언제나 업무방해죄에 해당하는 것으로 볼 것은 아니다. 전후 사정과 경위 등에 비추어 사용자가 예측할 수 없는 시기에 전격적으로 이루어져 사용자의 사업운영에 심대한 혼란 내지 막대한 손해를 초래하는 등으로 사용자의 사업계속에 관한 자유의사가 제압·혼란될 수 있다고 평가할 수 있는 경우에 비로소 집단적 노무제공의 거부가 위력에 해당하여 업무방해죄가 성립한다고 보는 것이 타당하다.

다. 이와 달리, 근로자들이 집단적으로 근로의 제공을 거부하여 사용자의 정상적인 업무운영을 저해하고 손해를 발생하게 한 행위가 당연히 위력에 해당하는 것을 전제로 노동관계 법령에 따른 정당한 쟁의행위로서 위법성이 조각되는 경우가 아닌 한 업무방해죄를 구성한다는 취지로 판시한 대법원 1991. 4. 23. 선고 90도2771 판결, 대법원 1991. 11. 8. 선고 91도326 판결, 대법원 2004. 5. 27. 선고 2004도689 판결, 대법원 2006. 5. 12. 선고 2002도3450 판결, 대법원 2006. 5. 25. 선고 2002도5577 판결 등은 이 판결의 견해에 배치되는 범위 내에서 변경한다.

[대법관 박시환, 대법관 김지형, 대법관 이홍훈, 대법관 전수안, 대법관 이인복의 반대의견]

가. 다수의견은 폭력적인 수단이 동원되지 않은 채 단순히 근로자가 사업장에 출근하지 않음으로써 근로제공을 하지 않는 '소극적인 근로제공 중단', 즉 '단순 파업'이라고 하더라도 파업은 그 자체로 부작위가 아니라 작위적 행위라고 보아야 한다는 것이다. 그러나 이러한 견해부터 찬성할 수 없다. 근로자가 사업장에 결근하면서 근로제공을 하지 않는 것은 근로계약상의 의무를 이행하지 않는 부작위임이 명백하다. 근로자들이 쟁의행위의 목적에서 집단적으로 근로제공을 거부한 것이라는 사정이 존재하다고 하여 개별적으로 부작위인 근로제공의 거부가 작위로 전환된다고 할 수는 없다.

나. '단순 파업'을 다수의견의 견해와 달리 부작위라고 보더라도, 부작위에 의하여 위력을 행사한 것과 동일한 결과를 실현할 수 있고 근로자들이 그러한 결과 발생을 방지하여야 할 보증인적 지위에 있다고 볼 수 있다면, 비록 다수의견과 논거를 달리하지만 위력에 의한 업무방해죄의 성립을 인정할 수 있다. 그러나 일반적으로 사용자에게 근로자들의 단순 파업으로부터 기업활동의 자유라는 법익을 스스로 보호할 능력이 없다거나, 근로자들이 사용자에 대한 보호자의 지위에서 사태를 지배하고 있다고는 말할 수 없다. 무엇보다 근로자 측

에게 위법한 쟁의행위로서 파업을 해서는 안 된다는 작위의무를 인정하는 것은 서로 대립되는 개별적·집단적 법률관계의 당사자 사이에서 상대방 당사자인 사용자 또는 사용자단체에 대하여 당사자 일방인 근로자 측의 채무의 이행을 담보하는 보증인적 지위를 인정하자는 것이어서 받아들일 수 없다. 근로자들의 단순한 근로제공 거부는 그것이 비록 집단적으로 이루어졌다 하더라도 업무방해죄의 실행행위로서 사용자의 업무수행에 대한 적극적인 방해행위로 인한 법익침해와 동등한 형법가치를 가진다고 할 수도 없다.

다. 다수의견의 견해와 같이 '단순 파업'도 예외적인 상황에서는 작위로서 위력에 해당한다고 보는 입장에 서더라도, 위력의 해당 여부에 관하여 다수의견이 제시하는 판단 기준에는 찬성할 수 없다. 단순 파업이 쟁의행위로서 정당성의 요건을 갖추지 못하고 있더라도 개별적 근로관계의 측면이나 집단적 근로관계의 측면에서 모두 근본적으로 근로자 측의 채무불이행과 다를 바 없다. 그러므로 이를 위력의 개념에 포함시키는 것은 무엇보다 죄형법정주의의 관점에서 부당하다. 또한 파업 등 쟁의행위가 정당성을 결여한 경우 쟁의행위를 위법하게 하는 각각의 행위에 대하여는 노동조합 및 노동관계조정법에 별도의 처벌규정을 두고 있어 같은 법 위반죄로 처벌할 수 있다. 그러므로 위법한 단순 파업이 위력에 의한 업무방해죄를 구성하지 않는다 하더라도 위법의 원인행위 자체에 대한 처벌의 공백이 생기는 것이 아니다. 따라서 근로자들이 단결하여 소극적으로 근로제공을 거부하는 파업 등 쟁의행위를 하였으나 폭행·협박·강요 등의 수단이 수반되지 않는 한, 같은 법의 규정을 위반하여 쟁의행위로서 정당성을 갖추지 못하였다고 하더라도 당해 쟁의행위를 이유로 근로자를 형법상 업무방해죄로 처벌할 수는 없다. 근로자에게 민사상 채무불이행 책임을 부담시킴과 함께 근로자를 노동조합 및 노동관계조정법 위반죄로 처벌할 수 있을 뿐이며, 그것으로 충분하다.

라. 다수의견이 '단순 파업'이 쟁의행위로서 정당성이 없는 경우라 하여 언제나 위력에 해당한다고 볼 수 없다고 보아 위력의 개념을 어느 정도 제한하여 해석한 것은 종래 판례의 태도에 비추어 진일보한 입장이다. 그러나 다수의견이 제시하는 위력의 해당 여부에 관한 판단 기준에 의하더라도 과연 어떠한 경우를 전격적으로 이루어졌다고 볼 수 있을 것인지, 어느 범위까지를 심대한 혼란 또는 막대한 손해로 구분할 수 있을 것인지 반드시 명백한 것은 아니다. 따라서 다수의견의 해석론에 따른다 할지라도 형법 제314조 제1항에 규정한 '위력' 개념의 일반조항적 성격이 충분히 해소된 것은 아니다. 위력에 의한 업

무방해죄의 성립 여부가 문제되는 구체적 사례에서 자의적인 법적용의 우려가 남을 수밖에 없다.

[2] **[다수의견]**

피고인을 비롯한 전국철도노동조합 집행부가 중앙노동위원회 위원장의 직권중재회부결정에도 불구하고 파업에 돌입할 것을 지시하여, 조합원들이 전국 사업장에 출근하지 아니한 채 업무를 거부하여 철도 운행이 중단되도록 함으로써 한국철도공사에 영업수익 손실과 대체인력 보상금 등 막대한 손해를 입힌 사안이다. 중앙노동위원회 위원장의 중재회부보류결정의 경위 및 내용, 노동조합의 총파업 결의 이후에도 노사 간에 단체교섭이 계속 진행되다가 최종적으로 결렬된 직후 위 직권중재회부결정이 내려진 점을 감안할 때, **한국철도공사로서는 노동조합이 필수공익사업장으로 파업이 허용되지 않는 사업장**에서 구 노동조합 및 노동관계조정법(2006. 12. 30. 법률 제8158호로 개정되기 전의 것) 상 직권중재회부 시 쟁의행위 금지규정 등을 위반하면서까지 파업을 강행하리라고는 예측할 수 없었다 할 것이다. 나아가 파업의 결과 수백 회에 이르는 열차 운행이 중단되어 한국철도공사의 사업운영에 예기치 않은 중대한 손해를 끼쳤다. 이러한 사정들에 비추어, 위 **파업은 사용자의 자유의사를 제압·혼란케 할 만한 세력으로서 형법 제314조 제1항에서 정한 '위력'에 해당한다고 보기에 충분하다.** 이러한 이유로 같은 취지에서 피고인에 대한 업무방해의 공소사실을 유죄로 인정한 원심판결을 수긍한 사례이다.

[대법관 박시환, 대법관 김지형, 대법관 이홍훈, 대법관 전수안, 대법관 이인복의 반대의견]

위 사안에서, 전국철도노동조합의 조합원들이 단순히 근로제공을 거부하는 형태로 이루어진 위 파업은, 앞서 본 법리에 비추어 볼 때 형법 제314조 제1항에서 정한 '위력'에 해당한다고 볼 수 없다. 또한 다수의견의 법리에 비추어 보더라도 제반 사정을 종합할 때 위 파업이 예측할 수 없는 시기에 전격적으로 이루어졌다고 볼 수 없다. 파업의 수단 역시 폭력적 행동이나 달리 위법이라고 할 만한 언동 없이 집단적인 소극적 근로제공 거부에 그친 이상 그 손해가 파업의 전격성에 기한 것이었다고 단정할 수 없다. 그런데도 이와 반대의 전제에서 피고인에게 업무방해죄의 죄책을 인정한 원심판결에 법리오해의 위법이 있다고 한 사례이다.

(6) | 관련판례 | 대법원 2017. 12. 22. 선고 2017도13211 **판결** [부작위에 의한 업

무방해죄가 성립하기 위한 요건, 피고인이 갑과 토지 지상에 창고를 신축하는 데 필요한 형틀공사 계약을 체결한 후 그 공사를 완료하였는데, 갑이 공사대금을 주지 않는다는 이유로 위 토지에 쌓아 둔 건축자재를 치우지 않고 공사현장을 막는 방법으로 위력으로써 갑의 창고 신축 공사 업무를 방해하였다는 내용으로 기소된 사안에서, 공소사실을 유죄로 인정한 원심판결에 부작위에 의한 업무방해죄의 성립에 관한 법리오해의 잘못이 있다고 한 사례]

가. 업무방해죄와 같이 작위를 내용으로 하는 범죄를 부작위에 의하여 범하는 부진정 부작위범이 성립하기 위해서는 부작위를 실행행위로서의 작위와 동일시할 수 있어야 한다.

나. 피고인이 갑과 토지 지상에 창고를 신축하는 데 필요한 형틀공사 계약을 체결한 후 그 공사를 완료하였는데, 갑이 공사대금을 주지 않는다는 이유로 위 토지에 쌓아 둔 건축자재를 치우지 않고 공사현장을 막는 방법으로 위력으로써 갑의 창고 신축 공사 업무를 방해하였다는 내용으로 기소된 사안이다.

다. 피고인이 일부러 건축자재를 갑의 토지 위에 쌓아 두어 공사현장을 막은 것이 아니라 당초 자신의 공사를 위해 쌓아 두었던 건축자재를 공사 완료 후 치우지 않은 것에 불과하다. 비록 **공사대금을 받을 목적으로 건축자재를 치우지 않았더라도, 피고인이 자신의 공사를 위하여 쌓아 두었던 건축자재를 공사 완료 후에 단순히 치우지 않은 행위가 위력으로써 갑의 추가 공사 업무를 방해하는 업무방해죄의 실행행위로서 갑의 업무에 대하여 하는 적극적인 방해행위와 동등한 형법적 가치를 가진다고 볼 수 없다.** 이와 달리 보아 공소사실을 유죄로 인정한 원심판결에 부작위에 의한 업무방해죄의 성립에 관한 법리오해의 잘못이 있다.

라. 생각건대 피고인이 일부러 건축자재를 갑의 토지 위에 쌓아 둔 행위는 작위에 해당한다. 공사 완료 전까지 건축자재 현장적재는 업무의 일환이다. 그러나 공사 완료 후에도 건축자재 현장적재 행위가 계속되는 경우 이는 작위에 의한 업무방해행위로 볼 수 있다. 건축자재를 치우지 않은 것이 아니고, 공사 후에도 계속 쌓아 두고 공사현장을 막는 방법으로 위력을 행사한 것이다. 이 행위가 갑의 창고 신축 공사 업무를 방해한 것이다. 대법원 판결문 "건축자재를 공사 완료 후에 단순히 치우지 않은 행위가 위력으로써 갑의 추가 공사 업무를 방해하는 업무방해죄의 실행행위로서 갑의 업무에 대하여 하는 적극적인 방해행위와 동등한 형법적 가치를 가진다고 볼 수 없다"는 무리한 해석이라고 생각한다. 사안의 핵심은 피고인이 작위로 쌓아 놓은 건축자재가 업무를 방해한 것이다. 따라서 대법원 판결문 논지는 검토가 필요하다.

315. 제315조(경매, 입찰의 방해)

(1) 현행

第315條(競賣, 入札의 妨害)
僞計 또는 威力 其他 方法으로 競賣 또는 入札의 公正을 害한 者는 2年 以下의 懲役 또는 700萬원 以下의 罰金에 處한다. 〈改正 1995.12.29.〉

제315조(경매, 입찰의 방해)
위계 또는 위력 기타 방법으로 경매 또는 입찰의 공정을 해한 자는 2년 이하의 징역 또는 700만원 이하의 벌금에 처한다. 〈개정 1995.12.29〉

(2) 개선방안

제315조(경매방해 · 입찰방해)
위계 · 위력 · 그 밖의 방법으로 **《경매공정 · 입찰공정을》 침해한 사람은** 2년 이하 징역형 · 700만원 이하 벌금형으로 처벌된다. 〈개정 1995.12.29.〉

【개정방향】
※ 제목변경
※ 명확성 · 간결성 · 가독성
※ 일본식 조사 '의' 삭제
※ 온점(·) 활용: (,) ⇒ (·) 형법 제157조와 제324조2(인질강요)에서 이미 사용 중
※ 국어문법정비
※ 보호법익: 경매 · 입찰 공정성
※ 보호정도: 추상적 위험범

(3) 조문해설

가. 형법 제315조는 경매방해 · 입찰방해를 규정하고 있다.

나. 주요내용을 보면, 위계 · 위력 · 그 밖의 방법으로 《경매공정 · 입찰공정을》 침해한 사람은 2년 이하 징역형 · 700만원 이하 벌금형으로 처벌된다. 〈개정 1995.12.29.〉

다. 담합행위가 무모한 출혈경쟁을 방지할 목적으로 상거래질서에 비추어 상당한 수단인 경우 형법 제20조 사회상규에 위배되지 아니하는 행위로 위법성이 조각된다.

제35장

秘密侵害의 罪

316. 제316조(비밀침해)

(1) 현행

第316條(秘密侵害)
① 封緘 其他 秘密裝置한 사람의 便紙, 文書 또는 圖畫를 開封한 者는 3年 以下의 懲役이나 禁錮 또는 500萬원 以下의 罰金에 處한다. 〈改正 1995.12.29.〉
② 封緘 기타 秘密裝置한 사람의 便紙, 文書, 圖畵 또는 電磁記錄등 特殊媒體記錄을 技術的 手段을 이용하여 그 내용을 알아낸 者도 第1項의 刑과 같다. 〈新設 1995.12.29.〉

제316조(비밀침해)
① 봉함 기타 비밀장치한 사람의 편지, 문서 또는 도화를 개봉한 자는 3년 이하의 징역이나 금고 또는 500만원 이하의 벌금에 처한다. 〈개정 1995.12.29〉
② 봉함 기타 비밀장치한 사람의 편지, 문서, 도화 또는 전자기록 등 특수매체기록을 기술적 수단을 이용하여 그 내용을 알아낸 자도 제1항의 형과 같다. 〈신설 1995.12.29〉

(2) 개선방안

1안
제316조(비밀침해)
① 봉함·그 밖에 비밀장치한 **타인** 편지·문서·도화를 개봉한 사람은 3년 이하 징역형·3년 이하 금고형·500만원 이하 벌금형으로 처벌된다. 〈개정 1995.12.29〉
② 봉함·그 밖에 비밀장치한 타인 편지·문서·도화·전자기록 등 특수매체기록을 기술수단을 이용하여 내용을 알아낸 사람은 3년 이하 징역형·3년 이하 금고형·500만원 이하 벌금형으로 처벌된다. 〈신설 1995.12.29.〉

2안 ★★★★★
제316조(비밀침해)
① 봉함·그 밖에 비밀장치한 **타인** 편지·타인 문서·타인 도화를 개봉한 사람은 3

년 이하 징역형 · 3년 이하 금고형 · 500만원 이하 벌금형으로 처벌된다. 〈개정 1995.12.29〉

② 봉함 · 그 밖에 비밀장치한 타인 편지 · 타인 문서 · 타인 도화 · 타인 전자기록 등 특수매체기록을 기술수단을 이용하여 내용을 알아낸 사람은 3년 이하 징역형 · 3년 이하 금고형 · 500만원 이하 벌금형으로 처벌된다. 〈신설 1995.12.29.〉

【개정방향】

※ 명확성 · 간결성 · 가독성

※ 일본식 조사 '의' 삭제

※ 온점(·) 활용: (,) ⇒ (·) 형법 제157조와 제324조2(인질강요)에서 이미 사용 중

※ **입법부는 『사람』을 명확히 규정하고 있음. 타인으로 개정하는 것이 타당함. 타인은 자연인과 법인 · 법인격 없는 단체를 포함함**

(3) 조문해설

가. 형법 제316조는 비밀침해를 규정하고 있다.

나. 주요내용을 보면, ① 봉함 · 그 밖에 비밀장치한 타인 편지 · 타인 문서 · 타인 도화를 개봉한 사람은 3년 이하 징역형 · 3년 이하 금고형 · 500만원 이하 벌금형으로 처벌된다. 〈개정 1995.12.29.〉 ② 봉함 · 그 밖에 비밀장치한 타인 편지 · 타인 문서 · 타인 도화 · 타인 전자기록 등 특수매체기록을 기술수단을 이용하여 내용을 알아낸 사람은 3년 이하 징역형 · 3년 이하 금고형 · 500만원 이하 벌금형으로 처벌된다. 〈신설 1995.12.29.〉

317. 제317조(업무상비밀누설)

(1) 현행

第317條(業務上秘密漏泄)

① 醫師, 韓醫師, 齒科醫師, 藥劑師, 藥種商, 助産師, 辯護士, 辨理士, 公認會計士, 公證人, 代書業者나 그 職務上 補助者 또는 此等의 職에 있던 者가 그 職務處理中 知得한 他人의 秘密을 漏泄한 때에는 3年 以下의 懲役이나 禁錮, 10年 以下의 資格停止 또는 700萬원 以下의 罰金에 處한다. 〈改正 1995.12.29., 1997.12.13.〉

② 宗敎의 職에 있는 者 또는 있던 者가 그 職務上 知得한 사람의 秘密을 漏泄한 때에도 前項의 刑과 같다.

제317조(업무상비밀누설)

① 의사, 한의사, 치과의사, 약제사, 약종상, 조산사, 변호사, 변리사, 공인회계사, 공증인, 대

서업자나 그 직무상 보조자 또는 차등의 직에 있던 자가 그 직무처리 중 지득한 타인의 비밀을 누설한 때에는 3년 이하의 징역이나 금고, 10년 이하의 자격정지 또는 700만원 이하의 벌금에 처한다. 〈개정 1995.12.29, 1997.12.13〉
② 종교의 직에 있는 자 또는 있던 자가 그 직무상 지득한 사람의 비밀을 누설한 때에도 전항의 형과 같다.

(2) 개선방안

제317조(업무비밀누설)

① [1]**의사 · 한의사 · 치과의사 · 약제사 · 약종상 · 조산사 · 간호사 · 간호조무사 · 생식세포연구자 · 그 보조자 · 변호사 · 변리사 · 법무사 · 공인회계사 · 공증인 · 행정사 · 그 직무보조자 · 차등직에 있던 사람이** [2]직무처리 중 지득한 타인 비밀을 [3]누설한 경우 3년 이하 징역형 · 3년 이하 금고형 · 10년 이하 자격정지형 · 700만원 이하 벌금형으로 처벌된다. 〈개정 1995.12.29, 1997.12.13〉

② [1]**종교직에 종사하는 사람 · 종교직에 종사하였던 사람이** [2]직무처리 중 지득한 다른 사람 비밀을 [3]누설한 경우 3년 이하 징역형 · 3년 이하 금고형 · 10년 이하 자격정지형 · 700만원 이하 벌금형으로 처벌된다.

③ **전문심리위원 · 전문심리위원이었던 사람이 직무수행 중 알게 된 다른 사람 비밀을 누설한 경우 2년 이하 징역형 · 2년 이하 금고형 · 1천만원 이하 벌금형으로 처벌된다. 〈신설〉 형사소송법 제279조7(비밀누설죄) 이동함**

④ [1]**국립과 시립 그리고 사립을 포함한 모든 유치원 · 초등학교 · 중등학교 · 고등학교 · 대학교 · 대학원 교원과 행정직원이** [2]**직무처리 중 지득한 타인 비밀을** [3]**누설한 경우 3년 이하 징역형 · 3년 이하 금고형 · 10년 이하 자격정지형 · 700만원 이하 벌금형으로 처벌된다.**

【개정방향】

※ 제목변경

※ 명확성 · 간결성 · 가독성

※ 일본식 조사 '의' 삭제 · 중국식 조사 '상' 삭제

※ **醫師, 韓醫師, 齒科醫師, 藥劑師, 藥種商, 助産師, 辯護士, 辨理士, 公認會計士, 公證人, 代書業者나 그 職務上 補助者 또는 此等의 職에 있던 者가 ⇒ 의사 · 한의사 · 치과의사 · 약제사 · 약종상 · 조산사 · 간호사 · 간호조무사 · 생식세포연구자와 그 보조자 · 변호사 · 변리사 · 법무사 · 공인회계사 · 공증인 · 행정사 · 그 직무보조자 · 차등직에 있던 사람이**

※ **宗敎의 職에 있는 者 또는 있던 者가 ⇒ 종교직에 종사하는 사람 · 종교직에 종사하**

였던 사람이
※ 온점(·) 활용: (,)⇒(·) 형법 제157조와 제324조2(인질강요)에서 이미 사용 중
※ 국어문법정비
※ 입법부는 『제1항 타인과 제2항 사람』을 명확히 구분하고 있음. 타인은 자연인과 법인을 포함함
※ 제3항 신설 필요. **전문심리위원 · 전문심리위원이었던 사람이 직무수행 중 알게 된 다른 사람 비밀을 누설한 경우 2년 이하 징역형 · 2년 이하 금고형 · 1천만원 이하 벌금형으로 처벌된다. 〈신설〉 형사소송법 제279조7(비밀누설죄) 이동함**
※ 제4항 신설 필요. 행위주체 확대. **국립과 시립 그리고 사립을 포함한 모든 유치원 · 초등학교 · 중등학교 · 고등학교 · 대학교 · 대학원 교원과 행정직원이. 개인정보 보호법 참조**

(3) 조문해설

가. 형법 제317조는 업무비밀누설을 규정하고 있다.

나. 주요내용을 보면, ① [1]**의사 · 한의사 · 치과의사 · 약제사 · 약종상 · 조산사 · 간호사 · 간호조무사 · 생식세포연구자와 그 보조자 · 변호사 · 변리사 · 법무사 · 공인회계사 · 공증인 · 행정사 · 그 직무보조자 · 차등직에 있던 사람이** [2]직무처리 중 지득한 타인 비밀을 [3]누설한 경우 3년 이하 징역형 · 3년 이하 금고형 · 10년 이하 자격정지형 · 700만원 이하 벌금형으로 처벌된다. 〈개정 1995.12.29., 1997.12.13〉 ② [1]**종교직에 종사하는 사람 · 종교직에 종사하였던 사람이** [2]직무처리 중 지득한 다른 사람 비밀을 [3]누설한 경우 3년 이하 징역형 · 3년 이하 금고형 · 10년 이하 자격정지형 · 700만원 이하 벌금형으로 처벌된다. ③ **전문심리위원 · 전문심리위원이었던 사람이 직무수행 중 알게 된 다른 사람 비밀을 누설한 경우 2년 이하 징역형 · 2년 이하 금고형 · 1천만원 이하 벌금형으로 처벌된다. 〈신설〉 형사소송법 제279조7(비밀누설죄) 이동함** ④ [1]**국립과 시립 그리고 사립을 포함한 모든 유치원 · 초등학교 · 중등학교 · 고등학교 · 대학교 · 대학원 교원과 행정직원이** [2]**직무처리 중 지득한 타인 비밀을** [3]**누설한 경우 3년 이하 징역형 · 3년 이하 금고형 · 10년 이하 자격정지형 · 700만원 이하 벌금형으로 처벌된다.**

다. 형법 제317조 업무비밀누설은 다른 법률을 참고하여 전체 정비가 필요하다. 개인정보보호법 · 변호사법 · 생명윤리법 · 의료법 · 그 밖에 특별법을 모두 검토할 필요가 있다. 나의 개정안이 참고가 될 수 있을 것이다.

318. 제318조(고소)

(1) 현행

第318條(告訴)
本章의 罪는 告訴가 있어야 公訴를 제기할 수 있다. 〈改正 1995.12.29.〉

제318조(고소)
본장의 죄는 고소가 있어야 공소를 제기할 수 있다. 〈개정 1995.12.29〉

(2) 개선방안

제318조(고소)
제35장 비밀침해죄는 고소가 있어야 공소가 제기될 수 있다. 〈개정 1995.12.29.〉

【개정방향】
※ 명확성 · 간결성 · 가독성
※ 일본식 조사 '의' 삭제
※ 국어문법정비: 능동태 ⇒ 수동태
※ 형법 제316조 비밀침해와 형법 제317조 업무비밀누설에 항을 신설하여 규정하는 방안도 검토가 필요하다.

(3) 조문해설

가. 형법 제318조는 고소를 규정하고 있다.

나. 주요내용을 보면, 제35장 비밀침해죄는 고소가 있어야 공소가 제기될 수 있다. 〈개정 1995.12.29.〉

제36장

住居侵入의 罪

319. 제319조(주거침입, 퇴거불응)

(1) 현행

第319條(住居侵入, 退去不應)
① 사람의 住居, 관리하는 建造物, 船舶이나 航空機 또는 占有하는 房室에 侵入한 者는 3年 以下의 懲役 또는 500萬원 以下의 罰金에 處한다. 〈改正 1995.12.29.〉
② 前項의 場所에서 退去要求를 받고 應하지 아니한 者도 前項의 刑과 같다.

제319조(주거침입, 퇴거불응)
① 사람의 주거, 관리하는 건조물, 선박이나 항공기 또는 점유하는 방실에 침입한 자는 3년 이하의 징역 또는 500만원 이하의 벌금에 처한다. 〈개정 1995.12.29〉
② 전항의 장소에서 퇴거요구를 받고 응하지 아니한 자도 전항의 형과 같다.

(2) 개선방안

제319조(주거침입 · 퇴거불응)
① 사람주거 · 관리건조물 · **선박 · 항공기** · 점유방실에 주간 · 야간에 침입한 사람은 3년 이하 징역형 · 500만원 이하 벌금형으로 처벌된다. 〈개정 1995.12.29〉
② **제1항 장소에서 주간 · 야간에 퇴거요구를 받고 응하지 아니한 사람은 3년 이하 징역형 · 500만원 이하 벌금형으로 처벌된다.**

【개정방향】
※ 제목변경
※ 명확성 · 간결성 · 가독성
※ 일본식 조사 '의' 삭제
※ 온점(·) 활용: (,) ⇒ (·) 형법 제157조와 제324조2(인질강요)에서 이미 사용 중
※ 국어문법정비

※ 행위시점 명시함: 주간 · 야간에
※ 제2항은 온전한 구성요건으로 정비함
※ 침입(侵入): 신체 일부가 들어감. 범죄목적(+)
※ 보호법익: 사생활 평온. 침해범

(3) 조문해설

가. 형법 제319조는 주거침입 · 퇴거불응을 규정하고 있다.

나. 주요내용을 보면, ① 사람주거 · 관리건조물 · 선박 · 항공기 · 점유방실에 주간 · 야간에 침입한 사람은 3년 이하 징역형 · 500만원 이하 벌금형으로 처벌된다. 〈개정 1995.12.29.〉 ② 제1항 장소에서 주간 · 야간에 퇴거요구를 받고 응하지 아니한 사람은 3년 이하 징역형 · 500만원 이하 벌금형으로 처벌된다.

(4) **| 관련판례 |** 대법원 1984. 6. 26. **선고 83도685 판결** [거주자 중 1인의 승낙은 있으나 다른 거주자의 의사에 반하여 주거에 출입하는 경우 주거침입죄 성부, 남편 부재중 간통 목적으로 처의 승낙하에 주거에 들어간 경우 주거침입죄 성부(적극)] 주거침입죄 보호법익

가. 형법상 주거침입죄 보호법익은 주거권이라는 법적 개념이 아니다. 사적 생활관계에서 사실상 주거의 자유와 평온으로서 그 주거에서 공동생활을 하고 있는 전원이 평온을 누릴 권리가 있다 할 것이다. 그러나 복수 주거권자가 있는 경우 한 사람 승낙이 다른 거주자 의사에 직접 · 간접으로 반하는 경우 그에 의한 주거 출입은 그 의사에 반한 사람의 주거의 평온, 즉 주거의 지배 · 관리의 평온을 해치는 결과가 된다. 그러므로 주거침입죄가 성립한다.

나. 동거자 중의 1인이 부재중인 경우라도 주거 지배관리관계가 외관상 존재하는 상태로 인정되는 한 위 법리에는 영향이 없다고 볼 것이다. 남편이 일시 부재중 간통 목적하에 그 처의 승낙을 얻어 주거에 들어간 경우라도, 남편 주거에 대한 지배관리관계는 여전히 존속한다고 봄이 옳다. 사회통념상 간통 목적으로 주거에 들어오는 것은 남편 의사에 반한다고 보여진다. 그러므로 처의 승낙이 있었다 하더라도, 남편의 주거의 사실상의 평온은 깨어졌다 할 것이다. 그러므로 이 경우 주거침입죄가 성립한다.

(5) **| 관련판례 |** 대법원 2010. 4. 29. **선고 2009도14643 판결** [주거침입죄에서 침입행위의 객체인 '건조물'에 포함되는 '위요지'의 의미, 차량 통행이 빈번한 도로에 바로 접하여 있고, 도로에서 주거용 건물, 축사 4동 및 비닐하우스 2동으로 이루어진

시설로 들어가는 입구 등에 그 출입을 통제하는 문이나 담 기타 인적·물적 설비가 전혀 없고 노폭 5m 정도의 통로를 통하여 누구나 축사 앞 공터에 이르기까지 자유롭게 드나들 수 있는 사실 등을 이유로, 차를 몰고 위 통로로 진입하여 축사 앞 공터까지 들어간 행위가 주거침입에 해당한다고 본 원심판단에 법리오해 등의 위법이 있다고 한 사례] 주거침입죄 객체 – 위요지(圍繞地)

가. 주거침입죄에서 침입행위의 객체인 '건조물'은 주거침입죄가 사실상 주거 평온을 보호법익으로 한다. 이 점에 비추어 엄격한 의미에서 건조물 그 자체뿐만이 아니라 그에 부속하는 위요지를 포함한다고 할 것이다.

나. 여기서 위요지(圍繞地)라고 함은 건조물에 인접한 그 주변의 토지로서 외부와의 경계에 담 등이 설치되어 그 토지가 건조물의 이용에 제공되고 또 외부인이 함부로 출입할 수 없다는 점이 객관적으로 명확하게 드러나야 한다.

다. 따라서 건조물의 이용에 기여하는 인접의 부속 토지라고 하더라도 인적 또는 물적 설비 등에 의한 구획 내지 통제가 없어 통상의 보행으로 그 경계를 쉽사리 넘을 수 있는 정도라고 한다면, 일반적으로 외부인의 출입이 제한된다는 사정이 객관적으로 명확하게 드러났다고 보기 어렵다. 그러므로 이는 다른 특별한 사정이 없는 한 주거침입죄의 객체에 속하지 아니한다고 봄이 상당하다.

320. 제320조(특수주거침입)

(1) 현행

第320條(特殊住居侵入)
團體 또는 多衆의 威力을 보이거나 危險한 物件을 携帶하여 前條의 罪를 犯한 때에는 5年 以下의 懲役에 處한다.

제320조(특수주거침입)
단체 또는 다중의 위력을 보이거나 위험한 물건을 휴대하여 전조의 죄를 범한 때에는 5년 이하의 징역에 처한다.

(2) 개선방안

제1안
제320조(특수주거침입)
단체위력·다중위력·위험물건을 보이고 **제319조 제1항·제2항 죄를 범한 사람은** 5년 이하 징역형으로 처벌된다.

제2안 ★★★★★
제320조(특수주거침입)
다음 각 호 어느 하나의 행위로 **제319조 제1항·제2항 죄를 범한 사람은** 5년 이하 징역형으로 처벌된다.
1. 단체위력을 보임
2. 다중위력을 보임
3. 위험물건을 보임

【개정방향】
※ 명확성·간결성·가독성
※ 일본식 조사 '의' 삭제
※ 개조식
※ 온점(·) 활용: (,)⇒(·) 형법 제157조와 제324조2(인질강요)에서 이미 사용 중
※ 국어문법정비
※ **흉기를 몸에 지니고 주거침입한 경우까지 특수주거침입으로 보면 과도하다는 비판도 있음. 휴대⇒보임으로 수정함**
※ 전조의 죄⇒제319조 제1항·제2항 죄

(3) 조문해설

가. 형법 제320조는 특수주거침입을 규정하고 있다.
나. 주요내용을 보면, 다음 각 호 어느 하나의 행위로 제319조 제1항·제2항 죄를 범한 사람은 5년 이하 징역형으로 처벌된다. 1. 단체위력을 보임, 2. 다중위력을 보임, 3. 위험물건을 보임

321. 제321조(주거·신체 수색)

(1) 현행

第321條(住居·身體 搜索)
사람의 身體, 住居, 관리하는 建造物, 自動車, 船舶이나 航空機 또는 占有하는 房室을 搜索한 者는 3年 以下의 懲役에 處한다. 〈改正 1995.12.29.〉

제321조(주거·신체 수색)
사람의 신체, 주거, 관리하는 건조물, 자동차, 선박이나 항공기 또는 점유하는 방실을 수색한 자는 3년 이하의 징역에 처한다. 〈개정 1995.12.29〉

(2) 개선방안

제1안

제321조(주거수색 · 신체수색)

다른사람신체 · 타인주거 · 관리건조물 · 자동차 · **선박** · **항공기** · 점유방실을 주간 · 야간에 수색한 사람은 3년 이하 징역형으로 처벌된다. 〈개정 1995.12.29.〉

제2안 ★★★★★

제321조(주거수색 · 신체수색)

다른사람신체 · 타인주거 · 타인관리건조물 · 타인자동차 · **타인선박** · **타인항공기** · **타인** 점유방실을 주간 · 야간에 수색한 사람은 3년 이하 징역형으로 처벌된다. 〈개정 1995.12.29.〉

【개정방향】

※ 제목변경

※ 명확성 · 간결성 · 가독성

※ 일본식 조사 '의' 삭제

※ 온점(·) 활용: (,) ⇒ (·) 형법 제157조와 제324조2(인질강요)에서 이미 사용 중

※ 국어문법정비

※ 입법부는 『사람』을 명확히 규정하고 있음. 『사람신체와 타인주거』로 개정하는 것이 타당함. 타인은 자연인과 법인 · 법인격 없는 단체를 포함함

(3) 조문해설

가. 형법 제321조는 주거수색 · 신체수색을 규정하고 있다.

나. 주요내용을 보면, 다른사람신체 · 타인주거 · 타인관리건조물 · 타인자동차 · 타인선박 · 타인항공기 · 타인점유방실을 주간 · 야간에 수색한 사람은 3년 이하 징역형으로 처벌된다. 〈개정 1995.12.29.〉

322. 제322조(미수범)

(1) 현행

第322條(未遂犯)

本章의 未遂犯은 處罰한다.

제322조(미수범)

본장의 미수범은 처벌한다.

(2) 개선방안

제322조(미수범)
제36장 주거침입죄 미수범은 처벌된다.

【개정방향】
※ 명확성 · 간결성 · 가독성
※ 일본식 조사 '의' 삭제
※ 국어문법정비

(3) 조문해설

가. 형법 제322조는 미수범을 규정하고 있다.

나. 주요내용을 보면, 제36장 주거침입죄 미수범은 처벌된다.

제37장

權利行使를 妨害하는 罪

323. 제323조(권리행사방해)

(1) 현행

第323條(權利行使妨害)
他人의 占有 또는 權利의 目的이 된 自己의 물건 또는 電磁記錄등 特殊媒體記錄을 取去, 隱匿 또는 損壞하여 他人의 權利行使를 妨害한 者는 5年 以下의 懲役 또는 700萬원 以下의 罰金에 處한다. 〈改正 1995.12.29.〉

제323조(권리행사방해)
타인의 점유 또는 권리의 목적이 된 자기의 물건 또는 전자기록 등 특수매체기록을 취거, 은닉 또는 손괴하여 타인의 권리행사를 방해한 자는 5년 이하의 징역 또는 700만원 이하의 벌금에 처한다. 〈개정 1995.12.29〉

(2) 개선방안

제1안
제323조(권리행사방해)
[3-1]**타인 점유 · 권리 목적이 된 자기물건 · 자기전자기록 등 특수매체기록을 취거 · 은닉 · 손괴하여 《[2]타인 권리행사를》 [3-2]방해한** [1]사람은 5년 이하 징역형 · 700만원 이하 벌금형으로 처벌된다. 〈개정 1995.12.29.〉

【개정방향】
※ 명확성 · 간결성 · 가독성
※ 일본식 조사 '의' 삭제
※ 국어문법정비
※ 입법부는 『타인』을 명확히 규정하고 있음. 타인은 자연인과 법인을 포함함
※ 보호법익: 소유권 이외 물건 · 채권. 보호정도: 위험범

※ 제323조와 제328조 통합방안
형법 제328조(친족간범행과 고소)
① 직계혈족 · 배우자 · 동거친족 · 동거가족 · 그 배우자간 제323조 죄를 범한 사람은 형이 면제된다. 〈개정 2005.3.31〉
② 제1항 이외 친족간에 제323조 죄를 범한 사람은 고소가 있어야 공소가 제기될 수 있다. 〈개정 1995.12.29〉
③ 제1항 · 제2항 신분관계가 없는 공범은 제1항 · 제2항이 적용되지 않는다.

제2안
제323조(권리행사방해)
[3-1]**타인 점유 · 권리 목적이 된 자기물건 · 자기전자기록 등 특수매체기록을 취거 · 은닉 · 손괴하여** [2]**타인 권리행사를** [3-2]**방해한** [1]사람은 5년 이하 징역형 · 700만원 이하 벌금형으로 처벌된다. 〈개정 1995.12.29.〉

제323조2(친족간범행과 고소)
① 직계혈족 · 배우자 · 동거친족 · 동거가족 · 그 배우자간 제323조 죄를 범한 사람은 형이 면제된다. 〈개정 2005.3.31〉
② 제1항 이외 친족간에 제323조 죄를 범한 사람은 고소가 있어야 공소가 제기될 수 있다. 〈개정 1995.12.29〉
③ 제1항 · 제2항 신분관계가 없는 공범은 제1항 · 제2항이 적용되지 않는다.

제3안 ★★★★★
제323조(권리행사방해 · 친족간범행과 고소)
① [3-1]**타인 점유 · 권리 목적이 된 자기물건 · 자기전자기록 등 특수매체기록을 취거 · 은닉 · 손괴하여** [2]**타인 권리행사를** [3-2]**방해한** [1]사람은 5년 이하 징역형 · 700만원 이하 벌금형으로 처벌된다. 〈개정 1995.12.29.〉
② 직계혈족 · 배우자 · 동거친족 · 동거가족 · 그 배우자 사이에서 제1항 죄를 범한 사람은 형이 면제된다. 〈개정 2005.3.31〉
③ 제2항 이외 친족 사이에서 제1항 죄를 범한 사람은 고소가 있어야 공소가 제기될 수 있다. 〈개정 1995.12.29〉
④ 제2항 · 제3항 신분관계가 없는 공범은 제2항 · 제3항이 적용되지 않는다.

(3) 조문해설

가. 형법 제323조는 권리행사방해 · 친족간범행과 고소를 규정하고 있다.
나. 주요내용을 보면, ① [3-1]타인 점유 · 권리 목적이 된 자기물건 · 자기전자기록 등 특수매체기록을 취거 · 은닉 · 손괴하여 [2]타인 권리행사를 [3-2]방해한 [1]사람

은 5년 이하 징역형·700만원 이하 벌금형으로 처벌된다. 〈개정 1995.12.29.〉 ② 직계혈족·배우자·동거친족·동거가족·그 배우자 사이에서 제1항 죄를 범한 사람은 형이 면제된다. 〈개정 2005.3.31.〉 ③ 제2항 이외 친족 사이에서 제1항 죄를 범한 사람은 고소가 있어야 공소가 제기될 수 있다. 〈개정 1995.12.29.〉 ④ 제2항·제3항 신분관계가 없는 공범은 제2항·제3항이 적용되지 않는다.

(4) | 관련판례 | 대법원 2005. 9. 9. 선고 2005도626 판결 [배우자에게 명의신탁한 부동산이 권리행사방해죄에서 말하는 '자기의 물건'에 해당하는지 여부(소극), 피고인이 이른바 중간생략등기형 명의신탁 또는 계약명의신탁의 방식으로 자신의 처에게 등기명의를 신탁해 놓은 점포에 자물쇠를 채워 점포의 임차인을 출입하지 못하게 한 경우, 그 점포가 권리행사방해죄의 객체인 '자기의 물건'에 해당하지 않는다고 한 사례] 명의신탁 부동산과 권리행사방해죄

가. 부동산 실권리자명의 등기에 관한 법률 제8조는 배우자 명의로 부동산에 관한 물권을 등기한 경우에 조세포탈, 강제집행의 면탈 또는 법령상 제한의 회피를 목적으로 하지 아니한 때에는 제4조 내지 제7조 및 제12조 제1항, 제2항의 규정을 적용하지 아니한다고 규정하고 있다. 만일 명의신탁자가 그러한 목적으로 명의신탁을 함으로써 명의신탁이 무효로 되는 경우에는 말할 것도 없다. 그러한 목적이 없어서 유효한 명의신탁이 되는 경우에도 제3자인 부동산의 임차인에 대한 관계에서는 명의신탁자는 소유자가 될 수 없다. 그러므로 어느 모로 보나 신탁한 부동산이 권리행사방해죄에서 말하는 '자기의 물건'이라 할 수 없다.

나. **피고인이 이른바 중간생략등기형 명의신탁 또는 계약명의신탁의 방식으로 자신의 처에게 등기명의를 신탁하여 놓은 점포에 자물쇠를 채워 점포의 임차인을 출입하지 못하게 한 경우, 그 점포가 권리행사방해죄의 객체인 자기의 물건에 해당하지 않는다**고 한 사례이다.

다. 피고인 1은 부산 (이하 주소 생략) 소재 (건물명칭 생략)의 실소유자로서 실내건축 및 건물임대업체인 주식회사 (회사명칭 생략)를 운영하는 자이다. 피고인 3은 위 (건물명칭 생략)의 관리인으로서, 피고인 1이 2002. 9. 20.경 피해자공소외 1에게 위 빌딩 1층 103호를 임대보증금 30,000,000원에 임대하면서 위 103호의 실내장식공사를 15,000,000원에 하여 주기로 약정하고 그 공사를 진행하고 있었다. 그러던 중 피고인 1, 피고인 3은 공모하여, 2002. 10. 24.경 위 (건물명칭 생략) 1층 103호에서 피고인 1은 피해자공소외 1의 동생인공소외

2와 위 실내장식공사 대금 문제로 다툰 일로 화가 나 피고인 3에게 위 103호의 문에 자물쇠를 채우라고 지시하였다. 피고인은 위 103호에 자물쇠를 채워 피해자로 하여금 위 점포에 출입을 못하게 하여 타인의 점유의 목적이 된 자기 물건에 대한 권리행사를 방해하였다는 것이다.

라. 생각건대 피고인은 건물에 대한 명의신탁자이다. 명의신탁이 무효이든 유효이든 명의신탁자는 제3자에 대하여 소유자가 될 수 없다. 따라서 권리행사방해죄의 주체가 될 수 없다. 또한 이 건물은 명의신탁자의 입장에서 '자기의 물건'이 아니다. 따라서 권리행사방해죄의 객체가 될 수가 없다. 피고인 행위로 피해자 업무가 방해될 정도로 위험이 발생하였다면, 형법 제314조 업무방해죄에 해당한다.

324. 제324조(강요)

(1) 현행

第324條(强要)
① 暴行 또는 脅迫으로 사람의 權利行使를 방해하거나 義務없는 일을 하게 한 者는 5년 이하의 징역 또는 3천만원 이하의 벌금에 處한다. 〈改正 1995.12.29., 2016.1.6.〉
② 단체 또는 다중의 위력을 보이거나 위험한 물건을 휴대하여 제1항의 죄를 범한 자는 10년 이하의 징역 또는 5천만원 이하의 벌금에 처한다. 〈신설 2016.1.6.〉

제324조(강요)
① 폭행 또는 협박으로 사람의 권리행사를 방해하거나 의무없는 일을 하게 한 자는 5년 이하의 징역 또는 3천만원 이하의 벌금에 처한다. 〈개정 1995.12.29., 2016.1.6.〉
② 단체 또는 다중의 위력을 보이거나 위험한 물건을 휴대하여 제1항의 죄를 범한 자는 10년 이하의 징역 또는 5천만원 이하의 벌금에 처한다. 〈신설 2016.1.6.〉

개정 전 조문
제324조(강요)
폭행 또는 협박으로 사람의 권리행사를 방해하거나 의무없는 일을 하게 한 자는 5년 이하의 징역에 처한다. 〈개정 1995.12.29〉

(2) 개선방안

제1안
제324조(강요 · 특수강요)
① 폭행 · 협박하고 타인 권리행사를 방해한 사람 또는 폭행 · 협박으로 타인에게 의무

없는 일을 하게 한 사람은 5년 이하 징역형으로 처벌된다. **〈개정** 1995.12. 29., 2016.1.6.〉

② **단체위력 · 다중위력 · 위험한 물건을 보이고 제1항의 죄를 범한 사람은** 10년 이하 **징역형 · 5천만원 이하 벌금형으로 처벌된다.** 〈신설 2016.1.6.〉

제2안 ★★★★★

제324조(강요 · 특수강요)

① 다음 각 호 어느 하나에 해당하는 사람은 5년 이하 징역형으로 처벌된다. **〈개정** 1995.12.29., 2016.1.6.〉

1. 폭행 · 협박하고《타인 권리행사를》 방해한 사람
2. 폭행 · 협박하고 타인에게《의무 없는 일을》 하게 한 사람

② 다음 각 호 어느 하나에 해당하는 행위로 **제1항 죄를 범한 사람은** 10년 이하 징역형 · **5천만원 이하 벌금형**으로 처벌된다.

1. 단체위력을 보임
2. 다중위력을 보임
3. 위험물건을 보임

제3안

제324조(강요)

① 폭행 · 협박으로 **다음 각 호 어느 하나에 해당하는 행위를 한 사람은** 5년 이하 징역형으로 처벌된다. **〈개정** 1995.12.29., 2016.1.6.〉

1. 타인 권리행사를 방해함
2. 타인에게 의무 없는 일을 하게 함

② 다음 각 호 어느 하나에 해당하는 행위로 **제1항 죄를 범한 사람은** 10년 이하 징역형 · **5천만원 이하 벌금형**으로 처벌된다.

1. 단체위력을 보임
2. 다중위력을 보임
3. 위험물건을 보임

【개정방향】

※ 제목변경

※ 명확성 · 간결성 · 가독성

※ 일본식 조사 '의' 삭제

※ 개조식

※ 국어문법정비

(3) 조문해설

가. 형법 제324조는 강요 · 특수강요를 규정하고 있다.

나. 주요내용을 보면, ① 다음 각 호 어느 하나에 해당하는 사람은 5년 이하 징역형으로 처벌된다. 〈개정 1995.12.29., 2016.1.6.〉 1. 폭행 · 협박하고 《타인 권리행사를》 방해한 사람, 2. 폭행 · 협박하고 타인에게 《의무 없는 일을》하게 한 사람 ② 다음 각 호 어느 하나에 해당하는 행위로 제1항 죄를 범한 사람은 10년 이하 징역형 · 5천만원 이하 벌금형으로 처벌된다. 1. 단체위력을 보임, 2. 다중위력을 보임, 3. 위험물건을 보임

324-2. 제324조의2(인질강요)

(1) 현행

第324條의2(人質强要)
사람을 逮捕 · 監禁 · 略取 또는 誘引하여 이를 人質로 삼아 第3者에 대하여 權利行使를 방해하거나 義務없는 일을 하게 한 者는 3年 이상의 有期懲役에 處한다. [本條新設 1995.12.29.]

제324조의2(인질강요)
사람을 체포 · 감금 · 약취 또는 유인하여 이를 인질로 삼아 제3자에 대하여 권리행사를 방해하거나 의무없는 일을 하게 한 자는 3년 이상의 유기징역에 처한다. [본조신설 1995.12.29]

(2) 개선방안

제1안

제324조2(인질강요)
다른 사람을 체포 · 감금 · 약취 · 유인하여 그를 인질로 삼아 제3자에게 권리행사를 방해한 사람 또는 다른 사람을 체포 · 감금 · 약취 · 유인하여 그를 인질로 삼아 제3자에게 의무 없는 일을 하게 한 사람은 3년 이상 유기징역으로 처벌된다. [본조신설 1995.12.29.]

제2안 ★★★★★

제324조2(인질강요)
다음 각 호 어느 하나에 해당하는 사람은 3년 이상 유기징역으로 처벌된다. [본조신설 1995.12.29.]

1. 다른 사람을 체포·감금·약취·유인하여 그를 인질로 삼아 제3자에게 권리행사를 방해한 사람
2. 다른 사람을 체포·감금·약취·유인하여 그를 인질로 삼아 제3자에게 의무 없는 일을 하게 한 사람

【개정방향】

※ 명확성·간결성·가독성·개조식

※ 일본식 조사 '의' 삭제

※ 국어문법정비

(3) 조문해설

가. 형법 제324조2는 인질강요를 규정하고 있다.

나. 주요내용을 보면, 다음 각 호 어느 하나에 해당하는 사람은 3년 이상 유기징역으로 처벌된다. [본조신설 1995.12.29.] 1. 다른 사람을 체포·감금·약취·유인하여 그를 인질로 삼아 제3자에게 권리행사를 방해한 사람, 2. 다른 사람을 체포·감금·약취·유인하여 그를 인질로 삼아 제3자에게 의무 없는 일을 하게 한 사람

324-3. 제324조의3(인질상해·치상)

(1) 현행

第324條의3(人質傷害·致傷)

第324條의2의 罪를 犯한 者가 人質을 傷害하거나 傷害에 이르게 한 때에는 無期 또는 5年 이상의 懲役에 處한다. [本條新設 1995.12.29.]

제324조의3(인질상해·치상)

제324조의2의 죄를 범한 자가 인질을 상해하거나 상해에 이르게 한 때에는 무기 또는 5년 이상의 징역에 처한다. [본조신설 1995.12.29]

(2) 개선방안

제1안

제324조3(인질상해·인질치상)

제324조2 죄를 범한 사람이 인질을 **상해한 때 또는 상해에 이르게 한 때** 무기형·5년 이상 징역형으로 처벌된다. [본조신설 1995.12.29.]

제2안

제324조3(인질상해 · 인질치상)

제324조2 죄를 범한 사람이 인질을 **상해한 경우** 또는 **제324조2 죄를 범한 사람이 인질을 상해에 이르게 한 경우** 무기형 · 5년 이상 징역형으로 처벌된다. [본조신설 1995.12.29.]

제3안

제324조3(인질상해 · 치상)

제324조2 죄를 범한 사람이 **다음 각 호 중 어느 하나를 범한 경우** 무기형 · 5년 이상 징역형으로 처벌된다. [본조신설 1995.12.29.]

1. 인질상해
2. 인질치상

제4안 *****

제324조3(인질상해 · 인질치상)

① 제324조2 죄를 범한 사람이 인질을 상해한 경우 무기형 · 5년 이상 징역형으로 처벌된다. [본조신설 1995.12.29.]

② 제324조2 죄를 범한 사람이 인질을 상해에 이르게 한 경우 무기형 · 5년 이상 징역형으로 처벌된다. [본조신설 1995.12.29.]

【개정방향】

※ 제목변경: **인질상해 · 치상 ⇒ 인질상해 · 인질치상**

※ 명확성 · 간결성 · 가독성

※ 일본식 조사 '의' 삭제

※ 완결된 두 가지 요건을 분리하여 규정함

※ 국어문법정비

※ 제4안이 고의범과 결과가중범을 선명하게 구분하여 가독성이 있음

※ 무기 또는 5년 이상 징역에 처한다 ⇒ 무기형 · 5년 이상 징역형으로 처벌된다.

(3) 조문해설

가. 형법 제324조3는 인질상해 · 인질치상을 규정하고 있다.

나. 주요내용을 보면, ① 제324조2 죄를 범한 사람이 인질을 상해한 경우 무기형 · 5년 이상 징역형으로 처벌된다. [본조신설 1995.12.29.] ② 제324조2 죄를 범한 사람이 인질을 상해에 이르게 한 경우 무기형 · 5년 이상 징역형으로 처벌된다. [본조신설 1995.12.29.]

324-4. 제324조의4(인질살해 · 치사)

(1) 현행

第324條의4(人質殺害 · 致死)
第324條의2의 罪를 犯한 者가 人質을 殺害한 때에는 死刑 또는 無期懲役에 處한다. 死亡에 이르게 한 때에는 無期 또는 10年 이상의 懲役에 處한다. [本條新設 1995.12.29.]

제324조의4(인질살해 · 치사)
제324조의2의 죄를 범한 자가 인질을 살해한 때에는 사형 또는 무기징역에 처한다. 사망에 이르게 한 때에는 무기 또는 10년 이상의 징역에 처한다. [본조신설 1995.12.29]

(2) 개선방안

제324조4(인질살해 · 인질치사)
① 제324조2 죄를 범한 사람이 인질을 살해한 경우 사형 · 무기징역형으로 처벌된다.
② 제324조2 죄를 범한 사람이 인질을 사망에 이르게 한 경우 무기형 · 10년 이상 징역형으로 처벌된다. [본조신설 1995.12.29.]

【개정방향】
※ 제목변경
※ 명확성 · 간결성 · 가독성
※ 일본식 조사 '의' 삭제
※ 완결된 두 가지 요건을 분리하여 규정함
※ 국어문법정비
※ 입법부는 『무기징역 · 무기』으로 구분하여 규정하고 있다. 무기징역형은 단일형임. 무기형은 무기징역형과 무기금고형 선고가 모두 가능하다는 의미임

(3) 조문해설

가. 형법 제324조4는 인질살해 · 인질치사를 규정하고 있다.

나. 주요내용을 보면, ① 제324조2 죄를 범한 사람이 인질을 살해한 경우 사형 · 무기징역형으로 처벌된다. ② 제324조2 죄를 범한 사람이 인질을 사망에 이르게 한 경우 무기형 · 10년 이상 징역형으로 처벌된다. [본조신설 1995.12.29.]

324-5. 제324조의5(미수범)

(1) 현행

第324條의5(未遂犯)
第324條 내지 第324條의4의 未遂犯은 處罰한다. [本條新設 1995.12.29.]

제324조의5(미수범)
제324조 내지 제324조의4의 미수범은 처벌한다. [본조신설 1995.12.29]

(2) 개선방안

제324조5(미수범)
제324조 · 제324조1 · 제324조2 · 제324조3 · 제324조4 미수범은 처벌된다.
[본조신설 1995.12.29.]

【개정방향】
※ 명확성 · 간결성 · 가독성
※ 일본식 조사 '의' 삭제
※ 미수범 처벌규정을 명확하게 명시하여 가독성을 높임
※ 국어문법정비
※ 미수범은 처벌한다 ⇒ 미수범은 처벌된다.

(3) 조문해설

가. 형법 제324조5는 미수범을 규정하고 있다.

나. 주요내용을 보면, 제324조 · 제324조1 · 제324조2 · 제324조3 · 제324조4 미수범은 처벌된다. [본조신설 1995.12.29.]

324-6. 제324조의6(형의 감경)

(1) 현행

第324條의6(刑의 減輕)
第324條의2 또는 第324條의3의 罪를 犯한 者 및 그 罪의 未遂犯이 人質을 安全한 場所로 풀어준 때에는 **그 刑을 減輕할 수 있다.** [本條新設 1995.12.29.]

제324조의6(형의 감경)
제324조의2 또는 제324조의3의 죄를 범한 자 및 그 죄의 미수범이 인질을 안전한 장소로 풀어준 때에는 그 형을 감경할 수 있다. [본조신설 1995.12.29]

(2) 개선방안

제324조6(인질석방과 형 감경)
제324조2 · 제324조3 죄를 범한 사람 또는 제324조2 · 제324조3 죄 미수범이 인질을 안전한 장소로 풀어준 경우 형이 감경될 수 있다. [본조신설 1995.12.29.]

【개정방향】
※ 제목변경: 인질석방과 형 감경
※ 명확성 · 간결성 · 가독성
※ 일본식 조사 '의' 삭제
※ 국어문법정비
※ 인질을 안전한 장소로 풀어준 때에는 ⇒ 인질을 안전한 장소로 풀어준 경우
※ 그 형을 감경할 수 있다 ⇒ 형이 감경될 수 있다.

(3) 조문해설

가. 형법 제324조6는 인질석방과 형 감경을 규정하고 있다.
나. 주요내용을 보면, 제324조2 · 제324조3 죄를 범한 사람 또는 제324조2 · 제324조3 죄 미수범이 인질을 안전한 장소로 풀어준 경우 형이 감경될 수 있다. [본조신설 1995.12.29.]

325. 제325조(점유강취, 준점유강취)

(1) 현행

第325條(占有强取, 準占有强取)
① 暴行 또는 脅迫으로 他人의 占有에 屬하는 自己의 物件을 强取한 者는 7年 以下의 懲役 또는 10年 以下의 資格停止에 處한다.
② 他人의 占有에 屬하는 自己의 物件을 取去함에 當하여 그 奪還을 抗拒하거나 逮捕를 免脫하거나 罪跡을 湮滅할 目的으로 暴行 또는 脅迫을 加한 때에도 前項의 刑과 같다.
③ 前 2項의 未遂犯은 處罰한다.

제325조(점유강취, 준점유강취)
① 폭행 또는 협박으로 타인의 점유에 속하는 자기의 물건을 강취한 자는 7년 이하의 징역 또는 10년 이하의 자격정지에 처한다.
② 타인의 점유에 속하는 자기의 물건을 취거함에 당하여 그 탈환을 항거하거나 체포를 면탈하거나 죄적을 인멸할 목적으로 폭행 또는 협박을 가한 때에도 전항의 형과 같다.
③ 전 2항의 미수범은 처벌한다.

(2) 개선방안

제1안

제325조(점유강취 · 준점유강취)
① 폭행 · 협박하고 **타인 점유에 속하는 자기 물건을** 강취한 사람은 7년 이하 징역형 · 10년 이하 자격정지형으로 처벌된다.
② **타인 점유에 속하는 자기 물건이 취거당할 때** 그 탈환을 항거하거나 또는 체포를 면탈하거나 또는 죄적을 인멸할 목적으로 **다른 사람을** 폭행 · 협박한 사람은 7년 이하 징역형 · 10년 이하 자격정지형으로 처벌된다.
③ 제1항 · 제2항 미수범은 처벌된다.

제2안

제325조(점유강취 · 준점유강취)
① 폭행 · 협박하고 타인 점유에 속하는 자기 물건을 강취한 사람은 7년 이하 징역형 · 10년 이하 자격정지형으로 처벌된다.
② 타인 점유에 속하는 자기 물건이 취거당할 때 **재물탈환항거 · 체포면탈 · 죄적인멸 목적으로** 다른 사람을 폭행 · 협박한 사람은 7년 이하 징역형 · 10년 이하 자격정지형으로 처벌된다.
③ 제1항 · 제2항 미수범은 처벌된다.

제3안 ★★★★★

제325조(점유강취 · 준점유강취)
① 폭행 · 협박하고 **타인 점유에 속하는 자기 물건을** 강취한 사람은 7년 이하 징역형 · 10년 이하 자격정지형으로 처벌된다.
② 타인 점유에 속하는 자기 물건이 취거당할 때 **다음 각 호 어느 하나의 목적으로** 다른 사람을 폭행 · 협박한 사람은 7년 이하 징역형 · 10년 이하 자격정지형으로 처벌된다.
1. 재물탈환항거목적

2. 체포면탈목적
3. 죄적인멸목적

③ 제1항 · 제2항 미수범은 처벌된다.

【개정방향】
※ 제목변경
※ 일본식 조사 '의' 삭제
※ 명확성 · 간결성 · 가독성
※ 국어문법정비
※ **다른 조문과 통일이 필요함. 참조조문: 형법 제355조(준강도)**

제1안

제335조(준강도)

절도행위 실행착수 이후 재물탈환항거 · 체포면탈 · 죄적인멸 목적으로 다른 사람을 **폭행 · 협박한 사람은** 제333조 · 제334조 법정형으로 처벌된다.

제2안

제335조(준강도)

절도행위 실행착수 이후 재물 탈환을 항거하거나 또는 체포를 면탈하거나 또는 죄적을 인멸할 목적으로 다른 사람을 **폭행 · 협박한 사람은** 제333조 · 제334조 법정형으로 처벌된다.

제3안

제335조(준강도)

절도행위 실행착수 이후 다음 각 호 어느 하나의 목적으로 다른 사람을 **폭행 · 협박한 사람** 제333조 · 제334조 법정형으로 처벌된다.

1. 재물탈환항거목적
2. 체포면탈목적
3. 죄적인멸목적

제4안 *****

제335조(준강도)

절도행위 실행착수 이후 다음 각 호 어느 하나에 해당하는 사람은 제333조 · 제334조 법정형으로 처벌된다.

1. 재물탈환을 항거할 목적으로 다른 사람을 **폭행 · 협박한 사람**
2. 체포면탈 목적으로 다른 사람을 **폭행 · 협박한 사람**
3. 죄적인멸 목적으로 다른 사람을 **폭행 · 협박한 사람**

(3) 조문해설

가. 형법 제325조는 점유강취·준점유강취를 규정하고 있다.

나. 주요내용을 보면, ① 폭행·협박하고 타인 점유에 속하는 자기 물건을 강취한 사람은 7년 이하 징역형·10년 이하 자격정지형으로 처벌된다. ② 타인 점유에 속하는 자기 물건이 취거당할 때 다음 각 호 어느 하나의 목적으로 다른 사람을 폭행·협박한 사람은 7년 이하 징역형·10년 이하 자격정지형으로 처벌된다. 1. 재물탈환항거목적, 2. 체포면탈목적, 3. 죄적인멸목적 ③ 제1항·제2항 미수범은 처벌된다.

326. 제326조(중권리행사방해)

(1) 현행

第326條(重權利行使妨害)
第324條 또는 第325條의 罪를 犯하여 사람의 生命에 對한 危險을 發生하게 한 者는 10年 以下의 懲役에 處한다. 〈改正 1995.12.29.〉

제326조(중권리행사방해)
제324조 또는 제325조의 죄를 범하여 사람의 생명에 대한 위험을 발생하게 한 자는 10년 이하의 징역에 처한다. 〈개정 1995.12.29〉

(2) 개선방안

제326조(중권리행사방해)
제324조·제325조의 죄를 범하여 **《사람생명에 위험을》** 발생하게 한 사람은 10년 이하 징역형으로 처벌된다. 〈개정 1995.12.29.〉

【개정방향】
※ 명확성·간결성·가독성·국어문법정비
※ 일본식 조사 '의' 삭제

(3) 조문해설

가. 형법 제326조는 중권리행사방해를 규정하고 있다.

나. 주요내용을 보면, 제324조·제325조의 죄를 범하여 **《사람생명에 위험을》** 발생하게 한 사람은 10년 이하 징역형으로 처벌된다. 〈개정 1995.12.29.〉

327. 제327조(강제집행면탈)

(1) 현행

第327條(强制執行免脫)
强制執行을 免할 目的으로 財産을 隱匿, 損壞, 虛僞讓渡 또는 虛僞의 債務를 負擔하여 債權者를 害한 者는 3年 以下의 懲役 또는 1千萬원 以下의 罰金에 處한다. 〈改正 1995.12.29.〉

제327조(강제집행면탈)
강제집행을 면할 목적으로 재산을 은닉, 손괴, 허위양도 또는 허위의 채무를 부담하여 채권자를 해한 자는 3년 이하의 징역 또는 1천만원 이하의 벌금에 처한다. 〈개정 1995.12.29〉

(2) 개선방안

제327조(강제집행면탈)
[5]강제집행을 면할 목적으로 [3]**재산을 은닉 · 손괴 · 허위양도 · 허위채무부담하여 《[2]채권자 재산을》** [4]**침해한** [1]사람은 3년 이하 징역형 · 1천만원 이하 벌금형으로 처벌된다. 〈개정 1995.12.29.〉

【개정방향】
※ 명확성 · 간결성 · 가독성
※ 일본식 조사 '의' 삭제
※ 국어문법정비
※ 보호법익: 강제집행기능. 보호정도: 추상적 위험범
※ 채권자를 ⇒ 채권자 재산을. 강제집행 대상이 될 수 있는 재산. 동산 · 부동산 · 물권 · 채권 · 그 밖의 재산권

(3) 조문해설

가. 형법 제327조는 강제집행면탈을 규정하고 있다.

나. 주요내용을 보면, [5]강제집행을 면할 목적으로 [3]재산을 은닉 · 손괴 · 허위양도 · 허위채무부담하여 《[2]채권자 재산을》 [4]침해한 [1]사람은 3년 이하 징역형 · 1천만원 이하 벌금형으로 처벌된다. 〈개정 1995.12.29.〉

다. 실제 사안에서 행위자가 목적성과 고의성을 부인하는 경우가 많다. 따라서 채권자로부터 강제집행을 받을 염려가 있는 구체적 상황과 그 상황에서 재산은

닉, 허위양도 등 정상거래가 아닌 방법으로 채권자의 집행을 피하려는 행위를 한 것으로 확정해야 한다. 이를 통해 목적성과 고의성을 추단할 수 있다. 채권자로부터 '강제집행을 받을 염려가 있는 상태'에서 한 채권추심회피 행위만을 처벌한다. 채권자가 민사소송을 제기한 경우, 채권자가 보전소송을 신청한 경우, 소송제기 움직임을 보인 경우가 여기에 해당한다. 채무자가 현실적으로 강제집행을 받을 위험이 있는 객관적 상태를 말한다.

(4) **| 관련판례 |** **대법원 1998. 9. 8. 선고 98도1949 판결** [강제집행면탈죄의 성립요건, 강제집행면탈죄에 있어서 허위양도 또는 은닉의 의미 및 채권자를 해하는 결과 발생이 필요한지 여부(소극), 소송사기죄를 적용함에 있어 유의할 사항, 무고죄에 있어서 고소사실의 허위성에 대한 인식 요부(적극), 고소내용이 사실에 기초하여 그 정황을 다소 과장한 경우, 무고죄의 성립 여부(소극), 명예훼손죄에 있어서 공연성의 의미] 강제집행면탈죄에서 강제집행을 받을 객관적 상태의 의미

가. 형법 제327조의 강제집행면탈죄는 채무자가 현실적으로 민사소송법에 의한 강제집행 또는 가압류, 가처분의 집행을 받을 우려가 있는 객관적인 상태 즉 적어도 채권자가 민사소송을 제기하거나 가압류, 가처분의 신청을 할 기세를 보이고 있는 상태에서, 채무자가 강제집행을 면탈할 목적으로, 재산을 은닉, 손괴, 허위양도하거나 허위의 채무를 부담하여 채권자를 해할 위험이 있는 경우에 성립한다.

나. 강제집행면탈죄에 있어서 허위양도라 함은 실제로 양도의 진의가 없음에도 불구하고 표면상 양도의 형식을 취하여 재산의 소유명의를 변경시키는 것이다. 은닉이라 함은 강제집행을 실시하는 자가 채무자의 재산을 발견하는 것을 불능 또는 곤란하게 만드는 것을 말한다. 진의에 의하여 재산을 양도하였다면 설령 그것이 강제집행을 면탈할 목적으로 이루어진 것으로서 채권자의 불이익을 초래하는 결과가 되었다고 하더라도 강제집행면탈죄의 허위양도 또는 은닉에는 해당하지 아니한다고 보아야 할 것이다. 한편 그와 같은 행위로 인하여 채권자를 해할 위험이 있으면 강제집행면탈죄가 성립하고 반드시 현실적으로 채권자를 해하는 결과가 야기되어야만 강제집행면탈죄가 성립하는 것은 아니다.

다. 대법원은 다음과 같이 판단하였다. "농업협동조합중앙회 ○○군 지부는 피고인 1에 대하여 원리금 합계 금 237,371,208원의 채권을 가지고 있었다. 그런데 그중 원리금 173,784,595원의 채권은 토지를 담보로 한 대출로 생긴 것이다. 나머지 금 63,586,053원의 채권은 물적 담보 없는 대출로 생긴 것이다.

농협은 피고인 1의 봉급채권을 가압류하고 있었다. 내부적으로 계속적인 재산추적을 통하여 강제적으로 채권회수를 할 의사를 결정하였다. 구두로 피고인 1에게 채무를 변제하라고 독촉을 하였다. 피고인들이 공모하여 진정한 원인 없이 피고인 1에 대한 강제집행을 면탈할 목적으로 난농원 1에 있던 난 배양병을 난농원 2으로 옮겨 은닉하였다. 농협이 당시 피고인 1 경영의 성기리 토지들 지상의 난농원 1에 보관되어 있었던 난에 대하여는 경매신청을 할 계획이 없었다 하더라도, 객관적으로 보아 피고인 1은 당시 현실적으로 그 일반재산에 대하여 민사소송법에 의한 강제집행이나 가압류집행 등을 당할 우려가 있는 객관적인 상태에 있었다고 할 수 있다." 대법원은 비담보부 채무가 존재하는 상황에서 채권회수 방해 위험성이 없어졌다고 할 수 없다고 보았다. 따라서 **채무자가 유체동산인 난 배양병을 다른 곳으로 옮긴 행위에 대하여 은닉으로 인한 강제집행면탈죄가 성립**한다고 판시하였다.

라. 소송사기는 법원을 기망하여 제3자의 재물을 편취할 것을 기도하는 것을 내용으로 하는 범죄이다. 그 이면에는 필연적으로 누구든지 자기에게 유리한 법률상의 주장을 하고 민사재판을 통하여 권리구제를 받을 수 있다는 이념과의 상치가 문제된다. 그러므로 양자의 조정을 위하여서도 그 적용은 엄격함을 요한다 할 것이다. 피고인이 범행을 인정한 경우 외에는 그 소송상의 주장이 사실과 다른 것임이 객관적으로 명백하거나 증거를 조작하려고 한 흔적이 있는 등의 경우 외에는 이를 유죄로 인정하기 위하여는 각별한 주의가 필요하다.

마. 무고죄는 타인으로 하여금 형사처분 또는 징계처분을 받게 할 목적으로 공무소 또는 공무원에 대하여 허위의 사실을 신고하는 때에 성립한다. 그런데 여기에서 허위사실의 신고라 함은 신고사실이 객관적 사실에 반한다는 것을 확정적이거나 미필적으로 인식하고 신고하는 것을 말하는 것이다. 설령 **고소사실이 객관적 사실에 반하는 허위의 것이라 할지라도 그 허위성에 대한 인식이 없을 때에는 무고에 대한 고의가 없다.**

바. 고소내용이 터무니 없는 허위사실이 아니고 사실에 기초하여 그 정황을 다소 과장한 데 지나지 아니한 경우에는 무고죄가 성립하지 아니한다.

사. 형법 제307조 제2항의 허위사실적시에 의한 명예훼손죄에 있어서의 공연성은 불특정 또는 다수인이 인식할 수 있는 상태를 의미한다. 그러므로 비록 **개별적으로 한 사람에 대하여 사실을 유포하더라도 이로부터 불특정 또는 다수인에게 전파될 가능성이 있으면 공연성이 있고, 반면에 그와 같은 가능성이 없으면 공연성이 없다.**

328. 제328조(친족간의 범행과 고소)

(1) 현행

第328條(親族間의 犯行과 告訴)
① 直系血族, 配偶者, 동거친족, 동거가족 또는 그 配偶者間의 第323條의 罪는 그 刑을 免除한다. 〈개정 2005.3.31.〉
② 第1項 以外의 親族間에 第323條의 罪를 犯한 때에는 告訴가 있어야 公訴를 제기할 수 있다. 〈改正 1995.12.29.〉
③ 前 2項의 身分關係가 없는 共犯에 對하여는 前 二項을 適用하지 아니한다.

제328조(친족간의 범행과 고소)
① 직계혈족, 배우자, 동거친족, 동거가족 또는 그 배우자간의 제323조의 죄는 그 형을 면제한다. 〈개정 2005.3.31〉
② 제1항 이외의 친족간에 제323조의 죄를 범한 때에는 고소가 있어야 공소를 제기할 수 있다. 〈개정 1995.12.29〉
③ 전 2항의 신분관계가 없는 공범에 대하여는 전 이항을 적용하지 아니한다.

(2) 개선방안

제328조(친족간범행과 고소)
① 직계혈족 · 배우자 · 동거친족 · 동거가족 · 그 배우자간 제323조 죄를 범한 사람은 형이 면제된다. 〈개정 2005.3.31〉
② 제1항 이외 친족간에 제323조 죄를 범한 사람은 고소가 있어야 공소가 제기될 수 있다. 〈개정 1995.12.29〉
③ 제1항 · 제2항 신분관계가 없는 공범은 제1항 · 제2항이 적용되지 않는다.

【개정방향】
※ 제목변경
※ 명확성 · 간결성 · 가독성
※ 일본식 조사 '의' 삭제
※ 국어문법정비
※ 제323조와 통합방안

제1안 제323조와 제323조2 신설안
제323조(권리행사방해)
[3-1]타인 점유 · 권리 목적이 된 자기물건 · 타인 전자기록 등 특수매체기록을 취거 · 은

닉 · 손괴하여 [2]타인 권리행사를 [3-2]방해한 [1]사람은 5년 이하 징역형 · 700만원 이하 벌금형으로 처벌된다. 〈개정 1995.12.29.〉

제323조2(친족간범행과 고소)

① 직계혈족 · 배우자 · 동거친족 · 동거가족 · 그 배우자간 제323조 죄를 범한 사람은 형이 면제된다. 〈개정 2005.3.31〉

② 제1항 이외 친족간에 제323조 죄를 범한 사람은 고소가 있어야 공소가 제기될 수 있다. 〈개정 1995.12.29〉

③ 제1항 · 제2항 신분관계가 없는 공범은 제1항 · 제2항이 적용되지 않는다.

제2안 제323조와 제328조 통합방안 ★★★★★

제323조(권리행사방해 · 친족간범행과 고소)

① **[3-1]타인 점유 · 권리 목적이 된 자기물건 · 타인 전자기록 등 특수매체기록을 취거 · 은닉 · 손괴하여 [2]타인 권리행사를 [3-2]방해한** [1]사람은 5년 이하 징역형 · 700만원 이하 벌금형으로 처벌된다. 〈개정 1995.12.29.〉

② 직계혈족 · 배우자 · 동거친족 · 동거가족 · 그 배우자 사이에서 제1항 죄를 범한 사람은 형이 면제된다. 〈개정 2005.3.31〉

③ 제2항 이외 친족 사이에서 제1항 죄를 범한 사람은 고소가 있어야 공소가 제기될 수 있다. 〈개정 1995.12.29〉

④ 제2항 · 제3항 신분관계가 없는 공범은 제2항 · 제3항이 적용되지 않는다.

(3) 조문해설

가. 형법 제323조는 권리행사방해 · 친족간범행과 고소를 규정하고 있다.

나. 주요내용을 보면, ① [3-1]타인 점유 · 권리 목적이 된 자기물건 · 타인 전자기록 등 특수매체기록을 취거 · 은닉 · 손괴하여 [2]타인 권리행사를 [3-2]방해한 [1]사람은 5년 이하 징역형 · 700만원 이하 벌금형으로 처벌된다. 〈개정 1995.12.29.〉 ② 직계혈족 · 배우자 · 동거친족 · 동거가족 · 그 배우자 사이에서 제1항 죄를 범한 사람은 형이 면제된다. 〈개정 2005.3.31.〉 ③ 제2항 이외 친족 사이에서 제1항 죄를 범한 사람은 고소가 있어야 공소가 제기될 수 있다. 〈개정 1995.12.29.〉 ④ 제2항 · 제3항 신분관계가 없는 공범은 제2항 · 제3항이 적용되지 않는다.

제38장

竊盜와 强盜의 罪

329. 제329조(절도)

(1) 현행

第329條(竊盜) 他人의 財物을 竊取한 者는 6年 以下의 懲役 또는 1千萬원 以下의 罰金에 處한다. 〈改正 1995.12.29.〉 제329조(절도) 타인의 재물을 절취한 자는 6년 이하의 징역 또는 1천만원 이하의 벌금에 처한다. 〈개정 1995.12.29〉

(2) 개선방안

제329조(절도)
타인 재물을 절취한 **사람은** 6년 이하 징역형 · 1천만원 이하 벌금형으로 처벌된다. 〈개정 1995.12.29.〉

【개정방향】
※ 명확성 · 간결성 · 가독성
※ 일본식 조사 '의' 삭제
※ 국어문법정비, 수동형. 처벌한다 ⇒ 처벌된다.
※ 사람이란 자연인이다. 자 ⇒ 사람
※ 타인이란 본인 이외 자연인과 법인을 말한다.
※ 타인을 '다른 사람'으로 해석하면, '다른 법인' 재물은 절도죄가 성립하지 않는다.
※ **참조조문**
형법 제250조(살인 · 존속살해 · 비속살해)
① 다른 사람을 살해한 사람은 사형 · 무기형 · 5년 이상 **징역형으로 처벌된다.**

② 법률상·사실혼 가족관계 경우 다음 각 호로 가중처벌된다.
1. **자기 직계존속**·배우자 직계존속을 살해한 사람은 사형·무기·7년 이상 **징역형으로 처벌된다.** 〈개정 1995.12.29.〉
2. **자기 직계비속**·배우자 직계비속을 살해한 사람은 사형·무기·7년 이상 **징역형으로 처벌된다.** 〈개정 1995.12.29.〉

(3) 조문해설

가. 형법 제329조는 절도를 규정하고 있다.

나. 주요내용을 보면, 타인 재물을 절취한 사람은 6년 이하 징역형·1천만원 이하 벌금형으로 처벌된다. 〈개정 1995.12.29.〉

(4) **| 관련판례 |** **대법원 1996. 4. 9. 선고 95도2466 판결** [대출금을 정상적으로 결제할 의사나 능력 없이 자기 명의 신용카드를 사용하여 현금서비스를 받거나 가맹점으로부터 물품을 구입한 경우의 죄책 및 그 죄수, 현금자동지급기를 통한 현금인출이 사기죄에 해당하지 않는다고 한 원심판결을 파기한 사례] 불법 신용카드 사용 현금자동인출과 절도죄

가. 신용카드 거래는 신용카드회사로부터 카드를 발급받은 사람이 위 카드를 사용하여 카드가맹점으로부터 물품을 구입하면, 그 카드를 소지하여 사용하는 사람이 카드회사로부터 카드를 발급받은 정당한 소지인인 한 카드회사가 그 대금을 가맹점에 결제하고, 카드회사는 카드사용자에 대하여 물품구입대금을 대출해 준 금전채권을 가지는 것이다.

나. 또 카드사용자가 현금자동지급기를 통해서 현금서비스를 받아 가면, 현금대출관계가 성립되게 되는 것이다. 이와 같은 카드사용으로 인한 카드회사의 금전채권을 발생케 하는 카드사용 행위는 카드회사로부터 일정한 한도 내에서 신용공여가 이루어진다. 그 신용공여의 범위 내에서는 정당한 소지인에 의한 카드사용에 의한 금전대출이 카드 발급시에 미리 포괄적으로 허용되어 있는 것이다.

다. 현금자동지급기를 통한 현금대출도 결국 카드회사로부터 그 지급이 미리 허용된 것이고, 단순히 그 지급방법만이 사람이 아닌 기계에 의해서 이루어지는 것에 불과하다.

라. 그렇다면 피고인이 카드사용으로 인한 대금결제의 의사와 능력이 없으면서도 있는 것 같이 가장하여 카드회사를 기망하고, 카드회사는 이에 착오를 일으켜

일정 한도 내에서 카드사용을 허용해 줌으로써 피고인은 기망당한 카드회사의 신용공여라는 하자 있는 의사표시에 편승하여 자동지급기를 통한 현금대출도 받고, 가맹점을 통한 물품구입대금 대출도 받아 카드발급회사로 하여금 같은 액수 상당의 피해를 입게 함으로써, 카드사용으로 인한 일련의 편취행위가 포괄적으로 이루어지는 것이다.

마. 따라서 카드사용으로 인한 카드회사의 손해는 그것이 자동지급기에 의한 인출행위이든 가맹점을 통한 물품구입행위이든 불문하고 모두가 피해자인 카드회사의 기망당한 의사표시에 따른 카드발급에 터잡아 이루어지는 사기의 포괄일죄이다.

바. ① 타인이 이미 발급받은 신용카드를 부정하게 사용한 경우, ② 타인 명의를 도용하여 발급받은 신용카드를 부정하게 사용한 경우, ③ 자기 명의 신용카드를 부정하게 사용한 경우를 잘 구분해야 한다.

사. 신용카드를 사용하여 현금자동지급기에서 현금을 인출하는 행위 또는 현금서비스를 받는 행위는 신용카드를 취득한 행위 유형에 따라 형사책임이 달라진다. 또한 객체인 재물 또는 재산상 이익에 따라 형사책임이 좌우된다. 이 경우 절도죄, 사기죄, 공갈죄, 강도죄, 컴퓨터 사용사기죄가 성립한다. 대상판례는 **자기 명의 신용카드를 불법 사용하여 카드회사에 손해를 입힌 행위이다. 포괄일죄 법리에 따라 사기죄가 성립한다.**

(5) **| 관련판례 |** 대법원 1993. 9. 28. 선고 93도2143 판결 [살해된 피해자의 재물에 대한 점유, 생존 중의 날짜를 작성일자로 하여 사망자 명의의 문서를 작성한 경우 사문서위조죄의 성부] 절도죄에서 사자 점유

가. **피해자를 살해한 방에서 사망한 피해자 곁에 4시간 30분쯤 있다가 그곳 피해자의 자취방 벽에 걸려 있던 피해자가 소지하는 물건들을 영득의 의사로 가지고 나온 경우, 피해자가 생전에 가진 점유는 사망 후에도 여전히 계속되는 것으로 보아야 한다. 대상판례는 사자의 생전 지배를 인정하여 '타인 점유 재물'을 긍정한 판례이다.**

나. 사망자 명의로 된 문서라고 할지라도 그 문서의 작성일자가 명의자의 생존중의 날짜로 된 경우 일반인으로 하여금 사망자가 생존 중에 작성한 것으로 오신케 할 우려가 있다. 그러므로 비록 **시간적으로 피해자의 사망 이후에 피해자 명의의 문서를 위조하고 이를 행사한 것이라 하더라도 사문서위조죄와 동행사죄가 성립한다.**

(6) **| 관련판례 |** **대법원 2012. 4. 26. 선고 2010도6334 판결** [절도죄의 성립요건 중 타인의 '점유'의 의미와 판단 기준 및 재물을 점유하는 소유자의 사망에 따라 소유권을 취득한 상속인이 그 점유를 취득하여 상속인에 대한 절도죄가 성립할 수 있는 시기, 피고인이 내연관계에 있는 갑과 아파트에서 동거하다가, 갑의 사망으로 상속인인 을 및 병 소유에 속하게 된 부동산 등기권리증 등이 들어 있는 가방을 위 아파트에서 가지고 가 절취하였다는 내용으로 기소된 사안에서, 피고인이 가방을 들고 나온 시점에 을 등이 아파트에 있던 가방을 사실상 지배하여 점유하였다고 볼 수 없어 피고인의 행위가 절도죄를 구성한다고 할 수 없는데도, 이와 달리 보아 절도죄를 인정한 원심판결에 법리오해 등의 위법이 있다고 한 사례] 절도죄에서 사자점유

가. 절도죄란 재물에 대한 타인의 점유를 침해함으로써 성립하는 것이다. 여기서 '점유'라고 함은 현실적으로 어떠한 재물을 지배하는 순수한 사실상의 관계를 말하는 것이다. 민법상 점유와 반드시 일치하는 것이 아니다. 물론 이러한 현실적 지배라고 하여도 점유자가 반드시 직접 소지하거나 항상 감수하여야 하는 것은 아니다. 재물을 위와 같은 의미에서 사실상으로 지배하는지 여부는 재물의 크기·형상, 그 개성의 유무, 점유자와 재물과의 시간적·장소적 관계 등을 종합하여 사회통념에 비추어 결정되어야 한다.

나. 그렇게 보면 종전 점유자의 점유가 그의 사망으로 인한 상속에 의하여 당연히 그 상속인에게 이전된다는 민법 제193조는 절도죄의 요건으로서의 '타인의 점유'와 관련하여서는 적용의 여지가 없다. 재물을 점유하는 소유자로부터 이를 상속받아 그 소유권을 취득하였다고 하더라도 **상속인이 그 재물에 관하여 위에서 본 의미에서의 사실상의 지배를 가지게 되어야만 이를 점유하는 것으로서 그때부터 비로소 상속인에 대한 절도죄가 성립할 수 있다.**

다. 피고인이 내연관계에 있는 갑과 아파트에서 동거하다가, 갑의 사망으로 갑의 상속인인 을 및 병 소유에 속하게 된 부동산 등기권리증 등 서류들이 들어 있는 가방을 위 아파트에서 가지고 가 절취하였다는 내용으로 기소된 사안이다. 피고인이 갑의 사망 전부터 아파트에서 갑과 함께 거주하였고, 갑의 자식인 을 및 병은 위 아파트에서 전혀 거주한 일이 없이 다른 곳에서 거주·생활하다가 갑의 사망으로 아파트 등의 소유권을 상속하였다. 그러나 을 및 병이 갑 사망 후 피고인이 가방을 가지고 가기까지 그들의 소유권 등에 기하여 아파트 또는 그곳에 있던 가방의 인도 등을 요구한 일이 전혀 없는 사정 등에 비추어, 피고인이 가방을 들고 나온 시점에 을 및 병이 아파트에 있던 가방을 사실상 지배하여 점유하고 있었다고 볼 수 없다. 따라서 피고인의 행위

가 을 등의 가방에 대한 점유를 침해하여 절도죄를 구성한다고 할 수 없다.

라. **대상판례는 사실상 지배가 없어 '타인 점유 재물'을 부정한 판례이다.**

(7) **| 관련판례 |** 대법원 1996. 10. 15. 선고 96도2227, 96감도94 판결 [예식장 축의금 접수대에서 접수인인 것처럼 행세하여 축의금을 교부받아 가로챈 행위의 처단 죄명(절도)] 책략절도와 사기 구별

가. 피해자가 결혼예식장에서 신부측 축의금 접수인인 것처럼 행세하는 피고인에게 축의금을 내어 놓자 이를 교부받아 가로챈 사안이다.

나. 피해자의 교부행위의 취지는 신부측에 전달하는 것일 뿐 피고인에게 그 처분권을 주는 것이 아니다. 그러므로 이를 피고인에게 교부한 것이라고 볼 수 없다. 단지 신부측 접수대에 교부하는 취지에 불과하다. 그러므로 **피고인이 그 돈을 가져간 것은 신부측 접수처의 점유를 침탈하여 범한 절취행위라고 보는 것이 정당하다.**

(8) **| 관련판례 |** 대법원 1998. 11. 10. 선고 98도2642 판결 [타인의 재물을 점유자의 승낙 없이 무단사용하는 경우, 불법영득의사 유무의 판단 기준, 피해자로부터 지갑을 잠시 건네받아 임의로 지갑에서 현금카드를 꺼내어 현금자동인출기에서 현금을 인출하고 곧바로 피해자에게 현금카드를 반환한 경우, 현금카드에 대한 불법영득의사가 없다고 본 사례] 절도죄에서 불법영득의사

가. 타인의 재물을 점유자의 승낙 없이 무단사용하는 경우 그 사용으로 물건 자체가 가지는 경제적 가치가 상당한 정도로 소모되거나 또는 사용 후 그 재물을 본래 있었던 장소가 아닌 다른 곳에 버리거나 또는 곧 반환하지 아니하고 장시간 점유하고 있는 것과 같은 때에는 그 소유권 또는 본권을 침해할 의사가 있다고 보아 불법영득의 의사를 인정할 수 있을 것이다.

나. 그러나 그렇지 아니하고 그 **사용으로 인한 가치의 소모가 무시할 수 있을 정도로 경미하고 또한 사용 후 곧 반환한 것과 같은 때에는 그 소유권 또는 본권을 침해할 의사가 있다고 할 수 없어 불법영득의 의사를 인정할 수 없다.**

(9) **| 관련판례 |** 대법원 2010. 5. 27. 선고 2009도9008 판결 [타인의 예금통장을 무단사용하여 예금을 인출한 후 바로 예금통장을 반환한 경우, 예금통장에 대한 절도죄가 성립하는지 여부(한정 적극)] 절도죄에서 불법영득의사

가. 예금통장은 예금채권을 표창하는 유가증권이 아니고 그 자체에 예금액 상당의 경제적 가치가 화체되어 있는 것도 아니다. 그러나 이를 소지함으로써 예금채권의 행사자격을 증명할 수 있는 자격증권으로서 예금계약사실 뿐 아니

라 예금액에 대한 증명기능이 있다. 이러한 증명기능은 예금통장 자체가 가지는 경제적 가치라고 보아야 한다.

나. 그러므로 예금통장을 사용하여 예금을 인출하게 되면, 그 인출된 예금액에 대하여는 예금통장 자체의 예금액 증명기능이 상실된다. 이에 따라 그 상실된 기능에 상응한 경제적 가치도 소모된다.

다. 그렇다면 타인의 예금통장을 무단사용하여 예금을 인출한 후 바로 예금통장을 반환하였다 하더라도, 그 사용으로 인한 위와 같은 **경제적 가치의 소모가 무시할 수 있을 정도로 경미한 경우가 아닌 이상, 예금통장 자체가 가지는 예금액 증명기능의 경제적 가치에 대한 불법영득의 의사를 인정할 수 있으므로 절도죄가 성립한다.**

라. 카드와 예금통장은 모두 열쇄와 같다. 법적 성격을 달리 볼 이유가 있는지 의문이다. 액수와 상관없이 사용 후 돌려주었다면, 카드이든 예금통장이든 불법영득의사를 부정해야 할 것이다.

330. 제330조(야간주거침입절도)

(1) 현행

第330條(夜間住居侵入竊盜)
夜間에 사람의 住居, 看守하는 邸宅, 建造物이나 船舶 또는 占有하는 房室에 侵入하여 他人의 財物을 竊取한 者는 10年 以下의 懲役에 處한다.

제330조(야간주거침입절도)
야간에 사람의 주거, 관리하는 저택, 건조물이나 선박 또는 점유하는 방실에 침입하여 타인의 재물을 절취한 자는 10년 이하의 징역에 처한다.

(2) 개선방안

제330조(야간주거침입절도)
[3-1]야간에 **타인** 주거 · 타인이 관리하는 저택 · 건조물 · 선박 · 점유하는 방실에 침입하여 [3-2]**야간 · 주간에** [2]타인 재물을 [3-3]절취한 [1]사람은 10년 이하 징역으로 처벌된다.

【개정방향】
※ 명확성 · 간결성 · 가독성
※ 일본식 조사 '의' 삭제

※ 온점(·) 활용: 또는⇒(·) 형법 제157조와 제324조2(인질강요)에서 이미 사용 중
※ 국어문법정비, 수동형. 처벌한다⇒처벌된다.
※ 사람이란 자연인이다. 자⇒사람
※ 타인이란 본인 이외 자연인과 법인을 말한다.
※ **야간주거침입죄와 절도죄 결합범**이다. 이를 명문화하여 해석논란을 줄였다.
※ **실행착수시점은 야간 침입이며, 행위시점은 야간 · 주간 절취에 모두 해당**한다.
※ 간수⇒관리
※ 야간(夜間, 밤 야, 틈/사이 간): 해가 져서 먼동이 틀 때 까지. 밤사이
※ 침입(侵入, 침노할 침, 들 입): 침범해 신체 일부가 들어감

(3) 조문해설

가. 형법 제330조는 야간주거침입절도를 규정하고 있다.

나. 주요내용을 보면, [3-1]야간에 타인 주거 · 타인이 관리하는 저택 · 건조물 · 선박 · 점유하는 방실에 침입하여 [3-2]야간 · 주간에 [2]타인 재물을 [3-3]절취한 [1]사람은 10년 이하 징역으로 처벌된다.

331. 제331조(특수절도) ★★★★★

(1) 현행

第331條(特殊竊盜)
① 夜間에 門戶 또는 墻壁 其他 建造物의 一部를 損壞하고 前條의 場所에 侵入하여 他人의 財物을 竊取한 者는 1年 以上 10年 以下의 懲役에 處한다.
② 兇器를 携帶하거나 2人 以上이 合同하여 他人의 財物을 竊取한 者도 前項의 刑과 같다.

제331조(특수절도)
① 야간에 문호 또는 장벽 기타 건조물의 일부를 손괴하고 전조의 장소에 침입하여 타인의 재물을 절취한 자는 1년 이상 10년 이하의 징역에 처한다.
② 흉기를 휴대하거나 2인 이상이 합동하여 타인의 재물을 절취한 자도 전항의 형과 같다.

(2) 개선방안

제331조(특수절도)
① [3-1]야간에 문호 · 장벽 · 그 밖의 건조물 일부를 손괴하고, [3-2]**타인 주거 · 타인이 관리하는 저택 · 건조물 · 선박 · 항공기 · 점유하는 방실에 침입하여,** [3-3]야간 · 주간

에 ²타인 재물을 ³⁻⁴절취한 ¹사람은 1년 이상 10년 이하 징역형으로 처벌된다.

② $^{3-1}$**흉기를 보이고 타인 재물을** $^{3-2}$**절취한 사람** 또는 $^{3-1}$**2인 이상이 합동하여 타인 재물을** $^{3-2}$**절취한 사람은** 1년 이상 10년 이하 징역형으로 처벌된다.

【개정방향】

※ 명확성 · 간결성 · 가독성

※ 일본식 조사 '의' 삭제

※ 온점(·) 활용: 또는⇒(·) 형법 제157조와 제324조2(인질강요)에서 이미 사용 중

※ 국어문법정비, 수동형. 처벌한다⇒처벌된다.

※ 사람이란 자연인이다. 자⇒사람

※ 타인이란 본인 이외 자연인과 법인을 말한다.

※ 야간주거침입죄와 손괴죄와 절도죄 결합범이다. 이를 명문화하여 해석논란을 줄였다. 절취행위 시점을 야간 · 주간 모두 포함하였다. 주거침입죄는 계속범이기 때문이다.

※ 항공기 삽입. 형법 제334조와 통일

※ 문호와 장벽⇒문이나 담(법제처 권고안)⇒문과 담을 포함한 문호 · 장벽

※ 야간에 문호 · 장벽 · 그 밖의 건조물 일부를 손괴하였을 때 실행착수가 있다.

※ **합동(合同): 현장에서 함께 함. 역할 분담도 가능함(현장대기와 재물훔침과 현장운반). 시간+장소=현장(現場)**

※ **합동절도죄 공동정범도 가능함(현장에 없는 경우). 판례도 긍정함**

※ **합동절도죄 공범도 가능함: 합동범에 대한 교사범 · 방조범 성립함**

(3) 조문해설

가. 형법 제331조는 특수절도를 규정하고 있다.

나. 주요내용을 보면, ① $^{3-1}$야간에 문호 · 장벽 · 그 밖의 건조물 일부를 손괴하고, $^{3-2}$타인 주거 · 타인이 관리하는 저택 · 건조물 · 선박 · 항공기 · 점유하는 방실에 침입하여, $^{3-3}$야간 · 주간에 ²타인 재물을 $^{3-4}$절취한 ¹사람은 1년 이상 10년 이하 징역형으로 처벌된다. ② $^{3-1}$흉기를 보이고 타인 재물을 $^{3-2}$절취한 사람 또는 $^{3-1}$2인 이상이 합동하여 타인 재물을 $^{3-2}$절취한 사람은 1년 이상 10년 이하 징역형으로 처벌된다.

다. 합동범 본질은 현장설 · 가중공동정범설 · 공모공동정범설이 대립한다. 현재 학계 절대다수설은 현장설이다. 시간적 · 장소적 협동을 말한다. 현장에서 실행행위 분담을 요건으로 한다. 현장 이외의 장소에서 가공한 공동정범은 합동범 공동정범이 된다(판례).

331-2. 제331조의2(자동차 등 불법사용)

(1) 현행

第331條의2(自動車 등 不法使用)
權利者의 同意없이 他人의 自動車, 船舶, 航空機 또는 原動機裝置自轉車를 일시 사용한 者는 3年 이하의 懲役, 500萬원 이하의 罰金, 拘留 또는 科料에 處한다. [本條新設 1995. 12.29.]

제331조의2(자동차 등 불법사용)
권리자의 동의없이 타인의 자동차, 선박, 항공기 또는 원동기장치자전차를 일시 사용한 자는 3년 이하의 징역, 500만원 이하의 벌금, 구류 또는 과료에 처한다. [본조신설 1995.12. 29]

(2) 개선방안

제331조2(자동차 · 선박 · 항공기 · 원동기장치자전차 불법사용)
타인 자동차 · 선박 · 항공기 · 원동기장치자전차를 **권리자 동의 없이 일시 사용한 사람**은 3년 이하 징역형 · 500만원 이하 벌금형 · 구류형 · 과료형으로 처벌된다. [본조신설 1995.12.29.]

【개정방향】
※ 제목변경
※ 명확성 · 간결성 · 가독성
※ 일본식 조사 '의' 삭제
※ 온점(·) 활용: 또는⇒(·) 형법 제157조와 제324조2(인질강요)에서 이미 사용 중
※ 국어문법정비, 수동형. 처벌한다⇒처벌된다. 사람이란 자연인이다. 자⇒사람
※ 타인이란 본인 이외 자연인과 법인을 말한다.
※ **권리자 동의 없이 일시 사용한**⇒행위를 명확히 규정하였다.

(3) 조문해설

가. 형법 제331조2는 자동차 · 선박 · 항공기 · 원동기장치자전차 불법사용을 규정하고 있다.

나. 주요내용을 보면, 타인 자동차 · 선박 · 항공기 · 원동기장치자전차를 권리자 동의 없이 일시 사용한 사람은 3년 이하 징역형 · 500만원 이하 벌금형 · 구류형 · 과료형으로 처벌된다. [본조신설 1995.12.29.]

332. 제332조(상습범)

(1) 현행

第332條(常習犯)
常習으로 第329條 내지 第331條의2의 罪를 犯한 者는 그 罪에 定한 刑의 2分의 1까지 加重한다. 〈改正 1995.12.29.〉

제332조(상습범)
상습으로 제329조 내지 제331조의2의 죄를 범한 자는 그 죄에 정한 형의 2분의 1까지 가중한다. 〈개정 1995.12.29〉

(2) 개선방안

제332조(상습범)
상습으로 제329조 · 제330조 · 제331조 · 제331조2 죄를 범한 사람은 그 죄에 정한 형 2분의 1까지 가중처벌된다. 〈개정 1995.12.29.〉

【개정방향】
※ 명확성 · 간결성 · 가독성
※ 일본식 조사 '의' 삭제
※ 온점(·) 활용: 또는 ⇒ (·) 형법 제157조와 제324조2(인질강요)에서 이미 사용 중
※ 국어문법정비, 수동형. 처벌한다 ⇒ 처벌된다.
※ 죄를 범한 ⇒ 죄를 지은 경우에는 그 죄에 대하여 정한 형의 2분의 1까지(법제처 권고안) ⇒ 너무 길다. '죄를 범한'이라는 표현은 일상에서 사용하고 있다.
※ 가중한다 ⇒ 가중처벌된다.

(3) 조문해설

가. 형법 제332조는 상습범을 규정하고 있다.
나. 주요내용을 보면, 상습으로 제329조 · 제330조 · 제331조 · 제331조2 죄를 범한 사람은 그 죄에 정한 형 2분의 1까지 가중처벌된다. 〈개정 1995.12.29.〉

(4) **| 관련판례 |** 대법원 1984. 12. 26. 선고 84도1573 전원합의체 판결 [특정범죄가중처벌등에관한법률 제5조의4 제1항 소정의 상습절도 등 죄를 범한 범인이 그 범행의 수단으로 주거침입을 한 경우의 죄책] 상습절도와 주거침입 관계

가. [**다수의견**] **특정범죄가중처벌등에관한법률 제5조의4 제1항에 규정된 상습절도**

죄를 범한 범인이 그 범행의 수단으로 주거침입을 한 경우, 주거침입행위는 상습절도죄에 흡수되어 위 법조에 규정된 상습절도죄의 1죄만이 성립하고, 별개로 주거침입죄를 구성하지 않는다. 또 위 상습절도죄를 범한 범인이 그 범행 외에 상습적인 절도의 목적으로 주거침입을 하였다가 절도에 이르지 아니하고 주거침입에 그친 경우에도 그것이 절도상습성의 발현이라고 보여지는 이상 주거침입행위는 다른 상습절도죄에 흡수되어 위 법조에 규정된 상습절도의 1죄만을 구성하고, 이 상습절도죄와 별개로 주거침입죄를 구성하지 않는다.

나. **[소수의견]** 법률에 특별히 규정된 경우를 제외하고는 주거침입죄는 그 목적여하에 불구하고 그 목적하는 죄와 별도로 성립하는 것이다. 그 목적 때문에 주거침입죄의 성립여부에 영향을 받을리 없다 할 것이다. 그러므로 원래 별개의 주거침입죄를 유독 그가 목적하는 상습절도의 경우에만 동 상습절도죄에 흡수 내지 포괄된다고 볼 수는 없다.

다. **[소수의견]** 위 법 제5조의4 제1항은 상습으로 절도죄를 범한 자를 가중처벌함으로써 사회질서를 유지하려는 형사정책적인 고려에서 나온 규정이다. 동 조항을 구성하는 행위는 거기에 열거되어 있는 형법 제329조 내지 제331조의 죄 또는 그 미수죄에 한정하고 있다. 그러므로 형법 제319조의 주거침입죄는 비록 상습성의 발현으로서의 절도목적의 주거침입이라 하여도 거기에 열거되어 있지 않은 이상 위 법조에 포함시켜 처벌할 수 없다.

라. 전원합의체판결로 대법원 1983. 4. 12. 선고 83도422 판결은 폐기되었다.

(5) **| 관련판례 | 대법원 2015. 10. 15. 선고 2015도8169 판결** [형법 제332조에 규정된 상습절도죄를 범한 범인이 범행의 수단으로 주간에 주거침입을 한 경우, 주간 주거침입행위가 별개로 주거침입죄를 구성하는지 여부(적극), 형법 제332조에 규정된 상습절도죄를 범한 범인이 그 범행 외에 상습적인 절도의 목적으로 주간에 주거침입을 하였다가 절도에 이르지 아니하고 주거침입에 그친 경우, 주간 주거침입행위가 별개로 주거침입죄를 구성하는지 여부(적극)] 상습절도와 주거침입 관계

가. 형법 제330조에 규정된 야간주거침입절도죄 및 형법 제331조 제1항에 규정된 특수절도(야간손괴침입절도)죄를 제외하고 일반적으로 주거침입은 절도죄의 구성요건이 아니다. 그러므로 절도범인이 범행수단으로 주거침입을 한 경우, 주거침입행위는 절도죄에 흡수되지 아니하고, 별개로 주거침입죄를 구성하여 절도죄와 실체적 경합 관계에 서는 것이 원칙이다.

나. 또한 형법 제332조는 상습으로 단순절도(형법 제329조), 야간주거침입절도(형법 제330조)와 특수절도(형법 제331조) 및 자동차 등 불법사용(형법 제331조의2)의

죄를 범한 자는 그 죄에 정한 각 형의 2분의 1을 가중하여 처벌하도록 규정하고 있다. 그러므로 위 규정은 주거침입을 구성요건으로 하지 않는 상습단순절도와 주거침입을 구성요건으로 하고 있는 상습야간주거침입절도 또는 상습특수절도(야간손괴침입절도)에 대한 취급을 달리하여, 주거침입을 구성요건으로 하고 있는 상습야간주거침입절도 또는 상습특수절도(야간손괴침입절도)를 더 무거운 법정형을 기준으로 가중처벌하고 있다.

다. 따라서 **상습으로 단순절도를 범한 범인이 상습적인 절도범행의 수단으로 주간(낮)에 주거침입을 한 경우, 주간 주거침입행위의 위법성에 대한 평가가 형법 제332조, 제329조의 구성요건적 평가에 포함되어 있다고 볼 수 없다.** 그러므로 **형법 제332조에 규정된 상습절도죄를 범한 범인이 범행의 수단으로 주간에 주거침입을 한 경우 주간 주거침입행위는 상습절도죄와 별개로 주거침입죄를 구성한다. 또 형법 제332조에 규정된 상습절도죄를 범한 범인이 그 범행 외에 상습적인 절도의 목적으로 주간에 주거침입을 하였다가 절도에 이르지 아니하고, 주거침입에 그친 경우에도, 주간 주거침입행위는 상습절도죄와 별개로 주거침입죄를 구성한다.**

333. 제333조(강도)

(1) 현행

第333條(强盜)
暴行 또는 脅迫으로 他人의 財物을 强取하거나 其他 財産上의 利益을 取得하거나 第三者로 하여금 이를 取得하게 한 者는 3年 以上의 有期懲役에 處한다.

제333조(강도)
폭행 또는 협박으로 타인의 재물을 강취하거나 기타 재산상의 이익을 취득하거나 제삼자로 하여금 이를 취득하게 한 자는 3년 이상의 유기징역에 처한다.

(2) 개선방안

제333조(강도)
다음 각 호 어느 하나의 행위를 한 사람은 3년 이상 유기징역형으로 처벌된다.
1. 폭행 · 협박하고 타인 재물을 강취
2. 폭행 · 협박하고 재산이익을 취득
3. 폭행 · 협박하고 제3자에게 재물 · 재산이익을 취득하게 한 행위

【개정방향】
※ 명확성 · 간결성 · 가독성 · 개조식
※ 일본식 조사 '의' 삭제
※ 온점(·) 활용: 또는⇒(·) 형법 제157조와 제324조2(인질강요)에서 이미 사용 중
※ 국어문법정비, 수동형. 처벌한다⇒처벌된다.
※ 사람이란 자연인이다. 타인이란 본인 이외 자연인과 법인을 말한다.
※ 강도(强盜) 양태를 세분화하였다.
※ '이를' 명확히 규정함
※ 재산상의 이익⇒재산이익

(3) 조문해설

가. 형법 제333조는 강도를 규정하고 있다.

나. 주요내용을 보면, 다음 각 호 어느 하나의 행위를 한 사람은 3년 이상 유기징역형으로 처벌된다. 1. 폭행 · 협박하고 타인 재물을 강취, 2. 폭행 · 협박하고 재산이익을 취득, 3. 폭행 · 협박하고 제3자에게 재물 · 재산이익을 취득하게 한 행위

다. 폭행: 반항 억압 · 반항 불가능, 끌고 감, 핸드백을 잡아당김, 강타, 중독성 약물, 신경안정제 복용, 마취, 수면 · 혼미상태 야기

라. 협박: 반항 억압 · 반항 불가능

마. 재산이익: 채무면탈(일시적 추급 면함 제외), 택시요금, 음식대금

바. 인과관계와 객관적 귀속: 폭행 · 협박 · 재물 · 재산이익 · 절취 연결됨

(4) **| 관련판례 |** 대법원 2007. 12. 13. **선고** 2007도7601 **판결** ['날치기'의 수법의 점유탈취 과정에서 벌어진 강제력의 행사가 피해자의 반항을 억압하거나 항거 불능케 할 정도인 경우, 강도죄의 폭행에 해당하는지 여부(적극), 날치기 수법으로 피해자가 들고 있던 가방을 탈취하면서 강제력을 행사하여 상해를 입힌 사안에서 강도치상죄의 성립을 인정한 사례] 강도죄에서 폭행 · 협박 정도

가. 소위 '날치기'와 같이 강제력을 사용하여 재물을 절취하는 행위가 때로는 피해자를 넘어뜨리거나 상해를 입게 하는 경우가 있다. 그러한 결과가 피해자의 반항 억압을 목적으로 함이 없이 **점유탈취의 과정에서 우연히 가해진 경우라면 이는 강도가 아니라 절도에 불과하다.**

나. 그러나 그 강제력의 행사가 사회통념상 객관적으로 상대방의 반항을 억압하거나 항거 불능케 할 정도의 것이라면, 이는 강도죄의 폭행에 해당한다.

다. 그러므로 **날치기 수법의 점유탈취 과정에서 이를 알아채고 재물을 뺏기지 않으려는 상대방의 반항에 부딪혔음에도 계속하여 피해자를 끌고 가면서 억지로 재물을 빼앗은 행위는 피해자의 반항을 억압한 후 재물을 강취한 것으로서 강도에 해당한다.**

라. **날치기 수법으로 피해자가 들고 있던 가방을 탈취하면서 가방을 놓지 않고 버티는 피해자를 5m 가량 끌고 감으로써 피해자의 무릎 등에 상해를 입힌 경우, 반항을 억압하기 위한 목적으로 가해진 강제력으로서 그 반항을 억압할 정도에 해당한다고 보아 강도치상죄의 성립을 인정한 사례이다.**

마. 단순 날치기 수법은 절취의 유형이다.

334. 제334조(특수강도) ★★★★★

(1) 현행

第334條(特殊强盜)
① 夜間에 사람의 住居, 관리하는 建造物, 船舶이나 航空機 또는 占有하는 房室에 侵入하여 第333條의 罪를 犯한 者는 無期 또는 5年 以上의 懲役에 處한다. 〈改正 1995.12.29.〉
② 兇器를 携帶하거나 2人 以上이 合同하여 前條의 罪를 犯한 者도 前項의 刑과 같다.

제334조(특수강도)
① 야간에 사람의 주거, 관리하는 건조물, 선박이나 항공기 또는 점유하는 방실에 침입하여 제333조의 죄를 범한 자는 무기 또는 5년 이상의 징역에 처한다. 〈개정 1995.12.29〉
② 흉기를 휴대하거나 2인 이상이 합동하여 전조의 죄를 범한 자도 전항의 형과 같다.

(2) 개선방안

제334조(특수강도)
① [1]야간에 **타인** 주거·타인이 관리하는 건조물·선박·항공기·점유하는 방실에 침입하여 [2]야간·주간에 제333조 강도죄를 범한 사람은 무기형·5년 이상 징역형으로 처벌된다. 〈개정 1995.12.29〉
② [1]**흉기를 보이고 제333조 죄를 범한 사람** 또는 [2]**2인 이상이 합동하여 제333조 죄를 범한 사람은** 3년 이상 징역형으로 처벌된다.

【개정방향】
※ 명확성·간결성·가독성
※ 일본식 조사 '의' 삭제

※ 온점(·) 활용: 또는⇒(·) 형법 제157조와 제324조2(인질강요)에서 이미 사용 중
※ 국어문법정비, 수동형. 처벌한다⇒처벌된다.
※ 사람이란 자연인이다.
※ 타인이란 본인 이외 자연인과 법인을 말한다.
※ 시점과 행위를 명확히 하였다.
※ 야간주거침입죄와 강도죄 결합범이다. 이를 명문화하여 해석논란을 줄였다. 강취행위 시점을 야간 · 주간 모두 포함하였다. 주거침입죄는 계속범이기 때문이다.
※ 형법 제331조와 통일
※ 작은 번호를 넣어 가독성을 높임

(3) 조문해설

가. 형법 제334조는 특수강도를 규정하고 있다.

나. 주요내용을 보면, ① [1]야간에 타인 주거 · 타인이 관리하는 건조물 · 선박 · 항공기 · 점유하는 방실에 침입하여 [2]야간 · 주간에 제333조 강도죄를 범한 사람은 무기형 · 5년 이상 징역형으로 처벌된다. 〈개정 1995.12.29.〉 ② [1]흉기를 보이고 제333조 죄를 범한 사람 또는 [2]2인 이상이 합동하여 제333조 죄를 범한 사람은 3년 이상 징역형으로 처벌된다.

다. 야간주거침입강도죄 실행착수는 폭행 · 협박을 개시한 때이다. 강도 의사는 폭행 · 협박시에 명확하게 표현되기 때문이다. 대법원 판례는 통일이 필요하다.

335. 제335조(준강도)

(1) 현행

第335條(準强盜)
竊盜가 財物의 奪還을 抗拒하거나 逮捕를 免脫하거나 罪跡을 湮滅할 目的으로 暴行 또는 脅迫을 加한 때에는 前2條의 例에 依한다.

제335조(준강도)
절도가 재물의 탈환을 항거하거나 체포를 면탈하거나 죄적을 인멸할 목적으로 폭행 또는 협박을 가한 때에는 전2조의 예에 의한다.

(2) 개선방안

제1안

제335조(준강도)

절도행위 실행착수 이후 재물탈환항거 · 체포면탈 · 죄적인멸 목적으로 다른 사람을 **폭행 · 협박한 사람은** 제333조 · 제334조 법정형으로 처벌된다.

제2안

제335조(준강도)

절도행위 실행착수 이후 재물 탈환을 항거하거나 또는 체포를 면탈하거나 또는 죄적을 인멸할 목적으로 다른 사람을 **폭행 · 협박한 사람은** 제333조 · 제334조 법정형으로 처벌된다.

제3안

제335조(준강도)

절도행위 실행착수 이후 다음 각 호 어느 하나의 목적으로 다른 사람을 **폭행 · 협박한 사람** 제333조 · 제334조 법정형으로 처벌된다.

1. 재물탈환항거목적
2. 체포면탈목적
3. 죄적인멸목적

제4안 ★★★★★

제335조(준강도)

절도행위 실행착수 이후 다음 각 호 어느 하나에 해당하는 사람은 제333조 · 제334조 법정형으로 처벌된다.

1. 재물탈환을 항거할 목적으로 다른 사람을 **폭행 · 협박한 사람**
2. 체포면탈 목적으로 다른 사람을 **폭행 · 협박한 사람**
3. 죄적인멸 목적으로 다른 사람을 **폭행 · 협박한 사람**

【개정방향】

※ 명확성 · 간결성 · 가독성 · 개조식

※ 일본식 조사 '의' 삭제

※ 온점(·) 활용: 또는 ⇒ (·) 형법 제157조와 제324조2(인질강요)에서 이미 사용 중

※ 국어문법정비, 수동형. 처벌한다 ⇒ 처벌된다.

※ 사람이란 자연인이다.

※ 타인이란 본인 이외의 자연인과 법인을 말한다.

※ 주체명시 ⇒ 절도미수와 절도기수
※ 절취행위를 한 사람을 미수와 기수를 모두 포함하여 명확히 규정하였다.

※ 형법 제325조 참조

제1안

형법 제325조(점유강취 · 준점유강취)

① 폭행 · 협박하고 타인 점유에 속하는 자기 물건을 강취한 사람은 7년 이하 징역형 · 10년 이하 자격정지형으로 처벌된다.
② 타인 점유에 속하는 자기 물건이 취거당할 때 그 탈환을 항거하거나 또는 체포를 면탈하거나 또는 죄적을 인멸할 목적으로 다른 사람을 폭행 · 협박한 사람은 7년 이하 징역형 · 10년 이하 자격정지형으로 처벌된다.
③ 제1항 · 제2항 미수범은 처벌된다.

제2안

형법 제325조(점유강취 · 준점유강취)

① 폭행 · 협박하고 타인 점유에 속하는 자기 물건을 강취한 사람은 7년 이하 징역형 · 10년 이하 자격정지형으로 처벌된다.
② 타인 점유에 속하는 자기 물건이 취거당할 때 재물탈환항거 · 체포면탈 · 죄적인멸 목적으로 다른 사람을 폭행 · 협박한 사람은 7년 이하 징역형 · 10년 이하 자격정지형으로 처벌된다.

제3안 ★★★★★

형법 제325조(점유강취 · 준점유강취)

① 폭행 · 협박하고 타인 점유에 속하는 자기 물건을 강취한 사람은 7년 이하 징역형 · 10년 이하 자격정지형으로 처벌된다.
② 타인 점유에 속하는 자기 물건이 취거당할 때 다음 각 호 어느 하나의 목적으로 다른 사람을 폭행 · 협박한 사람은 7년 이하 징역형 · 10년 이하 자격정지형으로 처벌된다.
 1. 재물탈환항거목적
 2. 체포면탈목적
 3. 죄적인멸목적
③ 제1항 · 제2항 미수범은 처벌된다.

(3) 조문해설

가. 형법 제335조는 준강도를 규정하고 있다.

나. 주요내용을 보면, 절도행위 실행착수 이후 다음 각 호 어느 하나에 해당하는 사람은 제333조 · 제334조 법정형으로 처벌된다. 1. 재물탈환을 항거할 목적으로 다른 사람을 폭행 · 협박한 사람, 2. 체포면탈 목적으로 다른 사람을 폭행 · 협박한 사람, 3. 죄적인멸 목적으로 다른 사람을 폭행 · 협박한 사람

다. 주체: 절도를 실행한 사람으로 기수 · 미수 불문한다.

라. 폭행: 절도기회(절취하고 나오다, 절취 중)에 폭행한다. 반항 억압 · 반항 불가능, 끌고 감, 상대방 반항에도 핸드백을 잡아당김, 강타, 중독성 약물, 신경안정제 복용, 마취, 수면 · 혼미상태 야기 등이 있다.

마. 협박: 절도기회(절취하고 나오다, 절취 중)에 협박한다. 반항 억압 · 반항 불가능 등이 있다.

바. 재산이익: 채무면탈(일시적 추급 면함 제외), 택시요금, 음식대금

사. 인과관계와 객관적 귀속: 재물 · 재산이익 · 절취 · 폭행 · 협박 연결됨

아. 동기

1. 재물탈환을 항거할 목적으로 다른 사람을 폭행 · 협박한 사람
2. 체포면탈 목적으로 다른 사람을 폭행 · 협박한 사람
3. 죄적인멸 목적으로 다른 사람을 폭행 · 협박한 사람

자. 준강도, 강도상해 공동정범(예견가능성) 성립

(4) **| 관련판례 |** 대법원 2004. 11. 18. 선고 2004도5074 **전원합의체 판결** [준강도죄의 미수 · 기수의 판단 기준, 절도미수범이 체포를 면탈할 목적으로 폭행한 행위에 대하여 준강도미수죄로 의율한 원심판결을 수긍한 사례] 준강도죄 기수와 미수 판단기준

가. **[다수의견]** 형법 제335조는 절도가 재물 탈환을 항거하거나 또는 체포를 면탈하거나 또는 죄적을 인멸할 목적으로 폭행 또는 협박을 가한 때 준강도로서 강도죄의 예에 따라 처벌한다. 이 취지는 **강도죄와 준강도죄의 구성요건인 재물탈취와 폭행 · 협박 사이에 시간적 순서상 전후의 차이가 있을 뿐 실질적으로 위법성이 같다**고 보기 때문이다. 이와 같은 준강도죄의 입법 취지, 강도죄와 균형 등을 종합적으로 고려해 보면, **준강도죄의 기수 여부는 절도행위의 기수 여부를 기준으로 하여 판단하여야 한다(절취행위기준설).**

나. **[별개의견]** 폭행 · 협박행위를 기준으로 하여 준강도죄의 미수범을 인정하는 외에 절취행위가 미수에 그친 경우에도 이를 준강도죄의 미수범이라고 보아 강도죄의 미수범과 사이의 균형을 유지함이 상당하다(종합설).

다. **[반대의견]** 강도죄와 준강도죄는 그 취지와 본질을 달리한다고 보아야 한다.

준강도죄의 주체는 절도이다. 여기에는 기수는 물론 형법상 처벌규정이 있는 미수도 포함되는 것이다. 하지만 준강도죄의 기수·미수의 구별은 구성요건적 행위인 폭행 또는 협박이 종료되었는가 하는 점에 따라 결정된다고 해석하는 것이 법규정의 문언 및 미수론의 법리에 부합한다(폭행·협박기준설).

라. 생각건대 폭행 또는 협박을 하고 재물 또는 재산상의 이익을 강취하는 강도행위와 절취 당한 재물을 찾으려는 사람을 사후 폭행 또는 협박하는 행위는 법익침해가 유사하다. 미세하게 분석해 보면, 행위 당시 상황들은 재산권 침해라는 동일한 구조를 가지고 있다. 그래서 전자는 강도죄, 후자는 준강도죄라고 한다. 준강도의 기수와 미수 판단기준은 강도와 마찬가지로 재산권 침해, 즉 절도기수와 절도미수로 판단해야 한다(절취행위기준설). 양죄는 재산죄이기 때문이다.

(5) **| 관련판례 |** 대법원 1973. 11. 13. 선고 73도1553 **전원합의체 판결** [단순절도범인이 체포를 면탈하기 위하여 협박을 가하면서 비로소 흉기를 사용한 소위를 특수강도의 준강도로 본 사례] 준강도죄(강도죄와 특수강도죄 선택기준)

가. **[다수의견] 절도범인이 처음에는 흉기를 휴대하지 아니하였으나, 체포를 면탈할 목적으로 폭행 또는 협박을 가할 때에 비로소 흉기를 휴대 사용하게 된 경우, 형법 제334조의 예에 의한 준강도(특수강도의 준강도)가 된다(폭행·협박태양기준설).**

나. **[소수의견]** 준강도죄를 규정한 형법 제335조에는 범죄의 주체는 절도범인이요, 목적이 있어야 하며 행위는 폭행, 협박으로만 되어 있지 행위의 정도, 방법 따위에 대하여는 언급이 없으므로 목적이나 행위로서는 단순강도의 준강도냐 또는 특수강도이냐를 구별 지을 근거가 없으므로 행위의 주체인 절도의 태양에 따라 구별지어야 한다(절도태양기준설).

다. 생각건대 준강도 경우, 강도죄와 특수강도죄 법정형을 선택해야 한다. 특수강도죄 법정형을 적용할 경우, 형법 제334조 특수강도죄 구성요건을 충족해야 한다. 다수의견이 타당하다. 절도태양으로 판단할 경우, 강도의 행위특성을 반영할 수 없다. 실질적 위법성을 고려해야 한다. 대법원은 준강도죄 기수 여부를 절도행위 기수 여부로 판단한다. 그러나 특수강도는 일반 강도와 달리 행위 양태가 다르다. 따라서 폭행·협박 양태에서 구별해야 한다. 특수강도에 부합하는 정도가 되어야 형법 제334조를 적용한다.

336. 제336조(인질강도)

(1) 현행

第336條(人質强盜)
사람을 逮捕·監禁·略取 또는 誘引하여 이를 人質로 삼아 財物 또는 財産上의 이익을 취득하거나 第3者로 하여금 이를 취득하게 한 者는 3年 이상의 有期懲役에 處한다. [全文改正 1995.12.29.]

제336조(인질강도)
사람을 체포·감금·약취 또는 유인하여 이를 인질로 삼아 재물 또는 재산상의 이익을 취득하거나 제3자로 하여금 이를 취득하게 한 자는 3년 이상의 유기징역에 처한다. [전문개정 1995.12.29]

(2) 개선방안

제336조(인질강도)
다음 각 호 어느 하나의 행위를 한 사람은 3년 이상 징역형으로 처벌된다.
1. 다른 사람을 체포·감금·약취·유인하여 그를 인질로 삼아 재물·재산이익을 취득한 사람
2. 다른 사람을 체포·감금·약취·유인하여 그를 인질로 삼아 재물·재산이익을 제삼자에게 취득하게 한 사람 [전문개정 1995.12.29.]

【개정방향】
※ 명확성·간결성·가독성·개조식
※ 일본식 조사 '의' 삭제
※ 온점(·) 활용: 또는⇒(·) 형법 제157조와 제324조2(인질강요)에서 이미 사용 중
※ 국어문법정비, 수동형. 처벌한다⇒처벌된다.

(3) 조문해설

가. 형법 제336조는 인질강도를 규정하고 있다.

나. 주요내용을 보면, 다음 각 호 어느 하나의 행위를 한 사람은 3년 이상 징역형으로 처벌된다. 1. 다른 사람을 체포·감금·약취·유인하여 그를 인질로 삼아 재물·재산이익을 취득한 사람, 2. 다른 사람을 체포·감금·약취·유인하여 그를 인질로 삼아 재물·재산이익을 제삼자에게 취득하게 한 사람 [전문개정 1995.12.29.]

337. 제337조(강도상해, 치상) ★★★★★

(1) 현행

第337條(强盜傷害, 致傷)
强盜가 사람을 傷害하거나 傷害에 이르게 한 때에는 無期 또는 7年 以上의 懲役에 處한다. 〈改正 1995.12.29.〉

제337조(강도상해, 치상)
강도가 사람을 상해하거나 상해에 이르게 한때에는 무기 또는 7년 이상의 징역에 처한다. 〈개정 1995.12.29〉

(2) 개선방안

제337조(강도상해 · 강도치상)
① **강도행위 실행착수 이후** 다른 사람 신체를 상해한 사람은 무기형 · 7년 이상 징역형으로 처벌된다.
② **강도행위 실행착수 이후** 다른 사람 신체를 상해에 이르게 한 사람은 무기형 · 7년 이상 징역형으로 처벌된다. 〈개정 1995.12.29.〉

【개정방향】
※ 제목변경
※ 명확성 · 간결성 · 가독성
※ 일본식 조사 '의' 삭제
※ 사람이란 자연인이다. 형법 제257조와 통일
※ 강도행위를 한 사람: 강도 미수와 기수를 모두 포함하여 명확히 규정하였다.
※ 제1항(고의), 제2항(결과가중범)을 분리하였다.

(3) 조문해설

가. 형법 제337조는 강도상해 · 강도치상을 규정하고 있다.
나. 주요내용을 보면, ① 강도행위 실행착수 이후 다른 사람 신체를 상해한 사람은 무기형 · 7년 이상 징역형으로 처벌된다. ② 강도행위 실행착수 이후 다른 사람 신체를 상해에 이르게 한 사람은 무기형 · 7년 이상 징역형으로 처벌된다. 〈개정 1995.12.29.〉

(4) **| 관련판례 |** 대법원 1984. 2. 28. 선고 83도3321 판결 [절도의 공모자 중 1인이

체포를 일탈할 목적으로 폭행하여 상해를 가한 때 나머지 자의 죄책, 망을 보다가 도주한 후 다른 절도 공범자가 폭행, 상해를 가한 경우 도주한 다른 절도공범자의 죄책] 강도상해죄 공동정범

가. 준강도가 성립하려면 절도가 절도행위의 실행 중 또는 실행 직후에 체포를 면탈할 목적으로 폭행, 협박을 한 때에 성립한다. 이로써 상해를 가하였을 때 강도상해죄가 성립되는 것이다. **공모합동하여 절도를 한 경우, 범인 중의 하나가 체포를 면탈할 목적으로 폭행을 하여 상해를 가한 때, 나머지 범인도 이를 예기하지 못한 것으로 볼 수 없다면, 강도상해죄의 죄책을 면할 수 없다.**

나. 절도를 공모한 피고인이 다른 공모자 (갑)의 폭행행위에 대하여 사전양해나 의사의 연락이 전혀 없었다. 범행장소가 빈 가게로 알고 있었다. 위 (갑)이 담배창구를 통하여 가게에 들어가 물건을 절취하고 피고인은 밖에서 망을 보던 중 예기치 않았던 인기척 소리가 나므로 도주해버린 이후에 위 (갑)이 창구에 몸이 걸려 빠져 나오지 못하게 되어 피해자에게 붙들리자 체포를 면탈할 목적으로 피해자에게 폭행을 가하여 상해를 입힌 것이다. **피고인은 그동안 상당한 거리를 도주하였을 것으로 추정되는 상황하에서 피고인이 위 (갑)의 폭행행위를 전연 예기할 수 없었다고 보인다. 그러므로 피고인에게 준강도상해죄의 공동책임을 지울 수 없다.**

다. 생각건대 특수절도는 공모하였다. 상해는 공모한 바가 없다. 공범자 1인 행위와 결과 사이에 인과관계가 있다. 그러나 공모자 2의 도망간 행위와 상해 결과 사이에 인과관계를 인정할 수 없다. 객관적 예견가능성이 없기 때문이다. 상해 고의도 없다.

338. 제338조(강도살인 · 치사)

(1) 현행

第338條(强盜殺人 · 致死)
强盜가 사람을 殺害한 때에는 死刑 또는 無期懲役에 處한다. 死亡에 이르게 한 때에는 無期 또는 10年 이상의 懲役에 處한다. [全文改正 1995.12.29.]

제338조(강도살인 · 치사)
강도가 사람을 살해한 때에는 사형 또는 무기징역에 처한다. 사망에 이르게 한 때에는 무기 또는 10년 이상의 징역에 처한다. [전문개정 1995.12.29]

(2) 개선방안

제338조(강도살인 · 강도치사)

① 강도행위 실행착수 이후 다른 사람을 살해한 사람은 사형 · 무기징역형으로 처벌된다.

② 강도행위 실행착수 이후 다른 사람을 사망에 이르게 한 사람은 무기형 · 10년 이상 징역형으로 처벌된다. [전문개정 1995.12.29.]

【개정방향】

※ 제목변경

※ 명확성 · 간결성 · 가독성

※ 일본식 조사 '의' 삭제

※ 강도행위를 한 사람을 미수와 기수를 모두 포함하여 명확히 규정하였다.

※ 제1항(고의), 제2항(결과가중범)을 분리하였다.

※ 제337조와 제338조는 제목에서 (,)와 (·)을 사용하고 있다. 정비가 필요하다.

(3) 조문해설

가. 형법 제338조는 강도살인 · 강도치사를 규정하고 있다.

나. 주요내용을 보면, ① 강도행위 실행착수 이후 다른 사람을 살해한 사람은 사형 · 무기징역형으로 처벌된다. ② 강도행위 실행착수 이후 다른 사람을 사망에 이르게 한 사람은 무기형 · 10년 이상 징역형으로 처벌된다. [전문개정 1995.12.29.]

(4) **| 관련판례 |** 대법원 2004. 6. 24. 선고 2004도1098 판결 [채무를 면탈할 의사로 채권자를 살해하였으나 일시적으로 채권자측의 추급을 면한 것에 불과한 경우, 강도살인죄의 성립 여부(소극), 강도살인죄의 성립요건, 살해 후 상당한 시간이 지난 후에 별도의 범의에 터잡아 이루어진 재물 취거행위를 그보다 앞선 살인행위와 합쳐서 강도살인죄로 처단할 수 없다고 한 사례] 채무면탈목적 채권자 살인과 강도살인죄

가. 강도살인죄가 성립하려면 먼저 강도죄의 성립이 인정되어야 한다. 강도죄가 성립하려면 불법영득(또는 불법이득)의 의사가 있어야 한다. 형법 제333조 후단 소정의 이른바 강제이득죄의 성립요건인 '재산상 이익의 취득'을 인정하기 위하여는 재산상 이익이 사실상 피해자에 대하여 불이익하게 범인 또는 제3자 앞으로 이전되었다고 볼 만한 상태가 이루어져야 한다.

나. 그런데 채무의 존재가 명백할 뿐만 아니라 채권자의 상속인이 존재하고 그 상속인에게 채권의 존재를 확인할 방법이 확보되어 있는 경우, 비록 그 채무를 면탈할 의사로 채권자를 살해하더라도, 일시적으로 채권자측의 추급을 면한 것에 불과하여, 재산상 이익의 지배가 채권자측으로부터 범인 앞으로 이전되었다고 보기는 어렵다. 그러므로 이러한 경우 강도살인죄가 성립할 수 없다.

다. 강도살인죄는 강도범인이 강도의 기회에 살인행위를 함으로써 성립하는 것이다. 그러므로 강도범행의 실행 중이거나 그 실행 직후 또는 실행의 범의를 포기한 직후로서, 사회통념상 범죄행위가 완료되지 아니하였다고 볼 수 있는 단계에서, 살인이 행하여짐을 요건으로 한다.

라. 피고인이 피해자 소유의 돈과 신용카드에 대하여 불법영득의 의사를 갖게 된 것이 살해 후 상당한 시간이 지난 후로서 살인의 범죄행위가 이미 완료된 후의 일이라면, **살해 후 상당한 시간이 지난 후에 별도의 범의에 터잡아 이루어진 재물 취거행위를 그보다 앞선 살인행위와 합쳐서 강도살인죄로 처단할 수 없다**고 한 사례이다.

339. 제339조(강도강간)

(1) 현행

第339條(强盜强姦)
强盜가 사람을 强姦한 때에는 無期 또는 10年 以上의 懲役에 處한다. 〈개정 2012.12.18.〉

제339조(강도강간)
강도가 사람을 강간한 때에는 무기 또는 10년 이상의 징역에 처한다. 〈개정 2012.12.18〉

(2) 개선방안

제339조(강도강간)
강도행위 실행착수 이후 다른 사람을 강간한 사람은 무기형·10년 이상 징역형으로 처벌된다. 〈개정 2012.12.18.〉

【개정방향】
※ 명확성·간결성·가독성
※ 일본식 조사 '의' 삭제
※ 강도행위를 한 사람을 미수와 기수를 모두 포함하여 명확히 규정하였다.

(3) 조문해설

가. 형법 제339조는 강도강간을 규정하고 있다.

나. 주요내용을 보면, 강도행위 실행착수 이후 다른 사람을 강간한 사람은 무기형·10년 이상 징역형으로 처벌된다. 〈개정 2012.12.18.〉

340. 제340조(해상강도)

(1) 현행

第340條(海上强盜)
① 多衆의 威力으로 海上에서 船舶을 强取하거나 船舶內에 侵入하여 他人의 財物을 强取한 者는 無期 또는 7年 以上의 懲役에 處한다.
② 第1項의 罪를 犯한 者가 사람을 傷害하거나 傷害에 이르게 한때에는 無期 또는 10年 以上의 懲役에 處한다. 〈改正 1995.12.29.〉
③ 第1項의 罪를 犯한 者가 사람을 殺害 또는 死亡에 이르게 하거나 강간한 때에는 死刑 또는 無期懲役에 處한다. 〈改正 1995.12.29., 2012.12.18.〉

제340조(해상강도)
① 다중의 위력으로 해상에서 선박을 강취하거나 선박내에 침입하여 타인의 재물을 강취한 자는 무기 또는 7년 이상의 징역에 처한다.
② 제1항의 죄를 범한 자가 사람을 상해하거나 상해에 이르게 한때에는 무기 또는 10년 이상의 징역에 처한다. 〈개정 1995.12.29〉
③ 제1항의 죄를 범한 자가 사람을 살해 또는 사망에 이르게 하거나 강간한 때에는 사형 또는 무기징역에 처한다. 〈개정 1995.12.29, 2012.12.18〉

(2) 개선방안

제1안

제340조(해상강도·해상강도상해·해상강도치상·해상강도살인·해상강도치사·해상강도강간)

① [1]다중위력으로 해상에서 선박을 강취하여 타인 재물을 강취한 사람 **또는** [2]다중위력으로 **선박 내에** 침입하여 타인 재물을 강취한 사람은 무기형·7년 이상 징역형으로 처벌된다.

② 제1항 죄를 범한 사람이 **다른 사람 신체를 상해한 경우 또는 상해에 이르게 한 경우** 무기형·10년 이상 징역형으로 처벌된다. 〈개정 1995.12.29〉

③ 제1항 죄를 범한 사람이 다른 사람을 **살해한 경우 또는 사망에 이르게 한 경우**

또는 강간한 경우 사형 · 무기징역형으로 처벌된다.

제2안 ★★★★★

제340조(해상강도 · 해상강도상해 · 해상강도치상 · 해상강도살인 · 해상강도치사 · 해상강도강간)

① [1]다중위력으로 해상에서 선박을 강취하여 타인 재물을 강취한 사람 **또는** [2]다중위력으로 **선박 내에** 침입하여 타인 재물을 강취한 사람은 무기형 · 7년 이상 징역형으로 처벌된다.

② 제1항 죄를 범한 사람이 **다른 사람 신체를 상해한 경우 또는 상해에 이르게 한 경우** 무기형 · 10년 이상 징역형으로 처벌된다. 〈개정 1995.12.29〉

③ 제1항 죄를 범한 사람이 다른 사람을 **살해한 경우 또는 사망에 이르게 한 경우** 사형 · 무기징역형으로 처벌된다.

④ **제1항 죄를 범한 사람이 다른 사람을 강간한 경우 사형 · 무기징역형으로 처벌된다.**

〈개정 1995.12.29., 2012.12.18.〉

【개정방향】

※ 제목변경

※ 명확성 · 간결성 · 가독성

※ 일본식 조사 '의' 삭제

※ 작은 번호 사용

※ 제3항을 제3항과 제4항으로 분리. 행위양태가 다름

(3) 조문해설

가. 형법 제340조는 해상강도 · 해상강도상해 · 해상강도치상 · 해상강도살인 · 해상강도치사 · 해상강도강간을 규정하고 있다.

나. 주요내용을 보면, ① [1]다중위력으로 해상에서 선박을 강취하여 타인 재물을 강취한 사람 또는 [2]다중위력으로 선박 내에 침입하여 타인 재물을 강취한 사람은 무기형 · 7년 이상 징역형으로 처벌된다. ② 제1항 죄를 범한 사람이 다른 사람 신체를 상해한 경우 또는 상해에 이르게 한 경우 무기형 · 10년 이상 징역형으로 처벌된다. 〈개정 1995.12.29.〉 ③ 제1항 죄를 범한 사람이 다른 사람을 살해한 경우 또는 사망에 이르게 한 경우 사형 · 무기징역형으로 처벌된다. ④ 제1항 죄를 범한 사람이 다른 사람을 강간한 경우 사형 · 무기징역형으로 처벌된다. 〈개정 1995.12.29., 2012.12.18.〉

341. 제341조(상습범)

(1) 현행

第341條(常習犯)
常習으로 第333條, 第334條, 第336條 또는 前條第1項의 罪를 犯한 者는 無期 또는 10年 以上의 懲役에 處한다.

제341조(상습범)
상습으로 제333조, 제334조, 제336조 또는 전조제1항의 죄를 범한 자는 무기 또는 10년 이상의 징역에 처한다.

(2) 개선방안

제341조(상습범)
상습으로 **제333조 · 제334조 · 제336조 · 제340조 제1항 죄를** 범한 사람은 무기형 · 10년 이상 징역형으로 처벌된다.

【개정방향】
※ 명확성 · 간결성 · 가독성
※ 일본식 조사 '의' 삭제
※ 온점(·) 활용: 또는⇒(·) 형법 제157조와 제324조2(인질강요)에서 이미 사용 중
※ 제333조, 제334조, 제336조 또는 전조제1항의 죄를 범한 자는⇒**제333조 · 제334조 · 제336조 · 제340조 제1항 죄를** 범한 사람은

(3) 조문해설

가. 형법 제341조는 상습범을 규정하고 있다.
나. 주요내용을 보면, 상습으로 제333조 · 제334조 · 제336조 · 제340조 제1항 죄를 범한 사람은 무기형 · 10년 이상 징역형으로 처벌된다.

342. 제342조(미수범)

(1) 현행

第342條(未遂犯)
第329條 내지 第341條의 未遂犯은 處罰한다. [全文改正 1995.12.29.]

제342조(미수범) **제329조 내지 제341조의 미수범은** 처벌한다. [전문개정 1995.12.29]

(2) 개선방안

제342조(미수범)
제329조부터 제341조까지 미수범은 처벌된다. [전문개정 1995.12.29.]

【개정방향】
※ 명확성 · 간결성 · 가독성
※ 일본식 조사 '의' 삭제
※ **제329조 내지 제341조의 미수범은 ⇒ 제329조부터 제341조까지 미수범은**
※ 내지 ⇒ 열거 조문이 많은 경우 ⇒ 제○○조부터 제○○조까지 통일함
※ **능동태 ⇒ 수동태**

(3) 조문해설

가. 형법 제342조는 미수범을 규정하고 있다.
나. 주요내용을 보면, 제329조부터 제341조까지 미수범은 처벌된다. [전문개정 1995.12.29.]

343. 제343조(예비, 음모)

(1) 현행

第343條(豫備, 陰謀) 强盜할 目的으로 豫備 또는 陰謀한 者는 7年 以下의 懲役에 處한다. 제343조(예비, 음모) 강도할 목적으로 예비 또는 음모한 자는 7년 이하의 징역에 처한다

(2) 개선방안

제1안
제343조(예비 · 음모)
강도할 목적으로 예비 · 음모한 사람은 7년 이하 징역형으로 처벌된다.

제2안 ★★★★★

제343조(예비 · 음모)

강도할 목적으로 예비한 사람 또는 **강도할 목적으로** 음모한 사람은 7년 이하 징역형으로 처벌된다.

【개정방향】

※ 제목변경

※ 명확성 · 간결성 · 가독성

※ 일본식 조사 '의' 삭제

※ 온점(·) 활용: (,) ⇒ (·) 형법 제157조와 제324조2(인질강요)에서 이미 사용 중

(3) 조문해설

가. 형법 제343조는 예비 · 음모를 규정하고 있다.

나. 주요내용을 보면, 강도할 목적으로 예비한 사람 또는 강도할 목적으로 음모한 사람은 7년 이하 징역형으로 처벌된다.

344. 제344조(친족간의 범행)

(1) 현행

第344條(親族間의 犯行)

第328條의 規定은 第329條 乃至 第332條의 罪 또는 未遂犯에 準用한다.

제344조(친족간의 범행)

제328조의 규정은 제329조 내지 제332조의 죄 또는 미수범에 준용한다.

(2) 개선방안

제344조(친족간범행)

제329조 · 제330조 · 제331조 · 제331조2 · 제332조 죄 또는 그 미수범은 제328조를 준용한다.

【개정방향】

※ 제목변경

※ 명확성 · 간결성 · 가독성

※ 일본식 조사 '의' 삭제

※ 온점(·) 활용: (,) ⇒ (·) 형법 제157조와 제324조2(인질강요)에서 이미 사용 중
※ 국어어순정비: 주어+목적어+동사

(3) 조문해설

가. 형법 제344조는 친족간범행을 규정하고 있다.

나. 주요내용을 보면, 제329조 · 제330조 · 제331조 · 제331조2 · 제332조 죄 또는 그 미수범은 제328조를 준용한다.

(4) | 관련판례 | 대법원 2011. 4. 28. 선고 2011도2170 판결 [친족상도례가 적용되는 '친족'의 범위 및 사기죄의 피고인과 피해자가 사돈지간인 경우 친족에 해당하는지 여부(소극), 피고인이 자신과 사돈지간인 피해자를 속여 돈을 편취하였다며 사기로 기소된 사안에서, 피고인과 피해자가 2촌의 인척인 친족이라는 이유로 위 범죄를 친족상도례가 적용되는 친고죄라고 판단한 후 피해자의 고소가 고소기간을 경과하여 부적법하다고 보아 공소를 기각한 원심판결 및 제1심 판결을 모두 파기한 사례] 친족상도례

가. 친족상도례가 적용되는 친족의 범위는 민법의 규정에 따른다. 그런데 민법 제767조는 배우자, 혈족 및 인척을 친족으로 한다고 규정하고 있다. 민법 제769조는 혈족의 배우자, 배우자의 혈족, 배우자의 혈족의 배우자만을 인척으로 규정하고 있을 뿐이다. 구 민법(1990. 1. 13. 법률 제4199호로 개정되기 전의 것) 제769조에서 인척으로 규정하였던 '혈족의 배우자의 혈족'을 인척에 포함시키지 않고 있다. 따라서 사기죄의 피고인과 피해자가 사돈지간이라고 하더라도 이를 민법상 친족으로 볼 수 없다.

나. 피고인이 백화점 내 점포에 입점시켜 주겠다고 속여 피해자로부터 입점비 명목으로 돈을 편취하였다며 사기로 기소된 사안이다. **피고인의 딸과 피해자의 아들이 혼인하여 피고인과 피해자가 사돈지간이라고 하더라도 민법상 친족으로 볼 수 없다.** 그런데도 2촌의 인척인 친족이라는 이유로 위 범죄를 친족상도례가 적용되는 친고죄라고 판단한 후 피해자의 고소가 고소기간을 경과하여 부적법하다고 보아 공소를 기각한 원심판결 및 제1심 판결에 친족의 범위에 관한 법리오해의 위법이 있다.

345. 제345조(자격정지의 병과)

(1) 현행

第345條(資格停止의 併科)
本章의 罪를 犯하여 有期懲役에 處할 境遇에는 10年 以下의 資格停止를 併科할 수 있다.

제345조(자격정지의 병과)
본장의 죄를 범하여 유기징역에 처할 경우에는 10년 이하의 자격정지를 병과할 수 있다.

(2) 개선방안

제345조(자격정지병과)
제38장 절도죄와 강도죄를 범하여 유기징역형으로 처벌될 경우 10년 이하 자격정지형이 병과될 수 있다.

【개정방향】
※ 제목변경
※ 명확성·간결성·가독성
※ 일본식 조사 '의' 삭제
※ 국어어순정비: 수동태⇒능동태

(3) 조문해설

가. 형법 제345조는 자격정지병과를 규정하고 있다.
나. 주요내용을 보면, 제38장 절도죄와 강도죄를 범하여 유기징역형으로 처벌될 경우 10년 이하 자격정지형이 병과될 수 있다.

346. 제346조(동력)

(1) 현행

第346條(動力)
本章의 罪에 있어서 管理할 수 있는 動力은 財物로 看做한다.

제346조(동력)
본장의 죄에 있어서 관리할 수 있는 동력은 재물로 간주한다.

(2) 개선방안

제1안

제346조(동력)

제38장 절도죄와 강도죄에서 관리할 수 있는 동력은 재물로 간주된다.

제2안 ★★★★★

제346조(동력)

제38장 절도죄와 강도죄에서 재물은 유체물·관리 가능한 물리적 동력·전파·레이저·광선에너지·전자형태 아이템(item)·가상화폐·정보문서를 포함한다.

【개정방향】

※ 명확성·간결성·가독성

※ 본장의 죄에 있어서⇒**제38장 절도죄와 강도죄에서**

※ **디지털시대 재물개념 변화 수용. 재산 가치 있는 유형물건·무형물건으로 정비 필요함**

(3) 조문해설

가. 형법 제346조는 동력을 규정하고 있다.

나. 주요내용을 보면, **제38장 절도죄와 강도죄에서 재물은 유체물·관리 가능한 물리적 동력·전파·레이저·광선에너지·전자형태 아이템**(item)·**가상화폐·정보문서를 포함한다.**

다. 형법 제346조는 전면개정이 필요하다. 우리는 현재 정보이용 관점에서 보면, 세대교체 중에 있다. 사람들은 인쇄정보를 유일한 정보형태로 신뢰한다. 그러나 책 속에 정보가 들어 있든, 단말기 안에 있든, 다른 형태로 되어 있든, 정보는 정보다. 이런 시각에서 보면, 대법원 2002. 7. 12. 선고 2002도745 판결 〈컴퓨터에 저장되어 있는 '정보'의 재물성 유무(소극)〉는 아쉬움이 많다. 엄격해석 때문이다. 그 해결은 입법개정 밖에 없다.

라. 생각건대 전통적 재물개념은 디지털시대에 부합하지 않는다. 인쇄매체시대 형법 규정은 디지털시대에 맞게 개정되어야 한다. 입법자들은 디지털시대에서 전자로 된 새로운 형태의 중대한 변화와 그 의미를 발견해야 한다. 가상공간은 현실공간만큼 적극적이다. 오히려 더 창조적인 공간이 되었다. 정보가 보호되고 지켜질 때, 재가공 되며, 변화될 때, 정보가 더 가치를 발하는 공간이다. 여기서 갈등을 해소하고, 변화를 조정하기 위해, 효과적인 법률이 필요하

다. 이제 낡은 법률을 폐지하고, 새로운 법제 환경을 창출해야 한다. 형법 제346조가 그 역할을 수행해야 한다. **재물은 유체물 · 관리 가능한 물리적 동력 · 전파 · 레이저 · 광선에너지 · 전자형태 아이템(item) · 가상화폐 · 정보문서를 포함한다. 디지털 재물개념이다.**

제39장

詐欺와 恐喝의 罪

347. 제347조(사기)

(1) 현행

第347條(詐欺)
① 사람을 欺罔하여 財物의 交付를 받거나 財産上의 利益을 取得한 者는 10年 以下의 懲役 또는 2千萬원 以下의 罰金에 處한다. 〈改正 1995.12.29.〉
② 前項의 方法으로 第三者로 하여금 財物의 交付를 받게 하거나 財産上의 利益을 取得하게 한 때에도 前項의 刑과 같다.

제347조(사기)
① 사람을 기망하여 재물의 교부를 받거나 재산상의 이익을 취득한 자는 10년 이하의 징역 또는 2천만원 이하의 벌금에 처한다. 〈개정 1995.12.29〉
② 전항의 방법으로 제삼자로 하여금 재물의 교부를 받게 하거나 재산상의 이익을 취득하게 한 때에도 전항의 형과 같다.

(2) 개선방안

제1안
제347조(사기)
① [1]사람을 기망하여 재물을 교부받은 사람 또는 [2]사람을 기망하여 제삼자에게 재물을 교부받게 한 사람은 10년 이하 징역형 · 2천만원 이하 벌금형으로 처벌된다.
② [1]사람을 기망하여 [3]재산이익을 취득한 사람 또는 [4]사람을 기망하여 제삼자에게 재산이익을 취득하게 한 사람은 10년 이하 징역형 · 2천만원 이하 벌금형으로 처벌된다.
〈개정 1995.12.29.〉

제2안 ★★★★★

제347조(사기)

다음 각 호 어느 하나에 해당하는 사람은 10년 이하 징역형·2천만원 이하 벌금형으로 처벌된다.

1. 사람을 기망하여 재물을 교부받은 사람
2. 사람을 기망하여 제삼자에게 재물을 교부받게 한 사람
3. 사람을 기망하여 재산이익을 취득한 사람
4. 사람을 기망하여 제삼자에게 재산이익을 취득하게 한 사람

【개정방향】

※ 명확성·간결성·가독성·개조식

※ 일본식 조사 '의' 삭제

※ 전항의 방법으로 제삼자로 하여금 ⇒ 사람을 기망하여 제삼자에게

※ 국어어순정비

※ 제1항과 제2항을 통합함

※ 수동태 ⇒ 능동태

※ **기망(欺罔)은 속여서 거물 망에 가두는 것이다. 기(欺, 속일기), 망(罔, 그물망). 거래관계에서 지켜야 할 신의칙에 반하는 행위로 사람에게 착오를 일으키게 하는 행위이다.**

※ 교부(交付)는 물건 인도(引渡)이다. 교(交, 서로 교), 부(付, 줄 부). 재물 점유를 이전하는 행위이다. 재물이 범인의 사실상의 지배 아래 들어가 자유로운 처분이 가능한 상태를 말한다.

(3) 조문해설

가. 형법 제347조는 사기를 규정하고 있다.

나. 다음 각 호 어느 하나에 해당하는 사람은 10년 이하 징역형·2천만원 이하 벌금형으로 처벌된다. 1. 사람을 기망하여 재물을 교부받은 사람, 2. 사람을 기망하여 제삼자에게 재물을 교부받게 한 사람, 3. 사람을 기망하여 재산이익을 취득한 사람, 4. 사람을 기망하여 제삼자에게 재산이익을 취득하게 한 사람

다. 사기죄는 상대방 하자 있는 의사로 재물을 교부받거나 또는 재산이익을 취득하는 범죄이다. 상대방 의사가 없는 절도죄와 강도죄와 다르다. 하나는 절취행위이고(Wegnahme), 다른 하나는 교부행위(Vermögensverfügung)이다. 재물사기와 재물 절도(Trickdiebstahl, 책략절도) 경계선은 교부행위에 있다. 별도 재물취거 행위가 있는 경우 절도죄가 성립한다. 책략은 절취유형이다.

라. 사기죄 보호법익은 재산권이다. 보호정도는 침해범이다(다수설). 사기죄 주된 보호법익은 재산이고, 부차적 보호법익은 거래진실성 또는 신의칙에 대한 개인 신뢰라는 주장도 있다. 한편 판례는 보호법익을 거래상 신의칙이라고 한다. 보호정도는 추상적 위험범이다. 손해발생을 요건하지 않는다.

마. 행위객체는 재물과 재산상 이익이다. 재물은 유체물과 관리가능한 동력이다(민법 제98조, 형법 제346조). 동산과 부동산을 포함한다. 재산이익은 재물이외 재산이익이다.

바. 행위는 작위와 부작위이다. 기망행위(착수시기), 교부받는 행위 · 취득행위(기수시기). **기망행위**: 기망(欺罔)은 속여서 거물 망에 가두는 것이다. 기(欺, 속일 기), 망(罔, 그물망). 기망이란 사람을 착오에 빠뜨리는 일체의 행위를 말한다. 거래관계에서 지켜야 할 신의칙에 반하는 행위로 사람에게 착오를 일으키게 하는 것이 기망이다. 구체적 사정에서 객관적 판단으로 한다. 기망자의 기망행위로 피기망자에게 착오가 일어나야 한다. 기망행위 효과다. 사실에 한하며, 동기 착오로 충분하다. 기망을 했지만, 착오가 없으면 미수에 그친다. **교부받는 행위**: 교부(交付)는 물건 인도(引渡)이다. 교(交, 서로 교), 부(付, 줄 부). 교부행위는 순수한 사실행위이다(다수설). 재산 손해를 초래하는 재산적 교부행위를 말한다. 객관적으로 손해를 초래할 수 있는 일체의 행위이다. 재물교부행위란 점유를 이전하는 행위이다. 묵인 · 수인도 포함된다. **교부상태란 재물이 범인의 사실상 지배 아래 들어가 자유로운 처분이 가능한 상태이다. 취득하는 행위**: 취득(取得)은 재산이득을 얻는 행위이다. 받거나 면제되는 경우다. ① 계약 체결, ② 성행위 대가 지급 면제 등이 있다. **손해발생**: 손해발생은 재산가치 감소이다. 재산가치 구체적 위험도 포함된다(다수설). **재산은 경제가치총체다(경제적 재산개념)**. 교부한 재물 그 자체이다(전부취득액, 객관적 · 개별적 산정방법, 특정범죄가중처벌에관한법률 제3조 이득액 산정 구성요건과 비교할 것: 대법원 2010. 12. 9. 선고 2010도12928 판결). 사기죄 기수시기는 재산상 손해가 발생한 때이다.

사. 고의란 객관적 구성요건요소를 인식하고 의욕하는 것을 말한다. 행위자는 기망행위와 착오, 피기망자의 착오와 교부행위 · 취득행위, 손해발생 사이 인과관계와 객관적 귀속을 인식하고 의욕 해야 한다. 확정적 고의와 미필적 고의가 포함된다. 불법영득의사(재물) · 불법이득의사(재산상이익)는 영득과 이득이 불법한 것이다. 그 기준은 사법질서이다.

(4) | 관련판례 | 대법원 1996. 2. 27. 선고 95도2828 판결 [사기죄의 실행행위로서

의 기망의 대상] 사기죄 기망행위

가. 사기죄의 실행행위로서의 기망은 반드시 법률행위의 중요 부분에 관한 허위표시임을 요하지 아니한다. 상대방을 착오에 빠지게 하여 행위자가 희망하는 재산적 처분행위를 하도록 하기 위한 판단의 기초가 되는 사실에 관한 것이면 족하다.

나. 용도를 속이고 돈을 빌린 경우에, 만일 진정한 용도를 고지하였더라면, 상대방이 돈을 빌려주지 않았을 것이라는 관계에 있는 때에는 사기죄의 실행행위인 기망은 있는 것으로 보아야 한다. 부작위 기망도 가능하다.

다. 피고인이 개발제한구역 지정의 해제는 물론이고 그 해제로 인하여 얻게 될 재산상의 이익을 나누어줄 의사와 능력이 없으면서도, 마치 피해자로부터 돈을 차용하게 되면, 이를 개발제한구역 지정을 해제하는데 필요한 비용으로 사용하고 개발제한구역 해제로 인하여 얻게 될 이익을 피해자에게 나누어 줄 것처럼 피해자를 속여 피해자로부터 금원을 차용하였다. 그렇다면 피고인의 위와 같은 행위는 사기죄에서 기망행위에 해당하고, 피해자는 피고인에게 기망당하여 착오를 일으켜 금원을 대여하게 되었다고 보아야 할 것이다. 피고인에게 타인의 금원을 편취할 의사 또한 있었다고 보아야 할 것이다. 그러므로 비록 피고인이 지방공무원으로서 신분을 가지고 있었고 자기 명의로 된 주택을 소유하고 있었다고 하더라도, 그와 같은 사정은 피고인의 편취범의를 인정하는데 있어 장애사유가 될 수 없다.

(5) **| 관련판례 | 대법원 2000. 1. 28. 선고 99도2884 판결** [사기죄의 요건으로서의 부작위에 의한 기망의 의미, 특정 시술을 받으면 아들을 낳을 수 있을 것이라는 착오에 빠져있는 피해자들에게 그 시술의 효과와 원리에 관하여 사실대로 고지하지 아니한 채 아들을 낳을 수 있는 시술인 것처럼 가장하여 일련의 시술과 처방을 행한 의사에 대하여 사기죄의 성립을 인정한 사례] 부작위 기망

가. 사기죄의 요건으로서 기망은 널리 재산상 거래관계에 있어 서로 지켜야 할 신의와 성실의 의무를 저버리는 모든 적극적 또는 소극적 행위를 말하는 것이다. 이러한 소극적 행위로서 부작위 기망은 법률상 고지의무 있는 자가 일정한 사실에 관하여 상대방이 착오에 빠져 있음을 알면서도 이를 고지하지 아니함을 말하는 것이다.

나. 일반거래의 경험칙상 상대방이 그 사실을 알았더라면, 당해 법률행위를 하지 않았을 것이 명백한 경우, 신의칙에 비추어 그 사실을 고지할 법률상 의무가 인정되는 것이다.

다. 생각건대 대상판결은 작위로 볼 수 있다. 허위사실을 숨긴 채 피해자에게 해당 시술과 처방을 해준 행위이다. 묵시적 적극적 기망행위이다. 독일 형법에서 다수 학자들은 '설명가치'를 묵시적 적극적 기망행위의 특징으로 본다. 대법원은 "행위자가 자신의 신체적 활동이나 물리적 화학적 활동을 통하여 적극적으로 타인의 법익 상황을 악화시킴으로써 결국 그 타인의 법익을 침해하기에 이르렀다면, 이는 작위에 의한 범죄로 봄이 원칙이다"라고 판시한 바 있다.

(6) **| 관련판례 |** 대법원 2006. 11. 23. 선고 2006도6795 판결 [차용금의 편취에 의한 사기죄의 성립 여부 및 편취 범의의 존부의 판단 기준, 불법원인급여에 해당하는 경우에도 사기죄가 성립할 수 있는지 여부(적극), 도박자금으로 사용하기 위하여 금원을 차용한 행위가 사기죄를 구성한다고 한 사례] 불법원인급여와 사기죄

가. 차용금의 편취에 의한 사기죄의 성립 여부는 차용 당시를 기준으로 판단하여야 한다. 사기죄의 주관적 구성요건인 편취의 범의의 존부는 피고인이 자백하지 아니하는 한 범행 전후의 피고인의 재력, 환경, 범행의 내용, 거래의 이행과정, 피해자와의 관계 등과 같은 객관적 사정을 종합하여 판단하여야 할 것이다.

나. **민법 제746조의 불법원인급여에 해당하여 급여자가 수익자에 대한 반환청구권을 행사할 수 없다고 하더라도, 수익자가 기망을 통하여 급여자로 하여금 불법원인급여에 해당하는 재물을 제공하도록 하였다면 사기죄가 성립한다**(대법원 1995. 9. 15. 선고 95도707 판결 참조). 피고인이 피해자 공소외인으로부터 도박자금으로 사용하기 위하여 금원을 차용하였더라도 사기죄의 성립에는 영향이 없다.

(7) **| 관련판례 |** 대법원 2006. 4. 7. 선고 2005도9858 **전원합의체 판결** [허위의 주장을 하면서 소유권보존등기 명의자를 상대로 보존등기의 말소를 구하는 소송을 제기하여 승소확정판결을 받은 경우, 소송사기의 성립 여부(적극) 및 그 기수시기(=승소판결이 확정된 때)

가. **[다수의견]** 피고인 또는 그와 공모한 자가 자신이 토지의 소유자라고 허위의 주장을 하면서 소유권보존등기 명의자를 상대로 보존등기의 말소를 구하는 소송을 제기하였다. 이 경우 그 소송에서 위 토지가 피고인 또는 그와 공모한 자의 소유임을 인정하여 보존등기 말소를 명하는 내용의 승소확정판결을 받는다면, 이에 터 잡아 언제든지 단독으로 상대방의 소유권보존등기를 말소시킨 후, 위 판결을 부동산등기법 제130조 제2호 소정의 소유권을 증명하는 판

결로 하여 자기 앞으로의 소유권보존등기를 신청하여 그 등기를 마칠 수 있게 된다. 그러므로 이는 법원을 기망하여 유리한 판결을 얻음으로써 '대상 토지의 소유권에 대한 방해를 제거하고 그 소유명의를 얻을 수 있는 지위'라는 재산상 이익을 취득한 것이고, 그 경우 기수시기는 위 판결이 확정된 때이다.

나. **[대법관 김황식의 반대의견]** 소유권보존등기의 말소를 명하는 확정판결은 그 자체의 효력에 의해서는 등기명의인의 보존등기가 말소될 뿐이고 이로써 피고인 또는 그 공모자가 부동산에 대하여 어떠한 권리를 취득하거나 의무를 면하는 것이 아니어서 그 자체만으로는 법원을 기망하여 재물이나 재산상 이익을 편취한 것이라고 볼 수 없다. 다만, 부동산을 편취하기 위해 허위소송을 제기하여 소유권보존등기의 말소를 명하는 확정판결을 얻어낸 경우 그 확정판결이 선고되는 과정에 피고인의 기망행위가 존재하는 이상, 실행의 착수시점은 소송을 제기한 시점이라고 보아야 한다. 그러므로 소유권보존등기말소소송을 제기한 경우에는 피고인의 범의가 재물인 부동산의 취득에 있는지 여부와 무관하게, 실행의 착수조차 없다고 본 판결(대법원 1983. 10. 25. 선고 83도1566 판결) 등의 견해는 이와 저촉되는 범위 내에서 이를 변경하여야 한다.

다. 대법원 판결은 **'대상토지의 소유권에 대한 방해를 제거하고, 그 소유명의를 얻을 수 있는 지위'를 취득하였다면, 사기죄의 객체인 재산상 이익을 취득한 것으로 본다. 소유권보존등기말소등기 청구를 하는 경우, 소송사기의 실행의 착수를 인정한다. 승소판결이 확정될 때 기수를 인정한다.**

(8) **| 관련판례 | 대법원 1992. 9. 14. 선고 91도2994 판결** [상품의 허위, 과장광고가 사기죄의 기망행위에 해당하는 경우, 대형백화점에서의 이른바 변칙세일이 사기죄의 기망행위를 구성한다고 한 사례, 통상적인 업무처리과정에서 변칙세일에 관여한 백화점 직원에게 백화점을 위한 불법영득의 의사가 있었다고 본 사례] 사기죄와 재산상 손해

가. 사기죄의 요건으로서 기망은 널리 재산상 거래관계에서 서로 지켜야 할 신의와 성실의 의무를 저버리는 모든 적극적 및 소극적 행위로서 사람으로 하여금 착오를 일으키게 하는 것을 말한다. 사기죄 본질은 기망에 의한 재물이나 재산상 이익의 취득에 있다. 상대방에게 현실적으로 재산상 손해가 발생함을 그 요건으로 하지 않는다. 일반적으로 상품의 선전, 광고에 있어 다소의 과장, 허위가 수반되는 것은 그것이 일반 상거래의 관행과 신의칙에 비추어 시인될 수 있는 한 기망성이 결여된다고 하겠다. 그러나 거래에서 중요한 사항에 관하여 구체적 사실을 거래상의 신의성실의 의무에 비추어 비난받을 정도의 방

법으로 허위로 고지한 경우 과장, 허위광고의 한계를 넘어 사기죄의 기망행위에 해당한다.

나. 현대산업화 사회에 있어 소비자가 갖는 상품의 품질, 가격에 대한 정보는 대부분 생산자 및 유통업자의 광고에 의존할 수밖에 없다. 백화점과 같은 대형유통업체에 대한 소비자들의 신뢰(정당한 품질, 정당한 가격)는 백화점 스스로 대대적인 광고에 의하여 창출된 것이다. 이에 대한 소비자들의 신뢰와 기대는 보호되어야 한다고 할 것이다. **종전에 출하한 일이 없던 신상품에 대하여 첫 출하시부터 종전가격 및 할인가격을 비교표시하여 막바로 세일에 들어가는 이른바 변칙세일은 진실규명이 가능한 구체적 사실인 가격조건에 관하여 기망이 이루어진 경우로서 그 사술의 정도가 사회적으로 용인될 수 있는 상술의 정도를 넘은 것이어서 사기죄의 기망행위를 구성한다.**

다. 피고인이 백화점의 직원으로 통상적인 업무처리과정에서 위 "나"항의 변칙세일에 통상적인 업무처리과정에서 접하게 되었다 할지라도 피고인에게 백화점을 위한 불법영득의 의사가 있었다.

라. 생각건대 사기죄에서 재산상 손해는 구성요건요소이다. 이 경우 피해자의 목적에 반하는 불필요한 반대급부를 손해로 볼 수 있다. 대법원 결론과 같다. 그러나 사기죄 성립 논증이 다르다.

(9) **| 관련판례 |** **대법원 2017. 2. 16. 선고 2016도13362 전원합의체 판결** [피기망자가 처분행위의 의미나 내용을 인식하지 못하였으나 피기망자의 작위 또는 부작위가 직접 재산상 손해를 초래하는 재산적 처분행위로 평가되고, 이러한 작위 또는 부작위를 피기망자가 인식하고 한 경우, 사기죄의 처분행위에 상응하는 처분의사가 인정되는지 여부(적극), 피기망자가 행위자의 기망행위로 인하여 착오에 빠진 결과 내심의 의사와 다른 효과를 발생시키는 내용의 처분문서에 서명 또는 날인함으로써 처분문서의 내용에 따른 재산상 손해가 초래된 경우, 피기망자의 행위가 사기죄에서 말하는 처분행위에 해당하는지 여부(적극), 이때 피기망자가 처분결과, 즉 문서의 구체적 내용과 법적 효과를 미처 인식하지 못하였으나 처분문서에 서명 또는 날인하는 행위에 관한 인식이 있었던 경우, 피기망자의 처분의사가 인정되는지 여부(적극), 피고인 등이 토지의 소유자이자 매도인인 피해자 갑 등에게 토지거래허가 등에 필요한 서류라고 속여 근저당권설정계약서 등에 서명·날인하게 하고 인감증명서를 교부받은 다음, 이를 이용하여 갑 등의 소유 토지에 피고인을 채무자로 한 근저당권을 을 등에게 설정하여 주고 돈을 차용하는 방법으로 재산상 이익을 취득하였다고 하여 특정경제범죄 가중처벌 등에 관한 법률 위반(사기) 및 사기로 기소된 사안에서, 갑 등의 행위는 사기죄에서 말하는 처분행위에 해당하고 갑 등의 처분의사가

인정됨에도, 갑 등에게 그 소유 토지들에 근저당권 등을 설정하여 줄 의사가 없었다는 이유만으로 갑 등의 처분행위가 없다고 본 원심판결에 법리오해의 잘못이 있다고 한 사례] 〈근저당권설정계약서 등에 대한 피해자의 서명·날인을 사취한 사건〉

[1] **[다수의견]**

가. 사기죄에서 처분행위는 행위자의 기망행위에 의한 피기망자의 착오와 행위자 등의 재물 또는 재산상 이익의 취득이라는 최종적 결과를 중간에서 매개·연결하는 한편, 착오에 빠진 피해자의 행위를 이용하여 재산을 취득하는 것을 본질적 특성으로 하는 사기죄와 피해자의 행위에 의하지 아니하고 행위자가 탈취의 방법으로 재물을 취득하는 절도죄를 구분하는 역할을 한다. 처분행위가 갖는 이러한 역할과 기능을 고려하면, 피기망자의 의사에 기초한 어떤 행위를 통해 행위자 등이 재물 또는 재산상의 이익을 취득하였다고 평가할 수 있는 경우라면 사기죄에서 말하는 처분행위가 인정된다.

나. 사기죄에서 피기망자의 처분의사는 기망행위로 착오에 빠진 상태에서 형성된 하자 있는 의사이므로 불완전하거나 결함이 있을 수밖에 없다. 처분행위의 법적 의미나 경제적 효과 등에 대한 피기망자의 주관적 인식과 실제로 초래되는 결과가 일치하지 않는 것이 오히려 당연하고, 이 점이 사기죄의 본질적 속성이다. 따라서 처분의사는 착오에 빠진 피기망자가 어떤 행위를 한다는 인식이 있으면 충분하고, 그 행위가 가져오는 결과에 대한 인식까지 필요하다고 볼 것은 아니다.

다. 사기죄의 성립요소로서 기망행위는 널리 거래관계에서 지켜야 할 신의칙에 반하는 행위로서 사람으로 하여금 착오를 일으키게 하는 것을 말한다. 착오는 사실과 일치하지 않는 인식을 의미하는 것이다. 사실에 관한 것이든, 법률관계에 관한 것이든, 법률효과에 관한 것이든 상관없다. 또한 사실과 일치하지 않는 하자 있는 피기망자의 인식은 처분행위의 동기, 의도, 목적에 관한 것이든, 처분행위 자체에 관한 것이든 제한이 없다. 따라서 피기망자가 기망당한 결과 자신의 작위 또는 부작위가 갖는 의미를 제대로 인식하지 못하여 그러한 행위가 초래하는 결과를 인식하지 못하였더라도 그와 같은 착오 상태에서 재산상 손해를 초래하는 행위를 하기에 이르렀다면 피기망자의 처분행위와 그에 상응하는 처분의사가 있다고 보아야 한다.

라. 피해자의 처분행위에 처분의사가 필요하다고 보는 근거는 처분행위를 피해자가 인식하고 한 것이라는 점이 인정될 때 처분행위를 피해자가 한 행위라고

볼 수 있기 때문이다. 다시 말하여 사기죄에서 피해자의 처분의사가 갖는 기능은 피해자의 처분행위가 존재한다는 객관적 측면에 상응하여 이를 주관적 측면에서 확인하는 역할을 하는 것일 뿐이다. 따라서 처분행위라고 평가되는 어떤 행위를 피해자가 인식하고 한 것이라면 피해자의 처분의사가 있다고 할 수 있다. 결국 피해자가 처분행위로 인한 결과까지 인식할 필요가 있는 것은 아니다.

마. 결론적으로 사기죄의 본질과 구조, 처분행위와 그 의사적 요소로서 처분의사의 기능과 역할, 기망행위와 착오의 의미 등에 비추어 보면, **비록 피기망자가 처분행위의 의미나 내용을 인식하지 못하였더라도, 피기망자의 작위 또는 부작위가 직접 재산상 손해를 초래하는 재산적 처분행위로 평가되고, 이러한 작위 또는 부작위를 피기망자가 인식하고 한 것이라면 처분행위에 상응하는 처분의사는 인정된다. 다시 말하면 피기망자가 자신의 작위 또는 부작위에 따른 결과까지 인식하여야 처분의사를 인정할 수 있는 것은 아니다.**

[대법관 이상훈, 대법관 김용덕, 대법관 김소영, 대법관 조희대, 대법관 박상옥, 대법관 이기택의 반대의견]

가. 절도는 범죄행위자의 탈취행위에 의하여 재물을 취득하는 것이다. 사기는 피해자의 처분행위에 의하여 재산을 취득하는 것이다. 양자는 처분행위를 기준으로 하여 구분된다. 이러한 의미에서 사기죄는 자기손상범죄, 절도죄는 타인손상범죄라고 설명된다. 사기죄에서 이러한 자기손상행위로서 처분행위의 본질이 충족되기 위해서는 피해자에게 자기 재산 처분에 대한 결정의사가 필수적이다. 다시 말하면 피해자의 행위가 자신의 재산권과 관련되어 있다는 인식에 기초하여 형성된 의사에 지배된 작위 또는 부작위만이 사기죄에서 말하는 처분행위에 해당한다고 규범적으로 평가할 수 있다. 처분결과에 대한 아무런 인식 또는 의사가 없는 처분행위는 그 자체로서 모순이라고 하지 않을 수 없다. 요컨대 피해자가 자신의 재산과 관련하여 무엇을 하였는지조차 전혀 인식하지 못하는 모습의 사기죄는 자기손상범죄로서의 본질에 반한다.

나. 사기죄의 구성요건은 사기죄의 본질에 따라 해석되어야 한다. 이러한 본질에 반하는 구성요건 해석론은 정당성을 인정받기 어렵다. 자기손상범죄로서 사기죄를 특징짓고 절도죄와 구분 짓는 처분행위의 해석상 피기망자에게 처분결과에 대한 인식은 당연히 요청되는 것이다. 사기죄의 다른 구성요건인 착오와 기망행위를 해석함에 있어서도 이에 반하는 해석론을 전개할 수는 없다. 즉, 사기죄의 본질 및 이를 통해 도출되는 처분의사의 의미에 의하면, 착오에 빠

진 피기망자가 자신의 행위의 의미와 결과에 대한 인식을 가진 채 처분행위를 한 경우에만 사기죄가 성립될 수 있다. 그러므로 구성요건요소로서 피기망자의 착오 역시 처분행위의 동기, 의도, 목적에 관한 것에 한정되고, 처분결과에 대한 인식조차 없는 처분행위 자체에 관한 착오는 해석론상 사기죄에서 말하는 착오에 포섭될 수 없다. 구성요건으로서 기망행위에 대한 적정한 해석론 역시 이와 다르지 않다. 결국 사기죄의 본질과 특수성을 고려하지 않은 채 이루어진 착오 및 기망행위에 대한 부적절한 구성요건 해석을 들어 피기망자의 처분결과에 대한 인식이 반드시 필요한 것은 아니라는 다수의견의 논증은 선후가 바뀐 해석론에 불과하여 그대로 받아들이기 어렵다.

다. 사기죄의 처분의사 판단에서 피기망자에게 처분결과에 대한 인식이 필요 없는 것으로 해석하는 다수의견에 의하면 사기죄 성립 여부가 불분명해지고, 그 결과 처벌 범위 역시 확대될 우려가 있다. 행위자의 기망적 행위가 개입한 다수의 범행에서 피기망자의 인식을 전혀 고려하지 않은 채 사기 범행과 사기 아닌 범행을 명확히 구분해 낼 수 있을지 의문이다. 피기망자로 하여금 자신의 행위로 인한 결과를 미처 인식하지 못하도록 하는 위법한 기망행위를 통해 재산상의 이익을 취득한 행위자를 형사처벌하고자 한다면, 다수의견과 같이 사기죄에 관한 확립된 법리의 근간을 함부로 변경할 것이 아니라 별도의 입법을 하는 것이 올바른 해결책이다.

[2] **[다수의견]**

가. 이른바 '서명사취' 사기는 기망행위에 의해 유발된 착오로 인하여 피기망자가 내심의 의사와 다른 처분문서에 서명 또는 날인함으로써 재산상 손해를 초래한 경우이다. 여기서는 행위자의 기망행위 태양 자체가 피기망자가 자신의 처분행위의 의미나 내용을 제대로 인식할 수 없는 상황을 이용하거나 피기망자로 하여금 자신의 행위로 인한 결과를 인식하지 못하게 하는 것을 핵심적인 내용으로 한다. 이로 말미암아 피기망자는 착오에 빠져 처분문서에 대한 자신의 서명 또는 날인행위가 초래하는 결과를 인식하지 못하는 특수성이 있다. 피기망자의 하자 있는 처분행위를 이용하는 것이 사기죄의 본질이다. 서명사취 사안에서는 그 하자가 의사표시 자체의 성립과정에 존재한다.

나. 이러한 서명사취 사안에서 피기망자가 처분문서의 내용을 제대로 인식하지 못하고 처분문서에 서명 또는 날인함으로써 내심의 의사와 처분문서를 통하여 객관적·외부적으로 인식되는 의사가 일치하지 않게 되었더라도, 피기망자의 행위에 의하여 행위자 등이 재물이나 재산상 이익을 취득하는 결과가 초

래되었다고 할 수 있는 것은 그러한 재산의 이전을 내용으로 하는 처분문서가 피기망자에 의하여 작성되었다고 볼 수 있기 때문이다. 이처럼 피기망자가 행위자의 기망행위로 인하여 착오에 빠진 결과 내심의 의사와 다른 효과를 발생시키는 내용의 처분문서에 서명 또는 날인함으로써 처분문서의 내용에 따른 재산상 손해가 초래되었다면 그와 같은 처분문서에 서명 또는 날인을 한 피기망자의 행위는 사기죄에서 말하는 처분행위에 해당한다. 아울러 비록 **피기망자가 처분결과, 즉 문서의 구체적 내용과 법적 효과를 미처 인식하지 못하였더라도, 어떤 문서에 스스로 서명 또는 날인함으로써 처분문서에 서명 또는 날인하는 행위에 관한 인식이 있었던 이상 피기망자의 처분의사 역시 인정된다.**

[대법관 이상훈, 대법관 김용덕, 대법관 김소영, 대법관 조희대, 대법관 박상옥, 대법관 이기택의 반대의견]

가. 사기죄의 본질 및 구조에 비추어 사기죄에서 말하는 처분행위란 어디까지나 처분의사에 지배된 행위이어야 하고, 이러한 처분의사는 자신의 행위로 인한 결과에 대한 인식을 당연히 전제한다. 그 결과 피기망자가 기망행위로 인하여 문서의 내용을 오신한 채 내심의 의사와는 다른 효과를 발생시키는 문서에 서명·날인하여 행위자 등에게 교부함으로써 행위자 등이 문서의 내용에 따른 재산상의 이익을 취득하게 되는 이른바 서명사취 사안의 경우에는, 비록 피기망자에게 문서에 서명 또는 날인한다는 인식이 있었더라도, 처분결과에 대해 아무런 인식이 없었으므로 처분의사와 처분행위를 인정할 수 없음이 명백하다.

나. 재산적 처분행위나 그 요소로서의 처분의사가 존재하는지는 처분행위자인 피기망자의 입장에서 파악할 수밖에 없고, 피기망자가 문서의 내용에 관하여 기망당하여 그에 대한 아무런 인식 없이 행위자에 의해 제시된 서면에 서명·날인하였다면, 오히려 작성명의인인 피기망자의 의사에 반하는 문서가 작성된 것으로서 문서의 의미를 알지 못한 피기망자로서는 그 명의의 문서를 위조하는 범행에 이용당한 것일 뿐, 그 의사에 기한 처분행위가 있었다고 평가할 수는 없다.

다. 서명사취 사안의 행위자가 위조된 서면을 이용하여 그 정을 모르는 금전 대여자로부터 금전을 차용하기에 이르렀다면 금전 대여자에 대한 금전편취의 사기죄가 성립될 여지도 충분함을 아울러 고려하여 볼 때, 토지 소유자에 대한 사기죄가 성립되지 아니한다고 하여 적정한 형벌권 행사에 장애가 초래된다거나 처벌의 불균형이 발생한다고 단정하기도 어렵다. 더욱이 이러한 경우에 금전 대여자에 대한 사기죄와 별개로 토지 소유자를 피해자로 한 사기죄가 성립한다고 보아 처벌하는 것이 타당한지도 의문이다. 행위자가 최초부터 금전을 편취할 의도 아래 토지 소유자 명의의 문서를 위조하였다면, 서명사취 범행에 따른 문서 위조는 금전 대여자에 대한 기망을 통하여 금전을 편취하는 일련의 사기 범행을 위한 수단이거나 그 실행행위에 포함되는 행위로 보아야 한다.

라. 이러한 사정을 종합하여 보면, 사기죄에서 말하는 처분행위가 인정되기 위해서는 처분결과에 대한 피기망자의 주관적인 인식이 필요하고, 서명사취 사안의 경우 피기망자에게는 자신이 서명 또는 날인하는 처분문서의 내용과 법적 효과에 대하여 아무런 인식이 없으므로 처분의사와 그에 기한 처분행위를 부정함이 옳다.

[3] 피고인 등이 토지의 소유자이자 매도인인 피해자 갑 등에게 토지거래허가 등에 필요한 서류라고 속여 근저당권설정계약서 등에 서명·날인하게 하고 인감증명서를 교부받은 다음, 이를 이용하여 갑 등의 소유 토지에 피고인을 채무자로 한 근저당권을 을 등에게 설정하여 주고 돈을 차용하는 방법으로 재산상 이익을 취득하였다고 하여 특정경제범죄 가중처벌 등에 관한 법률 위반(사기) 및 사기로 기소된 사안이다. 갑 등은 피고인 등의 기망행위로 착오에 빠진 결과 토지거래허가 등에 필요한 서류로 잘못 알고 처분문서인 근저당권설정계약서 등에 서명 또는 날인함으로써 재산상 손해를 초래하는 행위를 하였다. 그러므로 갑 등의 행위는 사기죄에서 말하는 처분행위에 해당한다. 갑 등이 비록 자신들이 서명 또는 날인하는 문서의 정확한 내용과 문서의 작성행위가 어떤 결과를 초래하는지를 미처 인식하지 못하였더라도 토지거래허가 등에 관한 서류로 알고 그와 다른 근저당권설정계약에 관한 내용이 기재되어 있는 문서에 스스로 서명 또는 날인함으로써 그 문서에 서명 또는 날인하는 행위에 관한 인식이 있었던 이상 처분의사도 인정된다. 그러므로 갑 등에게 그 소유 토지들에 근저당권 등을 설정하여 줄 의사가 없었다는 이유만으로 갑 등의 처분행위가 없다고 보아 공소사실을 무죄로 판단한 원심판결에 사기죄의 처분행위에 관한 법리오해의 잘못이 있다고 한 사례이다.

(10) **| 관련판례 |** 대법원 2011. 1. 13. 선고 2010도9330 판결 [이른바 '사기도박'의 경우 사기죄 외에 도박죄가 별도로 성립하는지 여부(소극), 사기도박에서 실행의 착수시기(= 사기도박을 위한 기망행위를 개시한 때), 피고인 등이 사기도박에 필요

한 준비를 갖추고 그 실행에 착수한 후에 사기도박을 숨기기 위하여 얼마간 정상적인 도박을 하였더라도 이는 사기죄의 실행행위에 포함되는 것이어서, 피고인에 대하여는 피해자들에 대한 사기죄만이 성립하고 도박죄는 따로 성립하지 아니한다고 한 사례, 피고인 등이 피해자들을 유인하여 사기도박으로 도금을 편취한 행위는 사회관념상 1개의 행위로 평가함이 상당하므로, 피해자들에 대한 각 사기죄는 상상적 경합의 관계에 있다고 한 사례] 사기도박

가. 도박이란 2인 이상의 자가 상호간에 재물을 도(賭)하여 우연한 승패에 의하여 그 재물의 득실을 결정하는 것이다. 그러므로 이른바 사기도박과 같이 도박당사자의 일방이 사기의 수단으로써 승패의 수를 지배하는 경우에는 도박에서의 우연성이 결여되어 사기죄만 성립하고 도박죄는 성립하지 아니한다.

나. 사기죄는 편취의 의사로 기망행위를 개시한 때에 실행에 착수한 것으로 보아야 한다. 그러므로 사기도박에서도 사기적인 방법으로 도금을 편취하려고 하는 자가 상대방에게 도박에 참가할 것을 권유하는 등 기망행위를 개시한 때에 실행의 착수가 있는 것으로 보아야 한다.

다. **피고인 등이 사기도박에 필요한 준비를 갖추고 그러한 의도로 피해자들에게 도박에 참가하도록 권유한 때 또는 늦어도 그 정을 알지 못하는 피해자들이 도박에 참가한 때에는 이미 사기죄의 실행에 착수하였다고 할 것이다. 그러므로 피고인 등이 그 후에 사기도박을 숨기기 위하여 얼마간 정상적인 도박을 하였더라도 이는 사기죄의 실행행위에 포함되는 것이어서 피고인에 대하여는 피해자들에 대한 사기죄만이 성립하고 도박죄는 따로 성립하지 아니한다.**

라. **피고인 등이 피해자들을 유인하여 사기도박으로 도금을 편취한 행위는 사회관념상 1개의 행위로 평가하는 것이 타당하다. 그러므로 피해자들에 대한 각 사기죄는 상상적 경합의 관계에 있다.**

마. 이 사안의 쟁점은 사기도박에서 실행의 착수시기이다. 그리고 사기도박이 시작되기 전 40분간 진행된 정상도박을 어떻게 법적으로 평가할 것인지도 쟁점이다. 피고인들이 사기죄의 고의를 가지고, 피해자들을 유인하여, 도박에 참가하였다면, 사기죄의 실행의 착수(기망행위)가 있다. 유인과 도박시작이 기망행위에 한 덩어리로 포함된다. 피고인들이 도박을 통한 사기행위를 공모한 후, 그 정을 모르는 피해자들에게 도박을 권유한 때는 사기죄의 기망행위가 반만 진행된 것이다. 도박참여를 권유하였지만, 상대방이 참가하지 않은 경우 실행의 착수가 완전히 이루어진 것이 아니다. 이 경우 사기미수가 성립되지 않는다. 생각건대 피해자들이 기망수단에 응해 실제 도박을 시작하였다면, 바로 이때 기망행위가 되는 것이다. 따라서 "사기적인 방법으로 도금을 편취하려고

하는 자가 상대방에게 도박에 참가할 것을 권유하는 등 기망행위를 개시한 때에 실행의 착수가 있는 것으로 보아야 한다." 대법원 판례는 동의할 수 없다. 또한 "피고인 등이 사기도박에 필요한 준비를 갖추고 그러한 의도로 피해자들에게 도박에 참가하도록 권유한 때 또는 늦어도 그 정을 알지 못하는 피해자들이 도박에 참가한 때에는 이미 사기죄의 실행에 착수하였다고 할 것이다"라는 대법원 판례도 동의할 수 없다. "피고인 등이 사기도박에 필요한 준비를 갖추고 그러한 의도로 피해자들에게 도박에 참가하도록 권유하고, 그 정을 알지 못하는 피해자들이 도박에 참가한 때 사기죄의 실행에 착수하였다고 할 것이다"로 명확하게 밝히지 못한 점이 아쉽다.

바. 생각건대 사기도박 중 일부가 정상도박이라고 하더라도, 이는 금원을 사취하기 위한 미끼에 해당한다. 따라서 피해자들이 정상도박임을 알고 도박을 시작했을 때, 사기죄에서 기망행위가 성립한다. 도박을 통한 사기죄는 전체로서 하나의 사실관계를 확정해야 한다. 사기도박으로 도금을 편취한 행위는 사회관념상 1개의 행위에 해당한다. 그래서 하나의 사기죄가 성립한다. 수 명의 피해자들에 대한 각 사기죄는 상상적 경합의 관계에 있다. 일부 정상도박을 분리하여 도박죄로 의률한 제2심의 판단은 옳다고 볼 수 없다. 대법원 판례도 이 점을 분명히 하였다. "원심은 이와 달리 피해자들에 대한 사기죄 외에 도박죄가 별도로 성립하는 것으로 판단하고 이를 유죄로 인정하였으니, 원심판결에는 사기도박에 있어서의 실행의 착수시기 등에 관한 법리를 오해하여 판결에 영향을 미친 위법이 있다."

(11) **| 관련판례 |** 대법원 2018. 8. 1. 선고 2017도20682 판결 [사기죄의 구성요건 중 '기망'의 의미 및 고지의무 위반이 거래의 상대방을 기망한 것이 되어 사기죄를 구성하는 경우, 사기죄의 주관적 구성요건인 편취의 고의를 판단하는 기준 및 차용금 편취의 고의를 인정할 수 있는 경우, 피고인이 갑 저축은행에 대출을 신청하여 심사를 받을 당시 동시에 다른 저축은행에 대출을 신청한 상태였는데도 갑 저축은행으로부터 다른 금융회사에 동시에 진행 중인 대출이 있는지에 대하여 질문을 받자 '없다'고 답변하였고, 갑 저축은행으로부터 대출을 받은 지 약 6개월 후에 신용회복위원회에 대출 이후 증가한 채무를 포함하여 프리워크아웃을 신청한 사안에서, 피고인에 대한 사기 공소사실을 무죄라고 판단한 원심판결에 사기죄에서 기망행위, 기망행위와 처분행위 사이의 인과관계와 편취의 고의에 관한 법리를 오해한 잘못이 있다고 한 사례]

가. 사기죄의 요건인 기망은 널리 재산상의 거래관계에서 서로 지켜야 할 신의와

성실의 의무를 저버리는 모든 적극적, 소극적 행위를 말한다. 반드시 법률행위의 중요 부분에 관한 허위표시를 해야 하는 것은 아니다. 상대방을 착오에 빠뜨려 행위자가 희망하는 재산적 처분행위를 하도록 하기 위한 판단의 기초가 되는 사실에 관한 것이면 충분하다. 따라서 거래의 상대방이 일정한 사정에 관한 고지를 받았더라면 거래를 하지 않았을 것이라는 관계가 인정되는 경우에는, 그 거래로 재물을 받는 자에게는 신의성실의 원칙상 사전에 상대방에게 그와 같은 사정을 고지할 의무가 있다. 그런데도 이를 고지하지 않은 것은 고지할 사실을 묵비함으로써 상대방을 기망한 것이 되어 사기죄를 구성한다.

나. 사기죄의 주관적 구성요건인 편취의 고의는 피고인이 자백하지 않는 한 범행 전후 피고인의 재력, 환경, 범행의 내용, 거래의 이행과정, 피해자와의 관계 등과 같은 객관적인 사정을 종합하여 판단하여야 한다. 민사상 금전대차관계에서 채무불이행 사실을 가지고 바로 차용금 편취의 고의를 인정할 수는 없다. 그러나 피고인이 확실한 변제의 의사가 없거나 또는 차용 시 약속한 변제기일 내에 변제할 능력이 없는데도 변제할 것처럼 가장하여 금원을 차용한 경우에는 편취의 고의를 인정할 수 있다.

다. 피고인이 갑 저축은행에 대출을 신청하여 심사를 받을 당시 동시에 다른 저축은행에 대출을 신청한 상태였는데도 갑 저축은행으로부터 다른 금융회사에 동시에 진행 중인 대출이 있는지에 대하여 질문을 받자 '없다'고 답변하였다. 갑 저축은행으로부터 대출을 받은 지 약 6개월 후에 신용회복위원회에 대출 이후 증가한 채무를 포함하여 프리워크아웃을 신청한 사안이다.

라. 피고인은 갑 저축은행에 대하여 다른 금융회사에 동시에 진행 중인 대출이 있는지를 허위로 고지하였다. 갑 저축은행이 제대로 된 고지를 받았더라면 대출을 해주지 않았을 것으로 판단된다. 그 밖에 피고인의 재력, 채무액, 대출금의 사용처, 대출일부터 약 6개월 후 프리워크아웃을 신청한 점과 그 경위 등의 사정을 종합하면, 기망행위, 기망행위와 처분행위 사이의 인과관계와 편취의 고의가 인정된다고 볼 여지가 있다. 이와 달리 보아 피고인에 대한 사기 공소사실을 무죄라고 판단한 원심판결에 사기죄에서 기망행위, 기망행위와 처분행위 사이의 인과관계와 편취의 고의에 관한 법리를 오해한 잘못이 있다.

(12) **| 관련판례 |** **대법원 2018. 12. 28. 선고 2018도13305 판결** ['소송사기'의 의미 및 소송사기죄를 인정할 때 유의할 사항, 소송사기죄가 성립하기 위한 요건, 갑 주식회사 대표이사인 피고인이, 2011. 11.경 갑 회사에 입사하였다가 2016. 3. 11. 퇴직한 근로자 을을 상대로 2011. 12.부터 2015. 4.까지 포괄일급에 포함하

여 이미 지급한 퇴직적립금에 대하여 부당이득반환청구 소송을 제기하면서 2015. 5. 1.자 근로계약서의 일급란 기재 금액을 변조하여 증거자료로 제출한 사안에서, 갑 회사는 을에게 포괄일급에 일급의 8.3%에 해당하는 퇴직적립금을 포함하여 임금을 지급하였는데, 을의 퇴사 후 위와 같이 을에게 지급된 퇴직적립금이 퇴직금 지급으로서의 효력이 없다는 자문을 받고 별도로 퇴직금 전액을 지급하였으므로 피고인이 부당이득반환의 소를 제기한 것은 정당한 권리행사의 일환이라는 등의 이유로, 이와 달리 보아 피고인에게 사기미수죄를 인정한 원심판결에 소송사기의 법리를 오해한 잘못이 있다고 한 사례] 소송사기의 의미

가. 소송사기는 법원을 기망하여 자기에게 유리한 판결을 얻음으로써 상대방의 재물 또는 재산상 이익을 취득하는 것을 내용으로 하는 범죄이다. 이를 처벌하는 것은 필연적으로 누구든지 자기에게 유리한 주장을 하고 소송을 통하여 권리구제를 받을 수 있다는 민사재판제도의 위축을 가져올 수밖에 없다. 그러므로 피고인이 그 범행을 인정한 경우 외에는 그 소송상의 주장이 사실과 다름이 객관적으로 명백하거나 피고인이 그 소송상의 주장이 명백히 허위인 것을 인식하였거나 증거를 조작하려고 한 흔적이 있는 등의 경우 외에는 이를 쉽사리 유죄로 인정하여서는 안 된다. 그리고 **소송사기가 성립하기 위하여는 제소 당시에 그 주장과 같은 채권이 존재하지 아니한다는 것만으로는 부족하다. 그 주장의 채권이 존재하지 아니하는 사실을 잘 알면서도 허위의 주장과 증명으로써 법원을 기망한다는 인식을 하고 있어야만 한다.** 단순히 사실을 잘못 인식하였다거나 법률적 평가를 잘못하여 존재하지 않는 권리를 존재한다고 믿고 제소한 행위는 사기죄를 구성하지 않는다.

나. 갑 주식회사 대표이사인 피고인이, 2011. 11.경 갑 회사에 입사하여 기계정비공으로 근무하다가 2016. 3. 11. 퇴직한 근로자 을을 상대로 2011. 12.부터 2015. 4.까지 포괄일급에 포함하여 이미 지급한 퇴직적립금에 대하여 부당이득반환청구 소송을 제기하면서 2015. 5. 1.자 근로계약서의 일급란 기재 금액을 변조하여 증거자료로 제출한 사안이다.

다. 갑 회사는 을에게 포괄일급에 일급의 8.3%에 해당하는 퇴직적립금을 포함하여 임금을 지급하였다. 그런데 을의 퇴사 후 위와 같이 을에게 지급된 퇴직적립금이 퇴직금 지급으로서의 효력이 없다는 자문을 받고 별도로 퇴직금 전액을 지급하였다. 그러므로 **피고인이 이미 지급한 퇴직적립금에 대하여 부당이득반환의 소를 제기한 것은 정당한 권리행사의 일환으로 이루어진 것이다. 이러한 피고인의 주장이 허위의 주장이라거나 이로써 법원을 기망한 것이라고 볼 수 없다.**

라. 또한 피고인이 제기한 부당이득반환청구 소송은 2015. 5. 1.자 근로계약서가 작성되기 전까지 갑 회사가 을에게 지급한 퇴직적립금의 반환을 구하는 것으로 2015. 5. 1. 이후에 지급한 임금과 관련된 청구를 하고 있지 않다. 그러므로 2015. 5. 1. 이후의 근로조건에 관한 내용을 규정한 위 근로계약서는 위 소송의 권리발생 사유에 관한 증거가 될 수 없어 소송의 내용이나 결과에 전혀 영향을 미칠 수 없다. 비록 피고인이 위 소송을 제기하면서 위 근로계약서의 일급란 기재 금액을 변조하여 제출하였더라도 그것만으로 피고인이 증거조작을 통하여 법원을 기망한 것이라거나 피고인에게 허위사실을 증명함으로써 법원을 기망한다는 인식이 있었다고 볼 수 없다. 이러한 이유로 이와 달리 보아 피고인에게 사기미수죄를 인정한 원심판결에 소송사기의 법리를 오해한 잘못이 있다고 한 사례이다.

347-2. 제347조의2(컴퓨터 등 사용사기)

(1) 현행

제347조의2(컴퓨터 등 사용사기)
컴퓨터 등 정보처리장치에 허위의 정보 또는 부정한 명령을 입력하거나 권한 없이 정보를 입력·변경하여 정보처리를 하게 함으로써 **재산상의 이익을** 취득하거나 제3자로 하여금 취득하게 한 자는 10년 이하의 징역 또는 2천만원 이하의 벌금에 처한다.
[전문개정 2001.12.29]

(2) 개선방안

제347조2(컴퓨터사용사기)
컴퓨터 등 정보처리장치에 다음 각 호 어느 하나의 행위로 정보처리를 하여 재물·재산이익을 취득한 사람 또는 제삼자에게 취득하게 한 사람은 10년 이하 징역형·2천만원 이하 벌금형으로 처벌된다.
1. 허위정보를 입력한 행위
2. 부정명령을 입력한 행위
3. 권한 없이 정보를 입력·변경한 행위
[전문개정 2001.12.29.]

【개정방향】
※ 제목변경

※ 명확성 · 간결성 · 가독성 · 개조식
※ 일본식 조사 '의' 삭제
※ 법적용에 용이함: 형법 제347조 제1호 위반, 제2호 위반, 제3호 위반
※ 국어어순정비
※ 직접 인출과 통장 이체를 달리 볼 필요가 없기 때문에 모두 제347조2(컴퓨터등 사용사기)에 규정하는 것이 타당하다고 생각함. 행위객체 입법개정 필요함

(3) 조문해설

가. 형법 제347조2는 컴퓨터사용사기를 규정하고 있다.

나. 주요내용을 보면, 컴퓨터 등 정보처리장치에 다음 각 호 어느 하나의 행위로 정보처리를 하여 재물 · 재산이익을 취득한 사람 또는 제삼자에게 취득하게 한 사람은 10년 이하 징역형 · 2천만원 이하 벌금형으로 처벌된다. 1. 허위정보를 입력한 행위, 2. 부정명령을 입력한 행위, 3. 권한 없이 정보를 입력 · 변경한 행위 [전문개정 2001.12.29.]

(4) **| 관련판례 |** 대법원 2006. 3. 24. 선고 2005도3516 **판결** [예금주인 현금카드 소유자로부터 일정액의 현금을 인출해 오라는 부탁과 함께 현금카드를 건네받아 그 위임받은 금액을 초과한 현금을 인출한 행위가 컴퓨터 등 사용사기죄를 구성하는지 여부(적극)] 위임금액을 초과한 현금카드의 현금인출과 검퓨터등사용사기죄

가. 예금주인 현금카드 소유자로부터 일정한 금액의 현금을 인출해 오라는 부탁을 받으면서 이와 함께 현금카드를 건네받은 것을 기화로 그 위임을 받은 금액을 초과하여 현금을 인출하는 방법으로 그 차액 상당을 위법하게 이득할 의사로 현금자동지급기에 그 초과된 금액이 인출되도록 입력하여 그 초과된 금액의 현금을 인출한 경우에는 그 인출된 현금에 대한 점유를 취득하였다.

나. 이 때에 **그 인출한 현금 총액 중 인출을 위임받은 금액을 넘는 부분의 비율에 상당하는 재산상 이익을 취득한 것으로 볼 수 있다.** 그러므로 이러한 행위는 그 차액 상당액에 관하여 형법 제347조의2(컴퓨터등사용사기)에 규정된 '컴퓨터 등 정보처리장치에 권한 없이 정보를 입력하여 정보처리를 하게 함으로써 재산상의 이익을 취득'하는 행위로서 컴퓨터 등 사용사기죄에 해당된다.

다. 제1심은 컴퓨터등사용사기죄에 대해 무죄를 선고하였다. 제2심은 절도죄에 대해 무죄를 선고하였다. **대법원은 차액인 3만 원 부분의 비율에 상당하는 재산상 이익을 취득한 것으로 판단하였다. 컴퓨터등사용사기죄를 인정하였다.**

라. **대법원은 예금통장으로 은행창구에서 예금을 초과 인출한 경우 배임죄를 인정하였다.**

348. 제348조(준사기)

(1) 현행

第348條(準詐欺)
① 未成年者의 知慮淺薄 또는 사람의 心神障碍를 利用하여 財物의 交付를 받거나 財産上의 利益을 取得한 者는 10年 以下의 懲役 또는 2千萬원 以下의 罰金에 處한다. 〈改正 1995.12.29.〉
② 前項의 方法으로 第三者로 하여금 財物의 交付를 받게 하거나 財産上의 利益을 取得하게 한 때에도 前項의 刑과 같다.

제348조(준사기)
① 미성년자의 지려천박 또는 사람의 심신장애를 이용하여 재물의 교부를 받거나 재산상의 이익을 취득한 자는 10년 이하의 징역 또는 2천만원 이하의 벌금에 처한다. 〈개정 1995.12.29〉
② 전항의 방법으로 제삼자로 하여금 재물의 교부를 받게 하거나 재산상의 이익을 취득하게 한 때에도 전항의 형과 같다.

(2) 개선방안

제1안 ★★★★★
제348조(준사기)
다음 각 호 어느 하나의 행위로 [1]재물을 교부받은 사람 또는 [2]제삼자에게 재물을 교부받게 한 사람 또는 [3]재산이익을 취득한 사람 또는 [4]제삼자에게 재산이익을 교부받게 한 사람은 10년 이하 징역형 · 2천만원 이하 벌금형으로 처벌된다. 〈개정 1995.12.29.〉
1. 미성년자 지려천박을 이용
2. 다른 사람 심신장애를 이용

제2안
제348조(준사기)
미성년자 지려천박을 이용하거나 또는 다른 사람 심신장애를 이용하여 **다음 각 호 어느 하나의 행위를 한 사람은** 10년 이하 징역형 · 2천만원 이하 벌금형으로 처벌된다. 〈개정 1995.12.29.〉
1. 재물을 교부받은 사람

2. 제삼자에게 재물을 교부받게 한 사람
3. 재산이익을 취득한 사람
4. 제삼자에게 재산이익을 교부받게 한 사람

【개정방향】
※ 명확성 · 간결성 · 가독성 · 개조식
※ 일본식 조사 '의' 삭제
※ 법적용에 용이함: 형법 제348조 제1호 위반, 제2호 위반
※ 국어어순정비
※ 재산상이익 ⇒ 재산이익

(3) 조문해설

가. 형법 제348조는 준사기를 규정하고 있다.

나. 주요내용을 보면, 다음 각 호 어느 하나의 행위로 [1]재물을 교부받은 사람 또는 [2]제삼자에게 재물을 교부받게 한 사람 또는 [3]재산이익을 취득한 사람 또는 [4]제삼자에게 재산이익을 교부받게 한 사람은 10년 이하 징역형 · 2천만원 이하 벌금형으로 처벌된다. 〈개정 1995.12.29.〉 1. 미성년자 지려천박을 이용, 2. 다른 사람 심신장애를 이용

348-2. 제348조의2(편의시설부정이용)

(1) 현행

第348條의2(便宜施設不正利用)
부정한 방법으로 對價를 지급하지 아니하고 自動販賣機, 公衆電話 기타 有料自動設備를 이용하여 財物 또는 財産上의 이익을 취득한 者는 3年 이하의 懲役, 500萬원 이하의 罰金, 拘留 또는 科料에 處한다. [本條新設 1995.12.29.]

제348조의2(편의시설부정이용)
부정한 방법으로 대가를 지급하지 아니하고 자동판매기, 공중전화 기타 유료자동설비를 이용하여 재물 또는 재산상의 이익을 취득한 자는 3년 이하의 징역, 500만원 이하의 벌금, 구류 또는 과료에 처한다. [본조신설 1995.12.29]

(2) 개선방안

제1안 ★★★★★

제348조2(편의시설부정이용)

자동판매기 · 공중전화 · 그 밖의 유료자동설비를 부정한 방법으로 대가를 지급하지 않고 이용하여 《[1]재물 · 재산이익을》 취득한 사람은 3년 이하 징역형 · 500만원 이하 벌금형 · 구류형 · 과료형으로 처벌된다. [본조신설 1995.12.29.]

제2안

제348조2(편의시설부정이용)

자동판매기 · 공중전화 · 그 밖의 유료자동설비를 부정한 방법으로 대가를 지급하지 않고 이용하여 [1]재물을 취득한 사람 또는 [2]재산이익을 취득한 사람은 3년 이하 징역형 · 500만원 이하 벌금형 · 구류형 · 과료형으로 처벌된다. [본조신설 1995.12.29.]

【개정방향】

※ 명확성 · 간결성 · 가독성 · 개조식

※ 일본식 조사 '의' 삭제

※ 온점(·) 활용: (,) ⇒ (·) 형법 제157조와 제324조2(인질강요)에서 이미 사용 중

※ 국어문법정비

※ 수동형. 처벌한다 ⇒ 처벌된다.

※ 행위양태와 행위주체를 명확하게 구별함

(3) 조문해설

가. 형법 제348조2는 편의시설부정이용을 규정하고 있다.

나. 주요내용을 보면, 자동판매기 · 공중전화 · 그 밖의 유료자동설비를 부정한 방법으로 대가를 지급하지 않고 이용하여 《[1]재물 · 재산이익을》 취득한 사람은 3년 이하 징역형 · 500만원 이하 벌금형 · 구류형 · 과료형으로 처벌된다. [본조신설 1995.12.29.]

349. 제349조(부당이득)

(1) 현행

第349條(不當利得)

① 사람의 窮迫한 狀態를 利用하여 顯著하게 不當한 利益을 取得한 者는 3年 以下의 懲

役 또는 1千萬원 以下의 罰金에 處한다. 〈改正 1995.12.29.〉
② 前項의 方法으로 第三者로 하여금 不當한 利益을 取得하게 한 때에도 前項의 刑과 같다.

제349조(부당이득)
① 사람의 궁박한 상태를 이용하여 현저하게 부당한 이익을 취득한 자는 3년 이하의 징역 또는 1천만원 이하의 벌금에 처한다. 〈개정 1995.12.29〉
② 전항의 방법으로 제삼자로 하여금 부당한 이익을 취득하게 한 때에도 전항의 형과 같다.

(2) 개선방안

제349조(부당이득)
[3]다른 사람의 궁박한 상태를 이용하여 《[2]현저하게 부당한 이익을》 [1]취득한 사람 또는 [2]제삼자에게 취득하게 사람은 3년 이하 징역형 · 1천만원 이하 벌금형으로 처벌된다.
〈개정 1995.12.29.〉

【개정방향】
※ 명확성 · 간결성 · 가독성
※ 일본식 조사 '의' 삭제
※ 온점(·) 활용: (,) ⇒ (·) 형법 제157조와 제324조2(인질강요)에서 이미 사용 중
※ 국어문법정비
※ 보호법익: 전체로서 재산. 보호정도: 침해범
※ 수동형. 처벌한다 ⇒ 처벌된다. **행위양태와 행위주체를 명확하게 구별함**
※ **제1항과 제2항을 통합함**
※ **현저하게: 2배 이상 상당액. 생수 1만원**

(3) 조문해설

가. 형법 제349조는 부당이득을 규정하고 있다.
나. 주요내용을 보면, 다른 사람의 궁박한 상태를 이용하여 《[2]현저하게 부당한 이익을》 [1]취득한 사람 또는 [2]제삼자에게 취득하게 사람은 3년 이하 징역형 · 1천만원 이하 벌금형으로 처벌된다. 〈개정 1995.12.29.〉
다. 현저하게 부당한 이익은 행위 당시의 구체적 상황을 고려하여 객관적으로 판단해야 한다. 사회일반인을 기준으로 한다.
라. 다른 사람의 궁박한 상태를 이용한 폭리행위이다. 미수범 처벌규정이 없다.

350. 제350조(공갈)

(1) 현행

第350條(恐喝)
① 사람을 恐喝하여 財物의 交付를 받거나 財産上의 利益을 取得한 者는 10年 以下의 懲役 또는 2千萬원 以下의 罰金에 處한다. 〈改正 1995.12.29.〉
② 前項의 方法으로 第三者로 하여금 財物의 交付를 받게 하거나 財産上의 利益을 取得하게 한 때에도 前項의 刑과 같다.

제350조(공갈)
① 사람을 공갈하여 재물의 교부를 받거나 재산상의 이익을 취득한 자는 10년 이하의 징역 또는 2천만원 이하의 벌금에 처한다. 〈개정 1995.12.29〉
② 전항의 방법으로 제삼자로 하여금 재물의 교부를 받게 하거나 재산상의 이익을 취득하게 한 때에도 전항의 형과 같다.

(2) 개선방안

제1안
제350조(공갈)
사람을 폭행·협박하고 재물을 교부받은 사람 또는 제삼자에게 교부받게 한 사람 또는 재산이익을 취득한 사람 또는 제삼자에게 취득하게 한 사람은 10년 이하 징역형·2천만원 이하 벌금형으로 처벌된다.
〈개정 1995.12.29.〉

제2안 ★★★★★
제350조(공갈)
다음 각 호 어느 하나에 해당하는 사람은 10년 이하 징역형·2천만원 이하 벌금형으로 처벌된다.
1. 사람을 폭행·협박하고 재물을 교부받은 사람
2. 사람을 폭행·협박하고 제삼자에게 재물을 교부받게 한 사람
3. 사람을 폭행·협박하고 재산이익을 취득한 사람
4. 사람을 폭행·협박하고 제삼자에게 재산이익을 취득하게 한 사람

【개정방향】
※ 명확성·간결성·가독성
※ 일본식 조사 '의' 삭제

※ 국어어순정비
※ 제1항과 제2항을 통합함
※ 행위양태와 행위주체를 명확하게 구별함
※ 형법 제347조 사기죄와 통일함
※ 재산상이익 ⇒ 재산이익

(3) 조문해설

가. 형법 제350조는 공갈을 규정하고 있다.

나. 주요내용을 보면, 다음 각 호 어느 하나에 해당하는 사람은 10년 이하 징역형·2천만원 이하 벌금형으로 처벌된다. 1. 사람을 폭행·협박하고 재물을 교부받은 사람, 2. 사람을 폭행·협박하고 제삼자에게 재물을 교부받게 한 사람, 3. 사람을 폭행·협박하고 재산이익을 취득한 사람, 4. 사람을 폭행·협박하고 제삼자에게 재산이익을 취득하게 한 사람

(4) **| 관련판례 |** 대법원 2012. 1. 27. 선고 2011도16044 판결 [재산상 이익의 취득으로 인한 공갈죄의 성립요건, 피고인이 피해자가 운전하는 택시를 타고 간 후 목적지가 다르다는 이유로 택시요금의 지급을 면하고자 이를 요구하는 피해자를 폭행하고 달아난 사안에서, 피고인이 피해자를 폭행하고 달아났을 뿐 피해자가 택시요금의 지급에 관하여 수동적·소극적으로라도 피고인이 이를 면하는 것을 용인하여 그 이익을 공여하는 처분행위를 하였다고 할 수 없는데도, 이와 달리 보아 공갈죄를 인정한 원심판결에 법리오해 등의 위법이 있다고 한 사례] 공갈죄에서 재산처분행위

가. 피고인에게 재산상 이익의 취득으로 인한 공갈죄가 성립하려면, 폭행 또는 협박과 같은 공갈행위로 피공갈자가 재산상 이익을 공여하는 처분행위가 있어야 한다. 물론 그러한 처분행위는 반드시 작위에 한하지 아니하고 부작위로도 족하다. 피공갈자가 외포심을 일으켜 묵인하고 있는 동안에 공갈자가 직접 재산상의 이익을 탈취한 경우에도 공갈죄가 성립할 수 있다.

나. 그러나 폭행의 상대방이 위와 같은 의미에서의 처분행위를 한 바 없고, 단지 행위자가 법적으로 의무 있는 재산상 이익의 공여를 면하기 위하여 상대방을 폭행하고 현장에서 도주함으로써 상대방이 행위자로부터 원래라면 얻을 수 있었던 재산상 이익의 실현에 장애가 발생한 것에 불과하다면, 그 행위자에게 공갈죄의 죄책을 물을 수 없다.

다. 피고인이 피해자가 운전하는 택시를 타고 간 후 최초의 장소에 이르러 택시

요금의 지급을 면할 목적으로 다른 장소에 가자고 하였다면서 택시에서 내린 다음 택시요금 지급을 요구하는 피해자를 때리고 달아났다. 그러자 피해자가 피고인이 말한 다른 장소까지 쫓아가 기다리다 그곳에서 피고인을 발견하고 택시요금 지급을 요구하였다. 그런데 피고인이 다시 피해자의 얼굴 등을 주먹으로 때리고 달아났다. 피해자가 피고인에게 계속해서 택시요금의 지급을 요구하였다. 그러나 피고인이 이를 면하고자 피해자를 폭행하고 달아났을 뿐, 피해자가 폭행을 당하여 외포심을 일으켜 수동적·소극적으로라도 피고인이 택시요금 지급을 면하는 것을 용인하여 이익을 공여하는 처분행위를 하였다고 할 수 없다. 이와 달리 보아 공갈죄를 인정한 원심판결에 법리오해 등 위법이 있다.

라. 생각건대 채무면탈 목적으로 폭행을 한 경우, 공갈죄 미수범이 성립할 수 있다. 나아가 재산상 이익실현에 장애가 되는 경우, 부작위에 의한 재산처분행위로 볼 수 있다. 폭행으로 불가항력의 상황이기 때문이다. 공갈죄는 행위자 관점에서 해석해야 한다. 이 사안은 '취득' 관점에서 보아야 한다.

(5) **| 관련판례 |** 대법원 1994. 12. 22. **선고 94도2528 판결** [공무원이 직무와 관계없이 타인을 공갈하여 재물을 교부하게 한 경우, 뇌물공여죄가 성립되는지 여부, 회사에 대한 세무조사에서 과다계상된 손금항목에 대한 조사를 하지 않고 묵인하는 조건으로 금품을 수수하였다면, 문제된 세금계산서가 진정거래에 기한 것인지, 세무공무원의 묵인행위로 추징세금액수가 실제로 줄어든 것이 있는지 여부에 관계없이 뇌물죄를 구성한다고 한 사례] 공갈죄와 수뢰죄 관계

가. 공무원이 직무집행의 의사 없이 또는 직무처리와 대가적 관계없이 타인을 공갈하여 재물을 교부하게 한 경우 공갈죄만이 성립한다. 재물의 교부자가 공무원의 해악 고지로 외포의 결과 금품을 제공한 것이라면. 그는 공갈죄의 피해자가 될 것이다. 뇌물공여죄는 성립될 수 없다.

나. 세무공무원에게 회사에 대한 세무조사라는 직무집행의 의사가 있었고, 과다계상된 손금항목에 대한 조사를 하지 않고 이를 묵인하는 조건으로, 다시 말하면 그 직무처리에 대한 대가관계로서 금품을 제공받았다. 회사의 대표이사는 공무원의 직무행위를 매수하려는 의사에서 금품을 제공하였고, 그 세무공무원은 세무조사 당시 타회사 명의의 세금계산서가 위장거래에 의하여 계상된 허위의 계산서라고 판단하고 이를 바로잡아 탈루된 세금을 추징할 경우 추징할 세금이 모두 50억 원에 이를 것이라고 알려 주었음이 명백하다면, 문제된 세금계산서가 진정한 거래에 기하여 제출된 것인지, 세무공무원의 묵인행위로

인하여 회사에게 추징된 세금액수가 실제적으로 줄어든 것이 있는지 여부에 관계없이 그 세무공무원 및 대표이사의 행위가 뇌물죄를 구성한다.

다. 생각건대 공무원에게 공갈죄가 성립하면, 뇌물제공자는 공갈죄 피해자이다. 따라서 뇌물공여죄는 성립하지 않는다. 그러나 공무원이 재물교부를 유도할 목적으로 공갈을 사용한 경우, 공갈죄와 뇌물죄가 모두 성립한다. 상상적 경합관계이다. 재물교부자는 공갈죄 피해자이기에 뇌물공여죄는 성립하지 않는다. **대상판결은 공갈죄 수단인 협박을 인정하지 않은 특수한 사건이다. 위장거래로 허위계상된 계산서에 대해 세무공원의 추징 고지를 협박으로 볼 수 없다고 한다.**

350. 제350조2(특수공갈) *****

(1) 현행

제350조의2(특수공갈)

단체 또는 다중의 위력을 보이거나 위험한 물건을 휴대하여 제350조의 죄를 범한 자는 1년 이상 15년 이하의 징역에 처한다. [본조신설 2016.1.6.]

(2) 개선방안

제350조2(특수공갈)

다음 각 호 어느 하나의 행위로 제350조 죄를 범한 사람은 1년 이상 15년 이하 **징역형으로 처벌된다.** [본조신설 2016.1.6.]

1. 단체위력을 보임
2. 다중위력을 보임
3. 위험물건을 보임

【개정방향】

※ 명확성 · 간결성 · 가독성 · 개조식

※ 일본식 조사 '의' 삭제

※ 참조조문

형법 제258조2(특수상해) 460면 참조

① **다음 각 호 어느 하나의 행위로** 제257조 제1항 죄를 범한 사람은 1년 이상 10년 이하 **징역형으로 처벌된다.**

1. 단체위력을 보임

2. 다중위력을 보임
3. 위험물건을 보임

② 다음 각 호 어느 하나의 행위로 제258조 죄를 범한 사람은 2년 이상 20년 이하 **징역형으로 처벌된다.**
1. 단체위력을 보임
2. 다중위력을 보임
3. 위험물건을 보임

③ 제1항·제2항 미수범은 처벌된다.

(3) 조문해설

가. 형법 제350조2는 특수공갈을 규정하고 있다.

나. 주요내용을 보면, 다음 각 호 어느 하나의 행위로 제350조 죄를 범한 사람은 1년 이상 15년 이하 징역형으로 처벌된다. [본조신설 2016.1.6.] 1. 단체위력을 보임, 2. 다중위력을 보임, 3. 위험물건을 보임

351. 제351조(상습범)

(1) 현행

第351條(常習犯)
常習으로 第347條 乃至 前條의 罪를 犯한 者는 그 罪에 定한 刑의 2分의 1까지 加重한다.

제351조(상습범)
상습으로 제347조 내지 전조의 죄를 범한 자는 그 죄에 정한 형의 2분의 1까지 가중한다.

(2) 개선방안

제351조(상습범)
제347조·제348조·제348조2·제349조·제350조를 상습으로 범한 사람은 그 죄에 정한 법정형 2분의 1까지 가중처벌된다.

【개정방향】
※ 명확성·간결성·가독성
※ 국어문법정비
※ 온점(·) 활용: 또는⇒(·) 형법 제157조와 제324조2(인질강요)에서 이미 사용 중

(3) 조문해설

가. 형법 제351조는 상습범을 규정하고 있다.

나. 주요내용을 보면, 제347조 · 제348조 · 제348조2 · 제349조 · 제350조를 상습으로 범한 사람은 그 죄에 정한 법정형 2분의 1까지 가중처벌된다.

352. 제352조(미수범)

(1) 현행

第352條(未遂犯)
第347條 내지 第348條의2, 제350조, 제350조의2와 第351條의 未遂犯은 處罰한다. 〈개정 2016.1.6.〉 [全文改正 1995.12.29.]

제352조(미수범)
제347조 내지 제348조의2, 제350조, 제350조의2와 제351조의 미수범은 처벌한다. 〈개정 2016.1.6.〉 [全文改正 1995.12.29.]

(2) 개선방안

제352조(미수범)
제347조 · 제348조 · 제348조2 · 제350조 · 제350조2 · 제351조 미수범은 처벌된다. 〈개정 2016.1.6.〉 [全文改正 1995.12.29.]

【개정방향】
※ 명확성 · 간결성 · 가독성
※ 일본식 조사 '의' 삭제
※ 내지 ⇒ 조문 밝힘

(3) 조문해설

가. 형법 제352조는 미수범을 규정하고 있다.

나. 주요내용을 보면, 제347조 · 제348조 · 제348조2 · 제350조 · 제350조2 · 제351조 미수범은 처벌된다. 〈개정 2016.1.6.〉 [全文改正 1995.12.29.]

353. 제353조(자격정지의 병과)

(1) 현행

第353條(資格停止의 倂科) 本章의 罪에는 10年 以下의 資格停止를 倂科할 수 있다. **제353조(자격정지의 병과)** 본장의 죄에는 10년 이하의 자격정지를 병과할 수 있다.

(2) 개선방안

제353조(자격정지병과) 제39장 사기죄와 공갈죄는 10년 이하 자격정지형이 병과될 수 있다. 【개정방향】 ※ 제목변경 ※ 명확성 · 간결성 · 가독성 ※ 일본식 조사 '의' 삭제 ※ 온점(·) 활용: (,) ⇒ (·) 형법 제157조와 제324조2(인질강요)에서 이미 사용 중 ※ 국어어순정비. 능동태 ⇒ 수동태

(3) 조문해설

가. 형법 제353조는 자격정지병과를 규정하고 있다.

나. 주요내용을 보면, 제39장 사기죄와 공갈죄는 10년 이하 자격정지형이 병과될 수 있다.

354. 제354조(친족간의 범행, 동력)

(1) 현행

第354條(親族間의 犯行, 動力) 第328條와 第346條의 規定은 本章의 罪에 準用한다. **제354조(친족간의 범행, 동력)** 제328조와 제346조의 규정은 본장의 죄에 준용한다.

(2) 개선방안

제354조(친족간범행과 준용규정)
제39장 사기죄와 공갈죄는 제328조와 제346조를 준용한다.

【개정방향】
※ 제목변경
※ 명확성 · 간결성 · 가독성
※ 일본식 조사 '의' 삭제
※ 온점(·) 활용: (,) ⇒ (·) 형법 제157조와 제324조2(인질강요)에서 이미 사용 중
※ 국어어순정비
※ 형법 제344조(친족간범행) 통일
제329조 · 제330조 · 제331조 · 제331조2 · 제332조 죄 또는 그 미수범은 제328조를 준용한다.

(3) 조문해설

가. 형법 제354조는 친족간범행과 준용규정을 규정하고 있다.
나. 주요내용을 보면, 제39장 사기죄와 공갈죄는 제328조와 제346조를 준용한다.

제40장

横領과 背任의 罪

355. 제355조(횡령, 배임)

(1) 현행

第355條(橫領, 背任)
① 他人의 財物을 保管하는 者가 그 財物을 橫領하거나 그 返還을 拒否한 때에는 5年 以下의 懲役 또는 1千500萬원 以下의 罰金에 處한다. 〈改正 1995.12.29.〉
② 他人의 事務를 處理하는 者가 그 任務에 違背하는 行爲로써 財産上의 利益을 取得하거나 第三者로 하여금 이를 取得하게 하여 本人에게 損害를 加한 때에도 前項의 刑과 같다.

제355조(횡령, 배임)
① 타인의 **재물을** 보관하는 자가 그 재물을 횡령하거나 그 반환을 거부한 때에는 5년 이하의 징역 또는 1천500만원 이하의 벌금에 처한다. 〈개정 1995.12.29〉
② 타인의 사무를 처리하는 자가 그 임무에 위배하는 행위로써 **재산상의 이익**을 취득하거나 제삼자로 하여금 이를 취득하게 하여 본인에게 손해를 가한 때에도 전항의 형과 같다.

(2) 개선방안

제355조(단순횡령 · 위탁횡령 · 단순배임)
① [2]타인 재물을 [3]위법하게 영득한 [1]사람 또는 [2]타인 재물을 [3]위법하게 반환하지 않은 [1]사람은 3년 이하 징역형 · 1천 500만원 이하 벌금형으로 처벌된다.
② **[2]타인에게 위탁받은 재물을 [3]위법하게 영득한 [1]사람 또는 [2]타인에게 위탁받은 재물을 [3]위법하게 반환하지 않은 [1]사람은 5년 이하 징역형 · 1천 500만원 이하 벌금형으로 처벌된다.**
③ **[3-1]타인사무 처리임무를 위배하여 [3-2]재산이익을 취득하여 [3-3]사무처리임무를 맡긴 사람에게 [2]재산이익에 [3-4]손해를 가한 [1]사람은 5년 이하 징역형 · 1천 500만원 이하 벌금형으로 처벌된다.**
④ **[3-1]타인사무 처리임무를 위배하여 [3-2]제삼자에게 재산이익을 취득하게 하여 [3-3]사무**

처리임무를 맡긴 사람에게 [2]재산이익에 [3-4]손해를 가한 [1]사람은 5년 이하 징역형·1천 500만원 이하 벌금형으로 처벌된다.

【개정방향】
※ 제목변경
※ 명확성·간결성·가독성
※ 일본식 조사 '의' 삭제
※ 온점(·) 활용: (,) ⇒ (·) 형법 제157조와 제324조2(인질강요)에서 이미 사용 중
※ 국어어순정비
※ [1]행위주체 [2]행위객체 [3]행위(법조문에 표시하면 가독성을 높일 수 있음)
※ 제2항 불명확함(~거나 ~하여)
※ 횡령죄 제1항·제2항으로 분리함. 보호법익: 소유권. 보호정도: 침해범, 본질: 영득행위설
※ 배임죄 제3항·제4항으로 분리함. 보호법익: 전체 재산. 보호정도: 침해범. 본질: 임무위배설
※ 횡령죄와 배임죄는 진정신분범(구성요건신분범)
※ 업무횡령죄와 업무배임죄는 부진정신분범
※ **대법원 판례: 횡령죄(위험범), 배임죄(침해범)**
※ 대법원 2017. 7. 20. 선고 2014도1104 전원합의체 판결 [특정경제범죄가중처벌등에관한법률위반(배임)] 사기피해금 임의 인출행위⇒사기피해자에 대한 횡령죄 성립

(3) 조문해설

가. 형법 제355조는 단순횡령·위탁횡령·단순배임을 규정하고 있다.

나. 주요내용을 보면, ① [2]타인 재물을 [3]위법하게 영득한 [1]사람 또는 [2]타인 재물을 [3]위법하게 반환하지 않은 [1]사람은 3년 이하 징역형·1천 500만원 이하 벌금형으로 처벌된다. ② [2]타인에게 위탁받은 재물을 [3]위법하게 영득한 [1]사람 또는 [2]타인에게 위탁받은 재물을 [3]위법하게 반환하지 않은 [1]사람은 5년 이하 징역형·1천 500만원 이하 벌금형으로 처벌된다. ③ [3-1]타인사무 처리임무를 위배하여 [3-2]재산이익을 취득하여 [3-3]사무처리임무를 맡긴 사람에게 [2]재산이익에 [3-4]손해를 가한 [1]사람은 5년 이하 징역형·1천 500만원 이하 벌금형으로 처벌된다. ④ [3-1]타인사무 처리임무를 위배하여 [3-2]제삼자에게 재산이익을 취득하게 하여 [3-3]사무처리임무를 맡긴 사람에게 [2]재산이익에 [3-4]손해를 가한 [1]사람은 5년 이하 징역형·1천 500만원 이하 벌금형으로 처벌된다.

(4) | 관련판례 | 대법원 2005. 11. 10. 선고 2005도3627 **판결** [금전수수를 수반하는

사무처리를 위임받은 자가 그 행위에 기하여 위임자를 위하여 제3자로부터 수령한 금전의 귀속관계(= 위임자), 금전수수를 수반하는 사무처리를 위임받은 자가 수령한 금전이 사무처리의 위임에 따라 위임자를 위하여 수령한 것인지 여부의 판단 방법] 용도를 지정받은 금전의 임의사용과 횡령죄

가. 횡령죄는 타인의 재물을 보관하는 자가 그 재물을 횡령하는 것을 처벌하는 범죄이다. 그러므로 횡령죄가 성립되기 위해서는 횡령의 대상이 된 재물이 타인의 소유일 것을 요하는 것이다. 금전의 수수를 수반하는 사무처리를 위임받은 자가 그 행위에 기하여 위임자를 위하여 제3자로부터 수령한 금전은 목적이나 용도를 한정하여 위탁된 금전과 마찬가지로 달리 특별한 사정이 없는 한 그 수령과 동시에 위임자의 소유에 속하고, 위임을 받은 자는 이를 위임자를 위하여 보관하는 관계에 있다고 보아야 한다.

나. 수령한 금전이 사무처리의 위임에 따라 위임자를 위하여 수령한 것인지 여부는 수령의 원인이 된 법률관계의 성질과 당사자의 의사에 의하여 판단되어야 한다. 만일 당사자 사이에 별도의 채권, 채무가 존재하여 수령한 금전에 관한 정산절차가 남아 있는 등 위임자에게 반환하여야 할 금액을 쉽게 확정할 수 없는 사정이 있다면, 이러한 경우에는 수령한 금전의 소유권을 바로 위임자의 소유로 귀속시키기로 하는 약정이 있었다고 쉽사리 단정하여서는 안 된다.

다. 대상판결 쟁점은 "수령한 납품대금이 누구 재물인가"에 있다. 타인 재물인가, 자기 재물인가는 민법상 소유권 귀속에 따라 결정된다. 대상판결 경우 용도를 지정받은 금전으로 보기 어렵다. 왜냐하면 단순하고 명확한 정산절차(위임자의 몫이 쉽게 계산될 수 있는 것, 대법원 1997. 3. 28. 선고 96도3155 판결: 입장료와 함께 문화예술진흥기금을 모금한 극장 경영자가 그 기금을 임의 소비한 경우, 업무상횡령죄가 성립한다고 본 사례)는 위탁관계로 볼 수 있다. 그러나 복잡한 정산절차는 일단 모두 자기 재산(수임자가 취득한 재산)으로 보아야 한다. 따라서 공소외 4회사 대표이사는 횡령죄의 주체가 될 수가 없다. 정산절차에 다툼이 있는 모든 사건을 위임자의 주장만 고려한 채 금액 전액을 지급하지 않았다는 이유로 모두 횡령죄로 처벌을 할 수 없기 때문이다. 이 경우 채무불이행의 책임만 있다.

라. 형사제제는 공권력 중 가장 강력한 물리력 행사방법이다. 형법은 다른 법에 비해 보충 또는 최후수단(ultima ratio)으로 사용되어야 한다. 횡령죄에서 이러한 보충성 원칙은 중요한 의미를 갖는다. '보관자' 의미는 아주 엄격하게 제한적으로 해석되어야 한다. 대상판결이 남긴 시사점이라고 생각한다.

(5) **| 관련판례 |** **대법원 2010. 12. 9. 선고 2010도891 판결** [착오로 송금되어 입금된 돈을 임의로 인출하여 소비한 행위가 송금인과 피고인 사이에 별다른 거래관계가 없는 경우에도 횡령죄에 해당하는지 여부(적극), 피고인이, 갑 회사의 직원이 착오로 피고인 명의 은행 계좌에 잘못 송금한 돈을 임의로 인출하여 사용한 사안에서, 피고인이 갑 회사와 아무런 거래관계가 없다는 등의 이유만으로 주위적 공소사실인 횡령에 대하여 무죄를 선고한 원심판결에 법리오해의 위법이 있다고 한 사례] 착오로 송금된 돈의 인출·사용과 횡령죄

가. 어떤 예금계좌에 돈이 착오로 잘못 송금되어 입금된 경우에는 그 예금주와 송금인 사이에 신의칙상 보관관계가 성립한다고 할 것이다. 그러므로 피고인이 송금 절차의 착오로 인하여 피고인 명의의 은행 계좌에 입금된 돈을 임의로 인출하여 소비한 행위는 횡령죄에 해당한다(대법원 1968. 7. 24. 선고 1966도1705 판결, 대법원 2005. 10. 28. 선고 2005도5975 판결, 대법원 2006. 10. 12. 선고 2006도3929 판결 등 참조). 이는 송금인과 피고인 사이에 별다른 거래관계가 없다고 하더라도 마찬가지이다.

나. 피고인은 2008. 6. 4.경 피해자 공소외 주식회사에 근무하는 이름을 알 수 없는 직원이 착오로 피고인 명의의 홍콩상하이(HSBC)은행 계좌로 잘못 송금한 300만 홍콩달러(한화 약 3억 9,000만 원 상당)를 그 무렵 임의로 인출하여 사용한 사실을 인정하였다. 이를 위 법리에 비추어 살펴보면, 피고인의 행위는 횡령죄에 해당한다고 할 것이다.

다. 생각건대 대상판결은 민법 제2조 신의칙을 근거로 '보관자'의 지위를 넓혀 놓았다. 형법 적용을 지나치게 확대하였다. 횡령죄 본질은 '신임에 의한 위탁관계'이다. 민사문제로 해결될 사안이 형법 영역으로 들어 온 것이다. 형법 고유의 독자적 해석이 필요하다.

(6) **| 관련판례 |** **대법원 2018. 7. 19. 선고 2017도17494 전원합의체 판결** [사기방조·횡령] 〈사기이용계좌의 명의인이 전기통신금융사기(보이스피싱) 피해금을 횡령한 사건〉 ★★★★★

사실관계

甲과 乙은 2017. 2. 12. 성명불상의 보이스피싱 조직원 丙에게 乙이 SC제일은행에 자신의 명의로 개설한 예금계좌(이하 '이 사건 계좌'라 한다)의 예금통장과 위 계좌에 연결된 체크카드 1개, OTP카드 1개 등을 교부하여 전자금융거래에 관한 접근매체를 양도하였다. 이후 丙은 2017. 2. 13. 09:00경 丁에게 전화하여 검사를 사칭하면서 "당신 명의로 은행 계좌가 개설되어 범죄에 이용되었

다. 명의가 도용된 것 같으니 추가 피해 예방을 위해 금융기관에 있는 돈을 해약하여 금융법률 전문가인 乙에게 송금하면 범죄 연관성을 확인 후 돌려주겠다"라고 거짓말을 하였다. 이에 속은 丁은 2017. 2. 14. 11:20경 이 사건 계좌에 613만 원(이하 '이 사건 사기피해금'이라 한다)을 송금하였는데, **甲과 乙은 같은 날 11:50경 별도로 만들어 소지하고 있던 이 사건 계좌에 연결된 체크카드를 이용하여 그중 300만 원을 임의로 인출하였다.**

재판진행

피고인 甲, 乙이 공모하여, 피고인 甲 명의로 개설된 예금계좌의 접근매체를 보이스피싱 조직원 丙에게 양도함으로써 丙의 정에 대한 전기통신금융사기 범행을 방조하고, 사기피해자 丁이 丙에게 속아 위 계좌로 송금한 사기피해금 중 일부를 별도의 접근매체를 이용하여 임의로 인출함으로써 주위적으로는 丙의 재물을, 예비적으로는 丁의 재물을 횡령하였다는 내용으로 기소되었다. **원심이 피고인들에 대한 사기방조 및 횡령의 공소사실을 모두 무죄로 판단한 사안에서, 대법원은 피고인들에게 사기방조죄가 성립하지 않는 이상 사기피해금 중 일부를 임의로 인출한 행위는 사기피해자 丁에 대한 횡령죄가 성립한다고 한 사례이다.**

판시사항

[1] 횡령죄의 주체인 '타인의 재물을 보관하는 자'의 의미 및 이에 해당하는지 판단하는 기준

[2] 송금의뢰인이 다른 사람 예금계좌에 자금을 송금·이체하여 송금의뢰인과 계좌명의인 사이에 송금·이체의 원인이 된 법률관계가 존재하지 않음에도 송금·이체에 의하여 계좌명의인이 그 금액 상당 예금채권을 취득한 경우, **계좌명의인이 그와 같이 송금·이체된 돈을 그대로 보관하지 않고 영득할 의사로 인출하면 횡령죄가 성립하는지 여부(적극)** / 계좌명의인이 개설한 예금계좌가 전기통신금융사기 범행에 이용되어 그 계좌에 피해자가 사기피해금을 송금·이체한 경우, 계좌명의인이 그 돈을 영득할 의사로 인출하면 피해자에 대한 횡령죄가 성립하는지 여부(한정 적극) 및 이때 계좌명의인의 인출행위가 전기통신금융사기 범인에 대한 관계에서도 횡령죄가 되는지 여부(소극)

판결요지

가. [1] 형법 제355조 제1항이 정한 횡령죄의 주체는 타인의 재물을 보관하는 자라야 한다. 여기에서 보관이란 위탁관계에 의하여 재물을 점유하는 것

을 뜻한다. 그러므로 횡령죄가 성립하기 위하여는 재물의 보관자와 재물의 소유자(또는 기타의 본권자) 사이에 위탁관계가 있어야 한다. 이러한 위탁관계는 사실상의 관계에 있으면 충분하고 피고인이 반드시 민사상 계약의 당사자일 필요는 없다. 위탁관계는 사용대차·임대차·위임·임치 등의 계약에 의하여 발생하는 것이 보통이다. 하지만 이에 한하지 않고 사무관리와 같은 법률의 규정, 관습이나 조리 또는 신의성실의 원칙에 의해서도 발생할 수 있다. 그러나 횡령죄의 본질이 위탁받은 타인의 재물을 불법으로 영득하는 데 있음에 비추어 볼 때 그 위탁관계는 횡령죄로 보호할 만한 가치가 있는 것으로 한정된다. 위탁관계가 있는지 여부는 재물의 보관자와 소유자 사이의 관계, 재물을 보관하게 된 경위 등에 비추어 볼 때, 보관자에게 재물의 보관 상태를 그대로 유지하여야 할 의무를 부과하여 그 보관 상태를 형사법적으로 보호할 필요가 있는지 등을 고려하여 규범적으로 판단하여야 한다.

나. [2] [다수의견] 송금의뢰인이 다른 사람의 예금계좌에 자금을 송금·이체한 경우 특별한 사정이 없는 한 송금의뢰인과 계좌명의인 사이에 그 원인이 되는 법률관계가 존재하는지 여부에 관계없이 계좌명의인(수취인)과 수취은행 사이에는 그 자금에 대하여 예금계약이 성립하고, 계좌명의인은 수취은행에 대하여 그 금액 상당의 예금채권을 취득한다. 이때 **송금의뢰인과 계좌명의인 사이에 송금·이체의 원인이 된 법률관계가 존재하지 않음에도 송금·이체에 의하여 계좌명의인이 그 금액 상당의 예금채권을 취득한 경우 계좌명의인은 송금의뢰인에게 그 금액 상당의 돈을 반환하여야 한다.** 이와 같이 계좌명의인이 송금·이체의 원인이 되는 법률관계가 존재하지 않음에도 계좌이체에 의하여 취득한 예금채권 상당의 돈은 송금의뢰인에게 반환하여야 할 성격의 것이므로, **계좌명의인**은 그와 같이 **송금·이체된 돈에 대하여 송금의뢰인을 위하여 보관하는 지위에 있다고 보아야 한다**. 따라서 **계좌명의인**이 그와 같이 **송금·이체된 돈을 그대로 보관하지 않고 영득할 의사로 인출하면 횡령죄가 성립한다**.

(가) 이러한 법리는 계좌명의인이 개설한 예금계좌가 전기통신금융사기 범행에 이용되어 그 계좌에 피해자가 사기피해금을 송금·이체한 경우에도 마찬가지로 적용된다. 계좌명의인은 피해자와 사이에 아무런 법률관계 없이 송금·이체된 사기피해금 상당의 돈을 피해자에게 반환하여야 한다. 그러므로 피해자를 위하여 사기피해금을 보관하는 지위에 있다고 보아야

한다. 만약 계좌명의인이 그 돈을 영득할 의사로 인출하면 피해자에 대한 횡령죄가 성립한다. **이때 계좌명의인이 사기의 공범이라면 자신이 가담한 범행의 결과 피해금을 보관하게 된 것일 뿐이어서 피해자와 사이에 위탁관계가 없다. 그가 송금·이체된 돈을 인출하더라도 이는 자신이 저지른 사기범행의 실행행위에 지나지 아니하여 새로운 법익을 침해한다고 볼 수 없다. 그러므로 사기죄 외에 별도로 횡령죄를 구성하지 않는다.**

(나) 한편 **계좌명의인의 인출행위는 전기통신금융사기의 범인에 대한 관계에서는 횡령죄가 되지 않는다.**

① 계좌명의인이 전기통신금융사기의 범인에게 예금계좌에 연결된 접근매체를 양도하였다 하더라도 은행에 대하여 여전히 예금계약의 당사자로서 예금반환청구권을 가지는 이상 그 계좌에 송금·이체된 돈이 그 접근매체를 교부받은 사람에게 귀속되었다고 볼 수는 없다. 접근매체를 교부받은 사람은 계좌명의인의 예금반환청구권을 자신이 사실상 행사할 수 있게 된 것일 뿐 예금 자체를 취득한 것이 아니다. 판례는 전기통신금융사기 범행으로 피해자의 돈이 사기이용계좌로 송금·이체되었다면 이로써 편취행위는 기수에 이른다고 보고 있다. 그런데 이는 사기범이 접근매체를 이용하여 그 돈을 인출할 수 있는 상태에 이르렀다는 의미일 뿐 사기범이 그 돈을 취득하였다는 것은 아니다.

② 또한 계좌명의인과 전기통신금융사기의 범인 사이의 관계는 횡령죄로 보호할 만한 가치가 있는 위탁관계가 아니다. 사기범이 제3자 명의 사기이용계좌로 돈을 송금·이체하게 하는 행위는 그 자체로 범죄행위에 해당한다. 그리고 사기범이 그 계좌를 이용하는 것도 전기통신금융사기 범행의 실행행위에 해당하므로 계좌명의인과 사기범 사이의 관계를 횡령죄로 보호하는 것은 그 범행으로 송금·이체된 돈을 사기범에게 귀속시키는 결과가 되어 옳지 않다.

[대법관 김소영, 대법관 박상옥, 대법관 이기택, 대법관 김재형의 별개의견]

다수의견의 논리는 다음과 같은 이유로 동의하기 어렵다.

가. 계좌명의인과 사기피해자 사이에는 아무런 위탁관계가 존재하지 않는다. 사기이용계좌에 사기피해자로부터 돈이 송금·이체되면 전기통신금융사기 행위는 종료되고 전기통신금융사기 범죄는 이미 기수에 이른다. 사기죄는 재물을 교부받거나 재산상 이익을 취득함으로써 성립하므로 기수에 이르렀다는 것은 재물 또는 재산상 이익을 취득하였다는 것이다. 사기피해자

는 돈을 송금·이체함으로써 그 돈에 대한 소유권을 상실한다. 한편 사기피해자가 사후에 전기통신금융사기 범인을 상대로 불법행위를 원인으로 한 손해배상청구, 부당이득반환청구 등 채권적 청구권을 가지거나 전기통신금융사기 피해 방지 및 피해금 환급에 관한 특별법(이하 '통신사기피해환급법'이라 한다)에 따른 피해환급금을 지급받을 수 있다 하더라도 이는 사후적으로 손해를 회복하는 수단에 불과하다. 사기피해자에게 위와 같은 피해회복 수단이 있다는 사정만으로 이미 사기이용계좌로 송금·이체된 돈에 대한 소유권이 남아 있다고 볼 수는 없다. 그러한 상태에서 계좌명의인이 송금·이체된 돈을 인출한다고 해서 사기피해자에게 이미 발생한 소유권 침해를 초과하는 어떠한 새로운 법익침해가 발생하는 것은 아니다. 다수의견은 계좌명의인과 사기피해자 사이에 위탁관계가 성립한다고 보면서 그 근거로 착오송금에 관한 판례를 들고 있다. 그러나 전기통신금융사기 범행에 따른 송금·이체는 착오송금과 다르므로 착오송금에 관한 법리를 적용할 수 없다. 대법원이 신의칙상 보관관계의 성립을 인정한 착오송금 사안은 송금인이 스스로 착오에 빠져 잘못 송금한 경우이다. 반면 사기피해자로부터 돈이 사기이용계좌로 송금·이체된 것은 타인 명의 계좌의 접근매체를 양수받은 사람(이하 '접근매체 양수인'이라 한다)의 전기통신금융사기 범행이 원인이 되어 이루어진 결과이다. 이는 계좌명의인이 접근매체 양수인에게 접근매체를 양도하여 사기이용계좌를 사용하게 하되 자신은 그 계좌에 입금된 돈을 임의로 인출하지 않기로 하는 약정에 따른 신임관계에 기초한다. 계좌명의인의 접근매체 양도, 접근매체 양수인의 기망을 수단으로 한 송금·이체 원인 제공, 그에 따른 사기피해자의 송금·이체가 원인과 결과로 결합되어 이루어졌다. 송금인과 계좌명의인 사이의 양자 관계가 아니라 접근매체 양수인까지 존재하는 3자 사이의 관계이고 접근매체 양수인이 송금·이체의 원인과 결과에 직접 관여하고 있다는 점에서 착오송금의 경우와 다르다.

나. 계좌명의인과 접근매체 양수인 사이의 위탁관계를 인정할 수 있으므로 계좌명의인이 그 계좌에 입금된 돈을 인출하면 접근매체 양수인에 대한 횡령죄가 성립한다.

계좌명의인과 접근매체 양수인 사이에는 그 계좌에 송금·이체된 돈의 보관에 관한 약정이 있다고 볼 수 있다.

대법원은 부동산 실권리자명의 등기에 관한 법률(이하 '부동산실명법'이라 한다)을 위반하여 중간생략등기형 명의신탁이 이루어진 사안에서, 횡령죄에서 위탁신임관계는 횡령죄로 보호할 만한 가치 있는 신임에 의한 것으로 한정함이 타당하다고 판결하였다. 그러나 중간생략등기형 명의신탁 사안은 위탁신임약정 자체가 부동산실명법에 따라서 무효인 경우이다. 반면 사기피해자로부터 돈이 송금·이체된 사안에서는 계좌명의인이 전기통신금융사기 범행을 알지 못한 이상 접근매체 양수인과 사이의 약정이 무효라거나 돈의 보관이 불법원인급여에 해당한다고 볼 뚜렷한 근거는 없다. 이와 같이 원인관계가 무효이거나 돈의 보관이 불법원인급여에 해당한다고 보기 어려운 경우에까지 횡령죄의 성립을 부정할 것은 아니다.

다. 다수의견에 따르더라도 사기피해자를 더 강하게 보호하는 것이 아니고, 오히려 법률관계가 복잡해진다. 굳이 계좌명의인과 사기피해자 사이에 위탁관계를 인정하지 않더라도 민사적으로 사기피해자를 보호할 수 있다. 사기피해자는 계좌명의인을 상대로 부당이득반환청구를 할 수 있고, 계좌명의인에게 과실이 있는 경우 불법행위를 원인으로 한 손해배상청구를 할 수도 있다. 그리고 접근매체 양수인에 대한 불법행위를 원인으로 한 손해배상청구권을 피보전채권으로 삼아 접근매체 양수인을 대위하여 계좌명의인을 상대로 위탁관계에 따른 돈의 반환을 청구할 수도 있다. 아울러 통신사기피해환급법에 따른 피해환급금을 지급받을 수도 있다.

라. 결론적으로, 전기통신금융사기 범행을 알지 못하는 계좌명의인이 그 계좌에 송금·이체된 돈을 인출한 경우 접근매체 양수인에 대한 횡령죄가 성립하고, 송금인에 대하여는 횡령죄가 성립하지 않는다.

[대법관 조희대의 반대의견]

송금인과 접근매체 양수인 중 누구에 대하여도 횡령죄가 성립하지 않는다고 보아야 한다. 그 이유는 아래와 같다.

가. 계좌명의인과 접근매체 양수인 사이의 위탁관계는 형법상 보호할 만한 가치 있는 신임에 의한 것이 아니므로 접근매체 양수인에 대한 횡령죄가 성립하지 않는다.

나. 계좌명의인과 송금인 사이에는 아무런 위탁관계가 없으므로 송금인에 대한 횡령죄가 성립하지 않는다.

다수의견은 착오송금에 관한 판례 법리를 근거로 계좌명의인과 송금인 사이의 위탁관계를 인정하나, 착오송금은 송금인과 계좌명의인 양자 사이의 법률관계에 관한 사안이므로 송금인과 별도로 계좌명의인과 접근매체 양수인 사이에 위탁관계가 존재하는 이 사건에 적용할 수는 없다. 그리고 다수의견은 송금인이 계좌명의인에게 부당이득반환청구권을 가진다는 대법원판결을 근거로 곧바로 착오송금에 관한 판례를 이 사건에도 적용할 수 있다고 한다. 그러나 착오송금에 관한 판례의 사안은 부당이득반환에 관한 권리·의무 또는 그 발생원인 사실이 있다는 것을 계좌명의인이 알고 있었던 경우이다. 설령 송금인이 계좌명의인에게 부당이득반환청구권을 가진다 하더라도 계좌명의인이 그러한 권리·의무 또는 그 발생원인 사실이 있다는 것을 알지 못한 상태에서 그 돈을 인출하였다면 계좌명의인에게 송금인에 대한 횡령죄를 인정할 수는 없다.

계좌명의인은 접근매체 양수인과 사이에 계약에 의한 위탁관계에 있고 그 위탁관계가 형법상 보호할 만한 신임에 의한 것이 아니라면 무죄가 될 뿐이다. 계좌명의인과 송금인 사이에서 없던 위탁관계가 생겨나고 행위자에게 그에 대한 고의까지 있다고 볼 수는 없다.

(7) **| 관련판례 | 대법원 2016. 5. 19. 선고 2014도6992 전원합의체 판결** [명의신탁자가 매수한 부동산에 관하여 부동산 실권리자명의 등기에 관한 법률을 위반하여 명의수탁자와 맺은 명의신탁약정에 따라 매도인에게서 바로 명의수탁자 명의로 소유권이전등기를 마친 이른바 중간생략등기형 명의신탁을 한 경우, 명의수탁자가 명의신탁자의 재물을 보관하는 자인지 여부(소극) 및 명의수탁자가 신탁받은 부동산을 임의로 처분하면 명의신탁자에 대한 관계에서 횡령죄가 성립하는지 여부(소극)] 〈중간생략등기형 명의신탁에서 신탁부동산의 임의 처분 사건〉

가. 부동산을 매수한 명의신탁자가 자신의 명의로 소유권이전등기를 하지 아니하고 명의수탁자와 맺은 명의신탁약정에 따라 매도인에게서 바로 명의수탁자에게 중간생략의 소유권이전등기를 마친 경우, 부동산 실권리자명의 등기에 관한 법률(이하 '부동산실명법'이라 한다) 제4조 제2항 본문에 의하여 **명의수탁자 명의의 소유권이전등기는 무효이다. 신탁부동산의 소유권은 매도인이 그대로 보유하게 된다.** 따라서 명의신탁자로서는 매도인에 대한 소유권이전등기청구권을 가질 뿐 신탁부동산의 소유권을 가지지 아니하고, 명의수탁자 역시 명의신탁자에 대하여 직접 신탁부동산의 소유권을 이전할 의무를 부담하지는 아니한다. 그러므로 신탁부동산의 소유자도 아닌 명의신탁자에 대한 관계에서 **명의수탁자가 횡령죄에서 말하는 '타인의 재물을 보관하는 자'의 지위에 있다고 볼 수는 없다.** 명의신탁자가 매매계약의 당사자로서 매도인을 대위하여 신탁부동산을 이전받아 취득할 수 있는 권리 기타 법적 가능성을 가지고 있기는

하다. 그러나 명의신탁자가 이러한 권리 등을 보유하였음을 이유로 명의신탁자를 사실상 또는 실질적 소유권자로 보아 민사상 소유권이론과 달리 횡령죄가 보호하는 신탁부동산의 소유자라고 평가할 수는 없다. 명의수탁자에 대한 관계에서 명의신탁자를 사실상 또는 실질적 소유권자라고 형법적으로 평가하는 것은 부동산실명법이 명의신탁약정을 무효로 하고 있음에도 불구하고 무효인 명의신탁약정에 따른 소유권의 상대적 귀속을 인정하는 것과 다름이 없어서 부동산실명법의 규정과 취지에 명백히 반하여 허용될 수 없다.

나. 그리고 부동산에 관한 소유권과 그 밖의 물권을 실체적 권리관계와 일치하도록 실권리자 명의로 등기하게 함으로써 부동산등기제도를 악용한 투기·탈세·탈법행위 등 반사회적 행위를 방지하고 부동산 거래의 정상화와 부동산 가격의 안정을 도모하여 국민경제의 건전한 발전에 이바지함을 목적으로 하고 있는 부동산실명법의 입법 취지와 아울러, 명의신탁약정에 따른 명의수탁자 명의의 등기를 금지하고 이를 위반한 명의신탁자와 명의수탁자 쌍방을 형사처벌까지 하고 있는 부동산실명법의 명의신탁관계에 대한 규율 내용 및 태도 등에 비추어 볼 때, 명의신탁자와 명의수탁자 사이에 위탁신임관계를 근거지우는 계약인 명의신탁약정 또는 이에 부수한 위임약정이 무효임에도 불구하고 횡령죄 성립을 위한 사무관리·관습·조리·신의칙에 기초한 위탁신임관계가 있다고 할 수는 없다. 또한 명의신탁자와 명의수탁자 사이에 존재한다고 주장될 수 있는 사실상의 위탁관계라는 것도 부동산실명법에 반하여 범죄를 구성하는 불법적인 관계에 지나지 아니할 뿐 이를 형법상 보호할 만한 가치 있는 신임에 의한 것이라고 할 수 없다.

다. 그러므로 명의신탁자가 매수한 부동산에 관하여 부동산실명법을 위반하여 명의수탁자와 맺은 명의신탁약정에 따라 매도인에게서 바로 명의수탁자 명의로 소유권이전등기를 마친 이른바 중간생략등기형 명의신탁을 한 경우, 명의신탁자는 신탁부동산의 소유권을 가지지 아니하고, 명의신탁자와 명의수탁자 사이에 위탁신임관계를 인정할 수도 없다. 따라서 명의수탁자가 명의신탁자의 재물을 보관하는 자라고 할 수 없으므로, 명의수탁자가 신탁받은 부동산을 임의로 처분하여도 명의신탁자에 대한 관계에서 횡령죄가 성립하지 아니한다.

라. 부동산 명의신탁은 "명의신탁자가 대내적 관계에서 부동산 소유권을 가진다. 그러나 공부상 소유명의는 명의수탁자로 되어있다". 부동산 실권리자 명의등기에 관한 법률 위반이다. 부동산 명의신탁 유형은 세 가지이다. ① 2자간 명의신탁(판례 횡령죄), ② 중간생략등기형 명의신탁(무효), ③ 계약명의신탁(무

效) 등이다. 생각건대 2자간 명의신탁도 무효로 보아야 한다. 신탁자와 수탁자 관계는 법적으로 무효여서 위탁신임관계를 인정할 수 없다. 수탁자는 횡령죄 주체가 아니다. '타인을 재물을 보관하는 자'의 지위에 있지 않다. 대법원 1999. 10. 12. 선고 99도3170 판결는 변경되어야 한다.

마. 대법원 1999. 10. 12. 선고 99도3170 판결 [사기 · 횡령]

【판시사항】 부동산실권리자명의등기에관한법률 시행 이후에 명의신탁 받은 부동산에 관하여 수탁자가 임의로 근저당권을 설정한 경우, 횡령죄의 성립 여부 (적극)

【판결요지】 신탁자가 그 소유 명의로 되어 있던 부동산을 수탁자에게 명의신탁하였다. 그런데 수탁자가 임의로 그 부동산에 관하여 근저당권을 설정하였다면, 신탁자에 대한 횡령죄가 성립한다. 그 명의신탁이 부동산실권리자명의등기에관한법률 시행 이후에 이루어진 것이라고 하여 달리 볼 것은 아니다.

(8) **| 관련판례 |** 대법원 1999. 6. 11. 선고 99도275 판결 [뇌물죄에 있어서 직무의 의미, 경찰청 정보과 근무 경찰관의 직무와 중소기업협동조합중앙회장의 외국인산업연수생에 대한 국내 관리업체 선정업무는 직무관련성이 없다고 본 사례, 불법원인급여와 횡령죄의 성부] 불법원인급여와 횡령죄

가. 뇌물죄에서 직무라 함은 공무원이 법령상 관장하는 직무 그 자체뿐만 아니라 그 직무와 밀접한 관계가 있는 행위 또는 관례상이나 사실상 소관하는 직무행위 및 결정권자를 보좌하거나 영향을 줄 수 있는 직무행위도 포함된다.

나. 경찰청 정보과 근무 경찰관의 직무와 중소기업협동조합중앙회장의 외국인산업연수생에 대한 국내 관리업체 선정업무는 직무관련성이 없다고 본 사례.

다. 민법 제746조에 불법의 원인으로 인하여 재산을 급여하거나 노무를 제공한 때에는 그 이익의 반환을 청구하지 못한다고 규정한 뜻은 급여를 한 사람은 그 원인행위가 법률상 무효임을 내세워 상대방에게 부당이득반환청구를 할 수 없다. 또한 급여한 물건의 소유권이 자기에게 있다고 하여 소유권에 기한 반환청구도 할 수 없다. 결국 **급여한 물건의 소유권은 급여를 받은 상대방에게 귀속되는 것이다. 그러므로 갑이 을로부터 제3자에 대한 뇌물공여 또는 배임증재의 목적으로 전달하여 달라고 교부받은 금전은 불법원인급여물에 해당하여 그 소유권은 갑에게 귀속되는 것이다. 갑이 위 금전을 제3자에게 전달하지 않고 임의로 소비하였다고 하더라도 횡령죄가 성립하지 않는다.**

(9) **| 관련판례 |** 대법원 1999. 9. 17. 선고 98도2036 판결 [불법원인급여에서 수익자의 불법성이 급여자의 불법성보다 현저히 큰 데 반하여 급여자의 불법성은 미약한 경우, 급여자의 부당이득반환청구의 허용 여부(적극), 포주가 윤락녀와 사이에 윤락녀가 받은 화대를 포주가 보관하였다가 분배하기로 약정하고도 보관 중인 화대를 임의로 소비한 경우, 제반 사정에 비추어 포주의 불법성이 윤락녀의 불법성보다 현저히 크다는 이유로 횡령죄를 구성한다고 본 사례] 법원인급여와 횡령죄

가. 민법 제746조에 의하면, 불법의 원인으로 인한 급여가 있고, 그 불법원인이 급여자에게 있는 경우에는 수익자에게 불법원인이 있는지 여부, 수익자의 불법원인의 정도, 그 불법성이 급여자의 그것보다 큰지 여부를 막론하고 급여자는 불법원인급여의 반환을 구할 수 없는 것이 원칙이다.

나. 그러나 수익자의 불법성이 급여자의 그것보다 현저히 큰 데 반하여 급여자의 불법성은 미약한 경우에도 급여자의 반환청구가 허용되지 않는다면 공평에 반하고 신의성실의 원칙에도 어긋난다. 그러므로 이 경우 민법 제746조 본문의 적용이 배제되어 급여자의 반환청구는 허용된다.

다. **포주가 윤락녀와 사이에 윤락녀가 받은 화대를 포주가 보관하였다가 절반씩 분배하기로 약정하고도 보관중인 화대를 임의로 소비한 경우,** 포주와 윤락녀의 사회적 지위, 약정에 이르게 된 경위와 약정의 구체적 내용, 급여의 성격 등을 종합해 볼 때 **포주의 불법성이 윤락녀의 불법성보다 현저히 크므로 화대의 소유권이 여전히 윤락녀에게 속한다는 이유로 횡령죄를 구성한다.**

라. **불법원급여에 대한 확립된 민사판결이다.**

대법원 1979. 11. 13. 선고 79다483 전원합의체 판결 [토지소유권가등기말소등기]

【판시사항】 불법원인급여와 물권적 청구권의 행사

【판결요지】 민법 제746조는 단지 부당이득제도만을 제한하는 것이 아니라, 동법 제103조와 함께 사법의 기본이념이다. 결국 사회적 타당성이 없는 행위를 한 사람은 스스로 불법한 행위를 주장하여 복구를 그 형식 여하에 불구하고 소구할 수 없다는 이상을 표현한 것이다. 그러므로 급여를 한 사람은 그 원인행위가 법률상 무효라 하여 상대방에게 부당이득반환청구를 할 수 없다. 또한 급여한 물건의 소유권은 여전히 자기에게 있다고 하여 소유권에 기한 반환청구도 할 수 없다. 따라서 급여한 물건의 소유권은 급여를 받은 상대방에게 귀속된다.

대법원 2007. 2. 15. 선고 2004다50426 전원합의체 판결 [대여금반환]

【판시사항】 [1] 채권자의 어떠한 행위 내지 의사표시의 해석에 의하여 채무의 면제를 인정할 수 있는지 여부(적극) 및 그 판단 방법 [2] 금전 소비대차계약의 당사자 사이의 경제력 차이로 인하여 이율이 사회통념상 허용되는 한도를 초과하여 현저하게 고율로 정해진 경우, 그 부분 이자 약정의 효력(무효) [3] 선량한 풍속 기타 사회질서에 위반하여 무효인 부분의 이자 약정을 원인으로 차주가 대주에게 임의로 지급한 이자의 반환을 청구할 수 있는지 여부(적극)

【판결요지】 [1] 채무의 면제는 반드시 명시적인 의사표시만에 의하여야 하는 것은 아니고 채권자의 어떠한 행위 내지 의사표시의 해석에 의하여 그것이 채무의 면제라고 볼 수 있는 경우에도 이를 인정하여야 할 것이기는 하다. 그러나 이와 같이 인정하기 위하여는 당해 권리관계의 내용에 따라 이에 관한 채권자의 행위 내지 의사표시의 해석을 엄격히 하여 그 적용 여부를 결정하여야 한다. [2] 금전 소비대차계약과 함께 이자의 약정을 하는 경우, 양쪽 당사자 사이의 경제력의 차이로 인하여 그 이율이 당시의 경제적·사회적 여건에 비추어 사회통념상 허용되는 한도를 초과하여 현저하게 고율로 정하여졌다면, 그와 같이 허용할 수 있는 한도를 초과하는 부분의 이자 약정은 대주가 그의 우월한 지위를 이용하여 부당한 이득을 얻고 차주에게는 과도한 반대급부 또는 기타의 부당한 부담을 지우는 것이므로 선량한 풍속 기타 사회질서에 위반한 사항을 내용으로 하는 법률행위로서 무효이다. [3] **[다수의견]** 선량한 풍속 기타 사회질서에 위반하여 무효인 부분의 이자 약정을 원인으로 차주가 대주에게 임의로 이자를 지급하는 것은 통상 불법의 원인으로 인한 재산 급여라고 볼 수 있을 것이다. 그러나 불법원인급여에 있어서도 그 불법원인이 수익자에게만 있는 경우이거나 수익자의 불법성이 급여자의 그것보다 현저히 커서 급여자의 반환청구를 허용하지 않는 것이 오히려 공평과 신의칙에 반하게 되는 경우에는 급여자의 반환청구가 허용된다. 그러므로 대주가 사회통념상 허용되는 한도를 초과하는 이율의 이자를 약정하여 지급받은 것은 그의 우월한 지위를 이용하여 부당한 이득을 얻고 차주에게는 과도한 반대급부 또는 기타의 부당한 부담을 지우는 것으로서 그 불법의 원인이 수익자인 대주에게만 있거나 또는 적어도 대주의 불법성이 차주의 불법성에 비하여 현저히 크다고 할 것이어서 차주는 그 이자의 반환을 청구할 수 있다.

[대법관 고현철, 김황식, 박일환, 안대희의 반대의견]

사회통념상 허용될 수 있는 한도를 초과하는 부분의 이자 약정이 일정한 요건하에 민법 제103조에 위반된 법률행위로서 무효로 평가될 수 있다 하더라도, 사회통념상 허용될 수 있는 한도란 약정 당시의 경제적·사회적 여건의 변화에 따라 유동적일 수밖에 없고, 법률적인 평가나 가치판단이 개입되어야만 비로소 그 구체적인 범위를 확정할 수 있어 그 무효의 기준과 범위에 관하여 대주에게 예측가능성이 있다고 보기는 어렵다. 따라서 대주가 차주로부터 적정이율을 초과하는 이자를 지급받았다고 하더라도 대주가 명확하게 불법성을 인식했다고 평가하기는 어렵다. 적정이율을 초과하는 이자 약정이 민법 제103조에 위반되어 무효라고 보더라도 당사자 사이의 약정에 따라 이자가 지급된 이상 그 불법원인은 대주와 차주 쌍방 모두에게 있다고 볼 수밖에 없다. 일반적으로 차주가 대주보다 경제적으로 열악한 지위에 있다는 점을 감안하더라도 대주가 불법성을 명확하게 인식했다고 평가하기는 어렵다는 점에 비추어 보면, 일률적으로 대주의 불법성이 차주의 그것에 비해 현저히 크다고 단정할 수만은 없다. 임의로 이자를 지급함으로써 이미 거래가 종료된 상황에서 다시 차주의 반환청구를 허용한다면 법적 안정성을 해칠 우려도 있다. 그러므로 결국 민법 제746조 본문에 따라 차주의 반환청구는 허용될 수 없다.

(10) **| 관련판례 | 대법원 2017. 4. 26. 선고 2016도18035 판결** [민법 제746조가 '불법의 원인으로 인하여 재산을 급여한 때에는 그 이익의 반환을 청구하지 못한다'고 규정한 의미 및 민법 제746조에서 말하는 '불법'이 있다고 하기 위한 요건, 피고인이 갑으로부터 수표를 현금으로 교환해 주면 대가를 주겠다는 제안을 받고 위 수표가 을 등이 사기범행을 통해 취득한 범죄수익 등이라는 사실을 잘 알면서도 교부받아 그 일부를 현금으로 교환한 후 병, 정과 공모하여 아직 교환되지 못한 수표 및 교환된 현금을 임의로 사용하여 횡령하였다고 하여 특정경제범죄 가중처벌 등에 관한 법률 위반으로 기소된 사안에서, 피고인이 갑으로부터 범죄수익 등의 은닉범행 등을 위해 교부받은 수표는 불법의 원인으로 급여한 물건에 해당하여 소유권이 피고인에게 귀속되므로 횡령죄가 성립하지 않는다고 한 사례] 〈자금세탁을 위해 교부받은 범죄수익 등인 수표를 횡령한 사건〉

가. 민법 제746조가 불법의 원인으로 인하여 재산을 급여한 때에는 그 이익의 반환을 청구하지 못한다고 규정한 뜻은, 그러한 급여를 한 사람은 원인행위가 법률상 무효임을 내세워 상대방에게 부당이득반환청구를 할 수 없음은 물론 급여한 물건의 소유권이 자기에게 있다고 하여 소유권에 기한 반환청구도 할 수 없다는 데 있다. 그러므로 결국 그 물건의 소유권은 급여를 받은 상대방에게 귀속된다.

나. 한편 민법 제746조에서 말하는 '불법'이 있다고 하려면, 급여의 원인 된 행위가 내용이나 성격 또는 목적이나 연유 등으로 볼 때 선량한 풍속 기타 사회질서에 위반될 뿐 아니라 반사회성·반윤리성·반도덕성이 현저하거나, 급여가 강행법규를 위반하여 이루어졌지만 이를 반환하게 하는 것이 오히려 규범목적에 부합하지 아니하는 경우 등에 해당하여야 한다.

다. 피고인이 갑으로부터 액면금 합계 19억 2,370만 원인 수표들(이하 '수표'라고 한다)을 현금으로 교환해 주면 대가를 주겠다는 제안을 받고 수표가 을 등이 불법 금융다단계 유사수신행위에 의한 사기범행을 통해 취득한 범죄수익이거나 이러한 범죄수익에서 유래한 재산(이하 합쳐서 '범죄수익 등'이라고 한다)이라는 사실을 잘 알면서도 교부받아 그 일부를 14억 원에서 15억 원가량의 현금으로 교환한 후 병, 정과 공모하여 아직 교환되지 못한 수표 및 교환된 현금을 임의로 사용하여 횡령하였다고 하여 특정경제범죄 가중처벌 등에 관한 법률 위반으로 기소된 사안이다.

라. 피고인이 갑으로부터 수표를 교부받은 원인행위는 이를 현금으로 교환해 주고 대가를 지급받기로 하는 계약으로서, 범죄수익은닉의 규제 및 처벌 등에 관한 법률(이하 '범죄수익은닉규제법'이라고 한다) 제3조 제1항 제3호에 의하여 형사처벌되는 행위, 즉 거기에서 정한 범죄수익 등에 해당하는 수표를 현금으로 교환하여 그 특정, 추적 또는 발견을 현저히 곤란하게 하는 은닉행위를 법률행위의 내용 및 목적으로 하는 것이다. 그러므로 선량한 풍속 기타 사회질서에 위반된다. 범죄수익은닉규제법에 의하여 직접 처벌되는 행위를 내용으로 하는 위 계약은 그 자체로 반사회성이 현저하다. 형벌법규에서 금지하고 있는 자금세탁행위를 목적으로 교부된 범죄수익 등을 특정범죄를 범한 자가 다시 반환받을 수 있도록 한다면, 범죄자로서는 교부의 목적을 달성하지 못하더라도 언제든지 범죄수익을 회수할 수 있게 되어 자금세탁행위가 조장될 수 있다. 그러므로 범죄수익의 은닉이나 가장, 수수 등의 행위를 억지하고자 하는 범죄수익은닉규제법의 입법 목적에도 배치된다. 그러므로 결국 **피고인이 갑으로부터 범죄수익 등의 은닉범행 등을 위해 교부받은 수표는 불법의 원인으로 급여한 물건에 해당한다. 소유권이 피고인에게 귀속된다. 따라서 피고인이 그 중 교환하지 못한 수표와 이미 교환한 현금을 임의로 소비하였더라도 횡령죄가 성립하지 않는다.**

(11) **| 관련판례 |** 대법원 2015. 6. 25. 선고 2015도1944 전원합의체 판결 [소유권의 취득에 등록이 필요한 타인 소유 차량을 인도받아 보관하고 있는 사람이 이를 사

실상 처분한 경우, 보관 위임자나 보관자가 차량의 등록명의자가 아니라도 횡령죄가 성립하는지 여부(적극), 지입회사에 소유권이 있는 차량에 대하여 지입회사에서 운행관리권을 위임받은 지입차주 또는 지입차주에게서 차량 보관을 위임받은 사람이 지입회사 또는 지입차주의 승낙 없이 보관 중인 차량을 사실상 처분한 경우에도 같은 법리가 적용되는지 여부(적극)] 횡령죄와 위탁관계–지입차령의 처분

가. 횡령죄는 타인의 재물을 보관하는 사람이 재물을 횡령하거나 반환을 거부한 때에 성립한다(형법 제355조 제1항). 횡령죄에서 재물의 보관은 재물에 대한 사실상 또는 법률상 지배력이 있는 상태를 의미한다. 횡령행위는 불법영득의사를 실현하는 일체의 행위를 말한다. 따라서 **소유권 취득에 등록이 필요한 타인 소유 차량을 인도받아 보관하고 있는 사람이 이를 사실상 처분하면 횡령죄가 성립하며, 보관 위임자나 보관자가 차량 등록명의자일 필요는 없다.**

나. 이와 같은 법리는 **지입회사에 소유권이 있는 차량에 대하여 지입회사에서 운행관리권을 위임받은 지입차주가 지입회사 승낙 없이 보관 중인 차량을 사실상 처분하거나 지입차주에게서 차량 보관을 위임받은 사람이 지입차주 승낙 없이 보관 중인 차량을 사실상 처분한 경우에도 마찬가지로 적용된다.**

(12) **| 관련판례 |** 대법원 1999. 4. 15. 선고 97도666 전원합의체 판결 [채권양도인이 양도 통지 전에 채무자로부터 채권을 추심하여 금전을 수령한 경우, 양도인과 양수인 사이에서 그 금전의 소유권 귀속(= 양수인) 및 양도인이 위 금전을 양수인을 위하여 보관하는 지위에 있는지 여부(적극)] 지명채권양도와 횡령죄

가. **[다수의견]** 채권양도는 채권을 하나의 재화로 다루어 이를 처분하는 계약이다. 채권 자체가 그 동일성을 잃지 아니한 채 양도인으로부터 양수인에게로 바로 이전한다. 이 경우 양수인으로서는 채권자의 지위를 확보하여 채무자로부터 유효하게 채권의 변제를 받는 것이 그 목적이다. 우리 민법은 채무자와 제3자에 대한 대항요건으로서 채무자에 대한 양도의 통지 또는 채무자의 양도에 대한 승낙을 요구한다. 채무자에 대한 통지의 권능을 양도인에게만 부여하고 있다. 그러므로 양도인은 채무자에게 채권양도 통지를 하거나 채무자로부터 채권양도 승낙을 받음으로써 양수인에게 채무자에 대한 대항요건을 갖출 수 있도록 해 줄 의무를 부담한다. 양도인이 채권양도 통지를 하기 전에 타에 채권을 이중으로 양도하여 채무자에게 그 양도통지를 하는 등 대항요건을 갖추어 줌으로써 양수인이 채무자에게 대항할 수 없게 되면 양수인은 그 목적을 달성할 수 없게 된다. 그러므로 양도인이 이와 같은 행위를 하지 않음으로써 양수인으로 하여금 원만하게 채권을 추심할 수 있도록 하여야 할 의

무도 당연히 포함된다. 양도인의 이와 같은 적극적·소극적 의무는 이미 양수인에게 귀속된 채권을 보전하기 위한 것이다. 그 채권의 보전 여부는 오로지 양도인의 의사에 매여 있는 것이다. 그러므로 채권양도의 당사자 사이에서는 양도인은 양수인을 위하여 양수채권 보전에 관한 사무를 처리하는 자라고 할 수 있다. 따라서 채권양도의 당사자 사이에는 양도인의 사무처리를 통하여 양수인은 유효하게 채무자에게 채권을 추심할 수 있다는 신임관계가 전제되어 있다고 보아야 할 것이다. 나아가 양도인이 채권양도 통지를 하기 전에 채무자로부터 채권을 추심하여 금전을 수령한 경우, 아직 대항요건을 갖추지 아니한 이상 채무자가 양도인에 대하여 한 변제는 유효하다. 그 결과 양수인에게 귀속되었던 채권은 소멸한다. 하지만 이는 이미 채권을 양도하여 그 채권에 관한 한 아무런 권한도 가지지 아니하는 양도인이 양수인에게 귀속된 채권에 대한 변제로서 수령한 것이다. 그러므로 채권양도의 당연한 귀결로서 그 금전을 자신에게 귀속시키기 위하여 수령할 수는 없는 것이다. 오로지 양수인에게 전달해 주기 위하여서만 수령할 수 있을 뿐이어서, 양도인이 수령한 금전은 양도인과 양수인 사이에서 양수인의 소유에 속한다. 여기에다가 위와 같이 양도인이 양수인을 위하여 채권보전에 관한 사무를 처리하는 지위에 있다. 이것을 고려하면, 양도인은 이를 양수인을 위하여 보관하는 관계에 있다고 보아야 할 것이다.

나. **[반대의견]** 채무자는 그의 채권자(채권양도인)에게 변제할 의사로 금전을 교부하였다고 할 것이다. 채권자는 이를 자신이 취득할 의사로 교부받았다고 할 것이다(채권자가 채권양도의 통지를 하지 아니한 채 이를 수령한 것이 신의에 반한다고 하더라도). 그러므로 채무자가 채권자에게 채무의 변제로서 교부한 금전의 소유권은 채권자에게 귀속하는 것이다. 위와 같은 경우, 채무자가 채권자에게 교부한 금전이 채권양도인과 채권양수인 사이에서는 채권양수인의 소유에 속한다고 볼 수 있는 법률상의 근거가 없다. 재물을 보관하는 관계가 신의칙이나 조리에 따라 성립될 수 있다고 하더라도 재물의 소유권의 귀속은 민사법에 따라야 할 것이다. 형사법에서 그 이론을 달리할 수 있는 것이 아니다. 채권양도인과 채권양수인과의 사이에 채무자가 채권양도인에게 채무의 변제로서 금전을 교부하는 경우, 이를 채권양수인에게 귀속하는 것으로 하기로 특약을 하는 것과 같은 특별한 사정이 없는 한, 채권양도인이 채무자로부터 교부받은 금전을 그대로 채권양수인에게 넘겨야 하거나 채권양수인의 지시에 따라 처리하여야 할 의무가 있다고 볼 근거도 없다. 그러므로 채권양도인이 위

금전을 채권양수인을 위하여 보관하는 지위에 있다고 볼 수도 없다.

다. [**보충의견**] 민법 이론에 의하면, 특히 금전은 봉함된 경우와 같이 특정성을 가진 경우를 제외하고는 그 점유가 있는 곳에 소유권도 있는 것이다. 이를 횡령죄에 그대로 적용한다면 금전은 특정물로 위탁된 경우 외에는 횡령죄가 성립할 여지가 없게 된다. 그러나 이러한 민법 이론은 고도의 대체성이 있는 금전에 대하여 물권적 반환청구권을 인정하는 것이 불필요할 뿐만 아니라, 금전이 교환수단으로서의 기능을 가지고 전전 유통됨을 전제로 하여 동적 안전을 보호하는 데 그 목적이 있는 것이다. 내부적으로 신임관계에 있는 당사자 사이에서 재물의 소유자, 즉 정적 안전을 보호함을 목적으로 하는 횡령죄에서 금전 소유권의 귀속을 논하는 경우에도 그대로 타당하다고 할 수 없다. 당사자 사이의 신임관계 내지 위탁관계의 취지에 비추어 일정한 금전을 점유하게 된 일방 당사자가 당해 금전을 상대방의 이익을 위하여 보관하거나 사용할 수 있을 뿐 그 점유자에 의한 자유로운 처분이 금지된 것으로 볼 수 있는 경우에는 민법의 채권채무관계에 의하여 상대방을 보호하는 데 머무르지 않고, 그 점유자는 상대방의 이익을 위하여 당해 금전 또는 그와 대체할 수 있는 동일한 가치의 금전을 현실적으로 확보하여야 한다. 그러한 상태를 형법상으로 보호한다는 의미에서 민법상 소유권과는 다른 형법상 소유권 개념을 인정할 필요가 있다. 대법원 판례가 일관하여, 용도를 특정하여 위탁된 금전을 그 용도에 따르지 않고 임의사용한 경우, 금전의 수수를 수반하는 사무처리를 위임받은 자가 그 행위에 기하여 위임자를 위하여 제3자로부터 수령한 금전을 소비한 경우에 횡령죄의 성립을 인정하여 온 것은 이와 같은 취지에 따른 것이다. 한편 횡령죄에서 '재물의 보관'이라 함은 재물에 대한 사실상 또는 법률상 지배력이 있는 상태를 의미한다. 그 보관이 위탁관계에 기인하여야 할 것임은 물론이나, 그것이 반드시 사용대차, 임대차, 위임 등의 계약에 의하여 설정되는 것임을 요하지 아니하고 사무관리, 관습, 조리, 신의칙에 의해서도 성립될 수 있는 것이다. 양도인이 채무자에게 채권양도 통지를 하기 이전에 스스로 채무자로부터 추심한 금전에 대하여 그 사전 사후 당사자 사이에 위탁보관관계를 성립시키는 특별한 약정이 없다고 하더라도, 양도인은 위에서 본 바와 같이 양수인을 위하여 채권보전에 관한 사무를 처리하는 지위에 있다. 그 금전도 양수인에게 귀속된 채권의 변제로 수령한 것인 만큼, 그 목적물을 점유하게 된 이상 이를 양수인에게 교부하는 방법으로도 채권양도의 목적을 충분히 달성할 수 있다. 이점에 비추어, 양도인으로서는 신의칙 내지 조리상 그가 수령하여 점유하게 된 금전에 대하여 양수인을 위하여 보관하는 지위에 있다고 보아야 할 것이다.

(13) **| 관련판례 |** 대법원 2013. 2. 21. 선고 2010도10500 **전원합의체 판결** [선행 처분행위로 횡령죄가 기수에 이른 후 이루어진 후행 처분행위가 별도로 횡령죄를 구성하는지 여부 및 타인의 부동산을 보관 중인 자가 그 부동산에 근저당권설정등기를 마침으로써 횡령행위가 기수에 이른 후 같은 부동산에 별개의 근저당권을 설정하거나 해당 부동산을 매각한 행위가 별도로 횡령죄를 구성하는지 여부(원칙적 적극), 피해자 갑 종중으로부터 토지를 명의신탁 받아 보관 중이던 피고인 을이 개인 채무 변제에 사용할 돈을 차용하기 위해 위 토지에 근저당권을 설정하였는데, 그 후 피고인 을, 병이 공모하여 위 토지를 정에게 매도한 사안에서, 피고인들의 토지 매도행위가 별도의 횡령죄를 구성한다고 본 원심판단을 정당하다고 한 사례] 〈'명의수탁자의 처분과 횡령' 관련 사건〉

[1] **[다수의견]**

가. 횡령죄는 다른 사람의 재물에 관한 소유권 등 본권을 보호법익으로 하고 법익침해의 위험이 있으면 침해의 결과가 발생되지 아니하더라도 성립하는 위험범이다. 그리고 일단 특정한 처분행위(이를 '선행 처분행위'라 한다)로 인하여 법익침해의 위험이 발생함으로써 횡령죄가 기수에 이른다. 그 후 종국적인 법익침해의 결과가 발생하기 전에 새로운 처분행위(이를 '후행 처분행위'라 한다)가 이루어졌을 때, 후행 처분행위가 선행 처분행위에 의하여 발생한 위험을 현실적인 법익침해로 완성하는 수단에 불과하거나 또는 그 과정에서 당연히 예상될 수 있는 것으로서 새로운 위험을 추가하는 것이 아니라면, 후행 처분행위에 의해 발생한 위험은 선행 처분행위에 의하여 이미 성립된 횡령죄에 의해 평가된 위험에 포함되는 것이다. 그러므로 후행 처분행위는 이른바 불가벌적 사후행위에 해당한다. 그러나 후행 처분행위가 이를 넘어서서, **선행 처분행위로 예상할 수 없는 새로운 위험을 추가함으로써 법익침해에 대한 위험을 증가시키거나 선행 처분행위와는 무관한 방법으로 법익침해의 결과를 발생시키는 경우라면, 이는 선행 처분행위에 의하여 이미 성립된 횡령죄에 의해 평가된 위험의 범위를 벗어나는 것이므로 특별한 사정이 없는 한 별도로 횡령죄를 구성한다고 보아야 한다.**

나. 따라서 타인의 부동산을 보관 중인 자가 불법영득의사를 가지고 그 부동산에 근저당권설정등기를 경료함으로써 일단 횡령행위가 기수에 이르렀다

하더라도 그 후 같은 부동산에 별개의 근저당권을 설정하여 새로운 법익 침해의 위험을 추가함으로써 법익침해의 위험을 증가시키거나 해당 부동산을 매각함으로써 기존 근저당권과 관계없이 법익침해의 결과를 발생시켰다면, 이는 당초의 근저당권 실행을 위한 임의경매에 의한 매각 등 그 근저당권으로 당연히 예상될 수 있는 범위를 넘어 새로운 법익침해의 위험을 추가시키거나 법익침해 결과를 발생시킨 것이다. 특별한 사정이 없는 한 불가벌적 사후행위로 볼 수 없고, 별도로 횡령죄를 구성한다.

[대법관 이상훈, 대법관 김용덕의 별개의견]

가. 타인의 부동산에 근저당권을 설정하는 선행 횡령행위로 인하여 부동산 전체에 대한 소유권 침해의 위험이 발생함으로써 그에 대한 횡령죄가 성립하는 이상, 그 이후에 이루어진 당해 부동산에 대한 별개의 근저당권설정행위나 당해 부동산의 매각행위 등의 후행 횡령행위는 이미 소유권 침해의 위험이 발생한 부동산 전체에 대하여 다시 소유권 침해의 위험을 발생시킨 것에 불과하므로, 특별한 사정이 없는 한 선행 횡령행위에 의하여 평가되어 버린 불가벌적 사후행위로 보는 것이 논리상 자연스럽다.

나. 선행 횡령행위로 발생한 소유권 침해의 위험이 미약하여 과도한 비용과 노력을 들이지 아니하고도 그 위험을 제거하거나 원상회복할 수 있는 상태에서 그보다 월등히 큰 위험을 초래하는 후행 횡령행위를 저지른 경우에는 그 행위의 반사회성이나 가벌성이 충분히 인정되고 일반인으로서도 그에 대한 처벌을 감수함이 마땅하다고 여길 만하다. 이와 같은 경우에는 예외적으로 이를 불가벌적 사후행위로 볼 것이 아니라 처벌대상으로 삼을 필요가 있다. 기존의 판례를 변경하지 아니하고도 이러한 해석이 가능하고, 이러한 해석을 하려면 판례를 변경하여야 한다고 보더라도 그 범위 내에서만 제한적으로 변경함으로써 충분하다.

[대법관 이인복, 대법관 김신의 반대의견]

가. 형법 제355조 제1항에서 규정한 횡령죄는 재물의 영득을 구성요건적 행위로 삼는다는 점에서 재산상의 이익을 대상으로 하는 같은 조 제2항의 배임죄와 구분된다. 그런데 재물에 대한 불법영득의사는 피해자의 소유권 등 본권에 대한 전면적 침해를 본질적 내용으로 한다. 그러므로 그러한 불법영득의사에 기한 횡령행위가 있을 경우 이미 그에 의한 법익침해의 결과나 위험은 그 소유권 등의 객체인 재물의 전체에 미친다고 볼 수밖에

없다. 따라서 일단 위와 같은 횡령죄가 성립한 후에는 재물의 보관자에 의한 새로운 처분행위가 있다고 하여 별도의 법익침해의 결과나 위험이 발생할 수 없음은 당연한 논리적 귀결이다.

나. 타인의 부동산을 보관 중인 자가 그 부동산의 일부 재산상 가치를 신임관계에 반하여 유용하는 행위로서, 즉 배임행위로서 제3자에게 근저당권을 설정한 것이 아니라, 아예 해당 부동산을 재물로서 불법적으로 영득할 의사로, 즉 횡령행위로서 근저당권을 설정한 것이라면, 이러한 횡령행위에 의한 법익침해의 결과나 위험은 그때 이미 위 부동산에 관한 소유권 전체에 미치게 되고, 이 경우 후행 처분행위에 의한 추가적 법익침해의 결과나 위험은 법논리상 불가능하다고 보아야 한다.

(14) **| 관련판례 | 대법원 1984. 10. 10. 선고 82도2595 전원합의체 판결** [타인의 사무를 처리할 의무의 주체가 법인인 경우 그 법인의 대표기관이 배임죄의 주체가 될 수 있는지 여부(적극)] 법인 명의의 배임행위에 있어 '타인의 사무처리자'

가. **[다수의견]** 형법 제355조 제2항의 배임죄에 있어서 타인의 사무를 처리할 의무의 주체가 법인이 되는 경우라도 법인은 다만 사법상의 의무주체가 될 뿐 범죄능력이 없는 것이다. 그 타인의 사무는 법인을 대표하는 자연인인 대표기관의 의사결정에 따른 대표행위에 의하여 실현될 수 밖에 없어 그 대표기관은 마땅히 법인이 타인에 대하여 부담하고 있는 의무내용 대로 사무를 처리할 임무가 있다 할 것이다. 그러므로 **법인이 처리할 의무를 지는 타인의 사무에 관하여는 법인이 배임죄의 주체가 될 수 없다. 그 법인을 대표하여 사무를 처리하는 자연인인 대표기관이 바로 타인의 사무를 처리하는 자 즉 배임죄의 주체가 된다.**

나. **[소수의견]** 법인은 사법상의 의무주체가 될 뿐 범죄능력이 없다고 하나 바로 이 사법상의 의무주체가 배임죄의 주체가 되는 것이다. 그러므로 이것을 떠나서 배임죄는 성립할 수 없다할 것이다. 법인의 대표기관은 법인이 타인에 대하여 부담하고 있는 의무내용대로 사무를 처리할 임무가 있다는 그 임무는 법인에 대하여 부담하는 임무이지 법인의 대표기관이 직접 타인에 대하여 지고 있는 임무는 아니다. 그러므로 그 임무에 위배하였다 하여 이를 타인에 대한 배임죄가 성립한다고 할 수 없다.

다. [전원합의체판결: 본판결로 82.02.09. 80도1796; 83.02.22. 82도1527 판결 등 변경]

라. 법인의 반사회적 활동이 계속 증가하고 있다. 법인의 사회적 책임이 강조되고 있다. 법인이 대표이사를 계속 교체하는 경우 대표기관 처벌만으로 법인 규제가 한계에 봉착한다는 주장이다. 이중분양과 같은 배임행위 반복을 언급한다. 법인처벌을 위한 입법론을 제시한다. 설득력 있는 주장이라고 생각한다.

(15) **| 관련판례 |** 대법원 2012. 9. 13. 선고 2010도11665 판결 [저당권이 설정된 자동차를 저당권자의 동의 없이 매도한 경우 배임죄가 성립하는지 여부(원칙적 소극) 및 자동차를 담보로 제공하고 점유하는 채무자가 부당히 담보가치를 감소시킨 경우 배임죄가 성립하는지 여부(적극), 피고인이 자신의 모(母) 명의를 빌려 자동차를 매수하면서 피해자 갑 주식회사에서 필요한 자금을 대출받고 자동차에 저당권을 설정하였는데, 저당권자인 갑 회사의 동의 없이 이를 성명불상의 제3자에게 양도담보로 제공하였다고 하여 배임으로 기소된 사안에서, 제반 사정에 비추어 피고인의 행위는 갑 회사의 담보가치를 실질적으로 상실시키는 것으로서 배임죄가 성립되는 특별한 사정이 있는 경우에 해당한다고 볼 여지가 있는데도, 이와 달리 보아 무죄를 인정한 원심판결에 법리오해 등 위법이 있다고 한 사례] 배임죄에서 재산 손해

가. 자동차에 대하여 저당권이 설정되는 경우 자동차의 교환가치는 저당권에 포섭된다. 저당권설정자가 자동차를 매도하여 소유자가 달라지더라도 저당권에는 영향이 없다. 그러므로 특별한 사정이 없는 한 저당권설정자가 단순히 저당권의 목적인 자동차를 다른 사람에게 매도한 것만으로는 배임죄에 해당하지 않는다. 그러나 자동차를 담보로 제공하고 점유하는 채무자가 부당히 담보가치를 감소시키는 행위를 한 경우 배임죄의 죄책을 면할 수 없다.

나. 피고인이 자신의 모(母) 명의를 빌려 자동차를 매수하면서 피해자 갑 주식회사에서 필요한 자금을 대출받고 자동차에 저당권을 설정하였다. 그런데 저당권자인 갑 회사의 동의 없이 이를 성명불상의 제3자에게 양도담보로 제공하였다고 하여 배임으로 기소된 사안이다. 피고인은 신원을 정확히 알 수 없는 제3자에게서 돈을 차용하고 담보로 자동차를 인도하면서 차량포기각서까지 작성해 주었다. 이후 차용금을 변제하지 아니하였을 뿐만 아니라 갑 회사에 대한 대출금 변제도 중단하였던 점, 갑 회사가 자동차에 대한 저당권을 실행하기 위하여 자동차 인도명령을 받았으나 소재파악이 되지 않아 집행불능에 이르렀던 점, 정상적인 거래관계였다면 마땅히 수반되어야 할 양도인의 인감증명서 교부 등 자동차관리법 기타 관계 법령에 따른 이전등록에 필요한 조치도 전혀 이루어지지 않았던 사정 등을 종합할 때, 피고인의 행위는 적어도

미필적으로나마 갑 회사의 자동차에 대한 추급권 행사가 불가능하게 될 수 있음을 알면서도 그 담보가치를 실질적으로 상실시키는 것으로서 배임죄가 성립되는 특별한 사정이 있는 경우에 해당한다고 볼 여지가 있다.

(16) **| 관련판례 |** 대법원 2011. 1. 20. 선고 2008도10479 전원합의체 판결 [매도인이 매수인으로부터 중도금을 수령한 이후에 매매목적물인 '동산'을 제3자에게 양도하는 행위가 배임죄에 해당하는지 여부(소극), 피고인이 '인쇄기'를 갑에게 양도하기로 하고 계약금 및 중도금을 수령하였음에도 이를 자신의 채권자 을에게 기존 채무 변제에 갈음하여 양도함으로써 재산상 이익을 취득하고 갑에게 동액 상당의 손해를 입혔다는 배임의 공소사실에 대하여, 이를 무죄로 선고한 원심판단을 수긍한 사례] 〈동산 이중양도 사건〉

가. **[다수의견]**

(가) 매매와 같이 당사자 일방이 재산권을 상대방에게 이전할 것을 약정하고 상대방이 그 대금을 지급할 것을 약정함으로써 그 효력이 생기는 계약의 경우(민법 제563조), 쌍방이 그 계약의 내용에 좇은 이행을 하여야 할 채무는 특별한 사정이 없는 한 '자기의 사무'에 해당하는 것이 원칙이다.

(나) 매매의 목적물이 동산일 경우, 매도인은 매수인에게 계약에 정한 바에 따라 그 목적물인 동산을 인도함으로써 계약의 이행을 완료하게 된다. 그때 매수인은 매매목적물에 대한 권리를 취득하게 되는 것이다. 그러므로 매도인에게 자기의 사무인 동산인도채무 외에 별도로 매수인의 재산의 보호 내지 관리 행위에 협력할 의무가 있다고 할 수 없다. 동산매매계약에서의 매도인은 매수인에 대하여 그의 사무를 처리하는 지위에 있지 아니하다. 그러므로 매도인이 목적물을 매수인에게 인도하지 아니하고, 이를 타에 처분하였다 하더라도 형법상 배임죄가 성립하는 것은 아니다.

[대법관 안대희, 대법관 차한성, 대법관 양창수, 대법관 신영철, 대법관 민일영의 반대의견]

(가) 매매계약의 당사자 사이에 중도금을 수수하는 등으로 계약의 이행이 진행되어 다른 특별한 사정이 없는 한 임의로 계약을 해제할 수 없는 단계에 이른 때에는 그 계약의 내용에 좇은 채무의 이행은 채무자로서의 자기 사무의 처리라는 측면과 아울러 상대방의 재산보전에 협력하는 타인 사무의 처리라는 성격을 동시에 가지게 된다. 이러한 경우 그 채무자는 배임죄의 주체인 '타인의 사무를 처리하는 자'의 지위에 있다. 이러한 지

위에 있는 자가 그 의무의 이행을 통하여 상대방으로 하여금 그 재산에 관한 완전한 권리를 취득하게 하기 전에 이를 다시 제3자에게 처분하는 등 상대방의 재산 취득 혹은 보전에 지장을 초래하는 행위는 상대방의 정당한 신뢰를 저버리는 것으로 비난가능성이 매우 높은 전형적인 임무위배행위에 해당한다.

(나) 동산매매의 경우에도 당사자 사이에 중도금이 수수되는 등으로 계약의 이행이 일정한 단계를 넘어선 때에는 매도인이 매매목적물을 타에 처분하는 행위는 배임죄로 처벌하는 것이 논리적으로 일관된다. 그와 달리 유독 동산을 다른 재산과 달리 취급할 아무런 이유를 찾아볼 수 없다. 다수의견은 본질적으로 유사한 사안을 합리적 근거 없이 달리 취급하는 것으로서 형평의 이념에 반한다. 재산권의 이중매매 또는 이중양도의 전반에 걸쳐 배임죄의 성립을 인정함으로써 거래상 신뢰관계의 보호에 기여하여 온 대법원 판례의 의미를 크게 퇴색시키는 것이다.

[다수의견에 대한 대법관 김지형, 대법관 이홍훈, 대법관 김능환의 보충의견]

(가) 일반적으로 모든 계약에는 상대방의 재산상 이익의 보호를 배려할 신의칙상 의무가 포함되어 있다는 점을 감안하면, 계약의 당사자 일방이 배임죄에서 말하는 '타인의 사무를 처리하는 자'에 해당한다고 보기 위해서는, 계약의 당사자 일방이 상대방에게 위와 같은 신의칙상 의무를 부담하는 것에 그치지 않고 더 나아가 계약의 목적이 된 권리를 계약 상대방의 재산으로서 보호 내지 관리하여야 할 의무를 전형적·본질적인 내용으로 하는 신임관계가 형성되었음을 요구한다고 제한적으로 해석하여야 한다. 계약 당사자 일방의 사무 처리가 타인인 계약 상대방의 이익을 위한 것이라고 하더라도 위와 같은 의미의 타인의 사무가 아니라면 그 사무는 자기의 사무이고 그 일방 당사자는 배임죄의 주체인 '타인의 사무를 처리하는 자'에 해당하지 아니한다. 그러므로 배임죄가 성립할 여지는 없다. 따라서 배임죄의 행위주체인 '타인의 사무를 처리하는 자'의 의미를 그 사무의 본질에 입각하여 제한해석하는 것에 합당한 의미를 부여하지 아니한 채, 채무의 이행이 타인의 이익을 위한다는 측면을 겸비하고 있으면 그 채무자의 배신적 행위는 배임죄를 구성할 수 있다고 확대해석하여 현행 형사법상 범죄로 되지 아니하는 채무불이행과의 구분을 모호하게 하는 것은 죄형법정주의의 관점에서도 엄격히 경계되어야 한다.

(나) 반대의견은 동산 이외에 부동산, 채권, 면허·허가권 등의 다른 유형의

재산에 대한 이중매매 혹은 양도담보로 제공된 동산의 처분행위를 배임죄로 처벌하는 기존 판례의 취지를 동산 이중매매 사안에서도 그대로 원용할 수 있다고 한다. 그러나 부동산 이외의 재산의 이중매매 등의 사안은 모두 계약의 목적이 된 권리가 계약의 상대방에게 이전·귀속된 이후의 문제를 다루고 있어 계약의 일방 당사자가 계약의 상대방에게 귀속된 재산권을 보호·관리할 의무를 타인의 사무로 상정하는 데 어려움이 없다. 반면 동산 이중매매의 경우는 아직 계약의 목적이 된 권리가 계약의 상대방에게 이전되기 전인 계약의 이행 과정에서 계약의 일방 당사자의 상대방에 대한 계약상의 권리이전의무의 이행에 관한 사항을 타인의 사무로 취급할 수 있는지의 문제를 다루는 것이다. '타인의 사무를 처리하는 자'의 인정에 관하여 그 본질적인 구조를 달리한다. 판례가 애초 부동산 이중매매를 우리 형법상 배임죄로 의율하게 된 배경이나 이에 대한 비판적 고려의 여지가 있는 사정 등에 비추어 보면, 배임죄의 성립 여부와 관련하여 부동산과 동산의 이중매매를 단순히 평면적으로 대비하는 것은 법리적으로 적절하지 않다.

(다) 결국 매매거래 일반에 있어 매도인이 제1매수인으로부터 중도금을 수령한 이후에 매매목적물을 이중으로 매도하는 행위가 널리 배임죄를 구성한다는 것을 전제로 하여 동산 이중매매의 경우에도 배임죄가 성립한다고 인정하는 것은, 부동산 이중매매를 배임죄로 인정한 기존 판례가 안고 있는 내재적 한계를 외면하고 형법상 배임죄의 본질에 관한 법리적 오류를 동산의 경우에까지 그대로 답습하는 셈이 되므로 반대의견에는 찬성하기 어렵다.

[다수의견에 대한 대법관 전수안의 보충의견]

부동산과 동산의 거래 구조상 본질적 차이를 도외시한 채 부동산의 거래에 적용될 수 있는 논리를 동산의 거래에도 그대로 원용하려는 반대의견에는 동의할 수 없다. 오히려 부동산등기절차의 고유한 특성을 매개로 타인의 재산보호 내지 관리를 위한 협력의무의 존재를 긍정한 기존 판례의 취지를 감안하면 그와 같은 내용의 협력의무를 상정하기 어려운 동산매매의 경우에 매도인은 매수인의 사무를 처리하는 자에 해당하지 않는다고 보는 것이 단순한 채무불이행은 배임죄를 구성하지 않는다는 기본 법리에 보다 충실한 법해석이다.

[반대의견에 대한 대법관 안대희, 대법관 양창수, 대법관 민일영의 보충의견]

(가) 다수의견에 대한 각 보충의견은 물권변동에 관한 민법상의 입법주의 전환에 지나친 의미를 부여하고 그에 따른 법구성적인 측면의 차이에 불필요하게 구애되어 행위의 실질적 불법성 내지 '비난가능성'의 측면에 충분히 주목하지 아니함으로써 종전 판례의 진정한 의미를 적절하게 이해하지 못하고 있다.

(나) 판례는 부동산매매에서 매도인의 다양한 채무불이행에 대하여 이를 일반적으로 배임죄로 의율한 바 없다. 단지 부동산매매계약에서 중도금 지급 등으로 그 계약관계가 일정한 단계에 도달한 경우에 비로소, 그것도 매도인의 배신적 처분행위로 말미암아 매수인의 온전한 권리 취득이 아예 좌절되거나 그에 현저한 장애가 발생한 사안에 한정하여 배임죄를 긍정하여 왔을 뿐이다.

(다) 판례는 부동산을 제외한 다른 재산의 이중매매 등의 사안에서도 매도인의 배임죄를 긍정하여 왔고, 이 역시 수긍할 만한 이유에 기한다. 요컨대 채권자(양도담보의 경우) 또는 채권양수인(채권양도의 경우)이 양도의 목적물을 취득한다는 것만으로 담보권설정자 또는 채권양도인이 채권자(담보권자) 또는 채권양수인에 대하여 '거래관계상 보호되는 신임관계'에 있을 수 있다. 따라서 그를 배임죄의 주체가 되는 '타인의 사무를 처리하는 자'에 해당한다고 하는 것도 긍정될 수 있다. 그러나 단지 '계약이행을 완료하기 이전 단계에서의 동산 이중매매의 사안'에서는 이를 긍정할 여지가 없다고는 단연코 말할 수 없다. 판례가 위의 사안들에서 배임죄를 긍정하는 것은 양수인이 이미 권리를 '취득'하였다는 점에 착안한 것이 아니라 각각의 사안유형에 고유한 현저하고 중대한 위험에 대처하기 위한 것이라고 보아야 한다.

(라) 매매에 있어서 매도인의 의무의 구조는 그 목적물이 부동산이든 동산이든 전혀 다를 바 없다. 이중매매에 대하여 배임의 죄책을 인정하는 것이 그러한 의무의 위반행위 중 일정한 양태에 대한 형사법적 평가라고 한다면, 이에 관하여 부동산과 동산을 달리 취급할 이유는 없다. 동산매매에 있어서도 매도인의 의무는 부동산매매에 있어서와 그 구조를 완전히 같이하며, 다만 여기서 매도인의 인도의무는 한편으로 소유권 이전, 다른 한편으로 사용·수익 보장이라는 보다 근원적 의무의 구체적 모습으로 그와 같은 내용을 가지게 되는 것일 뿐이다. 즉, 동산매매에서 매도인의

목적물 인도는 한편으로 소유권이전의무를, 다른 한편으로 많은 경우에 용익보장의무를 이행하는 것으로서, 엄밀하게 말하면 이중의 기능을 수행하게 된다. 여기서 전자의 측면은 부동산매도인의 소유권이전등기의무에, 후자의 측면은 그의 용익보장의무의 한 내용으로서의 인도의무에 대응한다. 따라서 동산매도인도 일정한 단계에 이르면 부동산매도인과 마찬가지로 매수인의 소유권 취득을 위하여 '그의 사무를 처리하는 자'의 지위에 있게 된다고 충분히 볼 수 있고, 또 그렇게 보아야 한다.

나. [**다수의견**]

피고인이 '인쇄기'를 갑에게 양도하기로 하고 계약금 및 중도금을 수령하였음에도 이를 자신의 채권자 을에게 기존 채무 변제에 갈음하여 양도함으로써 재산상 이익을 취득하고 갑에게 동액 상당의 손해를 입혔다는 배임의 공소사실에 대하여, 피고인은 갑에 대하여 그의 사무를 처리하는 지위에 있지 않다는 이유로 무죄를 선고한 원심판단을 수긍한 사례.

[대법관 안대희, 대법관 차한성, 대법관 양창수, 대법관 신영철, 대법관 민일영의 반대의견]

위의 공소사실에 대하여, 갑에게 인쇄기를 매도하고 중도금까지 수령한 상태에서 을에게 이를 다시 매도하고 소유권까지 이전해 준 피고인의 행위가 민사상 채무의 불이행에 불과할 뿐 배임죄에 해당하지 않는다고 본 원심판단에 배임죄의 구성요건에 관한 법리오해의 위법이 있다고 한 사례.

(17) **| 관련판례 |** 대법원 1992. 7. 14. 선고 92도753 **판결** [채권의 담보를 목적으로 부동산의 소유권이전등기를 경료받은 채권자가 그 변제기일 이전에 그 임무에 위배하여 이를 제3자에게 처분한 경우 배임죄의 성부(적극)] 양도담보 부동산 처분과 배임죄

가. 피해자 C가 피고인으로부터 차용한 금 2,030만원의 채권담보조로 부동산에 관하여 피고인에게 소유권이전등기를 하여 주면서 위 부동산을 담보로 피고인이 계속하여 피해자에게 변제기한 없이 금원을 대여하여 주되, 피해자가 이를 변제하면 위 부동산에 대한 등기명의를 피해자에게 돌려주고 만약 위 채무를 변제하지 못할 때에는 피해자와 피고인이 합의하여 위 부동산을 처분하여 채권채무관계를 정산하기로 약정하였다. 그런데 피고인이 임의로 위 부동산을 공소외 D에게 매도처분하였다.

나. 채권의 담보를 목적으로 부동산의 소유권이전등기를 경료받은 채권자는 채무

자가 변제기일까지 그 채무를 변제하면 채무자에게 그 소유 명의를 환원하여 주기 위하여 그 소유권이전등기를 이행할 의무가 있다. 그러므로 그 변제기일 이전에 그 임무에 위배하여 이를 제3자에게 처분하였다면 변제기일까지 채무자의 변제가 없었다 하더라도 배임죄는 성립된다.

다. **[관련판결]** 대법원 1985. 11. 26. 선고 85도1493 전원합의체 판결 [양도담보권자의 정산의무불이행과 배임죄의 성부]

[다수의견] 양도담보가 처분정산형의 경우이건 귀속정산형의 경우이건 간에 담보권자가 변제기 경과 후에 담보권을 실행하여 그 환가대금 또는 평가액을 채권원리금과 담보권 실행비용 등의 변제에 충당하고 환가대금 또는 평가액의 나머지가 있어 이를 담보제공자에게 반환할 의무는 담보계약에 따라 부담하는 자신의 정산의무이다. 그러므로 그 의무를 이행하는 사무는 곧 자기의 사무처리에 속하는 것이라 할 것이다. 이를 부동산매매에 있어서의 매도인의 등기의무와 같이 타인인 채무자의 사무처리에 속하는 것이라고 볼 수는 없어 그 정산의무를 이행하지 아니한 소위는 배임죄를 구성하지 않는다.

[소수의견] 정산형 양도담보의 담보목적물의 소유권 이전의 법률적 본질이 신탁적 양도임에 틀림이 없는 이상 양도담보권자는 수탁자로서 양도담보채무자의 위탁(위임)에 의하여 위임된 사무를 성실하게 처리할 의무와 상대방의 재산보전에 적극적, 소극적으로 협력하여야 할 의무를 지고 있다. 그 사무의 처리는 법률행위는 물론 법률행위가 아닌 사실상 사무의 처리도 같이 포함된다고 할 것이다. 양도담보권자의 정산의무는 위의 사실상의 사무처리에 속한다 할 것이다. 이는 양도담보권자의 사무임과 동시에 신탁자인 양도담보채무자의 사무에도 해당되어 결국 형법 제355조 제2항 소정의 타인의 사무에 속한다.

(18) **| 관련판례 |** 대법원 2018. 5. 17. 선고 2017도4027 **전원합의체 판결** [부동산 매매계약에서 중도금이 지급되는 등 계약이 본격적으로 이행되는 단계에 이른 경우, 그때부터 매도인은 배임죄에서 말하는 '타인의 사무를 처리하는 자'에 해당하는지 여부(적극) 및 그러한 지위에 있는 매도인이 매수인에게 계약 내용에 따라 부동산의 소유권을 이전해 주기 전에 그 부동산을 제3자에게 처분하고 제3자 앞으로 그 처분에 따른 등기를 마쳐 준 경우, 배임죄가 성립하는지 여부(적극), 부동산 매도인인 피고인이 매수인 갑 등과 매매계약을 체결하고 갑 등으로부터 계약금과 중도금을 지급받은 후 매매목적물인 부동산을 제3자 을 등에게 이중으로 매도하고 소유권이전등기를 마쳐 주어 구 특정경제범죄 가중처벌 등에 관한 법률 위반(배임)으로 기소된 사안에서, 제반 사정을 종합하면 피고인의 행위는 갑 등과

의 신임관계를 저버리는 임무위배행위로서 배임죄가 성립하고, 피고인에게 배임의 범의와 불법이득의사가 인정됨에도, 이와 달리 보아 공소사실을 무죄로 판단한 원심판결에 배임죄에서 '타인의 사무를 처리하는 자', 범의 등에 관한 법리오해의 위법이 있다고 한 사례] 부동산 이중매매 배임죄 사건 ★★★★★

사실관계

피고인은 2014. 8. 20. 피해자들에게 피고인, 공소외 1, 공소외 2, 공소외 3 공동 소유인 서울 금천구 (주소 생략)에 있는 '○○○○' 지하 1층 △△△호 (이하 '이 사건 부동산'이라 한다)를 13억 8,000만 원에 매도하는 계약(이하 '이 사건 매매계약'이라 한다)을 체결하였다. 피고인이 계약 당일 계약금 2억 원, 2014. 9. 20. 중도금 6억 원, 2014. 11. 30. 소유권이전등기에 필요한 서류와 상환으로 잔금 5억 8,000만 원을 지급받고 2014. 11. 30.까지 피해자들에게 이 사건 부동산을 인도한다는 내용이었다. **피고인은 피해자들로부터 계약 당일 2억 원, 2014. 9. 30. 중도금 6억 원을 지급받았다. 피고인은 2015. 4. 13. 공소외 4, 공소외 5(이하 '공소외 4 등'이라 한다)에게 이 사건 부동산을 매매대금 15억 원에 매도하고 2015. 4. 17. 그 소유권이전등기를 마쳐 주었다.**

판결요지

가. [1] **[다수의견]** 부동산 매매계약에서 계약금만 지급된 단계에서는 어느 당사자나 계약금을 포기하거나 그 배액을 상환함으로써 자유롭게 계약의 구속력에서 벗어날 수 있다. 그러나 중도금이 지급되는 등 계약이 본격적으로 이행되는 단계에 이른 때에는 계약이 취소되거나 해제되지 않는 한 매도인은 매수인에게 부동산의 소유권을 이전해 줄 의무에서 벗어날 수 없다. 따라서 이러한 단계에 이른 때에 매도인은 매수인에 대하여 매수인의 재산보전에 협력하여 재산적 이익을 보호·관리할 신임관계에 있게 된다. 그때부터 매도인은 배임죄에서 말하는 '타인의 사무를 처리하는 자'에 해당한다고 보아야 한다. 그러한 지위에 있는 **매도인이 매수인에게 계약 내용에 따라 부동산의 소유권을 이전해 주기 전에 그 부동산을 제3자에게 처분하고 제3자 앞으로 그 처분에 따른 등기를 마쳐 준 행위는 매수인의 부동산 취득 또는 보전에 지장을 초래하는 행위이다. 이는 매수인과의 신임관계를 저버리는 행위로서 배임죄가 성립한다.** 그 이유는 다음과 같다.

(가) 배임죄는 타인과 그 재산상 이익을 보호·관리하여야 할 신임관계에 있는 사람이 신뢰를 저버리는 행위를 함으로써 타인의 재산상 이익을 침해할 때 성립하는 범죄이다. 계약관계에 있는 당사자 사이에 어느 정도의

신뢰가 형성되었을 때 형사법에 의해 보호받는 신임관계가 발생한다고 볼 것인지, 어떠한 형태의 신뢰위반 행위를 가벌적인 임무위배행위로 인정할 것인지는 계약의 내용과 이행의 정도, 그에 따른 계약의 구속력 정도, 거래 관행, 신임관계의 유형과 내용, 신뢰위반의 정도 등을 종합적으로 고려하여 타인의 재산상 이익 보호가 신임관계의 전형적·본질적 내용이 되었는지, 해당 행위가 형사법의 개입이 정당화될 정도의 배신적인 행위인지 등에 따라 규범적으로 판단해야 한다. 이와 같이 배임죄의 성립 범위를 확정함에 있어서는 형벌법규로서의 배임죄가 본연의 기능을 다하지 못하게 되어 개인의 재산권 보호가 소홀해지지 않도록 유의해야 한다.

(나) 우리나라에서 부동산은 국민의 기본적 생활의 터전으로 경제활동의 근저를 이루고 있고, 국민 개개인이 보유하는 재산가치의 대부분을 부동산이 차지하는 경우도 상당하다. 이렇듯 부동산이 경제생활에서 차지하는 비중이나 이를 목적으로 한 거래의 사회경제적 의미는 여전히 크다.

(다) 부동산 매매대금은 통상 계약금, 중도금, 잔금으로 나뉘어 지급된다. 매수인이 매도인에게 중도금을 지급하면 당사자가 임의로 계약을 해제할 수 없는 구속력이 발생한다(민법 제565조 참조). 그런데 매수인이 매도인에게 매매대금의 상당부분에 이르는 계약금과 중도금까지 지급하더라도 매도인의 이중매매를 방지할 보편적이고 충분한 수단은 마련되어 있지 않다. 이러한 상황에서도 매수인은 매도인이 소유권이전등기를 마쳐 줄 것으로 믿고 중도금을 지급한다. 즉 매수인은 매도인이 소유권이전등기를 마쳐 줄 것이라는 신뢰에 기초하여 중도금을 지급하고, 매도인 또한 중도금이 그러한 신뢰를 바탕으로 지급된다는 것을 인식하면서 이를 받는다. 따라서 중도금이 지급된 단계부터는 매도인이 매수인의 재산보전에 협력하는 신임관계가 당사자 관계의 전형적·본질적 내용이 된다. 이러한 신임관계에 있는 매도인은 매수인의 소유권 취득 사무를 처리하는 자로서 배임죄에서 말하는 '타인의 사무를 처리하는 자'에 해당하게 된다. 나아가 그러한 지위에 있는 매도인이 매수인에게 소유권을 이전하기 전에 고의로 제3자에게 목적부동산을 처분하는 행위는 매매계약상 혹은 신의칙상 당연히 하지 않아야 할 행위로서 배임죄에서 말하는 임무위배행위로 평가할 수 있다.

(라) 대법원은 오래전부터 부동산 이중매매 사건에서, 매도인은 매수인 앞으

로 소유권이전등기를 마칠 때까지 협력할 의무가 있고, 매도인이 중도금을 지급받은 이후 목적부동산을 제3자에게 이중으로 양도하면 배임죄가 성립한다고 일관되게 판결함으로써 그러한 판례를 확립하여 왔다. 이러한 판례 법리는 부동산 이중매매를 억제하고 매수인을 보호하는 역할을 충실히 수행하여 왔고, 현재 우리의 부동산 매매거래 현실에 비추어 보더라도 여전히 타당하다. 이러한 법리가 부동산 거래의 왜곡 또는 혼란을 야기하는 것도 아니고, 매도인의 계약의 자유를 과도하게 제한한다고 볼 수도 없다. 따라서 기존의 판례는 유지되어야 한다.

[대법관 김창석, 대법관 김신, 대법관 조희대, 대법관 권순일, 대법관 박정화의 반대의견]

다수의견은 부동산 거래에서 매수인 보호를 위한 처벌의 필요성만을 중시한 나머지 형법의 문언에 반하거나 그 문언의 의미를 피고인에게 불리하게 확장하여 형사법의 대원칙인 죄형법정주의를 도외시한 해석일 뿐 아니라, 동산 이중매매와 부동산 대물변제예약 사안에서 매도인 또는 채무자에 대하여 배임죄의 성립을 부정하는 대법원 판례의 흐름과도 맞지 않는 것이어서 찬성하기 어렵다.

(가) 배임죄에서 '타인의 사무'는 먼저 문언의 통상적 의미에 비추어 볼 때, 타인에게 귀속되는 사무로서 사무의 주체가 타인이어야 한다. 즉 본래 타인이 처리하여야 할 사무를 그를 대신하여 처리하는 것이어야 한다. 나아가 배임죄의 본질은 본인과의 내부관계 내지 신임관계에서 발생하는 본인의 재산적 이익을 보호할 의무를 위반하여 타인의 재산권을 침해하는 데에 있다는 점을 고려하면, 신임관계에 기초하여 위와 같은 의미의 '타인의 사무'를 처리하게 된 것이어야 한다. 사무 자체의 내용이나 신임관계의 본질적 내용이 타인의 재산적 이익을 보호·관리하는 것이어야 한다. 따라서 계약의 일방 당사자가 상대방에게 계약의 내용에 따른 의무를 성실하게 이행하고, 그로 인해 상대방은 계약상 권리의 만족이라는 이익을 얻는 관계에 있더라도 그 의무의 이행이 위와 같은 의미의 '타인의 사무'에 해당하지 않는다면, 그것은 '자기의 사무'에 불과할 뿐이다.

(나) 부동산 매매계약이 체결된 경우, 계약 체결과 동시에 그 계약의 효력으로 매도인에게는 부동산 소유권이전의무가 발생하고, 매수인에게는 매매대금 지급의무가 발생한다. 매도인이나 매수인의 이러한 의무는 매매계

약에 따른 각자의 '자기의 사무'일 뿐 '타인의 사무'에 해당한다고 볼 수 없다. 매도인의 재산권이전의무나 매수인의 대금지급의무는 매매계약에 의하여 발생한 것으로 본래부터 상대방이 처리하여야 할 사무도 아니고, 신임관계에 기초하여 상대방에게 위탁된 것이라고 볼 수도 없으며, 계약 상대방의 재산적 이익을 보호·관리하는 것이 매매계약의 전형적·본질적 내용이라고도 볼 수 없기 때문이다. 매매계약에서 당사자들은 각자의 계약상 권리의 만족을 위해 상대방에게 그 반대급부를 이행하여야 하는 대향적 거래관계에 있을 뿐이다. 설사 매도인에게 등기협력의무가 있다거나 매수인의 재산취득사무에 협력할 의무가 있다고 주장해도 그 '협력의무'의 본질은 소유권이전의무를 달리 표현한 것에 지나지 않으니 그 부당함은 마찬가지이다.

(다) 만약 매도인에게 매수인의 재산보전에 협력할 의무가 있다고 가정하면, 쌍무계약의 본질에 비추어 상대방인 매수인에게도 매도인의 재산보전에 협력할 의무가 있다고 보아야 균형이 맞다. 그러나 판례는 잔금을 지급하기 전에 소유권을 먼저 이전받은 매수인이 부동산을 담보로 대출을 받아 매매잔금을 지급하기로 한 약정을 이행하지 않고 다른 용도로 근저당권을 설정한 사안에서 매수인인 피고인에게 배임죄가 성립하지 않는다고 판단하여 이를 부정한 바 있다. 다수의견에 따르면 계약 당사자 사이의 대등한 법적 지위의 보장을 전제로 하는 쌍무계약에서 매도인과 매수인의 상대방에 대한 재산보전에 협력할 의무의 유무를 달리 보는 이유에 대한 납득할 만한 설명을 할 수 없다.

(라) 또한 다수의견에 따르면, 매도인이 제2매수인으로부터 중도금을 받았다면 제2매수인에 대한 관계에서도 마찬가지로 그 재산보전에 협력하여 재산적 이익을 보호·관리할 신임관계에 있다고 보아야 한다. 그런데 판례는 매도인이 제2매수인에게 소유권이전등기를 마쳐 준 경우에는 제1매수인에 대한 관계에서 배임죄의 성립을 인정하는 반면, 제1매수인에게 소유권이전등기를 마쳐 준 경우에는 제2매수인으로부터 중도금 또는 잔금까지 받았다고 하더라도 그에 대한 관계에서는 배임죄가 성립하지 않는다고 본다. 소유권이전등기를 마쳐 물권을 취득하기 전에는 채권자로서 대등한 법적 지위를 보장받아야 할 제1매수인과 제2매수인에 대하여 배임죄 성립에 있어서 보호 정도를 달리할 논리적 근거는 어디에서도 찾아볼 수 없다.

(마) 한편 다수의견과 같이 매수인의 재산보전에 협력할 의무가 있음을 이유로 매도인이 '타인의 사무를 처리하는 자'에 해당하여 그를 배임죄로 처벌할 수 있다고 본다면, 이는 대법원이 종래 동산 이중매매 사건에서 선고한 판시와 배치된다.

나. [2] 부동산 매도인인 피고인이 매수인 갑 등과 매매계약을 체결하고 갑 등으로부터 계약금과 중도금을 지급받은 후 매매목적물인 부동산을 제3자 을 등에게 이중으로 매도하고 소유권이전등기를 마쳐 주어 구 특정경제범죄 가중처벌 등에 관한 법률(2016. 1. 6. 법률 제13719호로 개정되기 전의 것) 위반(배임)으로 기소된 사안이다.

(가) 갑 등이 피고인에게 매매계약에 따라 중도금을 지급하였을 때 매매계약은 임의로 해제할 수 없는 단계에 이르렀다. 피고인은 갑 등에 대하여 재산적 이익을 보호할 신임관계에 있게 되어 타인인 갑 등의 부동산에 관한 소유권 취득 사무를 처리하는 자가 되었다. 갑 등이 잔금 지급기일이 지나도 부동산을 인도받지 못하자 피고인에게 보낸 통고서의 내용은, 갑 등이 피고인에게 요구조건을 받아들일 것을 촉구하면서 이를 받아들이지 않으면 매매계약을 해제하겠다는 취지일 뿐 그 자체로 계약 해제의 의사표시가 포함되어 있다고 보기 어렵다. **피고인은 매매계약이 적법하게 해제되지 않은 상태에서 갑 등에 대한 위와 같은 신임관계에 기초한 임무를 위배하여 부동산을 을 등에게 매도하고 소유권이전등기를 마쳤다.** 비록 피고인이 당시 임차인으로부터 부동산을 반환받지 못하여 갑 등에게 이를 인도하지 못하고 있었고, 갑 등과 채무불이행으로 인한 손해배상과 관련한 말들을 주고받았더라도, 매매계약이 적법하게 해제되지 않고 유효하게 유지되고 있었던 이상 위와 같은 신임관계가 소멸되었다고 볼 수 없다.

(나) 이러한 점을 종합하면, **피고인의 행위는 갑 등과의 신임관계를 저버리는 임무위배행위로서 배임죄가 성립한다. 또한 매매계약은 당시 적법하게 해제되지 않았다. 설령 피고인이 적법하게 해제되었다고 믿었더라도 그 믿음에 정당한 사유가 있다고 보기 어렵다. 피고인에게 배임의 범의와 불법이득의사가 인정된다.** 그럼에도 이와 달리 보아 공소사실을 무죄로 판단한 원심판결에 배임죄에서 '타인의 사무를 처리하는 자', 범의 등에 관한 법리오해의 위법이 있다.

(19) **| 관련판례 |** **대법원 2018. 12. 13. 선고 2016도19308 판결** [부동산 매매계약에서 중도금이 지급되는 등 계약이 본격적으로 이행되는 단계에 이른 경우, 그때부터 매도인은 배임죄에서 말하는 '타인의 사무를 처리하는 자'에 해당하는지 여부(적극) 및 그러한 지위에 있는 매도인이 매수인에게 계약 내용에 따라 부동산의 소유권을 이전해 주기 전에 부동산을 제3자에게 처분하여 등기를 하는 행위가 배임죄를 구성하는지 여부(적극), 서면으로 부동산 증여의 의사를 표시한 증여자가 '타인의 사무를 처리하는 자'에 해당하는지 여부(적극) 및 그가 수증자에게 증여계약에 따라 부동산의 소유권을 이전하지 않고 부동산을 제3자에게 처분하여 등기를 하는 행위가 배임죄를 구성하는지 여부(적극), 피고인이 甲과의 증여계약에 따라 목장용지 중 1/2 지분을 甲에게 증여하고 증여의 의사를 서면으로 표시하였는데 그 후 금융기관에서 일정 금액의 돈을 대출받으면서 목장용지에 금융기관 앞으로 근저당권설정등기를 마침으로써 피담보채무액 중 1/2 지분에 해당하는 금액의 재산상 이익을 취득하고, 甲에게 같은 금액의 재산상 손해를 입혔다고 하여 배임으로 기소된 사안에서, 서면으로 증여의 의사를 표시한 증여자의 소유권이전등기의무가 증여자 자기의 사무일 뿐이라는 전제에서 공소사실을 무죄로 판단한 원심판결에 법리오해 등의 잘못이 있다고 한 사례]

가. 부동산 매매계약에서 중도금이 지급되는 등 계약이 본격적으로 이행되는 단계에 이른 때에는 계약이 취소되거나 해제되지 않는 한 매도인은 매수인에게 부동산의 소유권을 이전할 의무에서 벗어날 수 없다. 이러한 단계에 이른 때에 매도인은 매수인에게 매수인의 재산보전에 협력하여 재산적 이익을 보호·관리할 신임관계에 있게 되고, 그때부터 배임죄에서 말하는 '타인의 사무를 처리하는 자'에 해당한다고 보아야 한다. 그러한 지위에 있는 매도인이 매수인에게 계약 내용에 따라 부동산의 소유권을 이전해 주기 전에 부동산을 제3자에게 처분하여 등기를 하는 행위는 매수인의 부동산 취득이나 보전에 지장을 초래하는 행위로서 배임죄가 성립한다.

나. 이러한 법리는 서면에 의한 부동산 증여계약에도 마찬가지로 적용된다. 서면으로 부동산 증여의 의사를 표시한 증여자는 계약이 취소되거나 해제되지 않는 한 수증자에게 목적부동산의 소유권을 이전할 의무에서 벗어날 수 없다. 그러한 증여자는 '타인의 사무를 처리하는 자'에 해당하고, 그가 수증자에게 증여계약에 따라 부동산의 소유권을 이전하지 않고 부동산을 제3자에게 처분하여 등기를 하는 행위는 수증자와의 신임관계를 저버리는 행위로서 배임죄가 성립한다.

다. 피고인이 甲과의 증여계약에 따라 목장용지 중 1/2 지분을 甲에게 증여하고 증여의 의사를 서면으로 표시하였다. 그 후 농업협동조합에서 4,000만 원을 대출받으면서 목장용지에 농업협동조합 앞으로 채권최고액 5,200만 원의 근저당권설정등기를 마침으로써 피담보채무액 중 1/2 지분에 해당하는 2,000만 원의 재산상 이익을 취득하고, 甲에게 같은 금액의 재산상 손해를 입혔다고 하여 배임으로 기소된 사안이다.

라. 피고인이 서면으로 증여의 의사를 표시하였는지에 관하여 심리하지 아니한 채, 서면으로 증여의 의사를 표시한 증여자의 소유권이전등기의무는 증여자 자기의 사무일 뿐이라는 전제에서 공소사실을 무죄로 판단한 원심판결에 배임죄에서 '타인의 사무를 처리하는 자' 등에 관한 법리를 오해하고 필요한 심리를 다하지 않은 잘못이 있다.

(20) **| 관련판례 |** 대법원 2019. 1. 17. 선고 2018도12199 판결 [타인에게 자기 명의 계좌의 접근매체를 양도한 계좌명의인이 그 계좌에 송금·이체된 사기피해금으로 추정되는 돈을 인출한 경우 송금인에 대하여 횡령죄가 성립하는지 여부(적극)] 자기 명의 계좌의 접근매체를 타인에게 양도한 자가 그 계좌에 송금·이체된 사기피해금으로 추정되는 돈을 인출한 행위에 대해 횡령죄로만 기소된 사건

가. 계좌명의인이 송금·이체의 원인이 되는 법률관계가 존재하지 않음에도 계좌이체에 의하여 취득한 예금채권 상당의 돈은 송금의뢰인에게 반환하여야 할 성격의 것이다. 그러므로 계좌명의인은 그와 같이 송금·이체된 돈에 대하여 송금의뢰인을 위하여 보관하는 지위에 있다고 보아야 한다. 따라서 계좌명의인이 그와 같이 송금·이체된 돈을 그대로 보관하지 않고 영득할 의사로 인출하면 횡령죄가 성립한다. 이러한 법리는 계좌명의인이 개설한 예금계좌가 전기통신금융사기 범행에 이용되어 그 계좌에 피해자가 사기피해금을 송금·이체한 경우에도 마찬가지로 적용된다.

나. **계좌명의인이 개설한 예금계좌가 사기 범행에 이용되어 그 계좌에 피해자가 사기피해금을 송금·이체한 경우 계좌명의인은 피해자와 사이에 아무런 법률관계 없이 송금·이체된 사기피해금을 피해자에게 반환하여야 한다. 그러므로 피해자를 위하여 사기피해금을 보관하는 지위에 있다고 보아야 하고, 만약 계좌명의인이 그 돈을 영득할 의사로 인출하면 피해자에 대한 횡령죄가 성립한다(대법원 2018. 7. 19. 선고 2017도17494 전원합의체 판결).**

다. 타인에게 자기 명의 계좌의 접근매체를 양도한 계좌명의인이 그 계좌에 송금·이체된 보이스피싱 피해금으로 추정되는 돈을 인출한 사실에 대하여 횡령죄로 기소되었으나 사기죄로는 기소되지 않은 사안이다.

라. 원심은 피고인에게 사기 범행을 방조하려는 미필적인 고의가 인정된다는 등의 이유를 들어 무죄로 판단하였으나, 위 2017도17494 전원합의체 판결에서 선고된 법리에 따라 유죄 취지로 파기환송한 사례이다.

356. 제356조(업무상의 횡령과 배임)

(1) 현행

第356條(業務上의 橫領과 背任)
業務上의 任務에 違背하여 第355條의 罪를 犯한 者는 10年 以下의 懲役 또는 3千萬원 以下의 罰金에 處한다. 〈改正 1995.12.29.〉

제356조(업무상의 횡령과 배임)
업무상의 임무에 위배하여 제355조의 죄를 범한 자는 10년 이하의 징역 또는 3천만원 이하의 벌금에 처한다. 〈개정 1995.12.29〉

(2) 개선방안

제356조(업무횡령 · 업무배임)
업무로 제355조 제1항 · 제2항 · 제3항 · 제4항 죄를 범한 사람은 10년 이하 징역형 · 3천만원 이하 벌금형으로 처벌된다. 〈개정 1995.12.29.〉

【개정방향】
※ 제목변경
※ 명확성 · 간결성 · 가독성
※ 일본식 조사 '의' 삭제
※ 온점(·) 활용: (,) ⇒ (·) 형법 제157조와 제324조2(인질강요)에서 이미 사용 중
※ 국어어순정비
※ ^{1}행위주체 ^{2}행위객체 ^{3}행위(법조문에 표시하면 가독성을 높일 수 있음)
※ **현행 제356조는 '임무에 위배하여'가 제355조 제1항에도 연결됨**
※ **업무가 횡령과 배임에 모두 연결되는 것이 타당함**

(3) 조문해설

가. 형법 제356조는 업무횡령 · 업무배임을 규정하고 있다.

나. 주요내용을 보면, 업무로 제355조 제1항 · 제2항 · 제3항 · 제4항 죄를 범한 사람은 10년 이하 징역형 · 3천만원 이하 벌금형으로 처벌된다. 〈개정 1995.12.29.〉

(4) **| 관련판례 |** 대법원 2009. 5. 29. 선고 2007도4949 **전원합의체 판결** [회사의 이사가 시가보다 현저하게 낮은 가액으로 신주 등을 발행한 경우 업무상배임죄가 성립하는지 여부, 신주 등의 발행에서 주주 배정방식과 제3자 배정방식을 구별하는 기준 및 회사가 기존 주주들에게 지분비율대로 신주 등을 인수할 기회를 부여하였다면 주주들이 그 인수를 포기함에 따라 발생한 실권주 등을 시가보다 현저히 낮은 가액으로 제3자에게 배정한 경우에도 주주 배정방식으로 볼 수 있는지 여부, 주주 배정방식에 의한 전환사채 발행시 주주가 인수하지 아니하여 실권된 부분을 제3자에게 발행하는 경우 전환가액 등 발행조건을 변경하여야 하는지 여부, 전환사채 발행을 위한 이사회 결의에는 하자가 있었다 하더라도 실권된 전환사채를 제3자에게 배정하기로 의결한 이사회 결의에는 하자가 없는 경우, 전환사채 발행절차를 진행한 것이 업무상배임죄의 임무위배에 해당하지 않는다고 한 사례, 회사 지배권 이전을 목적으로 한 전환사채의 발행이 이사의 임무위배에 해당하는지 여부(소극)] 배임죄에서 임무위반행위

가. **[다수의견]** 주주는 회사에 대하여 주식의 인수가액에 대한 납입의무를 부담할 뿐 인수가액 전액을 납입하여 주식을 취득한 후에는 주주 유한책임의 원칙에 따라 회사에 대하여 추가 출자의무를 부담하지 않는 점, 회사가 준비금을 자본으로 전입하거나 이익을 주식으로 배당할 경우에는 주주들에게 지분비율에 따라 무상으로 신주를 발행할 수 있는 점 등에 비추어 볼 때, 회사가 주주 배정의 방법, 즉 주주가 가진 주식 수에 따라 신주, 전환사채나 신주인수권부사채(이하 '신주 등'이라 한다)의 배정을 하는 방법으로 신주 등을 발행하는 경우에는 발행가액 등을 반드시 시가에 의하여야 하는 것은 아니다. 따라서 회사의 이사로서는 주주 배정의 방법으로 신주를 발행하는 경우 원칙적으로 액면가를 하회하여서는 아니 된다는 제약 외에는 주주 전체의 이익, 회사의 자금조달의 필요성, 급박성 등을 감안하여 경영판단에 따라 자유로이 그 발행조건을 정할 수 있다고 보아야 한다. 그러므로 시가보다 낮게 발행가액 등을 정함으로써 주주들로부터 가능한 최대한의 자금을 유치하지 못하였다고 하여 배임죄의 구성요건인 임무위배, 즉 회사의 재산보호의무를 위반하였다고 볼 것은 아니다. 그러나 주주배정의 방법이 아니라 제3자에게 인수권을 부여하는 제3자 배정방법의 경우, 제3자는 신주 등을 인수함으로써 회사의 지분을 새로 취득하게 되므로 그 제3자와 회사와의 관계를 주주의 경우와 동일하게 볼 수는 없다. 제3자에게 시가보다 현저하게 낮은 가액으로 신주 등을 발행하는 경우에는 시가를 적정하게 반영하여 발행조건을 정하거나 또는 주식의 실질가액을 고려한 적정한 가격에 의하여 발행하는 경우와 비교하여 그 차이에 상

당한 만큼 회사의 자산을 증가시키지 못하게 되는 결과가 발생한다. 그런데 이 경우에는 회사법상 공정한 발행가액과 실제 발행가액과의 차액에 발행주식수를 곱하여 산출된 액수만큼 회사가 손해를 입은 것으로 보아야 한다. 이와 같이 현저하게 불공정한 가액으로 제3자 배정방식에 의하여 신주 등을 발행하는 행위는 이사의 임무위배행위에 해당하는 것으로서 그로 인하여 회사에 공정한 발행가액과의 차액에 상당하는 자금을 취득하지 못하게 되는 손해를 입힌 이상 이사에 대하여 배임죄의 죄책을 물을 수 있다. 다만 회사가 제3자 배정의 방법으로 신주 등을 발행하는 경우에는 회사의 재무구조, 영업전망과 그에 대한 시장의 평가, 주식의 실질가액, 금융시장의 상황, 신주의 인수가능성 등 여러 사정을 종합적으로 고려하여, 이사가 그 임무에 위배하여 신주의 발행가액 등을 공정한 가액보다 현저히 낮추어 발행한 경우에 해당하는지를 살펴 이사의 업무상배임죄의 성립 여부를 판단하여야 한다.

[대법관 양승태의 별개의견]

회사에 자금이 필요한 때에는 이사는 가능한 방법을 동원하여 그 자금을 형성할 의무가 있다 할 것이다. 그러나 이사는 회사에 필요한 만큼의 자금을 형성하면 될 뿐 그 이상 가능한 한 많은 자금을 형성하여야 할 의무를 지는 것은 아니다. 또 회사에 어느 정도 규모의 자금이 필요한지, 어떠한 방법으로 이를 형성할 것인지는 원칙적으로 이사의 경영판단에 속하는 사항이다. 그런데 신주발행에 의한 자금형성의 과정에서 신주를 저가 발행하여 제3자에게 배정하게 되면 기존 주주의 지분율이 떨어지고 주식가치의 희석화로 말미암아 구 주식의 가치도 하락하게 되어 기존 주주의 회사에 대한 지배력이 그만큼 약화된다. 그러므로 기존 주주에게 손해가 발생하나, 신주발행을 통하여 회사에 필요한 자금을 형성하였다면 회사에 대한 관계에서는 임무를 위배하였다고 할 수 없다. 신주발행으로 인해 종전 주식의 가격이 하락한다 하여 회사에 손해가 있다고 볼 수도 없다. 주주의 이익과 회사의 이익을 분리하여 평가하는 배임죄의 원칙상 이를 회사에 대한 임무위배로 볼 수 없어, 배임죄가 성립한다고 볼 수 없다.

나. **[다수의견]** 신주 등의 발행에서 주주 배정방식과 제3자 배정방식을 구별하는 기준은 회사가 신주 등을 발행하는 때에 주주들에게 그들의 지분비율에 따라 신주 등을 우선적으로 인수할 기회를 부여하였는지 여부에 따라 객관적으로 결정되어야 할 성질의 것이지, 신주 등의 인수권을 부여받은 주주들이 실제로 인수권을 행사함으로써 신주 등을 배정받았는지 여부에 좌우되는 것은 아니

다. 회사가 기존 주주들에게 지분비율대로 신주 등을 인수할 기회를 부여하였는데도 주주들이 그 인수를 포기함에 따라 발생한 실권주 등을 제3자에게 배정한 결과 회사 지분비율에 변화가 생기고, 이 경우 신주 등의 발행가액이 시가보다 현저하게 낮아 그 인수권을 행사하지 아니한 주주들이 보유한 주식의 가치가 희석되어 기존 주주들의 부(富)가 새로이 주주가 된 사람들에게 이전되는 효과가 발생하더라도, 그로 인한 불이익은 기존 주주들 자신의 선택에 의한 것일 뿐이다. 또한, 회사의 입장에서 보더라도 기존 주주들이 신주 등을 인수하여 이를 제3자에게 양도한 경우와 이사회가 기존 주주들이 인수하지 아니한 신주 등을 제3자에게 배정한 경우를 비교하여 보면 회사에 유입되는 자금의 규모에 아무런 차이가 없을 것이므로, 이사가 회사에 대한 관계에서 어떠한 임무에 위배하여 손해를 끼쳤다고 볼 수는 없다.

[대법관 김영란, 대법관 박시환, 대법관 이홍훈, 대법관 김능환, 대법관 전수안의 반대의견]

신주 등의 발행이 주주 배정방식인지 여부는, 발행되는 모든 신주 등을 모든 주주가 그 가진 주식 수에 따라서 배정받아 이를 인수할 기회가 부여되었는지 여부에 따라 결정되어야 하고, 주주에게 배정된 신주 등을 주주가 인수하지 아니함으로써 생기는 실권주의 처리에 관하여는 상법에 특별한 규정이 없으므로 이사는 그 부분에 해당하는 신주 등의 발행을 중단하거나 동일한 발행가액으로 제3자에게 배정할 수 있다. 그러나 주주 배정방식으로 발행되는 것을 전제로 하여 신주 등의 발행가액을 시가보다 현저히 저가로 발행한 경우에, 그 신주 등의 상당 부분이 주주에 의하여 인수되지 아니하고 실권되는 것과 같은 특별한 사정이 있는 때에는, 그와 달리 보아야 한다. 주주 배정방식인지 제3자 배정방식인지에 따라 회사의 이해관계 및 이사의 임무 내용이 달라지는 것이므로, 회사에 대한 관계에서 위임의 본지에 따른 선관의무상 제3자 배정방식의 신주 등 발행에 있어 시가발행의무를 지는 이사로서는, 위와 같이 대량으로 발생한 실권주에 대하여 발행을 중단하고 추후에 그 부분에 관하여 새로이 제3자 배정방식에 의한 발행을 모색할 의무가 있고, 그렇게 하지 아니하고 그 실권주를 제3자에게 배정하여 발행을 계속할 경우에는 그 실권주를 처음부터 제3자 배정방식으로 발행하였을 경우와 마찬가지로 취급하여 발행가액을 시가로 변경할 의무가 있다고 봄이 상당하다. 이와 같이 대량으로 발생한 실권주를 제3자에게 배정하는 것은, 비록 그것이 주주 배정방식으로 발행한 결과라고 하더라도, 그 실질에 있어 당초부터 제3자 배정방식으로 발행하는 것과 다를 바 없고, 이를 구별할 이유도 없기 때문이다. 그러므로 신주 등을 주주 배정방식으로 발행하였다고 하더라도, 상당 부분이 실권되었음에도, 이사가 그 실권된 부분에 관한 신주 등의 발행을 중단하지도 아니하고 그 발행가액 등의 발행조건을 제3자 배정방식으로 발행하는 경우와 마찬가지로 취급하여 시가로 변경하지도 아니한 채 발행을 계속하여 그 실권주 해당부분을 제3자에게 배정하고 인수되도록 하였다면, 이는 이사가 회사에 대한 관계에서 선관의무를 다하지 아니한 것에 해당하고, 그로 인하여 회사에 자금이 덜 유입되는 손해가 발행하였다면 업무상배임죄가 성립한다.

다. [**다수의견**] 상법상 전환사채를 주주 배정방식에 의하여 발행하는 경우에도 주주가 그 인수권을 잃은 때에는 회사는 이사회의 결의에 의하여 그 인수가 없는 부분에 대하여 자유로이 이를 제3자에게 처분할 수 있는 것인데, 단일한 기회에 발행되는 전환사채의 발행조건은 동일하여야 하므로, 주주배정으로 전환사채를 발행하는 경우에 주주가 인수하지 아니하여 실권된 부분에 관하여 이를 주주가 인수한 부분과 별도로 취급하여 전환가액 등 발행조건을 변경하여 발행할 여지가 없다. 주주배정의 방법으로 주주에게 전환사채인수권을 부여하였지만 주주들이 인수청약하지 아니하여 실권된 부분을 제3자에게 발행하더라도 주주의 경우와 같은 조건으로 발행할 수밖에 없고, 이러한 법리는 주주들이 전환사채의 인수청약을 하지 아니함으로써 발생하는 실권의 규모에 따라 달라지는 것은 아니다.

[**대법관 김영란, 대법관 박시환, 대법관 이홍훈, 대법관 김능환, 대법관 전수안의 반대의견**]
상법에 특별한 규정은 없지만, 일반적으로 동일한 기회에 발행되는 전환사채의 발행조건은 균등하여야 한다고 해석된다. 그러나 주주에게 배정하여 인수된 전환사채와 실권되어 제3자에게 배정되는 전환사채를 '동일한 기회에 발행되는 전환사채'로 보아야 할 논리필연적인 이유나 근거는 없다. 실권된 부분의 제3자 배정에 관하여는 다시 이사회 결의를 거쳐야 하는 것이므로, 당초의 발행결의와는 동일한 기회가 아니라고 볼 수 있다. 그 실권된 전환사채에 대하여는 발행을 중단하였다가 추후에 새로이 제3자 배정방식으로 발행할 수도 있는 것이므로, 이 경우와 달리 볼 것은 아니다. 그리고 주주 각자가 신주 등의 인수권을 행사하지 아니하고 포기하여 실권하는 것과 주주총회에서 집단적 의사결정 방법으로 의결권을 행사하여 의결하는 것을 동일하게 평가할 수는 없는 것이므로, 대량의 실권이 발생하였다고 하여 이를 전환사채 등의 제3

자 배정방식의 발행에 있어서 요구되는 주주총회의 특별결의가 있었던 것으로 간주할 수도 없다.

라. 전환사채 발행을 위한 이사회 결의에는 하자가 있었다 하더라도 실권된 전환사채를 제3자에게 배정하기로 의결한 이사회 결의에는 하자가 없는 경우, 전환사채의 발행절차를 진행한 것이 재산보호의무 위반으로서의 임무위배에 해당하지 않는다고 한 사례.

마. 이사가 주식회사의 지배권을 기존 주주의 의사에 반하여 제3자에게 이전하는 것은 기존 주주의 이익을 침해하는 행위일 뿐 지배권의 객체인 주식회사의 이익을 침해하는 것으로 볼 수는 없다. 그런데 주식회사의 이사는 주식회사의 사무를 처리하는 자의 지위에 있다고 할 수 있다. 하지만 주식회사와 별개인 주주들에 대한 관계에서 직접 그들의 사무를 처리하는 자의 지위에 있는 것은 아니다. 더욱이 경영권의 이전은 지배주식을 확보하는 데 따르는 부수적인 효과에 불과한 것이다. **회사 지분비율의 변화가 기존 주주 자신의 선택에 기인한 것이라면 지배권 이전과 관련하여 이사에게 임무위배가 있다고 할 수 없다.**

(5) **| 관련판례 |** 대법원 2005. 4. 29. 선고 2005도856 판결 [모회사(母會社)와 자회사(子會社)가 모회사의 대주주로부터 그가 소유한 다른 회사의 비상장주식을 매입한 사안에서 대주주와 모회사 및 자회사의 임직원들에 대하여 업무상배임죄의 성립을 인정한 사례, 비상장주식의 매입과 관련한 배임죄에 있어서 손해의 판단 방법, 주식납입금을 회사 설립등기 후 바로 인출하였으나 그 인출금을 주식납입금 상당 자산의 양수대금으로 사용한 경우, 납입가장죄의 성립 여부(소극), 타인으로부터 금원을 차용하여 주금을 납입하고 설립등기나 증자등기 후 바로 인출하여 차용금 변제에 사용하는 경우, 상법상 납입가장죄의 성립 외에 업무상배임죄의 성립 여부(소극)]

가. 모회사(母會社)와 자회사(子會社)가 모회사의 대주주로부터 그가 소유한 다른 회사의 비상장주식을 매입한 사안에서, 거래의 목적, 계약체결의 경위 및 내용, 거래대금의 규모 및 회사의 재정상태 등 제반 사정에 비추어 그것이 회사의 입장에서 볼 때 경영상의 필요에 의한 정상적인 거래로서 허용될 수 있는 한계를 넘어 주로 주식을 매도하려는 대주주의 개인적인 이익을 위한 것에 불과하다. 그 대주주와 모회사 및 자회사의 임직원들에 대하여 업무상배임죄가 성립한다.

나. 배임죄에서 재산상의 손해를 가한 때라 함은 총체적으로 보아 본인의 재산상태에 손해를 가한 경우를 의미한다. 그러므로 회사의 대표이사 등이 그 임

무에 위배하여 회사로 하여금 다른 회사의 주식을 고가로 매수하게 한 경우 회사에 가한 손해액은 통상 그 주식의 매매대금과 적정가액으로서의 시가 사이의 차액 상당이라고 봄이 상당하다. 비상장주식을 거래한 경우 그 시가는 그에 관한 객관적 교환가치가 적정하게 반영된 정상적인 거래의 실례가 있는 경우에는 그 거래가격을 시가로 보아 주식의 가액을 평가하여야 할 것이다. 그러나 만약 그러한 거래사례가 없는 경우에는 보편적으로 인정되는 여러 가지 평가방법들을 고려하되 그러한 평가방법을 규정한 관련 법규들은 각 그 제정 목적에 따라 서로 상이한 기준을 적용하고 있음을 감안할 때 어느 한 가지 평가방법(예컨대, 상속세 및 증여세법시행령 제54조의 평가방법)이 항상 적용되어야 한다고 단정할 수는 없다. 거래 당시 당해 비상장법인 및 거래당사자의 상황, 당해 업종의 특성 등을 종합적으로 고려하여 합리적으로 판단하여야 할 것이다. 한편 비상장주식의 실거래가격이 시가와 근사하거나 적정한 가격으로 볼 수 있는 범위 내에 속하는 것으로 보여 실거래가격과의 차액 상당의 손해가 있다고 할 수 없는 경우에 있어서도, 그 거래의 주된 목적이 비상장주식을 매도하려는 매도인의 자금조달에 있고 회사가 그 규모 및 재정 상태에 비추어 과도한 대출을 일으켜 그 목적달성에 이용된 것에 불과하다고 보이는 등의 특별한 사정이 있는 경우라면, 그와 같이 비상장주식을 현금화함으로써 매도인에게 유동성을 증가시키는 재산상의 이익을 취득하게 하고 반대로 회사에 그에 상응하는 재산상의 손해로서 그 가액을 산정할 수 없는 손해를 가한 것으로 볼 수 있다.

다. 상법 제628조 제1항의 납입가장죄는 회사의 자본충실을 기하려는 법의 취지를 해치는 행위를 단속하려는 것이다. 그러므로 주식회사의 설립 또는 증자를 위하여 은행에 납입하였던 돈을 그 설립등기 내지 증자등기가 이루어진 후 바로 인출하였다 하더라도 그 인출금을 주식납입금 상당의 자산을 양수하는 대금으로 사용한 경우에는 납입가장죄가 성립하지 아니한다.

라. 주식회사의 설립업무 또는 증자업무를 담당한 자와 주식인수인이 사전 공모하여 주금납입취급은행 이외의 제3자로부터 납입금에 해당하는 금액을 차입하여 주금을 납입하고 납입취급은행으로부터 납입금보관증명서를 교부받아 회사의 설립등기절차 또는 증자등기절차를 마친 직후 이를 인출하여 위 차용금채무의 변제에 사용하는 경우, 위와 같은 행위는 실질적으로 회사의 자본을 증가시키는 것이 아니다. 등기를 위하여 납입을 가장하는 편법에 불과하다. 주금의 납입 및 인출의 전 과정에서 회사의 자본금에는 실제 아무런 변동이

없다고 보아야 할 것이다. 그러므로 그들에게 불법이득의 의사가 있다거나 회사에 재산상 손해가 발생한다고 볼 수는 없다. 그러므로 업무상배임죄가 성립한다고 할 수 없다.

(6) **| 관련판례 |** 대법원 2010. 11. 11. 선고 2010도10690 판결 [금원 편취를 내용으로 하는 사기죄의 성립 요건, 배임죄에서 '재산상의 손해를 가한 때'의 의미 및 재산상 손해 유무의 판단 기준(=경제적 관점), 배임행위가 본인 이외의 제3자에 대한 '사기죄'를 구성하는 경우 별도로 '배임죄'가 성립하는지 여부(적극) 및 두 죄의 죄수 관계(=실체적 경합), 건물관리인이 건물주로부터 월세임대차계약 체결업무를 위임받고도 임차인들을 속여 전세임대차계약을 체결하고 그 보증금을 편취한 경우, 사기죄와 별도로 업무상배임죄가 성립하고 두 죄가 실체적 경합범의 관계에 있다고 본 원심판단을 수긍한 사례] 배임죄와 사기죄의 경합관계

가. 금원 편취를 내용으로 하는 사기죄에서는 기망으로 인한 금원 교부가 있으면 그 자체로써 피해자의 재산침해가 되어 바로 사기죄가 성립하고, 상당한 대가가 지급되었다거나 피해자의 전체 재산상에 손해가 없다 하여도 사기죄의 성립에는 그 영향이 없다(대법원 2007. 1. 25. 선고 2006도7470 판결, 대법원 2007. 10. 11. 선고 2007도6012 판결 등 참조).

나. 한편 배임죄에 있어 재산상의 손해를 가한 때라 함은 현실적인 손해를 가한 경우뿐만 아니라 재산상 실해 발생의 위험을 초래한 경우도 포함된다. 재산상 손해의 유무에 대한 판단은 본인의 전 재산 상태와의 관계에서 법률적 판단에 의하지 아니하고 경제적 관점에서 파악하여야 한다. 따라서 법률적 판단에 의하여 당해 배임행위가 무효라 하더라도 경제적 관점에서 파악하여 배임행위로 인하여 본인에게 현실적인 손해를 가하였거나 재산상 실해 발생의 위험을 초래한 경우에는 재산상의 손해를 가한 때에 해당한다(대법원 1999. 6. 22. 선고 99도1095 판결, 대법원 2004. 3. 26. 선고 2003도7878 판결 등 참조). 그리고 본인에 대한 배임행위가 본인 이외의 제3자에 대한 사기죄를 구성한다 하더라도 그로 인하여 본인에게 손해가 생긴 때에는 사기죄와 함께 배임죄가 성립한다(대법원 1987. 4. 28. 선고 83도1568 판결 참조).

다. **피고인이 이 사건 각 건물에 관하여 전세임대차계약을 체결할 권한이 없음에도 임차인들을 속이고 전세임대차계약을 체결하여 그 임차인들로부터 전세보증금 명목으로 돈을 교부받은 행위는 건물주인공소외인이 민사적으로 임차인들에게 전세보증금반환채무를 부담하는지 여부와 관계없이 사기죄에 해당한다. 이 사건 각 건물에 관하여 전세임대차계약이 아닌 월세임대차계약을 체결하여야 할**

업무상 임무를 위반하여 전세임대차계약을 체결하여 그 건물주인 피해자공소외인으로 하여금 전세보증금반환채무를 부담하게 한 행위는 위 사기죄와 별도로 업무상배임죄에 해당한다.

라. 나아가 위 **각 죄는 서로 구성요건 및 그 행위의 태양과 보호법익을 달리하고 있어 상상적 경합범의 관계가 아니라 실체적 경합범의 관계에 있다**고 할 것이다.

마. 정리하면, **본인에 대한 배임행위가 본인에 대한 기망행위를 구성하는 경우 배임죄와 사기죄는 상상적 경합관계가 성립한다. 하나의 행위로 배임죄와 사기죄의 구성요건이 모두 충족하기 때문이다.** 그러나 **본인에 대한 배임행위와 제3자에 대한 기망행위가 순차적으로 이루어진 경우 배임죄와 사기죄는 실체적 경합관계가 성립한다. 수 개의 행위로 서로 다른 구성요건을 충족하기 때문이다. 피해자도 서로 다르다.** 죄수결정의 판단기준은 자연적 관점에서 행위단일성을 평가하는 것이 원칙이다. 규범적 관점도 추가적으로 고려해야 한다.

357. 제357조(배임수증재)

(1) 현행

제357조(배임수증재)
① 타인의 사무를 처리하는 자가 그 임무에 관하여 부정한 청탁을 받고 재물 또는 재산상의 이익을 취득하거나 제3자로 하여금 이를 취득하게 한 때에는 5년 이하의 징역 또는 1천만원 이하의 벌금에 처한다. 〈개정 2016.5.29.〉
② 第1項의 財物 또는 利益을 供與한 者는 2年 以下의 懲役 또는 500萬원 以下의 罰金에 處한다. 〈改正 1995.12.29.〉
③ 범인 또는 정(情)을 아는 제3자가 취득한 제1항의 재물은 몰수한다. 그 재물을 몰수하기 불가능하거나 재산상의 이익을 취득한 때에는 그 가액을 추징한다.

제357조(배임수증재)
① 타인의 사무를 처리하는 자가 그 임무에 관하여 부정한 청탁을 받고 재물 또는 재산상의 이익을 취득하거나 제3자로 하여금 이를 취득하게 한 때에는 5년 이하의 징역 또는 1천만원 이하의 벌금에 처한다. 〈개정 2016.5.29.〉
② 제1항의 재물 또는 이익을 공여한 자는 2년 이하의 징역 또는 500만원 이하의 벌금에 처한다. 〈개정 1995.12.29.〉
③ **범인 또는 정(情)을 아는 제3자가** 취득한 제1항의 재물은 몰수한다. 그 재물을 몰수하기 불가능하거나 재산상의 이익을 취득한 때에는 그 가액을 추징한다. 〈개정 2016.5.29.〉
[제목개정 2016.5.29.]

개정 전 형법 제357조(배임수증재)
① 타인의 사무를 처리하는 자가 그 임무에 관하여 부정한 청탁을 받고 재물 또는 재산상의 이익을 취득한 자는 5년 이하의 징역 또는 1천만원 이하의 벌금에 처한다. 〈개정 1995.12.29〉
② 제1항의 재물 또는 이익을 공여한 자는 2년 이하의 징역 또는 500만원 이하의 벌금에 처한다. 〈개정 1995.12.29〉
③ 범인이 취득한 제1항의 재물은 몰수한다. 그 재물을 몰수하기 불능하거나 재산상의 이익을 취득한 때에는 그 가액을 추징한다.

(2) 개선방안

제357조(배임수증재)

① [3-1]**타인사무 처리임무와 관련하여** [3-2]**부정한 청탁대가로** [2]재물 · 재산이익을 [3-3]취득한 [1]사람 또는 **제3자에게 취득하게 한 사람은** 5년 이하 징역형 · 1천만원 이하 벌금형으로 처벌된다. 〈개정 1995.12.29〉

② [3-1]제1항 **타인사무 처리임무와 관련하여** [3-2]**부정한 청탁대가로** [2]재물 · 재산이익을 공여한 [1]사람은 2년 이하 징역형 · 500만원 이하 벌금형으로 처벌된다. 〈개정 1995.12.29〉

③ [1]**범인 · 정(情)을 아는 제3자가 취득한 제1항 재물은** [2]**몰수한다. 다만 취득한 재물 몰수가 불가능 한 경우 또는 취득한 재산이익이 있는 경우 그 가액을 추징한다.** <개정 2016.5.29.> [제목개정 2016.5.29.]

【개정방향】
※ 명확성 · 간결성 · 가독성
※ 일본식 조사 '의' 삭제
※ 온점(·) 활용: 또는⇒(·) 형법 제157조와 제324조2(인질강요)에서 이미 사용 중
※ 국어어순정비
※ [1]행위주체 [2]행위객체 [3]행위(법조문에 표시하면 가독성을 높일 수 있음)
※ 현행 형법 제357조 제1항 "**타인의 사무를 처리하는 자가** 그 임무에 관하여 부정한 청탁을 받고 재물 또는 재산상의 이익을 **취득하게 한 때에는**" 진정신분범 정비. **행위 정비**

(3) 조문해설

가. 형법 제357조는 배임수증재를 규정하고 있다.

나. 주요내용을 보면, ① [3-1]타인사무 처리임무와 관련하여 [3-2]부정한 청탁대가로

[2]재물 · 재산이익을 [3-3]취득한 [1]사람 또는 제3자에게 취득하게 한 사람은 5년 이하 징역형 · 1천만원 이하 벌금형으로 처벌된다. 〈개정 1995.12.29.〉 ② [3-1]제1항 타인사무 처리임무와 관련하여 [3-2]부정한 청탁대가로 [2]재물 · 재산이익을 공여한 [1]사람은 2년 이하 징역형 · 500만원 이하 벌금형으로 처벌된다. 〈개정 1995.12.29.〉 ③ [1]범인 · 정(情)을 아는 제3자가 취득한 제1항 재물은 [2]몰수한다. 다만 취득한 재물 몰수가 불가능 한 경우 또는 취득한 재산이익이 있는 경우 그 가액을 추징한다.

358. 제358조(자격정지의 병과)

(1) 현행

第358條(資格停止의 倂科)
前3條의 罪에는 10年 以下의 資格停止를 倂科할 수 있다.

제358조(자격정지의 병과)
전3조의 죄에는 10년 이하의 자격정지를 병과할 수 있다.

(2) 개선방안

제358조(자격정지병과)
제355조 · 제356조 · 제357죄는 10년 이하 자격정지형이 병과될 수 있다.

【개정방향】
※ 제목변경
※ 명확성 · 간결성 · 가독성
※ 일본식 조사 '의' 삭제
※ 온점(·) 활용: 전3조⇒(·) 형법 제157조와 제324조2(인질강요)에서 이미 사용 중
※ 국어어순정비
※ **형법 제353조(자격정지병과) 통일**
제39장 사기죄와 공갈죄는 10년 이하 자격정지형이 병과될 수 있다.

(3) 조문해설

가. 형법 제358조는 자격정지병과를 규정하고 있다.

나. 주요내용을 보면, 제355조 · 제356조 · 제357죄는 10년 이하 자격정지형이 병과될 수 있다.

359. 제359조(미수범)

(1) 현행

第359條(未遂犯)
第355條 乃至 第357條의 未遂犯은 處罰한다.

제359조(미수범)
제355조 내지 제357조의 미수범은 처벌한다.

(2) 개선방안

제359조(미수범)
제355조 · 제356조 · 제357조 미수범은 처벌된다.

【개정방향】
※ 명확성 · 간결성 · 가독성
※ 일본식 조사 '의' 삭제
※ 내지 ⇒ 조문 밝힘
※ **형법 제352조(미수범) 통일**
형법 제347조 · 제348조 · 제348조2 · 제350조 · 제351조 미수범은 처벌된다. [전문개정 1995.12.29.]

(3) 조문해설

가. 형법 제359조는 미수범을 규정하고 있다.
나. 주요내용을 보면, 제355조 · 제356조 · 제357조 미수범은 처벌된다.

360. 제360조(점유이탈물횡령)

(1) 현행

第360條(占有離脫物橫領)
① 遺失物, 漂流物 또는 他人의 占有를 離脫한 財物을 橫領한 者는 1年 以下의 懲役이나 300萬원 以下의 罰金 또는 科料에 處한다. 〈改正 1995.12.29.〉
② 埋藏物을 橫領한 者도 前項의 刑과 같다.

제360조(점유이탈물횡령)
① 유실물, 표류물 또는 타인의 점유를 이탈한 재물을 횡령한 자는 1년 이하의 징역이나 300만원 이하의 벌금 또는 과료에 처한다. 〈개정 1995.12.29〉
② 매장물을 횡령한 자도 전항의 형과 같다.

(2) 개선방안

제360조(점유이탈물횡령)
[2]유실물 · 표류물 · 타인점유이탈재물 · 매장물을 [3]횡령한 [1]사람은 1년 이하 징역형 · 300만원 이하 벌금형 · 과료형으로 처벌된다. 〈개정 1995.12.29.〉

【개정방향】
※ 명확성 · 간결성 · 가독성
※ 일본식 조사 '의' 삭제
※ 행위객체: 온점(·) 활용
※ [1]행위주체 [2]행위객체 [3]행위(법조문에 표시하면 가독성을 높일 수 있음)
※ 제1항과 제2항을 통합함
※ 타인: 자연인과 법인을 포함함

(3) 조문해설

가. 형법 제360조는 점유이탈물횡령을 규정하고 있다.
나. 주요내용을 보면, [2]유실물 · 표류물 · 타인점유이탈재물 · 매장물을 [3]횡령한 [1]사람은 1년 이하 징역형 · 300만원 이하 벌금형 · 과료형으로 처벌된다. 〈개정 1995.12.29.〉

361. 제361조(친족간의 범행, 동력)

(1) 현행

第361條(親族間의 犯行, 動力)
第328條와 第346條의 規定은 本章의 罪에 準用한다.

제361조(친족간의 범행, 동력)
제328조와 제346조의 규정은 본장의 죄에 준용한다.

(2) 개선방안

제361조(친족간범행과 준용규정)
제40장 횡령죄와 배임죄는 제328조와 제346조를 준용한다.

【개정방향】
※ 제목변경
※ 명확성 · 간결성 · 가독성
※ 일본식 조사 '의' 삭제
※ 온점(·) 활용: (,) ⇒ (·) 형법 제157조와 제324조2(인질강요)에서 이미 사용 중
※ 국어어순정비
※ **형법 제344조(친족간범행) 통일**
제329조 · 제330조 · 제331조 · 제331조2 · 제332조 죄 또는 그 미수범은 제328조를 준용한다.
※ **제354조(친족간범행과 준용규정) 통일**
제39장 사기죄와 공갈죄는 제328조와 제346조를 준용한다.

(3) 조문해설

가. 형법 제361조는 친족간범행과 준용규정을 규정하고 있다.

나. 주요내용을 보면, 제40장 횡령죄와 배임죄는 제328조와 제346조를 준용한다.

제41장

贓物에 관한 罪

362. 제362조(장물의 취득, 알선 등)

(1) 현행

第362條(贓物의 取得, 斡旋 等)
① 贓物을 取得, 讓渡, 運搬 또는 保管한 者는 7年 以下의 懲役 또는 1千500萬원 以下의 罰金에 處한다. 〈改正 1995.12.29.〉
② 前項의 行爲를 斡旋한 者도 前項의 刑과 같다.

제362조(장물의 취득, 알선 등)
① 장물을 취득, 양도, 운반 또는 보관한 자는 7년 이하의 징역 또는 1천500만원 이하의 벌금에 처한다. 〈개정 1995.12.29〉
② 전항의 행위를 알선한 자도 전항의 형과 같다.

(2) 개선방안

제362조(장물취득 · 장물양도 · 장물운반 · 장물보관 · 장물취득알선 · 장물양도알선 · 장물운반알선 · 장물보관알선)
장물을 취득 · 양도 · 운반 · 보관 · 취득알선 · 양도알선 · 운반알선 · 보관알선한 사람은 7년 이하 징역형 · 1천500만원 이하 벌금형으로 처벌된다. 〈개정 1995.12.29.〉

【개정방향】
※ 제목변경
※ 명확성 · 간결성 · 가독성 · 국어문법정비
※ 일본식 조사 '의' 삭제
※ 온점(·) 활용: (,) ⇒ (·) 형법 제157조와 제324조2(인질강요)에서 이미 사용 중
※ 제1항과 제2항 통합

(3) 조문해설

가. 형법 제362조는 장물취득 · 장물양도 · 장물운반 · 장물보관 · 장물취득알선 · 장물양도알선 · 장물운반알선 · 장물보관알선을 규정하고 있다.

나. 주요내용을 보면, 장물을 취득 · 양도 · 운반 · 보관 · 취득알선 · 양도알선 · 운반알선 · 보관알선한 사람은 7년 이하 징역형 · 1천500만원 이하 벌금형으로 처벌된다. 〈개정 1995.12.29.〉

(4) | 관련판례 | 대법원 2004. 4. 16. 선고 2004도353 판결 [장물죄에 있어서 '장물'의 의미 및 재산범죄의 불가벌적 사후행위로 인하여 취득한 물건이 장물이 될 수 있는지 여부(적극), 컴퓨터등사용사기죄의 범행으로 예금채권을 취득한 다음 자기의 현금카드를 사용하여 현금자동지급기에서 현금을 인출한 경우, 그 인출된 현금은 장물이 될 수 없다고 한 사례, 장물인 현금과 자기앞수표를 금융기관에 예치하였다가 현금으로 인출한 경우, 인출한 현금의 장물성 여부(적극), 갑이 권한 없이 인터넷뱅킹으로 타인의 예금계좌에서 자신의 예금계좌로 돈을 이체한 후 그중 일부를 인출하여 그 정을 아는 을에게 교부한 경우, 을의 장물취득죄의 성립을 부정한 사례] 장물 개념-현금과 자기앞수표 장물성

가. 형법 제41장의 장물에 관한 죄에서 '장물'이라 함은 재산범죄로 취득한 물건 그 자체를 말한다. 그러므로 재산범죄를 저지른 이후에 별도의 재산범죄의 구성요건에 해당하는 사후행위가 있었다면, 비록 그 행위가 불가벌적 사후행위로서 처벌의 대상이 되지 않는다 할지라도 그 사후행위로 인하여 취득한 물건은 재산범죄로 인하여 취득한 물건으로서 장물이 될 수 있다.

나. 컴퓨터등사용사기죄의 범행으로 예금채권을 취득한 다음 자기의 현금카드를 사용하여 현금자동지급기에서 현금을 인출한 경우, 현금카드 사용권한 있는 자의 정당한 사용에 의한 것으로서 현금자동지급기 관리자의 의사에 반하거나 기망행위 및 그에 따른 처분행위도 없었다. 그러므로 별도로 절도죄나 사기죄의 구성요건에 해당하지 않는다 할 것이다. 그 결과 그 인출된 현금은 재산범죄에 의하여 취득한 재물이 아니므로 장물이 될 수 없다.

다. 장물인 현금 또는 수표를 금융기관에 예금의 형태로 보관하였다가 이를 반환받기 위하여 동일한 액수의 현금 또는 수표를 인출한 경우에 예금계약의 성질상 그 인출된 현금 또는 수표는 당초의 현금 또는 수표와 물리적인 동일성은 상실되었지만, 액수에 의하여 표시되는 금전적 가치에는 아무런 변동이 없으므로, 장물로서의 성질은 그대로 유지된다.

라. **갑이 권한 없이 인터넷뱅킹으로 타인의 예금계좌에서 자신의 예금계좌로 돈을**

이체한 후 그중 일부를 인출하여 그 정을 아는 을에게 교부한 경우, 갑이 컴퓨터등사용사기죄로 취득한 예금채권은 재물이 아니라 재산상 이익이다. 그가 자신의 예금계좌에서 돈을 인출하였더라도 장물을 금융기관에 예치하였다가 인출한 것으로 볼 수 없다. 을은 장물취득죄가 성립하지 않는다.

마. 정리하면, 대체장물은 장물성이 인정되지 않는다. 그러나 금전과 자기앞수표는 대체성의 성격이 강하기 때문에 장물성이 인정된다. 금전적 가치에 변동이 없기 때문이다. 컴퓨터사용사기죄로 취득한 예금채권은 재물이 아니라, 재산상 이익이다. 자신의 계좌로 이체가 되었다고 하더라도 마찬가지다. 이를 인출하였다고 하더라도 장물을 인출한 것이 아니다. 이러한 사정을 알고 그 금전을 교부받아도 장물취득죄는 성립하지 않는다. 컴퓨터사용사기죄는 객체를 '재산상 이익'으로 제한하고 있다. 타인 예금계좌에서 현금과 자기앞수표를 인출하여 자기 은행계좌에 입금하는 경우와 타인 예금계좌에서 바로 자기 은행계좌로 송금하는 것이 무엇이 다른가. 입법불비로 나온 '슬픈' 결론이다.

바. **형법 제347조2 컴퓨터사용사기는 개정되어야 한다. 컴퓨터 등 정보처리장치에 다음 각 호 어느 하나의 행위로 정보처리를 하여 재물·재산이익을 취득한 사람 또는 제3자에게 취득하게 한 사람은 10년 이하 징역형·2천만원 이하 벌금형으로 처벌된다. 1. 허위정보를 입력한 행위, 2. 부정명령을 입력한 행위, 3. 권한 없이 정보를 입력·변경한 행위**

363. 제363조(상습범)

(1) 현행

第363條(常習犯)
① 常習으로 前條의 罪를 犯한 者는 1年 以上 10年 以下의 懲役에 處한다.
② 第1項의 境遇에는 10年 以下의 資格停止 또는 1千500萬원 以下의 罰金을 併科할 수 있다. 〈改正 1995.12.29.〉

제363조(상습범)
① 상습으로 전조의 죄를 범한 자는 1년 이상 10년 이하의 징역에 처한다.
② 제1항의 경우에는 10년 이하의 자격정지 또는 1천500만원 이하의 벌금을 병과할 수 있다. 〈개정 1995.12.29〉

(2) 개선방안

제363조(상습범)

① **제362조 죄를 상습으로 범한 사람은** 1년 이상 10년 이하 징역형으로 처벌된다.

② **제1항 경우** 10년 이하 자격정지형 · 1천500만원 이하 벌금형이 병과될 수 있다. 〈개정 1995.12.29.〉

【개정방향】

※ 명확성 · 간결성 · 가독성

※ 일본식 조사 '의' 삭제

※ 온점(·) 활용: 또는⇒(·) 형법 제157조와 제324조2(인질강요)에서 이미 사용 중

※ **형법 제351조(상습범) 통일**

제347조 · 제348조 · 제348조2 · 제349조 · 제350조를 상습으로 범한 사람은 그 죄에 정한 법정형 2분의 1까지 가중처벌된다.

※ 전조의 죄를 범한 자는⇒제362조 죄를 범한 사람은

※ 자격정지와 벌금은 병과형이다.

(3) 조문해설

가. 형법 제363조는 상습범을 규정하고 있다.

나. 주요내용을 보면, ① 제362조 죄를 상습으로 범한 사람은 1년 이상 10년 이하 징역형으로 처벌된다. ② 제1항 경우 10년 이하 자격정지형 · 1천500만원 이하 벌금형이 병과될 수 있다. 〈개정 1995.12.29.〉

364. 제364조(업무상과실, 중과실)

(1) 현행

第364條(業務上過失, 重過失)

業務上過失 또는 重大한 過失로 因하여 第362條의 罪를 犯한 者는 1年 以下의 禁錮 또는 500萬원 以下의 罰金에 處한다. 〈改正 1995.12.29.〉

제364조(업무상과실, 중과실)

업무상과실 또는 중대한 과실로 인하여 제362조의 죄를 범한 자는 1년 이하의 금고 또는 500만원 이하의 벌금에 처한다. 〈개정 1995.12.29〉

(2) 개선방안

제364조(업무과실 · 중과실)
업무과실 · 중대한 과실로 장물을 취득 · 양도 · 운반 · 보관 · 취득알선 · 양도알선 · 운반알선 · 보관알선 행위를 범한 사람은 1년 이하 금고형 · 500만원 이하 벌금형으로 처벌된다. 〈개정 1995.12.29.〉

【개정방향】
※ 제목변경
※ 명확성 · 간결성 · 가독성
※ 일본식 조사 '의' 삭제. 중국식 조사 '상' 삭제
※ 온점(·) 활용: 또는⇒(·) 형법 제157조와 제324조2(인질강요)에서 이미 사용 중
※ **업무과실 · 중대한 과실로 제362조 죄를 범한 사람은⇒논리구조상 불가능함. 제362조는 고의범으로 규정됨⇒제362조 행위를 업무과실 · 중대한 과실로 범한 사람은**

(3) 조문해설

가. 형법 제364조는 업무상과실 · 중과실을 규정하고 있다.
나. 주요내용을 보면, 업무과실 · 중대한 과실로 장물을 취득 · 양도 · 운반 · 보관 · 취득알선 · 양도알선 · 운반알선 · 보관알선 행위를 범한 사람은 1년 이하 금고형 또는 500만원 이하 벌금형으로 처벌된다. 〈개정 1995. 12.29.〉

(4) **| 관련판례 |** 대법원 2004. 4. 9. **선고 2003도8219 판결** [장물보관 의뢰를 받은 자가 그 정을 알면서 이를 보관하고 있다가 임의 처분한 경우, 장물보관죄 이외에 횡령죄가 성립하는지 여부(소극), 피고인이 업무상 과실로 장물을 보관하고 있다가 처분한 행위는 업무상과실장물보관죄의 가벌적 평가에 포함되고 별도로 횡령죄를 구성하지 않는다고 한 원심의 판단을 수긍한 사례] 업무상과실장물보관죄와 횡령죄 관계

가. 절도 범인으로부터 장물보관 의뢰를 받은 자가 그 정을 알면서 이를 인도받아 보관하고 있다가 임의 처분하였다 하여도 장물보관죄가 성립하는 때에는 이미 그 소유자의 소유물 추구권을 침해하였다. 그러므로 그 후의 횡령행위는 불가벌적 사후행위에 불과하여 별도로 횡령죄가 성립하지 않는다.
나. 피고인이 업무상 과실로 장물을 보관하고 있다가 처분한 행위는 업무상과실장물보관죄의 가벌적 평가에 포함되고 별도로 횡령죄를 구성하지 않는다.

다. 정리하면, 판례는 장물본질을 추구권으로 해석한다. 장물죄가 성립되면, 횡령죄는 불가벌적 사후행위가 된다. 불가벌적 사후행위란 사후행위가 다른 범죄구성요건을 충족하는 경우라도 범죄가 성립되지 않는다는 의미다. 절도 등 상태범, 특히 영득죄는 범죄완성 후에도 위법상태가 계속되는 범죄들이다. 절취품 사후이용과 처분행위는 그 위법상태 범위 내에 포함되는 것이다. 이 경우 주된 범죄구성요건에 근거하여 포괄적으로 법적 평가를 받는다. 단순일죄이다(흡수관계). 그러나 다른 사람의 새로운 법익을 침해한 경우 불가벌적 사후행위가 될 수 없다. 예를 들면 절취한 후 다른 사람을 기망하여 절취품을 판매하는 행위다. 절도죄와 사기죄가 모두 성립한다. 두 개의 행위이기 때문이다. 실체적 경합관계이다.

(5) **| 관련판례 | 대법원 2011. 4. 28. 선고 2010도15350 판결** [장물죄에서 본범이 되는 범죄행위에 대하여 우리 형법이 적용되지 않는 경우, 그에 관한 법적 평가 기준 및 '장물'에 해당하기 위한 요건, 횡령죄에서 재물의 타인성 등과 관련된 법률관계에 외국적 요소가 있는 경우, 소유권 귀속관계 등의 판단 기준, 대한민국 국민 또는 외국인이 미국 캘리포니아주에서 미국 리스회사와 미국 캘리포니아주의 법에 따라 차량 이용에 관한 리스계약을 체결하였는데, 이후 자동차수입업자인 피고인이 리스기간 중 위 리스이용자들이 임의로 처분한 위 차량들을 수입한 사안에서, 피고인에게 장물취득죄를 인정한 원심판단의 결론을 정당하다고 한 사례] 장물죄와 횡령죄의 관계

가. '장물'이라 함은 재산죄인 범죄행위에 의하여 영득된 물건을 말하는 것이다. 절도 · 강도 · 사기 · 공갈 · 횡령 등 영득죄에 의하여 취득된 물건이어야 한다. 여기에서의 범죄행위는 절도죄 등 본범의 구성요건에 해당하는 위법한 행위일 것을 요한다. 그리고 **본범의 행위에 관한 법적 평가는 그 행위에 대하여 우리 형법이 적용되지 아니하는 경우에도 우리 형법을 기준으로 하여야 하고 또한 이로써 충분하다. 그러므로 본범의 행위가 우리 형법에 비추어 절도죄 등의 구성요건에 해당하는 위법한 행위라고 인정되는 이상 이에 의하여 영득된 재물은 장물에 해당한다.**

나. 횡령죄가 성립하기 위하여는 그 주체가 '타인의 재물을 보관하는 자'이어야 한다. 타인의 재물인가 또는 그 재물을 보관하는가의 여부는 민법 · 상법 기타의 민사실체법에 의하여 결정되어야 한다. 따라서 타인의 재물인가 등과 관련된 법률관계에 당사자의 국적 · 주소, 물건 소재지, 행위지 등이 외국과 밀접하게 관련되어 있어서 국제사법 제1조 소정의 외국적 요소가 있는 경우에는

다른 특별한 사정이 없는 한 국제사법의 규정에 좇아 정하여지는 준거법을 1차적인 기준으로 하여 당해 재물의 소유권의 귀속관계 등을 결정하여야 한다.

다. 대한민국 국민 또는 외국인이 미국 캘리포니아주에서 미국 리스회사와 미국 캘리포니아주의 법에 따라 차량 이용에 관한 리스계약을 체결하면서 준거법에 관하여는 별도로 약정하지 아니하였는데, 이후 자동차수입업자인 피고인이 리스기간 중 위 리스이용자들이 임의로 처분한 리스계약의 목적물인 차량들을 수입한 사안이다. 국제사법에 따라 위 리스계약에 적용될 준거법인 미국 캘리포니아주의 법에 의하면, 위 차량들의 소유권은 리스회사에 속한다. 리스이용자는 일정 기간 차량의 점유·사용의 권한을 이전받을 뿐이다(미국 캘리포니아주 상법 제10103조 제a항 제10호도 참조). **리스이용자들은 리스회사에 대한 관계에서 위 차량들에 관한 보관자로서의 지위에 있다. 그러므로 위 차량들을 임의로 처분한 행위는 형법상 횡령죄의 구성요건에 해당하는 위법한 행위로 평가된다. 이에 의하여 영득된 위 차량들은 장물에 해당한다.** 따라서 피고인에게 장물취득죄를 인정한 원심판단의 결론을 정당하다.

365. 제365조(친족간의 범행)

(1) 현행

第365條(親族間의 犯行)
① 前3條의 罪를 犯한 者와 被害者間에 第328條第1項, 第2項의 身分關係가 있는 때에는 同條의 規定을 準用한다.
② 前3條의 罪를 犯한 者와 本犯間에 第328條第1項의 身分關係가 있는 때에는 그 刑을 減輕 또는 免除한다. 但, 身分關係가 없는 共犯에 對하여는 例外로 한다.

제365조(친족간의 범행)
① 전3조의 죄를 범한 자와 피해자간에 제328조제1항, 제2항의 신분관계가 있는 때에는 동조의 규정을 준용한다.
② 전3조의 죄를 범한 자와 본범간에 제328조제1항의 신분관계가 있는 때에는 그 형을 감경 또는 면제한다. 단, 신분관계가 없는 공범에 대하여는 예외로 한다.

(2) 개선방안

제365조(친족간범행과 준용규정)
① **제362조·제363조·제364조 죄를 범한 사람과 피해자간에 제328조 제1항·제2**

항 신분관계가 있는 경우 제328조 제1항 · 제2항 규정을 준용한다.
② **제362조 · 제363조 · 제364조** 죄를 범한 사람과 **재산범죄를 범한 본범 사이에** 제328조 제1항 신분관계가 있는 경우 형이 감경 · 면제된다. 다만 **신분관계가 없는 공범 경우 형이 감경 · 면제되지 않는다.**

【개정방향】
※ 제목변경
※ 명확성 · 간결성 · 가독성
※ 일본식 조사 '의' 삭제
※ 온점(·) 활용: (,) ⇒ (·) 형법 제157조와 제324조2(인질강요)에서 이미 사용 중
※ 국어문법정비
※ **형법 제344조(친족간범행) 통일**
제329조 · 제330조 · 제331조 · 제331조2 · 제332조 죄 또는 그 미수범은 제328조를 준용한다.
※ **제354조(친족간범행과 준용규정) 통일**
제39장 사기죄와 공갈죄는 제328조와 제346조를 준용한다.
※ **제361조(친족간범행과 준용규정)**
제40장 횡령죄와 배임죄는 제328조와 제346조를 준용한다.

(3) 조문해설

가. 형법 제365조는 친족간범행과 준용규정을 규정하고 있다.

나. 주요내용을 보면, ① 제362조 · 제363조 · 제364조 죄를 범한 사람과 피해자 간에 제328조 제1항 · 제2항 신분관계가 있는 경우 제328조 제1항 · 제2항 규정을 준용한다. ② 제362조 · 제363조 · 제364조 죄를 범한 사람과 재산범죄를 범한 본범 사이에 제328조 제1항 신분관계가 있는 경우 형이 감경 · 면제된다. 다만 신분관계가 없는 공범 경우 형이 감경 · 면제되지 않는다.

제42장

損壞의 罪

366. 제366조(재물손괴 등)

(1) 현행

第366條(財物損壞 등)
他人의 財物, 文書 또는 電磁記錄 등 特殊媒體記錄을 損壞 또는 隱匿 其他 方法으로 其效用을 害한 者는 3年以下의 懲役 또는 700萬원 以下의 罰金에 處한다. 〈改正 1995.12.29.〉

제366조(재물손괴 등)
타인의 재물, 문서 또는 전자기록 등 특수매체기록을 손괴 또는 은닉 기타 방법으로 기 효용을 해한 자는 3년 이하의 징역 또는 700만원 이하의 벌금에 처한다. 〈개정 1995.12.29〉

(2) 개선방안

제366조(재물손괴 · 재물은닉 · 재물효용침해)
타인 재물 · 타인 문서 · 타인 전자기록 등 특수매체기록을 손괴 · 은닉 · 그 밖의 방법으로 효용을 침해한 사람은 3년 이하 징역형 · 700만원 이하 벌금형으로 처벌된다. 〈개정 1995.12.29.〉

【개정방향】
※ 제목변경
※ 명확성 · 간결성 · 가독성
※ 일본식 조사 '의' 삭제
※ 온점(·) 활용: (,) ⇒ (·) 형법 제157조와 제324조2(인질강요)에서 이미 사용 중
※ 국어문법정비: 능동태 ⇒ 수동태
※ 타인 ⇒ 자연인과 법인 포함

(3) 조문해설

가. 형법 제366조는 재물손괴 · 재물은닉 · 재물효용침해를 규정하고 있다.

나. 주요내용을 보면, 타인 재물 · 타인 문서 · 타인 전자기록 등 특수매체기록을 손괴 · 은닉 · 그 밖의 방법으로 효용을 침해한 사람은 3년 이하 징역형 · 700만원 이하 벌금형으로 처벌된다. 〈개정 1995.12.29.〉

367. 제367조(공익건조물파괴)

(1) 현행

第367條(公益建造物破壞)
公益에 供하는 建造物을 破壞한 者는 10年 以下의 懲役 또는 2千萬원 以下의 罰金에 處한다. 〈改正 1995.12.29.〉

제367조(공익건조물파괴)
공익에 공하는 건조물을 파괴한 자는 10년 이하의 징역 또는 2천만원 이하의 벌금에 처한다. 〈개정 1995.12.29〉

(2) 개선방안

제367조(공공건조물파괴)
공공건조물을 파괴한 사람은 10년 이하 징역형 · 2천만원 이하 벌금형으로 처벌된다. 〈개정 1995.12.29.〉

【개정방향】
※ 제목변경
※ 명확성 · 간결성 · 가독성
※ 일본식 조사 '의' 삭제
※ 국어문법정비: 능동태 ⇒ 수동태

(3) 조문해설

가. 형법 제367조는 공공건조물파괴를 규정하고 있다.

나. 주요내용을 보면, 공공건조물을 파괴한 사람은 10년 이하 징역형 · 2천만원 이하 벌금형으로 처벌된다. 〈개정 1995.12.29.〉

368. 제368조(중손괴)

(1) 현행

第368條(重損壞)
① 前2條의 罪를 犯하여 사람의 生命 또는 身體에 對하여 危險을 發生하게 한 때에는 1年 以上 10年 以下의 懲役에 處한다.
② 第366條 또는 第367條의 罪를 犯하여 사람을 傷害에 이르게 한 때에는 1年 이상의 有期懲役에 處한다. 死亡에 이르게 한 때에는 3年 이상의 有期懲役에 處한다. 〈改正 1995.12.29.〉

제368조(중손괴)
① 전2조의 죄를 범하여 사람의 생명 또는 신체에 대하여 위험을 발생하게 한 때에는 1년 이상 10년 이하의 징역에 처한다.
② 제366조 또는 제367조의 죄를 범하여 사람을 상해에 이르게 한 때에는 1년 이상의 유기징역에 처한다. 사망에 이르게 한 때에는 3년 이상의 유기징역에 처한다. 〈개정 1995. 12.29〉

(2) 개선방안

제368조(중손괴 · 손괴치상 · 손괴치사)
① 제366조 · 제367조 죄를 범하여 다음 각 호 어느 하나에 해당하는 사람은 1년 이상 10년 이하 징역형으로 처벌된다.
1. 다른 사람 생명에 위험을 발생시킨 사람
2. 다른 사람 신체에 위험을 발생시킨 사람
② 제366조 · 제367조 죄를 범하여 다른 사람을 상해에 이르게 한 사람은 1년 이상 징역형으로 처벌된다.
③ 제366조 · 제367조 죄를 범하여 다른 사람을 사망에 이르게 한 사람은 3년 이상 징역형으로 처벌된다. 〈개정 1995.12.29.〉

【개정방향】
※ 명확성 · 간결성 · 가독성
※ 일본식 조사 '의' 삭제
※ 국어문법정비: 능동태 ⇒ 수동태
※ '전2조의 죄를 범하여' 보다 **'제366조 · 제367조 죄를 범하여'가 명확함**
※ '때'를 '사람'으로 통일
※ 조문을 명확하게 규정, 제2항을 제2항 · 제3항으로 분리함

(3) 조문해설

가. 형법 제368조는 중손괴 · 손괴치상 · 손괴치사를 규정하고 있다.

나. 주요내용을 보면, ① 제366조 · 제367조 죄를 범하여 다음 각 호에 해당하는 사람은 1년 이상 10년 이하 징역형으로 처벌된다. 1. 다른 사람 생명에 위험을 발생시킨 사람, 2. 다른 사람 신체에 위험을 발생시킨 사람 ② 제366조 · 제367조 죄를 범하여 다른 사람을 상해에 이르게 한 사람은 1년 이상 징역형으로 처벌된다. ③ 제366조 · 제367조 죄를 범하여 다른 사람을 사망에 이르게 한 사람은 3년 이상 징역형으로 처벌된다. 〈개정 1995.12.29.〉

369. 제369조(특수손괴)

(1) 현행

第369條(特殊損壞)

① 團體 또는 多衆의 威力을 보이거나 危險한 物件을 携帶하여 第366條의 罪를 犯한 때에는 5年 以下의 懲役 또는 1千萬원 以下의 罰金에 處한다. 〈改正 1995.12.29.〉

② 第1項의 方法으로 第367條의 罪를 犯한 때에는 1年 以上의 有期懲役 또는 2千萬원 以下의 罰金에 處한다. 〈改正 1995.12.29.〉

제369조(특수손괴)

① 단체 또는 다중의 위력을 보이거나 위험한 물건을 휴대하여 제366조의 죄를 범한 때에는 5년 이하의 징역 또는 1천만원 이하의 벌금에 처한다. 〈개정 1995.12.29〉

② 제1항의 방법으로 제367조의 죄를 범한 때에는 1년 이상의 유기징역 또는 2천만원 이하의 벌금에 처한다. 〈개정 1995.12.29〉

(2) 개선방안

제1안

제369조(특수손괴)

① 타인 재물 · 타인 문서 · 타인 전자기록 등 특수매체기록을 **단체위력 · 다중위력 · 위험물건을 보이고** 손괴 · 은닉 · 그 밖의 방법으로 그 효용을 침해한 사람은 5년 이하 징역형 · 1천만원 이하 **벌금형으로 처벌된다.** 〈개정 1995.12.29〉

② 제1항 방법으로 **공공건조물을 파괴한 사람은** 1년 이상 징역형 · 2천만원 이하 **벌금형으로 처벌된다.** 〈개정 1995.12.29.〉

제2안 ★★★★★

제369조(특수손괴)

① 다음 각 호 어느 하나의 행위로 타인 재물·타인 문서·타인 전자기록 등 특수매체기록을 손괴·은닉·그 밖의 방법으로 그 효용을 침해한 사람은 5년 이하 징역형·1천만원 이하 **벌금형으로 처벌된다.** 〈개정 1995.12.29〉

1. **단체위력을 보임**
2. **다중위력을 보임**
3. **위험물건을 보임**
4. **위험물건을 널리 이용**

② 제1항 방법으로 **공공건조물을 파괴한 사람은** 1년 이상 징역형·2천만원 이하 **벌금형으로 처벌된다.** 〈개정 1995.12.29.〉

【개정방향】

※ 명확성·간결성·가독성

※ 일본식 조사 '의' 삭제

※ 국어문법정비: 능동태 ⇒ 수동태

※ 타인 ⇒ 자연인과 법인을 포함

※ 형법 제258조2와 동일하게 규정하는 것이 타당함

형법 제258조2(특수상해)

① **다음 각 호 어느 하나의 행위로** 제257조 제1항 상해죄·제2항 존속상해죄를 범한 사람은 1년 이상 10년 이하 **징역형으로 처벌된다.**

1. 단체위력을 보임
2. 다중위력을 보임
3. 위험물건을 보임
4. 위험물건을 널리 이용

② 다음 각 호 어느 하나의 행위로 제258조 제1항·제2항 중상해죄 또는 제3항 존속중상해죄를 범한 사람은 2년 이상 20년 이하 **징역형으로 처벌된다.**

1. 단체위력을 보임
2. 다중위력을 보임
3. 위험물건을 보임
4. 위험물건을 널리 이용

③ 제1항·제2항 미수범은 처벌된다.

(3) 조문해설

가. 형법 제369조는 특수손괴를 규정하고 있다.

나. 주요내용을 보면, ① 다음 각 호 어느 하나의 행위로 타인 재물·타인 문서·타인 전자기록 등 특수매체기록을 손괴·은닉·그 밖의 방법으로 그 효용을 침해한 사람은 5년 이하 징역형·1천만원 이하 벌금형으로 처벌된다. 〈개정 1995.12.29.〉 1. 단체위력을 보이는 경우, 2. 다중위력을 보이는 경우, 3. 위험물건을 보이는 경우, 4. 위험물건을 널리 이용하는 경우 ② 제1항 방법으로 공공건조물을 파괴한 사람은 1년 이상 징역형·2천만원 이하 벌금형으로 처벌된다. 〈개정 1995.12.29.〉

370. 제370조(경계침범)

(1) 현행

第370條(境界侵犯)
境界標를 損壞, 移動 또는 除去하거나 其他 方法으로 土地의 境界를 認識 不能하게 한 者는 3年 以下의 懲役 또는 500萬원 以下의 罰金에 處한다. 〈改正 1995.12.29.〉

제370조(경계침범)
경계표를 손괴, 이동 또는 제거하거나 기타 방법으로 토지의 경계를 인식 불능하게 한 자는 3년 이하 징역 또는 500만원 이하의 벌금에 처한다. 〈개정 1995.12.29〉

(2) 개선방안

제370조(경계침범)
경계표를 손괴·이동·제거한 사람 또는 **그 밖의 방법으로 토지경계를 인식 불능하게 한 사람은** 3년 이하 징역형·500만원 이하 벌금형으로 처벌된다. 〈개정 1995.12.29.〉

【개정방향】
※ 명확성·간결성·가독성
※ 일본식 조사 '의' 삭제
※ 국어문법정비
※ 경계표를 손괴, 이동 또는 **제거하거나** 기타 방법으로 토지의 경계를 인식 **불능하게 한** 자는 ⇒ **경계표를 손괴·이동·제거한 사람** 또는 **그 밖의 방법으로 토지경계를 인식 불능하게 한 사람은**

(3) 조문해설

가. 형법 제370조는 경계침범을 규정하고 있다.

나. 주요내용을 보면, 경계표를 손괴·이동·제거한 사람 또는 그 밖의 방법으로 토지경계를 인식 불능하게 한 사람은 3년 이하 징역형·500만원 이하 벌금형으로 처벌된다. 〈개정 1995.12.29.〉

371. 제371조(미수범)

(1) 현행

第371條(未遂犯)
第366條, 第367條와 第369條의 未遂犯은 處罰한다.

제371조(미수범)
제366조, 제367조와 제369조의 미수범은 처벌한다.

(2) 개선방안

제371조(미수범)
제366조·제367조·제369조 미수범은 처벌된다.

【개정방향】
※ 명확성·간결성·가독성
※ 일본식 조사 '의' 삭제
※ 온점(·): 조문을 묶음
※ **형법 제352조(미수범) 통일**
형법 제347조·제348조·제348조2·제350조·제351조 미수범은 처벌된다. [전문개정 1995.12.29.]
※ **형법 제359조(미수범) 통일**
제355조·제356조·제357조 미수범은 처벌된다.

(3) 조문해설

가. 형법 제371조는 미수범을 규정하고 있다.

나. 주요내용을 보면, 제366조·제367조·제369조 미수범은 처벌된다.

372. 제372조(동력)

(1) 현행

第372條(動力)
本章의 罪에는 第346條를 準用한다.

제372조(동력)
본장의 죄에는 제346조를 준용한다.

(2) 개선방안

제372조(준용규정)
제42장 손괴에 관한 죄는 제346조를 준용한다.

【개정방향】
※ 제목변경: 동력 ⇒ 준용규정
※ 명확성 · 간결성 · 가독성
※ 본장의 죄에는 ⇒ 제42장 손괴에 관한 죄는

(3) 조문해설

가. 형법 제372조는 준용규정을 규정하고 있다.

나. 주요내용을 보면, 제42장 손괴에 관한 죄는 제346조를 준용한다.

부 칙

1. 부칙 〈제293호, 1953.9.18〉

제1조(舊刑法 其他 法令과 刑의 輕重) 본법 또는 본법 시행후에 시행된 다른 법률이나 명령(以下 다른 新法令이라고 稱한다)과 본법 시행직전의 형법(以下 舊刑法이라고 稱한다), 다른 법률, 명령, 포고나 법령(以下 다른 舊法令이라고 稱한다) 또는 본법 시행전후에 걸쳐서 시행중인 다른 법률, 명령, 포고나 법령(以下 다른 存續法令이라고 稱한다)에 정한 형의 경중은 제50조에 의한다.

제2조(刑의 種類의 適用例) ① 본법 시행전에 범한 죄에 대한 형의 경중의 비교는 가장 중한 형의 장기 또는 다액에 의한다.

② 가장 중한 형의 장기 또는 다액에 경중이 없는 때에는 그 단기 또는 소액에 의한다.

③ 전2항에 의하여 형의 경중을 정할 수 없는 때에는 병과할 다른 형이 있는 것을 중한 것으로 하고 선택할 다른 형이 있는 것을 경한 것으로 한다.

④ 전3항의 경우에 형을 가중감경할 때에는 구형법 또는 본법에 의하여 형의 가중 또는 감경한 뒤에 형의 비교를 한다.

제3조(犯人에게 有利한 法의 適用) 본법 시행전에 범한 죄에 대하여는 형의 경중에 관한 것이 아니더라도 범인에게 유리한 법을 적용한다.

제4조(1個의 罪에 對한 新舊法의 適用例) ① 1개의 죄가 본법 시행전후에 걸쳐서 행하여진 때에는 본법 시행전에 범한 것으로 간주한다.

② 연속범 또는 견련범이 본법 시행전후에 걸쳤을 때에는 본법 시행전에 범한 것만을 1죄로 한다.

제5조(資格에 關한 刑의 適用制限) 본법 시행전에 범한 죄에 대하여 본법 또는 다른 신법령을 적용할 때에도 본법 제43조는 적용하지 아니한다.

제6조(競合犯에 對한 新法의 適用例) 본법 시행전에 범한 수죄 또는 그와 본법 시행후에 범한 죄가 경합범인 때에는 본법의 경합범의 규정에 의한다.

제7조(刑의 效力) 구형법, 다른 구법령 또는 존속법령에 규정된 형은 본법에 의하여 규정된 것과 동일한 효력을 가진다.

제8조(總則의 適用例) ① 본법 시행전에 범한 죄에 대한 형의 양정, 집행, 선고유예, 집행유예, 면제, 시효 또는 소멸에 관하여는 본법을 적용한다. 누범 또는 가석방에 관하여도 같다.

② 본법 시행전에 선고된 형이나 그 집행유예 또는 처분된 가출옥의 효력은 이미

소멸되지 아니하는 한 본법의 해당규정에 의한다.

③ 전2항의 경우에는 본법 제49조단행, 제58조제1항, 제63조, 제69조제1항단행, 제74조와 몰수나 추징의 시효에 관한 규정을 적용하지 아니한다.

제 9 조(舊刑法의 引用條文) 다른 존속법령에 인용된 구형법조문은 본법중에 그에 상당한 조문으로 변경된 것으로 한다.

제10조(廢止되는 法律等) 본법 시행직전까지 시행되던 다음의 법률, 포고 또는 법령은 폐지한다.

1. 구형법
2. 구형법시행법
3. 폭발물취체벌칙
4. 외국에서유통하는화폐,은행권의위조,변조와모조에관한법률
5. 우편법 제48조, 제55조제1항중 제48조의 미수범, 동조제2항, 제55조의 2와3
6. 인지범죄처벌법
7. 통화와증권모조취체법
8. 결투죄에관한건
9. 폭력행위등처벌에관한법률
10. 도범등의방지와처벌에관한법률
11. 미군정법령 제70호(婦女子의賣買또는그賣買契約의禁止)
12. 미군정법령 제120호(罰金의增額과特別審判員의管轄權等)
13. 미군정법령 제172호(優良한受刑者釋放令)
14. 미군정법령 제208호(抗命罪와海賊罪其他犯罪)

제11조(施行日) 본법은 단기 4286년 10월 3일부터 시행한다.

2. 부칙 〈제2745호, 1975.3.25〉

이 법은 공포한 날로부터 시행한다.

3. 부칙 〈제4040호, 1988.12.31〉

이 법은 공포한 날로부터 시행한다.

4. 부칙 〈제5057호, 1995.12.29.〉

제1조(施行日) 이 법은 1996년 7월 1일부터 시행한다. 다만, 제59조의2, 제61조제2항, 제62조의2, 제64조제2항, 제73조의2제2항의 개정규정과 제75조의 개정규정중 보호관찰에 관한 사항은 1997년 1월 1일부터 시행한다.

제2조(一般的 적용례) 이 법은 이 법 시행전에 행하여진 종전의 형법규정위반의 죄에 대하여도 적용한다. 다만, 종전의 규정이 행위자에게 유리한 경우에는 그러하지 아니하다.

제3조(1개의 행위에 대한 經過措置) 1개의 행위가 이 법 시행전후에 걸쳐 이루어진 경우에는 이 법 시행이후에 행한 것으로 본다.

제4조(刑에 관한 經過措置) 이 법 시행전에 종전의 형법규정에 의하여 형의 선고를 받은 자는 이 법에 의하여 형의 선고를 받은 것으로 본다. 집행유예 또는 선고유예를 받은 경우에도 이와 같다.

제5조(다른 法令과의 관계) 이 법 시행당시 다른 법령에서 종전의 형법 규정(章의 題目을 포함한다)을 인용하고 있는 경우에 이 법중 그에 해당하는 규정이 있는 때에는 종전의 규정에 갈음하여 이 법의 해당 조항을 인용한 것으로 본다.

5. 부칙(정부부처명칭등의변경에따른건축법등의정비에관한법률) 〈제5454호, 1997.12.13〉

이 법은 1998년 1월 1일부터 시행한다. 〈단서 생략〉

6. 부칙 〈제6543호, 2001.12.29〉

이 법은 공포후 6월이 경과한 날부터 시행한다.

7. 부칙 〈제7077호, 2004.1.20〉

이 법은 공포한 날부터 시행한다.

8. 부칙(민법) 〈제7427호, 2005.3.31.〉

제1조(시행일) 이 법은 공포한 날부터 시행한다. 다만, …생략… 부칙 제7조(제2항 및 제29항을 제외한다)의 규정은 2008년 1월 1일부터 시행한다.

제2조 내지 제6조 생략

제7조(다른 법률의 개정) ① 내지 〈26〉생략

〈27〉형법 일부를 다음과 같이 개정한다.

제151조제2항 및 제155조 제4항중 "친족, 호주 또는 동거의 가족"을 각각 "친족 또는 동거의 가족"으로 한다.

제328조제1항중 "동거친족, 호주, 가족"을 "동거친족, 동거가족"으로 한다.

〈28〉및 〈29〉생략

9. 부칙 〈제7623호, 2005.7.29〉

① (시행일) 이 법은 공포한 날부터 시행한다.

② (적용례) 이 법은 이 법 시행 전에 행하여진 죄에 대하여도 적용한다. 다만, 종전의 규정을 적용하는 것이 행위자에게 유리한 경우에는 그러하지 아니하다.

10. 부칙 〈제10259호, 2010.4.15.〉

① (시행일) 이 법은 공포 후 6개월이 경과한 날부터 시행한다. 다만, 제305조의2의 개정규정은 공포한 날부터 시행한다.

② (가석방의 요건에 관한 적용례) 제72조제1항의 개정규정은 이 법 시행 당시 수용 중인 사람에 대하여도 적용한다.

11. 부칙 〈제11574호, 2012.12.18〉

제1조(시행일) 이 법은 공포 후 6개월이 경과한 날부터 시행한다.

제2조(친고죄 폐지에 관한 적용례) 제296조 및 제306조의 개정규정은 이 법 시행 후 최초로 저지른 범죄부터 적용한다.

제3조(다른 법률의 개정) ① 아동・청소년의 성보호에 관한 법률 일부를 다음과 같이 개정한다.

제2조제2호다목 중 "제297조부터 제301조까지"를 "제297조, 제297조의2 및 제298조부터 제301조까지"로 한다.

② 특정강력범죄의 처벌에 관한 특례법 일부를 다음과 같이 개정한다.

제2조제1항제3호 중 "제297조(강간), 제298조(강제추행)"를 "제297조(강간), 제297조의2(유사강간), 제298조(강제추행)"로 한다.

제2조제1항제4호 중 "제297조, 제298조, 제299조, 제300조"를 "제297조, 제297조의2, 제298조부터 제300조까지"로 한다.

12. 부칙 〈제11731호, 2013.4.5〉

제1조(시행일) 이 법은 공포한 날부터 시행한다. 다만, 법률 제11574호 형법 일부개정법률 제296조의 개정규정 및 부칙 제2조제10항은 2013년 6월 19일부터 시행한다.

제2조(다른 법률의 개정) ① 5・18민주유공자예우에 관한 법률 일부를 다음과 같이 개정한다.

제67조제1항제3호가목 중 "제287조부터 제289조까지・제292조(제287조부터 제289조까지의 규정에 해당하는 경우로 한정한다)・제293조의 죄 또는 그 미수죄"를 "제287조, 제288조(결혼을 목적으로 제288조제1항의 죄를 범한 경우는 제외한다), 제289조(결혼을 목적으로 제289조제2항의 죄를 범한 경우는 제외한다), 제290조, 제291조, 제292조(결혼을 목적으로 한 제288조제1항 또는 결혼을 목적으로 한 제289조제2항의 죄로 약취, 유인 또는 매매된 사람을 수수 또는 은닉한 경우 및 결혼을 목적으로 한 제288조제1항 또는 결혼을 목적으로 한 제289조제2항의 죄를 범할 목적으로 사람을 모집, 운송 또는 전달한 경우는 제외한다) 및 제294조(결혼을 목적으로 제288조제1항 또는 결혼을 목적으로 제289조제2항의 죄를 범한 경우의 미수범, 결혼을 목적으로 한 제288조제1항 또는 결혼을 목적으로 한 제289조제2항의 죄로 약취, 유인 또는 매매된 사람을 수수 또는 은닉한 죄의 미수범은 제외한다)의 죄"로 한다.

② 고엽제후유의증 등 환자지원 및 단체설립에 관한 법률 일부를 다음과 같이 개정한다.

제28조제1항제3호가목 중 “제287조부터 제289조까지 · 제292조(제287조부터 제289조까지의 규정에 해당하는 경우로 한정한다) · 제293조의 죄 또는 그 미수죄”를 “제287조, 제288조(결혼을 목적으로 제288조제1항의 죄를 범한 경우는 제외한다), 제289조(결혼을 목적으로 제289조제2항의 죄를 범한 경우는 제외한다), 제290조, 제291조, 제292조(결혼을 목적으로 한 제288조제1항 또는 결혼을 목적으로 한 제289조제2항의 죄로 약취, 유인 또는 매매된 사람을 수수 또는 은닉한 경우 및 결혼을 목적으로 한 제288조제1항 또는 결혼을 목적으로 한 제289조제2항의 죄를 범할 목적으로 사람을 모집, 운송 또는 전달한 경우는 제외한다) 및 제294조(결혼을 목적으로 제288조제1항 또는 결혼을 목적으로 제289조제2항의 죄를 범한 경우의 미수범, 결혼을 목적으로 한 제288조제1항 또는 결혼을 목적으로 한 제289조제2항의 죄로 약취, 유인 또는 매매된 사람을 수수 또는 은닉한 죄의 미수범은 제외한다)의 죄”로 한다.

③ 국가유공자 등 예우 및 지원에 관한 법률 일부를 다음과 같이 개정한다.

제79조제1항제3호가목 중 “제287조부터 제289조까지 · 제292조(제287조부터 제289조까지의 규정에 해당하는 경우로 한정한다) · 제293조의 죄 또는 그 미수죄”를 “제287조, 제288조(결혼을 목적으로 제288조제1항의 죄를 범한 경우는 제외한다), 제289조(결혼을 목적으로 제289조제2항의 죄를 범한 경우는 제외한다), 제290조, 제291조, 제292조(결혼을 목적으로 한 제288조제1항 또는 결혼을 목적으로 한 제289조제2항의 죄로 약취, 유인 또는 매매된 사람을 수수 또는 은닉한 경우 및 결혼을 목적으로 한 제288조제1항 또는 결혼을 목적으로 한 제289조제2항의 죄를 범할 목적으로 사람을 모집, 운송 또는 전달한 경우는 제외한다) 및 제294조(결혼을 목적으로 제288조제1항 또는 결혼을 목적으로 제289조제2항의 죄를 범한 경우의 미수범, 결혼을 목적으로 한 제288조제1항 또는 결혼을 목적으로 한 제289조제2항의 죄로 약취, 유인 또는 매매된 사람을 수수 또는 은닉한 죄의 미수범은 제외한다)의 죄”로 한다.

④ 군사법원법 일부를 다음과 같이 개정한다.

제272조제2항을 삭제한다.

⑤ 독립유공자예우에 관한 법률 일부를 다음과 같이 개정한다.

제39조제1항제4호가목 중 “제287조부터 제289조까지 · 제292조(제287조부터 제289조까지의 규정에 해당하는 경우로 한정한다) · 제293조의 죄 또는 그 미수죄”를 “제287조, 제288조(결혼을 목적으로 제288조제1항의 죄를 범한 경우는 제외한다), 제289조(결혼을 목적으로 제289조제2항의 죄를 범한 경우는 제외한다), 제290조, 제291조, 제292조(결혼을 목적으로 한 제288조제1항 또는 결혼을 목적으로 한 제289조제2항의 죄로 약취, 유인 또는 매매된 사람을 수수 또는 은닉한 경우 및 결혼을 목적으로 한 제288조제1항 또는 결혼을 목적으로 한 제289조제2항의 죄를 범할 목적으로 사람을 모집, 운송 또는 전달한 경우는 제외한다) 및 제294조(결혼을 목적

으로 제288조제1항 또는 결혼을 목적으로 제289조제2항의 죄를 범한 경우의 미수범, 결혼을 목적으로 한 제288조제1항 또는 결혼을 목적으로 한 제289조제2항의 죄로 약취, 유인 또는 매매된 사람을 수수 또는 은닉한 죄의 미수범은 제외한다)의 죄"로 한다.

⑥ 디엔에이신원확인정보의 이용 및 보호에 관한 법률 일부를 다음과 같이 개정한다.

제5조제1항제3호를 다음과 같이 한다.

3.「형법」 제2편제31장 약취(略取), 유인(誘引) 및 인신매매의 죄 중 제287조, 제288조(결혼을 목적으로 제288조제1항의 죄를 범한 경우는 제외한다), 제289조(결혼을 목적으로 제289조제2항의 죄를 범한 경우는 제외한다), 제290조, 제291조, 제292조(결혼을 목적으로 한 제288조제1항 또는 결혼을 목적으로 한 제289조제2항의 죄로 약취, 유인 또는 매매된 사람을 수수 또는 은닉한 경우 및 결혼을 목적으로 한 제288조제1항 또는 결혼을 목적으로 한 제289조제2항의 죄를 범할 목적으로 사람을 모집, 운송 또는 전달한 경우는 제외한다) 및 제294조(결혼을 목적으로 제288조제1항 또는 결혼을 목적으로 제289조제2항의 죄를 범한 경우의 미수범, 결혼을 목적으로 한 제288조제1항 또는 결혼을 목적으로 한 제289조제2항의 죄로 약취, 유인 또는 매매된 사람을 수수 또는 은닉한 죄의 미수범은 제외한다)의 죄

⑦ 보훈보상대상자 지원에 관한 법률 일부를 다음과 같이 개정한다.

제72조제1항제3호가목 중 "제287조부터 제289조까지·제292조(제287조부터 제289조까지에 해당하는 경우로 한정한다)·제293조의 죄 또는 그 미수죄"를 "제287조, 제288조(결혼을 목적으로 제288조제1항의 죄를 범한 경우는 제외한다), 제289조(결혼을 목적으로 제289조제2항의 죄를 범한 경우는 제외한다), 제290조, 제291조, 제292조(결혼을 목적으로 한 제288조제1항 또는 결혼을 목적으로 한 제289조제2항의 죄로 약취, 유인 또는 매매된 사람을 수수 또는 은닉한 경우 및 결혼을 목적으로 한 제288조제1항 또는 결혼을 목적으로 한 제289조제2항의 죄를 범할 목적으로 사람을 모집, 운송 또는 전달한 경우는 제외한다) 및 제294조(결혼을 목적으로 제288조제1항 또는 결혼을 목적으로 제289조제2항의 죄를 범한 경우의 미수범, 결혼을 목적으로 한 제288조제1항 또는 결혼을 목적으로 한 제289조제2항의 죄로 약취, 유인 또는 매매된 사람을 수수 또는 은닉한 죄의 미수범은 제외한다)의 죄"로 한다.

⑧ 성매매알선 등 행위의 처벌에 관한 법률 일부를 다음과 같이 개정한다.

제18조제3항제3호를 삭제한다.

제28조제1항 중 "같은 조 제3항제3호·제4호, 같은 조 제4항 및 제22조의 범죄"를 "같은 조 제3항제4호, 같은 조 제4항, 제22조의 범죄 및 성매매 목적의 인신매매의 범죄"로 한다.

⑨ 성폭력범죄의 처벌 등에 관한 특례법 일부를 다음과 같이 개정한다.

제2조제1항제2호를 다음과 같이 한다.

2. 「형법」 제2편제31장 약취(略取), 유인(誘引) 및 인신매매의 죄 중 추행, 간음 또는 성매매와 성적 착취를 목적으로 범한 제288조 또는 추행, 간음 또는 성매매와 성적 착취를 목적으로 범한 제289조, 제290조(추행, 간음 또는 성매매와 성적 착취를 목적으로 제288조 또는 추행, 간음 또는 성매매와 성적 착취를 목적으로 제289조의 죄를 범하여 약취, 유인, 매매된 사람을 상해하거나 상해에 이르게 한 경우에 한정한다), 제291조(추행, 간음 또는 성매매와 성적 착취를 목적으로 제288조 또는 추행, 간음 또는 성매매와 성적 착취를 목적으로 제289조의 죄를 범하여 약취, 유인, 매매된 사람을 살해하거나 사망에 이르게 한 경우에 한정한다), 제292조[추행, 간음 또는 성매매와 성적 착취를 목적으로 한 제288조 또는 추행, 간음 또는 성매매와 성적 착취를 목적으로 한 제289조의 죄로 약취, 유인, 매매된 사람을 수수(授受) 또는 은닉한 죄, 추행, 간음 또는 성매매와 성적 착취를 목적으로 한 제288조 또는 추행, 간음 또는 성매매와 성적 착취를 목적으로 한 제289조의 죄를 범할 목적으로 사람을 모집, 운송, 전달한 경우에 한정한다] 및 제294조(추행, 간음 또는 성매매와 성적 착취를 목적으로 범한 제288조의 미수범 또는 추행, 간음 또는 성매매와 성적 착취를 목적으로 범한 제289조의 미수범, 추행, 간음 또는 성매매와 성적 착취를 목적으로 제288조 또는 추행, 간음 또는 성매매와 성적 착취를 목적으로 제289조의 죄를 범하여 발생한 제290조제1항의 미수범 또는 추행, 간음 또는 성매매와 성적 착취를 목적으로 제288조 또는 추행, 간음 또는 성매매와 성적 착취를 목적으로 제289조의 죄를 범하여 발생한 제291조제1항의 미수범 및 제292조제1항의 미수범 중 추행, 간음 또는 성매매와 성적 착취를 목적으로 약취, 유인, 매매된 사람을 수수, 은닉한 죄의 미수범으로 한정한다)의 죄

⑩ 법률 제11556호 성폭력범죄의 처벌 등에 관한 특례법 전부개정법률 일부를 다음과 같이 개정한다.

제2조제1항제2호를 다음과 같이 한다.

2. 「형법」 제2편제31장 약취(略取), 유인(誘引) 및 인신매매의 죄 중 추행, 간음 또는 성매매와 성적 착취를 목적으로 범한 제288조 또는 추행, 간음 또는 성매매와 성적 착취를 목적으로 범한 제289조, 제290조(추행, 간음 또는 성매매와 성적 착취를 목적으로 제288조 또는 추행, 간음 또는 성매매와 성적 착취를 목적으로 제289조의 죄를 범하여 약취, 유인, 매매된 사람을 상해하거나 상해에 이르게 한 경우에 한정한다), 제291조(추행, 간음 또는 성매매와 성적 착취를 목적으로 제288조 또는 추행, 간음 또는 성매매와 성적 착취를 목적으로 제289조의 죄를 범하여 약취, 유인, 매매된 사람을 살해하거나 사망에 이르게 한 경우에 한정한다), 제292조[추행, 간음 또는 성매매와 성적 착취를 목적으로 한 제288조 또는 추행, 간음 또는 성매매와 성적 착취를 목적으로 한 제289조의 죄로 약취, 유인, 매매된 사람을 수수(授受) 또는 은닉한 죄, 추행, 간음 또는 성매매와 성적 착취를 목적으로 한 제288조

또는 추행, 간음 또는 성매매와 성적 착취를 목적으로 한 제289조의 죄를 범할 목적으로 사람을 모집, 운송, 전달한 경우에 한정한다] 및 제294조(추행, 간음 또는 성매매와 성적 착취를 목적으로 범한 제288조의 미수범 또는 추행, 간음 또는 성매매와 성적 착취를 목적으로 범한 제289조의 미수범, 추행, 간음 또는 성매매와 성적 착취를 목적으로 제288조 또는 추행, 간음 또는 성매매와 성적 착취를 목적으로 제289조의 죄를 범하여 발생한 제290조제1항의 미수범 또는 추행, 간음 또는 성매매와 성적 착취를 목적으로 제288조 또는 추행, 간음 또는 성매매와 성적 착취를 목적으로 제289조의 죄를 범하여 발생한 제291조제1항의 미수범 및 제292조제1항의 미수범 중 추행, 간음 또는 성매매와 성적 착취를 목적으로 약취, 유인, 매매된 사람을 수수, 은닉한 죄의 미수범으로 한정한다)의 죄

⑪ 제대군인지원에 관한 법률 일부를 다음과 같이 개정한다.

제25조제1항제3호가목 중 "제287조부터 제289조까지·제292조(제287조부터 제289조까지의 규정에 해당하는 경우만을 말한다)·제293조의 죄 또는 그 미수죄"를 "제287조, 제288조(결혼을 목적으로 제288조제1항의 죄를 범한 경우는 제외한다), 제289조(결혼을 목적으로 제289조제2항의 죄를 범한 경우는 제외한다), 제290조, 제291조, 제292조(결혼을 목적으로 한 제288조제1항 또는 결혼을 목적으로 한 제289조제2항의 죄로 약취, 유인 또는 매매된 사람을 수수 또는 은닉한 경우 및 결혼을 목적으로 한 제288조제1항 또는 결혼을 목적으로 한 제289조제2항의 죄를 범할 목적으로 사람을 모집, 운송 또는 전달한 경우는 제외한다) 및 제294조(결혼을 목적으로 제288조제1항 또는 결혼을 목적으로 제289조제2항의 죄를 범한 경우의 미수범, 결혼을 목적으로 한 제288조제1항 또는 결혼을 목적으로 한 제289조제2항의 죄로 약취, 유인 또는 매매된 사람을 수수 또는 은닉한 죄의 미수범은 제외한다)의 죄"로 한다.

⑫ 통신비밀보호법 일부를 다음과 같이 개정한다.

제5조제1항제1호 중 "제31장 약취와 유인의 죄"를 "제31장 약취(略取), 유인(誘引) 및 인신매매의 죄"로 한다.

⑬ 특수임무유공자 예우 및 단체설립에 관한 법률 일부를 다음과 같이 개정한다.

제80조제1항제3호가목 중 "제287조부터 제289조까지·제292조(제287조부터 제289조까지의 규정에 해당하는 경우로 한정한다)·제293조의 죄 또는 그 미수죄"를 "제287조, 제288조(결혼을 목적으로 제288조제1항의 죄를 범한 경우는 제외한다), 제289조(결혼을 목적으로 제289조제2항의 죄를 범한 경우는 제외한다), 제290조, 제291조, 제292조(결혼을 목적으로 한 제288조제1항 또는 결혼을 목적으로 한 제289조제2항의 죄로 약취, 유인 또는 매매된 사람을 수수 또는 은닉한 경우 및 결혼을 목적으로 한 제288조제1항 또는 결혼을 목적으로 한 제289조제2항의 죄를 범할 목적으로 사람을 모집, 운송 또는 전달한 경우는 제외한다) 및 제294조(결혼을 목적으로 제288조제1항 또는 결혼을 목적으로 제289조제2항의 죄를 범한 경우의 미수

범, 결혼을 목적으로 한 제288조제1항 또는 결혼을 목적으로 한 제289조제2항의 죄로 약취, 유인 또는 매매된 사람을 수수 또는 은닉한 죄의 미수범은 제외한다)의 죄"로 한다.

⑭ 특정강력범죄의 처벌에 관한 특례법 일부를 다음과 같이 개정한다.

제2조제1항제2호를 다음과 같이 한다.

2. 「형법」 제2편제31장 약취(略取), 유인(誘引) 및 인신매매의 죄 중 제287조부터 제291조까지 및 제294조(제292조제1항의 미수범은 제외한다)의 죄

⑮ 특정범죄 가중처벌 등에 관한 법률 일부를 다음과 같이 개정한다.

제5조의2제4항 및 제5항을 각각 삭제한다.

제5조의2제6항 중 "제1항・제2항(제2항제4호는 제외한다) 및 제4항"을 "제1항 및 제2항(제2항제4호는 제외한다)"으로 한다.

제5조의2제7항 중 "제1항부터 제6항까지의"를 "제1항부터 제3항까지 및 제6항의"로 한다.

제5조의2제8항 중 "제1항, 제2항제1호・제2호 또는 제4항의"를 "제1항 또는 제2항 제1호・제2호의"로 한다.

제5조의8을 삭제한다.

〈16〉 특정 범죄자에 대한 보호관찰 및 전자장치 부착 등에 관한 법률 일부를 다음과 같이 개정한다.

제2조제3호가목을 다음과 한다.

가. 미성년자에 대한 「형법」 제287조부터 제292조까지, 제294조, 제296조, 제324조의2 및 제336조의 죄

〈17〉 형사소송법 일부를 다음과 같이 개정한다.

제230조제2항을 삭제한다.

제3조(다른 법령과의 관계) 이 법 시행 당시 다른 법령에서 종전의 「형법」의 규정을 인용한 경우에 이 법 가운데 그에 해당하는 규정이 있는 때에는 종전의 규정을 갈음하여 이 법의 해당 규정을 인용한 것으로 본다.

13. 부칙 〈제12575호, 2014.5.14.〉

제1조(시행일) 이 법은 공포한 날부터 시행한다.

제2조(적용례 및 경과조치) ① 제70조제2항의 개정규정은 이 법 시행 후 최초로 공소가 제기되는 경우부터 적용한다.

② 제79조제2항의 개정규정은 이 법 시행 당시 형의 시효가 완성되지 아니한 자에 대해서도 적용한다.

14. 부칙 〈제12898호, 2014.12.30〉

이 법은 공포한 날부터 시행한다.

15. 부칙 〈제13719호, 2016.1.6.〉 *****

제1조(시행일) 이 법은 공포한 날부터 시행한다. 다만, **제62조의 개정규정은 공포 후 2년이 경과한 날부터 시행한다.**

제2조(다른 법률의 개정) ① **가정폭력범죄의 처벌 등에 관한 특례법 일부를 다음과 같이 개정한다.**

제2조제3호가목 중 "**제258조(중상해, 존속중상해)**"를 "**제258조(중상해, 존속중상해), 제258조의2(특수상해)**"**로 하고, 같은 호 자목 중** "**제350조(공갈)**"를 "**제350조(공갈), 제350조의2(특수공갈)**"로, "**제352조(미수범)(제350조의 죄에만 해당한다)**"를 "**제352조(미수범)(제350조, 제350조의2의 죄에만 해당한다)**"**로 한다.**

② **경비업법 일부를 다음과 같이 개정한다.**

제29조제1항 중 "형법 제257조제1항, 제258조제1항 · 제2항"을 "「형법」 제258조의2제1항(제257조제1항의 죄로 한정한다) · 제2항(제258조제1항 · 제2항의 죄로 한정한다)"으로, "제324조"를 "제324조제2항"으로, "제350조"를 "제350조의2"로 하고, 같은 조 제2항 중 "제257조제1항, 제258조제1항 · 제2항"을 "제258조의2제1항(제257조제1항의 죄로 한정한다) · 제2항(제258조제1항 · 제2항의 죄로 한정한다)"으로, "제324조"를 "제324조제2항"으로, "제350조"를 "제350조의2"로 한다.

③ **군용물 등 범죄에 관한 특별조치법 일부를 다음과 같이 개정한다.**

제3조제1항제2호 중 "제347조, 제350조"를 각각 "제347조, 제350조, 제350조의2"로, "제347조 및 제350조"를 "제347조, 제350조 및 제350조의2"로 한다.

④ **소송촉진 등에 관한 특례법 일부를 다음과 같이 개정한다.**

제25조제1항제1호 중 "제258조제1항 및 제2항"을 "제258조제1항 및 제2항, 제258조의2제1항(제257조제1항의 죄로 한정한다) · 제2항(제258조제1항 · 제2항의 죄로 한정한다)"으로 한다.

⑤ **아동학대범죄의 처벌 등에 관한 특례법 일부를 다음과 같이 개정한다.**

제2조제4호가목 중 "제257조(상해)제1항 · 제3항"을 "제257조(상해)제1항 · 제3항, 제258조의2(특수상해)제1항(제257조제1항의 죄에만 해당한다) · 제3항(제1항 중 제257조제1항의 죄에만 해당한다)"으로 하고, 같은 호 차목 중 "제350조(공갈) 및 제352조(미수범)(제350조의 죄에만 해당한다)"를 "제350조(공갈), 제350조의2(특수공갈) 및 제352조(미수범)(제350조, 제350조의2의 죄에만 해당한다)"로 한다.

⑥ **법원조직법 일부를 다음과 같이 개정한다.**

제32조제1항제3호가목 중 "제331조, 제332조(제331조의 상습범으로 한정한다)와 그 각 미수죄"를 "제258조의2, 제331조, 제332조(제331조의 상습범으로 한정한다)와 그 각 미수죄, 제350조의2와 그 미수죄"로 한다.

⑦ **통신비밀보호법 일부를 다음과 같이 개정한다.**

제5조제1항제1호 중 "제350조"를 "제350조, 제350조의2, 제351조(제350조, 제350

조의2의 상습범에 한정한다), 제352조(제350조, 제350조의2의 미수범에 한정한다)"로 한다.

⑧ **특정경제범죄 가중처벌 등에 관한 법률 일부를 다음과 같이 개정한다.**

제3조제1항 각 호 외의 부분 중 "제350조(공갈)"를 "제350조(공갈), 제350조의2(특수공갈)"로, "제347조 및 제350조"를 "제347조, 제350조 및 제350조의2"로 한다.

제3조(다른 법령과의 관계) 이 법 시행 당시 다른 법령에서 종전의 「형법」의 규정을 인용한 경우에 이 법 가운데 그에 해당하는 규정이 있는 때에는 종전의 규정을 갈음하여 이 법의 해당 규정을 인용한 것으로 본다.

16. 부칙 〈제14178호, 2016.5.29〉

이 법은 공포한 날부터 시행한다.

17. 부칙 〈제14415호, 2016.12.20〉

이 법은 공포한 날부터 시행한다.

18. 부칙 〈제15163호, 2017.12.12〉

제1조(시행일) 이 법은 공포한 날부터 시행한다.

제2조(시효의 기간에 관한 적용례) 제78조제5호 및 제6호의 개정규정은 이 법 시행 후 최초로 재판이 확정되는 경우부터 적용한다.

19. 부칙 〈제15793호, 2018.10.16〉

이 법은 공포한 날부터 시행한다.

20. 부칙 〈제15982호, 2018.12.18〉

이 법은 공포한 날부터 시행한다.

【출처】 형법 일부개정 2018. 12. 18. [법률 제15982호, 시행 2018. 12. 18.] 법무부

판례색인

조문색인

가. 형법조문(刑法條文) 제목은 법률조문에서 핵심 내용을 담아야 한다. 대한민국 형법조문 제목에 『~의, ~등』이 너무 많다. 이런 제목들은 국민들을 위한 형법이 아니다. 일본 형법 영향으로 보이나, 답습할 필요가 없다. 더 창의적으로 생각해야 한다.

나. 새로 쓴 형법 조문 제목이다. 명확성 · 간결성·가독성을 고려하였다. 신구 제목을 비교해 보시기 바란다. 대한민국 형법이 가야할 방향이다. 형법 제144조(특수공무방해)를 형법 제144조(특수공무방해 · 특수공무방해치상 · 특수공무방해치사)로 바꾸었다. 어떤 제목이 국민들에게 더 친절한 제목인가. 제목부터 『적극적 일반예방사상』을 불어넣었다. 그동안 우리는 형법이론과 형벌이론을 이론으로만 연구해 왔다.

다. 형법 개정 작업 시 가장 먼저 해야 할 일은 『형법조문 제목부터 정비』하는 일이다. 나의 초안이 입법 개정에 참고가 되었으면 한다.

형법 법률용어 외국어 표기법

Ⓙ-일본어 Ⓒ-중국어 Ⓓ-독일어
Ⓔ-영어 Ⓕ-프랑스어 Ⓘ-이탈리아어
Ⓢ-스페인어

가. 여기에 중요한 법률용어를 몇 가지 소개하고자 한다. 법률용어 표기에 참고자료가 되었으면 한다. 외국에서 유학생활을 하는 사람은 공부기간 동안 자기만의『법률용어집』을 만들어야 한다. 학문연구 기본이기 때문이다. 유학 초기부터 시작하여 정리하고 다듬어야 한다. 언어연구자가 되어야 한다. 필자가 제시한 유형을 참고하여 독창적인『법률용어소사전』을 집필하기 바란다. 여러 나라 유학생들이 공동으로 작업을 한다면, 훌륭한 사전이 될 것이다.

나. 법학 학문을 시작하려면, 정확한 국어가 기본이 되어야 한다. 외국어를 배우는 이유는 정확한 한국어와 함께 전공 내용과 의미를 풍성하게 가꾸기 위한 것이다. 한국어가 안 되면서 시도하는 연구는 무의미한 것이다. 외국어 문체로 된 번역문장은 가독성이 없다. 관계문장을 묶어서 긴 문체로 쓰는 이유를 알 수가 없다. 누구를 위한 글인지 궁금하다.

다. 읽는 사람은 한국인이다. 정확한 이해와 국어 어순으로 번역과 통역을 해야 한다. 단문이 최고 문장이라 생각한다. 번역자와 통역자는 정확한 단문을 기본으로 삼아야 한다. 유학생들이 겪는 어려움이다.

라. 학생들에게 당부하는 말이다. "간결체와 건조체를 사용하라. 정확한 단문이다. 첨단기기를 사용하여 좋은 내용은 수시로 번역하라. 후배들을 위해 학문 사다리를 놓아라. 좋은 번역은 후배들을 위한 진정한 배려다. 학문은 지식을 통한 사회 공헌이다. 더 나은 세상을 위한 노력이다."

마. 이 법률용어집은 형법총론에 중심을 두었다. 향후 개정판에서 형법각론을 다룰 것이다. 동양 언어와 서양 언어를 함께 배워서 한국어를 더 다듬기를 기원한다. 두 언어의 문장구조를 깊이 연구하기를 바란다. 여러 참고문헌을 참조하였다. 다음에 더 나은 내용을 약속드린다.

• 형법

Ⓙ刑法 Ⓒ刑法 ⒹStrafrecht Ⓔcriminal law / penal law Ⓕdroit pénal
Ⓘdiritto penale / legge penale Ⓢderecho penal / ley penal

형법은 어떤 행위가 범죄로 처벌되고, 어떤 형벌을 부가할 것인지 규정한 법규범이다. 구성요건과 법률효과로 이루어져 있다. 중국 당률(唐律)·대명률(大明律)·경국대전(經國大典)·형법대전(刑法大全)·조선형사령(朝鮮刑事令)·형법(刑法, 1953) 순으로 발전하였다.

• 형법전

Ⓙ刑法典 Ⓒ刑法典 ⒹStrafgesetzbuch Ⓔcriminal code / penal code
Ⓕcode / pénal / criminel Ⓘcp, codice penale Ⓢcódigo criminal / código penal

형법전은 협의 형법이다. 1953년 9월 18일 법률 제293호로 공포되었다. 1953년 10월 3일부터 시행되고 있다. 형법전은 총칙(總則·總則·Allgemeiner Teil·general part·diespositions·partie générale·Parte generale·Parte general)과 각칙(各則·各則·Besonder Teil·Partie spéciale·Parte speciale·Parte especial)으로 구성된다. 총칙은 범죄와 형벌의 일반요소를, 각칙은 범죄와 형벌을 규정하고 있다. 각칙은 실질적 형법이다. 형법 이외에 특별형법과 행정형법이 있다. 도로교통법·교통사고처리특례법·특정범죄가중처벌법·특정경제가중처벌법·폭력행위처벌법 · 성폭력처벌 및 피해자보호법 · 아동청소년보호법 · 여신금융업법 · 부정수표단속법 · 통신비빌보호법 등이 있다.

형사소송법

ⓙ刑事訴訟法 ㊥刑事訴訟法 ⒹStrafprozeßordnung Ⓔcode criminal procedure Ⓕcode pénal procédure Ⓘcodice procedura penale ⓢcódigo de procedimiento penal

형사법원 /

ⓙ刑事法院 ㊥刑事法院 ⒹStrafgericht Ⓔcriminal court Ⓕtribunal pénal Ⓘtribunale penale ⓢtribunal penal

형사법정 /

ⓙ刑事法廷 ㊥刑事法廷 ⒹStrafkammer Ⓔcriminal division Ⓕchambre Ⓘcriminelle chambre / correctionnelle / sezione / penale ⓢdivisión criminal

형사판사 /

ⓙ刑事判事 ㊥刑事判事 ⒹStrafrichter Ⓔcriminal court judge Ⓕjuge de la cour criminelle Ⓘgiudice criminale ⓢjuez de la corte criminal

- **죄형법정주의**

ⓙ罪刑法定主義 ㊥罪刑法定主義 ⒹGesetzlichkeitsprinzip Ⓔprinciple of legality Ⓕprincipe de légalité Ⓘprincipio di legalità ⓢprincipio de legalidad

"법률이 없으면, 범죄도 없고, 형벌도 없다." 라틴어이다. 「nullum crimen sine lege. nulla poena sine lege.」 독일 형법학자 포이에르바흐(Feuerbach)는 근대 형법 기본 원리를 말했다. 국가가 어떤 행위를 범죄로 처벌하려면, 범죄와 형벌은 반드시 행위 전에 법률로 정해져 있어야 한다. no crime without law.

- **법률주의**

ⓙ法律主義 ㊥法律主義 ⒹLegalismus ⒺLegalism / rule of law ⒻJuridisme Ⓘlegalismo ⓢprincipio de legalidad

법률을 제정하여 법적 효력을 부여한다. legal(legal · lawful), Legitimation, Legitimität(合法性 · legitimacy)

- **신법우선원칙 / 경한법우선원칙**

ⓙ新法優先主義 ㊥新法优先主義

ⒹDas Prinzip des neuen Rechts zuerst / Vorrang des mildesten Gesetzes

ⒺThe principle of the new law first / Priority of the mildest law

ⒻLe principe de la nouvelle loi d'abord / Priorité de la loi la plus douce

ⒾIl principio della nuova legge prima / Priorità della legge più blanda

ⓢEl principio de la nueva ley primero / Prioridad de la ley más suave

법령이 새로 제정 · 개정되어 법령 내용에 충돌이 생겼을 때, 신법이 구법에 먼저 적용된다. 경미한 법 우선원칙이다. 특별법 우선 원칙이다. 특별법 형벌이 중한 경우 소급하지 못한다.

- **명확성원칙**

ⓙ明確性原則 ㊥明确性塬則 ⒹBestimmtheitsprinzip ⒺCertainty principle ⒻPrincipe de Certitude ⒾPrincipio di certezza ⓢPrincipio de certeza

명확성은 헌법 원칙이다. 기본권을 제한하는 법규범 내용은 명확해야 한다. 국민들이 법률을 읽고, 무엇이 허용되고 금지되는 것인지, 어떻게 형벌이 부과되는지, 명확하게 판단할 수 있어야 한다. 구성요건 명확성과 제재 명확성이다. 예견가능하고, 가치판단이 가능하고, 형벌이 명확해야 한다.

- **소급효금지원칙**

㊐遡及效禁止原則 ㊥遡及效禁止塬則 ⒹRückwirkungsverbot ⒺRetroactivity
Ⓕrétroactivité Ⓘretroattività ⓢRetroactividad / Retroactividad
범죄와 형벌은 행위 당시 법률을 적용한다. 현대 형법 일반원리이다.

- **유추금지**

㊐類推禁止 ㊥類推禁止 ⒹAnalogieverbot Ⓔanalogical interpretation
Ⓕinterdiction d'analogie Ⓘdivieto di analogia
ⓢprohibición de analogía / interpretación analógica
법률에 규정이 없는 사항에 대해 유사한 성질을 가진 법률을 적용하는 것을 금지한다. 형법 해석 원칙이다. 형벌 법규에 처벌 대상으로 명시되지 않은 사항에 대하여 비슷한 법규를 가져와서 유추적용을 해서는 안 된다.

- **적법절차**

㊐適法節次 ㊥适法節次 Ⓓrechtsliches Gehör ⒺDue process of law
Ⓕdroit d'être entendu / En raison de la loi
Ⓘdiritto di essere ascoltato / Processo legale
ⓢderecho a ser escuchado / Debido proceso legal
법률에 규정된 절차에 따라 법을 적용한다.

- **보충성원칙**

㊐補充性原則 ㊥補充性塬則 ⒹSubsidiaritätsprinzip Ⓔprinciple of subsidiarity
Ⓕprincipe de subsidiarité Ⓘprincipio di sussidiarietà
ⓢprincipio de subsidiariedad
형법 이외 다른 수단이 없는 경우 최후 수단으로 적용된다.

- **한시법**

㊐限時法 ㊥限時法 ⒹZeitgesetz Ⓔtemporary law
ⒻLoi sur le temps / loi temporaire ⒾAtto tempo / legge temporanea
ⓢLey vez / ley temporal
한시법은 제한된 유효기간을 명기하여 제정되는 법률이다. 일시적 사정에 대응하기 위한 법률이다. 유효기간이 끝나면 가벌성 근거는 소멸한다. 「귀속재산처리에 관한 특별조치법」, 「반민족행위처벌법」, 「부동산 소유권이전 등기 등에 관한 특별조치법」, 「올림픽기간시위금지법」 등이 있었다. 판례는 동기설을 채택하고 있다. 법적 견해 변경이면, 가벌성(추급)은 소멸한다.

- **해석**

㊐解釋 ㊥解釋 ⒹAuslegung Ⓔinterpretation Ⓕinterprétation Ⓘinterpretazione
ⓢinterpretación
법규범 의미를 분명히 밝히는 것이다. 문리해석 · 논리해석 · 목적해석 · 헌법합치해석이 있다. 목적해석이 법률해석 왕관이다. 주관적 역사해석(입법자 의사)과 객관적 목적해석(법규 현재 의미)이다. 문리해석 · 논리해석 · 목적해석 · 헌법합치해석방법을 모두 동원해야 완전한 법률해석이 가능하다.

• **속지주의**

Ⓙ屬地主義 Ⓒ屬地主義 ⒹTerritorialitätsprinzip Ⓔprinciple of territoriality
Ⓕprincipe de territorialité Ⓘprincipio di territorialità
Ⓢterritorialidad / principio de territorialidad
우리나라 영역 안(비행기 · 선박 포함 기국주의)에서 발생한 범죄는 대한민국 형법을 적용한다.

• **속인주의**

Ⓙ屬人主義 Ⓒ屬人主義 ⒹPersonalitätsprinzip Ⓔprinciple of personality
ⒻPrincipe de la personnalité / principe de personnalité
ⒾPrincipio di personalità ⓈPrincipio de la personalidad
대한민국 사람이 저지른 범죄는 범죄지와 상관없이 대한민국 형법을 적용한다(적극적 속인주의).

• **보호주의**

Ⓙ保護主義 Ⓒ保護主義
ⒹSchutzprinzip / Prinzip des Schutzes Ⓔprotection principle / Principle of protection
Ⓕprincipe de la protection / Principe de protection
Ⓘprincipio di protezione / Principio di protezione
Ⓢprincipio de protección
대한민국 · 대한민국 국민의 법익을 침해하는 범죄는 범행자와 범죄지와 상관없이 대한민국 형법을 적용한다(형법 제5조 · 제6조).

• **세계주의**

Ⓙ世界主義 Ⓒ世界主義 ⒹWeltrechtsprinzip ⒺUniversal jurisdiction
ⒻLa compétence universelle ⒾGiurisdizione universale
ⓈLa jurisdicción universal / Jurisdicción universal
문명국가 공통 법익 침해범죄는 대한민국 형법을 적용한다. 형법 제296조2는 세계주의를 규정하고 있다. 형법 제287조 · 제288조 · 제289조 · 제290조 · 제291조 · 제292조 · 제294조는 대한민국 영역 밖에서 죄를 범한 경우에도 대한민국 형법이 적용된다. 미성년자 약취 유인과 인신매매행위는 범죄행위자 국적과 범죄지와 상관없이 대한민국 형법이 적용된다.

• **정의 / 개념**

Ⓙ定義 / 概念 Ⓒ定義 / 概念 ⒹDefinition Ⓔdefinition Ⓕdéfinition Ⓘdefinizione
Ⓢdefinición
정의는 단어 · 사물 뜻을 명백히 밝혀 규정하는 것이다.

• **이론 / 실무 / 이론과 실무**

Ⓙ理論 / 實務 / 理論と實務 Ⓒ理論 / 實務 / 理論与實踐 / 理論與實踐
ⒹTheorie / Praxis / Theorie und Praxis
Ⓔtheory / practice / theory and practice
Ⓕthéorie / pratique / théorie et pratique Ⓘteoria / pratica / teoria e pratica
Ⓢteoría / práctica / teoría y práctica
이론은 사물 · 현상 이치를 논리적으로 일반화한 체계이다. 이론은 많은 관측 결과에 대한 일반적인 설명이다. 실무는 실제적이고 구체적인 업무이다. 형사실무란 형사사건을 다루는 업무이다. 형사소송실무 · 형사재판실무 · 형사수사실무 등이 있다.

• **법익 / 보호법익**

㊐法益・保護法益 ㊥法益・保護法益 ⒹRechtsgut Ⓔlegally protected right
Ⓕintérêt légal / droit légalement protégé
Ⓘinteressi legali / diritto legalmente protetto
ⓢinterés legal / derecho legalmente protegido
법익은 어떤 법률이 보호하려는 이익이다. 형법으로 침해가 금지된 개인・사회공동체・국가의 이익・가치를 말한다. 보호법익은 사회적 추상적 관념적 가치이다. 살인죄는 사람생명이다. 협박죄는 의사결정자유와 의사활동자유이다. 주거침입죄는 사실상 주거평온이다. 절도죄는 타인 재물 소유권이다. 성범죄는 성에 대한 피해자 자기결정권이다. 명예훼손죄는 외적 명예이다. 문서죄는 문서거래안전과 문서거래신용이다. 공무집행방해죄는 공무이다. 위증죄는 국가사법기능이다. 증거인멸죄도 국가사법기능이다. 무고죄는 국가심판기능이다.

• **범죄**

㊐犯罪 ㊥犯罪 ⒹDelikt Ⓔoffense Ⓕinfraction Ⓘreato ⓢdelito
범죄는 법률로 형벌을 과하는 행위이다. 범죄본질은 법익침해이다. 행위반가치(Erfolgsunwert)・결과반가치(Handlungsunwert)・심정반가치(Gesinnungsunwert)이다. 범죄는 죄질에 따라 중죄(Verbrechen, Verbrecher, crime, felony, indictable offence, kriminal, felon. culprit)・경죄(Vergehen, misdemeanaur, misdemeanor)로 분류된다. 형법은 "범죄를 범하다"(vergehen sich. commit, an indecent assault)라고 표현한다.

• **친고죄**

㊐親告罪 ㊥親告罪 ⒹAntragsdelikt
Ⓔoffence, requiring an application for prosecution
Ⓕinfraction, nécessitant une demande de poursuite
Ⓘoffesa, richiedere una richiesta di procedimento giudiziario
ⓢofensa, requiriendo una solicitud de enjuiciamiento
친고죄는 피해자・그 밖에 고소권자가 고소를 해야 공소를 제기할 수 있는 범죄이다. 피해자 불이익 범죄와 경미한 범죄에 인정되는 인도적 소추조건이다. 친고죄는 모욕죄・사자명예훼손죄 등이 있다. 한편 반의사불벌죄(反意思不罰罪)가 있다. 피해자가 처벌을 원하지 않는다는 표시를 명백히 하는 경우, 공소를 제기할 수 없다. 반의사불벌죄는 과실치사상죄・폭행죄・협박죄・명예훼손죄 등이 있다. 친고죄와 반의사불벌죄는 제1심 판결선고 전까지 취소할 수 있다.

• **결과범**

㊐結果犯 ㊥結果犯 ⒹErfolgsdelikt Ⓔobjecktive crime
Ⓕinfraction de succès / crime objectif Ⓘsuccesso reato / reato oggettivistico
ⓢdelito éxito / crimen objecktive
결과범은 구성요건이 결과발생을 요건으로 하는 범죄이다. 살인죄・상해죄・손괴죄 등이 있다. 실질범이다. 반면 형식범(形式犯・擧動犯・擧動犯・Formaldelikt・Tätigkeitsdelikt)은 결과발생 없이 구성요건 행위만으로 범죄가 성립한다. 주거침입죄・위증죄・무고죄 등이 있다. 결과범은 반드시 인과관계와 객관적 귀속을 검토해야 한다.

• **위험범**

㊐危険犯 ㊥危險犯 ⒹGefährdungsdelikt Ⓔstrict-liability-tort
Ⓕinfraction inchoate / responsabilité civile délictuelle
Ⓘreato incipiente / rigoroso-liability-tort
ⓢdelito no completado / responsabilidad estricta-agravio

위험범은 보호법익에 대한 위험 야기로 범죄가 성립한다. 유기죄·업무방해죄·방화죄·통화위조죄 등이다. 위험범은 추상적 위험범과 구체적 위험범이 있다. 추상적 위험범은 위험한 행위방법 때문에 처벌한다. 위험은 입법동기이다. 구성요건요소가 아니다. 구체적 위험범은 위험발생이 증명되어야 처벌한다. 위험발생은 구성요건요소이다. 구체적 위험범은 결과범이다. 현주건조물방화죄는 추상적 위험범이다. 일반물건방화죄는 구체적 위험범이다. 법관이 구체적 위험을 증명하여 판단한다. 반면 침해범(侵害犯·Verletungsdelikt)은 법익이 침해되어야 범죄가 성립한다. 살인죄·상해죄 등이다. 추상적 위험범은 대부분 형식범이다. 그 외는 대부분 침해범이다. 추상적 위험범(위험야기)도 모두 침해범이라는 주장이 있다. 그러나 아직 소수설이다.

• **계속범**

㊐繼續犯 ㊥繼續犯 ⒹDauerdelikt Ⓔduration offense Ⓕinfraction de durée
Ⓘdurata reato / offesa di durata ⓢdelito duración / duración de la ofensa
계속범은 위범상태가 계속되는 범죄이다. 체포감금죄·주거침입죄·퇴거불응죄 등이다. 반면 상태범(즉시범·狀態犯·狀態犯·卽時犯·卽時犯·Zustandsdelikt)은 결과발생과 동시에 범죄가 완성된다. 살인죄·상해죄·절도죄 등이다.

• **범죄체계**

㊐犯罪體系 ㊥犯罪體系 ⒹDogmatik Ⓔdogmatics
Ⓕdogmatisme / dogmatique Ⓘdogmatismo / dogmatica ⓢdogmatismo / dogmática
범죄체계란 ①범죄성립요건·②처벌요건·③소추요건을 말한다. 형법총칙은 범죄체계도 학습이 핵심이다.

• **구성요건 / 구성요건요소 / 구성요건해당성 / 구성요건착오**

㊐構成要件 / 構成要件要素 / 構成要件該當性 / 構成要件錯誤
㊥构成要件 / 构成要件要素 / 构成要件該当性 / 构成要件錯誤
ⒹTatbestand / Tatbestandsmerkmale / Tatbestandsmäßigkeit / Tatbestandsirrtum
Ⓔ abstract of record, facts, facts of the case, elements of an offence / element of an offence, constituent fact / existence of facts constituting / factual mistake
Ⓕréalités, résumé du dossier, réalités, faits de l'affaire, éléments d'une ouverture / incriminations, élément d'une infraction, fait constitutif / existence de faits constitutifs, existence de faits constituant / erreur factuelle
Ⓘfatti, estratto del record, fatti, fatti del caso, elementi di un reato / incriminazioni, elemento di un reato, fatto costitutivo / esistenza di fatti che costituiscono / errore di fatto, errore reale
ⓢhechos, resumen de registro, hechos, hechos del caso, elementos de una ofensa / tipificaciones, elemento de una ofensa, hecho constituyente / existencia de hechos constitutivos / error de hecho
구성요건은 범죄성립요건이다. ①구성요건·②위법·③책임이다. 구성요건요소는 범죄성립요건 중 구성요건 개별요소를 말한다. 행위주체·행위객체·행위·결과·인과관계(객관적 구성요건요소)와 고의·미필고의·공모·공동의사·자의성·불법영득의사·불법이득의사·목적·경향과 과실(주관적 구성요건요소)이 있다. 구성요건요소에서 핵심은 행위객체·행위·고의·과실이다. 구성요건해당성이란 어떤 범죄사실이 해당 구성요건에 일치하는 것을 의미한다. 구성요건착오란 행위자의 행위 당시 의도한 인식과 실제 발생한 구성요건요소와 불일치를 말한다. 구성요건착오를 사실착오라고 한다. 동일한 구성요건인 경우, 행위객체착오·행위착오는 모두 고의가 인정된다(법정적 부합설·판례 입장).

• **행위주체 / 행위자**

㊐行爲主體・行爲者 ㊥行爲主体・行爲者 ⒹTäter Ⓔoffender, tortfeasor
Ⓕdélinquant, tortfeasor Ⓘcolpevole, danneggiante ⓢdelincuente, tortuga
형법에서 행위주체는 원칙적으로 자연인이다. 형사미성년자와 정신병자도 행위주체가 된다. 법인은 양벌규정이 있는 경우 행위주체가 된다. 양벌규정이 없는 경우 법인의 대표이사가 행위주체가 된다.

• **행위객체 / 범행대상**

㊐行爲客體・犯行對象 ㊥行爲客体・犯行對象 ⒹTatobjekt Ⓔobject of the crime
Ⓕobjet du crime Ⓘoggetto del reato ⓢobjeto del delito
형법 구성요건에 명시된 객체를 말한다. 범죄대상・공격대상이다. 중요한 구성요건요소이다. 예를 들면 살인죄에서 다른 사람이다. 절도죄에서 타인 재물이다. 사기죄에서 재물・재산상이익이다. 공무집행방해죄에서 적법한 공무를 집행하는 공무원이다. 다중불해산죄・단순도주죄・퇴거불응죄는 행위객체가 없다. 참고로 보호객체는 법익이라 말한다.

• **행위**

㊐行爲 ㊥行爲 ⒹHandlung / strafbare Handlung ⒺAction / punishable offense
ⒻAction / infraction punissable ⒾAzione / reato punibile
ⓢAcción / delito punible
"범죄는 행위다." 이 명제는 형법학에서 오랜 명제 중 하나다. 행위는 범죄론 체계에서 근본을 이룬다. 행위는 사회적으로 의미 있는 인간의 행동이다(사회행위론・사회관점). 행위는 인격의 객관적 표현이다(인격행위론・존재관점). 행위는 작위(作爲・Tun)와 부작위(不作爲・Unterlassung)로 분류된다. 규범(規範, 規范, Norm, standard)은 금지규범(Verbotsnorm)과 명령규범(Gebotsnorm)이 있다. 형법은 대부분 금지규범이다. 형법에 부작위 규정이 없는 경우, 대부분 부작위로 범죄가 발생할 수 있다. 이를 부진정 부작위라고 말한다.

• **행동**

㊐行動 ㊥行動 ⒹVerhalten Ⓔbehavior / conduct / demeanor
Ⓕcomportement / conduite / comportement Ⓘcomportamento / condotta
ⓢcomportamiento / conducta
행동은 몸을 움직여 어떤 일을 하는 것이다. 모든 행동이 형법상 의미 있는 행동이 아니다. 형법에 규정된 인간의 행동만이 형법상 행위이다.

• **결과**

㊐結果 ㊥結果 ⒹErfolg Ⓔsuccess / achivement Ⓕsuccès Ⓘsuccesso
ⓢéxito
구성요건에 속하는 결과를 말한다. 살인죄에서 사망이다.

• **인과관계**

㊐因果關係 ㊥因果關係 ⒹKausalität Ⓔcausality Ⓕcausalité Ⓘcausalità
ⓢcausalidad
인과관계란 행위와 결과 사이에 연결을 말한다. 이때 범죄는 기수가 된다. 행위는 자연적 인과관계이다(원인・因). 결과는 규범적 인과관계이다(결과・果). 자연(행위)과 규범(평가)이 연결되어야 완전한 인과관계가 성립한다. 규범적・평가적 인과관계를 객관적 귀속(客觀的 歸屬, objektive Zurechung des Erfolgs)이라 한다. '상당인과관계' 다른 표현이다. 상당(相當)의 구체적인 판단 기준이 객관적 귀속이다. 그 행위로 결과발생이 객관적으로 예견가능하고, 객관적으로 무대를 지

배하였다면, 객관적 귀속이 인정된다. '상당'인과관계가 성립한다. 객관적 귀속 판단기준은 네 가지이다. ①규범보호범위, ②객관적 예견가능성, ③객관적 지배가능성, ④위험증대이다. 인과관계는 유형과 상관없이 이 네 가지 기준으로 판단한다. 부작위범 인과관계는 가설적으로 판단한다. "만약 가능한 행위를 하였다면, 결과를 방지할 수 있었는가"이다. 세월호 선장 부작위 행위를 이 기준으로 설명하면, 이해가 쉽다. ①사망, ②사망가능성, ③선장 · 무대지배, ④사망이다.

• **고의**

㊐故意 ㊥故意 ⒹVorsatz / Absicht / Deliktsvorsatz(범의 · 犯意)
ⒺIntent / Intention Ⓕintention Ⓘintento / Intenzione Ⓢintención
고의는 행위자가 행위 당시 객관적 구성요건요소를 인식하고, 의욕한 것을 말한다. 인식(認識 · 지적요소 · Wissen)과 의욕(意欲 · 의지요소 · Wollen)이다. 행위자의 정신적 · 심리적 · 관념적 내면세계이다. 주관적 구성요건요소이다. 고의를 밝혀야 정확한 구성요건을 적용할 수 있다. 살인죄 · 상해치사죄 · 폭행치사죄 · 과실치사죄는 고의 확정이 핵심이다. 채증법칙은 고의를 규명하는 소송절차이다. 오늘날 신고전적 범죄체계는 학계에서 지배이론이 되었다. 고의는 구성요건과 책임에서 동시에 의미가 있다. 고의의 이중기능(二重機能, Doppelfunktion)이라고 말한다. 학자들은 고의를 네 종류로 분류한다. ①확정고의, ②미필고의(未必故意 · Eventualvorsatz · dolus eventualis · 용인설 · 容認說 · Einwilligungstheorie), ③택일고의, ④개괄고의(概括的 故意 · dolus generalis)이다. 형법은 원칙으로 고의범만 처벌한다.

• **과실**

㊐過失 ㊥過失 ⒹFahrlässigkeit / Fahrlässigkeitsdelikt / fahrlässig Ⓔnegligence / carelessness / heedlessness / negligence offence / offence committed by negligence
Ⓕfaute / pénale / infraction / d'imprudence / négligence / quasi-délit / délit d'imprudence Ⓘcolpa / delitto colposo / colposo Ⓢculpa / criminal / ofensa / imprudencia / negligencia / cuasi-delito / delito menor
과실 · 과실범은 주의의무를 위반하여 행위자 의사와 다르게 구성요건을 실현하는 행위이다. ①주의의무, ②주의능력, ③태만이 핵심이다. 주의의무(主意義務 · Sorgfaltswidrigkeit)란 예견의무와 회피의무를 말한다. 허용된 위험 · 신뢰의무는 행위자에게 주의의무가 물을 수 없다. 객관적 구성요건해당성이 없기 때문이다. 형법은 원칙적으로 과실범을 처벌하지 않는다. 법률에 특별한 규정이 있는 경우만 과실범을 처벌한다. 형법에 업무상과실치사죄 · 업무상과실치상죄 · 중과실치사죄 · 중과실치상죄 · 과실치사죄 · 과실치상죄 · 업무상과실장물죄 · 중과실장물죄 · 업무상실화죄 · 중실화죄 · 실화죄 · 과실폭발성물건파열죄 · 과실일수죄 · 업무상과실교통방해죄 · 중과실교통방해죄 · 과실교통방해죄가 있다. 과실은 인식 있는 과실과 인식 없는 과실이 있다. 인식 있는 과실은 결과발생을 미용인(未容認)하는 것이고, 미필적 고의는 결과발생을 용인(容認)하는 것이다. 고의 인정여부 판단에서 구별 실익이 있다. 과실은 구성요건이며, 또한 책임요건이다. 범죄체계에서 동시에 의미가 있다. 과실의 이중기능(二重機能 · Doppelfunktion)이라고 말한다. 위법성조각사유 전제사실 착오 문제를 해결하는데 도움이 된다. 법효과제한적 책임설이다. 과실 책임만 묻는다. 과실범 처벌 규정이 있어야 한다.

• **방법착오 / 타격착오**

㊐方法錯誤 / 打擊錯誤 ㊥方法錯誤 / 打擊錯誤
Ⓓaberratio ictus(lat.) Fehlgehen der Tat
Ⓔmiscarriage of criminal act, transferred malice
Ⓕaberratio ictus (lat.) / fausse couche d'acte criminel, malice transférée
Ⓘaborto spontaneo di atti criminali, malevolenza trasferita
Ⓢaborto involuntario de un acto criminal, malicia transferida

방법착오·타격착오·행위착오는 행위수단에 엇갈림이 생겨 의도한 객체가 아니라, 다른 객체에게 결과가 발생한 경우이다. 예를 들면 살인 고의로 갑을 향하여 총을 발포하였다. 그러나 갑에게 명중되지 않고, 옆에 있던 을에게 명중하였다. 침해법익이 동일한(인간생명) 구체적 사실착오 경우, 살인 고의를 인정한다. 법정적 부합설이다. 살인죄가 성립한다. 고의 인정을 다투는 학설 중 하나이다. 구체적 부합설도 있다. 미수·과실을 인정한다. 대법원 입장은 법정적 부합설이다.

• **부작위**

ⓗ不作爲 ⓒ不作爲 ⒹUnterlassung Ⓔforbearance / omission / non-act
Ⓕabstention / omission / non-acte Ⓘtolleranza / omissione / non-atto
ⓢindulgencia / omisión / no-acto

부작위는 명확하게 예상되는 행위를 하지 않는 행위이다. 부작위로 성립되는 범죄를 부작위범이라 말한다. 진정부작위(眞正不作爲)와 부진정부작위(不眞正不作爲)가 있다. 진정부작위범은 구성요건에 명시된 부작위범이다. 그 외 나머지는 모두 부진정부작위범(不眞正不作爲犯·unechte Unterlassungsdelikt·crime by omission)이 될 수 있다. 법적 의무를 가진 사람이 명확하게 예상되는 행동을 하지 않아서 결과가 발생하였다면, 적극적 행위를 한 것과 동일한 형벌로 처벌된다. 삼촌이 살해 고의로 10세 조카를 저수지로 유인한 뒤, 조카가 물에 빠지자 구하지 않은 행위는 부작위 살인행위이다. 적극적으로 살인한 행위와 결과발생이 같다. 행위자 힘(力)이 투입되면, 작위이다.

• **보증인의무**

ⓗ保證人義務 ⓒ保証人義務 ⒹGarantienpflicht Ⓔguarantor's obligation
Ⓕobligation du garant Ⓘobbligo del fideiussore ⓢobligación del garante

결과발생을 방지해야 할 법적 의무를 말한다. 보증인능력·보증인의무를 갖춘 사람을 보증인 지위라고 말한다. 보증인의무는 법령·계약·선행행위·조리·사회상규에서 발생된다. 보증인 지위는 행위정형 동가치 핵심이다.

• **결과적 가중범**

ⓗ結果的 加重犯 ⓒ結果的 加重犯 Ⓓerfolgsqualifizierte Delikt
ⒺSuccess-qualified offense ⒻInfraction qualifiée de succès, Open qualifié
ⒾReato qualificato per il successo ⓢOfensa calificada para el exito

고의로 기본범죄를 범하고, 과실로 중한 결과가 발생한 경우이다. 중한 결과는 대부분 사망과 상해로 제한되어 있다. 진정 결과적 가중범은 고의와 과실이 결합된 범죄이다(Vorsatz-Fahrlässigkeitskombination). 기본범죄와 중한 결과는 직접성(直接性·直接性·Unmittelbarkeit)이 있어야 한다. 상해치사죄·폭행치사죄·폭행치상죄·낙태치사죄·낙태치상죄·유기치사죄·유기치상죄·체포감금치사죄·체포감금치상죄·강간치사죄·강간치상죄·강도치사죄·강도치상죄·교통방해치사죄·교통방해치상죄 등이다. 순수한 과실범 보다 가중하여 처벌한다. 기본범죄에 포함된 전형적인 불법이 실현되었기 때문이다. 형법 제15조 제2항 예견가능성은 결과적 가중범 인과관계를 말한다. 진정 결과적 가중범과 부진정 결과적 가중범으로 분류된다. 부진정 결과적 가중범은 기본범죄 고의와 중한 결과 과실뿐만 아니라, 기본범죄 고의와 중한 결과 고의를 포함한다. 형법에 현주건조물방화치사죄·현주건조물방화치상죄·현주건조물일수치사죄·현주건조물일수치상죄·교통방해치사죄·교통방해치상죄 등이 있다. 결과적 가중범은 공동정범·교사·방조도 가능하다.

• **위법성**

ⓗ違法性 ⓒ違法性 ⒹRechtswidrigkeit Ⓔillegality / unlawfulness
Ⓕl'illégalité Ⓘillegalità / illegittimità ⓢilegalidad

위법은 법질서 위반을 말한다. 위법행위는 법규범과 행위의 충돌이다. 구성요건에 해당하면, 위법하다(위법성 징표론). 위법성은 위법의 실질을 말한다. 어떤 행위가 범죄행위·불법행위로 인정되는 객관적 요건을 의미한다. 위법성 평가는 전체 법질서에 비추어 판단한다. 실질적으로 이익형량을 한다. 구체적 판단 기준은 정당성·상당성·균형성·긴급성·보충성이다. 다섯 가지 판단 기준이 위법성조각사유 핵심 내용이다. 한편 불법(不法, Unrecht)이란 구성요건에 규정된 반가치 규범을 말한다. 불법에 대한 최종평가는 위법성조각사유에 대한 평가가 종료되어야 한다. 불법은 위법성의 실질을 평가한 후 내리는 최종결론이다. 형법총칙은 정당행위·정당방위·긴급피난·자구행위·피해자승낙을 위법성조각사유로 규정하고 있다. 형법각칙은 형법 제246조 일시도박과 형법 제310조 위법성조각사유를 규정하고 있다. 구성요건에 해당하지 않는 행위와 구성요건에 해당하지만, 위법성이 없는 행위는 명확히 구별된다. 범죄체계에서 중요한 문제이다. 적법한 공무집행이 아니면, 공무집행방해죄 구성요건에 해당하지 않는다. 수지침 행위는 의료법 무면허의료행위 구성요건에 해당한다. 그러나 정당행위로 위법성이 조각된다. 사회상규에 위배되지 않는 행위이다.

• **정당방위**

ⓗ正當防衛 ⓒ正当防衛 ⓓNotwehr ⓔself-defence ⓕautodéfense
ⓘautodifesa / auto difesa ⓢautodefensa

자기·타인 법익에 현재 부당한 침해를 방위하기 위한 행위로 상당한 이유가 있어야 한다. 방위행위가 상당성을 넘으면 과잉방위(過剩防衛·過剩防衛·Notwehrexzess·excessive self-defence, fait·pour l'auteur de se croire à tort en état de legitime défense)가 되어 위법성을 조각하지 못한다. 상당성은 필요성(긴급성)과 사회윤리적 제한(균형성·적합성) 요건을 갖추어야 한다. 사회윤리적 제한은 미성년자·가족관계·법익 이익형량이 핵심이다. 오상방위(誤想防衛·誤想防衛·Putativenotwehr·imaginary self-defence)와 오상과잉방위(誤想過剩防衛·誤想過剩防衛·Putativnotwehrexzess·imaginary excessive self-defence)가 있다. 오상방위와 오상과잉방위는 모두 책임조각사유이다. 오상과잉방위는 위법조각사유전제사실착오 문제이다. 형법 제16조를 적용하여 엄격책임설에 따라 판단하자는 주장이 있다. 그러나 오상과잉방위는 법효과제한적 책임설에 따라 과실책임과 형벌을 검토해야 한다.

• **긴급피난**

ⓗ緊急避難 ⓒ緊急避難 ⓓNotstand ⓔemergency / emergency situation / urgent necessity ⓕétat / de nécessité / etat d'urgence ⓘstato / di necessità
ⓢestado / de necesidad

자기·타인의 생명·신체·자유·재산에 대한 현재 위난을 피하기 위한 행위로서 상당성이 있어야 한다. 피난행위가 상당성을 넘으면, 과잉피난(過剩避難·過剩避難·Notstandexzess·emergency excesses·act not excused be the emergency)이 된다. 과잉피난은 위법성이 조각되지 않는다. 상당성은 보충성·균형성·긴급성 요건을 갖추어야 한다. 긴급피난에 특칙이 있다. 일정한 위난을 감수해야 할 의무 있는 사람들이다. 군인·경찰관·소방관 등이다. 감수해야 할 위험을 초과하지 않는 범위다. 오상피난(誤想避難·誤想避難·Putativenotstand·imaginary necessity)과 오상과잉피난(誤想誤想避難·Putativnotstandexcess·imaginary excessive necessity)이 있다. 오상피난과 오상과잉피난은 모두 책임조각사유이다. 오상과잉피난은 위법성조각사유전제사실착오 문제이다. 형법 제16조를 적용하여 엄격책임설에 따라 판단하자는 주장이 있다. 그러나 오상과잉피난은 법효과제한적 책임설에 따라 과실책임과 형벌을 검토해야 한다.

• **자구행위**

ⓗ自救行爲 ⓒ自救行爲 ⓓSelbsthilfe ⓔself-help / self-redress
ⓕautodéfense ⓘautotutela / autodéfense ⓢautodéfense / autoprotección

법정절차로 청구권 보전 불가능 또는 청구권 실행불능·현저한 실행곤란을 피하기 위한 행위이다. 상당한 이유가 있는 경우 위법성이 조각된다. 상당성은 필요성과 보충성을 말한다. 과잉자구행위와 오상자구행위가 있다. 모두 책임조각사유이다. 자구행위가 그 정도를 초과한 경우 정황(情況)에 따라 그 형을 감경(減輕) 또는 면제할 수 있다.

• **책임**

㊐責任 ㊥責任 ⒹSchuld Ⓔguilt / fault Ⓕculpabilité / faute Ⓘcolpa / guasto ⓢculpa

책임은 비난가능성(非難可能性 · 非難可能性 · Vorwerfbarkeit)이다. 형사책임은 법적 책임이다. 책임 근거는 인간의 자유의사이다. 책임 본질은 규범적 비난가능성이다.

• **책임능력**

㊐責任能力 ㊥責任能力 ⒹSchuldfähigkeit Ⓔcriminal responsibility / culpability Ⓕresponsabilité / pénaleculpabilité Ⓘresponsabilità criminale / colpevolezza ⓢresponsabilidad criminal / culpabilidad

책임능력은 통찰능력과 조정능력을 말한다. 책임은 책임능력을 전제로 한다. 책임능력이 없으면, 비난가능성도 없다. 형법은 책임능력을 인정할 수 없는 경우를 입법하였다. 형법은 책임무능력자와 한정책임능력자를 규정하고 있다.

• **금지착오**

㊐禁止錯誤 ㊥禁止錯誤 ⒹVerbotsirrtum
Ⓔerror / as to the prohibited nature of an act
Ⓕerreur de droit / erreur / quant au caractère prohibé d'un acte
Ⓘerrore di diritto / errore / riguardo alla natura proibita di un atto
ⓢerror de derecho / error / en cuanto a la naturaleza prohibida de un acto

위법인식이 없는 경우다. 위법성착오라고 말한다. 형법은 정당한 이유가 있는 경우 벌하지 않는다. 정당한 이유는 전문가에게 문의를 판단요소로 삼는다.

• **자기결정권**

㊐自己決定權 ㊥自己決定權 ⒹSelbstbestimmungsrecht Ⓔright of self-determination
ⒻAutodétermination / droit à l'autodétermination / de disposer de soi-meme
ⒾAutodeterminazione / Autodeterminazione
ⓢAutodeterminación / derecho de autodeterminación

자기 법익을 스스로 결정할 수 있는 권리이다. '자기운명결정권'이다. 헌법 제10조 행복추구권에서 근거를 찾는다. 인격권과 행복추구권이다. 자기결정권은 형법 · 형사소송법 · 개인정보보호법 · 의료법 · 생명윤리법 · 장기이식법에 넓게 반영되어 있다. 설명의무위반은 자기결정권침해의 대표적 유형이다. 형법 제26조 중지미수에서 자의성 판단은 자율성이다. 자기결정권을 존중한다.

• **미수**

㊐未遂 ㊥未遂 ⒹVersuch Ⓔattempt / test / trial Ⓕtentative / test / essai Ⓘtentativo / test / prova ⓢintento / prueba / juicio

미수란 범죄 실행에 착수하였지만, 이후 실행행위를 중단한 경우이다(착수미수 · 着手未遂 · unbeendete Versuch). 또한 범죄 실행은 완료되었지만, 이후 결과가 발생하지 않은 경우이다(실행미수 · 實行未遂 · beendeter Versuch). 미수는 범죄가 모두 실현된 기수와 다르다. 실행착수 이전인 예비와 다르다. 미수는 ①중지미수, ②장애미수, ③불능미수가 있다. 불능범은 위험성이 없어 미수가 성립되지 않는다. 범죄불성립을 불능범이라 한다. 미수는 고의를 전제로 한다. 과실미수는 있을 수 없다. 모든 행위는 미수가 가능하다. 형법에서 미수를 처벌하는 범죄를 미수범이라 한다. 요약하면, 미수는 실행착수(Beginn der Ausführung)가 있어야 한다. 실행착수란 범죄행위개시(Anfang der Ausführung)이다. 독일 형법 제22조는 미수범을 명확하게 규정하고 있다. 「미수범은 자기 의사로 직접 구성요건이 실현되는 행위를 개시한 사람이다.」 범의를 갖고 범죄 실행에 착수한 사람이다. 미수 판단에서 주관적 객관설(subjektiv-objektive Theorie)이 다수설이다.

• **중지미수 / 미수중지**

㊐中止未遂 ㊥中止未遂 ⒹRücktritt vom Versuch Ⓔrenunciation
Ⓕrésignation / démission Ⓘdesistenza / recesso ⓢrenuncia / retirada / recreo
범죄 실행에 착수한 사람이 범죄가 완성되기 전에 자의로 중지하거나 또는 결과발생을 방지하는 것이다. 형을 감경·면제한다. 독일·오스트리아·그리스 형법은 중지미수를 처벌하지 않는다. 스위스 형법은 김경·면제 할 수 있다. 자의성(自意性·Freiwilligkeit·voluntary, optional, unsolicited, non-obligatory)은 주관적 구성요건이다.

• **불능미수**

㊐不能未遂 ㊥不能未遂 Ⓓuntauglicher Versuch Ⓔattempt / for doomed to failure
Ⓕdélit / impossible / infraction Ⓘtentativo / inidoneo / delitto / impossibile
ⓢintento / imposible
범죄의사로 실행착수를 하였지만, 실행수단착오와 범행대상착오로 결과가 불가능하면, 처벌되지 않는다(불능범·不能犯). 그러나 구체적 위험성이 있다면, 불능미수범(不能未遂犯)으로 처벌된다. 행위자가 인식한 사정을 전문가가 실험하여 볼 때, 결과발생가능성이 있다면, 위험성이 있는 것이다. 학자들은 이를 구체적 위험설(具體的 危險說·Theorie der konkreten Gefährlichkeit·Theory of concrete danger)이라고 한다. 현재 다수설이다.

• **예비**

㊐豫備 ㊥豫備 ⒹVorbereitung Ⓔpreparation Ⓕpréparation Ⓘpreparazione
ⓢpreparación / preparativo / apresto
예비란 범죄실현을 위한 준비행위이다. 예를 들면 범행장소탐사와 범행도구구입이다. 예비는 범죄실행을 위한 준비단계와 계획단계이다. 아직 실행행위가 개시되지 않은 상태다. 형법은 예비행위를 아주 예외적으로 처벌한다. 예비행위를 공동으로 실현할 수 있다. 그러므로 예비죄 공동정범이 성립한다. 그러나 예비죄 교사범과 예비죄 방조범은 성립이 불가능하다. 정범의 실행착수가 없기 때문이다. 정범은 적어도 구성요건행위를 살현하고, 위법해야 공범이 성립한다. 종속성 정도, 제한적 종속형식(制限的 從屬形式·limitierte Akzessorietät·limited accessoriness·accessoirité limitée)에 따른 것이다. 예비죄의 미수는 불가능하다. 왜냐하면 행위자가 실행착수도 하지 않았기 때문이다. 미수는 최소한 고의와 실행착수가 있어야 한다. 확립된 대법원 판례 입장이다. 중지미수유추적용설이 있다. 그러나 예비죄의 중지는 입법론 문제이다. 해결방안으로 불가벌 또는 필요적 감경이 있다.

• **기수**

㊐既遂 ㊥既遂 ⒹVollendung Ⓔcompletion / accomplishment
Ⓕconsommation / achèvement Ⓘconsumazione / consommation
ⓢconsumo
범죄는 구성요건을 모두 충족할 때 기수가 된다. 범죄의사는 예비⇒실행착수⇒결과발생을 거쳐 종료된다. 기수란 구성요건의 형식적 실현(tatbestandlich-formelle Vollendung)이다. 종료란 범죄의 실질적 종료(materielle Beendigung)이다. 기수와 종료의 구별실익은 공소시효진행기산점·공범성립가능·가중적 구성요건적용이다.

• **공동정범**

㊐共同正犯 ㊥共同正犯 ⒹMittäterschaft Ⓔcomplicity / joint commission of crime
Ⓕcoachtivité / complicité / commission conjointe du crime

Ⓘcomplicità / commissione congiunta di reato
Ⓢcomplicidad / comisión conjunta de delito.
2인 이상이 공동으로 죄를 범한 경우, 각 행위자를 정범으로 처벌한다, 공동정범은 여러 사람(甲・乙・丙)이 범죄행위를 분담하여 실행한다. 객관적 요건으로 여러 사람이 역할분담한 행위로 기능적 행위지배가 있어야 한다. 주관적 요건으로 각 행위자의 범행고의와 여러 행위자들의 공동모의 또는 공동의사가 있어야 한다. 과실범 공동정범도 인정된다. 주의의무를 여러 행위자들이 공통으로 태만히 해야 한다. 승계적 공동정범(承繼的 共同正犯・sukzessive Mittäterschaft)도 성립한다. 승계한 시점부터 정범이 인정된다. 그러나 편면적 공동정범(片面的 共同正犯・einseitige Mittäterschaft)은 성립될 수 없다. 이 경우 동시범(同時犯・同時犯・Nebentäter・independent perpetrator) 또는 종범(從犯・Beihilfe・assistance・aid・help)이 성립한다. 형법각론은 한 사람이 범죄를 실현하는 것을 예상하고, 법조문을 규정하고 있다. 그러나 현실에서 여러 사람이 같이 범하는 경우가 많다. 범죄참가형태(犯罪參加形態・Beteiligungsformen・forms of participation)는 정범(正犯・Täterschaft・tortfeasor・fait)과 공범(共犯・Teilnahme・participation・complicity・participation)이 있다. 정범은 단독정범・공동정범・간접정범이 있다. 공범은 교사범・방조범이 있다. 하나의 범죄를 단독으로 실행하는 사람을 단독정범(單獨正犯・Alleintäterschaft・alone perpetration・seul perpétrer)이라 한다.

• **간접정범**

ⓔ間接正犯 ㊥間接正犯 Ⓓmittelbare Täterschaft Ⓔindirect perpetrator
Ⓕprovocateur auteur Ⓘperpetratore indiretto / provocatore-autore
Ⓢperpetrador indirecto
간접정범은 다른 사람을 도구로 이용하여 범죄를 실현한다. 형법은 '다른 사람'(피이용자 범위)을 무죄 또는 과실범으로 처벌되는 사람으로 제한한다. '이용'은 교사행위와 방조행위로 규정되어 있다. 독일 형법 제28조 제1항 보다 간접정범 성립범위가 좁다. 정범이후 정범이론은 과실범을 제외하고, 형법 해석상 불가능하다. 형법은 교사로 간접정범을 범하면, 정범과 동일한 형으로 처벌한다. 방조로 간접정범을 범하면, 정범보다 감경하여 처벌한다. 간접정범 실행착수는 이용된 사람이 이용행위를 개시할 때 성립한다. 간접정범 미수도 성립한다. 간접정범 착오는 구성요건착오이다. 초과부분은 구성요건 고의가 없다. 신분 없는 사람은 진중신분범 간접정범이 성립되지 않는다. 고의가 없다.

• **교사범**

ⓔ教唆犯 ㊥教唆犯 ⒹAnstiftung
Ⓔinstigation / subornation / solicitation / incitement
Ⓕincitation / instigation / provocation Ⓘistigazione Ⓢinstigación
교사범은 다른 사람에게 범죄를 결의하게 하여 범죄를 실행하게 한 사람이다. 교사범은 범죄창업자이다. 정범에게 범죄원인을 제공한 사람이다. 교사범은 스스로 행위지배에 관여하지 않는다. 공동정범과 교사범 차이점이다. 교사범은 피교사자(정범)가 실행에 착수해야 성립한다. 명령・지시・설득・애원・요청・유혹・감언・이익제공이 교사행위 수단이다. 교사행위는 작위로 한다. 교사행위는 부작위로 불가능하다. 교사행위는 고의로 한다. 교사행위는 과실로 불가능하다. 교사범은 정범 고의를 인식하고, 교사 교의를 가져야 한다. 이중적 고의이다. 피교사자 착오는 구성요건착오이다. 초과부분은 이중 고의를 모두 인정할 수 없다. 교사자는 정범과 같은 법정형으로 처벌된다. 특수교사는 정범 법정형보다 2분의 1을 가중하여 처벌한다. 교사행위가 실패하면, 교사자만 음모죄로 처벌된다. 「실패한 교사」이다. 반면 교사행위는 성공하였지만, 실행착수가 없다면, 교사자・피교사자 모두 예비죄・음모죄로 처벌된다. 「효과 없는 교사」이다. 간접교사와 연쇄교사도 성립한다.

• **종범 / 방조범**

㊐從犯 · 幇助犯 ㊥從犯 · 幇助犯 ⒹBeihilfe Ⓔassistance / aid / help
Ⓕcomplicité / assistance / aide / aide Ⓘcomplicità / assistenza / aiuto / aiuto
Ⓢcomplicidad / asistencia / ayuda / ayuda

종범은 정범을 방조한 사람이다. 정범에게 구성요건 실현을 가능하게 하거나 또는 쉽게 하거나 또는 법익침해를 강화하는 것을 말한다. 정범 실행행위에 가담하는 범죄이다. 행위지배가 없다. 지적 · 정신적 · 기술적 · 물질적 방조가 모두 가능하다. 방조시기는 정범 행위 전후 모두 가능하다. 작위 방조와 부작위 방조 모두 가능하다. 방조행위도 인과관계가 있어야 한다. 방조행위로 정범 결과발생이 「가능 · 강화 · 용이」하면, 인과관계가 인정된다. 합법칙적 관련설이라고 말한다. 정범 고의에 대한 인식과 방조 고의가 있어야 한다. 이중 고의이다. 미수 방조는 성립되지 않는다. 처벌실익도 없다. 편면적(일방적) 방조도 성립한다. 종범 착오도 구성요건착오이다. 초과부문은 구성요건 고의가 없다. 종범을 교사한 사람은 종국적으로 정범을 방조한 것이다. 교사범을 방조한 사람도 종국적으로 정범을 방조한 것이다. 연쇄방조 · 간접방조도 가능하다.

• **죄수**

㊐罪數 ㊥罪數 ⒹKonkurrenz / Straftatbestandskonkurrenz
Ⓔconcurrence / conflict Ⓕconcours / d'infractions / cumul Ⓘconcorso
Ⓢconcurso

죄수는 행위자가 범한 범죄 수이다. 행위자가 1개 또는 여러 개 행위를 통해 같은 구성요건을 여러 번 충족하였거나 또는 여러 개 구성요건을 실현한 경우 어떤 죄가 성립하고, 어떻게 처리할 것인지 문제이다. 죄수론은 범죄론과 형벌론이 종합되어 있다. 형법각칙에 아무런 규정이 없다. 형법총칙은 경합범(실체적 경합범)과 상상적 경합을 규정하고 있다. 죄수결정 판단기준은 법익표준설 · 행위표준설 · 의사표준설 · 구성요건표준설이 있다. 대법원은 구체적 사건에 따라 여러 표준으로 죄수를 결정한다. 일죄(법조경합과 포괄일죄)와 수죄(상상적 경합 · 실체적 경합) 요건을 검토하면서, 어떤 요소를 고려하는지 살펴보아야 한다. 일죄는 범죄 수가 1개인 것이다.

법조경합(法條競合 · 法條競合 · Gesetzeskonkurrenz · overlapping of law · concurrence of provisions)은 특별관계(特別關係 · 特別關係 · Spezialität · specialty · speciality) · 보충관계(補充關契 · 補充關契 · Subsidiarität · subsidiarity) · 흡수관계(吸收關係 · 吸收關係 · Konsumtion · consumption)가 있다. 법조경합 효과는 배제된 법률은 적용되지 않는다. 경과범죄(經過犯罪 · 經過犯罪 · Durchgangsdelikt · Through offense)와 불가벌적 사전행위(不可罰的 事前行爲 · 不可罰的 事前行爲 · straflose Vortat · unpunished predicate)는 보충관계이다. 불가벌적 수반행위(不可罰的 隨伴行爲 · 不可罰的 隨伴行爲 · mitbestrafte Begleittat · co-punished accompanying act)와 불가벌적 사후행위(不可罰的 事後行爲 · 不可罰的 事后行爲 · mitbestrafte Nachtat · co-punished after act)는 흡수관계이다.

포괄일죄(包括一罪)는 결합범(結合犯) · 계속범(繼續犯) · 접속범(接續犯) · 연속범(連續犯)이 있다. 수죄(數罪)는 상상적 경합(想像的 競合 · 想像的 競合 · Idealkonkurrenz · Tateinheit · unity of crime · concours · Idéal d'infractions · cumul Idéal d'infractions)과 실체적 경합(實體的 競合 · 實体的 競合 · Realkonkurrenz · Tatmehrheit · plurality of actsjoinder of offences · concours · réel d'infration)이 있다. 상상적 경합은 양형에서 일죄이다.

• **사형**

㊐死刑 ㊥死刑 ⒹTodesstrafe Ⓔcapital punishment / death penalty
Ⓕpeine de mort / peine / capitale Ⓘpena di morte / pena / capitale
Ⓢpena de muerte / pena / capital

사형은 생명을 박탈하는 범죄이다. 가장 중한 형벌이다. 형법은 교수형으로 집행한다. 군형법은 총살형으로 집행한다. 가장 먼저 포르투갈(1867) · 스위스(1937) · 독일(1949) · 오스트리아(1950) · 영국(1969) · 스페인(1975) · 프랑스(1981)가 사형을 폐지하였다. 대부분 유럽 국가는 사형을 폐지하였다. 한국 · 중국 · 일본은 사형제도를 존치하고 있다. 무기자유형으로 대체하자는 주장이 있다. 범죄피해자 재활센터 등 피해자보호정책이 확대되어야 한다. 그래야 사형폐지론이 힘을 얻는다.

• **양형**

㊐量刑 ㊥量刑 ⒹStrafzumessung Ⓔaward of punishment / assessment of penalty Ⓕcalcul / de la peine Ⓘapplicazione della pena / determinazione / concreta della poena ⓢaplicación della pena / determinación / concreta della poena

양형은 법정형에 법률상 가중 · 감경 · 작량감경을 한 처단형에서 구체적으로 선고할 형을 정하는 것을 말한다. 법관 재량은 법적으로 구속된 재량(法律連繫裁量 · rechtlich gebundenes Ermessen · legally bound discretion)이다.

• **상습범**

㊐常習犯 ㊥常習犯 ⒹGewohnheitsverbrecher / Gewohnheitsmässigkeit
Ⓔhabitual criminal / persistent offender / habitualness
Ⓕdélinquant / d'habitude Ⓘdelincuente / habitual ⓢdelincuente / habitual

상습범은 행위자가 반복한 행위로 얻어진 경향이다. 상습범은 습벽 범죄이다. 상습은 동종 범죄를 반복 실행하여 행위자에게 위험이 체화된 것이다. 누범과 다르다. 누범은 범죄 수를 기준으로 한다. 상습범은 형법각칙과 특별형법에 개별적으로 규정되어 있다. 상습범은 구성요건에 따라 가중하여 처벌된다. 상습강제추행죄 · 상습절도죄 · 상습도박죄 등이 있다.

• **집행유예**

㊐執行猶豫 ㊥執行犹豫 ⒹStrafaussetzung zur Bewährung ⒺProbation
Ⓕépreuve / probation Ⓘepreuve / prova ⓢepreuve / prueba

집행유예는 형을 선고할 때 일정기간 형 집행을 유예하는 제도이다. 집행유예기간이 지나면, 그때부터 형선고 효력이 없다. 단기자유형 폐해를 보완한 제도이다. 사회복귀사상(社會復歸思想 · Resozialisierungsgedanke · social adjustment · rehabilitation · resocialization thought)이 담겨 있다. 법원은 집행유예를 선고할 때, 보호관찰과 사회봉사명령을 명령할 수 있다. 2018년 1월 7일부터 벌금형 집행유예제도가 시행하고 있다. 다만 500만원 이하 벌금형에 한하여 집행유예를 선고할 수 있다.

• **선고유예**

㊐宣告猶豫 ㊥宣告犹豫 ⒹVerwarnung Ⓔwarnung / admonition / reprimand
Ⓕavertissement / avis / de contravention / avertissement
Ⓘavvertimento / avviso / violazione / ammonizione
ⓢadvertencia / advertencia / violación / advertencia

선고유예는 범정이 경미한 범인에게 일정기간 동안 형선고를 유예한다. 유예기간이 지난 때 면소된 것으로 본다. 선고유예는 특별예방사상이 반영된 제도이다.

• **가석방**

㊐假釋放 ㊥假釋放 ⒹAussetzung des Strafrestes / bedingte Entlassung
Ⓔexposure / abandonment Ⓕabandon / exposition / d'enfant
Ⓘabbandono / esposizione / bambino ⓢabandono / exposición / niño

가석방은 자유형을 집행 받고 있는 사람이 개전의 정이 현저할 경우, 형기만료 전에 조건부로 석방하는 제도이다. 일정한 기간이 지난 후에 형 집행을 종료한다. 특별예방사상과 사회복귀사상이 담겨 있다. 정기형제도 결함을 보충하고, 형 집행의 구체적 타당성을 보완할 수 있다. 가석방제도 존재이유이다. 가석방은 사회적응을 높이는 중요한 처우방법 중 하나이다. 가석방은 보호관찰제도와 결합되어 있다. 가석방은 가석방심의위원회에 신청을 하고, 법무부장관이 최종 결정한다. 가석방 기간은 형의 집행이 종료된 것이 아니다. 따라서 이 기간 중 다시 죄를 범한 경우, 누범에 해당하지 않는다. 가석방이 실효 · 취소되면, 가석방기간은 형기에 산입하지 않는다. 구금된 전날부터 형기(刑期)가 다시 시작된다.

- **보안처분**

㊐保安處分 ㊥保安處分 ⒹMaßregeln der Besserung und Sicherung
Ⓔrule / regulation / disciplinary action of improvement and securing
Ⓕrègle / règlement / action disciplinaire d'amélioration et de sécurisation
Ⓘregola / regolamento / azione disciplinare miglioramento e sicurezza
ⓢRegla / reglamento / acción disciplinaria mejora y seguridad
보안처분은 형벌을 대체처분 · 보완처분이다. 행위자 특수한 사정으로 형벌을 부과할 수 없는 경우가 있다. 책임무능력자이기 때문이다. 사회적 위험성 때문에 보안처분을 한다. 순수 예방적 성격의 제재이다. 특정범죄가중처벌에 관한 법률 제5조4에 상습누범자 가중 처벌 조항이 있다.

- **보호관찰 / 보호관찰관**

㊐保護觀察 · 保護觀察官
㊥保護觀察 · 保護觀察官 ⒹBewährungshilfe / Bewährungshelfer
Ⓔprobation / probation officer / parole officer officer
Ⓕe'preuve / probation / délégué / a 'la promotion / adjoint de probation
Ⓘprova / assistente alla prova ⓢprueba / probatorio / delegado / ascenso / asistente probatorio
보호관찰은 범죄인 재범방지와 사회복귀를 촉진하기 위해 교정시설이 아닌 자유 상태에서 범죄인을 지도 · 감독하는 제도이다. 보호관찰은 집행유예제도 핵심이다. 자유박탈 없는 제재수단이다. 사회봉사명령과 수강명령이 있다. 모두 집행유예기간 내에 집행한다. 사회봉사명령은 무보수 근로봉사이다. 수강명령은 출석강좌이다. 사회봉사는 500시간 내에서 시간단위로 부과된다. 「글 발표와 금전 출연은 사회봉사로 볼 수 없다. 사회봉사명령과 수강명령을 동시에 명령할 수 있다」(대법원 판례).

- **인적처벌조각사유**

㊐人的處罰阻却事由 ㊥人的處罰阻却事由 Ⓓpersönliche Strafausschliessungsgründe
Ⓔ personal exclude for punishment / personal preclude for punishment / personal rule out for punishment
ⒻExclusion personnelle pour punition / personnel exclure pour punition / écart personnel pour punition
Ⓘpersonale esclude per punizione / personale preclude per punizione / la regola personale per la punizione
ⓢpersonal excluye para castigo / personal excluido para el castigo / descarte personal para el castigo
인적처벌조각사유는 범죄는 성립하지만, 행위자의 특수신분으로 형벌권이 발생하지 않는다. 중지미수에서 자의로 중지한 사람과 친족상도례에서 직계혈족 · 배우자 · 동거친족이 행위자 특수신분에 해당한다. 재산죄에서 절도 · 사기 · 공갈 · 횡령 · 배임 · 장물은 친족상도례가 적용된다. 범죄는 성립하지만, 형이 면제되는 사유이다. 범죄처벌조건 중 하나의 유형이다.

• **살인죄**

㉰殺人罪 ㊥殺人罪 ⒹTötungsdelikt Ⓔkilling / homicide Ⓕmeurtre / homicide Ⓘmeurtre / omicidio ⓢasesinato / omicidio

살인죄는 사람을 살해하여 생명을 침해하는 범죄이다. 살인죄 보호법익은 생명이다. 보호정도는 침해범 · 결과범이다. 사람은 출생부터 사망까지 생존한 사람을 말한다. 일부노출(자궁절개시점)과 맥박종지(뇌기능정지)이다. 부작위 살인죄도 가능하다. 결과발생은 사망이다. 인과관계와 객관적 귀속이 있어야 기수가 성립한다. 살인죄는 미수범 · 예비범 · 음모범을 처벌한다. 존속살해죄에서 행위객체는 직계존속이다. 과실로 사람을 사망에 이르게 하면, 과실치사죄(過失致死罪 · 過失致死罪 · fahrlässige Tötung · homicide by negligence)가 성립한다.

• **상해죄**

㉰傷害罪 ㊥傷害罪 ⒹKörperverletzung Ⓔphysical injury / bodily harm Ⓕlésion / corporelle / blessure Ⓘlésione / personale ⓢlesión / corporal / persona

상해죄는 사람을 상해하여 사람 신체를 침해하는 범죄이다. 상해죄 보호법익은 사람 신체 완전성이다. 보호정도는 침해범 · 결과범이다. 행위객체는 생존한 사람신체이다. 사람은 자연인과 다른 사람이다. 존속상해죄는 행위객체가 직계존속신체이다. 부작위 상해죄도 가능하다. 보호의무자가 물에 빠진 아이를 방임하여 상해를 입힌 경우와 보호의무자가 영양을 공급하지 아니하여 상해를 입힌 경우이다. 결과발생은 생리기능침해를 말한다. 인과관계와 객관적 귀속이 있어야 기수가 성립한다. 상해죄는 미수범을 처벌한다. 상해죄는 형법 제263조에 동시범 특례규정이 있다. 상해치사죄는 결과적 가중범이다. 상해로 사망 결과가 직접 실현되어야 한다. 상해치사죄 공동정범도 가능하다. 각자가 사망 결과를 예견할 수 있어야 한다. 특수상해죄는 2016년 1월 6일 신설된 규정이다. 상습인 경우 정한 형의 2분의 1까지 가중하여 처벌한다.

• **폭행죄**

㉰暴行罪 ㊥暴行罪 ⒹGewalt Ⓔpower / force / assault Ⓕviolence / contrainte Ⓘpotere / forza / violenza ⓢpoder / fuerza / violencia

폭행죄는 사람 신체에 폭행을 행사하는 범죄이다. 폭행이란 사람 신체에 유형력 행사를 말한다. 폭행죄는 협의 폭행 개념을 적용한다. 형법 제125조 폭행 · 가혹행위죄에서 폭행도 폭행죄 폭행 개념과 같다. 폭행을 당하는 사람은 자연인과 다른 사람이다. 형식범이다. 반의사불벌죄이다. 범죄 수사는 피해자 고소가 없어도 진행되지만, 제1심 판결 선고 전까지, 처벌을 희망하지 않는다는 표시를 하면 효력이 있다. 특수폭행죄가 있다. 폭행치사죄와 폭행치상죄도 있다. 이는 결과적 가중범이다. 공동정범으로 성립이 가능하다. 상습인 경우 정한 형의 2분의 1까지 가중하여 처벌한다.

• **유기죄**

㉰遺棄罪 ㊥遺弃罪 ⒹAussetzung Ⓔexposure / abandonment Ⓕabandon / d'enfant exposition / d'enfant Ⓘsospensione / abbandono / esposizione ⓢsuspensión / abandono / exposición

유기죄는 보호의무자가 노유 · 질병 · 그 밖에 사유로 부조를 요하는 사람을 유기하는 범죄이다. 진정신분범이다. 유기란 보호 없는 상태로 옮기거나 또는 방치하는 것이다. 작위와 부작위 성격을 모두 갖고 있다. 보호법익은 생명 · 신체 안전이다. 보호정도는 추상적 위험범이다. 길가에 버리거나 또는 방치하면 기수이다. 유기치사죄 · 유기치상죄가 있다. 부작위 살인죄는 살인 고의가 있는 것이다. 유기치사죄는 유기 고의가 있는 것이다. 기본범죄 고의 여부를 명확하게 구분해야 한다.

• **협박죄**

㉰脅迫罪 ㊥脅迫罪 ⒹBedrohung Ⓔthreat / menace / danger

Ⓕmenace / menace / danger Ⓘminaccia / minaccia / pericolo
Ⓢamenaza / amenaza / peligro
협박죄는 사람을 협박하는 범죄이다. 협박은 다른 사람에게 해악 고지와 공포심을 야기하는 행위이다. 협의 협박 개념이다. 보호법익은 의사결정 자유이다. 보호정도는 침해범이다. 판례는 위험범으로 본다. 반의사불벌죄이다. 형법은 미수범을 처벌한다. 대법원은 「협박죄 미수범 처벌조항은 해악고지가 현실적으로 상대방에게 도달하지 아니한 경우 또는 도달은 하였으나 상대방이 이를 지각하지 못한 경우 또는 고지된 해악의미를 인식하지 못한 경우에 적용될 뿐이다」고 판시한바 있다(대법원 2007. 9. 28. 선고 2007도606 전원합의체 판결). 특수협박죄가 있다.

• **강간죄**

Ⓙ强姦罪 Ⓒ强姦罪 ⒹVergewaltigung / vergewaltigen
Ⓔrape / ravishment / ravish
Ⓕviol / ravissement / ravish / violer / commettre un viol
Ⓘviolenza / camale / violentare / usare violenza carnale
Ⓢviolencia / cameleón / violación / uso violación
강간죄는 폭행 또는 협박을 하고, 반항을 곤란하게 한 다음, 사람을 강간하는 범죄이다. 강간은 폭행・협박・간음을 말한다. 결합범이다. 이들 행위들이 연결되어 성적자기결정권을 침해한다. 보호법익은 개인의 성적자기결정 자유이다. 보호정도는 침해범이다. 인과관계와 객관적 귀속이 있어야 기수가 성립한다. 강간죄는 미수범도 처벌한다. 폭행 또는 폭행이 있을 때, 실행착수가 있다. 성폭력특별법은 제3조 특수강도강간죄와 제4조 특수강간죄를 가중하여 처벌한다. 또한 성폭력특별법은 제11조 공중밀집장소추행죄와 제12조 통신매체이용음란죄를 처벌한다. 친고죄가 아니다.

• **명예훼손죄**

Ⓙ名譽毁損罪 Ⓒ名譽毁損罪 ⒹEhrverletzung / Ehre
Ⓔdefamation / violation of honour / honor / libel and slander
Ⓕdiffamation Ⓘdiffamazione Ⓢdifamación
명예훼손죄는 공연히 사실 또는 허위사실을 적시하여 사람 또는 법인 명예를 훼손하는 범죄이다. 보호법익은 외적 명예이다. 보호정도는 위험범이다. 반의사불벌죄이다. 공연성과 사실적시만 있으면 기수가 성립한다. 공연성이란 불특정 또는 다수인이 인식할 수 있는 상태를 말한다. 행위는 구체적 사실 적시이다. 비평자의 주관적인 의견 강조는 사실 적시에 해당하지 않는다. 형법에 사자명예훼손죄와 출판물명예훼손죄가 있다. 정보통신법 제70조에 사이버 명예훼손죄(친고죄)가 있다. 형법 제310조 위법성조각사유는 제307조 제1항에만 적용된다. 공공성과 진실성이 요건이다.

• **모욕죄**

Ⓙ侮辱罪 Ⓒ侮辱罪 ⒹBeschimpfung
Ⓔrevilement / invective / vituperation / abusive language
Ⓕinsulte / injure Ⓘinsulto / ingiuria Ⓢinsulto
모욕죄는 사람을 공연히 모욕하는 범죄이다. 모욕은 인격 경멸 의사표시이다. 보호법익은 외적 명예이다. 보호정도는 위험범이다. 모욕죄는 친고죄이다. 고소가 있어야 공소를 제기할 수 있다.

• **업무방해죄**

Ⓙ業務妨害罪 Ⓒ業務妨害罪 ⒹBetriebsgefährdung / Betriebsgefahr
Ⓔoperational risk / operational hazard
Ⓕrisque d'exploitation / resultant de l'utilisation d'un véhicule
Ⓘrischio / di esercizio Ⓢriesgo / ejercicio
업무방해죄는 위계 또는 위력으로써 사람의 업무를 방해한 경우에 성립한다. '위력'이란 사람의 자

유의사를 제압·혼란케 할 만한 일체의 세력을 말한다. 업무방해는 결과를 초해할 위험발생이다. 보호법익은 업무이다. 공무는 포함되지 않는다(판례). 보호정도는 위험범이다. 대법원은 「쟁의행위로서 파업도 집단적 노무제공을 중단하는 실력행사이다. 업무방해죄 위력에 해당한다」고 판시한바 있다(대법원 2011. 3. 17. 선고 2007도482 전원합의체 판결).

• **주거침입죄**

㉰住居侵入罪 ㊥住居侵入罪 ⒹHausfriedensbruch
Ⓔunlawful entry / forcible entry Ⓕviolation / de domicile
Ⓘviolazione / di domicilio ⓢviolación / domicilio

주거침입죄는 사람 주거 또는 관리 장소를 침입하는 범죄이다. 보호법익은 사실상 주거 평온이다. 보호정도는 침해범이다. 인과관계와 객관적 귀속을 검토해야 한다. 형법은 미수범을 처벌한다. 부작위 주거침입죄도 가능하다(부진정부작위범). 사후에 알고도 방치하는 경우이다. 퇴거불응죄도 있다(진정부작위범). 퇴거요구를 받은 경우 성립한다. 대법원은 「주거침입죄는 반드시 행위자 신체 전부가 범행 목적인 타인 주거 안으로 들어가야 성립하는 것이 아니다. 신체 일부만 타인 주거 안으로 들어갔더라도, 거주자가 누리는 사실상 주거 평온을 해할 수 있는 정도에 이르렀다면, 범죄구성요건을 충족하는 것이다. 주거침입죄 범의는 신체 일부라도 타인 주거 안으로 들어간다는 인식이 있으면 족하다」고 판시한바 있다(대법원 1995. 9. 15. 선고 94도2561 판결).

• **절도죄**

㉰竊盜罪 ㊥窃盗罪 ⒹDiebstahl Ⓔtheft / larceny / stealing
Ⓕvol / soustraction / frauduleuse Ⓘfurto ⓢrobo

절도죄는 타인 재물을 절취하는 범죄이다. 보호법익은 소유권이다. 보호정도는 침해범이다. 행위객체는 타인 소유·점유 재물이다. 행위는 절취이다. 타인 점유 배제와 새로운 점유 취득을 말한다. 대법원은 「'점유'란 현실적으로 어떠한 재물을 지배하는 순수한 사실상 관계이다. 민법상 점유와 반드시 일치하는 것은 아니다. 현실적 지배도 점유자가 반드시 직접 소지하거나 또는 항상 감수하여야 하는 것은 아니다. 사실상 지배 여부는 재물 크기·형상, 그 개성의 유무, 점유자와 재물과 시간적·장소적 관계 등을 종합하여 사회통념에 비추어 결정되어야 한다」고 판시한바 있다(대법원 2012. 4. 26. 선고 2010도6334 판결). 절도죄는 주관적 구성요건으로 고의와 불법영득의사(不法領得意思·in der Absicht, sich rechtswidrig zuzueinigen)가 있어야 한다. 절도죄는 미수범을 처벌한다. 야간주거침입절도죄와 특수절도죄가 있다. 2인 이상이 합동하여 절취하는 경우, 행위자들이 현장(시간적 장소적 협동)에 있어야 한다. 현장에 없는 사람은 특수절도(합동절도)죄 공동정범이 성립한다. 디지털시대에 맞는 재물개념이 정립되어야 한다.

• **강도죄**

㉰强盜罪 ㊥强盗罪
ⒹRaub / Räuber / räuberischer Diebstahl / räuberischer Erpressung / Raubmord
Ⓔrobbery /robber / violent larceny / extortionary robbery / murder and robbery
Ⓕextorsion / par force on violence in contrainte / vol / commis à l'aide de violence au menace de faire usage d'une arme Ⓘrapina ⓢrobo

강도죄는 폭행 또는 협박을 사용하고, 타인의 재물을 강취하거나 또는 재산상 이익을 취득하거나 또는 제3자에게 이를 취득하게 하는 범죄이다. 재산상 이익은 법률적 경제적 재산개념이다. 폭행과 협박은 상대방 의사를 억압하여 반항을 불가능하게 할 정도이다(최협의 폭행·협박개념). 강도죄는 주관적 구성요건으로 고의와 불법영득의사·불법이득의사(不法利得意思)가 있어야 한다. 강도죄는 미수범을 처벌한다. 특수강도죄가 있다. 2인 이상이 합동하여 강취하는 경우, 행위자들이 현장(시간적 장소적 협동)에 있어야 한다. 현장에 없는 사람은 특수강도(합동강도)죄 공동정범이 성립한다. 준강도가 있다. 준강도 미수는 절도미수인 경우이다. 형법은 강도살인죄와 강도치사죄를 처벌한다. 또한 강도예비죄와 강도음모죄도 처벌한다.

• **사기죄**

㊐詐欺 ㊥詐欺 ⒹBetrug Ⓔfraud / cheat / swindle / deceit
Ⓕfraude / triche / escroquerie / tromperie Ⓘfrode / imbroglione / truffa / inganno
ⓢfraude / engaño / estafa

사기죄는 사람을 속여 착오에 빠지게 하고, 재물・재산이익을 교부 받거나 또는 취득하는 행위이다. 보호법익은 재산권이다. 보호정도는 침해범이다. 판례는 위험범으로 본다. 불법원인급여도 사기죄 객체가 된다. 부작위 사기죄가 가능하다. 사기로 취득한 재물・재산이익 가액이 5억원 이상인 경우 특정경제범죄가중처벌법에 근거하여 가중하여 처벌된다. 대법원은 「[1] 도박이란 2인 이상의 자가 상호간에 재물을 도(賭)하여 우연한 승패에 의하여 그 재물의 득실을 결정하는 것이다. 그러므로 이른바 사기도박과 같이 도박당사자 일방이 사기 수단으로써 승패의 수를 지배하는 경우, 도박에서 우연성이 결여되어 사기죄만 성립한다. 도박죄는 성립하지 아니한다. [2] 사기죄는 편취의 의사로 기망행위를 개시한 때에 실행에 착수한 것으로 보아야 한다. 사기도박도 사기적인 방법으로 도금을 편취하려고 하는 자가 상대방에게 도박에 참가할 것을 권유하는 등 기망행위를 개시한 때에 실행의 착수가 있다」고 판시한바 있다(대법원 2011. 1. 13. 선고 2010도9330 판결 [사기・도박]). 또한 대법원은 「사기죄는 타인을 기망하여 착오에 빠뜨리고 그로 인하여 피기망자(기망행위의 상대방)가 처분행위를 하도록 유발하여 재물 또는 재산상의 이익을 얻음으로써 성립하는 범죄이다. 따라서 사기죄가 성립하려면 행위자의 기망행위, 피기망자의 착오와 그에 따른 처분행위, 그리고 행위자 등의 재물이나 재산상 이익의 취득이 있고, 그 사이에 순차적인 인과관계가 존재하여야 한다. 그리고 사기죄 피해자가 법인・단체인 경우 기망행위로 인한 착오, 인과관계 등이 있었는지는 법인・단체 대표 등 최종 의사결정권자 또는 내부적인 권한 위임 등에 따라 실질적으로 법인의 의사를 결정하고 처분을 할 권한을 가지고 있는 사람을 기준으로 판단하여야 한다. 따라서 피해자 법인・단체 대표자 또는 실질적으로 의사결정을 하는 최종결재권자 등이 기망행위자와 동일인이거나 기망행위자와 공모하는 등 기망행위임을 알고 있었던 경우에는 기망행위로 인한 착오가 있다고 볼 수 없다. 재물 교부 등 처분행위가 있었더라도 기망행위와 인과관계가 있다고 보기 어렵다. 이러한 경우 사안에 따라 업무상횡령죄 또는 업무상배임죄 등이 성립하는 것은 별론으로 하고 사기죄가 성립한다고 볼 수 없다. 반면에 피해자 법인・단체의 업무를 처리하는 실무자인 일반 직원이나 구성원 등이 기망행위임을 알고 있었더라도, 피해자 법인이나 단체 대표자 또는 실질적으로 의사결정을 하는 최종결재권자 등이 기망행위임을 알지 못한 채 착오에 빠져 처분행위에 이른 경우라면, 피해자 법인에 대한 사기죄 성립에 영향이 없다」고 판시한바 있다(대법원 2017. 9. 26. 선고 2017도8449 판결 [특정경제범죄가중처벌 등에 관한 법률 위반(사기)・사문서위조・위조사문서행사]).

• **공갈죄**

㊐恐喝罪 ㊥恐喝罪 ⒹErpressung Ⓔextortion / blackmail Ⓕchantage
Ⓘestorsione ⓢextorsión

공갈죄는 사람을 공갈하여 재물을 교부 받거나 또는 재산상 불법이익을 취득하거나 또는 타인에게 이를 얻게 하는 범죄이다. 보호법익은 재산권이다. 보호정도는 침해범이다. 상습공갈인 경우 폭력행위처벌법으로 처벌된다. 이득액이 5억원 이상인 경우 특정경제범죄가중처벌법으로 처벌된다. 상습공갈로 가액 합계가 5억원 이상인 경우 특정경제범죄가중처벌법으로 처벌된다. 대법원은 「상습성을 갖춘 자가 여러 개의 죄를 반복하여 저지른 경우에는 각 죄를 별죄로 보아 경합범으로 처단할 것이 아니라, 그 모두를 포괄하여 상습범이라고 하는 하나의 죄로 처단하는 것이 상습범의 본질 또는 상습범 가중처벌규정의 입법취지에 부합한다」고 판시한 바 있다(대법원 2004. 9. 16. 선고 2001도3206 전원합의체 판결)

• **횡령죄**

㊐橫領罪 ㊥橫領罪 ⒹUnterschlagung Ⓔembezzlement / misappropriation Ⓕdétournement Ⓘappropriazione / indebita ⓢelpeculado

횡령죄는 타인 재물을 보관하는 사람이 재물을 불법으로 가져가거나 또는 반환을 거부하는 범죄이다. 보호법익은 소유권이다. 보호정도는 침해범이다. 판례는 위험범으로 본다. 순수 재물범죄이다. 행위객체는 타인의 재물이다. 불법원인급여는 행위객체가 되지 않는다(확립된 판례 입장). 횡령죄는 미수범을 처벌한다. 대법원은 '보이스피싱 판결'에서 「횡령죄 주체는 타인 재물을 보관하는 자라야 한다. 여기에서 보관이란 위탁관계로 재물을 점유하는 것을 뜻한다. 횡령죄가 성립하기 위하여 재물 보관자와 재물 소유자(또는 그 밖에 본권자) 사이에 위탁관계가 있어야 한다. 이러한 위탁관계는 사실상 관계에 있으면 충분하다. 피고인이 반드시 민사상 계약 당사자일 필요는 없다. 위탁관계는 사용대차·임대차·위임·임치 등 계약으로 발생하는 것이 보통이다. 그러나 사무관리와 같은 법률 규정, 관습이나 조리 또는 신의성실 원칙으로 발생할 수 있다. 횡령죄 본질이 위탁받은 타인 재물을 불법으로 영득하는 데 있음에 비추어 볼 때, 그 위탁관계는 횡령죄로 보호할 만한 가치가 있는 것으로 한정된다. 위탁관계가 있는지 여부는 재물 보관자와 소유자 사이 관계, 재물을 보관하게 된 경위 등에 비추어 볼 때, 보관자에게 재물 보관 상태를 그대로 유지하여야 할 의무를 부과하여 그 보관 상태를 형사법적으로 보호할 필요가 있는지 등을 고려하여 규범적으로 판단하여야 한다」(대법원 2018. 7. 19. 선고 2017도17494 전원합의체 판결 [사기방조·횡령]) 다수의견은 사기피해금을 임의로 인출한 사람에게 사기피해자에 대한 횡령죄 성립을 인정한다.

• **배임죄**

㊐背任罪 ㊥背任罪 ⒹUntreu Ⓔdisloyalty / breach of trust / unfaithfulness Ⓕdéloyauté / abus de confiance / infidélité Ⓘmalversazione ⓢmalversación

배임죄는 타인 사무를 처리하는 사람이 임무에 위배하여 재산상 이익을 취득하거나 또는 제3자에게 이를 취득하게 하는 범죄이다. 배임죄 본질은 신임관계 침해에 있다(임무위배설). 보호법익은 재산권이다. 보호정도는 침해범이다. 판례도 침해범으로 변경하였다. 배임죄는 손해를 가한 때 기수가 성립한다. 대법원은 「형법 제355조 제2항은 타인의 사무를 처리하는 자가 그 임무에 위배하는 행위로써 재산상 이익을 취득하거나 제3자로 하여금 이를 취득하게 하여 본인에게 손해를 가한 때에 배임죄가 성립한다고 규정하고 있다. 형법 제359조는 그 미수범은 처벌한다고 규정하고 있다. 형법은 타인의 사무를 처리하는 자가 그 임무에 위배하는 행위를 할 것과 그러한 행위로 인해 행위자나 제3자가 재산상 이익을 취득하여 본인에게 손해를 가할 것을 배임죄의 객관적 구성요건으로 정하고 있다. 그러므로 타인 사무를 처리하는 자가 배임의 범의로, 즉 임무에 위배하는 행위를 한다는 점과 이로 인하여 자기 또는 제3자가 이익을 취득하여 본인에게 손해를 가한다는 점에 대한 인식이나 의사를 가지고 임무에 위배한 행위를 개시한 때 배임죄의 실행에 착수한 것이다. 이러한 행위로 인하여 자기 또는 제3자가 이익을 취득하여 본인에게 손해를 가한 때 기수에 이른다」고 판시하고 있다(대법원 2017. 7. 20. 선고 2014도1104 전원합의체 판결 [특정경제범죄가중처벌 등에 관한 법률 위반(배임)]). 업무상 배임죄·배임수재죄·배임증재죄가 있다. 배임수증죄 보호법익은 거래 청렴성이다.

• **장물죄**

㊐贓物罪 ㊥贓物罪 ⒹHehlerei Ⓔreceiving / stolen goods / fencing Ⓕrecel Ⓘricettazione ⓢrobado / ocultación

장물죄는 장물을 취득·양도·운반·보관하거나 또는 이를 알선하는 범죄이다. 장물이란 재산범죄로 불법하게 영득한 재물을 말한다. 그 범인을 본범(本犯·Vortat·Vortäter·prior offence)이라 말한다. 보호법익은 재산권이다. 보호정도는 위험범이다. 장물죄 본질은 위법상태 유지설과 상실재물 추구권설(회복권설)이 결합되어 있다. 「장물죄에서 장물은 본범이 절도·강도·사기·공갈·횡령 등 재산죄로 영득한 물건이면 족하다. 그 중 어느 범죄로 영득한 것인지를 구체적으로 명시할 것을 요하지 않는다」(대법원 2000. 3. 24. 선고 판결). 「장물인 현금 또는 수표를 금융기관에 예금의 형태로 보관하였다가 이를 반환받기 위하여 동일한 액수의 현금 또는 수표를 인출한 경우, 예금계약 성질상 그 인출된 현금 또는 수표는 당초의 현금 또는 수표와 물리적인 동일성은 상실되었지만, 액수에 의하여 표시되는 금전적 가치에는 아무런 변동이 없다. 그러므로 장물로서의 성질은 그대로 유지된다. 장물취득죄가 성립한다. 그러나 갑이 권한 없이 인터넷뱅킹으로 타인 예금계좌에서 자신 예금계좌로 돈을 이체한 후 그 중 일부를 인출하여 그 정을 아는 을에게 교부한 경우, 갑이 컴퓨터등사용사기죄로 취득한 예금채권은 재물이 아니라 재산상 이익이다. 그러므로 그가 자신 예금계좌에서 돈을 인출하였더라도 장물을 금융기관에 예치하였다가 인출한 것으로 볼 수 없다. 을의 장물취득죄의 성립을 부정한 사례이다」(대법원 2004. 4. 16. 선고 2004도353 판결).

• 손괴죄

ⓗ損壞罪 ⓒ損坏罪 ⒹSachbeschädigung
Ⓔdamage to property / injury to property
Ⓕdommages matériel / détériorisation matérielle Ⓘdanneggiamento
ⓢdaño / daños materiales / deterioro material

손괴죄는 타인 재물·문서·전자기록 등 특수매체기록을 손괴 또는 은닉 또는 그 밖의 방법으로 효용을 해하는 범죄이다. 순수한 재물죄이다. 보호법익은 소유권 이용가치 또는 소유권 기능이다. 보호정도는 침해범이다. 형법은 미수범을 처벌한다. 대법원은 「재물손괴죄는 타인의 재물을 손괴 또는 은닉하거나 기타의 방법으로 그 효용을 해하는 경우에 성립한다. 여기에서 재물의 효용을 해한다고 함은 사실상으로나 감정상으로 그 재물을 본래의 사용목적에 제공할 수 없는 상태로 만드는 것을 말한다. 일시적으로 그 재물을 이용할 수 없는 상태로 만드는 것도 포함된다. 건조물의 외부에 그림을 그리는 행위 등이 그 건조물의 효용을 해하는 것에 해당하는지 여부는, 건조물의 용도와 기능, 그 행위가 건조물에 미치는 영향과 미관을 해치는 정도, 건조물 이용자들이 느끼는 불쾌감이나 저항감, 원상회복의 난이도와 비용, 그 행위의 목적과 시간적 계속성, 행위 당시의 상황 등 제반 사정을 종합하여 사회통념에 따라 판단하여야 한다」(대법원 2007. 6. 28. 선고 2007도2590 판결).

• 방화죄

ⓗ放火罪·失火罪 ⓒ放火罪·失火罪 ⒹBrandstiftung / fahrlässige Brandstiftung
Ⓔarson / incendiarism / intentional fire / negligent·careless·heedless fire
Ⓕincendie volontaire / incendie criminel / incendiaire / feu intentionnel
Ⓘincendio doloso / incendiari / fuoco intenzionale
ⓢincendie criminel / incendiaire / feu intentionnel

방화죄는 고의 또는 과실로 불을 놓아 현주건조물·공용건조물·일반건조물·일반물건을 소훼하는 범죄이다. 보호법익은 공공위험이다. 보호정도는 추상적 위험범(형법 제164조·제165조·제166조 제1항)과 구체적 위험범(형법 제166조 제2항·제167조)이다. 방화죄 기수시기는 불이 매개물을 떠나 목적물에 독립하여 연소할 수 있는 상태이다(독립연소설). 대법원은 「[1] 형법 제167조 제2항은 방화 객체인 물건이 자기 소유에 속한 때에는 같은 조 제1항보다 감경하여 처벌하는 것으로 규정하고 있다. 방화죄는 공공 안전을 제1차적인 보호법익으로 하지만 제2차적으로 개인의 재산권을 보호하는 것이라고 볼 수 있는 점, 현재 소유자가 없는 물건인 무주물에 방화하는 경우에 타인의 재산권을 침해하지 않는 점은 자기 소유에 속한 물건을 방화하는 경우와 마찬가지인 점, 무주(無主) 동산을 소유 의사로 점유하는 경우에 소유권을 취득하는 것에 비추어(민법 제252조) 무주물에 방화하는 행위는 그 무주물을 소유 의사로 점유하는 것이라고 볼 여지가 있는 점 등을 종합하여 보면, 불을 놓아 무주물을 소훼하여 공공 위험을 발생하게 한 경우에는 '무주물'을

'자기 소유 물건'에 준하는 것으로 보아 형법 제167조 제2항을 적용하여 처벌하여야 한다. [2] 노상에서 전봇대 주변에 놓인 재활용품과 쓰레기 등에 불을 놓아 소훼한 사안에서, 그 재활용품과 쓰레기 등은 '무주물'로서 형법 제167조 제2항에 정한 '자기 소유 물건'에 준하는 것으로 보아야 한다. 여기에 불을 붙인 후 불상의 가연물을 집어넣어 그 화염을 키움으로써 전선을 비롯한 주변의 가연물에 손상을 입히거나 바람에 의하여 다른 곳으로 불이 옮아붙을 수 있는 공공의 위험을 발생하게 하였다면, 일반물건방화죄가 성립한다」고 판시한바 있다(대법원 2009. 10. 15. 선고 2009도7421 판결 [폭력행위등 처벌에 관한 법률 위반(집단・흉기 등 협박)・일반자동차방화미수(인정된죄명:일반물건방화)・재물손괴・일반물건방화])

- **문서죄 · 문서위조죄**

ⓗ文書罪・文書僞造罪 ⓗ文書罪・文書僞造罪
ⒹUrkundenstraftaten / Urkundenfälschung
Ⓔcertificate offenses / forgery of documents
Ⓕfaux en écriture Ⓘfalsita in documenti
ⓢdocumentos falsos / delitos de certificado / falsificación de documentos

문서죄는 행사할 목적으로 문서를 위조・변조하거나 또는 허위문서를 작성하거나 또는 위조・변조・허위작성된 문서를 행사하거나 또는 문서를 부정행사하는 범죄이다. 보호법익은 문서거래안전과 신용이다. 보호정도는 추상적 위험범이다. 대법원은 「[1] 형법 제237조의2에 따라 전자복사기, 모사전송기 기타 이와 유사한 기기를 사용하여 복사한 문서 사본도 문서원본과 동일한 의미를 가지는 문서로서 이를 다시 복사한 문서 재사본도 문서위조죄 및 동 행사죄의 객체인 문서에 해당한다 할 것이다. 진정한 문서 사본을 전자복사기를 이용하여 복사하면서 일부 조작을 가하여 그 사본 내용과 전혀 다르게 만드는 행위는 공공의 신용을 해할 우려가 있는 별개의 문서사본을 창출하는 행위로서 문서위조행위에 해당한다. [2] 타인 주민등록증사본 사진란에 피고인 사진을 붙여 복사하여 행사한 행위가 공문서위조죄 및 동행사죄에 해당한다」고 판시한바 있다(대법원 2000. 9. 5. 선고 판결 [공문서위조・위조공문서행사・공문서부정행사・사기・사문서위조・위조사문서행사]).

- **뇌물죄**

ⓗ賂物罪 ⓗ賂物罪 ⒹBestechungsdelikt Ⓔcrime of corruption / bribing / graft
Ⓕcrime de corruption / corruption Ⓘcrimine di corruzione / corruzione
ⓢdelito de corrupción / soborno / injerto

뇌물죄는 공무원 또는 중재인이 직무행위에 대한 대가로 법이 인정하지 않는 이익을 취득하는 범죄이다. 보호법익은 국가기능 공정성이다. 뇌물죄 본질은 직무행위 불가매수성과 공무원 직무 순수성이다. 대법원은 「뇌물죄는 직무집행 공정과 이에 대한 사회 신뢰에 기초하여 직무행위 불가매수성을 보호법익으로 하고 있다. 직무에 관한 청탁이나 부정한 행위를 필요로 하지 않는다. 그러므로 뇌물성을 인정하는 데 특별히 의무위반 행위나 청탁의 유무 등을 고려할 필요가 없다. 금품수수 시기와 직무집행 행위의 전후를 가릴 필요도 없다. 뇌물죄에서 말하는 '직무'에는 법령에 정하여진 직무뿐만 아니라 그와 관련 있는 직무, 관례상이나 사실상 소관하는 직무행위, 결정권자를 보좌하거나 영향을 줄 수 있는 직무행위, 과거에 담당하였거나 장래에 담당할 직무 외에 사무분장에 따라 현실적으로 담당하고 있지 않아도 법령상 일반적인 직무권한에 속하는 직무 등 공무원이 그 직위에 따라 담당할 일체의 직무를 포함한다」고 판시한 바 있다(대법원 2017. 12. 22. 선고 2017도12346 판결 [특정범죄가중처벌 등에 관한 법률 위반(뇌물)・제3자 뇌물수수・위계공무집행방해・금융실명거래 및 비밀보장에 관한 법률 위반・뇌물공여]).

- **위증죄**

ⓗ僞證罪 ⓗ僞証罪 ⒹMeineid Ⓔperjury / false oath Ⓕparjure / faux serment

Ⓘspergiuro / falso giuramento Ⓢperjurio / falso juramento
위증죄는 법률로 선서한 증인이 기억에 반하는 허위진술을 하거나 또는 법률로 선서한 감정인·통역인·번역인이 허위 감정·통역·번역하는 범죄이다. 보호법익은 국가사법기능이다. 보호정도는 추상적 위험범이다. 단순위증죄와 모해위증죄가 있다. 대법원은 「위증죄에서 '법률에 의하여 선서한 증인'이라 함은 '법률에 근거하여 법률이 정한 절차에 따라 유효한 선서를 한 증인'이라는 의미이고, 그 증인신문은 법률이 정한 절차 조항을 준수하여 적법하게 이루어진 경우여야 한다」고 판시한바 있다(대법원 2010. 1. 21. 선고 2008도942 전원합의체 판결 [위증]).

• **증거인멸죄**

Ⓗ證據湮滅罪 ㊥証据湮滅罪 ⒹBegünstigung
Ⓔpreferential treatment / abetting / convinnance
Ⓕfavoriser / traitement préférentiel Ⓘfavoreggiamento
Ⓢfavoreciendo / instigación / favoriser
증거인멸죄는 형사사건·징계사건에 관한 증거를 인멸·은닉·위조·변조하거나 또는 위조·변조한 증거를 사용하는 범죄이다. 또한 형사사건·징계사건에 관한 증인을 은닉·도피시키는 행위이다. 보호법익은 사법작용에 대한 국가기능보호이다. 보호정도는 추상적 위험범이다. 증거는 타인의 형사사건 또는 징계사건 관련 증거이다. 자기증거인멸은 구성요건해당성이 없다. 독일 형법 제257조 제3항은 공범자의 증거인멸행위는 처벌하지 않는다. 대법원은 「형법 제155조 제1항 증거인멸죄는 국가형벌권 행사를 저해하는 일체 행위를 처벌의 대상으로 하고 있다. 그러나 범인 자신이 한 증거인멸의 행위는 피고인의 형사소송에서 방어권을 인정하는 취지와 상충한다. 그러므로 처벌의 대상이 되지 아니한다. 그러나 타인이 타인의 형사사건에 관한 증거를 그 이익을 위하여 인멸하는 행위를 하면, 형법 제155조 제1항 증거인멸죄가 성립된다. 그러므로 자기 형사사건에 관한 증거를 인멸하기 위하여 타인을 교사하여 죄를 범하게 한 자에 대하여도 교사범의 죄책을 부담케 함이 상당할 것이다」고 판시한 바 있다(대법원 1965. 12. 10. 선고 65도826 전원합의체 판결).

• **무고죄**

Ⓗ誣告罪 ㊥誣告罪 Ⓓfalsche Verdächtigung
Ⓔfalse suspecting / false casting suspicion
Ⓕsuspicion / faux soupçons / faux soupçons de casting
Ⓘfalso sospetto Ⓢfalsa sospecha
무고죄는 타인에게 형사처분 또는 징계처분을 받게 할 목적으로 공공기관 또는 공무원에게 객관적 허위사실을 신고하는 범죄이다. 보호법익은 국가심판기능이다. 보호정도는 추상적 위험범이다. 대법원은 「[1] 무고죄는 타인으로 하여금 형사처분 또는 징계처분을 받게 할 목적으로 공무소 또는 공무원에 대하여 허위의 사실을 신고하는 때에 성립한다. 무고죄에서 형사처분 또는 징계처분을 받게 할 목적은 허위신고를 함에 있어서 다른 사람이 그로 인하여 형사 또는 징계처분을 받게 될 것이라는 인식이 있으면 족하다. 그 결과발생을 희망하는 것까지를 요하는 것은 아니므로, 고소인이 고소장을 수사기관에 제출한 이상 그러한 인식은 있었다고 보아야 한다. [2] 피고인이 수사기관에 '갑이 민사사건 재판과정에서 위조된 확인서를 제출하였으니 처벌하여 달라'는 내용으로 허위 사실이 기재된 고소장을 제출하면서 '갑이 위조된 합의서도 제출하였다'는 취지로 기재하였으나, 고소보충 진술 시 확인서가 위조되었다는 점에 관하여만 진술한 사안에서, 피고인이 제출한 고소장에 '합의서도 도장을 찍은 바가 없으므로 위조 및 행사 여부를 가려주시기 바랍니다'라고 기재한 내용이 허위의 사실이라면 이 부분에 대해서도 '허위 사실을 신고한 것'으로 보아야 한다」고 판시한바 있다(대법원 2014. 3. 13. 선고 2012도2468 판결 [무고]).

• 참고문헌

Köbler, Gerhard / Schusterschitz, Mag. Gregor, Rechtsenglisch, Deutsch-englisches und englisch-deutsches Rechtswörterbuch für jedermann, Verlag Franz Vahlen München, 1996.

Köbler, Gerhard / Winkler Peter, Rechtsfranzösisch, Deutsch-französisches und französisch-deutsches Rechtswörterbuch für jedermann, Verlag Franz Vahlen München, 1996.

Köbler, Gerhard / Neulichedl, Esther / Hohenauer, Monika, Rechtsintalienisch, Deutsch-italienisches und italienisch-deutsches Rechtswörterbuch für jedermann, Verlag Franz Vahlen München, 1996.

Badura, Peter / Deutsch, Erwin / Roxin, Claus, FISCHER LEXIKON RECHT, Fischer Taschenbuch Verlag, Frankfurt am Main, 1987.

Creifelds, Carl(Herausgeber) / Weber, Klaus(Herausgeber, Bearbeitung) / Cassardt, Gunnar (Bearbeitung) / Dankelmann, Helmut(Bearbeitung) / Hakenberg, Michael(Bearbeitung) / Kainz, Martin (Bearbeitung) / König, Christiane (Bearbeitung) / Kortstock, Ulf (Bearbeitung) / Weidenkaff, Walter (Bearbeitung), Rechtswörterbuch, 22. Auflage, C.H. Beck München 2016.

Götze, Bernd, Deutsch-Japanisches Rechtswörterbuch, 独和法律用語辭典, 成文堂, 1997.

Küper, Wilfried, Strafrecht Besonderer Teil. Definitionen mit Erläuterungen. C.F. Müller Heidelberg, 1997.

Wessels, Johannes / Beulke, Werner/Satzger, Helmut, Strafrecht Allgemeiner Teil. Die Straftat und ihr Aufbau. 48., neu bearbeitete Auflage, C.F. Müller Heidelberg, 2018. Mit ebook: Lehrbuch, Entscheidungen, Gesetzestexte(허일태, 독일형법총론, 제20판, 법문사, 1991; 제27판, 세종출판사, 1998).

Wessels, Johannes / Hettinger, Michael / Engländer, Armin, Strafrecht Besonderer Teil/1. Straftaten gegen Persönlichkeits- und Gemeinschaftswerte. 42., neu bearbeitete Auflage 2018. Mit ebook: Lehrbuch, Entscheidungen, Gesetzestexte.

Wessels, Johannes / Hillenkamp, Thomas / Schuhr, Jan C., Strafrecht Besonderer Teil/2, Straftaten gegen Vermögenswerte. 41., neu bearbeitete Auflage, C.F. Müller Heidelberg, 2018. Mit ebook: Lehrbuch, Entscheidungen, Gesetzestexte.

尾崎哲夫, 法律英語用語辭典, 自由国民社, 2004.

尾崎哲夫, 法律英單語, 自由国民社, 2004.

김윤이 · 김혜영, 법률영어 핸드북, 법률저널, 2011.

이병태, 법률용어사전, 중요 법률용어를 4개 국어로 표시, 개정판, 범문북스, 2018.

임홍근 · 이태희, 법률영어사전 Lee & Rhim's Dictionary of Law, 법문사, 2013.

현암사 편집부, 법률용어사전, 최신 법령정보 반영 및 생활법령 수록, 현암사, 2019.

대법원 종합법률 정보 홈페이지 https://glaw.scourt.go.kr/wsjo/intesrch/sjo022.do

구글 · 네이버 · 다음 · 위키피아 법률용어 · 백과사전

참고문헌

1. 형법총론

권오걸, 스마트 형법총론, 형설출판사, 2011.

김성돈, 형법총론, 제5판, 성균관대학교출판부, 2017.

김성천 · 김형준, 형법총론, 제8판, 소진출판사, 2018.

김신규, 형법총론강의, 박영사, 2018.

김일수 · 서보학, 새로쓴 형법총론, 제13판, 박영사, 2018.

김태명, 판례형법총론, 제2판, 피엔씨미디어, 2016.

김형민, 형법총론, 박영사, 2015.

김혜정 · 박미숙 · 안경옥 · 원혜욱 · 이인영, 형법총론, 피앤씨미디어, 2018.

박상기, 형법총론, 제9판, 박영사, 2012.

박상기 · 신양균 · 조상제 · 전지연 · 천진호, 판례교재 형법총론, 준커뮤니케이션즈, 2010.

배종대, 형법총론, 제13판, 홍문사, 2017.

서거석 · 송문호, 신 형법총론, 전북대학교출판문화원, 2017.

성낙현, 형법총론, 제2판, 동방문화사, 2011.

성낙현(역), 독일형법의 이론과 연습(Samson, Erich, Strafrecht I), 법문사, 1998.

손동권 · 김재윤, 새로운 형법총론, 율곡출판사, 2011.

송희식, 형법판례정문【총론편】, 동아대학교 출판부, 2012.

신동운, 형법총론, 제10판, 법문사, 2017.

신동운, 판례분석 형법총론, 2015.

신동운, 新판례백선 형법총론, 경세원, 2009.

안동준, 형법총론, 학현사, 1998.

오영근, 형법총론, 박영사, 제4판, 2018.

윤동호, 한눈에 잡히는 형법총론, 개정판, 국민대학교출판부, 2017.

원형식, 형법총론(판례중심), 동방문화사, 2018.

이용식, 형법총론, 박영사, 2018.

이영란, 한국형법학 -총론강의-, 제2판, 숙명여자대학교 출판국, 2003.

이인규, 형법강의, 학연, 2018.

이정원, 형법총론, 신론사, 2012.

이재상 · 장영민 · 강동범, 형법총론, 제9판, 박영사, 2017.

이형국, 형법총론, 제4판, 법문사, 2007.

임 웅, 형법총론, 개정판 11판, 법문사, 2019.
정성근・박광민, 형법총론, 전정2판, 성균관대학교출판부, 2015.
정영일, 신 형법총론, 학림, 2018.
정웅석, 형법총론, 대명출판사, 2018.
천진호, 형법총론, 준커뮤니케이션즈, 2016.
하태훈, 사례중심 형법총론, 법원사, 2002.
허일태, 독일형법총론, 제20판, 법문사, 1991; 제27판, 세종출판사, 1998.

2. 형법각론

도중진・박광섭・정대관, 형법각론, 충남대학교출판문화원, 2014.
김성돈, 형법각론, 제5판, 성균관대학교출판부, 2018.
김성천・김형준, 형법각론, 제6판, 소진, 2017.
김일수・서보학, 새로쓴 형법각론, 제9판, 박영사, 2018.
박상기, 형법각론, 제8판, 박영사, 2011.
박찬걸, 형법각론, 박영사, 2018.
배종대, 형법각론, 제10전정판, 홍문사, 2018.
손동권, 형법각론, 초판, 율곡출판사, 2004.
손동권・김재윤, 새로운 형법각론, 율곡출판사, 2013.
신동운, 형법각론, 제2판, 법문사, 2018.
신동운・한인섭・이용식・조국・이상원, 로스쿨 형법각론, 박영사, 2009.
오영근, 형법각론, 제4판, 박영사, 2017.
유기천, 형법학[각론강의], 정정신판, 영인본, 법문사, 2012.
윤동호, 한눈에 잡히는 형법각론, 개정판 2판, 국민대학교출판부, 2017.
이상원, 형법각론 －법률가의 맥, 박영사, 2011.
이정원, 형법각론, 신론사, 2012.
이정원・류석준, 형법각론, 법영사, 2019.
이재상・장영민・강동범, 형법각론, 제10판(보정판), 박영사, 2017.
이형국, 형법각론, 법문사, 2007.
임 웅, 형법각론, 제10정판, 법문사, 2019.
정성근・박광민, 형법각론, 전정2판, 성균관대학교출판부, 2015.
정웅석・최창호, 형법각론, 대명출판사, 2018.
최호진, 형법각론강의, 준커뮤니케이션즈, 2018.
한정환, 형법각론, 법영사, 2018.

3. 단행본

고종주, 재판의 법리와 현실 －소송사건을 이해하고 표현하는 방법－, 법문사, 2011.
구본관 · 박재연 · 이선웅 · 이진호 · 황선엽 공저, 한국어 문법 총론 I, 집문당, 2018.
구본관 · 박재연 · 이선웅 · 이진호 공저, 한국어 문법 총론 II, 집문당, 2019.
박갑수, 국어순화와 법률 문장의 순화, 역락, 2016.
법무법인 화우, 법률 문장 어떻게 쓸 것인가, 개정판, 박영사, 2017.
이수열, 우리가 정말 알아야 할 대한민국 헌법, 현암사, 1999.
이용식, 현대 형법이론 I, II, 박영사, 2008.
장하늘, 법률문장 이렇게 쓰라, 장하늘, 문장연구사, 2003.
하태영, 형사철학과 형사정책, 법문사, 2007.
하태영, 우리들 의료법, 법률문장시리즈 1, 행인출판사, 2018.
하태영, 우리들 생명윤리법, 법률문장시리즈 2, 행인출판사, 2018.
하태영, 사회상규, 형사판례연구시리즈 1, 법문사, 2018.
하태영, 형사법 종합연습, 실전예상문제편, 법문사, 2018.
하태영, 형사법 종합연습, 변시기출문제편, 법문사, 2019.
한국형사판례연구회, 김성돈 · 오영근 · 이진국 · 윤지영 · 이진국 · 조균석 편, 형법판례 150선, 박영사, 2016.
한상수, 법률문장론, 인제대학교출판부, 2016.

4. 논문 · 논단

고종주, 법률문장론, 동아대학교 법학전문대학원 2017년 신입생 특강자료, 2017.
이만기, 사전을 곁에 두고 名文을 베껴라, 역사를 움직인 명문과 명연설, 월간조선, 2004, 359~361면.
이석록, 古典을 깊이 있게 읽어라, 역사를 움직인 명문과 명연설, 월간조선, 2004, 362~364면.
이어령, 名文章은 깊이 생각하고 끝없이 상상하는 힘에서 나온다, 역사를 움직인 명문과 명연설, 월간조선, 2004, 350~355면.
서기원, 漢文을 배척해서는 名文이 나오지 않는다, 역사를 움직인 명문과 명연설, 월간조선, 2004, 356~358면.
프리드리히 니체/정동호 번역, 『차라투스트라는 이렇게 말했다』, 니체전집 13(KGW VI 1) 개정 2판, 책세상, 2015, 63~65면(읽기와 쓰기에 대하여).
하태영, 형사입법에서 법문장의 문제점과 개선방안(二), 『하마의 하품 2』, 법문사, 2016, 120~145면.
하태영, 대법원 판결문에서 법문장 문제점과 개선방안, 동아법학 제75호, 동아대학교 법학연구소, 2017, 1~55면.

5. 자료집
한국형사정책연구원(편), 형법, 형사법령제정자료집(1), 형사정책연구원, 1990.
법제처, 알기 쉬운 법령 정비기준, 제8판, 2018.
법제처, 알기 쉽게 쓴 형법, 설명자료집, 법제처, 2016.
법제처, 알기 쉽게 쓴 형사소송법, 설명자료집, 법제처, 2016.
국립국어원 표준국어대사전

6. 교양서
가와이 이사요시 / 최원호 옮김, 문장력 테크닉 98, 신세대, 1997.
김숙현, 기사, 취재에서 작성까지, 범우사, 1996.
김 훈, 공터에서, 해냄, 2017.
김해식, 글쓰기 소프트, 새길, 1999.
김희보, 논문과 리포트 쓰기, 종로서적, 1997.
비버라 베이그 / 박병화 옮김, 하버드 글쓰기 강의, 에쎄, 2011.
아르투어 쇼펜하우어 / 김욱 옮김, 쇼펜하우어의 문장론, 지훈출판사, 2005.
안정효, 번역의 테크닉, 현암사, 1996.
칩 히스 · 댄 히스 / 안진환 · 박슬라 옮김, 스틱!, 2010.
한승원, 한승원의 글쓰기교실, 문학사상사, 1998.
한승원, 한승원의 소설 쓰는 법, 랜덤하우스, 2009.
프랑크 런츠 / 채은진 · 이화신 옮김, 먹히는 말, 쌤앤파커스, 2007.

7. 주요 웹사이트
• 국회 의안정보시스템
http://likms.assembly.go.kr/bill/main.do
• 입법 통합지식관리시스템
http://likms.assembly.go.kr/
법률지식 · 결산 · 국감 · 의안 · 영상회의록 · 미디어 등 입법통합자료 제공
• 국회 회의록시스템
http://likms.assembly.go.kr/record/
회의록검색 · 전체회의록 · 최근회의록 소개 · 알림마당
• 대법원 종합법률정보
https://glaw.scourt.go.kr/wsjo/intesrch/sjo022.do
• 법제처 국가법령정보센터
http://www.law.go.kr/

대법원 판결문에서 법문장 문제점과 개선방안

1. "안타깝고 서글프다. 난해한 어휘와 길고 답답한 문장은 비난의 대상이 되었다. 긴 문장을 여러 개의 문장으로 나누고, 주어가 바뀌면 문장을 끝내야 하며, 세 줄을 넘으면 마침표를 찍고 새로 문장을 시작하고, 두괄식으로 글을 쓰자고 제의한다. 우리나라 판결문 문장에 문제가 있다. 판결문 문장구성방식에 기인한다. 동사 중심으로 다시 풀어씀으로써 우리 어법에 맞는 말로 돌아올 수 있다."(고종주, 재판의 법리와 현실 –소송사건을 이해하고 표현하는 방법–, 법문사, 2011, 142면).

2. "판결 문장 작성 2대 원리 – 품위 있고 읽기 쉽게. 쉬운 단어와 짧은 문장, 핵심사항을 간결 명료, 귀로 읽어 걸림이 없어야 한다. 능동태로 사용한다. 단순 긍정으로 적는다. 구체적이고 생생하게 재현하고 논증은 두괄식이다. 어법에 맞는 단어와 문장을 정확하게 쓴다. 판결문이 그 자체로 완결성을 갖추었는지 최종 점검한다. 좋은 판결문은 완성도가 높다. 명료하여 오해 여지가 없어야 한다. 서술 체제가 잘 정돈되어 있어야 한다. 품위를 갖추고 있다는 점, 법원 견해이자 국가 의사, 소중한 의견과 희망을 담은, 향기롭고 아름다운 그릇이어야 한다."(고종주, 재판의 법리와 현실 –소송사건을 이해하고 표현하는 방법–, 법문사, 2011, 125~233면 요약).

3. "거대한 문장 덩어리를 바꾸어야 한다. 짧고 명료하게 판결문을 써야 한다. 판결문은 요점을 추려도 도해(圖解)가 가능해야 한다. 강제력이 있는 국가의 중요한 문서는 당사자를 설득하는 글이다. 동사 중심으로 돌아와야 한다. 진행과정의 끝이 장면으로 선명하게 떠올려야 정확한 의미를 터득할 수 있다."(고종주, 재판의 법리와 현실 –소송사건을 이해하고 표현하는 방법–, 법문사, 2011, 125~233면 요약).

4. "재판서는 실용 문서이므로, 건조한 학술논문식의 글쓰기를 연상시키는 방식이나 체제는 권장하고 싶지 않다. ① 짧은 문장, ② 쟁점별로 번호와 소제목 넣어

쓰기, ③ 결론을 앞에 내세우는 두괄식 문장 쓰기, ④ 도표 · 수식 · 각주를 적절히 활용한다. 괄호를 벗긴 다음, 문장 중에 그 취지가 자연스럽게 녹아들게 표현한다. 법관의 책상위에 용례가 풍부한 우리말사전 외에 동의어사전이 있어야 되는 이유가 바로 그 때문이다."(고종주, 재판의 법리와 현실 －소송사건을 이해하고 표현하는 방법－, 법문사, 2011, 157~160면 요약).

5. "역사에 길이 남는 명문은 주로 쉬운 문장이다. 국민들의 입술에서, 가슴에서 오래도록 살아 있는 그런 명문의 판결문을 만나게 되기를 많은 사람이 바라고 있다. 언어 광복이 있어야 한다. 법률문장론이나 법조계 글쓰기 개혁운동이 확산되어야 한다."(고종주, 재판의 법리와 현실 －소송사건을 이해하고 표현하는 방법－, 법문사, 2011, 167~169면 요약).

【출전】 하태영, 대법원 판결문에서 법문장 문제점과 개선방안, 동아법학 제75호, 동아대학교 법학연구소, 2017, 1－55면(51－52면).

저자소개

1962년 부산에서 태어났다. 독일 유학 후 23년 동안 대학 · 대학원에서 형법 · 형사소송법 · 특별형법 · 생명윤리와 의료형법을 강의하고 있다. 1996년 9월 3일 《피고인에게 불리한 판례변경과 적극적 일반예방》으로 독일 할레대학교(Halle Universität) 법과대학에서 법학박사학위(Dr. jur)를 받았다. 1997년 3월 제1학기부터 경남대 법대에서 교수 생활을 시작했다.

국외 · 국내 대표 저서는《Belastende Rechtsprechungsänderungen und die positive Generalprävention》(Carl Heymanns Verlag KG, 2000),《독일통일 현장 12년》(경남대학교출판부, 2004),《형사철학과 형사정책》(법문사, 2007),《형법각칙 개정 연구－환경범죄》(형사정책연구원, 2008),《하마의 下品1 · 2》(법문사, 2009 · 2016),《의료법》(행인출판사, 2018),《생명윤리법》(행인출판사, 2018),《사회상규》(법문사, 2018),《형사법종합연습》(법문사, 2018)이 있다. 그 외 형사법 관련 논문 80여 편이 있다. 특히 《형사철학과 형사정책》은 2008년 문화체육관광부 우수학술 도서로 선정되었다.

2006년 3월 제1학기부터 현재 모교인 동아대학교 법학전문대학원(로스쿨) 교수로 근무하고 있으며, 법무부 인권국 인권강사 · 한국비교형사법학회 부회장 · 영남형사판례연구회 회장으로 활동하고 있다. 법무부 형사소송법개정특별분과위원회 위원 · 남북법령연구특별분과위원회 위원으로 활동하였으며, 법무부 변호사시험 문제은행 출제위원 · 행정고시 출제위원 · 채점위원(형법) · 입법고시 출제위원 · 채점위원(형사소송법) · 5급 승진시험출제위원 · 7급 국가시험 출제위원 · 형사법연구 편집위원을 역임하였다. 약한 자에게 용기와 희망을 주는 세상보기로 사회와 소통하고 있다. 국제신문 · 경남도민일보 칼럼진으로 활동하였다. 2019년 1월부터 국제신문《생활법률 칼럼》을 쓰고 있다. 시사칼럼 150여 편이 있다.

형법조문강화

2019년 6월 20일 초판 인쇄
2019년 6월 30일 초판 1쇄 발행

저 자 하 태 영
발행인 배 효 선
발행처 도서출판 法 文 社
주 소 10881 경기도 파주시 회동길 37-29
등 록 1957년 12월 12일/제2-76호(윤)
전 화 (031)955-6500~6 FAX (031)955-6525
E-mail (영업) bms@bobmunsa.co.kr
(편집) edit66@bobmunsa.co.kr
홈페이지 http://www.bobmunsa.co.kr
조 판 법 문 사 전 산 실

정가 43,000원 ISBN 978-89-18-09207-2